日本古典漢語語彙集成

第一冊　索引篇

柏谷嘉弘・靏岡昭夫 編

勉 誠 出 版

序

凡そ十年ほど前、馬渕和夫先生より、お電話をいたゞいた。拙著『日本漢語の系譜』の作品ごとの語彙表を一纏めにすれば、研究の利便性が増大するとの、御提案である。御提案には賛同であるが、パソコンも使へないので、実行困難と御答へした。

数日後、パソコンに熟達した靍岡山口大学教授に話して、纏める件引き受けてくれた、了承してほしいとの御電話あり、まことに有難く、御礼申し上げた。

一面識もない靍岡教授に、その後お目にかかり、誠実なお人柄に敬意と信頼の念を抱いた。そして、馬渕先生を敬愛する真情に、現代では稀な師弟の強い絆が感ぜられ、改めて先生の偉大さに敬服した次第である。

現代の国語語彙の半数は、漢語から摂取した日本漢語である。その研究の重要性を恩師時枝誠記東大教授が強調され、菲才を省みず研究を志した。漢籍・佛典から受容した日本漢語が熟成されて、和文至作品に表現される実態を、実証するべく努力を重ねた。が、まだ端緒についたばかりであり、齢卒寿を迎へ「この道や行く人なしに秋の暮」の感なきにしもあらずである。

この度、馬渕先生と靍岡教授の厚情により、本書の発刊されること、暗夜の灯であり、この上ない希望と喜びである。

これを機に、この研究を継いで大きく発展さしてくれる後生のあるを信じて、擱筆する。

平成二十七年七月

柏谷嘉弘

目　次

序 …… (1)
凡　例 …… (5)

総合索引

【あ】 …… 3
【い】 …… 10
【う】 …… 38
【え】 …… 43
【お】 …… 57
【か】 …… 59
【き】 …… 105
【く】 …… 149
【け】 …… 198
【こ】 …… 225
【さ】 …… 257
【し】 …… 292
【す】 …… 397
【せ】 …… 406
【そ】 …… 460
【た】 …… 473
【ち】 …… 500
【つ】 …… 527
【て】 …… 528
【と】 …… 551
【な】 …… 567
【に】 …… 571
【ぬ】 …… 576
【ね】 …… 576
【の】 …… 578
【は】 …… 579
【ひ】 …… 612
【ふ】 …… 628
【へ】 …… 649
【ほ】 …… 661
【ま】 …… 678
【み】 …… 681
【む】 …… 682
【め】 …… 683
【も】 …… 688
【や】 …… 691
【ゆ】 …… 696
【よ】 …… 697
【ら】 …… 703
【り】 …… 712
【る】 …… 736
【れ】 …… 737
【ろ】 …… 746
【わ】 …… 752
【ゐ】 …… 757
【う】(わ行) …… 760
【ゑ】 …… 761
【を】 …… 766
【意味不明語】 …… 768

和文系索引

【あ】……771
【い】……771
【う】……773
【え】……774
【お】……774
【か】……775
【き】……777
【く】……778
【け】……779
【こ】……782
【さ】……786
【し】……790
【す】……796
【せ】……797
【そ】……799
【た】……800
【ち】……802
【つ】……803
【て】……804
【と】……805
【な】……806
【に】……807
【ぬ】……809
【ね】……809
【の】……809
【は】……809
【ひ】……811
【ふ】……812
【へ】……813
【ま】……814
【み】……815
【む】……815
【め】……816
【も】……816
【や】……817
【ゆ】……817
【よ】……817
【ら】……818
【り】……818
【る】……819
【れ】……819
【ろ】……819
【わ】……820
【ゐ】……821
【ゑ】……821
【を】……821
【意味不明語】……822

後書き……823

凡　　例

本書は『日本古典漢語語彙集成』「研究篇　正」および「研究篇　續」所収の、以下の13古典籍の漢語語彙表をコンピュータを用いて綜合したものである。

① 論語（1,856語）
大東急記念文庫蔵　論語集解　建武本
② 遊仙窟（864語）
醍醐寺蔵本遊仙窟
③ 文選（29,702語）
足利本　文選
④ 仮名書き法華經（1,611語）
足利本仮名書き法華経
⑤ 本朝文粹（15,077語）
身延山久遠寺蔵本朝文粋
⑥ 白氏文集（36,155語）
立野春節本白氏文集
⑦ 竹取物語（116語）
武藤本　竹取物語
⑧ 伊勢物語（101語）
三条西家旧蔵本伊勢物語
⑨ 土左日記（70語）
青谿書屋本土左日記
⑩ 宇津保物語（2,216語）
前田家本宇津保物語
⑪ 蜻蛉日記（349語）
宮内庁書陵部藏かげらふ日記
⑫ 枕冊子（1,004語）
田中重太郎編『校本枕冊子』
⑬ 源氏物語（1,945語）
池田亀鑑編『源氏物語大成　校異編』

＊(　)内数字は各語彙表の収録語数、先頭の丸数字は、同語の優先順位を表す。
＊下線部は本書で用いる略称である。また、解説は現代表記を用いるが、必要に応じて研究篇に使用されている旧字体、歴史的仮名使いを用いることもある。
＊語数総計91,066語、そのうち、①〜⑥(漢文系資料)は85,265語、⑦〜⑬(和文系資料)が5,801語である。

1. 語の情報

語彙表は漢語の見出しと、研究篇での所在ページを示す。

2. 語の認定

語は研究篇の各語の単語見出しのとおりである。やや長めと思われる年月日や役職名（…兼…）などが現われるが、研究篇のとおりである。

3. 語の表示

語の表記は、なるべく研究篇を尊重するが、コンピュータ（Unicode）に採録されていない漢字（外字）や探し当てられなかった漢字で、漢和辞典（講談社「新大字典」、角川書店「新字源」等に別字、異字、俗字などとあってそれがUnicodeに採録されている場合は、その漢字を用い、その字の後に＊印を付した。それ以外の漢字は作字した。

4. 語の配列

研究篇の13の語彙表は、配列や表記（読み方など）が統一されておらず、コンピュータで編集するにあたって配列の規準を改めて設けた。

1）先頭の文字の音順に並べた。これは研究篇でも語が読み順に並んでいることから、比較的容易に確定できる。読み方が同じ漢字の場合は、Unicode順(漢和辞典の配列と、おおむね一致している)とした。一字目が外字の場合も読みは研究篇により、部首が同じで、画数が同じか一つ多い漢字の場所に入るようにした。配列のための機械情報(第1キー)は「あ　阿」「あい　愛」「ちやう　長」のように、「平仮名(1〜4字)スペース漢字または仮名(1字)」の形で付けた。⑦〜⑬の和文系作品は、平仮名で書かれたものが多いが、漢字が当てられているものは漢字、当てられていないものは平仮名を用いた。

2）先頭の漢字が同じ場合は出現した語形で並べたが、二字目以降の漢字は読み方が確定できないものが多いので、Unicode(見出し語)順に並べた(第2キー)。二字目が外字の場合は、一字目の漢字の語列の先頭のほうに配置されることになる。

3）配列は研究篇とはかなり違うものがあるが、音読みは研究篇のとおりだし、所在ページを示してあるので、それをもとに検索されたい。

5. サ変動詞と形容動詞について

漢語についたサ変動詞は漢文系資料では終止形「す」に変換して示した。和文系資料では出現した活用形をそのまま残した。語形や複合語の語構成が分からない場合があるからである。漢語に「たり」「なり」等の付いたいわゆる形容動詞は語尾を切り捨て、体言として扱った。

6. 和文系索引について

和文系資料は、混種語が多く、配列も一定していないので、総合索引のあとに、和文系索引を併せて掲載することにした。和文系資料の漢語研究に役立てられれば本望である。

総合索引

見出し	出典	所在頁
【あ】		
あかしの入道	源氏	正840
あがたの院	蜻蛉	正747
あしろ屛風	源氏	正840
あふみの掾	宇津	正708
あまかつ様のもの	源氏	正840
ありとほしの明神	枕冊	正776
あり様	宇津	正708
あり様	蜻蛉	正747
あり様	源氏	正840
亜	論語	正54
亜飯	論語	正54
亜夫	文選	正118
啞啞	白氏	續208
啞啞	白氏	續208
阿	白氏	續209
阿郙	文選	正118
阿育	本朝	正485
阿逸多	法華	正418
阿衛	白氏	續209
阿王	白氏	續209
阿閣	文選	正118
阿閣	白氏	續209
阿監	白氏	續209
阿衡	文選	正118
阿衡	本朝	正485
阿姉	白氏	續209
阿私仙	法華	正418
阿縞	文選	正118
阿修羅	法華	正418
阿修羅	宇津	正708
阿修羅道	法華	正418
阿新	白氏	續209
阿僧祇	法華	正418
阿都	文選	正118
阿那	文選	正118
阿那含	法華	正418
阿那律	白氏	續209
阿軟	白氏	續209
阿難	法華	正418
阿難	白氏	續209
阿難	源氏	正840
阿尾	本朝	正485
阿鼻	本朝	正485
阿鼻地	本朝	正485
阿鼻地獄	法華	正418
阿保	文選	正118
阿房	文選	正118
阿弥陀	本朝	正485
阿弥陀経	本朝	正485
阿弥陀等	本朝	正485
阿弥陀如来	本朝	正485
阿弥陀佛	本朝	正485
阿羅	白氏	續209
阿羅漢	法華	正418
阿羅漢果	法華	正418
阿憐	白氏	續209
阿連	白氏	續209
阿姨	白氏	續209
阿崔	白氏	續209
阿彌陀	法華	正418
阿彌陀	白氏	續209
阿彌陀	源氏	正840
阿彌陀の大呪	枕冊	正776
阿彌陀の大呪	源氏	正840
阿彌陀の峯	枕冊	正776
阿彌陀ほとけ	源氏	正840
阿彌陀三昧	宇津	正708
阿彌陀佛	法華	正418
阿彌陀佛	白氏	續209
阿彌陀經	白氏	續209
阿耨	本朝	正485
阿耨多羅三藐三菩提	法華	正418
阿耨菩提	本朝	正485
阿闍世王	本朝	正485
阿闍梨	本朝	正485
阿闍梨	宇津	正708
阿闍梨	枕冊	正776
阿闍梨	源氏	正840
阿闍梨たち	源氏	正840
阿闍梨とも	源氏	正840
阿黨	論語	正54
阿龜	白氏	續209
阿緆*	文選	正118
阿閦	法華	正418
按察使	宇津	正708
按察使	源氏	正840
按察使のきみ	宇津	正708
按察使の君	源氏	正840
按察使の大納言	蜻蛉	正747
按察使大納言	源氏	正840
按察使殿	蜻蛉	正747
案内する	蜻蛉	正747
窪	白氏	續208
窪樽	白氏	續208
網代屛風	蜻蛉	正747
網代屛風	枕冊	正776
亞伊	白氏	續208
亞枝	白氏	續208
亞相	本朝	正485
亞相	白氏	續208
亞竹	白氏	續208
亞夫營	白氏	續208
亞理	白氏	續208
亞列	白氏	續208
亞將	本朝	正485
哇咬	文選	正118
婀娜	遊仙	正88
婀娜	文選	正118
婀娜	白氏	續208
痾恙	本朝	正485
閼伽	源氏	正840
閼伽杯	源氏	正840
妸娜	文選	正118

婭姹　遊仙　正88
鴟九　白氏　續209
鴟九劍　白氏　續209
鴟頭　白氏　續209
鼃　白氏　續209
娃　白氏　續209
娃館　白氏　續209
娃宮　白氏　續209
哀　論語　正54
哀　文選　正118
哀　白氏　續209
哀す　文選　正118
哀哀　文選　正118
哀哀す　文選　正118
哀淫　白氏　續209
哀怨　文選　正119
哀怨　白氏　續209
哀怨す　白氏　續209
哀猿　白氏　續209
哀音　文選　正118
哀歌す　文選　正118
哀感　白氏　續209
哀許　本朝　正485
哀響　文選　正118
哀禽　文選　正118
哀吟す　文選　正118
哀吟非難す　白氏　續209
哀敬　文選　正118
哀敬　白氏　續209
哀激す　文選　正118
哀弦　白氏　續209
哀公　論語　正54
哀荒　文選　正118
哀鴻　文選　正118
哀懇　白氏　續209
哀祭文　白氏　續209
哀策　文選　正118
哀察　文選　正118
哀子　文選　正118
哀志　文選　正118
哀詞　白氏　續209
哀主　文選　正118
哀傷　文選　正118
哀傷　本朝　正485
哀情　文選　正118
哀情　本朝　正485
哀情　白氏　續209
哀人　文選　正118
哀戚す　白氏　續209
哀贈　本朝　正485
哀歎す　文選　正118
哀痛　白氏　續209
哀帝　文選　正118
哀動す　白氏　續209
哀晩す　白氏　續209
哀風　文選　正119
哀憤　文選　正119
哀平　文選　正119
哀慕　文選　正119
哀慕　白氏　續209
哀没　本朝　正485
哀鳴　白氏　續209
哀鳴す　白氏　續209
哀臨　白氏　續209
哀憐　本朝　正485
哀憐す　本朝　正485
哀憐す　白氏　續209
哀牢　文選　正119
哀冤　白氏　續209
哀哇　文選　正118
哀毀　白氏　續209
哀毀す　白氏　續209
哀毀孝敬す　白氏　續209
哀壑　文選　正118
哀姜　文選　正118
哀彈　文選　正118
哀惶す　白氏　續209
哀慙　白氏　續209
哀慟　本朝　正485
哀慟す　白氏　續209
哀榮　白氏　續209
哀榮す　白氏　續209
哀樂　文選　正119
哀樂　本朝　正485
哀樂　白氏　續209
哀鬱す　文選　正118
哀殘す　白氏　續209
哀煢　文選　正118
哀矜　文選　正118
哀矜　本朝　正485
哀矜　白氏　續209
哀矜す　論語　正54
哀矜す　文選　正118
哀矜す　白氏　續209
哀箏　文選　正118
哀聲　文選　正118
哀聲す　白氏　續209
哀厲す　文選　正119
哀亹　白氏　續209
哀狖　文選　正118
哀猨　文選　正119
愛　論語　正54
愛　文選　正119
愛　法華　正418
愛　本朝　正485
愛　白氏　續209
愛　宇津　正708
愛す　論語　正54
愛す　遊仙　正88
愛す　文選　正119
愛す　法華　正418
愛す　本朝　正485
愛す　白氏　續209
愛愛緣　白氏　續209
愛惡　文選　正119
愛畏柔服す　白氏　續209
愛詠す　白氏　續210
愛河　本朝　正485
愛海　本朝　正485
愛翫　本朝　正485

愛翫す	本朝	正485
愛翫す	白氏	續209
愛妓	白氏	續209
愛敬	文選	正119
愛敬	宇津	正708
愛敬	枕冊	正776
愛敬	源氏	正840
愛敬す	法華	正418
愛敬つき	宇津	正708
愛敬つき	枕冊	正776
愛敬つき	源氏	正840
愛敬なけ	源氏	正840
愛敬なし	枕冊	正776
愛敬なし	源氏	正840
愛敬をくれ	枕冊	正776
愛顧	文選	正119
愛護す	白氏	續209
愛殺す	白氏	續209
愛子	文選	正119
愛子	本朝	正485
愛子	白氏	續209
愛子	宇津	正708
愛子とも	宇津	正708
愛執	本朝	正485
愛執	源氏	正840
愛重す	白氏	續210
愛妾	文選	正119
愛妾	白氏	續209
愛賞	本朝	正485
愛人	白氏	續209
愛惜	白氏	續209
愛惜す	文選	正119
愛惜す	白氏	續209
愛憎	文選	正119
愛憎	法華	正418
愛憎	本朝	正485
愛憎	白氏	續209
愛憎す	白氏	續209
愛登羅汨没密毗伽保義可汗	白氏	續210
愛日	本朝	正485
愛別離苦	法華	正418
愛養す	白氏	續210
愛欲	法華	正418
愛流	文選	正119
愛憐す	本朝	正485
愛兒	本朝	正485
愛壻	白氏	續209
愛惡	白氏	續210
愛戀	白氏	續210
愛樂す	法華	正418
愛貪	白氏	續209
御愛敬	源氏	正840
御愛子	宇津	正708
相愛す	白氏	續209
曖	白氏	續210
埃塵	文選	正119
埃塵	白氏	續209
埃風	文選	正119
埃靄	文選	正119
埃𡏖	文選	正119
埃𡏖す	文選	正119
曖	文選	正119
曖昧	文選	正119
曖昧	本朝	正485
曖昧	白氏	續210
曖曖	文選	正119
曖曖	本朝	正485
痕痿す	文選	正119
穢	文選	正119
藹	文選	正119
藹	白氏	續210
藹然	白氏	續210
藹藹	文選	正119
藹藹	白氏	續210
阨災	文選	正119
阨僻	文選	正119
隘	文選	正119
隘巷	文選	正119
隘峽	文選	正119
隘陋	文選	正119
靄	文選	正119
靄	白氏	續210
靄靄	白氏	續210
涘	文選	正119
磈磥	文選	正119
薆然	文選	正119
餲す	論語	正54
央央	文選	正119
奧	論語	正54
奧	本朝	正485
奧いか	枕冊	正776
奧なかり	蜻蛉	正747
奧なく	源氏	正840
奧より	枕冊	正776
奧よる	宇津	正708
奧竈	本朝	正485
奧寄り	蜻蛉	正747
奧寄り	源氏	正840
奧義	本朝	正485
奧州	本朝	正485
奧區	本朝	正485
奧學	本朝	正485
奧藏	本朝	正485
鴨頭	遊仙	正88
譻譻	文選	正119
嚶	文選	正119
嚶鳴	文選	正119
嚶鳴	本朝	正485
嚶嚶	文選	正119
嚶嚶	白氏	續210
嚶聲	文選	正119
奧	文選	正119
奧	白氏	續210
奧宇	文選	正119
奧義	文選	正119
奧義	白氏	續210
奧主	文選	正119
奧絶	文選	正119
奧博	白氏	續210

奥秘 文選 正119
奥秘 白氏 續210
奥法 白氏 續210
奥區 文選 正119
奥區 白氏 續210
奥壌 文選 正119
奥壌 白氏 續210
奥屏 文選 正119
快快 文選 正119
快振 文選 正119
快快 白氏 續210
快快惻惻 白氏 續210
懊惱 白氏 續210
懊惱す 法華 正418
櫻杏 白氏 續210
櫻花 本朝 正485
櫻笠 本朝 正485
櫻胡 文選 正119
櫻樹 本朝 正485
櫻桃 文選 正119
櫻桃 白氏 續210
櫻桃花 白氏 續210
櫻桃樹下 白氏 續210
櫻桃島 白氏 續210
櫻梅 文選 正119
殃 白氏 續210
殃禍 白氏 續210
殃罰 白氏 續210
泱 文選 正119
泱漭 文選 正119
鞅 白氏 續210
鞅掌 白氏 續210
鴦 文選 正119
鴦瓦 本朝 正485
鶯 白氏 續210
鶯花 白氏 續210
鶯語 白氏 續210
鸚 白氏 續210
鸚鵡 遊仙 正88
鸚鵡 文選 正119
鸚鵡 本朝 正485
鸚鵡 白氏 續210
鸚鵡 宇津 正708
鸚鵡 枕冊 正776
鸚鵡洲 白氏 續210
鸚鵡鳥 白氏 續210
鸚螺 文選 正119
鸚盞 本朝 正485
麌胎 文選 正119
坱 文選 正119
坱圠 文選 正119
嫈嫇 遊仙 正88
柍柘 文選 正119
軮軋 文選 正119
隩 文選 正119
隩隅 文選 正119
隩區 文選 正119
鸎 白氏 續210
鸎花 本朝 正485
鸎華 本朝 正485
鸎語 本朝 正485
鸎舌 本朝 正485
鸎聲 本朝 正485
鸎謌 本朝 正485
鸎花 白氏 續210
鸎語 白氏 續210
鸎侶 白氏 續210
鸎語 白氏 續210
鸎舌 白氏 續210
鸎鳴 文選 正119
赤袈裟 枕冊 正776
悪 論語 正54
悪 文選 正119
悪 法華 正418
悪 宇津 正708
悪衣 論語 正54
悪眼 本朝 正485
悪鬼 法華 正418
悪逆 本朝 正485
悪業 法華 正418
悪業 本朝 正485
悪言 論語 正54
悪言 文選 正119
悪言 法華 正418
悪口 法華 正418
悪口す 法華 正418
悪子 文選 正119
悪疾 論語 正54
悪者 法華 正418
悪種 本朝 正485
悪趣 法華 正418
悪趣 本朝 正485
悪食 論語 正54
悪心 法華 正418
悪人 文選 正119
悪人 法華 正418
悪世 法華 正418
悪僧 本朝 正485
悪知識 法華 正418
悪地 文選 正119
悪奴 本朝 正485
悪道 法華 正418
悪毒 宇津 正708
悪念 宇津 正708
悪法 文選 正119
悪法 本朝 正485
悪魔 法華 正418
悪魔国 宇津 正708
悪木 文選 正119
悪欲 文選 正119
悪亂 文選 正119
悪來 文選 正119
悪來革 文選 正119
悪處 法華 正418
悪獸 法華 正418
悪靈 源氏 正840
握 白氏 續210
握粟 白氏 續210
握持 白氏 續210
握珠 白氏 續210

握中	文選	正119
握中	白氏	續210
握符	本朝	正485
握澤	白氏	續210
渥	文選	正119
渥	本朝	正485
渥恩	文選	正119
渥飾	文選	正119
渥丹	白氏	續210
渥露	文選	正119
渥惠	文選	正119
渥洽	文選	正119
渥澤	本朝	正485
渥澤疊洽す	白氏	續210
朝座	源氏	正840
厄	文選	正119
厄運	文選	正119
厄勤す	文選	正119
厄會	文選	正119
幄	文選	正119
幄	宇津	正708
幄ども	宇津	正708
幄ら	宇津	正708
幄中	文選	正119
幄中	白氏	續210
幄幕	白氏	續210
幄幙	文選	正119
悪	本朝	正485
悪	白氏	續210
悪詩	白氏	續210
悪鳥	白氏	續210
悪道	白氏	續210
悪苗	白氏	續210
悪風	白氏	續210
悪風浪	白氏	續210
悪稔	白氏	續210
扼腕	文選	正119
齷齪	文選	正119
齷齪	白氏	續210
齷齪す	文選	正119
偓佺	文選	正119
喔咿	白氏	續210
喔喔	白氏	續210
遊び興じ	宇津	正708
斡す	白氏	續210
斡運す	文選	正119
斡流す	文選	正119
窫窳す	文選	正119
壓	白氏	續210
壓す	白氏	續210
壓捺	白氏	續210
碣硈	文選	正119
相軋す	白氏	續210
軋	文選	正119
軋盤	文選	正119
軋軋	文選	正119
遏す	白氏	續210
遏雲	本朝	正485
遏絶す	白氏	續210
遏密	本朝	正485
閼伯	文選	正119
匼匝	白氏	續210
押獵	白氏	續210
押衙	白氏	續210
鴨河	本朝	正485
鴨群	白氏	續210
鴨雛	白氏	續210
壓す	文選	正120
壓降	文選	正120
扇拍子	宇津	正708
襖子	宇津	正708
青磁	枕冊	正776
安	文選	正120
安	白氏	續211
安(人名)	文選	正120
安(人名)	白氏	續211
安す	文選	正120
安す	本朝	正485
安慰	白氏	續211
安慰す	法華	正418
安慰す	本朝	正485
安慰す	白氏	續211
安逸	文選	正120
安逸	白氏	續211
安逸	白氏	續211
安逸す	文選	正120
安王府	白氏	續211
安穏	遊仙	正88
安穏	法華	正418
安暇	文選	正120
安歌	文選	正120
安閑	本朝	正485
安閑	白氏	續211
安危	文選	正120
安危	白氏	續211
安期	文選	正120
安期羨門	白氏	續211
安吉	白氏	續211
安給す	白氏	續211
安居	論語	正54
安居	本朝	正485
安居	白氏	續211
安居す	文選	正120
安郷亭候	論語	正54
安慶雲	白氏	續211
安胡	文選	正120
安侯	文選	正120
安公	本朝	正485
安坐す	法華	正418
安坐す	白氏	續211
安塞軍	白氏	續211
安塞軍使	白氏	續211
安朔	文選	正120
安師	白氏	續211
安車	白氏	續211
安州	白氏	續211
安輯	白氏	續211
安集す	文選	正120
安住す	法華	正418
安勝	白氏	續211

安昌　文選　正120
安昌侯　論語　正54
安祥寺　伊勢　正649
安城　文選　正120
安寝す　文選　正120
安仁　文選　正120
安仁　白氏　續211
安世　文選　正120
安西　文選　正120
安西　白氏　續211
安静　論語　正54
安石　白氏　續211
安然　白氏　續211
安全　文選　正120
安全　本朝　正485
安全　白氏　續211
安存す　白氏　續211
安妥　白氏　續211
安泰　白氏　續211
安置　遊仙　正88
安置　本朝　正485
安置　白氏　續211
安置す　遊仙　正88
安置す　本朝　正485
安置す　白氏　續211
安勅氏　本朝　正485
安定　文選　正120
安定　白氏　續211
安定(地名)　文選　正120
安定縣　白氏　續211
安適　白氏　續211
安適す　白氏　續211
安堵す　白氏　續211
安土　白氏　續211
安南　文選　正120
安南　白氏　續211
安日　白氏　續211
安寧　論語　正54
安寧　文選　正120
安寧　白氏　續211
安念　文選　正120
安排　白氏　續211
安否　白氏　續211
安福寺　白氏　續211
安平　本朝　正485
安平(人名)　文選　正120
安平(地名)　文選　正120
安平王　本朝　正485
安便　白氏　續211
安歩　文選　正120
安本忠　本朝　正485
安枕　遊仙　正88
安眠す　白氏　續211
安邑　本朝　正485
安邑里　白氏　續211
安陽　文選　正120
安陽　白氏　續211
安養　本朝　正485
安養す　白氏　續211
安理す　白氏　續211
安陸　文選　正120
安陸　白氏　續211
安立　白氏　續211
安陵　文選　正120
安禄山　白氏　續211
安和二年　本朝　正485
安和二年正月八日　本朝　正485
安豫　文選　正120
安處　文選　正120
安處す　文選　正120
安處先生　文選　正120
安國　文選　正120
安國(人名)　文選　正120
安國寺　白氏　續211
安寐　文選　正120
安寢す　白氏　續211
安憮す　白氏　續211
安憮使　白氏　續211
安憮判官　白氏　續211
安樂　文選　正120
安樂　法華　正418
安樂　本朝　正485
安樂　白氏　續211
安樂(地名)　白氏　續211
安樂す　文選　正120
安樂す　法華　正418
安樂界　本朝　正485
安樂世界　法華　正418
安樂國　本朝　正485
安禪す　白氏　續211
安穩　本朝　正485
安穩　白氏　續211
安緝　白氏　續211
安緝す　本朝　正485
安迹　白氏　續211
安邊　白氏　續211
安閒　白氏　續211
安坻す　文選　正120
按　白氏　續211
按す　文選　正120
按す　白氏　續211
按す　竹取　正635
按する　源氏　正840
按察使　本朝　正486
按察使　白氏　續211
按牘*　白氏　續211
按驗す　白氏　續211
暗　本朝　正486
暗　白氏　續211
暗雨　本朝　正486
暗火　白氏　續212
暗脚　本朝　正486
暗恨　白氏　續212
暗魂　本朝　正486
暗室　本朝　正486
暗質　本朝　正486
暗塵　白氏　續212
暗天　本朝　正486
暗冥　本朝　正486

暗夜　本朝　正486
暗懦　本朝　正486
暗曖　文選　正119
暗蟲　本朝　正486
暗陋　本朝　正486
暗啞　白氏　續212
案　文選　正120
案　本朝　正486
案　白氏　續212
案　伊勢　正649
案　源氏　正840
案す　文選　正120
案す　白氏　續212
案ず　本朝　正486
案上　白氏　續212
案頭　本朝　正486
案頭　白氏　續212
案内　本朝　正486
案内　宇津　正708
案内　枕冊　正776
案内　源氏　正840
案内し　宇津　正708
案内し　源氏　正840
案内す　枕冊　正776
案几　白氏　續212
案據　本朝　正486
案衍　文選　正120
案衍夷靡　文選　正120
案衍陸離　文選　正120
案牘　本朝　正486
案牘*　白氏　續212
闇　白氏　續212
闇花　白氏　續212
闇蛾　白氏　續212
闇鏡　白氏　續212
闇金　白氏　續212
闇香　白氏　續212
闇忽　文選　正119
闇坐　白氏　續212
闇思　白氏　續212
闇弱　文選　正119
闇主　文選　正119
闇彰　白氏　續212
闇塵　白氏　續212
闇雛　白氏　續212
闇船　白氏　續212
闇然　文選　正119
闇然　白氏　續212
闇窓　白氏　續212
闇苔　白氏　續212
闇淡　白氏　續212
闇鳥　白氏　續212
闇漠　文選　正119
闇漠感突す　文選　正119
闇風　白氏　續212
闇復す　文選　正119
闇蔽　本朝　正486
闇昧　文選　正119
闇野　文選　正119
闇留す　白氏　續212
闇劣　文選　正119
闇浪　白氏　續212
闇漏　白氏　續212
闇懦　白氏　續212
闇條　文選　正119
闇澹　白氏　續212
闇聲　白氏　續212
闇藹　文選　正119
闇蛩　白氏　續212
鞍　白氏　續212
鞌　文選　正120
鞌甲　文選　正120
鞌馬　文選　正120
鞌馬　白氏　續212
鞍轡　白氏　續212
鞍馬　文選　正120
鞍馬　白氏　續212
婄姤　遊仙　正88
行宮　白氏　續212
點淺　文選　正120
晏　白氏　續211
晏安す　文選　正120
晏嬰　文選　正120
晏嬰　白氏　續211
晏駕　本朝　正486
晏駕　白氏　續211
晏駕す　文選　正120
晏駕す　白氏　續211
晏起(人名)　白氏　續211
晏起す　白氏　續211
晏坐す　白氏　續211
晏然　文選　正120
晏然　本朝　正486
晏然　白氏　續211
晏如　文選　正120
晏如　白氏　續211
晏平　文選　正120
晏平仲　論語　正54
晏平仲　本朝　正486
罨畫す　白氏　續210
罯　白氏　續212
菴藺　文選　正119
菴園　本朝　正486
菴菓　本朝　正486
菴藹　文選　正119
諳詳　白氏　續212
諳藹　文選　正119
䨄靄　白氏　續212
黯　白氏　續212
黯(人名)　白氏　續212
黯す　白氏　續212
黯然　文選　正120
黯然　白氏　續212
黯黯　白氏　續212
愔愔　文選　正119
晻曖　文選　正119
晻藹　文選　正119
桉　本朝　正486
晻薆　文選　正119
鷃　白氏　續212

【い】

いか様	宇津	正708
いか様	蜻蛉	正747
いか様	枕冊	正776
いか様	源氏	正840
いせの御	源氏	正840
いつもの權のかみときかたの朝臣	源氏	正840
いはもる中將	源氏	正840
いひ調ぜ	宇津	正708
いま一番	宇津	正708
いま内裏	枕冊	正776
いま様	源氏	正840
いま様いろ	源氏	正840
いま様たち	源氏	正840
いま様色	宇津	正708
いよの御封	宇津	正708
御いのりの師	源氏	正840
御いのりの師とも	源氏	正840
御いま様色	宇津	正708
以往	本朝	正486
以下	論語	正54
以下	本朝	正486
以下	白氏	續212
以外	本朝	正486
以言	本朝	正486
以後	本朝	正486
以後	白氏	續212
以上	論語	正54
以上	文選	正120
以上	本朝	正486
以上	白氏	續212
以西	文選	正120
以前	文選	正120
以前	本朝	正486
以前	白氏	續212
以東	本朝	正486
以南	白氏	續212
以聞	文選	正120
以聞す	文選	正120
以聞す	本朝	正486
以聞す	白氏	續212
以北	本朝	正486
以來	白氏	續212
伊(人名)	白氏	續212
伊(地名)	白氏	續212
伊澂	文選	正120
伊依嫋嫋	白氏	續212
伊欝	文選	正120
伊欝す	文選	正120
伊河	白氏	續212
伊澗	白氏	續212
伊管	文選	正120
伊顔	文選	正120
伊渠	白氏	續212
伊公	文選	正120
伊衡	本朝	正486
伊穀	文選	正120
伊皐	白氏	續212
伊周	文選	正120
伊周	本朝	正486
伊州	本朝	正486
伊州	白氏	續212
伊渉	文選	正120
伊上	白氏	續212
伊水	文選	正120
伊水	白氏	續212
伊嵩	白氏	續212
伊生	文選	正120
伊川	文選	正120
伊川	白氏	續212
伊唐	文選	正120
伊望	文選	正120
伊洛	文選	正120
伊洛	白氏	續212
伊流	白氏	續212
伊呂	文選	正120
伊呂	本朝	正486
伊呂	白氏	續212
伊浪	白氏	續212
伊尹	文選	正120
伊尹	本朝	正486
伊摯	文選	正120
伊闕	文選	正120
伊闕(人名)	白氏	續212
伊闕(地名)	白氏	續212
伊闕山	白氏	續212
伊闕縣	白氏	續212
伊陟	本朝	正486
伊霍	文選	正120
伊戻	文選	正120
依す	白氏	續212
依依	文選	正120
依依	白氏	續212
依々	遊仙	正88
依々	本朝	正486
依依然	白氏	續212
依々然	本朝	正486
依依然欣欣然	白氏	續213
依違す	文選	正120
依違す	本朝	正486
依違す	白氏	續213
依違嫌讓す	文選	正120
依稀	白氏	續213
依稀す	白氏	續213
依仁	白氏	續213
依仁臺	白氏	續213
依前	白氏	續213
依然	本朝	正486
依然	白氏	續213
依然す	文選	正120
依託	白氏	續213
依約す	白氏	續213
依頼す	本朝	正486
依怙	本朝	正486
相依す	白氏	續212
夷	論語	正54
夷	文選	正120

夷　白氏　續213
夷(人名)　文選　正120
夷す　文選　正120
夷易　文選　正120
夷逸　論語　正54
夷遠　文選　正121
夷王　文選　正121
夷夏　白氏　續213
夷歌　文選　正120
夷歌　白氏　續213
夷雅　文選　正120
夷儀　文選　正120
夷吾　文選　正120
夷庚　文選　正120
夷叔　文選　正120
夷世　文選　正120
夷滅す　文選　正120
夷門　文選　正120
夷猶す　文選　正120
夷落　文選　正120
夷陸　文選　正121
夷隆　文選　正121
夷路　文選　正121
夷徽　文選　正120
夷惠　文選　正120
夷戮す　文選　正121
夷敞　文選　正120
夷晏　文選　正120
夷泯す　文選　正120
夷狄　論語　正54
夷狄　文選　正120
夷皓　文選　正120
夷皐　文選　正120
夷陂　文選　正120
夷險　文選　正120
夷齊　文選　正120
夷羿　文選　正120
委付す　法華　正418
惟越　本朝　正486
惟寛　白氏　續213
惟重　白氏　續213
惟裳　論語　正55
惟塵　文選　正121
惟忠禪*師　白氏　續213
惟薄　本朝　正486
惟良　文選　正121
惟良　白氏　續213
惟儉等　白氏　續213
意　文選　正121
意　本朝　正486
意　白氏　續213
意外　本朝　正486
意外　白氏　續213
意義　文選　正121
意見　本朝　正486
意見封事　本朝　正486
意思　白氏　續213
意趣　法華　正418
意趣　本朝　正486
意樹　本朝　正486
意緒　本朝　正486
意緒　白氏　續213
意勝　文選　正121
意匠　本朝　正486
意色　白氏　續213
意生　文選　正121
意聖　本朝　正486
意製　文選　正121
意態　白氏　續213
意念　文選　正121
意變齊同す　文選　正121
意氣　文選　正121
意氣　本朝　正486
意氣　白氏　續213
意蘂　本朝　正486
意中　白氏　續213
易　論語　正55
易　白氏　續213
易安　文選　正122
易簡　文選　正122
易簡　白氏　續213
易退　白氏　續213
易直　白氏　續213
易道　文選　正122
易方　白氏　續213
易路　文選　正122
易辭す　文選　正122
椅桐　文選　正121
椅梧　文選　正121
異　文選　正121
異　法華　正418
異　本朝　正486
異　白氏　續213
異(人名)　文選　正121
異す　文選　正121
異す　白氏　續214
異域　文選　正121
異域　本朝　正486
異貨　白氏　續214
異妓　文選　正121
異義　論語　正55
異郷　文選　正121
異形　文選　正121
異見　白氏　續214
異言　文選　正121
異口　白氏　續214
異口同音　本朝　正486
異彩　白氏　續214
異才　文選　正121
異材　文選　正121
異肴　文選　正121
異事　論語　正55
異時　本朝　正486
異時　白氏　續214
異種　遊仙　正88
異書　文選　正121
異賞　本朝　正486
異常　遊仙　正88
異常　文選　正121
異心　論語　正55

異人 文選 正121
異世 文選 正121
異世 白氏 續214
異姓 文選 正121
異政 白氏 續214
異跡 白氏 續214
異膳 白氏 續214
異操 文選 正121
異草 本朝 正486
異草 白氏 續214
異俗 文選 正121
異俗 本朝 正486
異族 文選 正121
異族 白氏 續214
異態 白氏 續214
異代 文選 正121
異代 本朝 正486
異端 論語 正55
異端 文選 正121
異端 白氏 續214
異等 文選 正121
異等 白氏 續214
異同 論語 正55
異同 遊仙 正88
異同 文選 正121
異同 本朝 正486
異同 白氏 續214
異徳 文選 正121
異日 白氏 續214
異能 文選 正121
異風 白氏 續214
異物 文選 正121
異物 本朝 正486
異物 白氏 續214
異文 白氏 續214
異聞 論語 正55
異方 文選 正121
異方 本朝 正486
異方 白氏 續214
異邦 論語 正55
異望 文選 正121
異味 白氏 續214
異牟尋 白氏 續214
異名 法華 正418
異倫 文選 正121
異類 文選 正121
異類 本朝 正486
異類 白氏 續214
異路 白氏 續214
異論 文選 正121
異論 本朝 正486
異皃 本朝 正486
異國 文選 正121
異國 法華 正418
異圖 文選 正121
異數 白氏 續214
異氣 文選 正121
異氣 本朝 正486
異綵 本朝 正486
異縣 文選 正121
異躰 本朝 正486
異辭 文選 正121
異體 文選 正121
異黨 文選 正121
異德 白氏 續214
異教 白氏 續214
移 文選 正121
移 本朝 正486
移 白氏 續213
移す 文選 正121
移易す 文選 正121
移改す 白氏 續213
移貫す 白氏 續213
移蟻 白氏 續213
移穀 白氏 續213
移書す 文選 正121
移文 文選 正121
移文 白氏 續213
移轉す 白氏 續213
維御す 文選 正121
維持す 文選 正121
維城 文選 正121
維陽 白氏 續214
維縶 文選 正121
維縶 白氏 續214
維縶す 文選 正121
衣 文選 正121
衣 本朝 正486
衣 白氏 續214
衣粮 白氏 續214
衣架 宇津 正708
衣冠 論語 正55
衣冠 文選 正121
衣冠 本朝 正486
衣冠 白氏 續214
衣巾 文選 正121
衣巾 白氏 續214
衣衿 文選 正121
衣襟 文選 正121
衣裂 白氏 續214
衣工 文選 正121
衣甲 白氏 續214
衣香 白氏 續214
衣綬 白氏 續214
衣裳 遊仙 正88
衣裳 文選 正121
衣裳 本朝 正486
衣裳 白氏 續214
衣裳す 白氏 續214
衣上 白氏 續214
衣食 論語 正55
衣食 文選 正121
衣食 白氏 續214
衣食す 文選 正121
衣袖 白氏 續214
衣帯 文選 正121
衣中 白氏 續214
衣服 論語 正55
衣服 文選 正121
衣服 本朝 正486

衣服　白氏　續214
衣服等　白氏　續214
衣物　文選　正121
衣物　白氏　續214
衣綿す　白氏　續214
衣儲　白氏　續214
衣帶　白氏　續214
衣絮　白氏　續214
衣綵　白氏　續214
衣纓す　遊仙　正88
衣衫　白氏　續214
衣裘　文選　正121
衣裘　白氏　續214
衣裝　本朝　正486
衣裝　白氏　續214
衣輕裘　論語　正55
遺　文選　正122
遺　本朝　正486
遺　白氏　續214
遺哀　本朝　正486
遺愛　論語　正55
遺愛　文選　正122
遺愛　白氏　續214
遺愛寺　白氏　續214
遺衣　文選　正122
遺逸す　白氏　續214
遺韻　文選　正122
遺韻　本朝　正486
遺詠　文選　正122
遺詠　白氏　續215
遺往　文選　正122
遺恩　本朝　正486
遺音　文選　正122
遺音　本朝　正486
遺音　白氏　續214
遺芥　文選　正122
遺骸　白氏　續214
遺館　文選　正122
遺規　文選　正122
遺儀　文選　正122
遺教　文選　正122
遺響　文選　正122
遺業　文選　正122
遺業　本朝　正486
遺曲　白氏　續214
遺訓　文選　正122
遺訓　本朝　正486
遺訓　白氏　續214
遺憲　文選　正122
遺賢　白氏　續214
遺絃　文選　正122
遺言　文選　正122
遺孤　本朝　正486
遺孤　白氏　續214
遺光　文選　正122
遺行　文選　正122
遺恨　本朝　正486
遺恨　白氏　續214
遺策　文選　正122
遺策　白氏　續215
遺札　白氏　續215
遺志　白氏　續215
遺思　文選　正122
遺守　文選　正122
遺種　本朝　正486
遺種　白氏　續215
遺衆　文選　正122
遺醜　文選　正122
遺書　文選　正122
遺書　白氏　續215
遺詔　白氏　續215
遺詔す　文選　正122
遺象　文選　正122
遺情　文選　正122
遺塵　文選　正122
遺塵　本朝　正487
遺制　文選　正122
遺制　白氏　續215
遺誓す　文選　正122
遺籍　文選　正122
遺績　本朝　正486
遺跡　文選　正122
遺跡　本朝　正486
遺跡　白氏　續215
遺占　文選　正122
遺疏　白氏　續215
遺操　文選　正122
遺像　文選　正122
遺則　文選　正122
遺存　文選　正122
遺託　文選　正122
遺託　本朝　正487
遺調　本朝　正487
遺直　白氏　續215
遺弟　本朝　正487
遺轍　文選　正122
遺典　文選　正122
遺堵　文選　正122
遺德　文選　正122
遺美　文選　正122
遺美　本朝　正487
遺美　白氏　續215
遺風　文選　正122
遺風　本朝　正487
遺風　白氏　續215
遺文　論語　正55
遺文　文選　正122
遺文　本朝　正487
遺文　白氏　續215
遺篇　文選　正122
遺編　白氏　續215
遺補　白氏　續215
遺法　文選　正122
遺法　白氏　續215
遺芳　文選　正122
遺芳　白氏　續215
遺亡　文選　正122
遺忘す　白氏　續215
遺味　文選　正122
遺民　白氏　續215

遺名	本朝	正487
遺命す	文選	正122
遺約	文選	正122
遺卵	本朝	正487
遺利	白氏	續215
遺慮	文選	正122
遺力	白氏	續215
遺類	文選	正122
遺令	文選	正122
遺例	本朝	正487
遺烈	文選	正122
遺路	本朝	正487
遺漏	白氏	續215
遺老	文選	正122
遺老	白氏	續215
遺囀	文選	正122
遺學	文選	正122
遺寇	文選	正122
遺帛	白氏	續215
遺懷	白氏	續214
遺挂	文選	正122
遺氓	文選	正122
遺簪	白氏	續215
遺聲	文選	正122
遺藹	本朝	正486
遺誡	文選	正122
遺誡す	白氏	續214
遺識	文選	正122
遺蹤	文選	正122
遺蹤	本朝	正486
遺鏃	文選	正122
遺鏃	白氏	續215
遺闕	白氏	續214
遺餘	白氏	續215
遺黎	文選	正122
遺德	本朝	正487
遺敎	本朝	正486
遺孽	本朝	正486
遺孽	白氏	續214
遺謂	文選	正122
一向	源氏	正840
食其	文選	正121
已下	文選	正121
已上	文選	正121
已成	文選	正121
已來	文選	正121
已下	本朝	正486
已下	白氏	續213
已結正	本朝	正486
已後	本朝	正486
已後	白氏	續213
已上	本朝	正486
已上	白氏	續213
已深	白氏	續213
已前	本朝	正486
已前	白氏	續213
已理	白氏	續213
已發覺	本朝	正486
唯	論語	正54
唯一	文選	正120
唯思	本朝	正486
唯然す	本朝	正486
唯唯	文選	正120
豈費	文選	正120
侈靡す	文選	正120
相倚伏す	白氏	續213
倚違	本朝	正486
倚寄	白氏	續213
倚坐す	白氏	續213
倚子	枕冊	正776
倚子	源氏	正840
倚注	白氏	續213
倚注す	白氏	續213
倚天	白氏	續213
倚任	白氏	續213
倚薄す	文選	正120
倚伏	文選	正120
倚伏	本朝	正486
倚伏	白氏	續213
倚伏す	文選	正120
倚伏す	白氏	續213
倚望	白氏	續213
倚望す	白氏	續213
倚仗	白氏	續213
倚廬	文選	正120
倚榜	白氏	續213
倚辯	白氏	續213
倚靡	文選	正120
倚賴	白氏	續213
噫	論語	正54
噫す	白氏	續213
帷	文選	正121
帷蓋	文選	正121
帷軒	文選	正121
帷座	文選	正121
帷席	文選	正121
帷帳	本朝	正486
帷殿	文選	正121
帷薄	文選	正121
帷房	文選	正121
帷幕	文選	正121
帷簾	文選	正121
帷奕す	文選	正121
帷幄	文選	正121
帷幄	本朝	正486
帷牆	文選	正121
帷盍	本朝	正486
帷袵	文選	正121
帷帟	文選	正121
幄扆	文選	正121
怡	白氏	續213
怡悦	白氏	續213
怡悦す	文選	正121
怡然	文選	正121
怡然	本朝	正486
怡蕩	文選	正121
怡蕩	本朝	正486
怡養	文選	正121
怡怡	論語	正54
怡怡	文選	正121

怡怡　白氏　續213
怡怡す　白氏　續213
怡怡如　論語　正55
怡悵す　文選　正121
怡懌す　文選　正121
懿　文選　正121
懿　白氏　續213
懿義　文選　正121
懿乎　文選　正121
懿侯　文選　正121
懿淑　白氏　續213
懿親　文選　正121
懿誠　文選　正121
懿戚　白氏　續213
懿德　文選　正121
懿範　白氏　續213
懿文　白氏　續213
懿茂　文選　正121
懿網　文選　正121
懿律　文選　正121
懿和　文選　正121
懿懿　文選　正121
懿鑠　文選　正121
懿德　白氏　續213
欹危　白氏　續213
洟唾す　本朝　正486
猗頓　文選　正121
猗猗　文選　正121
猗柅　文選　正121
痍傷　文選　正121
詒燕　白氏　續214
貽燕　白氏　續214
貽訓　白氏　續214
貽孫　本朝　正487
貽謀　白氏　續214
醫　白氏　續214
醫す　白氏　續214
醫王　白氏　續214
醫師　白氏　續214
醫術　白氏　續214
醫人　本朝　正487
醫人　白氏　續214
醫療　本朝　正487
醫巫　白氏　續214
醫藥　法華　正418
醫藥　本朝　正487
醫藥　白氏　續214
毉治　白氏　續213
韋賢　論語　正55
饐す　論語　正55
饐　文選　正122
咿嚶す　白氏　續213
圯上　文選　正120
彝器　文選　正121
彝訓　本朝　正486
彝章　文選　正121
彝範　本朝　正486
彝倫　文選　正121
彝綸　本朝　正486
彜　白氏　續213
彜訓　白氏　續213
彜章　白氏　續213
彜典　白氏　續213
彜倫　白氏　續213
扆　文選　正121
扆　白氏　續213
扆旒　白氏　續213
移楊　文選　正122
殔　文選　正121
漪瀾　白氏　續213
荑英　文選　正121
蛜玃　文選　正122
頤養　白氏　續215
頤養す　白氏　續215
飴　文選　正122
黟歙　白氏　續215
右　文選　正123
右す　本朝　正487
右羽林軍統軍　白氏　續216
右羽林軍大將軍　白氏　續216
右羽林大將軍　白氏　續216
右羽林將軍　白氏　續216
右衛上將軍　白氏　續216
右衛率　文選　正123
右衛將軍　文選　正123
右衛將軍　白氏　續216
右轄　白氏　續216
右金吾衛將軍　白氏　續216
右金吾將軍　白氏　續216
右金吾將軍員外置同正員　白氏　續216
右軍　本朝　正487
右軍　白氏　續216
右散騎常騎　白氏　續216
右司馬　文選　正123
右司郎中　白氏　續216
右史　白氏　續216
右拾遺　白氏　續216
右庶子　白氏　續216
右丞　白氏　續216
右丞相　文選　正123
右丞相　白氏　續216
右常侍　白氏　續216
右職　白氏　續216
右神策軍　白氏　續216
右神策軍大將軍　白氏　續216
右神策將軍　白氏　續216
右神武軍大將軍知軍事　白氏　續216
右清道　白氏　續216
右清道率府倉曹　白氏　續216
右清道率府倉曹參軍　白氏　續216
右席　白氏　續216
右族　白氏　續216
右地　白氏　續216
右秩　白氏　續216

右長史　文選　正123
右納史　白氏　續216
右扶風　文選　正123
右補闕　白氏　續216
右輔　白氏　續216
右僕射　文選　正123
右龍武軍　白氏　續216
右龍武軍統軍　白氏　續216
右个　文選　正123
右將軍　源氏　正840
右廂兵馬使　白氏　續216
右廣　白氏　續216
右揆　白氏　續216
右翅　白氏　續216
右貂　文選　正123
右貂　白氏　續216
右趾　白氏　續216
右闥　白氏　續216
右驍衛將軍　白氏　續216
熊　文選　正124
熊君　白氏　續218
熊虎　文選　正124
熊耳　文選　正124
熊羆　本朝　正487
熊孺登　白氏　續218
熊經　本朝　正487
熊羆　文選　正124
熊羆　白氏　續218
熊軾　本朝　正487
熊軾　白氏　續218
熊螭　文選　正124
熊蹯　文選　正124
酉　白氏　續220
酉日　白氏　續220
楢溪　文選　正124
尤異　白氏　續216
尤課　白氏　續216
尤悔　白氏　續216
尤態　白氏　續216
尤物　白氏　續216
尤良　文選　正123
油雲　文選　正124
油雲　白氏　續218
油然　白氏　續218
油素　文選　正124
油油　文選　正124
油油　白氏　續218
油幢　白氏　續218
佑　白氏　續215
優　文選　正123
優　本朝　正487
優　白氏　續215
優　竹取　正635
優　宇津　正708
優　枕冊　正776
優　源氏　正840
優す　文選　正123
優す　本朝　正487
優す　白氏　續215
優渥　文選　正123
優異　本朝　正487
優異　白氏　續215
優異す　本朝　正487
優逸　白氏　續215
優毅　文選　正123
優賢　文選　正123
優賢　白氏　續215
優厚　白氏　續215
優幸　白氏　續215
優賜　白氏　續215
優柔　文選　正123
優柔　白氏　續215
優恕　本朝　正487
優升す　白氏　續215
優詔　白氏　續215
優賞　本朝　正487
優賞　白氏　續215
優賞す　白氏　續215
優愼　文選　正123
優深　白氏　續215
優崇　白氏　續215
優貸　白氏　續215
優貸す　白氏　續215
優秩　白氏　續215
優寵　本朝　正487
優寵　白氏　續215
優寵す　白氏　續215
優暢す　本朝　正487
優長　白氏　續215
優波離　白氏　續215
優遊　文選　正123
優遊　本朝　正487
優遊　白氏　續215
優遊す　本朝　正487
優遊す　白氏　續215
優容　本朝　正487
優容　白氏　續215
優容す　白氏　續215
優養す　白氏　續215
優劣　文選　正123
優劣　本朝　正487
優劣　白氏　續215
優劣す　文選　正123
優老　本朝　正487
優勸　白氏　續215
優奬　白氏　續215
優奬す　白氏　續215
優恤　本朝　正487
優榮　白氏　續215
優洽　文選　正123
優游　白氏　續215
優游す　文選　正123
優游す　白氏　續215
優游流離　文選　正123
優當　文選　正123
優禮　白氏　續215
優禮す　白氏　續215
優穩　白氏　續215
優豐　白氏　續215
優饒　白氏　續215

優閒　白氏　續215
優郵　白氏　續215
優郵す　白氏　續215
勇　白氏　續215
勇果　白氏　續215
勇敢　白氏　續215
勇健　白氏　續215
勇智　白氏　續215
勇夫　白氏　續215
勇憤　白氏　續215
勇力　白氏　續216
勇烈　白氏　續216
勇畧　白氏　續216
友　文選　正123
友　白氏　續216
友愛　白氏　續216
友好　文選　正123
友人　文選　正123
友人　白氏　續216
友生　文選　正123
友悌　文選　正123
友道　文選　正123
友道　本朝　正487
友朋　文選　正123
友朋　本朝　正487
友朋　白氏　續216
友僚　文選　正123
友于　論語　正55
友于　文選　正123
友于　白氏　續216
友俤　白氏　續216
友畧　白氏　續216
宥　文選　正124
宥　白氏　續216
宥過　白氏　續216
宥免　白氏　續216
幽　文選　正122
幽　本朝　正487
幽　白氏　續216
幽闇　白氏　續216
幽意　白氏　續216
幽咽　本朝　正487
幽咽　白氏　續217
幽蔚　文選　正122
幽影　白氏　續217
幽怨　白氏　續217
幽燕　文選　正122
幽燕　白氏　續217
幽遠　文選　正123
幽王　論語　正55
幽王　文選　正123
幽音　白氏　續216
幽介す　文選　正122
幽晦　文選　正122
幽崖　文選　正122
幽隔　文選　正122
幽官　文選　正122
幽閑　文選　正122
幽閑　本朝　正487
幽閑　白氏　續217
幽奇　本朝　正487
幽奇　白氏　續217
幽期　文選　正122
幽期　白氏　續217
幽儀　本朝　正487
幽客　文選　正122
幽居　文選　正122
幽居　白氏　續217
幽居す　文選　正122
幽境　白氏　續217
幽鏡　文選　正122
幽響　文選　正122
幽鍵　文選　正122
幽険　文選　正122
幽玄　本朝　正487
幽戸　文選　正122
幽后　文選　正122
幽巷　文選　正122
幽荒　文選　正122
幽劫す　文選　正122
幽魂　白氏　續217
幽朔　文選　正122
幽山　文選　正122
幽散す　文選　正122
幽讃す　文選　正123
幽賛　文選　正123
幽賛す　本朝　正487
幽姿　文選　正123
幽姿　白氏　續217
幽思　文選　正123
幽思　本朝　正487
幽死す　文選　正123
幽識　文選　正123
幽執　文選　正123
幽執す　文選　正123
幽室　文選　正123
幽若　文選　正123
幽寂　白氏　續217
幽趣　本朝　正487
幽趣　白氏　續217
幽囚　白氏　續217
幽州　文選　正123
幽州　白氏　續217
幽愁　白氏　續217
幽潤　文選　正122
幽渚　文選　正123
幽上人　白氏　續217
幽情　文選　正123
幽情　本朝　正487
幽情　白氏　續217
幽深　文選　正123
幽深　本朝　正487
幽深　白氏　續217
幽神　文選　正123
幽人　文選　正123
幽人　本朝　正487
幽人　白氏　續217
幽尋す　白氏　續217
幽水　本朝　正487
幽星　文選　正123

幽棲　文選　正123
幽棲　本朝　正487
幽棲　白氏　續217
幽棲す　文選　正123
幽栖　文選　正123
幽栖　本朝　正487
幽静　文選　正123
幽石　文選　正123
幽泉　文選　正123
幽泉　白氏　續217
幽阻　文選　正123
幽叢　文選　正122
幽草　文選　正122
幽草　白氏　續217
幽谷　文選　正122
幽谷　本朝　正487
幽致　白氏　續217
幽衷　文選　正123
幽鎮　白氏　續217
幽貞　文選　正123
幽塗　文選　正123
幽都　文選　正123
幽都　白氏　續217
幽堂　文選　正123
幽洞　本朝　正487
幽寧　白氏　續217
幽薄　文選　正123
幽悲す　文選　正123
幽微　文選　正123
幽微　本朝　正487
幽微　白氏　續217
幽阜　文選　正123
幽憤　本朝　正487
幽憤　白氏　續217
幽閉　白氏　續217
幽閉す　白氏　續217
幽僻　本朝　正487
幽僻　白氏　續217
幽暮　文選　正123
幽芳　白氏　續217
幽房　文選　正123
幽昧　文選　正123
幽眠　白氏　續217
幽冥　文選　正123
幽冥　本朝　正487
幽冥　白氏　續217
幽明　文選　正123
幽明　本朝　正487
幽明　白氏　續217
幽茂　文選　正123
幽茂　本朝　正487
幽默　文選　正123
幽門　文選　正123
幽幽　文選　正122
幽憂　白氏　續216
幽蘭　文選　正123
幽蘭　白氏　續217
幽律　文選　正123
幽流す　文選　正123
幽林　文選　正123
幽浪　文選　正123
幽仄　文選　正123
幽會　白氏　續217
幽叟　文選　正122
幽圄　文選　正122
幽墟　文選　正122
幽墟　本朝　正487
幽壑　文選　正122
幽壤　白氏　續217
幽屛　文選　正123
幽岫　文選　正123
幽巖　文選　正122
幽幔　文選　正123
幽懷　白氏　續217
幽浚　文選　正123
幽淪　文選　正123
幽淪す　白氏　續217
幽滯す　白氏　續217
幽獨　文選　正123
幽獨　白氏　續217
幽珮　白氏　續217
幽祗　本朝　正487
幽穩　本朝　正487
幽邃　文選　正123
幽邃　本朝　正487
幽篁　文選　正122
幽簧　文選　正122
幽經　文選　正122
幽緘　文選　正122
幽薊　白氏　續217
幽藪　文選　正123
幽藹　文選　正122
幽蘊　文選　正122
幽蟄　白氏　續217
幽賤　文選　正123
幽贊　白氏　續217
幽贊す　白氏　續217
幽蹊　文選　正122
幽蹊　本朝　正487
幽逈　文選　正122
幽遐　文選　正122
幽遐　白氏　續217
幽闢　文選　正122
幽闥　文選　正123
幽隧　文選　正123
幽墜　本朝　正487
幽隱　文選　正122
幽隱　白氏　續217
幽隴　文選　正123
幽靈　文選　正123
幽靈　本朝　正487
幽靈　白氏　續217
幽靜　白氏　續217
幽靜す　文選　正123
幽顯　本朝　正487
幽顯　白氏　續217
幽厲　文選　正123
幽閒　白氏　續217
幽糞　文選　正122
幽拚　文選　正123

幽穸　白氏　續217
幽縶　白氏　續217
幽縶す　文選　正123
幽賾　文選　正122
幽轕　文選　正122
悠　文選　正123
悠　白氏　續217
悠遠　文選　正123
悠然　文選　正123
悠然　白氏　續217
悠悠　文選　正123
悠悠　白氏　續217
悠々　遊仙　正88
悠々　本朝　正487
悠悠忽忽　文選　正123
悠揚　白氏　續217
悠揚す　白氏　續217
悠邈　文選　正123
憒憒　白氏　續218
憂　文選　正123
憂　本朝　正487
憂　白氏　續217
憂す　白氏　續217
憂愛す　白氏　續217
憂畏　白氏　續217
憂怨　白氏　續218
憂患　論語　正55
憂患　文選　正123
憂患　白氏　續217
憂顔　白氏　續217
憂危　白氏　續218
憂喜　文選　正123
憂喜　本朝　正487
憂喜　白氏　續217
憂喜す　白氏　續217
憂寄　白氏　續217
憂疑す　白氏　續217
憂勤　文選　正123
憂勤　白氏　續217
憂勤す　白氏　續217
憂衿　文選　正123
憂苦　文選　正123
憂苦　本朝　正487
憂苦す　文選　正123
憂虞　白氏　續217
憂虞す　白氏　續217
憂思　文選　正123
憂思　白氏　續218
憂死　白氏　續218
憂愁　白氏　續218
憂愁す　白氏　續218
憂傷　白氏　續218
憂傷す　文選　正123
憂傷す　白氏　續218
憂人　文選　正123
憂人　白氏　續218
憂生　文選　正123
憂責　白氏　續218
憂切　白氏　續218
憂歎　白氏　續218
憂歎す　文選　正123
憂念　文選　正123
憂念　白氏　續218
憂念す　白氏　續218
憂迫　本朝　正487
憂迫　白氏　續218
憂煩　白氏　續218
憂悲　白氏　續218
憂悲す　本朝　正487
憂悲苦惱　白氏　續218
憂病　文選　正123
憂望　白氏　續218
憂悶す　白氏　續218
憂慮　白氏　續218
憂累　白氏　續218
憂勞　本朝　正487
憂勞　白氏　續218
憂勞す　白氏　續218
憂勸　白氏　續218
憂國　白氏　續218
憂毀す　白氏　續218
憂悖　本朝　正487
憂惶　白氏　續217
憂惶す　白氏　續217
憂惱　本朝　正487
憂惱　白氏　續218
憂愧　本朝　正487
憂愧　白氏　續218
憂愧す　白氏　續218
憂慄　文選　正124
憂慙　白氏　續218
憂懷　白氏　續217
憂懣　白氏　續218
憂懼　文選　正123
憂懼　本朝　正487
憂樂　文選　正124
憂樂　白氏　續218
憂歡　白氏　續218
憂矚　白氏　續218
憂讒　白氏　續218
憂軫す　白氏　續218
憂鴈　本朝　正487
憂惕　白氏　續218
憂慼す　文選　正123
憂懾　白氏　續217
憂懾激切　白氏　續217
有　文選　正124
有　本朝　正487
有　白氏　續218
有渰　文選　正124
有す　文選　正124
有す　白氏　續218
有位　白氏　續219
有一　本朝　正487
有夏　文選　正124
有過　文選　正124
有涯　本朝　正487
有葛　白氏　續218
有漢　文選　正124
有客　文選　正124

有虞 文選 正124
有虞 本朝 正487
有熊 文選 正124
有形 文選 正124
有慶 白氏 續218
有紘 白氏 續219
有呉 文選 正124
有後 白氏 續219
有功 文選 正124
有功 白氏 續219
有恒 白氏 續219
有才 白氏 續219
有罪 文選 正124
有罪 白氏 續219
有司 論語 正55
有司 文選 正124
有司 本朝 正487
有司 白氏 續219
有子 論語 正55
有事 白氏 續219
有識 文選 正124
有識 白氏 續219
有七 文選 正124
有若 論語 正55
有若 本朝 正487
有周 文選 正124
有習 本朝 正487
有衆 白氏 續219
有情 白氏 續219
有職 宇津 正708
有職 源氏 正840
有職とも 源氏 正840
有新 文選 正124
有晋 文選 正124
有水 白氏 續219
有成 白氏 續219
有生 文選 正124
有聖 文選 正124
有宋 文選 正124
有恥 本朝 正487
有智 本朝 正487
有秩 文選 正124
有陳謝 白氏 續219
有程 白氏 續219
有唐 白氏 續219
有唐善人 白氏 續219
有道 論語 正55
有道 文選 正124
有道 本朝 正487
有徳 論語 正55
有能 白氏 續219
有苗 文選 正124
有福智 白氏 續219
有方 文選 正124
有亡 文選 正124
有亡 白氏 續219
有無 文選 正124
有無 本朝 正487
有無 白氏 續219
有名 白氏 續219
有命 文選 正124
有木 白氏 續219
有有縁 白氏 續218
有用 本朝 正487
有用 白氏 續219
有用 宇津 正708
有利 白氏 續219
有流 文選 正124
有龍 文選 正124
有梁 文選 正124
有六 文選 正124
有勞 本朝 正487
有國 本朝 正487
有國 白氏 續219
有孚 白氏 續219
有截 本朝 正487
有條 白氏 續219
有殷 文選 正124
有爲 白氏 續219
有耻 白氏 續219
有辭 白氏 續219
有扈 文選 正124
有靜 文選 正124
有餘 文選 正124
有餘 本朝 正487
有餘 白氏 續219
有魏 文選 正124
有黎 文選 正124
有齊 文選 正124
有德 文選 正124
有德 本朝 正487
有德 白氏 續219
有絜 文選 正124
有娀 文選 正124
有巣 本朝 正487
有緣 白氏 續218
有莘氏 文選 正124
有鄠 文選 正124
柚梧 文選 正124
湧出す 白氏 續218
猶 文選 正125
猶子 文選 正125
猶子 本朝 正487
猶豫 文選 正125
猶豫す 文選 正125
猶豫す 本朝 正487
猷 白氏 續218
猷子 白氏 續218
由 文選 正125
由 白氏 續218
由夷 文選 正125
由基 文選 正125
由庚 文選 正125
由余 文選 正125
由來 白氏 續218
由衍 文選 正125
由緣 白氏 續218
裕 文選 正124
裕 白氏 續219
裕裕す 白氏 續219

誘引す	白氏	續219
誘進	本朝	正488
誘接	文選	正124
誘致	白氏	續219
誘導	白氏	續219
誘諭	白氏	續219
誘賂	文選	正124
誘掖す	白氏	續219
誘陷	白氏	續219
遊	白氏	續219
遊す	文選	正125
遊す	本朝	正487
遊す	白氏	續219
遊泳す	白氏	續219
遊宴	本朝	正487
遊宴	白氏	續219
遊宴す	白氏	續219
遊延す	文選	正125
遊化す	文選	正125
遊嬉す	白氏	續219
遊騎	白氏	續219
遊戲	本朝	正488
遊客	白氏	續219
遊魚	本朝	正488
遊魚	白氏	續219
遊極	文選	正125
遊言	遊仙	正88
遊菰	文選	正125
遊幸	本朝	正488
遊行	本朝	正488
遊行	白氏	續219
遊行す	本朝	正488
遊行す	白氏	續219
遊魂	本朝	正488
遊士	文選	正125
遊子	文選	正125
遊子	白氏	續219
遊子	枕冊	正776
遊治	白氏	續219
遊者	文選	正125
遊者	白氏	續219
遊手	本朝	正488
遊集す	文選	正125
遊春	白氏	續219
遊女	遊仙	正88
遊女	本朝	正488
遊賞す	白氏	續219
遊心	白氏	續219
遊人	白氏	續219
遊仙	白氏	續219
遊息	白氏	續219
遊息す	本朝	正488
遊岱	本朝	正488
遊岱	白氏	續219
遊田	文選	正125
遊徒	本朝	正488
遊塔	本朝	正488
遊蕩	本朝	正488
遊蕩	白氏	續219
遊討す	白氏	續219
遊童	文選	正125
遊童	白氏	續219
遊陪す	白氏	續220
遊伴	白氏	續220
遊盤す	文選	正125
遊蜂	本朝	正488
遊蜂	白氏	續220
遊蒙	文選	正125
遊役す	文選	正125
遊覧	本朝	正488
遊猟し	宇津	正708
遊鱗	文選	正125
遊麗	文選	正125
遊豫す	本朝	正488
遊處	文選	正125
遊處	白氏	續219
遊學	本朝	正488
遊宦	文選	正125
遊宦す	白氏	續219
遊戲	文選	正125
遊畋	文選	正125
遊樂	本朝	正488
遊樂	白氏	續220
遊樂す	白氏	續220
遊歡す	白氏	續219
遊氣	文選	正125
遊氣	本朝	正488
遊泛	本朝	正488
遊泛	白氏	續220
遊獵	文選	正125
遊獵	本朝	正488
遊絲	本朝	正488
遊絲	白氏	續219
遊萃す	本朝	正488
遊覽	文選	正125
遊覽す	文選	正125
遊覽す	本朝	正488
遊覽す	白氏	續220
遊觀	文選	正125
遊觀	白氏	續219
遊觀す	白氏	續219
遊讌	文選	正125
遊讌	本朝	正488
遊趙村	白氏	續219
遊遨	文選	正125
遊遨	白氏	續219
遊遨す	文選	正125
遊釣	本朝	正488
遊騁	文選	正125
遊俠	文選	正125
遊歷す	白氏	續220
遊颺	白氏	續220
遊鷗	本朝	正487
郵	白氏	續220
郵亭	白氏	續220
郵夫	白氏	續220
郵吏	白氏	續220
郵傳	白氏	續220
雄	本朝	正488
雄	白氏	續220

雄華　白氏　續220
雄奇　白氏　續220
雄雞　白氏　續220
雄劇　白氏　續220
雄傑　白氏　續220
雄健　白氏　續220
雄豪　白氏　續220
雄才　白氏　續220
雄材　白氏　續220
雄姿　白氏　續220
雄雌　白氏　續220
雄重　白氏　續220
雄伯　本朝　正488
雄飛す　本朝　正488
雄武　白氏　續220
雄文達識　白氏　續220
雄文博學　白氏　續220
雄勇　白氏　續220
雄略　白氏　續220
雄劍　本朝　正488
雄鎭　白氏　續220
雄鎭す　白氏　續220
融　白氏　續219
融す　白氏　續219
融結　本朝　正487
融融　白氏　續219
融融曳曳　白氏　續219
融融洩洩　白氏　續219
幼　本朝　正487
幼孤　本朝　正487
幼主　本朝　正487
幼少　本朝　正487
幼智　本朝　正487
幼稚　本朝　正487
幼日　本朝　正487
幼敏　本朝　正487
幼學　本朝　正487
幼聰　本朝　正487
囿　文選　正123
攸好　白氏　續218
攸司　白氏　續218
攸處　白氏　續218
游　文選　正124
游　白氏　續218
游す　文選　正124
游す　白氏　續218
游雲　文選　正124
游泳　文選　正124
游泳す　文選　正124
游泳す　本朝　正487
游宴　文選　正124
游宴　白氏　續218
游宴す　文選　正124
游夏　文選　正124
游夏　本朝　正487
游閑　文選　正124
游戲　本朝　正487
游客　文選　正124
游魚　文選　正124
游魚　白氏　續218
游極　文選　正124
游禽　文選　正124
游紘*　文選　正124
游言　文選　正124
游顧　文選　正124
游顧す　文選　正124
游娯　文選　正124
游好　文選　正124
游江　文選　正124
游鴻　文選　正124
游子　文選　正124
游詞　白氏　續218
游者　白氏　續218
游車　文選　正124
游手　白氏　續218
游樹　文選　正124
游集す　文選　正124
游女　文選　正124
游渉す　文選　正124
游情　文選　正124
游心　白氏　續218
游人　白氏　續218
游塵　文選　正124
游説　文選　正124
游説す　文選　正124
游仙　文選　正124
游川　文選　正124
游息　白氏　續218
游息す　文選　正124
游息す　白氏　續218
游村　白氏　續218
游惰　白氏　續218
游惰す　白氏　續218
游歎　文選　正124
游談す　文選　正124
游眺　文選　正124
游田　文選　正124
游盤　文選　正124
游盤す　文選　正124
游鳳　文選　正124
游預す　白氏　續218
游揚す　文選　正124
游龍　文選　正124
游龍　白氏　續218
游鱗　文選　正124
游鱗　白氏　續218
游歴す　文選　正125
游豫す　文選　正124
游處す　文選　正124
游墮*す　文選　正124
游宦　文選　正124
游宦す　文選　正124
游戲　文選　正124
游戲す　文選　正124
游臯　文選　正124
游氛　文選　正124
游衍す　文選　正124
游獵　文選　正125
游絲　文選　正124
游觀　文選　正124

游觀す	文選	正124
游躅	文選	正124
游遨す	文選	正124
游騏	文選	正124
游俠	文選	正124
游儵	文選	正124
獶狻	文選	正124
疣瘡	白氏	續218
疣蠹	本朝	正487
莠言	本朝	正487
蕕	文選	正125
蕕	本朝	正487
踴躍す	白氏	續219
颼飀	文選	正124
駀	文選	正124
呦呦	文選	正123
呦呦	白氏	續216
噢咻	白氏	續220
庾樓	本朝	正487
梄李花	白氏	續220
槱燎	文選	正124
沋沋湲湲	文選	正124
牖	白氏	續218
狖玃	文選	正124
狖鼯	文選	正124
羑*里	文選	正125
羑里	白氏	續218
翛然	白氏	續218
翛翛	白氏	續218
蚴蟉	文選	正124
輶軒	文選	正125
輶軒	白氏	續220
輶車	文選	正125
逌爾	文選	正125
鄾鄧	文選	正124
筏師	宇津	正708
育	本朝	正488
育	白氏	續220
育す	文選	正125
育す	本朝	正488
育育	文選	正125
育獲	文選	正125
郁	文選	正125
郁郁	白氏	續220
郁郁乎	文選	正125
郁々乎	論語	正55
郁々焉	本朝	正488
郁芳門	本朝	正488
郁穆	文選	正125
郁烈	文選	正125
郁埒	文選	正125
郁棣	文選	正125
鳶	文選	正125
奧濼	文選	正125
弋	文選	正125
弋者	文選	正125
弋釣	文選	正125
弋釣す	文選	正125
弋林	文選	正125
弋磻	文選	正125
懊咿す	文選	正125
毓材	白氏	續220
軼態	文選	正125
彧	文選	正125
彧彧	文選	正125
煜熠	文選	正125
淯水	文選	正125
薁棣	文選	正125
石伏様	源氏	正840
一	論語	正55
一	遊仙	正88
一	文選	正125
一	法華	正418
一	本朝	正488
一	白氏	續220
一	宇津	正708
一	枕冊	正776
一(人名)	白氏	續220
一顧	本朝	正488
一夗	白氏	續222
一のかみ	宇津	正708
一のとねり	宇津	正708
一のひゞき	宇津	正708
一のみこ	宇津	正708
一のみこ	源氏	正840
一のみこの女御	源氏	正840
一のめ	宇津	正708
一のもの	宇津	正708
一の宮	宇津	正708
一の宮	源氏	正840
一の橋	枕冊	正776
一の口	枕冊	正776
一の后	宇津	正708
一の国	枕冊	正776
一の才	宇津	正708
一の才	源氏	正840
一の車	宇津	正708
一の車	枕冊	正776
一の所	枕冊	正776
一の所	源氏	正840
一の女御	宇津	正708
一の人	宇津	正708
一の人	枕冊	正776
一の棚	枕冊	正776
一の内親王	宇津	正708
一の拍	宇津	正708
一の舞	枕冊	正776
一の物	源氏	正840
一の對	宇津	正708
一哀	文選	正125
一哀	白氏	續220
一逢	文選	正126
一握	白氏	續220
一葦	本朝	正490
一葦	白氏	續227
一以	本朝	正488
一尉	文選	正125
一尉	白氏	續227
一意	白氏	續220

一異 白氏 續220
一衣 白氏 續220
一一 法華 正418
一一 白氏 續220
一々 本朝 正488
一員 本朝 正488
一飲 白氏 續220
一院 本朝 正490
一院 白氏 續227
一院 宇津 正708
一院 源氏 正840
一院の上 宇津 正708
一陰 白氏 續220
一雨 白氏 續220
一雲 白氏 續220
一洩 白氏 續223
一詠 白氏 續220
一詠 白氏 續227
一詠す 白氏 續220
一園 本朝 正490
一園 白氏 續227
一園中 本朝 正490
一往 白氏 續226
一往一來す 白氏 續226
一王 白氏 續226
一王 宇津 正708
一屋 本朝 正488
一屋 白氏 續220
一音 文選 正125
一音 本朝 正488
一音 白氏 續220
一伽藍 本朝 正488
一家 文選 正125
一家 本朝 正488
一家 白氏 續220
一科 文選 正125
一華 本朝 正488
一過 文選 正125
一牙 白氏 續220
一臥 白氏 續221
一介 文選 正125
一介 白氏 續220
一回 白氏 續221
一廻 白氏 續221
一戒 白氏 續220
一階 本朝 正488
一涯 文選 正125
一涯 白氏 續220
一角 文選 正125
一角 本朝 正488
一割 文選 正125
一割 本朝 正488
一株 本朝 正489
一株 本朝 正489
一株 白氏 續222
一茅茨 白氏 續225
一巻 文選 正125
一巻 本朝 正488
一官 文選 正125
一官 本朝 正488
一官 白氏 續221
一棺 文選 正125
一竿 論語 正55
一竿 白氏 續221
一管 本朝 正488
一簡 文選 正125
一貫 本朝 正488
一貫 白氏 續221
一貫す 文選 正125
一貫す 白氏 續221
一間 本朝 正488
一間 白氏 續221
一閑 白氏 續221
一丸 文選 正125
一丸 白氏 續221
一眼 本朝 正488
一眼泉 本朝 正489
一願 白氏 續221
一危 文選 正125
一基 本朝 正488
一奇 文選 正125
一机 本朝 正488
一期 文選 正125
一期 白氏 續221
一期 宇津 正708
一季 本朝 正488
一紀 文選 正125
一紀 白氏 續221
一軌 文選 正125
一騎 遊仙 正89
一義 白氏 續221
一掬 白氏 續221
一砧 本朝 正489
一丘 文選 正125
一宮 白氏 續221
一級 白氏 續221
一牛 白氏 續221
一居士 白氏 續221
一渠 白氏 續221
一許里 本朝 正488
一漁竿 白氏 續221
一漁船 白氏 續221
一郷 文選 正125
一郷 本朝 正488
一局 白氏 續221
一曲 遊仙 正89
一曲 文選 正125
一曲 本朝 正488
一曲 白氏 續221
一斤 白氏 續221
一琴 白氏 續221
一筋 白氏 續221
一金 文選 正125
一金 白氏 續221
一吟 本朝 正488
一吟 白氏 續221
一吟す 白氏 續221
一句 論語 正55
一句 文選 正125
一句 法華 正418

一句　本朝　正488
一句　白氏　續221
一躯　本朝　正488
一具　本朝　正488
一具　宇津　正708
一具　源氏　正840
一空　白氏　續221
一遇　本朝　正488
一隅　論語　正55
一隅　文選　正125
一隅　本朝　正488
一隅　白氏　續221
一串　白氏　續221
一君　文選　正125
一君　白氏　續221
一軍　白氏　續221
一郡　本朝　正488
一郡　白氏　續221
一計　白氏　續221
一劇　本朝　正488
一結　本朝　正488
一月　法華　正418
一月　本朝　正488
一月　本朝　正488
一月　白氏　續221
一月　宇津　正708
一月　枕冊　正776
一月十五日　文選　正125
一月十日　本朝　正488
一拳　白氏　續221
一見　白氏　續221
一源　白氏　續221
一言　論語　正55
一言　文選　正125
一言　本朝　正488
一言　白氏　續221
一言す　文選　正125
一言す　本朝　正488
一呼す　白氏　續221
一呼一吸す　白氏　續221
一孤　文選　正125
一湖　白氏　續221
一股　白氏　續221
一顧　文選　正125
一顧　本朝　正488
一顧　白氏　續221
一顧す　白氏　續221
一語　白氏　續221
一候　文選　正126
一口　文選　正125
一向　本朝　正488
一向　白氏　續220
一垢　白氏　續221
一孔　本朝　正488
一孔　白氏　續221
一幸人　白氏　續220
一校　文選　正125
一行　文選　正125
一行　白氏　續220
一閤　本朝　正488
一項　本朝　正488
一香一色　本朝　正488
一劫　法華　正418
一劫　本朝　正488
一合　本朝　正488
一合　白氏　續221
一合　宇津　正708
一刻　白氏　續222
一骨　文選　正126
一頃　文選　正125
一頃　白氏　續221
一頃餘　白氏　續221
一坐　白氏　續222
一座　本朝　正488
一座　白氏　續222
一宰　白氏　續222
一才　文選　正126
一才　白氏　續222
一歳　本朝　正489
一歳　白氏　續223
一災　白氏　續222
一昨　白氏　續222
一策　文選　正126
一索　白氏　續222
一匙　白氏　續222
一札　本朝　正488
一札　白氏　續222
一山　文選　正126
一山　本朝　正488
一山　白氏　續222
一餐　白氏　續222
一司　本朝　正488
一士　本朝　正488
一士　白氏　續222
一子　本朝　正488
一子　白氏　續222
一志　白氏　續222
一思　文選　正126
一指　文選　正126
一支　白氏　續222
一枝　文選　正126
一枝　本朝　正488
一枝　白氏　續222
一死　文選　正126
一死　白氏　續222
一紙　本朝　正488
一紙　白氏　續222
一至　文選　正126
一詞　白氏　續222
一詩僧　白氏　續222
一事　文選　正126
一事　法華　正418
一事　本朝　正488
一事　白氏　續222
一事一言　本朝　正488
一事一物　本朝　正488
一侍兒　白氏　續222
一字　文選　正126
一字　法華　正418
一字　本朝　正488

一字　本朝　正488
一字　白氏　續220
一字　白氏　續222
一時　遊仙　正88
一時　文選　正126
一時　法華　正418
一時　本朝　正488
一時　白氏　續222
一失　遊仙　正88
一室　文選　正126
一室　白氏　續222
一車　本朝　正489
一車　白氏　續222
一蛇頭尾　本朝　正489
一借　文選　正126
一勺　白氏　續222
一尺　法華　正418
一尺　白氏　續223
一尺　源氏　正840
一尺八寸　白氏　續223
一尺餘　本朝　正489
一爵　本朝　正489
一酌　白氏　續222
一酌す　白氏　續222
一主　文選　正126
一主　白氏　續222
一珠　白氏　續222
一種　法華　正418
一種　白氏　續223
一首　遊仙　正88
一首　文選　正126
一首　本朝　正489
一首　白氏　續222
一樹　本朝　正489
一樹　白氏　續222
一周　本朝　正489
一周年　白氏　續222
一州　文選　正126
一州　白氏　續222
一拾遺　白氏　續222
一秋　白氏　續222
一舟　白氏　續222
一襲　白氏　續222
一集　文選　正126
一十一萬六千八百五十七言　白氏　續222
一十五竿　白氏　續222
一十五人　白氏　續222
一十五巻　白氏　續222
一十三顯　本朝　正489
一十人　白氏　續222
一十二歳　本朝　正489
一十二章　白氏　續222
一十二人　白氏　續222
一十二律　本朝　正489
一十巻　本朝　正489
一十餘二　本朝　正489
一重　本朝　正489
一重　白氏　續224
一叔孫通　文選　正126
一宿　白氏　續223
一宿す　白氏　續223
一春　白氏　續223
一瞬　文選　正126
一瞬　本朝　正489
一順　白氏　續223
一所　法華　正418
一所　本朝　正489
一所　白氏　續223
一緒　文選　正126
一書　文選　正126
一書　白氏　續223
一女　白氏　續224
一升　論語　正55
一唱す　白氏　續222
一宵　白氏　續223
一床　白氏　續222
一章　本朝　正489
一章　白氏　續222
一章一句　白氏　續222
一笑　文選　正126
一笑　白氏　續223
一詔　白氏　續223
一象　文選　正126
一賞　白氏　續222
一鍾　白氏　續223
一丈　白氏　續224
一丈　宇津　正708
一丈はかり　枕冊　正776
一丈毯　白氏　續224
一丈餘　本朝　正489
一乗　論語　正55
一乗　法華　正418
一乗　本朝　正489
一乗の法　枕冊　正776
一乗教　本朝　正489
一乗經　本朝　正489
一城　文選　正126
一城　本朝　正489
一城　白氏　續223
一条　源氏　正840
一条の宮　源氏　正840
一杖　白氏　續224
一燭　白氏　續223
一職　文選　正126
一職　白氏　續223
一色　本朝　正489
一色　白氏　續222
一食　白氏　續223
一心　文選　正126
一心　法華　正418
一心　本朝　正489
一心　白氏　續223
一深　本朝　正489
一神　本朝　正489
一身　文選　正126
一身　本朝　正489
一身　白氏　續223
一身有半　論語　正55
一人　文選　正126

一人　本朝　正489
一人　白氏　續225
一人(ジン)　論語　正55
一人(ニン)　論語　正55
一陣　白氏　續224
一帥　白氏　續223
一水　文選　正126
一水　白氏　續223
一寸　遊仙　正89
一寸　本朝　正489
一寸　白氏　續223
一世　文選　正126
一世　白氏　續223
一世　源氏　正840
一世界　白氏　續223
一畝　文選　正126
一畝　白氏　續226
一姓　文選　正126
一姓　白氏　續223
一性　白氏　續223
一政　白氏　續223
一星　白氏　續223
一清　本朝　正489
一生　遊仙　正88
一生　文選　正126
一生　本朝　正489
一生　白氏　續223
一生　竹取　正635
一生一死　本朝　正489
一聖　文選　正126
一聖　本朝　正489
一聖　白氏　續223
一青松　白氏　續223
一隻　白氏　續223
一石　白氏　續223
一石　宇津　正708
一石す　白氏　續223
一石五斗　本朝　正489
一石四斗七升　宇津　正708
一石婦　白氏　續223
一切　文選　正126
一切　法華　正418
一切　本朝　正488
一切　本朝　正489
一切　白氏　續223
一切悪趣　白氏　續223
一切種　法華　正418
一切種智　法華　正418
一切衆　法華　正418
一切衆生　法華　正418
一切衆生　本朝　正488
一切衆生　白氏　續223
一切智　法華　正418
一切經　本朝　正488
一説す　文選　正126
一絶　本朝　正489
一絶　白氏　續223
一先　白氏　續223
一千　本朝　正489
一千一百三十門　白氏　續223
一千株　白氏　續223
一千九百人　白氏　續223
一千戸　本朝　正489
一千三百人　白氏　續223
一千三百夜　白氏　續223
一千三百里　白氏　續223
一千字　白氏　續223
一千石　白氏　續223
一千年　本朝　正489
一千年　白氏　續223
一千八百言　白氏　續223
一千八百七十人　白氏　續223
一千篇　本朝　正489
一千夜　白氏　續223
一千里　本朝　正489
一川　白氏　續223
一扇　白氏　續223
一泉　白氏　續223
一箭　遊仙　正89
一箭　本朝　正489
一箭　白氏　續223
一船　白氏　續224
一善　文選　正126
一善　本朝　正489
一善　白氏　續223
一鼠　白氏　續224
一僧　本朝　正489
一叢　白氏　續224
一匝　白氏　續222
一匝す　白氏　續222
一草　本朝　正488
一草　白氏　續222
一草一木　本朝　正488
一束　本朝　正489
一束　白氏　續224
一足　白氏　續224
一賊　白氏　續224
一族　本朝　正489
一族　白氏　續224
一卒　文選　正126
一孫　白氏　續224
一村　白氏　續224
一太祝　白氏　續224
一堆　白氏　續224
一代　本朝　正489
一代　白氏　續224
一代教主　本朝　正489
一大事　法華　正418
一大事　本朝　正489
一第　白氏　續224
一辰　白氏　續223
一樽　文選　正126
一樽　本朝　正489
一樽　白氏　續224
一旦　文選　正126
一旦　法華　正418
一旦　本朝　正489
一旦　白氏　續224

一端　文選　正126
一端　本朝　正489
一端　白氏　續224
一男　宇津　正708
一男子　白氏　續224
一知柔　白氏　續224
一池　本朝　正489
一池　白氏　續224
一致　論語　正55
一致　文選　正126
一致　本朝　正489
一致　白氏　續224
一柱　本朝　正489
一柱　白氏　續224
一丁　白氏　續224
一帖　白氏　續224
一帖　源氏　正840
一張　本朝　正489
一張　白氏　續224
一朝　論語　正55
一朝　文選　正126
一朝　本朝　正489
一朝　白氏　續224
一朝一夕　本朝　正489
一朝一夕　白氏　續224
一町　蜻蛉　正747
一鳥　白氏　續224
一津　白氏　續223
一通　文選　正126
一通　本朝　正489
一通　白氏　續224
一釣　白氏　續224
一鶴　白氏　續220
一亭　白氏　續224
一定　文選　正126
一定す　本朝　正489
一帝　本朝　正489
一庭　本朝　正489
一庭　白氏　續224
一程　白氏　續224
一滴　本朝　正489
一轍　文選　正126
一天　本朝　正489
一天下　本朝　正489
一兎　白氏　續224
一塗　文選　正126
一斗　白氏　續224
一途　文選　正126
一途　本朝　正489
一途　白氏　續224
一度　本朝　正489
一度　宇津　正708
一怒　文選　正126
一塔　本朝　正489
一塘　白氏　續224
一盗　白氏　續224
一燈　白氏　續224
一等　論語　正55
一等　白氏　續224
一統　文選　正126
一統す　白氏　續224
一動　白氏　續224
一同　本朝　正489
一同　白氏　續224
一堂　本朝　正489
一堂　白氏　續224
一洞　本朝　正489
一童　白氏　續224
一道　文選　正126
一道　本朝　正489
一道　白氏　續224
一得　遊仙　正89
一得　本朝　正489
一得　白氏　續224
一二　文選　正126
一二　本朝　正489
一二　白氏　續225
一二　宇津　正708
一二す　文選　正126
一二の宮　宇津　正708
一二の對　宇津　正708
一二の對　源氏　正840
一二三　本朝　正489
一二三日　白氏　續225
一二十人　白氏　續225
一二十遍　白氏　續225
一二石　宇津　正708
一二千里　本朝　正489
一二丁　宇津　正708
一二斗　宇津　正708
一二年　本朝　正489
一二年　白氏　續225
一二年　宇津　正708
一二年來　本朝　正489
一二万丁　宇津　正708
一二里　本朝　正489
一日　論語　正55
一日　文選　正126
一日　法華　正418
一日　本朝　正488
一日　白氏　續222
一日　宇津　正708
一日　枕冊　正776
一日一夜　本朝　正488
一日一夜　源氏　正840
一日行　本朝　正488
一日三秋　本朝　正488
一入　本朝　正489
一年　論語　正55
一年　文選　正126
一年　本朝　正489
一年　白氏　續225
一年　宇津　正708
一年年　白氏　續225
一念　文選　正126
一念　法華　正418
一念　本朝　正489
一念　白氏　續225
一念　源氏　正840
一農夫　白氏　續225

一把　本朝　正489
一把　白氏　續225
一派　白氏　續225
一婆　本朝　正489
一馬　文選　正126
一馬　白氏　續225
一杯　文選　正126
一杯　白氏　續225
一盃　文選　正126
一盃　本朝　正489
一盃　白氏　續225
一倍　白氏　續225
一博　文選　正126
一泊　白氏　續225
一鉢　本朝　正489
一半　本朝　正489
一半　白氏　續225
一反す　文選　正126
一班　本朝　正489
一般　白氏　續225
一般若經　本朝　正489
一飯　白氏　續225
一番　宇津　正708
一番　枕冊　正776
一微塵　白氏　續226
一匹　白氏　續225
一疋　遊仙　正89
一疋　本朝　正489
一疋　白氏　續225
一百　法華　正418
一百一十四首　白氏　續225
一百韻　白氏　續225
一百九十載　白氏　續225
一百九十人　白氏　續225
一百句　白氏　續225
一百五　白氏　續225
一百五十首　白氏　續225
一百五十二首　白氏　續225
一百五人　本朝　正489
一百歳　白氏　續225
一百三十八首　白氏　續225
一百首　白氏　續225
一百段　文選　正126
一百日　白氏　續225
一百年　本朝　正489
一百八十五　白氏　續225
一百八十六字　白氏　續225
一百疋　白氏　續225
一百分　白氏　續225
一百篇　白氏　續225
一百六十言　白氏　續225
一百卷　白氏　續225
一百餘丁　本朝　正489
一百餘領　本朝　正490
一瓢　論語　正55
一瓢　本朝　正490
一瓢　白氏　續226
一病　白氏　續226
一病一藥　白氏　續226
一病身　白氏　續226
一病鶴　白氏　續226
一品　白氏　續225
一品宮　源氏　正840
一品行　本朝　正489
一瓶　白氏　續226
一夫　遊仙　正88
一夫　文選　正126
一夫　本朝　正490
一夫　白氏　續225
一婦　白氏　續225
一婦人　文選　正126
一布裘　白氏　續225
一府　本朝　正490
一府　白氏　續225
一浮萍　白氏　續225
一部　文選　正126
一部　本朝　正490
一部　白氏　續225
一部　源氏　正840
一封　本朝　正490
一封　白氏　續225
一復　白氏　續225
一復時　白氏　續225
一幅　白氏　續225
一物　文選　正126
一物　白氏　續225
一物已上　本朝　正490
一分　文選　正126
一分　法華　正418
一分　本朝　正490
一分　白氏　續225
一分　宇津　正708
一文字　土左　正659
一聞す　文選　正126
一平　文選　正126
一柄　白氏　續225
一別　白氏　續226
一片　本朝　正490
一片　白氏　續226
一篇　論語　正55
一篇　遊仙　正89
一篇　文選　正126
一篇　白氏　續226
一遍　白氏　續226
一鋪　本朝　正490
一鋪　白氏　續226
一歩　白氏　續226
一報　本朝　正490
一方　文選　正126
一方　本朝　正489
一方　白氏　續225
一法　本朝　正489
一法　白氏　續225
一邦　論語　正55
一坊　白氏　續225
一帽　白氏　續226
一忙　白氏　續225
一望　白氏　續225
一本　白氏　續226
一盆　白氏　續226

一枚　本朝　正489
一枚　白氏　續226
一枚　宇津　正708
一万　法華　正418
一万恒沙　宇津　正708
一味　法華　正418
一味　白氏　續226
一眠　白氏　續221
一夢　白氏　續226
一無　文選　正126
一名　論語　正55
一名　白氏　續226
一命　白氏　續226
一明　白氏　續226
一面　文選　正126
一面　法華　正418
一面　本朝　正490
一面　白氏　續226
一毛　文選　正126
一毛　本朝　正490
一毛　白氏　續226
一木　文選　正126
一木　白氏　續226
一目　文選　正126
一目　白氏　續226
一問　白氏　續226
一門　本朝　正490
一門　白氏　續226
一夜　本朝　正490
一夜　白氏　續226
一夜　宇津　正708
一矢　文選　正126
一役す　文選　正126
一友　本朝　正488
一遊　白氏　續220
一邑　白氏　續220
一夕　本朝　正489
一夕　白氏　續223
一夕す　文選　正126
一葉　白氏　續220
一欄　白氏　續226
一覧　本朝　正490
一理　文選　正126
一流　本朝　正490
一流　白氏　續226
一粒　文選　正126
一粒　本朝　正490
一粒　白氏　續226
一旅　文選　正126
一虜　白氏　續226
一両曲　白氏　續226
一両杓　白氏　續226
一両宵　白氏　續226
一両人　白氏　續226
一両盃　白氏　續226
一両片　白氏　續226
一両坊　白氏　續226
一両味　白氏　續226
一両弄　白氏　續226
一両盞　白氏　續226
一両聲　白氏　續226
一量　文選　正126
一領　本朝　正490
一領　白氏　續226
一力　白氏　續226
一力圭　白氏　續226
一林　遊仙　正88
一林　本朝　正490
一累　本朝　正490
一令　白氏　續226
一例　白氏　續226
一聯　本朝　正490
一路　白氏　續226
一露　白氏　續226
一老　白氏　續226
一老翁　白氏　續226
一老子　白氏　續226
一老夫　白氏　續226
一椀　白氏　續227
一碗　白氏　續227
一乘　白氏　續223
一佛乘　法華　正418
一偈　白氏　續221
一兩　本朝　正490
一兩曲　本朝　正490
一兩句　本朝　正490
一兩寺　本朝　正490
一兩声　本朝　正490
一兩僧　本朝　正490
一兩朶　本朝　正490
一處　本朝　正489
一處　白氏　續223
一劒　白氏　續221
一劒　文選　正125
一區　文選　正125
一區　本朝　正488
一區　白氏　續221
一卷　白氏　續221
一雙　遊仙　正88
一雙　本朝　正488
一雙　白氏　續222
一叟　白氏　續224
一咏　白氏　續220
一呵一杖　白氏　續220
一哂　白氏　續223
一國　文選　正126
一國　法華　正418
一國　本朝　正488
一國　白氏　續222
一團　本朝　正489
一團　白氏　續224
一塲　白氏　續224
一壥　白氏　續224
一壺　白氏　續221
一婢　遊仙　正88
一寐　白氏　續225
一實　本朝　正488
一寢　白氏　續223
一巵　白氏　續222
一巵　白氏　續225

一帙　本朝　正489
一帶　白氏　續224
一幢　白氏　續224
一彈　文選　正126
一彈　白氏　續224
一彈指頃　白氏　續224
一慟　白氏　續224
一慟す　白氏　續224
一戍す　白氏　續222
一戮　文選　正126
一戰　文選　正126
一戰　白氏　續223
一扎　白氏　續222
一揆　白氏　續221
一撓　文選　正125
一擧　文選　正125
一擧　本朝　正488
一擧　白氏　續221
一擧す　文選　正125
一變　白氏　續226
一斛　本朝　正488
一斷　白氏　續224
一晨　文選　正126
一晨　白氏　續223
一朶　白氏　續224
一條　本朝　正489
一條　白氏　續224
一條　宇津　正708
一條　枕冊　正776
一條にしの對の君
宇津　正708
一條のおほきおとど
蜻蛉　正747
一條のかた　宇津　正708
一條の太政のおとど
蜻蛉　正747
一條の太政のおとどの少將
蜻蛉　正747
一條院　本朝　正489
一條院　枕冊　正776
一條殿　宇津　正708
一條殿　枕冊　正776
一楪　白氏　續220
一榻　白氏　續224
一榔　文選　正125
一毫　白氏　續220
一氣　文選　正125
一氣　本朝　正488
一氣　白氏　續221
一沐す　白氏　續226
一泓　白氏　續221
一涕　白氏　續224
一淨　白氏　續223
一淺　本朝　正489
一溉　文選　正125
一溉　白氏　續220
一潭　白氏　續224
一爐　白氏　續226
一爭　白氏　續222
一牀　白氏　續222
一獨　白氏　續225
一獸　白氏　續222
一甌　白氏　續220
一甕　白氏　續220
一盂　白氏　續220
一盞　白氏　續222
一盧　白氏　續226
一禮　白氏　續226
一禮一賛す　白氏　續226
一稱　本朝　正489
一稱南無佛　本朝　正489
一筵　本朝　正488
一籠　白氏　續226
一簣　文選　正125
一簇　白氏　續224
一簣　論語　正55
一簣　本朝　正488
一簣　白氏　續221
一經　文選　正125
一經　本朝　正488
一緘　白氏　續221
一縣　遊仙　正89
一縣　白氏　續221
一縷　文選　正126
一縷　白氏　續226
一繩牀　白氏　續223
一聚　白氏　續222
一聲　本朝　正489
一聲　白氏　續223
一聲す　白氏　續223
一聰　白氏　續224
一腋　文選　正126
一艘　白氏　續224
一莛　白氏　續220
一莖　文選　正125
一莖　白氏　續221
一萬株　白氏　續226
一萬竿　白氏　續226
一萬五千人　白氏　續226
一萬七千人　白氏　續226
一萬重　白氏　續225
一萬本　白氏　續226
一萬里　白氏　續225
一藏　文選　正126
一藏經　白氏　續222
一藝　文選　正125
一藥　白氏　續226
一號　文選　正125
一衾　白氏　續221
一衲　白氏　續225
一裘　白氏　續221
一襄　白氏　續225
一觴　文選　正126
一觴　白氏　續222
一豁　白氏　續221
一躰　本朝　正489
一辭　文選　正126
一辭　白氏　續222
一逕　白氏　續221
一邊　遊仙　正88

一邊 本朝 正490
一邊 白氏 續226
一甜 白氏 續221
一醉 本朝 正489
一醉 白氏 續223
一醉す 白氏 續223
一銖 白氏 續222
一錢 遊仙 正88
一錢 本朝 正489
一錢 白氏 續224
一鎮 白氏 續224
一鑪 白氏 續226
一隴 白氏 續226
一靜境 白氏 續223
一顆 白氏 續221
一驛 白氏 續220
一驥 本朝 正488
一體 文選 正126
一體 白氏 續224
一鴈 白氏 續221
一鶚 文選 正125
一鷄 本朝 正488
一麋 白氏 續225
一黜 白氏 續224
一點 法華 正418
一點 白氏 續224
一點一畫 白氏 續224
一黿 白氏 續220
一皷す 白氏 續221
一齒 白氏 續222
一德 文選 正126
一德 白氏 續225
一楨 本朝 正489
一罇 文選 正126
一卣 文選 正125
一囷 白氏 續221
一巢 白氏 續222
一抨 文選 正126
一榦 文選 正125
一榼 白氏 續221
一泒 白氏 續225
一炷 白氏 續222
一牀 文選 正126
一盌 白氏 續227
一稊 白氏 續224
一稊米 白氏 續224
一窠 白氏 續222
一簞 論語 正55
一簞 白氏 續224
一緣 本朝 正488
一蕟 白氏 續225
一蘩 本朝 正489
一軀 文選 正125
一軀 白氏 續221
一皺 本朝 正489
一渽 文選 正126
一騮 文選 正125
一階 宇津 正708
一向 宇津 正708
一枝 枕冊 正776
一尺 宇津 正708
一尺 枕冊 正776
一尺五寸 宇津 正708
一尺二寸 宇津 正708
一尺余 枕冊 正776
一寸 宇津 正708
一寸 枕冊 正776
一世の源氏 宇津 正708
一生 宇津 正708
一切經 宇津 正708
一切經 枕冊 正776
一切經供養せ 枕冊 正776
一束 宇津 正708
一天下 宇津 正708
一斗 宇津 正708
一斗五升 宇津 正708
一疋 宇津 正708
一品の宮 枕冊 正776
壹越調 源氏 正840
溢 文選 正126
溢 白氏 續227
溢す 文選 正126
溢肥 文選 正126
溢露 文選 正126
溢浪 本朝 正490
溢氣 文選 正126
逸 文選 正126
逸 白氏 續227
逸す 論語 正55
逸す 文選 正126
逸す 本朝 正490
逸す 白氏 續227
逸異 文選 正126
逸韻 本朝 正490
逸韻 白氏 續227
逸翰 白氏 續227
逸気 文選 正127
逸軌 文選 正127
逸議 文選 正127
逸客 白氏 續227
逸興 本朝 正490
逸興 白氏 續227
逸響 文選 正127
逸禽 文選 正127
逸群 文選 正127
逸群 本朝 正490
逸契 本朝 正490
逸景 文選 正127
逸妻 文選 正127
逸才 文選 正127
逸才 白氏 續227
逸士 文選 正127
逸士 白氏 續227
逸志 文選 正127
逸思 白氏 續227
逸詩 論語 正55
逸爵 文選 正127
逸珠 文選 正127
逸趣 文選 正127
逸駿 文選 正127

逸少　白氏　續227
逸人　文選　正127
逸態　文選　正127
逸態　本朝　正490
逸致　白氏　續227
逸馬　本朝　正490
逸民　論語　正55
逸民　文選　正127
逸物　宇津　正708
逸遊　文選　正126
逸遊　本朝　正490
逸倫　文選　正127
逸老　白氏　續227
逸豫　文選　正127
逸豫す　文選　正127
逸勞　白氏　續227
逸樂　文選　正127
逸樂　本朝　正490
逸樂　白氏　續227
逸游　文選　正126
逸發す　文選　正127
逸禮　文選　正127
逸羣　文選　正127
逸驥　文選　正127
逸翮　文選　正126
逸翮　白氏　續227
乙　本朝　正490
乙　白氏　續227
乙卯　白氏　續227
乙丑　本朝　正490
乙丑　白氏　續227
乙酉　白氏　續227
乙丙　白氏　續227
乙未　文選　正126
乙未　本朝　正490
五具　宇津　正708
五日の菖蒲　枕冊　正776
五文字　源氏　正840
佚す　白氏　續227
佚遊　論語　正55
佚遊　白氏　續227
佚女　文選　正126
佚田す　文選　正126
壹　白氏　續227
壹鬱　文選　正126
壹等　文選　正126
聿　白氏　續227
軼才　文選　正126
軼漠　文選　正126
挹す　文選　正126
遹皇　文選　正127
言ひ期し　枕冊　正776
揖す　文選　正127
揖す　白氏　續227
揖拜す　文選　正127
揖讓　文選　正127
揖讓　白氏　續227
揖讓す　文選　正127
揖す　本朝　正490
揖滿　本朝　正490
揖讓　本朝　正490
邑　論語　正55
邑　文選　正127
邑　本朝　正490
邑　白氏　續227
邑(人名)　文選　正127
邑す　文選　正127
邑屋　文選　正127
邑客　白氏　續227
邑居　文選　正127
邑居　白氏　續227
邑鄕　文選　正127
邑宰　文選　正127
邑宰　白氏　續227
邑氏　文選　正127
邑室　白氏　續227
邑社　文選　正127
邑者　本朝　正490
邑丞　白氏　續227
邑人　文選　正127
邑人　白氏　續227
邑祖　本朝　正490
邑土　本朝　正490
邑封　白氏　續227
邑民　白氏　續227
邑野　文選　正127
邑邑　文選　正127
邑落　白氏　續227
邑里　文選　正127
邑里　本朝　正490
邑老　文選　正127
邑號　白氏　續227
邑誦す　文選　正127
邑頌　文選　正127
悒悒　文選　正127
悒悒　白氏　續227
悒悒鬱鬱　白氏　續227
楫す　論語　正55
楫讓す　論語　正55
挹す　白氏　續227
挹抐　文選　正127
浥潤　白氏　續227
熠燿　遊仙　正89
熠燿　文選　正127
熠爍　文選　正127
熠熠　白氏　續227
熠爚　文選　正127
邕管　白氏　續227
邕邕　文選　正127
家の御集　宇津　正708
家集ども　宇津　正708
今上一の宮　枕冊　正778
今様　宇津　正708
今様　枕冊　正776
今様　蜻蛉　正747
允許　白氏　續227
允許す　白氏　續227
允恭　文選　正128
允恭　白氏　續227
允塞　文選　正128

允容 本朝 正490
允容す 本朝 正490
允亮 文選 正128
允屬 白氏 續227
允鑠 文選 正128
印 文選 正128
印 法華 正418
印 本朝 正490
印 白氏 續227
印 源氏 正841
印(人名) 白氏 續227
印す 本朝 正490
印す 白氏 續227
印綬 文選 正128
印綬 白氏 續227
印壇 白氏 續227
印納す 白氏 續227
印了 白氏 續227
印鎰 本朝 正490
印鏁 白氏 續227
咽喉 白氏 續227
員 本朝 正490
員外 本朝 正490
員梅 文選 正128
員品 文選 正128
員數 文選 正128
員外刺史 本朝 正490
員外納言 本朝 正490
員外郎 本朝 正490
員數 本朝 正490
因 論語 正55
因 法華 正418
因 本朝 正490
因 白氏 續227
因す 論語 正55
因縁 法華 正418
因縁 宇津 正709
因果 白氏 續227
因樹 白氏 續227
因修す 本朝 正490
因集 白氏 續227
因准す 本朝 正490
因循 白氏 續227
因循す 文選 正128
因循す 白氏 續227
因循苟且 白氏 續227
因嚴亭 白氏 續227
因繼 白氏 續227
因繼す 白氏 續227
因繼集 白氏 續227
因脩 本朝 正490
因緣 文選 正128
因緣 本朝 正490
因緣 白氏 續227
因緣す 白氏 續227
姻 文選 正128
姻 白氏 續227
姻す 文選 正128
姻好 文選 正128
姻親 文選 正128
姻戚 白氏 續227
姻族 白氏 續227
姻表 白氏 續227
姻連す 白氏 續227
姻媾 文選 正128
姻昵 文選 正128
姻黨 文選 正128
姻婭 文選 正128
引 文選 正128
引 本朝 正490
引 白氏 續228
引起す 白氏 續228
引決 文選 正128
引決す 文選 正128
引決す 白氏 續228
引序 文選 正128
引接 本朝 正490
引接す 遊仙 正89
引接す 本朝 正490
引漕す 文選 正128
引導す 法華 正418
引道 本朝 正490
引和 文選 正128
引攝 本朝 正490
引氣 文選 正128
飮 論語 正55
飮 遊仙 正89
飮 文選 正128
飮 本朝 正490
飮 白氏 續229
飮す 文選 正128
飮す 本朝 正490
飮す 白氏 續229
飮宴 白氏 續229
飮燕す 文選 正128
飮器 遊仙 正89
飮妓 白氏 續229
飮後 白氏 續229
飮御 文選 正128
飮散 白氏 續229
飮酌す 白氏 續229
飮酒 論語 正55
飮酒す 白氏 續229
飮食 遊仙 正89
飮食 文選 正128
飮食 本朝 正490
飮食 白氏 續229
飮食(ｼ) 論語 正55
飮食(ｼｮｸ) 論語 正55
飮食す 文選 正128
飮食す 白氏 續229
飮啄 本朝 正490
飮啄 白氏 續229
飮啄す 白氏 續229
飮帳 文選 正128
飮徒 白氏 續229
飮馬 文選 正128
飮瓢 白氏 續229
飮會 白氏 續229
飮讌 文選 正128

飲讌す	文選	正128
飲餞	文選	正128
飲餞す	文選	正128
夜飲す	白氏	續229
淫	論語	正55
淫	文選	正127
淫	白氏	續228
淫す	論語	正55
淫す	文選	正127
淫す	白氏	續228
淫溢	文選	正127
淫逸	文選	正127
淫淫	文選	正127
淫雨	白氏	續228
淫業	文選	正127
淫刑	論語	正55
淫刑	白氏	續228
淫荒	文選	正127
淫荒す	文選	正127
淫行す	文選	正127
淫詐	文選	正127
淫人	白氏	續228
淫滞す	文選	正127
淫濯す	文選	正127
淫妃	文選	正127
淫費	文選	正127
淫風	文選	正127
淫風	白氏	續228
淫文	文選	正127
淫文	白氏	續228
淫僻	文選	正127
淫放	文選	正127
淫奔	白氏	續228
淫遊	文選	正127
淫遊す	文選	正127
淫欲	宇津	正709
淫亂	論語	正55
淫哇	文選	正127
淫嬖	文選	正127
淫樂	文選	正127
淫衍	文選	正127
淫狡	文選	正127
淫祀	白氏	續228
淫聲	論語	正55
淫覽	文選	正127
淫昏	文選	正127
淫昏	白氏	續228
淫辭	白氏	續228
淫摫	文選	正127
滛	本朝	正490
滛す	本朝	正490
滛心	本朝	正490
滛水	本朝	正490
滛溺	本朝	正490
滛奔	本朝	正490
滛奔す	本朝	正490
胤	本朝	正490
胤	白氏	續228
胤(人名)	白氏	續228
胤嗣	文選	正128
胤嗣	本朝	正490
胤嗣	白氏	續228
胤子	文選	正128
胤子	本朝	正490
胤冑	文選	正128
蔭	白氏	續228
蔭映す	文選	正127
蔭孫	本朝	正490
蔭翳	文選	正127
院司	本朝	正491
院主	本朝	正491
河原院	本朝	正491
嵯峨院	本朝	正491
白河院	本朝	正491
陰	論語	正55
陰	文選	正127
陰	本朝	正490
陰	白氏	續228
陰淫	文選	正127
陰陰	文選	正127
陰陰	白氏	續228
陰雨	文選	正127
陰雨	白氏	續228
陰雲	文選	正127
陰雲	本朝	正490
陰益	白氏	續228
陰怨	白氏	續229
陰煙	文選	正127
陰煙	白氏	續228
陰岡	文選	正127
陰化	文選	正127
陰夏	文選	正127
陰火	文選	正127
陰禍	白氏	續229
陰霞	文選	正127
陰芽	白氏	續228
陰崖	文選	正127
陰郭	本朝	正490
陰寒	白氏	續228
陰基	文選	正127
陰期	文選	正127
陰儀	文選	正127
陰祇	白氏	續229
陰渠	文選	正127
陰溝	文選	正127
陰獄	白氏	續228
陰昏す	白氏	續229
陰山	文選	正127
陰山	白氏	續229
陰山道	白氏	續229
陰私	論語	正55
陰紙	文選	正127
陰渚	文選	正127
陰勝	本朝	正490
陰森	白氏	續229
陰晴	本朝	正490
陰晴	白氏	續229
陰精	本朝	正490
陰前	白氏	續229
陰谷	文選	正127

陰池　文選　正127
陰虫　本朝　正490
陰天　白氏　續229
陰土　本朝　正490
陰堂　文選　正127
陰徳　文選　正127
陰風　文選　正127
陰風　白氏　續229
陰峯　文選　正127
陰明　文選　正127
陰夜　白氏　續229
陰陽　文選　正127
陰陽　本朝　正490
陰陽　白氏　續229
陰律　本朝　正490
陰涼　白氏　續229
陰林　文選　正127
陰嶺　白氏　續229
陰慘　白氏　續229
陰條　文選　正127
陰條　本朝　正490
陰氣　文選　正127
陰濱　文選　正127
陰竇　白氏　續229
陰莖　文選　正127
陰蟲　文選　正127
陰霖　白氏　續229
陰靈　本朝　正490
陰靈　白氏　續229
陰魄　本朝　正490
陰德　本朝　正490
陰德　白氏　續229
陰夔　文選　正127
陰曀　文選　正127
陰沉　白氏　續229
陰沴　白氏　續229
陰虬　文選　正127
陰騭　白氏　續229
隠　論語　正55
隠居　論語　正55
隠居す　論語　正55
隠者　論語　正55
韻　文選　正128
韻　本朝　正490
韻　白氏　續229
韻　宇津　正709
韻す　本朝　正490
韻宇　文選　正128
韻句　白氏　續229
韻章　白氏　續229
演漾す　白氏　續228
暗鳴す　文選　正127
音　文選　正127
音　本朝　正490
音　白氏　續229
音韻　文選　正127
音韻　本朝　正490
音韻　白氏　續229
音翰　文選　正127
音徽　文選　正128
音義　文選　正128
音響　文選　正128
音曲　文選　正128
音曲　本朝　正490
音形　文選　正128
音景　文選　正128
音書　白氏　續229
音信　本朝　正490
音信　白氏　續229
音塵　文選　正128
音塵　本朝　正490
音塵　白氏　續229
音息　文選　正128
音鳳恭顯　文選　正128
音問　白氏　續229
音容　文選　正128
音容　白氏　續229
音律　文選　正128
音律　白氏　續229
音樂　文選　正127
音樂　本朝　正490
音樂　白氏　續229
音聲　文選　正128
音聲　本朝　正490
音聲　白氏　續229
寅　文選　正128
寅　白氏　續228
寅畏　白氏　續228
寅卯辰巳　本朝　正490
寅丑　文選　正128
寅日　白氏　續228
寅年　白氏　續228
寅緣　白氏　續228
寅緣す　白氏　續228
堙滅す　文選　正128
堙盡　文選　正128
婬舍　白氏　續227
婬欲　法華　正418
尹　文選　正128
尹　白氏　續228
尹(人名)　白氏　續228
尹(地名)　白氏　續228
尹翁歸　文選　正128
尹京　白氏　續228
尹公亮　白氏　續228
尹更始　文選　正128
尹司　文選　正128
尹氏　白氏　續228
尹守　白氏　續228
尹職　白氏　續228
尹正　白氏　續228
尹村　白氏　續228
尹班　文選　正128
尹輔首　白氏　續228
尹從之　白氏　續228
慇懃　遊仙　正89
慇懃　白氏　續228
殞*　本朝　正490
殞*す　白氏　續228
殞す　文選　正128

殞喪　文選　正128
殞潰す　文選　正128
殞斃　文選　正128
殷　論語　正55
殷　文選　正128
殷　白氏　續228
殷(人名)　白氏　續228
殷衛　文選　正128
殷家　白氏　續228
殷鑑　白氏　續228
殷協律　白氏　續228
殷卿　白氏　續228
殷勤　文選　正128
殷勤　白氏　續228
殷兄　白氏　續228
殷工　本朝　正490
殷紅　白氏　續228
殷衡等　白氏　續228
殷三　白氏　續228
殷周　文選　正128
殷周　白氏　續228
殷宗　文選　正128
殷宗　本朝　正490
殷宗　白氏　續228
殷辛　文選　正128
殷辛　白氏　續228
殷進能等　白氏　續228
殷人　論語　正55
殷人　文選　正128
殷薦　本朝　正490
殷仲文　文選　正128
殷朝　本朝　正490
殷帝　文選　正128
殷庭　本朝　正490
殷東陽　文選　正128
殷湯　文選　正128
殷湯　白氏　續228
殷賑　文選　正128
殷判官二十三兄
　白氏　續228
殷盤　文選　正128
殷彪　白氏　續228
殷彪等　白氏　續228
殷夢　本朝　正490
殷憂　文選　正128
殷憂す　文選　正128
殷祐　白氏　續228
殷融　白氏　續228
殷墟　文選　正128
殷殷　文選　正128
殷紂　白氏　續228
殷鑒　文選　正128
殷鑒す　文選　正128
殷堯藩　白氏　續228
殷堯藩侍御　白氏　續228
湮す　白氏　續228
湮沈す　文選　正128
湮没　文選　正128
湮没す　文選　正128
湮滅　文選　正128
湮滅す　文選　正128
湮厄　白氏　續228
湮泯　白氏　續228
湮淪す　白氏　續228
烟烟熅熅　文選　正128
烟熅　文選　正128
茵　文選　正128
茵　白氏　續228
茵幬　文選　正128
茵席　文選　正128
茵席　白氏　續228
茵褥　白氏　續228
隕す　文選　正128
隕越　文選　正128
隕越す　文選　正128
隕卒す　文選　正128
隕顚す　文選　正128
相隱映す　白氏　續229
隱　文選　正128
隱　本朝　正491
隱　白氏　續229
隱逸　本朝　正491
隱逸す　白氏　續229
隱映す　白氏　續229
隱晦　白氏　續229
隱間　文選　正128
隱欺　白氏　續229
隱客　白氏　續229
隱居　本朝　正491
隱居　白氏　續229
隱居す　文選　正128
隱居す　白氏　續229
隱見　白氏　續229
隱公　文選　正128
隱士　遊仙　正89
隱士　文選　正128
隱士　白氏　續229
隱市　本朝　正491
隱者　白氏　續229
隱情　白氏　續229
隱心　白氏　續229
隱人　白氏　續229
隱退す　白氏　續229
隱匿　文選　正128
隱匿　白氏　續229
隱遁　文選　正128
隱犯　文選　正128
隱微　文選　正128
隱夫　文選　正129
隱伏　文選　正129
隱僻　文選　正129
隱没す　文選　正129
隱約　文選　正129
隱几　白氏　續229
隱几す　文選　正128
隱几す　白氏　續229
隱處　文選　正128
隱憫　文選　正129
隱戮　文選　正129
隱淪　文選　正129

隱淪す　白氏　續229
隱淪惆悵す　文選　正129
隱焉　文選　正128
隱隱　文選　正128
隱隱　白氏　續229
隱嶙　文選　正129
隱嶙　文選　正129
韵　本朝　正490
韵氣　本朝　正490
鼼龜　文選　正129
勛華　文選　正128
愔愔　文選　正127
歆　文選　正127
沇溶　文選　正128
沇沇溶溶　文選　正128
涒粼　文選　正128
溵郡　白氏　續228
禋　白氏　續228
禋*　本朝　正490
禋す　文選　正128
禋す　白氏　續228
禋郊　文選　正128
禋祀　文選　正128
禋祀す　白氏　續228
禋祀す　文選　正128
絪等　白氏　續228
絪縕　文選　正128
絪縕　白氏　續228
胭脂　白氏　續228
闉　文選　正129
闉闍　文選　正129
闉闍　白氏　續228
鱏鯨　文選　正128

【う】

うせ様　宇津　正709
うたの尉　宇津　正709
うちのくらの尉
宇津　正709
うちの院　蜻蛉　正747
うちの院　源氏　正841
うぢの院　宇津　正709
うちの具　宇津　正709
うちの女御　宇津　正709
うち怨し　蜻蛉　正747
うち怨し　源氏　正841
うち化粧し　宇津　正709
うち化粧し　源氏　正841
うち気色はめ　枕冊　正777
うち具し　宇津　正709
うち具し　源氏　正841
うち屈し　蜻蛉　正747
うち屈し　枕冊　正777
うち散樂ひ　枕冊　正777
うち請ず　蜻蛉　正747
うち騒動き　源氏　正841
うち調し　枕冊　正777
うち氣色はみ　源氏　正841
うち瑩じ　宇津　正709
うち裝束き　枕冊　正777
うち裝束き　源氏　正841
うち誦し　枕冊　正777
うち誦し　源氏　正841
うち誦じ　宇津　正709
うち誦しなし　源氏　正841
うぶ屋裝束　宇津　正709
うへの五節　源氏　正841
うへの女房　枕冊　正777
うへの女房　源氏　正841
うへの女房たち
枕冊　正777
うへの命婦　源氏　正841
上雜仕　枕冊　正777
芋瓜　文選　正129
芋區　文選　正129
右衛門　本朝　正491
右衛門　枕冊　正777
右衛門のすけ　源氏　正841
右衛門の尉　枕冊　正777
右衛門佐信賢　枕冊　正777
右衛門督　本朝　正491
右衛門督　源氏　正841
右衛門府生　本朝　正491
右監門　本朝　正491
右京のかみ　源氏　正841
右近　伊勢　正649
右近　宇津　正709
右近　枕冊　正776
右近　源氏　正841
右近のくらん　宇津　正709
右近のくら人の將監
源氏　正841
右近のこきみ　宇津　正709
右近のさねよりの中將
宇津　正709
右近のつかさ　源氏　正841
右近のむまづかさ
宇津　正709
右近のめのと　宇津　正709
右近の尉　宇津　正709
右近の君　源氏　正841
右近の君こそ　源氏　正841
右近の少將　宇津　正709
右近の陣　宇津　正709
右近の陣　枕冊　正776
右近の陣　源氏　正841
右近の政官　枕冊　正776
右近の大夫　源氏　正841
右近の中將　宇津　正709
右近の内侍　枕冊　正776
右近の將監　宇津　正709
右近の將監　源氏　正841
右近の將監のくら人
源氏　正841
右近衛少將　本朝　正491
右近衛大將　本朝　正491
右近衛中將　本朝　正491
右近衛權中將　本朝　正491
右近君　宇津　正709
右近大將　宇津　正709

右近中將　本朝　正491
右近中將　枕冊　正776
右近中將　源氏　正841
右少史　本朝　正491
右少丞　本朝　正491
右少弁　本朝　正491
右少辨　本朝　正491
右尚書　本朝　正491
右丞相　本朝　正491
右親衛　本朝　正491
右相府　本朝　正491
右大閤　本朝　正491
右大史　本朝　正491
右大丞　本朝　正491
右大臣　本朝　正491
右大臣　竹取　正635
右大臣　宇津　正709
右大臣　源氏　正841
右大臣の女御　源氏　正841
右大臣殿　宇津　正709
右大臣殿　源氏　正841
右大弁　本朝　正491
右大弁　宇津　正709
右大弁　源氏　正841
右大弁のきみ　宇津　正709
右大弁のとの　宇津　正709
右大弁の君　源氏　正841
右大將　伊勢　正649
右大將　宇津　正709
右大將　源氏　正841
右大將のあそん　宇津　正709
右大將のおとど　宇津　正709
右大將のぬし　宇津　正709
右大將の君　宇津　正709
右大將の君　源氏　正841
右大將軍　本朝　正491
右大將殿　宇津　正709
右大將殿　源氏　正841
右大將殿御方　宇津　正709
右中弁　本朝　正491
右中弁　宇津　正709
右中弁　源氏　正841
右中將　源氏　正841
右馬　本朝　正491
右馬のかんのきみ　蜻蛉　正747
右武衛　本朝　正491
右武衛將軍　本朝　正491
右兵衛　蜻蛉　正747
右兵衛たゝきみ　枕冊　正777
右兵衛尉　宇津　正709
右兵衛佐　本朝　正491
右兵衛佐　枕冊　正777
右兵衛督　源氏　正841
嗚咽　本朝　正491
右衛門のかみ　宇津　正709
右衛門の尉　宇津　正709
右衛門佐　宇津　正709
右衛門佐のきみ　宇津　正709
右衛門大夫　宇津　正709
宇　文選　正129
宇　文選　正129
宇　本朝　正491
宇　白氏　續230
宇下　白氏　續230
宇多の法師　源氏　正841
宇多院　本朝　正491
宇陀の法師　枕冊　正776
宇宙　文選　正129
宇宙　本朝　正491
宇宙　白氏　續230
宇内　文選　正129
宇量　文選　正129
烏雲　本朝　正491
烏獲　文選　正129
烏角先生　白氏　續230
烏桓　文選　正129
烏丸　文選　正129
烏巾　白氏　續230
烏蠻　本朝　正491
烏胡麻　宇津　正709
烏江　白氏　續230
烏行初　白氏　續230
烏合　文選　正129
烏合　本朝　正491
烏紗　白氏　續230
烏集　文選　正129
烏重胤　白氏　續230
烏重明等　白氏　續230
烏賊　文選　正129
烏孫　文選　正129
烏孫　白氏　續230
烏啄　本朝　正491
烏鳥　文選　正129
烏鳥　白氏　續230
烏程　白氏　續230
烏兎　文選　正129
烏頭　白氏　續230
烏毒　白氏　續230
烏鳶　白氏　續230
烏府　白氏　續230
烏文　本朝　正491
烏帽　白氏　續230
烏羅帽　白氏　續230
烏龍　白氏　續230
烏林　文選　正129
烏巫　白氏　續230
烏瑟　本朝　正491
烏臺　白氏　續230
烏號　文選　正129
烏號　本朝　正491
烏號　白氏　續230
烏鵲　文選　正129
烏鵲河　白氏　續230
烏鵲橋　白氏　續230
烏巣　本朝　正491

烏氊 白氏 續230
羽 白氏 續230
羽衣 本朝 正491
羽衣 白氏 續230
羽衣曲 白氏 續230
羽衛 白氏 續230
羽益 本朝 正491
羽化 本朝 正491
羽化す 白氏 續230
羽括 本朝 正491
羽儀 白氏 續230
羽儀す 白氏 續230
羽氏 本朝 正491
羽爵 本朝 正491
羽族 白氏 續230
羽服 本朝 正491
羽毛 白氏 續230
羽翼 本朝 正491
羽翼 白氏 續230
羽陵 本朝 正491
羽林 白氏 續230
羽林軍統軍 白氏 續230
羽林龍武等 白氏 續230
羽旄 白氏 續230
羽檄 本朝 正491
羽獵 白氏 續230
羽觴 本朝 正491
羽翮 白氏 續230
迂 論語 正55
迂 白氏 續230
迂*誕 本朝 正491
迂遠 論語 正55
迂辛 白氏 續230
迂拙 白氏 續230
迂叟 白氏 續230
迂闊 文選 正129
迂閒 白氏 續230
雨脚* 白氏 續230
雨血 白氏 續230
雨後 白氏 續230
雨師 文選 正129
雨師 白氏 續230
雨水 白氏 續230
雨雪 文選 正129
雨雪 白氏 續230
雨足 文選 正129
雨中 白氏 續230
雨天 白氏 續230
雨畢 本朝 正491
雨夜 白氏 續230
雨露 文選 正129
雨露 本朝 正491
雨露 白氏 續230
雨徑 白氏 續230
雨氣 白氏 續230
雨潦 白氏 續230
雨澤 白氏 續230
雨砌 白氏 續230
雨聲 白氏 續230
古鷹揚衛 本朝 正491
優曇 遊仙 正89
優曇 本朝 正491
優曇花 法華 正418
優曇花 本朝 正491
優曇華 竹取 正635
優曇華 宇津 正709
優曇華 源氏 正841
優婆夷 法華 正418
優婆塞 法華 正418
優婆塞 白氏 續229
優婆塞 宇津 正709
優婆塞 源氏 正841
優婆離 白氏 續229
優鉢羅 本朝 正491
有 法華 正418
有心 宇津 正709
有心すき 枕冊 正776
有心者 宇津 正709
有頂 法華 正418
有頂 本朝 正491
有頂天 法華 正418
有頂天 本朝 正491
有無 法華 正418
有漏 法華 正418
有漏 本朝 正491
有爲 法華 正418
有爲 本朝 正491
有爲界 本朝 正491
有餘涅槃 法華 正418
有緣 本朝 正491
于家公主 白氏 續230
于給事 白氏 續230
于公 文選 正129
于公 本朝 正491
于公 白氏 續230
于公 枕冊 正776
于氏高門 本朝 正491
于戚 文選 正129
于旋 文選 正129
于張 文選 正129
于定國 文選 正129
于飛 白氏 續230
于篇 白氏 續230
于役 白氏 續229
于于 白氏 續229
于叟 文選 正129
于奚 白氏 續230
于尹躬 白氏 續229
于靈 文選 正129
于頔 白氏 續230
于頔等 白氏 續230
于駙馬使君 白氏 續230
吁 白氏 續229
吁嗟 文選 正129
嗚噎 文選 正129
嘔喩す 文選 正129
喣嘘 文選 正129
盂 白氏 續230
盂蘭 本朝 正491
禹 論語 正55

禹	遊仙	正89
禹	文選	正129
禹	白氏	續230
禹穴	文選	正129
禹穴	白氏	續230
禹錫	白氏	續230
禹湯	本朝	正491
禹湯	白氏	續230
禹廟	白氏	續230
紆	文選	正129
紆曲す	文選	正129
紆結す	文選	正129
紆徐	文選	正129
紆帶	本朝	正491
紆鬱	文選	正129
紆鬱す	白氏	續230
紆譎	文選	正129
紆軫	文選	正129
紆迴	文選	正129
紆餘	文選	正129
汙濁	本朝	正491
盱衡す	文選	正129
竽瑟	文選	正129
竽笙	文選	正129
竽籟	文選	正129
雩	白氏	續230
雩す	白氏	續230
雩都縣	文選	正129
寓	文選	正129
寓	本朝	正491
寓内	文選	正129
寓縣	文選	正129
浮紋	枕冊	正776
浮紋	源氏	正841
薄紅梅	源氏	正841
薄香	宇津	正709
薄蘇芳	宇津	正709
薄蘇枋	源氏	正841
薄様	宇津	正709
薄様	源氏	正841
薄様たち	源氏	正841
薄様	蜻蛉	正747
薄緂	源氏	正841
薄紅梅	枕冊	正776
薄様	枕冊	正776
歌絵	源氏	正841
内曹司	宇津	正709
尉遲鋭	白氏	續230
尉遲司業	白氏	續230
尉遲少監	白氏	續231
尉遲少尹	白氏	續231
欝	本朝	正491
欝歎	本朝	正491
欝腸	本朝	正491
欝陶	本朝	正491
欝悒*	論語	正55
蔚	文選	正129
蔚	白氏	續231
蔚温雅淵	白氏	續231
蔚爾	文選	正129
蔚州	白氏	續231
蔚章	白氏	續231
鬱	文選	正129
鬱	白氏	續231
鬱す	白氏	續231
鬱郁	遊仙	正89
鬱郁	文選	正129
鬱金	遊仙	正89
鬱金	白氏	續231
鬱金香	白氏	續231
鬱結	文選	正129
鬱結	白氏	續231
鬱結す	文選	正129
鬱蒸	文選	正129
鬱盛	文選	正129
鬱然	白氏	續231
鬱怒	文選	正129
鬱陶	文選	正129
鬱陶	白氏	續231
鬱陶す	文選	正129
鬱盤	文選	正129
鬱没す	文選	正129
鬱鳴す	文選	正129
鬱茂	文選	正129
鬱律	文選	正129
鬱林	文選	正129
鬱怫す	文選	正129
鬱悒す	文選	正129
鬱橈	文選	正129
鬱鬱	文選	正129
鬱鬱	白氏	續231
鬱鬱然	白氏	續231
鬱燠	文選	正129
鬱蓊	文選	正129
鬱鞅す	文選	正129
鬱崫	文選	正129
罻羅	文選	正129
上の判官	枕冊	正777
呻き誦し	枕冊	正777
云為	本朝	正491
云云	文選	正129
云云	白氏	續231
云々	本朝	正491
云云す	文選	正129
云爲	文選	正129
運	文選	正129
運	本朝	正491
運	白氏	續231
運	宇津	正709
運す	文選	正129
運行	文選	正129
運載	本朝	正491
運載す	白氏	續231
運周す	文選	正129
運水	白氏	續231
運世	文選	正129
運漕	白氏	續231
運送	本朝	正491
運務	白氏	續231
運命	遊仙	正89

運命　文選　正129
運命　本朝　正491
運命論　文選　正129
運蒙　文選　正129
運輸す　文選　正129
運用　文選　正129
運流　文選　正129
運路　白氏　續231
運會　文選　正129
運數　白氏　續231
運氣　白氏　續231
運籌　文選　正129
運轉す　本朝　正491
運筭　文選　正129
運轂　白氏　續231
雲　文選　正130
雲　白氏　續231
雲阿　文選　正130
雲雨　文選　正130
雲雨　本朝　正491
雲雨　白氏　續231
雲碓　白氏　續232
雲影　白氏　續231
雲英　文選　正130
雲英　本朝　正491
雲英　白氏　續231
雲液　白氏　續231
雲煙　文選　正130
雲煙　白氏　續231
雲屋　文選　正130
雲火　文選　正130
雲霞　文選　正130
雲霞　本朝　正491
雲霞　白氏　續231
雲海　白氏　續231
雲外　白氏　續231
雲崖　文選　正130
雲閣　文選　正130
雲冠　文選　正130
雲官　文選　正130
雲漢　文選　正130
雲漢　本朝　正491
雲漢　白氏　續231
雲漢(書名)　文選　正130
雲間　文選　正130
雲間　白氏　續231
雲館　文選　正130
雲旗　文選　正130
雲騎　文選　正130
雲騎尉　白氏　續231
雲脚　白氏　續231
雲居　文選　正130
雲居　白氏　續231
雲居寺　白氏　續231
雲錦　文選　正130
雲軒　文選　正130
雲構　文選　正130
雲構　本朝　正492
雲鵠　白氏　續231
雲根　文選　正130
雲根　白氏　續231
雲彩　白氏　續231
雲際　文選　正130
雲際　白氏　續231
雲皐　白氏　續231
雲皐上人　白氏　續231
雲山　白氏　續231
雲師　文選　正130
雲芝　文選　正130
雲車　文選　正130
雲樹　白氏　續231
雲州　白氏　續231
雲渚　白氏　續231
雲書　本朝　正492
雲松　白氏　續231
雲梢　文選　正130
雲上　白氏　續231
雲心　本朝　正492
雲心　白氏　續231
雲真　白氏　續231
雲水　白氏　續231
雲雀　文選　正130
雲精　文選　正130
雲石　白氏　續232
雲泉　本朝　正492
雲泉　白氏　續232
雲巣　文選　正130
雲装　文選　正130
雲孫　本朝　正492
雲隊　白氏　續232
雲端　文選　正130
雲中　文選　正130
雲中　本朝　正492
雲中　白氏　續232
雲中(地名)　文選　正130
雲中君　文選　正130
雲鶴　白氏　續231
雲梯　文選　正130
雲汀　白氏　續232
雲泥　本朝　正492
雲泥　白氏　續232
雲天　文選　正130
雲電　文選　正130
雲島　白氏　續232
雲湯　白氏　續232
雲頭　白氏　續232
雲南　白氏　續232
雲日　文選　正130
雲日　白氏　續231
雲帆　本朝　正492
雲帆　白氏　續232
雲扉　白氏　續232
雲表　文選　正130
雲表　本朝　正492
雲表　白氏　續232
雲夫　白氏　續232
雲膚　本朝　正492
雲物　文選　正130
雲物　本朝　正492
雲粉　白氏　續232

雲陛　文選　正130
雲篦　白氏　續232
雲母　遊仙　正89
雲母　本朝　正492
雲母　白氏　續232
雲母散　白氏　續232
雲峯　文選　正130
雲幕　本朝　正492
雲夢　文選　正130
雲夢　白氏　續232
雲夢(地名)　文選　正130
雲霧　文選　正130
雲霧　本朝　正492
雲霧　白氏　續232
雲門　文選　正130
雲門　本朝　正492
雲野　文選　正130
雲陽　文選　正130
雲翼　文選　正130
雲羅　文選　正130
雲雷　白氏　續232
雲嵐　白氏　續232
雲裏　白氏　續232
雲龍　文選　正130
雲龍　本朝　正492
雲龍　白氏　續232
雲龍門　文選　正130
雲梁　文選　正130
雲林　文選　正130
雲林　白氏　續232
雲林院　本朝　正492
雲林院　蜻蛉　正747
雲林院　枕冊　正777
雲林院　源氏　正841
雲嶺　本朝　正492
雲路　文選　正130
雲路　本朝　正492
雲路　白氏　續232
雲和　文選　正130
雲和　白氏　續231
雲會　本朝　正491
雲巖　本朝　正492
雲壑　文選　正130
雲壑　白氏　續231
雲將　白氏　續231
雲屏　文選　正130
雲幄　文選　正130
雲旆　文選　正130
雲棧　白氏　續231
雲樂　本朝　正491
雲氣　文選　正130
雲氣　本朝　正491
雲氣　白氏　續231
雲漿　白氏　續231
雲澤　文選　正130
雲罕　文選　正130
雲臺　文選　正130
雲臺　本朝　正492
雲衢　本朝　正491
雲衢　白氏　續231
雲衲　本朝　正492
雲谿　文選　正130
雲貌　白氏　續232
雲輅　文選　正130
雲輦　本朝　正492
雲逵　白氏　續232
雲闕　文選　正130
雲關　文選　正130
雲關　本朝　正491
雲隱寺　白氏　續231
雲霄　文選　正130
雲霄　本朝　正492
雲霄　白氏　續232
雲霓　文選　正130
雲霓　白氏　續231
雲韶　白氏　續232
雲髦　文選　正130
雲髻　白氏　續231
雲鬟　本朝　正491
雲鬟　白氏　續231
雲鬢　白氏　續232
雲鴈　文選　正130
雲扃　白氏　續231
雲螭　文選　正130
雲閬　本朝　正492
温明殿　源氏　正841
芸　白氏　續231
芸閣　本朝　正491
芸閣　白氏　續231
芸香　白氏　續231
芸若　文選　正129
芸縑　本朝　正491
紜紜　白氏　續231
繧繝緣　枕冊　正776
耘耔　文選　正129
耘耔す　文選　正129
蘊　文選　正129
蘊　白氏　續231
蘊結す　白氏　續231
蘊藻　文選　正129
蘊藉　文選　正129
蘊藏　白氏　續231
蘊袍　本朝　正491
縕袍　論語　正55
惲家　白氏　續231
惲　文選　正129
熅す　文選　正129
篔簹　文選　正129
縕袍　本朝　正491
鄆　白氏　續231
鄆郊　白氏　續231
鄆州　白氏　續231
鄆曹観察判官　白氏　續231
鄖國　白氏　續231
醞　文選　正129
韞櫝す　文選　正130

【え】

ゑせ受領　源氏　正841
依怙　法華　正418

衣裳　宇津　正709
衣被のか　源氏　正841
衣被被香　源氏　正841
衣裓　法華　正418
烏帽子　枕冊　正777
烏帽子　源氏　正841
緣　源氏　正841
裛衣　宇津　正709
叡音　文選　正130
叡襟　本朝　正492
叡景　本朝　正492
叡后　文選　正130
叡指　本朝　正492
叡旨　本朝　正492
叡賞　本朝　正492
叡情　本朝　正492
叡心　本朝　正492
叡楚　本朝　正492
叡智　本朝　正492
叡哲　文選　正130
叡哲　本朝　正492
叡念　本朝　正492
叡蕃　文選　正130
叡敏　文選　正130
叡文　文選　正130
叡覧　本朝　正492
叡慮　本朝　正492
叡聽　本朝　正492
叡鑒　本朝　正492
叡德　本朝　正492
嬰　論語　正55
嬰　文選　正130
嬰累　文選　正130
嬰兒　文選　正130
嬰兒　白氏　續232
嬰孩　文選　正130
嬰齊　文選　正130
影　白氏　續232
影響　文選　正130
影響　白氏　續232
影堂　本朝　正492
影堂　白氏　續232
映　本朝　正492
映す　本朝　正492
映す　白氏　續232
映ず　文選　正130
映蔚　文選　正130
映徹す　本朝　正492
映日　文選　正130
相映す　本朝　正492
相映す　白氏　續232
永　論語　正55
永す　文選　正131
永安　文選　正131
永永　文選　正131
永永　本朝　正492
永嘉　文選　正131
永歌す　文選　正131
永元　本朝　正492
永元元年　文選　正131
永巷　文選　正131
永始　文選　正131
永初　文選　正131
永初三年　文選　正131
永初三年七月十六日　文選　正131
永昌　文選　正131
永世　文選　正131
永生　文選　正131
永逝　文選　正131
永遷　文選　正131
永泰元年　文選　正131
永代　文選　正131
永日　文選　正131
永寧　文選　正131
永寧坊　本朝　正492
永年　文選　正131
永平　文選　正131
永平　本朝　正492
永平十七年　文選　正131
永平中　文選　正131
永命　文選　正131
永明　本朝　正492
永明九年　文選　正131
永明元年　文選　正131
永明八載　文選　正131
永夜　文選　正131
永夕　文選　正131
永例　本朝　正492
永路　文選　正131
永圖　文選　正131
永埒　文選　正131
永祚二年五月五日　本朝　正492
永祚二年三月十七日　本朝　正492
永祚二年四月廾一日　本朝　正492
永祚二年六月日　本朝　正492
永觀元年　本朝　正492
永觀元年四月十五日　本朝　正492
永觀二年　本朝　正492
永觀二年十二月十五日　本朝　正492
永觀二年十二月廾八日　本朝　正492
洩洩　文選　正131
洩洩融融　白氏　續232
洩導す　白氏　續232
盈　文選　正131
盈　本朝　正492
盈　白氏　續232
盈缺　文選　正131
盈溢　文選　正131
盈溢　本朝　正492
盈溢す　文選　正131
盈盈　文選　正131
盈盈　白氏　續232

盈虚　文選　正131
盈減　白氏　續232
盈尺　文選　正131
盈縮　文選　正131
盈縮　本朝　正492
盈縮　白氏　續232
盈笥　文選　正131
盈数　本朝　正492
盈樽　白氏　續232
盈放　白氏　續232
盈椀　文選　正131
盈墟　本朝　正492
盈數　文選　正131
盈數　白氏　續232
盈歇す　文選　正131
盈衍す　文選　正131
盈虧　白氏　續232
盈虚　白氏　續232
睿瑱　文選　正131
穎*州　白氏　續233
穎*脱す　本朝　正493
穎*陽　本朝　正493
潁水　本朝　正493
英　文選　正132
英　本朝　正492
英　白氏　續233
英(人名)　文選　正132
英盻　文選　正132
英偉　文選　正132
英威　文選　正132
英英　文選　正132
英英　白氏　續233
英果　白氏　續233
英花　本朝　正492
英華　文選　正132
英華　本朝　正492
英華　白氏　續233
英奇　文選　正132
英傑　本朝　正492
英賢　文選　正132
英賢　本朝　正492
英豪　白氏　續233
英宰　文選　正132
英才　文選　正132
英才　本朝　正493
英材　白氏　續233
英姿　文選　正132
英姿　白氏　續233
英主　文選　正132
英儒　本朝　正493
英俊　文選　正132
英俊　本朝　正493
英俊　白氏　續233
英精　文選　正132
英藻　文選　正132
英達　文選　正132
英挺　文選　正132
英特　文選　正132
英布　文選　正132
英武　白氏　續233
英風　文選　正132
英妙　文選　正132
英妙　本朝　正493
英名　文選　正132
英明　文選　正132
英明　白氏　續233
英雄　文選　正132
英雄　本朝　正492
英雄　白氏　續233
英利　本朝　正493
英麗　文選　正132
英六　文選　正132
英斷　白氏　續233
英毫　本朝　正492
英瓊瑤　文選　正132
英睿　文選　正132
英聲　文選　正132
英聲　本朝　正493
英蘂　文選　正132
英藺　文選　正132
英袞　文選　正132
英辭　文選　正132
英辯　文選　正132
英靈　白氏　續233
英髦　文選　正132
英髦　本朝　正493
英喆　文選　正132
英瑋　文選　正132
英蕤　文選　正132
衛　論語　正55
衛　本朝　正493
衛(地名)　文選　正132
衛尉　文選　正132
衛魚　文選　正132
衛公　文選　正132
衛后　文選　正132
衛宏　文選　正132
衛宏　本朝　正493
衛詩　文選　正132
衛叔　文選　正132
衛女　文選　正132
衛人　文選　正132
衛青　文選　正132
衛先生　文選　正132
衛卒　本朝　正493
衛鼎　文選　正132
衛府　本朝　正493
衛霊公第十五　論語　正55
衛國　文選　正132
衛國　本朝　正493
衛將軍　文選　正132
衛將軍　本朝　正493
衛霍　文選　正132
衛變　本朝　正493
衛豔　文選　正132
詠　文選　正132
詠　本朝　正493
詠　源氏　正841
詠す　遊仙　正89
詠す　文選　正132

詠す　本朝　正493
詠ず　論語　正55
詠歌　文選　正132
詠歌　本朝　正493
詠歌す　文選　正132
詠歌す　本朝　正493
詠歎　文選　正132
詠謌　本朝　正493
詠謌す　本朝　正493
詠德　文選　正132
鋭　白氏　續233
銳　文選　正132
鋭す　白氏　續233
鋭騎　文選　正132
鋭師　文選　正132
鋭師　白氏　續233
鋭卒　文選　正132
鋭敏　文選　正132
鋭武　白氏　續233
鋭氣　文選　正132
鋭氣　本朝　正493
鋭氣　白氏　續233
斯楡　文選　正130
枍詣　文選　正130
營　文選　正131
營　白氏　續232
營す　文選　正131
營す　白氏　續232
營域　文選　正131
營宇　文選　正131
營衛　本朝　正492
營丘　文選　正131
營丘　本朝　正492
營魂　文選　正131
營州　文選　正131
營匠　文選　正131
營築す　文選　正131
營中　文選　正131
營田　白氏　續232
營田副使　白氏　續232
營度　白氏　續232
營表　文選　正131
營部　白氏　續232
營平　文選　正131
營役　白氏　續232
營營　文選　正131
營營　白氏　續232
營營す　白氏　續232
營爲　白氏　續232
營爲す　白氏　續232
營魄　文選　正131
營部　文選　正131
塋　文選　正130
塋園　文選　正130
塋壟　文選　正130
惠鏡　本朝　正492
楹　文選　正131
楹席　文選　正131
榮　文選　正130
榮　本朝　正492
榮す　文選　正130
榮す　本朝　正492
榮哀　文選　正130
榮宴　文選　正130
榮宴　本朝　正492
榮花　本朝　正492
榮花　伊勢　正649
榮華　文選　正130
榮華　本朝　正492
榮華　源氏　正841
榮願　文選　正130
榮期　文選　正130
榮期　本朝　正492
榮貴　本朝　正492
榮遇　本朝　正492
榮啓期　本朝　正492
榮枯　文選　正130
榮枯　本朝　正492
榮光　文選　正130
榮光　本朝　正492
榮次　文選　正130
榮滋　文選　正130
榮爵　本朝　正492
榮楯　文選　正130
榮色　文選　正130
榮辱　文選　正130
榮辱　本朝　正492
榮進　文選　正130
榮凋　本朝　正492
榮寵　文選　正131
榮班　本朝　正492
榮分　本朝　正492
榮名　文選　正131
榮名　本朝　正492
榮問　文選　正131
榮曜　文選　正131
榮曜す　文選　正131
榮耀　文選　正131
榮耀　本朝　正492
榮耀さかし　宇津　正709
榮落　本朝　正492
榮利　本朝　正492
榮路　本朝　正492
榮會　文選　正130
榮悴　文選　正131
榮暉　本朝　正492
榮條　文選　正131
榮樂　文選　正131
榮聲　文選　正131
榮觀す　文選　正130
榮郤　文選　正131
榮顯　文選　正130
榮顯　本朝　正492
榮職　本朝　正492
殪仆す　文選　正131
泄泄　白氏　續232
潁陰　文選　正131
潁許　文選　正131
潁子嚴　文選　正131
潁川　文選　正131

潁川　本朝　正493
潁川　白氏　續233
潁川郡　文選　正131
潁川縣君　白氏　續233
潁邑　文選　正131
潁曜　文選　正131
潁陽　文選　正131
濬沖　文選　正131
濬池　文選　正131
濬哲　文選　正131
濬房　文選　正131
濬壑　文選　正131
濬洫　文選　正131
濬潭　文選　正131
濬發　文選　正131
濬德　文選　正131
瀛海　文選　正131
瀛海　本朝　正492
瀛漢等　白氏　續232
瀛漢二州　白氏　續232
瀛洲　文選　正131
瀛洲　白氏　續232
瀛女　白氏　續232
瀛漢州　白氏　續232
瀛養　本朝　正492
瀛壖　文選　正131
瑩　白氏　續232
瑩拂　本朝　正492
睿　文選　正131
睿　白氏　續232
睿*覧　本朝　正492
睿*慮　本朝　正492
睿思　文選　正131
睿情　文選　正131
睿心　文選　正131
睿聖　文選　正131
睿聖文武皇帝　白氏　續232
睿聖文武皇帝陛下　白氏　續232
睿哲　文選　正131
睿武　文選　正131
睿文　文選　正131
睿文　白氏　續232
睿文神武孝德　白氏　續233
睿問　文選　正131
睿圖　文選　正131
睿圖　白氏　續232
睿德　白氏　續232
睿筭　白氏　續232
穢俗　文選　正131
纓　文選　正131
纓　本朝　正492
纓　白氏　續233
纓　枕冊　正777
纓　源氏　正841
纓徽　文選　正131
纓上　文選　正132
纓上　白氏　續233
纓組　白氏　續233
纓弁　文選　正132
纓絡　文選　正132
纓絡　白氏　續233
纓佩　文選　正132
纓冕　文選　正132
纓笏　文選　正132
纓緌　文選　正132
纓緌　白氏　續233
緌縻　文選　正132
嬴老*　文選　正132
翳　本朝　正492
翳　白氏　續233
翳雲　文選　正132
翳然　文選　正132
翳鳥　文選　正132
翳蔽　文選　正132
翳沒す　文選　正132
翳翳　文選　正132
翳翳　白氏　續233
翳薈　文選　正132
蠳龜　文選　正132
衛(人名)　文選　正132
衛　文選　正132
裔　文選　正132
裔周　文選　正132
裔孫　白氏　續233
裔胄　白氏　續233
裔裔　白氏　續233
嬴金　本朝　正493
郢　文選　正132
郢握　文選　正132
郢客　本朝　正493
郢曲　文選　正132
郢斤　本朝　正493
郢州　文選　正132
郢州　白氏　續233
郢城　白氏　續233
郢人　文選　正132
郢人　白氏　續233
郢中　文選　正132
郢中　本朝　正493
郢中　白氏　續233
郢部　文選　正132
郢闕　文選　正132
枻　白氏　續232
嬴　文選　正130
嬴芋　文選　正130
嬴氏　文選　正130
嬴弱　白氏　續232
嬴州　文選　正130
嬴縮　本朝　正492
嬴縮す　文選　正130
嬴女　白氏　續232
嬴國　文選　正130
瓔女　白氏　續232
扲詣　文選　正130
曀す　本朝　正492
梬棹　文選　正130
梬栗　文選　正130
梬棗　文選　正130
瑰臺　文選　正131

璿 文選 正131
璿玉 文選 正131
璿瑰 文選 正131
瘞 文選 正131
癭 文選 正131
籯金 文選 正131
縈 文選 正131
縈盈 文選 正131
縈河 文選 正131
縈廻す 白氏 續233
縈紘 文選 正131
縈積 文選 正131
縈帯す 文選 正131
縈纏 文選 正131
縈薄す 文選 正131
縈抱す 文選 正131
縈紆 白氏 續233
縈紆す 文選 正131
菀茂 文選 正132
蘙薈 白氏 續233
鷖 文選 正132
鷖輅 文選 正132
鵁鶄 文選 正133
膋帯 文選 正133
膋體 本朝 正493
腰下 白氏 續234
腰間 白氏 續234
腰金 白氏 續234
腰支 遊仙 正89
腰肢 白氏 續234
腰章 白氏 續234
腰帶 遊仙 正89
腰珮 白氏 續234
腰褥 白氏 續234
騕褭* 文選 正133
幼 文選 正132
幼 法華 正418
幼 白氏 續233
幼す 白氏 續233
幼安 文選 正132
幼孤 文選 正132
幼孤 白氏 續233
幼史 白氏 續233
幼子 白氏 續233
幼者 白氏 續233
幼弱 文選 正132
幼主 文選 正132
幼女 白氏 續233
幼少 白氏 續233
幼稚 法華 正418
幼稚 白氏 續233
幼弟 文選 正132
幼弟 白氏 續233
幼童 法華 正418
幼年 白氏 續233
幼美 白氏 續233
幼文 白氏 續233
幼妹 白氏 續233
幼妙 文選 正133
幼冲 白氏 續233
幼壯 文選 正132
幼眇 文選 正133
幼艾 文選 正132
幼艾 白氏 續233
幼賤 白氏 續233
妖 文選 正133
妖 本朝 正493
妖 白氏 續233
妖艶 本朝 正493
妖花 白氏 續233
妖玩 文選 正133
妖言 本朝 正493
妖狐 白氏 續233
妖倖 文選 正133
妖女 文選 正133
妖祥廢興 白氏 續234
妖瑞 白氏 續234
妖鳥 白氏 續234
妖姫 白氏 續233
妖婦 白氏 續234
妖妄 文選 正133
妖冶 文選 正133
妖臨す 文選 正133
妖麗 文選 正133
妖惑 文選 正133
妖冦* 白氏 續233
妖咎 本朝 正493
妖婬 遊仙 正89
妖恠 本朝 正493
妖愆 文選 正133
妖氛 白氏 續234
妖氣 本朝 正493
妖艷 白氏 續233
妖靡 文選 正133
妖孽 文選 正133
妖孽 白氏 續233
妖沴 白氏 續234
妖灾 白氏 續234
揺演す 文選 正132
揺蕩 文選 正132
揺動す 文選 正132
揺動す 本朝 正493
揺風 文選 正132
揺揺 文選 正132
揺落 文選 正132
揺落 本朝 正493
揺落す 文選 正132
揺漾 文選 正132
揺刖 文選 正132
曜卿 文選 正133
曜宿 本朝 正493
曜曜振振 文選 正133
曜靈 文選 正133
曜靈 白氏 續234
耀々 遊仙 正89
耀靈 本朝 正493
葉 法華 正418
御要 宇津 正709
要 文選 正133
要 法華 正418

要　本朝　正493
要　白氏　續234
要　宇津　正709
要　蜻蛉　正747
要し　竹取　正635
要し　源氏　正841
要じ　宇津　正709
要す　文選　正133
要す　文選　正133
要す　本朝　正493
要す　白氏　續234
要なし　伊勢　正649
要害　文選　正133
要害　本朝　正493
要害　白氏　續234
要官　白氏　續234
要屈す　文選　正133
要郡　白氏　續234
要劇　白氏　續234
要言　文選　正133
要荒　文選　正133
要荒　白氏　續234
要司　白氏　續234
要旨　白氏　續234
要事　白氏　續234
要趣　文選　正133
要重　白氏　續235
要術　文選　正133
要衝　白氏　續234
要職　白氏　續234
要須　本朝　正493
要籍　白氏　續234
要知　白氏　續234
要知す　白氏　續235
要地　白氏　續234
要鎮　白氏　續235
要津　本朝　正493
要津　白氏　續234
要道　本朝　正493
要道　白氏　續234
要復す　文選　正133
要妙　文選　正133
要妙　白氏　續235
要務　本朝　正493
要盟　文選　正133
要約　白氏　續235
要離　文選　正133
要略　文選　正133
要領　文選　正133
要路　文選　正133
要路　本朝　正493
要路　白氏　續235
要權　白氏　續234
要樞　本朝　正493
要職　本朝　正493
謡　白氏　續235
謡詠　白氏　續235
謡詠す　白氏　續235
謡吟す　文選　正133
謡俗　文選　正133
謡天　白氏　續235
謡詠す　文選　正133
夭　文選　正133
夭　本朝　正493
夭　白氏　續233
夭す　文選　正133
夭す　本朝　正493
夭す　白氏　續233
夭矯　文選　正133
夭矯　白氏　續233
夭極　白氏　續233
夭婚　白氏　續233
夭采　文選　正133
夭札　白氏　續233
夭死す　白氏　續233
夭斜す　白氏　續233
夭遂　文選　正133
夭折　白氏　續233
夭折す　白氏　續233
夭促　白氏　續233
夭桃　本朝　正493
夭桃　白氏　續233
夭伐　文選　正133
夭亡す　白氏　續233
夭妄　文選　正133
夭老　白氏　續233
夭壽　白氏　續233
夭夭　文選　正133
夭々　本朝　正493
夭枉　文選　正133
夭閼　文選　正133
夭閼　白氏　續233
夭閼す　白氏　續233
夭蹻　文選　正133
姚元康　白氏　續234
姚元康等　白氏　續234
姚元崇　白氏　續234
姚向　白氏　續234
姚杭州　白氏　續234
姚侍御　白氏　續234
姚成節　白氏　續234
姚宋　白氏　續234
姚文秀　白氏　續234
徭　白氏　續234
徭役　白氏　續234
搖　白氏　續234
搖す　白氏　續234
搖曳　白氏　續234
搖曳す　白氏　續234
搖消す　白氏　續234
搖蕩す　白氏　續234
搖動　白氏　續234
搖動す　白氏　續234
搖尾　白氏　續234
搖落　白氏　續234
搖落す　白氏　續234
搖掉す　白氏　續234
搖搖　白氏　續234
搖旌　白氏　續234
杳　文選　正132

杳 本朝 正493
杳 白氏 續234
杳然 白氏 續234
杳漠 文選 正132
杳冥 文選 正132
杳冥 白氏 續234
杳冥冥 文選 正132
杳杳 文選 正132
杳杳 本朝 正493
杳曖 白氏 續234
杳眇 文選 正132
杳眇 白氏 續234
杳靄 白氏 續234
燿眼 白氏 續234
燿焜す 白氏 續234
瑤 文選 正133
瑤英 文選 正133
瑤鋭 本朝 正493
瑤華 文選 正133
瑤階 文選 正133
瑤琴 文選 正133
瑤光 文選 正133
瑤光 本朝 正493
瑤珠 文選 正133
瑤象 文選 正133
瑤水 文選 正133
瑤裾 本朝 正493
瑤席 文選 正133
瑤草 文選 正133
瑤壇 文選 正133
瑤池 文選 正133
瑤池 本朝 正493
瑤碧 文選 正133
瑤溪 文選 正133
瑤漿 文選 正133
瑤瑾 文選 正133
瑤瓊 文選 正133
瑤甍 文選 正133
瑤臺 文選 正133
瑤軫 文選 正133
瑤璠 文選 正133
瓔珞 本朝 正493
瞍眇 文選 正133
窈娘 白氏 續234
窈冥 文選 正133
窈冥 文選 正133
窈冥 本朝 正493
窈眇 文選 正133
窈窈 本朝 正493
窈窕 遊仙 正89
窈窕 文選 正133
窈窕 本朝 正493
窈窕 白氏 續234
窈藹 文選 正133
遙涯 本朝 正493
遙源 文選 正133
遙源 本朝 正493
遙緒 文選 正133
遙城 文選 正133
遙然 文選 正133
遙夜 本朝 正493
遙夜 白氏 續235
遙夕 文選 正133
遙甸 文選 正133
遙帷 文選 正133
遙裔 文選 正133
遙遙 文選 正133
瑤 白氏 續234
瑤花 白氏 續234
瑤華 白氏 續234
瑤水 白氏 續234
瑤草 白氏 續234
瑤池 白氏 續234
瑤瑟 白氏 續234
瑤瓊 白氏 續234
瑤筵 白氏 續234
瑤臺 白氏 續234
瑤蒻 白氏 續234
瑤墀 白氏 續234
么麼 文選 正132
偠紹 文選 正132
傜 文選 正132
傜役 本朝 正493
傜役 文選 正132
嘤嘤 白氏 續233
坳泓 白氏 續233
媵妾 本朝 正493
洮溟 本朝 正493
珧 白氏 續234
祅邪 本朝 正493
祅神 本朝 正493
窔夏 文選 正133
窅 文選 正132
窅 白氏 續234
窅然 文選 正132
窅冥 白氏 續234
窅眇 文選 正132
窅窅 白氏 續234
繇 文選 正133
繇役 文選 正133
葽草 文選 正133
軺軒 文選 正133
飆 文選 正133
飆颺す 文選 正133
易 論語 正55
易 文選 正133
易 本朝 正493
易 白氏 續235
易(書名) 白氏 續235
易(人名) 論語 正55
易す 文選 正133
易牙 文選 正133
易牙 白氏 續235
易京 文選 正133
易者 本朝 正493
易州 白氏 續235
易象 文選 正133
易水 文選 正133
易定 白氏 續235
易道 文選 正133

易卜　文選　正133
易陽　文選　正133
易經　本朝　正493
液　白氏　續235
液す　白氏　續235
疫鬼　論語　正55
疫疾　本朝　正493
疫旱　文選　正133
疫氣　文選　正133
疫癘　文選　正133
益　論語　正55
益　文選　正133
益　文選　正133
益　本朝　正493
益　白氏　續235
益(注)　白氏　續235
益す　文選　正133
益す　本朝　正493
益す　白氏　續235
益疾暴露す　白氏　續235
益質　白氏　續235
益者　論語　正55
益州　遊仙　正89
益州　文選　正133
益等　白氏　續235
益美　文選　正133
益符　本朝　正493
益部　文選　正133
益部　白氏　續235
益部　白氏　續235
益友　文選　正133
益友　白氏　續235
益癘　白氏　續235
益稷　文選　正133
役　文選　正133
役　本朝　正493
役　白氏　續235
役す　論語　正55
役す　文選　正133
役す　本朝　正493
役す　白氏　續235
役役　白氏　續235
役從　本朝　正493
奕棋　白氏　續235
奕世　本朝　正493
奕葉　白氏　續235
奕奕　文選　正133
廙　白氏　續235
懌　白氏　續235
掖垣　白氏　續235
掖庭　文選　正133
掖庭　本朝　正493
掖庭丞　文選　正133
掖殿　文選　正133
繹志　白氏　續235
繹如　論語　正55
腋　白氏　續235
腋庭　本朝　正493
譯導す　文選　正133
驛　文選　正133
驛　白氏　續235
驛騎　白氏　續235
驛船　白氏　續235
驛亭　本朝　正493
驛亭　白氏　續235
驛日　本朝　正493
驛馬　白氏　續235
驛門　白氏　續235
驛吏　白氏　續235
驛路　白氏　續235
驛樓　白氏　續235
驛舫　白氏　續235
驛驛　文選　正133
愓息す　文選　正133
嶧陽　本朝　正493
弈々　本朝　正493
弈思　文選　正133
弈幕　文選　正133
弈弈　文選　正133
咽絶す　白氏　續235
悦　白氏　續235
悦(人名)　白氏　續235
悦可す　本朝　正493
悦情　文選　正133
悦怒　文選　正133
悦服　白氏　續235
悦服す　文選　正134
悦服す　白氏　續235
悦豫す　文選　正134
悦懌　白氏　續235
悦懌す　文選　正134
悦隨欣戴す　白氏　續235
悦悆す　文選　正134
謁　本朝　正493
謁す　文選　正134
謁す　本朝　正493
謁す　白氏　續235
謁客　白氏　續235
謁者　文選　正134
謁者　白氏　續235
謁者監　白氏　續235
相謁す　本朝　正493
越　本朝　正493
越(人名)　文選　正134
越(地名)　文選　正134
越綾　本朝　正493
越王鳥　本朝　正493
越客　文選　正134
越鄉　文選　正134
越吟　文選　正134
越香　文選　正134
越女　文選　正134
越裳　文選　正134
越裳　本朝　正493
越賞　本朝　正493
越常　文選　正134
越人　文選　正134
越人　本朝　正493
越石　文選　正134
越石　本朝　正493

越前　本朝　正493
越前権守　本朝　正493
越前守　本朝　正493
越前大掾　本朝　正493
越前國　本朝　正493
越中権守　本朝　正493
越鳥　文選　正134
越鳥　本朝　正493
越椎　本朝　正493
越砥　文選　正134
越斧　本朝　正493
越叟　文選　正134
越棘　文選　正134
越膽　本朝　正493
閲視す　白氏　續235
閲水　本朝　正493
閲水　白氏　續235
閲實　本朝　正493
鉞　文選　正134
緣　宇津　正709
纓　蜻蛉　正747
厭[illegible]　文選　正134
厭々然　本朝　正493
厭次　文選　正134
厭溺　本朝　正493
葉　白氏　續235
葉巻　文選　正134
葉葉　白氏　續235
葉縣　白氏　續235
曄曄　白氏　續235
曄煜　白氏　續235
曄　文選　正134
裔　文選　正134
裔裔　文選　正134
燁　文選　正134
剡剡　文選　正134
爗然す　文選　正134
裛塵　白氏　續235
裛露　文選　正134
霅煜　文選　正134
緣　蜻蛉　正747
院　本朝　正495
院花　本朝　正495
厭　白氏　續235
厭厭　白氏　續235
厭離　法華　正418
厭離　白氏　續235
厭賤す　白氏　續235
堰　白氏　續235
奄　白氏　續235
奄奄　文選　正134
奄忽　文選　正134
奄忽　白氏　續235
奄尹　文選　正134
宴　文選　正134
宴　本朝　正494
宴　白氏　續236
宴　宇津　正709
宴す　文選　正134
宴す　本朝　正494
宴す　白氏　續236
宴の松原　宇津　正709
宴安　文選　正134
宴安　本朝　正494
宴安　白氏　續236
宴安す　文選　正134
宴尉す　文選　正134
宴飲　白氏　續236
宴飲す　文選　正134
宴飲す　本朝　正494
宴飲す　白氏　續236
宴駕す　白氏　續236
宴楽　論語　正55
宴楽　文選　正134
宴喜　文選　正134
宴起す　文選　正134
宴居　文選　正135
宴居す　白氏　續236
宴饗す　文選　正134
宴語　文選　正135
宴語す　文選　正135
宴行　白氏　續236
宴坐　白氏　續236
宴坐す　白氏　續236
宴散　白氏　續236
宴私す　文選　正135
宴集　本朝　正494
宴集　白氏　續236
宴集す　白氏　續236
宴集詩　本朝　正494
宴宿す　白氏　續236
宴席　本朝　正494
宴席　白氏　續236
宴送す　白氏　續236
宴息　白氏　續236
宴望す　白氏　續236
宴遊　本朝　正494
宴遊　白氏　續236
宴遊す　白氏　續236
宴會　文選　正135
宴會　本朝　正494
宴會　白氏　續236
宴處す　文選　正135
宴寢　白氏　續236
宴樂　本朝　正494
宴樂　白氏　續236
宴飫す　白氏　續236
宴餘　白氏　續236
宴挺　本朝　正494
宴衎　文選　正134
宴衎　白氏　續236
延　文選　正135
延　白氏　續236
延(人名)　文選　正135
延安　白氏　續236
延安府君　白氏　續236
延引す　白氏　續236
延英　白氏　續236
延英殿　白氏　續236
延英門　白氏　續236

延閣　文選　正135
延喜　文選　正135
延喜　本朝　正494
延喜　源氏　正841
延喜(地名)　文選　正135
延喜以後　本朝　正494
延喜格　本朝　正494
延喜九年　本朝　正494
延喜元年　本朝　正494
延喜五年　本朝　正494
延喜五年七月廾一日　本朝　正494
延喜七年　本朝　正494
延喜十一年　本朝　正494
延喜十九年　本朝　正494
延喜十三年　本朝　正494
延喜十四年四月廾八日　本朝　正494
延喜天暦　本朝　正494
延喜二年　本朝　正494
延喜二年三月十三日　本朝　正494
延喜八年　本朝　正494
延喜八年五月十二日　本朝　正494
延喜八年八月十四日　本朝　正494
延喜里　文選　正135
延喜臨時格　本朝　正494
延起す　文選　正135
延景　白氏　續236
延康　白氏　續236
延州　文選　正135
延州　白氏　續236
延秋　文選　正135
延瀬　文選　正135
延寵　白氏　續236
延長　文選　正135
延長　本朝　正494
延長　白氏　續236
延長す　文選　正135
延長四年七月四日　本朝　正494
延長二年二月十五日　本朝　正494
延長八年十月九日　本朝　正494
延長八年十月十三日　本朝　正494
延長八年十月十六日　本朝　正494
延長八年十月廾日　本朝　正494
延長八年十二月日　本朝　正494
延年　文選　正135
延年　本朝　正494
延年　白氏　續236
延年里　白氏　續236
延之　文選　正135
延納　文選　正135
延平　文選　正135
延命　本朝　正494
延命息災　宇津　正709
延門　文選　正135
延陵(人名)　文選　正135
延陵(地名)　文選　正135
延陵子　文選　正135
延暦　本朝　正494
延暦寺　本朝　正494
延暦年中　本朝　正494
延暦廾一年三月　本朝　正494
延露　文選　正135
延佇　文選　正135
延佇す　文選　正135
延佇す　白氏　續236
延壽　文選　正135
延壽　白氏　續236
延屬　文選　正135
延矚す　文選　正135
延祚　文選　正135
延袤　文選　正135
延袤　白氏　續236
延覿　白氏　續236
延譽　文選　正135
延頸　文選　正135
延齢　本朝　正494
掩　文選　正134
掩映す　白氏　續236
掩掩　文選　正134
掩息す　文選　正134
掩薄す　文選　正134
掩抑す　白氏　續236
掩路　文選　正134
掩坎　文選　正134
掩藏す　白氏　續236
沿　本朝　正494
沿革　本朝　正494
沿革す　白氏　續236
沿襲　白氏　續236
沿洄　白氏　續236
沿洄す　白氏　續236
演家　本朝　正494
演公　白氏　續236
演説　本朝　正494
演説す　法華　正418
演説す　本朝　正494
演暢す　本朝　正494
演連珠　文選　正135
炎　白氏　續236
炎炎　文選　正134
炎炎　白氏　續236
炎煙　文選　正134
炎煙　白氏　續236
炎火　文選　正134
炎漢　文選　正134
炎漢　白氏　續236
炎居す　本朝　正493
炎景　文選　正134

炎景 白氏 續236
炎光 文選 正134
炎光 白氏 續236
炎州 本朝 正493
炎州 白氏 續237
炎暑 文選 正134
炎暑 本朝 正493
炎暑 白氏 續237
炎上 文選 正134
炎蒸 白氏 續237
炎政 文選 正134
炎精 文選 正134
炎精 白氏 續237
炎帝 文選 正134
炎帝 白氏 續237
炎天 文選 正134
炎天 白氏 續237
炎徳 文選 正134
炎毒 白氏 續237
炎熱 文選 正134
炎熱 本朝 正493
炎熱 白氏 續237
炎風 文選 正134
炎方 白氏 續237
炎涼 白氏 續237
炎涼 本朝 正493
炎區 文選 正134
炎徼 白氏 續236
炎旱 文選 正134
炎旱 本朝 正493
炎旱す 本朝 正493
炎暉 文選 正134
炎氣 白氏 續236
炎煬 文選 正134
炎燠 白氏 續236
炎瘴 白氏 續237
炎靈 文選 正134
焔焔 本朝 正494
煙*霞 白氏 續237
煙*樹 白氏 續237
煙*波 白氏 續237
煙雨 文選 正135
煙雲 文選 正135
煙雲 本朝 正494
煙雲 白氏 續237
煙越 本朝 正494
煙炎 本朝 正494
煙火 文選 正135
煙火 法華 正418
煙火 本朝 正494
煙火 白氏 續237
煙華 本朝 正494
煙霞 遊仙 正89
煙霞 本朝 正494
煙霞 白氏 續237
煙蛾斂略す 白氏 續237
煙駕 文選 正135
煙客 文選 正135
煙客 本朝 正494
煙景 文選 正135
煙景 本朝 正494
煙景 白氏 續237
煙月 白氏 續237
煙江 白氏 續237
煙郊 本朝 正494
煙郊 白氏 續237
煙樹 白氏 續237
煙渚 白氏 續237
煙松 白氏 續237
煙塵 文選 正135
煙塵 本朝 正494
煙塵 白氏 續237
煙水 本朝 正494
煙水 白氏 續237
煙翠 白氏 續237
煙霜 白氏 續237
煙村 白氏 續237
煙中 白氏 續237
煙波 本朝 正494
煙波 白氏 續237
煙蔓 白氏 續237
煙霧霧 文選 正135
煙滅す 本朝 正494
煙柳 本朝 正494
煙柳 白氏 續237
煙楊 白氏 續237
煙葉 白氏 續237
煙嵐 本朝 正494
煙林 本朝 正494
煙嶺 白氏 續237
煙浪 白氏 續237
煙巖 本朝 正494
煙條 白氏 續237
煙槐 白氏 續237
煙溪 本朝 正494
煙蘿 白氏 續237
煙霄 本朝 正494
煙霄 白氏 續237
煙靄 白氏 續237
煙驛 本朝 正494
煙鴈 白氏 續237
煙巣 本朝 正494
煙熅 白氏 續237
燕 文選 正135
燕 本朝 正494
燕 白氏 續237
燕(地名) 白氏 續237
燕す 文選 正135
燕王 文選 正135
燕王 本朝 正495
燕肝 本朝 正494
燕居す 論語 正56
燕居す 文選 正135
燕胡 文選 正135
燕語 白氏 續238
燕山 文選 正135
燕子 白氏 續237
燕市 文選 正135
燕脂 本朝 正495
燕脂 白氏 續237

燕昭　文選　正135
燕城　白氏　續237
燕寝　文選　正135
燕人　文選　正135
燕雀　文選　正135
燕雀　本朝　正495
燕石　白氏　續237
燕然　文選　正135
燕然山　文選　正135
燕宋　文選　正135
燕息　白氏　續237
燕息す　白氏　續237
燕丹　文選　正135
燕姫　文選　正135
燕姫　本朝　正494
燕姫　白氏　續237
燕弗　本朝　正495
燕毛　本朝　正495
燕遊　白氏　續237
燕翼　白氏　續237
燕卵　白氏　續237
燕魯　文選　正135
燕路　文選　正135
燕冀　白氏　續237
燕冦　白氏　續237
燕寝　本朝　正495
燕寝　白氏　續237
燕羣　白氏　續237
燕薊　白氏　續237
燕趙　文選　正135
燕趙　白氏　續237
燕領　白氏　續237
燕餘　本朝　正495
燕魏　文選　正135
燕湑す　文選　正135
縁　文選　正135
縁　法華　正418
縁覚　法華　正418
縁督す　文選　正135
縁陵　文選　正135
緣　竹取　正635
緣　宇津　正709
艶　本朝　正494
艶　白氏　續238
艶　宇津　正709
艶　枕冊　正777
艶　源氏　正841
艶かりおはする
　源氏　正841
艶け　源氏　正841
艶たち　枕冊　正777
艶たち　源氏　正841
艶たちゐ　源氏　正841
艶韻艶曳　白氏　續238
艶歌　白氏　續238
艶語　本朝　正494
艶骨　白氏　續238
艶質　白氏　續238
艶情　本朝　正494
艶色　遊仙　正89
艶色　本朝　正494
艶陽　本朝　正494
艶陽　白氏　續238
艶流　本朝　正494
艶夭す　白氏　續238
艶飜す　白氏　續238
艶聲　白氏　續238
鉛　白氏　續238
鉛黄　白氏　續238
鉛華　文選　正135
鉛刀　文選　正135
鉛刀　白氏　續238
鉛筆　文選　正135
鉛汞　白氏　續238
鉛錯　文選　正135
塩　法華　正418
塩梅　本朝　正493
婘嫛　白氏　續235
舛錯　文選　正135
挻紘　本朝　正494
鳶肩公子　本朝　正495
淵水　本朝　正494
役居士　本朝　正494
偃　論語　正55
偃　文選　正134
偃卧　本朝　正494
偃卧　白氏　續235
偃卧す　白氏　續235
偃仰　文選　正134
偃仰す　文選　正134
偃師　文選　正134
偃草　白氏　續235
偃側　本朝　正494
偃息す　文選　正134
偃息す　本朝　正494
偃泊す　本朝　正494
偃閉す　文選　正134
偃暴す　文選　正134
偃亞す　白氏　續235
偃蹇　文選　正134
偃蹇　白氏　續235
偃蹇す　白氏　續235
偃蹇連巻　文選　正134
堙滅す　本朝　正494
嫣然　文選　正134
嫣然　白氏　續235
悁*邑　文選　正135
悁*㵄　文選　正135
悁*勞す　文選　正135
悁*悁*　文選　正135
愆序　白氏　續236
戭　文選　正135
捐　白氏　續236
捐す　白氏　續236
捐益　白氏　續236
捐陳す　本朝　正494
捐之　白氏　續236
捐耗す　白氏　續236
掾　文選　正135
掾　白氏　續236

掾　白氏　續236
掾吏　文選　正135
掾吏　本朝　正494
掾屬　文選　正135
檐隙　文選　正134
衍溢　文選　正135
衍溢す　文選　正135
衍溢す　本朝　正495
衍衍　文選　正135
衍漾　文選　正135
淹久　白氏　續236
淹屈　本朝　正494
淹寂　文選　正134
淹速　文選　正134
淹滯　文選　正134
淹沈　文選　正134
淹沈す　本朝　正494
淹泊す　白氏　續236
淹薄す　文選　正134
淹留　文選　正134
淹留す　文選　正134
淹留す　白氏　續236
淹恤　白氏　續236
淹滯　白氏　續236
淹滯す　白氏　續236
淹稷　本朝　正494
淹郵　白氏　續236
渕雲　本朝　正494
渕英　本朝　正494
渕魚　本朝　正494
渕塞　本朝　正494
渕泉　本朝　正494
渕醉　本朝　正494
焉　文選　正135
焉有先生　文選　正135
筵　文選　正135
筵　白氏　續238
筵上　文選　正135
簷　白氏　續238
簷宇　白氏　續238
簷雨　白氏　續238
簷下　白氏　續238
簷花　白氏　續238
簷間　白氏　續238
簷戸　白氏　續238
簷樹　白氏　續238
簷前　白氏　續238
簷氷　白氏　續238
簷溜　白氏　續238
罨然　白氏　續238
罨頭　白氏　續238
罨畫　白氏　續238
臙脂　白氏　續238
艷詞　白氏　續238
艷色　白氏　續238
艷膩　白氏　續238
莚道　枕冊　正777
菴中　白氏　續238
讌　文選　正135
讌す　文選　正135
讌飲す　文選　正135
讌語　文選　正135
讌私　文選　正135
讌話　白氏　續238
閼氏　文選　正135
閻官　白氏　續238
閻巨源　白氏　續238
閻浮　本朝　正494
閻浮　白氏　續238
閻浮檀金　法華　正418
閹　文選　正134
閹官　文選　正134
閹人　文選　正134
閹茂　文選　正134
閹尹　文選　正134
閹豎　文選　正134
鷰領將軍　本朝　正495
鹽　白氏　續237
鹽浦　文選　正134
鹽官　白氏　續237
鹽煮　白氏　續237
鹽州　白氏　續237
鹽商　白氏　續237
鹽商婦　白氏　續237
鹽籍　白氏　續237
鹽泉　文選　正134
鹽池　文選　正134
鹽田　文選　正134
鹽梅　文選　正134
鹽梅　白氏　續237
鹽米　白氏　續237
鹽法　白氏　續237
鹽利　白氏　續237
鹽量　白氏　續237
鹽鐵　白氏　續237
鹽鐵官　白氏　續237
鹽鐵使　白氏　續237
鹽鐵推官　白氏　續237
鹽鐵轉運使　白氏　續237
鹽鹵　白氏　續238
鹽豉　白氏　續237
兗州　白氏　續235
剡　本朝　正493
剡溪　白氏　續235
埏隧　文選　正134
埏側　文選　正134
嬿服す　文選　正134
嬿婉　文選　正134
嬿婉す　文選　正134
嬿婉　白氏　續236
崦山　文選　正134
崦中　白氏　續235
崦嵫　文選　正134
弇州　文選　正134
晻乎　文選　正134
晻藹　文選　正134
櫩楹　文選　正134
渰　文選　正134
灔堆　白氏　續236

瀲灧　白氏　續236
瀲灧(地名)　白氏　續236
瀲灧堆　白氏　續236
瀲瀲　白氏　續236
焰火　白氏　續237
焰焰　白氏　續237
燄絶す　文選　正134
燄燄炎炎　文選　正134
燄々　遊仙　正89
簷事　本朝　正494
猒却す　本朝　正494
猒猒　白氏　續237
筵蔓　文選　正135
相縁　白氏　續238
縁　本朝　正495
縁　白氏　續238
縁　伊勢　正649
縁　枕冊　正777
縁雲　白氏　續238
縁海國　本朝　正495
縁境　白氏　續238
縁腰　白氏　續238
縁坐す　白氏　續238
縁情　白氏　續238
縁飾　白氏　續238
縁飾す　白氏　續238
縁進　白氏　續238
縁累　白氏　續238
縁會　白氏　續238
縁會す　白氏　續238
縁覺　白氏　續238
縁邊　本朝　正495
縁邊　白氏　續238
蔫迂*　白氏　續238
蝘蜓　文選　正135
蝝蝗　文選　正135
豔　文選　正134
豔　白氏　續238
豔逸す　文選　正134
豔歌　文選　正134
豔歌　白氏　續238
豔妓　白氏　續238
豔妻　白氏　續238
豔質　白氏　續238
豔色　文選　正134
豔色　白氏　續238
豔堆　白氏　續238
豔姫　文選　正134
豔陽　文選　正134
豔發す　文選　正134
豔豔　白氏　續238
郾城　白氏　續238
鄢郢　文選　正135
醼船　白氏　續238
阽危　文選　正134
鰋鮋　文選　正135
鷰　遊仙　正89
鷰　文選　正135
鷰　白氏　續238
鷰子　遊仙　正89
鷰子樓　白氏　續238
鷰詩　白氏　續238
鷰雀　文選　正135
鷰雀　本朝　正495
鷰卵　白氏　續238
鷰巣　白氏　續238
鷰鷰　白氏　續238

【お】

おちくほの少將　枕冊　正777
おほき大將殿　宇津　正709
おほくらの大夫(たいふ)　源氏　正841
おほし屈し・せ　源氏　正841
おほし念し　源氏　正841
おほ君四位　源氏　正841
おほ君氣色　源氏　正841
おもひ屈し　源氏　正841
おもひ屈す　宇津　正709
おもひ困し　源氏　正841
おもひ困じ　宇津　正709
おもひ念し　源氏　正841
おもほし屈し　宇津　正709
おもほし屈す　宇津　正709
烏啄　本朝　正495
於菟　論語　正56
於潛　白氏　續238
御おとゝにうと入道　宇津　正709
御佛名　枕冊　正777
老学問　宇津　正709
老御たち　源氏　正841
老法師　枕冊　正777
老法師　源氏　正841
鷹揚　本朝　正495
鷹鸇*す　本朝　正495
擁す　本朝　正495
擁護　本朝　正495
擁絶す　本朝　正495
區種　文選　正135
嘔す　白氏　續238
嘔啞　白氏　續238
毆　白氏　續238
毆殺し了て　白氏　續238
毆死す　白氏　續238
毆打　白氏　續238
毆打す　白氏　續238
嘔吟す　文選　正135
相應す　文選　正135
相應す　本朝　正495
應　文選　正135
應　本朝　正495
應す　論語　正56
應す　遊仙　正89
應す　文選　正135
應す　文選　正135
應す　法華　正419
應す　本朝　正495
應化　本朝　正495

應科　本朝　正495
應感　文選　正135
應期　文選　正135
應吉甫　文選　正135
應休璉　文選　正135
應供　法華　正419
應侯　文選　正135
應氏　文選　正135
應真　文選　正136
應身　本朝　正495
應世叔　本朝　正495
應生　文選　正136
應天門　本朝　正495
應答　遊仙　正89
應門　文選　正136
應輸　本朝　正495
應揚す　本朝　正495
應曜　本朝　正495
應劉　文選　正136
應龍　文選　正136
應和　本朝　正495
應和三年　本朝　正495
應和三年三月十九日　本朝　正495
應和三年八月廾二日　本朝　正495
應和三年六月日　本朝　正495
應和二年　本朝　正495
應叟　文選　正135
應對　文選　正136
應對　本朝　正495
應德璉　文選　正136
應瑒　文選　正136
應瑒德璉　文選　正136
應璩　文選　正135
歐吐す　本朝　正495
歐冶　文選　正135
歐冶子　白氏　續238
歐陽　文選　正135
歐陽堅石　文選　正135
歐陽子　文選　正135
歐駱　文選　正135
甌　白氏　續238
甌越　文選　正136
膺門　本朝　正495
謳　文選　正136
謳歌　文選　正136
謳歌　本朝　正495
謳歌　白氏　續238
謳歌す　文選　正136
謳歌す　本朝　正495
謳歌す　白氏　續239
謳吟　文選　正136
謳吟　本朝　正495
謳吟　白氏　續239
謳吟す　文選　正136
謳吟す　本朝　正495
謳吟す　白氏　續239
謳謠　文選　正136
謳謠す　文選　正136
謳謠す　白氏　續238
謳謌　白氏　續239
雍宮　本朝　正495
雍州　本朝　正495
雍容　本朝　正495
雍齒　本朝　正495
蓊然　文選　正135
鷗　白氏　續239
鷗䲶　文選　正136
鷗鷺　白氏　續239
鷗鳥　文選　正136
鷗鶴　白氏　續239
大柑子　宇津　正709
大蔵卿　宇津　正709
大蔵史生　宇津　正709
公様　宇津　正709
億劫　法華　正419
億兆　白氏　續239
億萬　白氏　續239
屋　論語　正56
屋　文選　正136
屋　本朝　正495
屋　白氏　續239
屋室　白氏　續239
屋舎　本朝　正495
屋舎　白氏　續239
屋上　文選　正136
屋中　文選　正136
屋頭　白氏　續239
屋壁　文選　正136
屋壁　白氏　續239
屋梁　文選　正136
屋梁　白氏　續239
屋簷　白氏　續239
憶持す　本朝　正495
憶念す　法華　正419
臆しかち　源氏　正841
臆す　源氏　正841
臆せ　宇津　正709
臆せ　枕冊　正777
沃若　文選　正136
沃焦　文選　正136
沃野　文選　正136
沃壤　文選　正136
怖ち困し　源氏　正841
驚き興し　枕冊　正777
大殿の四位の少將　枕冊　正777
大築築　源氏　正841
大藏卿　枕冊　正777
大藏卿　源氏　正841
御様　宇津　正709
面様　源氏　正841
思ひ屈し　枕冊　正777
飲食　法華　正419
飲食　宇津　正709
蔭贖　本朝　正495
陰陽　宇津　正709
陰陽師　伊勢　正649

陰陽師　宇津　正709
陰陽師　枕冊　正777
陰陽師　源氏　正841
陰陽師とも　源氏　正841
陰陽師文　宇津　正709
陰陽頭　宇津　正709
恩　論語　正56
恩　文選　正136
恩　法華　正419
恩　本朝　正495
恩　宇津　正709
恩　源氏　正841
恩咆　本朝　正495
恩哀　文選　正136
恩愛　文選　正136
恩愛　本朝　正495
恩渥　文選　正136
恩涯　本朝　正495
恩紀　文選　正136
恩義　文選　正136
恩客　本朝　正495
恩許　本朝　正495
恩遇　文選　正136
恩恵　論語　正56
恩倖篇　文選　正136
恩倖傳　文選　正136
恩光　文選　正136
恩光　本朝　正495
恩合　文選　正136
恩旨　本朝　正495
恩私　文選　正136
恩賜　源氏　正841
恩慈　本朝　正495
恩赦す　本朝　正495
恩酌　本朝　正495
恩授　本朝　正495
恩詔　文選　正136
恩詔　本朝　正495
恩賞　本朝　正495
恩情　遊仙　正89
恩情　文選　正136
恩信　文選　正136
恩寵　文選　正136
恩寵　本朝　正495
恩徳　文選　正136
恩波　文選　正136
恩波　本朝　正495
恩命　遊仙　正89
恩命　本朝　正495
恩裕　本朝　正495
恩恤　本朝　正495
恩澤　文選　正136
恩澤　本朝　正495
恩澤公表　文選　正136
恩狎　文選　正136
恩盻　本朝　正495
恩矜　本朝　正495
恩舊　文選　正136
恩隱　文選　正136
恩德　本朝　正495
御恩　宇津　正709
温　論語　正56
温　本朝　正495
温育　本朝　正495
温官　本朝　正495
温顔　本朝　正495
温恭　論語　正56
温樹　本朝　正495
温柔　本朝　正495
温潤　本朝　正495
温清　本朝　正495
温泉　本朝　正495
温酎　本朝　正495
温飽　本朝　正495
温論　本朝　正495
温和　本朝　正495
温職　本朝　正495
穏枝　白氏　續239
穏暖　白氏　續239
穏篸　白氏　續239
音　論語　正56
音節　論語　正56
音樂　遊仙　正89
音樂　本朝　正495
音聲　遊仙　正89
音聲　法華　正419
音聲菩薩　本朝　正495
音聲樂　宇津　正709
御はゝ女御　枕冊　正777
御学問　枕冊　正777
御冊子　枕冊　正777
御散樂言　枕冊　正777
御宿世　枕冊　正777
御消息　枕冊　正777
御節句　枕冊　正777
御弟子　枕冊　正777
御導師　枕冊　正777
御琵琶　枕冊　正777
御服　枕冊　正777
御物の怪　枕冊　正777
御様　枕冊　正777
御用意　枕冊　正777
御佛供　枕冊　正777
御氣色　枕冊　正777
御經　枕冊　正777
御裝束　枕冊　正777
御屛風　枕冊　正777
殷勤　法華　正419
嘔噦　文選　正136
嘔噱す　文選　正136

【か】

かい具し　宇津　正709
かう様　蜻蛉　正747
かたのゝ少將　枕冊　正777
かたのゝ少將　源氏　正842
かつらの院　源氏　正842
かほる中將　源氏　正842
からの地　源氏　正842
からの百歩の薫衣香

	源氏	正842
かれ困じ	宇津	正710
か様	枕冊	正777
か様	源氏	正842
か様	宇津	正710
か様	蜻蛉	正747
かう様	源氏	正842
下	文選	正136
下	本朝	正495
下	白氏	續239
下位	文選	正136
下位	本朝	正496
下位	白氏	續239
下餌	白氏	續239
下科	文選	正136
下界	本朝	正495
下界	白氏	續239
下官	遊仙	正89
下官	文選	正136
下官	本朝	正495
下管	文選	正136
下机	本朝	正495
下客	白氏	續239
下矩	文選	正136
下愚	論語	正56
下愚	遊仙	正89
下愚	文選	正136
下愚	本朝	正495
下軍	白氏	續239
下言	白氏	續239
下降す	白氏	續239
下坂	本朝	正495
下賛	文選	正136
下士	文選	正136
下視す	白氏	續239
下車	白氏	續239
下若	本朝	正495
下若村	本朝	正495
下囚	白氏	續239
下旬	本朝	正495
下庻	白氏	續239
下女	文選	正136
下招す	文選	正136
下乗	文選	正136
下情	文選	正136
下情	本朝	正495
下情	白氏	續239
下臣	文選	正136
下親事	白氏	續239
下人	遊仙	正89
下人	文選	正136
下人	白氏	續239
下裒す	白氏	續239
下世	文選	正136
下生	白氏	續239
下節	文選	正136
下泉	文選	正136
下泉	白氏	續239
下走	文選	正136
下太夫	文選	正136
下大夫	論語	正56
下第す	白氏	續239
下達す	論語	正56
下知	本朝	正495
下知す	本朝	正495
下陳	文選	正136
下陳す	文選	正136
下田	白氏	續239
下渡	白氏	續239
下都	文選	正136
下土	文選	正136
下土	本朝	正495
下土	白氏	續239
下頭	白氏	續239
下博	白氏	續239
下藩	文選	正136
下品	文選	正136
下貧	文選	正136
下武	文選	正136
下風	文選	正136
下風	本朝	正496
下民	文選	正136
下民	白氏	續239
下夢	文選	正136
下問	論語	正56
下問	本朝	正496
下問	白氏	續239
下邑	文選	正136
下邑里	白氏	續239
下吏	文選	正136
下吏	白氏	續239
下里	文選	正136
下流	論語	正56
下流	文選	正136
下流	本朝	正496
下流	白氏	續239
下流す	白氏	續239
下僚	文選	正136
下寮	遊仙	正89
下列	本朝	正496
下牢	白氏	續239
下俚	文選	正136
下國	文選	正136
下國	本朝	正495
下學す	論語	正56
下將士	白氏	續239
下將士等	白氏	續239
下岫	文選	正136
下帷	本朝	正495
下殤	白氏	續239
下澤	本朝	正495
下濟	文選	正136
下濟	白氏	續239
下筵	文選	正136
下臈	本朝	正496
下舂	本朝	正495
下蔡	遊仙	正89
下蔡	文選	正136
下趾	文選	正136
下晼	文選	正136

下訕　白氏　續239
下邳　文選　正136
下邽　白氏　續239
下邽郡　白氏　續239
下邽縣　白氏　續239
下邽莊南　白氏　續239
何敬祖　文選　正136
何敬祖咸　文選　正136
何公　文選　正136
何士乂　白氏　續239
何次道　白氏　續239
何進　文選　正136
何曽　文選　正136
何曽　白氏　續239
何武　文選　正136
何満子　白氏　續239
何處　白氏　續239
何劭　文選　正136
何晏　論語　正56
何點　文選　正136
伽陀　法華　正419
伽葉佛　白氏　續239
伽藍　本朝　正496
伽陁　白氏　續239
御伽陵頻伽のこゑ　源氏　正842
佳期　遊仙　正89
佳期　本朝　正496
佳境　本朝　正496
佳趣　本朝　正496
佳賞　本朝　正496
佳色　本朝　正496
佳辰　本朝　正496
佳遊　本朝　正496
佳會　本朝　正496
佳氣　本朝　正496
加す　白氏　續240
加階　本朝　正496
加階　宇津　正710
加階　源氏　正842
加階し　宇津　正710
加階し　源氏　正842
加減　白氏　續240
加減す　白氏　續240
加持　宇津　正710
加持　蜻蛉　正747
加持　枕冊　正777
加持　源氏　正842
加持し　宇津　正710
加持し　源氏　正842
加持す　蜻蛉　正747
加持す　枕冊　正777
加持僧　源氏　正842
加諸　遊仙　正89
加増す　本朝　正496
加任す　本朝　正496
加倍す　本朝　正496
加擧　本朝　正496
加擧　本朝　正496
加擧す　本朝　正496
加擧す　本朝　正496
加籩　白氏　續240
御加持　源氏　正842
可　論語　正56
可　文選　正136
可　本朝　正496
可　白氏　續240
可(人名)　白氏　續240
可す　白氏　續240
可愛　遊仙　正89
可異　文選　正136
可々　遊仙　正89
可汗　白氏　續240
可久　白氏　續240
可行　白氏　續240
可敦　白氏　續240
可念　遊仙　正89
可否　文選　正136
可否　本朝　正496
可否　白氏　續240
可封　本朝　正496
可欲　文選　正136
可怜　遊仙　正89
可稱す　白氏　續240
嘉　白氏　續240
嘉慰　白氏　續240
嘉姻　文選　正136
嘉姻　白氏　續240
嘉瓜　白氏　續240
嘉運　文選　正136
嘉穎　文選　正136
嘉宴　文選　正136
嘉音　文選　正136
嘉禾　文選　正137
嘉禾　白氏　續240
嘉客　文選　正137
嘉魚　文選　正137
嘉魚　白氏　續240
嘉興縣　白氏　續240
嘉慶　文選　正137
嘉月　文選　正137
嘉言　文選　正137
嘉言　白氏　續240
嘉穀　文選　正137
嘉歳　文選　正137
嘉肴　文選　正137
嘉肴　白氏　續240
嘉祉　文選　正137
嘉手　本朝　正496
嘉樹　文選　正137
嘉樹　白氏　續240
嘉州　白氏　續240
嘉秀　文選　正137
嘉什　本朝　正496
嘉尚す　白氏　續240
嘉招　文選　正137
嘉招　本朝　正496
嘉招　白氏　續240
嘉祥　文選　正137
嘉祥三年　本朝　正496

嘉祥二年　本朝　正496
嘉詔　文選　正137
嘉賞　文選　正137
嘉色　白氏　續240
嘉瑞　文選　正137
嘉瑞　本朝　正496
嘉瑞　白氏　續240
嘉制　文選　正137
嘉績　白氏　續240
嘉節　文選　正137
嘉選　文選　正137
嘉想　白氏　續240
嘉藻　文選　正137
嘉則　文選　正137
嘉辰　本朝　正496
嘉辰　白氏　續240
嘉嘆　白氏　續240
嘉嘆す　白氏　續240
嘉歎　文選　正137
嘉歎　本朝　正496
嘉歎　白氏　續240
嘉歎す　白氏　續240
嘉珍　文選　正137
嘉遁　文選　正137
嘉賓　文選　正137
嘉賓　本朝　正496
嘉賓　白氏　續240
嘉福　文選　正137
嘉聞　白氏　續240
嘉謀　文選　正137
嘉謀　白氏　續240
嘉名　文選　正137
嘉名　白氏　續240
嘉命　文選　正137
嘉命　白氏　續240
嘉木　文選　正137
嘉猷　文選　正136
嘉猷　白氏　續240
嘉遊　本朝　正496
嘉庸　文選　正137
嘉量　文選　正137
嘉陵　白氏　續240
嘉陵江　白氏　續240
嘉話　文選　正137
嘉會　文選　正137
嘉會　本朝　正496
嘉會す　文選　正137
嘉卉　文選　正137
嘉奬す　白氏　續240
嘉惠　文選　正137
嘉惠　本朝　正496
嘉擧　文選　正137
嘉氣　白氏　續240
嘉胥　文選　正137
嘉矚　白氏　續240
嘉祚　文選　正137
嘉禮　白氏　續240
嘉聲　文選　正137
嘉蔬　文選　正137
嘉號　白氏　續240
嘉謚　文選　正137
嘉謨　本朝　正496
嘉謨　白氏　續240
嘉辭　文選　正137
嘉遯　文選　正137
嘉醴　文選　正137
嘉頌　文選　正137
嘉魴　文選　正137
嘉德　文選　正137
嘉貺　文選　正137
嘉貺　本朝　正496
夏　論語　正56
夏　遊仙　正89
夏　文選　正137
夏　本朝　正496
夏　本朝　正496
夏　白氏　續240
夏陰　白氏　續240
夏雲　白氏　續240
夏屋　文選　正137
夏葛　白氏　續240
夏官　白氏　續240
夏卿　白氏　續240
夏訓　文選　正137
夏景　白氏　續240
夏侯　論語　正56
夏侯　文選　正137
夏侯　本朝　正496
夏侯嬰　文選　正137
夏侯玄　文選　正137
夏侯孝若　文選　正137
夏侯仕戡等　白氏　續240
夏侯氏　本朝　正496
夏侯勝　文選　正137
夏侯勝　本朝　正496
夏侯常侍　文選　正137
夏侯湛　文選　正137
夏侯湛　白氏　續240
夏侯淵　文選　正137
夏功　文選　正137
夏口　白氏　續240
夏后　文選　正137
夏后　本朝　正496
夏后氏　論語　正56
夏后氏　文選　正137
夏康　文選　正137
夏載　文選　正137
夏司　白氏　續240
夏至　本朝　正496
夏至　白氏　續240
夏首　文選　正137
夏州　白氏　續240
夏早　白氏　續240
夏中　白氏　續240
夏庭　文選　正137
夏鼎　文選　正137
夏天　本朝　正496
夏日　文選　正137
夏日　本朝　正496
夏日　白氏　續240

夏梅	白氏	續240
夏姫	文選	正137
夏苗	白氏	續241
夏服	文選	正137
夏服	白氏	續240
夏木	白氏	續241
夏夜	本朝	正496
夏邑	白氏	續240
夏葉	文選	正137
夏陽	文選	正137
夏陽	白氏	續241
夏礼	論語	正56
夏暦	本朝	正496
夏圖	白氏	續240
夏旱	白氏	續240
夏昊	本朝	正496
夏桀	文選	正137
夏殷	文選	正137
夏癸	文選	正137
夏瞻	白氏	續240
夏禹	文選	正137
夏禹	本朝	正496
夏禹	白氏	續240
夏臈	本朝	正496
夏蕚	白氏	續240
夏蘗	白氏	續240
夏蟲	白氏	續240
夏喭	文選	正137
嫁	白氏	續241
嫁す	文選	正137
嫁す	本朝	正496
嫁す	白氏	續241
嫁娶	文選	正137
嫁娶	白氏	續241
嫁娶す	白氏	續241
嫁殤	白氏	續241
家園	文選	正137
家園	本朝	正496
家園	白氏	續241
家宴す	白氏	續241
家家	文選	正137
家家	白氏	續241
家丘	文選	正137
家給	文選	正137
家給	白氏	續241
家居	白氏	續241
家郷	本朝	正496
家郷	白氏	續241
家業	遊仙	正89
家業	本朝	正496
家禽	白氏	續241
家狗	本朝	正496
家君	本朝	正496
家計	文選	正137
家計	白氏	續241
家公	本朝	正496
家口	白氏	續241
家口等	白氏	續241
家巷	文選	正137
家江	白氏	續241
家皇	文選	正137
家行	白氏	續241
家財	白氏	續241
家山	本朝	正496
家山	白氏	續241
家産	白氏	續241
家産	本朝	正496
家司	本朝	正496
家資	本朝	正496
家事	本朝	正496
家事	白氏	續241
家室	文選	正137
家室	本朝	正496
家室	白氏	續241
家舎	白氏	續241
家主	本朝	正496
家住	白氏	續241
家書	白氏	續241
家臣	論語	正56
家臣	文選	正137
家臣	本朝	正496
家臣	白氏	續241
家人	文選	正137
家人	白氏	續241
家塵	本朝	正496
家素	本朝	正496
家族	文選	正137
家地	白氏	續241
家池	白氏	續241
家嫡	白氏	續241
家中	白氏	續241
家諜	文選	正137
家諜	白氏	續241
家長	白氏	續241
家田	白氏	續241
家徒	白氏	續241
家途	遊仙	正89
家途	本朝	正496
家童	白氏	續241
家道	文選	正137
家道	白氏	續241
家督	本朝	正496
家内	白氏	續241
家陪	文選	正137
家肥	白氏	續241
家廟	白氏	續241
家夫	白氏	續241
家婦	白氏	續241
家譜	本朝	正496
家風	本朝	正496
家風	白氏	續241
家邦	文選	正137
家邦	白氏	續241
家僕	文選	正137
家儲	白氏	續241
家門	文選	正137
家門	本朝	正496
家門	白氏	續241
家林	文選	正137
家老	論語	正56

家僮　白氏　續241
家國　文選　正137
家國　白氏　續241
家屬　白氏　續241
家畧　白氏　續241
家祀　白氏　續241
家聲　文選　正137
家聲　白氏　續241
家艱　白氏　續241
家藏　白氏　續241
家釀　白氏　續241
家閭　文選　正137
家鷄　白氏　續241
家狀　白氏　續241
家醞　白氏　續241
家醞す　白氏　續241
暇　白氏　續241
暇景　本朝　正496
暇日　文選　正138
暇日　白氏　續241
暇豫　文選　正138
暇豫　本朝　正496
暇豫す　文選　正138
架　文選　正137
架　白氏　續241
架す　白氏　續241
架上　白氏　續241
架中　本朝　正496
歌　本朝　正496
歌詠　文選　正137
歌詠　本朝　正496
歌詠　白氏　續241
歌詠　白氏　續242
歌詠す　文選　正137
歌詠す　白氏　續241
歌閣　白氏　續242
歌管　白氏　續242
歌泣　白氏　續242
歌響　文選　正137
歌響　白氏　續242
歌曲　白氏　續242
歌吟す　白氏　續242
歌鼓　文選　正137
歌喉　白氏　續242
歌行　白氏　續242
歌咲　白氏　續242
歌山　本朝　正496
歌思　白氏　續242
歌支　白氏　續242
歌詞　白氏　續242
歌詩　白氏　續242
歌者　白氏　續242
歌酒　文選　正137
歌酒　白氏　續242
歌笑　白氏　續242
歌鍾　白氏　續242
歌鐘　文選　正137
歌吹　文選　正137
歌吹　白氏　續242
歌席　白氏　續242
歌節　白氏　續242
歌雪　白氏　續242
歌舌　白氏　續242
歌袖　白氏　續242
歌黛　白氏　續242
歌中　白氏　續242
歌頭　源氏　正842
歌堂　文選　正137
歌童　文選　正137
歌伴　白氏　續242
歌眉　白氏　續242
歌姫　白氏　續242
歌父山　本朝　正496
歌賦　文選　正138
歌舞　文選　正137
歌舞　白氏　續242
歌舞す　文選　正138
歌舞す　白氏　續242
歌舞管絃　白氏　續242
歌舞鼓鐘　白氏　續242
歌裏　白氏　續242
歌梁　文選　正138
歌梁　白氏　續242
歌哭　白氏　續242
歌樂　本朝　正496
歌樂　白氏　續242
歌笙　文選　正137
歌筵　白氏　續241
歌聲　文選　正137
歌聲　白氏　續242
歌臉　白氏　續242
歌袂　白氏　續242
歌頌　法華　正419
歌頸　白氏　續242
歌鬟　白氏　續242
歌鸎　本朝　正496
河　論語　正56
河　遊仙　正89
河　文選　正138
河　法華　正419
河　本朝　正496
河　白氏　續242
河陰　文選　正138
河陰　白氏　續242
河陰縣　白氏　續242
河華　文選　正138
河海　文選　正138
河外　文選　正138
河岳　文選　正138
河漢　文選　正138
河漢　本朝　正496
河漢　白氏　續242
河間　文選　正138
河間　白氏　續242
河魚　本朝　正496
河曲　文選　正138
河激　文選　正138
河源　遊仙　正89
河源　文選　正138
河源道　遊仙　正89

河鼓 文選 正138
河朔 文選 正138
河朔 本朝 正496
河山 文選 正138
河車 白氏 續242
河首 文選 正138
河洲 文選 正138
河秋 白氏 續242
河宿 文選 正138
河潤 文選 正138
河上 文選 正138
河上 本朝 正496
河上 白氏 續242
河水 本朝 正496
河水 白氏 續242
河西 遊仙 正89
河西 文選 正138
河西 白氏 續242
河中 本朝 正496
河中 白氏 續242
河中府 白氏 續242
河中府參軍 白氏 續242
河亭 白氏 續242
河庭 文選 正138
河東 遊仙 正89
河東 文選 正138
河東 白氏 續242
河東節度參謀 白氏 續242
河東縣開國子 白氏 續242
河東縣開國男 白氏 續242
河内 文選 正138
河内 白氏 續242
河南 文選 正138
河南 白氏 續242
河南王 白氏 續242
河南少尹 白氏 續242
河南人 白氏 續242
河南府 白氏 續242
河南尹 白氏 續242
河南縣 白氏 續242
河伯 本朝 正496
河畔 文選 正138
河北 文選 正138
河北 白氏 續242
河目 文選 正138
河目 本朝 正496
河柳 文選 正138
河陽 遊仙 正89
河陽 文選 正138
河陽 本朝 正496
河陽 白氏 續242
河陽館 本朝 正496
河陽等 白氏 續242
河陽縣 文選 正138
河洛 文選 正138
河洛 白氏 續242
河裏 文選 正138
河流 文選 正138
河梁 文選 正138
河梁 白氏 續242
河林 文選 正138
河路 文選 正138
河亞 白氏 續242
河圖 論語 正56
河圖 文選 正138
河岫 文選 正138
河嶽 白氏 續242
河廣 文選 正138
河憑 文選 正138
河汾 文選 正138
河渭 文選 正138
河湟 白氏 續242
河潼 文選 正138
河澳 文選 正138
河濟 文選 正138
河濱 文選 正138
河縣 文選 正138
河袞 文選 正138
河邊 本朝 正496
河邊 白氏 續242
河關 文選 正138
河隴 白氏 續242
河龔 文選 正138
河汴 文選 正138
河隄 文選 正138
珂 白氏 續243
珂珹 文選 正138
珂聲 白氏 續243
稼 論語 正56
稼 文選 正138
稼 本朝 正496
稼 白氏 續243
稼す 論語 正56
稼器 白氏 續243
稼苗 文選 正138
稼稷 本朝 正496
稼穡 文選 正138
稼穡 白氏 續243
苛 文選 正138
苛虐 白氏 續243
苛急 白氏 續243
苛刻 文選 正138
苛酷 白氏 續243
苛細 白氏 續243
苛察 白氏 續243
苛制 文選 正138
苛法 本朝 正497
苛慝 文選 正138
荷 文選 正138
荷 白氏 續243
荷衣 文選 正138
荷恩 白氏 續243
荷花 白氏 續243
荷蓋 文選 正138
荷裳 本朝 正497
荷戴 文選 正138
荷戴 本朝 正497
荷池 白氏 續243
荷竹 白氏 續243
荷亭 白氏 續243

荷塘　白氏　續243
荷葉　本朝　正497
荷葉　白氏　續243
荷葉　源氏　正842
荷慘　文選　正138
荷懼　文選　正138
荷懼　本朝　正497
荷懼慚迫　本朝　正497
荷擔　本朝　正497
荷擔す　文選　正138
荷擔す　法華　正419
荷擔す　白氏　續243
荷澤祖師　白氏　續243
荷縟　文選　正138
荷芰　文選　正138
荷芰　白氏　續243
荷蕖　文選　正138
蝦　文選　正138
蝦夷　本朝　正496
蝦蛤　文選　正138
蝦蟇　白氏　續243
蝦蟇陵下　白氏　續243
迦維　文選　正139
迦衛　文選　正139
迦葉　法華　正419
迦葉　白氏　續244
迦葉　源氏　正842
迦留陀夷　法華　正419
迦旃延　白氏　續244
迦樓羅　法華　正419
霞火　文選　正139
霞外　文選　正139
霞外　白氏　續244
霞景　白氏　續244
霞軒　本朝　正497
霞光　白氏　續244
霞窓　本朝　正497
霞綺　白氏　續244
霞袂　本朝　正497
霞帔　白氏　續244
霞滄　本朝　正497
俄傾　文選　正136
俄傾　白氏　續239
俄項　遊仙　正89
俄頃　文選　正136
俄思　文選　正136
俄然　文選　正136
峨峨　白氏　續241
峨峨す　文選　正137
峨峨如　文選　正137
峨眉　文選　正137
峨嵋山　白氏　續241
我我所　白氏　續241
我見　法華　正419
我爾　白氏　續241
我人　白氏　續241
我慢　法華　正419
牙旗　文選　正138
牙旗　白氏　續242
牙門將軍　文選　正138
牙墻　白氏　續243
牙曠　文選　正138
牙曠　白氏　續242
牙牀　白氏　續243
牙笏　白氏　續242
牙齒　白氏　續243
芽　白氏　續243
蛾　文選　正138
蛾　白氏　續243
蛾眉　文選　正138
蛾眉　本朝　正496
蛾眉　白氏　續243
賀　本朝　正497
賀　白氏　續243
賀　伊勢　正649
賀　宇津　正709
賀　蜻蛉　正747
賀　源氏　正841
賀す　文選　正138
賀す　本朝　正497
賀す　白氏　續243
賀意　白氏　續243
賀宴　白氏　續243
賀燕　白氏　續243
賀喜　白氏　續243
賀客　白氏　續243
賀皇恩　源氏　正842
賀若岑等　白氏　續243
賀章　白氏　續243
賀瑞　本朝　正497
賀正使　白氏　續243
賀生　文選　正138
賀知す　白氏　續243
賀知章　白氏　續243
賀陳　白氏　續243
賀表　本朝　正497
賀表等　本朝　正497
賀賓　白氏　續243
賀筵　白氏　續243
賀邵　文選　正138
賀齊　文選　正138
寄賀す　白氏　續243
御賀　宇津　正709
御賀　蜻蛉　正747
御賀　源氏　正841
相賀す　本朝　正497
相賀す　白氏　續243
雅　文選　正138
雅　本朝　正496
雅　白氏　續243
雅（人名）　文選　正138
雅意　文選　正138
雅意　本朝　正496
雅引　文選　正138
雅韻　遊仙　正89
雅韻　白氏　續243
雅詠　文選　正138
雅音　本朝　正496
雅音　白氏　續243
雅化す　文選　正138

雅歌　白氏　續243
雅楽　論語　正56
雅琴　文選　正138
雅訓　本朝　正496
雅言　論語　正56
雅言　文選　正138
雅言　本朝　正496
雅言　白氏　續243
雅志　文選　正138
雅思　文選　正138
雅州　白氏　續243
雅情　本朝　正496
雅性　文選　正138
雅正　本朝　正496
雅素　文選　正138
雅操　本朝　正496
雅俗　文選　正138
雅俗　白氏　續243
雅達　文選　正138
雅致　文選　正138
雅舞　文選　正138
雅舞す　文選　正138
雅篇　白氏　續243
雅妙　遊仙　正89
雅量　文選　正138
雅量　本朝　正496
雅令　白氏　續243
雅麗　本朝　正496
雅袒　文選　正138
雅樂　文選　正138
雅澹　白氏　續243
雅聲　文選　正138
雅誥　文選　正138
雅頌　論語　正56
雅頌　文選　正138
雅頌　白氏　續243
雅唫　白氏　續243
餓鬼　法華　正419
餓犬　本朝　正497
餓犬　白氏　續244
餓死　本朝　正497
餓隷　文選　正139
餓隷*　本朝　正497
餓殍　本朝　正497
餓殍　白氏　續244
餓殍す　白氏　續244
餓饉　文選　正139
駕　論語　正56
駕　文選　正139
駕　本朝　正497
駕　白氏　續244
駕す　論語　正56
駕す　文選　正139
駕す　本朝　正497
駕す　白氏　續244
駕幸す　白氏　續244
駕部員外郎　白氏　續244
駕部呉郎七兄　白氏　續244
駕部郎中　白氏　續244
駕軼す　文選　正139
駕辯　文選　正139
駕鵞　文選　正139
降魔　源氏　正842
假す　文選　正136
假す　本朝　正496
假す　白氏　續239
假錦　白氏　續239
假合す　文選　正136
假飾す　白氏　續239
假中　白氏　續239
假日　白氏　續239
假年　白氏　續239
假名　白氏　續239
假寐す　白氏　續239
假珎　本朝　正496
假藉す　白氏　續239
價　白氏　續239
價楚　白氏　續240
價直　本朝　正496
價直　白氏　續240
價錢　白氏　續239
厦屋　文選　正137
厦屋　白氏　續240
呀　白氏　續240
呀然　白氏　續240
呀呀　白氏　續240
呵す　白氏　續240
呵察　白氏　續240
哥　白氏　續240
哥王　本朝　正496
哥舒大　白氏　續240
娥　白氏　續241
娥　文選　正137
娥月　文選　正137
娥眉　文選　正137
娥娥す　文選　正137
峩　白氏　續241
峩峩　文選　正137
峩峩　白氏　續241
枷鎖　法華　正419
枷鏁　本朝　正496
柯　文選　正137
柯　白氏　續241
柯亭　本朝　正496
柯葉　文選　正137
柯葉　白氏　續241
柯條　文選　正137
柯條　白氏　續241
樂府　白氏　續241
瑕　白氏　續243
瑕英　文選　正138
瑕隙　文選　正138
瑕石　文選　正138
瑕病　白氏　續243
瑕瑾　本朝　正496
瑕疵　白氏　續243
瑕釁　文選　正138
笳　文選　正138
笳角　本朝　正496
笳鼓　文選　正138

笳簫　文選　正138
笳簫　白氏　續243
笳蕭　白氏　續243
笳蔤　文選　正138
罅　文選　正139
葭　文選　正138
葭葦　文選　正138
葭灰　本朝　正497
葭蒲　文選　正138
葭菼　文選　正138
衙　白氏　續243
衙戟　白氏　續243
衙鼓　白氏　續243
衙牒　本朝　正496
衙門　本朝　正496
衙門　白氏　續243
訶陵　白氏　續243
謌詠　本朝　正497
謌管　本朝　正497
謌客　本朝　正497
謌行　白氏　續243
謌咲す　本朝　正497
謌詩　本朝　正497
謌詩　白氏　續243
謌什　本朝　正497
謌吹　本朝　正497
謌舞　本朝　正497
謌兒　本朝　正497
謌樂　本朝　正497
謌謠　本朝　正497
謌鸎　本朝　正497
賈　論語　正56
賈　文選　正138
賈瞵　白氏　續243
賈瞵等　白氏　續243
賈誼　遊仙　正89
賈誼　文選　正138
賈誼　本朝　正497
賈誼　白氏　續243
賈屈　文選　正138
賈景伯　文選　正138
賈后　文選　正138
賈使君　白氏　續243
賈氏　文選　正138
賈舍人　白氏　續243
賈充　文選　正138
賈常州　白氏　續243
賈生　文選　正138
賈生　本朝　正497
賈生　白氏　續243
賈大夫　文選　正138
賈長淵　文選　正138
賈亭　白氏　續243
賈二十四　白氏　續243
賈馬　文選　正138
賈馬　白氏　續243
賈彦璿　白氏　續243
賈良國　白氏　續243
賈捐　本朝　正497
賈謐　文選　正138
賈逵　文選　正139
跏趺　白氏　續243
軻　白氏　續244
遐夷　文選　正139
遐宇　文選　正139
遐遠　文選　正139
遐怪　文選　正139
遐外　文選　正139
遐紀　文選　正139
遐鄉　本朝　正497
遐郡　白氏　續244
遐景　文選　正139
遐荒　文選　正139
遐荒　本朝　正497
遐荒　白氏　續244
遐心　文選　正139
遐征　文選　正139
遐川　文選　正139
遐阻　文選　正139
遐迩　本朝　正497
遐年　文選　正139
遐年　本朝　正497
遐風　文選　正139
遐僻　白氏　續244
遐方　文選　正139
遐方　本朝　正497
遐方　白氏　續244
遐路　文選　正139
遐圻　文選　正139
遐擧　文選　正139
遐岷　文選　正139
遐狄　文選　正139
遐矚　白氏　續244
遐裔　文選　正139
遐邇　文選　正139
遐邇　白氏　續244
遐陋　白氏　續244
遐齡　本朝　正497
遐蹤　文選　正139
鰕蠏　白氏　續244
鵝　遊仙　正89
鵝　白氏　續244
鵝王　本朝　正497
鵝鴨　遊仙　正89
鵝乳　白氏　續244
鵝毛　白氏　續244
鵝項　遊仙　正89
鵞鴨　本朝　正497
鵞鸛　文選　正139
哿　白氏　續240
叚干　文選　正136
叚干木　文選　正136
叚生　文選　正136
叚谷　文選　正136
叚祐　白氏　續242
檟楚　文選　正137
亥市　白氏　續244
亥日　白氏　續244
解舍　白氏　續244
佳期　文選　正139

佳期　白氏　續244
佳客　白氏　續244
佳境　白氏　續244
佳禽　白氏　續244
佳句　白氏　續244
佳偶　白氏　續244
佳趣　白氏　續244
佳城　文選　正139
佳城　白氏　續244
佳色　文選　正139
佳色　白氏　續244
佳人　文選　正139
佳人　白氏　續244
佳瑞　白氏　續244
佳政　文選　正139
佳節　白氏　續244
佳辰　白氏　續244
佳適　白氏　續244
佳賓　白氏　續244
佳婿　白氏　續244
佳冶　文選　正139
佳麗　文選　正139
佳麗　白氏　續244
佳會　白氏　續244
佳氣　白氏　續244
介　文選　正139
介　白氏　續244
介丘　文選　正139
介居す　文選　正139
介圭　白氏　續244
介潔靜專　白氏　續244
介公　白氏　續244
介山　文選　正139
介士　文選　正139
介者　白氏　續244
介紹　文選　正139
介紹す　文選　正139
介推　文選　正139
介性　文選　正139
介然　白氏　續244
介鳥　文選　正139
介直　白氏　續244
介弟　文選　正139
介福　文選　正139
介立す　文選　正139
介胄　文選　正139
介國　本朝　正497
介獨　白氏　續244
介馭　文選　正139
介曺　本朝　正497
解　白氏　續246
解弛　文選　正140
解す　論語　正56
解す　文選　正140
解す　白氏　續246
解印　本朝　正497
解黴　文選　正140
解却す　本朝　正497
解結　白氏　續246
解語　本朝　正497
解作す　文選　正140
解散す　文選　正140
解替す　本朝　正497
解泰す　文選　正140
解達す　文選　正140
解任　本朝　正497
解嘲　文選　正140
解嘲　白氏　續246
解體す　本朝　正497
解釋す　白氏　續246
戒　文選　正139
戒　法華　正419
戒　本朝　正497
戒　白氏　續245
戒　源氏　正841
戒香　本朝　正497
戒告す　文選　正139
戒師　本朝　正497
戒壇　白氏　續245
戒牒　本朝　正497
戒定　白氏　續245
戒律　白氏　續245
戒嚴　白氏　續245
戒懼す　白氏　續245
戒藏　白氏　續245
戒體　白氏　續245
改易　本朝　正497
改易　白氏　續245
改易す　白氏　續245
改移　白氏　續245
改移す　白氏　續245
改嫁す　白氏　續245
改火　白氏　續245
改悔　白氏　續245
改換す　白氏　續245
改元　本朝　正497
改元　白氏　續245
改作　文選　正139
改作　白氏　續245
改錯す　文選　正139
改除　白氏　續245
改正　白氏　續245
改張　白氏　續245
改張す　白氏　續245
改服　白氏　續245
改補す　本朝　正497
改圖　白氏　續245
改變す　白氏　續245
改爲　文選　正139
改轉　白氏　續245
改轉す　白氏　續245
械　文選　正139
械繫す　白氏　續245
海　論語　正56
海　文選　正139
海　本朝　正497
海　白氏　續245
海狶　文選　正139
海夷　白氏　續245
海陰　文選　正139

海右　文選　正139
海浦　文選　正140
海外　文選　正139
海外　本朝　正497
海外　白氏　續245
海角　白氏　續245
海岳　文選　正139
海岳　本朝　正497
海岸　文選　正139
海岸　本朝　正497
海鏡　文選　正139
海曲　文選　正139
海隅　文選　正139
海隅　白氏　續245
海月　文選　正139
海月　白氏　續245
海口　本朝　正497
海行　本朝　正497
海山　白氏　續245
海若　文選　正139
海樹　白氏　續245
海州　白氏　續245
海象　本朝　正497
海上　文選　正139
海上　白氏　續245
海色　白氏　續245
海神　白氏　續245
海水　文選　正139
海水　本朝　正497
海水　白氏　續245
海西　本朝　正497
海仙　白氏　續245
海仙樂　源氏　正841
海賊　土左　正659
海賊　源氏　正841
海岱　文選　正140
海苔　文選　正140
海中　法華　正419
海中　本朝　正497
海中　白氏　續245
海潮音　法華　正419
海鳥　文選　正140
海鳥　本朝　正497
海鳥　白氏　續245
海底　文選　正140
海底　白氏　續245
海天　白氏　續245
海田　本朝　正497
海島　文選　正140
海東　白氏　續245
海盜　文選　正140
海童　文選　正140
海内　文選　正139
海内　本朝　正497
海内　白氏　續245
海梅　白氏　續245
海舶　白氏　續245
海蛤　文選　正139
海畔　文選　正140
海表　文選　正140
海表　本朝　正497
海賦　宇津　正709
海部　源氏　正841
海風　本朝　正497
海物　文選　正140
海物　白氏　續245
海蜂　遊仙　正89
海漫漫　白氏　續245
海味　白氏　續245
海密沂三州　白氏　續245
海門　白氏　續245
海門山　白氏　續245
海陸　白氏　續245
海龍王　源氏　正841
海陵　文選　正140
海鱗　文選　正140
海嶺　白氏　續245
海冠*　白氏　續245
海甸　文選　正140
海圖　白氏　續245
海榴　白氏　續245
海氣　白氏　續245
海沂　文選　正139
海沂　白氏　續245
海淮　文選　正139
海濱　文選　正140
海濱　白氏　續245
海蠻　白氏　續245
海靈　文選　正140
海鼇　本朝　正497
海珉　白氏　續245
海壖　白氏　續245
海孽　文選　正139
海湄　文選　正140
海滑　文選　正139
海澨　文選　正139
海鷗　文選　正139
界　法華　正419
界　本朝　正497
界　白氏　續245
界休　文選　正140
界首　白氏　續245
皆空　本朝　正497
皆悉　本朝　正497
芥子　白氏　續246
芥城　本朝　正497
芥鷄　本朝　正497
芥醬　白氏　續246
開　文選　正140
開す　白氏　續246
開花　文選　正140
開結　本朝　正497
開結經　本朝　正497
開元　本朝　正497
開元　白氏　續246
開元寺　白氏　續246
開元中　白氏　續246
開元六年九月十日　文選　正140
開元經　白氏　續246

開元観　白氏　續246
開悟　本朝　正497
開弘　文選　正140
開江縣　白氏　續246
開講　本朝　正497
開閤　白氏　續246
開墾す　本朝　正498
開塞　文選　正140
開三顕一　本朝　正498
開士　白氏　續246
開示　本朝　正498
開示す　法華　正419
開州　白氏　續246
開秋　文選　正140
開成　白氏　續246
開成元年　白氏　續246
開成元年五月十三日　白氏　續246
開成元年七月十日　白氏　續246
開成五年九月二十五日　白氏　續246
開成五年三月日　白氏　續246
開成五年十一月二日　白氏　續246
開成三年　白氏　續246
開成四年十月十五日　白氏　續246
開成四年二月二日　白氏　續246
開成二年　白氏　續246
開成二年三月三日　白氏　續246
開成二年四月某日　白氏　續246
開成二年二月一日　白氏　續246
開成某年某月某日　白氏　續246
開素　白氏　續246
開泰　文選　正140
開題　本朝　正498
開達す　白氏　續246
開忠二郡　白氏　續246
開田　本朝　正498
開冬　文選　正140
開敏　白氏　續246
開府　文選　正140
開府　白氏　續246
開府儀同三司　白氏　續246
開敷す　本朝　正498
開法臨壇大徳　白氏　續246
開芳　文選　正140
開務　文選　正140
開門　白氏　續246
開陽　文選　正140
開陽　本朝　正498
開落　本朝　正498
開蓮　本朝　正498
開國　文選　正140
開國侯　文選　正140
開國侯　白氏　續246
開國公　文選　正140
開國公　本朝　正498
開國男　白氏　續246
開國伯　文選　正140
開國伯　白氏　續246
開寤す　文選　正140
開竇　文選　正140
開覺す　文選　正140
開豁　文選　正140
開釋　白氏　續246
開鑿　白氏　續246
開闔　本朝　正497
開闔　白氏　續246
開闔堂　白氏　續246
開闢　文選　正140
開闢　本朝　正498
開闢　白氏　續246
階　論語　正56
階　文選　正140
階　本朝　正497
階　白氏　續246
階闥　文選　正140
階陌　文選　正140
階下　文選　正140
階下　白氏　續246
階街　文選　正140
階基　白氏　續247
階級　本朝　正497
階級　白氏　續247
階業　本朝　正497
階隅　白氏　續247
階序　文選　正140
階除　文選　正140
階上　文選　正140
階前　本朝　正497
階前　白氏　續247
階庭　文選　正140
階庭　白氏　續247
階品　本朝　正497
階列　文選　正140
階列す　文選　正140
階檐　文選　正140
階闥　文選　正140
階闥す　文選　正140
階墀　白氏　續247
凱歌　白氏　續244
凱康す　文選　正139
凱入す　文選　正139
凱風　文選　正139
凱風　本朝　正497
凱風(書名)　文選　正139
凱樂　文選　正139
凱樂　本朝　正497
凱樂す　白氏　續244
凱歸　文選　正139
凱歸す　文選　正139
凱讌　文選　正139

劾　白氏　續244
劾す　文選　正139
劾す　文選　正139
劾す　白氏　續244
劾奏す　白氏　續244
咳唾　文選　正139
害　文選　正139
害　法華　正419
害　本朝　正497
害　白氏　續244
害　宇津　正709
害す　文選　正139
害す　法華　正419
害す　本朝　正497
害す　白氏　續244
害する　宇津　正709
害せ　竹取　正635
害馬　文選　正139
害馬　本朝　正497
害菑　文選　正139
相害す　白氏　續244
害　論語　正56
害す　論語　正56
崖州　白氏　續244
崖上　白氏　續244
崖谷　文選　正139
崖崿　文選　正139
崖巇　文選　正139
崖涘　文選　正139
崖澨　文選　正139
慨　文選　正139
慨慨　文選　正139
慨然　文選　正139
慨然　本朝　正497
慨然　白氏　續244
慨然す　文選　正139
慨息す　文選　正139
慨慷　文選　正139
慨慷す　文選　正139
慨懼　本朝　正497
涯　文選　正140
涯　本朝　正497
涯　白氏　續245
涯水　白氏　續245
涯分　本朝　正497
涯灌　文選　正140
涯鄰　文選　正140
涯涘　本朝　正497
涯涘　白氏　續245
涯涘す　文選　正140
蓋　文選　正140
蓋　法華　正419
蓋　白氏　續246
蓋山　文選　正140
蓋節　文選　正140
蓋覆す　白氏　續246
街　白氏　續246
街郭　白氏　續246
街巷　文選　正140
街禁　白氏　續246
街鼓　白氏　續246
街心　白氏　續246
街西　白氏　續246
街談　文選　正140
街東　白氏　續246
街頭　白氏　續246
街蕪　白氏　續246
街郵　文選　正140
街里　文選　正140
街路　白氏　續246
街衢　文選　正140
街衢　本朝　正497
街衢　白氏　續246
骸骨　本朝　正498
丐　文選　正139
乂安　文選　正139
乂寧　白氏　續244
偕老　本朝　正497
偕老　白氏　續244
垓下　文選　正139
孩　白氏　續244
孩嬰　白氏　續244
孩子　白氏　續244
孩提　本朝　正497
孩童　文選　正139
孩童　白氏　續244
廨署　文選　正139
廨中　文選　正139
愾然　文選　正139
懈堕　白氏　續244
懈怠　白氏　續245
懈緩す　本朝　正497
懈怠　白氏　續245
楷書　白氏　續245
漑　文選　正140
疥癬　本朝　正497
皚皚　文選　正140
皚皚　白氏　續245
盖　本朝　正497
盖海　本朝　正497
盖嶺　本朝　正497
睚眦　文選　正140
睚眦　本朝　正497
睚眦す　文選　正140
磑牛　白氏　續245
磑磑　文選　正140
礙　白氏　續245
艾　本朝　正497
艾　白氏　續245
艾人　本朝　正497
艾髪　本朝　正497
艾服　本朝　正497
艾葉　白氏　續245
艾韠　本朝　正497
薤　白氏　續246
薤上　本朝　正497
薤上　白氏　續246
薤白　白氏　續246
薤露　文選　正140
薤露　白氏　續246

薤壟　本朝　正497
薤壟　白氏　續246
誡　白氏　續246
誡罰　本朝　正497
諧合す　文選　正140
諧和す　文選　正140
邂逅　遊仙　正89
醢　白氏　續246
醢醢　文選　正140
鞋履　白氏　續247
駭鯨　文選　正140
駭猋　文選　正140
駭雞　文選　正140
駭雞　白氏　續247
厓隒　文選　正139
愷悌　文選　正139
愷悌　白氏　續244
愷悌す　白氏　續244
愷樂　文選　正139
喈喈　文選　正139
堦　白氏　續244
堦下　白氏　續244
堦上　白氏　續244
堦前　白氏　續244
堦砌　白氏　續244
堦闥　文選　正139
堦墀　白氏　續244
嶰澗　文選　正139
嶰谷　文選　正139
嶰壑　文選　正139
槩　文選　正139
獬豸　文選　正140
獬豸　白氏　續245
獬豸*　本朝　正497
玠珪　文選　正140
礚礚　文選　正140
礚礚す　文選　正140
荄　白氏　續246
詿誤　白氏　續246
闓懌す　文選　正140
騃女　白氏　續247
騃童　白氏　續247
杏園　本朝　正498
杏花　文選　正142
杏華　本朝　正498
杏壇　白氏　續249
岡隒　文選　正141
岡岑　文選　正141
岡巒　文選　正141
岡岵　文選　正141
み格子　宇津　正709
み格子　源氏　正842
み格子とも　源氏　正842
み格子まいり　源氏　正842
み格子まゐりわたし　源氏　正842
格子　竹取　正635
格子　宇津　正709
格子　蜻蛉　正747
格子　枕冊　正777
格子　源氏　正842
格子とも　枕冊　正777
較然　白氏　續253
勘事　蜻蛉　正747
柑子　宇津　正709
柑子　源氏　正842
強盗　枕冊　正777
強力　法華　正419
教　論語　正56
教　文選　正142
教す　文選　正142
教化　論語　正56
教化　文選　正142
教義　文選　正142
教子　文選　正142
教祝す　文選　正142
教制　文選　正142
教達す　文選　正142
教養す　文選　正142
教令　論語　正56
教令　文選　正142
教肄　文選　正142
教誨　論語　正56
教誨す　論語　正56
教誨す　文選　正142
郷　本朝　正499
警策　源氏　正842
桁梧　文選　正142
交　白氏　續247
交易　白氏　續247
交易す　文選　正140
交易す　白氏　續247
交益　文選　正140
交益(地名)　文選　正140
交横　遊仙　正89
交横　文選　正140
交横す　文選　正140
交加　白氏　續247
交河　文選　正140
交河　白氏　續247
交割　白氏　續247
交割す　白氏　續247
交感　白氏　續247
交感す　白氏　續247
交竿　文選　正140
交渠　文選　正140
交結　白氏　續247
交御す　文選　正140
交交　文選　正140
交錯　文選　正140
交錯す　文選　正140
交錯す　本朝　正498
交錯堙鬱す　白氏　續247
交州　文選　正140
交州　白氏　續247
交修す　白氏　續247
交集す　文選　正140
交情　文選　正140
交情　本朝　正498
交情　白氏　續247

交譲	文選　正140
交親	白氏　續247
交正	白氏　續247
交精	文選　正140
交接	文選　正140
交接す	文選　正140
交禅	文選　正140
交喪	文選　正140
交態	白氏　續247
交泰	文選　正140
交泰	本朝　正498
交泰	白氏　續247
交泰す	文選　正140
交代す	白氏　續247
交谷	文選　正140
交通す	本朝　正498
交道	白氏　續247
交分	文選　正140
交分	白氏　續247
交紛	文選　正140
交便	白氏　續247
交甫	遊仙　正89
交甫	文選　正140
交朋	白氏　續247
交友	白氏　續247
交遊	遊仙　正89
交遊	白氏　續247
交遊す	白氏　續247
交利す	白氏　續247
交流	文選　正141
交和す	文選　正140
交和す	白氏　續247
交亂す	白氏　續247
交會す	文選　正140
交會す	本朝　正498
交會す	白氏　續247
交帶	白氏　續247
交廣	文選　正140
交應	白氏　續247
交戰	白氏　續247
交歡	白氏　續247
交游	文選　正140
交游	白氏　續247
交游す	文選　正140
交綏	白氏　續247
交綺	文選　正140
交舊	白氏　續247
交趾	文選　正140
交趾	白氏　續247
交蹠	文選　正140
交迹	本朝　正498
交雜す	白氏　續247
交睟	文選　正140
相交延す	白氏　續247
相交結す	白氏　續247
倖心	白氏　續247
倖臣	白氏　續247
倖人	白氏　續247
倖門	白氏　續247
効	文選　正141
効	本朝　正498
効	白氏　續247
効獲	文選　正141
効驗	本朝　正498
向背	文選　正141
坑	白氏　續248
坑岸	本朝　正498
好	白氏　續248
好悪	論語　正56
好悪	文選　正141
好衣	白氏　續248
好陰	白氏　續248
好音	文選　正141
好音	本朝　正498
好音	白氏　續248
好官	白氏　續248
好官職	白氏　續248
好顔色	白氏　續248
好奇	文選　正141
好客	本朝　正498
好客	白氏　續248
好仇	文選　正141
好句	白氏　續248
好倹	本朝　正498
好語	白氏　續248
好合	文選　正141
好合	白氏　續248
好合す	白氏　續248
好才子	白氏　續248
好在	白氏　續248
好在す	白氏　續248
好士	文選　正141
好私	白氏　續248
好詩	白氏　續248
好事	文選　正141
好事	本朝　正498
好事	白氏　續248
好事す	文選　正141
好字	白氏　續248
好時節	白氏　續248
好爵	文選　正141
好爵	白氏　續248
好酒	白氏　續248
好樹	白氏　續248
好書篇	白氏　續248
好女	本朝　正498
好尚	本朝　正498
好尚す	文選　正141
好拙	白氏　續248
好善	白氏　續248
好鳥	白氏　續248
好馬	白氏　續248
好伴	白氏　續248
好比	文選　正141
好風	文選　正141
好風	本朝　正498
好風	白氏　續248
好風景	白氏　續248
好風光	白氏　續248
好物	白氏　續248

好文	本朝	正498
好文章	白氏	續248
好容	白氏	續248
好廉	文選	正141
好會す	文選	正141
好處	白氏	續248
好學	本朝	正498
好惡	白氏	續248
好惡す	白氏	續248
好時	文選	正141
好聲	白氏	續248
好脩	文選	正141
好脩す	文選	正141
孝	論語	正56
孝	文選	正141
孝	本朝	正499
孝	白氏	續248
孝安	本朝	正499
孝王	文選	正141
孝王	本朝	正499
孝感	白氏	續248
孝簡	白氏	續248
孝簡公	白氏	續248
孝享す	白氏	續248
孝卿	白氏	續248
孝敬	文選	正141
孝敬	本朝	正499
孝敬	白氏	續248
孝景	文選	正141
孝建	文選	正141
孝建三年九月	文選	正141
孝元	文選	正141
孝己	文選	正141
孝侯	文選	正141
孝公	文選	正141
孝行	本朝	正499
孝行	白氏	續248
孝子	論語	正56
孝子	文選	正141
孝子	本朝	正499
孝子	白氏	續248
孝思	本朝	正499
孝思	白氏	續248
孝思す	白氏	續248
孝慈	論語	正56
孝慈	白氏	續248
孝治	文選	正141
孝治	本朝	正499
孝若	文選	正141
孝女	白氏	續248
孝章	文選	正141
孝心	白氏	續248
孝水	文選	正141
孝成	文選	正141
孝成皇帝	文選	正141
孝成帝	文選	正141
孝誠	白氏	續248
孝績	白氏	續248
孝宣	文選	正141
孝宣帝	文選	正141
孝孫	文選	正141
孝孫	白氏	續248
孝張里	白氏	續248
孝直	白氏	續248
孝悌	論語	正56
孝悌	文選	正141
孝悌	白氏	續248
孝道	本朝	正499
孝道	白氏	續248
孝婦	白氏	續248
孝武	文選	正141
孝武皇帝	文選	正141
孝文	文選	正141
孝文王	文選	正141
孝文皇帝	文選	正141
孝文皇帝	本朝	正499
孝門	本朝	正499
孝友	文選	正141
孝友	白氏	續248
孝友忠肅	白氏	續248
孝養	本朝	正499
孝養す	白氏	續248
孝理	白氏	續248
孝里	文選	正141
孝廉	文選	正141
孝廉	本朝	正499
孝惠	文選	正141
孝獻	本朝	正499
孝經	文選	正141
孝經	本朝	正499
孝經	白氏	續248
孝德	白氏	續248
宏才	本朝	正498
宏弁	本朝	正498
巧	文選	正141
巧	本朝	正498
巧	白氏	續248
巧言	論語	正56
巧言利口	文選	正141
巧語	白氏	續248
巧劫	文選	正141
巧詐す	白氏	續248
巧士	文選	正141
巧思	本朝	正498
巧思	白氏	續249
巧者	白氏	續249
巧匠	文選	正141
巧匠	本朝	正498
巧捷	文選	正141
巧笑	白氏	續249
巧心	文選	正141
巧拙	文選	正141
巧拙	白氏	續249
巧俗	白氏	續249
巧智	文選	正141
巧智	白氏	續249
巧婦	白氏	續249
巧密	文選	正141
巧目	白氏	續249
巧冶	文選	正141

巧濫　白氏　續249
巧歴　文選　正141
巧兒　遊仙　正89
巧學　文選　正141
巧宦　文選　正141
巧曆　白氏　續249
巷　白氏　續247
巷説　文選　正141
巷伯　文選　正141
巷伯　白氏　續247
幸　文選　正141
幸　白氏　續248
幸す　文選　正141
幸す　本朝　正498
幸す　白氏　續248
幸翁　本朝　正498
幸察　文選　正141
幸人　白氏　續248
幸甚　文選　正141
幸甚　白氏　續248
幸甚す　本朝　正498
幸甚す　白氏　續248
幸臨す　文選　正141
庚　本朝　正498
庚申　本朝　正498
庚申　宇津　正710
庚申　源氏　正842
庚申し　宇津　正710
庚申せ　枕冊　正777
庚辛　本朝　正498
庚寅　文選　正141
庚保元年　本朝　正498
庚保五年正月五日　本朝　正498
庚保三年　本朝　正498
庚保四年七月七日　本朝　正498
庚保四年十月廾五日　本朝　正498
庚保四年十二月廾五日　本朝　正498
庚保四年二月　本朝　正498
庚保二年月日　本朝　正498
庚陵　本朝　正498
庚和　本朝　正498
庚和元年　本朝　正498
康　文選　正141
康(人名)　白氏　續249
康す　文選　正141
康す　白氏　續249
康園　文選　正142
康王　文選　正142
康居　文選　正142
康居　白氏　續249
康健　白氏　續249
康娯　文選　正142
康娯す　文選　正142
康侯　文選　正142
康哉　文選　正142
康哉　本朝　正498
康哉　白氏　續249
康子　文選　正142
康志安　白氏　續249
康宗　文選　正142
康州　白氏　續249
康昇讓　白氏　續249
康昇讓等　白氏　續249
康申朔　白氏　續249
康太宗　白氏　續249
康寅　白氏　續249
康日華　白氏　續249
康寧　文選　正142
康寧　白氏　續249
康寧す　白氏　續249
康叟　白氏　續249
康惠　文選　正142
康樂　文選　正142
康樂　白氏　續249
康濟　白氏　續249
康狄　文選　正142
康瓠　文選　正142
康莊　白氏　續249
康衢　文選　正142
康衢　本朝　正498
康子　論語　正56
抗　白氏　續249
抗す　文選　正142
抗越す　文選　正142
抗矯　文選　正142
抗行　文選　正142
抗衡　文選　正141
抗衡　白氏　續249
抗疏　白氏　續249
抗谷　文選　正141
抗直　文選　正142
抗表す　本朝　正498
抗禮す　白氏　續249
抗穽　文選　正141
昂昂　文選　正142
更　論語　正56
更　本朝　正498
更衣　宇津　正709
更衣　源氏　正841
更衣たち　源氏　正841
更衣はら　源氏　正841
更衣腹　宇津　正709
更始　本朝　正498
更漏　本朝　正498
更老　文選　正142
更嬴　文選　正142
杭　白氏　續249
杭越　本朝　正498
杭越　白氏　續249
杭州　本朝　正498
杭州　白氏　續249
杭州刺使　白氏　續249
杭城　白氏　續249
杭人　白氏　續249
杭土　白氏　續249
杭楊州　白氏　續249

杭老	白氏	續249
校	文選	正142
校す	文選	正142
校す	白氏	續249
校尉	論語	正56
校尉	文選	正142
校概	文選	正142
校勘	白氏	續249
校騎	文選	正142
校授す	本朝	正498
校書	白氏	續249
校書殿	宇津	正710
校書郎	白氏	續249
校職	白氏	續249
校正	白氏	續249
校隊	文選	正142
校理	白氏	續249
校獵	文選	正142
校獵す	文選	正142
梗林	文選	正142
梗槩	本朝	正498
梗槩	白氏	續249
梗槩す	白氏	續249
江	文選	正142
江	本朝	正498
江	白氏	續249
江安伯	文選	正142
江陰	文選	正142
江陰	白氏	續249
江右	文選	正142
江浦	白氏	續250
江雲	白氏	續249
江翁	本朝	正498
江夏	文選	正142
江夏王	文選	正142
江家	本朝	正498
江河	文選	正142
江河	白氏	續249
江花	白氏	續250
江介	文選	正142
江海	文選	正142
江海	本朝	正498
江海	白氏	續249
江界	白氏	續249
江外	文選	正142
江外	白氏	續250
江郭	白氏	續250
江漢	文選	正142
江漢	白氏	續249
江岸	白氏	續249
江客	白氏	續249
江魚	文選	正142
江魚	白氏	續249
江匡衡	本朝	正498
江橋	白氏	續250
江曲	白氏	續249
江郡	白氏	續250
江月	本朝	正498
江月	白氏	續250
江源	文選	正142
江湖	文選	正142
江湖	本朝	正498
江湖	白氏	續250
江口	白氏	續250
江行	白氏	續249
江衡	文選	正142
江左	文選	正142
江左	本朝	正498
江左	白氏	續250
江皐	文選	正142
江山	文選	正142
江山	本朝	正498
江山(人名)	白氏	續250
江山(地名)	白氏	續250
江侍郎	本朝	正498
江次	白氏	續250
江主人	本朝	正498
江珠	文選	正142
江酒	白氏	續250
江樹	文選	正142
江州	文選	正142
江州	本朝	正498
江州	白氏	續250
江充	白氏	續250
江女	白氏	續250
江湘	文選	正142
江上	遊仙	正89
江上	文選	正142
江上	白氏	續250
江城	白氏	續250
江色	白氏	續250
江心	白氏	續250
江神	白氏	續250
江人	白氏	續250
江水	文選	正142
江水	白氏	續250
江瀬	文選	正142
江西	白氏	續250
江惣	本朝	正498
江相公	本朝	正498
江草	白氏	續250
江村	白氏	續250
江大夫	本朝	正498
江中	文選	正142
江潮	白氏	續250
江津	文選	正142
江亭	白氏	續250
江天	白氏	續250
江都	文選	正142
江都	本朝	正498
江都	白氏	續250
江東	文選	正142
江東	本朝	正498
江東	白氏	續250
江頭	白氏	續250
江童	白氏	續250
江豚	文選	正142
江南	文選	正142
江南	白氏	續250
江南郡	白氏	續250

江南山　白氏　續250
江納言　本朝　正498
江納言維時　本朝　正498
江波　文選　正142
江波　本朝　正498
江波　白氏　續250
江畔　白氏　續250
江妃　文選　正142
江泌　本朝　正498
江表　文選　正142
江府　本朝　正498
江府　白氏　續250
江風　白氏　續250
江文通　文選　正142
江北　文選　正142
江北　白氏　續250
江北岸　文選　正142
江夜　白氏　續250
江柳　白氏　續250
江油　白氏　續249
江陽縣　白氏　續250
江螺　遊仙　正89
江離　文選　正143
江流　文選　正143
江流　白氏　續250
江陵　文選　正143
江陵　白氏　續250
江陵城　白氏　續250
江陵府　白氏　續250
江陵尹　白氏　續250
江鱗　本朝　正498
江路　文選　正143
江甸　白氏　續250
江叟　白氏　續250
江國子　本朝　正498
江學士　本朝　正498
江樓　文選　正143
江樓　本朝　正499
江樓　白氏　續250
江氣　白氏　續249
江淹　本朝　正498
江淮　文選　正142
江淮　白氏　續250
江滸　文選　正142
江潯　文選　正142
江潭　文選　正142
江濱　文選　正142
江籬　白氏　續250
江邊　白氏　續250
江關　白氏　續250
江饒等　白氏　續250
江鮑　白氏　續250
江鴈　白氏　續249
江汜　文選　正142
江汜　白氏　續250
江沠　文選　正143
江湄　白氏　續250
江澧通州　白氏　續250
江菼　文選　正142
江蘺　文選　正143
江隄　白氏　續250
沆瀣　白氏　續250
沆瀣精　白氏　續250
洪　文選　正143
洪胤　文選　正143
洪恩　文選　正143
洪化　文選　正143
洪河　文選　正143
洪涯　文選　正143
洪赫　文選　正143
洪基　文選　正143
洪規　文選　正143
洪輝　文選　正143
洪業　文選　正143
洪剛　文選　正143
洪才　本朝　正499
洪細　文選　正143
洪殺　文選　正143
洪緒　文選　正143
洪鐘　文選　正143
洪水　文選　正143
洪聖　文選　正143
洪川　文選　正143
洪纖　文選　正143
洪族　文選　正143
洪池　文選　正143
洪暢　文選　正143
洪桃　文選　正143
洪洞　文選　正143
洪波　文選　正143
洪伐　文選　正143
洪範　文選　正143
洪覆　文選　正143
洪茂　文選　正143
洪猷　文選　正143
洪流　文選　正143
洪烈　文選　正143
洪連　文選　正143
洪冑　文選　正143
洪寶　文選　正143
洪濤　文選　正143
洪潦　文選　正143
洪瀾　文選　正143
洪臺　文選　正143
洪蚶　文選　正143
洪鈞　文選　正143
洪德　文選　正143
洪姱　文選　正143
洪榦　文選　正143
洪筭　文選　正143
洪飈　文選　正143
浩　文選　正143
浩　白氏　續250
浩歌　白氏　續250
浩汗　文選　正143
浩浩　文選　正143
浩浩　白氏　續250
浩々　本朝　正499
浩浩溰溰　文選　正143
浩浩洋洋　文選　正143

浩浩焉	文選	正143
浩然	文選	正143
浩然	白氏	續250
浩大	白氏	續250
浩蕩	文選	正143
浩蕩	白氏	續250
浩麗	文選	正143
浩壤	白氏	續250
浩氣	白氏	續250
浩瀁	文選	正143
浩盪	文選	正143
浩謌行	白氏	續250
浩蜺	文選	正143
溝渠	文選	正143
溝池	文選	正143
溝阜	文選	正143
溝壑	文選	正143
溝壑	本朝	正499
溝洫	文選	正143
溝澮	文選	正143
溝瀆	文選	正143
稿素	文選	正144
絞	論語	正56
絞	白氏	續251
絞す	論語	正56
絞灼	文選	正144
絞繫	文選	正144
綱	文選	正144
綱	白氏	續251
綱す	論語	正56
綱す	文選	正144
綱維	文選	正144
綱維	本朝	正499
綱維	白氏	續251
綱紀	文選	正144
綱紀	白氏	續251
綱紀す	白氏	續251
綱地	文選	正144
綱目	文選	正144
綱要	本朝	正499
綱領	白氏	續251
綱條	白氏	續251
耕	文選	正144
耕す	文選	正144
耕稼	文選	正144
耕穫	文選	正144
耕桑	文選	正144
耕桑す	文選	正144
耕作す	本朝	正499
耕種	本朝	正499
耕植	白氏	續251
耕織	文選	正144
耕織	本朝	正499
耕食	本朝	正499
耕食す	本朝	正499
耕田	本朝	正499
耕夫	文選	正144
耕父	文選	正144
耕牧	文選	正144
耕耘	文選	正144
耕耘す	文選	正144
耕藉	文選	正144
耕鉏す	白氏	續251
考	文選	正144
考	白氏	續251
考す	白氏	續251
考課	白氏	續251
考官	白氏	續251
考功	白氏	續251
考功員外郎	白氏	續251
考功崔郎中	白氏	續251
考沙弥	本朝	正499
考策	白氏	續251
考策す	白氏	續251
考察	白氏	續251
考察す	白氏	續251
考試す	白氏	續251
考室	文選	正144
考終命	白氏	續251
考績す	白氏	續251
考送	白氏	續251
考第	白氏	續251
考秩	白氏	續251
考定	枕冊	正777
考定す	白氏	續251
考覆す	白氏	續251
考文	白氏	續251
考老	本朝	正499
考論	文選	正144
考妣	本朝	正499
考妣	白氏	續251
考覈す	白氏	續251
膏	文選	正144
膏	白氏	續251
膏育	文選	正144
膏雨	文選	正144
膏雨	白氏	續251
膏雨す	白氏	續251
膏液	文選	正144
膏火	文選	正144
膏火	白氏	續251
膏珍	白氏	續251
膏燈	本朝	正499
膏盲	白氏	續251
膏蘭	文選	正144
膏梁	本朝	正499
膏梁	白氏	續251
膏壤	文選	正144
膏沐	文選	正144
膏沐	白氏	續251
膏澤	文選	正144
膏澤	白氏	續251
膏肓	本朝	正499
膏腴	文選	正144
膏腴	本朝	正499
膏腴	白氏	續251
膏鑪	文選	正144
航	文選	正144
航	白氏	續252
行	論語	正56

行	遊仙	正89
行	文選	正144
行	文選	正144
行	本朝	正499
行	白氏	續252
行す	文選	正144
行す	白氏	續252
行葦	文選	正145
行衣	本朝	正499
行雨	文選	正144
行雨	本朝	正499
行雲	文選	正144
行雲	本朝	正499
行雲	白氏	續252
行衛す	文選	正145
行歌す	文選	正144
行歌す	白氏	續252
行過す	文選	正144
行怪	白氏	續252
行蓋	文選	正144
行簡	白氏	續252
行間	文選	正144
行間	白氏	續252
行願	白氏	續252
行起	白氏	續252
行軌	文選	正144
行客	本朝	正499
行客	白氏	續252
行休す	文選	正144
行宮	文選	正144
行宮	本朝	正499
行宮	白氏	續252
行業	白氏	續252
行吟	白氏	續252
行吟す	文選	正144
行軍	遊仙	正89
行軍	白氏	續252
行軍司馬	白氏	續252
行計	白氏	續252
行月	文選	正144
行伍	文選	正144
行光	文選	正144
行幸す	文選	正144
行行	論語	正56
行行	文選	正144
行行	白氏	續252
行行す	文選	正144
行行如	論語	正56
行香	白氏	續252
行香す	白氏	續252
行坐	白氏	續252
行坐す	白氏	續252
行采す	文選	正144
行使	遊仙	正89
行子	文選	正144
行子	本朝	正499
行子	白氏	續252
行止	文選	正144
行止	白氏	續252
行止す	文選	正144
行止す	白氏	續252
行事	文選	正144
行事	本朝	正499
行事	白氏	續252
行次	白氏	續252
行舟	文選	正144
行舟	白氏	續252
行住	本朝	正499
行所	文選	正145
行色	白氏	續252
行心	白氏	續252
行人	論語	正56
行人	文選	正145
行人	本朝	正499
行人	白氏	續252
行塵	文選	正145
行陣	文選	正145
行厨	白氏	續252
行成	本朝	正499
行成	白氏	續252
行跡	文選	正145
行川	文選	正145
行操	本朝	正499
行走	白氏	續252
行走す	白氏	續252
行蔵	本朝	正499
行程	本朝	正499
行徒	文選	正145
行動	白氏	續252
行道	文選	正145
行道	白氏	續252
行道禮佛す	白氏	續252
行年	文選	正145
行年	本朝	正499
行年	白氏	續252
行能	文選	正145
行馬	白氏	續252
行媒	文選	正145
行伴	白氏	續252
行被	白氏	續252
行夫	文選	正145
行歩	遊仙	正89
行歩	文選	正145
行歩	本朝	正499
行歩	白氏	續252
行暮す	文選	正145
行庖	文選	正145
行夜	白氏	續252
行役	文選	正145
行役	白氏	續252
行役す	白氏	續252
行李	遊仙	正89
行李	文選	正145
行李	本朝	正499
行李	白氏	續252
行立	白氏	續252
行旅	文選	正145
行旅	本朝	正499
行旅	白氏	續252
行輪	文選	正145

行列 文選 正145
行路 文選 正145
行路 本朝 正499
行路 白氏 續252
行露 文選 正145
行露 本朝 正499
行儉 白氏 續252
行營 白氏 續252
行營す 白氏 續252
行營節度使 白氏 續252
行營兵馬使 白氏 續252
行實 白氏 續252
行徑 文選 正144
行徑 白氏 續252
行暉 文選 正144
行楸 文選 正145
行樂 白氏 續252
行樂す 文選 正145
行樂す 本朝 正499
行樂す 白氏 續252
行游す 文選 正144
行潦 文選 正145
行潦 白氏 續252
行禪 白氏 續252
行竈 白氏 續252
行艫 文選 正145
行藏 文選 正144
行藏 白氏 續252
行藏す 本朝 正499
行藝 白氏 續252
行藥 白氏 續252
行藥す 文選 正145
行號す 文選 正144
行觴す 文選 正145
行迹 遊仙 正89
行迹 文選 正145
行邁 文選 正145
行邁 白氏 續252
行邁す 文選 正145
行醉す 白氏 續252
行狀 文選 正145
行狀 白氏 續252
行狀(書名) 文選 正145
行鑣 本朝 正499
衡 論語 正56
衡 文選 正145
衡 白氏 續253
衡(人名) 文選 正145
衡宇 文選 正145
衡岳 文選 正145
衡茅 文選 正145
衡茅 白氏 續253
衡漢 文選 正145
衡館 文選 正145
衡紀 文選 正145
衡軌 文選 正145
衡言 文選 正145
衡山 文選 正145
衡軸 文選 正145
衡州 白氏 續253
衡湘 白氏 續253
衡人 文選 正145
衡石 文選 正145
衡門 文選 正145
衡門 本朝 正499
衡門 白氏 續253
衡陽 文選 正145
衡律 文選 正145
衡嶽 文選 正145
衡巫 文選 正145
衡軛 文選 正145
衡霍 文選 正145
衡嶠 文選 正145
衡枙 文選 正145
衡總 文選 正145
衡闈 文選 正145
御講 宇津 正709
講 文選 正145
講 本朝 正499
講 伊勢 正649
講 宇津 正709
講 枕冊 正777
講し 源氏 正842
講しはて 源氏 正842
講し倦て 白氏 續253
講す 文選 正145
講す 法華 正419
講す 本朝 正499
講す 白氏 續253
講ず 論語 正56
講ず 宇津 正710
講閲す 文選 正145
講演 本朝 正499
講演す 本朝 正499
講貫す 白氏 續253
講後 本朝 正499
講座 白氏 續253
講師 本朝 正499
講師 土左 正659
講師 宇津 正710
講師 枕冊 正777
講師 源氏 正842
講師す 宇津 正710
講習 文選 正145
講書 宇津 正710
講匠 本朝 正499
講席 本朝 正499
講説 本朝 正499
講説 宇津 正710
講説す 法華 正419
講説す 本朝 正499
講堂 法華 正419
講堂 本朝 正499
講堂 白氏 續253
講論す 文選 正145
講論 本朝 正499
講論す 白氏 續253
講會 本朝 正499
講經 本朝 正499
講經論和尚 本朝 正499

講肆　文選　正145
講肆　本朝　正499
講莚　本朝　正499
講誦　本朝　正499
講讀す　白氏　續253
講讀師　本朝　正499
郊　文選　正145
郊　本朝　正499
郊　白氏　續253
郊す　文選　正145
郊す　本朝　正499
郊す　白氏　續253
郊園　文選　正146
郊園　白氏　續253
郊下　白氏　續253
郊歌　文選　正145
郊外　本朝　正499
郊外　白氏　續253
郊郭　文選　正145
郊郭　白氏　續253
郊畿　文選　正145
郊畿　本朝　正499
郊畿　白氏　續253
郊丘　文選　正145
郊丘　白氏　續253
郊居　白氏　續253
郊境　文選　正145
郊虞　文選　正145
郊祭　白氏　續253
郊際　文選　正145
郊社　白氏　續253
郊端　文選　正145
郊天　本朝　正499
郊扉　文選　正145
郊扉　白氏　續253
郊廟　文選　正146
郊廟　白氏　續253
郊牧　文選　正146
郊野　文選　正146
郊野　本朝　正499
郊野　白氏　續253
郊甸　文選　正145
郊杞　文選　正145
郊畛　文選　正145
郊祀　文選　正145
郊祀　白氏　續253
郊祀す　文選　正145
郊禮　白氏　續253
郊藪　文選　正145
郊衢　文選　正145
郊隧　文選　正145
郊餞　文選　正145
郊岐　文選　正145
郊禋　文選　正145
郊鄽　白氏　續253
郟鄏　文選　正146
鋼　白氏　續253
降　文選　正146
降　本朝　正499
降　白氏　續253
降す　文選　正146
降す　白氏　續253
降王　文選　正146
降火　文選　正146
降旗　白氏　續253
降殺　文選　正146
降殺　白氏　續253
降者　文選　正146
降集す　文選　正146
降辱す　文選　正146
降跡　本朝　正499
降雪　白氏　續253
降卒　文選　正146
降誕　本朝　正499
降誕　白氏　續253
降年　白氏　續253
降伏す　法華　正419
降伏す　本朝　正499
降伏す　白氏　續253
降魔　白氏　續253
降虜　文選　正146
降虜　本朝　正500
降虜　白氏　續253
降臨　本朝　正500
降臨す　本朝　正500
降臨す　白氏　續253
降路　文選　正146
降眞香　白氏　續253
降鑒　本朝　正499
降挹　文選　正146
降豔　白氏　續253
項年　本朝　正500
項曼*都　本朝　正500
香　法華　正419
香　本朝　正500
香　宇津　正709
香　蜻蛉　正747
香　枕冊　正777
香　源氏　正841
香とも　源氏　正841
香煙　本朝　正500
香火　本朝　正500
香花　本朝　正500
香華　本朝　正500
香山　本朝　正500
香水　法華　正419
香水　宇津　正710
香染　枕冊　正777
香染　源氏　正842
香粉　本朝　正500
香油　法華　正419
香壺　源氏　正841
香爐　法華　正419
香爐　本朝　正500
香爐峯　枕冊　正777
香莚　本朝　正500
香鑪峯　文選　正146
香緣　本朝　正500
香臭　本朝　正500
高　文選　正146

高	白氏	續253
高鉞	白氏	續255
高安	文選	正146
高位	文選	正147
高位	本朝	正500
高位	白氏	續255
高意	白氏	續253
高椅	文選	正146
高亥	文選	正146
高韻	文選	正146
高雲	文選	正146
高詠	文選	正147
高宴	本朝	正500
高煙	文選	正146
高遠	論語	正56
高遠	文選	正147
高岡	文選	正146
高岡	白氏	續253
高下	文選	正146
高下	法華	正419
高下	本朝	正500
高下	白氏	續253
高家	本朝	正500
高家	白氏	續253
高科	白氏	續254
高架	白氏	續253
高歌	文選	正146
高歌す	白氏	續253
高霞	文選	正146
高霞寓	白氏	續253
高牙	文選	正146
高雅	文選	正146
高雅間澹	白氏	續253
高駕	文選	正146
高蓋	文選	正146
高蓋す	白氏	續253
高街傳	文選	正142
高角	白氏	續254
高閣	遊仙	正89
高閣	文選	正146
高閣	白氏	續254
高岳	文選	正146
高冠	文選	正146
高冠	本朝	正500
高冠	白氏	續254
高幹	文選	正146
高管	白氏	續254
高簡	白氏	續254
高閑	白氏	續254
高館	文選	正146
高館	白氏	續254
高岸	文選	正146
高岸	白氏	續254
高基	文選	正146
高奇	文選	正146
高旗	文選	正146
高紀	文選	正146
高徽	文選	正146
高規	本朝	正500
高貴	文選	正146
高貴	本朝	正500
高軌	文選	正146
高義	文選	正146
高義	白氏	續254
高丘	文選	正146
高居	白氏	續254
高橋	白氏	續254
高興	文選	正146
高興	本朝	正500
高興	白氏	續254
高桐	文選	正147
高巾子	源氏	正841
高吟	文選	正146
高九	白氏	續254
高矩	文選	正146
高隅	文選	正146
高勲	文選	正146
高軒	文選	正146
高原	文選	正146
高原	法華	正419
高玄	白氏	續254
高紘	文選	正146
高言	文選	正146
高古	白氏	續254
高固	白氏	續254
高戸	白氏	續254
高五帝	本朝	正500
高梧	文選	正146
高光	文選	正146
高公	白氏	續254
高后	文選	正146
高昂	白氏	續253
高構	文選	正146
高皇	文選	正146
高皇	本朝	正500
高皇帝	文選	正146
高皇帝	白氏	續254
高行	文選	正146
高高	文選	正146
高高	白氏	續254
高鴻	文選	正146
高鴻	白氏	續254
高鵠	文選	正146
高座	枕冊	正777
高才	文選	正146
高才	本朝	正500
高才	白氏	續254
高材	本朝	正500
高山	文選	正146
高山	本朝	正500
高山	白氏	續254
高士	白氏	續254
高志	文選	正146
高旨	文選	正146
高旨	本朝	正500
高枝	文選	正146
高枝	白氏	續254
高視す	文選	正146
高侍御	白氏	續254
高寺	白氏	續254

高車　文選　正146
高車　白氏　續254
高車蓋　白氏　續254
高爵　文選　正146
高爵　白氏　續254
高樹　文選　正146
高樹　白氏　續254
高宗　論語　正56
高宗　文選　正147
高宗　本朝　正500
高宗　白氏　續254
高峻　文選　正146
高唱　遊仙　正89
高唱　文選　正146
高尚　文選　正146
高尚す　文選　正146
高尚す　本朝　正500
高掌　文選　正146
高昌　文選　正146
高昭　文選　正146
高松　文選　正146
高城　文選　正146
高城　白氏　續254
高情　文選　正146
高情　本朝　正500
高情　白氏　續254
高深　文選　正146
高辛　文選　正146
高人　文選　正146
高人　白氏　續254
高崇文　白氏　續254
高性　白氏　續254
高星　白氏　續254
高石　白氏　續254
高積善　本朝　正500
高節　文選　正146
高漸離　文選　正146
高曽　文選　正147
高曽　白氏　續254
高祖　文選　正147
高祖　本朝　正500
高祖　白氏　續254
高祖宣皇帝　文選　正147
高祖父　本朝　正500
高僧　本朝　正500
高僧　白氏　續254
高相　白氏　續254
高窓*　文選　正147
高藻　文選　正146
高足　文選　正147
高俗　文選　正146
高族　文選　正146
高大　論語　正56
高大　文選　正147
高大宗　本朝　正500
高第　文選　正147
高第　白氏　續254
高談　文選　正147
高致　文選　正147
高致　本朝　正500
高秩　文選　正147
高秩　白氏　續254
高張　文選　正147
高張す　文選　正147
高調　白氏　續254
高鳥　文選　正147
高亭　白氏　續254
高低　白氏　續254
高佀　本朝　正500
高帝　文選　正147
高帝　本朝　正500
高帝　白氏　續254
高弟　遊仙　正89
高弟　本朝　正500
高梯　文選　正147
高天　文選　正147
高天　本朝　正500
高天　白氏　續254
高殿　文選　正147
高唐　文選　正147
高唐　本朝　正500
高等　白氏　續254
高堂　文選　正147
高堂　本朝　正500
高堂　白氏　續254
高年　文選　正147
高年　本朝　正500
高年　白氏　續254
高班　本朝　正500
高卑　文選　正147
高卑　本朝　正500
高卑　白氏　續254
高媛　本朝　正500
高標　文選　正147
高品　白氏　續254
高品官　白氏　續254
高符　文選　正147
高風　文選　正147
高風　白氏　續254
高墳　文選　正147
高文　文選　正147
高平(人名)　文選　正147
高平(地名)　文選　正147
高平亭侯　文選　正147
高陛　文選　正147
高歩　白氏　續254
高峯　文選　正147
高峯　白氏　續254
高芳顯等　白氏　續254
高鳳　文選　正147
高鵬　白氏　續254
高望　文選　正147
高某等　白氏　續253
高僕射　白氏　續254
高枕　白氏　續254
高密　文選　正147
高妙　文選　正147
高冥　文選　正147
高名　白氏　續254
高名　枕冊　正777

高命	本朝	正500
高明	文選	正147
高門	文選	正147
高門	本朝	正500
高門	白氏	續254
高柳	文選	正147
高邑	文選	正146
高邑	白氏	續253
高邑人	白氏	續253
高郵	白氏	續253
高楊	文選	正147
高要	白氏	續253
高陽	文選	正147
高陽	白氏	續254
高陽夫人	白氏	續255
高欄	宇津	正710
高欄	蜻蛉	正747
高欄	枕冊	正777
高欄	源氏	正842
高亮	文選	正147
高陵	文選	正147
高陵	白氏	續255
高力士	文選	正147
高力士	白氏	續255
高林	文選	正147
高林	白氏	續255
高嶺	白氏	續255
高麗	本朝	正500
高麗	宇津	正710
高麗	枕冊	正777
高麗端	枕冊	正777
高麗笛	本朝	正500
高廊	文選	正147
高朗	文選	正147
高浪	文選	正147
高論	本朝	正500
高會	文選	正146
高會	本朝	正500
高會す	文選	正146
高處	白氏	續254
高參等	白氏	續254
高墻	白氏	續254
高奐	文選	正146
高寢	文選	正146
高將軍	白氏	續254
高岑	文選	正146
高崗	白氏	續253
高嶷	文選	正146
高巒	文選	正147
高巖	文選	正146
高巖	本朝	正500
高廣	白氏	續254
高廳	白氏	續254
高從政等	白氏	續254
高懷	白氏	續254
高敖曹	白氏	續253
高旌	文選	正146
高柯	文選	正146
高榮朝	白氏	續255
高櫟	文選	正146
高樓	文選	正147
高樓	本朝	正500
高樓	白氏	續255
高氣	文選	正146
高衍	文選	正146
高濤	文選	正147
高燎	文選	正147
高盖	本朝	正500
高眞	白氏	續254
高齋	文選	正146
高聲	文選	正146
高聲	法華	正419
高聲	白氏	續254
高臺	文選	正147
高蓋*	白氏	續253
高蔡	文選	正146
高薨	文選	正147
高衢	文選	正146
高諧	白氏	續253
高謩	文選	正147
高譚	文選	正147
高譚す	文選	正147
高谿	文選	正146
高蹤	文選	正146
高蹤	白氏	續254
高躅	白氏	續254
高郢	白氏	續253
高鉞	白氏	續255
高鉞等	白氏	續255
高闕	文選	正146
高闉	文選	正147
高韵	本朝	正500
高髻	白氏	續254
高齊	白氏	續254
高厲	文選	正147
高臥す	白氏	續254
高墉	文選	正147
高墉	白氏	續255
高庳	白氏	續254
高焰	文選	正146
高袟	本朝	正500
高邈	文選	正147
高闌	文選	正147
高隄	文選	正147
高頊	文選	正146
剛	論語	正56
剛	文選	正141
剛	本朝	正498
剛	白氏	續247
剛簡	文選	正141
剛毅	論語	正56
剛毅	文選	正141
剛強	本朝	正498
剛強	白氏	續247
剛彊	文選	正141
剛豪	文選	正141
剛者	論語	正56
剛柔	文選	正141
剛柔	本朝	正498
剛柔	白氏	續247

剛正　白氏　續247
剛腸　文選　正141
剛腸　白氏　續247
剛直　白氏　續247
剛奴　白氏　續247
剛悍　文選　正141
剛挂　文選　正141
剛狷　白氏　續247
剛蟲　文選　正141
剛鏃　文選　正141
剛絜　文選　正141
号　文選　正141
号　本朝　正498
号す　本朝　正498
濠　白氏　續250
濠州　白氏　續250
濠梁　白氏　續250
豪　文選　正145
豪　白氏　續253
豪右　文選　正145
豪家　文選　正145
豪家　本朝　正499
豪家　白氏　續253
豪家　宇津　正709
豪家　源氏　正841
豪華　白氏　續253
豪傑　白氏　續253
豪士　文選　正145
豪者　白氏　續253
豪俊　文選　正145
豪人　白氏　續253
豪帥　文選　正145
豪曹　文選　正145
豪族　法華　正419
豪奪す　白氏　續253
豪彦　文選　正145
豪富　法華　正419
豪富　白氏　續253
豪冨　本朝　正499
豪奢　白氏　續253
豪徼　文選　正145
豪擧　文選　正145
豪桀　文選　正145
豪豬　文選　正145
豪俠　文選　正145
轇轕　文選　正145
轟轟　文選　正145
告　白氏　續247
告訴　本朝　正498
告訴す　白氏　續247
告狀　本朝　正498
鵠鴇　文選　正147
肴核　文選　正144
肴函　本朝　正499
肴糅　文選　正144
肴羞　文選　正144
肴脩　文選　正144
肴饌　文選　正144
肴駟　文選　正144
肴蔌　文選　正144
肴醳　文選　正144
皐　文選　正143
皐伊　文選　正143
皐魚　文選　正143
皐橋　白氏　續251
皐禽　文選　正143
皐虞　本朝　正499
皐亭　白氏　續251
皐陶　文選　正143
皐陶　本朝　正499
皐陶　白氏　續251
皐陶謨　文選　正143
皐門　文選　正143
皐蘭　文選　正143
皐呂　文選　正143
皐壤　文選　正143
皐澤　文選　正143
皐隰　文選　正143
皐夔　白氏　續250
皐繇　文選　正143
皐鶴　本朝　正499
皐陶　論語　正56
鮫人　文選　正147
膠漆　遊仙　正89
縞素　白氏　續251
達官　白氏　續253
烹醢　文選　正143
絳侯　白氏　續251
絳紗　白氏　續251
絳帳　白氏　續251
絳路　白氏　續251
絳蠣　白氏　續251
絳幘　白氏　續251
絳焰　白氏　續251
耗す　白氏　續251
耗羨す　白氏　續251
耗費す　白氏　續251
耗竭す　白氏　續251
耗蠹　白氏　續251
藁　文選　正144
藁下　文選　正144
藁街　文選　正144
藁萊　文選　正144
亢陽　文選　正142
亢龍　文選　正142
亢龍　本朝　正498
亢滿　本朝　正498
伉合　文選　正141
伉儷　文選　正141
伉儷　本朝　正498
伉儷　白氏　續247
傚　文選　正141
傚す　文選　正141
傚逸す　白氏　續247
傚散す　文選　正141
傚然　白氏　續247
傚法　文選　正141
傚吏　文選　正141
傚吏　本朝　正498
傚吏　白氏　續247

傲睨す	文選	正141
咎陶	白氏	續247
咬咬	文選	正141
哽咽	遊仙	正89
哽咽す	文選	正141
哽結す	文選	正141
哮嚻	文選	正141
哮呷	文選	正141
哮闞	文選	正141
嗷嗷	文選	正141
嗷嗷	白氏	續247
嗷嗷慓慓	白氏	續247
嚻怨	文選	正146
嚻頑	本朝	正498
嚻誼	白氏	續248
嚻塵	文選	正146
嚻塵	白氏	續248
嚻然	文選	正146
嚻然	白氏	續248
嚻俗	文選	正146
嚻埃	文選	正146
嚻滓	文選	正146
嚻靜	白氏	續248
寇害	文選	正141
寇讎	文選	正141
崗巒	遊仙	正89
廣陵	源氏	正842
慷慨	文選	正142
慷慨す	文選	正142
慷慨す	白氏	續249
搆會	文選	正142
摎尚	文選	正142
攪	白氏	續249
攪擾	白氏	續249
攪挍	文選	正142
敖	文選	正142
敖倉	文選	正142
敖曹	白氏	續249
敖庾	文選	正142
敲	白氏	續249
敲扑	文選	正142
杲	白氏	續249
杲杲	白氏	續249
昊蒼	文選	正142
昊蒼	本朝	正498
昊天	論語	正56
昊天	文選	正142
昊天	本朝	正498
昊天	白氏	續249
昊穹	文選	正142
晧蒼	文選	正142
晧晧	文選	正142
晧旰	文選	正142
栲案	本朝	正498
槁木	白氏	續249
槁葉	文選	正142
槁槐	文選	正142
槺梁	文選	正142
樂	本朝	正498
毫	文選	正142
毫	白氏	續249
毫州	白氏	續249
毫城	白氏	續249
毫素	文選	正142
毫端	文選	正142
毫髪	文選	正142
毫髪	白氏	續249
毫分	文選	正142
毫末	文選	正142
毫末	白氏	續249
毫毛	本朝	正498
毫纖	文選	正142
毫芒	文選	正142
毫芒	白氏	續249
毫氂	文選	正142
毫氂	白氏	續249
熬煎す	白氏	續250
爻	文選	正143
爻繋	文選	正143
爻辞	本朝	正499
狡邪	文選	正143
狡捷	文選	正143
狡兎	文選	正143
狡童	文選	正143
狡虜	文選	正143
狡弄	文選	正143
狡寇	文選	正143
狡焉	文選	正143
狡獸	文選	正143
皐陶	白氏	續250
皎	文選	正143
皎	白氏	續250
皎(人名)	白氏	續250
皎鏡	文選	正143
皎潔	白氏	續250
皎然	白氏	續250
皎日	文選	正143
皎皎	文選	正143
皎皎	白氏	續250
皎々	本朝	正499
皎絜	文選	正143
皎月	文選	正143
皓	文選	正143
皓	白氏	續251
皓羽	文選	正143
皓汗	文選	正143
皓月	文選	正143
皓月	本朝	正499
皓月	白氏	續251
皓彩	本朝	正499
皓齒	文選	正143
皓爾	文選	正143
皓質	文選	正143
皓手	文選	正143
皓首	文選	正144
皓色	白氏	續251
皓然	文選	正144
皓然	白氏	續251
皓鶴	文選	正143
皓天	文選	正144

皓白　本朝　正499
皓腕　文選　正144
皓腕　白氏　續251
皓侈　文選　正143
皓帶　文選　正144
皓樂　文選　正143
皓獸　文選　正143
皓皓　文選　正143
皓皓　白氏　續251
稾草　本朝　正499
粳稻　文選　正144
絳　文選　正144
絳　白氏　續251
絳桑　本朝　正499
絳郡　白氏　續251
絳侯　文選　正144
絳樹　遊仙　正89
絳州　白氏　續251
絳唇　文選　正144
絳雪　本朝　正499
絳陽　文選　正144
絳老　白氏　續251
絳灌　文選　正144
絳脣　本朝　正499
絳闕　文選　正144
絳闕　本朝　正499
絳霄　本朝　正499
絙縻　文選　正144
羔　文選　正143
羔裘　論語　正56
羔裘　論語　正56
耿　文選　正144
耿　白氏　續251
耿（人名）　文選　正144
耿介　文選　正144
耿介　白氏　續251
耿介す　文選　正144
耿光　白氏　續251
耿壽昌　白氏　續251
耿秉　文選　正144
耿耿　文選　正144
耿耿　本朝　正499
耿耿　白氏　續251
耿々　遊仙　正89
耿賈　文選　正144
耿絜　文選　正144
耿俠游　文選　正144
耿弇　文選　正144
膠　白氏　續251
膠牙　白氏　續251
膠葛　文選　正144
膠結す　文選　正144
膠言　文選　正144
膠固　文選　正144
膠固す　白氏　續251
膠固同類　白氏　續252
膠漆　文選　正144
膠漆　本朝　正499
膠漆　白氏　續252
膠東　論語　正56
膠東　文選　正144
膠舩　本朝　正499
膠轕　文選　正144
莖葉　白氏　續252
莖莖　白氏　續252
蒿草　白氏　續252
蒿棘　白氏　續252
蒿萊　白氏　續252
號　文選　正145
號　白氏　續247
號す　文選　正145
號す　白氏　續247
號謚　文選　正145
號泣す　文選　正145
號泣す　白氏　續247
號呼抑鬱す　白氏　續247
號鐘　文選　正145
號迭す　文選　正145
號令　本朝　正498
號令　白氏　續248
號慟す　文選　正145
號榮　文選　正145
號踴す　白氏　續247
號咷す　白氏　續247
號屛　文選　正145
蛟　文選　正145
蛟　本朝　正499
蛟　白氏　續252
蛟螭　文選　正145
蛟眼　本朝　正499
蛟鴻　文選　正145
蛟蛇　文選　正145
蛟龍　文選　正145
蛟龍　白氏　續252
蛟鯔　文選　正145
蛟虬　白氏　續252
蛟螭　文選　正145
蛟鼉　文選　正145
蛟鼉　白氏　續252
誥　文選　正145
誥　白氏　續253
誥誓　文選　正145
誥命　白氏　續253
遨す　本朝　正499
遨遊す　白氏　續253
遨す　文選　正145
遨遊　文選　正145
遨游す　文選　正145
鎬　文選　正144
鎬　白氏　續253
鎬飲　文選　正144
鎬京　文選　正144
鎬池　本朝　正499
鎬亳　文選　正144
鎬鎬　文選　正144
鏗　白氏　續253
鏗*鏘　遊仙　正89
鏗鈜　文選　正146
鏗爾　論語　正56
鏗然　白氏　續253

鏗鎗 文選 正146
鏗鏘 文選 正146
鏗鏘 本朝 正499
鏗鏘 白氏 續253
饕餮 白氏 續253
饕餮 文選 正146
鵁盧 文選 正147
鵁鸛 文選 正147
鵁鶄 文選 正147
鼇 白氏 續255
鼇海 本朝 正500
鼇頭 本朝 正500
鼇波 本朝 正500
鼇背 本朝 正500
敎 本朝 正498
敎化 本朝 正498
敎戒 本朝 正498
敎誡 本朝 正498
昂藏 白氏 續249
昂昂 文選 正142
沆瀁 文選 正143
沆瀣 文選 正143
沆瀣 文選 正143
皜眊 文選 正144
皦繹 文選 正144
皦皦 文選 正142
皦皦 文選 正144
顥天 文選 正146
顥氣 文選 正146
卬州 文選 正141
卬卬 文選 正141
卬樊 文選 正141
冓 論語 正56
姣人 文選 正141
姣姫 文選 正141
姣服 文選 正141
姣服す 文選 正141
姣妙 文選 正141
姣麗 文選 正141
婞直 文選 正141
崤坂 文選 正141
崤函 文選 正141
崤函 白氏 續248
崤潼 文選 正141
崤澠* 文選 正141
庨窌 文選 正141
彀騎 文選 正142
忼慨 文選 正142
忼慨す 文選 正142
怳 文選 正142
慠す 文選 正142
慠然 文選 正142
慠然 本朝 正498
槀街 文選 正142
槀本 文選 正142
槀梁 文選 正144
櫜鞬 白氏 續248
滈 文選 正143
灝溔 文選 正143
羔羊 白氏 續251
羔鴈 白氏 續251
熇暑す 文選 正143
珩 文選 正143
珩珮 文選 正143
珩紞 文選 正143
皞 白氏 續251
硜硜乎 論語 正56
秔稻 文選 正144
稉稻 文選 正144
稉稌 文選 正144
窐寥 文選 正144
篙 白氏 續251
翃 白氏 續251
翶 白氏 續251
翶游す 文選 正144
翶翔 本朝 正499
翶翔す 文選 正144
翶翔す 白氏 續251
翶翥す 文選 正144
翶翶 文選 正144
茭菱 白氏 續252
茳蘺 文選 正144
荇 白氏 續252
蘅皐 文選 正144
蘅薄 文選 正144
蘅蘭 文選 正144
蘅蓀 本朝 正499
虓虎 文選 正145
虓勇 文選 正145
虓豁 文選 正145
虓闞 文選 正145
蛩駏 遊仙 正89
鄗 文選 正146
閎 文選 正146
餚覈す 文選 正146
餻酒 白氏 續253
鰝鰕 文選 正147
鴞 白氏 續255
鴞音 白氏 續255
鴞 文選 正147
各々 本朝 正500
各自 白氏 續255
格 白氏 續255
格勤 本朝 正500
格言 文選 正147
格言 白氏 續255
格言す 文選 正147
格詞 白氏 續255
格詩 白氏 續255
格詩雑體 白氏 續255
格人 文選 正147
格律 白氏 續255
格令 白氏 續255
格轉 白氏 續255
核 白氏 續255
核練す 本朝 正500
殼玉 文選 正147
殼中 文選 正147
確 白氏 續256
確乎 文選 正148

確乎　白氏　續256
確執す　白氏　續256
確鐘　白氏　續256
確然　白氏　續256
確論　白氏　續256
覚　法華　正419
覚悟す　法華　正419
覚知す　法華　正419
角　文選　正148
角　白氏　續256
角羽　文選　正148
角弓　文選　正148
角巾　白氏　續256
角骨　白氏　續256
角樽　白氏　續256
角端　文選　正148
角逐す　文選　正148
角枕　白氏　續256
角里　白氏　續256
角里生　本朝　正501
角立　本朝　正501
角立す　本朝　正501
角觝　文選　正148
赫　文選　正148
赫赫　文選　正148
赫赫　白氏　續256
赫々　遊仙　正89
赫赫炎炎　白氏　續256
赫赫明明　文選　正148
赫然　文選　正148
赫然　白氏　續256
赫然す　文選　正148
赫怒　文選　正148
赫怒す　文選　正148
赫日　白氏　續256
赫奕　文選　正148
赫奕　白氏　續256
赫戯　文選　正148
赫曦　文選　正148
赫矣　白氏　續256
赫胥　文選　正148
較　本朝　正501
較然　文選　正148
較然　白氏　續256
較量　本朝　正501
閣　文選　正148
閣　本朝　正501
閣　白氏　續256
閣下　白氏　續256
閣上　白氏　續256
閣前　白氏　續256
閣道　文選　正148
閣門　白氏　續256
閣老　白氏　續256
革　文選　正148
革　本朝　正501
革　白氏　續256
革車　文選　正148
革振　白氏　續256
革命　本朝　正501
革木　文選　正148
学士　宇津　正710
学習す　法華　正419
学生　宇津　正710
学生　源氏　正842
学生ども　宇津　正710
学生ら　宇津　正710
学地　法華　正419
学問　宇津　正710
学問　源氏　正842
学問せ　宇津　正710
学問料　宇津　正710
御学問　宇津　正710
御学問　源氏　正842
岳　文選　正147
岳　白氏　續255
岳(人名)　文選　正147
岳州　白氏　續255
岳筆　本朝　正500
岳牧　文選　正147
岳牧　本朝　正500
岳牧　白氏　續255
岳陽　文選　正147
岳陽城　白氏　續255
岳陽樓　白氏　續255
岳濱　文選　正147
岳鄂　白氏　續255
岳鎮　白氏　續255
岳靈　文選　正147
岳瀆　文選　正147
楽　論語　正56
楽し　宇津　正710
楽屋　宇津　正710
楽官　論語　正56
楽師　論語　正56
楽衆ども　宇津　正710
楽所　宇津　正710
楽所ども　宇津　正710
楽章　論語　正56
楽人　論語　正56
楽人　宇津　正710
楽人ども　宇津　正710
御樂　宇津　正710
樂　宇津　正710
樂器ども　宇津　正710
額　本朝　正501
額　白氏　續256
客　遊仙　正89
客　文選　正147
客　本朝　正500
客　白氏　續255
客　枕冊　正777
客位　文選　正147
客右　本朝　正500
客館　文選　正147
客館　本朝　正500
客卿　文選　正147
客卿　本朝　正500
客行　文選　正147
客行す　文選　正147

客子 文選 正147
客子 白氏 續255
客死す 本朝 正500
客舎 白氏 續255
客主 遊仙 正89
客主 文選 正147
客心 白氏 續255
客人 白氏 續255
客塵 白氏 續255
客星 白氏 續255
客曹 白氏 續255
客曹郎 白氏 續255
客中 白氏 續255
客鳥 文選 正147
客鳥 白氏 續255
客亭 白氏 續255
客店 白氏 續255
客遊す 白氏 續255
客容 白氏 續255
客葉 本朝 正500
客旅 白氏 續255
客路 白氏 續255
客棹 白氏 續255
客游 文選 正147
客游す 文選 正147
客鬢 本朝 正500
脚病 宇津 正710
滘捎 文選 正147
鶴 白氏 續256
鶴駕 白氏 續256
鶴蓋 文選 正148
鶴眼 白氏 續256
鶴書 文選 正148
鶴書 白氏 續256
鶴歎 白氏 續256
鶴板 本朝 正501
鶴鳴 白氏 續256
鶴林 白氏 續256
鶴樓 白氏 續256
鶴毳 白氏 續256
鶴籠 白氏 續256
鶴迹 白氏 續256
鶴邊 白氏 續256
鶴馭 白氏 續256
鶴髮 白氏 續256
鶴氅 白氏 續256
鶴翎 白氏 續256
鰐魚 本朝 正501
鰐魚 白氏 續256
壑 文選 正147
學 論語 正56
學 文選 正147
學 法華 正419
學 本朝 正500
學 白氏 續255
學稼 本朝 正500
學海 本朝 正500
學官 文選 正147
學官 本朝 正500
學官 白氏 續255
學館 本朝 正500
學舘 本朝 正500
學業 本朝 正500
學業 白氏 續255
學校 文選 正147
學校 本朝 正500
學行 白氏 續255
學行禮法 白氏 續255
學山 本朝 正500
學士 文選 正147
學士 本朝 正500
學士 白氏 續255
學而第一 論語 正56
學鹿 本朝 正500
學識 白氏 續255
學舎 本朝 正500
學者 論語 正56
學者 文選 正147
學者 本朝 正500
學者 白氏 續255
學術 白氏 續255
學省 文選 正147
學生 本朝 正500
學生析 本朝 正500
學生等 本朝 正500
學仙 白氏 續255
學綜 文選 正147
學達す 本朝 正500
學亭 本朝 正500
學徒 本朝 正500
學道 本朝 正500
學府 本朝 正500
學文 白氏 續255
學問 本朝 正500
學問料 本朝 正500
學藝 白氏 續255
嶽 白氏 續255
嶽寺 白氏 續255
嶽鼻 本朝 正500
嶽嶽 本朝 正500
恪 白氏 續255
恪居 白氏 續255
恪居す 文選 正147
恪恭 白氏 續255
恪勤 白氏 續255
恪勤す 白氏 續255
愨素 文選 正147
桷 文選 正147
桷 白氏 續255
桷杙 白氏 續255
樂 遊仙 正89
樂 文選 正147
樂 法華 正419
樂 本朝 正500
樂 白氏 續255
樂 蜻蛉 正747
樂 枕冊 正777
樂 源氏 正842
樂とも 源氏 正842
樂安 文選 正147

樂引す　文選　正147
樂飮　文選　正147
樂飮　白氏　續255
樂飮す　文選　正147
樂韻　本朝　正500
樂屋　源氏　正842
樂器　文選　正147
樂器　本朝　正500
樂毅　文選　正147
樂曲　本朝　正500
樂懸　白氏　續255
樂娯す　白氏　續255
樂工　白氏　續256
樂師　本朝　正500
樂師　白氏　續256
樂詞　白氏　續256
樂事　文選　正147
樂事　白氏　續256
樂所　源氏　正842
樂章　本朝　正500
樂章　白氏　續256
樂人　源氏　正842
樂人とも　源氏　正842
樂正　文選　正147
樂徒　白氏　續256
樂童　白氏　續256
樂彦輔　本朝　正500
樂府　文選　正147
樂府(書名)　文選　正147
樂物　文選　正147
樂遊　本朝　正500
樂遊原　白氏　續255
樂容　白氏　續256
樂羊　白氏　續256
樂和　文選　正147
樂處　文選　正147
樂叟　白氏　續256
樂壽　白氏　續256
樂廣　本朝　正500
樂游　文選　正147
樂游苑　文選　正147
樂縣　本朝　正500
樂胥　文選　正147
樂辭　文選　正147
樂頌　文選　正147
樂璘　白氏　續256
殼　白氏　續256
沍寒　白氏　續256
滈瀑　文選　正147
瘧す　白氏　續256
蕚　白氏　續256
蕚葉　文選　正148
蕚緑　白氏　續256
覺　本朝　正500
覺　白氏　續256
覺す　文選　正148
覺位　本朝　正501
覺運僧都　本朝　正500
覺花　本朝　正500
覺華　本朝　正500
覺慶　本朝　正500
覺月　本朝　正500
覺悟　白氏　續256
覺悟す　文選　正148
覺樹　本朝　正500
覺知す　白氏　續256
覺夢　白氏　續256
覺路　本朝　正501
覺路　白氏　續256
覺偈　白氏　續256
覺寤す　文選　正148
覺蘂　本朝　正500
覺德　文選　正148
諤諤　文選　正148
諤諤　白氏　續256
貉隷*　本朝　正501
輅　文選　正148
鄂　白氏　續256
鄂岳　白氏　續256
鄂公　白氏　續256
鄂州　白氏　續256
鄂渚　文選　正148
鄂姫　白氏　續256
鶚　白氏　續256
傕　文選　正147
搉管　白氏　續255
搉量す　白氏　續255
搉酤　白氏　續255
榷務　白氏　續255
榷鹽使　白氏　續255
榷税　白氏　續255
榷筦　白氏　續255
榷酤　白氏　續255
礐*石　文選　正148
翯乎　文選　正148
雒　本朝　正501
犨悦　文選　正148
觳卵　文選　正147
鸑鷟　文選　正148
鶴琴　遊仙　正89
鶴頂　本朝　正501
懸盤　枕冊　正777
懸盤　源氏　正842
懸盤とも　枕冊　正777
飾り装束き　宇津　正710
畏り勘事　枕冊　正777
固紋　蜻蛉　正747
固紋　枕冊　正777
片文字　枕冊　正777
割捨　遊仙　正89
割損す　文選　正148
割剥す　文選　正148
割裂　文選　正148
割據す　文選　正148
喝　文選　正148
喝食　宇津　正710
喝す　白氏　續256
渇す　文選　正148
渇乏　本朝　正501
葛　論語　正56

葛　文選　正148
葛　白氏　續257
葛(人名)　白氏　續257
葛公　本朝　正501
葛仙　本朝　正501
葛仙公　本朝　正501
葛稚仙　本朝　正501
葛慮　本朝　正501
葛陂　本朝　正501
葛衣　白氏　續257
葛越　文選　正148
葛氏　白氏　續257
葛天　文選　正148
葛天　白氏　續257
葛天氏　文選　正148
葛伯　白氏　續257
葛盧　白氏　續257
葛藟　文選　正148
葛藟　白氏　續257
褐　文選　正148
褐衣　文選　正148
褐冠　文選　正148
褐　白氏　續257
褐綾　白氏　續257
褐衣　白氏　續257
褐錦　白氏　續257
褐被　白氏　續257
褐綺　白氏　續257
褐裘　白氏　續257
轄　本朝　正501
轄　白氏　續257
鶪鶡　文選　正148
戛す　白氏　續256
戛然　白氏　續256
楔樅　文選　正148
歇欻幽藹す　文選　正148
碣　白氏　續256
碣す　文選　正148
碣石　文選　正148
竭す　白氏　續256
羯鼓　白氏　續256
羯磨會　白氏　續257
遏す　白氏　續257
黠す　白氏　續257
黠吏　白氏　續257
黠虜　白氏　續257
渇　白氏　續256
渇す　法華　正419
渇す　白氏　續256
渇仰　法華　正419
渇仰す　法華　正419
渇人　白氏　續256
渇馬　白氏　續256
猰貐　文選　正148
鶡　文選　正148
鶡蘇　文選　正148
袷衣　文選　正148
恰恰　白氏　續257
甲　文選　正148
甲　本朝　正501
甲　白氏　續257
甲乙　文選　正148
甲乙　本朝　正501
甲乙　白氏　續257
甲乙丙丁　本朝　正501
甲科　遊仙　正89
甲科　文選　正148
甲科　本朝　正501
甲科　白氏　續257
甲吉　文選　正148
甲郡　白氏　續257
甲士　文選　正148
甲子　本朝　正501
甲子　白氏　續257
甲車　文選　正148
甲酌　白氏　續257
甲州　本朝　正501
甲州司馬　本朝　正501
甲申　本朝　正501
甲申　白氏　續257
甲姓　白氏　續257
甲族　白氏　續257
甲卒　文選　正148
甲第　文選　正148
甲第　白氏　續257
甲宅　文選　正148
甲辰　白氏　續257
甲弟　本朝　正501
甲等　文選　正148
甲寅　本朝　正501
甲寅　白氏　續257
甲寅朔　白氏　續257
甲兵　文選　正148
甲兵　白氏　續257
甲令　文選　正148
甲令　本朝　正501
甲令　白氏　續257
甲冑　文選　正148
甲冑　白氏　續257
閤　白氏　續257
閤下　白氏　續257
閤前　白氏　續257
閤門　白氏　續257
閤勸　白氏　續257
劫劫生生　白氏　續257
合　白氏　續257
合肥　文選　正148
合噆　遊仙　正89
合祔　白氏　續257
合祔す　白氏　續257
合す　文選　正148
合す　白氏　續257
合異　文選　正148
合飲す　白氏　續257
合浦　本朝　正501
合浦　白氏　續257
合宴　本朝　正501
合宴す　本朝　正501
合宴す　白氏　續257
合家　白氏　續257

合歡	遊仙	正89
合期	本朝	正501
合宮	文選	正148
合沓	文選	正148
合昏	文選	正148
合散	白氏	續257
合散消息す	文選	正148
合散增減す	白氏	續257
合子	枕冊	正777
合射	本朝	正501
合射す	文選	正148
合従す	文選	正148
合叙	白氏	續257
合掌	本朝	正501
合掌す	法華	正419
合掌す	本朝	正501
合掌す	白氏	續257
合陣す	白氏	續257
合制	白氏	續257
合成	本朝	正501
合奏す	白氏	續257
合知す	白氏	續257
合注	本朝	正501
合朝	白氏	續257
合同	白氏	續257
合同す	白氏	續257
合否	白氏	續257
合比	白氏	續257
合羅	白氏	續257
合離	文選	正148
合離す	文選	正148
合力	本朝	正501
合力す	本朝	正501
合和す	白氏	續257
合會	文選	正148
合會す	白氏	續257
合圍	白氏	續257
合應	白氏	續257
合應す	文選	正148
合應す	本朝	正501
合應す	白氏	續257
合戰す	白氏	續257
合歡	文選	正148
合歡	白氏	續257
合諧す	文選	正148
合躰	本朝	正501
合驩	文選	正148
合體	本朝	正501
合遝	文選	正148
相合す	白氏	續257
匣	白氏	續257
匣鏡	白氏	續257
匣中	文選	正148
峽	本朝	正501
峽猿	本朝	正501
峽中	本朝	正501
洽恰	白氏	續257
洽聞	文選	正148
洽藥	白氏	續257
溘然	白氏	續257
狎客	本朝	正501
盒中	白氏	續257
闔境	文選	正148
闔閭	文選	正148
闔閭	白氏	續258
闔閭城	白氏	續258
鰛鰈*	文選	正148
匼匝	白氏	續257
硆窟	文選	正148
柙	論語	正56
榼	文選	正148
榼	白氏	續257
瞌然	白氏	續257
裌衣	白氏	續257
返さひ奏し	源氏	正842
顔様	源氏	正842
顔様	宇津	正710
紙絵	源氏	正842
神なりの陣	枕冊	正777
勘当	竹取	正635
唐絵	枕冊	正777
唐楽	宇津	正710
唐小紋	源氏	正842
唐色紙	源氏	正842
唐浮線陵	源氏	正842
唐本なと	源氏	正842
唐綺	源氏	正842
狩衣装束	宇津	正710
狩装束	宇津	正710
狩装束	枕冊	正777
涯岸	遊仙	正89
乾	本朝	正501
乾位	本朝	正502
乾興淵	白氏	續258
乾元	本朝	正501
乾枯	白氏	續258
乾坑	白氏	續258
乾坑會	白氏	續258
乾槌	本朝	正501
乾豆	文選	正150
乾煩	遊仙	正89
乾葉	白氏	續258
乾臨	本朝	正501
乾圖	本朝	正501
乾蘆	白氏	續258
乾釀	白氏	續258
侃侃	論語	正56
侃侃如	論語	正56
侃々如	本朝	正502
寒	文選	正150
寒	本朝	正502
寒	白氏	續258
寒衣	白氏	續258
寒井	白氏	續259
寒陰	文選	正150
寒雲	文選	正150
寒煙	文選	正150
寒燕	白氏	續258
寒猿	白氏	續259
寒温	本朝	正502

寒温　白氏　續259
寒音　文選　正150
寒花　文選　正150
寒花　本朝　正502
寒灰　白氏　續258
寒垣　文選　正150
寒澗　白氏　續258
寒飢　白氏　續258
寒菊　本朝　正502
寒郷　文選　正150
寒鏡　白氏　續258
寒玉　本朝　正502
寒玉　白氏　續258
寒禽　白氏　續258
寒吟　本朝　正502
寒苦　本朝　正502
寒熊　文選　正150
寒景　白氏　續258
寒月　本朝　正502
寒月　白氏　續258
寒光　本朝　正502
寒光　白氏　續258
寒郊　文選　正150
寒郊　本朝　正502
寒鴻　白氏　續258
寒獄　白氏　續258
寒沙　文選　正150
寒歳　白氏　續259
寒山　文選　正150
寒山　白氏　續259
寒士　文選　正150
寒士　白氏　續259
寒酒　白氏　續259
寒樹　文選　正150
寒暑　文選　正150
寒暑　本朝　正502
寒暑　白氏　續259
寒渚　文選　正150
寒渚　白氏　續259
寒女　文選　正150
寒女　白氏　續259
寒商　文選　正150
寒宵　白氏　續259
寒松　本朝　正502
寒松　白氏　續259
寒城　文選　正150
寒食　白氏　續259
寒心　文選　正150
寒心す　文選　正150
寒水　文選　正150
寒水　白氏　續259
寒雀　白氏　續259
寒節　文選　正150
寒雪　本朝　正502
寒泉　文選　正150
寒泉　白氏　續259
寒素　本朝　正502
寒窓　本朝　正502
寒窓　白氏　續259
寒草　本朝　正502
寒草　白氏　續259
寒谷　文選　正150
寒谷　白氏　續259
寒暖　本朝　正502
寒地　白氏　續259
寒池　白氏　續259
寒竹　白氏　續259
寒蝶　白氏　續259
寒鳥　文選　正150
寒亭　白氏　續259
寒庭　白氏　續259
寒天　白氏　續259
寒兎　白氏　續259
寒冬　文選　正150
寒燈　白氏　續259
寒日　白氏　續259
寒熱　文選　正150
寒波　白氏　續259
寒盃　白氏　續259
寒梅　白氏　續259
寒氷　本朝　正502
寒蕪　白氏　續259
寒風　文選　正150
寒風　白氏　續259
寒服　文選　正150
寒芳　白氏　續259
寒鳴　文選　正150
寒木　文選　正150
寒木　本朝　正502
寒門　文選　正150
寒夜　本朝　正502
寒夜　白氏　續259
寒葉　白氏　續258
寒嵐　本朝　正502
寒流　文選　正150
寒涼　文選　正150
寒林　文選　正150
寒林　本朝　正502
寒冷　本朝　正502
寒露　文選　正150
寒露　白氏　續259
寒浪　白氏　續259
寒儁　白氏　續259
寒冰　文選　正150
寒卉　文選　正150
寒暄　白氏　續258
寒櫻　白氏　續258
寒氣　文選　正150
寒氣　白氏　續258
寒潭　文選　正150
寒潭　本朝　正502
寒煖饑飽　白氏　續259
寒燠　文選　正150
寒燠　白氏　續258
寒簷　白氏　續258
寒缸　白氏　續258
寒羞　文選　正150
寒聲　本朝　正502
寒螢　白氏　續258
寒衾　白氏　續258

寒賤　文選　正150
寒賤　白氏　續259
寒閨　白氏　續258
寒閨夜　白氏　續258
寒餒　白氏　續259
寒餘　本朝　正502
寒鴈　本朝　正502
寒鴈　白氏　續258
寒猨　文選　正150
寒螿　文選　正150
寒蟬　文選　正150
寒蟬　白氏　續259
寒雞　文選　正150
寒飈　文選　正150
寒飈　本朝　正502
寒鷺　本朝　正502
刊刻　文選　正150
刊書　文選　正150
刊定　本朝　正502
刊立す　文選　正150
刊脩　本朝　正502
勘し　源氏　正842
勘ぜ　宇津　正710
勘解相公　本朝　正501
勘解由　本朝　正501
勘解由使　本朝　正501
勘解由次官　本朝　正501
勘解由長官　本朝　正501
勘解由判官　本朝　正501
勘合す　本朝　正501
勘合符　白氏　續258
勘事　宇津　正710
勘事　源氏　正842
勘事し　源氏　正842
勘籍　本朝　正501
勘籍人　本朝　正501
勘籍人等　本朝　正501
勘責　本朝　正501
勘帳　本朝　正501
勘当　源氏　正842
勘当せ　源氏　正842
勘判　本朝　正501
勘覆す　白氏　續258
勘文等　本朝　正501
勘返す　本朝　正501
勘問す　白氏　續258
勘濟　本朝　正501
勘當　宇津　正710
勘當　蜻蛉　正747
勘當し　宇津　正710
勘當す　蜻蛉　正747
勘糺す　本朝　正501
御勘事　源氏　正842
堪忍す　法華　正419
堪輿　文選　正149
姦　論語　正56
姦　文選　正150
姦　白氏　續258
姦す　白氏　續258
姦回　文選　正150
姦凶　文選　正150
姦詐　白氏　續258
姦邪　白氏　續258
姦情　文選　正150
姦情　白氏　續258
姦臣　文選　正150
姦臣　白氏　續258
姦智　文選　正150
姦濫　白氏　續258
姦吏　白氏　續258
姦慝　文選　正150
姦贓　白氏　續258
姦迹　白氏　續258
姦黨　白氏　續258
姦姧　本朝　正502
姦宄　文選　正150
姦宄　白氏　續258
干　論語　正56
干謁　白氏　續259
干紀　文選　正150
干遮　文選　正150
干戚　文選　正150
干戚　白氏　續259
干木　文選　正150
干令升　文選　正150
干櫓　白氏　續259
干將　文選　正150
干將　白氏　續259
干戈　論語　正56
干戈　文選　正150
干戈　本朝　正502
干戈　白氏　續259
干鹵　文選　正150
幹　文選　正150
幹(人名)　文選　正150
幹蠱　白氏　續259
幹時　文選　正150
幹能　白氏　續259
幹敏　白氏　續259
幹良　白氏　續259
幹濟　白氏　續259
感　文選　正149
感　本朝　正501
感　白氏　續260
感　宇津　正710
感し　枕冊　正777
感し　源氏　正842
感じ　宇津　正710
感す　文選　正149
感す　本朝　正501
感す　白氏　續260
感咽　白氏　續260
感咽す　文選　正149
感悦　白氏　續260
感恩　白氏　續260
感化　文選　正149
感化寺　白氏　續260
感賀忻戴す　白氏　續260
感慨　文選　正149
感慨す　文選　正149

感泣す	白氏	續260
感興	白氏	續260
感遇	文選	正149
感遇	白氏	續260
感遇す	白氏	續260
感慶	白氏	續260
感激	白氏	續260
感激す	文選	正149
感激す	白氏	續260
感激奮發す	白氏	續260
感悟す	文選	正149
感悟す	白氏	續260
感事	白氏	續260
感謝	白氏	續260
感秋	白氏	續260
感傷	文選	正149
感傷	白氏	續260
感傷す	文選	正149
感傷す	法華	正419
感傷す	白氏	續260
感情	文選	正149
感情	白氏	續260
感誠	白氏	續260
感惜す	白氏	續260
感戚	白氏	續260
感絶す	文選	正149
感羨す	白氏	續260
感戴	白氏	續260
感戴す	白氏	續260
感戴驚惶す	白氏	續260
感戴慙惶す	白氏	續260
感歎	本朝	正501
感歎す	本朝	正501
感歎す	白氏	續260
感知	白氏	續260
感致	文選	正149
感通	本朝	正501
感通	白氏	續260
感通す	文選	正149
感通す	白氏	續260

感動す	文選	正149
感動す	白氏	續260
感念す	文選	正149
感慕す	白氏	續260
感躍	白氏	續260
感陽	文選	正149
感涙	本朝	正501
感佩	本朝	正501
感會す	文選	正149
感應	本朝	正501
感應す	本朝	正501
感懷す	白氏	續260
感懣す	文選	正149
感焉	文選	正149
感發す	文選	正149
感盪す	文選	正149
憾す	白氏	續260
相感す	文選	正149
相感す	白氏	續260
憾	白氏	續260
敢言	白氏	續260
敢諫	文選	正149
敢諫	本朝	正501
敢諫	白氏	續260
敢諫鼓	白氏	續260
柑子	白氏	續260
汗簡	本朝	正502
汗巾	白氏	續260
汗溝	文選	正150
汗馬	白氏	續260
汗漫	文選	正150
汗霑	白氏	續260
漢	論語	正57
漢	遊仙	正89
漢	文選	正150
漢	本朝	正502
漢	本朝	正502
漢	白氏	續260
漢(国名)	論語	正57
漢𨉷	本朝	正502

漢位	文選	正151
漢陰	文選	正150
漢陰	白氏	續260
漢宇	文選	正150
漢浦	白氏	續261
漢雲	本朝	正502
漢王	文選	正151
漢王	白氏	續261
漢恩	文選	正150
漢家	文選	正150
漢家	本朝	正502
漢家	白氏	續260
漢界	白氏	續260
漢儀	白氏	續260
漢宮	本朝	正502
漢宮	白氏	續260
漢京	文選	正150
漢興	本朝	正502
漢月	本朝	正502
漢月	白氏	續261
漢元	白氏	續261
漢語	白氏	續261
漢光	文選	正150
漢公	白氏	續261
漢口	本朝	正502
漢江	白氏	續260
漢皇	本朝	正502
漢行	文選	正150
漢高	文選	正150
漢高	白氏	續260
漢皐	文選	正150
漢史	白氏	續261
漢氏	白氏	續261
漢氏氏	文選	正150
漢時	白氏	續261
漢室	文選	正150
漢室	本朝	正502
漢主	文選	正150
漢主	本朝	正502
漢宗	文選	正150

漢州　白氏　續261
漢初　文選　正150
漢緒　文選　正150
漢書　文選　正150
漢書　本朝　正502
漢書　白氏　續261
漢女　文選　正151
漢女　本朝　正502
漢上　白氏　續261
漢臣　白氏　續261
漢水　白氏　續261
漢制　白氏　續261
漢聖　本朝　正502
漢祖　文選　正150
漢代　本朝　正502
漢代　白氏　續261
漢池　文選　正151
漢竹　本朝　正502
漢中　文選　正151
漢朝　文選　正151
漢朝　本朝　正502
漢朝　白氏　續261
漢帝　文選　正151
漢帝　本朝　正502
漢庭　文選　正151
漢庭　本朝　正502
漢庭　白氏　續261
漢抵　文選　正151
漢典　本朝　正502
漢土　白氏　續261
漢東　白氏　續261
漢道　文選　正150
漢南　文選　正151
漢南　白氏　續261
漢日　白氏　續261
漢表　文選　正151
漢武　文選　正151
漢武　本朝　正502
漢武　白氏　續261
漢風　文選　正151
漢文　本朝　正502
漢文　白氏　續261
漢兵　白氏　續261
漢邦　文選　正151
漢陽　文選　正151
漢劉　文選　正151
漢旅　白氏　續261
漢虜　文選　正151
漢陵　白氏　續261
漢國　本朝　正502
漢將　白氏　續261
漢廣　文選　正150
漢廣　本朝　正502
漢惠　本朝　正502
漢泗　文選　正150
漢濱　文選　正151
漢牘　文選　正151
漢皋　白氏　續260
漢祚　文選　正150
漢貂　文選　正151
漢貂　本朝　正502
漢魏　文選　正150
漢魏　白氏　續261
漢德　文選　正151
澗　文選　正151
澗　白氏　續261
澗花　白氏　續261
澗戸　文選　正151
澗戸　本朝　正502
澗戸　白氏　續261
澗口　本朝　正502
澗松　白氏　續261
澗水　文選　正151
澗水　白氏　續261
澗西　白氏　續261
澗谷　白氏　續261
澗中　文選　正151
澗中　白氏　續261
澗底　文選　正151
澗底　本朝　正502
澗底　白氏　續261
澗底松　白氏　續261
澗氷　本朝　正502
澗流　文選　正151
澗路　白氏　續261
澗瀍　白氏　續261
甘　文選　正149
甘　本朝　正501
甘　白氏　續261
甘臇　文選　正149
甘雨　文選　正149
甘菓　本朝　正501
甘馨　白氏　續261
甘苦　本朝　正501
甘言　文選　正149
甘言　白氏　續261
甘酸　白氏　續261
甘餐す　文選　正149
甘旨　文選　正149
甘旨　白氏　續261
甘食す　文選　正149
甘心　白氏　續261
甘心す　文選　正149
甘心す　本朝　正501
甘心す　白氏　續261
甘辛　白氏　續261
甘脆　文選　正149
甘泉　文選　正149
甘泉　本朝　正501
甘泉　白氏　續261
甘泉(書名)　文選　正149
甘泉宮　文選　正149
甘泉殿　白氏　續261
甘泉賦　文選　正149
甘鮮　白氏　續261
甘茶　文選　正149
甘陳　文選　正149
甘寧　文選　正149
甘濃　白氏　續261
甘肥　白氏　續261

甘分	白氏	續261
甘眠す	白氏	續261
甘羅	本朝	正501
甘陵	文選	正149
甘露	文選	正149
甘露	法華	正419
甘露	本朝	正501
甘露	白氏	續261
甘露壇	白氏	續261
甘實	文選	正149
甘實	白氏	續261
甘棠	文選	正149
甘棠	文選	正149
甘棠	白氏	續261
甘蔗	遊仙	正89
甘蔗	文選	正149
甘醴	文選	正149
甘靁	文選	正149
甘澍	本朝	正501
監	本朝	正501
監軍	白氏	續261
監軍使	白氏	續261
監護す	文選	正149
監行	本朝	正501
監察	白氏	續261
監察御史	白氏	續261
監察御史裏行	白氏	續261
監察使	白氏	續261
監察殿中侍御史	白氏	續261
監使	白氏	續261
監試	本朝	正501
監修國史	白氏	續261
監送す	白氏	續261
監督	文選	正149
監撫	文選	正149
監牧使判官	白氏	續261
監門	文選	正149
監領	白氏	續261
監臨す	白氏	續261
監寤	白氏	續261
監穢	本朝	正501
看	白氏	續261
看花	白氏	續261
看々	遊仙	正89
看取	白氏	續261
看取す	白氏	續261
看養す	白氏	續261
看經す	白氏	續261
竿	白氏	續262
竿翠	文選	正151
竿頭	白氏	續262
簡	論語	正57
簡	文選	正151
簡	本朝	正502
簡	白氏	續262
簡(注)	白氏	續262
簡す	白氏	續262
簡威	白氏	續262
簡易	文選	正151
簡易	文選	正151
簡易	白氏	續262
簡易(人名)	白氏	續262
簡音	文選	正151
簡隔	文選	正151
簡簡	白氏	續262
簡簡吟	白氏	續262
簡久	文選	正151
簡稽	白氏	續262
簡稽調補す	白氏	續262
簡劇	白氏	續262
簡公	論語	正57
簡裁す	文選	正151
簡寂	白氏	續262
簡寂觀	白氏	續262
簡書	文選	正151
簡書	白氏	續262
簡少	白氏	續262
簡惰	文選	正151
簡牒	白氏	續262
簡直	白氏	續262
簡墨	文選	正151
簡穆公	文選	正151
簡約	文選	正151
簡要	文選	正151
簡要	白氏	續262
簡練	文選	正151
簡儉	白氏	續262
簡惠	文選	正151
簡惠	白氏	續262
簡牘	文選	正151
簡牘	白氏	續262
簡絜	文選	正151
翰	白氏	續262
翰(人名)	白氏	續262
翰苑	白氏	續262
翰音	白氏	續262
翰藻	文選	正151
翰藻	本朝	正502
翰鳥	文選	正151
翰墨	文選	正151
翰墨	本朝	正502
翰墨	白氏	續262
翰毛	文選	正151
翰林	文選	正151
翰林	本朝	正503
翰林	白氏	續262
翰林院	白氏	續262
翰林主人	本朝	正503
翰林制誥	白氏	續262
翰林待詔	白氏	續262
翰林學士	本朝	正503
翰林學士	白氏	續262
翰牘	文選	正151
翰菀	本朝	正503
肝	本朝	正503
肝	白氏	續262
肝家	本朝	正503
肝家	白氏	續262
肝血	文選	正151

肝心　白氏　續262
肝腸　遊仙　正89
肝肺　白氏　續262
肝葉　本朝　正503
肝脾　文選　正151
肝腦　文選　正151
肝膽　文選　正151
肝膽　本朝　正503
肝膽　白氏　續262
莞爾す　文選　正151
間　論語　正56
間　文選　正151
間　本朝　正502
間　白氏　續263
間意　白氏　續263
間飲す　白氏　續263
間宴　白氏　續263
間暇　白氏　續263
間介　文選　正151
間間　文選　正151
間館　文選　正151
間居す　文選　正151
間境　白氏　續263
間隙　白氏　續263
間行　白氏　續263
間行す　白氏　續263
間坐　白氏　續263
間坐す　白氏　續263
間思　白氏　續263
間止　文選　正151
間詩　白氏　續263
間事　白氏　續263
間出　白氏　續263
間宵　白氏　續263
間上人　白氏　續263
間人　白氏　續263
間然　本朝　正502
間然す　論語　正57
間談　白氏　續263
間地　白氏　續263
間池　白氏　續263
間適　白氏　續263
間適詩　白氏　續263
間田　白氏　續263
間敏　白氏　續263
間歩　白氏　續263
間放　白氏　續263
間忙　白氏　續263
間望　白氏　續263
間望す　白氏　續263
間味　白氏　續263
間眠　白氏　續263
間悶す　白氏　續263
間夜　白氏　續263
間論　白氏　續263
間來　白氏　續263
間叟　白氏　續263
間樂　白氏　續263
間禪師　白氏　續263
間穩　白氏　續263
間聲　文選　正151
間讌す　白氏　續263
間靜　白氏　續263
間臥　白氏　續263
間唫　白氏　續263
間開　本朝　正502
閑　文選　正151
閑　本朝　正502
閑　白氏　續264
閑安　文選　正151
閑意　白氏　續264
閑院　本朝　正502
閑院の大政大臣の女御　枕冊　正777
閑詠　白氏　續264
閑詠す　白氏　續264
閑宴　文選　正151
閑奥　文選　正151
閑暇　文選　正151
閑暇　白氏　續264
閑暇す　文選　正151
閑雅　文選　正151
閑官　本朝　正502
閑官　白氏　續264
閑客　白氏　續264
閑宮　文選　正151
閑居　文選　正151
閑居　本朝　正502
閑居　白氏　續264
閑居す　文選　正151
閑居す　本朝　正502
閑吟　白氏　續264
閑吟す　白氏　續264
閑行　白氏　續264
閑坐　白氏　續264
閑坐す　文選　正151
閑冗　文選　正151
閑心　白氏　續264
閑人　白氏　續264
閑素　本朝　正502
閑宅　本朝　正502
閑談　本朝　正502
閑談　白氏　續264
閑地　本朝　正502
閑地　白氏　續264
閑中　本朝　正502
閑中　白氏　續264
閑亭　遊仙　正90
閑庭　本朝　正502
閑天　本朝　正502
閑日　白氏　續264
閑物　白氏　續264
閑歩　白氏　續264
閑歩す　文選　正151
閑放　本朝　正502
閑放す　白氏　續264
閑忙　本朝　正502
閑忙　白氏　續264
閑房　文選　正151
閑望　白氏　續264

閑眠す　白氏　續264
閑夢　本朝　正502
閑冶　白氏　續264
閑夜　文選　正151
閑遊　本朝　正502
閑遊　白氏　續264
閑麗　文選　正151
閑舒　文選　正151
閑傲す　白氏　續264
閑敞　文選　正151
閑敞　本朝　正502
閑醉す　白氏　續264
閑靜　白氏　續264
閑靡　文選　正151
韓　遊仙　正90
韓(人名)　文選　正151
韓(地名)　文選　正151
韓哀　文選　正151
韓安國　文選　正151
韓延壽　文選　正151
韓王　文選　正151
韓閣老　白氏　續264
韓幹　白氏　續264
韓季重　白氏　續264
韓元長　文選　正151
韓午　文選　正151
韓公　文選　正151
韓公　白氏　續264
韓公堆　白氏　續264
韓公武　白氏　續264
韓康　本朝　正502
韓康　白氏　續264
韓弘　白氏　續264
韓弘等　白氏　續264
韓皐　白氏　續264
韓子　文選　正151
韓氏　白氏　續264
韓侍郎　白氏　續264
韓舍人　白氏　續264
韓秀才　白氏　續264
韓城　白氏　續264
韓城縣　白氏　續264
韓信　文選　正151
韓信　本朝　正502
韓信　白氏　續264
韓崇　本朝　正502
韓宣　文選　正151
韓全義　白氏　續264
韓道士　白氏　續264
韓馬　文選　正151
韓非　文選　正151
韓僕射皐　白氏　續264
韓約　文選　正151
韓愈　白氏　續264
韓愈等　白氏　續264
韓用政　白氏　續264
韓郎　白氏　續264
韓國　文選　正151
韓壽　遊仙　正90
韓娥　遊仙　正90
韓彭　文選　正151
韓暹　文選　正151
韓當　文選　正151
韓臯　白氏　續264
韓萇　白氏　續264
韓佽　白氏　續264
含嘲　文選　正148
含一　文選　正148
含弘　文選　正148
含弘　白氏　續258
含弘す　文選　正148
含弘す　白氏　續258
含沙　白氏　續258
含淳　文選　正148
含生　文選　正148
含吐す　白氏　續258
含桃　白氏　續258
含容す　白氏　續258
含咀す　本朝　正501
含嚼　白氏　續258
含嬌　遊仙　正89
含羞　遊仙　正89
含聽　文選　正148
含靈　本朝　正501
含鷄　本朝　正501
含德　文選　正148
岸脚　本朝　正502
岸口　本朝　正502
岸頭　本朝　正502
岸風　本朝　正502
岸柳　本朝　正502
岸柳　白氏　續259
岸葉　本朝　正502
岸莎　白氏　續259
岸邊　白氏　續259
岸幘す　白氏　續259
眼闇　白氏　續261
眼下　白氏　續261
眼花　白氏　續262
眼界　本朝　正502
眼界　白氏　續262
眼子　遊仙　正89
眼耳　白氏　續262
眼疾　白氏　續262
眼塵　白氏　續262
眼泉　本朝　正502
眼前　白氏　續262
眼中　文選　正151
眼中　白氏　續262
眼底　白氏　續262
眼尾　遊仙　正89
眼病　白氏　續262
眼路　本朝　正502
眼睛　白氏　續262
眼脉　遊仙　正89
眼藏　白氏　續262
岩下　白氏　續259
岩穴　白氏　續259
雁行　白氏　續264
雁足　白氏　續264

雁齒　遊仙　正89
顔　文選　正151
顔　白氏　續265
顔延年　文選　正151
顔回　論語　正57
顔回　文選　正151
顔回　本朝　正503
顔回　白氏　續265
顔君　文選　正151
顔原　白氏　續265
顔光祿　文選　正151
顔巷　本朝　正503
顔巷　白氏　續265
顔子　本朝　正503
顔子　白氏　續265
顔子淵　本朝　正503
顔師古　白氏　續265
顔氏　白氏　續265
顔氏子　白氏　續265
顔証　白氏　續265
顔色　論語　正57
顔色　遊仙　正90
顔色　文選　正151
顔色　本朝　正503
顔色　白氏　續265
顔丁　文選　正151
顔陳　白氏　續265
顔特進　文選　正151
顔之推　本朝　正503
顔淵　論語　正57
顔淵　白氏　續265
顔淵第十二　論語　正57
顔面　本朝　正503
顔魯公　白氏　續265
顔路　論語　正57
顔冉　文選　正151
顔處士　白氏　續265
顔渕　本朝　正503
顔眞卿　白氏　續265
顔范　文選　正151
顔閔　文選　正151
顔閔　本朝　正503
顔閔游夏　白氏　續265
顔駟　本朝　正503
顔狀　白氏　續265
䗣䗲　文選　正149
欠す　本朝　正501
限　白氏　續264
限役す　文選　正151
限約　白氏　續264
限劑　白氏　續264
限數　本朝　正503
限數　白氏　續264
埳壈　文選　正149
紺　白氏　續262
紺髪　白氏　續262
紺目　白氏　續262
紺葉　白氏　續262
紺發　文選　正149
紺緅す　論語　正56
銜策　本朝　正501
銜勒　本朝　正501
炊甑　本朝　正501
鶬鶊　文選　正151
函　白氏　續258
函夏　文選　正148
函夏す　文選　正148
函関　本朝　正501
函京　文選　正148
函弘　文選　正148
函大　本朝　正501
函谷　文選　正148
函谷　白氏　續258
函洛　文選　正148
函列　文選　正148
函關　白氏　續258
函陝　文選　正148
函崤　文選　正148
函轘　文選　正148
軨墨　本朝　正502
軨了　本朝　正502
軨舟　本朝　正502
儼　文選　正148
咸　文選　正149
咸　白氏　續258
咸護　白氏　續258
咸安公主　白氏　續258
咸安大長公主都濬毗伽可敦　白氏　續258
咸秦　白氏　續258
咸池　文選　正149
咸池　本朝　正501
咸寧　文選　正149
咸寧元年　文選　正149
咸陽　文選　正149
咸陽　白氏　續258
咸陽道　白氏　續258
咸陽縣　本朝　正501
咸陽縣　白氏　續258
咸和　文選　正149
啗齰　文選　正148
㖤喖　文選　正148
嚴　文選　正148
嚴　文選　正148
嚴威　文選　正149
嚴延年　文選　正148
嚴科　文選　正149
嚴寒　文選　正148
嚴顔　文選　正148
嚴恭す　文選　正149
嚴苦　文選　正149
嚴刑　文選　正149
嚴玄　文選　正149
嚴鼓　文選　正149
嚴光　文選　正149
嚴更　文選　正148
嚴子　文選　正149
嚴秋　文選　正149
嚴助　文選　正149
嚴助壽王　文選　正149

嚴徐 文選 正149
嚴象 文選 正149
嚴城 文選 正149
嚴遂 文選 正149
嚴切 文選 正149
嚴節 文選 正149
嚴霜 文選 正149
嚴冬 文選 正149
嚴配 文選 正149
嚴風 文選 正149
嚴淵 文選 正149
嚴母 文選 正149
嚴嚴 文選 正148
嚴彭祖 文選 正149
嚴樂 文選 正148
嚴氣 文選 正148
嚴鏄 文選 正149
坎 白氏 續258
坎日 源氏 正842
坎坎 白氏 續258
坎軻 文選 正149
坎德 文選 正149
坎德 本朝 正501
坎傺 文選 正149
坎壈 文選 正149
坎壈 本朝 正501
坎壈す 白氏 續258
奸 白氏 續258
奸計 白氏 續258
奸豪 白氏 續258
奸邪 白氏 續258
奸商 白氏 續258
奸臣 白氏 續258
奸濫 白氏 續258
奸僞 白氏 續258
奸聲 白氏 續258
奸宄 白氏 續258
嵌空 白氏 續259
嵌巉 白氏 續259
嵒崿 文選 正149
巖 白氏 續259
巖穹 白氏 續259
巖(人名) 白氏 續259
巖宎 文選 正149
巖嶅 文選 正149
巖阿 文選 正149
巖岡 文選 正149
巖下 白氏 續259
巖居 文選 正149
巖曲 文選 正149
巖窟 白氏 續259
巖穴 文選 正149
巖穴 白氏 續259
巖耕 文選 正149
巖樹 白氏 續259
巖上 白氏 續259
巖石 文選 正149
巖石 白氏 續259
巖泉 白氏 續259
巖側 文選 正149
巖谷 白氏 續259
巖竹 白氏 續259
巖中 文選 正149
巖鳥 白氏 續259
巖底 文選 正149
巖扉 白氏 續259
巖廟 白氏 續259
巖覆 文選 正149
巖壁 白氏 續259
巖廊 白氏 續259
巖壑 文選 正149
巖壑 白氏 續259
巖岫 文選 正149
巖嶇 文選 正149
巖巓 白氏 續259
巖巒 文選 正149
巖巖 文選 正149
巖巖 白氏 續259
巖藪 文選 正149
巖險 文選 正149
巖坰 白氏 續259
巖坻 文選 正149
巖扃 白氏 續259
巖窔 文選 正149
巖陁 文選 正149
巖隥 文選 正149
巫様 源氏 正842
悍 白氏 續260
悍害す 文選 正150
悍妻 白氏 續260
悍婦 白氏 續260
悍獸 文選 正150
戡 白氏 續260
扞 文選 正150
扞城 本朝 正502
扞城 白氏 續260
捍 文選 正150
捍格す 本朝 正502
揀金 白氏 續260
揀賢 白氏 續260
旱 白氏 續260
旱す 白氏 續260
旱飢 白氏 續260
旱歳 白氏 續260
旱塵 白氏 續260
旱損 白氏 續260
旱損す 白氏 續260
旱地 白氏 續260
旱天 白氏 續260
旱田 白氏 續260
旱日 白氏 續260
旱年 白氏 續260
旱苗 文選 正150
旱苗 本朝 正502
旱苗 白氏 續260
旱風 白氏 續260
旱魃 白氏 續260
橄欖 文選 正149
橄欖 白氏 續260
檻 白氏 續260

檻猿　白氏　續260
檻車　文選　正149
檻中　文選　正149
檻穽　文選　正149
涵泳す　文選　正149
澣海　文選　正151
澣濯　文選　正151
緘　白氏　續262
緘寄す　白氏　續262
緘情　白氏　續262
緘題　白氏　續262
緘默　白氏　續262
罕　文選　正150
罕言　白氏　續262
罕車　文選　正150
罕生　文選　正150
罕漫　文選　正150
艱　白氏　續262
艱遠　白氏　續262
艱危　白氏　續262
艱虞　白氏　續262
艱阻　白氏　續262
艱難　法華　正419
艱難　本朝　正503
艱難　白氏　續262
艱難す　白氏　續262
艱　文選　正151
艱患　文選　正151
艱虞　文選　正151
艱阻　文選　正151
艱難　文選　正151
諫　白氏　續262
諫す　白氏　續262
諫員　白氏　續263
諫垣　白氏　續263
諫垣郎署　白氏　續263
諫官　白氏　續262
諫官御史　白氏　續262
諫議　白氏　續262
諫議大夫　白氏　續262
諫鼓　文選　正151
諫鼓　本朝　正501
諫鼓　白氏　續262
諫司　白氏　續263
諫紙　白氏　續263
諫臣　白氏　續263
諫列　白氏　續263
諫獵　白氏　續263
諫誡　白氏　續262
諫諍　白氏　續262
諫諍す　文選　正151
諫諍す　白氏　續263
邯鄲　文選　正150
邯鄲　白氏　續263
酣詠　白氏　續263
酣歌　白氏　續263
酣歌す　白氏　續263
酣暢　本朝　正501
酣暢　白氏　續263
酣暢す　本朝　正501
酣樂　本朝　正501
酣樂　白氏　續263
酣酣　白氏　續263
酣醉　本朝　正501
酣醉す　白氏　續263
酣醉樂　源氏　正842
酣湑　文選　正150
酣湑す　文選　正150
鉗す　文選　正150
鉗奴　文選　正150
銜　白氏　續262
銜哀す　白氏　續262
銜策　白氏　續262
銜組　文選　正150
銜奉す　文選　正150
銜枚す　文選　正150
銜橛　文選　正150
銜檗　文選　正149
銜檗　白氏　續262
銜蹬　白氏　續262
鑒　文選　正150
鑒　本朝　正501
鑒　白氏　續263
鑒戒　文選　正150
鑒察　本朝　正501
鑒察す　白氏　續263
鑒悉す　白氏　續263
鑒昭す　文選　正150
鑒虚　白氏　續263
陷覆す　白氏　續264
陷没　本朝　正501
陷没す　白氏　續264
陷穽　白氏　續264
頷　白氏　續264
頷下　白氏　續265
頷花　白氏　續265
頷頤す　白氏　續265
鴈　白氏　續265
鴈行　文選　正150
鴈行　本朝　正502
鴈行　白氏　續265
鴈行す　文選　正150
鴈行す　本朝　正502
鴈山　文選　正150
鴈山　本朝　正502
鴈塔　本朝　正502
鴈頭　本朝　正502
鴈頭　白氏　續265
鴈堂　本朝　正502
鴈門　文選　正150
鴈門　本朝　正502
鴈門　白氏　續265
鴈門郡開國公　白氏　續265
鴈門散吏　本朝　正502
鴈鴈　白氏　續265
鴈鶩　文選　正150
鴈齒　白氏　續265
鴈齒橋　白氏　續265
龕間　白氏　續265
龕像　白氏　續265

㢝空　文選　正148
睞　文選　正150
閒　文選　正151
閒　白氏　續263
閒詠　白氏　續264
閒園　白氏　續264
閒官　白氏　續263
閒官職　白氏　續263
閒緩　白氏　續263
閒客　白氏　續263
閒居　白氏　續263
閒居す　白氏　續263
閒居泰適　白氏　續263
閒境　白氏　續263
閒興　白氏　續263
閒吟　白氏　續263
閒吟す　白氏　續263
閒元旻清　白氏　續263
閒言す　文選　正151
閒坐　白氏　續263
閒散　白氏　續264
閒寂　白氏　續264
閒情　白氏　續264
閒草　白氏　續264
閒淡　白氏　續264
閒秩　白氏　續264
閒中　白氏　續264
閒田　文選　正151
閒田地　白氏　續264
閒杯　白氏　續264
閒伴　白氏　續264
閒夢　白氏　續264
閒悶　白氏　續264
閒遊　白氏　續263
閒遊す　白氏　續263
閒夕　白氏　續264
閒慵　白氏　續264
閒獨　白氏　續264
閒錢　白氏　續264
閒關　白氏　續263
閒閒　白氏　續263
喭　論語　正56
姧　文選　正150
姧　本朝　正502
姧　白氏　續258
姧威　文選　正150
姧回　文選　正150
姧渠　文選　正150
姧構　本朝　正502
姧臣　文選　正150
姧人　本朝　正502
姧漸　文選　正150
姧謀　文選　正150
姧濫　本朝　正502
姧猾　文選　正150
峪窞　文選　正149
瑊玏　文選　正149
瞯然　文選　正151
礛䃴　本朝　正501
簳　白氏　續262
芉姓　白氏　續262
菡萏　文選　正149
菡萏　白氏　續262
衎凱　文選　正151
谽𡂕　文選　正150
轗軻　白氏　續263
閈庭　文選　正151
閈閎　文選　正151
顑頷す　文選　正150
鹹酸　文選　正150
岍草　白氏　續259

【き】

きたの院　源氏　正842
きたの廊　宇津　正710
きたの對　宇津　正710
きたの對　源氏　正842
きつねこたま様　源氏　正842
きつねなと様　源氏　正842
き困ず　蜻蛉　正747
葵　白氏　續269
葵菫　白氏　續269
窺　白氏　續268
窺臨　白氏　續268
窺臨す　白氏　續268
窺窬　本朝　正504
企佇　文選　正152
企佇す　文選　正152
企竦す　文選　正152
伎　文選　正152
伎　白氏　續265
伎歌　本朝　正503
伎巧　文選　正152
伎水　文選　正152
伎樂　法華　正419
伎樂　本朝　正503
伎藝　文選　正152
伎藝　本朝　正503
危樓　白氏　續265
喜雨　白氏　續265
喜賀　白氏　續265
喜慶李　白氏　續265
喜慶忭躍　白氏　續265
喜春樂　源氏　正842
喜撰　本朝　正503
喜怒　文選　正152
喜怒　本朝　正503
喜怒　白氏　續265
喜怒哀樂　本朝　正503
喜慍　文選　正152
喜慍　本朝　正503
喜慍　白氏　續265
喜懼　文選　正152
喜懼　本朝　正503
喜歡す　白氏　續265
喜氣　本朝　正503
喜氣　白氏　續265
器　文選　正152
器　本朝　正503

器　白氏　續265
器異　文選　正152
器宇　白氏　續265
器械　文選　正152
器械　白氏　續265
器械等　白氏　續265
器幹　白氏　續265
器局　白氏　續265
器識　文選　正152
器識　白氏　續265
器質　白氏　續265
器車　文選　正152
器度　白氏　續266
器任　文選　正152
器能　白氏　續266
器範　文選　正152
器服　白氏　續266
器望　白氏　續266
器用　論語　正57
器用　文選　正152
器用　本朝　正503
器用　白氏　續266
器用　宇津　正710
器量　論語　正57
器量　遊仙　正90
器量　文選　正152
器量　本朝　正503
器量　白氏　續266
器仗　白氏　續266
基　論語　正57
基宇　文選　正152
基階　文選　正152
基緒　文選　正152
基兆　文選　正152
基址　文選　正152
基址す　文選　正152
基趾　本朝　正503
基扃　文選　正152
奇　文選　正152
奇　本朝　正503
奇　白氏　續266
奇衺　白氏　續266
奇偉　文選　正152
奇意　文選　正152
奇異　遊仙　正90
奇異　文選　正152
奇韻　文選　正152
奇果　白氏　續266
奇花　本朝　正503
奇怪　文選　正152
奇怪　白氏　續266
奇翰　文選　正152
奇玩　文選　正152
奇器　白氏　續266
奇紀　文選　正152
奇響　文選　正152
奇隙　文選　正152
奇犬　本朝　正503
奇功　白氏　續266
奇巧　本朝　正503
奇肱　本朝　正503
奇骨　本朝　正503
奇才　文選　正152
奇才　本朝　正503
奇才　白氏　續266
奇作　本朝　正503
奇策　文選　正152
奇策　白氏　續266
奇山　文選　正152
奇士　文選　正152
奇姿　文選　正152
奇姿　白氏　續266
奇思　文選　正152
奇邪　白氏　續266
奇趣　文選　正152
奇趣　白氏　續266
奇樹　文選　正152
奇樹　白氏　續266
奇秀　文選　正152
奇秀　白氏　續266
奇章　白氏　續266
奇正　文選　正152
奇生す　文選　正152
奇石　文選　正152
奇跡　文選　正152
奇節　文選　正152
奇絶　白氏　續266
奇相　文選　正152
奇草　文選　正152
奇態　本朝　正503
奇挺　白氏　續266
奇童　白氏　續266
奇特　法華　正419
奇特　白氏　續266
奇薄　文選　正152
奇舞　文選　正152
奇服　文選　正152
奇物　文選　正152
奇物　白氏　續266
奇文　本朝　正503
奇文　白氏　續266
奇兵　文選　正152
奇偏　文選　正152
奇法　本朝　正503
奇芳　白氏　續266
奇鋒　文選　正152
奇謀　文選　正152
奇謀　白氏　續266
奇妙　文選　正152
奇妙　法華　正419
奇律　文選　正152
奇嶺　文選　正152
奇麗　文選　正152
奇弄　文選　正152
奇卉　文選　正152
奇巖　本朝　正503
奇獸　文選　正152
奇獸　白氏　續266
奇璞　文選　正152
奇羸　白氏　續266

奇譎　文選　正152
奇蹤　文選　正152
奇齡　文選　正152
奇狀　白氏　續266
奇璜　文選　正152
奇瓌　白氏　續266
奇鶬　文選　正152
嬉す　文選　正152
嬉す　白氏　續266
嬉嬉　白氏　續266
嬉娛す　文選　正152
嬉遊　文選　正152
嬉戲　白氏　續266
嬉戲す　白氏　續266
嬉游す　文選　正152
寄　文選　正152
寄　本朝　正503
寄　白氏　續266
寄居す　本朝　正503
寄居す　白氏　續266
寄坐　文選　正152
寄謝す　白氏　續266
寄宿す　白氏　續266
寄進　本朝　正503
寄生　白氏　續266
寄生す　文選　正152
寄贈　白氏　續266
寄題す　白氏　續266
寄託　本朝　正503
寄付す　文選　正152
寄與す　白氏　續266
寄慠す　文選　正152
相寄和す　本朝　正503
岐　文選　正153
岐　本朝　正503
岐　白氏　續266
岐王　白氏　續266
岐下　白氏　續266
岐岐　文選　正153
岐山　白氏　續266
岐州　白氏　續266
岐昌　文選　正153
岐然　白氏　續266
岐陽　文選　正153
岐陽　白氏　續266
岐梁　文選　正153
岐路　文選　正153
岐路　本朝　正503
岐路　白氏　續266
岐國夫人　白氏　續266
岐嶷　文選　正153
岐嶷　本朝　正503
岐趾　文選　正153
岐雍　文選　正153
岐豳　文選　正153
希夷　文選　正153
希夷　本朝　正503
希夷　白氏　續267
希逸　白氏　續266
希叔　文選　正153
希世　文選　正153
希世　白氏　續266
希静　文選　正153
希代　文選　正153
希代　本朝　正503
希代　白氏　續266
希有　本朝　正503
希烈　白氏　續266
希數　文選　正153
幾　論語　正57
幾　文選　正153
幾　白氏　續267
幾音　文選　正153
幾象　文選　正153
幾諫　白氏　續267
忌　文選　正153
忌　本朝　正503
忌　源氏　正842
忌景　本朝　正503
忌月　源氏　正842
忌辰　本朝　正503
忌辰　白氏　續267
忌日　蜻蛉　正747
忌日　源氏　正842
忌諱　文選　正153
忌諱　本朝　正503
忌諱　白氏　續267
忌諱す　白氏　續267
御忌月　源氏　正842
御忌日　源氏　正842
机案　法華　正419
机上　白氏　續267
机榻　文選　正153
旗　白氏　續267
旗下　文選　正153
旗蓋　文選　正153
旗鼓　文選　正153
旗鼓　白氏　續267
旗章　文選　正153
旗常　白氏　續267
旗槍　白氏　續267
旗亭　文選　正153
既安　文選　正153
既往　文選　正153
既往　本朝　正504
既往　白氏　續267
既過　文選　正153
既望す　文選　正153
既濟　白氏　續267
期　論語　正57
期　文選　正153
期　本朝　正503
期　白氏　續267
期す　文選　正153
期す　本朝　正503
期す　白氏　續267
期運　文選　正153
期運　本朝　正503
期々　本朝　正503
期月　論語　正57

期月	文選	正153
期月	白氏	續267
期歳	文選	正153
期日	本朝	正503
期年	白氏	續267
期門	文選	正153
期門	白氏	續267
期約	本朝	正503
期襄	白氏	續267
期頤	本朝	正503
相期す	白氏	續267
棋	文選	正153
棋す	白氏	續267
棋局	文選	正153
棄	白氏	續267
棄捨	法華	正419
棄絶す	白氏	續267
棄置す	白氏	續267
棄背す	白氏	續267
棄忘す	白氏	續267
棄捐	白氏	續267
棄捐す	白氏	續267
棄擲す	白氏	續267
機	文選	正153
機	本朝	正503
機	白氏	續267
機(人名)	文選	正153
機械	文選	正153
機関	遊仙	正90
機陥	文選	正153
機宜	文選	正153
機宜	白氏	續267
機急	本朝	正503
機警	遊仙	正90
機弦	本朝	正503
機巧	文選	正153
機巧	白氏	續267
機事	文選	正153
機祥	文選	正153
機心	白氏	續267
機中	文選	正153
機兆	文選	正153
機婦	本朝	正503
機柄	白氏	續267
機密	文選	正153
機密	本朝	正503
機務	文選	正153
機務	本朝	正503
機要	文選	正153
機慮	白氏	續267
機杼	遊仙	正90
機杼	文選	正153
機關	文選	正153
機關	白氏	續267
機緣	本朝	正503
毅果校尉	白氏	續267
毅卒	文選	正153
毅武	文選	正153
毅勇	白氏	續267
畿	文選	正153
畿	白氏	續268
畿尉	白氏	續268
畿外	本朝	正504
畿官	白氏	續268
畿赤	白氏	續268
畿赤簿情尉	白氏	續268
畿内	本朝	正504
畿内	白氏	續268
畿内	宇津	正710
畿甸	文選	正153
祈感	本朝	正504
祈願し	宇津	正710
祈請	本朝	正504
祈年	文選	正154
祈年	本朝	正504
祈年祭	本朝	正504
祈念	本朝	正504
祈奚	本朝	正504
祈禱	本朝	正504
祈禱す	本朝	正504
祈禱す	白氏	續268
季	論語	正57
季	文選	正154
季	白氏	續268
季の御読經	枕冊	正777
季安	白氏	續268
季安等	白氏	續268
季夏	論語	正57
季夏	白氏	續268
季桓	白氏	續268
季桓子	論語	正57
季兄	白氏	續268
季珪	文選	正154
季月	文選	正154
季康	白氏	續268
季康子	論語	正57
季札	文選	正154
季札	白氏	續268
季子	文選	正154
季子	白氏	續268
季子然	論語	正57
季氏	論語	正57
季氏第十六	論語	正57
季主	文選	正154
季秋	文選	正154
季重	文選	正154
季春	論語	正57
季緒	文選	正154
季随	論語	正57
季孫	文選	正154
季孫	白氏	續268
季代	白氏	續268
季弟	白氏	續268
季冬	文選	正154
季冬	白氏	續268
季同	白氏	續268
季寧	白氏	續268
季年	白氏	續268
季般	白氏	續268
季豹	文選	正154

季布　文選　正154
季文子　論語　正57
季平　白氏　續268
季葉　文選　正154
季良　文選　正154
季倫　白氏　續268
季路　論語　正57
季路　文選　正154
季路　白氏　續268
季羔　白氏　續268
季軫　白氏　續268
季庾　白氏　續268
季騧　論語　正57
稀稀踈踈　白氏　續268
稀星　白氏　續268
稀踈　白氏　續268
稀有　白氏　續268
稀稠　白氏　續268
紀　文選　正154
紀　本朝　正504
紀　白氏　續268
紀す　文選　正154
紀す　白氏　續268
紀極　本朝　正504
紀綱　文選　正154
紀綱　本朝　正504
紀綱　白氏　續268
紀行　文選　正154
紀秀才　本朝　正504
紀信　文選　正154
紀相公　本朝　正504
紀年　白氏　續268
紀納言　本朝　正504
紀別す　文選　正154
紀律　白氏　續268
紀傳　本朝　正504
紀經　文選　正154
規　文選　正154
規　本朝　正504
規　白氏　續270
規す　文選　正154
規規然　文選　正154
規矩　文選　正155
規矩　本朝　正504
規景　文選　正155
規行　文選　正154
規行　本朝　正504
規刺　白氏　續270
規制　白氏　續270
規度　白氏　續270
規模　本朝　正504
規模　白氏　續270
規模す　本朝　正504
規謩　文選　正155
規錮す　本朝　正504
規摹　文選　正155
記　文選　正155
記　本朝　正504
記　白氏　續270
記(書名)　白氏　續270
記す　文選　正155
記す　法華　正419
記す　本朝　正504
記す　白氏　續270
記讃　白氏　續270
記事　白氏　續270
記室　遊仙　正90
記室　文選　正155
記室參軍　文選　正155
記取す　白氏　續270
記序　白氏　續270
記石　白氏　續270
記籍　文選　正155
記得す　白氏　續270
記念　遊仙　正90
記文　本朝　正504
記里　本朝　正504
記録す　本朝　正504
記誠　白氏　續270
記錄す　白氏　續270
起　論語　正57
起　文選　正155
起　白氏　續270
起家　本朝　正504
起居　本朝　正504
起居　白氏　續270
起居す　白氏　續270
起居舍人　白氏　續270
起居郎　本朝　正504
起居郎　白氏　續270
起坐　白氏　續270
起坐す　文選　正155
起坐す　白氏　續270
起請　本朝　正504
起請　白氏　續270
起曹　白氏　續270
起草　白氏　續270
起伏　文選　正155
起伏　本朝　正504
起復　白氏　續270
起復す　白氏　續270
起復雲麾將軍　白氏　續270
起復冠軍大將軍　白氏　續270
起復寧遠將軍　白氏　續270
起予す　文選　正155
起沃　白氏　續270
起立す　本朝　正504
起緣　本朝　正504
飢　文選　正155
飢　白氏　續270
飢す　文選　正155
飢火　白氏　續270
飢渴　文選　正155
飢渴　白氏　續270
飢渴す　白氏　續270
飢寒　文選　正155
飢寒　本朝　正504
飢寒　白氏　續270
飢寒す　白氏　續270

飢戸	白氏	續270
飢喉	白氏	續270
飢人	白氏	續270
飢僧	白氏	續270
飢鷹	白氏	續270
飢凍	白氏	續270
飢凍す	白氏	續270
飢貧	白氏	續270
飢乏	白氏	續270
飢劬	白氏	續270
飢腸	白氏	續270
飢險	本朝	正504
飢饉	論語	正57
飢鵰	白氏	續270
飢饞	白氏	續270
騎	文選	正155
騎	本朝	正504
騎	白氏	續271
騎火	白氏	續271
騎士	白氏	續271
騎射	文選	正155
騎射	白氏	續271
騎省	白氏	續271
騎吹	白氏	續271
騎曹參軍	白氏	續271
騎都尉	白氏	續271
騎馬	白氏	續271
騎兵	本朝	正504
騎吏	白氏	續271
騎弩	文選	正155
騎從	白氏	續271
騎驢	白氏	續271
騎驥	本朝	正504
鬼	論語	正57
鬼神	論語	正57
儀	論語	正57
儀	文選	正152
儀	本朝	正503
儀	白氏	續265
儀(人名)	文選	正152
儀刑	文選	正152
儀刑	白氏	續265
儀刑す	文選	正152
儀刑す	白氏	續265
儀形	文選	正152
儀形	本朝	正503
儀形	白氏	續265
儀形す	文選	正152
儀氏	文選	正152
儀式	法華	正419
儀式	本朝	正503
儀式	宇津	正710
儀式	蜻蛉	正747
儀式	枕冊	正777
儀式	源氏	正842
儀式官	源氏	正842
儀州	白氏	續265
儀尚	文選	正152
儀操	文選	正152
儀曹	白氏	續265
儀曹員外郎	白氏	續265
儀則	文選	正152
儀則	法華	正419
儀同三司	文選	正152
儀同三司	本朝	正503
儀同三司	白氏	續265
儀範	本朝	正503
儀範	白氏	續265
儀比	文選	正152
儀表	文選	正152
儀表	本朝	正503
儀表	白氏	續265
儀父	文選	正152
儀封人	論語	正57
儀鳳	文選	正152
儀鳳	白氏	續265
儀容	文選	正152
儀容	白氏	續265
儀仗	白氏	續265
御儀式	源氏	正842
妓	文選	正152
妓	本朝	正503
妓	白氏	續266
妓車	白氏	續266
妓女	本朝	正503
妓女	白氏	續266
妓燭	白氏	續266
妓人	白氏	續266
妓人姫	文選	正152
妓席	白氏	續266
妓船	白氏	續266
妓亭	白氏	續266
妓堂	白氏	續266
妓舞	白氏	續266
妓房	白氏	續266
妓樂	白氏	續266
妓樓	白氏	續266
妓莚	白氏	續266
妓鑪	本朝	正503
妓榭	本朝	正503
宜	文選	正152
宜	本朝	正503
宜	白氏	續266
宜春	文選	正152
宜春	本朝	正503
宜城	文選	正152
宜城	白氏	續266
宜都	白氏	續266
宜便	白氏	續266
宜陽殿	枕冊	正778
宜陽殿	源氏	正842
宜僚	文選	正152
技	文選	正153
技藝	論語	正57
技藝	文選	正153
擬	文選	正153
擬	本朝	正503
擬	白氏	續267
擬しあひ	宇津	正710
擬す	文選	正153

擬す　本朝　正503
擬す　白氏　續267
擬議す　文選　正153
擬議す　本朝　正503
擬議す　白氏　續267
擬生　宇津　正710
擬生　源氏　正842
擬生衆　宇津　正710
擬文章生　本朝　正503
擬補す　本朝　正503
擬欲す　文選　正153
欺誑す　白氏　續267
犧　文選　正153
犧　白氏　續268
犧牲　白氏　續268
犧樽　文選　正153
疑す　白氏　續268
疑開　本朝　正504
疑関　本朝　正504
疑義　白氏　續268
疑議す　白氏　續268
疑誤　白氏　續268
疑獄　文選　正153
疑獄　本朝　正504
疑信　本朝　正504
疑心　白氏　續268
疑阻す　白氏　續268
疑滞す　文選　正153
疑氷　本朝　正504
疑文　白氏　續268
疑網　法華　正419
疑網　本朝　正504
疑網　白氏　續268
疑留す　文選　正153
疑論　文選　正153
疑惑　法華　正419
疑惑す　白氏　續268
疑懼　法華　正419
疑懼　白氏　續268
疑懼す　白氏　續268
疑滯　本朝　正504
疑睇　本朝　正504
疑礙　白氏　續268
疑罔　法華　正419
祇夜　法華　正419
祇陁園　本朝　正504
義　文選　正154
義　本朝　正504
義　白氏　續269
義　源氏　正842
義緯　文選　正154
義域　文選　正154
義域　本朝　正504
義烏　白氏　續269
義感　文選　正154
義旗　白氏　續269
義休　白氏　續269
義休法師　白氏　續269
義渠　文選　正154
義興　文選　正154
義興　白氏　續269
義訓　文選　正154
義訓　白氏　續269
義虎　本朝　正504
義語　白氏　續269
義行　本朝　正504
義士　文選　正154
義士　本朝　正504
義士　白氏　續269
義始　文選　正154
義旨　文選　正154
義辞　本朝　正504
義趣　白氏　續269
義信　白氏　續269
義心　文選　正154
義心　白氏　續269
義崇　白氏　續269
義成　白氏　續269
義成軍　白氏　續269
義成軍節度推官　白氏　續269
義成軍節度馬歩都知兵馬使　白氏　續269
義誠　文選　正154
義跡　文選　正154
義節　白氏　續269
義端　白氏　續269
義智忠肅　白氏　續269
義鳥　文選　正154
義直　文選　正154
義津郷　白氏　續269
義繩　文選　正154
義夫　文選　正154
義夫　白氏　續269
義府　白氏　續269
義武　白氏　續269
義武軍　白氏　續269
義風　文選　正154
義分　文選　正154
義憤　文選　正154
義兵　文選　正154
義兵　白氏　續269
義方　文選　正154
義方　白氏　續269
義勇　文選　正154
義勇　白氏　續269
義用　文選　正154
義陽　本朝　正504
義利　白氏　續269
義理　文選　正154
義理　白氏　續269
義率　白氏　續269
義林法師　白氏　續269
義類　文選　正154
義類　白氏　續269
義例　文選　正154
義例　白氏　續269
義烈　文選　正154
義烈　白氏　續269
義實　本朝　正504

義賓　本朝　正504
義懐　文選　正154
義渕　本朝　正504
義熙　文選　正154
義聲　文選　正154
義讓　文選　正154
義辭　文選　正154
義　論語　正57
義説　論語　正57
義理　論語　正57
蟻蝨　文選　正154
蟻王　白氏　續269
蟻穴　白氏　續269
蟻壞　文選　正154
蟻壤　白氏　續269
蟻聚　文選　正154
蟻虱　白氏　續269
蟻螻　文選　正154
誼　文選　正155
誼(人名)　文選　正155
誼士　文選　正155
誼方　文選　正155
議　文選　正155
議　本朝　正504
議　白氏　續270
議す　文選　正155
議す　法華　正419
議す　本朝　正504
議す　白氏　續270
議者　文選　正155
議者　白氏　續270
議定　本朝　正504
議殿　文選　正155
議郎　文選　正155
議論　白氏　續270
相議す　本朝　正504
桔梗　源氏　正842
桔梗色　宇津　正710
桔梗　枕冊　正777
祁寒　白氏　續270
祁奚　白氏　續270
祁祁　文選　正155
己亥　本朝　正503
己亥　白氏　續266
己丑　白氏　續266
己往　文選　正153
己宮　文選　正153
己知　白氏　續266
己酉　白氏　續266
己未　本朝　正503
己巳　白氏　續266
碁　白氏　續268
碁聖　源氏　正842
碁聖大徳　源氏　正842
崎傾　文選　正153
崎嶇　文選　正153
崎嶇　本朝　正503
崎嶇　白氏　續266
碕磯す　文選　正153
碕岸　文選　正153
碕嶺　文選　正153
碕岓　白氏　續268
訴合　白氏　續270
⿰月幾膚　文選　正154
其宇　文選　正152
其子　白氏　續265
其眞　文選　正152
肌骨　文選　正154
肌骨　白氏　續269
肌肉　白氏　續269
肌髪　白氏　續269
肌膚　文選　正154
肌膚　白氏　續269
肌力　文選　正154
姫*　文選　正152
姫*　白氏　續266
姫*化　文選　正152
姫*漢　文選　正152
姫*公　文選　正152
姫*女　文選　正152
姫*伯　文選　正152
姫*文　文選　正152
姫*姜　文選　正152
姫*滿　文選　正152
姫*德　文選　正152
姫漢　本朝　正503
姫公　本朝　正503
姫周　本朝　正503
姫水　本朝　正503
姫旦　本朝　正503
姫娘　本朝　正503
姫奭　本朝　正503
箕　文選　正154
箕　白氏　續268
箕坐　文選　正154
箕山　文選　正154
箕山　本朝　正504
箕子　論語　正57
箕子　文選　正154
箕星　本朝　正504
箕伯　文選　正154
箕畢　文選　正154
箕風　文選　正154
箕帚　文選　正154
箕潁　文選　正154
箕潁　白氏　續268
箕濮　文選　正154
箕裘　本朝　正504
箕踞　白氏　續268
箕踞す　白氏　續268
箕踵　文選　正154
僖　文選　正152
冀　白氏　續265
冀州　白氏　續265
冀城　白氏　續265
冀方　白氏　續265
冀望　白氏　續265
冀缺　白氏　續265
み几帳　源氏　正842
み几帳とも　源氏　正842

御几帳　宇津　正710
几　文選　正152
几　白氏　續265
几案　文選　正152
几案　法華　正419
几案　本朝　正503
几閣　白氏　續265
几上　白氏　續265
几杖　文選　正152
几帳　宇津　正710
几帳　蜻蛉　正747
几帳　枕冊　正777
几帳　源氏　正842
几帳こし　源氏　正842
几帳とも　蜻蛉　正747
几帳とも　枕冊　正777
几帳とも　源氏　正842
几帳ども　宇津　正710
几榻　白氏　續265
几牘　文選　正152
几筵　文選　正152
几舄*　白氏　續265
剞劂　文選　正152
剞劂　本朝　正503
剞劂　白氏　續265
喟然　論語　正57
圻　文選　正152
圻岸　文選　正152
嶷　文選　正153
嶷(人名)　文選　正153
嶷然　白氏　續266
巍巍　論語　正57
巍巍　文選　正153
巍巍乎　論語　正57
巍巍蕩蕩　文選　正153
弃井　本朝　正503
弃置　本朝　正503
弃置す　本朝　正503
悸然　白氏　續267
憙見　法華　正419
憙微　文選　正152
戲言　本朝　正503
戲　文選　正153
戲す　白氏　續267
戲言　白氏　續267
戲言す　白氏　續267
戲咲　本朝　正503
戲水　文選　正153
戲忿　文選　正153
戲馬臺　文選　正153
戲弄す　文選　正153
戲論　文選　正153
戲論　白氏　續267
戲和　本朝　正503
戲樂　白氏　續267
戲謔　文選　正153
掎角す　白氏　續267
掎摭　文選　正153
揆務　白氏　續267
朞　文選　正153
朞月　文選　正153
朞月　本朝　正503
朞年　本朝　正504
杞　論語　正57
杞　文選　正153
杞柟　文選　正153
杞櫹　文選　正153
杞梓　文選　正153
杞梓　本朝　正503
杞梓　白氏　續267
杞梁　文選　正153
枳　白氏　續267
枳棘　文選　正153
枳籬　白氏　續267
棊　文選　正153
棊　白氏　續267
欹危　白氏　續267
欹仄す　白氏　續267
歸　論語　正57
歸す　論語　正57
麾下　白氏　續267
麾掃　白氏　續267
麾幢　白氏　續267
麾旆　文選　正155
氣　論語　正57
氣　遊仙　正90
氣　文選　正153
氣　本朝　正504
氣　白氏　續267
氣韻　本朝　正504
氣概　白氏　續267
氣候　文選　正153
氣候　本朝　正504
氣候　白氏　續267
氣朔　文選　正153
氣志　文選　正153
氣質　文選　正153
氣邪　文選　正153
氣出　文選　正153
氣序　文選　正153
氣序　本朝　正504
氣序　白氏　續267
氣象　白氏　續267
氣色　文選　正153
氣色　本朝　正504
氣色　白氏　續267
氣息　文選　正153
氣調　遊仙　正90
氣調　白氏　續267
氣浮　白氏　續267
氣味　本朝　正504
氣味　白氏　續267
氣力　文選　正153
氣力　本朝　正504
氣力　白氏　續267
氣類　文選　正153
氣類　白氏　續267
氣嗽　白氏　續267
氣數　白氏　續267
氣韵　本朝　正504

氣槩　白氏　續267
沂　論語　正57
沂　白氏　續267
沂州　白氏　續267
沂水　白氏　續267
沂川　文選　正153
淇澳　文選　正153
淇洹　文選　正153
煕煕　白氏　續267
煕煕然　白氏　續268
煕煕融融　白氏　續268
煕煕忻忻　白氏　續268
犧牲　論語　正57
犧牲　本朝　正504
犧文　本朝　正504
犧瑟　本朝　正504
猗郿　文選　正153
猗頓　文選　正153
猗靡　文選　正153
猗靡す　文選　正153
癸卯　白氏　續268
癸丑朔　白氏　續268
癸酉　白氏　續268
癸未　白氏　續268
癸未朔　白氏　續268
癸巳　白氏　續268
祀　文選　正153
祀姑　文選　正153
祀典　文選　正153
祇　文選　正154
祇粛　文選　正154
祇*　白氏　續268
祇*園　白氏　續268
祇樹　本朝　正504
綺　文選　正154
綺　白氏　續268
綺　宇津　正710
綺　源氏　正842
綺井　文選　正154
綺閣　本朝　正504
綺季　文選　正154
綺季(人名)　白氏　續268
綺季(地名)　白氏　續268
綺衿　文選　正154
綺語　本朝　正504
綺語　白氏　續268
綺肴　文選　正154
綺肴　本朝　正504
綺室　文選　正154
綺縞　文選　正154
綺席　文選　正154
綺席　本朝　正504
綺節　本朝　正504
綺疏　文選　正154
綺組　本朝　正504
綺窓　本朝　正504
綺窻　文選　正154
綺態　文選　正154
綺袋　本朝　正504
綺幅　白氏　續268
綺羅　文選　正154
綺羅　本朝　正504
綺羅　白氏　續269
綺里季　本朝　正504
綺寮　文選　正154
綺麗　文選　正154
綺皓　文選　正154
綺莚　本朝　正504
綺錢　文選　正154
綺饌　本朝　正504
綺靡　文選　正154
綺靡　本朝　正504
綺櫳　文選　正154
綺紈　本朝　正504
綺紈　白氏　續268
綺紈　文選　正154
綺繢　文選　正154
羈旅　本朝　正504
羲　文選　正154
羲　本朝　正504
羲軒　白氏　續269
羲皇　文選　正154
羲皇　本朝　正504
羲皇　白氏　續269
羲唐　文選　正154
羲農　文選　正154
羲農　白氏　續269
羲文　文選　正154
羲文　白氏　續269
羲和　文選　正154
羲和　本朝　正504
羲和　白氏　續269
耆　本朝　正504
耆　白氏　續269
耆域　本朝　正504
耆山　文選　正154
耆儒　文選　正154
耆儒　本朝　正504
耆年　文選　正154
耆年　白氏　續269
耆望　白氏　續269
耆幼　白氏　續269
耆老　文選　正154
耆老　本朝　正504
耆老　白氏　續269
耆老等　白氏　續269
耆壽　白氏　續269
耆壽等　白氏　續269
耆夭　本朝　正504
耆崛　本朝　正504
耆耋　文選　正154
耆舊　本朝　正504
耆艾　白氏　續269
耆闍崛山　法華　正419
耆龜　文選　正154
耆德　本朝　正504
耆德　白氏　續269
耆耇　文選　正154
耆耋　白氏　續269
蚩研　文選　正154

蚩尤　文選　正154
蚩鄙　文選　正154
羈　白氏　續269
羈す　白氏　續269
羈客　白氏　續269
羈鎖　白氏　續269
羈愁　白氏　續269
羈束　白氏　續269
羈束す　白氏　續270
羈貧　白氏　續270
羈旅　白氏　續270
羈旅す　白氏　續270
羈絆　白氏　續270
羈緤　白氏　續269
羈鞅　白氏　續269
覬　白氏　續270
覬覦　文選　正153
覬覦す　白氏　續270
譏す　文選　正155
譏議　文選　正155
譏誓　遊仙　正90
譏彈す　文選　正155
跂行　文選　正155
饋餉　白氏　續270
饑*　白氏　續270
饑　白氏　續270
饑渴　文選　正155
饑渴す　文選　正155
饑渴疲勞す　白氏　續270
饑寒　文選　正155
饑寒　白氏　續270
饑窮　白氏　續270
饑人　白氏　續270
饑凍　白氏　續270
饑飽す　白氏　續270
饑惡　白氏　續270
饑膓　白氏　續270
饑饉　文選　正155
騏驥　文選　正155
騏驥　白氏　續270
騏驎　遊仙　正90
騏驎　本朝　正504
驥　白氏　續271
驥　論語　正57
魏　論語　正57
魏　文選　正155
魏(人名)　文選　正155
魏域　文選　正155
魏王　文選　正155
魏京　文選　正155
魏君　文選　正155
魏郡　文選　正155
魏公　文選　正155
魏后　文選　正155
魏子悌　文選　正155
魏志　文選　正155
魏氏　文選　正155
魏室　文選　正155
魏主　文選　正155
魏周榮　文選　正155
魏叔英　文選　正155
魏晋　文選　正155
魏人　文選　正155
魏製　文選　正155
魏相　文選　正155
魏其　文選　正155
魏朝　文選　正155
魏都　文選　正155
魏土　文選　正155
魏豹　文選　正155
魏武　文選　正155
魏文　文選　正155
魏幕　文選　正155
魏無知　文選　正155
魏牟　文選　正155
魏舒　文選　正155
魏國　文選　正155
魏絳　文選　正155
魏闕　文選　正155
魏顆　文選　正155
麒麟　文選　正155
麒麟　白氏　續271
麒麟閣　白氏　續271
龜　白氏　續271
龜玉　論語　正57
龜告　白氏　續271
龜骨　白氏　續271
龜子　白氏　續271
龜鶴　白氏　續271
龜鼎　白氏　續271
龜羅　白氏　續271
龜龍　白氏　續271
龜兒　白氏　續271
龜兒等　白氏　續271
龜榼　白氏　續271
熙春　文選　正153
熙熙　文選　正153
宜　白氏　續265
宜州　白氏　續265
琦行す　文選　正153
琪樹　文選　正153
琪樹　本朝　正504
琪樹　白氏　續268
錡　白氏　續270
濉連河　本朝　正504
劓腓　白氏　續265
屺　文選　正153
屺　白氏　續266
弜麗　文選　正153
旂戟　白氏　續267
旂常　白氏　續267
旂旐　白氏　續267
旖*常　本朝　正504
晷緯　文選　正152
晷運　文選　正152
晷刻　白氏　續267
晷度　文選　正152
晷漏　文選　正152
歧路　文選　正153
熺炭　文選　正152

玘　白氏　續268
璣　文選　正153
睢盱　白氏　續268
睽す　白氏　續268
綦會　文選　正154
狋狋　文選　正154
芰　文選　正154
芰　白氏　續269
芰荷　本朝　正504
芰荷　白氏　續269
芰製　文選　正154
芰製　本朝　正504
萁稈　文選　正154
蘄卿　白氏　續269
蘄州　白氏　續269
蘄春　白氏　續269
蘄竹　白氏　續269
蘄陽　文選　正153
蚑行　文選　正154
蚑蟜　文選　正154
羈雌　文選　正154
羈旅　文選　正154
羈旅す　文選　正154
羇孤　文選　正154
羇雌　文選　正154
羇棲　白氏　續269
羇束す　文選　正154
羇束す　白氏　續269
羇貧　白氏　續269
羇遊　白氏　續269
羇離す　白氏　續269
羇旅　文選　正154
羇旅　白氏　續269
羇絆す　白氏　續269
羇縻す　白氏　續269
鬐鬐　文選　正154
豨　文選　正153
跽居す　文選　正155
相隮頽す　白氏　續270
隮す　白氏　續270
隮薄　白氏　續270
鞿羈　文選　正155
鞿羈す　文選　正155
頰　文選　正155
餼羊　論語　正57
餼羊　本朝　正504
饎　白氏　續270
鬐鬣　文選　正155
麂尾　白氏　續271
臼口　白氏　續274
丘　論語　正57
丘　文選　正155
丘　本朝　正504
丘　白氏　續271
丘（人名）　白氏　續271
丘井　白氏　續271
丘園　文選　正155
丘園　本朝　正504
丘園　白氏　續271
丘園中　文選　正155
丘希範　文選　正155
丘荒　文選　正155
丘荒す　文選　正155
丘山　文選　正155
丘山　白氏　續271
丘樹　文選　正155
丘榛　文選　正155
丘中　文選　正155
丘中　白氏　續271
丘仲　文選　正155
丘度　白氏　續271
丘封　文選　正155
丘墳　文選　正155
丘墓　文選　正155
丘墓　白氏　續271
丘明　文選　正155
丘明　白氏　續271
丘里　文選　正155
丘陵　論語　正57
丘陵　文選　正155
丘陵　白氏　續271
丘墅　白氏　續271
丘墟　文選　正155
丘墟　本朝　正504
丘墟　白氏　續271
丘墟郭　白氏　續271
丘壑　文選　正155
丘壑　本朝　正504
丘壑　白氏　續271
丘樊　文選　正155
丘樊　白氏　續271
丘遲　文選　正155
丘隴　文選　正155
丘隴　白氏　續271
久　白氏　續272
久陰　白氏　續272
久雨　白氏　續272
久遠　白氏　續272
久久　文選　正156
久久　白氏　續272
久結　文選　正156
久視　本朝　正505
久時　本朝　正504
久次　白氏　續272
久長　文選　正156
久長　白氏　續272
久停　白氏　續272
久病　白氏　續272
久芳　本朝　正505
久要　文選　正156
久要　本朝　正504
久要　白氏　續272
久要す　論語　正57
仇　文選　正156
仇王　白氏　續272
仇家　白氏　續272
仇偶　文選　正156
仇敵　白氏　續272
仇虜　文選　正156
仇餉　白氏　續272

休	文選	正156
休	白氏	續272
休す	文選	正156
休す	本朝	正505
休す	白氏	續272
休詠	文選	正157
休暇	本朝	正505
休間	白氏	續272
休閑す	本朝	正505
休却す	遊仙	正90
休休	白氏	續272
休休す	文選	正156
休牛	文選	正156
休慶	白氏	續272
休憩	文選	正156
休光	文選	正156
休告	白氏	續272
休座主	白氏	續272
休止	本朝	正505
休止す	白氏	續272
休舍す	本朝	正505
休者	文選	正156
休祥	本朝	正505
休祥	白氏	續273
休上人	文選	正156
休上人	白氏	續272
休戚	文選	正156
休戚	白氏	續273
休績	白氏	續273
休先生	文選	正156
休息	本朝	正505
休息	白氏	續273
休息す	文選	正156
休息す	白氏	續273
休泰	白氏	續273
休退	本朝	正505
休退	白氏	續273
休徵	文選	正156
休徵	白氏	續273
休徵す	文選	正156
休貞	文選	正157
休屠	文選	正157
休寧す	本朝	正505
休罷	白氏	續272
休罷	白氏	續273
休風	文選	正157
休命	文選	正157
休命	白氏	續273
休明	文選	正157
休明	本朝	正505
休明	白氏	續273
休明す	文選	正157
休祐	文選	正156
休令	文選	正157
休烈	文選	正157
休烈	白氏	續273
休和	文選	正156
休和す	白氏	續272
休咎	文選	正156
休咎	白氏	續272
休寶	文選	正157
休氣	文選	正156
休沐	白氏	續273
休沐す	文選	正157
休澣す	文選	正156
休聲	白氏	續273
休顯	文選	正156
休德	文選	正157
休惕	白氏	續273
宮	文選	正157
宮	本朝	正505
宮	白氏	續273
宮羽	文選	正157
宮火	文選	正157
宮花	白氏	續273
宮館	文選	正157
宮館	本朝	正505
宮奇	文選	正157
宮居す	文選	正157
宮卿	文選	正157
宮教	文選	正157
宮刑	文選	正157
宮刑	白氏	續273
宮月	白氏	續273
宮懸	文選	正157
宮懸	白氏	續273
宮使	白氏	續273
宮室	論語	正57
宮室	文選	正157
宮室	本朝	正505
宮室	白氏	續273
宮車	文選	正157
宮車	白氏	續273
宮樹	白氏	續273
宮女	白氏	續273
宮商	遊仙	正90
宮商	文選	正157
宮商	本朝	正505
宮沼	白氏	續273
宮城	本朝	正505
宮城	白氏	續273
宮臣	文選	正157
宮臣	本朝	正505
宮人	文選	正157
宮人	本朝	正505
宮人	白氏	續273
宮正	文選	正157
宮相	白氏	續273
宮中	文選	正157
宮中	本朝	正505
宮中	白氏	續273
宮徵	文選	正157
宮徵	白氏	續273
宮調	白氏	續273
宮庭	文選	正157
宮殿	本朝	正505
宮殿	白氏	續273
宮判	文選	正157
宮廟	文選	正157
宮陛	文選	正157

宮圃	白氏	續273
宮坊	白氏	續273
宮門	白氏	續273
宮門郎	白氏	續273
宮様	白氏	續273
宮葉	白氏	續273
宮裏	白氏	續273
宮律	白氏	續273
宮寮	白氏	續273
宮隣	文選	正157
宮漏	本朝	正505
宮漏	白氏	續273
宮仗	白氏	續273
宮圍	本朝	正505
宮墻	論語	正57
宮墻	本朝	正505
宮廐	白氏	續273
宮掖	本朝	正505
宮掖	白氏	續273
宮棊	白氏	續273
宮棊す	白氏	續273
宮槐	白氏	續273
宮牆	文選	正157
宮牆	白氏	續273
宮籥	白氏	續273
宮聲	白氏	續273
宮觀	文選	正157
宮闕	文選	正157
宮闕	本朝	正505
宮闕	白氏	續273
宮闥	文選	正157
宮雉	文選	正157
宮闈	文選	正157
宮闈	白氏	續273
宮	論語	正57
弓騎	文選	正157
弓甲	白氏	續273
弓高	文選	正157
弓高	白氏	續273
弓勢	白氏	續273
弓箭	遊仙	正90
弓箭	白氏	續273
弓馬	文選	正157
弓馬	本朝	正505
弓冶	白氏	續273
弓矢	文選	正157
弓矢	白氏	續273
弓弩	文選	正157
弓旌	文選	正157
弓旌	白氏	續273
弓裘	白氏	續273
弓珧	文選	正157
救援	白氏	續273
救失	白氏	續273
救世	文選	正157
救抜	白氏	續273
救抜す	白氏	續273
救兵	文選	正157
救兵	白氏	續273
救療	白氏	續273
救療す	白氏	續273
朽株	文選	正157
朽株	本朝	正505
朽株	白氏	續273
朽骨	文選	正157
朽骨	本朝	正505
朽索	本朝	正505
朽索	白氏	續273
朽折す	白氏	續273
朽折散絶す	文選	正157
朽鈍	文選	正157
朽木	白氏	續273
朽壤	文選	正157
朽壤	本朝	正505
朽瘁	文選	正157
朽邁	本朝	正505
朽邁す	本朝	正505
朽墁	白氏	續274
求	論語	正57
求願	本朝	正505
求車	本朝	正505
求守	遊仙	正90
求羊	文選	正157
求理	白氏	續274
灸	白氏	續274
灸す	白氏	續274
球鐘	文選	正157
球琳	文選	正157
究す	文選	正157
究通す	本朝	正505
究濟	本朝	正505
究竟す	本朝	正505
窮	文選	正157
窮	白氏	續274
窮す	論語	正57
窮す	文選	正157
窮す	白氏	續274
窮陰	文選	正157
窮陰	白氏	續274
窮遠	白氏	續274
窮奥	文選	正157
窮罔	文選	正157
窮餓	白氏	續274
窮餓す	白氏	續274
窮海	文選	正157
窮奇	遊仙	正90
窮奇	文選	正157
窮鬼	遊仙	正90
窮居	文選	正157
窮居す	文選	正157
窮苦	本朝	正505
窮苦	白氏	續274
窮苦す	白氏	續274
窮孤	文選	正157
窮交	文選	正157
窮巷	文選	正157
窮巷	本朝	正505
窮巷	白氏	續274
窮荒	白氏	續274
窮困	本朝	正505

窮困す 文選 正157
窮塞す 白氏 續274
窮山 文選 正157
窮守 文選 正157
窮儒 本朝 正505
窮愁 白氏 續274
窮秋 文選 正157
窮秋 本朝 正505
窮秋 白氏 續274
窮城 文選 正157
窮人 白氏 續274
窮塵 文選 正158
窮棲 文選 正157
窮棲す 文選 正157
窮石 文選 正157
窮節 文選 正157
窮泉 文選 正157
窮泉 白氏 續274
窮退 白氏 續274
窮達 論語 正57
窮達 文選 正158
窮達 白氏 續274
窮達す 文選 正158
窮地 白氏 續274
窮鳥 本朝 正505
窮通 文選 正158
窮通 本朝 正505
窮通 白氏 續274
窮通す 白氏 續274
窮通榮悴 白氏 續274
窮天 文選 正158
窮塗 文選 正158
窮途 本朝 正505
窮途 白氏 續274
窮冬 本朝 正505
窮冬 白氏 續274
窮年 白氏 續274
窮波 文選 正158
窮薄 白氏 續274
窮迫 白氏 續274
窮髪 文選 正158
窮富 白氏 續274
窮弊 本朝 正505
窮僻 本朝 正505
窮民 白氏 續274
窮野 文選 正158
窮林 文選 正158
窮老 文選 正158
窮處 白氏 續274
窮壘 文選 正158
窮岫 文選 正157
窮峽 白氏 續274
窮悴す 白氏 續274
窮溟 文選 正158
窮澤 文選 正157
窮獨 文選 正158
窮獨 白氏 續274
窮獨す 白氏 續274
窮窘 本朝 正505
窮聲 本朝 正505
窮賤 文選 正157
窮賤 白氏 續274
窮蹙 文選 正157
窮迹 文選 正157
窮蹴す 文選 正157
糾劾巡察 白氏 續274
糾錯す 文選 正158
糾察 白氏 續274
糾正 白氏 續274
糾正す 白氏 續274
糾紛 文選 正158
糾紛 白氏 續274
糾墨 文選 正158
糾理す 白氏 續274
糾擧 文選 正158
糾繆 白氏 續274
糾雜 文選 正158
相糾す 白氏 續274
牛 論語 正57
牛 文選 正157
牛哀 文選 正157
牛衣 白氏 續274
牛家 白氏 續274
牛角 白氏 續274
牛漢 本朝 正505
牛元翼 白氏 續274
牛戸 白氏 續274
牛後 文選 正157
牛後 本朝 正505
牛公 白氏 續274
牛口 本朝 正505
牛山 文選 正157
牛司徒 白氏 續274
牛車 文選 正157
牛酒 文選 正157
牛首 文選 正157
牛宿 文選 正157
牛女 文選 正157
牛女 本朝 正505
牛女 白氏 續274
牛僧孺 白氏 續274
牛僧孺等 白氏 續274
牛相公 白氏 續274
牛相公思黯 白氏 續274
牛蹄 本朝 正505
牛斗 白氏 續274
牛頭 文選 正157
牛頭 白氏 續274
牛二 白氏 續274
牛二侍御 白氏 續274
牛乳 遊仙 正90
牛馬 文選 正157
牛馬 本朝 正505
牛馬 白氏 續274
牛毛 本朝 正505
牛羊 文選 正157
牛羊 本朝 正505
牛羊 白氏 續274
牛領 白氏 續274
牛驢 白氏 續274

牛驥　文選　正157
牛毉　文選　正157
牛醬　白氏　續274
玉人　文選　正157
九　文選　正155
九　本朝　正505
九　白氏　續271
九沠　文選　正156
九阿　文選　正155
九夷　論語　正57
九夷　文選　正156
九井　文選　正156
九域　文選　正156
九億　本朝　正505
九寡　文選　正155
九歌　文選　正155
九河　文選　正155
九河　本朝　正505
九箇年　本朝　正505
九箇國　本朝　正505
九華　白氏　續271
九霞　本朝　正505
九回　白氏　續271
九廻　白氏　續271
九廻す　文選　正155
九廻す　本朝　正505
九株　本朝　正505
九官　文選　正155
九旗　文選　正155
九軌　文選　正155
九疑　文選　正155
九疑　本朝　正505
九丘　文選　正155
九宮　白氏　續271
九牛　文選　正155
九卿　文選　正156
九卿　本朝　正505
九曲　遊仙　正90
九九　文選　正155
九隅　文選　正155
九月　文選　正155
九月　本朝　正505
九月　白氏　續271
九月九日　白氏　續271
九月朔日　文選　正155
九月七日　白氏　續271
九月十五日　文選　正155
九月十五日　本朝　正505
九月十日　本朝　正505
九月二十七日　文選　正155
九月二十日　文選　正155
九月二日　本朝　正505
九月八日　白氏　續271
九月卅日　本朝　正505
九月廾九日　本朝　正505
九月廾七日　本朝　正505
九月盡　本朝　正505
九原　文選　正155
九原　本朝　正505
九原　白氏　續271
九言　文選　正156
九言（書名）　文選　正156
九戸　文選　正156
九五　本朝　正505
九五　白氏　續271
九侯　文選　正156
九功　文選　正156
九孔　白氏　續271
九工　文選　正156
九江　文選　正155
九江　白氏　續271
九江郡　白氏　續271
九穀　文選　正156
九歳　文選　正156
九歳　本朝　正505
九歳　白氏　續272
九載　文選　正156
九載　本朝　正505
九載　白氏　續271
九載す　文選　正156
九皐　文選　正155
九皐　本朝　正505
九皐　白氏　續271
九司　文選　正156
九師　文選　正156
九枝　本朝　正505
九尺　白氏　續272
九尺　宇津　正710
九錫　文選　正156
九首　本朝　正505
九授　白氏　續271
九州　論語　正57
九州　文選　正156
九州　本朝　正505
九州　白氏　續271
九秋　文選　正156
九秋　本朝　正505
九秋　白氏　續271
九十　文選　正156
九十　本朝　正505
九十　白氏　續271
九十　宇津　正710
九十以上　本朝　正505
九十一　白氏　續271
九十九億劫　白氏　續271
九十五日　本朝　正505
九十三年　本朝　正505
九十日　本朝　正505
九十有六　文選　正156
九十六種　文選　正156
九重　文選　正156
九重　本朝　正505
九重　白氏　續272
九重城　白氏　續272
九春　文選　正156
九春　本朝　正505
九序　文選　正156
九升　白氏　續272
九章　本朝　正505
九章　白氏　續271

九城　白氏　續272
九燭臺　白氏　續272
九真　文選　正156
九臣　白氏　續272
九人　論語　正57
九人　文選　正156
九人　白氏　續272
九寸のくろ　宇津　正710
九世　文選　正156
九姓　白氏　續272
九姓廻鶻　白氏　續272
九成　文選　正156
九星　文選　正156
九清　白氏　續272
九逝　文選　正156
九石　白氏　續272
九折　文選　正156
九折　白氏　續272
九仙　文選　正156
九仙　白氏　續272
九仙府　本朝　正505
九千　文選　正156
九千二百五十二言　白氏　續272
九千二百八十七言　白氏　續272
九千里　文選　正156
九泉　遊仙　正90
九泉　文選　正156
九泉　本朝　正505
九喪*　白氏　續271
九奏　文選　正156
九奏中　白氏　續272
九層　白氏　續272
九族　論語　正57
九族　文選　正156
九族　白氏　續272
九尊　本朝　正505
九代　白氏　續272
九達　文選　正156
九谷　文選　正156
九歎す　本朝　正505
九地　文選　正156
九鼎　文選　正156
九天　文選　正156
九塗　文選　正156
九土　文選　正156
九土　白氏　續272
九冬　本朝　正505
九日　文選　正156
九日　本朝　正505
九日　白氏　續271
九日　土左　正659
九乳　本朝　正505
九任　白氏　續272
九年　文選　正156
九年　本朝　正505
九年　白氏　續272
九年四月二十八日　白氏　續272
九年十一月二十一日　白氏　續272
九之一　白氏　續271
九伯　文選　正156
九八　白氏　續272
九伐　文選　正156
九班　文選　正156
九番　宇津　正710
九尾　文選　正156
九微　白氏　續272
九百　論語　正57
九百　文選　正156
九百章　白氏　續272
九廟　文選　正156
九廟　白氏　續272
九品　文選　正156
九品　白氏　續272
九賓　文選　正156
九復　文選　正156
九服　文選　正156
九淵　文選　正156
九沸　文選　正156
九分　白氏　續272
九穂　白氏　續272
九房　文選　正156
九牧　文選　正156
九万四千束　本朝　正505
九万四千八百束　本朝　正505
九万里　本朝　正505
九命　文選　正156
九門　白氏　續272
九野　文選　正156
九有　文選　正155
九葉　白氏　續271
九陽　文選　正156
九里　白氏　續272
九流　文選　正156
九流　本朝　正505
九流　白氏　續272
九龍　文選　正156
九龍潭　白氏　續272
九類　白氏　續272
九列　文選　正156
九仞　白氏　續272
九劔　白氏　續271
九區　文選　正155
九國　文選　正156
九國　本朝　正505
九圍　本朝　正505
九垓　文選　正155
九垠　文選　正155
九壤　文選　正156
九嬪　文選　正156
九嬪*　白氏　續272
九峭石　白氏　續272
九旒　文選　正156
九旒す　文選　正156
九條　本朝　正505
九棘　本朝　正505

九溪　文選　正156
九潭　白氏　續272
九獻　本朝　正505
九疇　文選　正156
九疇　本朝　正505
九疇　白氏　續272
九竅　文選　正156
九竅　白氏　續271
九筵　文選　正156
九籥　文選　正156
九經　白氏　續271
九縣　文選　正156
九苞　本朝　正505
九葩　文選　正156
九衢　文選　正155
九衢　白氏　續271
九譯　文選　正156
九轉す　白氏　續272
九辯　文選　正156
九逵　白氏　續271
九扈　文選　正156
九關　文選　正155
九雉　文選　正156
九霄　文選　正156
九霄　本朝　正505
九霄　白氏　續272
九齡　文選　正156
九齡　白氏　續272
九德　文選　正156
九嵕　文選　正156
九斿　文選　正156
九泒　白氏　續272
九畹　文選　正156
九罭　文選　正156
九醞　文選　正156
九醞　本朝　正505
九醞　白氏　續271
九隩　文選　正155
駈使　遊仙　正90
駈使　白氏　續276
具臣　論語　正57
臭帑　白氏　續274
鳩合す　文選　正158
鳩車　本朝　正506
鳩杖　本朝　正506
鳩巣　白氏　續276
咎　白氏　續273
咎異　本朝　正505
咎過　本朝　正505
咎悔　文選　正157
咎孽　白氏　續273
咎繇　文選　正157
廐　白氏　續273
廐庫　白氏　續273
廐馬　白氏　續273
柩輅　文選　正157
樛木　遊仙　正90
樛木　文選　正157
樛木　白氏　續274
樛流　文選　正157
毬　白氏　續274
毬花　白氏　續274
毬杖　白氏　續274
毬杖　宇津　正710
毬馬　白氏　續274
穹居　文選　正157
穹崇　遊仙　正90
穹崇　文選　正157
穹石　文選　正157
穹蒼　文選　正157
穹谷　文選　正157
穹天　文選　正157
穹隆　文選　正157
穹壤　文選　正157
穹岫　文選　正157
穹廬　文選　正157
糺　論語　正57
糺察　本朝　正506
糺察す　白氏　續274
糺紛す　文選　正158
舅　本朝　正506
舅甥　白氏　續275
舅姑　文選　正158
舅姑　白氏　續275
舅氏　文選　正158
舅氏　白氏　續275
舅犯　文選　正158
蕉遊　本朝　正506
舊　文選　正158
舊　本朝　正506
舊　白氏　續275
舊す　白氏　續275
舊愛　白氏　續275
舊悪　本朝　正506
舊域　文選　正158
舊姻　文選　正158
舊姻　白氏　續275
舊飲　白氏　續275
舊院　本朝　正506
舊院　白氏　續276
舊宇　文選　正158
舊浦　文選　正158
舊云　本朝　正506
舊園　文選　正158
舊屋　白氏　續275
舊恩　文選　正158
舊恩　白氏　續276
舊花　白氏　續275
舊華　本朝　正506
舊崖　文選　正158
舊格　本朝　正506
舊格　白氏　續275
舊額　白氏　續275
舊官　白氏　續275
舊官爵　白氏　續275
舊官銜　白氏　續275
舊管　白氏　續275
舊翰林　白氏　續275
舊貫　論語　正57
舊貫　本朝　正506

舊館	文選	正158
舊館	白氏	續275
舊規	本朝	正506
舊記	本朝	正506
舊軌	文選	正158
舊儀	本朝	正506
舊丘	文選	正158
舊居	文選	正158
舊居	本朝	正506
舊居	白氏	續275
舊京	文選	正158
舊彊	文選	正158
舊橋	白氏	續275
舊郷	本朝	正506
舊業	文選	正158
舊業	白氏	續275
舊曲	本朝	正506
舊曲	白氏	續275
舊句	白氏	續275
舊勲	文選	正158
舊勲	白氏	續275
舊軍	白氏	續275
舊契	本朝	正506
舊月	白氏	續275
舊孤	文選	正158
舊故	本朝	正506
舊呉	文選	正158
舊語	本朝	正506
舊語	白氏	續275
舊交遊	白氏	續275
舊功	白氏	續275
舊好	白氏	續275
舊号	本朝	正506
舊穀	論語	正57
舊穀	白氏	續275
舊栽	白氏	續275
舊山	文選	正158
舊山	白氏	續275
舊山池	白氏	續275
舊使	文選	正158
舊史	文選	正158
舊史	本朝	正506
舊史	白氏	續275
舊史氏	文選	正158
舊史氏	本朝	正506
舊詞	本朝	正506
舊詩	本朝	正506
舊詩	白氏	續275
舊詩巻	白氏	續275
舊賜	本朝	正506
舊賜	白氏	續275
舊事	論語	正57
舊事	本朝	正506
舊事	白氏	續275
舊時	白氏	續275
舊式	文選	正158
舊識	白氏	續275
舊失	本朝	正506
舊室	文選	正158
舊車	文選	正158
舊主	本朝	正506
舊主人	白氏	續275
舊手	白氏	續275
舊酒	白氏	續275
舊宗	文選	正158
舊書	文選	正158
舊書	本朝	正506
舊章	文選	正158
舊章	本朝	正506
舊章	白氏	續275
舊城	文選	正158
舊情	文選	正158
舊情	白氏	續275
舊職	文選	正158
舊職	白氏	續275
舊臣	文選	正158
舊臣	本朝	正506
舊臣	白氏	續275
舊親	文選	正158
舊親知	白氏	續275
舊人	白氏	續275
舊塵	本朝	正506
舊制	文選	正158
舊制	本朝	正506
舊制	白氏	續275
舊政	白氏	續275
舊生	本朝	正506
舊昔	本朝	正506
舊石樓	白氏	續275
舊跡	本朝	正506
舊説	論語	正57
舊船	白氏	續275
舊曽	白氏	續275
舊楚	文選	正158
舊僧	白氏	續275
舊想	文選	正158
舊草	文選	正158
舊草	本朝	正506
舊草堂	白氏	續275
舊造	本朝	正506
舊則	文選	正158
舊俗	文選	正158
舊俗	白氏	續275
舊族	遊仙	正90
舊族	文選	正158
舊卒	文選	正158
舊第	白氏	續276
舊題	白氏	續276
舊宅	文選	正158
舊宅	本朝	正506
舊宅	白氏	續276
舊谷	本朝	正506
舊知	文選	正158
舊地	白氏	續276
舊池	白氏	續276
舊柱	白氏	續276
舊亭	白氏	續276
舊典	文選	正158
舊典	本朝	正506
舊典	白氏	續276

舊典刑　白氏　續276
舊都　文選　正158
舊都　白氏　續276
舊土　文選　正158
舊土　本朝　正506
舊土　白氏　續276
舊塔　白氏　續276
舊堂　白氏　續275
舊銅魚　白氏　續276
舊灘　白氏　續275
舊日　本朝　正506
舊日　白氏　續275
舊念　白氏　續276
舊柏　本朝　正506
舊伴　白氏　續276
舊病　白氏　續276
舊府　白氏　續276
舊譜　本朝　正506
舊譜　白氏　續276
舊封　白氏　續276
舊風　文選　正158
舊風　本朝　正506
舊物　文選　正158
舊物　本朝　正506
舊物　白氏　續276
舊文　文選　正158
舊聞　文選　正158
舊圃　文選　正158
舊峯　白氏　續276
舊法　本朝　正506
舊法　白氏　續276
舊邦　文選　正158
舊邦　白氏　續276
舊房　白氏　續276
舊僕　本朝　正506
舊民　文選　正158
舊木　文選　正158
舊目　本朝　正506
舊目　白氏　續276
舊約　論語　正57
舊遊　白氏　續275
舊遊す　白氏　續275
舊容　本朝　正506
舊容　白氏　續276
舊要　文選　正158
舊吏　本朝　正506
舊理　白氏　續276
舊里　文選　正158
舊里　本朝　正506
舊里　白氏　續276
舊侶　文選　正158
舊侶　白氏　續276
舊寮　白氏　續276
舊梁　文選　正158
舊林　文選　正158
舊例　文選　正158
舊例　本朝　正506
舊例　白氏　續276
舊路　白氏　續276
舊老　文選　正158
舊老　白氏　續276
舊倡　文選　正158
舊處　文選　正158
舊勞　本朝　正506
舊勞　白氏　續276
舊卷　白氏　續275
舊國　本朝　正506
舊國　白氏　續275
舊塋　文選　正158
舊墟　文選　正158
舊壤　文選　正158
舊壤　白氏　續275
舊寢　本朝　正506
舊將軍　白氏　續275
舊廬　文選　正158
舊徑　白氏　續275
舊惡　論語　正57
舊數　白氏　續275
舊櫪　白氏　續276
舊歡　文選　正158
舊歡　白氏　續275
舊氣　本朝　正506
舊沛　文選　正158
舊溪　白氏　續275
舊脊　白氏　續275
舊笳　文選　正158
舊縣　白氏　續275
舊舫　白氏　續276
舊莊　白氏　續275
舊謌　本朝　正506
舊豐　文選　正158
舊蹤　本朝　正506
舊迹　本朝　正506
舊隱　白氏　續275
舊隱す　白氏　續275
舊齒　文選　正158
舊德　文選　正158
舊德　本朝　正506
舊德　白氏　續276
舊鄉　文選　正158
舊鄉　白氏　續275
舊坰　文選　正158
舊壠　白氏　續276
舊巘　文選　正158
舊華　文選　正158
舊鄷　文選　正158
舊鬢　白氏　續276
裘　白氏　續276
裘馬　文選　正158
裘馬　白氏　續276
裘冕す　文選　正158
裘紱　文選　正158
赳赳　文選　正158
赳赳桓桓　文選　正158
氿濫　文選　正157
氿瀾　文選　正157
枓枝　文選　正158
璆鏘　文選　正157
粳糧　白氏　續274
紈袴　文選　正158

紈質　文選　正158
芎藭　文選　正158
虬　文選　正158
虬虎　文選　正158
虬箭　本朝　正506
虬龍　文選　正158
虬漏　本朝　正506
虬鬚　白氏　續276
虯　文選　正158
虯鬚　白氏　續276
觩觺　文選　正158
髹彤　文選　正158
聞き困し　源氏　正842
掬　文選　正159
掬す　文選　正159
菊　文選　正159
菊　本朝　正506
菊　白氏　續276
菊　伊勢　正649
菊　宇津　正710
菊　蜻蛉　正747
菊　枕冊　正777
菊　源氏　正842
菊の宴　宇津　正710
菊園　宇津　正710
菊黄　白氏　續276
菊花　本朝　正506
菊花　白氏　續276
菊華　本朝　正506
菊酒　本朝　正506
菊酒　白氏　續276
菊水　本朝　正506
菊叢　白氏　續276
菊潭　本朝　正506
菊籬　白氏　續276
菊蘂　本朝　正506
菊蘂　白氏　續276
菊藂　本朝　正506
菊藂　白氏　續276
白菊　伊勢　正649
鞠育　白氏　續276
鞠育す　文選　正159
鞠養す　白氏　續276
鞠壤　文選　正159
鞠躬す　文選　正159
鞠躬す　白氏　續276
鞠躬如　論語　正57
麯糵　白氏　續276
麹塵　本朝　正506
麴　白氏　續276
麴車　白氏　續276
麴神　白氏　續276
麴塵　白氏　續276
麴生　白氏　續276
麴糵　白氏　續276
北の陣　枕冊　正777
北の陣　源氏　正842
北野ゝ三位　枕冊　正777
吉祥天女　宇津　正710
吉祥天女　源氏　正842
吉　論語　正57
吉　文選　正159
吉　本朝　正506
吉　白氏　續276
吉凶　論語　正57
吉凶　文選　正159
吉凶　本朝　正506
吉凶　白氏　續276
吉月　論語　正57
吉故　文選　正159
吉士　文選　正159
吉州　白氏　續276
吉駿　文選　正159
吉少華　白氏　續276
吉少華等　白氏　續276
吉祥　本朝　正506
吉祥院　本朝　正506
吉祥寺　白氏　續276
吉象　文選　正159
吉占　文選　正159
吉辰　白氏　續276
吉兆　白氏　續277
吉鄭　白氏　續276
吉土　白氏　續277
吉日　文選　正159
吉日　本朝　正506
吉日　白氏　續276
吉甫　文選　正159
吉甫　白氏　續277
吉夢　白氏　續277
吉陽　文選　正159
吉了　白氏　續277
吉路　文選　正159
吉傅　白氏　續277
吉壽　白氏　續276
吉皎　白氏　續276
吉蠲　白氏　續276
桔槹　白氏　續277
橘　白氏　續277
橘卿　本朝　正506
橘侍郎　本朝　正506
橘贈納言　本朝　正506
橘太后　本朝　正506
橘命婦　本朝　正506
橘林　白氏　續277
橘郎中　本朝　正506
橘廣相　本朝　正506
橘苞　白氏　續277
詰　白氏　續277
詰屈　文選　正159
詰旦　文選　正159
詰朝　文選　正159
乞巧　白氏　續276
屹　白氏　續277
肸蠁　白氏　續277
肹蠁　文選　正159
肹蠁す　文選　正159
及科す　本朝　正506
及時　白氏　續277
及第　本朝　正506

及第	白氏	續277
及第	源氏	正842
及第し	宇津	正710
及第す	本朝	正506
及第す	白氏	續277
及第進士	白氏	續277
吸嗅	文選	正159
急	論語	正57
急	遊仙	正90
急	文選	正159
急	法華	正419
急	本朝	正506
急	白氏	續277
急	宇津	正710
急	枕冊	正777
急	源氏	正842
急雨	白氏	續277
急於	文選	正159
急官	白氏	續277
急管	白氏	續277
急危	白氏	續277
急急	白氏	續277
急響	本朝	正506
急景	文選	正159
急景	白氏	續277
急弦	文選	正159
急絃	文選	正159
急疾	白氏	續277
急節	文選	正159
急難	白氏	續277
急病	白氏	續277
急務	文選	正159
急用	宇津	正710
急舒	文選	正159
急樂世	白氏	續277
急觴	文選	正159
急遽	論語	正57
汲井	文選	正159
汲引	本朝	正506
汲汲	白氏	續277
汲水	本朝	正506
汲長孺	文選	正159
汲黯	文選	正159
汲黯	本朝	正506
汲黯	白氏	續277
泣血	文選	正159
泣血す	文選	正159
泣血す	白氏	續277
泣血號慕す	白氏	續277
泣涙	遊仙	正90
泣涙	文選	正159
泣戀す	白氏	續277
泣涕	遊仙	正90
泣涕	文選	正159
泣涕	白氏	續277
泣涕す	文選	正159
笈	本朝	正506
笈	白氏	續277
級	文選	正159
給	文選	正159
給	白氏	續277
給析	本朝	正506
給す	文選	正159
給す	白氏	續277
給園	文選	正159
給官す	本朝	正506
給事	文選	正159
給事	白氏	續277
給事す	文選	正159
給事す	白氏	續277
給事中	文選	正159
給事中	白氏	續277
給舎	白氏	續277
給身	白氏	續277
給足す	白氏	續277
給付す	白氏	續277
給物	本朝	正506
給与す	法華	正419
給稟	本朝	正506
給與す	文選	正159
自給す	白氏	續277
充給す	白氏	續277
岌岌	文選	正159
岌業	白氏	續277
歙	白氏	續277
洽	白氏	續277
洽す	白氏	續277
翕	文選	正159
翕赫	文選	正159
翕響	文選	正159
翕響す	文選	正159
翕忽	文選	正159
翕忽揮霍	文選	正159
翕習	文選	正159
翕習	白氏	續277
翕習す	白氏	續277
翕純	文選	正159
翕然	遊仙	正90
翕然	文選	正159
翕然	白氏	續277
翕如	論語	正57
翕艴	文選	正159
噏霰	文選	正159
錦羽	文選	正161
錦質	文選	正161
錦車	本朝	正507
錦繡	本朝	正507
錦繡谷	本朝	正507
錦水	本朝	正507
錦帳	本朝	正507
錦篇	本朝	正507
錦幙	文選	正161
錦里	本朝	正507
錦梁	本朝	正507
錦帶	文選	正161
錦筵	本朝	正507
錦綺	本朝	正507
錦茵	文選	正161
錦窠	本朝	正507
錦繡	文選	正161

錦繡段	文選	正161
錦繢	文選	正161
欣載す	文選	正159
欽	文選	正161
欽饗す	本朝	正507
欽若	文選	正161
欽賞す	本朝	正507
欽誕	文選	正161
欽慕	本朝	正507
欽明	文選	正161
欽明天皇	本朝	正507
欽崟	文選	正161
琴	文選	正159
琴	本朝	正507
琴羽	文選	正159
琴歌	文選	正159
琴歌	本朝	正507
琴絃	本朝	正507
琴高	文選	正159
琴緒	文選	正159
琴書	文選	正159
琴心	文選	正159
琴樽	本朝	正507
琴筑	文選	正159
琴琅玕	文選	正159
琴瑟	文選	正159
琴箏	本朝	正507
琴臺	本朝	正507
琴軨	本朝	正507
禁	文選	正159
禁	本朝	正507
禁楄	文選	正160
禁蘌	文選	正159
禁す	文選	正159
禁す	本朝	正507
禁苑	文選	正160
禁戒	本朝	正507
禁劾	文選	正159
禁宮	本朝	正507
禁禦す	文選	正159
禁軒	文選	正159
禁固す	文選	正159
禁財	文選	正160
禁止	本朝	正507
禁止す	文選	正160
禁樹	本朝	正507
禁戎	文選	正160
禁省	文選	正160
禁省	本朝	正507
禁城	文選	正160
禁制	本朝	正507
禁制す	本朝	正507
禁成す	文選	正160
禁断す	本朝	正507
禁中	文選	正160
禁中	本朝	正507
禁懲	本朝	正507
禁庭	本朝	正507
禁典	文選	正160
禁兵	文選	正160
禁兵	本朝	正507
禁門	文選	正160
禁旅	文選	正160
禁林	文選	正160
禁營	文選	正160
禁圍	本朝	正507
禁臺	文選	正160
禁遏す	本朝	正507
禁錮	本朝	正507
禁錮す	文選	正159
禁菀	本朝	正507
禁闈	文選	正160
衿	文選	正160
衿	本朝	正507
衿帶	文選	正160
衿褵	文選	正160
襟	文選	正160
襟	本朝	正507
襟衛	文選	正160
襟懐	文選	正160
襟帶	文選	正160
襟帶す	文選	正160
襟懷	本朝	正507
金	文選	正160
金	本朝	正507
金粟	文選	正160
金鞍	文選	正160
金溢	文選	正160
金印	文選	正160
金印	本朝	正507
金烏	本朝	正507
金運	文選	正160
金屋	本朝	正507
金科	文選	正160
金科玉條	本朝	正507
金河	本朝	正507
金華	文選	正160
金駕	文選	正160
金較	文選	正160
金閣	文選	正160
金革	文選	正160
金官	本朝	正507
金環	文選	正160
金岸	文選	正160
金機	文選	正160
金記	文選	正160
金宮	本朝	正507
金鏡	文選	正160
金玉	文選	正160
金玉	本朝	正507
金銀	文選	正160
金銀	本朝	正507
金景	文選	正160
金穴	文選	正160
金穴	本朝	正507
金言	本朝	正507
金虎	文選	正160
金虎符	文選	正160
金鼓	文選	正160
金鼓	本朝	正507

金吾　本朝　正507
金光　文選　正160
金口　本朝　正507
金溝　文選　正160
金膏　文選　正160
金行　文選　正160
金郊　文選　正160
金骨　文選　正160
金根　文選　正160
金沙　文選　正160
金沙　本朝　正507
金彩　文選　正160
金策　文選　正160
金策　本朝　正507
金錯刀　文選　正160
金冊　文選　正160
金姿　文選　正160
金枝　文選　正160
金紫　文選　正160
金字　文選　正160
金字　本朝　正507
金璽　文選　正160
金爵　文選　正160
金錫　文選　正160
金商　文選　正160
金商　本朝　正507
金章　文選　正160
金章　本朝　正507
金鉦　文選　正160
金城　文選　正160
金色　本朝　正507
金身　本朝　正507
金人　文選　正160
金人　本朝　正507
金水　文選　正160
金翠　文選　正160
金雀　文選　正160
金星　本朝　正507
金精　文選　正160
金石　文選　正160
金石　本朝　正507
金箭　本朝　正507
金素　文選　正160
金組　文選　正160
金奏　文選　正160
金相　文選　正160
金谷　文選　正160
金谷　本朝　正507
金谷園　本朝　正507
金樽　文選　正160
金柱　文選　正160
金張　文選　正160
金張　本朝　正507
金堤　文選　正160
金鼎　文選　正160
金天　文選　正161
金殿　文選　正161
金殿　本朝　正507
金徒　文選　正161
金徒　本朝　正507
金塘　文選　正160
金湯　文選　正160
金湯　本朝　正507
金銅　本朝　正507
金日磾　文選　正160
金波　文選　正161
金波　本朝　正507
金馬　文選　正161
金馬　本朝　正507
金馬(地名)　文選　正161
金馬門　文選　正161
金版　文選　正161
金扉　文選　正161
金瓶　文選　正161
金風　文選　正161
金風　本朝　正507
金文　本朝　正507
金碧　文選　正161
金舗　文選　正161
金鋪　本朝　正507
金鳳　本朝　正507
金門　文選　正161
金輿　文選　正161
金容　本朝　正507
金揺　文選　正160
金蘭　文選　正161
金陵　文選　正161
金輪　本朝　正507
金練　文選　正161
金匏　文選　正161
金埒　本朝　正507
金壺　文選　正160
金壺　本朝　正507
金寶　文選　正161
金帛　文選　正161
金帛　本朝　正507
金柝　文選　正160
金樞　文選　正160
金潭　文選　正160
金爐　文選　正161
金狄　文選　正160
金璧　文選　正161
金礦　文選　正160
金磬　本朝　正507
金縣　文選　正160
金縢　文選　正161
金罍　文選　正161
金羈　文選　正160
金聲　文選　正160
金蜩　文選　正160
金觴　文選　正160
金貂　文選　正160
金貂す　文選　正160
金鄰　文選　正161
金鉉　本朝　正507
金錢　本朝　正507
金鐵　文選　正160
金鑁　文選　正161
金閨　文選　正160
金闕　本朝　正507

金龜　文選　正160
金罇　文選　正160
金釭　文選　正160
金釭　本朝　正507
金鏞　文選　正161
金墀　文選　正160
金墉　文選　正161
金琯　本朝　正507
金璫　文選　正160
金筩　文選　正161
金鑣　文選　正161
金隄　文選　正160
金臒　文選　正160
吟　文選　正159
吟　本朝　正507
吟す　文選　正159
吟す　本朝　正507
吟詠　文選　正159
吟詠　本朝　正507
吟詠す　文選　正159
吟詠す　本朝　正507
吟翫す　文選　正159
吟翫す　本朝　正507
吟賞　本朝　正507
吟賞す　本朝　正507
吟想　文選　正159
吟歎す　文選　正159
吟嘯　文選　正159
吟嘯す　文選　正159
吟氣　文選　正159
吟頌す　文選　正159
今月九日　文選　正159
今月三日　本朝　正506
今月四日　本朝　正506
今月十九日　本朝　正506
今月十五日　本朝　正506
今月十四日　本朝　正506
今月十七日　本朝　正506
今月十二日　文選　正159
今月二日　本朝　正506
今月八日　本朝　正506
今月令辰　文選　正159
今月廾五日　本朝　正506
今古　文選　正159
今古　本朝　正506
今上　文選　正159
今上　本朝　正506
今上陛下　本朝　正506
今世　本朝　正506
今朝　本朝　正506
今度　本朝　正506
今日　文選　正159
今日　本朝　正506
今年　文選　正159
今年　本朝　正507
今明　本朝　正507
今夕　文選　正159
今來　文選　正159
顉頤　文選　正161
噤　文選　正159
噤害　文選　正159
噤吟　文選　正159
噤閉す　文選　正159
岑寂　文選　正159
岑文瑜　文選　正159
岑嶺　文選　正159
岑崟　文選　正159
崟*崟*　文選　正159
矜育　文選　正159
矜然　文選　正159
矜莊　文選　正159
衾裳　文選　正160
衾枕　文選　正160
衾衹　文選　正160
衾幬　文選　正160
衾襚　文選　正160
黔首　文選　正161
黔婁　文選　正161
黔黎　文選　正161
僸休　文選　正159
嶔巖　文選　正159
嶔崟*　文選　正159
歆饗　本朝　正507
歆饗す　本朝　正507
歆羨す　文選　正159
涔陽　文選　正159
礛硂　文選　正159
杏　白氏　續278
杏園　白氏　續278
杏花　白氏　續278
杏樹　遊仙　正90
杏壇　本朝　正508
杏壇　白氏　續278
杏葉　白氏　續278
杏梁　白氏　續278
杏林　白氏　續278
杏爲梁　白氏　續278
享　本朝　正507
享　白氏　續278
享す　白氏　續278
享主　本朝　正507
享年　白氏　續278
享礼　論語　正57
京　伊勢　正649
京　土左　正659
京　宇津　正710
京　蜻蛉　正747
京　枕冊　正777
京　源氏　正842
京くそたち　宇津　正710
京びと　宇津　正710
京わらはべ　宇津　正710
京極　宇津　正710
京極どの　宇津　正710
京極わたり　源氏　正842
京極殿　枕冊　正777
京人　源氏　正842
西の京　伊勢　正649
競渡　白氏　續278
競惶　白氏　續278

匡　論語　正57
匡　白氏　續277
匡す　白氏　續277
匡郭　文選　正161
匡合　文選　正161
匡山　白氏　續277
匡時　白氏　續277
匡飾　白氏　續277
匡復す　文選　正161
匡輔緝熙宣和　白氏　續277
匡翼　文選　正161
匡廬　白氏　續277
匡廬山　白氏　續277
匡濟　白氏　續277
匡牀　白氏　續277
匡贊　白氏　續277
卿　本朝　正507
卿の君　宇津　正710
中司卿　本朝　正507
藤原卿　本朝　正507
強　白氏　續278
強毅　白氏　續278
強毅果斷　白氏　續278
強毅久大　白氏　續278
強禦　白氏　續278
強健　本朝　正508
強健　白氏　續278
強豪　本朝　正507
強仕　本朝　正508
強仕す　本朝　正508
強者　文選　正161
強弱　白氏　續278
強酒　白氏　續278
強盛　白氏　續278
強楚　本朝　正508
強楚　白氏　續278
強大　白氏　續278
強敵　白氏　續278
強年　白氏　續278
強兵　白氏　續278
強暴　白氏　續278
強名　白氏　續278
強明　白氏　續278
強弩　本朝　正508
強竊　本朝　正508
強羸　白氏　續278
彊　文選　正161
彊顏　文選　正161
彊毅　文選　正161
彊記　文選　正161
彊禦　文選　正161
彊彊　文選　正161
彊近　文選　正161
彊胡　文選　正161
彊吳　文選　正161
彊弱　文選　正161
彊晉　文選　正161
彊秦　文選　正161
彊臣　文選　正161
彊盛　文選　正161
彊楚　文選　正161
彊大　文選　正161
彊敵　文選　正161
彊暴　文選　正161
彊民　文選　正161
彊圉　文選　正161
彊寇　文選　正161
彊趙　文選　正161
彊齊　文選　正161
狂　論語　正57
狂す　本朝　正508
狂簡　論語　正57
狂簡　文選　正161
狂簡　白氏　續278
狂虛　遊仙　正90
狂句　本朝　正508
狂愚　本朝　正508
狂堅　本朝　正508
狂言　本朝　正508
狂顧す　文選　正161
狂疾　文選　正161
狂者　論語　正57
狂什　白氏　續278
狂生　文選　正161
狂電　文選　正161
狂赴す　文選　正161
狂風　遊仙　正90
狂風　本朝　正508
狂謀　本朝　正508
狂欲　本朝　正508
狂惑　文選　正161
狂狷　論語　正57
狂狷　文選　正161
狂瞽　本朝　正508
狂鷄　遊仙　正90
狂厲　文選　正161
郷　論語　正57
郷　本朝　正508
郷　本朝　正508
郷　白氏　續278
郷井　白氏　續278
郷飲　本朝　正508
郷園　白氏　續278
郷管　白氏　續278
郷貫　白氏　續278
郷関　遊仙　正90
郷曲　白氏　續278
郷原　白氏　續278
郷校　白氏　續278
郷貢　白氏　續278
郷貢進士　白氏　續278
郷士　本朝　正508
郷士　白氏　續278
郷思　白氏　續278
郷試　白氏　續278
郷愁　白氏　續278
郷書　白氏　續278
郷心　白氏　續278
郷人　論語　正57
郷人　本朝　正508

鄕人　白氏　續278
鄕村　白氏　續278
鄕土　本朝　正508
鄕土　白氏　續278
鄕賦　白氏　續278
鄕風　本朝　正508
鄕味　白氏　續278
鄕夢　白氏　續278
鄕吏　白氏　續278
鄕里　白氏　續278
鄕淚　白氏　續278
鄕路　白氏　續278
鄕老　白氏　續278
鄕國　白氏　續278
鄕縣　白氏　續278
鄕閭　白氏　續278
鄕關　白氏　續278
鄕黨　論語　正57
鄕黨　白氏　續278
鄕黨第十　論語　正57
某鄕　白氏　續278
鏡臺　遊仙　正90
鏡臺　源氏　正842
響答す　白氏　續279
饗　本朝　正508
饗　宇津　正710
饗　源氏　正842
饗す　文選　正162
饗す　白氏　續279
饗宴　本朝　正508
饗応し　枕冊　正778
饗賜す　文選　正162
饗象　文選　正162
饗像　文選　正162
饗奠　白氏　續279
饗祀す　文選　正162
驚新　遊仙　正90
驚怖す　法華　正419
驚懼　法華　正419
仰臥す　白氏　續277
仰給す　白氏　續277
仰止　文選　正161
仰嘆す　文選　正161
仰抃す　文選　正161
仰秣　文選　正161
刑部卿　本朝　正507
刑部尚書　本朝　正507
刑部大輔　本朝　正507
刑部郎中　本朝　正507
敬禮す　法華　正419
經　宇津　正710
經ども　宇津　正710
警策　宇津　正710
向　白氏　續277
向す　文選　正161
向外　白氏　續277
向後　白氏　續277
向秀　文選　正161
向上　遊仙　正90
向上　白氏　續277
向城　白氏　續277
向常侍　文選　正161
向西　白氏　續277
向前　白氏　續277
向背　白氏　續277
向背す　白氏　續277
向来　遊仙　正90
相向背す　白氏　續277
向後　本朝　正507
向上　本朝　正507
向背　本朝　正507
行　法華　正419
行　本朝　正508
行　宇津　正710
行す　法華　正419
行す　本朝　正508
行衣　本朝　正508
行基菩薩　本朝　正508
行基菩薩　蜻蛉　正747
行業　法華　正419
行敬　枕冊　正777
行幸　宇津　正710
行幸　蜻蛉　正747
行幸　枕冊　正777
行幸　源氏　正842
行幸し　宇津　正710
行幸す　本朝　正508
行幸す　伊勢　正649
行香　源氏　正842
行事　宇津　正710
行事す　宇津　正710
行事する　枕冊　正777
行事の藏人　枕冊　正777
行者　法華　正419
行道する　源氏　正842
行步　法華　正419
行列す　法華　正419
香　白氏　續278
香案　白氏　續279
香印　白氏　續279
香煙　白氏　續279
香火　白氏　續279
香火果花　白氏　續279
香花　白氏　續279
香街　白氏　續279
香茅　文選　正162
香騎　白氏　續279
香山　白氏　續279
香山院　白氏　續279
香山居士　白氏　續279
香山寺　白氏　續279
香燭　白氏　續279
香色　白氏　續279
香塵　白氏　續279
香水　白氏　續279
香草　文選　正162
香檀　白氏　續279
香飯　白氏　續279
香楓　本朝　正508
香風　遊仙　正90

香芳　文選　正162
香枕　白氏　續279
香丱　白氏　續279
香兒　遊仙　正90
香刹　白氏　續279
香徑　白氏　續279
香毬　白氏　續279
香燎　白氏　續279
香爐　白氏　續279
香牋　白氏　續279
香稻　白氏　續279
香絮　白氏　續279
香綺　白氏　續279
香茗　白氏　續279
香莖　白氏　續279
香衫　白氏　續279
香醪　白氏　續279
香鈿等　白氏　續279
香鑪峯　白氏　續279
香囊　遊仙　正90
香秔　文選　正162
香綳　白氏　續279
香醅　白氏　續279
香麴　白氏　續279
僵踣　文選　正161
兢兢　文選　正161
兢兢翼翼　文選　正161
兢悚　文選　正161
繦背　白氏　續277
姜　文選　正161
姜　白氏　續277
姜維　文選　正161
姜后　文選　正161
姜氏　文選　正161
姜詩　白氏　續278
姜姓　白氏　續278
姜相國　白氏　續278
姜伯約　文選　正161
姜發　白氏　續278
姜嫄　文選　正161
姜嫄文母　白氏　續278
杠　文選　正161
疆　白氏　續278
疆*　文選　正161
疆*域　文選　正162
疆*宇　文選　正161
疆*界　文選　正161
疆*胡　文選　正161
疆*場　文選　正161
疆*場　文選　正162
疆*秦　文選　正161
疆*中　文選　正161
疆*畔　文選　正162
疆*理す　文選　正162
疆*里　文選　正162
疆*陲　文選　正161
疆健　白氏　續278
疆場　白氏　續278
疆理す　白氏　續278
疆虜　白氏　續278
筐篋　文選　正162
御經　源氏　正842
御經佛　源氏　正842
經　法華　正419
經　本朝　正508
經　蜻蛉　正747
經　枕冊　正777
經　源氏　正842
經巻　法華　正419
經巻　本朝　正508
經供養　枕冊　正777
經行　法華　正419
經行す　法華　正419
經中　本朝　正508
經典　法華　正419
經典　本朝　正508
經箱　源氏　正842
經法　法華　正419
經佛　源氏　正842
羌　文選　正161
羌僰　文選　正161
羌夷　文選　正161
羌夷　白氏　續277
羌管　白氏　續277
羌胡　文選　正161
羌胡　白氏　續277
羌戎　文選　正161
羌戎　白氏　續277
羌人　文選　正161
羌笛　文選　正161
羌笛　本朝　正507
羌笛　白氏　續277
羌筰　文選　正161
薑芋　文選　正162
薑蕃　文選　正162
薑彙　文選　正162
襁負す　論語　正57
襁負す　文選　正162
襁負す　白氏　續278
襁褓　文選　正162
襁褓　白氏　續278
誑曜す　文選　正162
御輕服　源氏　正842
輕慢　法華　正419
輕慢す　法華　正419
輕々　源氏　正842
鄉　文選　正162
鄉曲　文選　正162
鄉中　文選　正162
鄉邑　文選　正162
鄉里　文選　正162
鄉淚　文選　正162
鄉閭　文選　正162
鄉黨　文選　正162
鄉耋　文選　正162
俇攘　文選　正161
劻勷す　白氏　續277
恇　文選　正161
恇　白氏　續278
恇々　本朝　正508

怳忽	文選	正161
怳爾	文選	正161
怳然	文選	正161
怳然	白氏	續278
怳怳	白氏	續278
貺	文選	正162
貺す	文選	正162
貺祐	文選	正162
韁鏁	白氏	續279
格	本朝	正508
格言	本朝	正508
格式	本朝	正508
格律	本朝	正508
却廻	本朝	正508
却後	白氏	續279
却歸す	本朝	正508
客	宇津	正710
脚下	白氏	續279
脚價	白氏	續279
脚瘡	白氏	續279
虐	論語	正57
虐	文選	正162
虐	白氏	續279
虐す	文選	正162
虐士	白氏	續279
虐暑	文選	正162
虐用す	白氏	續279
虐國	文選	正162
虐殘	本朝	正508
逆	本朝	正508
逆修す	本朝	正508
郤萌	文選	正162
蠼螋	文選	正162
噓吸す	文選	正162
噓唏	文選	正162
去	本朝	正508
去す	本朝	正508
去夏	白氏	續279
去去	白氏	續279
去去す	文選	正162
去今年	本朝	正508
去妻	白氏	續279
去歲	文選	正162
去歲	白氏	續279
去思	文選	正162
去思	白氏	續279
去思來暮	白氏	續279
去就	文選	正162
去就	本朝	正508
去就	白氏	續279
去秋	白氏	續279
去住	白氏	續279
去住す	白氏	續279
去春	白氏	續279
去人	文選	正162
去塵	白氏	續279
去遂	白氏	續279
去冬	白氏	續279
去日	文選	正162
去任	本朝	正508
去年	文選	正162
去年	本朝	正508
去年	白氏	續279
去年六月	白氏	續279
去病	本朝	正508
去歩	白氏	續279
去無來	本朝	正508
去留	遊仙	正90
去留	文選	正162
去留	本朝	正508
去留	白氏	續279
去留す	白氏	續279
去來	文選	正162
去來す	文選	正162
去聲	本朝	正508
去轂	文選	正162
去鴈	本朝	正508
去鴈	白氏	續279
居	論語	正57
居	文選	正162
居	本朝	正508
居	白氏	續279
居⿸疒帶	本朝	正508
居す	文選	正162
居す	本朝	正508
居す	白氏	續279
居易	本朝	正508
居易	白氏	續279
居易等	白氏	續279
居下	白氏	續279
居閑	本朝	正508
居敬	白氏	續279
居士	白氏	續279
居止	文選	正162
居止	白氏	續279
居室	文選	正162
居守	白氏	續279
居住す	白氏	續280
居所	本朝	正508
居所	白氏	續280
居諸	本朝	正508
居諸	白氏	續280
居人	文選	正162
居人	本朝	正508
居人	白氏	續280
居人部	白氏	續280
居然	文選	正162
居然	白氏	續280
居多	本朝	正508
居多	白氏	續280
居第	白氏	續280
居宅	本朝	正508
居民	文選	正162
居處	論語	正57
居處	文選	正162
居處	本朝	正508
居處	白氏	續279
居攝	本朝	正508
巨	文選	正162
巨狿	文選	正162

巨音　文選　正162
巨過　本朝　正508
巨海　文選　正162
巨海　本朝　正508
巨害　本朝　正508
巨滑　文選　正162
巨艦　文選　正162
巨黍　文選　正162
巨魚　文選　正162
巨細　文選　正162
巨細　本朝　正508
巨細　白氏　續280
巨索　白氏　續280
巨樹　文選　正162
巨象　文選　正162
巨雀　文選　正162
巨石　文選　正162
巨千　文選　正162
巨千万　本朝　正508
巨川　本朝　正508
巨川　白氏　續280
巨唐　本朝　正508
巨能　白氏　續280
巨病　本朝　正508
巨防　文選　正162
巨万　本朝　正508
巨鱗　文選　正162
巨麗　文選　正162
巨壑　文選　正162
巨狄　文選　正162
巨萬　文選　正162
巨蚌　文選　正162
巨蚌　白氏　續280
巨鎮　白氏　續280
巨闕　文選　正162
巨靈　文選　正162
巨鼇　文選　正162
巨鼇　白氏　續280
巨鼈　文選　正162
拒非　白氏　續280
拒圍す　文選　正162
渠　文選　正163
渠　白氏　續280
渠黄　文選　正163
渠口　文選　正163
渠口　白氏　續280
渠従事　白氏　續280
渠水　白氏　續280
渠捜　文選　正163
渠中　白氏　續280
渠彌　文選　正163
虚閑　本朝　正509
虚弓　本朝　正509
虚空　本朝　正509
虚詐　本朝　正509
虚詞　本朝　正509
虚賜　本朝　正509
虚室　本朝　正509
虚受　本朝　正509
虚舟　本朝　正509
虚心　本朝　正509
虚俗　遊仙　正90
虚誕　本朝　正509
虚無　本朝　正509
虚名　本朝　正509
虚耗　本朝　正508
虚柳　本朝　正509
虚假　遊仙　正90
虚實　本朝　正509
虚稱　本朝　正509
虚廗　本朝　正509
許　本朝　正509
許（人名）　文選　正163
許（地名）　文選　正163
許郭　文選　正163
許季同　白氏　續281
許京　文選　正163
許月　本朝　正509
許玄度　白氏　續281
許史　文選　正163
許志雍　白氏　續281
許州　白氏　續281
許州長史　白氏　續281
許少　文選　正163
許昌　文選　正163
許昌縣　白氏　續281
許諾す　本朝　正509
許徴君　文選　正163
許鄭　文選　正163
許都　文選　正163
許汝　白氏　續281
許否　本朝　正509
許峯　白氏　續281
許明府　白氏　續281
許孟容　白氏　續281
許由　文選　正163
許由　本朝　正509
許由　白氏　續281
許洛　文選　正163
許國　白氏　續281
許國公　白氏　續281
許惠卿　文選　正163
許潁　文選　正163
許與す　文選　正163
許歴　文選　正163
距紅　白氏　續281
距躍す　文選　正163
距虚　文選　正163
鋸　白氏　續281
漁　白氏　續280
漁す　文選　正163
漁す　白氏　續280
漁浦　文選　正163
漁翁　白氏　續280
漁歌　白氏　續280
漁竿　白氏　續280
漁戸　白氏　續280
漁子　文選　正163
漁者　文選　正163
漁者　白氏　續280

漁舟	本朝	正508
漁舟	白氏	續280
漁樵	白氏	續280
漁色	白氏	續280
漁色す	白氏	續280
漁人	本朝	正508
漁釣	文選	正163
漁釣	本朝	正508
漁田	本朝	正508
漁夫	文選	正163
漁父	白氏	續280
漁陽	文選	正163
漁陽	白氏	續280
漁潭	文選	正163
禦	文選	正163
禦す	白氏	續280
禦侮	文選	正163
禦侮	白氏	續281
禦寇	白氏	續280
魚	白氏	續281
魚衣	本朝	正509
魚竿	本朝	正509
魚竿	白氏	續281
魚貫	白氏	續282
魚貫す	文選	正164
魚眼	白氏	續281
魚牛	文選	正164
魚牛	白氏	續281
魚戸	白氏	續282
魚甲	文選	正163
魚酒	白氏	續282
魚書	白氏	續282
魚章	白氏	續282
魚心	白氏	續282
魚須	文選	正164
魚水	本朝	正509
魚水	白氏	續282
魚鮮	白氏	續282
魚藻	白氏	續282
魚袋	白氏	續282
魚虫	本朝	正509
魚鳥	文選	正164
魚鳥	白氏	續282
魚豚	白氏	續282
魚肉	本朝	正509
魚肉	白氏	續282
魚尾	白氏	續282
魚符	白氏	續282
魚文	文選	正164
魚米	白氏	續282
魚防	文選	正164
魚網	本朝	正509
魚目	文選	正164
魚目	白氏	續282
魚龍	文選	正164
魚龍	白氏	續282
魚鱗	遊仙	正90
魚鱗	本朝	正509
魚鱗	白氏	續282
魚麗	文選	正164
魚圖	本朝	正509
魚笋	白氏	續282
魚膾	白氏	續282
魚菽	文選	正164
魚蟲	文選	正164
魚蟲	本朝	正509
魚豎	文選	正164
魚鬢	文選	正164
魚鮓	白氏	續282
魚鰕	白氏	續281
魚鹽	白氏	續281
魚鼈	文選	正164
魚鼈	本朝	正509
魚鼈	白氏	續282
魚笱	白氏	續282
魚黿	文選	正164
御	論語	正58
御	文選	正162
御す	文選	正162
御す	本朝	正508
御す	白氏	續280
御衣	源氏	正842
御印	白氏	續280
御宇	白氏	續280
御管	本朝	正508
御願	本朝	正508
御願文	本朝	正508
御忌	本朝	正508
御寓	本朝	正508
御元服	本朝	正508
御溝	文選	正162
御溝	本朝	正508
御溝	白氏	續280
御妻	白氏	續280
御産	本朝	正508
御史	文選	正162
御史	本朝	正508
御史	白氏	續280
御史遺補郎官	白氏	續280
御史太夫	文選	正162
御史大夫	白氏	續280
御史中丞	白氏	續280
御史評事	白氏	續280
御史府	白氏	續280
御史臺	白氏	續280
御史諫官	白氏	續280
御者	文選	正162
御宿	文選	正162
御書院	白氏	續280
御書所	本朝	正508
御女	文選	正162
御食	白氏	續280
御厨	白氏	續280
御世	本朝	正508
御製	本朝	正508
御製	白氏	續280
御斉	本朝	正508
御撰	白氏	續280
御前	本朝	正508
御題	枕冊	正778

御注孝經 本朝 正508
御塔 本朝 正508
御筆 本朝 正508
御布施 本朝 正508
御府 本朝 正508
御府 白氏 續280
御封 本朝 正508
御服 文選 正162
御聞 文選 正162
御幣 本朝 正508
御房 文選 正162
御奔 文選 正162
御遊 本朝 正508
御龍 文選 正162
御輪 白氏 續280
御曆 本朝 正508
御曆 白氏 續280
御屬 文選 正162
御氣 文選 正162
御羞 白氏 續280
御諷誦 本朝 正508
御陌 白氏 續280
御箏 本朝 正508
御耦 文選 正162
御寓 本朝 正508
語 文選 正163
語 本朝 正509
語 白氏 續281
語(書名) 白氏 續281
語す 文選 正163
語す 本朝 正509
語す 白氏 續281
語言 文選 正163
語言 本朝 正509
語言 白氏 續281
語笑す 白氏 續281
語默 白氏 續281
語話す 白氏 續281
語樂 文選 正163
語聲 白氏 續281
語嘿 白氏 續281
相語す 白氏 續281
對語す 白氏 續281
車右 文選 正163
車下 文選 正163
車駕 文選 正163
車駕す 文選 正163
車蓋 文選 正163
車騎 文選 正163
車騎將軍 文選 正163
車攻 文選 正163
車校 文選 正163
車甲 文選 正163
車子 文選 正163
車書 文選 正163
車中 文選 正163
車徒 文選 正163
車馬 文選 正163
車服 文選 正163
車服 白氏 續281
車輔 文選 正163
車欄 文選 正163
車欄子 文選 正163
車輪 文選 正163
車帷 文選 正163
車闌 文選 正163
据据 文選 正162
裾 文選 正163
裾 本朝 正509
裾 白氏 續281
裾勢 文選 正163
清水觀音 源氏 正842
蜛蝫 文選 正163
圉 白氏 續279
圉空 文選 正162
圉人 文選 正162
圉人 白氏 續279
圉北 文選 正162
墟 文選 正162
墟 本朝 正508
墟 白氏 續279
墟中 白氏 續279
墟墳 文選 正162
墟墓 文選 正162
墟墓 白氏 續279
墟落 文選 正162
墟囿 文選 正162
據 文選 正162
據經 白氏 續280
學す 本朝 正508
擧 文選 正162
擧 本朝 正508
擧 白氏 續280
擧す 論語 正58
擧す 文選 正162
擧す 文選 正162
擧す 白氏 續280
擧違 白氏 續280
擧劾す 白氏 續280
擧止 遊仙 正90
擧止 白氏 續280
擧周 本朝 正508
擧人 白氏 續280
擧正す 白氏 續280
擧薦す 白氏 續280
擧措 文選 正162
擧措 白氏 續280
擧措す 文選 正163
擧奏 白氏 續280
擧奏す 本朝 正508
擧奏す 白氏 續280
擧達す 本朝 正508
擧動 文選 正163
擧動 本朝 正508
擧動 白氏 續280
擧之 白氏 續280
擧之僕射 白氏 續280
擧白 本朝 正508
擧補す 本朝 正508
擧目 白氏 續280

擧用す　本朝　正508
擧對す　白氏　續280
擧擇　白氏　續280
擧稲　本朝　正508
擧狀　本朝　正508
歔欷　遊仙　正90
歔欷　文選　正162
歔欷す　文選　正162
歔欷す　白氏　續280
炬　白氏　續280
秬　白氏　續281
秬鬯　文選　正163
遽伯玉　本朝　正509
蘧伯玉　論語　正58
鉅海　文選　正163
鉅鹿　文選　正163
鉅鹿侯　遊仙　正90
鉅儒　文選　正163
鉅石　文選　正163
鉅平　文選　正163
鉅野　文選　正163
鉅鱗　文選　正163
鉅萬　白氏　續281
馭　文選　正163
馭　白氏　續281
馭す　文選　正163
馭す　本朝　正509
馭す　白氏　續281
駏虚　文選　正163
崌崍　文選　正162
璩　文選　正163
粔籹　文選　正163
莒子　白氏　續281
莒父　論語　正58
蘧　文選　正163
蘧蒢　文選　正163
蘧子　文選　正163
蘧氏　文選　正163
蘧甯　文選　正163
虚　文選　正163
虚　文選　正163
虚　白氏　續281
虚位　文選　正163
虚位　白氏　續281
虚盈　文選　正163
虚遠　文選　正163
虚寡　文選　正163
虚懐　白氏　續281
虚廓　文選　正163
虚閑　白氏　續281
虚館　文選　正163
虚器　文選　正163
虚器　白氏　續281
虚儀夫子　文選　正163
虚求　白氏　續281
虚狂　白氏　續281
虚空　文選　正163
虚空　白氏　續281
虚景　文選　正163
虚玄　文選　正163
虚言　文選　正163
虚言　白氏　續281
虚語　文選　正163
虚語　白氏　續281
虚左　文選　正163
虚作　文選　正163
虚事　白氏　續281
虚室　文選　正163
虚室　白氏　續281
虚寂　文選　正163
虚受　文選　正163
虚受　白氏　續281
虚授　白氏　續281
虚舟　文選　正163
虚舟　白氏　續281
虚舟師　白氏　續281
虚潤　白氏　續281
虚徐　文選　正163
虚説　白氏　續281
虚窓　白氏　續281
虚託　文選　正163
虚誕　文選　正163
虚誕　白氏　續281
虚談　文選　正163
虚亭　白氏　續281
虚白　白氏　續281
虚白亭　白氏　續281
虚白堂　白氏　續281
虚白堂前　白氏　續281
虚薄　文選　正163
虚薄　白氏　續281
虚美　文選　正163
虚美　白氏　續281
虚封　白氏　續281
虚文　白氏　續281
虚簿　白氏　續281
虚幌　文選　正163
虚無　文選　正163
虚無　白氏　續281
虚名　文選　正163
虚名　白氏　續281
虚明　文選　正163
虚明　白氏　續281
虚牝　文選　正163
虚劣　白氏　續281
虚傳　白氏　續281
虚壑　文選　正163
虚實　白氏　續281
虚孱　白氏　續281
虚恬　文選　正163
虚擔　文選　正163
虚曠　文選　正163
虚榮　白氏　續281
虚檻　白氏　續281
虚滿　文選　正163
虚滿す　文選　正163
虚稱す　文選　正163
虚簷　白氏　續281
虚聲　白氏　續281
虚謚　文選　正163

虚辭 文選 正163
虚辭 白氏 續281
虚静 白氏 續281
虚聰 白氏 續281
鐻耳 文選 正163
鰅鰫 文選 正165
鰅鱅 文選 正165
享 文選 正164
供 文選 正164
供 白氏 續282
供す 論語 正58
供す 文選 正164
供す 文選 正164
供す 白氏 續282
供億 白氏 續282
供給 遊仙 正90
供給 白氏 續282
供給す 文選 正164
供給す 本朝 正509
供給す 白氏 續282
供施 白氏 續282
供私 本朝 正509
供進す 白氏 續282
供帳 文選 正164
供奉す 白氏 續282
供奉班 白氏 續282
供養 文選 正164
供養 白氏 續282
供養す 白氏 續282
兇 白氏 續282
兇魁 白氏 續282
兇渠 白氏 續282
兇愚 白氏 續282
兇醜 白氏 續282
兇徒 白氏 續282
兇徳 白氏 續282
兇暴 白氏 續282
兇嚚 白氏 續282
兇寇 白氏 續282
兇孽 白氏 續282
共倂す 文選 正164
共す 本朝 正509
共ず 論語 正58
共王 文選 正164
共穴 文選 正164
共工 文選 正164
共波 文選 正164
共穂 文選 正164
共理 白氏 續282
共和 文選 正164
共柢 文選 正164
凶 論語 正57
凶 文選 正164
凶 本朝 正509
凶 白氏 續282
凶す 白氏 續282
凶頑 文選 正164
凶危 文選 正164
凶器 文選 正164
凶器 白氏 續282
凶虐 文選 正164
凶逆 文選 正164
凶渠 文選 正164
凶荒 白氏 續282
凶酷 白氏 續282
凶邪 本朝 正509
凶醜 文選 正164
凶人 文選 正164
凶賊 文選 正164
凶損 本朝 正509
凶宅 本朝 正509
凶宅 白氏 續282
凶短折 白氏 續282
凶徒 本朝 正509
凶奴 文選 正164
凶徳 白氏 續282
凶難 白氏 續282
凶忍 文選 正164
凶年 白氏 續282
凶父 文選 正164
凶暴 本朝 正509
凶命 文選 正164
凶濫 本朝 正509
凶類 本朝 正509
凶侈 文選 正164
凶夭す 白氏 續282
凶歉 白氏 續282
凶殘 文選 正164
凶訃 白氏 續282
凶黨 本朝 正509
凶忒 文選 正164
匈威 文選 正164
匡衡 本朝 正509
匡済 本朝 正509
匡人 論語 正58
恐恥 本朝 正509
恐懼す 白氏 續282
恭 文選 正164
恭 白氏 續282
恭(人名) 文選 正164
恭す 白氏 續282
恭王 文選 正164
恭王餘 文選 正164
恭館 文選 正164
恭勤 白氏 續282
恭勤す 白氏 續282
恭謹 白氏 續282
恭敬 論語 正58
恭敬 本朝 正509
恭敬 白氏 續282
恭敬す 文選 正164
恭敬す 本朝 正509
恭敬す 白氏 續283
恭敬供養す 本朝 正509
恭敬悲泣す 白氏 續283
恭潔 文選 正164
恭謙 白氏 續283
恭輯す 文選 正164
恭順 論語 正58
恭順 白氏 續283

恭人　文選　正164
恭世子　白氏　續283
恭敏　白氏　續283
恭文　文選　正164
恭默　白氏　續283
恭默す　文選　正164
恭儉　文選　正164
恭儉　白氏　續283
恭姜　文選　正164
恭姜　白氏　續282
恭恪　白氏　續282
恭惠　白氏　續283
恭愼　白氏　續283
恭祀　文選　正164
恭險　文選　正164
胷　文選　正164
胷　白氏　續283
胷臆　文選　正164
胷襟　白氏　續283
胷情　文選　正164
胷中　文選　正164
胷中　白氏　續283
胷腹　文選　正164
胷懷　文選　正164
胷腋　文選　正164
胸臆　本朝　正509
胸前　白氏　續283
胸中　白氏　續283
胸陂　本朝　正509
興　論語　正58
興　文選　正164
興　本朝　正509
興　白氏　續283
興　宇津　正710
興　枕冊　正778
興(人名)　白氏　續283
興さかし　宇津　正710
興し　枕冊　正778
興じあはせ　宇津　正710
興しめで　宇津　正710
興し笑ふ　枕冊　正778
興す　白氏　續283
興運　文選　正164
興王　文選　正165
興化　白氏　續283
興果　白氏　續283
興果寺　白氏　續283
興果律師　白氏　續283
興玩　文選　正164
興慶　白氏　續283
興建　文選　正164
興建　白氏　續283
興元　白氏　續283
興元元年　白氏　續283
興行　文選　正164
興作す　文選　正164
興事　文選　正164
興事　宇津　正710
興治す　本朝　正509
興主　文選　正164
興州　白氏　續283
興衰　文選　正164
興衰　白氏　續283
興善　白氏　續283
興善寺　白氏　續283
興造す　文選　正164
興替　白氏　續283
興道　文選　正164
興念す　白氏　續283
興敗す　文選　正164
興比　白氏　續283
興武　論語　正58
興葺　文選　正164
興復　文選　正164
興復す　文選　正165
興亡　文選　正164
興亡　白氏　續283
興沒す　文選　正165
興味　白氏　續283
興滅　白氏　續283
興滅す　文選　正165
興諭　白氏　續283
興隆　文選　正165
興隆す　文選　正165
興會　文選　正164
興壞　文選　正164
興廢　文選　正164
興廢　白氏　續283
興廢す　白氏　續283
興發攻守　白氏　續283
興諷　白氏　續283
凝す　白氏　續282
凝威　文選　正164
凝陰　本朝　正509
凝寒　文選　正164
凝公　白氏　續282
凝高　本朝　正509
凝脂　白氏　續282
凝絶　白氏　續282
凝絶す　白氏　續282
凝霜　文選　正164
凝滞す　白氏　續282
凝戻　本朝　正509
凝曜　文選　正164
凝露　文選　正164
凝滯す　文選　正164
凝酥　白氏　續282
洪基　文選　正164
洪災　文選　正164
洪鐘　文選　正164
洪範　白氏　續283
洪流　文選　正164
洪頤　文選　正164
[illegible]諸　白氏　續283
硱磳　文選　正164
兢兢　白氏　續282
兢兢業業　白氏　續282
兢惶　白氏　續282
兢惶す　白氏　續282
兢愓　白氏　續282

兢惕	本朝　正509
匈奴	白氏　續282
匈匈	文選　正164
匈溘	文選　正164
恐懼	文選　正164
拱	文選　正164
拱	白氏　續283
拱す	文選　正164
拱す	白氏　續283
拱衛す	白氏　續283
拱木	文選　正164
拱木	白氏　續283
拱默	白氏　續283
拱揖す	文選　正164
洶	白氏　續283
洶然	白氏　續283
洶洶	文選　正164
矜	論語　正58
矜顧	文選　正164
矜照	本朝　正509
矜遂	本朝　正509
矜歎す	文選　正164
矜滿	白氏　續283
矜恤	本朝　正509
矜惻	文選　正164
矜矜	文選　正164
矜謔	文選　正164
矜驕	文選　正164
禺禺	文選　正164
蛩	白氏　續283
蛩思	白氏　續283
蛩蛩	文選　正165
鞏	白氏　續283
鞏更	文選　正165
鞏洛	文選　正165
鞏縣	文選　正165
鞏縣	白氏　續283
邛	文選　正164
邛越	文選　正164
邛斜	文選　正164
邛竹	文選　正164
邛蒟す	文選　正165
喁々	本朝　正509
喁客	白氏　續282
喁喁然	文選　正164
喁喁如	文選　正164
筇杖	白氏　續283
筇竹	白氏　續283
顒然	文選　正165
顒然	白氏　續283
顒望す	白氏　續283
顒顒	文選　正165
顒顒	白氏　續283
顒顒然	白氏　續283
龔	白氏　續283
龔黄	本朝　正509
龔黄	白氏　續283
龔勝	文選　正165
龔遂	文選　正165
龔遂	本朝　正509
旭卉	文選　正165
居勢	白氏　續283
局	遊仙　正90
局	白氏　續283
局署	白氏　續283
局上	白氏　續283
局	文選　正165
局下	文選　正165
局促	文選　正165
局蹐す	文選　正165
曲節	遊仙　正90
曲	文選　正165
曲	本朝　正509
曲	白氏　續283
曲瑤	文選　正165
曲岪	文選　正165
曲阿	文選　正165
曲井	本朝　正509
曲引	文選　正165
曲胤	文選　正165
曲陰	白氏　續283
曲宴す	文選　正165
曲涯	文選　正165
曲逆	文選　正165
曲琴	遊仙　正90
曲江	文選　正165
曲江	白氏　續283
曲江感秋	白氏　續283
曲江池	白氏　續283
曲江亭	白氏　續283
曲江縣	白氏　續283
曲士	文選　正165
曲士	白氏　續283
曲尺	白氏　續283
曲周	文選　正165
曲照	文選　正165
曲照	本朝　正509
曲照す	本朝　正509
曲章	白氏　續283
曲仁里	本朝　正509
曲水	文選　正165
曲水	本朝　正509
曲水	白氏　續283
曲成す	文選　正165
曲成す	白氏　續283
曲折	文選　正165
曲折	本朝　正509
曲全	白氏　續283
曲阻	文選　正165
曲隊	文選　正165
曲池	文選　正165
曲池	本朝　正509
曲調	白氏　續284
曲直	文選　正165
曲直	白氏　續283
曲度	文選　正165
曲度	文選　正165
曲突	文選　正165
曲念	文選　正165
曲阜	文選　正165

曲阜	本朝	正509
曲蓬	文選	正165
曲房	文選	正165
曲房	白氏	續284
曲用	文選	正165
曲陽	文選	正165
曲沃	文選	正165
曲洛	本朝	正509
曲洛	白氏	續284
曲欄	白氏	續284
曲裏	白氏	續284
曲几	白氏	續283
曲枅	文選	正165
曲櫺	文選	正165
曲沮	文選	正165
曲瓊	文選	正165
曲臺	文選	正165
曲臺	本朝	正509
曲莖	文選	正165
曲觀	本朝	正509
曲醉	白氏	續283
曲陌	文選	正165
曲氾	文選	正165
曲峭	文選	正165
曲榭	文選	正165
曲鑒す	本朝	正509
曲面勢	文選	正165
極	論語	正58
極	文選	正165
極	白氏	續284
極哀	文選	正165
極位	文選	正165
極位	白氏	續284
極異	文選	正165
極浦	文選	正165
極浦	白氏	續284
極危	文選	正165
極刑	文選	正165
極言	白氏	續284
極言す	文選	正165
極言す	白氏	續284
極孝	文選	正165
極思	文選	正165
極深	文選	正165
極寵	文選	正165
極天	文選	正165
極服	文選	正165
極慮	白氏	續284
極麗	文選	正165
極諫	白氏	續284
極諫す	白氏	續284
極陋	文選	正165
王戸	文選	正165
玉	論語	正58
玉	文選	正165
玉	白氏	續284
玉井	本朝	正509
玉韻	白氏	續284
玉宇	文選	正165
玉羽	本朝	正509
玉英	文選	正165
玉液	文選	正166
玉液	白氏	續284
玉音	文選	正165
玉音	本朝	正509
玉音	白氏	續284
玉架	白氏	續284
玉珂	白氏	續284
玉芽	白氏	續284
玉階	文選	正165
玉階	本朝	正509
玉階	白氏	續284
玉鉤	白氏	續284
玉鉤欄	白氏	續284
玉釜	白氏	續285
玉冠	白氏	續284
玉環	白氏	續284
玉管	白氏	續284
玉簡	本朝	正509
玉顔	文選	正165
玉顔	白氏	續284
玉徽	白氏	續284
玉徽琴	白氏	續284
玉妓	本朝	正509
玉京	白氏	續284
玉鏡	本朝	正509
玉鏡	白氏	續284
玉琴	白氏	續284
玉句	本朝	正509
玉屑	白氏	續284
玉懸	本朝	正509
玉軒	文選	正165
玉皇	白氏	續284
玉皇帝	白氏	續284
玉膏	文選	正165
玉衡	文選	正165
玉沙	本朝	正509
玉座	文選	正165
玉座	白氏	續284
玉策	文選	正165
玉山	本朝	正509
玉山	白氏	續284
玉山峯	白氏	續284
玉子	遊仙	正90
玉指	白氏	續284
玉璽	文選	正165
玉軸	本朝	正509
玉質	文選	正165
玉芝	文選	正165
玉芝	白氏	續284
玉芝歡	白氏	續284
玉蕊	白氏	續284
玉爵	本朝	正509
玉爵	白氏	續284
玉樹	文選	正165
玉樹	白氏	續284
玉潤	白氏	續284
玉書	文選	正165
玉女	遊仙	正90
玉女	文選	正166

玉女　本朝　正509
玉除　文選　正166
玉除　白氏　續284
玉乗　文選　正165
玉燭　文選　正165
玉燭　本朝　正509
玉燭　白氏　續284
玉振　文選　正165
玉人　本朝　正509
玉人　白氏　續284
玉塵　本朝　正509
玉塵　白氏　續285
玉水　文選　正166
玉水　白氏　續284
玉性　白氏　續284
玉戚　文選　正166
玉石　文選　正166
玉石　本朝　正509
玉川　白氏　續284
玉泉　白氏　續284
玉泉寺　白氏　續284
玉藻　文選　正165
玉霜　白氏　續284
玉像　白氏　續284
玉題　文選　正166
玉池　文選　正166
玉池　白氏　續284
玉柱　文選　正166
玉柱　白氏　續284
玉牒　文選　正166
玉諜　文選　正166
玉誎　文選　正166
玉津　文選　正166
玉笛　本朝　正509
玉笛　白氏　續285
玉兎　白氏　續285
玉斗　文選　正166
玉度　文選　正166
玉堂　文選　正166
玉洞　本朝　正509
玉洞　白氏　續285
玉童　白氏　續285
玉徳　白氏　續285
玉縄　本朝　正509
玉馬　文選　正166
玉杯　文選　正166
玉杯　白氏　續285
玉盃　本朝　正510
玉肌　白氏　續284
玉盤　文選　正166
玉盤　白氏　續285
玉妃　白氏　續285
玉府　文選　正166
玉府　本朝　正510
玉淵　文選　正166
玉柄　白氏　續285
玉陛　白氏　續285
玉片　白氏　續285
玉鞭　白氏　續285
玉峯　白氏　續285
玉房　文選　正166
玉貌　遊仙　正90
玉貌　文選　正166
玉枕　本朝　正509
玉門　文選　正166
玉猷　文選　正165
玉輿　文選　正166
玉容　文選　正166
玉容　白氏　續285
玉葉　本朝　正509
玉螺　白氏　續285
玉卵　本朝　正510
玉律　文選　正166
玉暦　白氏　續285
玉簾　本朝　正510
玉漏　本朝　正510
玉漏　白氏　續285
玉佩　文選　正166
玉佩　本朝　正509
玉几　文選　正165
玉匣　文選　正165
玉匣　白氏　續284
玉匱　文選　正165
玉壘　文選　正166
玉壷　白氏　續284
玉壺　文選　正165
玉宸　白氏　續284
玉帛　論語　正58
玉帛　文選　正166
玉帛　本朝　正510
玉帛　白氏　續285
玉帶　白氏　續284
玉廂　文選　正165
玉旒　白氏　續285
玉條　文選　正166
玉條　本朝　正509
玉棹　白氏　續284
玉樓　本朝　正510
玉樓　白氏　續285
玉毫　白氏　續284
玉澤　文選　正166
玉珥　文選　正165
玉珮　白氏　續285
玉璞　文選　正166
玉甃　白氏　續284
玉眞　白氏　續284
玉砌　文選　正166
玉砌　本朝　正509
玉砌　白氏　續284
玉磬琴　白氏　續284
玉笙　本朝　正509
玉笙　白氏　續284
玉筐　文選　正165
玉笄　文選　正165
玉綏　文選　正166
玉纓　文選　正165
玉聲　本朝　正509
玉臺　文選　正166
玉臺　本朝　正509
玉蘂　白氏　續284

玉蘂花	白氏	續284
玉觴	文選	正165
玉觴	白氏	續284
玉趾	文選	正165
玉躰	本朝	正509
玉軫	白氏	續284
玉輅	文選	正166
玉輦	文選	正166
玉輦	本朝	正510
玉醴	遊仙	正90
玉醴	文選	正166
玉鉤	文選	正165
玉鑾	文選	正166
玉闕	本朝	正509
玉關	文選	正165
玉饌	文選	正166
玉饌	本朝	正509
玉饌	白氏	續284
玉駱	文選	正166
玉體	文選	正166
玉鸞	文選	正166
玉鸞	白氏	續285
玉齒	文選	正165
玉墀	文選	正166
玉墀	白氏	續284
玉扆	本朝	正509
玉扆	白氏	續284
玉斝	文選	正165
玉琯	白氏	續284
玉瑱	文選	正166
玉璜	文選	正165
玉璫	文選	正166
玉虬	文選	正165
玉軑	文選	正166
獄	文選	正165
獄	白氏	續284
獄官	文選	正165
獄戸	文選	正165
獄市	白氏	續284
獄訟	文選	正165
獄訟	白氏	續284
獄訟す	文選	正165
獄中	白氏	續284
獄吏	文選	正165
獄吏	白氏	續284
獄糧	白氏	續284
嶽	文選	正165
嶽牧	文選	正165
嶷然	白氏	續283
棘	本朝	正509
棘	白氏	續284
棘刺	文選	正165
棘刺	白氏	續284
棘子成	論語	正58
棘藩	文選	正165
棘林	文選	正165
棘路	本朝	正509
棘露	本朝	正509
棘霸	文選	正165
棘矜	文選	正165
跼促	白氏	續285
跼懼蹐迷す	本朝	正510
跼蹐	文選	正166
跼蹐す	本朝	正510
跼迹	白氏	續285
扃	本朝	正509
扃會	本朝	正509
殛す	白氏	續284
赩	文選	正166
赩す	白氏	續285
桐壺更衣	源氏	正842
疊す	白氏	續287
勤	本朝	正510
勤	白氏	續285
勤王	文選	正166
勤王	本朝	正510
勤王	白氏	續286
勤教	文選	正166
勤勤	文選	正166
勤勤	白氏	續285
勤々	本朝	正510
勤勤懇懇	文選	正166
勤勤懇懇	白氏	續285
勤苦	文選	正166
勤苦	本朝	正510
勤苦	白氏	續285
勤苦す	本朝	正510
勤苦す	白氏	續285
勤倹	文選	正166
勤倦	白氏	續285
勤拳	白氏	續285
勤公	本朝	正510
勤功	白氏	續285
勤効	白氏	續285
勤懇	文選	正166
勤懇	白氏	續285
勤懇歡誡	白氏	續285
勤仕す	本朝	正510
勤修す	本朝	正510
勤政樓	白氏	續286
勤請	白氏	續286
勤請す	白氏	續286
勤績	本朝	正510
勤天	本朝	正510
勤法師	文選	正166
勤役	文選	正166
勤役	本朝	正510
勤役す	文選	正166
勤略	文選	正166
勤儉	白氏	續285
勤勞	本朝	正510
勤勞	白氏	續286
勤勞す	論語	正58
勤勞す	本朝	正510
勤勞す	白氏	續286
勤匱す	白氏	續285
勤墮	白氏	續286
勤學	本朝	正510
勤恪	文選	正166
勤恪	白氏	續285

勤恪す　白氏　續285
勤瘁す　文選　正166
勤盡　白氏　續286
勤禮　白氏　續286
勤舊　白氏　續285
勤齊　白氏　續286
勤卹　白氏　續286
勤卹す　白氏　續286
勤卹憂勞す　白氏　續286
均　文選　正166
均　白氏　續286
均す　白氏　續286
均握す　白氏　續286
均一　本朝　正510
均曲　文選　正166
均節　白氏　續286
均田　文選　正166
均平　白氏　續286
巾　文選　正166
巾　白氏　續286
巾幯　文選　正166
巾す　白氏　續286
巾冠　白氏　續286
巾巻　文選　正166
巾机　文選　正166
巾櫛　本朝　正510
巾櫛　本朝　正510
巾櫛　白氏　續286
巾車　文選　正166
巾車　白氏　續286
巾裳　白氏　續286
巾上　白氏　續286
巾杖　白氏　續286
巾箱　本朝　正510
巾涙　白氏　續286
巾几　白氏　續286
巾帶　文選　正166
巾帶　白氏　續286
巾幗　白氏　續286
巾拂　文選　正166
巾笏　白氏　續286
巾簪　白氏　續286
巾幘　白氏　續286
巾箑　文選　正166
錦　白氏　續290
錦(人名)　白氏　續290
錦額　白氏　續290
錦座　白氏　續290
錦枝　遊仙　正90
錦繡　白氏　續290
錦繡谷　白氏　續290
錦城　白氏　續290
錦水　白氏　續290
錦翠　白氏　續290
錦帳　白氏　續290
錦頭　白氏　續290
錦標　白氏　續291
錦文　白氏　續290
錦筵　白氏　續290
錦綉　白氏　續290
錦綺　白氏　續290
錦綵等　白氏　續290
錦袍　白氏　續290
錦褥　白氏　續290
錦屏風　白氏　續291
錦幖　白氏　續291
錦鄣　遊仙　正90
幾斤　白氏　續286
斤　白氏　續286
斤竹澗　文選　正166
斤墨　白氏　續286
欣願　文選　正166
欣享　本朝　正510
欣欣　文選　正166
欣欣　白氏　續286
欣々　本朝　正510
欣欣す　白氏　續286
欣然　文選　正166
欣然　白氏　續286
欣戴　白氏　續286
欣戴す　白氏　續286
欣躍す　白氏　續286
欣樂す　文選　正166
欣駭　白氏　續286
欽　白氏　續290
欽重　白氏　續290
欽嘆　白氏　續290
欽歎　白氏　續290
欽恤　白氏　續290
欽矚　白氏　續290
欽卹　白氏　續290
琴　遊仙　正90
琴　法華　正419
琴　白氏　續286
琴　宇津　正710
琴　枕冊　正778
琴　源氏　正842
琴のこと　宇津　正710
琴のこと　源氏　正842
琴の御こと　宇津　正710
琴の御こと　枕冊　正778
琴の御こと　源氏　正842
琴格　白氏　續287
琴棋　白氏　續287
琴魚　白氏　續287
琴興　白氏　續287
琴曲　白氏　續287
琴思　白氏　續287
琴詩　白氏　續287
琴詩酒　白氏　續287
琴者　白氏　續287
琴酒　白氏　續287
琴書　白氏　續287
琴床　白氏　續287
琴上　白氏　續287
琴心　遊仙　正90
琴心　白氏　續287
琴塵　白氏　續287
琴樽　白氏　續287
琴筑　白氏　續287

琴茶　白氏　續287
琴中　白氏　續287
琴侶　白氏　續287
琴匣　白氏　續287
琴牀　白氏　續287
琴瑟　法華　正419
琴瑟　白氏　續287
琴觴　白氏　續287
琴軫　白氏　續287
御琴　源氏　正842
禁　白氏　續287
禁す　論語　正58
禁す　白氏　續287
禁衛　白氏　續287
禁苑　白氏　續287
禁科　白氏　續287
禁戒　白氏　續287
禁街　白氏　續287
禁近　白氏　續287
禁軍　白氏　續287
禁繫　白氏　續287
禁繫す　白氏　續287
禁月　白氏　續287
禁塞　白氏　續287
禁司　白氏　續287
禁止　白氏　續287
禁囚　白氏　續287
禁戎　白氏　續287
禁署　白氏　續287
禁鐘　白氏　續287
禁職　白氏　續287
禁籍　白氏　續287
禁中　白氏　續287
禁兵　白氏　續287
禁陛　白氏　續287
禁門　白氏　續287
禁旅　白氏　續287
禁林　白氏　續287
禁令　白氏　續287
禁漏　白氏　續287
禁營　白氏　續287
禁掖　白氏　續287
禁筵　白氏　續287
禁闈　白氏　續287
禁闥　白氏　續287
收禁す　白氏　續287
禽　文選　正166
禽　本朝　正510
禽　白氏　續287
禽魚　白氏　續287
禽鹿　文選　正166
禽疾す　文選　正166
禽獣　文選　正166
禽獣　法華　正419
禽息　文選　正166
禽鳥　文選　正166
禽鳥　白氏　續287
禽獸　本朝　正510
禽獸　白氏　續287
禽蟲　白氏　續287
筋　白氏　續287
筋骸　白氏　續287
筋竿　文選　正166
筋筋　白氏　續287
筋骨　文選　正166
筋骨　本朝　正510
筋骨　白氏　續287
筋肉　本朝　正510
筋力　本朝　正510
筋力　白氏　續287
緊急　文選　正166
緊那羅　法華　正419
緊慢　白氏　續287
芹英　白氏　續287
芹子　文選　正166
芹田　本朝　正510
芹蕨　白氏　續287
菌閣　文選　正166
菌桂　文選　正166
襟　白氏　續287
襟抱　白氏　續288
襟帶　白氏　續288
襟懷　白氏　續287
襟靈　白氏　續288
謹以　本朝　正510
謹幹　白氏　續288
謹々　本朝　正510
謹空　本朝　正510
謹言　本朝　正510
謹厚　白氏　續288
謹詞　白氏　續288
謹慎　文選　正166
謹慎　本朝　正510
謹奏　本朝　正510
謹奏　白氏　續288
謹奏す　本朝　正510
謹奏す　白氏　續288
謹直　白氏　續288
謹敏　白氏　續288
謹密端和　白氏　續288
謹良　白氏　續288
謹愼廉平　白氏　續288
近　白氏　續288
近遠　文選　正167
近遠　白氏　續288
近海　白氏　續288
近郡　白氏　續288
近古　文選　正166
近古　本朝　正510
近古　白氏　續288
近獄　文選　正166
近歳　白氏　續288
近算　白氏　續288
近司　白氏　續288
近詩　白氏　續288
近侍　文選　正166
近侍　白氏　續288
近侍す　文選　正166
近習　文選　正166
近習　本朝　正510

近習 白氏 續288
近署 文選 正166
近署 白氏 續288
近情 文選 正166
近職 白氏 續288
近臣 論語 正58
近臣 文選 正166
近臣 本朝 正510
近臣 白氏 續288
近親 本朝 正510
近世 文選 正166
近世 本朝 正510
近西 白氏 續288
近代 文選 正166
近代 本朝 正510
近代 白氏 續288
近地 本朝 正510
近地 白氏 續288
近智 文選 正166
近日 白氏 續288
近年 本朝 正510
近年 白氏 續288
近賔 文選 正167
近伏 本朝 正510
近密 白氏 續288
近例 本朝 正510
近例 白氏 續288
近來 白氏 續288
近甸 文選 正166
近國 白氏 續288
近國門 白氏 續288
近屬 白氏 續288
近懷 白氏 續288
近縣 文選 正166
近蜀 文選 正166
近蜀 本朝 正510
近蜀 白氏 續288
近邊 白氏 續288
近關 文選 正166
金 白氏 續288
金 宇津 正710
金(地名) 白氏 續288
金粟 白氏 續289
金粟如來 白氏 續289
金鞍 白氏 續288
金印 白氏 續288
金英 白氏 續288
金液 白氏 續288
金屋 白氏 續288
金火 白氏 續288
金花 白氏 續288
金革 白氏 續288
金環 白氏 續288
金管 白氏 續288
金簡 白氏 續288
金丸 白氏 續288
金距 白氏 續288
金魚 白氏 續288
金鏡 白氏 續288
金玉 白氏 續288
金銀 遊仙 正90
金銀 白氏 續288
金屑 白氏 續289
金言 白氏 續289
金吾 白氏 續289
金吾大將軍 白氏 續289
金吾將軍 白氏 續289
金御爐 白氏 續288
金光門 白氏 續288
金甲 白氏 續288
金膏 白氏 續288
金骨 白氏 續289
金策 白氏 續289
金錯 白氏 續289
金氏 白氏 續289
金氏陂 白氏 續289
金紫 白氏 續289
金紫光祿大夫 白氏 續289
金字 白氏 續289
金珠 白氏 續289
金州 白氏 續289
金繍 遊仙 正90
金重熙 白氏 續289
金重熙等 白氏 續289
金掌 白氏 續289
金章 白氏 續289
金城 遊仙 正90
金色 白氏 續289
金身 白氏 續289
金翠 白氏 續289
金雀 白氏 續289
金石 遊仙 正90
金石 白氏 續289
金石稜 白氏 續289
金谷 白氏 續289
金谷園 白氏 續289
金谷園中 白氏 續289
金樽 白氏 續289
金丹 白氏 續289
金壇 白氏 續289
金張 白氏 續289
金鳥 白氏 續289
金鎚 白氏 續289
金堤 白氏 續289
金庭 白氏 續289
金泥 白氏 續289
金殿 白氏 續289
金刀 白氏 續289
金塘 白氏 續289
金湯 白氏 續289
金銅 白氏 續289
金波 白氏 續289
金馬 白氏 續289
金馬門 白氏 續289
金杯 白氏 續289
金盃 白氏 續289
金部 白氏 續289
金風 白氏 續289
金碧 白氏 續289
金鋪 白氏 續289

金方　白氏　續289
金方刹　白氏　續289
金門　白氏　續289
金蘭　白氏　續289
金履　遊仙　正90
金良忠　白氏　續290
金良忠等　白氏　續290
金陵　白氏　續290
金輪　白氏　續290
金鈴　白氏　續290
金蓮　白氏　續290
金刹　白氏　續289
金劍　白氏　續288
金卮　白氏　續289
金寶　白氏　續289
金帛　白氏　續289
金帶　白氏　續289
金捍　白氏　續288
金爐　白氏　續290
金獻章　白氏　續288
金獻章等　白氏　續289
金璧　白氏　續289
金瘡　白氏　續289
金盞　遊仙　正90
金盞　白氏　續289
金礪　白氏　續290
金磬　白氏　續288
金篦　白氏　續289
金絲　白氏　續289
金縷　白氏　續290
金罍　白氏　續289
金羈　白氏　續288
金聲　白氏　續289
金貂　白氏　續289
金釵　白氏　續289
金鈿　遊仙　正90
金鈿　白氏　續289
金銜　白氏　續288
金錢　白氏　續289
金鐵　白氏　續289
金鐺　白氏　續289
金鑛　白氏　續288
金鑾　白氏　續289
金鑾(注)　白氏　續289
金鑾宮　白氏　續289
金鑾子　白氏　續290
金鑾殿　白氏　續290
金閨　白氏　續288
金闕　白氏　續288
金勒　白氏　續290
金魄　白氏　續289
金呿嗟　白氏　續288
金雞障　白氏　續288
吟　白氏　續286
吟す　白氏　續286
吟詠　遊仙　正90
吟詠　白氏　續286
吟詠す　白氏　續286
吟翫す　白氏　續286
吟苦す　白氏　續286
吟詩　白氏　續286
吟歎す　白氏　續286
吟罷　白氏　續286
吟咏　白氏　續286
吟咏す　白氏　續286
吟哦す　白氏　續286
吟聲　白氏　續286
吟諷　白氏　續286
吟讀　白氏　續286
吟醉醉す　白氏　續286
銀　白氏　續290
銀鞍　文選　正167
銀鞍　白氏　續290
銀印　白氏　續290
銀黄　文選　正167
銀黄　本朝　正510
銀河　本朝　正510
銀河　白氏　續290
銀花　白氏　續290
銀漢　本朝　正510
銀漢　白氏　續290
銀環　白氏　續290
銀含　白氏　續290
銀器　白氏　續290
銀魚　白氏　續290
銀匙　白氏　續290
銀字　白氏　續290
銀書　文選　正167
銀章　白氏　續290
銀燭　本朝　正510
銀燭　白氏　續290
銀星　本朝　正510
銀青　本朝　正510
銀青　白氏　續290
銀青光禄大夫　白氏　續290
銀船　白氏　續290
銀地　本朝　正510
銀泥　白氏　續290
銀泥衫　白氏　續290
銀鏑　白氏　續290
銀兎　本朝　正510
銀杯　遊仙　正90
銀杯　白氏　續290
銀盃　白氏　續290
銀盤　白氏　續290
銀瓶　白氏　續290
銀鋪　文選　正167
銀椀　白氏　續290
銀樸　文選　正167
銀盂　白氏　續290
銀礫　文選　正167
銀礫　白氏　續290
銀篦　白氏　續290
銀缸　白氏　續290
銀罌　白氏　續290
銀臺　文選　正167
銀臺　白氏　續290
銀臺門　白氏　續290
銀蟾　白氏　續290
銀鉤　白氏　續290

銀銜　白氏　續290
銀鑰　白氏　續290
銀勒　白氏　續290
銀龜　白氏　續290
銀囊　白氏　續290
銀屏　白氏　續290
銀榼　白氏　續290
銀牓　本朝　正510
銀璫　文選　正167
銀罌　白氏　續290
銀餅　白氏　續290
銀瓲　遊仙　正90
銀艞　白氏　續290
訓解　論語　正58
訓說　論語　正58
公任の君　枕冊　正778
今器　白氏　續285
今曲　白氏　續285
今月　白氏　續285
今月一日　白氏　續285
今月五日　白氏　續285
今月三日　白氏　續285
今月七日　白氏　續285
今月十一日　白氏　續285
今月十七日　白氏　續285
今月十八日　白氏　續285
今月二十四日　白氏　續285
今月八日　白氏　續285
今古　白氏　續285
今歲　白氏　續285
今事　白氏　續285
今愁　白氏　續285
今秋　白氏　續285
今春　白氏　續285
今宵　白氏　續285
今上　白氏　續285
今人　白氏　續285
今衰　白氏　續285
今生　白氏　續285
今昔　白氏　續285
今早　白氏　續285
今辰　白氏　續285
今旦　白氏　續285
今朝　白氏　續285
今冬　白氏　續285
今日　白氏　續285
今年　白氏　續285
今晚　白氏　續285
今夜　白氏　續285
今夕　白氏　續285
今來　白氏　續285
今晨　白氏　續285
懇誠　文選　正166
懇惻す　文選　正166
听然　文選　正166
啞々然　遊仙　正90
噤　白氏　續286
垠　文選　正166
垠隒　文選　正166
垠鍔　文選　正166
忻州行營兵馬使　白氏　續286
忻忻　白氏　續286
忻忻乎　白氏　續286
擒　文選　正166
擒す　文選　正166
擒斬す　白氏　續286
擒斬收獲す　白氏　續286
擒戮　白氏　續286
槿　文選　正166
槿　白氏　續286
槿花　白氏　續286
槿枝　白氏　續286
槿籬　文選　正166
槿籬　本朝　正510
皸瘃　白氏　續287
矗然　白氏　續287
窘步す　文選　正166
筐篋　文選　正166
菫　白氏　續286
菫荼　白氏　續286
菫薺　文選　正166
衾　白氏　續287
衾枕　白氏　續287
衾裯　白氏　續287
覲　文選　正166
覲す　文選　正166
覲す　白氏　續288
覿す　本朝　正510
釁　白氏　續288
釁酷す　白氏　續288
鈞　文選　正167
鈞　白氏　續290
鈞衡　白氏　續290
鈞軸　白氏　續290
鈞石　文選　正167
鈞調　文選　正167
鈞天　文選　正167
鈞樂　白氏　續290
鈞臺　文選　正167
麏麚　文選　正167
麏菟　文選　正167
麏鼯　文選　正167
誾誾　文選　正167
誾々如　本朝　正510
誾誾如　論語　正58
匀粧　白氏　續285
唫す　白氏　續286
嚚頑　文選　正166
嚚母　白氏　續286
囷　白氏　續286
囷倉　白氏　續286
嶔崟　白氏　續286
旂旗　文選　正166
旂旒　文選　正166
狺狺　文選　正166
狺狺　白氏　續286
琹　白氏　續286
琹酒　白氏　續286
琹亭　白氏　續286

筠　白氏　續287
筠翠　白氏　續287
筠粉　白氏　續287
筠簟　白氏　續287
篔簹　文選　正166
袀服す　文選　正166
訢合す　白氏　續288
訢合絪緼す　白氏　續288
闓徳　文選　正167
靳歙　文選　正167
靳縣府君　白氏　續291
齗齶　白氏　續291

【く】

くら人の佐衛門の尉　源氏　正843
くら人の少將　源氏　正843
くら人の少將の君　源氏　正843
くら人の頭　宇津　正711
くら人の頭　蜻蛉　正747
くら人の兵衛のすけ　源氏　正843
幾久遠　本朝　正510
久遠　法華　正419
久遠　本朝　正510
休息す　法華　正419
宮中　源氏　正843
宮内　宇津　正711
宮内のかねみのあそん　宇津　正711
宮内卿　伊勢　正649
宮内卿　宇津　正711
宮内卿のとの　宇津　正711
宮内卿のぬし　宇津　正711
宮内卿の宰相　源氏　正843
宮内少輔　宇津　正711
救苦觀音菩薩　白氏　續291
救世　法華　正419
救濟す　法華　正419
求法　本朝　正511
究竟　法華　正419
究竟す　法華　正419
究竟涅槃　法華　正419
窮谷　本朝　正511
供　本朝　正510
供す　本朝　正510
供花　本朝　正510
供花會　本朝　正510
供具　法華　正419
供御　宇津　正711
供講　本朝　正510
供物　本朝　正510
供奉　本朝　正510
供奉す　本朝　正510
供養　法華　正419
供養　本朝　正510
供養　宇津　正711
供養し　宇津　正711
供養す　法華　正419
供養す　本朝　正510
供養す　源氏　正843
供養演説す　本朝　正510
供養講演す　本朝　正510
供養法　源氏　正843
供佛　本朝　正510
御供のもの　宇津　正711
恭敬　法華　正419
恭敬す　法華　正419
九　法華　正419
九　宇津　正711
九のみこ　宇津　正711
九の君　宇津　正711
九月　本朝　正510
九月　宇津　正711
九月　蜻蛉　正747
九月　源氏　正843
九月かみの十日　宇津　正711
九月ついたち　蜻蛉　正747
九月つこもり　枕冊　正778
九月つこもり　源氏　正843
九月つごもり　宇津　正711
九月一日　宇津　正711
九月九日　宇津　正711
九月九日　枕冊　正778
九月七日　源氏　正843
九月十日　枕冊　正778
九月十日　源氏　正843
九月十余日　蜻蛉　正747
九月十余日　源氏　正843
九月廿日　宇津　正711
九月廿日　源氏　正843
九月廿余日　源氏　正843
九尺餘　源氏　正843
九十一月　枕冊　正778
九十月　蜻蛉　正747
九十月　源氏　正843
九条　源氏　正843
九人　宇津　正711
九寸　宇津　正711
九品　本朝　正510
九品　源氏　正843
九品蓮臺　枕冊　正778
九郎　宇津　正711
九條　伊勢　正649
九條錫杖　枕冊　正778
九條殿　宇津　正711
九條殿の女御殿の御方　蜻蛉　正747
倶舍　白氏　續291
倶舍論　白氏　續291
句　本朝　正510
句　白氏　續291
句　伊勢　正649
句　宇津　正711
句　源氏　正843
句義　白氏　續291
句句　白氏　續291
句詩　源氏　正843

句投	文選	正167
句偈	本朝	正510
句偈	白氏	續291
句斷	文選	正167
狗吠	本朝	正511
矩	論語	正58
矩	文選	正167
矩	本朝	正511
矩	白氏	續291
矩歩	本朝	正511
矩歩す	本朝	正511
矩矱	文選	正167
苦	法華	正419
苦	本朝	正511
苦	白氏	續291
苦雨	文選	正167
苦雨	白氏	續291
苦怨	白氏	續292
苦海	法華	正419
苦海	本朝	正511
苦海	白氏	續291
苦寒	文選	正167
苦寒	白氏	續292
苦寒す	文選	正167
苦患	法華	正419
苦空	本朝	正511
苦言	文選	正167
苦言	白氏	續292
苦口	文選	正167
苦耕	本朝	正511
苦行	法華	正419
苦行	本朝	正511
苦志	白氏	續292
苦詞	白氏	續292
苦心	文選	正167
苦辛	文選	正167
苦辛	白氏	續292
苦辛す	文選	正167
苦辛す	白氏	續292
苦請	本朝	正511
苦節	白氏	續292
苦竹	白氏	續292
苦調	文選	正167
苦調	白氏	續292
苦痛	法華	正419
苦諦	法華	正419
苦難	文選	正167
苦難	法華	正419
苦熱	白氏	續292
苦熱行	文選	正167
苦悩	本朝	正511
苦悲	白氏	續292
苦霧	文選	正167
苦霧	白氏	續292
苦憂す	白氏	續291
苦輪	本朝	正511
苦勞す	白氏	續292
苦學	本朝	正511
苦學	白氏	續291
苦學す	白氏	續292
苦惱	白氏	續292
苦惱	枕冊	正778
苦懷	文選	正167
苦戰	白氏	續292
苦戰す	本朝	正511
苦戰す	白氏	續292
苦旱	本朝	正511
苦樂	文選	正167
苦樂	白氏	續292
苦辭	白氏	續292
苦緣	本朝	正511
駈役す	本朝	正511
駒跳す	文選	正168
駒犢	白氏	續292
ひき具し	竹取	正636
具	論語	正58
具	文選	正167
具	法華	正419
具	本朝	正510
具	伊勢	正649
具	宇津	正711
具	枕冊	正778
具	源氏	正843
具し	竹取	正635
具し	宇津	正711
具し	蜻蛉	正747
具し	枕冊	正778
具し	源氏	正843
具し行け	蜻蛉	正747
具す	法華	正419
具す	本朝	正510
具す	白氏	續291
具す	伊勢	正649
具とも	源氏	正843
具位	文選	正167
具戒	白氏	續291
具戒す	白氏	續291
具官	文選	正167
具慶	白氏	續291
具爾	文選	正167
具者	宇津	正711
具足	法華	正419
具足す	本朝	正510
具足す	白氏	續291
具美	白氏	續291
具寮	白氏	續291
具區	文選	正167
具尓	文選	正167
具瞻	文選	正167
具瞻	本朝	正510
具瞻	白氏	續291
具經等	本朝	正510
具體	白氏	續291
御具	源氏	正843
御具とも	源氏	正843
愚	論語	正58
愚	遊仙	正90
愚	文選	正167
愚	本朝	正510
愚	白氏	續291

愚暗	文選	正167
愚暗	本朝	正510
愚翁	白氏	續291
愚款	文選	正167
愚管	本朝	正511
愚鬼	文選	正167
愚謹	本朝	正510
愚見	白氏	續291
愚懇	本朝	正511
愚懇	白氏	續291
愚才	本朝	正511
愚士	文選	正167
愚士	本朝	正511
愚子	本朝	正511
愚質	本朝	正511
愚者	遊仙	正90
愚者	文選	正167
愚者	本朝	正511
愚者	白氏	續291
愚邪	白氏	續291
愚儒	本朝	正511
愚舟	本朝	正511
愚心	文選	正167
愚心	本朝	正511
愚臣	文選	正167
愚臣	本朝	正511
愚誠	文選	正167
愚誠	白氏	續291
愚拙	本朝	正511
愚拙	白氏	續291
愚節	本朝	正511
愚息	本朝	正511
愚谷	白氏	續291
愚丹	本朝	正511
愚智	文選	正167
愚智	本朝	正511
愚智	白氏	續291
愚痴	法華	正419
愚忠	文選	正167
愚忠	本朝	正511

愚衷	白氏	續291
愚直	論語	正58
愚直	白氏	續291
愚夫	文選	正167
愚夫	本朝	正511
愚夫	白氏	續291
愚夫人	白氏	續291
愚婦	本朝	正511
愚蔽	文選	正167
愚昧	本朝	正511
愚昧	白氏	續291
愚民	文選	正167
愚民	本朝	正511
愚妄	文選	正167
愚蒙	白氏	續291
愚庸	本朝	正511
愚吏	本朝	正511
愚慮	白氏	續291
愚劣	法華	正419
愚劣	白氏	續291
愚魯	本朝	正511
愚亂	文選	正167
愚佻	文選	正167
愚叟	本朝	正511
愚叟	白氏	續291
愚悃	本朝	正511
愚懦	白氏	續291
愚曚	本朝	正511
愚淺	本朝	正511
愚癡	法華	正419
愚癡	本朝	正511
愚曚	文選	正167
愚誣	白氏	續291
愚賤	文選	正167
愚賤	本朝	正511
愚賤	白氏	續291
愚陋	白氏	續291
愚惷	本朝	正511
愚欵	本朝	正511
愚騃	白氏	續291

虞	文選	正167
虞(人名)	白氏	續291
虞(地名)	白氏	續291
虞伊	文選	正167
虞夏	文選	正167
虞夏	本朝	正511
虞機	文選	正167
虞丘壽王	文選	正167
虞卿	文選	正167
虞侯	白氏	續291
虞公	文選	正167
虞子陽	文選	正167
虞氏	文選	正167
虞舜	文選	正167
虞舜	本朝	正511
虞舜	白氏	續291
虞初	文選	正167
虞書	文選	正167
虞松	本朝	正511
虞人	文選	正167
虞人	白氏	續291
虞世南	白氏	續291
虞曹郎	白氏	續291
虞仲	論語	正58
虞仲	白氏	續291
虞仲翔	文選	正167
虞帝	白氏	續291
虞姫	文選	正167
虞部員外郎	白氏	續291
虞部郎中	白氏	續291
虞風	文選	正167
虞淵	文選	正167
虞文繡	文選	正167
虞平	白氏	續291
虞翻	文選	正167
虞庠	文選	正167
虞箴	文選	正167
虞韶	文選	正167
虞芮	文選	正167
虞芮	白氏	續291

虞芮	本朝	正511
虞號	文選	正167
寓す	文選	正167
寓直	文選	正167
寓直	本朝	正510
遇	文選	正167
遇す	文選	正167
遇す	本朝	正511
相遇す	文選	正167
隅	文選	正167
隅隈	文選	正167
屈し	源氏	正843
屈しいたく	蜻蛉	正747
屈しいたく	源氏	正843
屈しいたけ	源氏	正843
屈し果つ	蜻蛉	正747
薫衣香	源氏	正843
虎珀	法華	正419
娯楽	本朝	正510
公宴	本朝	正510
公家	本朝	正510
公卿	宇津	正711
公卿	蜻蛉	正747
公卿	源氏	正843
公卿たち	宇津	正711
公損	本朝	正510
公廨	本朝	正510
功徳	本朝	正510
功徳	宇津	正711
功徳海	本朝	正510
功勞	本朝	正510
功德	法華	正419
功德	竹取	正636
功德	枕冊	正778
功德	源氏	正843
功德池	本朝	正510
功德林	本朝	正510
口舌	伊勢	正649
口舌	蜻蛉	正747
口舌のゝしり	宇津	正711
口中	白氏	續291
口勅	本朝	正510
口分田	本朝	正510
口伝	枕冊	正778
垢	法華	正419
垢膩	法華	正419
孔子	枕冊	正778
孔子	源氏	正843
孔雀	本朝	正510
孔雀	宇津	正711
孔雀經	宇津	正711
孔雀經	枕冊	正778
工巧	本朝	正510
弘願	本朝	正510
弘誓	本朝	正510
貢調	本朝	正511
鳩槃荼	法華	正419
鳩鴟	本朝	正511
傴僂す	白氏	續291
劬勞	文選	正167
劬勞	白氏	續291
劬勞す	文選	正167
區	文選	正167
區	本朝	正510
區域	文選	正167
區宇	文選	正167
區宇	本朝	正510
區宇	白氏	續291
區夏	文選	正167
區夏	白氏	續291
區外	文選	正167
區中	文選	正167
區中	白氏	續291
區土	文選	正167
區内	文選	正167
區分す	白氏	續291
區別す	白氏	續291
區落	文選	正167
區裏	本朝	正510
區區	文選	正167
區區	白氏	續291
區々	本朝	正510
區陬	文選	正167
嵎夷	文選	正167
嶇嵚*	文選	正167
嶇嶔	文選	正167
嶇嶔*	文選	正167
懼然	遊仙	正90
懼然	文選	正167
懼惕	白氏	續291
枸杞	白氏	續291
煦	白氏	續291
煦す	白氏	續291
煦區	本朝	正511
煦嫗	白氏	續291
煦熙	白氏	續291
瞿庚崍	白氏	續292
瞿唐	白氏	續292
瞿曇	白氏	續292
禹	文選	正167
箜篌	法華	正419
蒟	文選	正167
蒟蒻	文選	正167
衢	白氏	續292
衢(人名)	白氏	續292
衢州	文選	正167
衢州	白氏	續292
衢路	文選	正167
衢路	白氏	續292
裙帶	枕冊	正778
颶風	白氏	續292
颶母	白氏	續292
驅す	白氏	續292
驅禽	白氏	續292
驅使	白氏	續292
驅使す	白氏	續292
驅車	白氏	續292
驅走	文選	正168
驅馳	文選	正168
驅馳す	文選	正168

驅馳す	白氏	續292
驅逼す	文選	正168
驅役す	文選	正168
驅驟す	文選	正168
驅迮す	文選	正168
俱舍	枕冊	正778
俱縛	本朝	正510
相喣濡す	白氏	續291
喣沫	白氏	續291
姁媮す	文選	正167
楛矢	文選	正167
敂愉	文選	正167
盱瞜	遊仙	正90
貙	文選	正167
踽踽	白氏	續292
軀貌	白氏	續292
軀命	文選	正167
軀命	本朝	正511
鴝鵒	白氏	續292
鸜鵒	本朝	正511
宮	法華	正419
宮殿	法華	正419
窮子	法華	正419
供す	法華	正419
空	論語	正58
空	白氏	續292
空す	白氏	續292
空位	論語	正58
空王	本朝	正511
空王	白氏	續293
空花	白氏	續292
空間	白氏	續292
空閑	本朝	正511
空空	白氏	續292
空桑	本朝	正511
空穴	白氏	續292
空月	白氏	續292
空拳	白氏	續292
空山	白氏	續293
空枝	白氏	續293
空室	白氏	續293
空寂	法華	正419
空手	白氏	續293
空城	白氏	續293
空身	白氏	續293
空翠	白氏	續293
空船	白氏	續293
空然	白氏	續293
空谷	本朝	正511
空谷	白氏	續292
空樽	白氏	續293
空地	白氏	續293
空中	法華	正419
空中	白氏	續293
空庭	白氏	續293
空堂	白氏	續293
空箱	白氏	續292
空腹	白氏	續293
空文	白氏	續293
空碧	白氏	續293
空法	法華	正419
空房	白氏	續293
空名	白氏	續293
空門	本朝	正511
空門	白氏	續293
空也	本朝	正511
空也上人	本朝	正511
空也聖者	本朝	正511
空裏	白氏	續293
空林	白氏	續293
空處	法華	正419
空溪	白氏	續292
空濛	白氏	續293
空縣	白氏	續292
空臺	白氏	續293
空閨怨	白氏	續292
空闊	白氏	續292
空闊	白氏	續292
空虛	本朝	正511
空虛	白氏	續292
偶	白氏	續292
偶す	白氏	續292
偶飲	白氏	續292
偶詠	白氏	續292
偶詠す	白氏	續292
偶興	白氏	續292
偶吟	白氏	續292
偶吟す	白氏	續292
偶語す	白氏	續292
偶作	白氏	續292
偶集す	白氏	續292
偶然	白氏	續292
偶釣す	白氏	續292
偶同	白氏	續292
偶眠	白氏	續292
寓す	白氏	續292
寓意	白氏	續292
寓居	白氏	續292
寓居す	白氏	續292
寓興	白氏	續292
寓言	白氏	續292
寓言す	白氏	續292
寓宿す	白氏	續292
寓直す	白氏	續292
寓眠す	白氏	續292
寓令	白氏	續292
寓令す	白氏	續292
遇	白氏	續293
遇す	白氏	續293
遇者	白氏	續293
相遇す	白氏	續293
隅	白氏	續293
隅落す	白氏	續293
功つき	源氏	正843
功づき	宇津	正711
箜篌	法華	正419
藕	白氏	續293
藕孔	白氏	續293
薬師	宇津	正711
薬師ども	宇津	正711

薬師書 宇津 正711
醫師 法華 正419
醫師 源氏 正843
口性なく 源氏 正843
口性なさ 源氏 正843
崛す 本朝 正511
屈 文選 正168
屈 白氏 續293
屈(人名) 白氏 續293
屈し 源氏 正843
屈す 文選 正168
屈す 本朝 正511
屈す 白氏 續293
屈奇 文選 正168
屈強 文選 正168
屈曲 本朝 正511
屈曲 白氏 續293
屈曲す 白氏 續293
屈君 文選 正168
屈原 文選 正168
屈原 本朝 正511
屈原 白氏 續293
屈産 文選 正168
屈辱 白氏 續293
屈辱す 文選 正168
屈伸 文選 正168
屈伸 白氏 續293
屈伸す 白氏 續293
屈申 文選 正168
屈申す 文選 正168
屈折す 白氏 續293
屈致す 白氏 續293
屈盤 白氏 續293
屈平 文選 正168
屈平 白氏 續293
屈軼 白氏 續293
屈轂 文選 正168
屈鐵 白氏 續293
屈靈均 本朝 正511
掘強す 文選 正168
掘鯉 文選 正168
窟 文選 正168
窟 本朝 正511
窟 白氏 續293
窟穴 白氏 續293
窟宅す 文選 正168
堀巌 文選 正168
倔起す 文選 正168
倔強 白氏 續293
倔彊 文選 正168
倔直 白氏 續293
咄す 本朝 正511
崛 文選 正168
崛岉 文選 正168
崛す 文選 正168
崫 文選 正168
崫起す 文選 正168
崫詭 文選 正168
欻 文選 正168
欻吸 文選 正168
欻焉 文選 正168
詘す 本朝 正511
詘然 白氏 續293
訓 宇津 正711
顧 竹取 正636
藏人の源少將 宇津 正711
藏人の式部の丞 宇津 正711
藏人の少將 宇津 正711
藏人の少將の君 宇津 正711
藏人兵衛佐 枕冊 正778
藏人弁 枕冊 正778
御黒方 源氏 正843
黒方 宇津 正711
黒方 源氏 正843
黒半臂 枕冊 正778
瓜華 白氏 續294
瓜田 文選 正169
瓜歩 白氏 續294
瓜李 白氏 續294
瓜衍 文選 正169
瓜疇 文選 正169
瓜瓞 文選 正169
化 論語 正58
化 文選 正168
化 本朝 正511
化 白氏 續293
化す 論語 正58
化す 文選 正168
化す 本朝 正511
化す 白氏 續293
化感 文選 正168
化源 白氏 續293
化工 白氏 續293
化裁 文選 正168
化産す 文選 正168
化樹 本朝 正511
化城 白氏 續293
化身 白氏 續293
化人 本朝 正511
化成 文選 正168
化成 白氏 續293
化成す 文選 正168
化成す 白氏 續293
化生 白氏 續293
化石 白氏 續293
化先 文選 正168
化造 文選 正168
化導 文選 正168
化導 本朝 正511
化流 白氏 續293
化龍 文選 正168
化緣 白氏 續293
寡 論語 正58
寡 文選 正168
寡 白氏 續294
寡婦 文選 正168
寡居 本朝 正511
寡言 白氏 續294

寡鵠　文選　正168
寡鵠　白氏　續294
寡妻　文選　正168
寡妻　白氏　續294
寡姉　白氏　續294
寡弱　文選　正168
寡小君　論語　正58
寡人　文選　正168
寡鶴　白氏　續294
寡徳　白氏　續294
寡薄　本朝　正511
寡薄　白氏　續294
寡婦　文選　正168
寡婦　本朝　正511
寡婦　白氏　續294
寡劣　文選　正168
寡黨　文選　正168
科　文選　正169
科　本朝　正512
科　白氏　續295
科す　白氏　續295
科教　文選　正169
科禁　白氏　續295
科策　白氏　續295
科試　白氏　續295
科松　白氏　續295
科第　白氏　續295
科第す　白氏　續295
科斗　文選　正169
科斗　白氏　續295
科縄　白氏　續295
科比　本朝　正512
科防　文選　正169
科目　白氏　續295
科條　文選　正169
科條　白氏　續295
科秩　白氏　續295
科罸　遊仙　正90
果　論語　正58
果　文選　正168
果　法華　正419
果　本朝　正511
果　白氏　續294
果(人名)　白氏　續294
果(地名)　白氏　續294
果下　文選　正168
果敢　論語　正58
果毅　文選　正168
果決　文選　正168
果州　白氏　續294
果然　白氏　續294
果布　文選　正168
果報　法華　正419
果報　本朝　正511
果満　白氏　續294
果木　文選　正168
果烈　文選　正168
果決　白氏　續294
果斷　白氏　續294
果斷す　白氏　續294
火井　文選　正168
火井　本朝　正511
火雲　白氏　續294
火急　白氏　續294
火血刀　本朝　正511
火候　白氏　續294
火光　白氏　續294
火災　法華　正419
火山　文選　正168
火山　白氏　續294
火樹　白氏　續294
火祥　文選　正168
火燭　白氏　續294
火食　文選　正168
火水　白氏　續294
火星　白氏　續294
火正　文選　正168
火前　白氏　續294
火堆　白氏　續294
火宅　文選　正168
火宅　法華　正419
火宅　本朝　正511
火宅　白氏　續294
火辰　文選　正168
火長者　本朝　正511
火田　白氏　續294
火難　法華　正419
火方　本朝　正511
火龍　文選　正169
火烈　文選　正168
火旻　文選　正168
火氣　白氏　續294
火爐　白氏　續294
火艾　白氏　續294
火齊　文選　正168
火德　文選　正168
火灾　本朝　正511
火焰　白氏　續294
禍　論語　正58
禍　文選　正169
禍　本朝　正511
禍因　白氏　續295
禍戒　文選　正169
禍患　白氏　續295
禍機　文選　正169
禍機　白氏　續295
禍隙　文選　正169
禍辱　文選　正169
禍心　文選　正169
禍心　白氏　續295
禍身　白氏　續295
禍胎　本朝　正511
禍胎　白氏　續295
禍端　白氏　續295
禍難　論語　正58
禍難　文選　正169
禍難　本朝　正512
禍難　白氏　續295
禍敗　文選　正169
禍敗　本朝　正512

禍福	文選	正169
禍福	本朝	正512
禍福	白氏	續295
禍謀	文選	正169
禍亂	文選	正169
禍亂	白氏	續295
禾	文選	正169
禾	白氏	續295
禾稼	白氏	續295
禾黍	文選	正169
禾黍	白氏	續295
禾穗	白氏	續295
禾菽	白氏	續295
禾麥	白氏	續295
花	本朝	正512
花院	白氏	續296
花雨	本朝	正512
花影	白氏	續295
花園	白氏	續296
花屋	白氏	續295
花下	白氏	續295
花夏	本朝	正512
花果	白氏	續295
花界	本朝	正512
花界	白氏	續295
花閣	本朝	正512
花冠	白氏	續295
花間	白氏	續295
花顔	白氏	續295
花菊	白氏	續295
花宮	白氏	續295
花橋	白氏	續295
花月	本朝	正512
花月	白氏	續295
花言	本朝	正512
花光	白氏	續295
花口	白氏	續295
花構	本朝	正512
花綱	本朝	正512
花香	本朝	正512
花香	白氏	續295
花札	本朝	正512
花山	本朝	正512
花山院	本朝	正512
花山僧正	本朝	正512
花枝	本朝	正512
花枝	白氏	續296
花詞	本朝	正512
花寺	白氏	續295
花時	白氏	續296
花蒔	文選	正169
花主	白氏	續296
花酒	本朝	正512
花酒	白氏	續296
花首	本朝	正512
花樹	本朝	正512
花樹	白氏	續296
花障	白氏	續296
花飾	本朝	正512
花心	白氏	續296
花水	本朝	正512
花水	白氏	續296
花石	白氏	續296
花船	白氏	續296
花前	白氏	續296
花叢	文選	正169
花叢	白氏	續296
花足	本朝	正512
花茸	白氏	續296
花樽	白氏	續296
花竹	白氏	續296
花中	白氏	續296
花鳥	本朝	正512
花鳥	白氏	續296
花亭	本朝	正512
花亭	白氏	續296
花底	白氏	續296
花蹄	本朝	正512
花塘	本朝	正512
花塘	白氏	續296
花燈	白氏	續296
花堂	白氏	續296
花隼	白氏	續296
花粉	本朝	正512
花報	本朝	正512
花房	白氏	續296
花面	白氏	續296
花面	白氏	續296
花木	白氏	續296
花柳	本朝	正512
花柳	白氏	續296
花容	本朝	正512
花樣	白氏	續296
花葉	白氏	續295
花裏	白氏	續296
花林	遊仙	正90
花林	白氏	續296
花露	本朝	正512
花浪	本朝	正512
花實	本朝	正512
花幢	白氏	續296
花榜	白氏	續296
花樓	白氏	續296
花牋	白氏	續296
花甎	白氏	續296
花盞	白氏	續295
花筵	白氏	續295
花縣	白氏	續295
花聚	白氏	續296
花胥	本朝	正512
花舫	白氏	續296
花艸	白氏	續295
花蕚	白氏	續295
花藥	本朝	正512
花袍	白氏	續296
花邊	白氏	續296
花鈿	白氏	續296
花鬘	白氏	續296
花帔	白氏	續296
花襜	白氏	續296

花隄　白氏　續296
華　文選　正169
華　本朝　正512
華　白氏　續296
華(人名)　文選　正169
華(人名)　白氏　續296
華(地名)　白氏　續296
華袞　文選　正169
華す　文選　正169
華夷　文選　正170
華夷　本朝　正512
華夷　白氏　續297
華域　文選　正169
華淫　文選　正169
華陰　文選　正169
華陰　白氏　續296
華陰縣　白氏　續296
華羽　文選　正169
華英　文選　正169
華屋　文選　正169
華屋　白氏　續296
華夏　文選　正169
華夏　白氏　續296
華果　文選　正169
華崖　文選　正169
華蓋　文選　正169
華蓋　白氏　續296
華閣　文選　正169
華閣　本朝　正512
華岳　文選　正169
華岳　本朝　正512
華館　文選　正169
華旗　文選　正169
華貴　白氏　續296
華黍　文選　正169
華黍　白氏　續296
華京　文選　正169
華桐　文選　正169
華景　文選　正169
華月　文選　正169
華月　本朝　正512
華軒　文選　正169
華原石　白氏　續296
華原磬　白氏　續296
華原縣　白氏　續296
華言　白氏　續296
華鼓　文選　正169
華光　白氏　續296
華項　白氏　續296
華香　法華　正419
華彩　白氏　續296
華采　文選　正169
華山　文選　正169
華山　白氏　續296
華山僧正　本朝　正512
華山法皇　本朝　正512
華子岡　文選　正169
華子魚　文選　正169
華滋　文選　正169
華質　文選　正169
華芝　文選　正169
華酌　文選　正169
華宗　文選　正169
華州　白氏　續296
華戎　文選　正169
華沼　文選　正169
華省　文選　正169
華鐘　文選　正169
華城　白氏　續296
華燭　文選　正169
華爓　文選　正169
華色　文選　正169
華人　白氏　續296
華水　本朝　正512
華嵩　文選　正169
華星　文選　正169
華星　本朝　正512
華清　文選　正169
華清　白氏　續296
華清宮　白氏　續296
華席　白氏　續296
華説　文選　正169
華組　文選　正169
華叢　文選　正169
華草　文選　正169
華藻　文選　正169
華族　本朝　正512
華族　白氏　續296
華他　本朝　正512
華岱　文選　正169
華罇　白氏　續296
華丹　文選　正169
華池　文選　正169
華池　本朝　正512
華鳥　本朝　正512
華亭　本朝　正512
華亭　白氏　續296
華殿　文選　正169
華塘　本朝　正512
華燈　文選　正169
華鐙　文選　正169
華堂　文選　正169
華堂　本朝　正512
華堂　白氏　續296
華薄　文選　正169
華髪　文選　正169
華髪　本朝　正512
華髪　白氏　續296
華表　文選　正169
華表　本朝　正512
華表　白氏　續297
華封　文選　正169
華封　本朝　正512
華楓　文選　正169
華風　白氏　續296
華覆　文選　正169
華平　文選　正169
華房　本朝　正512
華名　文選　正169
華野　文選　正169

華容　文選　正169
華葉　文選　正169
華葉　本朝　正512
華陽　文選　正169
華陽　白氏　續297
華陽院　白氏　續297
華陽洞　白氏　續297
華陽觀　白氏　續297
華陽觀中　白氏　續297
華陽觀裏　白氏　續297
華離　文選　正169
華梁　文選　正169
華林　文選　正169
華鱗　文選　正169
華麗　文選　正169
華麗　本朝　正512
華蓮　文選　正169
華國　文選　正169
華實　文選　正169
華寢　文選　正169
華嶽　文選　正169
華嶽　白氏　續296
華嶽廟　白氏　續296
華幄　文選　正169
華幔　文選　正169
華廐　文選　正169
華旍　文選　正169
華榱　文選　正169
華樓　文選　正170
華皓　白氏　續296
華筵　白氏　續296
華簪　白氏　續296
華繪　文選　正169
華纓　文選　正169
華纓　白氏　續296
華胥　本朝　正512
華胥　白氏　續296
華茵　文選　正169
華萼　文選　正169
華藻　文選　正169
華藕　文選　正169
華蟲　白氏　續296
華衮　文選　正169
華袿　文選　正169
華裔　文選　正169
華觀　文選　正169
華譽　本朝　正512
華貂　文選　正169
華軨　本朝　正512
華輦　文選　正169
華輦　本朝　正512
華轂　文選　正169
華闕　遊仙　正90
華闕　文選　正169
華舫　遊仙　正90
華舫　文選　正169
華靡　文選　正169
華屛　文選　正169
華琚　文選　正169
華穀　本朝　正512
華薌　文選　正169
華輈　文選　正169
華顚　文選　正169
菓　遊仙　正90
菓菜　遊仙　正90
菓實　法華　正419
菓實　本朝　正512
菓脣　本朝　正512
課　文選　正170
課　白氏　續297
課す　文選　正170
課す　白氏　續297
課口　本朝　正512
課試　本朝　正512
課持す　本朝　正512
課税　白氏　續297
課績　白氏　續297
課責　本朝　正512
課第　白氏　續297
課丁　本朝　正512
課督す　白氏　續297
課賦　白氏　續297
課役　本朝　正512
課利　白氏　續297
課料　白氏　續297
課實　白氏　續297
訛す　文選　正170
貨　文選　正170
貨　白氏　續297
貨す　文選　正170
貨易　白氏　續297
貨財　本朝　正512
貨殖　文選　正170
貨殖す　論語　正58
貨殖す　白氏　續297
貨食　白氏　續297
貨幣　白氏　續297
貨欲　文選　正170
貨利　白氏　續297
貨賂　文選　正170
貨賄　文選　正170
貨賄　白氏　續297
貨帛　白氏　續297
貨賣　文選　正170
過　論語　正58
過　白氏　續297
過客　白氏　續297
過去　法華　正419
過去　本朝　正512
過去　白氏　續297
過去世　法華　正419
過隙　白氏　續297
過見當來　白氏　續297
過言　論語　正58
過言　文選　正170
過言　白氏　續297
過言す　白氏　續297
過厚　白氏　續297
過差　本朝　正512
過差　白氏　續297

過差す　文選　正170
過差す　白氏　續297
過才　本朝　正512
過失　文選　正170
過失　法華　正419
過失　白氏　續297
過従す　白氏　續297
過重　文選　正170
過秦　文選　正170
過秦篇　文選　正170
過秦論　文選　正170
過半　文選　正170
過半　白氏　續297
過犯　白氏　續297
過分　本朝　正512
過分　白氏　續297
過用　白氏　續297
過當　白氏　續297
過辟　文選　正170
過狀　本朝　正512
卧　本朝　正512
卧雲　本朝　正512
卧治　本朝　正512
臥す　法華　正419
臥す　白氏　續295
臥雲　白氏　續295
臥具　法華　正419
臥治　文選　正169
臥舎　白氏　續295
臥床　白氏　續295
臥内　文選　正169
臥房　白氏　續295
臥理す　白氏　續295
臥龍　白氏　續295
臥牀　白氏　續295
臥齋　白氏　續295
臥簟　白氏　續295
蛙蛟　本朝　正512
樺煙　白氏　續294
樺燭　白氏　續294
瓦釜　文選　正169
瓦溝　白氏　續294
瓦合　白氏　續294
瓦合す　白氏　續294
瓦詞　本朝　正512
瓦石　本朝　正512
瓦注　白氏　續294
瓦木　白氏　續294
瓦礫　本朝　正512
靴　遊仙　正90
靴履　遊仙　正90
卦　本朝　正511
卦　白氏　續293
卦辞　本朝　正511
誇張す　本朝　正512
裸壊　文選　正169
寄和す　白氏　續293
相和す　文選　正168
相和す　文選　正168
相和す　白氏　續293
和　論語　正58
和　文選　正168
和　文選　正168
和　本朝　正511
和　白氏　續293
和（人名）　文選　正168
和（注）　白氏　續293
和す　論語　正58
和す　文選　正168
和す　文選　正168
和す　本朝　正511
和す　白氏　續293
和す（注）　白氏　續293
和易　白氏　續293
和悦　白氏　續293
和悦す　白氏　續293
和煙　白氏　續293
和音　文選　正168
和叶　白氏　續294
和漢　本朝　正511
和顔　文選　正168
和喜　本朝　正511
和宜　白氏　續293
和響　文選　正168
和琴　本朝　正511
和好　白氏　續293
和合　白氏　續293
和使　白氏　續294
和氏　文選　正168
和詞　本朝　正511
和酒　白氏　續294
和州　白氏　續294
和州刺史　白氏　續294
和輯　白氏　續294
和輯す　白氏　續294
和戎　文選　正168
和柔　本朝　正511
和淑　白氏　續294
和順　文選　正168
和順　白氏　續294
和尚　白氏　續294
和上　本朝　正511
和親　白氏　續294
和親す　白氏　續294
和暖　文選　正168
和暖　本朝　正511
和暖　白氏　續294
和調す　文選　正168
和長輿　文選　正168
和通す　文選　正168
和帝　文選　正168
和適　文選　正168
和答　白氏　續294
和答す　白氏　續294
和動　白氏　續294
和同　白氏　續294
和同す　文選　正168
和蕃公主　白氏　續294
和風　文選　正168
和風　本朝　正511

和風 白氏 續294
和平 文選 正168
和平 白氏 續294
和平す 白氏 續294
和篇 白氏 續294
和睦す 文選 正168
和穆す 文選 正168
和鳴 白氏 續294
和鳴す 白氏 續294
和門 文選 正168
和葉 白氏 續293
和理 文選 正168
和鈴 文選 正168
和會 文選 正168
和會す 白氏 續294
和寶 文選 正168
和惠 文選 正168
和扁 白氏 續294
和昶す 文選 正168
和樂 論語 正58
和樂 文選 正168
和樂 文選 正168
和樂 白氏 續293
和歡 文選 正168
和氣 文選 正168
和氣 白氏 續294
和洽す 文選 正168
和璞 文選 正168
和璞 本朝 正511
和璞 白氏 續294
和璧 文選 正168
和糴 白氏 續294
和糴す 白氏 續294
和羹 文選 正168
和羹 本朝 正511
和藥 白氏 續294
和隨 文選 正168
和鈞 文選 正168
和鈞 白氏 續294
和鈞す 文選 正168
和鑾 文選 正168
和靜 文選 正168
和鶬 文選 正168
和鸞 文選 正168
繼和す 白氏 續293
詶和す 白氏 續293
話 白氏 續297
夸麗 文選 正168
崋山 論語 正58
戈 白氏 續294
戈戟 白氏 續294
戈船 文選 正168
戈矛 文選 正168
戈矛 白氏 續294
戈名 本朝 正511
戈殳 文選 正168
戈舡 文選 正168
戈鋋 文選 正168
戱卿 白氏 續295
畫 白氏 續294
畫す 白氏 續294
畫葵 本朝 正511
畫角 白氏 續295
畫戟 白氏 續295
畫鼓 白氏 續295
畫工 白氏 續295
畫師 白氏 續295
畫鹿 本朝 正511
畫匠 遊仙 正90
畫象 本朝 正511
畫障 本朝 正511
畫障 白氏 續295
畫燭 白氏 續295
畫船 白氏 續295
畫大羅天尊 白氏 續295
畫竹 白氏 續295
畫鶴廳 白氏 續295
畫堂 白氏 續295
畫馬 本朝 正511
畫眉 白氏 續295
畫餅 本朝 正511
畫餅尚書 白氏 續295
畫龍堂 白氏 續295
畫梁 本朝 正511
畫梁 白氏 續295
畫圖 本朝 正511
畫圖 白氏 續295
畫舫 白氏 續295
畫舸 白氏 續294
畫軾 白氏 續295
畫鷁 本朝 正511
畫鷴 白氏 續295
畫鄣 遊仙 正90
薖軸 文選 正170
蝸 白氏 續297
蝸角 白氏 續297
蝸牛 白氏 續297
蝸舍 白氏 續297
蝸蜱 文選 正170
褁 白氏 續297
訛言 本朝 正512
訛口 本朝 正512
訛跡 本朝 正512
訛僞 白氏 續297
顆 白氏 續297
媧簧 文選 正168
媧簧 本朝 正511
猓然 文選 正169
窠 本朝 正512
窠 白氏 續295
蜾蠃 文選 正170
騧 文選 正170
驊騮 白氏 續297
驊騮騄駬 本朝 正512
回 論語 正58
回 文選 正170
回 白氏 續297
回回 文選 正170
回軒 文選 正170
回顧 白氏 續297

回顧す	白氏	續297
回互す	白氏	續297
回合す	白氏	續297
回視	白氏	續297
回水	文選	正170
回旋す	白氏	續297
回念す	白氏	續297
回薄す	文選	正170
回風	文選	正170
回淵	文選	正170
回芳	文選	正170
回望す	白氏	續297
回流	白氏	續297
回懕す	文選	正170
塊	文選	正170
塊	白氏	續298
塊す	文選	正170
塊然	文選	正170
塊然	白氏	續298
廻環す	白氏	續298
廻還す	白氏	續298
廻期	白氏	續298
廻顧す	白氏	續298
廻互す	白氏	續298
廻向す	白氏	續298
廻合す	文選	正170
廻使	白氏	續298
廻施す	本朝	正512
廻施す	白氏	續298
廻視す	白氏	續298
廻授	白氏	續298
廻照す	白氏	續298
廻信	本朝	正512
廻心す	白氏	續298
廻雪	遊仙	正90
廻雪	本朝	正512
廻雪	白氏	續298
廻天	白氏	續298
廻塘	白氏	續298
廻念	白氏	續298
廻避す	白氏	續298
廻復す	文選	正170
廻文	本朝	正512
廻望す	白氏	續298
廻輿	本朝	正512
廻李	本朝	正512
廻廊	白氏	續298
廻嚮	白氏	續298
廻惶す	本朝	正512
廻棹	白氏	續298
廻翔	本朝	正512
廻翔す	白氏	續298
廻舫	白氏	續298
廻鶻	白氏	續298
廻鶻可汗	白氏	續298
廻鶻君	白氏	續298
廻鶻使判官	白氏	續298
廻猋	文選	正170
廻紇	白氏	續298
快	白氏	續298
快す	白氏	續298
快意	白氏	續298
快活	白氏	續298
快活す	白氏	續299
快樂	法華	正419
快樂	白氏	續299
快樂す	法華	正419
怪	文選	正170
怪	白氏	續299
怪	白氏	續299
怪異	文選	正170
怪奇*	白氏	續299
怪疑	文選	正170
怪錯	文選	正170
怪石	文選	正170
怪石	白氏	續299
怪物	文選	正170
怪湫	白氏	續299
怪獸	文選	正170
怪譎	白氏	續299
怪沴	白氏	續299
悔悟す	白氏	續299
悔然	白氏	續299
悔福	本朝	正513
悔尤	白氏	續299
悔吝	文選	正170
悔忝	本朝	正513
悔煞す	白氏	續299
恢	白氏	續299
恢恢	文選	正170
恢恢	白氏	續299
恢廓	文選	正170
恢廓す	文選	正170
恢弘	白氏	續299
恢弘す	文選	正170
恢弘す	本朝	正513
恢崇す	文選	正170
恢台	文選	正170
恢誕	文選	正170
恢張	文選	正170
恢張す	白氏	續299
恢復し	文選	正170
恢臭	文選	正170
懷	論語	正58
懷抱	論語	正58
魁	文選	正171
魁岸	文選	正171
魁悟	白氏	續300
魁梧	文選	正171
魁殊	文選	正171
魁首	本朝	正513
魁帥	本朝	正513
晦	文選	正170
晦	白氏	續299
晦(人名)	白氏	續299
晦朔	文選	正170
晦叔	白氏	續299
晦之	白氏	續299
晦冥	文選	正170
晦冥	本朝	正513

晦明	文選	正170
灰	文選	正171
灰心	白氏	續300
灰塵	文選	正171
灰塵	白氏	續300
灰土	白氏	續300
灰没	文選	正171
灰滅	文選	正171
灰燼	文選	正171
灰燼	本朝	正513
灰燼	白氏	續300
灰爊	文選	正171
外	本朝	正512
外	白氏	續297
外夷	白氏	續298
外域	文選	正170
外姻	文選	正170
外厩	文選	正170
外甥	白氏	續298
外翁	白氏	續298
外火	白氏	續298
外姦	文選	正170
外官	白氏	續298
外感	白氏	續297
外閑	文選	正170
外記	本朝	正512
外議	白氏	續297
外客	白氏	續297
外宮	白氏	續297
外教	白氏	續298
外虞	文選	正170
外虞	白氏	續298
外庫	白氏	續298
外戸	白氏	續298
外交	白氏	續297
外使	白氏	續298
外司	白氏	續298
外史	白氏	續298
外師	本朝	正512
外事	白氏	續298
外守	白氏	續298
外受	文選	正170
外州	白氏	續298
外象	文選	正170
外城	白氏	續298
外情	文選	正170
外臣	白氏	續298
外人	本朝	正512
外人	白氏	續298
外塵	白氏	續298
外戚	文選	正170
外祖	本朝	正512
外祖	白氏	續298
外祖母	本朝	正512
外祖母	白氏	續298
外相	白氏	續298
外族	白氏	續298
外孫	文選	正170
外孫	本朝	正512
外孫	白氏	續298
外題	本朝	正512
外宅	白氏	續298
外寵	白氏	續298
外鎮	白氏	續298
外廷	文選	正170
外土	本朝	正512
外内	文選	正170
外難	文選	正170
外叛	文選	正170
外班	本朝	正512
外藩	白氏	續298
外賓	本朝	正512
外府	文選	正170
外府	白氏	續298
外物	文選	正170
外物	白氏	續298
外貌	白氏	續298
外野	文選	正170
外役	文選	正170
外容	白氏	續298
外吏	本朝	正512
外林	文選	正170
外累	白氏	續298
外郎	白氏	續298
外區	文選	正170
外囿	文選	正170
外國	本朝	正512
外國	白氏	續298
外奬	文選	正170
外學	白氏	續297
外寢	文選	正170
外徇	白氏	續298
外擧	本朝	正512
外澤	文選	正170
外臺	白氏	續298
外舅	白氏	續297
外闓	文選	正170
外餘	白氏	續298
外體	文選	正170
外屛	白氏	續298
外狀	白氏	續298
外緣	白氏	續297
外闔	白氏	續298
蒯國夫人	白氏	續300
潰散す	白氏	續300
話言	文選	正171
話談	文選	正171
賄	白氏	續300
賄貨	文選	正171
賄交	文選	正171
賄賂	文選	正171
相乖異す	白氏	續297
乖	白氏	續297
乖違*	本朝	正512
乖違す	白氏	續297
乖隔す	白氏	續297
乖宜	白氏	續297
乖刺	白氏	續297
乖人	文選	正170
乖疎	白氏	續297

乖別す	文選	正170
乖離	文選	正170
乖離す	文選	正170
乖龍	白氏	續297
乖劣す	白氏	續297
乖慵	白氏	續297
乖曠す	白氏	續297
乖迕	文選	正170
故會王	白氏	續299
相會す	本朝	正513
相會合す	白氏	續299
會	論語	正58
會	文選	正170
會	本朝	正513
會	白氏	續299
會(人名)	白氏	續299
會す	論語	正58
會す	文選	正170
會す	本朝	正513
會す	白氏	續299
會飲す	白氏	續299
會王	白氏	續299
會課	白氏	續299
會興	白氏	續299
會吟	文選	正170
會稽	文選	正170
會稽	本朝	正513
會稽	白氏	續299
會稽	枕冊	正778
會稽郡王	白氏	續299
會計	白氏	續299
會決	白氏	續299
會語す	白氏	續299
會公	白氏	續299
會合	文選	正170
會合	白氏	續299
會合す	本朝	正513
會合す	白氏	續299
會衆	本朝	正513
會所	本朝	正513
會昌	本朝	正513
會昌(地名)	白氏	續299
會昌(年号)	白氏	續299
會昌元年	白氏	續299
會昌五年	本朝	正513
會昌五年三月二十一日	白氏	續299
會昌四年	白氏	續299
會昌壬戌	白氏	續299
會昌二年	白氏	續299
會昌六年月日	白氏	續299
會人	本朝	正513
會成	文選	正170
會中	白氏	續299
會等	白氏	續299
會同	論語	正58
會同す	文選	正170
會同す	白氏	續299
會得	白氏	續299
會日	文選	正170
會日	本朝	正513
會府	白氏	續299
會盟	白氏	續299
會盟す	文選	正171
會面	文選	正171
會面	本朝	正513
會面	白氏	續299
會面す	白氏	續299
會幽	白氏	續299
會話	白氏	續299
傀儡	本朝	正512
咼堕	白氏	續297
壞	白氏	續298
壞窓	本朝	正512
壞敗す	白氏	續298
壞滅す	白氏	續298
壞墻	白氏	續298
壞壽	本朝	正513
壞損す	白氏	續298
壞徹す	文選	正170
嵬峩	白氏	續298
嵬嵬	文選	正170
徊徊	文選	正170
恢	本朝	正513
恢	白氏	續299
恢異	本朝	正513
恢水	本朝	正513
恢石	本朝	正513
恢除	本朝	正513
恢力	論語	正58
懷	文選	正170
懷	白氏	續299
懷詠す	白氏	續299
懷古	白氏	續299
懷荒	文選	正170
懷沙	文選	正170
懷才	文選	正170
懷思す	文選	正170
懷州	白氏	續299
懷柔	白氏	續299
懷柔す	文選	正170
懷縦	白氏	續299
懷信	白氏	續299
懷信等	白氏	續299
懷嵩	白氏	續299
懷生	文選	正170
懷袖	文選	正170
懷袖	白氏	續299
懷中	白氏	續299
懷帝	文選	正170
懷土	文選	正170
懷妊	法華	正419
懷妊す	法華	正419
懷保す	文選	正170
懷抱	遊仙	正90
懷抱	文選	正170
懷抱	本朝	正513
懷抱	白氏	續299
懷抱す	文選	正170
懷羊	文選	正170

懷祿　文選　正170
懷歸　文選　正170
懷縣　文選　正170
懷舊賦　文選　正170
懷襄　白氏　續299
檜　白氏　續299
槐　白氏　續299
槐位　本朝　正513
槐陰　本朝　正513
槐陰　白氏　續299
槐雨　白氏　續299
槐花　白氏　續299
槐子　白氏　續299
槐市　本朝　正513
槐市　白氏　續299
槐樹　白氏　續299
槐亭　白氏　續299
槐庭　文選　正170
槐庭　本朝　正513
槐鼎　本朝　正513
槐賦　文選　正170
槐楓　文選　正170
槐風　本朝　正513
槐門　本朝　正513
槐葉　本朝　正513
槐葉　白氏　續299
槐林　本朝　正513
槐路　本朝　正513
槐露　本朝　正513
槐露　白氏　續299
槐棘　本朝　正513
槐蘂　白氏　續299
淮　文選　正171
淮　本朝　正513
淮陰　文選　正171
淮陰(人名)　文選　正171
淮陰王　文選　正171
淮海　文選　正171
淮漢　文選　正171
淮湖　文選　正171
淮湘　文選　正171
淮水　文選　正171
淮岱　文選　正171
淮東　文選　正171
淮南　本朝　正513
淮南(地名)　文選　正171
淮南(地名・書名)　文選　正171
淮南王　文選　正171
淮南道君　本朝　正513
淮服　文選　正171
淮陽　文選　正171
淮陽　本朝　正513
淮梁　文選　正171
淮甸　文選　正171
淮泗　文選　正171
淮汴　文選　正171
瑰意　文選　正171
瑰異　文選　正171
瑰奇　文選　正171
瑰姿　文選　正171
瑰然　白氏　續300
瑰木　文選　正171
瑰麗　文選　正171
瑰寶　白氏　續300
瑰瑋　文選　正171
瑰瑋す　文選　正171
繪　白氏　續300
繪事　白氏　續300
繪素　本朝　正513
繪素　白氏　續300
繪素す　白氏　續300
繪畫　本朝　正513
繪畫す　白氏　續300
膾　白氏　續300
膾炙　文選　正171
膾縷　本朝　正513
薈鬱　白氏　續300
詼諧す　文選　正171
誨導　白氏　續300
讀列　文選　正171
迴斡す　文選　正171
迴還　文選　正171
迴還す　文選　正171
迴渠　文選　正171
迴溪　文選　正171
迴穴　文選　正171
迴互す　文選　正171
迴江　文選　正171
迴皇す　文選　正171
迴鵠　文選　正171
迴散　文選　正171
迴渚　文選　正171
迴掌　文選　正171
迴匝す　文選　正171
迴潮　文選　正171
迴唐　文選　正171
迴塘　文選　正171
迴薄　文選　正171
迴風　文選　正171
迴淵　文選　正171
迴文　文選　正171
迴眷す　文選　正171
迴翔　文選　正171
迴翔す　文選　正171
迴谿　文選　正171
迴轉　文選　正171
迴迴　文選　正171
迴遑す　文選　正171
迴遲す　文選　正171
迴阡　文選　正171
迴磎　文選　正171
迴飈　文選　正171
隗　文選　正171
隗　本朝　正513
隗隅　文選　正171
隗囂　文選　正171
隗臺　本朝　正513
洄闇悽愴　文選　正171
洄沿　文選　正171

洄湟鎮 白氏 續299
洄沇 文選 正171
嶒峗 文選 正170
曶爽 文選 正170
濇瀛 文選 正171
煨爐 本朝 正513
瓌異 文選 正171
瓌貨 文選 正171
瓌奇 文選 正171
瓌奇 白氏 續300
瓌姿 文選 正171
瓌富 文選 正171
瓌寶 文選 正171
瓌琦 文選 正171
瓌瑋 文選 正171
瓌豔 文選 正171
磈硊 文選 正171
磈磈 文選 正171
絓す 文選 正171
繢 文選 正171
繢 白氏 續300
繢素 白氏 續300
翽 白氏 續300
翽(注) 白氏 續300
虺隤 白氏 續300
詿誤 白氏 續300
鐬 白氏 續300
闠 文選 正171
頮濯す 文選 正171
横 文選 正172
横 白氏 續301
横海 文選 正172
横海軍節度使營田 白氏 續301
横街 本朝 正513
横議 文選 正172
横橋 文選 正172
横行す 文選 正172
横死 本朝 正513
横草 本朝 正513
横陳 遊仙 正90
横潰 文選 正172
横笛 本朝 正513
横塘 文選 正172
横暴 文選 正172
横野軍軍使 白氏 續301
横流 文選 正172
横流す 文選 正172
横迸 文選 正172
横厲 文選 正172
黄 文選 正174
黄 白氏 續302
黄(人名) 文選 正174
黄(人名) 白氏 續302
黄軼 文選 正174
黄嫯 文選 正174
黄衣 論語 正58
黄衣 白氏 續302
黄雲 文選 正174
黄雲 白氏 續302
黄炎 本朝 正514
黄汚 白氏 續303
黄屋 文選 正174
黄屋 本朝 正514
黄屋 白氏 續302
黄河 文選 正174
黄河 本朝 正514
黄河 白氏 續302
黄花 本朝 正514
黄花 白氏 續302
黄花叢 白氏 續302
黄華 文選 正174
黄華 本朝 正514
黄芽 白氏 續302
黄蓋 文選 正174
黄閣 本朝 正514
黄閣 白氏 續302
黄葛 白氏 續302
黄茅 白氏 續303
黄巻 白氏 續302
黄環 文選 正174
黄甘 文選 正174
黄間 文選 正174
黄旗 文選 正174
黄輝 文選 正174
黄菊 本朝 正514
黄菊 白氏 續302
黄宮 文選 正174
黄牛 白氏 續302
黄牛峡 白氏 續302
黄巾 文選 正174
黄巾 白氏 續302
黄金 遊仙 正90
黄金 文選 正174
黄金 本朝 正514
黄金 白氏 續302
黄駒 本朝 正514
黄虞 文選 正174
黄熊 文選 正174
黄熊 本朝 正514
黄憲 文選 正174
黄憲 本朝 正514
黄憲 白氏 續302
黄犬 文選 正174
黄犬 白氏 續302
黄絹 白氏 續302
黄軒 本朝 正514
黄公 文選 正174
黄公 白氏 續302
黄公神 本朝 正514
黄口 白氏 續302
黄巷 文選 正174
黄閤 本朝 正514
黄閤 白氏 續302
黄鵠 文選 正174
黄昏 白氏 續302
黄昏す 文選 正174
黄沙 文選 正174
黄沙 白氏 續302
黄沙磧 白氏 續302

黄彩　文選　正174
黄坂　文選　正174
黄山　文選　正174
黄山　本朝　正514
黄士傪　白氏　續302
黄支　文選　正174
黄紙　文選　正174
黄紙　白氏　續302
黄綬　白氏　續302
黄潤　文選　正174
黄初三年　文選　正174
黄序　文選　正174
黄少卿　白氏　續303
黄梢　白氏　續303
黄裳　白氏　續302
黄鍾　文選　正174
黄色　本朝　正514
黄色　白氏　續302
黄心樹　白氏　續303
黄神　文選　正174
黄神　本朝　正514
黄塵　文選　正174
黄瑞　文選　正174
黄雀　文選　正174
黄雀　本朝　正514
黄星　文選　正174
黄精　文選　正174
黄精　白氏　續303
黄石　文選　正174
黄石　白氏　續303
黄石公　遊仙　正90
黄石巖　白氏　續303
黄泉　遊仙　正90
黄泉　文選　正174
黄泉　白氏　續303
黄祖　文選　正174
黄組　文選　正174
黄池　文選　正174
黄竹　文選　正174
黄竹　白氏　續303
黄中　文選　正174
黄中　白氏　續303
黄腸　文選　正174
黄鳥　文選　正174
黄鳥　本朝　正514
黄鳥　白氏　續303
黄鶴　白氏　續302
黄鶴樓　白氏　續302
黄帝　文選　正174
黄帝　白氏　續303
黄庭　本朝　正514
黄庭　白氏　續303
黄庭經　白氏　續303
黄泥　文選　正174
黄泥　白氏　續303
黄唐　白氏　續303
黄唐（人名）　文選　正174
黄唐（地名）　文選　正174
黄頭　文選　正174
黄道　本朝　正514
黄道士　白氏　續303
黄軟　白氏　續303
黄馬　文選　正174
黄梅　白氏　續303
黄梅雨　白氏　續303
黄梅縣　白氏　續303
黄白　白氏　續303
黄髪　文選　正174
黄扉　本朝　正514
黄麻　白氏　續303
黄霧　文選　正174
黄門　文選　正174
黄門　本朝　正514
黄門侍郎　文選　正174
黄柳　本朝　正514
黄柳　白氏　續303
黄葉　白氏　續302
黄落　本朝　正514
黄落す　文選　正174
黄龍　遊仙　正90
黄龍　文選　正174
黄梁　文選　正174
黄梁　白氏　續303
黄緑　白氏　續303
黄連　白氏　續303
黄老　文選　正174
黄老　本朝　正514
黄老　白氏　續303
黄叟　白氏　續303
黄埃　文選　正174
黄埃　白氏　續302
黄墟　白氏　續302
黄壤　文選　正174
黄壤　本朝　正514
黄壤　白氏　續302
黄夾纈　白氏　續302
黄岑　文選　正174
黄暉　文選　正174
黄霸　文選　正174
黄霸　白氏　續303
黄棘　文選　正174
黄權　文選　正174
黄橙　白氏　續303
黄氣　白氏　續302
黄犢　白氏　續303
黄礫　文選　正174
黄稻　文選　正174
黄絲　白氏　續302
黄綺　本朝　正514
黄綺　白氏　續302
黄纐纈　本朝　正514
黄艸　白氏　續302
黄苞　文選　正174
黄茆　白氏　續303
黄蒿　白氏　續302
黄蓍　白氏　續302
黄蘗　本朝　正514
黄蘆　白氏　續303
黄鉞　文選　正174
黄陂　本朝　正514

黄靈 文選 正174
黄鶯 白氏 續302
黄琮 本朝 正514
黄間 文選 正174
黄壚 文選 正174
黄昬 本朝 正514
黄琬 文選 正174
黄琬 本朝 正514
黄碝 文選 正174
黄縑 白氏 續302
黄耇 文選 正174
黄醅 白氏 續303
黄鉞 白氏 續303
黄雞 白氏 續302
黄鸎 本朝 正514
黄鸎 白氏 續302
黄鸝 白氏 續303
黄鸝巷 白氏 續303
光祿 白氏 續300
光陰 文選 正171
光陰 本朝 正513
光陰 白氏 續300
光音 法華 正419
光化 白氏 續300
光花 本朝 正513
光華 文選 正171
光華 本朝 正513
光華 白氏 續300
光華す 文選 正171
光顔 白氏 續300
光輝 文選 正171
光輝 本朝 正513
光輝 白氏 續300
光儀 遊仙 正90
光儀 文選 正171
光儀 本朝 正513
光妓 文選 正171
光啓 文選 正171
光慶 文選 正171
光景 文選 正171
光景 本朝 正513
光景 白氏 續300
光景す 本朝 正513
光潔 白氏 續300
光光 文選 正171
光彩 遊仙 正90
光彩 文選 正171
光彩 白氏 續300
光采 文選 正171
光讃 文選 正171
光賛す 文選 正171
光識 白氏 續300
光州 白氏 續300
光潤 文選 正171
光昭 文選 正171
光昭す 文選 正171
光昭す 白氏 續300
光晶 白氏 續300
光照す 文選 正171
光上人 白氏 續300
光飾す 文選 正171
光色 遊仙 正90
光色 文選 正171
光色 本朝 正513
光色 白氏 續300
光塵 文選 正172
光塵 本朝 正513
光塵 白氏 續300
光藻 文選 正171
光大 白氏 續300
光宅す 文選 正172
光寵 文選 正172
光寵す 文選 正172
光燈 文選 正172
光被 文選 正172
光弼 白氏 續300
光武 文選 正172
光武 本朝 正513
光武 白氏 續300
光武紀 文選 正172
光武皇帝 文選 正172
光風 文選 正172
光風 本朝 正513
光福 白氏 續300
光覆 文選 正172
光粉 本朝 正513
光輔す 文選 正172
光明 文選 正172
光明 法華 正419
光明 本朝 正513
光明 白氏 續300
光明無量 白氏 續300
光夜 文選 正172
光揚す 文選 正172
光曜 文選 正171
光曜 法華 正419
光曜 本朝 正513
光曜す 法華 正419
光耀 文選 正171
光耀 本朝 正513
光耀す 文選 正171
光陽 本朝 正513
光臨す 文選 正172
光禄卿致仕 白氏 續300
光禄勲 文選 正172
光禄大夫 文選 正172
光禄大夫 白氏 續300
光價 白氏 續300
光廸 白氏 續300
光暉 文選 正171
光暉 本朝 正513
光榮 白氏 續300
光氣 白氏 續300
光濟す 文選 正172
光祿 本朝 正513
光祿大夫 論語 正58
光芒 白氏 續300
光誦 文選 正171
光靈 文選 正172
光晵 文選 正171

光鑒す　文選　正171
宏域　文選　正172
宏海　本朝　正513
宏器　文選　正172
宏規　文選　正172
宏議　文選　正172
宏綱　文選　正172
宏材　文選　正172
宏儒　文選　正172
宏達　文選　正172
宏度　文選　正172
宏略　文選　正172
宏麗　文選　正172
宏侈　文選　正172
宏圖　文選　正172
宏壯　文選　正172
宏謨　文選　正172
宏邈　文選　正172
慌　文選　正172
慌忽　文選　正172
晃　白氏　續300
皇　論語　正58
皇　文選　正173
皇　白氏　續301
皇位　文選　正173
皇威　文選　正173
皇威　本朝　正514
皇威　白氏　續301
皇胤　文選　正173
皇運　文選　正173
皇英　本朝　正513
皇王　文選　正173
皇王　白氏　續301
皇恩　文選　正173
皇恩　本朝　正513
皇恩　白氏　續301
皇化　本朝　正513
皇化　白氏　續301
皇家　文選　正173
皇家　白氏　續301
皇花　本朝　正513
皇華　文選　正173
皇駕　文選　正173
皇階　文選　正173
皇侃　本朝　正513
皇漢　文選　正173
皇儀　文選　正173
皇祇*　文選　正173
皇居　文選　正173
皇居　本朝　正513
皇教　文選　正173
皇極　文選　正173
皇極　白氏　續301
皇極天皇　本朝　正513
皇慶　文選　正173
皇軒　文選　正173
皇姑　文選　正173
皇姑　白氏　續301
皇后　文選　正173
皇后　本朝　正513
皇后紀論　文選　正173
皇后宮権大夫　枕冊　正778
皇后本紀　文選　正173
皇皇　論語　正58
皇皇　文選　正173
皇皇　白氏　續301
皇皇焉　文選　正173
皇綱　文選　正173
皇綱　本朝　正513
皇綱　白氏　續301
皇考　文選　正173
皇考　白氏　續301
皇佐　文選　正173
皇使　文選　正173
皇士　文選　正173
皇子　本朝　正513
皇子　白氏　續301
皇子陂　白氏　續301
皇旨　文選　正173
皇慈　白氏　續301
皇車　文選　正173
皇宗　白氏　續301
皇州　文選　正173
皇州　白氏　續301
皇初　文選　正173
皇女　本朝　正513
皇上　文選　正173
皇上　本朝　正513
皇城　文選　正173
皇城　本朝　正513
皇城　白氏　續301
皇情　文選　正173
皇情　白氏　續301
皇心　文選　正173
皇晋　文選　正173
皇世　文選　正173
皇聖　文選　正173
皇稅　白氏　續301
皇戚　文選　正173
皇先生　文選　正173
皇祖　文選　正173
皇祖　白氏　續301
皇孫　本朝　正513
皇太后　本朝　正513
皇太后宮　本朝　正513
皇太子　文選　正173
皇太子　本朝　正513
皇太子　白氏　續301
皇太子傅　本朝　正513
皇代　文選　正173
皇大弟　本朝　正513
皇朝　文選　正173
皇朝　本朝　正513
皇朝　白氏　續301
皇帝　文選　正173
皇帝　本朝　正513
皇帝　白氏　續301
皇帝陛下　文選　正173
皇帝陛下　本朝　正513
皇帝陛下　白氏　續301

皇天　文選　正173
皇天　本朝　正513
皇天　白氏　續301
皇塗　文選　正173
皇都　文選　正173
皇都　本朝　正513
皇都　白氏　續301
皇度　文選　正173
皇唐　文選　正173
皇唐　本朝　正513
皇唐　白氏　續301
皇統　文選　正173
皇道　文選　正173
皇父　白氏　續301
皇父氏　白氏　續301
皇風　文選　正173
皇風　本朝　正514
皇風　白氏　續301
皇甫　白氏　續301
皇甫監　白氏　續301
皇甫公　白氏　續301
皇甫士安　文選　正173
皇甫鹿*子　白氏　續301
皇甫七　白氏　續301
皇甫七郎中　白氏　續301
皇甫十　白氏　續301
皇甫十郎中　白氏　續301
皇甫政　白氏　續301
皇甫賓客　白氏　續301
皇甫朗之　白氏　續301
皇甫郎中　白氏　續301
皇甫六　白氏　續301
皇甫澤州　白氏　續301
皇甫謐　本朝　正513
皇甫湜　白氏　續301
皇甫鏞　白氏　續301
皇母　本朝　正514
皇命　文選　正173
皇明　文選　正173
皇明　本朝　正514
皇明　白氏　續301
皇儲　文選　正173
皇猷　本朝　正513
皇猷　白氏　續301
皇邑　文選　正173
皇輿　文選　正173
皇翼　文選　正173
皇流　文選　正173
皇流　本朝　正514
皇僚　文選　正173
皇來　文選　正173
皇圖　文選　正173
皇妣　白氏　續301
皇媼　文選　正173
皇歡　文選　正173
皇歡　本朝　正513
皇澤　文選　正173
皇澤　本朝　正513
皇澤　白氏　續301
皇眄　文選　正173
皇矣　本朝　正513
皇穹　文選　正173
皇衢　文選　正173
皇謨　白氏　續301
皇鑒　文選　正173
皇鑒　本朝　正513
皇鑒　白氏　續301
皇靈　文選　正173
皇靈　白氏　續301
皇齊　文選　正173
皇德　文選　正173
皇德　本朝　正513
皇德　白氏　續301
皇闈　文選　正173
紘　白氏　續301
紘綱　文選　正173
紘覆　文選　正173
紘綖　文選　正173
荒　文選　正173
荒　文選　正173
荒　白氏　續301
荒す　文選　正173
荒夷　文選　正174
荒淫　文選　正173
荒淫　白氏　續301
荒園　白氏　續302
荒宴　文選　正173
荒階　文選　正173
荒階　白氏　續301
荒外　文選　正173
荒外　白氏　續302
荒葛　文選　正173
荒菊　白氏　續302
荒逆　文選　正173
荒狂　白氏　續302
荒原　本朝　正514
荒郊　文選　正173
荒忽　文選　正173
荒樹　文選　正173
荒庶　本朝　正514
荒城　白氏　續302
荒榛　文選　正173
荒榛　白氏　續302
荒垂　本朝　正514
荒政　白氏　續302
荒楚　文選　正173
荒阻　文選　正173
荒草　文選　正173
荒草　白氏　續302
荒俗　白氏　續302
荒村　白氏　續302
荒怠す　文選　正173
荒宅　白氏　續302
荒地　本朝　正514
荒池　文選　正173
荒沈　文選　正173
荒庭　文選　正173
荒田　本朝　正514
荒田　白氏　續302
荒塗　文選　正174

荒屯 文選 正173
荒頓す 文選 正174
荒寧す 白氏 續302
荒蕪 文選 正174
荒蕪 本朝 正514
荒蕪 白氏 續302
荒蕪す 文選 正174
荒蕪す 本朝 正514
荒蕪す 白氏 續302
荒服 文選 正174
荒服 白氏 續302
荒末 文選 正174
荒涼 遊仙 正90
荒涼 白氏 續302
荒涼す 文選 正174
荒涼涼す 白氏 續302
荒林 文選 正174
荒路 文選 正174
荒凉 本朝 正514
荒毀 文選 正173
荒巖 白氏 續302
荒廢 本朝 正514
荒徼清平 白氏 續302
荒悚 本朝 正514
荒憬 文選 正173
荒樂す 白氏 續302
荒疇 文選 正173
荒砌 本朝 正514
荒翳す 文選 正173
荒耄 本朝 正514
荒臺 白氏 續302
荒艸 白氏 續302
荒裔 文選 正173
荒裔 白氏 續301
荒蹊 文選 正173
荒遐 文選 正173
荒阡 文選 正173
荒陋 白氏 續302
荒陬 文選 正173
荒隧 本朝 正514
荒饉 白氏 續302
荒埏 文選 正173
荒壠 白氏 續302
荒沴 白氏 續302
荒萊 白氏 續302
轟轟 文選 正174
謍 文選 正173
壙 文選 正172
壙宵 文選 正172
廣 文選 正172
廣遠 論語 正58
廣漢 文選 正172
廣狹 白氏 續300
廣畦 文選 正172
廣坐 文選 正172
廣座 文選 正172
廣作佛事 本朝 正513
廣州 文選 正172
廣州 白氏 續300
廣除 文選 正172
廣成 文選 正172
廣成(書名) 文選 正172
廣絶交論 文選 正172
廣宣上人 白氏 續300
廣川 文選 正172
廣相 本朝 正513
廣袖 白氏 續300
廣袖高髻 白氏 續300
廣大 文選 正172
廣大 法華 正419
廣大 白氏 續300
廣宅 文選 正172
廣池 白氏 續300
廣津 文選 正172
廣庭 文選 正172
廣殿 文選 正172
廣塗 文選 正172
廣途 文選 正172
廣都 文選 正172
廣度 文選 正172
廣徳法華院 白氏 續300
廣内 文選 正172
廣博 文選 正172
廣博嚴浄 白氏 續300
廣莫 文選 正172
廣莫 白氏 續300
廣莫門 文選 正172
廣府 白氏 續300
廣武 文選 正172
廣武 白氏 續300
廣武原 白氏 續300
廣武侯 文選 正172
廣武將軍 遊仙 正90
廣淵 文選 正172
廣文先生 白氏 續300
廣平 文選 正172
廣平 白氏 續300
廣望 文選 正172
廣野 文選 正172
廣野君 文選 正172
廣柳 文選 正172
廣要道章 白氏 續300
廣利 白氏 續300
廣陸 文選 正172
廣陵 文選 正172
廣陵 白氏 續300
廣路 文選 正172
廣厦 文選 正172
廣場 白氏 續300
廣壥 文選 正172
廣廡 文選 正172
廣樂 文選 正172
廣衍 文選 正172
廣澤 文選 正172
廣砌 白氏 續300
廣筵 文選 正172
廣袤 文選 正172
廣袤 白氏 續300
廣覽 文選 正172
廣讌 文選 正172

廣譙す　文選　正172
廣陌　文選　正172
廣隰　文選　正172
廣德　文選　正172
廣德　本朝　正513
廣阼　文選　正172
徨徨　文選　正172
恍惚　文選　正172
恍惚　白氏　續300
惶迫　本朝　正513
惶惑す　遊仙　正90
惶惑す　本朝　正513
惶惶　白氏　續300
惶懼　白氏　續300
惶懼す　白氏　續300
擴集す　文選　正172
曠　文選　正172
曠　文選　正172
曠　白氏　續300
曠す　白氏　續300
曠宇　文選　正172
曠遠　文選　正172
曠廓　白氏　續301
曠言　本朝　正513
曠士　文選　正172
曠職　白氏　續301
曠世　文選　正172
曠然　文選　正172
曠然　白氏　續301
曠代　文選　正172
曠代　白氏　續301
曠達　白氏　續301
曠淡　白氏　續301
曠度　文選　正172
曠蕩　文選　正172
曠日　文選　正172
曠年　文選　正172
曠望す　白氏　續301
曠野　文選　正172
曠野　法華　正419
曠野　白氏　續301
曠朗　文選　正172
曠懷　白氏　續301
曠曠　文選　正172
曠瀁　文選　正172
曠盪　文選　正172
曠迹　文選　正172
泓澄　白氏　續301
洸洸　白氏　續301
浤浤　文選　正172
湟中　文選　正173
滉瀁　白氏　續301
煌火　文選　正173
煌煌　文選　正173
煌煌　白氏　續301
煌々　本朝　正513
煌煌焉　本朝　正513
煌煌熒熒す　文選　正173
篁篠　文選　正173
篁竹　文選　正173
簧　文選　正173
簧　白氏　續301
蝗　白氏　續302
蝗蟲　白氏　續302
遑寧　白氏　續302
遑遑　文選　正174
遑遑　白氏　續302
遑遑す　文選　正174
鍠　白氏　續302
鑛璞　文選　正174
隍池　文選　正174
黌舍　本朝　正514
黌門　本朝　正514
纊　文選　正173
纊　白氏　續301
桄榔　文選　正172
桄榔　白氏　續301
獷俗　文選　正173
獷俗　白氏　續301
獷鷙　白氏　續301
懭悢　文選　正172
榥　文選　正172
瀇潦　文選　正173
瀇瀁　文選　正173
潢汚泊　白氏　續301
潢流　本朝　正513
潢潦　本朝　正513
潢汙　文選　正173
潢汙　本朝　正513
璜　文選　正173
訇隱　文選　正172
訇磕　文選　正172
穬　文選　正173
觥　白氏　續302
觥盞　白氏　續302
觥綺　白氏　續302
謍　文選　正173
趪趪　文選　正174
閎議す　文選　正174
閎澤　文選　正174
淮　文選　正174
廓　文選　正174
廓爾　文選　正174
廓清　白氏　續303
廓然　文選　正174
廓然　白氏　續303
廓落　文選　正174
廓落　白氏　續303
廓焉　文選　正174
獲夷　文選　正174
獲虜　文選　正174
獲麟　文選　正174
確執す　本朝　正514
赫赫　白氏　續303
赫赫煌煌　白氏　續303
郭　文選　正174
郭　文選　正174
郭外　白氏　續303
郭桐廬　文選　正175
郭欽　文選　正175

郭景　白氏　續303
郭景純　文選　正175
郭弘農　文選　正175
郭細侯　本朝　正514
郭使君　白氏　續303
郭子　本朝　正514
郭子玄　本朝　正514
郭鹿*子　白氏　續303
郭昭　文選　正175
郭生　文選　正175
郭西　白氏　續303
郭中　白氏　續303
郭張　文選　正175
郭道士　白氏　續303
郭北　文選　正175
郭穆　文選　正175
郭門　文選　正175
郭門　本朝　正514
郭門　白氏　續303
郭有道　文選　正174
郭林宗　本朝　正514
郭奕　文選　正175
郭攸之　文選　正174
郭暈等　白氏　續303
郭璞　文選　正175
郭郛　文選　正175
郭隗　文選　正175
郭隗　本朝　正514
郭伋　文選　正174
郭虚舟　白氏　續303
郭虚舟錬師　白氏　續303
隔　白氏　續303
隔　白氏　續303
隔絶す　白氏　續303
隔年　白氏　續303
隔闊　白氏　續303
隔閡　文選　正175
護嘉　白氏　續303
護鳥　白氏　續303
護落　白氏　續303
護落す　白氏　續303
鶴綾　本朝　正514
鶴駕　本朝　正514
鶴眼　本朝　正514
鶴勤　本朝　正514
鶴琴　本朝　正514
鶴禁　本朝　正514
鶴樹　本朝　正514
鶴歎　本朝　正514
鶴鼎　本朝　正514
鶴髪　本朝　正514
鶴板　本朝　正514
鶴膝　本朝　正514
鶴望　本朝　正514
鶴翼　本朝　正514
鶴立　文選　正175
鶴林　本朝　正514
鶴列　本朝　正514
鶴唳　本朝　正514
攫挐す　文選　正174
臛蠵　文選　正174
槨　論語　正58
槨　文選　正174
畫　文選　正174
畫す　文選　正174
畫一　文選　正174
畫一　本朝　正514
畫冠　文選　正174
畫工　文選　正174
畫賛　文選　正174
畫流す　文選　正174
蠖　文選　正174
蠖　白氏　續303
鄗然　遊仙　正90
鑊鑠　白氏　續303
霍　文選　正175
霍丘縣　白氏　續303
霍去病　文選　正175
霍光　文選　正175
霍光　本朝　正514
霍子孟　本朝　正514
霍然　文選　正175
霍融　文選　正175
霍融　本朝　正514
霍將軍　文選　正175
霍將軍　本朝　正514
霍禹　本朝　正514
霍繹　文選　正175
霍濩　文選　正175
鶉火　文選　正175
鶉首　文選　正175
鶉尾　本朝　正514
搉す　文選　正174
濩略す　文選　正174
玃猱　文選　正174
矐矐　文選　正174
翮　白氏　續303
藿　文選　正174
藿蒳　文選　正174
虢　文選　正174
虢州　白氏　續303
虢叔　文選　正174
虢鄭　文選　正174
虢土　文選　正174
虢略　白氏　續303
鞹　論語　正58
髺　白氏　續303
割屬す　白氏　續303
割截　白氏　續303
括地　本朝　正514
活す　白氏　續303
活活　文選　正175
活計　本朝　正514
活計　白氏　續303
活鱗　白氏　續303
活殍　白氏　續303
滑　文選　正175
滑　白氏　續303
滑州　遊仙　正90
滑州　白氏　續303

滑石　白氏　續303
滑臺　文選　正175
滑臺　白氏　續303
轄　白氏　續304
月析　本朝　正514
月浦　本朝　正514
月宮　本朝　正514
月弓　本朝　正514
月桂　本朝　正514
月光菩薩　法華　正419
月氏　本朝　正514
月初　本朝　正514
月水　本朝　正514
月窓　本朝　正514
月中　本朝　正514
月亭　本朝　正514
月殿　本朝　正514
月燈閣　本朝　正514
月日　本朝　正514
月俸　本朝　正514
月林　本朝　正514
月輪　本朝　正514
月令　本朝　正514
月臺　本朝　正514
刮骨　白氏　續303
猾民　本朝　正514
豁　文選　正175
豁險　文選　正175
豁爾　白氏　續303
豁然　白氏　續304
豁達　白氏　續304
豁達す　文選　正175
豁豁　白氏　續303
豁逵　文選　正175
闊狹　白氏　續304
黠　本朝　正514
黠膚　白氏　續304
黠虜　本朝　正514
鴰鴇　文選　正175
萱草　文選　正176
萱草　枕冊　正778
萱草　源氏　正843
萱草色　源氏　正843
侃侃如　本朝　正514
冠　文選　正175
冠　法華　正419
冠　白氏　續304
冠す　文選　正175
冠す　白氏　續304
冠阿容　白氏　續304
冠蓋　文選　正175
冠蓋　白氏　續304
冠櫛す　白氏　續304
冠軍將軍　文選　正175
冠婚　白氏　續304
冠山　文選　正175
冠者　論語　正58
冠者　源氏　正843
冠者の君　源氏　正843
冠車　文選　正175
冠縦　文選　正175
冠絶　本朝　正515
冠俗　白氏　續304
冠族　白氏　續304
冠服　白氏　續304
冠履　文選　正175
冠履　本朝　正515
冠冕　文選　正175
冠帶　文選　正175
冠帶　白氏　續304
冠帶す　文選　正175
冠珮　文選　正175
冠珮　白氏　續304
冠盖　本朝　正515
冠盖　白氏　續304
冠蓋す　白氏　續304
冠豸　白氏　續304
勧学院　宇津　正711
巻数　枕冊　正778
巻數　源氏　正843
巻遍　本朝　正514
完士　文選　正175
完全　白氏　續304
官　論語　正58
官　文選　正175
官　本朝　正515
官　白氏　續304
官す　文選　正175
官す　白氏　續304
官のつかさ　枕冊　正778
官娃　白氏　續304
官位　本朝　正515
官位　白氏　續305
官威　本朝　正515
官員　白氏　續305
官園　白氏　續305
官家　白氏　續304
官河　白氏　續304
官課　白氏　續304
官階　白氏　續304
官垣　白氏　續305
官客　白氏　續304
官牛　白氏　續304
官渠　白氏　續304
官橋　白氏　續304
官業　白氏　續304
官勲　白氏　續304
官軍　本朝　正515
官軍　白氏　續304
官刑　白氏　續304
官健　白氏　續304
官限　白氏　續304
官庫　本朝　正515
官庫　白氏　續304
官号　本朝　正515
官告　白氏　續304
官獄　白氏　續304
官裁　本朝　正515
官材　白氏　續304
官使　白氏　續304

官司　白氏　續304
官史　本朝　正515
官市　白氏　續304
官師　白氏　續304
官資　白氏　續304
官事　文選　正175
官事　法華　正419
官事　白氏　續304
官寺　文選　正175
官寺　白氏　續304
官次　文選　正175
官次　白氏　續304
官舎　文選　正175
官舎　白氏　續304
官車　白氏　續304
官爵　本朝　正515
官爵　白氏　續304
官爵　源氏　正843
官守　文選　正175
官酒　白氏　續304
官署　白氏　續304
官常　白氏　續304
官情　白氏　續304
官職　本朝　正515
官職　白氏　續304
官人　本朝　正515
官人　伊勢　正649
官人　宇津　正711
官人　枕冊　正778
官人　源氏　正843
官人ごと　宇津　正711
官人とも　枕冊　正778
官人ども　宇津　正711
官帥　文選　正175
官水　白氏　續304
官政　白氏　續304
官租　白氏　續304
官倉　本朝　正515
官曹　本朝　正515
官曹　白氏　續304
官槽　白氏　續304
官第　白氏　續304
官宅　白氏　續304
官秩　白氏　續304
官中　白氏　續304
官長　文選　正175
官長　法華　正419
官長　本朝　正515
官長　白氏　續304
官底　本朝　正515
官渡　文選　正175
官途　本朝　正515
官途　白氏　續305
官同中書　白氏　續305
官道　白氏　續304
官班　本朝　正515
官班　白氏　續305
官廟　文選　正175
官品　文選　正175
官品　白氏　續305
官夫　文選　正175
官府　本朝　正515
官府　白氏　續305
官符　本朝　正515
官封　白氏　續305
官物　本朝　正515
官物　白氏　續305
官文書　本朝　正515
官補す　白氏　續305
官俸　白氏　續305
官方　白氏　續305
官坊　白氏　續305
官望　白氏　續305
官名　白氏　續305
官邑　白氏　續304
官利　白氏　續305
官吏　本朝　正515
官吏　白氏　續305
官寮　白氏　續305
官路　白氏　續305
官漏　文選　正175
官場　白氏　續304
官墻　白氏　續304
官屬　文選　正175
官屬　白氏　續304
官榮　本朝　正515
官榮　白氏　續305
官祿　白氏　續305
官箴　本朝　正515
官粮　本朝　正515
官誥　白氏　續304
官銜　白氏　續304
官錢　白氏　續304
官齒　本朝　正515
官堠　白氏　續304
某官　白氏　續304
某官等　白氏　續305
官位　宇津　正711
官人　竹取　正636
寛　論語　正58
寛　文選　正175
寛　本朝　正515
寛　白氏　續305
寛(人名)　白氏　續305
寛す　文選　正175
寛慰す　本朝　正515
寛恩　白氏　續305
寛科　文選　正175
寛簡　白氏　續305
寛閒　白氏　續305
寛厚　文選　正175
寛厚　白氏　續305
寛弘　本朝　正515
寛弘九年十月卄日　本朝　正515
寛弘九年六月卄五日　本朝　正515
寛弘元年十月　本朝　正515
寛弘元年十月十四日　本朝　正515

寛弘五年三月廾二日　本朝　正515
寛弘四年　本朝　正515
寛弘四年十二月十日　本朝　正515
寛弘四年十二月二日　本朝　正515
寛弘四年二月廾二日　本朝　正515
寛弘二年十一月十三日　本朝　正515
寛弘二年十月　本朝　正515
寛弘二年十月十九日　本朝　正515
寛弘年月日　本朝　正515
寛弘八年八月十二日　本朝　正515
寛弘六年正月十五日　本朝　正515
寛窄　白氏　續305
寛柔　文選　正175
寛重易簡　白氏　續305
寛恕　文選　正175
寛恕　本朝　正515
寛信　白氏　續305
寛仁　文選　正175
寛仁　本朝　正515
寛政　文選　正175
寛政　白氏　續305
寛袖　白氏　續305
寛大　白氏　續305
寛典　白氏　續305
寛平　本朝　正515
寛平五年　本朝　正515
寛平三年二月日　本朝　正515
寛平四年　本朝　正515
寛平七年八月廾一日　本朝　正515
寛平太上　本朝　正515
寛平二年正月廾五日　本朝　正515
寛平年中　本朝　正515
寛平八季　本朝　正515
寛明　文選　正175
寛明　白氏
寛猛　本朝　正515
寛猛　白氏　續305
寛宥　本朝　正515
寛宥す　本朝　正515
寛裕　文選　正175
寛裕　白氏　續305
寛容　文選　正175
寛容　本朝　正515
寛容す　本朝　正515
寛和　文選　正175
寛和　白氏　續305
寛和元年月日　本朝　正515
寛和元年六月十七日　本朝　正515
寛和二年七月廾日　本朝　正515
寛冲　文選　正175
寛廣　白氏　續305
寛樂　文選　正175
寛穏　白氏　續305
寛綽す　文選　正175
寛譬　文選　正175
相寛慰す　白氏　續305
患　文選　正175
患　白氏　續305
患害　文選　正175
患責　文選　正175
患難　論語　正58
患難　白氏　續305
桓　文選　正175
桓王　文選　正175
桓桓　文選　正175
桓玄　文選　正175
桓侯　文選　正175
桓侯　本朝　正515
桓公　論語　正58
桓公　文選　正175
桓公　本朝　正515
桓公　白氏　續306
桓后　文選　正175
桓彦表　白氏　續306
桓武天皇　本朝　正515
桓文　文選　正175
桓友　文選　正175
桓榮　文選　正175
桓榮　本朝　正515
桓譚　文選　正175
桓譚　本朝　正515
桓靈　文選　正175
桓靈　本朝　正515
桓魋　論語　正58
桓魋　文選　正175
棺　論語　正58
棺　文選　正175
棺　白氏　續306
棺斂　白氏　續306
棺柩　文選　正175
款　文選　正175
款　白氏　續305
欵顔　白氏　續305
欵曲　白氏　續305
欵誠　白氏　續305
款愛す　文選　正175
款款　文選　正175
款々　本朝　正515
款曲す　文選　正175
款情　文選　正175
款誠　文選　正175
款然す　文選　正175
款附す　文選　正175
款實　文選　正175
款眷　文選　正175
款睇　文選　正175
款闕　本朝　正515

款關　文選　正175
環　白氏　續306
環衛　白氏　續306
環王國　白氏　續306
環廻す　白氏　續306
環奇　白氏　續306
環極　文選　正176
環周す　文選　正176
環洲　文選　正176
環然　白氏　續306
環中　白氏　續306
環堵　文選　正176
環堵　白氏　續306
環封　白氏　續306
環望す　白氏　續306
環林　文選　正176
環列　白氏　續306
環墻　白氏　續306
環拱　白氏　續306
環珮　文選　正176
環珮　白氏　續306
環玭　文選　正176
環琨　文選　正176
患嗽　遊仙　正90
管　文選　正176
管　本朝　正516
管　白氏　續306
管（人名）　文選　正176
管す　白氏　續306
管轄　本朝　正516
管郡　白氏　續306
管敬　文選　正176
管穴　本朝　正516
管見　白氏　續306
管絃　遊仙　正90
管絃　文選　正176
管絃　本朝　正516
管絃　白氏　續306
管絃す　白氏　續306
管庫　文選　正176
管庫　白氏　續306
管在躬　本朝　正516
管子　白氏　續306
管氏　論語　正58
管氏　白氏　續306
管商　文選　正176
管色　白氏　續306
管吹　白氏　續306
管蘇　文選　正176
管中　本朝　正516
管仲　論語　正58
管仲　白氏　續306
管内　本朝　正516
管内　白氏　續306
管内支度營田觀察處押蕃落等使　白氏　續306
管内州　白氏　續306
管寧　文選　正176
管孟　文選　正176
管領　白氏　續307
管領す　白氏　續307
管學士　本朝　正516
管樂　文選　正176
管濕　文選　正176
管磬歌舞　白氏　續306
管籥　文選　正176
管籥　白氏　續307
管蔡　文選　正176
管蕭　白氏　續306
管輅　文選　正176
管鮑　文選　正176
管摧　白氏　續306
管摧す　白氏　續306
緩　白氏　續307
緩（人名）　白氏　續307
緩急　本朝　正516
緩急　白氏　續307
緩耳　文選　正176
緩怠　本朝　正516
緩風　本朝　正516
緩歩　文選　正176
緩慢　白氏　續307
緩謌　本朝　正516
緩驅す　白氏　續307
紈急　文選　正176
莞爾　論語　正58
莞然　文選　正176
莞蒻　文選　正176
観音　宇津　正711
貫　論語　正58
貫　文選　正176
貫　白氏　續307
貫す　論語　正58
貫す　文選　正176
貫す　本朝　正516
貫す　白氏　續307
貫花　本朝　正516
貫朽　白氏　續307
貫胷　文選　正176
貫公（人名）　文選　正176
貫首　本朝　正516
貫穿す　白氏　續307
貫等　白氏　續307
貫之　白氏　續307
貫屬す　白氏　續307
還　白氏　續307
還往　白氏　續307
還往す　白氏　續307
還賀　本朝　正516
還郷　白氏　續307
還旨　文選　正176
還命　文選　正176
還荅　文選　正176
還飆　文選　正176
関　本朝　正516
関外　本朝　正516
関々　遊仙　正90
関々　本朝　正516
関城　本朝　正516
関情　遊仙　正91

関西　本朝　正516
関東　本朝　正516
関内道　遊仙　正91
関白　本朝　正516
関白す　本朝　正516
関白殿　枕冊　正778
関門　本朝　正516
関路　本朝　正516
関戌　本朝　正516
館　文選　正177
館　本朝　正516
館　白氏　續308
館す　文選　正177
館娃　文選　正177
館娃　白氏　續308
館娃宮　白氏　續308
館御　文選　正177
館室　文選　正177
館舎　白氏　續308
館宅　文選　正177
館陶公主　本朝　正516
館驛　白氏　續308
館穀　白氏　續308
舘　白氏　續307
舘舎　白氏　續307
舘鐘　白氏　續307
丸　文選　正175
丸　法華　正419
丸　白氏　續304
丸す　白氏　續304
丸劒　文選　正175
玩好　文選　正176
玩耽す　文選　正176
翫す　文選　正176
翫す　白氏　續307
翫好　文選　正176
翫好　本朝　正516
翫好　白氏　續307
翫物　白氏　續307
頑　白氏　續307
頑凶　文選　正177
頑愚　白氏　續307
頑才　文選　正177
頑質　本朝　正516
頑拙　白氏　續307
頑疎　白氏　續307
頑素　文選　正177
頑蔽　文選　正177
頑魯　文選　正177
頑魯　本朝　正516
頑慵　白氏　續308
頑賤　白氏　續307
頑鄙　白氏　續307
頑嚚　文選　正177
頑艶　文選　正177
願　法華　正419
願　本朝　正516
願　白氏　續308
願　伊勢　正649
願　土左　正659
願　宇津　正711
願　蜻蛉　正747
願　源氏　正843
願し　宇津　正711
願とも　源氏　正843
願ども　宇津　正711
願ふみ　源氏　正843
願ふみとも　源氏　正843
願海　本朝　正516
願言　文選　正177
願言す　文選　正177
願主　本朝　正516
願書　宇津　正711
願文　本朝　正516
願文　宇津　正711
願文　枕冊　正778
願文　源氏　正843
願文等　本朝　正516
願無量　白氏　續308
願力　法華　正419
願力　本朝　正516
願力　白氏　續308
御願　宇津　正711
御願　源氏　正843
御願とも　源氏　正843
御願文　源氏　正843
倦游　文選　正175
元興　文選　正175
元興寺　本朝　正515
元慶　本朝　正514
元慶元年　本朝　正515
元慶皇后　本朝　正514
元慶三年　本朝　正515
元慶三年四月廾八日　本朝　正515
元慶三年十一月一日　本朝　正515
元慶四年月日　本朝　正515
元慶六年九月　本朝　正515
元々　本朝　正515
元三　枕冊　正778
元首　本朝　正515
元日　土左　正659
菅右相府　本朝　正516
菅右大臣　本朝　正516
菅家　本朝　正516
菅見　本朝　正516
菅三品　本朝　正516
菅師匠　本朝　正516
菅秀才　本朝　正516
菅淳茂　本朝　正516
菅丞相　本朝　正516
菅清公　本朝　正516
菅相公　本朝　正516
菅相國　本朝　正516
菅贈太相國　本朝　正516
菅中丞　本朝　正516
菅蒯　文選　正176
窅學　本朝　正516
窅達　文選　正176

丱女 宇津 正711
勸戒 文選 正175
勸教 文選 正175
勸酒 本朝 正515
勸進 文選 正175
勸進す 文選 正175
勸進す 法華 正419
勸請 法華 正419
勸慕す 文選 正175
勸誘 本朝 正515
勸誘す 本朝 正515
勸誘源 本朝 正515
勸勵 文選 正175
勸學 本朝 正515
勸學院 本朝 正515
勸學田 本朝 正515
勸學會 本朝 正515
勸沮 白氏 續304
勸誨す 白氏 續304
勸誡 本朝 正515
勸誡 白氏 續304
勸惕 本朝 正515
卷 本朝 正514
卷軸 本朝 正514
卷舒す 本朝 正514
圜丘 文選 正175
圜題 文選 正175
圜牆 文選 正175
宦 文選 正175
宦序 白氏 續305
宦情 文選 正175
宦情 白氏 續305
宦人 文選 正175
宦達 白氏 續305
宦竪 文選 正175
宦途 白氏 續305
宦名 白氏 續305
宦遊 白氏 續305
宦遊す 白氏 續305
宦侶 文選 正175
寰宇 白氏 續305
寰海 本朝 正515
寰海 白氏 續305
寰中 本朝 正515
寰中 白氏 續305
寰内 文選 正175
寰甸 文選 正175
寰區 文選 正175
寰區 白氏 續305
寰瀛 白氏 續305
寰隧 文選 正175
寰寓 本朝 正515
懽心す 白氏 續305
懽友 文選 正175
懽忻す 文選 正175
懽忻す 白氏 續305
懽悞す 文選 正175
歡 文選 正175
歡 白氏 續305
歡哀 文選 正175
歡愛 文選 正176
歡愛 白氏 續305
歡愛す 文選 正176
歡益 文選 正176
歡悅 文選 正176
歡悅 本朝 正516
歡悅す 白氏 續305
歡宴 文選 正176
歡宴 本朝 正516
歡宴 白氏 續305
歡宴す 白氏 續305
歡怨 文選 正176
歡恩 文選 正176
歡華 本朝 正516
歡華 白氏 續305
歡願 文選 正176
歡喜 法華 正419
歡喜 本朝 正516
歡喜 白氏 續305
歡喜す 法華 正419
歡喜す 本朝 正516
歡喜す 白氏 續305
歡欣す 文選 正176
歡欣踊躍す 文選 正176
歡言 白氏 續306
歡呼す 白氏 續306
歡呼拜舞す 白氏 續306
歡娛 遊仙 正90
歡娛 文選 正176
歡娛 本朝 正516
歡娛 白氏 續306
歡娛す 文選 正176
歡娛す 本朝 正516
歡娛す 白氏 續306
歡好 文選 正176
歡行す 白氏 續305
歡趣 白氏 續306
歡笑 白氏 續306
歡笑す 白氏 續306
歡情 文選 正176
歡情 本朝 正516
歡情 白氏 續306
歡心 文選 正176
歡心 本朝 正516
歡心 白氏 續306
歡心す 白氏 續306
歡戚 白氏 續306
歡然 文選 正176
歡然 白氏 續306
歡暢 白氏 續306
歡適 白氏 續306
歡伯 本朝 正516
歡愉 文選 正176
歡友 文選 正176
歡遊 白氏 續305
歡遊す 白氏 續305
歡容 白氏 續306
歡謠 文選 正176
歡豫 本朝 正516
歡會 本朝 正516

歡會 白氏 續305
歡會す 白氏 續305
歡忻 文選 正176
歡忻す 白氏 續305
歡忻悚躍す 白氏 續305
歡惠 白氏 續305
歡榮 白氏 續306
歡樂 文選 正176
歡樂 本朝 正516
歡樂 白氏 續306
歡樂す 遊仙 正90
歡樂す 白氏 續306
歡聲 白氏 續306
歡醉す 白氏 續306
歡釋す 文選 正176
歡飫 文選 正176
渙 文選 正176
渙 白氏 續306
渙渥 本朝 正516
渙汗 文選 正176
渙汗 本朝 正516
渙汗 白氏 續306
渙乎 文選 正176
渙然 文選 正176
渙然 白氏 續306
渙揚す 文選 正176
渙衍葺襲 文選 正176
渙澤 本朝 正516
灌 論語 正58
灌嬰 文選 正176
灌激 文選 正176
灌叢 白氏 續306
灌注 文選 正176
灌夫 文選 正176
灌仏 宇津 正711
灌木 文選 正176
灌佛 源氏 正843
灌莽 文選 正176
瀚濯 本朝 正516
睆焉 文選 正176
煥 文選 正176
煥 白氏 續306
煥赫 白氏 續306
煥乎 論語 正58
煥乎 文選 正176
煥乎 白氏 續306
煥然 白氏 續306
煥衍 文選 正176
煥炳 文選 正176
煥炳す 文選 正176
煥焉 白氏 續306
煥爛 文選 正176
煥爛 本朝 正516
煥爛 白氏 續306
煥發す 白氏 續306
瘝す 白氏 續306
盥櫛 白氏 續306
盥櫛す 白氏 續306
盥櫛食寢 白氏 續306
盥漱 白氏 續306
盥漱す 白氏 續306
盥滌す 白氏 續306
丱 白氏 續304
丱女 白氏 續304
觀 論語 正58
觀 文選 正176
觀 本朝 正516
觀 白氏 續307
觀(人名) 文選 正176
觀濼 文選 正176
觀す 法華 正419
觀す 本朝 正516
觀す 白氏 續307
觀院 白氏 續307
觀宇 文選 正176
觀悦す 法華 正419
觀音 法華 正419
觀音 本朝 正516
觀音 白氏 續307
觀音 源氏 正843
觀音寺 本朝 正516
觀音像 本朝 正516
觀音堂 白氏 續307
觀音普賢菩薩法行經 白氏 續307
觀音菩薩 白氏 續307
觀稼 白氏 續307
觀閣 文選 正176
觀居 白氏 續307
觀察 法華 正419
觀察使 白氏 續307
觀察支候 白氏 續307
觀察推官 白氏 續307
觀察推官試 白氏 續307
觀察等使 白氏 續307
觀察判官 白氏 續307
觀察處置等使 白氏 續307
觀寺 白氏 續307
觀世音 法華 正419
觀世音寺 源氏 正843
觀世音菩薩 法華 正419
觀世音菩薩 本朝 正516
觀知す 白氏 續307
觀念 本朝 正516
觀普賢經 本朝 正516
觀風 白氏 續307
觀風亭 白氏 續307
觀遊 文選 正176
觀遊 白氏 續307
觀遊す 白氏 續307
觀林 本朝 正516
觀偈 白氏 續307
觀學會所 本朝 正516
觀盥 文選 正176
觀聽 文選 正176
觀臺 文選 正176
觀覽 本朝 正516
觀覽す 本朝 正516
觀闕 本朝 正516
觀魏 文選 正176

觀榭	文選	正176
豢豹	文選	正176
豢龍子	白氏	續307
豢豕	白氏	續307
關	文選	正176
關	白氏	續307
關す	文選	正176
關す	白氏	續307
關右	文選	正176
關羽	文選	正176
關下	文選	正176
關河	文選	正176
關河	白氏	續307
關外	文選	正176
關外	白氏	續307
關畿	白氏	續307
關源	文選	正176
關塞	文選	正176
關塞	白氏	續307
關山	文選	正176
關山	白氏	續307
關市	文選	正176
關市	白氏	續307
關氏	白氏	續307
關城	文選	正176
關西	文選	正176
關西	白氏	續307
關石	文選	正176
關相國	白氏	續307
關谷	文選	正176
關中	文選	正176
關中	白氏	續307
關中侯	文選	正176
關津	白氏	續307
關東	文選	正176
關東	白氏	續307
關内	白氏	續307
關内侯	文選	正176
關輔	文選	正176
關輔	白氏	續307
關防	白氏	續307
關門	文選	正177
關門	白氏	續307
關洛	文選	正177
關吏	文選	正177
關李	白氏	續307
關龍	文選	正177
關梁	文選	正177
關梁	白氏	續307
關路	文選	正177
關路	白氏	續307
關關	文選	正176
關關	白氏	續307
關雎鵲巣	白氏	續307
關璀	白氏	續307
關雎	論語	正58
關雎	文選	正176
關雎	文選	正176
關闠	白氏	續307
驩兜	文選	正177
驩欣	文選	正177
驩州	白氏	續308
鬟	白氏	續308
鰥寡孤獨	白氏	續308
鰥魚	白氏	續308
鰥夫	文選	正177
鰥夫	白氏	續308
鰥獨	白氏	續308
鰥惸	白氏	續308
鸛鵠	文選	正177
鸛鷂	文選	正177
鸛鷗	文選	正177
儇才	本朝	正514
刓方	白氏	續304
忨然	白氏	續305
汍瀾	文選	正176
汍瀾	本朝	正516
琯轄	本朝	正516
筦磬絃歌	白氏	續306
筦榷	白氏	續306
紈	文選	正176
紈牛	文選	正176
紈扇	文選	正176
紈素	文選	正176
紈袖	文選	正176
紈綺	文選	正176
紈綺	本朝	正516
紈綺	白氏	續307
翾翾	文選	正176
轘轅*	文選	正176
闤	文選	正177
闤闠	文選	正177
雚蒲	文選	正176
雚蒻	文選	正176
饘餅等	白氏	續308
鰥寡	文選	正177
鰥寡	本朝	正516
葵	文選	正178
葵	白氏	續309
葵心	本朝	正517
葵征虜	本朝	正517
葵扇	白氏	續309
葵菫	文選	正178
葵藿	文選	正178
葵藿	本朝	正517
葵藿	白氏	續309
窺窬す	文選	正178
蚑行す	文選	正178
磧岸	文選	正178
危	文選	正177
危	白氏	續308
危冠	文選	正177
危冠す	文選	正177
危機	文選	正177
危急	文選	正177
危苦	文選	正177
危絃	文選	正177
危言	白氏	續308
危言す	白氏	續308
危行	白氏	續308

危根　文選　正177
危坐す　文選　正177
危時　白氏　續308
危城　文選　正177
危脆　白氏　續308
危石　白氏　續308
危柱　文選　正177
危墜　文選　正177
危亭　白氏　續308
危轍　文選　正177
危難　文選　正177
危敗す　白氏　續308
危邦　論語　正58
危亡　文選　正177
危亡　白氏　續308
危殆　文選　正177
危明　文選　正177
危憂　白氏　續308
危葉　文選　正177
危葉　本朝　正516
危亂　白氏　續308
危國　文選　正177
危懼　本朝　正516
危懼謙退　本朝　正516
危樓　白氏　續308
危淺　文選　正177
危磴　白氏　續308
危臺　文選　正177
危偪　文選　正177
危惙　白氏　續308
揮す　文選　正177
揮金　白氏　續308
揮弄　文選　正177
揮弄す　白氏　續308
揮霍　文選　正177
揮霍　白氏　續308
季秋　本朝　正517
季商　本朝　正517
季節　本朝　正517
季節(人名)　本朝　正517
季年　文選　正178
季葉　文選　正178
季路　本朝　正517
季禄　本朝　正517
季苛　本朝　正517
徽　文選　正177
徽　白氏　續308
徽(人名)　文選　正177
徽音　文選　正177
徽華　白氏　續308
徽徽　文選　正177
徽号　本朝　正517
徽索　文選　正177
徽車　文選　正177
徽章　文選　正177
徽章　白氏　續308
徽績　白氏　續308
徽猷　文選　正177
徽容　文選　正177
徽烈　文選　正177
徽烈　本朝　正516
徽烈　白氏　續308
徽幟　文選　正177
徽號　白氏　續308
徽顯す　文選　正177
徽纆　文選　正177
貴　文選　正178
貴　本朝　正517
貴　白氏　續309
貴位　白氏　續310
貴介　文選　正178
貴介　白氏　續309
貴階　白氏　續309
貴客　白氏　續309
貴近　白氏　續309
貴公　文選　正178
貴公子　本朝　正517
貴公主　白氏　續309
貴高　白氏　續309
貴豪　白氏　續309
貴彩　白氏　續309
貴仕　文選　正178
貴仕　白氏　續309
貴主　白氏　續309
貴種　本朝　正517
貴宗　文選　正178
貴重す　白氏　續310
貴臣　文選　正178
貴臣　本朝　正517
貴人　文選　正178
貴人　白氏　續310
貴勢　文選　正178
貴盛　文選　正178
貴戚　文選　正178
貴仙　白氏　續310
貴相　白氏　續309
貴族　白氏　續310
貴達　白氏　續310
貴達す　白氏　續310
貴秩　白氏　續310
貴朝　白氏　續310
貴任　白氏　續310
貴班　白氏　續310
貴妃　白氏　續310
貴聞す　白氏　續310
貴茂　白氏　續310
貴遊子弟　本朝　正517
貴國　本朝　正517
貴壽　白氏　續309
貴游　文選　正178
貴賤　文選　正178
貴賤　法華　正419
貴賤　本朝　正517
貴賤　白氏　續310
軌儀　文選　正178
軌訓す　文選　正178
軌式　文選　正178
軌制　文選　正178
軌跡　文選　正178
軌轍　文選　正178

軌度　文選　正178
軌範　文選　正178
軌物　白氏　續310
軌模　文選　正178
軌量　文選　正178
軌路　文選　正178
軌躅　文選　正178
輝映す　文選　正178
輝華　白氏　續308
輝赫　白氏　續308
輝輝　白氏　續308
輝光　文選　正178
輝光　白氏　續308
輝章　文選　正178
輝函等　本朝　正516
輝耀　文選　正178
輝烈　文選　正178
輝榮　白氏　續308
輝榮す　白氏　續308
相輝光す　白氏　續308
鬼　文選　正178
鬼　本朝　正517
鬼　白氏　續310
鬼火　白氏　續310
鬼怪　白氏　續310
鬼害　本朝　正517
鬼血　本朝　正517
鬼功　白氏　續310
鬼致　本朝　正517
鬼子母　法華　正419
鬼信　文選　正178
鬼神　文選　正178
鬼神　法華　正419
鬼神　本朝　正517
鬼神　白氏　續310
鬼谷子　文選　正178
鬼伯　白氏　續310
鬼物　本朝　正517
鬼方　文選　正178
鬼魅　文選　正178
鬼魅　法華　正419
鬼魅　白氏　續310
鬼傭　文選　正178
鬼傭　本朝　正517
鬼區　文選　正178
鬼瞰　本朝　正517
鬼誅　白氏　續310
鬼魄　本朝　正517
鬼籙　文選　正178
偽　本朝　正516
偽封　文選　正177
偽嬖　文選　正177
僞　白氏　續308
僞言　白氏　續308
僞師　文選　正177
僞職　白氏　續308
僞新　文選　正177
僞臣　文選　正177
僞孫　文選　正177
僞朝　文選　正177
僞庭　文選　正177
僞武烈皇帝　文選　正177
僞遊す　白氏　續308
冀方　白氏　續308
冀闕　文選　正177
卉然　文選　正177
卉服　文選　正177
卉服　白氏　續308
卉物　白氏　續308
卉木　文選　正177
卉木　白氏　續308
喟　文選　正177
喟然　文選　正177
喟然す　文選　正177
喟息　文選　正177
喟焉　文選　正177
毀　白氏　續309
毀垣　文選　正178
毀疾　文選　正178
毀傷　論語　正58
毀撤す　文選　正178
毀廟　文選　正178
毀滅す　文選　正178
毀滅す　白氏　續309
毀瘠す　白氏　續309
毀謗　法華　正419
毀謗　本朝　正517
毀譽　文選　正178
毀譽　白氏　續309
巍峩　白氏　續308
巍巍　法華　正419
巍巍　本朝　正516
巍巍　白氏　續308
弃予　文選　正177
愧　白氏　續308
愧畏　白氏　續308
愧詞　白氏　續308
愧佩　白氏　續308
愧悵す　白氏　續308
愧懷　白氏　續308
愧懼　白氏　續308
愧耻す　白氏　續308
愧聲　白氏　續308
愧惕　白氏　續308
暉　文選　正178
暉　白氏　續308
暉映す　文選　正178
暉光　文選　正178
暉素　文選　正178
暉麗　文選　正178
暉暉　文選　正178
櫃　白氏　續308
夔子　本朝　正516
夔龍　本朝　正516
歸　白氏　續308
歸袝す　白氏　續309
歸す　文選　正177
歸す　法華　正419
歸す　本朝　正516
歸す　白氏　續308

歸鞍 白氏 續308
歸依 本朝 正516
歸依す 本朝 正516
歸依す 白氏 續309
歸運 文選 正177
歸雲 文選 正177
歸雲 白氏 續309
歸往す 文選 正178
歸化す 本朝 正516
歸華 文選 正177
歸海 文選 正177
歸雁 白氏 續309
歸願 文選 正177
歸騎 白氏 續309
歸客 文選 正177
歸休 本朝 正516
歸休 白氏 續309
歸休す 白氏 續309
歸去 本朝 正516
歸去す 白氏 續309
歸去來 文選 正177
歸去來 白氏 續309
歸京 本朝 正516
歸郷 本朝 正516
歸郷 白氏 續309
歸計 白氏 續309
歸軒 白氏 續309
歸言 文選 正177
歸厚 白氏 續309
歸耕 文選 正177
歸降 白氏 續309
歸鴻 文選 正177
歸鴻 白氏 續309
歸参 本朝 正516
歸山 白氏 續309
歸士 文選 正177
歸志 文選 正177
歸思 文選 正177
歸思 白氏 續309
歸軸 文選 正178
歸趣 文選 正177
歸舟 文選 正177
歸住す 本朝 正516
歸尚書 白氏 續309
歸昌 文選 正177
歸心 白氏 續309
歸人 文選 正177
歸人 白氏 續309
歸仁灘 白氏 續309
歸仁里 白氏 續309
歸全 白氏 續309
歸全す 白氏 續309
歸訴 文選 正177
歸奏す 文選 正177
歸葬 白氏 續309
歸塟す 白氏 續309
歸宅 白氏 續309
歸潮 文選 正178
歸鳥 文選 正178
歸程 白氏 續309
歸田 本朝 正516
歸田 白氏 續309
歸塗 文選 正178
歸登 白氏 續309
歸投 白氏 續309
歸投す 白氏 續309
歸忍 白氏 續309
歸帆 本朝 正516
歸蕃 本朝 正516
歸飛 白氏 續309
歸風 文選 正178
歸歩 白氏 續309
歸僕 文選 正178
歸夢 白氏 續309
歸命 文選 正178
歸命 法華 正419
歸命稽首 本朝 正516
歸命稽首す 本朝 正517
歸命頂礼す 本朝 正517
歸靖 白氏 續309
歸養す 白氏 續309
歸翼 白氏 續309
歸洛す 本朝 正517
歸流 文選 正178
歸侶 白氏 續309
歸慮 文選 正178
歸糧 白氏 續309
歸路 文選 正178
歸路 本朝 正517
歸路 白氏 續309
歸老 本朝 正517
歸老す 白氏 續309
歸來 文選 正178
歸來 白氏 續309
歸來(書名) 文選 正178
歸處 白氏 續309
歸徑 文選 正177
歸旆 文選 正178
歸橈 白氏 續309
歸歟 文選 正178
歸歟 本朝 正517
歸歟 白氏 續309
歸歟吟 白氏 續309
歸粮 白氏 續309
歸軫 文選 正177
歸軼 文選 正177
歸鴈 文選 正177
歸窆す 白氏 續309
歸翮 文選 正177
歸艎 文選 正177
歸轄 文選 正177
麾 文選 正178
麾下 白氏 續309
麾幢 白氏 續309
麾訶す 白氏 續309
癸丑 本朝 正517
癸甲 文選 正178
癸未 白氏 續309
簣 文選 正178
簣土 白氏 續309

簣桴　白氏　續309
虧失す　白氏　續309
虧喪　文選　正178
虧損す　白氏　續309
罍　本朝　正517
衢鯨　文選　正177
覬　文選　正178
詭異　文選　正178
詭過す　本朝　正517
詭怪　文選　正178
詭遇　白氏　續309
詭遇す　文選　正178
詭詐　白氏　續309
詭勝　文選　正178
詭随　白氏　續309
詭製　白氏　續309
詭奪　文選　正178
詭道　文選　正178
詭戻　文選　正178
詭惑　文選　正178
詭對　文選　正178
詭觀　文選　正178
詭辭　文選　正178
詭隨す　文選　正178
跪拜す　白氏　續310
餽餉飛輓　白氏　續310
饋　白氏　續310
饋賀　白氏　續310
饋禮　白氏　續310
饋餉　白氏　續310
驥　文選　正178
驥子　文選　正178
驥騄　文選　正178
魏　本朝　正517
魏(国名)　白氏　續310
魏(人名)　白氏　續310
魏王堤　白氏　續310
魏王澤　白氏　續310
魏家　白氏　續310
魏義通　白氏　續310
魏玄通　白氏　續310
魏州　白氏　續310
魏州大都督府長史　白氏　續310
魏晋　白氏　續310
魏徴　白氏　續310
魏徴書生　白氏　續310
魏堤　白氏　續310
魏帝　本朝　正517
魏博　白氏　續310
魏博軍　白氏　續310
魏博等　白氏　續310
魏博等州　白氏　續310
魏武　白氏　續310
魏風　白氏　續310
魏文　本朝　正517
魏丙　白氏　續310
魏勃　本朝　正517
魏夜　本朝　正517
魏郎中弘簡　白氏　續310
魏絳　白氏　續310
魏闕　本朝　正517
魏闕　白氏　續310
魏顆　白氏　續310
龜　文選　正178
龜蟕　文選　正178
龜貝　文選　正178
龜魚　文選　正178
龜鏡　本朝　正517
龜玉　文選　正178
龜鵠　文選　正178
龜沙　文選　正178
龜山　本朝　正517
龜書　文選　正178
龜鶴　文選　正178
龜鶴　本朝　正517
龜鼎　文選　正178
龜背　本朝　正517
龜賦　文選　正178
龜文　文選　正178
龜某等　本朝　正517
龜謀　文選　正178
龜蒙　文選　正178
龜龍　文選　正178
龜林　本朝　正517
龜筮　文選　正178
熙王　文選　正178
熙蒸　文選　正178
撝謙　白氏　續308
撝謙す　白氏　續308
撝挹　文選　正177
撝挹　本朝　正516
軏　本朝　正517
軏儀　本朝　正517
軏成す　本朝　正517
軏躅　本朝　正517
冀　文選　正177
冀域　文選　正177
冀州　文選　正177
冀徐　文選　正177
冀道　文選　正177
冀方　文選　正177
冀幽　文選　正177
匭　白氏　續308
匭使　白氏　續308
匭函使　白氏　續308
夔　文選　正177
夔犺　文選　正177
夔咼　白氏　續308
夔牙　文選　正177
夔龍　文選　正177
夔龍　白氏　續308
夔旌　本朝　正517
夔襄　文選　正177
夔魖　文選　正177
媿す　白氏　續308
媿辭　白氏　續308
嬀　文選　正177
嬀水　本朝　正516
巋巍　文選　正177

巋崖　文選　正177
巋然　文選　正177
巋然　白氏　續308
戣　白氏　續308
睢盱す　白氏　續309
簋　文選　正178
翬翟　文選　正178
翬褕　文選　正178
虺螢　文選　正178
虺蘳　文選　正178
闚闟す　文選　正178
橘　白氏　續311
窘然　白氏　續311
窘束す　白氏　續311
匡山　白氏　續310
匡輔　白氏　續310
狂　白氏　續310
狂す　白氏　續310
狂詠　白氏　續310
狂詠す　白氏　續310
狂翁　白氏　續311
狂歌　白氏　續310
狂歌す　白氏　續310
狂花　白氏　續310
狂海　白氏　續310
狂簡　白氏　續310
狂客　白氏　續310
狂吟　白氏　續310
狂吟す　白氏　續310
狂句　白氏　續310
狂愚　白氏　續310
狂言　白氏　續310
狂言す　白氏　續310
狂言綺語　白氏　續310
狂詞　白氏　續310
狂酒　白氏　續310
狂心　白氏　續310
狂進妄動　白氏　續310
狂男子　白氏　續311
狂直　白氏　續311
狂夫　白氏　續311
狂舞す　白氏　續311
狂風　白氏　續311
狂老翁　白氏　續311
狂亂孤疑す　白氏　續311
狂叟　白氏　續310
狂嘲　白氏　續311
狂朁　白氏　續310
狂醉す　白氏　續310
狂僭　白氏　續310
狂顛　白氏　續311
舞狂す　白氏　續310
筐篚　白氏　續311
誑誕　白氏　續311
誑妄　白氏　續311
獷驁　白氏　續311
恇　白氏　續310
矍爍　白氏　續311
躩如　論語　正58
供ず　論語　正58
供具す　論語　正58
窘　文選　正178
窘急　本朝　正517
窘執　文選　正178
窘然　文選　正178
窘歩す　文選　正178
鈞天　本朝　正517
鈞柄　本朝　正517
化　本朝　正517
化　本朝　正517
化す　法華　正419
化作す　法華　正419
化身　本朝　正517
化人　法華　正419
化人　本朝　正517
化成す　本朝　正517
化生　法華　正419
化生す　法華　正419
化度　法華　正419
化導す　法華　正419
化佛　法華　正419
花足　源氏　正843
華嚴　本朝　正517
華嚴　白氏　續311
華嚴骨目　本朝　正517
華嚴經等　本朝　正517
華鬘　白氏　續311
快樂　本朝　正517
外位　本朝　正517
外道　法華　正419
凶會日　枕冊　正778
圭　文選　正178
圭　白氏　續311
圭陰　文選　正178
圭撮　文選　正178
圭璧　白氏　續311
珪　文選　正179
珪　白氏　續311
珪爵　文選　正179
珪組　文選　正179
珪組　白氏　續311
珪符　文選　正179
珪璋　文選　正179
珪璧　文選　正179
珪瓚　文選　正179
恵　論語　正58
慧　文選　正179
慧　本朝　正517
慧　白氏　續311
慧す　白氏　續311
慧星　白氏　續311
慧刀　白氏　續311
慧日　文選　正179
慧偈　白氏　續311
桂　白氏　續311
桂苑　文選　正179
桂海　文選　正179
桂管　白氏　續311
桂旗　文選　正179
桂宮　文選　正179

桂枝　文選　正179
桂酒　文選　正179
桂樹　文選　正179
桂樹　白氏　續311
桂州　白氏　續311
桂舟　文選　正179
桂水　文選　正179
桂箭　文選　正179
桂棟　文選　正179
桂布　白氏　續311
桂父　文選　正179
桂陽　文選　正179
桂林　文選　正179
桂林　白氏　續311
桂林刺史　白氏　續311
桂林諸軍事　白氏　續311
桂林本管都防禦觀察處置等使　白氏　續311
桂椒　文選　正179
畦中　白氏　續311
畦瀛　文選　正179
冏　文選　正178
垌牧　文選　正178
奎　文選　正178
惠　文選　正178
惠　本朝　正517
惠　白氏　續311
惠（人名）　文選　正179
惠（人名）　白氏　續311
惠す　文選　正179
惠す　白氏　續311
惠愛　文選　正179
惠愛　本朝　正517
惠愛　白氏　續311
惠渥　文選　正179
惠安　白氏　續311
惠運　文選　正179
惠王　文選　正179
惠音　文選　正179
惠化　本朝　正517
惠化　白氏　續311
惠花　本朝　正517
惠雅等　白氏　續311
惠姦　白氏　續311
惠義　文選　正179
惠休　白氏　續311
惠訓　文選　正179
惠公　文選　正179
惠后　文選　正179
惠好す　白氏　續311
惠子　文選　正179
惠子女王　本朝　正517
惠施　文選　正179
惠色　文選　正179
惠信　白氏　續311
惠心　文選　正179
惠進　白氏　續311
惠政　白氏　續311
惠然　白氏　續311
惠草　文選　正179
惠太子　白氏　續311
惠帝　文選　正179
惠答す　白氏　續311
惠日　本朝　正517
惠寧　白氏　續311
惠風　文選　正179
惠文　文選　正179
惠問　文選　正179
惠用　白氏　續311
惠養　文選　正179
惠利　白氏　續311
惠露　文選　正179
惠露　本朝　正517
惠和　白氏　續311
惠實　白氏　續311
惠滿　白氏　續311
惠澤　文選　正179
惠澤　本朝　正517
惠澤　白氏　續311
惠濟　文選　正179
惠聲　文選　正179
惠蕚律師　白氏　續311
惠貺　白氏　續311
惠貺す　文選　正179
炯　文選　正179
炯介　文選　正179
炯戒　文選　正179
炯戒　白氏　續311
炯誡　白氏　續311
烱烱　文選　正179
熒熒　文選　正179
螢燭　文選　正179
螢曜　文選　正179
袿徽　文選　正179
袿裳　文選　正179
迥望　文選　正179
迥陌　文選　正179
逈江　文選　正179
逈場　文選　正179
逈塗　文選　正179
逈漠　文選　正179
逈路　文選　正179
閨　白氏　續311
閨怨　白氏　續312
閨閤　文選　正179
閨閤　白氏　續312
閨草　文選　正179
閨中　文選　正179
閨中　白氏　續312
閨庭　白氏　續312
閨婦　白氏　續312
閨房　文選　正179
閨房　白氏　續312
閨門　白氏　續312
閨處す　文選　正179
閨闥　文選　正179
閨牖　文選　正179
閨闔　白氏　續312
閨闈　文選　正179
閨闈　白氏　續312

蕙	文選	正179
蕙	白氏	續311
蕙荷	白氏	續311
蕙華	文選	正179
蕙香	白氏	續311
蕙肴	文選	正179
蕙質	文選	正179
蕙若	文選	正179
蕙心	文選	正179
蕙心	本朝	正517
蕙草	文選	正179
蕙草	白氏	續311
蕙態	本朝	正517
蕙帳	文選	正179
蕙帳	白氏	續311
蕙風	白氏	續311
蕙圃	文選	正179
蕙葉	文選	正179
蕙蘭	文選	正179
蕙蘭	白氏	續311
蕙路	文選	正179
蕙帶	文選	正179
蕙帶	本朝	正517
蕙帶	白氏	續311
蕙纕	文選	正179
蕙芷	文選	正179
蕙茝	文選	正179
嘒嘒	文選	正178
囧然	文選	正178
囧囧	文選	正178
坰	文選	正178
坰牧	文選	正178
坰野	文選	正178
坰野	白氏	續311
坰林	文選	正178
扃	白氏	續311
扃禁	文選	正179
扃闔	白氏	續311
扃牖	文選	正179
扃鐍	白氏	續311
扃鐍	白氏	續311
扃鐍す	白氏	續311
相携持す	文選	正179
携養す	文選	正179
滎陽	文選	正179
滎陽	白氏	續311
熒燭	文選	正179
熒惑	文選	正179
熲	文選	正179
睽合	文選	正179
蟪蛄	文選	正179
邽縣	白氏	續311
鄳公	白氏	續311
橘柚	文選	正179
決	文選	正179
決	白氏	續312
決す	文選	正179
決す	法華	正419
決す	白氏	續312
決計	文選	正179
決決	白氏	續312
決絶す	文選	正179
決定す	法華	正419
決壅	白氏	續312
決斷す	白氏	續312
自決す	白氏	續312
穴	文選	正179
穴中	白氏	續312
穴處	文選	正179
穴藪	文選	正179
趹	論語	正58
趹岍	白氏	續312
血	白氏	續312
血珠	白氏	續312
血色	白氏	續312
血食す	白氏	續312
血誠	本朝	正517
血誠	白氏	續312
血肉	本朝	正517
血肉	白氏	續312
血脈	本朝	正517
血脈	白氏	續312
血淚	本朝	正517
血淚	白氏	續312
血屬	白氏	續312
血拇	文選	正179
血氣	白氏	續312
血脉	文選	正179
血髓	白氏	續312
血點	白氏	續312
訣厲	文選	正179
月竁	文選	正179
月下	白氏	續312
月華	文選	正179
月華	白氏	續312
月晦	白氏	續312
月宮	白氏	續312
月窟	文選	正179
月桂	白氏	續312
月月	白氏	續312
月戸	白氏	續312
月御	文選	正179
月朔	白氏	續312
月支	文選	正179
月終	白氏	續312
月捷	白氏	續312
月章	白氏	續312
月上	白氏	續312
月色	白氏	續312
月前	白氏	續312
月旦	文選	正179
月中	白氏	續312
月提	白氏	續312
月殿	文選	正179
月日	文選	正179
月日	白氏	續312
月俸	白氏	續312
月明	白氏	續312
月夜	白氏	續312
月離	白氏	續312

月令 文選 正179
月露 文選 正179
月氣 文選 正179
月砌 白氏 續312
月臺 白氏 續312
月駟 文選 正179
决す 本朝 正517
决す 白氏 續312
决開す 白氏 續312
决疑 本朝 正517
决勝 白氏 續312
决断 本朝 正517
决断す 本朝 正517
决破 白氏 續312
决平 白氏 續312
决放 白氏 續312
决明丸 白氏 續312
决决 白氏 續312
厥苞 白氏 續312
缺員 白氏 續312
缺落 白氏 續312
譎詐 文選 正179
譎變 文選 正179
譎詭 文選 正179
譎誑 文選 正179
譎諫 文選 正179
蹶 文選 正180
蹷然 文選 正179
蹷痿 文選 正180
蹶す 白氏 續312
蹶然 文選 正180
闕 文選 正180
闕 本朝 正517
闕 白氏 續312
闕違 白氏 續312
闕遺 文選 正180
闕遺 白氏 續312
闕一す 白氏 續312
闕下 文選 正180
闕下 本朝 正517
闕下 白氏 續312
闕供 白氏 續312
闕景 文選 正180
闕塞 白氏 續312
闕爾 文選 正180
闕政 文選 正180
闕政 本朝 正517
闕西 文選 正180
闕然 文選 正180
闕庭 文選 正180
闕庭 本朝 正517
闕庭 白氏 續312
闕典 文選 正180
闕如す 本朝 正517
闕文 文選 正180
闕文 本朝 正517
闕文 白氏 續312
闕里 文選 正180
闕里 本朝 正517
闕路 白氏 續312
闕漏 文選 正180
闕國 本朝 正517
泬寥 文選 正179
泬寥 本朝 正517
泬寥 白氏 續312
潏湟 文選 正179
獝狂 文選 正179
觖望す 文選 正179
駃騠 文選 正180
鱖縷 白氏 續312
萱 文選 正182
萱 白氏 續316
萱桂 白氏 續316
萱草 文選 正182
萱草 白氏 續316
巻 文選 正180
巻軸 文選 正180
巻領 文選 正180
巻舒 文選 正180
巻舒す 文選 正180
巻龍 本朝 正517
勸賞 本朝 正517
桊 文選 正182
倦鳥 白氏 續314
倦遊 文選 正180
券 白氏 續314
券契 本朝 正517
喧 白氏 續314
喧喧 白氏 續314
喧々 本朝 正517
喧然 白氏 續314
喧煩 白氏 續314
喧囂 本朝 正518
喧隘 白氏 續314
喧靜 白氏 續314
喧闐 白氏 續314
圏守す 文選 正180
圏束 文選 正180
圏牢 文選 正180
憲法 本朝 正518
懸 文選 正180
懸 本朝 正518
懸 本朝 正518
懸 白氏 續315
懸河 白氏 續315
懸火 文選 正180
懸解 文選 正180
懸隔 本朝 正518
懸魚 白氏 續315
懸景 文選 正180
懸懸 白氏 續315
懸高 本朝 正518
懸碕 文選 正180
懸車 本朝 正518
懸車 白氏 續315
懸書 文選 正180
懸象 文選 正180
懸象 本朝 正518
懸泉 本朝 正518
懸泉 白氏 續315

懸然　文選　正180
懸沈す　文選　正180
懸刀　文選　正180
懸騰す　文選　正180
懸米　本朝　正518
懸圃　文選　正180
懸法　文選　正180
懸勇　文選　正180
懸邑　本朝　正518
懸流　文選　正180
懸流　本朝　正518
懸匏*　文選　正180
懸旆　本朝　正518
懸旌　白氏　續315
懸磬　本朝　正518
懸磬　白氏　續315
懸磴　文選　正180
懸磴　白氏　續315
懸蘿　文選　正180
懸黎　文選　正180
懸罄　白氏　續315
拳　白氏　續315
拳拳　文選　正180
拳拳　白氏　續315
拳石　本朝　正518
拳石　白氏　續315
拳猛　文選　正180
拳勇　白氏　續315
牽牛　文選　正181
牽掣　文選　正181
犬戎　文選　正181
犬馬　文選　正181
犬羊　文選　正181
元　文選　正180
元　本朝　正517
元　白氏　續312
元(人名)　文選　正180
元(人名)　白氏　續312
元員外　白氏　續314
元王　文選　正180
元化　白氏　續313
元嘉　文選　正180
元嘉四年月日　文選　正180
元嘉七年九月十四日　文選　正180
元嘉十七年七月二十八日　文選　正180
元家　白氏　續312
元凱　文選　正180
元凱　本朝　正517
元凱　白氏　續312
元凱(人名)　文選　正180
元監察　白氏　續312
元基　文選　正180
元徽　文選　正180
元義　白氏　續313
元吉　文選　正180
元吉　本朝　正517
元渠　文選　正180
元享　論語　正58
元享　白氏　續313
元凶　文選　正180
元九　白氏　續313
元九稹　白氏　續313
元九侍御　白氏　續313
元九學士閣老　白氏　續313
元勲　文選　正180
元勲　白氏　續313
元君　白氏　續313
元兄　白氏　續313
元謙光　本朝　正517
元元　文選　正180
元元　白氏　續313
元公　白氏　續313
元公度　白氏　續313
元功　文選　正180
元向　白氏　續313
元康　文選　正180
元康　白氏　續312
元康九年　文選　正180
元康元年　文選　正180
元康七年　文選　正180
元康八年　文選　正180
元康六年　文選　正180
元皇后　文選　正180
元皇大帝　白氏　續313
元衡　白氏　續312
元佐摩訶思那等　白氏　續313
元宰　文選　正180
元才子　白氏　續313
元載　白氏　續313
元士　文選　正180
元士　白氏　續313
元士曹　白氏　續313
元始　文選　正180
元始天尊　白氏　續313
元子　白氏　續313
元氏　白氏　續313
元氏長慶集　白氏　續313
元侍御　白氏　續313
元首　文選　正180
元首　白氏　續313
元宗簡　白氏　續314
元拾遺　白氏　續313
元集虚　白氏　續313
元十八　白氏　續313
元戎　文選　正180
元戎　白氏　續313
元女　文選　正180
元少尹　白氏　續314
元賞　白氏　續313
元城　文選　正180
元審　白氏　續313
元神　文選　正180
元臣　白氏　續314
元帥　文選　正180
元遂禪師　白氏　續314
元崇　白氏　續314
元成　白氏　續314

元精　文選　正180
元聖　白氏　續314
元素　白氏　續314
元相　白氏　續313
元相公　白氏　續313
元相公徵之　白氏　續313
元相國　白氏　續313
元辰　文選　正180
元歎　文選　正180
元寵　本朝　正517
元徵之　白氏　續314
元直　文選　正180
元帝　文選　正180
元帝　本朝　正517
元鄭　白氏　續314
元鼎　白氏　續314
元天　文選　正180
元日　文選　正180
元日　白氏　續313
元年　白氏　續314
元年十月　本朝　正517
元白　本朝　正517
元白　白氏　續314
元白往還詩集　白氏　續314
元八　白氏　續314
元八員外　白氏　續314
元八侍御　白氏　續314
元八宗簡　白氏　續314
元八郎中　白氏　續314
元妃　文選　正180
元妃　白氏　續314
元夫　白氏　續314
元夫子　白氏　續314
元府君　白氏　續314
元符　文選　正180
元服　本朝　正517
元輔　文選　正180
元輔　本朝　正517
元輔　白氏　續314
元奉禮　白氏　續314
元某　白氏　續312
元穆公　文選　正180
元巳　文選　正180
元巳　本朝　正517
元明府　白氏　續314
元陽　白氏　續314
元翼　白氏　續314
元亮　白氏　續314
元礼　本朝　正517
元老　本朝　正517
元老　白氏　續314
元郎　白氏　續314
元郎中　白氏　續314
元和　白氏　續313
元和九年　白氏　續313
元和九年春二月二十五日　白氏　續313
元和元年　白氏　續313
元和元年九月十六日　白氏　續313
元和五年　白氏　續313
元和三年　白氏　續313
元和四年　白氏　續313
元和四年四月某日　白氏　續313
元和十一年　白氏　續313
元和十五年　白氏　續313
元和十三年　白氏　續313
元和十三年七月八日　白氏　續313
元和十四年　白氏　續313
元和十二年　白氏　續313
元和十二年九月七日　白氏　續313
元和十二年四月九日　白氏　續313
元和十年　白氏　續313
元和十年十月巳亥　白氏　續313
元和中　白氏　續313
元和二年　白氏　續313
元和二年月日　白氏　續313
元和八年　白氏　續313
元和八年秋七月　白氏　續313
元和八年春二月二十五日　白氏　續313
元和六年四月三日　白氏　續313
元和六年十月八日　白氏　續313
元競　本朝　正517
元尹　白氏　續312
元惡　文選　正180
元應　白氏　續314
元氣　文選　正180
元氣　本朝　正517
元氣　白氏　續313
元淅東　白氏　續314
元獻皇后　白氏　續313
元瑜　文選　正180
元祀　文選　正180
元總等　白氏　續314
元舅　文選　正180
元韋　白氏　續314
元龜　文選　正180
元龜　白氏　續313
元稹（人名）　白氏　續313
元稹（人名）（注）　白氏　續314
元蕻　白氏　續314
原　文選　正180
原　白氏　續314
原（人名）　文選　正180
原（地名）　白氏　續314
原王府長史　白氏　續314
原下　白氏　續314
原憲　文選　正180
原憲　本朝　正517
原憲　白氏　續314

原上　白氏　續314
原常　文選　正180
原生　白氏　續314
原泉　文選　正180
原伯魯　白氏　續314
原薄　文選　正180
原武　文選　正180
原免　本朝　正517
原野　文選　正180
原陸　文選　正180
原陵　文選　正180
原疇　文選　正180
原隰　文選　正180
某原　白氏　續314
幻　白氏　續314
幻化　白氏　續314
幻身　白氏　續315
幻人　白氏　續315
幻世　白氏　續315
幻泡　白氏　續315
弦　文選　正180
弦矢　文選　正180
源　文選　正181
源　白氏　續315
源亜將　本朝　正518
源桂　本朝　正518
源皇子　本朝　正518
源才子　本朝　正518
源刺史　本朝　正518
源氏　本朝　正518
源寂　白氏　續315
源泉　文選　正181
源相公　本朝　正518
源太守　本朝　正518
源中　白氏　續315
源能州　本朝　正518
源判史　本朝　正518
源父子　文選　正181
源流　文選　正181
源流　本朝　正518
源流　白氏　續315
源處士　本朝　正518
源將軍　本朝　正518
源潭洞　白氏　續315
玄　文選　正181
玄　本朝　正518
玄　白氏　續315
玄灞　文選　正181
玄蔭　文選　正181
玄陰　文選　正181
玄陰　白氏　續315
玄運　本朝　正518
玄雲　文選　正181
玄雲　本朝　正518
玄雲　白氏　續315
玄英　本朝　正518
玄宴　文選　正181
玄猿　文選　正182
玄遠　文選　正182
玄遠　本朝　正518
玄奥　文選　正181
玄黄　文選　正181
玄黄　白氏　續315
玄牡　文選　正181
玄化　文選　正181
玄化　本朝　正518
玄化　白氏　續315
玄感　文選　正181
玄翰　本朝　正518
玄関　本朝　正518
玄顏　文選　正181
玄義　本朝　正518
玄義　白氏　續315
玄丘　文選　正181
玄休　白氏　續315
玄宮　文選　正181
玄宮　本朝　正518
玄魚　文選　正181
玄玉　文選　正181
玄空　文選　正181
玄熊　文選　正181
玄訓　文選　正181
玄訓　本朝　正518
玄訓　白氏　續315
玄珪　文選　正181
玄景　文選　正181
玄月　文選　正181
玄月　本朝　正518
玄軒　文選　正181
玄元　本朝　正518
玄元　白氏　續315
玄元皇帝　白氏　續315
玄元氏　白氏　續315
玄元聖祖　本朝　正518
玄元聖祖　白氏　續315
玄玄　文選　正181
玄言　文選　正181
玄功　白氏　續315
玄甲　文選　正181
玄甲　白氏　續315
玄根　文選　正181
玄混　文選　正181
玄塞　文選　正181
玄采　文選　正181
玄朔　文選　正181
玄朔　白氏　續316
玄師　白氏　續316
玄思　文選　正181
玄寺　文選　正181
玄寺　白氏　續316
玄滋　文選　正181
玄識す　文選　正181
玄漆　白氏　續316
玄質　白氏　續316
玄芝　文選　正181
玄珠　文選　正181
玄珠　白氏　續316
玄首　文選　正181
玄宗　文選　正181
玄宗　白氏　續316

玄宗皇帝　本朝　正518
玄宗法師　本朝　正518
玄宗本紀　白氏　續316
玄渚　文選　正181
玄書　白氏　續316
玄象　白氏　續316
玄成　本朝　正518
玄成　白氏　續316
玄聖　文選　正181
玄聖　白氏　續316
玄石　文選　正181
玄石(人名)　文選　正181
玄泉　文選　正181
玄泉　白氏　續316
玄祖　白氏　續316
玄素　文選　正181
玄草　本朝　正518
玄造　白氏　續316
玄俗　文選　正181
玄孫　本朝　正518
玄孫　白氏　續316
玄談　本朝　正518
玄池　本朝　正518
玄鳥　文選　正181
玄鳥　白氏　續316
玄津　文選　正181
玄通す　文選　正181
玄鶴　文選　正181
玄鶴　本朝　正518
玄蹄　文選　正181
玄天　白氏　續316
玄兎　文選　正181
玄都　本朝　正518
玄土　文選　正181
玄冬　文選　正181
玄同　文選　正181
玄堂　文選　正181
玄道　本朝　正518
玄徳　白氏　續316
玄波　本朝　正518
玄派　文選　正181
玄伯　文選　正181
玄漠　文選　正181
玄髪　文選　正181
玄髪　白氏　續316
玄班　白氏　續316
玄蕃のすけ　宇津　正711
玄微子　文選　正181
玄眉　文選　正181
玄豹　文選　正181
玄豹　白氏　續316
玄符　文選　正181
玄武　文選　正181
玄武　本朝　正518
玄武(地名)　文選　正181
玄風　文選　正181
玄風　本朝　正518
玄風　白氏　續316
玄服す　文選　正181
玄淵　文選　正182
玄平　文選　正181
玄圃　文選　正181
玄圃　本朝　正518
玄圃　白氏　續316
玄蜂　文選　正181
玄謀　文選　正181
玄幕　文選　正181
玄幙　文選　正181
玄妙　文選　正181
玄冥　文選　正181
玄冥　白氏　續316
玄牝　本朝　正518
玄木　文選　正181
玄默　文選　正181
玄門　白氏　續316
玄夜　文選　正181
玄夜　本朝　正518
玄覧す　文選　正181
玄理　本朝　正518
玄理　白氏　續316
玄律　文選　正182
玄律　白氏　續316
玄流　文選　正181
玄龍　文選　正182
玄亮　白氏　續316
玄諒　白氏　續316
玄林　文選　正182
玄嶺　文選　正182
玄和上　本朝　正518
玄冑　文選　正181
玄冕　文選　正181
玄冕　本朝　正518
玄冰　文選　正181
玄廬　文選　正182
玄弉三藏　本朝　正518
玄弋　文選　正181
玄應　本朝　正518
玄應　白氏　續316
玄晏　文選　正181
玄晏　白氏　續315
玄晏翁　白氏　續315
玄晏先生　文選　正181
玄暉　文選　正181
玄曠　文選　正181
玄樞　白氏　續316
玄沚　文選　正181
玄渙　本朝　正518
玄澤　文選　正181
玄澤　白氏　續316
玄獺　文選　正181
玄璧　文選　正181
玄秬　文選　正181
玄纓　文選　正181
玄蠣　文選　正182
玄覽　本朝　正518
玄豐　文選　正181
玄趾　本朝　正518
玄輅　文選　正181
玄醴　文選　正182
玄鑒　本朝　正518

玄闕　文選　正181
玄關　文選　正181
玄關　白氏　續315
玄霄　文選　正181
玄靈　文選　正182
玄駟　文選　正181
玄鬢　白氏　續316
玄鬢*　本朝　正518
玄鸞　文選　正181
玄齠　文選　正181
玄厲　文選　正182
玄德　文選　正181
玄德　本朝　正518
玄枵　文選　正181
玄猨　文選　正182
玄瓚　文選　正181
玄虛　文選　正181
玄虯　文選　正181
玄鶂　白氏　續315
玄邈　文選　正181
玄闈　文選　正182
玄鷰　文選　正181
玄鶴　遊仙　正91
絃　文選　正182
絃　本朝　正518
絃歌　文選　正182
絃管　本朝　正518
絃張　文選　正182
綺譎　本朝　正518
忲燿　文選　正180
相勸勉す　白氏　續314
勸課す　白氏　續314
勸感　白氏　續314
勸詞　白氏　續314
勸酒　白氏　續314
勸請す　白氏　續314
勸善　白氏　續314
勸勉す　白氏　續314
勸奬　白氏　續314
勸懼　白氏　續314
勸懽　白氏　續314
勸沮　白氏　續314
勸沮す　白氏　續314
勸諫　白氏　續314
幾卷　白氏　續314
卷　白氏　續314
卷後　白氏　續314
卷軸　白氏　續314
卷首　白氏　續314
卷上下　白氏　續314
卷第　白氏　續314
卷中　白氏　續314
卷之一　白氏　續314
卷之二　白氏　續314
卷波　白氏　續314
卷末　白氏　續314
卷目　白氏　續314
呟喚　文選　正180
娟娟　文選　正180
壎篪　文選　正180
惓惓　文選　正180
惓惓　白氏　續315
愿　論語　正58
愿鋭鯤等　白氏　續315
愿法　文選　正180
懽心　本朝　正518
暄　白氏　續315
暄濁　文選　正180
暄鳥　文選　正180
暄和　白氏　續315
暄和す　白氏　續315
暄氣　文選　正180
權　論語　正58
權　白氏　續315
權位　白氏　續315
權貴　白氏　續315
權宜　白氏　續315
權豪　白氏　續315
權者　白氏　續315
權臣　本朝　正518
權勢　白氏　續315
權節　白氏　續315
權知　白氏　續315
權知貝州刺史　白氏　續315
權知朔州刺史　白氏　續315
權知深州事　白氏　續315
權知巴州刺史　白氏　續315
權知兵部郎中　白氏　續315
權知陵州刺史　白氏　續315
權知泗州長史　白氏　續315
權知蔡州刺史　白氏　續315
權寵　白氏　續315
權道　論語　正58
權道　白氏　續315
權柄　白氏　續315
權門　白氏　續315
權輿　本朝　正518
權輿　白氏　續315
權輿す　本朝　正518
權量　論語　正58
權量平校　白氏　續315
權變　白氏　續315
涓子　文選　正181
涓流　文選　正181
涓埃　白氏　續315
涓毫　白氏　續315
涓涓　白氏　續315
涓澮　文選　正181
眩す　白氏　續316
眩曜　文選　正182
眩曜す　文選　正182
眩燿す　文選　正182
眩轉す　本朝　正518
相眷　白氏　續316
眷　文選　正182
眷　白氏　續316
眷愛　白氏　續316
眷遇す　白氏　續316
眷言　文選　正182
眷言　白氏　續316

眷言す　文選　正182
眷顧　文選　正182
眷好勤勤　白氏　續316
眷慈　本朝　正518
眷重　白氏　續316
眷然　文選　正182
眷想　白氏　續316
眷属　法華　正419
眷属　本朝　正518
眷属　宇津　正711
眷属　源氏　正843
眷知　白氏　續316
眷祐す　白氏　續316
眷倚　白氏　續316
眷屬　白氏　續316
眷戀す　文選　正182
眷戀す　白氏　續316
眷眷　文選　正182
眷眷　白氏　續316
眷眷す　文選　正182
眷矚　白氏　續316
眷盼す　白氏　續316
縣　文選　正182
縣　白氏　續316
縣す　文選　正182
縣尉　白氏　續316
縣獄　白氏　續316
縣宰　白氏　續316
縣司　白氏　續316
縣政　白氏　續316
縣帖　白氏　續316
縣道　文選　正182
縣道　白氏　續316
縣南　白氏　續316
縣民　白氏　續316
縣門　白氏　續316
縣邑　文選　正182
縣邑　白氏　續316
縣令　白氏　續316
縣責父　文選　正182
蜷局す　文選　正182
衒達す　文選　正182
衒賣す　法華　正419
諠　文選　正182
諠閑　白氏　續316
諠繁　白氏　續316
諠嚻*　文選　正182
諠諠　白氏　續316
諠譁　白氏　續316
諠譁す　白氏　續316
諠靜　白氏　續316
蹇歩す　白氏　續316
鉉台　文選　正182
阮家　白氏　續316
阮元瑜　文選　正182
阮元瑜　白氏　續316
阮公　文選　正182
阮嗣宗　文選　正182
阮嗣宗　本朝　正518
阮始平　文選　正182
阮生　文選　正182
阮籍　文選　正182
阮籍　白氏　續317
阮陳　文選　正182
阮歩兵　文選　正182
阮略　文選　正182
阮咸　白氏　續316
阮藉　遊仙　正91
阮瑀　文選　正182
阮瑀元瑜　文選　正182
炫　文選　正181
炫晃す　文選　正181
炫曜　文選　正181
炫耀　文選　正181
炫耀　白氏　續315
炫轉す　白氏　續315
儇才　文選　正180
塤*　文選　正180
塤*篪　文選　正180
塤*篪　文選　正180
劵　白氏　續315
沅　文選　正180
沅犀　白氏　續315
沅湘　文選　正180
沅澧　文選　正181
泫　文選　正181
泫泣す　文選　正181
泫然　文選　正181
泫然　白氏　續315
泫流す　文選　正181
泫泫　文選　正181
烜赫　白氏　續315
畎畝*　文選　正182
畎畝　白氏　續316
畎澮　文選　正182
蘐葉　文選　正182
蠲減す　白氏　續316
蠲符　本朝　正518
蠲復す　文選　正182
蠲免す　白氏　續316
蠲兔　白氏　續316
袨服　遊仙　正91
袨服　文選　正182
袨服す　文選　正182
諼　白氏　續316
踡跼　文選　正182
踡跼す　白氏　續316
騵馬　本朝　正518
黿鼉　文選　正182
屈し　枕冊　正778
屈しいり　源氏　正843
屈し果て　蜻蛉　正747
勲　本朝　正518
勲　白氏　續317
勲級　白氏　續317
勲業　白氏　續317
勲勤　白氏　續317
勲賢　本朝　正518
勲賢　白氏　續317
勲五轉　白氏　續317

勲功　本朝　正518
勲効　白氏　續317
勲賜　白氏　續317
勲賞　白氏　續317
勲親　白氏　續317
勲戚　白氏　續317
勲籍　白氏　續317
勲績　白氏　續317
勲秩　白氏　續317
勲伐　白氏　續317
勲閥　白氏　續317
勲封　白氏　續317
勲名　白氏　續317
勲猷　白氏　續317
勲庸　白氏　續317
勲烈　白氏　續317
勲勞　白氏　續317
勲德　白氏　續317
君　文選　正182
君　本朝　正518
君威　白氏　續318
君王　文選　正182
君王　本朝　正518
君王　白氏　續318
君恩　白氏　續318
君家　白氏　續317
君雅　白氏　續317
君侯　文選　正182
君山　文選　正182
君子　論語　正58
君子　遊仙　正91
君子　文選　正182
君子　本朝　正518
君子　白氏　續317
君斯　文選　正182
君賞　白氏　續318
君上　白氏　續318
君心　白氏　續318
君臣　論語　正58
君臣　文選　正182
君臣　本朝　正518
君臣　白氏　續318
君親　文選　正182
君親　白氏　續318
君遷　文選　正182
君大　文選　正182
君長　文選　正182
君長　白氏　續318
君道　白氏　續318
君苗　文選　正182
君夫人　論語　正58
君父　文選　正182
君父　本朝　正518
君父　白氏　續318
君平　文選　正182
君房氏　白氏　續318
君民　白氏　續318
君命　論語　正58
君命　文選　正182
君命　白氏　續318
君明　文選　正182
君門　白氏　續318
君揖　本朝　正518
君臨　文選　正182
君臨す　白氏　續318
君冑　文選　正182
君擧　本朝　正518
君擧す　文選　正182
君奭　文選　正182
薫　本朝　正519
薫*　文選　正183
薫*す　文選　正183
薫*辛　文選　正183
薫*蕕　文選　正183
薫*鑪　文選　正183
薫す　本朝　正519
薫す　白氏　續318
薫衣香　宇津　正711
薫薫　白氏　續318
薫香　遊仙　正91
薫香　本朝　正519
薫修　本朝　正519
薫修す　本朝　正519
薫穿　遊仙　正91
薫然　白氏　續318
薫草　白氏　續318
薫風　本朝　正519
薫風　白氏　續318
薫嫩　白氏　續318
薫澤　遊仙　正91
薫籠　白氏　續318
薫蕕　本朝　正519
訓　文選　正183
訓　本朝　正519
訓　白氏　續318
訓す　白氏　續318
訓戒　白氏　續318
訓革　文選　正183
訓義　白氏　續318
訓習　白氏　續318
訓整す　白氏　續318
訓誓　文選　正183
訓説　本朝　正519
訓註　本朝　正519
訓典　文選　正183
訓導　本朝　正519
訓導　白氏　續318
訓導す　法華　正419
訓導す　白氏　續319
訓撫す　白氏　續319
訓兵　文選　正183
訓命　白氏　續319
訓養す　白氏　續319
訓練　白氏　續319
訓傳　文選　正183
訓誡　白氏　續318
訓誥　文選　正183
訓誥　白氏　續318
訓謨　白氏　續319
訓釋　文選　正183

群　文選　正182
群　本朝　正518
群　白氏　續318
群(人名)　白氏　續318
群す　文選　正182
群す　本朝　正518
群す　白氏　續318
群飲す　本朝　正518
群英　本朝　正518
群下　本朝　正518
群議　本朝　正518
群議　白氏　續318
群居す　本朝　正518
群卿　本朝　正518
群賢　本朝　正518
群言　本朝　正518
群公　文選　正182
群公　本朝　正518
群后　本朝　正518
群香　本朝　正518
群才　白氏　續318
群鹿　文選　正182
群儒　本朝　正518
群書　文選　正182
群小　文選　正182
群情　本朝　正518
群情　白氏　續318
群職　白氏　續318
群臣　文選　正182
群臣　法華　正419
群臣　本朝　正518
群臣　白氏　續318
群帥　白氏　續318
群雛　白氏　續318
群生　文選　正182
群生　法華　正419
群生　本朝　正518
群生　白氏　續318
群仙　本朝　正518
群怒　白氏　續318
群盜　本朝　正518
群動　白氏　續318
群飛　白氏　續318
群飛す　白氏　續318
群品　本朝　正519
群物　白氏　續318
群峯　文選　正182
群務　白氏　續318
群迷　本朝　正519
群木　本朝　正519
群遊　本朝　正518
群僚　本朝　正519
群類　本朝　正519
群巫　白氏　續318
群從　白氏　續318
群從す　白氏　續318
群狡　文選　正182
群翳　本朝　正518
群聚す　本朝　正518
群萃　白氏　續318
群藝　本朝　正518
群豕　文選　正182
群黎　文選　正182
群德　本朝　正518
軍　白氏　續317
軍威　白氏　續317
軍衛　白氏　續317
軍課　白氏　續317
軍器　本朝　正518
軍興　白氏　續317
軍郡　白氏　續317
軍後　白氏　續317
軍功　白氏　續317
軍行　文選　正182
軍佐　文選　正182
軍使　白氏　續317
軍司馬　白氏　續317
軍士　文選　正182
軍士　本朝　正518
軍事　文選　正182
軍事散將　白氏　續317
軍主　文選　正182
軍戎　白氏　續317
軍書　文選　正182
軍書　白氏　續317
軍城　白氏　續317
軍情　白氏　續317
軍職　白氏　續317
軍食　白氏　續317
軍陣　本朝　正518
軍陣　白氏　續317
軍帥　白氏　續317
軍勢　文選　正182
軍勢　白氏　續317
軍政　文選　正182
軍籍　白氏　續317
軍前　白氏　續317
軍倉　白氏　續317
軍中　文選　正182
軍中　白氏　續317
軍中驅使　白氏　續317
軍馬　文選　正182
軍費　白氏　續317
軍府　白氏　續317
軍符　文選　正182
軍武　文選　正182
軍部　白氏　續317
軍副使　白氏　續317
軍兵　白氏　續317
軍保　白氏　續317
軍鋒　文選　正182
軍謀　白氏　續317
軍務　白氏　續317
軍儲　白氏　續317
軍門　白氏　續317
軍役　白氏　續317
軍容　文選　正182
軍容　白氏　續317
軍要　白氏　續317
軍吏　白氏　續317

軍旅　論語　正58
軍旅　文選　正182
軍旅　白氏　續317
軍糧　白氏　續317
軍令　白氏　續317
軍倅　白氏　續317
軍國　文選　正182
軍國　白氏　續317
軍壘　白氏　續317
軍實　文選　正182
軍實　白氏　續317
軍將　白氏　續317
軍將等　白氏　續317
軍廐　白氏　續317
軍廚　白氏　續317
軍麾　文選　正182
軍麾　白氏　續317
軍禮　文選　正182
軍聲　白氏　續317
軍號　白氏　續317
軍鎭　白氏　續317
郡　文選　正183
郡　白氏　續319
郡印　白氏　續319
郡王　文選　正183
郡郭　白氏　續319
郡君　白氏　續319
郡懸　本朝　正519
郡貢　白氏　續319
郡閣　白氏　續319
郡佐　白氏　續319
郡司馬　白氏　續319
郡守　文選　正183
郡守　白氏　續319
郡樹　白氏　續319
郡丞　白氏　續319
郡城　白氏　續319
郡人　文選　正183
郡政　白氏　續319
郡正　文選　正183
郡相國　文選　正183
郡秩　白氏　續319
郡中　文選　正183
郡中　白氏　續319
郡亭　白氏　續319
郡底　白氏　續319
郡庭　白氏　續319
郡邸　白氏　續319
郡内　文選　正183
郡内　白氏　續319
郡南　白氏　續319
郡南山　白氏　續319
郡夫人　白氏　續319
郡府　白氏　續319
郡符　白氏　續319
郡俸　白氏　續319
郡民　白氏　續319
郡邑　文選　正183
郡邑　白氏　續319
郡郵　白氏　續319
郡吏　白氏　續319
郡寮　白氏　續319
郡國　文選　正183
郡國　白氏　續319
郡國夫人　白氏　續319
郡尹　文選　正183
郡廳　白氏　續319
郡榻　白氏　續319
郡樓　白氏　續319
郡齋　白氏　續319
郡縣　文選　正183
郡縣　白氏　續319
郡縣夫人　白氏　續319
臐黄　遊仙　正91
熏　白氏　續318
熏す　文選　正182
熏す　白氏　續318
熏鬻　文選　正182
熏煑す　白氏　續318
羣　論語　正58
羣　文選　正182
羣牿　文選　正182
羣す　論語　正58
羣す　文選　正182
羣夷　文選　正183
羣英　文選　正182
羣下　文選　正182
羣下　白氏　續318
羣化　文選　正183
羣雅　文選　正182
羣議　文選　正182
羣牛　文選　正182
羣居　白氏　續318
羣居す　論語　正58
羣魚　白氏　續318
羣凶　文選　正182
羣卿　文選　正183
羣形　文選　正183
羣賢　文選　正183
羣言　文選　正183
羣公　文選　正183
羣后　文選　正183
羣后　白氏　續318
羣才　文選　正183
羣策　文選　正183
羣山　文選　正183
羣司　文選　正183
羣司　白氏　續318
羣士　文選　正183
羣儒　文選　正183
羣女　文選　正183
羣妾　白氏　續318
羣情　文選　正183
羣心　文選　正183
羣心　白氏　續318
羣神　文選　正183
羣臣　文選　正183
羣雛　文選　正183
羣生　文選　正183
羣籍　文選　正183

羣仙　白氏　續318
羣善　文選　正183
羣鳥　文選　正183
羣弟　文選　正183
羣盜　文選　正183
羣盜　白氏　續318
羣動　文選　正183
羣輩　白氏　續318
羣悲す　文選　正183
羣方　文選　正183
羣望　文選　正183
羣牧　白氏　續318
羣木　文選　正183
羣目　白氏　續318
羣有　文選　正182
羣有司　白氏　續318
羣雄　文選　正182
羣妖　文選　正183
羣羊　文選　正183
羣吏　白氏　續318
羣流　文選　正183
羣龍　文選　正183
羣虜　文選　正183
羣僚　文選　正183
羣寮　文選　正183
羣類　文選　正183
羣會　文選　正183
羣儁　文選　正183
羣寇　文選　正183
羣氓　文選　正183
羣狄　文選　正183
羣獸　文選　正183
羣癘　文選　正183
羣穢　文選　正183
羣羌　文選　正182
羣聲　文選　正183
羣萃　文選　正183
羣蠻　文選　正183
羣辟　文選　正183
羣黎　文選　正183
羣黎　白氏　續318
羣氏　文選　正183
羣雛　白氏　續318
羣鷙　文選　正182
羣鷺　文選　正182
葷　白氏　續318
葷血　本朝　正519
葷血　白氏　續318
葷羶　白氏　續318
葷腥　白氏　續318
葷蔬　白氏　續318
裾す　白氏　續318
裙　白氏　續318
裙腰　白氏　續318
裙裾　遊仙　正91
裙帶　白氏　續318
醺す　白氏　續319
醺醺　白氏　續319
醺々　本朝　正519
勛華　白氏　續317
曛黒　文選　正182
曛日　文選　正182
獯(人名)　白氏　續318
獯夷　文選　正182
獯戎　白氏　續318
獯虜　文選　正182
獯虜　白氏　續318

【け】

下向し　枕冊　正778
下衆　宇津　正711
下衆　蜻蛉　正748
下衆　枕冊　正778
下衆　源氏　正844
下衆おのこ　枕冊　正778
下衆ちか　蜻蛉　正748
下衆とも　蜻蛉　正748
下衆とも　枕冊　正778
下衆とも　源氏　正844
下衆下衆しく　源氏　正844
下衆女　枕冊　正778
下衆女　源氏　正844
下衆女とも　枕冊　正778
下人　宇津　正711
下人料　宇津　正711
下品　本朝　正519
下品　枕冊　正778
下劣　法華　正419
下臈　伊勢　正649
下臈　宇津　正711
下臈　枕冊　正778
下臈　源氏　正844
下臈さふらひ　源氏　正844
下臈法師　源氏　正844
下賤　法華　正419
化粧　竹取　正636
化粧　宇津　正711
化粧　源氏　正843
化粧し　枕冊　正778
化粧し　源氏　正843
化粧しくらし　源氏　正843
化粧しそふ　源氏　正843
化粧したて　枕冊　正778
化粧す　伊勢　正649
御化粧　宇津　正711
夏　白氏　續319
夏中　本朝　正519
夏臘　白氏　續319
家司　宇津　正711
家司たち　宇津　正711
家司ども　宇津　正711
家子　竹取　正636
家譜　本朝　正519
家礼　源氏　正844
家老　本朝　正519
家捐　源氏　正844
花文綾　宇津　正711
花文綾　源氏　正844
華嚴院　白氏　續319
華嚴世界　白氏　續319

華嚴世界品 白氏 續319
華嚴經 白氏 續319
牙 法華 正419
解 本朝 正519
解す 法華 正419
解悟す 法華 正419
解脱 法華 正419
解脱 本朝 正519
解脱 白氏 續319
解脱す 法華 正419
解脱す 本朝 正519
解脱性 本朝 正519
解脱性 白氏 續319
解脱門 白氏 續319
解任す 本朝 正519
解文 本朝 正519
解文 枕冊 正778
解由 本朝 正519
解由 土左 正659
解釋す 法華 正419
解狀 本朝 正519
悔過 本朝 正519
芥子 法華 正419
芥子 源氏 正843
芥子焼き 蜻蛉 正748
外記 本朝 正519
外記 宇津 正711
外戚 宇津 正711
外戚 源氏 正843
外題 宇津 正711
希求す 法華 正419
希操大師 白氏 續319
希朝 白氏 續319
希朝等 白氏 續319
希望 法華 正419
希有 法華 正419
希有 本朝 正519
希有 宇津 正711
希有 源氏 正843
気色 竹取 正636
飢渇 法華 正419
袈裟 白氏 續319
袈裟 宇津 正711
袈裟 蜻蛉 正747
袈裟 枕冊 正778
袈裟 源氏 正843
御袈裟 蜻蛉 正747
罫 源氏 正843
計帳 本朝 正519
懸想 源氏 正843
懸想し 宇津 正711
懸想する 源氏 正843
懸想たち 源氏 正843
懸想はみ 源氏 正843
懸想ひ 源氏 正843
懸想人 宇津 正711
懸想人 枕冊 正778
懸想人 源氏 正843
懸想文 枕冊 正778
御懸想人 源氏 正843
検非違使 枕冊 正778
見参 宇津 正711
見参 源氏 正843
遣唐の大弁 宇津 正711
顕証 竹取 正636
顕証 枕冊 正778
顕證 源氏 正844
偈 法華 正419
偈 本朝 正519
偈 白氏 續319
偈 源氏 正843
偈す 白氏 續319
偈讃 白氏 續319
價直 本朝 正519
袈裟衣 枕冊 正778
夾算し 枕冊 正778
懈怠 法華 正419
懈怠 本朝 正519
懈怠 宇津 正711
懈怠 蜻蛉 正748
懈怠 枕冊 正778
懈怠 源氏 正844
懈怠し 源氏 正844
戯弄 本朝 正519
戯論す 法華 正419
み氣色 宇津 正711
御氣 源氏 正843
御氣色 伊勢 正649
御氣色 蜻蛉 正747
御氣色 源氏 正843
御氣色とも 源氏 正843
御氣色とり 源氏 正844
氣 法華 正419
氣 宇津 正711
氣 蜻蛉 正747
氣 源氏 正843
氣うとく 源氏 正843
氣うとけ 源氏 正843
氣うとさ 源氏 正843
氣うとし 枕冊 正778
氣たかう 枕冊 正778
氣たかし 源氏 正843
氣ちかく 枕冊 正778
氣ちかく 源氏 正843
氣ちかさ 源氏 正843
氣とおく 源氏 正843
氣とほく 枕冊 正778
氣とをけ 源氏 正843
氣なつかしう 源氏 正843
氣にくく 枕冊 正778
氣にくく 源氏 正843
氣のほり 源氏 正843
氣上し 宇津 正711
氣色 伊勢 正649
氣色 土左 正659
氣色 宇津 正711
氣色 蜻蛉 正747
氣色 枕冊 正778
氣色 源氏 正843
氣色 源氏 正843

氣色たち 枕冊 正778
氣色たちゆるかし 枕冊 正778
氣色つき 源氏 正843
氣色とも 枕冊 正778
氣色とも 源氏 正843
氣色とり 源氏 正843
氣色はまし 源氏 正844
氣色はみ 枕冊 正778
氣色はみありき 源氏 正844
氣色はみおき 源氏 正844
氣色はみかへし 源氏 正844
氣色はみたて 蜻蛉 正747
氣色はみはしめ 源氏 正844
氣色はみよる 源氏 正844
氣色はむ 蜻蛉 正747
氣色はむ 源氏 正844
氣色ばむ 宇津 正711
氣色ふかう 源氏 正844
悕望 法華 正419
家司 源氏 正843
家司たつ 源氏 正843
家司とも 源氏 正843
馨香 文選 正186
馨香 白氏 續325
馨香す 文選 正186
馨烈 文選 正186
京 文選 正183
京 白氏 續319
京亜尹 白氏 續319
京下 本朝 正519
京華 文選 正183
京華 白氏 續319
京外 本朝 正519
京官 本朝 正519
京畿 文選 正183
京畿 本朝 正519
京畿 白氏 續319
京劇 白氏 續319
京戸 本朝 正519
京口 文選 正183
京口 白氏 續319
京使 白氏 續319
京司 白氏 續319
京師 文選 正183
京師 本朝 正519
京師 白氏 續319
京室 文選 正183
京城 文選 正183
京城 白氏 續319
京薪 文選 正183
京西都統 白氏 續319
京倉 文選 正183
京中 本朝 正519
京兆 遊仙 正91
京兆 白氏 續319
京兆少尹 白氏 續320
京兆府 白氏 續320
京兆尹 白氏 續319
京都 文選 正183
京都 本朝 正519
京都 白氏 續320
京内 本朝 正519
京内史 白氏 續319
京府 白氏 續320
京輔 文選 正183
京輔 本朝 正519
京邑 文選 正183
京邑 白氏 續319
京洛 文選 正183
京洛 本朝 正519
京洛 白氏 續320
京里 文選 正183
京令 白氏 續320
京路 文選 正183
京路 白氏 續320
京仗 白氏 續319
京國 文選 正183
京國 白氏 續319
京尹 文選 正183
京峙 文選 正183
京縣 文選 正183
京縣 白氏 續319
京臺 文選 正183
京觀 文選 正183
京觀 白氏 續319
京輦 文選 正183
京輦 白氏 續320
京坻 本朝 正519
京庾 文選 正183
僑 文選 正187
僑肸 文選 正187
卿 論語 正59
卿 白氏 續320
卿雲 文選 正184
卿雲 白氏 續320
卿監 白氏 續320
卿佐 文選 正184
卿士 文選 正184
卿士 白氏 續320
卿士大夫 白氏 續320
卿寺 白氏 續320
卿署 文選 正184
卿相 遊仙 正91
卿相 文選 正184
卿相 白氏 續320
卿大夫 論語 正59
卿大夫 文選 正184
卿大夫 白氏 續320
卿等 白氏 續320
卿靄 文選 正184
境 白氏 續321
境宇 文選 正184
境界 文選 正184
境界 本朝 正519
境興 白氏 續321
境心 白氏 續321

境土 文選 正184
境内 文選 正184
境内 白氏 續321
境會 白氏 續321
境會す 白氏 續321
鏡機子 文選 正186
鏡湖 本朝 正520
鏡湖 白氏 續324
鏡上 白氏 續324
鏡水 本朝 正520
鏡水 白氏 續324
鏡谷 本朝 正520
鏡智璨 白氏 續324
鏡中 白氏 續324
鏡亭 白氏 續324
鏡面 白氏 續324
鏡裡 白氏 續325
鏡匣 本朝 正520
鏡樓 本朝 正520
驚怪す 白氏 續325
驚翰 文選 正186
驚急 文選 正186
驚禽 文選 正186
驚激す 白氏 續325
驚鴻 文選 正186
驚砂 文選 正186
驚春 文選 正186
驚傷 白氏 續325
驚雀 文選 正186
驚歎す 白氏 續325
驚鳥 白氏 續325
驚電 文選 正187
驚動す 白氏 續325
驚波 文選 正187
驚波 白氏 續325
驚破 白氏 續325
驚風 文選 正187
驚風 本朝 正520
驚風 白氏 續325
驚憂す 白氏 續325
驚雷 文選 正187
驚流 文選 正187
驚浪 白氏 續325
驚愕*す 白氏 續325
驚惶す 白氏 續325
驚懼す 白氏 續325
驚湍 文選 正186
驚聽す 白氏 續325
驚蟄 文選 正187
驚覺す 本朝 正520
驚悞す 白氏 續325
驚飈 文選 正187
驚飈 白氏 續325
驚飄 本朝 正521
驚麏 文選 正186
卦 白氏 續320
係 文選 正183
係仰 文選 正183
係仰 本朝 正519
係蹄 文選 正183
係虜 文選 正183
係累す 文選 正183
係縲 文選 正183
傾雲 文選 正183
傾河 文選 正183
傾蓋 白氏 續320
傾瓦 白氏 續320
傾危 文選 正183
傾義 文選 正183
傾宮 文選 正183
傾仰す 遊仙 正91
傾斜す 白氏 續320
傾首 文選 正183
傾城 白氏 續320
傾側 文選 正183
傾弛 文選 正183
傾倒 白氏 續320
傾倒す 文選 正183
傾倒す 白氏 續320
傾動す 文選 正183
傾頓す 文選 正183
傾覆 文選 正183
傾覆す 文選 正183
傾覆す 白氏 續320
傾壁 文選 正183
傾慕す 文選 正183
傾離 文選 正184
傾國 白氏 續320
傾欹す 白氏 續320
傾筐 白氏 續320
傾頽 文選 正183
傾頽 本朝 正519
傾頽す 本朝 正519
刑 論語 正58
刑 文選 正184
刑 本朝 正519
刑 白氏 續320
刑す 論語 正59
刑す 文選 正184
刑す 白氏 續320
刑官 本朝 正519
刑憲 白氏 續320
刑行 白氏 續320
刑獄 文選 正184
刑獄 本朝 正519
刑獄 白氏 續320
刑書 文選 正184
刑書 白氏 續320
刑賞 文選 正184
刑賞 白氏 續320
刑人 文選 正184
刑政 文選 正184
刑政 白氏 續320
刑善 白氏 續320
刑措 白氏 續320
刑曹郎 白氏 續320
刑典 白氏 續320
刑罰 論語 正59
刑罰 文選 正184
刑罰 白氏 續320

刑部	白氏	續320
刑部(人名)	白氏	續320
刑部員外郎	白氏	續320
刑部侍郎	白氏	續320
刑部尚書	白氏	續320
刑部大録	本朝	正519
刑部郎中	白氏	續320
刑服す	白氏	續320
刑法	文選	正184
刑法	本朝	正519
刑法	白氏	續320
刑名	本朝	正519
刑名	白氏	續320
刑戮	論語	正59
刑戮	文選	正184
刑戮	白氏	續320
刑殘す	白氏	續320
刑禮	白氏	續320
刑辟	文選	正184
刑辟	白氏	續320
刑餘	文選	正184
刑餘	白氏	續320
刑德	文選	正184
刑德	本朝	正519
刑轘*す	文選	正184
故刑部侍郎	白氏	續320
兄	文選	正184
兄	白氏	續320
兄姉	白氏	續320
兄姉弟妹	白氏	續320
兄弟	論語	正58
兄弟	文選	正184
兄弟	本朝	正519
兄弟	白氏	續320
兄弟	宇津	正711
兄妹	白氏	續320
兄嫂	白氏	續320
啓	論語	正59
啓	文選	正184
啓	本朝	正519
啓(人名)	文選	正184
啓し	源氏	正843
啓し直さ	枕冊	正778
啓す	論語	正59
啓す	文選	正184
啓す	宇津	正711
啓す	枕冊	正778
啓期	白氏	續320
啓行	文選	正184
啓塞	白氏	續320
啓事	文選	正184
啓奏	白氏	續321
啓奏す	白氏	續321
啓白	本朝	正519
啓閉	文選	正184
啓閉す	白氏	續321
啓明	文選	正184
啓明	白氏	續321
啓邑	白氏	續320
啓夕	文選	正184
啓沃	本朝	正519
啓沃	白氏	續320
啓沃す	白氏	續320
啓滯	本朝	正519
啓發す	文選	正184
啓迪す	白氏	續321
圭陰	本朝	正519
珪	論語	正59
珪璋	本朝	正520
瓊娥	本朝	正520
契	文選	正184
契	本朝	正519
契	白氏	續321
契す	白氏	續321
契元	白氏	續321
契書	文選	正184
契情	文選	正184
契約	白氏	續321
契闊	文選	正184
契闊	白氏	續321
契闊す	白氏	續321
契濶す	文選	正184
契龜	文選	正184
形	文選	正184
形	白氏	續321
形す	文選	正184
形影	文選	正184
形影	白氏	續321
形音	文選	正184
形解す	文選	正184
形骸	文選	正184
形骸	本朝	正519
形骸	白氏	續321
形器	文選	正184
形儀	白氏	續321
形骨	白氏	續321
形似	文選	正184
形質	論語	正59
形質	白氏	續321
形勝	文選	正184
形勝	本朝	正519
形勝	白氏	續321
形神	文選	正184
形神	本朝	正519
形神	白氏	續321
形勢	遊仙	正91
形勢	文選	正184
形勢	本朝	正519
形勢	白氏	續321
形蹟	文選	正184
形相	本朝	正519
形像	本朝	正519
形態	文選	正184
形兆	文選	正184
形内	文選	正184
形表	文選	正184
形貌	白氏	續321
形役	白氏	續321
形役す	文選	正184
形容	文選	正184

形容　本朝　正519
形容　白氏　續321
形容す　本朝　正519
形容す　白氏　續321
形變　文選　正184
形氣　文選　正184
形氣　本朝　正519
形辟　文選　正184
形迹　白氏　續321
形體　白氏　續321
形槩　本朝　正519
形狀　白氏　續321
慶　文選　正184
慶　本朝　正519
慶　白氏　續321
慶す　文選　正184
慶す　白氏　續321
慶雲　文選　正184
慶雲　本朝　正519
慶雲　白氏　續321
慶賀　本朝　正519
慶賀　白氏　續321
慶賀す　白氏　續321
慶快　白氏　續321
慶忌　文選　正184
慶幸　本朝　正519
慶幸　白氏　續321
慶幸す　白氏　續321
慶司馬　本朝　正519
慶賜　白氏　續321
慶賜す　白氏　續321
慶賞　白氏　續321
慶節　本朝　正519
慶泰　文選　正184
慶誕　白氏　續321
慶弔　文選　正184
慶弔す　白氏　續321
慶保胤　本朝　正519
慶問す　文選　正184
慶抃　白氏　續321
慶榮　白氏　續321
慶澤　白氏　續321
慶祚　文選　正184
慶藹　文選　正184
慶霄　文選　正184
慶德　白氏　續321
掲す　論語　正59
掲車　文選　正184
掲厲　本朝　正519
掲厲す　白氏　續321
み敬命　宇津　正711
敬　論語　正59
敬　本朝　正519
敬　白氏　續321
敬す　論語　正59
敬す　本朝　正519
敬す　白氏　續321
敬愛　文選　正184
敬愛　本朝　正519
敬愛す　文選　正184
敬愛等　白氏　續321
敬休　白氏　續321
敬恭　白氏　續321
敬恭勤儉　白氏　續321
敬謹す　白氏　續321
敬玄　白氏　續321
敬公集　本朝　正519
敬皇后　文選　正184
敬祭す　本朝　正519
敬氏　白氏　續321
敬承す　白氏　續321
敬信　白氏　續321
敬愼　白氏　續321
敬忠　論語　正59
敬通　文選　正184
敬通　本朝　正519
敬亭山　白氏　續321
敬命　蜻蛉　正747
敬命し　蜻蛉　正747
敬命し　源氏　正843
敬命しあへ　源氏　正843
敬命しありく　源氏　正843
敬養　文選　正184
敬礼す　本朝　正519
敬禮　文選　正184
相敬す　白氏　續321
景　文選　正184
景　本朝　正519
景　白氏　續321
景(人名)　文選　正184
景(人名)　白氏　續321
景夷　文選　正185
景緯　文選　正185
景緯　本朝　正520
景域　白氏　續322
景雲　文選　正184
景雲　白氏　續321
景雲寺　白氏　續321
景雲大師　白氏　續321
景雲大德弘公　白氏　續322
景雲律師　白氏　續322
景炎　文選　正184
景王　文選　正185
景化　本朝　正519
景回　白氏　續322
景監　文選　正184
景業　文選　正185
景空寺　白氏　續322
景玄　白氏　續322
景侯　文選　正185
景候　白氏　續322
景光　文選　正184
景公　論語　正59
景公　本朝　正520
景皇　文選　正184
景皇帝　文選　正185
景行　文選　正184
景行　白氏　續322
景行す　文選　正184
景刻　文選　正185

景差　文選　正185
景山　文選　正185
景思　白氏　續322
景趣　本朝　正520
景宗　文選　正185
景宿　文選　正185
景春　文選　正185
景象　白氏　續322
景鐘　文選　正185
景鐘　本朝　正520
景震等　白氏　續322
景星　文選　正185
景星　白氏　續322
景宣　白氏　續322
景宣等　白氏　續322
景村　本朝　正520
景致　白氏　續322
景帝　文選　正185
景帝　本朝　正520
景帝　白氏　續322
景悼　文選　正185
景風　文選　正185
景風　白氏　續322
景復　白氏　續322
景福　文選　正185
景福　本朝　正520
景福　白氏　續322
景物　文選　正185
景物　本朝　正520
景物　白氏　續322
景平　文選　正185
景慕す　白氏　續322
景命　文選　正185
景曜　文選　正184
景略　白氏　續322
景儉　白氏　續322
景冑　文選　正185
景數　文選　正185
景氣　文選　正184
景氣　本朝　正519
景氣　白氏　續322
景鑠　文選　正185
桂　白氏　續322
桂花　本朝　正520
桂花　白氏　續322
桂華　白氏　續322
桂月　本朝　正520
桂子　白氏　續322
桂枝　白氏　續322
桂酒　白氏　續322
桂心　遊仙　正91
桂髄　本朝　正520
桂樽　白氏　續322
桂殿　本朝　正520
桂布　白氏　續322
桂風　白氏　續322
桂葉　本朝　正520
桂陽鑠　本朝　正520
桂林　白氏　續322
桂露　白氏　續322
桂楫　本朝　正520
桂燎　白氏　續322
桂薑　白氏　續322
桂檝　本朝　正520
桂醑　本朝　正520
畦　白氏　續323
稽緩す　白氏　續323
稽疑　白氏　續323
稽古　文選　正185
稽古　本朝　正520
稽古　白氏　續323
稽康　白氏　續323
稽山　文選　正185
稽山　白氏　續323
稽首　文選　正185
稽首　本朝　正520
稽首　白氏　續323
稽首す　文選　正185
稽首す　本朝　正520
稽首す　白氏　續323
稽首再拜す　白氏　續323
稽首礼足す　本朝　正520
稽首和南　本朝　正520
稽首和南す　本朝　正520
稽城　白氏　續323
稽伏す　文選　正185
稽留　白氏　續323
稽留す　白氏　續323
稽遲　白氏　續323
稽顙　文選　正185
稽顙す　文選　正185
系　文選　正185
系す　文選　正185
繋　白氏　續323
繋囚　文選　正185
繋絆す　白氏　續323
荊　文選　正185
荊　白氏　續323
荊夷　白氏　續324
荊越　文選　正185
荊王　文選　正186
荊王　白氏　續324
荊河　文選　正185
荊花　白氏　續324
荊漢　白氏　續323
荊卿　文選　正185
荊呉　文選　正185
荊衡　文選　正185
荊衡　白氏　續323
荊山　文選　正186
荊山　本朝　正520
荊山　白氏　續324
荊樹　本朝　正520
荊州　文選　正186
荊州　本朝　正520
荊州　白氏　續324
荊徐　文選　正186
荊昭　文選　正186
荊榛　白氏　續324
荊人　文選　正186

荊人　白氏　續324
荊石　文選　正186
荊楚　文選　正186
荊楚　本朝　正520
荊楚　白氏　續324
荊南　文選　正186
荊南　白氏　續324
荊扉　文選　正186
荊飛　文選　正186
荊峯　本朝　正520
荊牧　文選　正186
荊門　文選　正186
荊門　白氏　續324
荊揚　白氏　續324
荊楊　文選　正186
荊葉　白氏　續323
荊流　文選　正186
荊豫　文選　正186
荊寶　文選　正186
荊岫　本朝　正520
荊巖　本朝　正520
荊巫　白氏　續324
荊杞　文選　正186
荊杞　白氏　續324
荊棘　文選　正185
荊棘　本朝　正520
荊棘　白氏　續324
荊棘す　文選　正185
荊溪　本朝　正520
荊璞　文選　正186
荊蠻　文選　正186
荊蠻　白氏　續324
荊谿　本朝　正520
荊軻　文選　正185
荊釵　白氏　續324
荊萊　本朝　正520
荊裛　白氏　續324
荊豔　文選　正185
計　文選　正186
計　白氏　續324
計議　文選　正186
計告　白氏　續324
計策　文選　正186
計算す　白氏　續324
計士　白氏　續324
計数　白氏　續324
計著　白氏　續324
計度す　白氏　續324
計務　白氏　續324
計會す　白氏　續324
計會商量す　白氏　續324
詣す　文選　正186
警　白氏　續324
警衛　本朝　正520
警衛　白氏　續324
警戒　本朝　正520
警急　文選　正186
警急　本朝　正520
警策　文選　正186
警策　本朝　正520
警策　白氏　續324
警巡　本朝　正520
警巡　白氏　續324
警巡す　白氏　續324
警備す　本朝　正520
警蹕　文選　正186
警蹕す　文選　正186
軽盈　遊仙　正91
迎春　文選　正186
迎春花　白氏　續324
迎接す　白氏　續324
迎附　白氏　續324
迎風　文選　正186
迎佛　本朝　正520
鯨　白氏　續325
鯨魚　文選　正187
鯨鯢　文選　正187
鯨鯢　白氏　續325
頃畝　本朝　正520
頃刻　白氏　續325
頃畝　白氏　續325
頃年　白氏　續325
枍詣　文選　正185
倪寛　文選　正183
兒歯　文選　正184
卿　本朝　正519
卿家　本朝　正519
卿士　本朝　正519
卿相　本朝　正519
卿大夫　本朝　正519
卿等　本朝　正519
勁陰　文選　正184
勁鋭　白氏　續320
勁越　文選　正184
勁健　白氏　續320
勁呉　文選　正184
勁秋　文選　正184
勁秋　白氏　續320
勁捷　本朝　正519
勁捷す　文選　正184
勁松　文選　正184
勁節　本朝　正519
勁箭　文選　正184
勁草　文選　正184
勁草　本朝　正519
勁卒　白氏　續320
勁風　文選　正184
勁兵　白氏　續320
勁矢　文選　正184
勁葉　白氏　續320
勁利　文選　正184
勁虜　文選　正184
勁弩　文選　正184
勁氣　白氏　續320
勁翮　文選　正184
勁鎩　文選　正184
勍敵　白氏　續320
敻　文選　正184
敻古　文選　正184
奚斯　文選　正184

奚仲　文選　正184
屐子　枕冊　正778
徑　白氏　續321
徑山　白氏　續321
徑寸　文選　正184
徑寸　白氏　續321
徑廷　文選　正184
徑復す　文選　正184
徑路　文選　正184
惠業　本朝　正519
惠日　本朝　正519
憬　文選　正184
挈瓶　白氏　續321
挈壺　文選　正184
檠す　文選　正185
溪　白氏　續322
溪鴽　文選　正185
溪翁　白氏　續322
溪閣　白氏　續322
溪居　白氏　續322
溪月　本朝　正520
溪虎　白氏　續322
溪行す　文選　正185
溪子　文選　正185
溪上　白氏　續322
溪草　白氏　續322
溪中　白氏　續322
溪鳥　本朝　正520
溪亭　白氏　續322
溪南　白氏　續322
溪北　白氏　續322
溪霧　本朝　正520
溪嵐　本朝　正520
溪嵐　白氏　續322
溪路　白氏　續322
溪邊　白氏　續322
炯*戒　本朝　正520
炯*誡　本朝　正520
笐然　白氏　續322
笐笐　白氏　續322
笐笐然　白氏　續322
笐獨　白氏　續322
煢煢　文選　正185
煢獨　文選　正185
煢嫠　文選　正185
猊　白氏　續322
瑩白　白氏　續322
瓊　文選　正185
瓊　白氏　續322
瓊(人名)　白氏　續322
瓊珶　文選　正185
瓊靡　文選　正185
瓊英　遊仙　正91
瓊英　文選　正185
瓊英　白氏　續322
瓊液　白氏　續322
瓊花　本朝　正520
瓊茅　文選　正185
瓊宮　文選　正185
瓊玉　文選　正185
瓊玉　本朝　正520
瓊屑　白氏　續323
瓊戸　本朝　正520
瓊戸　白氏　續322
瓊山　文選　正185
瓊枝　文選　正185
瓊枝　白氏　續323
瓊室　文選　正185
瓊樹　文選　正185
瓊樹　白氏　續323
瓊什　白氏　續323
瓊牒　本朝　正520
瓊苗　本朝　正520
瓊敷　文選　正185
瓊粉　白氏　續323
瓊壁　文選　正185
瓊弁　文選　正185
瓊芳　文選　正185
瓊木　文選　正185
瓊林　白氏　續323
瓊簾　本朝　正520
瓊漿　遊仙　正91
瓊漿　文選　正185
瓊漿　白氏　續323
瓊珮　文選　正185
瓊瑰　白氏　續322
瓊瑶　文選　正185
瓊瑶　白氏　續322
瓊瑶英　白氏　續322
瓊筵　文選　正185
瓊臺　文選　正185
瓊蘂　文選　正185
瓊蚌　文選　正185
瓊鑾　文選　正185
瓊巘　文選　正185
瓊琚　白氏　續322
瓊瓌　白氏　續322
瓊蕤　文選　正185
瓊鈒　文選　正185
盻饗す　白氏　續323
磬　論語　正59
磬　文選　正185
磬　本朝　正520
磬　白氏　續323
磬　宇津　正711
磬折　文選　正185
磬折す　文選　正185
磬簫　白氏　續323
磬襄　文選　正185
磬襄　白氏　續323
禊　白氏　續323
禊す　白氏　續323
禊飲　文選　正185
禊事　白氏　續323
笄年　白氏　續323
經　論語　正59
經　文選　正185
經　本朝　正520
經　白氏　續323
經(書名)　白氏　續323

經す	白氏	續323
經緯	文選	正185
經緯す	文選	正185
經緯す	白氏	續323
經王	本朝	正520
經過	本朝	正520
經過	白氏	續323
經過す	文選	正185
經過す	白氏	續323
經巻	白氏	續323
經紀す	文選	正185
經久	白氏	續323
經業	白氏	續323
經行	文選	正185
經行	白氏	續323
經根	白氏	續323
經史	本朝	正520
經史	白氏	續323
經始	文選	正185
經始	白氏	續323
經始す	文選	正185
經始す	本朝	正520
經始す	白氏	續323
經師	文選	正185
經時	白氏	續323
經呪	白氏	續323
經十二	白氏	續323
經術	文選	正185
經術	白氏	續323
經書	文選	正185
經書	本朝	正520
經渉す	文選	正185
經象	文選	正185
經笥	本朝	正520
經世	文選	正185
經籍	文選	正185
經籍	本朝	正520
經説	本朝	正520
經窓	白氏	續323
經中	白氏	續323
經通	文選	正185
經典	文選	正185
經典	白氏	續323
經途	文選	正185
經等	白氏	續323
經堂	白氏	續323
經費	白氏	續323
經品	白氏	續323
經物	白氏	續323
經文	文選	正185
經文	白氏	續323
經邦	本朝	正520
經律論集	白氏	續323
經略	文選	正185
經略	白氏	續323
經略す	文選	正185
經略す	白氏	續323
經歴す	文選	正185
經論	本朝	正520
經論律	白氏	續323
經傳	文選	正185
經處す	文選	正185
經營	白氏	續323
經營す	文選	正185
經營す	本朝	正520
經營す	白氏	續323
經國	文選	正185
經國	白氏	續323
經學	文選	正185
經梵	白氏	續323
經濟	白氏	續323
經禮	文選	正185
經綸	文選	正185
經綸	白氏	續323
經綸す	文選	正185
經脉	文選	正185
經藏	本朝	正520
經藏	白氏	續323
經藏堂	白氏	續323
經藝	本朝	正520
經闈	文選	正185
經貫	文選	正185
繼火	白氏	續323
繼嗣	文選	正185
繼志	文選	正185
繼絶	白氏	續323
繼之	白氏	續323
繼之尚書	白氏	續323
繼和	白氏	續323
繼體	文選	正185
繼體	白氏	續323
莖立す	文選	正186
薊師	白氏	續324
薊北	白氏	續324
藒車	文選	正186
藝	論語	正59
藝	文選	正186
藝	本朝	正520
藝	白氏	續324
藝業	文選	正186
藝業	白氏	續324
藝州	本朝	正520
藝術	文選	正186
藝成	白氏	續324
藝能	本朝	正520
藝美	文選	正186
藝文	文選	正186
藝文	白氏	續324
藝圃	本朝	正520
藝學	白氏	續324
藝學智謀	白氏	續324
螢雪	本朝	正520
螢飄	白氏	續324
螢幌	本朝	正520
謦咳	本朝	正520
谿口	文選	正186
谿谷	文選	正186
谿鳥	本朝	正520
谿壑	文選	正186
蹊路	文選	正186

蹊徑 文選 正186
輕 本朝 正520
輕 白氏 續324
輕漣 文選 正186
輕裕 白氏 續324
輕す 文選 正186
輕す 白氏 續324
輕易 白氏 續324
輕衣 白氏 續324
輕羽 文選 正186
輕雲 文選 正186
輕鋭 文選 正186
輕黄 白氏 續324
輕科 文選 正186
輕科 本朝 正520
輕霞 文選 正186
輕蓋 文選 正186
輕汗 文選 正186
輕旗 文選 正186
輕騎 文選 正186
輕騎 本朝 正520
輕欺す 白氏 續324
輕狭 本朝 正520
輕禽 文選 正186
輕襟 文選 正186
輕轡 文選 正186
輕刑 文選 正186
輕桂 文選 正186
輕健 白氏 續324
輕軒 文選 正186
輕行浮彈す 文選 正186
輕鴻 文選 正186
輕忽す 本朝 正520
輕碎 本朝 正520
輕財 本朝 正520
輕策 白氏 續324
輕質 本朝 正520
輕紗 白氏 續324
輕車 文選 正186
輕車 白氏 續324
輕車將軍 文選 正186
輕舟 文選 正186
輕舟 本朝 正520
輕重 論語 正59
輕重 文選 正186
輕重 本朝 正520
輕重 白氏 續324
輕小 文選 正186
輕塵 文選 正186
輕塵 本朝 正520
輕裾 文選 正186
輕生 文選 正186
輕扇 文選 正186
輕素 文選 正186
輕素 白氏 續324
輕暖 白氏 續324
輕薄 文選 正186
輕薄 白氏 續324
輕比 本朝 正520
輕肥 文選 正186
輕肥 白氏 續324
輕飛 文選 正186
輕微 本朝 正520
輕侮す 本朝 正520
輕武 文選 正186
輕武す 文選 正186
輕風 文選 正186
輕風 白氏 續324
輕便 白氏 續324
輕霧 文選 正186
輕輿 文選 正186
輕翼 文選 正186
輕露 文選 正186
輕浪 文選 正186
輕浪 白氏 續324
輕劍 文選 正186
輕埃 文選 正186
輕拗 白氏 續324
輕屐 白氏 續324
輕擧 本朝 正520
輕棹 本朝 正520
輕棹 白氏 續324
輕楫 白氏 續324
輕榻 白氏 續324
輕漾 本朝 正520
輕煖 文選 正186
輕猾 文選 正186
輕絲 文選 正186
輕綺 文選 正186
輕肆 文選 正186
輕葩 本朝 正520
輕衫 白氏 續324
輕衾 文選 正186
輕裘 文選 正186
輕裘 白氏 續324
輕賤 白氏 續324
輕輦 文選 正186
輕鄙 文選 正186
輕霄 文選 正186
輕體 文選 正186
輕幰 文選 正186
輕箑 文選 正186
輕箑 白氏 續324
輕紈 文選 正186
輕縠 文選 正186
輕繳 文選 正186
輕罾 文選 正186
輕蕙 文選 正186
輕訬 文選 正186
輕鑣 本朝 正520
逕 白氏 續324
逕蘿 白氏 續324
閨房 本朝 正520
閨門 本朝 正520
閨闈 本朝 正520
霓 文選 正186
霓裳 本朝 正520
霓裳 白氏 續325
霓裳羽衣 白氏 續325
霓裳羽衣曲 白氏 續325

霓裳曲 白氏 續325
霓旌 白氏 續325
竟宴 本朝 正519
竟陵 文選 正184
竟陵王 文選 正184
竟陵郡王 文選 正184
竟壄 文選 正184
髻堆 白氏 續325
髻裏 白氏 續325
鷄 白氏 續325
鷄黍 白氏 續325
鷄犬 白氏 續325
鷄樹 本朝 正521
鷄心 遊仙 正91
鷄人 本朝 正521
鷄舌 白氏 續325
鷄足 本朝 正521
鷄鶴 白氏 續325
鷄豚 白氏 續325
鷄鳴 白氏 續325
鷄籠 本朝 正521
鷄羣 白氏 續325
鷄蹠 本朝 正521
鷄鶩 白氏 續325
黥 文選 正187
黥首 文選 正187
黥徒 文選 正187
黥布 文選 正187
黥刖 白氏 續325
涇 文選 正185
涇 白氏 續322
涇原 白氏 續322
涇原等 白氏 續322
涇原等州節度支度營田觀察處置等使 白氏 續322
涇源 白氏 續322
涇州刺史 白氏 續322
涇州諸軍事 白氏 續322
涇陽 文選 正185
涇陽 白氏 續322
涇陽縣 白氏 續322
涇渭 文選 正185
涇渭 本朝 正520
涇渭す 本朝 正520
璟 白氏 續323
蕙服 本朝 正520
顥氣 白氏 續325
儆戒 白氏 續320
儆策 白氏 續320
儆重 白氏 續320
嵆 文選 正184
嵆 白氏 續321
嵆含 本朝 正519
嵆康 文選 正184
嵆康 白氏 續321
嵆山 白氏 續321
嵆叔夜 文選 正184
嵆叔夜 本朝 正519
嵆叔夜 白氏 續321
嵆生 文選 正184
嵆中散 文選 正184
嵆中散 本朝 正519
嵆茂齊 文選 正184
嵆劉陶阮 白氏 續321
嵆呂 白氏 續321
嵆阮 白氏 續321
巂州 白氏 續321
惸嫠 白氏 續321
棨 白氏 續322
棨戟 白氏 續322
楬 文選 正185
滎陽 白氏 續322
滎陽縣 白氏 續322
煢々 遊仙 正91
煢魂 遊仙 正91
煢獨す 文選 正185
煢煢 文選 正185
熒惑 白氏 續322
熒煌 白氏 續322
璥 白氏 續322
硜硜 文選 正185
磎礊 文選 正185
縈廻す 白氏 續323
縈帶 白氏 續323
縈紆す 白氏 續323
罄 白氏 續323
羿 文選 正184
羿 白氏 續321
羿氏 文選 正184
羿浞 文選 正184
蜺 文選 正186
蜺旄 文選 正186
蜺旌 文選 正186
輗 論語 正59
輗軏 本朝 正520
邢 文選 正186
邢 白氏 續324
邢州 白氏 續324
邢國公 白氏 續324
鉶 本朝 正520
鉶陶 本朝 正520
陘阻 文選 正186
陘峴 文選 正186
雞 白氏 續325
雞𤝢 文選 正186
雞燕 白氏 續325
雞冠 文選 正186
雞冠 白氏 續325
雞黍 文選 正186
雞黍 白氏 續325
雞距 白氏 續325
雞距筆 白氏 續325
雞群 白氏 續325
雞犬 文選 正186
雞犬 白氏 續325
雞漉 文選 正186
雞子 白氏 續325
雞樹 白氏 續325
雞人 文選 正186
雞人 白氏 續325

雞舌　白氏　續325
雞鶴　白氏　續325
雞豚　白氏　續325
雞膚　白氏　續325
雞鳴　文選　正186
雞鳴　白氏　續325
雞肋　本朝　正520
雞肋　白氏　續325
雞毬　白氏　續325
雞翅　白氏　續325
雞鶩　文選　正186
鸂鶒*　白氏　續322
麕鹿　文選　正187
麕麖　文選　正187
齟齬　白氏　續325
憿　文選　正187
較量　本朝　正521
凶事　宇津　正710
凶服　論語　正59
叫嘯す　文選　正187
叫咷　遊仙　正91
喬　文選　正187
喬岳　文選　正187
喬山　文選　正187
喬樹　文選　正187
喬松　文選　正187
喬松　白氏　續325
喬弁　白氏　續325
喬木　文選　正187
喬木　白氏　續325
喬林　文選　正187
喬嶽　文選　正187
教　文選　正187
教　本朝　正521
教す　文選　正187
教化　文選　正187
教化　本朝　正521
教化　枕冊　正778
教義　文選　正187
教子　文選　正187
教祝す　文選　正187
教制　文選　正187
教達す　文選　正187
教文　本朝　正521
教法　本朝　正521
教養す　文選　正187
教令　文選　正187
教令　本朝　正521
教學　本朝　正521
教肄　文選　正187
教誨す　文選　正187
教迹　本朝　正521
橋梓　文選　正187
橋下　白氏　續326
橋脚　白氏　續326
橋山　本朝　正521
橋上　白氏　續326
橋竹　白氏　續326
橋亭　白氏　續326
橋島　白氏　續326
橋東　白氏　續326
橋頭　白氏　續326
橋道　白氏　續326
橋梁　文選　正187
橋梁　白氏　續326
橋廊　白氏　續326
橋蕤　文選　正187
矯　文選　正187
矯　白氏　續326
矯易す　文選　正187
矯矯　文選　正187
矯矯　白氏　續326
矯抗　文選　正187
矯節　白氏　續326
矯誣　白氏　續326
矯餝　本朝　正521
矯厲す　文選　正187
興　本朝　正521
興　竹取　正636
興　源氏　正843
興し　源氏　正843
興じ　宇津　正710
興しあへ　源氏　正843
興託　本朝　正521
興復　本朝　正521
興立す　本朝　正521
興隆　本朝　正521
蕎麥　白氏　續326
凝邃　本朝　正521
暁更　本朝　正521
暁燈　本朝　正521
暁夕　本朝　正521
暁爐　本朝　正521
暁鷄　本朝　正521
業　宇津　正711
譊譊喧咋す　文選　正187
交易　本朝　正521
交易　宇津　正711
交易す　本朝　正521
交易す　宇津　正711
交替　本朝　正521
交替式　本朝　正521
交關　本朝　正521
交雜し　源氏　正843
御孝　源氏　正843
孝　宇津　正711
孝　枕冊　正778
孝　源氏　正843
孝し　源氏　正843
孝ずる　宇津　正711
孝子　本朝　正521
孝養　源氏　正843
噭噭　文選　正187
噭噭然　文選　正187
僥*倖す　本朝　正521
僥倖　文選　正187
僥倖　白氏　續325
僥倖す　文選　正187
僥倖す　白氏　續325
嘄陽　文選　正187

囂塵	文選	正187
囂塵	本朝	正521
嬌花	白氏	續325
嬌孫	白氏	續325
嬌憐	白氏	續325
嬌啼	白氏	續325
嬌癡	白氏	續325
嬌聲	本朝	正521
嬌駭	白氏	續325
嶢崢	文選	正187
嶢嶢焉	文選	正187
嶢嶭	文選	正187
嶢闕	文選	正187
嶢榭	文選	正187
徼	文選	正187
徼倖	文選	正187
徼倖	白氏	續325
徼倖す	白氏	續325
徼巡	白氏	續325
徼道	文選	正187
徼道	白氏	續325
徼福	白氏	續326
徼墨	文選	正187
撓敗す	白氏	續326
曉角	白氏	續326
曉興	白氏	續326
曉鏡	白氏	續326
曉琴	白氏	續326
曉景	白氏	續326
曉戟	白氏	續326
曉月	文選	正187
曉月	白氏	續326
曉鼓	白氏	續326
曉粧	白氏	續326
曉鍾	白氏	續326
曉翠	白氏	續326
曉晴	白氏	續326
曉然	白氏	續326
曉霜	文選	正187
曉暢す	文選	正187
曉亭	白氏	續326
曉燈	白氏	續326
曉日	白氏	續326
曉望	白氏	續326
曉眠	白氏	續326
曉冥	白氏	續326
曉嵐	白氏	續326
曉蘭	白氏	續326
曉漏	白氏	續326
曉來	白氏	續326
曉寢	白氏	續326
曉焰	白氏	續326
梟	法華	正419
梟す	文選	正187
梟夷す	文選	正187
梟夷す	白氏	續326
梟音	白氏	續326
梟懸	文選	正187
梟帥	文選	正187
梟風	文選	正187
梟雄	文選	正187
梟羊	文選	正187
梟戮	白氏	續326
梟鴟	文選	正187
梟鸞	文選	正187
梟獍	白氏	續326
梟瞯	文選	正187
澆	文選	正187
浇季	本朝	正521
浇時	本朝	正521
浇淳	本朝	正521
浇世	本朝	正521
浇風	本朝	正521
浇漓	本朝	正521
浇醨	本朝	正521
澆季	文選	正187
澆淳	白氏	續326
澆弛	文選	正187
澆薄	文選	正187
澆風	文選	正187
澆朴	白氏	續326
澆梁	文選	正187
澆漑	白氏	續326
澆灌	白氏	續326
澆漓	白氏	續326
澆訛	白氏	續326
澆訛す	白氏	續326
狡猾	遊仙	正91
皎々	本朝	正521
窌窱	白氏	續326
竅	文選	正187
繞霤	文選	正187
翹英	文選	正187
翹勤す	文選	正187
翹材館	本朝	正521
翹車	文選	正187
翹楚	本朝	正521
翹楚	白氏	續326
翹舞	文選	正187
翹翹	文選	正187
翹翹	白氏	續326
遶村	白氏	續326
饒	白氏	續326
饒益	白氏	續326
饒氏	白氏	續326
饒州	白氏	續327
饒舌	白氏	續327
饒舌す	白氏	續327
驕	白氏	續327
驕溢	論語	正59
驕淫	文選	正187
驕餌	文選	正187
驕盈	文選	正187
驕強	白氏	續327
驕子	白氏	續327
驕邪	白氏	續327
驕泰	論語	正59
驕馬	白氏	續327
驕婦	文選	正187
驕慢	本朝	正521

驕陽　白氏　續327
驕佚　論語　正59
驕傲　文選　正187
驕奢　文選　正187
驕奢　白氏　續327
驕恣　文選　正187
驕樂　論語　正59
驕穩　白氏　續327
驕騫　文選　正187
驕駿す　白氏　續327
驍騎　文選　正187
驍騎尉　白氏　續327
驍騎將軍　文選　正187
驍騰　文選　正187
驍勇　文選　正187
驍勇　本朝　正521
驍將　白氏　續327
堯　文選　正187
堯　本朝　正521
堯　白氏　續325
堯胤　本朝　正521
堯雲　本朝　正521
堯卿等　白氏　續325
堯山　文選　正187
堯山　本朝　正521
堯時　本朝　正521
堯酒　白氏　續325
堯舟　本朝　正521
堯舜　文選　正187
堯舜　本朝　正521
堯舜　白氏　續325
堯心　文選　正187
堯帝　本朝　正521
堯典　文選　正187
堯天　本朝　正521
堯湯　白氏　續325
堯日　本朝　正521
堯年　本朝　正521
堯風　本朝　正521
堯門　文選　正187
堯曆　白氏　續325
堯老*　文選　正187
堯禹　文選　正187
堯讓　本朝　正521
堯德　本朝　正521
堯　論語　正59
堯曰　論語　正59
堯曰第二十　論語　正59
教　白氏　續326
教化　法華　正419
教化　白氏　續326
教化す　法華　正419
教妓　白氏　續326
教訓　白氏　續326
教源　白氏　續326
教取す　白氏　續326
教先　白氏　續326
教忠　白氏　續326
教導　白氏　續326
教敷　白氏　續326
教坊　白氏　續326
教門　法華　正419
教誘　白氏　續326
教力　白氏　續326
教令　白氏　續326
教學　白氏　續326
教戰す　白氏　續326
教誨　白氏　續326
教誨す　白氏　續326
皛す　白氏　續326
皛皛　文選　正187
皦然　白氏　續326
皦日　遊仙　正91
皦日　文選　正187
皦如　論語　正59
噭噭　文選　正187
墝*埆　本朝　正521
嬈嬈す　文選　正187
嶠　文選　正187
嶠路　文選　正187
嶢武　文選　正187
憍曇彌　法華　正419
憍慢　法華　正419
歊蒸鬱冥　文選　正187
繳繞　白氏　續326
蟂獺　文選　正187
趫材　文選　正187
趫捷　文選　正187
趫迅　文選　正187
趫跳す　白氏　續326
趫夫　文選　正187
趫悍　文選　正187
趫容　文選　正187
蹻捷　文選　正187
却背す　文選　正187
逆　文選　正188
逆　白氏　續327
逆胡　文選　正188
逆耳　文選　正188
逆失　文選　正188
逆邪　文選　正188
逆順　文選　正188
逆順　本朝　正521
逆順　白氏　續327
逆心　本朝　正521
逆折　白氏　續327
逆節　文選　正188
逆節　白氏　續327
逆賊　文選　正188
逆賊　白氏　續327
逆風　白氏　續327
逆暴　文選　正188
逆謀　文選　正188
逆謀　白氏　續327
逆命　白氏　續327
逆流　文選　正188
逆旅　文選　正188
逆旅　本朝　正521
逆旅　白氏　續327
逆倫す　白氏　續327

逆鱗 文選 正188
逆鱗 本朝 正521
逆浪 本朝 正521
逆亂 文選 正188
逆將 白氏 續327
逆黨 本朝 正521
逆黨 白氏 續327
劇 白氏 續327
劇官 本朝 正521
劇戲 遊仙 正91
劇郡 白氏 續327
劇語 遊仙 正91
劇職 白氏 續327
劇秦 文選 正187
劇秦美新 文選 正187
劇辛 文選 正187
劇談 文選 正187
劇務 本朝 正521
劇務 白氏 續327
劇宦 本朝 正521
劇縣 白氏 續327
戟 論語 正59
戟 白氏 續327
戟門 白氏 續327
擊 文選 正188
擊す 白氏 續327
擊壤す 文選 正187
擊柝 白氏 續327
擊柝す 白氏 續327
擊磬襄 論語 正59
擊轅 文選 正188
擊攦 白氏 續327
激 文選 正188
激 白氏 續327
激曜 文選 正188
激す 文選 正188
激す 本朝 正521
激す 白氏 續327
激越 文選 正188
激昂 白氏 續327
激射す 本朝 正521
激情 文選 正188
激水 文選 正188
激水 白氏 續327
激瀨 白氏 續327
激切 文選 正188
激切 白氏 續327
激箭 白氏 續327
激楚 文選 正188
激徵 文選 正188
激電 文選 正188
激波 文選 正188
激矢 文選 正188
激揚す 文選 正188
激揚す 白氏 續327
激流 白氏 續327
激烈 文選 正188
激朗 文選 正188
激浪 本朝 正521
激勸 白氏 續327
激勸す 白氏 續327
激湍 文選 正188
激發す 白氏 續327
激轉す 文選 正188
激昂す 文選 正188
激卬す 文選 正188
激颺す 文選 正188
相激す 白氏 續327
隙 白氏 續327
隙鎛 白氏 續327
隙屋 白氏 續327
隙地 白氏 續327
隙罅 白氏 續327
隙駟 文選 正188
屐 白氏 續327
屐齒 白氏 續327
檄 文選 正188
檄 白氏 續327
檄す 文選 正188
郤公 文選 正188
郤克 文選 正188
鬩墻 白氏 續327
鴃 白氏 續327
鴃首 文選 正188
鴃舟 文選 正188
鴃鸝 文選 正188
郄 白氏 續327
郄超 白氏 續327
闃 文選 正188
闃 本朝 正521
闃然 白氏 續327
鶂退 本朝 正521
揭焉 源氏 正844
結願 枕冊 正778
結願 源氏 正844
結緣 枕冊 正778
結緣 源氏 正844
結緣講する 枕冊 正778
闕 源氏 正844
闕さし 枕冊 正778
契闊す 文選 正188
揭 文選 正188
揭す 文選 正188
揭車 文選 正188
揭焉 文選 正188
揭焉 本朝 正521
揭孽 文選 正188
傑 文選 正188
傑 白氏 續327
傑出 本朝 正521
傑俊 本朝 正521
傑操 文選 正188
傑等 白氏 續327
欠す 白氏 續327
欠負す 白氏 續327
決斷 論語 正59
潔敬 白氏 續327
潔齋す 本朝 正521
潔蒸す 白氏 續327
潔信 本朝 正521

潔直　白氏　續327
潔靖　白氏　續327
潔廉通濟　白氏　續327
潔朗す　文選　正188
潔愼　白氏　續327
潔齋　遊仙　正91
絜士　文選　正188
絜清　文選　正188
絜白　文選　正188
絜壺　文選　正188
絜楹　文選　正188
絜齋す　文選　正188
絜靜　文選　正188
結　文選　正188
結　法華　正419
結　白氏　續327
結轄　文選　正188
結す　白氏　續327
結加趺坐す　法華　正419
結課　文選　正188
結願　本朝　正521
結願　宇津　正711
結構　文選　正188
結構　本朝　正521
結構　白氏　續327
結構す　本朝　正521
結使　本朝　正521
結束す　文選　正188
結繩　文選　正188
結之　白氏　續327
結番す　本朝　正521
結風　文選　正188
結緑　文選　正188
結游す　文選　正188
結縷　文選　正188
結繚　遊仙　正91
結纓　文選　正188
結跏　本朝　正521
結跏　白氏　續327
結駟　文選　正188
結緣　本朝　正521
結褵　白氏　續328
結軨　文選　正188
纈　白氏　續328
纈紗　白氏　續328
血氣　論語　正59
訣　白氏　續328
月朔　論語　正59
偈　文選　正188
孑　文選　正188
孑遺　文選　正188
孑遺　白氏　續327
孑立　文選　正188
孑輪　文選　正188
挈瓶　文選　正188
挈壺　文選　正188
挈壺　本朝　正521
挈硏　文選　正188
桀　論語　正59
桀　文選　正188
桀　白氏　續327
桀逆　文選　正188
桀溺　論語　正59
桀暴　文選　正188
桀虜　文選　正188
桀紂　文選　正188
桀紂　白氏　續327
桀跖　文選　正188
桀驁　白氏　續327
楔椶　文選　正188
蘖生　本朝　正521
蘖栽　文選　正188
歇息す　白氏　續327
碣　白氏　續327
碣す　白氏　續327
碣石　白氏　續327
闕　宇津　正711
闕巡　宇津　正711
闕巡流　宇津　正711
闕如す　論語　正59
闕文　論語　正59
闕黨　論語　正59
頡頏す　文選　正188
齧膝　文選　正188
孽子　文選　正188
孽臣　文選　正188
揭來　文選　正188
揭來す　文選　正188
楬す　文選　正188
楬鳴　文選　正188
泬寥　白氏　續327
臬　文選　正188
讞書　本朝　正521
叶和　白氏　續328
叶和す　白氏　續328
協同す　文選　正188
協比　白氏　續328
協比す　白氏　續328
協律　文選　正188
協律　白氏　續328
協律郎　白氏　續328
協和す　文選　正188
協和す　白氏　續328
協應　本朝　正521
協氣　文選　正188
怯夫　文選　正188
怯懦　文選　正188
怯懦　白氏　續328
狹中　文選　正189
狹路　文選　正189
狹隘　文選　正189
狹隘　本朝　正521
脅息　文選　正189
業　文選　正188
業　本朝　正521
業　白氏　續328
業（人名）　文選　正188
業す　文選　正188
業業　文選　正188
業業惕惕　白氏　續328

業結　白氏　續328
業行　文選　正188
劫火　白氏　續328
劫悟　文選　正188
劫風　白氏　續328
劫略　本朝　正521
劫略す　本朝　正521
岬岫　文選　正188
御脇息　宇津　正711
御脇息　源氏　正844
脇士　源氏　正844
脇息　宇津　正711
脇息　蜻蛉　正748
脇息　源氏　正844
夾宮　文選　正188
夾城　白氏　續328
夾杖　文選　正188
夾輔す　白氏　續328
夾幕　白氏　續328
夾纈　白氏　續328
峽　文選　正188
峽　白氏　續328
峽猿　白氏　續328
峽外　白氏　續328
峽岸　白氏　續328
峽口　文選　正188
峽口　白氏　續328
峽山　白氏　續328
峽州　白氏　續328
峽中　白氏　續328
峽天　白氏　續328
峽內　白氏　續328
峽路　白氏　續328
峽氣　白氏　續328
恊　文選　正188
恊佐す　文選　正188
恊升す　文選　正188
恊比す　文選　正188
恊風　文選　正188
恊律　文選　正188
恊和す　文選　正188
挾恨　白氏　續328
挾銅　白氏　續328
挾纊　白氏　續328
浹辰　本朝　正521
浹辰　白氏　續328
浹辰す　文選　正188
浹日　本朝　正521
浹日　白氏　續328
浹洽す　白氏　續328
篋詩　白氏　續328
篋笥　文選　正189
篋笥　白氏　續328
篋中　白氏　續328
篋袠　白氏　續328
鍱　文選　正189
陜府　白氏　續328
陜部　白氏　續328
硤州　白氏　續328
硤石　白氏　續328
俠　文選　正188
俠客　文選　正188
俠烈　文選　正188
俠氣　文選　正188
俠游　文選　正188
愜愜　文選　正188
郟鄏　文選　正189
郟鄏　白氏　續328
鄴　文選　正189
鄴下　文選　正189
鄴騎　文選　正189
鄴宮　文選　正189
鄴京　文選　正189
鄴城　文選　正189
鄴中　文選　正189
鄴中　白氏　續328
鄴都　文選　正189
乾　文選　正189
乾　白氏　續328
乾乾　文選　正189
乾景　文選　正189
乾元寺　白氏　續328
乾顧　文選　正189
乾坤　文選　正189
乾坤　本朝　正522
乾坤　白氏　續328
乾軸　文選　正189
乾象　文選　正189
乾象　白氏　續328
乾心　文選　正189
乾則　文選　正189
乾符　文選　正189
乾闥婆　法華　正419
監　源氏　正844
簡擇す　本朝　正522
閑林　本朝　正523
豣　文選　正190
欠す　本朝　正522
欠伸　白氏　續331
欠伸す　白氏　續331
件　白氏　續328
倹　論語　正59
倹す　論語　正59
倹約　論語　正59
健　白氏　續328
健逸　白氏　續328
健時　白氏　續328
健等　白氏　續328
健否　白氏　續328
健忘す　白氏　續328
健兒　白氏　續328
健羨す　白氏　續328
兼　本朝　正521
兼　白氏　續328
兼す　本朝　正521
兼愛す　文選　正189
兼委　白氏　續329
兼衣　文選　正189
兼右近衛大將　本朝　正521
兼官　本朝　正521

兼近江守 本朝 正521
兼金 文選 正189
兼金 本朝 正521
兼御す 文選 正189
兼御史 文選 正189
兼皇太子傅 本朝 正521
兼行 本朝 正521
兼行 宇津 正711
兼才 白氏 續328
兼采 文選 正189
兼山 文選 正189
兼司徒 文選 正189
兼車 白氏 續328
兼秋 文選 正189
兼勝 本朝 正521
兼丞 文選 正189
兼職 白氏 續328
兼人 白氏 續328
兼清 文選 正189
兼清 本朝 正521
兼造す 文選 正189
兼太尉 文選 正189
兼辰 文選 正189
兼知貝州刺史 白氏 續328
兼寵 白氏 續328
兼珍 本朝 正521
兼呈 文選 正189
兼土 文選 正189
兼任 本朝 正521
兼任す 本朝 正522
兼倍す 文選 正189
兼福 本朝 正522
兼文章博士 本朝 正522
兼僕 白氏 續329
兼命 白氏 續329
兼命す 白氏 續329
兼明 本朝 正522
兼容 文選 正189
兼領す 白氏 續329
兼脇陣吉上 本朝 正521
兼帯す 本朝 正521
兼榮 白氏 續329
兼濟 文選 正189
兼濟 本朝 正521
兼濟 白氏 續328
兼葭 白氏 續328
兼并 白氏 續328
兼 宇津 正711
劵 宇津 正711
劵 源氏 正844
喧囂 本朝 正522
堅 白氏 續329
堅頑 白氏 續329
堅義僧等 本朝 正522
堅久 白氏 續329
堅強 白氏 續329
堅固 法華 正419
堅甲 白氏 續329
堅守 白氏 續329
堅上人 白氏 續329
堅城 文選 正189
堅直 白氏 續329
堅貞 白氏 續329
堅等 白氏 續329
堅芳 文選 正189
堅密 白氏 續329
堅林 文選 正189
堅牢 白氏 續329
堅冠* 白氏 續329
堅冰 文選 正189
壁墾す 白氏 續329
嫌 白氏 續329
嫌疑 文選 正189
嫌疑 白氏 續329
嫌疑 枕冊 正778
嫌疑 源氏 正844
嫌退す 本朝 正522
嫌吝 文選 正189
嫌猜 文選 正189
建 白氏 續330
建安 文選 正190
建安中 文選 正190
建安二十二年 文選 正190
建威 文選 正190
建威將軍 白氏 續330
建卯 本朝 正522
建牙 白氏 續330
建興 文選 正190
建興五年 文選 正190
建業 文選 正190
建元 文選 正190
建元 本朝 正522
建元四年 文選 正190
建元二年 文選 正190
建康 文選 正190
建修す 白氏 續330
建春 文選 正190
建春門 白氏 續330
建昌 白氏 續330
建昌江 白氏 續330
建章 文選 正190
建章 白氏 續330
建章臺 文選 正190
建城 文選 正190
建信侯 文選 正190
建中 白氏 續330
建中元年 白氏 續330
建中元年正月五日 白氏 續330
建中實錄 白氏 續330
建忠 文選 正190
建寧二年 文選 正190
建武 文選 正190
建武 本朝 正522
建平王 文選 正190
建木 文選 正190
建木 本朝 正522
建約 文選 正190
建陽 文選 正190
建國 文選 正190

建溪　白氏　續330
建禮　文選　正190
建禮　白氏　續330
建德　文選　正190
憲　論語　正59
憲　文選　正190
憲　白氏　續330
憲官　白氏　續330
憲官職　白氏　續330
憲簡　白氏　續330
憲后　文選　正190
憲皇　白氏　續330
憲司　白氏　續330
憲宗　白氏　續330
憲宗章武皇帝　白氏　續330
憲章　文選　正190
憲章　本朝　正522
憲章　白氏　續330
憲章す　文選　正190
憲章す　本朝　正522
憲章す　白氏　續330
憲職　白氏　續330
憲臣　白氏　續330
憲秩　白氏　續330
憲度　文選　正190
憲府　白氏　續330
憲部　白氏　續330
憲法　本朝　正522
憲法十七條　本朝　正522
憲名　白氏　續330
憲網　文選　正190
憲問第十四　論語　正59
憲牘　白氏　續330
憲臺　文選　正190
憲臺　本朝　正522
憲臺　白氏　續330
懸車　本朝　正522
懸想す　伊勢　正649
検見　蜻蛉　正748
検校す　宇津　正711
牽　白氏　續331
牽引す　白氏　續331
牽牛　文選　正190
牽牛織女　白氏　續331
牽強　白氏　續331
牽束す　白氏　續331
牽綴す　文選　正190
牽纏す　白氏　續331
牽迫　白氏　續331
牽復　文選　正190
牽復　白氏　續331
牽役　白氏　續331
牽率　白氏　續331
牽率す　文選　正190
牽率す　白氏　續331
牽累す　白氏　續331
牽聯す　白氏　續331
牽攣乖隔す　白氏　續331
犬牙　白氏　續331
犬居士　本朝　正522
犬戎　論語　正59
犬戎　白氏　續331
犬鳶　白氏　續331
犬馬　論語　正59
犬馬　遊仙　正91
犬馬　本朝　正522
犬馬　白氏　續331
犬吠　白氏　續331
犬羊　論語　正59
犬羊　白氏　續331
犬彘*　白氏　續331
研華　遊仙　正91
研京　本朝　正522
研桑　文選　正190
研姿　白氏　續332
研精　文選　正190
研精　本朝　正522
研精　白氏　續332
研精す　白氏　續332
研蚩　文選　正190
研覈す　文選　正190
研覈す　本朝　正522
研覈す　白氏　續332
硯下　本朝　正522
硯水　本朝　正522
硯池　白氏　續332
硯中　白氏　續332
絹　白氏　續332
肩輿　白氏　續332
肩舁　白氏　續332
肩舁す　白氏　續332
肩隨　白氏　續332
肩轝　白氏　續332
見　論語　正59
見　文選　正190
見　法華　正419
見　本朝　正522
見　白氏　續332
見課丁　本朝　正522
見過　白氏　續332
見口　本朝　正522
見在　白氏　續332
見在身　白氏　續332
見作　本朝　正522
見山亭　白氏　續332
見修　本朝　正523
見所　源氏　正844
見所し　源氏　正844
見上す　本朝　正523
見性　白氏　續332
見丁　本朝　正523
見道　白氏　續332
見任　本朝　正523
見念　白氏　續332
見撚拓勿施　白氏　續332
見風　本朝　正523
見物　宇津　正712
見聞　本朝　正523
見聞す　法華　正420
見聞す　本朝　正523

見欲	本朝	正523
見糧	白氏	續332
見佛聞法	本朝	正523
見佛聞法す	法華	正420
見粮	白氏	續332
見錢	白氏	續332
謙	論語	正59
謙	文選	正189
謙	本朝	正522
謙	白氏	續332
謙す	本朝	正522
謙下	文選	正189
謙議す	文選	正189
謙恭	本朝	正522
謙恭	白氏	續332
謙敬	白氏	續332
謙謙	文選	正189
謙光	文選	正189
謙光	白氏	續332
謙退	論語	正59
謙退	本朝	正522
謙卑	白氏	續332
謙約	文選	正189
謙讓	文選	正189
謙讓	本朝	正522
謙讓	白氏	續332
謙讓す	文選	正189
謙讓す	白氏	續332
謙德公	本朝	正522
謙挹	本朝	正522
賢	論語	正59
賢	文選	正191
賢	本朝	正523
賢	白氏	續333
賢(人名)	白氏	續333
賢英	文選	正191
賢王	文選	正191
賢愚	論語	正59
賢愚	文選	正191
賢愚	本朝	正523
賢愚	白氏	續333
賢君	文選	正191
賢侯	白氏	續333
賢劫	本朝	正523
賢豪	白氏	續333
賢佐	本朝	正523
賢才	論語	正59
賢才	文選	正191
賢才	本朝	正523
賢才	白氏	續333
賢材	本朝	正523
賢士	文選	正191
賢士	本朝	正523
賢士	白氏	續333
賢師	本朝	正523
賢師	白氏	續333
賢者	論語	正59
賢者	文選	正191
賢者	本朝	正523
賢者	白氏	續333
賢主	文選	正191
賢主	本朝	正523
賢主	白氏	續333
賢主人	文選	正191
賢主人	白氏	續333
賢淑	白氏	續333
賢俊	文選	正191
賢俊	白氏	續333
賢峻	白氏	續333
賢女	白氏	續333
賢臣	文選	正191
賢臣	本朝	正523
賢臣	白氏	續333
賢人	論語	正59
賢人	文選	正191
賢人	本朝	正523
賢人	白氏	續333
賢正	白氏	續333
賢聖	文選	正191
賢聖	法華	正419
賢聖	本朝	正523
賢聖	白氏	續333
賢聖衆	法華	正419
賢相	文選	正191
賢相	本朝	正523
賢相	白氏	續333
賢息	本朝	正523
賢大夫	本朝	正523
賢達	文選	正191
賢達	白氏	續333
賢智	文選	正191
賢智	本朝	正523
賢弟十二娘	本朝	正523
賢哲	文選	正191
賢哲	本朝	正523
賢哲	白氏	續333
賢能	文選	正191
賢能	本朝	正523
賢能	白氏	續333
賢否	白氏	續333
賢妃	本朝	正523
賢妃	白氏	續333
賢不肖	白氏	續333
賢夫	本朝	正523
賢夫人	白氏	續333
賢輔	文選	正191
賢輔	本朝	正523
賢母	白氏	續333
賢牧	文選	正191
賢明	文選	正191
賢明	本朝	正523
賢明	白氏	續333
賢友	論語	正59
賢友	本朝	正523
賢良	文選	正191
賢良	本朝	正523
賢良	白氏	續333
賢路	文選	正191
賢路	本朝	正523
賢和	本朝	正523

賢將　白氏　續333
賢德　本朝　正523
賢德　白氏　續333
賢駙馬　白氏　續333
軒　文選　正191
軒　白氏　續333
軒雲　本朝　正523
軒益　本朝　正523
軒益　白氏　續333
軒駕　文選　正191
軒蓋　文選　正191
軒蓋　白氏　續333
軒騎　本朝　正523
軒騎　白氏　續333
軒宮　文選　正191
軒懸　文選　正191
軒軒　白氏　續333
軒戸　白氏　續333
軒車　文選　正191
軒車　白氏　續333
軒然　白氏　續333
軒窓　白氏　續333
軒鶴　白氏　續333
軒庭　白氏　續333
軒鼎　白氏　續333
軒幌　文選　正191
軒曜　文選　正191
軒廊　白氏　續333
軒于　文選　正191
軒冕　文選　正191
軒冕　白氏　續333
軒昊　白氏　續333
軒楹　白氏　續333
軒檻　文選　正191
軒檻　本朝　正523
軒轅　文選　正191
軒轅(人名)　文選　正191
軒轅氏　文選　正191
軒闥　白氏　續333
軒霤　本朝　正523
軒屛　文選　正191
軒牖　文選　正191
軒翥す　文選　正191
軒輬　文選　正191
軒轅　白氏　續333
遣還す　本朝　正523
遣書　白氏　續333
遣通　遊仙　正91
遣奠　白氏　續333
險難　法華　正420
險隘　法華　正419
顯晦　本朝　正523
顯赫　本朝　正523
顯教　本朝　正523
顯慶五年正月　本朝　正523
顯証　蜻蛉　正748
顯要　本朝　正523
おほん驗　宇津　正711
み驗　宇津　正711
驗　宇津　正711
驗　枕冊　正778
驗　源氏　正844
驗者　宇津　正711
驗者　枕冊　正778
驗者　源氏　正844
驗者とも　源氏　正844
驗方　源氏　正844
元服　源氏　正844
御元服　源氏　正844
原憲　論語　正59
原壤　論語　正59
弦　文選　正190
弦　白氏　續330
弦望　文選　正190
弦高　文選　正190
減　白氏　續331
減す　文選　正189
減す　法華　正419
減す　本朝　正522
減す　白氏　續331
減降　白氏　續331
減劫　白氏　續331
減少す　法華　正419
減定す　本朝　正522
減耗す　白氏　續331
減損す　法華　正419
減銷　白氏　續331
源右大將殿　宇津　正711
源宰相　宇津　正711
源宰相かねたゝ　蜻蛉　正748
源宰相殿　宇津　正711
源三位　宇津　正712
源氏　宇津　正712
源氏　源氏　正844
源氏のおとゝ　源氏　正844
源氏のひかる君　源氏　正844
源氏の君　宇津　正712
源氏の君　源氏　正844
源氏の侍從　宇津　正712
源氏の大納言　蜻蛉　正748
源氏の大納言　源氏　正844
源氏の中納言　宇津　正712
源氏の中將　宇津　正712
源氏の中將　源氏　正844
源侍從　宇津　正712
源侍從　源氏　正844
源侍從の君　宇津　正712
源侍從の君　源氏　正844
源少納言　枕冊　正778
源少納言　源氏　正844
源少將　宇津　正712
源少將　源氏　正844
源少將法師　宇津　正712
源大納言殿　宇津　正712
源中納言　宇津　正712
源中納言　源氏　正844
源中納言のおとゞ　宇津　正712

源中納言君　宇津　正712
源中納言殿　宇津　正712
源中將　宇津　正712
源中將　蜻蛉　正748
源中將　枕冊　正778
源中將　源氏　正844
源中將のあそん　宇津　正712
源中將の君　宇津　正712
源内侍のすけ　源氏　正844
玄牡　論語　正59
玄冠す　論語　正59
玄上　枕冊　正778
玄成　論語　正59
現　法華　正419
現　宇津　正711
現じ　宇津　正712
現す　法華　正419
現す　本朝　正523
現化　法華　正419
現界　本朝　正523
現形す　伊勢　正649
現在　法華　正419
現山　本朝　正523
現世　法華　正419
現世　本朝　正523
現前　法華　正419
現前す　法華　正419
現當　本朝　正523
絃　白氏　續332
絃歌　論語　正59
絃歌　白氏　續332
絃歌す　白氏　續332
絃管　白氏　續332
絃絃　白氏　續332
絃鼓　白氏　續332
絃指　白氏　續332
絃中　白氏　續332
絃柱　白氏　續332
絃筆　白氏　續332
絃聲　白氏　續332
言　論語　正59
言　文選　正190
言　白氏　續332
言下　白氏　續332
言句　白氏　續332
言語　論語　正59
言語　文選　正190
言語　本朝　正523
言語　白氏　續332
言語侍從　白氏　續332
言行　論語　正59
言行　文選　正190
言行　本朝　正523
言行　白氏　續332
言詞　白氏　續332
言詩　本朝　正523
言事　文選　正190
言事　本朝　正523
言事　白氏　續332
言辞　本朝　正523
言笑　文選　正190
言笑　白氏　續332
言笑す　文選　正190
言象　文選　正190
言上す　本朝　正523
言信　白氏　續332
言責　白氏　續332
言泉　文選　正190
言泉　本朝　正523
言前　白氏　續332
言歎　白氏　續332
言歎す　白氏　續332
言談　本朝　正523
言鳥　文選　正190
言動　白氏　續332
言道　本朝　正523
言念　白氏　續332
言約　本朝　正523
言約　白氏　續332
言容　白氏　續332
言路　文選　正190
言論　文選　正190
言論　白氏　續332
言游　論語　正59
言諫　文選　正190
言辭　文選　正190
顩頤　文選　正189
彥　文選　正190
彥　白氏　續330
彥雲　本朝　正522
彥回　文選　正190
彥佐等　白氏　續330
彥輔　文選　正190
彥輔　白氏　續330
彥防　白氏　續330
吠聲　白氏　續329
偺違す　白氏　續328
儉　文選　正189
儉　文選　正189
儉　本朝　正521
儉　白氏　續328
儉(人名)　文選　正189
儉す　文選　正189
儉す　白氏　續328
儉恭　白氏　續328
儉潔　白氏　續328
儉素　本朝　正521
儉素　白氏　續328
儉薄　白氏　續328
儉朴　白氏　續328
儉約　本朝　正521
儉嗇　文選　正189
儉嗇　白氏　續328
儉德　本朝　正521
儼　白氏　續328
儼若　白氏　續328
儼然　論語　正59
儼然　文選　正189
儼然　白氏　續328

劍履	白氏	續329
劍稜	白氏	續329
劒	白氏	續329
劒外	白氏	續329
劒閣	白氏	續329
劒戟	白氏	續329
劒池	白氏	續329
劒頭	白氏	續329
劒南	白氏	續329
劒門	白氏	續329
劒珮	白氏	續329
劍	文選	正189
劍閣	文選	正189
劍閣銘	文選	正189
劍騎	文選	正189
劍客	文選	正189
劍璽	文選	正189
劍履す	文選	正189
劍氣	文選	正189
嚴	論語	正59
嚴	白氏	續329
嚴(人名)	白氏	續329
嚴威	本朝	正522
嚴科	本朝	正522
嚴寒	白氏	續329
嚴急	白氏	續329
嚴給事	白氏	續329
嚴恭	白氏	續329
嚴凝	本朝	正522
嚴凝	白氏	續329
嚴禁	本朝	正522
嚴釧	白氏	續329
嚴君	本朝	正522
嚴刑	白氏	續329
嚴敬	白氏	續329
嚴姑	白氏	續329
嚴閣尚書	本朝	正522
嚴子	白氏	續329
嚴子瀬	白氏	續329
嚴旨	本朝	正522
嚴綬	白氏	續329
嚴綬等	白氏	續329
嚴十八郎中	白氏	續329
嚴重	白氏	續329
嚴春	文選	正189
嚴尚書	白氏	續329
嚴飾	白氏	續329
嚴親	本朝	正522
嚴制	本朝	正522
嚴整す	白氏	續329
嚴正	論語	正59
嚴霜	本朝	正522
嚴大夫	白氏	續329
嚴中丞	白氏	續329
嚴貞	白氏	續329
嚴冬	本朝	正522
嚴冬	白氏	續329
嚴頭	本朝	正522
嚴道	白氏	續329
嚴配	本朝	正522
嚴父	白氏	續329
嚴命	本朝	正522
嚴明	白氏	續329
嚴涼	本朝	正522
嚴陵	白氏	續329
嚴令	白氏	續329
嚴麗	白氏	續329
嚴老	白氏	續329
嚴郎	白氏	續329
嚴郎中	白氏	續329
嚴々然	本朝	正522
嚴淨	白氏	續329
嚴礪	白氏	續329
嚴謨	白氏	續329
嚴隱	白氏	續329
嚴餝	本朝	正522
嚴淩瀬	本朝	正522
嚴禋	白氏	續329
妍姿	本朝	正522
妍姿	白氏	續329
妍詞	白氏	續329
妍唱	白氏	續329
妍否	白氏	續329
妍和	本朝	正522
妍和	白氏	續329
妍蚩	白氏	續329
妍媸	白氏	續329
嶮	本朝	正522
嶮	白氏	續329
嶮介	文選	正189
嶮邪	本朝	正522
嶮難	本朝	正522
嶮路	法華	正420
嶮浪	本朝	正522
嶮巇	文選	正189
嶮巇	文選	正189
嶮艱	文選	正189
嶮陂	文選	正189
嶮巇	文選	正189
嶮峻	遊仙	正91
巖阿	本朝	正522
巖室	本朝	正522
巖泉	本朝	正522
巖僧	本朝	正522
巖扉	本朝	正522
巖腹	本朝	正522
巖路	本朝	正522
巖楹	本朝	正522
巖灣	本朝	正522
巖扃	本朝	正522
愆	白氏	續330
愆伏	白氏	續330
愆尤	文選	正190
愆揚	白氏	續330
愆釁	文選	正190
慊如	文選	正189
慊慊	文選	正189
慳貪	法華	正420
慳貪邪険	宇津	正712
権	文選	正190

權(人名)　文選　正190
權す　文選　正190
權威　文選　正190
權右　文選　正190
權家　文選　正190
權奇　文選　正190
權貴　本朝　正522
權疆　文選　正190
權倖　文選　正190
權衡　文選　正190
權衡　本朝　正522
權時　文選　正190
權時　本朝　正522
權制　文選　正190
權制す　文選　正190
權勢　文選　正190
權勢　本朝　正522
權奪　文選　正190
權寵　文選　正190
權備　文選　正190
權柄　文選　正190
權謀　文選　正190
權門　文選　正190
權門　本朝　正522
權輿す　文選　正190
權利　文選　正190
權略　文選　正190
權變　文選　正190
權槩　文選　正190
石清水檢校　本朝　正522
檢　文選　正189
檢　白氏　續330
檢す　白氏　續330
檢鏡　文選　正189
檢敬規度　白氏　續331
檢校　白氏　續330
檢校す　白氏　續330
檢校右散騎常侍　白氏　續330
檢校右僕射　白氏　續330
檢校刑部員外郎　白氏　續330
檢校刑部尚書　白氏　續330
檢校刑部郎中　白氏　續330
檢校戸部尚書　白氏　續330
檢校功德使　白氏　續330
檢校工部尚書　白氏　續330
檢校左散騎常侍　白氏　續330
檢校司勳郎中兼侍御史　白氏　續330
檢校司徒　白氏　續330
檢校尚書右僕射　白氏　續330
檢校尚書刑部郎中　白氏　續330
檢校尚書戸部郎中　白氏　續330
檢校尚書左僕射　白氏　續330
檢校尚書職方員外郎　白氏　續330
檢校尚書水部員外郎　白氏　續330
檢校尚書屯田員外郎　白氏　續330
檢校常侍　白氏　續330
檢校水部員外郎　白氏　續330
檢校膳部員外郎　白氏　續331
檢校倉部員外郎　白氏　續330
檢校太尉　白氏　續331
檢校太子賓客　白氏　續331
檢校太子詹事　白氏　續331
檢校太常卿　白氏　續331
檢校大理　白氏　續331
檢校大理卿　白氏　續331
檢校都官郎中　白氏　續331
檢校兵部員外　白氏　續331
檢校兵部尚書　白氏　續331
檢校兵部秘書監　白氏　續331
檢校吏部尚書　白氏　續331
檢校禮部員外郎　白氏　續331
檢校禮部尚書　白氏　續331
檢束　白氏　續331
檢束す　白氏　續331
檢到す　白氏　續331
檢討す　白氏　續331
檢非違使　本朝　正522
檢非違使等　本朝　正522
檢領　白氏　續331
檢領す　本朝　正522
檢愼　白氏　續331
歉　白氏　續331
歉歲　白氏　續331
涓塵　本朝　正522
涓露　本朝　正522
涓埃　本朝　正522
涓涓　文選　正190
狷介　白氏　續331
狷狂　文選　正190
狷者　論語　正59
狷者　白氏　續331
寄獻す　白氏　續331
相獻替す　白氏　續331
獻　文選　正190
獻　本朝　正522
獻　白氏　續331
獻(人名)　文選　正190
獻す　文選　正190
獻す　本朝　正522
獻す　白氏　續331
獻王孚　文選　正190
獻侯　文選　正190
獻公　白氏　續331
獻歲　文選　正190

獻歳　白氏　續331
獻罪　白氏　續331
獻策　本朝　正522
獻酬　文選　正190
獻酬　本朝　正522
獻酬　白氏　續331
獻酬す　本朝　正522
獻酬す　白氏　續331
獻捷　文選　正190
獻捷　白氏　續331
獻上　本朝　正522
獻替　文選　正190
獻替　本朝　正522
獻替　白氏　續331
獻替す　文選　正190
獻替す　白氏　續331
獻納　文選　正190
獻納　白氏　續331
獻納す　文選　正190
獻納す　白氏　續331
獻表　白氏　續331
獻物　本朝　正522
獻奠す　白氏　續331
獻斟す　文選　正190
獻雉　本朝　正522
甄公　本朝　正522
甄陶　文選　正190
甄陶す　文選　正190
甄部　文選　正190
甄奬す　白氏　續332
甄錄　本朝　正522
筧几　白氏　續332
臉波　白氏　續332
蒹葭　文選　正189
蒹葭　白氏　續332
虔州　白氏　續332
虔誠す　白氏　續332
虔劉　文選　正190
虔劉　白氏　續332
虔劉す　文選　正190
虔鞏　文選　正190
謇　文選　正191
謇姐　文選　正191
謇直　白氏　續332
謇愕　文選　正191
謇諤　文選　正191
謇諤　白氏　續332
謇謇　文選　正191
謇謇　白氏　續332
譴す　白氏　續332
譴告　本朝　正523
譴責　本朝　正523
譴逐　白氏　續333
譴怒　白氏　續333
譴謫　白氏　續333
譴謫す　白氏　續333
譴黜　白氏　續332
蹇　文選　正191
蹇　白氏　續333
蹇(人名)　文選　正191
蹇叔　文選　正191
蹇舛す　白氏　續333
蹇剥す　白氏　續333
蹇薄　白氏　續333
蹇歩　白氏　續333
蹇歩す　白氏　續333
蹇厄　白氏　續333
蹇連　文選　正191
蹇連　白氏　續333
蹇愕　文選　正191
蹇澁　白氏　續333
蹇脩　文選　正191
蹇跛す　白氏　續333
蹇々　本朝　正523
蹇躓　白氏　續333
蹇驢　本朝　正523
蹇驢　白氏　續333
蹇迍す　白氏　續333
鉗盧　文選　正189
鉗鈦　本朝　正522
險　文選　正189
險　法華　正419
險　本朝　正522
險　白氏　續333
險(地名)　白氏　續333
險易　文選　正189
險遠　文選　正189
險塞　文選　正189
險峻　文選　正189
險阻　文選　正189
險阻　白氏　續333
險中　白氏　續333
險徵　文選　正189
險塗　文選　正189
險途　本朝　正522
險難　文選　正189
險難　白氏　續333
險僻　白氏　續333
險路　白氏　續333
險峭　文選　正189
險徑　文選　正189
險戲　文選　正189
險棘　文選　正189
險艱　文選　正189
險艱　白氏　續333
險釁　文選　正189
險隘　文選　正189
險險戲戲　文選　正189
險巇　文選　正189
險巇　白氏　續333
險詖　文選　正189
顯　文選　正191
顯す　文選　正191
顯位　本朝　正523
顯晦　白氏　續333
顯軌　文選　正191
顯考　文選　正191
顯示す　法華　正419
顯宗　文選　正191
顯宗　本朝　正523

顯重	文選	正191
顯親	白氏	續333
顯親	白氏	續333
顯績	文選	正191
顯祖	文選	正191
顯達	白氏	續334
顯秩	文選	正191
顯秩	白氏	續334
顯朝	文選	正191
顯報	文選	正191
顯明	文選	正191
顯黙	文選	正191
顯猷	文選	正191
顯揚	白氏	續334
顯揚す	白氏	續334
顯揚褒贈	白氏	續334
顯陽	文選	正191
顯陽（地名）	文選	正191
顯陽殿	文選	正191
顯列	白氏	續334
顯露	文選	正191
顯禄	文選	正191
顯媚	文選	正191
顯懿	文選	正191
顯戮	文選	正191
顯敞	文選	正191
顯敞す	文選	正191
顯榮す	文選	正191
顯號	文選	正191
顯誅	文選	正191
顯顯	白氏	續333
顯德	文選	正191
顯職	本朝	正523
騫翥	文選	正191
驗	文選	正189
驗	本朝	正522
驗	白氏	續334
驗す	文選	正189
驗す	本朝	正522
驗佛	本朝	正522
鯁魹	文選	正191
黔	文選	正189
黔	白氏	續334
黔江	白氏	續334
黔首	文選	正189
黔首	本朝	正522
黔首	白氏	續334
黔州	白氏	續334
黔庶	文選	正189
黔庶	本朝	正522
黔中	白氏	續334
黔南	白氏	續334
黔婁	文選	正189
黔婁	白氏	續334
黔婁生	文選	正189
黔婁生	白氏	續334
黔巫	白氏	續334
黔黎	文選	正189
黔黎	白氏	續334
埍*篪	白氏	續329
妍歌	文選	正189
妍雅	遊仙	正91
妍骸	文選	正189
妍唱	文選	正189
妍變	文選	正189
妍蚩	文選	正189
峴	白氏	續329
峴山	本朝	正522
峴山	白氏	續329
峴首	白氏	續329
峴亭	本朝	正522
峴亭	白氏	續329
嵃	文選	正189
巘	文選	正189
巘崿	文選	正189
幰	文選	正190
幰車	白氏	續330
撿括す	文選	正189
撿操	文選	正189
汧	文選	正190
汧域	文選	正190
汧獄	文選	正190
汧人	文選	正190
汧督	文選	正190
汧涌	文選	正190
汧渭	文選	正190
汧隴	遊仙	正91
汧隴	文選	正190
汧雍	文選	正190
汧庾	文選	正190
溓溓	文選	正189
犍椎	白氏	續331
犍牂	文選	正190
獫狁	文選	正189
獫狁	白氏	續331
瓛	文選	正190
畎畝早隷	白氏	續332
畎澮	白氏	續332
睠睹	遊仙	正91
縑	白氏	續332
縑囊	本朝	正522
縑絲	白氏	續332
縑綣	白氏	續332
縑綵	白氏	續332
縑緗	本朝	正522
縑緗	白氏	續332
縑總	文選	正189
繾綣	文選	正190
繾綣す	文選	正190
翾翾	白氏	續332
袨服す	文選	正190
褰す	文選	正190
褰裳	本朝	正522
褰帷	白氏	續332
譬殃	文選	正190
豣豵	文選	正191
釼	本朝	正522
釼客	本朝	正522
釼戟	本朝	正522
釼林	本朝	正522

釼珮　本朝　正522

【こ】

こと少將　源氏　正845
こと御調度　宇津　正712
こよみの博士　源氏　正845
これみつの宰相　源氏　正845
これみつ様　源氏　正845
期　本朝　正525
期　伊勢　正649
期　宇津　正712
期　蜻蛉　正748
期　枕冊　正778
期す　本朝　正525
相期す　本朝　正525
牛頭　法華　正420
牛頭栴檀　法華　正420
牛頭栴檀　源氏　正845
居士　法華　正420
居士　本朝　正525
居士　白氏　續338
居士無名　本朝　正525
居多　本朝　正525
巨為時　本朝　正525
巨海　法華　正420
虚空　法華　正420
虚妄　法華　正420
巾子　宇津　正712
苦懐　本朝　正525
苦節　本朝　正525
古意　文選　正192
古意　白氏　續336
古井　白氏　續337
古溢城　白氏　續337
古往　文選　正193
古往　白氏　續337
古歌　白氏　續336
古栢　本朝　正524
古澗　白氏　續336
古器　白氏　續336
古記　本朝　正524
古宮　白氏　續336
古曲　白氏　續336
古琴　白氏　續336
古郡　白氏　續336
古賢　文選　正192
古賢　本朝　正524
古賢　白氏　續336
古原　白氏　續336
古語　文選　正192
古語　本朝　正524
古公　文選　正192
古今　文選　正192
古今　本朝　正524
古今　白氏　續336
古今　枕冊　正778
古今集　枕冊　正778
古今和哥集　源氏　正844
古今和謌　本朝　正524
古今和謌集　本朝　正524
古恨　白氏　續336
古在昔　文選　正192
古詩　文選　正193
古詩　本朝　正524
古詩　白氏　續337
古事　白氏　續336
古寺　本朝　正524
古寺　白氏　續336
古時　文選　正192
古時　白氏　續337
古質　本朝　正524
古社　白氏　續337
古集　文選　正193
古集　宇津　正712
古集　源氏　正844
古松　本朝　正524
古松　白氏　續337
古城　白氏　續337
古情　白氏　續337
古人　論語　正59
古人　文選　正193
古人　本朝　正524
古人　白氏　續337
古制　白氏　續337
古聖賢　白氏　續337
古昔　文選　正193
古昔　白氏　續337
古石　白氏　續337
古節　文選　正193
古先　文選　正193
古先　白氏　續337
古先生　本朝　正524
古先生　白氏　續337
古先聖王　白氏　續337
古先哲王　白氏　續337
古則　文選　正193
古苔　白氏　續337
古代　蜻蛉　正748
古代　源氏　正845
古淡　白氏　續337
古調　白氏　續337
古塚　本朝　正524
古塚　白氏　續337
古塚狐　白氏　續337
古堤　白氏　續337
古適　白氏　續337
古典　本朝　正524
古度　文選　正193
古道　白氏　續337
古柏　白氏　續337
古柏廳　白氏　續337
古廟　本朝　正524
古風　論語　正59
古風　文選　正193
古風　本朝　正524
古風　白氏　續337
古墳　本朝　正524
古文　文選　正193
古文　本朝　正524

古文　白氏　續337
古文　宇津　正713
古文孝經　本朝　正524
古文尚書　文選　正193
古文論語　論語　正59
古弊　本朝　正524
古篇　本朝　正524
古墓　文選　正193
古墓　白氏　續337
古万葉集　源氏　正845
古木　白氏　續337
古来　白氏　續337
古老　本朝　正524
古老　源氏　正845
古論　論語　正59
古來　文選　正193
古來　本朝　正524
古劍　白氏　續336
古槐　白氏　續336
古樂　本朝　正524
古樂　宇津　正712
古樂府　白氏　續336
古聲　白氏　續337
古臺　白氏　續337
古舊　白氏　續336
古豊縣　白氏　續337
古驛　白氏　續336
古冢　文選　正193
古淥水　白氏　續337
古澧縣　白氏　續337
古邠州　白氏　續337
古釼　本朝　正524
子廟　枕冊　正779
呼喝す　白氏　續337
呼完厨　文選　正193
呼韓　文選　正193
呼吸　文選　正193
呼吸　本朝　正525
呼吸す　文選　正193
呼吸す　白氏　續337
呼哈す　文選　正193
呼噏す　文選　正193
固　文選　正193
固　白氏　續338
固(人名)　白氏　續338
固す　白氏　續338
固安　文選　正193
固窮　文選　正193
固窮　白氏　續338
固護す　白氏　續338
固辞す　本朝　正525
固然　本朝　正525
固然　白氏　續338
固陵　文選　正193
固讓　白氏　續338
固辭　文選　正193
固辭す　文選　正193
固辭す　白氏　續338
固陋　論語　正59
固陋　文選　正193
固陋　白氏　續338
固陋す　文選　正193
姑　白氏　續338
姑山　本朝　正525
姑山　白氏　續338
姑射　文選　正193
姑射　本朝　正525
姑射　白氏　續338
姑射山　本朝　正525
姑柔明　白氏　續338
姑洗　文選　正193
姑蘇　文選　正193
姑蘇　白氏　續338
姑蘇大守　白氏　續338
姑蘇臺　白氏　續338
姑蘇臺下　白氏　續338
姑息　白氏　續338
姑姪　文選　正193
姑尤　文選　正193
姑餘　文選　正193
姑繇　文選　正193
孤　論語　正59
孤　文選　正193
孤　本朝　正525
孤　白氏　續338
孤　白氏　續338
孤遺　文選　正193
孤雲　文選　正193
孤雲　本朝　正525
孤雲　白氏　續338
孤影　白氏　續338
孤煙　白氏　續338
孤甥　白氏　續338
孤寡　文選　正193
孤介　文選　正193
孤寒　白氏　續338
孤幹　文選　正193
孤雁　文選　正193
孤危　文選　正193
孤客　文選　正193
孤客　白氏　續338
孤桐　白氏　續338
孤禽　文選　正193
孤苦　文選　正193
孤苦零丁　白氏　續338
孤景　文選　正193
孤月　本朝　正525
孤光　文選　正193
孤行　文選　正193
孤魂　文選　正193
孤魂　本朝　正525
孤山園　白氏　續338
孤山寺　白氏　續338
孤嗣　文選　正193
孤子　文選　正193
孤子　白氏　續338
孤雌　文選　正193
孤篠　文選　正194
孤弱　文選　正194
孤弱　白氏　續338

孤舟　文選　正194
孤舟　白氏　續338
孤女　文選　正194
孤妾　文選　正194
孤小　白氏　續338
孤松　文選　正194
孤賞　本朝　正525
孤城　文選　正194
孤城　白氏　續338
孤心　本朝　正525
孤臣　文選　正194
孤生　文選　正194
孤生　白氏　續338
孤生す　文選　正194
孤績　文選　正194
孤叢　白氏　續338
孤竹　文選　正194
孤竹　本朝　正525
孤竹　白氏　續338
孤竹(地名)　文選　正194
孤鳥　文選　正194
孤直　白氏　續338
孤鶴　白氏　續338
孤燈　文選　正194
孤燈　本朝　正525
孤燈　白氏　續338
孤豚　文選　正194
孤微　本朝　正525
孤貧　文選　正194
孤負す　白氏　續338
孤風　文選　正194
孤墳　文選　正194
孤憤　文選　正194
孤芳　白氏　續338
孤蓬　文選　正194
孤眠　白氏　續338
孤蒙　文選　正194
孤幼　白氏　續338
孤立　文選　正194
孤立す　文選　正194
孤露　文選　正194
孤浪　本朝　正525
孤單　白氏　續338
孤孑　白氏　續338
孤孩　文選　正193
孤岑　文選　正193
孤嶼　文選　正194
孤巖　本朝　正525
孤游　文選　正193
孤狢　本朝　正525
孤獨　文選　正194
孤獨　本朝　正525
孤獨　白氏　續338
孤獸　文選　正194
孤莖　白氏　續338
孤裔　文選　正193
孤賤　文選　正194
孤鸞　遊仙　正91
孤鸞　白氏　續338
孤點　本朝　正525
孤旐　白氏　續338
孤猨　文選　正194
孤玃　文選　正193
孤銙　文選　正193
孤蘂　本朝　正525
孤煢　白氏　續338
己身　法華　正420
庫　文選　正194
庫　白氏　續338
庫車　白氏　續338
庫部郎中　白氏　續338
庫部郎中知制誥　白氏　續338
弧矢　文選　正194
弧矢　白氏　續339
弧旌　文選　正194
戸　論語　正59
戸　文選　正194
戸　本朝　正525
戸　白氏　續339
戸粟　白氏　續339
戸減す　白氏　續339
戸口　本朝　正525
戸口　白氏　續339
戸席　文選　正194
戸前　文選　正194
戸租　白氏　續339
戸曹　白氏　續339
戸曹參軍　白氏　續339
戸曹掾　文選　正194
戸大　白氏　續339
戸庭　文選　正194
戸庭　白氏　續339
戸田　本朝　正525
戸部　白氏　續339
戸部員外郎　白氏　續339
戸部侍郎　白氏　續339
戸部尚書　本朝　正525
戸部尚書　白氏　續339
戸部省　本朝　正525
戸部楊侍郎　白氏　續339
戸部李巡官　白氏　續339
戸部郎中　本朝　正525
戸部郎中　白氏　續339
戸部崔侍郎　白氏　續339
戸万　本朝　正525
戸邑　本朝　正525
戸牖　文選　正194
戸牖　白氏　續339
故　文選　正194
故　本朝　正525
故　白氏　續339
故あまうへ　源氏　正844
故あまきみ　源氏　正844
故ありはらのなりひらの中將　土左　正659
故おとゝ　源氏　正844
故おとゝの院　源氏　正844
故おほとのゝ宮　源氏　正844

故かむの君　源氏　正844
故きさいの宮　源氏　正844
故これたかのみこ
土左　正659
故ちゝおとゝ　源氏　正845
故はゝ　源氏　正845
故はゝ宮すん所
源氏　正845
故ひめ君　源氏　正845
故みやす所　源氏　正845
故按察大納言　源氏　正844
故域　文選　正194
故院　源氏　正845
故院のうへ　源氏　正845
故陰　文選　正194
故右親衛中郎將
本朝　正525
故右大臣　本朝　正525
故宇　文選　正194
故衛門督　源氏　正845
故越州別駕　本朝　正525
故園　本朝　正525
故園　白氏　續339
故妓　白氏　續339
故宮　本朝　正525
故宮　白氏　續339
故宮　源氏　正845
故居　文選　正194
故京兆元少尹文集
白氏　續339
故郷　文選　正194
故郷　本朝　正525
故郷　白氏　續339
故業　文選　正194
故錦　白氏　續339
故錦　白氏　續339
故君　宇津　正712
故元少尹　白氏　續339
故源侍從　宇津　正712
故故　白氏　續339
故々　遊仙　正91
故々　遊仙　正91
故御方　源氏　正844
故交　白氏　續339
故行　白氏　續339
故左相府　本朝　正525
故左大臣殿の女御
源氏　正844
故殺　白氏　續339
故跂　本朝　正525
故山　文選　正194
故山　白氏　續339
故枝　文選　正194
故事　文選　正194
故事　本朝　正525
故事　白氏　續339
故侍從　宇津　正712
故治部卿　宇津　正712
故治部卿のあそん
宇津　正712
故治部卿のおとゞ
宇津　正712
故治部卿のぬし
宇津　正712
故式部卿の宮　宇津　正712
故式部卿の宮　源氏　正844
故室　文選　正194
故社　文選　正194
故紗　白氏　續339
故寂心上人　本朝　正525
故少貳　源氏　正845
故尚書膳部郎中
白氏　續339
故障　本朝　正525
故上　枕冊　正778
故上　源氏　正844
故城　文選　正194
故情　白氏　續339
故心　文選　正194
故人　文選　正194
故人　本朝　正525
故人　白氏　續339
故人　源氏　正844
故菅丞相　本朝　正525
故正三位行中納言
本朝　正525
故前坊　源氏　正845
故僧都　源氏　正845
故叢　白氏　續339
故曹王　白氏　續339
故相　白氏　續339
故太政大臣殿　宇津　正712
故態　白氏　續339
故大宮　源氏　正844
故大臣　宇津　正712
故大臣殿　宇津　正712
故大殿　源氏　正844
故大納言　源氏　正845
故大將殿　源氏　正845
故宅　白氏　續339
故地　白氏　續339
故池　文選　正194
故池　白氏　續339
故致仕のおとゝ　源氏
正845
故致仕のおほい殿
源氏　正845
故張僕射　白氏　續339
故轍　文選　正194
故典　本朝　正525
故殿　枕冊　正779
故殿　源氏　正845
故都　文選　正194
故道　文選　正194
故入道の宮　源氏　正845
故八宮　源氏　正845
故姬　白氏　續339
故府　文選　正194
故物　文選　正194
故兵部卿のみこ

源氏　正845
故房　文選　正194
故北のかた　源氏　正844
故民部卿　本朝　正525
故民部大輔　源氏　正845
故葉　白氏　續339
故陽成院　蜻蛉　正748
故吏　文選　正194
故吏　白氏　續339
故里　文選　正194
故里　本朝　正525
故里　白氏　續339
故林　文選　正194
故列侯　白氏　續339
故路　文選　正194
故老　文選　正194
故老　本朝　正525
故六條院　源氏　正845
故儔　白氏　續339
故處　文選　正194
故處　白氏　續339
故劒　文選　正194
故劒　本朝　正525
故參議　本朝　正525
故營　文選　正194
故國　文選　正194
故實　文選　正194
故實　本朝　正525
故從三位守大納言
本朝　正525
故權大納言　源氏　正844
故權大納言の君
源氏　正844
故游　白氏　續339
故溪　本朝　正525
故籬　白氏　續339
故舊　論語　正59
故舊　本朝　正525
故舊　白氏　續339
故藪　文選　正194
故衫　白氏　續339
故關　白氏　續339
故巢　白氏　續339
枯　白氏　續339
枯葵　白氏　續339
枯株　本朝　正525
枯株　白氏　續339
枯棋　文選　正194
枯朽　文選　正194
枯魚　文選　正194
枯魚　白氏　續339
枯桑　文選　正194
枯桑　白氏　續339
枯骨　白氏　續339
枯枝　文選　正194
枯樹　白氏　續339
枯焦す　白氏　續339
枯草　白氏　續339
枯竹　白氏　續339
枯蓬　白氏　續339
枯木　文選　正194
枯木　本朝　正525
枯柳　白氏　續340
枯楊　文選　正194
枯鱗　本朝　正525
枯悴　白氏　續339
枯憔す　白氏　續339
枯旱　文選　正194
枯條　文選　正194
枯榮す　白氏　續340
枯槁　文選　正194
枯槁　法華　正420
枯槁　白氏　續339
枯槁す　文選　正194
枯竭す　法華　正420
枯莖　文選　正194
枯荄　文選　正194
枯荄　本朝　正525
枯萁　文選　正194
湖　文選　正194
湖　本朝　正525
湖　白氏　續340
湖(地名)　白氏　續340
湖岸　白氏　續340
湖山　本朝　正525
湖山　白氏　續340
湖寺　白氏　續340
湖州　白氏　續340
湖上　白氏　續340
湖城等　白氏　續340
湖心　本朝　正525
湖心　白氏　續340
湖人　白氏　續340
湖水　白氏　續340
湖西　白氏　續340
湖中　文選　正194
湖中　白氏　續340
湖亭　白氏　續340
湖堤　白氏　續340
湖底　白氏　續340
湖天　白氏　續340
湖東　白氏　續340
湖南　白氏　續340
湖南都押衙　白氏　續340
湖波　白氏　續340
湖尾　本朝　正525
湖北　白氏　續340
湖邑　文選　正194
湖邊　白氏　續340
狐疑　文選　正194
狐疑　本朝　正525
狐疑　白氏　續340
狐疑ス　文選　正194
狐丘　本朝　正525
狐泉店　白氏　續340
狐鼠　文選　正194
狐狸　本朝　正525
狐狸　白氏　續340
狐兎　文選　正194
狐兎　白氏　續340

狐白　文選　正194
狐狢　論語　正59
狐狢　文選　正194
狐續　文選　正194
狐腋　白氏　續340
狐裘　白氏　續340
狐貉　文選　正194
狐貍　文選　正194
狐趙　文選　正194
袴下　本朝　正526
袴花　白氏　續341
股肱　文選　正194
股肱　本朝　正525
股肱　白氏　續340
胡　遊仙　正91
胡　文選　正194
胡　本朝　正525
胡　白氏　續340
胡　源氏　正844
胡(人名)　文選　正194
胡硉　白氏　續340
胡のくに　宇津　正712
胡亥　文選　正195
胡亥　白氏　續340
胡越　遊仙　正91
胡越　文選　正195
胡越　白氏　續340
胡果　白氏　續340
胡角　本朝　正525
胡顏　本朝　正525
胡騎　文選　正195
胡吉鄭劉盧張等　白氏　續340
胡曲　白氏　續340
胡琴　白氏　續340
胡駒　白氏　續340
胡語　白氏　續340
胡沙　白氏　續340
胡塞　本朝　正525
胡山　本朝　正525
胡戎　文選　正195
胡尚書　白氏　續340
胡床　白氏　續340
胡城　本朝　正525
胡人　文選　正194
胡人　文選　正195
胡人　本朝　正525
胡人　本朝　正525
胡人　白氏　續340
胡塵　文選　正195
胡旋す　白氏　續340
胡旋女　白氏　續340
胡然　白氏　續340
胡僧　白氏　續340
胡太尉　本朝　正525
胡竹　蜻蛉　正748
胡蝶　文選　正195
胡蝶　宇津　正712
胡蝶　源氏　正845
胡蝶樂　蜻蛉　正748
胡騰　白氏　續340
胡繩　文選　正195
胡馬　文選　正195
胡馬　本朝　正525
胡馬　白氏　續340
胡尾　本朝　正525
胡瓶　白氏　續340
胡風　文選　正195
胡粉　枕冊　正779
胡兵　白氏　續340
胡麻　白氏　續340
胡餅　白氏　續340
胡容　白氏　續340
胡虜　白氏　續340
胡兒　本朝　正525
胡兒　白氏　續340
胡啼　白氏　續340
胡廣　文選　正195
胡笳　宇津　正712
胡笳　源氏　正844
胡笳のしらべ　宇津　正712
胡貉　文選　正195
胡髯　本朝　正525
胡鴈　本朝　正525
胡濩　文選　正195
菰蒲　文選　正195
菰蒲　白氏　續340
菰葉　白氏　續340
菰蘆　文選　正195
菰蔣　白氏　續340
虎　文選　正195
虎威　文選　正195
虎威　白氏　續341
虎牙　本朝　正525
虎澗　文選　正195
虎館　本朝　正525
虎義　文選　正195
虎丘　白氏　續340
虎丘道　白氏　續340
虎戟　文選　正195
虎口　文選　正195
虎視　本朝　正525
虎寺　白氏　續340
虎臣　文選　正195
虎鼠　本朝　正525
虎皮　本朝　正526
虎尾　本朝　正526
虎尾　白氏　續341
虎豹　論語　正60
虎豹　文選　正195
虎夫　文選　正195
虎符　本朝　正526
虎文　文選　正195
虎歩　本朝　正526
虎門　文選　正195
虎門　本朝　正526
虎落　文選　正195
虎旅　文選　正195
虎狼　文選　正195
虎狼　白氏　續341

虎圍 本朝 正526
虎據 文選 正195
虎溪 白氏 續340
虎蛟 文選 正195
虎谿 白氏 續340
虎賁 文選 正195
虎賁 本朝 正526
虎賁中郎將 文選 正195
虎魄 文選 正195
虎兕 論語 正60
虎螭 文選 正195
虎貙 白氏 續340
虎闈 文選 正195
虎闈 本朝 正526
誇競 文選 正195
誇張す 白氏 續341
跨 文選 正195
雇借 文選 正195
顧 論語 正60
顧 文選 正195
顧言す 文選 正195
顧交阯 文選 正195
顧侯 文選 正195
顧指 文選 正195
顧錫 文選 正195
顧循す 文選 正195
顧託 文選 正195
顧長康 本朝 正526
顧念す 白氏 續341
顧彦先 文選 正195
顧複 本朝 正526
顧歩す 文選 正195
顧望 文選 正195
顧望す 論語 正60
顧命 文選 正195
顧命 本朝 正526
顧命す 文選 正195
顧問 白氏 續341
顧野王 本朝 正526
顧陸 文選 正195
顧兔 本朝 正526
顧戀す 文選 正195
顧戀す 白氏 續341
顧榮 文選 正195
顧眄 本朝 正526
顧盻 文選 正195
顧盻す 文選 正195
顧眄す 文選 正195
顧瞻 文選 正195
顧稱 本朝 正526
顧雍 文選 正195
顧盼 白氏 續341
顧盼す 白氏 續341
相顧望す 白氏 續341
鼓 論語 正60
鼓 白氏 續341
鼓す 論語 正60
鼓す 文選 正195
鼓す 文選 正195
鼓す 本朝 正526
鼓す 白氏 續341
鼓角 白氏 續341
鼓行す 白氏 續341
鼓作す 文選 正195
鼓山 白氏 續341
鼓鍾 白氏 續341
鼓鐘 文選 正195
鼓鐘す 文選 正195
鼓吹 文選 正195
鼓吹す 文選 正195
鼓吹曲 文選 正195
鼓弾す 文選 正195
鼓笛 白氏 續341
鼓怒 文選 正195
鼓怒す 文選 正195
鼓刀 文選 正195
鼓刀す 文選 正195
鼓動 文選 正195
鼓舞 文選 正195
鼓舞す 白氏 續341
鼓舞慶幸 白氏 續341
鼓舞跳梁 白氏 續341
鼓聲 白氏 續341
鼓鼙 白氏 續341
皷 文選 正194
五 論語 正59
五 文選 正191
五 法華 正420
五 白氏 續334
五 宇津 正712
五の宮 宇津 正712
五の宮 源氏 正845
五の君 宇津 正712
五の君 源氏 正845
五位 文選 正192
五位 本朝 正524
五位 宇津 正713
五位 枕冊 正779
五位 源氏 正845
五位とも 源氏 正845
五位のくら人 源氏 正845
五位の藏人 枕冊 正779
五位以上 本朝 正524
五位已上 本朝 正524
五位四位とも 源氏 正845
五威 文選 正192
五緯 文選 正192
五緯 本朝 正524
五員 文選 正191
五陰 白氏 續334
五韻 文選 正191
五韻 白氏 續334
五雲 白氏 續334
五餌 白氏 續334
五王 文選 正192
五音 論語 正59
五音 文選 正191
五音 本朝 正523
五音 白氏 續334
五夏 白氏 續334

五家　文選　正191
五科　白氏　續334
五架　白氏　續334
五稼　白氏　續334
五箇年　本朝　正523
五花　本朝　正523
五華　本朝　正523
五戒　源氏　正844
五界　文選　正191
五蓋　文選　正191
五岳　文選　正191
五岳　本朝　正523
五岳　白氏　續334
五巻　本朝　正523
五巻　源氏　正844
五官　文選　正191
五官中郎將　文選　正191
五貫　宇津　正712
五畿七道　本朝　正523
五畿内　本朝　正523
五起　本朝　正523
五虐　白氏　續334
五逆　本朝　正523
五業　本朝　正523
五曲　文選　正191
五金　白氏　續334
五句　白氏　續335
五君　文選　正191
五君　本朝　正523
五軍　文選　正191
五郡　文選　正191
五郡　本朝　正523
五刑　文選　正191
五刑　本朝　正523
五刑　白氏　續334
五兄　白氏　續334
五月　文選　正191
五月　本朝　正523
五月　白氏　續334
五月　宇津　正712
五月　蜻蛉　正748
五月　源氏　正844
五月ついたち　枕冊　正778
五月なかの十日ごろ　宇津　正712
五月のつごもりの日　宇津　正712
五月の御精進　枕冊　正778
五月の節　枕冊　正778
五月己亥　文選　正191
五月五日　白氏　續334
五月五日　宇津　正712
五月五日　枕冊　正778
五月三十日　文選　正191
五月三日　白氏　續334
五月四日　本朝　正523
五月七日　本朝　正523
五月壬辰　文選　正191
五月二十五日　白氏　續334
五月二十八日　文選　正191
五月八日　白氏　續334
五賢　文選　正191
五元　本朝　正523
五原　白氏　續334
五絃　文選　正191
五絃　本朝　正523
五絃　白氏　續334
五絃彈　白氏　續334
五言　文選　正191
五言　本朝　正523
五言　白氏　續334
五湖　文選　正191
五湖　本朝　正523
五湖　白氏　續334
五袴　本朝　正523
五袴　白氏　續334
五交　文選　正191
五侯　文選　正192
五侯　白氏　續334
五公　文選　正192
五更　本朝　正523
五甲　白氏　續334
五考　白氏　續334
五行　文選　正191
五行　本朝　正523
五行　白氏　續334
五穀　論語　正59
五穀　文選　正192
五穀　本朝　正523
五穀　白氏　續334
五穀　竹取　正636
五穀　白氏　續334
五頃　白氏　續334
五彩　遊仙　正91
五彩　白氏　續334
五才　文選　正192
五歳　白氏　續335
五采　文選　正192
五載　文選　正192
五載　白氏　續334
五材　文選　正192
五材　白氏　續334
五三　遊仙　正91
五三　文選　正192
五三張　遊仙　正91
五三六經　文選　正192
五始　文選　正192
五子　文選　正192
五子　白氏　續334
五師　源氏　正844
五指　白氏　續334
五字　白氏　續334
五寺　白氏　續334
五時　本朝　正523
五時　白氏　續334
五時講　本朝　正523
五鹿　白氏　續336
五鹿驍逸　本朝　正524
五実　本朝　正523
五芝　文選　正192

五者　文選　正192
五車　文選　正192
五尺　文選　正192
五尺　本朝　正524
五尺　竹取　正636
五尺　宇津　正712
五尺　枕冊　正778
五尺二寸　白氏　續335
五爵　文選　正192
五珠　白氏　續335
五首　文選　正192
五首　白氏　續335
五周歲　白氏　續334
五宗　文選　正192
五州　文選　正192
五衆　法華　正420
五十　論語　正59
五十　文選　正192
五十　法華　正420
五十　本朝　正523
五十　白氏　續334
五十　竹取　正636
五十　宇津　正712
五十一　白氏　續334
五十韻　白氏　續334
五十荷　宇津　正712
五十九　本朝　正523
五十九　白氏　續334
五十九篇　文選　正192
五十具　源氏　正844
五十五　白氏　續335
五十五載　白氏　續335
五十五町　本朝　正523
五十口　白氏　續335
五十載　白氏　續335
五十三　白氏　續335
五十四　白氏　續335
五十四年　本朝　正523
五十字　本朝　正524
五十寺　源氏　正844
五十七　白氏　續335
五十七首　白氏　續335
五十七八　源氏　正844
五十首　文選　正192
五十首　白氏　續335
五十人　本朝　正524
五十人　宇津　正712
五十席　本朝　正524
五十千　白氏　續335
五十二　白氏　續335
五十年　白氏　續335
五十年來　白氏　續335
五十八　白氏　續335
五十八　源氏　正844
五十八人　白氏　續335
五十八年　本朝　正524
五十八篇　文選　正192
五十匹　宇津　正712
五十疋　白氏　續335
五十篇　白氏　續335
五十遍　本朝　正524
五十有一　白氏　續334
五十有九葉　白氏　續334
五十有四　白氏　續334
五十有七　白氏　續334
五十里　白氏　續335
五十六　白氏　續335
五十兩　竹取　正636
五十萬匹　白氏　續335
五十餘　白氏　續335
五十餘　宇津　正712
五十餘頃　白氏　續335
五十餘年　本朝　正524
五戎　文選　正192
五重　遊仙　正91
五重　文選　正192
五術　文選　正192
五旬　本朝　正524
五松驛　白氏　續335
五章　白氏　續335
五障　法華　正420
五障　本朝　正524
五丈　白氏　續335
五丈　伊勢　正649
五丈餘　白氏　續335
五城　文選　正192
五城　本朝　正524
五常　論語　正59
五常　文選　正192
五常　文選　正192
五常　白氏　續335
五常樂　宇津　正712
五情　文選　正192
五情　法華　正420
五情　本朝　正524
五条　源氏　正845
五色　遊仙　正91
五色　文選　正192
五色　本朝　正523
五色　白氏　續334
五色　竹取　正636
五色　土左　正659
五申　白氏　續335
五臣　文選　正192
五人　論語　正59
五人　文選　正192
五人　本朝　正524
五人　白氏　續335
五人　竹取　正636
五人　宇津　正712
五人　源氏　正845
五筒　宇津　正712
五衰　本朝　正524
五寸　白氏　續335
五寸　枕冊　正778
五世　論語　正59
五世　文選　正192
五畝　白氏　續336
五政　本朝　正524
五星　文選　正192

五正　文選　正192
五正　白氏　續335
五牲　文選　正192
五精　文選　正192
五聖　白氏　續335
五石　文選　正192
五石　宇津　正712
五節　本朝　正524
五節　宇津　正712
五節　枕冊　正778
五節　源氏　正845
五節の君　源氏　正845
五絶　白氏　續335
五絶句　白氏　續335
五千　文選　正192
五千　本朝　正524
五千　白氏　續335
五千　枕冊　正778
五千言　白氏　續335
五千戸侯　文選　正192
五千五十有八　白氏　續335
五千三百六十二巻　本朝　正524
五千字　白氏　續335
五千人　文選　正192
五千人　白氏　續335
五千二百七十巻　白氏　續335
五千文　文選　正192
五千文　白氏　續335
五千有言　本朝　正524
五千里　白氏　續335
五千萬　文選　正192
五千錢　文選　正192
五千餘里　文選　正192
五善　白氏　續335
五層　文選　正192
五層　本朝　正524
五蔵　白氏　續334
五束　白氏　續335
五代　文選　正192
五代　本朝　正524
五代　白氏　續335
五大尊　枕冊　正779
五大都督府　白氏　續335
五大夫　本朝　正524
五濁　本朝　正524
五濁悪世　法華　正420
五達　文選　正192
五辰　文選　正192
五壇　源氏　正845
五男　白氏　續335
五秩　白氏　續335
五虫　本朝　正524
五丁　白氏　續335
五朝　白氏　續335
五長　文選　正192
五長　白氏　續335
五亭　白氏　續335
五帝　白氏　續335
五帝三皇　白氏　續335
五鼎　文選　正192
五鼎　白氏　續335
五的　文選　正192
五典　文選　正192
五典(書名)　文選　正192
五天　本朝　正524
五天竺　本朝　正524
五天竺　白氏　續335
五斗　宇津　正712
五都　文選　正192
五都　白氏　續335
五度　本朝　正524
五度　白氏　續335
五度　宇津　正712
五等　文選　正192
五等　白氏　續335
五等諸侯論　文選　正192
五道　文選　正192
五道　白氏　續335
五徳　論語　正59
五毒　文選　正192
五内　文選　正192
五内　本朝　正524
五難　文選　正192
五日　文選　正192
五日　本朝　正523
五日　白氏　續334
五日　土左　正659
五年　文選　正192
五年　本朝　正524
五年　白氏　續335
五年　宇津　正712
五年三月　白氏　續335
五年七月二十六日　白氏　續335
五年八月七日　白氏　續336
五之一　白氏　續334
五馬　本朝　正524
五馬　白氏　續336
五倍す　文選　正192
五伯　文選　正192
五白　文選　正192
五美　論語　正59
五美　本朝　正524
五疋　白氏　續336
五百　法華　正420
五百　本朝　正524
五百　白氏　續336
五百箇歳　本朝　正524
五百九　白氏　續336
五百言　白氏　續336
五百戸　文選　正192
五百戸　白氏　續336
五百歳　白氏　續336
五百字　白氏　續336
五百七十歳　白氏　續336
五百人　文選　正192
五百像　白氏　續336
五百日　竹取　正636

五百年　白氏　續336
五百匹　白氏　續336
五百疋　宇津　正713
五百枚　宇津　正713
五百斛　本朝　正524
五百餘載　文選　正192
五百餘人　文選　正192
五品　文選　正192
五品　本朝　正524
五品　白氏　續336
五品已上　白氏　續336
五府　白氏　續336
五部　本朝　正524
五部　宇津　正713
五風　文選　正192
五服　文選　正192
五服　白氏　續336
五福　本朝　正524
五福　白氏　續336
五分　本朝　正524
五兵尚書　白氏　續336
五兵郎中　白氏　續336
五篇　文選　正192
五篇　白氏　續336
五歩　本朝　正524
五歩　白氏　續336
五方　文選　正192
五方　白氏　續336
五鳳　文選　正192
五鳳樓　白氏　續336
五万四千　本朝　正524
五味　文選　正192
五稔　文選　正192
五門　白氏　續336
五夜　本朝　正524
五柳　白氏　續336
五柳先生　本朝　正524
五柳門　本朝　正524
五柳傳　白氏　續336
五曜　文選　正191
五葉　宇津　正712
五葉　枕冊　正778
五葉　源氏　正844
五慾　白氏　續336
五欲　法華　正420
五欲　白氏　續336
五利　文選　正192
五粒　本朝　正524
五龍　文選　正192
五龍　本朝　正524
五陵　文選　正192
五陵　白氏　續336
五力　本朝　正524
五倫　本朝　正524
五嶺　文選　正192
五嶺　白氏　續336
五漏　白氏　續336
五老　文選　正192
五老　本朝　正524
五老峯　白氏　續336
五郎君　源氏　正845
五六　文選　正192
五六　本朝　正524
五六　白氏　續336
五六　源氏　正845
五六の君　源氏　正845
五六株　本朝　正524
五六間　白氏　續336
五六宮　宇津　正713
五六月　白氏　續336
五六月　枕冊　正779
五六歳　白氏　續336
五六尺　枕冊　正779
五六樹　白氏　續336
五六十　論語　正59
五六十人　源氏　正845
五六重　本朝　正524
五六章　白氏　續336
五六人　論語　正59
五六人　本朝　正524
五六人　白氏　續336
五六人　宇津　正713
五六人　枕冊　正779
五六人　源氏　正845
五六畝　白氏　續336
五六千言　白氏　續336
五六日　文選　正192
五六年　本朝　正524
五六年　白氏　續336
五六年　宇津　正713
五六年　源氏　正845
五六年内　本朝　正524
五六年來　白氏　續336
五六輩　本朝　正524
五六本　白氏　續336
五六枚　源氏　正845
五六里　白氏　續336
五六餘年　本朝　正524
五佛　本朝　正524
五兩　文選　正192
五兩　白氏　續336
五處　白氏　續335
五哥之　白氏　續334
五哥之等　白氏　續334
五營　文選　正191
五噫　本朝　正523
五噫　白氏　續334
五國　文選　正192
五圖　文選　正192
五嫂　遊仙　正91
五將　文選　正192
五將　白氏　續335
五嶽　文選　正191
五嶽　白氏　續334
五變　文選　正192
五霸　文選　正192
五柞　文選　正192
五條　伊勢　正649
五條　宇津　正712
五條の后　伊勢　正649

五條わたり	伊勢	正649
五樓	白氏	續336
五衍	文選	正191
五溪	本朝	正523
五祇	本朝	正523
五禮	文選	正192
五禮	白氏	續336
五秉	論語	正59
五經	文選	正191
五經	本朝	正523
五經	源氏	正844
五綵	白氏	續334
五縣	文選	正191
五聲	文選	正192
五聲	白氏	續335
五臺	本朝	正524
五臺山	本朝	正524
五莖	文選	正191
五萬	文選	正192
五藏	文選	正192
五藥	文選	正192
五蘊	本朝	正523
五蘊	白氏	續334
五覺院	本朝	正523
五讓	文選	正192
五讓	本朝	正524
五輅	文選	正192
五辟	文選	正192
五酘酒	白氏	續335
五醉	本朝	正524
五銖	本朝	正523
五銖錢	文選	正192
五靈	文選	正192
五體	文選	正192
五體	宇津	正712
五體こめ	枕冊	正779
五點	白氏	續335
五德	文選	正192
五德	本朝	正524
五德	白氏	續335
五教	文選	正191
五教	本朝	正523
五教	白氏	續334
五屼	文選	正192
五繇	文選	正192
五羖	文選	正191
互郷	論語	正59
互折	文選	正192
伍	文選	正192
伍	本朝	正524
伍す	白氏	續336
伍員	文選	正192
伍員	白氏	續336
伍負	本朝	正524
伍候	白氏	續336
伍子	文選	正192
伍子江	本朝	正524
伍子胥	文選	正192
伍相	白氏	續336
伍相廟	白氏	續336
午	文選	正192
午	本朝	正525
午	白氏	續338
午橋庄	白氏	續338
午橋池	白氏	續338
午橋莊	白氏	續338
午後	白氏	續338
午時	白氏	續338
午茶	白氏	續338
午門	白氏	續338
午齋	白氏	續338
午飡	白氏	續338
呉	論語	正59
呉	文選	正193
呉	本朝	正524
呉（人名）	文選	正193
呉（人名）	白氏	續337
呉（地名）	白氏	續337
呉歙	文選	正193
呉歙	白氏	續338
呉娃	本朝	正524
呉娃	白氏	續337
呉夷	文選	正193
呉員外	白氏	續338
呉越	文選	正193
呉越	白氏	續338
呉越王	本朝	正524
呉越王殿下	本朝	正524
呉苑	白氏	續338
呉王	文選	正193
呉王	本朝	正524
呉王	白氏	續338
呉音	白氏	續337
呉漢	文選	正193
呉監	白氏	續337
呉季重	文選	正193
呉季仲	文選	正193
呉起	文選	正193
呉起	白氏	續337
呉宮	文選	正193
呉宮	白氏	續337
呉宮詞	白氏	續337
呉牛	本朝	正524
呉京	文選	正193
呉興	文選	正193
呉興	白氏	續337
呉興郡	白氏	續337
呉興山	白氏	續337
呉興邑	文選	正193
呉郷	白氏	續337
呉業	文選	正193
呉桐	本朝	正524
呉吟	白氏	續337
呉君	白氏	續337
呉郡	文選	正193
呉郡	本朝	正524
呉郡	白氏	續337
呉郡	白氏	續337
呉紘	白氏	續337
呉公	白氏	續337

呉公臺	白氏	續337
呉江	本朝	正524
呉江	白氏	續337
呉坂	本朝	正524
呉阪	文選	正193
呉札	文選	正193
呉札	本朝	正524
呉山	文選	正193
呉山	白氏	續337
呉嗣	文選	正193
呉子	文選	正193
呉志	文選	正193
呉七	白氏	續337
呉七正字	白氏	續337
呉七郎中山人	白氏	續337
呉質	文選	正193
呉酒	白氏	續337
呉州	白氏	續337
呉洲	文選	正193
呉十一	白氏	續337
呉少誠	白氏	續337
呉少陽	白氏	續337
呉松	本朝	正524
呉人	文選	正193
呉趨	文選	正193
呉姓	文選	正193
呉楚	文選	正193
呉丹	白氏	續337
呉中	白氏	續337
呉調	白氏	續337
呉都	文選	正193
呉童	白氏	續337
呉範	文選	正193
呉秘監	白氏	續337
呉姫	白氏	續337
呉府君	白氏	續337
呉米	白氏	續338
呉方之	白氏	續337
呉翻	文選	正193
呉娘	白氏	續337
呉綿	本朝	正524
呉綿	白氏	續338
呉孟子	論語	正59
呉門	本朝	正524
呉邑	文選	正193
呉妖	白氏	續337
呉會	文選	正193
呉會	本朝	正524
呉國	文選	正193
呉寇	文選	正193
呉岫	文選	正193
呉嶽	文選	正193
呉扎	文選	正193
呉榜	文選	正193
呉櫻桃	白氏	續337
呉畫	白氏	續337
呉縣開國男	白氏	續337
呉羹	文選	正193
呉蔡	文選	正193
呉蜀	文選	正193
呉鉤	文選	正193
呉闕	文選	正193
呉韋	白氏	續338
呉濞	文選	正193
呉芮	文選	正193
吾子	文選	正193
吾子	白氏	續337
吾人	文選	正193
吾人	白氏	續337
娯玩	文選	正193
娯酒	文選	正193
娯優す	文選	正193
娯遊	文選	正193
娯懷	文選	正193
娯樂	文選	正193
娯樂	法華	正420
娯樂す	文選	正193
娯觀	文選	正193
後	法華	正420
後一條院	本朝	正525
後院	宇津	正713
後宴	源氏	正844
後漢	本朝	正525
後江相公	本朝	正525
後生	本朝	正525
後撰集	枕冊	正779
後前とも	枕冊	正779
後夜	蜻蛉	正748
後夜	枕冊	正779
後夜	源氏	正845
おほい御	土左	正659
御	土左	正659
御たち	伊勢	正649
御たち	宇津	正712
御たち	源氏	正844
御戒の師	源氏	正844
御監	宇津	正712
御器	宇津	正712
御器ども	宇津	正712
御御前	源氏	正845
御幸	宇津	正712
御国忌	源氏	正844
御座	枕冊	正778
御産	宇津	正712
御産	枕冊	正778
御所	枕冊	正778
御心次第	宇津	正712
御前	宇津	正712
御前	蜻蛉	正748
御前	源氏	正845
御前とも	蜻蛉	正748
御前ども	宇津	正712
御前驅	枕冊	正779
御前驅	源氏	正845
御前驅とも	源氏	正845
御題ども	宇津	正712
御短章	枕冊	正779
御陪膳	枕冊	正779
御八講	本朝	正525
御盤	枕冊	正779

御菩提　本朝　正525
御坊たち　枕冊　正779
御覧　源氏　正845
御覧し　竹取　正636
御覧じ　宇津　正713
御覧しあて　源氏　正845
御覧しあはせ　枕冊　正779
御覧じあやまち　宇津　正713
御覧しいれ　源氏　正845
御覧しうる　源氏　正845
御覧じおおはします　宇津　正713
御覧しおこせ　源氏　正845
御覧じおとさ　宇津　正713
御覧しおとろき　源氏　正845
御覧しかたく　源氏　正845
御覧しくらへ　源氏　正845
御覧じくらべ　宇津　正713
御覧しさし　源氏　正845
御覧しさたむる　源氏　正845
御覧じしら　宇津　正713
御覧ししらせ　源氏　正845
御覧ししる　源氏　正845
御覧しすくす　源氏　正845
御覧しすてかたく　源氏　正845
御覧しつき　源氏　正845
御覧しつけ　枕冊　正779
御覧しつけ　源氏　正845
御覧じつけ　宇津　正713
御覧じつゞけ　宇津　正713
御覧じとか　宇津　正713
御覧しとかめ　源氏　正845
御覧しとゝむ　源氏　正845
御覧じなさ　宇津　正713
御覧しなす　源氏　正845
御覧じならひ　宇津　正713
御覧しなれ　源氏　正845
御覧しなをさ　源氏　正845
御覧じなをす　宇津　正713
御覧しはしめ　源氏　正845
御覧しはて　源氏　正845
御覧しはなち　源氏　正845
御覧じまはし　宇津　正713
御覧しゆるす　源氏　正845
御覧しわか　源氏　正845
御覧しわく　源氏　正845
御覧じわすれ　宇津　正713
御覧しわたす　枕冊　正779
御覧しをく　源氏　正845
御覧しをくら　源氏　正845
御覧し果つ　蜻蛉　正748
御覧し出し　枕冊　正779
御覧し所　源氏　正845
御覧す　蜻蛉　正748
御覧す　枕冊　正779
御覧ず　源氏　正845
御佛名　枕冊　正779
御對面　枕冊　正779
御禊　蜻蛉　正748
御禊　源氏　正844
御齋会　枕冊　正778
御靈會　枕冊　正779
御緣　枕冊　正778
小大輔の御　宇津　正712
御坊　源氏　正845
悟す　白氏　續339
悟入す　白氏　續339
悟對　文選　正194
悟眞　白氏　續339
悟眞寺　白氏　續339
梧　白氏　續340
梧丘　文選　正194
梧宮　文選　正194
梧桐　文選　正194
梧桐　本朝　正525
梧桐　白氏　續340
梧州　白氏　續340
梧人　白氏　續340
梧岫　本朝　正525
梧楸　文選　正194
梧楸　本朝　正525
瑚璉　論語　正59
瑚璉　文選　正194
瑚璉　白氏　續340
御碁　宇津　正712
御碁　源氏　正844
御碁て物　宇津　正712
御殿　宇津　正712
碁　宇津　正712
碁　枕冊　正778
碁　源氏　正844
碁うち　宇津　正712
碁て物　宇津　正712
碁石　枕冊　正778
碁石笥　宇津　正712
碁代　宇津　正712
碁代　源氏　正845
碁盤　宇津　正713
碁盤　枕冊　正779
碁盤　源氏　正845
語　法華　正420
語殆　遊仙　正91
護　文選　正195
護す　白氏　續341
護軍　文選　正195
護軍中將　文選　正195
護軍將軍　文選　正195
護江堤　白氏　續341
護塞　白氏　續341
護持　本朝　正526
護持す　法華　正420
護持す　白氏　續341
護身　宇津　正712
護身　蜻蛉　正748
護身　源氏　正844
護身せさす　蜻蛉　正748

護塔　本朝　正526
護念す　白氏　續341
護法　枕冊　正779
護兒　白氏　續341
護國　本朝　正526
護國　白氏　續341
乞食　宇津　正712
乞食する　宇津　正712
弘徽殿　枕冊　正778
弘徽殿　源氏　正844
弘徽殿の女御　源氏　正844
朽　文選　正194
小一條　枕冊　正778
小一條の左のおとゝ　蜻蛉　正748
小一條の左大臣殿　枕冊　正778
小一條の大將殿　枕冊　正778
小宰将　源氏　正844
小宰将の君　源氏　正844
小侍從　源氏　正844
小侍從かり　源氏　正844
小侍從君　源氏　正844
小少将　源氏　正844
小少将の君　源氏　正844
小障子　枕冊　正778
小障子　源氏　正844
小水龍　枕冊　正778
小半蔀　枕冊　正779
小兵衛　枕冊　正779
小法師はら　枕冊　正779
小法師はら　源氏　正845
小紋　宇津　正713
小六條　枕冊　正779
估價　白氏　續336
沍寒　白氏　續336
圄犴　文選　正193
壺　文選　正193
壺　本朝　正525
壺　白氏　續338
壺奧　文選　正193
壺奧　白氏　續338
壺人　文選　正193
壺政　文選　正193
壺中　本朝　正525
壺中　白氏　續338
壺博す　文選　正193
壺漿　文選　正193
壺漿　白氏　續338
壺觴　文選　正193
壺觴　本朝　正525
壺觴　白氏　續338
壺異　文選　正193
壺鐳　文選　正193
夸者　文選　正193
夸大　文選　正193
夸父　文選　正193
夸容　文選　正193
夸論す　文選　正193
寤言す　文選　正194
寤想　白氏　續338
寤歎　白氏　續338
寤寐　本朝　正525
寤寐　白氏　續338
寤寐　文選　正194
寤寐す　文選　正194
⿰山雩嵊　文選　正194
忤累　白氏　續339
擧す　本朝　正525
擧哀　本朝　正525
擧稻　本朝　正525
晤　白氏　續339
晤言　文選　正194
晤言　白氏　續339
晤言す　文選　正194
朞功　文選　正194
沽却す　本朝　正525
沽酒　白氏　續340
沽洗　本朝　正525
沽名　白氏　續340
涸　白氏　續340
涸陰　文選　正194
涸陰す　文選　正194
涸魚　白氏　續340
滸水亭　白氏　續340
琥珀　白氏　續340
瓠瓜　論語　正59
瓠谷　文選　正194
瓠巴　文選　正194
瞽　論語　正60
瞽　白氏　續340
瞽言　本朝　正525
瞽史　文選　正195
瞽者　論語　正60
瞽説　文選　正195
瞽夫　文選　正195
蠱す　白氏　續340
蠱惑す　白氏　續340
蠱媚　文選　正194
蠱蠹す　白氏　續340
觚　論語　正60
觚　白氏　續341
觚爵　文選　正195
詁訓　文選　正195
詁訓　白氏　續341
賈　白氏　續341
賈氏　白氏　續341
賈人　白氏　續341
賈竪　本朝　正526
賈貿　文選　正195
賈鬻　文選　正195
賈豎　文選　正195
賈豎　白氏　續341
辜　白氏　續341
辜負す　白氏　續341
扈從　文選　正194
扈從　本朝　正526
扈從す　本朝　正526
扈扈す　文選　正194

鉤　枕冊　正778
錮す　文選　正195
錮す　白氏　續341
堩　文選　正193
姱節　文選　正193
嫮服　文選　正193
昈分　文選　正194
楛矢　文選　正194
祜　文選　正194
祜　白氏　續340
箛篳　文選　正194
鄠　文選　正195
鄠杜　文選　正195
鄠縣　白氏　續341
鼯鼠　文選　正195
興す　本朝　正527
興衰　本朝　正527
興復　本朝　正527
興復す　本朝　正527
興福寺　本朝　正527
興亡　本朝　正527
興隆す　本朝　正527
業　法華　正420
業　源氏　正845
業障　源氏　正845
業報　法華　正420
句　文選　正196
句曲　本朝　正526
句呉　文選　正196
句申　本朝　正526
句芒　文選　正196
句踐　文選　正196
狗　白氏　續345
狗盗　白氏　續345
狗馬　文選　正197
狗馬　白氏　續345
空　白氏　續345
空す　文選　正197
空宇　文選　正197
空園　文選　正197
空王　白氏　續345
空館　文選　正197
空空　文選　正197
空空如　論語　正60
空桑　文選　正197
空桑　本朝　正527
空隙　文選　正197
空穴　文選　正197
空拳　文選　正197
空言　文選　正197
空語　文選　正197
空語　本朝　正527
空城　文選　正197
空食す　文選　正197
空水　文選　正197
空然　文選　正197
空谷　文選　正197
空中　文選　正197
空中　白氏　續345
空庭　文選　正197
空堂　文選　正197
空文　文選　正197
空碧　白氏　續345
空房　文選　正197
空幕　文選　正197
空名　文選　正197
空門　白氏　續345
空林　文選　正197
空類　文選　正197
空帷　文選　正197
空廬　文選　正197
空柯　文選　正197
空濛　文選　正197
空牀　文選　正197
空牆　文選　正197
空觀　本朝　正527
空閨　文選　正197
空隴　文選　正197
空虚　文選　正197
偶　文選　正195
偶す　文選　正195
偶坐　文選　正195
偶人　本朝　正526
後　文選　正197
後　本朝　正527
後胤　本朝　正527
後院　白氏　續344
後園　遊仙　正91
後園　文選　正197
後園　本朝　正527
後園　白氏　續344
後王　文選　正197
後王　本朝　正527
後王　白氏　續344
後屋　白氏　續344
後禍　白氏　續344
後駕　文選　正197
後悔　本朝　正527
後害　白氏　續344
後勘　本朝　正527
後患　白氏　續344
後漢　文選　正197
後漢書　文選　正197
後潤　白氏　續344
後期　白氏　續344
後紀　本朝　正527
後宮　文選　正197
後宮　本朝　正527
後宮　白氏　續344
後愚　文選　正197
後軍　文選　正197
後賢　文選　正197
後湖　文選　正197
後五百歳　白氏　續344
後光　文選　正197
後効　白氏　續344
後昆　文選　正197
後昆　本朝　正527
後昆　白氏　續344
後司　本朝　正527

後嗣 文選 正197
後嗣 白氏 續344
後死 論語 正60
後事 文選 正197
後事 本朝 正527
後事 白氏 續344
後時 白氏 續344
後治 本朝 正527
後車 文選 正197
後車 白氏 續344
後舟 文選 正197
後集 白氏 續344
後序 白氏 續344
後章 文選 正197
後章 本朝 正527
後賞 本朝 正527
後身 本朝 正527
後身 白氏 續344
後進 文選 正197
後進 本朝 正527
後進 白氏 續344
後人 文選 正197
後人 本朝 正527
後人 白氏 續344
後塵 文選 正197
後塵 本朝 正527
後塵 白氏 續344
後世 論語 正60
後世 文選 正197
後世 法華 正420
後世 本朝 正527
後世 白氏 續344
後生 論語 正60
後生 文選 正197
後先 文選 正197
後先 白氏 續344
後善 文選 正197
後素 本朝 正527
後族 本朝 正527
後代 本朝 正527
後代 白氏 續344
後代 源氏 正844
後池 白氏 續344
後中書王 本朝 正527
後朝 本朝 正527
後陳 文選 正197
後亭 白氏 續344
後庭 文選 正197
後庭 本朝 正527
後庭 白氏 續344
後轍 文選 正197
後典 本朝 正527
後塗 文選 正197
後堂 白氏 續344
後日 本朝 正527
後日 白氏 續344
後年 本朝 正527
後年 白氏 續344
後輩 本朝 正527
後輩 白氏 續344
後服 文選 正197
後福 文選 正197
後房 本朝 正527
後房 白氏 續344
後貌 白氏 續344
後命 文選 正197
後命 白氏 續344
後夜 白氏 續344
後有 白氏 續344
後葉 文選 正197
後慮 文選 正197
後慮 本朝 正527
後涼殿 伊勢 正649
後涼殿 源氏 正844
後乘 文選 正197
後來 文選 正197
後來 本朝 正527
後來 白氏 續344
後會 遊仙 正91
後會 文選 正197
後會 本朝 正527
後會 白氏 續344
後圖 白氏 續344
後學 本朝 正527
後學 白氏 續344
後將軍 文選 正197
後廳 白氏 續344
後旌 文選 正197
後榮 本朝 正527
後澤 文選 正197
後牀 白氏 續344
後筵 文選 正197
後聲 白氏 續344
後臂 本朝 正527
後艱 白氏 續344
後魏 本朝 正527
後魏 白氏 續344
後鴈 白氏 續344
後狀 白氏 續344
後緣 白氏 續344
侯 文選 正195
侯 本朝 正526
侯 白氏 續341
侯衛 文選 正195
侯王 文選 正195
侯王 本朝 正526
侯王 白氏 續341
侯公 文選 正195
侯三郎中 白氏 續341
侯爵 本朝 正526
侯植 文選 正195
侯成 文選 正195
侯生 文選 正195
侯生 白氏 續341
侯波 文選 正195
侯伯 文選 正195
侯伯 白氏 續341
侯服 文選 正195
侯服す 文選 正195
侯門 白氏 續341

侯和　文選　正195
侯丕　白氏　續341
侯甸　文選　正195
侯國　白氏　續341
侯權秀才　白氏　續341
侯瑾　本朝　正526
侯齊　白氏　續341
候す　文選　正195
候官　文選　正195
候人　文選　正195
候府　文選　正195
候鴈　文選　正195
候　文選　正195
候　本朝　正526
候　白氏　續341
候す　本朝　正526
候館　白氏　續341
候騎　白氏　續341
候仙亭　白氏　續341
候吏　白氏　續341
候對　白氏　續341
召候す　本朝　正526
吉備公　本朝　正526
公　論語　正60
公　文選　正195
公　本朝　正526
公　白氏　續341
公(人名)　白氏　續341
公宴　本朝　正526
公家　文選　正195
公家　本朝　正526
公家　白氏　續341
公官　白氏　續341
公幹　文選　正195
公幹　白氏　續341
公器　白氏　續341
公義　論語　正60
公議　白氏　續341
公宮　文選　正195
公弓　文選　正195
公給　白氏　續341
公卿　論語　正60
公卿　文選　正195
公卿　本朝　正526
公鄉　白氏　續341
公勤　本朝　正526
公勤　白氏　續341
公侯　論語　正60
公侯　文選　正195
公侯　本朝　正526
公侯　白氏　續341
公行　本朝　正526
公行　白氏　續341
公衡　文選　正195
公高　文選　正195
公才　白氏　續341
公罪　本朝　正526
公山　論語　正60
公山氏　論語　正60
公使　遊仙　正91
公子　論語　正60
公子　遊仙　正91
公子　文選　正195
公子　本朝　正526
公子　白氏　續341
公子荊　論語　正60
公子荊　白氏　續341
公子糺　論語　正60
公私　文選　正195
公私　本朝　正526
公私　白氏　續341
公事　論語　正60
公事　本朝　正526
公事　白氏　續341
公室　論語　正60
公室　文選　正195
公主　文選　正195
公主　本朝　正526
公主　白氏　續341
公叔　文選　正196
公叔　白氏　續341
公叔文子　論語　正60
公署　白氏　續341
公上　文選　正195
公食　白氏　續341
公心　本朝　正526
公心　白氏　續341
公臣　白氏　續342
公垂　白氏　續342
公垂尚書　白氏　續342
公政　本朝　正526
公政　白氏　續342
公正　文選　正196
公清　白氏　續342
公西華　論語　正60
公曽　文選　正196
公素　白氏　續342
公相　文選　正195
公族　文選　正196
公族　白氏　續342
公孫　論語　正60
公孫　文選　正196
公孫　本朝　正526
公孫彊　文選　正196
公孫弘　文選　正196
公孫支　文選　正196
公孫述　文選　正196
公孫朝　論語　正60
公孫淵　文選　正196
公孫瓚　文選　正196
公達　文選　正196
公旦　文選　正196
公旦　本朝　正526
公忠　白氏　續342
公著　白氏　續342
公寵　本朝　正526
公帳　本朝　正526
公朝　文選　正196
公直　文選　正196
公直　白氏　續342

公庭　文選　正196
公庭　本朝　正526
公程　白氏　續342
公田　文選　正196
公田　本朝　正526
公田　白氏　續342
公度　白氏　續342
公堂　白氏　續342
公道　文選　正196
公道　白氏　續342
公任　本朝　正526
公伯寮　論語　正60
公府　本朝　正526
公府　白氏　續342
公封　本朝　正526
公物　本朝　正526
公文　本朝　正526
公文　白氏　續342
公平　論語　正60
公平　白氏　續342
公輔　白氏　續342
公俸　本朝　正526
公方　文選　正196
公方　白氏　續342
公望　白氏　續342
公民　本朝　正526
公務　本朝　正526
公務　白氏　續342
公明　文選　正196
公明賈　論語　正60
公儲　文選　正196
公門　論語　正60
公門　文選　正196
公門　白氏　續342
公冶　本朝　正526
公冶長　論語　正60
公冶長第五　論語　正60
公輸　文選　正196
公用　白氏　續342
公羊　文選　正196
公劉　文選　正196
公論　白氏　續342
公會　論語　正60
公會　文選　正195
公奬　白氏　續341
公廩　白氏　續342
公瑾　文選　正195
公員　文選　正196
公綽　論語　正60
公綽　文選　正195
公綽　白氏　續341
公讌　文選　正195
公逵　白氏　續341
公鑒　白氏　續341
公驗　本朝　正526
公悅　白氏　續341
公琰　文選　正196
功　論語　正60
功　文選　正196
功　法華　正420
功　本朝　正526
功　白氏　續342
功　宇津　正712
功　源氏　正844
功す　文選　正196
功課　本朝　正526
功課　白氏　續342
功葛　白氏　續342
功業　文選　正196
功業　白氏　續342
功勤　文選　正196
功勤　白氏　續342
功勲　白氏　續342
功効　本朝　正526
功効　白氏　續342
功行　白氏　續342
功罪　白氏　續342
功緒　文選　正196
功神　白氏　續342
功臣　文選　正196
功臣　本朝　正526
功臣　白氏　續342
功績　文選　正196
功績　本朝　正526
功績　白氏　續342
功曹　文選　正196
功曹　白氏　續342
功曹參軍　白氏　續342
功程　本朝　正526
功能　本朝　正526
功能　白氏　續342
功伐　白氏　續342
功夫　白氏　續342
功武　白氏　續342
功名　文選　正196
功名　本朝　正526
功名　白氏　續342
功銘　文選　正196
功庸　白氏　續342
功利　文選　正196
功利　白氏　續342
功略　文選　正196
功力　白氏　續342
功烈　文選　正196
功論　白氏　續342
功勞　本朝　正526
功勞　白氏　續342
功宦　本朝　正526
功收　文選　正196
功迹　文選　正196
功德　文選　正196
功德　白氏　續342
功德幢　白氏　續342
勾引す　白氏　續342
勾押す　白氏　續342
勾牽す　白氏　續342
勾陳　白氏　續342
勾萌　白氏　續342
勾留す　白氏　續342
勾漏す　白氏　續342

勾檢す　白氏　續342
勾當　遊仙　正91
勾當す　白氏　續342
勾當左衛事　白氏　續342
勾踐　白氏　續342
厚　白氏　續342
厚す　文選　正196
厚す　白氏　續342
厚意　白氏　續342
厚援　文選　正196
厚恩　文選　正196
厚下　文選　正196
厚顏　本朝　正526
厚顧　本朝　正526
厚幸　文選　正196
厚載　本朝　正526
厚賜　本朝　正526
厚重　遊仙　正91
厚重　白氏　續342
厚賞　白氏　續342
厚生　白氏　續342
厚大　白氏　續342
厚暖　白氏　續342
厚地　文選　正196
厚地　白氏　續342
厚土　文選　正196
厚薄　文選　正196
厚薄　本朝　正526
厚薄　白氏　續342
厚福　文選　正196
厚福　本朝　正526
厚俸　白氏　續342
厚望　文選　正196
厚味　文選　正196
厚利　文選　正196
厚利　白氏　續343
厚礼　本朝　正526
厚禄　文選　正196
厚壤　白氏　續342
厚實賽直　白氏　續342
厚斂　白氏　續343
厚樂　文選　正196
厚樸　文選　正196
厚祿　本朝　正526
厚祿　白氏　續343
厚禮　文選　正196
厚誅　白氏　續342
厚德　文選　正196
厚莚　白氏　續342
厚貺　白氏　續342
口　白氏　續343
口給　論語　正60
口給　白氏　續343
口業　白氏　續343
口語　文選　正196
口才　論語　正60
口食　白氏　續343
口説　文選　正196
口舌　白氏　續343
口膳　本朝　正526
口談す　本朝　正526
口中　白氏　續343
口腹　白氏　續343
口吻　文選　正196
口味新　本朝　正526
口實　本朝　正526
口敕　白氏　續343
口藏　白氏　續343
口號す　白氏　續343
口勑　文選　正196
口蠟　白氏　續343
后　論語　正60
后　文選　正196
后　本朝　正526
后　白氏　續343
后園　本朝　正526
后王　文選　正196
后皇　文選　正196
后辛　文選　正196
后帝　論語　正60
后庭　文選　正196
后土　文選　正196
后土　白氏　續343
后唐　文選　正196
后妃　文選　正196
后妃　本朝　正526
后嬪　文選　正196
后稷　文選　正196
后稷　白氏　續343
后辟　文選　正196
后辟す　文選　正196
后夔　文選　正196
喉舌　文選　正196
喉舌　本朝　正526
喉舌　白氏　續343
喉中　白氏　續343
喉脣　文選　正196
垢　白氏　續343
垢塵　白氏　續343
垢氛　文選　正196
垢氛　本朝　正526
垢氛　白氏　續343
垢穢　白氏　續343
孔　文選　正196
孔　白氏　續343
孔安國　論語　正60
孔安國　文選　正196
孔顏　文選　正196
孔丘　論語　正60
孔丘　遊仙　正91
孔丘　文選　正196
孔丘　白氏　續343
孔公　文選　正196
孔甲　文選　正196
孔佐　文選　正196
孔山　白氏　續343
孔子　論語　正60
孔子　文選　正196
孔子　本朝　正526
孔子　白氏　續343

孔子寇　本朝　正526
孔氏　論語　正60
孔氏　文選　正196
孔氏　白氏　續343
孔樹　文選　正196
孔章　本朝　正526
孔翠　文選　正196
孔翠　本朝　正526
孔雀　文選　正196
孔雀　白氏　續343
孔性　文選　正196
孔生　白氏　續343
孔聖　文選　正196
孔聖　本朝　正526
孔聖　白氏　續343
孔宣　白氏　續343
孔宣文　本朝　正526
孔廟　本朝　正526
孔夫子　本朝　正526
孔府君　文選　正196
孔父　文選　正196
孔文子　論語　正60
孔文學　文選　正196
孔墨　文選　正196
孔明　文選　正196
孔明　本朝　正526
孔明　白氏　續343
孔孟　文選　正196
孔門　本朝　正526
孔門　白氏　續343
孔約　文選　正196
孔融　文選　正196
孔融文學　文選　正196
孔令　文選　正196
孔老　文選　正196
孔懷　白氏　續343
孔戡　白氏　續343
孔旻　文選　正196
孔璋　文選　正196
孔臧　文選　正196
孔鸞　文選　正196
孔徳璋　文選　正196
孔廟　本朝　正526
孔戢　白氏　續343
孔戣　白氏　續343
孔戣等　白氏　續343
孔翟　文選　正196
工　文選　正196
工　文選　正196
工　白氏　續343
工伎　白氏　續343
工巧　文選　正196
工師　白氏　續343
工者　白氏　續343
工祝　文選　正196
工祝　白氏　續343
工女　本朝　正526
工匠　文選　正196
工商　文選　正196
工商　白氏　續343
工人　文選　正196
工人　白氏　續343
工拙　文選　正196
工拙　白氏　續343
工徒　文選　正196
工夫　白氏　續343
工部　本朝　正526
工部　白氏　續343
工部員外郎　白氏　續343
工部侍郎　文選　正196
工部侍郎　白氏　續343
工部尚書致仕　白氏　續343
工部郎中　白氏　續343
工輸　文選　正196
工用　文選　正196
工用　白氏　續343
工吏　白氏　續343
工賈　文選　正196
弘　本朝　正526
弘　白氏　續343
弘す　文選　正196
弘益　文選　正197
弘益す　文選　正197
弘益す　白氏　續343
弘遠　文選　正197
弘簡　文選　正197
弘願　白氏　續343
弘毅　論語　正60
弘徽　本朝　正526
弘規　文選　正197
弘義　文選　正197
弘恭　文選　正197
弘恭　白氏　續343
弘慶　白氏　續343
弘慈　本朝　正526
弘潤　文選　正197
弘深　文選　正197
弘仁　本朝　正526
弘仁格　本朝　正526
弘仁三年　本朝　正526
弘仁十一年四月廾一日　本朝　正526
弘仁十一年十二月八日　本朝　正526
弘仁十載　本朝　正527
弘仁十年　本朝　正527
弘澄　白氏　續343
弘正　白氏　續343
弘誓　白氏　續343
弘績　文選　正197
弘選　白氏　續343
弘泰　白氏　續343
弘大　文選　正197
弘致　文選　正197
弘張　文選　正197
弘長　文選　正197
弘陳　文選　正197
弘貞　白氏　續343
弘典　本朝　正526
弘度　文選　正197

弘度　白氏　續343
弘導　文選　正197
弘農　遊仙　正91
弘農　文選　正197
弘農　白氏　續343
弘農君　白氏　續343
弘農郡君　白氏　續343
弘美　文選　正197
弘敏　文選　正197
弘文館　白氏　續343
弘文館大學士　白氏　續343
弘法大師　本朝　正527
弘法大師　枕冊　正778
弘妙　文選　正197
弘務　文選　正197
弘名　白氏　續343
弘愈　白氏　續344
弘羊　文選　正197
弘羊　白氏　續344
弘麗　文選　正197
弘烈　文選　正197
弘奬　文選　正197
弘廣　文選　正197
弘懿　文選　正197
弘敞　文選　正197
弘濟す　文選　正197
弘禮　白氏　續344
弘舸　文選　正197
恒　白氏　續344
恒渥　本朝　正527
恒河沙世界　本朝　正527
恒規　本朝　正527
恒規　白氏　續344
恒沙　法華　正420
恒沙　本朝　正527
恒沙界　本朝　正527
恒山　文選　正197
恒寂師　白氏　續344
恒州　白氏　續344
恒常　文選　正197
恒常　白氏　續344
恒典　白氏　續344
恒品　白氏　續344
恒文　文選　正197
恒務　本朝　正527
恒陽　白氏　續344
恒例　本朝　正527
恒冀　白氏　續344
恒冀深趙等州觀察等使　白氏　續344
恒娥　遊仙　正91
恒碣　文選　正197
拘す　白氏　續344
拘牽　白氏　續344
拘牽す　本朝　正527
拘牽す　白氏　續344
拘執す　文選　正197
拘束　白氏　續344
拘攣　文選　正197
拘攣　白氏　續344
拘礙　白氏　續344
拘絆す　白氏　續344
拘跼す　白氏　續344
拘傴　文選　正197
相拘持す　白氏　續344
控弦　本朝　正527
控絃　文選　正197
控絃す　文選　正197
控御　文選　正197
控乗す　本朝　正527
控臨す　白氏　續344
控壓す　白氏　續344
控扼　白氏　續344
控摶す　文選　正197
控馭　本朝　正527
攻奪　文選　正197
攻討す　白氏　續344
攻伐　文選　正197
攻戰　白氏　續344
構雲　本朝　正527
構亂　白氏　續344
江湖　白氏　續344
洪　白氏　續345
洪崖　白氏　續345
洪基　本朝　正527
洪業　白氏　續345
洪施　本朝　正527
洪私　本朝　正527
洪州　白氏　續345
洪鍾　本朝　正527
洪水　本朝　正527
洪纖　白氏　續345
洪典　本朝　正527
洪範　本朝　正527
洪筆　白氏　續345
洪平　白氏　續345
洪平原　白氏　續345
洪流　本朝　正527
洪濤　白氏　續345
洪爐　白氏　續345
洪濆原　白氏　續345
浩蕩　本朝　正527
溝水　白氏　續345
溝壑　法華　正420
溝洫　論語　正60
溝墉　白氏　續345
溝瀆　論語　正60
甲　宇津　正713
甲羅　宇津　正713
紅　白氏　續345
紅衫　本朝　正527
紅粟　文選　正198
紅粟　本朝　正527
紅粟　白氏　續345
紅杏　白氏　續345
紅英　白氏　續345
紅艶　本朝　正527
紅艶　白氏　續345
紅火　白氏　續345
紅火爐　白氏　續345

紅花 白氏 續345
紅牙 白氏 續345
紅顔 文選 正198
紅顔 本朝 正527
紅顔 白氏 續345
紅旗 白氏 續345
紅玉 白氏 續345
紅巾 白氏 續345
紅錦 本朝 正527
紅錦繡 本朝 正527
紅桂 本朝 正527
紅軒 白氏 續345
紅絃 白氏 續345
紅鯉 本朝 正527
紅鯉 白氏 續346
紅光 白氏 續345
紅膏 白氏 續345
紅彩 文選 正198
紅紙 白氏 續345
紅紫 論語 正60
紅紫 白氏 續345
紅紗 白氏 續345
紅手 白氏 續345
紅珠 白氏 續345
紅樹 白氏 續345
紅綬 白氏 續345
紅潤 白氏 續345
紅女 本朝 正527
紅消散 白氏 續345
紅粧 白氏 續345
紅蕉 白氏 續345
紅燭 白氏 續345
紅燭臺 白氏 續345
紅塵 文選 正198
紅塵 本朝 正527
紅塵 白氏 續346
紅石 白氏 續345
紅雪 白氏 續345
紅泉 文選 正198
紅線 白氏 續345
紅線毯 白氏 續345
紅鮮 文選 正198
紅蘇 白氏 續345
紅窓 白氏 續345
紅装 文選 正198
紅袖 本朝 正527
紅袖 白氏 續345
紅地爐 白氏 續346
紅泥 白氏 續346
紅桃 文選 正198
紅桃 本朝 正527
紅桃 白氏 續346
紅藤杖 白氏 續346
紅梅 宇津 正712
紅梅 蜻蛉 正748
紅梅 枕冊 正778
紅梅 源氏 正844
紅梅かさね 源氏 正844
紅梅とも 枕冊 正778
紅梅の御方 源氏 正844
紅板 白氏 續346
紅尾 白氏 續346
紅粉 文選 正198
紅粉 本朝 正527
紅粉 白氏 續346
紅壁 文選 正198
紅芳 白氏 續346
紅綿 白氏 續346
紅網 白氏 續346
紅葉 本朝 正527
紅葉 白氏 續345
紅陽 文選 正198
紅羅 白氏 續346
紅螺 本朝 正527
紅螺 白氏 續346
紅欄 白氏 續346
紅欄干 白氏 續346
紅藍 白氏 續346
紅蘭 文選 正198
紅蘭 本朝 正527
紅梨 本朝 正527
紅粒 文選 正198
紅粒 白氏 續346
紅林 本朝 正527
紅鱗 白氏 續346
紅麟 白氏 續346
紅涙 白氏 續346
紅蓮 白氏 續346
紅蓮花 白氏 續346
紅露 白氏 續346
紅浪 白氏 續346
紅埃 白氏 續345
紅帶 本朝 正527
紅旆 白氏 續346
紅旌 白氏 續345
紅榮 本朝 正527
紅榴 白氏 續346
紅樓 白氏 續346
紅樓院 白氏 續346
紅檻 白氏 續345
紅櫻 本朝 正527
紅櫻 白氏 續345
紅毯 白氏 續346
紅漿 白氏 續345
紅爐 本朝 正527
紅爐 白氏 續346
紅牋 白氏 續345
紅牋紙 白氏 續345
紅臉 本朝 正527
紅稻 白氏 續346
紅筵 白氏 續345
紅箋 白氏 續345
紅絲 白氏 續345
紅縷 白氏 續346
紅繚爐 白氏 續346
紅纈 白氏 續345
紅缸 白氏 續345
紅芍藥 白氏 續345
紅茵 白氏 續345
紅蕚 文選 正198

紅蕁　白氏　續345
紅葩　本朝　正527
紅蓼　白氏　續346
紅薇　白氏　續346
紅藕　白氏　續345
紅藥　文選　正198
紅藥　白氏　續346
紅衫　遊仙　正91
紅袂　白氏　續345
紅裙　白氏　續345
紅觜　白氏　續345
紅躑躅　白氏　續346
紅闈　本朝　正527
紅顆　白氏　續345
紅鱠　白氏　續345
紅鸚鵡　白氏　續345
紅繒　白氏　續346
紅蕙　本朝　正527
紅屏風　白氏　續346
紅腮　白氏　續345
紅窻　白氏　續346
紅綃　白氏　續345
紅蠟　本朝　正527
紅蠟　白氏　續346
紅蠟燭　白氏　續346
紅鱣　白氏　續346
肱　白氏　續346
講ず　本朝　正527
講説　源氏　正842
貢　文選　正198
貢　本朝　正527
貢　白氏　續346
貢す　文選　正198
貢す　本朝　正527
貢す　白氏　續346
貢橘　白氏　續346
貢公　文選　正198
貢書　本朝　正527
貢職　文選　正198
貢職す　文選　正198
貢進す　本朝　正527
貢置す　白氏　續346
貢珍　文選　正198
貢珍　白氏　續346
貢賦　本朝　正527
貢賦　白氏　續346
貢物　本朝　正527
貢憤す　文選　正198
貢奉す　文選　正198
貢學　白氏　續346
貢擧　本朝　正527
貢擧す　本朝　正527
貢獻す　文選　正198
貢禹　本朝　正527
項　文選　正198
項　白氏　續346
項(注)　白氏　續346
項羽　文選　正198
項氏　文選　正198
項籍　白氏　續346
項領す　文選　正198
項藉　白氏　續346
高麗　宇津　正713
高麗　源氏　正845
高麗すゞ　宇津　正713
高麗にしき　宇津　正713
高麗人　宇津　正713
高麗人　源氏　正845
高麗笛　宇津　正713
鴻　文選　正198
鴻　白氏　續346
鴻(人名)　文選　正198
鴻恩　文選　正198
鴻恩　本朝　正527
鴻化　文選　正198
鴻化　本朝　正528
鴻涯　文選　正198
鴻雁　文選　正198
鴻基　本朝　正528
鴻規　文選　正198
鴻輝　文選　正198
鴻休　白氏　續346
鴻業　文選　正198
鴻業　本朝　正528
鴻業　白氏　續346
鴻均　文選　正198
鴻荒　文選　正198
鴻鵠　文選　正198
鴻才　本朝　正528
鴻私　白氏　續346
鴻慈　文選　正198
鴻慈　本朝　正528
鴻儒　本朝　正528
鴻緒　白氏　續346
鴻鐘　文選　正198
鴻雀　文選　正198
鴻生　文選　正198
鴻漸　文選　正198
鴻漸　白氏　續346
鴻漸す　文選　正198
鴻藻　文選　正198
鴻藻　本朝　正528
鴻鶴　白氏　續346
鴻都　文選　正198
鴻都　本朝　正528
鴻都　白氏　續346
鴻鴇　文選　正198
鴻紛　文選　正198
鴻名　文選　正198
鴻名　本朝　正528
鴻名　白氏　續347
鴻毛　文選　正198
鴻毛　白氏　續346
鴻門　文選　正198
鴻烈　文選　正198
鴻儔　文選　正198
鴻寶集　白氏　續346
鴻濛　文選　正198
鴻濛　本朝　正528
鴻稱　白氏　續346

鴻臚　本朝　正528
鴻臚館　本朝　正528
鴻臚館　源氏　正844
鴻臚卿　白氏　續347
鴻鴈　本朝　正528
鴻鶴　文選　正198
鴻鸞　文選　正198
鴻鵬　文選　正198
鴻絅　文選　正198
鴻罿　文選　正198
鴻鶬　文選　正198
鴻鸕　文選　正198
鴻黄　文選　正198
劫　法華　正420
劫　宇津　正713
劫　源氏　正845
劫濁　法華　正420
告朔　本朝　正526
国府　源氏　正845
鵠鼎　本朝　正527
困し　蜻蛉　正748
困し　枕冊　正778
困し　源氏　正844
困じ　宇津　正712
困じがくれせ　宇津　正712
困し暮らし　蜻蛉　正748
叩頭す　本朝　正526
虹旗　文選　正198
虹橋　白氏　續346
虹彩　文選　正198
虹裳　白氏　續346
虹洞　文選　正198
虹梁　白氏　續346
虹帶　文選　正198
虹旃　文選　正198
虹旌　文選　正198
虹縣　白氏　續346
虹霓　文選　正198
虹蜺　文選　正198
楧桃　文選　正197
倥偬　文選　正195
冦*境　白氏　續343
冦*虞　白氏　續343
冦*戎　白氏　續343
冦*賊　白氏　續343
冦*盜　白氏　續343
冦*難　白氏　續343
冦*恂　白氏　續343
冦*讎　白氏　續343
冦　白氏　續343
冦劇　文選　正196
冦場　遊仙　正91
冦賊　文選　正196
冦賊　本朝　正526
冦鄧　文選　正196
枸櫞　文選　正197
汞　白氏　續345
泓量　文選　正197
猴猨　文選　正197
箜篌　白氏　續345
箜篌引　文選　正197
苟且　文選　正198
苟奴　文選　正198
苟盜す　文選　正198
苟免　白氏　續346
苟利　文選　正198
薨す　論語　正60
薨す　文選　正198
薨す　本朝　正527
薨す　白氏　續346
薨逝す　本朝　正527
薨逝す　白氏　續346
薨卒　本朝　正527
薨落す　文選　正198
薨薨　白氏　續346
詬恥　文選　正198
詬病す　文選　正198
鉤　文選　正198
鉤　白氏　續346
鉤す　白氏　續346
鉤餌　文選　正198
鉤距　文選　正198
鉤距　白氏　續346
鉤戟　文選　正198
鉤盾　文選　正198
鉤星　文選　正198
鉤陳　文選　正198
鉤繩　文選　正198
鉤帶す　文選　正198
鉤黨　文選　正198
鉤虵　文選　正198
鮔鰽　文選　正198
鼃黿　文選　正198
卬　文選　正196
卬杖　白氏　續342
堠　白氏　續343
姮娥　文選　正196
姮娥　白氏　續343
崆峒　文選　正196
崆峒　本朝　正526
彀中　白氏　續344
悾款*　文選　正197
悾款*　本朝　正527
悾悾　論語　正60
悾悾　文選　正197
澒溶　白氏　續346
糇糧　文選　正198
緱*山　本朝　正527
緱*嶺　本朝　正527
緱山　白氏　續346
緱嶺　白氏　續346
耇　文選　正198
耦す　論語　正60
耦耕　文選　正198
耦耕す　文選　正198
郈成　文選　正198
鞚　文選　正198
鞚　白氏　續346
韝　白氏　續346
韝鷹　白氏　續346

韝上　文選　正198
餱糧　白氏　續346
餱粮　白氏　續346
鯸鮐　文選　正198
鬣蝞　文選　正198
鳷鵲　文選　正198
国府絹　宇津　正712
或　文選　正199
或圍　文選　正199
曲　宇津　正712
曲のて　宇津　正712
曲のもの　宇津　正712
曲のものとも　源氏　正844
曲の物　源氏　正844
曲拂　文選　正199
極熱　宇津　正712
極熱　源氏　正844
極樂　本朝　正528
極樂　白氏　續347
極樂　枕冊　正778
極樂　源氏　正844
極樂寺　本朝　正528
極樂寺　源氏　正844
極樂浄土變　本朝　正528
極樂世界　本朝　正528
極樂世界　白氏　續347
極樂土　白氏　續347
極樂會　本朝　正528
極樂國　本朝　正528
玉のおび　宇津　正712
克す　白氏　續347
克清　白氏　續347
克明　文選　正198
克融　白氏　續347
克諒　白氏　續347
克讓　文選　正198
刻　白氏　續347
刻す　白氏　續347
刻桐　本朝　正528
刻削　文選　正198
刻削　白氏　續347
刻削す　文選　正198
刻削す　白氏　續347
刻石　白氏　續347
刻薄　文選　正198
刻漏　白氏　續347
刻鏤　論語　正60
刻鏤　文選　正198
刻鏤　本朝　正528
告　文選　正198
告　白氏　續347
告す　論語　正60
告す　文選　正198
告す　白氏　續347
告記　本朝　正528
告言す　本朝　正528
告朔　論語　正60
告索　文選　正198
告捷す　白氏　續347
告捷軍　白氏　續347
告身　白氏　續347
告身等　白氏　續347
告人　本朝　正528
告成　文選　正198
告訴す　文選　正198
告備　文選　正198
告類す　文選　正198
告愬　文選　正198
告闕　白氏　續347
告狀　本朝　正528
相告報す　白氏　續347
国王　竹取　正636
国王　宇津　正712
国王　源氏　正844
国土　宇津　正712
国母　宇津　正712
穀　論語　正60
穀　文選　正199
穀　白氏　續347
穀　宇津　正712
穀す　論語　正60
穀熟縣　白氏　續347
穀籍　白氏　續347
穀断ち　蜻蛉　正748
穀土　文選　正199
穀米　白氏　續348
穀粱　文選　正199
穀帛　白氏　續348
酷　白氏　續348
酷[illegible]　文選　正199
酷虐　文選　正199
酷暴　文選　正199
酷吏　白氏　續348
酷烈　文選　正199
酷烈　本朝　正528
酷烈　白氏　續348
酷嗜　本朝　正528
酷罸　本朝　正528
鵠　本朝　正528
鵠　白氏　續348
鵠鷺　文選　正199
鵠酸　文選　正199
鵠亭　文選　正199
鵠侶　文選　正199
鵠鷖　文選　正199
黒　本朝　正528
黒蜧　文選　正199
黒雲　白氏　續348
黒花　白氏　續348
黒業　本朝　正528
黒月　本朝　正528
黒山　文選　正199
黒歯　文選　正199
黒昭す　文選　正199
黒章　文選　正199
黒水　文選　正199
黒水　白氏　續348
黒丹　文選　正199
黒端　文選　正199
黒頭　白氏　續348

黒洞　白氏　續348
黒白　白氏　續348
黒白衣　本朝　正528
黒風　法華　正420
黒文　白氏　續348
黒夜　本朝　正528
黒夜　白氏　續348
黒龍　白氏　續348
黒浪　白氏　續348
黒巖　白氏　續348
黒潭　白氏　續348
黒潭龍　白氏　續348
黒鬢　白氏　續348
黒鳩　文選　正199
黒鵰　白氏　續348
獄　論語　正60
獄　法華　正420
獄所　宇津　正712
谷永　白氏　續348
谷口　文選　正199
谷口　白氏　續348
谷水　文選　正199
谷水　本朝　正528
谷中　文選　正199
谷鳥　白氏　續348
谷風　文選　正199
谷風(書名)　文選　正199
谷兒　白氏　續348
惑　白氏　續347
惑す　白氏　續347
惑箭　白氏　續347
尅す　白氏　續347
哭　文選　正198
哭　本朝　正528
哭　白氏　續347
哭す　論語　正60
哭す　文選　正198
哭す　本朝　正528
哭す　白氏　續347
哭泣　白氏　續347
哭泣す　白氏　續347
哭者　白氏　續347
哭葬　白氏　續347
哭送す　白氏　續347
國　本朝　正528
國(人名)　本朝　正528
國位　法華　正420
國威　文選　正199
國威　白氏　續347
國維　白氏　續347
國姻　白氏　續347
國衛　本朝　正528
國王　文選　正199
國王　法華　正420
國恩　文選　正198
國恩　本朝　正528
國恩　白氏　續347
國家　論語　正60
國家　文選　正198
國家　本朝　正528
國家　白氏　續347
國華　文選　正198
國華　白氏　續347
國解　本朝　正528
國界　法華　正420
國界　本朝　正528
國害　文選　正198
國官　文選　正198
國玩　文選　正198
國紀　文選　正198
國紀　白氏　續347
國議　文選　正198
國卿　本朝　正528
國均　文選　正198
國禁　白氏　續347
國君　論語　正60
國郡　本朝　正528
國郡　白氏　續347
國慶　文選　正198
國憲　本朝　正528
國語　文選　正198
國工　白氏　續347
國宰　本朝　正528
國司　本朝　正528
國史　文選　正199
國史　本朝　正528
國史　白氏　續347
國嗣　文選　正199
國士　文選　正199
國士　白氏　續347
國子　文選　正199
國子　本朝　正528
國子　白氏　續347
國子祭酒　本朝　正528
國子祭酒　白氏　續347
國子司業　白氏　續347
國子司業致仕　白氏　續347
國子博士　白氏　續347
國子學　本朝　正528
國志　文選　正199
國爵　文選　正199
國主　文選　正199
國守　本朝　正528
國手　白氏　續347
國章　白氏　續347
國城　法華　正420
國色　白氏　續347
國親　白氏　續347
國勢　文選　正199
國政　文選　正199
國政　白氏　續347
國俗　本朝　正528
國中　文選　正199
國中　本朝　正528
國中　白氏　續347
國忠　白氏　續347
國朝　文選　正199
國朝　白氏　續347
國禎　文選　正199
國典　文選　正199

國典　本朝　正528
國典　白氏　續347
國都　文選　正199
國土　文選　正199
國土　法華　正420
國土　本朝　正528
國土　白氏　續347
國内　法華　正420
國内　本朝　正528
國難　文選　正199
國美　文選　正199
國夫人　白氏　續347
國府　本朝　正528
國府　白氏　續347
國風　論語　正60
國風　文選　正199
國風　本朝　正528
國風　白氏　續347
國分僧　本朝　正528
國分二寺　本朝　正528
國分尼寺　本朝　正528
國柄　白氏　續347
國母　本朝　正528
國務　本朝　正528
國命　論語　正60
國命　文選　正199
國命　白氏　續347
國網　文選　正199
國門　文選　正199
國門　白氏　續347
國憂　文選　正198
國邑　白氏　續347
國容　文選　正199
國用　文選　正199
國用　本朝　正528
國用　白氏　續347
國令　白氏　續347
國老　文選　正199
國老　白氏　續347
國胄　文選　正199
國胄　白氏　續347
國叟　文選　正199
國學　文選　正198
國學　本朝　正528
國庠　白氏　續347
國權　文選　正198
國祚　文選　正199
國禮　白氏　續347
國經　文選　正199
國鈞　白氏　續347
國曺　本朝　正528
國鄽　文選　正199
尅す　白氏　續347
尅賊　本朝　正528
尅伐　論語　正60
慤*　白氏　續347
斛　白氏　續347
斛斗　白氏　續347
轂　文選　正199
轂　本朝　正528
轂　白氏　續348
轂下　文選　正199
轂撃す　文選　正199
彀騎　文選　正199
穀　文選　正199
穀　本朝　正528
穀　白氏　續348
穀稼　本朝　正528
穀城　本朝　正528
穀倉院　本朝　正528
穀苗　白氏　續348
穀梁　文選　正199
縠　文選　正199
縠　白氏　續348
縠紗　白氏　續348
豰蛇　文選　正199
豰玃　文選　正199
九日の宴　宇津　正712
九日の宴　源氏　正844
御心化粧　源氏　正844
心化粧　源氏　正844
心化粧し　源氏　正844
心化粧しあふ　源氏　正844
心化粧しそし　源氏　正844
骨なけ　源氏　正845
骨なし　源氏　正845
骨々し　源氏　正845
骨々しさ　源氏　正845
滑稽　文選　正199
骫骳　白氏　續348
乞食　法華　正420
乞食　白氏　續348
乞匃　文選　正199
忽　文選　正199
忽　白氏　續348
忽乎　白氏　續348
忽荒　文選　正199
忽忽　文選　正199
忽忽　白氏　續348
忽諸　文選　正199
忽諸す　本朝　正528
忽然　遊仙　正91
忽然　文選　正199
忽然　法華　正420
忽然　白氏　續348
忽然す　文選　正199
忽焉　論語　正60
忽焉　文選　正199
忽焉　白氏　續348
忽怳　文選　正199
惚恍　文選　正199
惚怳す　文選　正199
骨　本朝　正528
骨　白氏　續348
骨兜　白氏　續348
骨髄　遊仙　正91
骨相　本朝　正528
骨像　文選　正199
骨都　文選　正199
骨都禄將軍　白氏　續348

骨肉 文選 正199
骨肉 法華 正420
骨肉 本朝 正528
骨肉 白氏 續348
骨母 文選 正199
骨法 文選 正199
骨録 本朝 正528
骨髓 文選 正199
骨髓 白氏 續348
骨鯁 白氏 續348
鮹鰊 文選 正199
兀 文選 正199
兀 白氏 續348
兀爾 白氏 續348
兀然 文選 正199
兀然 白氏 續348
兀傲す 白氏 續348
兀兀 白氏 續348
兀婁 文選 正199
汩 白氏 續348
汩乎 文選 正199
汩汩 文選 正199
汩沒す 白氏 續348
笏 文選 正199
笏 白氏 續348
鶻 白氏 續348
鶻拳 白氏 續348
鶻銜瑞艸 白氏 續348
鶻鵰 文選 正199
軏 論語 正60
曶霍 文選 正199
杌動す 文選 正199
沕 文選 正199
矻矻 文選 正199
矻矻 白氏 續348
紇羅敦肥 白氏 續348
異句 宇津 正712
異才 宇津 正712
異文字 源氏 正845
異法文 源氏 正845
異命婦たち 宇津 正712
異樣 宇津 正712
異樣 枕冊 正779
異樣 源氏 正845
異對ども 宇津 正712
異樣 蜻蛉 正748
琴の師 宇津 正712
殊警策 宇津 正712
近衛 宇津 正712
近衛 源氏 正845
近衛つかさ 枕冊 正779
近衛つかさ 源氏 正845
近衛づかさ 宇津 正712
近衛づかさ大將 宇津 正712
近衛のみかど 宇津 正712
近衛の中少將 源氏 正845
近衛の中將 源氏 正845
近衛御門 枕冊 正779
業 本朝 正528
業因 本朝 正528
業塵 本朝 正528
業報 本朝 正528
業 宇津 正713
甲虫 本朝 正528
劫 本朝 正528
劫殺 文選 正199
劫殺す 文選 正199
劫塵 本朝 正528
劫石 本朝 正528
劫還* 文選 正199
勤求す 法華 正420
勤行す 法華 正420
勤修す 本朝 正528
近衛 本朝 正529
近衛大將 本朝 正529
近衛中將 本朝 正529
近衛府 伊勢 正649
今年 宇津 正713
金銀 宇津 正713
金鼓 宇津 正713
金鼓 枕冊 正779
金光明 本朝 正528
金光明經 本朝 正528
金剛 法華 正420
金剛 本朝 正528
金剛 白氏 續349
金剛界 本朝 正528
金剛杵 本朝 正528
金剛三昧 白氏 續349
金剛三昧經 白氏 續349
金剛子 源氏 正845
金剛珠 本朝 正528
金剛大師 宇津 正713
金剛奴 白氏 續349
金剛般若 源氏 正845
金剛般若波羅密經 白氏 續349
金剛般若經 本朝 正528
金剛輪 本朝 正528
金剛鈴 本朝 正528
金剛劔 本朝 正528
金剛壽命經 本朝 正528
金剛經 白氏 續349
金色 法華 正420
金色 本朝 正528
金色 宇津 正713
金青 竹取 正636
金輪 本朝 正528
金輪聖主 本朝 正528
建立 本朝 正528
建立す 本朝 正528
権のかみ 宇津 正713
権のすけ 宇津 正713
権の守 枕冊 正779
権少將 宇津 正713
権大納言 宇津 正713
権大納言 枕冊 正779
権大納言殿 宇津 正713
権大納言殿 枕冊 正779

権大夫 枕冊 正779
権中納言 宇津 正713
権中納言 枕冊 正779
権中納言のあそん 宇津 正713
権中將 枕冊 正779
言語 法華 正420
今世 法華 正420
今生 本朝 正528
今日 法華 正420
今日 本朝 正528
今夜 法華 正420
困 白氏 續348
困す 白氏 續348
困窮す 論語 正60
困窮す 本朝 正528
困窮す 白氏 續348
困極 白氏 續348
困苦 白氏 續348
困苦す 白氏 續348
困死 白氏 續348
困厄 法華 正420
困竭 白氏 續348
困竭す 白氏 續348
困す 文選 正199
困畏 文選 正199
困乏 文選 正199
困蒙 文選 正199
困躓す 文選 正199
困偪擒獲す 文選 正199
坤 文選 正199
坤 白氏 續348
坤維 文選 正199
坤維 本朝 正528
坤儀 本朝 正529
坤儀 白氏 續348
坤義 文選 正199
坤元 文選 正199
坤元録 枕冊 正779
坤珍 文選 正199
坤方 白氏 續348
坤靈 文選 正199
墾田 本朝 正529
婚 文選 正199
婚 白氏 續348
婚す 論語 正60
婚す 文選 正199
婚す 白氏 續348
婚姻 文選 正199
婚姻 白氏 續348
婚姻す 白氏 續348
婚嫁 白氏 續348
婚嫁す 白氏 續348
婚義 白氏 續348
婚仕 白氏 續348
婚嗣 白氏 續348
婚書 白氏 續348
婚親 文選 正199
婚戚 白氏 續348
婚族 文選 正199
婚娶 白氏 續348
婚媾 文選 正199
婚媾 白氏 續348
婚禮 白氏 續348
恨恨 文選 正200
恨詞 白氏 續349
懇款* 本朝 正529
懇苦 白氏 續349
懇懇 文選 正200
懇誠 本朝 正529
懇誠 白氏 續349
懇請 本朝 正529
懇切 本朝 正529
懇切 白氏 續349
懇衷 本朝 正529
懇篤 本朝 正529
懇念 本朝 正529
懇迫 白氏 續349
懇望 本朝 正529
懇惻 白氏 續349
懇惻鬱悼す 白氏 續349
懇懷 白氏 續349
懇發す 文選 正200
懇讓 白氏 續349
懇辭 白氏 續349
懇欵 白氏 續349
懇禱 白氏 續349
昏 文選 正200
昏 白氏 續349
昏す 白氏 續349
昏姻 文選 正200
昏虐 文選 正200
昏狂 白氏 續349
昏黒 白氏 續349
昏昏 白氏 續349
昏昏然 白氏 續349
昏作 文選 正200
昏弱 文選 正200
昏主 文選 正200
昏鐘 白氏 續349
昏情 文選 正200
昏睡 白氏 續349
昏睡す 白氏 續349
昏衰 白氏 續349
昏聖 白氏 續349
昏然 白氏 續349
昏早 白氏 續349
昏旦 文選 正200
昏旦 本朝 正529
昏旦 白氏 續349
昏寵 文選 正200
昏煩 白氏 續349
昏風 文選 正200
昏閉す 白氏 續349
昏明 文選 正200
昏明 白氏 續349
昏迷す 文選 正200
昏惑 白氏 續349
昏惑す 文選 正200
昏亂 白氏 續349

昏亂す　文選　正200
昏亂す　白氏　續349
昏晝　白氏　續349
昏曉　白氏　續349
昏耄　白氏　續349
昏耄す　白氏　續349
昏衢　本朝　正529
昏霾　文選　正200
昏墊　文選　正200
昏墊す　白氏　續349
昆　文選　正200
昆夷　文選　正200
昆夷　白氏　續349
昆季　白氏　續349
昆吾　文選　正200
昆吾　本朝　正529
昆戎　文選　正200
昆石　本朝　正529
昆虫　白氏　續349
昆弟　論語　正60
昆弟　文選　正200
昆弟　白氏　續349
昆命　白氏　續349
昆明　文選　正200
昆明　白氏　續349
昆明池　文選　正200
昆陽　文選　正200
昆蟲　文選　正200
昆蟲　白氏　續349
昆鄰　文選　正200
昆鷄　文選　正200
昆德　文選　正200
昆蚑　文選　正200
昆駼　文選　正200
根　法華　正420
根　白氏　續349
根援　文選　正200
根株　白氏　續349
根基　白氏　續349
根源　本朝　正529
根源　白氏　續349
根性　白氏　續349
根生　文選　正200
根萌　文選　正200
根本　白氏　續349
根柢　文選　正200
根蔕　白氏　續349
根荄　本朝　正529
根荄　白氏　續349
根蕟　白氏　續349
混す　文選　正200
混す　本朝　正529
混す　白氏　續349
混一　文選　正200
混一　白氏　續349
混元　白氏　續349
混合　白氏　續349
混混　文選　正200
混澄　白氏　續349
混成　文選　正200
混成す　文選　正200
混然　白氏　續349
混濁　文選　正200
混同す　文選　正200
混同す　白氏　續349
混沌　本朝　正529
混沌　白氏　續349
混本　本朝　正529
混迷　本朝　正529
混乱　本朝　正529
混淆す　文選　正200
混茫　文選　正200
混并す　文選　正200
痕際　本朝　正529
痕跡　本朝　正529
紺　論語　正60
紺　文選　正199
紺青　法華　正420
紺青　宇津　正713
紺青　蜻蛉　正748
紺地　源氏　正845
紺頂　本朝　正528
紺綿　宇津　正713
紺瑠璃　本朝　正528
紺瑠璃　宇津　正713
紺瑠璃　源氏　正845
魂　本朝　正528
魂　白氏　續350
䰟　文選　正200
䰟魄*　白氏　續350
魂影　白氏　續350
魂神　白氏　續350
魂夢　白氏　續350
魂輿　文選　正200
魂魄　文選　正200
魂魄　本朝　正528
魂魄　白氏　續350
⿰犭軍子　文選　正200
金銅　宇津　正713
菎蔽　文選　正200
嚴淨　法華　正420
崑岡　文選　正199
崑岳　文選　正199
崑玉　文選　正199
崑山　文選　正199
崑山　本朝　正529
崑崙　文選　正199
崑崙　本朝　正529
崑閬　本朝　正529
悃款*　本朝　正529
悃情　本朝　正529
悃誠　文選　正200
悃誠　本朝　正529
悃誠　白氏　續349
悃悃款款　文選　正200
悃懷　本朝　正529
悃欵　白氏　續349
伊豫權守　本朝　正529
近江權介　本朝　正529
近江權大掾　本朝　正529

周防權介　本朝　正529
周防權守　本朝　正529
出雲權守　本朝　正529
常陸權介　本朝　正529
大藏權大輔　本朝　正529
丹波權守　本朝　正529
内藏權頭　本朝　正529
熱田權現　本朝　正529
播磨權守　本朝　正529
尾張權守　本朝　正529
美作權守　本朝　正529
美濃權守　本朝　正529
權化　本朝　正529
權貴　本朝　正529
權佐　本朝　正529
權者　本朝　正529
權制　本朝　正529
權僧正　本朝　正529
權大納言　源氏　正845
權大納言殿　源氏　正845
權大輔　本朝　正529
權中納言　本朝　正529
權中納言　源氏　正845
權中納言の朝臣　源氏　正845
權中將　源氏　正845
權扉　本朝　正529
權實　本朝　正529
權實教　本朝　正529
混(人名)　文選　正200
渾鐵　白氏　續349
渾す　文選　正200
渾す　本朝　正529
渾一　文選　正200
渾金　白氏　續349
渾元　文選　正200
渾敦　文選　正200
渾沌　文選　正200
渾渾　文選　正200
渾濩　文選　正200
溷章　文選　正200
溷濁　文選　正200
溷濁す　文選　正200
溷埃　本朝　正529
溷淆す　文選　正200
焜黄　文選　正200
狠悍　白氏　續349
緡　白氏　續349
袞　白氏　續349
袞(人名)　白氏　續349
袞(地名)　白氏　續349
袞職　白氏　續349
袞服　白氏　續349
袞斂　白氏　續349
衮　文選　正200
衮冕　本朝　正529
衮等　本朝　正529
衮職　本朝　正529
鯀　文選　正200
鯤　文選　正200
鯤　白氏　續350
鯤魚　文選　正200
鯤鵬蜩鷃　白氏　續350
鯤鱗　文選　正200
鯤鮞　文選　正200
鶤鵠　文選　正200
焜煌　文選　正200
兗司　文選　正200
兗州　文選　正200
兗徐　文選　正200
兗章　文選　正200
兗職　文選　正200
兗土　文選　正200
兗服　文選　正200
兗邑　文選　正200
兗龍　文選　正200
兗豫　文選　正200
兗冕　文選　正200
崐陰　本朝　正529
崐岳　本朝　正529
崐丘　白氏　續348
崐山　文選　正199
崐峯　文選　正199
崐陽亭　白氏　續349
崐墟　文選　正199
崐崘　文選　正200
崐閬　文選　正200
崐閬　白氏　續349
昏明　本朝　正529
昏曚　本朝　正529
琨　文選　正200
琨瑤　文選　正200
緄　白氏　續349
緄珮　文選　正200
閫　文選　正200
閫宇　文選　正200
閫外　文選　正200
閫外　本朝　正529
閫外　白氏　續350
閫寄　白氏　續350
閫術　文選　正200
閫職　白氏　續350
閫鎮　白氏　續350
閫旄　白氏　續350
閫閾　文選　正200
閫闈　文選　正200
閽寺　文選　正200
閽寺　白氏　續350
閽者　文選　正200
閽人　論語　正60
閽閥　白氏　續350
閽闥　文選　正200
髡首　文選　正200
鵾　白氏　續350
鵾絃　本朝　正529
鵾鴻　文選　正200
鵾鷺　文選　正200
鵾鵬　白氏　續350
鵾雞　文選　正200
鵾鸖　文選　正200

【さ】

さが院の女御　宇津　正714
さかの院　源氏　正846
さきの右近の將監　源氏　正846
さきの朱雀院　源氏　正846
さきの帥　宇津　正714
さきの内侍のかんの君　源氏　正846
さくらの宴　源氏　正846
さしも様　源氏　正846
さねかたの兵衛左　枕冊　正779
さねたゞの卿　宇津　正714
さねたゞの宰相　宇津　正714
さぶらひの別當　宇津　正714
さふらひ困し　源氏　正846
さまたけ様　源氏　正846
さ様　宇津　正714
さ様　枕冊　正779
さ様　源氏　正846
さ様　蜻蛉　正748
些些　白氏　續350
兼佐　白氏　續350
佐　文選　正200
佐　白氏　續350
佐衛す　白氏　續350
佐郡　白氏　續350
佐相　白氏　續350
佐輔　白氏　續350
佐命　文選　正200
佐用す　白氏　續350
佐理　白氏　續350
佐宦　白氏　續350
嵯峨　文選　正200
嵯峨　本朝　正529
嵯峨の院　宇津　正714
左　白氏　續350
左驥　文選　正201
左悺　文選　正201
左す　本朝　正529
左右　文選　正201
左右　法華　正420
左右　本朝　正529
左右　白氏　續350
左右　枕冊　正779
左右　源氏　正846
左右す　本朝　正529
左右す　白氏　續350
左右なく　枕冊　正779
左右のおとゞ　宇津　正714
左右のおほとの　宇津　正714
左右のつかさ　宇津　正714
左右の近衛つかさ　宇津　正714
左右の大將　宇津　正714
左右の中將　宇津　正714
左右衛門　本朝　正529
左右衛門尉　宇津　正714
左右衛門佐　枕冊　正779
左右近　宇津　正713
左右近衛　本朝　正529
左右近衛　源氏　正846
左右近衛のつかさ　宇津　正713
左右近衛大將　宇津　正714
左右庶子　白氏　續350
左右大臣　本朝　正529
左右大臣　源氏　正846
左右大弁　宇津　正714
左右大將　枕冊　正779
左右大將　源氏　正846
左右馬　本朝　正529
左右馬寮　本朝　正529
左右臺　白氏　續350
左羽林衛將軍　白氏　續350
左衛騎曹參軍　白氏　續351
左衛上將軍　白氏　續351
左衛曹參軍　白氏　續351
左衛門　宇津　正714
左衛門　源氏　正847
左衛門のかうの殿　宇津　正714
左衛門のかみ　宇津　正714
左衛門のかみ　蜻蛉　正748
左衛門のかみ　枕冊　正779
左衛門のかみのきみ　宇津　正714
左衛門のすけのきみ　宇津　正714
左衛門のつかさ　源氏　正847
左衛門のめのと　源氏　正847
左衛門の佐との　宇津　正714
左衛門の陣　宇津　正714
左衛門の大夫　源氏　正847
左衛門の非遺尉　宇津　正714
左衛門尉　本朝　正530
左衛門尉　宇津　正714
左衛門尉のきみ　宇津　正714
左衛門尉のりみつ　枕冊　正779
左衛門尉権佐　本朝　正530
左衛門佐　宇津　正714
左衛門陣　枕冊　正779
左衛門大夫　宇津　正714
左衛門大夫　枕冊　正779
左衛門督　本朝　正530
左衛門督　源氏　正847
左箇　本朝　正529
左轄　白氏　續350
左監門　本朝　正529

左眼 本朝 正529
左記室 文選 正201
左丘 文選 正201
左丘明 論語 正60
左丘明 文選 正201
左丘明 本朝 正529
左京 本朝 正529
左京 枕冊 正779
左京の君 枕冊 正779
左京の督 宇津 正714
左京太夫 本朝 正529
左京大夫 源氏 正846
左近 宇津 正714
左近 源氏 正846
左近のつかさ 枕冊 正779
左近のめのと 宇津 正714
左近の尉 宇津 正714
左近の少將 源氏 正846
左近の少將との 源氏 正846
左近の頭の少將 宇津 正714
左近の命婦 源氏 正846
左近の將監 源氏 正846
左近ら 宇津 正714
左近衛權少將 本朝 正529
左近衛權中將 本朝 正529
左近衛少將 本朝 正529
左近衛大將 本朝 正529
左近衛大將 宇津 正714
左近衛中將 本朝 正529
左近衛中將たち 宇津 正714
左近少將 宇津 正714
左近大將 本朝 正529
左近大將 宇津 正714
左近中將 宇津 正714
左近中將 源氏 正846
左金吾 白氏 續350
左金吾衛大將軍 白氏 續350
左金吾衛大將軍員外置同正員 白氏 續350
左金吾衛將軍員外置 白氏 續350
左賢 文選 正201
左賢王 文選 正201
左元放 本朝 正529
左言 文選 正201
左言す 文選 正201
左呉 文選 正201
左校 文選 正201
左綱 白氏 續350
左降 白氏 續350
左降す 白氏 續350
左降人 本朝 正529
左散騎常侍 白氏 續350
左司 白氏 續350
左司禦率府長史 白氏 續350
左司郎中 白氏 續351
左史 白氏 續351
左史倚相 文選 正201
左思 白氏 續351
左氏 文選 正201
左氏 白氏 續351
左氏(人名・書名) 文選 正201
左氏丘明 文選 正201
左氏春秋 文選 正201
左車 文選 正201
左車 本朝 正529
左拾遺 白氏 續351
左拾遺翰林學士 白氏 續351
左庶子 白氏 續351
左少史 本朝 正529
左少丞 本朝 正530
左少弁 本朝 正530
左丞 白氏 續351
左丞相 文選 正201
左丞相 本朝 正529
左丞相 白氏 續351
左神策軍赴行營正將試太常卿 白氏 續351
左神武將軍 白氏 續351
左親衛 本朝 正529
左戚 本朝 正530
左遷す 本朝 正530
左遷す 白氏 續351
左曹 白氏 續350
左相 本朝 正529
左相 白氏 續351
左相府 本朝 正529
左足 白氏 續351
左太沖 文選 正201
左大史 本朝 正530
左大尚書 本朝 正530
左大臣 本朝 正530
左大臣 宇津 正714
左大臣のおとゞ 宇津 正714
左大臣殿 宇津 正714
左大弁 本朝 正530
左大弁 宇津 正714
左大弁 枕冊 正779
左大弁 源氏 正846
左大弁どの 宇津 正714
左大弁の君 宇津 正714
左大弁の殿 宇津 正714
左大將 宇津 正714
左大將 源氏 正846
左大將のあそん 宇津 正714
左大將のおとゞ 宇津 正714
左大將のぬし 宇津 正714
左大將の君 宇津 正714
左大將殿 宇津 正714
左大將殿 源氏 正846

左馳す 文選 正201
左中弁 源氏 正846
左中辨 本朝 正530
左中將 枕冊 正779
左長史 文選 正201
左的 文選 正201
左典廐 本朝 正530
左道 白氏 續351
左納言 白氏 續351
左府殿下 本朝 正530
左武衛 本朝 正530
左武衛 白氏 續351
左武衛大將軍員外置同正員 白氏 續351
左武衛藤相公 本朝 正530
左武衛兵曹 白氏 續351
左武衛將軍 本朝 正530
左武衛將軍 白氏 續351
左兵衛のかみ 源氏 正846
左兵衛尉 宇津 正714
左兵衛佐 宇津 正714
左兵衛督 本朝 正530
左補闕 白氏 續351
左輔 白氏 續351
左僕射 文選 正201
左僕射 本朝 正530
左僕射 白氏 續351
左龍 本朝 正530
左論德 白氏 續351
左傳 論語 正60
左傳 文選 正201
左圓右方 本朝 正530
左宦 白氏 續350
左將軍 文選 正201
左帶 文選 正201
左廣 白氏 續350
左掖 白氏 續350
左揆 白氏 續350
左纛 文選 正201
左脛 白氏 續350
左藏庫 白氏 續350
左袵 白氏 續351
左貂 文選 正201
左貂 白氏 續351
左贊善大夫 白氏 續350
左轉 本朝 正530
左轉す 文選 正201
左轉す 本朝 正530
左轉す 白氏 續351
左闉 白氏 續351
左馮 白氏 續351
左馮翊 白氏 續351
左驍衛上將軍 白氏 續350
左驍衛將軍 白氏 續350
左右 宇津 正713
左京 蜻蛉 正748
左(さ)京の尉 枕冊 正779
左中辨 伊勢 正649
左兵衛 伊勢 正649
差 白氏 續351
差す 本朝 正530
差す 白氏 續351
差す 宇津 正714
差科 白氏 續351
差税 白氏 續351
差池 白氏 續351
差別 本朝 正530
差別 白氏 續351
差忒す 白氏 續351
査 文選 正201
査下 文選 正201
沙 文選 正201
沙 本朝 正530
沙 白氏 續351
沙雨 本朝 正530
沙雨 白氏 續351
沙煙 本朝 正530
沙苑 白氏 續352
沙界 文選 正201
沙界 本朝 正530
沙界 白氏 續351
沙涯 本朝 正530
沙岸 文選 正201
沙鏡 文選 正201
沙金 本朝 正530
沙金 白氏 續351
沙月 本朝 正530
沙湖 白氏 續351
沙塞 文選 正201
沙鹿 白氏 續352
沙洲 白氏 續351
沙渚 文選 正201
沙場 文選 正201
沙塵 文選 正201
沙塵 白氏 續351
沙石 文選 正201
沙石 本朝 正530
沙草 白氏 續351
沙汰 本朝 正530
沙汰す 白氏 續351
沙陀突厥 白氏 續351
沙鶴 白氏 續351
沙堤 白氏 續351
沙汀 白氏 續351
沙頭 本朝 正530
沙頭 白氏 續351
沙鴇 文選 正201
沙漠 文選 正201
沙版 文選 正201
沙風 本朝 正530
沙面 本朝 正530
沙門 文選 正201
沙門 本朝 正530
沙門 白氏 續351
沙弥 本朝 正530
沙弥等 本朝 正530
沙羅 本朝 正530
沙羅林 本朝 正530
沙路 白氏 續351
沙浪 本朝 正530

沙麓　白氏　續351
沙哥　白氏　續351
沙嶼　文選　正201
沙棠　文選　正201
沙礫　文選　正201
沙邊　白氏　續351
沙塸　文選　正201
沙汭　文選　正201
沙隄　白氏　續351
沙鷗　本朝　正530
沙鷗　白氏　續351
娑婆　本朝　正529
娑婆世界　本朝　正529
砂崖　本朝　正530
砂磧　本朝　正530
砂礫　白氏　續352
詐　白氏　續352
詐人　白氏　續352
詐僞　文選　正201
詐僞　白氏　續352
鎖し　蜻蛉　正748
鎖し　源氏　正846
鎖す　白氏　續352
鎖す　枕冊　正779
鎖碎　白氏　續352
坐　文選　正200
坐　白氏　續350
坐す　論語　正60
坐す　文選　正200
坐す　法華　正420
坐す　本朝　正529
坐す　白氏　續350
坐右　白氏　續350
坐臥　文選　正200
坐臥　本朝　正529
坐臥す　文選　正200
坐客　文選　正200
坐客　白氏　續350
坐隅　文選　正200
坐作　文選　正200
坐車　白氏　續350
坐談　文選　正200
坐中　論語　正60
坐念　白氏　續350
坐部　白氏　續350
坐亡　白氏　續350
坐忘　白氏　續350
坐處　法華　正420
坐嘯　文選　正200
坐嘯す　文選　正200
坐禪　法華　正420
坐禪　白氏　續350
坐禪す　法華　正420
坐禪す　白氏　續350
坐卧　白氏　續350
坐卧す　白氏　續350
御座　宇津　正713
御座　源氏　正845
座　法華　正420
座　本朝　正530
座　白氏　續351
座　宇津　正713
座　源氏　正845
座し　宇津　正714
座右　本朝　正530
座右　白氏　續351
座右銘　文選　正200
座客　白氏　續351
座隅　白氏　續351
座左　文選　正201
座左銘　本朝　正530
座主　本朝　正530
座主　宇津　正714
座主　源氏　正846
座主侍郎　白氏　續351
座上　本朝　正530
座上　白氏　續351
座席　本朝　正530
座前　白氏　續351
座中　白氏　續351
座容　本朝　正530
座莚　本朝　正530
挫敗す　白氏　續351
御作法　源氏　正846
御作法　源氏　正846
佐　本朝　正529
佐命　本朝　正529
佐職　本朝　正529
作業　本朝　正529
作法　蜻蛉　正748
作法　枕冊　正779
作法　源氏　正846
作法とも　源氏　正846
舎利　宇津　正714
紗　本朝　正530
紗　白氏　續352
紗巾　白氏　續352
紗袴　白氏　續352
紗窓　白氏　續352
紗燈　本朝　正530
紗燈　白氏　續352
紗帽　白氏　續352
紗籠　本朝　正530
紗籠　白氏　續352
紗牕　白氏　續352
邪気　宇津　正714
邪氣　源氏　正846
蓬脆　文選　正201
嗟　白氏　續350
嗟す　白氏　續350
嗟嘆　白氏　續350
嗟嘆す　本朝　正529
嗟嘆悲啼す　白氏　續350
嗟歎　白氏　續350
嗟歎す　文選　正200
嗟嗟　白氏　續350
嗟稱す　文選　正200
嗟跎　文選　正201
娑婆　宇津　正714
娑婆　源氏　正846

娑娑　文選　正200
嵳峩　文選　正200
嵳峩　白氏　續350
槎枿　文選　正201
樝棃　文選　正201
瑣　白氏　續352
瑣屑　白氏　續352
瑣細　白氏　續352
瑣窻　文選　正201
瑣微　白氏　續352
瑣劣　白氏　續352
瑣瑣　白氏　續352
瑣瑣焉　文選　正201
瑣蛣　文選　正201
瑣闥　白氏　續352
磋す　論語　正60
莎　白氏　續352
莎臺　白氏　續352
莎雞　文選　正201
蹉跎　白氏　續352
蹉跎す　文選　正201
蹉跎　本朝　正530
蹉跎す　本朝　正530
蹉跎す　白氏　續352
釋迦　源氏　正846
釋迦牟尼仏弟子
　源氏　正846
釵　白氏　續352
釵子　伊勢　正649
鯊鱠　文選　正201
麝香　宇津　正714
麝香ども　宇津　正714
挲婆　白氏　續351
璅々　本朝　正530
璅々焉　本朝　正530
璅焉　本朝　正530
璅闥　白氏　續352
痤疽　白氏　續352
鏁　白氏　續352
鏁す　本朝　正530
鏁す　白氏　續352
鏁寛　白氏　續352
鏁閉す　白氏　續352
鏁籠　白氏　續352
髽首　文選　正201
魦鰡　文選　正201
傞　白氏　續352
傞野　本朝　正530
澯扉　本朝　正531
債　白氏　續352
債負　白氏　續352
債負す　白氏　續352
催促　白氏　續352
催馬楽　宇津　正713
相催促す　白氏　續352
再駕　文選　正201
再三　文選　正201
再三　本朝　正530
再三　白氏　續352
再三す　白氏　續352
再三拜す　白氏　續352
再叱す　白氏　續352
再宿す　白氏　續352
再生　本朝　正530
再全　本朝　正530
再造　文選　正201
再誕　本朝　正530
再中　白氏　續352
再入　本朝　正530
再稔　白氏　續352
再命　白氏　續352
再露　本朝　正530
再亂　白氏　續352
再會　白氏　續352
再實　本朝　正530
再拜　文選　正201
再拜　本朝　正530
再拜　白氏　續352
再拜す　論語　正60
再拜す　文選　正201
再拜す　白氏　續352
再拜頓首す　本朝　正530
再擧す　文選　正201
再辭す　白氏　續352
最　文選　正202
最　本朝　正531
最　白氏　續354
最愛　宇津　正713
最愛す　白氏　續354
最鳥　白氏　續354
最遠　白氏　續355
最下　文選　正202
最後　法華　正420
最後　白氏　續354
最高　白氏　續354
最高頂　白氏　續354
最初　法華　正420
最初　蜻蛉　正748
最初　枕冊　正779
最勝　法華　正420
最勝　本朝　正531
最勝　白氏　續355
最勝王経　宇津　正713
最勝王經經　源氏　正846
最小　法華　正420
最少　本朝　正531
最上　法華　正420
最上　白氏　續355
最上乗　白氏　續355
最大　法華　正420
最長　白氏　續355
最弟　本朝　正531
最要　白氏　續354
最靈　白氏　續355
塞　文選　正201
塞　白氏　續352
塞外　文選　正201
塞外　本朝　正530
塞垣　白氏　續352
塞月　白氏　續352

塞江 白氏 續352
塞鴻 白氏 續352
塞上 本朝 正530
塞絶 白氏 續352
塞草 文選 正201
塞北 文選 正201
塞門 文選 正201
塞門 白氏 續352
塞門(地名) 白氏 續352
塞藍 白氏 續352
塞路 白氏 續352
塞蘆子 白氏 續352
塞鴈 白氏 續352
賽 源氏 正845
妻 宇津 正713
妻子 法華 正420
妻子 宇津 正713
妻子 源氏 正846
御宰相のめのと
源氏 正846
宰 文選 正201
宰 本朝 正530
宰 白氏 續352
宰* 論語 正60
宰*我 論語 正60
宰*予 論語 正60
宰我 白氏 續352
宰割す 文選 正201
宰官 白氏 續352
宰衡 文選 正201
宰守 本朝 正530
宰臣 文選 正201
宰臣 白氏 續352
宰相 文選 正201
宰相 白氏 續352
宰相 宇津 正713
宰相 蜻蛉 正748
宰相 枕冊 正779
宰相 源氏 正846
宰相ぬし 宇津 正713
宰相のあそん 宇津 正713
宰相のおもと 宇津 正713
宰相のめのと 源氏 正846
宰相の君 宇津 正713
宰相の君 枕冊 正779
宰相の君 源氏 正846
宰相の中將 宇津 正713
宰相の中將 源氏 正846
宰相の中將の君
宇津 正713
宰相の中將忠信
枕冊 正779
宰相中納言 宇津 正713
宰相中將 枕冊 正779
宰相中將たち 宇津 正713
宰相中將殿 枕冊 正779
宰相殿 宇津 正713
宰相殿 源氏 正846
宰庭 文選 正201
宰府 文選 正201
宰府 本朝 正530
宰府 白氏 續352
宰輔 文選 正201
宰輔 白氏 續352
宰牧 白氏 續352
宰邑 白氏 續352
宰旅 白氏 續352
宰嚭 文選 正201
彩 文選 正201
彩 白氏 續353
彩雲 本朝 正530
彩雲 白氏 續353
彩女 文選 正201
彩章 文選 正201
彩色 文選 正201
彩色 本朝 正530
彩翠 白氏 續353
彩制 文選 正201
彩船 白氏 續354
彩筆 白氏 續354
彩鳳 本朝 正530
彩毛 白氏 續354
彩牋 白氏 續354
彩箋 白氏 續354
彩繪 白氏 續353
崔温 文選 正201
御才 宇津 正714
才 論語 正60
才 遊仙 正91
才 文選 正201
才 本朝 正530
才 白氏 續354
才 宇津 正714
才す 文選 正201
才ども 宇津 正714
才のおとこ 宇津 正714
才のめぐらしぶみ
宇津 正714
才位 白氏 續354
才華 本朝 正530
才華 白氏 續354
才学 源氏 正845
才冠 本朝 正530
才幹 白氏 續354
才伎 本朝 正530
才器 遊仙 正91
才器 白氏 續354
才義 文選 正201
才業 白氏 續354
才賢 文選 正201
才行 白氏 續354
才士 文選 正201
才士 本朝 正530
才子 文選 正201
才子 本朝 正530
才子 白氏 續354
才志 白氏 續354
才思 白氏 續354
才識 白氏 續354
才質 白氏 續354

才儒　本朝　正531
才淑　文選　正201
才術　白氏　續354
才情　遊仙　正91
才情　本朝　正531
才色　本朝　正531
才臣　文選　正201
才臣　本朝　正531
才臣　白氏　續354
才人　文選　正201
才人　本朝　正531
才人　白氏　續354
才人とも　源氏　正846
才操　本朝　正530
才知　論語　正60
才地　本朝　正531
才智　文選　正201
才智　本朝　正531
才智　白氏　續354
才調　白氏　續354
才哲　白氏　續354
才任す　文選　正201
才能　文選　正201
才能　白氏　續354
才武　文選　正201
才文　白氏　續354
才望　本朝　正531
才名　本朝　正531
才名　白氏　續354
才名乗り　宇津　正713
才命　白氏　續354
才用　本朝　正531
才用　白氏　續354
才理　白氏　續354
才良　白氏　續354
才力　論語　正60
才力　文選　正201
才力　白氏　續354
才麗　白氏　續354
才學　文選　正201
才學　本朝　正530
才氣　文選　正201
才畧　白氏　續354
才畫　白氏　續354
才鑑　本朝　正530
才藝　論語　正60
才藝　本朝　正530
才德　本朝　正531
才職　本朝　正531
採桑老　宇津　正713
採詩　本朝　正531
採詩　白氏　續354
採摘す　白氏　續354
採菱　文選　正202
採菱　白氏　續354
採訪使　白氏　續354
採用　本朝　正531
採蓮　白氏　續354
採蓮曲　白氏　續354
採蓮船　白氏　續354
採擇　本朝　正531
採錄　白氏　續354
栽制す　論語　正61
歳　法華　正420
済度　本朝　正531
災　文選　正202
災　文選　正202
災　本朝　正530
災　白氏　續355
災禍　白氏　續355
災害　文選　正202
災害　本朝　正530
災患　文選　正202
災危　白氏　續355
災凶　白氏　續355
災祥　白氏　續355
災毒　文選　正202
災罰　文選　正202
災旱　白氏　續355
災潦　白氏　續355
災蠹　文選　正202
災釁　文選　正202
災孽　文選　正202
災孽　白氏　續355
采　文選　正202
采　白氏　續354
采薐　文選　正202
采音　文選　正202
采采　文選　正202
采采　白氏　續354
采采粲粲　文選　正202
采詩　白氏　續354
采詩官　白氏　續354
采章　白氏　續354
采色　文選　正202
采造　白氏　續354
采抜す　文選　正202
采菱　文選　正202
采毛　文選　正202
采用　白氏　續354
采蘭　白氏　續354
采鱗　文選　正202
采旄　文選　正202
采椽　本朝　正531
采甄　文選　正202
采薇　文選　正202
采薇　白氏　續354
采薇(書名)　文選　正202
采掇　白氏　續354
采蘩　白氏　續354
犀角　文選　正201
犀革　文選　正201
犀渠　文選　正201
犀象　文選　正201
犀比　文選　正201
犀兕　文選　正201
犀犛　文選　正201
祭　白氏　續355
祭公　白氏　續355
祭服　論語　正60

祭服 白氏 續355
祭物 本朝 正531
祭文 本朝 正531
祭文 白氏 續355
祭文 枕冊 正779
祭祀 論語 正60
祭祀 白氏 續355
斎院 枕冊 正779
細工 宇津 正713
細工とも 源氏 正845
細末 法華 正420
菜 論語 正60
菜 文選 正202
菜 本朝 正531
菜 白氏 續355
菜園 本朝 正531
菜甲 白氏 續355
菜色 白氏 續355
菜食 論語 正61
菜羹 論語 正60
菜羹 本朝 正531
菜蔬 白氏 續355
菜蔬* 文選 正202
菜蔬す 論語 正61
裁 白氏 續355
裁す 論語 正61
裁す 文選 正202
裁す 本朝 正531
裁す 白氏 續355
裁錦 本朝 正531
裁種す 白氏 續355
裁植 白氏 續355
裁成 文選 正202
裁成 白氏 續355
裁成す 本朝 正531
裁成す 白氏 續355
裁成す 白氏 續355
裁製 白氏 續355
裁退*す 白氏 續355
裁服す 白氏 續355
裁縫 本朝 正531
裁縫す 本朝 正531
裁縫す 白氏 續355
裁糧 白氏 續355
裁糧す 白氏 續355
裁截す 白氏 續355
裁斷 白氏 續355
裁斷す 白氏 續355
裁襪 白氏 續355
載籍 文選 正202
載礼 本朝 正531
載祀 文選 正202
際 白氏 續356
際海 白氏 續356
際斷 白氏 續356
在位 文選 正201
在位 本朝 正530
在家 法華 正420
在家 白氏 續352
在五かものかたり 源氏 正845
在五中將 伊勢 正649
在五中將 源氏 正846
在在 法華 正420
在々 本朝 正530
在在處處 法華 正420
在在處處 白氏 續352
在三 文選 正201
在三 白氏 續352
在耳 白氏 續352
在舟 文選 正201
在所 本朝 正530
在世 法華 正420
在世 本朝 正530
在生 本朝 正530
在昔 文選 正201
在俗 本朝 正530
在朝 文選 正201
在天 白氏 續352
在納言 本朝 正530
在藩 本朝 正530
在處 白氏 續352
在學士 本朝 正530
在鄒 文選 正201
材 論語 正60
材 文選 正202
材 本朝 正531
材 白氏 續354
材瓦 文選 正202
材官 白氏 續354
材幹 文選 正202
材器 白氏 續354
材技 文選 正202
材術 白氏 續354
材臣 白氏 續354
材人 文選 正202
材能 文選 正202
材略 白氏 續354
材力 文選 正202
材力 白氏 續354
材木 宇津 正713
罪科 本朝 正531
罪過 論語 正60
罪過 本朝 正531
罪悔 白氏 續355
罪逆 白氏 續355
罪業 法華 正420
罪業 本朝 正531
罪業 宇津 正713
罪苦 白氏 續355
罪根 本朝 正531
罪坐 白氏 續355
罪障 本朝 正531
罪人 法華 正420
罪人 本朝 正531
罪人 白氏 續355
罪責 本朝 正531
罪梯 白氏 續355
罪報 法華 正420
罪報 本朝 正531

罪報　白氏　續355
罪戻　文選　正202
罪戻　白氏　續355
罪累　本朝　正531
財　文選　正202
財　本朝　正531
財　白氏　續355
財貨　論語　正61
財貨　本朝　正531
財貨　白氏　續355
財産　白氏　續355
財施　白氏　續355
財資　宇津　正713
財征　白氏　續355
財賦　文選　正202
財賦　白氏　續355
財物　論語　正61
財物　法華　正420
財物　白氏　續356
財幣　文選　正202
財幣　本朝　正531
財雄　文選　正202
財用　白氏　續356
財欲　白氏　續356
財利　文選　正202
財力　白氏　續356
財禄　本朝　正531
財寶　法華　正420
殺　白氏　續354
柴　論語　正60
柴桑　文選　正202
柴桑　白氏　續354
柴桑令　白氏　續354
柴荊　文選　正202
柴荊　白氏　續354
柴戸　白氏　續354
柴車　文選　正202
柴扉　白氏　續354
柴門　白氏　續354
柴籬　本朝　正531
西院　伊勢　正649
西王　蜻蛉　正748
西海王　本朝　正531
西極楽　本朝　正531
西国　宇津　正713
西府　本朝　正531
西方　法華　正420
西方浄土　宇津　正713
税蓄　本朝　正531
税帳　本朝　正531
卒　文選　正201
蓑蓑　白氏　續355
倅　白氏　續352
崔　文選　正201
崔　白氏　續352
崔娅　白氏　續353
崔員外　白氏　續353
崔家　白氏　續353
崔晦叔　白氏　續353
崔基　文選　正201
崔季珪　遊仙　正91
崔求　白氏　續353
崔卿　白氏　續353
崔君　白氏　續353
崔元式　白氏　續353
崔元備　白氏　續353
崔元備等　白氏　續353
崔湖州　白氏　續353
崔五　白氏　續353
崔御史　本朝　正530
崔侯　白氏　續353
崔公　遊仙　正91
崔公　白氏　續353
崔行儉　白氏　續353
崔閤　白氏　續353
崔鴻　白氏　續353
崔使君　白氏　續353
崔子　論語　正60
崔子　文選　正201
崔子王　本朝　正530
崔子玉　文選　正201
崔子玉　白氏　續353
崔氏　白氏　續353
崔氏等　白氏　續353
崔侍御　白氏　續353
崔侍郎　白氏　續353
崔侍郎晦叔　白氏　續353
崔字　白氏　續353
崔七　白氏　續353
崔舎人　白氏　續353
崔十八　白氏　續353
崔十八玄亮　白氏　續353
崔十八使君　白氏　續353
崔戎　白氏　續353
崔戎等　白氏　續353
崔女郎　遊仙　正91
崔少監　白氏　續353
崔少卿　白氏　續353
崔少尹　白氏　續353
崔承寵　白氏　續353
崔常侍　白氏　續353
崔常侍晦叔　白氏　續353
崔植　白氏　續353
崔晋　白氏　續353
崔清　白氏　續353
崔生　文選　正201
崔生　白氏　續353
崔先輩　白氏　續353
崔宣城　白氏　續353
崔善貞　白氏　續353
崔楚臣　白氏　續353
崔相　白氏　續353
崔相公　白氏　續353
崔存度　白氏　續353
崔大員外　白氏　續353
崔大守　白氏　續353
崔大夫閣老　白氏　續353
崔大夫駙馬　白氏　續353
崔杜　白氏　續353
崔二十員外　白氏　續353

崔二十四　白氏　續353
崔二十四舍人　白氏　續353
崔二十四常侍　白氏　續353
崔二十二　白氏　續353
崔二十二員外　白氏　續353
崔二十六先輩　白氏　續353
崔能　白氏　續353
崔馬　文選　正201
崔蕃　白氏　續353
崔蕃等　白氏　續353
崔評事　白氏　續353
崔賓客晦叔　白氏　續353
崔文子　本朝　正530
崔李　白氏　續353
崔李元庾　白氏　續353
崔陵　白氏　續353
崔郎中　白氏　續353
崔兒　白氏　續353
崔咸　白氏　續353
崔國輔　白氏　續353
崔尹　白氏　續352
崔嵬　文選　正201
崔嵬　本朝　正530
崔嵬　白氏　續353
崔巍　文選　正201
崔羣　白氏　續353
崔羣等　白氏　續353
崔墉　白氏　續353
崔琯　白氏　續353
崔琰　文選　正201
崔琰　白氏　續353
崔鄯　白氏　續353
崔駰　文選　正201
摧割す　文選　正202
摧傷す　文選　正202
摧折　白氏　續354
摧絶す　文選　正202
摧鋒敗績す　白氏　續354
摧滅す　法華　正420
摧落　白氏　續354
摧落す　文選　正202
摧壞す　白氏　續354
摧拔　文選　正202
摧攝す　白氏　續354
摧殘す　白氏　續354
摧藏す　文選　正202
摧頽す　文選　正202
摧頽す　白氏　續354
淬礪　白氏　續355
濟上人　白氏　續355
濟生　本朝　正531
濟度す　法華　正420
濟法師　白氏　續355
豺狼　本朝　正531
猜妬　白氏　續355
碎す　白氏　續355
碎金　本朝　正531
碎紅　白氏　續355
碎珠　白氏　續355
碎絲　白氏　續355
碎聲　白氏　續355
齋　白氏　續356
齋す　白氏　續356
齋院　源氏　正846
齋戒　文選　正202
齋戒　白氏　續356
齋戒す　白氏　續356
齋宮　白氏　續356
齋宮　宇津　正713
齋宮　源氏　正845
齋宮の女御　源氏　正845
齋居　白氏　續356
齋居す　白氏　續356
齋供　白氏　續356
齋栗す　白氏　續356
齋月　白氏　續356
齋後　白氏　續356
齋施　白氏　續356
齋時　白氏　續356
齋鐘　白氏　續356
齋心す　白氏　續356
齋心持念す　白氏　續356
齋堂　白氏　續356
齋用　白氏　續356
齋郎　白氏　續356
齋嚴諒直　白氏　續356
齋慄奔走す　白氏　續356
齋沐す　白氏　續356
齋莊　白氏　續356
綵　文選　正202
綵　白氏　續355
綵雲　本朝　正531
綵雲　白氏　續355
綵霞　本朝　正531
綵閣　文選　正202
綵紙　白氏　續355
綵吹　文選　正202
綵藻　文選　正202
綵殿　本朝　正531
綵虹　文選　正202
綵絲　白氏　續355
綵縷　本朝　正531
綵繩　白氏　續355
綵旍　文選　正202
蔡　論語　正61
蔡　白氏　續355
蔡冠　白氏　續355
蔡子　本朝　正531
蔡氏　本朝　正531
蔡州　白氏　續355
蔡州諸軍事　白氏　續355
蔡叔子　白氏　續355
蔡渡　白氏　續355
蔡澤　文選　正202
蔡邕　白氏　續355
豺虎　文選　正202
豺狼　文選　正202
豺狼　白氏　續355
豺獏　文選　正202
豺獺　白氏　續355

豺豕 文選 正202
豺兕 文選 正202
賽 枕冊 正779
釵子 宇津 正713
釵子 枕冊 正779
釵葶 白氏 續356
髽惈 文選 正202
齊 論語 正61
齊 本朝 正531
齊供 本朝 正531
齊如 論語 正61
齊房 本朝 正531
齊會 本朝 正531
齊肅 本朝 正531
寀寮 白氏 續356
綷疏 文選 正202
晬日 白氏 續354
漼 文選 正202
漼焉 文選 正202
灾 本朝 正530
灾 白氏 續355
灾異 本朝 正530
灾火 本朝 正530
灾害 本朝 正530
灾患 本朝 正530
灾變 本朝 正530
灾沴 本朝 正530
灾沴 白氏 續355
灾沵 本朝 正530
璀 白氏 續355
璀錯 本朝 正531
璀璨 白氏 續355
皠 白氏 續355
睉睚 文選 正202
磪嵬 文選 正202
縗 白氏 續355
縗す 白氏 續355
縗絰 文選 正202
縗麤 文選 正202
茝 文選 正202
茝香 文選 正202
茝若 文選 正202
蕞爾 文選 正202
躧步 文選 正202
焯燿 白氏 續359
桑 文選 正203
桑梓 文選 正203
桑梓 本朝 正531
桑梓 白氏 續358
桑間 文選 正203
桑間 白氏 續358
桑弧 白氏 續358
桑弘羊 文選 正203
桑弘羊 白氏 續358
桑穀 白氏 續358
桑漆 文選 正203
桑地 白氏 續358
桑竹 文選 正203
桑中 文選 正203
桑柘 文選 正203
桑田 白氏 續358
桑婦 文選 正203
桑麻 文選 正203
桑麻 白氏 續358
桑末 文選 正203
桑門 本朝 正531
桑野 文選 正203
桑葉 本朝 正531
桑落 白氏 續358
桑梨 白氏 續358
桑林 文選 正203
桑棗 白氏 續358
桑椹 白氏 續358
桑楡 文選 正203
桑楡 本朝 正531
桑楡 白氏 續358
桑樞 文選 正203
桑濮 文選 正203
桑蟲 白氏 續358
桑扈 文選 正203
御冊子 源氏 正846
冊子 枕冊 正779
冊子 源氏 正846
冊子とも 源氏 正846
御唱歌 宇津 正713
唱歌 宇津 正713
唱歌 源氏 正846
唱歌し 宇津 正713
唱歌し 源氏 正846
菖蒲 蜻蛉 正748
菖蒲 枕冊 正779
菖蒲 源氏 正846
菖蒲かさね 源氏 正846
菖蒲のかづら 枕冊 正779
象 法華 正420
象 本朝 正532
象 白氏 續361
象嵌 枕冊 正779
象棊 文選 正204
み障子 宇津 正713
み障子 源氏 正846
障子 宇津 正713
障子 蜻蛉 正748
障子 枕冊 正779
障子 源氏 正846
障子くち 源氏 正846
障子とも 源氏 正846
常不輕 源氏 正846
姓 宇津 正713
姓 枕冊 正779
み正身 宇津 正713
み正身 宇津 正714
正身 宇津 正714
正身 源氏 正846
御精進 源氏 正846
精進 宇津 正713
精進 蜻蛉 正748
精進 枕冊 正779
精進 源氏 正846
精進のもの 宇津 正714

精進物　土左　正659
精進物　源氏　正846
聖徳太子　源氏　正846
請し　源氏　正846
請しあへ　源氏　正846
請しいて　源氏　正846
請しおろし　源氏　正846
創す　白氏　續356
創夷　文選　正202
創刃　文選　正202
創藏　白氏　續356
創痏　文選　正202
双なしのぬし　枕冊　正779
叢育す　文選　正202
叢雲　文選　正202
叢菊　文選　正202
叢集　文選　正203
叢菅　文選　正203
叢薄　文選　正203
叢麻　文選　正203
叢木　文選　正203
叢蘭　文選　正203
叢林　文選　正203
叢條　文選　正203
叢棘　文選　正203
叢臺　文選　正203
叢雜　文選　正203
倉　文選　正202
倉　白氏　續356
倉廩　文選　正202
倉粟　白氏　續356
倉庫　文選　正202
倉庫　法華　正420
倉庚　文選　正202
倉曹參軍　白氏　續356
倉卒　文選　正202
倉卒　本朝　正531
倉卒　白氏　續356
倉天　文選　正202
倉部員外郎　白氏　續356
倉部郎中　白氏　續356
倉廩　文選　正202
倉廩　本朝　正531
倉廩　白氏　續356
倉囷　白氏　續356
喪*　白氏　續356
喪*す　白氏　續356
喪*期　白氏　續356
喪*紀　白氏　續356
喪*者　白氏　續356
喪*逝　白氏　續356
喪*馬　白氏　續356
喪*敗　白氏　續356
喪*亂　白氏　續356
喪*莝　白氏　續356
喪*莝令　白氏　續356
喪　論語　正61
喪　文選　正203
喪　白氏　續357
喪す　文選　正203
喪す　白氏　續357
喪家　文選　正203
喪家　本朝　正531
喪紀　白氏　續357
喪祭　論語　正61
喪祭　文選　正203
喪敗す　白氏　續357
喪服　論語　正61
喪服　文選　正203
喪亡　論語　正61
喪亡す　文選　正203
喪亂　文選　正203
喪亂す　文選　正203
喪柩　文選　正203
喪殯*　文選　正203
爽　本朝　正531
爽言　文選　正203
爽口　文選　正203
爽鳩　文選　正203
爽籟　文選　正203
爽籟　本朝　正531
爽德　文選　正203
爽塏　文選　正203
想　法華　正420
想　白氏　續357
想象す　文選　正203
想夫戀　源氏　正846
捜楊　遊仙　正91
掃市　白氏　續357
掃車　白氏　續357
掃除　文選　正203
掃除す　文選　正203
掃蕩　白氏　續357
掃掠す　白氏　續357
掃拂す　白氏　續357
掃盪す　文選　正203
操　文選　正203
操　本朝　正531
操　白氏　續357
操(人名)　文選　正203
操(人名)　白氏　續357
操割す　白氏　續357
操行　文選　正203
操行　白氏　續357
操執　白氏　續357
操州　白氏　續357
操張す　文選　正203
操履　白氏　續357
操袂　白氏　續357
早　文選　正202
早す　白氏　續357
早飲　白氏　續357
早陰　白氏　續357
早黄　白氏　續358
早夏　本朝　正531
早夏　白氏　續357
早禾　白氏　續357
早花　本朝　正531
早花　白氏　續357
早荷　白氏　續357

早寒 白氏 續357
早肝 本朝 正531
早興 白氏 續357
早光 白氏 續357
早香 白氏 續357
早歳 文選 正202
早歳 白氏 續358
早秋 白氏 續358
早出 白氏 續358
早春 本朝 正531
早春 白氏 續358
早衰 本朝 正531
早世 白氏 續358
早世す 白氏 續358
早霜 本朝 正531
早霜 白氏 續358
早速 本朝 正531
早茶 白氏 續358
早朝 文選 正202
早朝 白氏 續358
早潮 白氏 續358
早冬 白氏 續358
早熱 白氏 續358
早年 白氏 續358
早梅 本朝 正531
早梅 白氏 續358
早飯 白氏 續358
早晩 白氏 續358
早備 白氏 續358
早苗 白氏 續358
早風 白氏 續358
早涼 白氏 續358
早涼す 白氏 續358
早路 文選 正202
早辨す 白氏 續358
早夭 白氏 續357
早歟す 白氏 續358
早稻 白氏 續358
早筝 白氏 續358
早薙 本朝 正531
早蛩 白氏 續357
早衙 白氏 續357
早鶯 白氏 續357
早蟬 白氏 續358
御曹司 伊勢 正649
御曹司 蜻蛉 正748
御曹司 源氏 正846
曹 文選 正203
曹 本朝 正531
曹 白氏 續358
曹王 文選 正203
曹王 本朝 正531
曹家 白氏 續358
曹義 論語 正61
曹供奉 白氏 續358
曹局 本朝 正531
曹景宗 文選 正203
曹元首 文選 正203
曹呉 文選 正203
曹公 文選 正203
曹公又 白氏 續358
曹洪 文選 正203
曹剛 白氏 續358
曹司 本朝 正531
曹司 白氏 續358
曹司 伊勢 正649
曹司 蜻蛉 正748
曹司 源氏 正846
曹司まち 宇津 正714
曹司まち 源氏 正846
曹司曹司 源氏 正846
曹子建 文選 正203
曹子建 本朝 正531
曹氏 文選 正203
曹州 白氏 續358
曹署 白氏 續358
曹植 文選 正203
曹殖 遊仙 正91
曹爽 文選 正203
曹操 文選 正203
曹大家 遊仙 正91
曹大家 文選 正203
曹長 白氏 續358
曹長思 文選 正203
曹騰 文選 正203
曹馬 文選 正203
曹伯陽 文選 正203
曹府君 文選 正203
曹武 文選 正203
曹風 文選 正203
曹沫 文選 正203
曹沫 白氏 續358
曹陽 文選 正203
曹劉 文選 正203
曹丕 文選 正203
曹冏 白氏 續358
曹參 文選 正203
曹參 白氏 續358
曹廳 本朝 正531
曹掾 白氏 續358
曹溪 白氏 續358
曹譚 文選 正203
曹璠 白氏 續358
曹璠等 白氏 續358
み曹司 宇津 正714
曹司 宇津 正713
曹司し 宇津 正714
曹司々々 宇津 正714
槍纍 文選 正203
槽 白氏 續358
漕 文選 正203
漕運 白氏 續359
漕運職 白氏 續359
漕河 白氏 續359
漕渠 文選 正203
漕上 白氏 續359
漕務 白氏 續359
燥 白氏 續359
燥濕 文選 正203
燥濕 白氏 續359

瘦居古 白氏 續359
瘦仙 白氏 續359
み相 宇津 正713
相 文選 正204
相 法華 正420
相 本朝 正531
相 源氏 正846
相する 宇津 正714
相違 本朝 正532
相違す 本朝 正532
相応寺 土左 正659
相規 本朝 正531
相公 本朝 正532
相好 本朝 正531
相好 白氏 續359
相工 文選 正204
相思 白氏 續359
相者 本朝 正532
相謝す 文選 正204
相人 源氏 正846
相人とも 源氏 正846
相鼠 文選 正204
相鼠 本朝 正532
相続す 法華 正420
相如 文選 正204
相府 本朝 正532
相法 本朝 正532
相門 本朝 正532
相門 白氏 續359
相伴す 文選 正204
相傳 本朝 正532
相將 本朝 正532
相經 本朝 正532
相續す 本朝 正532
相隱 白氏 續359
窻螢 本朝 正532
窓下 白氏 續359
窓間 白氏 續359
窓戸 白氏 續359
窓紗 白氏 續359
窓前 白氏 續359
窓窓 白氏 續359
窓燈 白氏 續359
窓風 白氏 續359
糟 文選 正204
糟 白氏 續359
糟糠 白氏 續359
糟粕 本朝 正532
糟甕 白氏 續359
草 文選 正204
草 法華 正420
草 本朝 正532
草 白氏 續359
草 宇津 正713
草 枕冊 正779
草 源氏 正846
草かち 源氏 正846
草す 本朝 正532
草す 白氏 續359
草の本 源氏 正846
草庵 法華 正420
草庵 白氏 續359
草菴 本朝 正532
草煙* 白氏 續359
草仮名 宇津 正713
草仮名 枕冊 正779
草花 白氏 續359
草芽 白氏 續359
草芥 文選 正204
草茅 文選 正204
草間 文選 正204
草座 白氏 續359
草子とも 枕冊 正779
草詞 白氏 續359
草舎 白氏 續360
草舎す 文選 正204
草樹 本朝 正532
草樹 白氏 續360
草詔 白氏 續360
草色 白氏 續360
草聖 白氏 續360
草創 文選 正204
草創 本朝 正532
草創す 論語 正61
草創す 文選 正204
草創す 本朝 正532
草創す 白氏 續359
草奏 白氏 續360
草草 白氏 續359
草亭 遊仙 正91
草頭 白氏 續360
草堂 文選 正204
草堂 本朝 正532
草堂 白氏 續360
草堂記 白氏 續360
草風 白氏 續360
草奉す 本朝 正532
草昧 文選 正204
草昧 白氏 續360
草昧す 文選 正204
草蔓 白氏 續360
草木 論語 正61
草木 文選 正204
草木 法華 正420
草木 本朝 正532
草木 白氏 續360
草野 文選 正204
草野 白氏 續360
草履 白氏 續360
草隷 文選 正204
草露 文選 正204
草廬 文選 正204
草廬 白氏 續360
草澤 文選 正204
草澤 本朝 正532
草澤 白氏 續360
草縷 白氏 續360
草纓 本朝 正532
草茫茫 白氏 續360
草莽 文選 正204

草莽 本朝 正532
草莽 白氏 續360
草藥 源氏 正846
草螢 本朝 正532
草蟲 文選 正204
草蟲 白氏 續360
草鞋 宇津 正713
草綠 白氏 續360
草屨 白氏 續359
草萊 文選 正204
草萊 本朝 正532
草萊 白氏 續360
草岓 白氏 續359
荘 論語 正61
御葬送 源氏 正846
葬 白氏 續360
葬す 白氏 續360
葬事 白氏 續360
葬礼 本朝 正532
蒼 文選 正204
蒼 白氏 續360
蒼(人名) 白氏 續360
蒼煙 本朝 正532
蒼黄 白氏 續360
蒼華 白氏 續360
蒼角 白氏 續360
蒼栢 本朝 正532
蒼玉 白氏 續360
蒼梧 文選 正204
蒼梧 本朝 正532
蒼梧 白氏 續360
蒼江 文選 正204
蒼山 文選 正204
蒼山 白氏 續360
蒼色 文選 正204
蒼翠 白氏 續360
蒼生 文選 正204
蒼生 本朝 正532
蒼生 白氏 續360
蒼精 本朝 正532
蒼石 白氏 續360
蒼然 文選 正204
蒼然 白氏 續360
蒼蒼 文選 正204
蒼蒼 白氏 續360
蒼々 本朝 正532
蒼蒼然 白氏 續360
蒼蒼范范 白氏 續360
蒼苔 文選 正204
蒼苔 白氏 續360
蒼鷹 文選 正204
蒼天 文選 正204
蒼天 本朝 正532
蒼天白日 本朝 正532
蒼頭 本朝 正532
蒼頭 白氏 續360
蒼波 本朝 正532
蒼髪 白氏 續360
蒼龍 文選 正204
蒼龍(地名) 文選 正204
蒼浪 本朝 正532
蒼浪 白氏 續360
蒼垠 文選 正204
蒼夭 白氏 續360
蒼岑 文選 正204
蒼昊 文選 正204
蒼昊 本朝 正532
蒼旻 白氏 續360
蒼穹 本朝 正532
蒼穹 白氏 續360
蒼范 白氏 續360
蒼茫 文選 正204
蒼茫 白氏 續360
蒼莽 白氏 續360
蒼蠅 文選 正204
蒼蠅 本朝 正532
蒼靄 白氏 續360
蒼靈 文選 正204
蒼螭 文選 正204
蒼豨 文選 正204
蒼黄 文選 正204
藻 本朝 正532
藻 白氏 續361
藻鏡 白氏 續361
藻行 白氏 續361
藻思 本朝 正532
藻思 白氏 續361
藻鑒 本朝 正532
藻梲 白氏 續361
藻 文選 正204
藻 文選 正204
藻綷 文選 正204
藻す 文選 正204
藻井 文選 正204
藻詠 文選 正204
藻景 文選 正204
藻思 文選 正204
藻質 文選 正204
藻繡 文選 正204
藻舟 文選 正204
藻飾 文選 正204
藻服 文選 正204
藻麗 文選 正204
藻幄 文選 正204
藻翹 文選 正204
藻茆 文選 正204
藻扃 文選 正204
藻繢 文選 正204
おほん装束ども 宇津 正714
おほん装束 宇津 正714
装束き 宇津 正714
装束し 宇津 正714
装束ども 宇津 正714
装束 伊勢 正650
装束 宇津 正714
装束し 宇津 正714
装束たち 宇津 正714
装束まうけ 宇津 正714
装束をか 宇津 正714

霜鵶　文選　正204
霜威　本朝　正532
霜烏　白氏　續361
霜雨　文選　正204
霜雲　文選　正204
霜園　白氏　續361
霜科　本朝　正532
霜華　白氏　續361
霜簡　白氏　續361
霜菊　白氏　續361
霜月　白氏　續361
霜後　白氏　續361
霜根　文選　正204
霜枝　白氏　續361
霜樹　白氏　續361
霜松　本朝　正532
霜松　白氏　續361
霜杖　本朝　正532
霜刄　文選　正204
霜節　白氏　續361
霜雪　文選　正204
霜雪　本朝　正532
霜雪　白氏　續361
霜草　白氏　續361
霜竹　白氏　續361
霜蓄　文選　正204
霜鍔　文選　正204
霜庭　白氏　續361
霜鏑　文選　正204
霜天　白氏　續361
霜刀　白氏　續361
霜皮　白氏　續361
霜風　白氏　續361
霜蓬　白氏　續361
霜毛　文選　正204
霜毛　本朝　正532
霜毛　白氏　續361
霜夜　文選　正204
霜夜　白氏　續361
霜葉　本朝　正532
霜葉　白氏　續361
霜鱗　白氏　續361
霜露　文選　正205
霜露　白氏　續361
霜氣　文選　正204
霜氣　白氏　續361
霜珮　白氏　續361
霜艸　白氏　續361
霜艾　本朝　正532
霜虆　本朝　正532
霜霰　白氏　續361
霜鬢*　本朝　正532
霜鴈　文選　正204
霜筠　白氏　續361
霜紈　白氏　續361
霜翮　白氏　續361
霜翅　本朝　正532
霜鬒　白氏　續361
騷殺　文選　正205
騷擾す　文選　正205
騷人　文選　正205
騷騷　文選　正205
騷動き　源氏　正846
騷動す　文選　正205
像　本朝　正531
像　白氏　續356
像設　白氏　續356
像法　法華　正420
像法　白氏　續356
像法世　本朝　正531
像教　白氏　續356
造　白氏　續361
造す　白氏　續361
造伊勢豊受宮　本朝　正532
造化　文選　正204
造化　本朝　正532
造化　白氏　續361
造宮　本朝　正532
造作　本朝　正532
造作す　文選　正204
造作す　法華　正420
造作す　本朝　正532
造寺　本朝　正532
造次　論語　正61
造次　遊仙　正91
造次　文選　正204
造次　本朝　正532
造次　白氏　續361
造舟　文選　正204
造舟　本朝　正532
造新　文選　正204
造宣耀殿　本朝　正532
造塔　本朝　正532
造膝　文選　正204
造父　文選　正204
造物　文選　正204
造物　白氏　續361
造物者　白氏　續361
造立　本朝　正532
造立す　法華　正420
造立す　本朝　正532
造佛　本朝　正532
造寫　本朝　正532
造寫す　本朝　正532
造鑿　遊仙　正91
爪　白氏　續359
爪牙　文選　正203
爪牙　本朝　正531
爪牙　白氏　續359
爪距　白氏　續359
爪士　白氏　續359
爪翅　白氏　續359
箱籠　文選　正204
少目　本朝　正531
大目　本朝　正531
雙成　白氏　續357
雙白鶴　白氏　續357
雙雙　白氏　續357
雙眸　白氏　續357
雙闕　白氏　續357

雙雕　白氏 續357
雙鳧　白氏 續357
雙艂　文選 正202
雙宇　文選 正202
雙影　白氏 續356
雙華　白氏 續356
雙蛾　白氏 續356
雙開　本朝 正531
雙角　白氏 續356
雙棺　文選 正202
雙眼　遊仙 正91
雙眼　白氏 續356
雙起　文選 正202
雙魚　白氏 續356
雙魚榼　白氏 續356
雙襟　本朝 正531
雙金　白氏 續356
雙轡　文選 正202
雙隈伽　白氏 續357
雙鯉魚　文選 正202
雙紅　白氏 續356
雙鴻　文選 正202
雙鴻鵠　文選 正202
雙鵠　文選 正202
雙魂　文選 正202
雙鎖　白氏 續356
雙材　文選 正202
雙枝　白氏 續356
雙紫鳳　白氏 續356
雙樹　文選 正202
雙松　白氏 續356
雙成　白氏 續356
雙棲　白氏 續357
雙石　白氏 續357
雙節　白氏 續357
雙袖　白氏 續356
雙題　文選 正202
雙池　白氏 續357
雙鶴　白氏 續356
雙笛　文選 正202
雙兎　文選 正202
雙童　白氏 續357
雙白魚　白氏 續357
雙扉　文選 正202
雙飛　白氏 續357
雙眉　白氏 續357
雙表　文選 正202
雙瓶　白氏 續357
雙舞　白氏 續357
雙鳳　文選 正202
雙鳳　白氏 續357
雙鳳闕　白氏 續357
雙枚　文選 正202
雙履　遊仙 正91
雙履　白氏 續357
雙離　本朝 正531
雙流　文選 正202
雙林　本朝 正531
雙林　白氏 續357
雙林寺　白氏 續357
雙輪　白氏 續357
雙淚　白氏 續357
雙僮　白氏 續357
雙刹　白氏 續356
雙劍　白氏 續356
雙雙　白氏 續356
雙旌　白氏 續357
雙櫻樹　白氏 續356
雙眸　白氏 續357
雙碣　文選 正202
雙翹　文選 正202
雙聲　白氏 續357
雙臂　白氏 續357
雙袂　白氏 續357
雙轅　文選 正202
雙錢　白氏 續357
雙闕　文選 正202
雙闕　白氏 續356
雙驂　白氏 續356
雙鬟　白氏 續356
雙鬢　白氏 續357
雙鳧　文選 正202
雙鳧　本朝 正531
雙鸞　文選 正202
雙龜　文選 正202
雙姝　白氏 續356
雙屛　白氏 續357
雙崤　文選 正202
雙榼　白氏 續356
雙輈　文選 正202
雙輴　文選 正202
雙鞬　文選 正202
雙鶬　文選 正202
雙黃鵠　文選 正202
嗽獲す　文選 正205
相噪嗾す　白氏 續357
噪噪　白氏 續357
壯　文選 正203
壯　白氏 續359
壯観　本朝 正531
壯健　白氏 續359
壯歲　白氏 續359
壯士　文選 正203
壯士　白氏 續359
壯志　文選 正203
壯志　白氏 續359
壯思　文選 正203
壯心　白氏 續359
壯節　白氏 續359
壯日　白氏 續359
壯年　文選 正203
壯年　本朝 正531
壯年　白氏 續359
壯夫　文選 正204
壯勇　文選 正204
壯容　文選 正204
壯麗　文選 正204
壯麗　本朝 正531
壯圖　文選 正203
壯圖　白氏 續359

壯氣　文選　正203
壯氣　白氏　續359
壯觀　文選　正203
壯齒　文選　正203
壯齒　白氏　續359
嫂　遊仙　正91
孀妻　白氏　續357
孀婦　白氏　續357
孀幼　白氏　續357
孀老　文選　正203
孀閨　本朝　正531
孀閨　白氏　續357
崢嶸　文選　正203
愴　文選　正203
愴恨　遊仙　正91
愴辛　白氏　續357
愴然　文選　正203
愴惻す　文選　正203
愴惻す　白氏　續357
愴怳　文選　正203
愴悢　文選　正203
愴悢す　文選　正203
搶悍　文選　正203
棗　白氏　續358
棗下　文選　正203
棗強縣　白氏　續358
棗樹　白氏　續358
滄海　遊仙　正91
滄海　文選　正203
滄海　本朝　正531
滄海　白氏　續358
滄海郡　白氏　續358
滄景　白氏　續358
滄景等州管内處置等使　白氏　續358
滄景等州處置等使　白氏　續358
滄江　文選　正203
滄江　白氏　續358
滄州　白氏　續358
滄州刺史　白氏　續358
滄州諸軍事　白氏　續358
滄州等　白氏　續358
滄洲　文選　正203
滄池　文選　正203
滄波　文選　正203
滄波　白氏　續358
滄流　文選　正203
滄浪　文選　正203
滄浪　白氏　續359
滄浪子　白氏　續359
滄溟　文選　正203
滄溟　本朝　正531
滄溟　白氏　續358
澡す　白氏　續359
澡濯　白氏　續359
澡豆等　白氏　續359
澡漑す　文選　正203
澡瑩　白氏　續359
相争闘す　白氏　續359
争　白氏　續359
争求　白氏　續359
争効　白氏　續359
争訟　文選　正203
争訟す　文選　正203
争臣　文選　正203
争論す　文選　正203
争湍　文選　正203
争闘　白氏　續359
争闘す　白氏　續359
瘡　白氏　續359
瘡距　文選　正204
瘡痍す　白氏　續359
瘡痏　文選　正204
瘡痏　白氏　續359
竈　論語　正61
笙　枕冊　正779
笙のふゑ　源氏　正846
笙の笛　枕冊　正779
箏　文選　正204
箏　源氏　正846
箏のこと　源氏　正846
箏の琴　蜻蛉　正748
箏の御こと　源氏　正846
御箏　宇津　正713
御箏の琴　宇津　正714
箏　白氏　續359
箏　宇津　正713
箏のこと　宇津　正714
箏のこと　枕冊　正779
臧　論語　正61
臧*児　本朝　正531
臧獲　文選　正203
臧獲　白氏　續357
臧札　文選　正203
臧倉　文選　正203
臧否　文選　正203
臧否　白氏　續357
臧武　白氏　續357
臧武仲　論語　正61
臧文仲　論語　正61
艸樹　白氏　續359
艸堂　白氏　續359
艸木　白氏　續359
艸簷　白氏　續359
艸菴　白氏　續359
み莊　宇津　正713
み莊ども　宇津　正713
み莊々　宇津　正713
御莊　源氏　正846
莊　文選　正204
莊　白氏　續360
莊　宇津　正713
莊　源氏　正846
莊(人名)　白氏　續360
莊ども　宇津　正713
莊王　白氏　續360
莊居　白氏　續360
莊櫛　文選　正204
莊敬　本朝　正532

莊敬　白氏　續360
莊敬す　文選　正204
莊潔　白氏　續360
莊公　文選　正204
莊子　文選　正204
莊子　本朝　正532
莊子　白氏　續360
莊子(書名)　白氏　續360
莊氏　文選　正204
莊周　文選　正204
莊水亭　白氏　續360
莊生　文選　正204
莊生　白氏　續360
莊宅　白氏　續360
莊店　白氏　續360
莊都　文選　正204
莊武　文選　正204
莊容　白氏　續360
莊列　白氏　續360
莊老　白氏　續360
莊老(書名)　文選　正204
莊老(人名)　文選　正204
莊叟　白氏　續360
莊嚴　本朝　正532
莊嚴す　本朝　正532
莊嚴す　白氏　續360
莊惠　文選　正204
莊惠　白氏　續360
莊々　宇津　正713
莊々ども　宇津　正713
莊襄王　文選　正204
莊馗　文選　正204
莊姝　文選　正204
莊舄　本朝　正531
莊舃　文選　正204
莊舃　白氏　續360
薔薇　枕冊　正779
薔薇　源氏　正846
葉葉　本朝　正531
棄藏す　白氏　續360
藏　法華　正420
藏　白氏　續360
藏　宇津　正713
藏(人名)　白氏　續360
藏す　白氏　續360
藏煙　白氏　續360
藏貨　白氏　續360
藏外　白氏　續360
藏事　白氏　續360
藏周　白氏　續360
藏人　本朝　正532
藏錐　白氏　續360
藏中　白氏　續361
藏經堂　白氏　續360
藏鏹　白氏　續360
藏す　文選　正204
藏育　文選　正204
藏虎　文選　正204
藏舟　文選　正204
藏書　文選　正204
藏中　文選　正204
藏莨　文選　正204
御裝束　源氏　正846
御裝束とも　源氏　正846
裝束　蜻蛉　正748
裝束　枕冊　正779
裝束　源氏　正846
裝束き　蜻蛉　正748
裝束き　枕冊　正779
裝束き　源氏　正846
裝束きたて　枕冊　正779
裝束きわけ　源氏　正846
裝束し　蜻蛉　正748
裝束し　枕冊　正779
裝束し　源氏　正846
裝束したち　枕冊　正779
裝束す　白氏　續361
裝束とも　源氏　正846
諍　白氏　續361
諍訟　文選　正204
諍友　白氏　續361
諍辭　文選　正204
讒言　源氏　正846
贓　文選　正204
贓　本朝　正532
贓　白氏　續361
贓物　白氏　續361
贓汙　白氏　續361
躁　論語　正61
躁　白氏　續361
躁求　白氏　續361
躁競　文選　正204
躁進　白氏　續361
躁性　本朝　正532
躁靜　文選　正204
躁靜　白氏　續361
錚摐　白氏　續361
錚樅　白氏　續361
錚錚　白氏　續361
錚錚然　白氏　續361
錚鏦　白氏　續361
錚鐄　文選　正204
雜仕　枕冊　正779
雜色　蜻蛉　正748
雜色　枕冊　正779
雜役　蜻蛉　正748
騷人　白氏　續361
騷辭　白氏　續361
騷騷　白氏　續361
皂盍　本朝　正532
嘈　文選　正203
嘈響　文選　正203
嘈啐　文選　正203
嘈嘈　文選　正203
嘈嘈　白氏　續357
嘈囋　文選　正203
嘈囐　文選　正203
剉　白氏　續357
剉す　白氏　續360
剉具　白氏　續357

巉巉　白氏　續357
巢　白氏　續358
巢燕　白氏　續358
巢居　文選　正203
巢許　文選　正203
巢許　白氏　續358
巢窟　白氏　續358
巢兄　白氏　續358
巢穴　文選　正203
巢穴　本朝　正531
巢穴　白氏　續358
巢高　文選　正203
巢中　白氏　續358
巢父　文選　正203
巢父　白氏　續358
巢由　文選　正203
巢由　白氏　續358
巢處公　本朝　正531
巢縣　白氏　續358
巢龜　文選　正203
慅慅　文選　正203
搔首　白氏　續357
搔頭　白氏　續357
搔把　白氏　續357
牂牱　文選　正204
牕下　白氏　續359
牕間　白氏　續359
牕戸　白氏　續359
牕闥　白氏　續359
琤琤　白氏　續359
璅容　本朝　正531
璅璅　文選　正204
皁　文選　正202
皁蓋　白氏　續359
皁隷　文選　正202
皁棧　白氏　續356
窻下　白氏　續359
窻間　白氏　續359
窻戸　白氏　續359
窻裏　白氏　續359
竈下　本朝　正532
綃　文選　正204
隟缺　白氏　續361
颼颼　白氏　續361
駔駿　文選　正205
駔驥　文選　正205
鶬鶊　文選　正205
鶬鴰　文選　正205
鸖鴶　文選　正205
御才　源氏　正846
才　蜻蛉　正748
才　枕冊　正779
才　源氏　正846
才とも　源氏　正846
才のおのことも　枕冊　正779
才々しく　源氏　正846
性　伊勢　正650
性　枕冊　正779
性　源氏　正846
性なき　伊勢　正650
性なく　源氏　正846
性なけ　源氏　正846
性なさ　源氏　正846
性な物　源氏　正846
性な物の君　源氏　正846
莋馬　本朝　正532
作　論語　正61
作　文選　正205
作　本朝　正532
作　白氏　續361
作す　論語　正61
作す　文選　正205
作す　本朝　正532
作す　白氏　續361
作解　白氏　續361
作苦す　文選　正205
作合す　白氏　續361
作者　論語　正61
作者　文選　正205
作者　本朝　正532
作者　白氏　續361
作書　本朝　正532
作善　宇津　正714
作贈す　文選　正205
作息す　白氏　續361
作程　白氏　續361
作田　本朝　正532
作文　宇津　正714
作法　宇津　正714
作役　本朝　正532
作佛事　本朝　正532
作勞　文選　正205
作勞す　白氏　續361
作爲　白氏　續361
作爲す　白氏　續361
削す　本朝　正532
削奪す　白氏　續362
削平　白氏　續362
昨　白氏　續362
昨朝　白氏　續362
昨日　文選　正205
昨日　白氏　續362
昨晩　白氏　續362
昨非　白氏　續362
昨夜　白氏　續362
朔　論語　正61
朔　文選　正205
朔　本朝　正532
朔　白氏　續362
朔(人名)　文選　正205
朔雲　文選　正205
朔管　文選　正205
朔州　白氏　續362
朔吹　白氏　續362
朔垂　文選　正205
朔雪　文選　正205
朔岱　文選　正205
朔旦　本朝　正532
朔塗　文選　正205

朔土	文選	正205
朔日	文選	正205
朔馬	文選	正205
朔漠	文選	正205
朔漠	白氏	續362
朔風	文選	正205
朔方	文選	正205
朔方	白氏	續362
朔望	文選	正205
朔望	白氏	續362
朔北	文選	正205
朔野	文選	正205
朔邊	文選	正205
朔鄙	文選	正205
朔陲	文選	正205
窄窄狹狹	白氏	續362
窄小	白氏	續362
策	文選	正205
策	白氏	續362
策す	文選	正205
策す	白氏	續362
策項	白氏	續362
策策	白氏	續362
策試す	白氏	續362
策書	文選	正205
策書す	文選	正205
策徵す	白氏	續362
策頭	白氏	續362
策尾	白氏	續362
策畢	白氏	續362
策名	白氏	續362
策名す	白氏	續362
策目	白氏	續362
策林	白氏	續362
策馭す	本朝	正532
策駟	文選	正205
索	文選	正205
索居	文選	正205
索居	白氏	續362
索居す	白氏	續362
索索	白氏	續362
索々	本朝	正532
索索蕭蕭	白氏	續362
索然	文選	正205
索然	白氏	續362
索落	白氏	續362
索寞	白氏	續362
錯	文選	正205
錯	白氏	續362
錯す	文選	正205
錯石	文選	正205
錯綜	文選	正205
錯綜す	文選	正205
錯綜す	白氏	續362
錯磨す	白氏	續362
錯落	白氏	續362
錯亂	文選	正205
錯亂す	文選	正205
錯糅す	文選	正205
錯繆す	文選	正205
錯雜	白氏	續362
錯雜す	白氏	續362
錯迕す	文選	正205
冊	白氏	續361
冊す	白氏	續361
冊子	宇津	正713
冊書	文選	正205
冊書	白氏	續361
冊贈	白氏	續361
冊文	白氏	續361
冊方	白氏	續361
冊命	白氏	續361
冊命す	白氏	續361
册	本朝	正532
尺八のふえ	源氏	正846
萷	文選	正205
嘖嘖	白氏	續362
愬	白氏	續362
數	白氏	續362
數數	白氏	續362
柞	文選	正205
柞樸	文選	正205
穱麥	文選	正205
笏	枕冊	正779
笏ら	蜻蛉	正748
鑿す	白氏	續362
鑿契	文選	正205
鑿柄	白氏	續362
鑿落	白氏	續362
鑿鑿	白氏	續362
鑿齒	文選	正205
鑿齒(人名)	文選	正205
鑿枘	白氏	續362
岞峈	文選	正205
岝嶺	文選	正205
岝崿	文選	正205
幘	白氏	續362
摵摵	文選	正205
摵摵	白氏	續362
浞	文選	正205
筰	文選	正205
察	文選	正205
察	文選	正205
察	白氏	續362
察す	論語	正61
察す	文選	正205
察す	本朝	正532
察す	白氏	續362
察解す	文選	正205
察察	文選	正205
察察	白氏	續362
察視	白氏	續362
察色	白氏	續362
察訪す	白氏	續362
察諒	文選	正205
察廉	白氏	續362
察惠	文選	正205
撮土	白氏	續362
撮要	白氏	續362
札	白氏	續362

札札　文選　正205
札札　白氏　續362
札々　本朝　正532
殺　文選　正205
殺　白氏　續362
殺傷　白氏　續362
殺生す　白氏　續362
殺青　文選　正205
殺節　文選　正205
殺草　白氏　續362
殺伐　本朝　正532
殺伐す　文選　正205
殺戮　白氏　續362
殺戮す　文選　正205
殺戮す　白氏　續362
殺氣　文選　正205
殺氣　白氏　續362
殺聲　白氏　續362
愁殺す　白氏　續362
惱殺す　白氏　續362
撒　白氏　續362
扎扎　白氏　續362
樧　文選　正205
颯爾　本朝　正532
颯然　本朝　正532
颯々　遊仙　正91
颯々　本朝　正532
颯々然　本朝　正532
唼喋　文選　正205
暇藥　白氏　續362
五月の節　源氏　正846
實方の中將　枕冊　正779
笯　本朝　正532
雜花　本朝　正532
雜器　本朝　正532
雜公文　本朝　正532
雜事　本朝　正532
雜修繕　本朝　正532
雜説　本朝　正532
雜任　本朝　正532
雜筆　本朝　正532
雜符　本朝　正532
雜篇　本朝　正532
雜用　本朝　正533
雜令　本朝　正533
雜藥　本朝　正532
雜體　本朝　正532
三郎　伊勢　正650
三郎　宇津　正714
三郎　源氏　正846
三郎ぎみ　宇津　正714
三郎君　源氏　正846
蓮蒲　本朝　正532
纚纛　文選　正205
褋味　白氏　續362
雜英　白氏　續362
雜歌　文選　正205
雜花　文選　正205
雜花　白氏　續363
雜感　白氏　續362
雜居す　文選　正205
雜興　白氏　續362
雜沓　文選　正205
雜沓す　文選　正205
雜言　白氏　續363
雜坐　白氏　續363
雜錯　文選　正205
雜錯す　文選　正205
雜散す　白氏　續363
雜仕　宇津　正714
雜仕ども　宇津　正714
雜仕女　宇津　正714
雜詩　文選　正205
雜事とも　源氏　正846
雜事ら　源氏　正846
雜種　文選　正205
雜樹　文選　正205
雜樹　白氏　續363
雜襲　文選　正205
雜襲　文選　正205
雜飾す　法華　正420
雜色　白氏　續363
雜色　宇津　正714
雜税　白氏　續363
雜鳥　白氏　續363
雜物　文選　正205
雜文　白氏　續363
雜芳　白氏　續363
雜木　白氏　續363
雜役　宇津　正714
雜役　源氏　正846
雜役の藏人　宇津　正714
雜律　白氏　續363
雜虜　白氏　續363
雜弄　文選　正205
雜亂　白氏　續363
雜佩　文選　正205
雜會す　文選　正205
雜卉　白氏　續363
雜戲　白氏　續362
雜珮　文選　正205
雜縣　文選　正205
雜々の人　源氏　正846
雜體　文選　正205
雜體　白氏　續363
雜糅　文選　正205
雜糅す　文選　正205
雜遝　文選　正205
颯　文選　正205
颯沓　文選　正205
颯　白氏　續363
颯沓す　文選　正205
颯然　文選　正205
颯然　白氏　續363
颯颯　文選　正205
颯颯　白氏　續363
颯遝　文選　正205
鍤　白氏　續362
霅爗　文選　正205
駊娑　文選　正205

駁遝　文選　正205
散樂かましく　源氏　正846
散樂しかくる　枕冊　正779
散樂言　蜻蛉　正748
散樂言　枕冊　正779
憯悽　文選　正207
憯惻す　文選　正207
憯懍慘悽す　文選　正207
嶄巖　文選　正207
三　論語　正61
三　文選　正205
三　法華　正420
三　本朝　正533
三　白氏　續363
三　宇津　正714
三艘　文選　正206
三阮　本朝　正534
三のくち　源氏　正847
三のみこ　宇津　正715
三の宮　宇津　正715
三の君　宇津　正715
三の君　源氏　正847
三の御前　枕冊　正779
三の内親王　宇津　正715
三悪　本朝　正533
三悪道　法華　正420
三握　本朝　正533
三位　本朝　正534
三位　宇津　正715
三位　蜻蛉　正748
三位　源氏　正847
三位の君　源氏　正847
三位の宰相　源氏　正847
三位の中將　源氏　正847
三位中將　宇津　正715
三位中將　枕冊　正779
三位二位　枕冊　正779
三位博士　本朝　正534
三位巳上　本朝　正534
三衣一鉢　本朝　正533
三韻　白氏　續363
三詠　白氏　續363
三益　文選　正207
三越　文選　正205
三園　白氏　續367
三王　論語　正61
三王　文選　正207
三王　白氏　續367
三下　本朝　正533
三家　論語　正61
三科　本朝　正533
三科　白氏　續363
三河　文選　正205
三箇年　本朝　正533
三花　白氏　續363
三廻　本朝　正533
三廻　白氏　續363
三界　文選　正205
三界　法華　正420
三界　本朝　正533
三界　白氏　續363
三界火宅　法華　正420
三各　本朝　正533
三閣　文選　正205
三株　白氏　續365
三巻　本朝　正533
三桓　論語　正61
三貫　宇津　正715
三間　文選　正205
三間　本朝　正533
三間　白氏　續363
三韓　本朝　正533
三願　白氏　續363
三危　文選　正206
三季　文選　正205
三季　白氏　續363
三紀　白氏　續363
三犧　白氏　續363
三丘　文選　正205
三宮　文選　正206
三宮　本朝　正533
三宮　源氏　正847
三級　本朝　正533
三許人　本朝　正533
三兕　白氏　續363
三卿　文選　正206
三卿　白氏　續363
三郷　白氏　續363
三苦　法華　正420
三具　宇津　正714
三空　本朝　正533
三遇　本朝　正533
三窟　文選　正206
三君　白氏　續363
三君子　白氏　續363
三軍　論語　正61
三軍　文選　正206
三軍　本朝　正533
三軍　白氏　續363
三軍使　白氏　續363
三郡　文選　正206
三郡　白氏　續363
三兄　白氏　續363
三荊　文選　正206
三傑　文選　正206
三傑　白氏　續364
三穴　白氏　續363
三月　論語　正61
三月　文選　正206
三月　本朝　正533
三月　白氏　續363
三月　宇津　正714
三月　枕冊　正779
三月　源氏　正847
三月ついたち　源氏　正847
三月つごもり　宇津　正714
三月つごもりがた　宇津　正714
三月つごもりの日　宇津　正715

三月つもこり　枕冊　正779
三月つもこり比
枕冊　正779
三月の十の餘日
宇津　正715
三月の節會　宇津　正715
三月はつかあまり
源氏　正847
三月一日　宇津　正714
三月晦日　白氏　續363
三月五日　白氏　續363
三月三十日　白氏　續363
三月三日　文選　正206
三月三日　本朝　正533
三月三日　宇津　正715
三月三日　枕冊　正779
三月四日　白氏　續363
三月十三日　源氏　正847
三月十四夜　白氏　續363
三月十二日　宇津　正714
三月十日　白氏　續363
三月十餘日ごろ
宇津　正715
三月上己日　白氏　續363
三月二十七日　白氏　續363
三月二十八日　白氏　續363
三月廿八日　宇津　正715
三月卄八日　本朝　正533
三月盡　本朝　正533
三月盡日　本朝　正533
三賢　文選　正206
三賢　白氏　續364
三元　白氏　續363
三元道齋　白氏　續363
三原　白氏　續363
三原縣　白氏　續363
三言　文選　正206
三虎　白氏　續364
三顧す　白氏　續364
三鼓　白氏　續364
三五　文選　正206
三五　本朝　正533
三五　白氏　續364
三五月　本朝　正533
三五月　白氏　續364
三五歳　白氏　續364
三五枝　白氏　續364
三五事　白氏　續364
三五七　本朝　正533
三五日　白氏　續364
三五之道　白氏　續364
三五夜中　白氏　續364
三五聲　白氏　續364
三語　白氏　續363
三侯　白氏　續364
三光　文選　正206
三光　本朝　正533
三光　白氏　續363
三公　文選　正206
三公　本朝　正533
三公　白氏　續364
三口　白氏　續364
三后　文選　正206
三孔　白氏　續364
三更　本朝　正533
三江　文選　正205
三江　白氏　續363
三皇　文選　正206
三皇　本朝　正533
三皇　白氏　續363
三綱　論語　正61
三綱　本朝　正533
三考　白氏　續363
三合　本朝　正533
三合　宇津　正714
三才　文選　正206
三才　本朝　正533
三才　白氏　續364
三才繆濫　白氏　續364
三歳　文選　正206
三載　文選　正206
三載　白氏　續364
三策　白氏　續364
三匙　白氏　續364
三山　文選　正206
三山　本朝　正533
三山　本朝　正533
三山　白氏　續364
三司　文選　正206
三司　本朝　正533
三史　本朝　正533
三史　源氏　正847
三四　文選　正206
三四　本朝　正533
三四　白氏　續364
三四の君　枕冊　正779
三四許寸　本朝　正533
三四月　枕冊　正779
三四枝　白氏　續364
三四尺　白氏　續364
三四十首　白氏　續364
三四十人　宇津　正715
三四重　白氏　續364
三四春　白氏　續364
三四旬　白氏　續364
三四人　白氏　續364
三四人　宇津　正715
三四人　枕冊　正779
三四人　源氏　正847
三四千　白氏　續364
三四千人　白氏　續364
三四千里　白氏　續364
三四孫　白氏　續364
三四代　本朝　正533
三四歎　白氏　續364
三四町　宇津　正715
三四日　竹取　正636
三四日　枕冊　正779
三四年　白氏　續364
三四匹　白氏　續364

三四百首　白氏　續364
三四碧　白氏　續364
三四里　白氏　續364
三四兒　白氏　續364
三四聲　白氏　續364
三四萬人　白氏　續364
三子　論語　正61
三子　文選　正206
三子　白氏　續364
三子者　論語　正61
三市　文選　正206
三師　白氏　續364
三思　白氏　續364
三事　文選　正206
三事　本朝　正533
三事　白氏　續364
三字　文選　正206
三字　本朝　正533
三字　白氏　續364
三寺　白氏　續364
三時　文選　正206
三時　白氏　續364
三七　文選　正206
三七日　法華　正420
三失　白氏　續364
三室　白氏　續364
三芝　文選　正206
三舎　文選　正206
三舎人　白氏　續365
三者　白氏　續365
三車　法華　正420
三車　白氏　續365
三尺　文選　正206
三尺　本朝　正533
三尺　白氏　續366
三尺　宇津　正715
三尺の御厨子　源氏　正847
三尺の御几帳　枕冊　正779
三尺の几帳　枕冊　正779
三尺六寸　伊勢　正650
三尺餘　白氏　續366
三尺屏風　宇津　正715
三爵　文選　正206
三爵　白氏　續365
三酌　本朝　正533
三種　文選　正206
三首　文選　正206
三首　本朝　正533
三首　白氏　續365
三綬　文選　正206
三周　白氏　續364
三州　文選　正206
三州　本朝　正533
三州　白氏　續364
三秀　文選　正206
三秋　文選　正206
三秋　本朝　正533
三秋　白氏　續364
三十　論語　正61
三十　文選　正206
三十　法華　正420
三十　本朝　正533
三十　白氏　續364
三十　宇津　正715
三十　枕冊　正779
三十　源氏　正847
三十あまり　枕冊　正779
三十一　白氏　續364
三十一人　文選　正206
三十一年　白氏　續364
三十韻　白氏　續364
三十荷　宇津　正715
三十巻　文選　正206
三十九　白氏　續365
三十九人　白氏　續364
三十九年　本朝　正533
三十九篇　文選　正206
三十五　文選　正206
三十五　白氏　續365
三十五　宇津　正715
三十五名　本朝　正533
三十行　本朝　正533
三十載　文選　正206
三十載　白氏　續365
三十三　白氏　續365
三十三天　法華　正420
三十三年　白氏　續365
三十四　白氏　續365
三十軸　白氏　續365
三十七　白氏　續365
三十七　源氏　正847
三十七年　白氏　續365
三十七品　文選　正206
三十首　文選　正206
三十首　白氏　續365
三十秋　白氏　續365
三十春　白氏　續365
三十章　白氏　續365
三十人　文選　正206
三十人　白氏　續365
三十人　宇津　正715
三十人　源氏　正847
三十畝　白氏　續365
三十二　法華　正420
三十二　本朝　正533
三十二　白氏　續365
三十二人　文選　正206
三十二相　法華　正420
三十日　白氏　續365
三十年　白氏　續365
三十年　宇津　正715
三十年來　白氏　續365
三十八　白氏　續365
三十八人　白氏　續365
三十匹　宇津　正715
三十部　白氏　續365
三十歩　白氏　續365
三十有五　文選　正206
三十有五　白氏　續364
三十有五年　白氏　續364

三十有七　文選　正206
三十有七　本朝　正533
三十有二　文選　正206
三十有八　文選　正206
三十余　枕冊　正779
三十里　白氏　續365
三十六　本朝　正533
三十六　白氏　續365
三十六回　白氏　續365
三十六所　文選　正206
三十六峯　白氏　續365
三十會　白氏　續365
三十卷　白氏　續365
三十斛　白氏　續365
三十萬　文選　正206
三十萬　白氏　續365
三十餘　文選　正206
三十餘　本朝　正533
三十餘　白氏　續365
三十餘　宇津　正715
三十餘家　本朝　正533
三十餘箇年　本朝　正533
三十餘載　白氏　續365
三十餘年　白氏　續365
三十餘匹　宇津　正715
三十餘里　白氏　續365
三重　遊仙　正91
三重　文選　正206
三重　本朝　正534
三宿　白氏　續365
三宿す　本朝　正533
三宿す　白氏　續365
三術　文選　正206
三春　遊仙　正91
三春　文選　正206
三春　本朝　正533
三春　白氏　續365
三旬　文選　正206
三旬　白氏　續365
三旬有餘　文選　正206
三所　本朝　正533
三署吏　白氏　續365
三女　白氏　續366
三升　遊仙　正91
三升　本朝　正533
三升　白氏　續365
三少　白氏　續366
三捷　白氏　續366
三湘　文選　正206
三省　本朝　正533
三省　白氏　續366
三章　文選　正206
三章　本朝　正533
三象　本朝　正533
三丈　白氏　續366
三丞相　白氏　續365
三乗　法華　正420
三乗　白氏　續365
三城　白氏　續366
三条　本朝　正534
三条　源氏　正847
三条ら　源氏　正847
三条わたり　源氏　正847
三条殿　源氏　正847
三条殿のひめ君　源氏　正847
三条殿の宮　源氏　正847
三条殿の君　源氏　正847
三条殿の北の方　源氏　正847
三条殿はら　源氏　正847
三職　白氏　續365
三色　白氏　續365
三審　本朝　正533
三心　白氏　續365
三晋　文選　正206
三神　文選　正206
三神　白氏　續365
三秦　文選　正206
三秦　白氏　續365
三臣　文選　正206
三臣　白氏　續365
三身　本朝　正533
三人　論語　正61
三人　本朝　正534
三人　白氏　續365
三人　宇津　正715
三人　枕冊　正779
三人　源氏　正847
三仁　論語　正61
三仁　文選　正206
三仁　白氏　續365
三尋　白氏　續365
三笥　宇津　正715
三垂　文選　正206
三帥　文選　正206
三推　文選　正206
三寸　文選　正206
三寸　竹取　正636
三寸　宇津　正715
三世　論語　正61
三世　文選　正206
三世　法華　正420
三世　本朝　正533
三世　白氏　續366
三世佛　本朝　正533
三成　本朝　正533
三正　文選　正206
三牲　白氏　續366
三精　文選　正206
三聖　文選　正206
三石　宇津　正715
三接　文選　正206
三絶　白氏　續366
三絶句　白氏　續366
三仙　白氏　續366
三千　文選　正206
三千　法華　正420
三千　本朝　正533
三千　白氏　續366

三千　枕冊　正779
三千一百五言　白氏　續366
三千界　本朝　正533
三千界　白氏　續366
三千言　白氏　續366
三千戸　文選　正206
三千戸　白氏　續366
三千五百里　白氏　續366
三千五百餘町　本朝　正533
三千四百八十七首　白氏　續366
三千士　本朝　正533
三千七百二十首　白氏　續366
三千尺　本朝　正533
三千人　本朝　正533
三千人　白氏　續366
三千世界　白氏　續366
三千束　本朝　正533
三千大千　本朝　正533
三千大千世界　宇津　正715
三千二十言　白氏　續366
三千二百五十五首　白氏　續366
三千日　白氏　續366
三千篇　白氏　續366
三千有六百日　白氏　續366
三千里　文選　正206
三千里　白氏　續366
三千里　源氏　正847
三千両　白氏　續366
三千六百　白氏　續366
三千六百里　白氏　續366
三千六百餘　本朝　正533
三千兩　宇津　正715
三千從　本朝　正533
三川　文選　正206
三川　白氏　續366
三川(地名)　文選　正206
三泉　本朝　正533
三善　文選　正206
三善　白氏　續366
三楚　文選　正206
三楚　白氏　續366
三祖　文選　正206
三奏　文選　正206
三奏　白氏　續366
三層　白氏　續366
三匝　法華　正420
三相　白氏　續365
三相公　白氏　續365
三足　文選　正206
三族　文選　正206
三尊　本朝　正533
三態　本朝　正533
三泰　白氏　續366
三代　論語　正61
三代　文選　正206
三代　本朝　正533
三代　白氏　續366
三代　宇津　正715
三代　源氏　正847
三台　文選　正206
三台　本朝　正533
三台　白氏　續366
三題　白氏　續366
三辰　文選　正206
三辰　本朝　正533
三辰　白氏　續365
三丹　白氏　續366
三丹田　白氏　續366
三端　本朝　正534
三遅　本朝　正534
三丁　白氏　續366
三朝　文選　正206
三朝　本朝　正534
三朝　白氏　續366
三調　文選　正206
三鳥　文選　正206
三適　白氏　續366
三哲　文選　正206
三典　本朝　正534
三殿　白氏　續366
三塗　文選　正207
三塗　本朝　正534
三斗　宇津　正715
三斗いつます　宇津　正715
三都　文選　正207
三都　白氏　續366
三都賦　白氏　續366
三度　本朝　正534
三度　白氏　續366
三冬　文選　正207
三冬　本朝　正534
三島　白氏　續366
三桃　文選　正206
三等　文選　正207
三等　白氏　續366
三堂　白氏　續366
三道　文選　正206
三道　本朝　正534
三道　白氏　續366
三毒五濁業　白氏　續366
三二年　白氏　續366
三二年來　白氏　續366
三日　論語　正61
三日　本朝　正533
三日　白氏　續364
三日　土左　正659
三日巳上　白氏　續364
三年　論語　正61
三年　文選　正207
三年　本朝　正534
三年　白氏　續366
三年　竹取　正636
三年　宇津　正715
三年　源氏　正847
三年計　白氏　續366
三年二月　本朝　正534
三之一　白氏　續363

三納言　本朝　正534
三能　本朝　正533
三農　文選　正207
三農　本朝　正534
三農　白氏　續366
三敗　文選　正207
三杯　白氏　續366
三盃　白氏　續366
三盃す　白氏　續367
三倍　本朝　正534
三幡　文選　正207
三八　文選　正207
三叛　文選　正207
三叛　白氏　續367
三藩　文選　正207
三飯　論語　正61
三番　宇津　正715
三番　源氏　正847
三避　文選　正207
三匹　白氏　續367
三疋　本朝　正534
三百　論語　正61
三百　文選　正207
三百　本朝　正534
三百　白氏　續367
三百　宇津　正715
三百巻　本朝　正534
三百九十　白氏　續367
三百戸　本朝　正534
三百戸　白氏　續367
三百五篇　本朝　正534
三百歳　本朝　正534
三百歳　白氏　續367
三百七十祠　本朝　正534
三百人　文選　正207
三百石　白氏　續367
三百石　宇津　正715
三百端　本朝　正534
三百段　白氏　續367
三百年　白氏　續367
三百年來　白氏　續367
三百杯　本朝　正534
三百盃　本朝　正534
三百反　宇津　正715
三百匹　宇津　正715
三百篇　文選　正207
三百篇　本朝　正534
三百篇　白氏　續367
三百里　白氏　續367
三百六十　本朝　正534
三百六十　白氏　續367
三百六十首　本朝　正534
三百六十日　本朝　正534
三百六十日　白氏　續367
三百六旬　本朝　正534
三百六旬　白氏　續367
三百巻　白氏　續367
三百莖　白氏　續367
三表　白氏　續367
三病　白氏　續367
三苗　文選　正207
三苗　白氏　續367
三品　本朝　正534
三品　白氏　續367
三品　宇津　正715
三品以上　白氏　續367
三品松　白氏　續367
三品巳上　本朝　正534
三不和　白氏　續367
三夫　文選　正207
三夫人　文選　正207
三夫人　白氏　續367
三府　文選　正207
三府　白氏　續367
三風　本朝　正534
三伏　本朝　正534
三伏　白氏　續367
三復す　白氏　續367
三分　文選　正207
三分　本朝　正534
三分　白氏　續367
三分　宇津　正715
三分す　論語　正61
三分す　文選　正207
三分等　本朝　正534
三墳　文選　正207
三墳(書名)　文選　正207
三篇　文選　正207
三篇　本朝　正534
三篇　白氏　續367
三遍　白氏　續367
三輔　文選　正207
三輔　白氏　續367
三宝　源氏　正847
三宝界會　本朝　正534
三峰　白氏　續367
三峯　白氏　續367
三方　文選　正207
三乏　文選　正207
三本　白氏　續367
三昧　本朝　正534
三昧　白氏　續367
三昧　枕冊　正779
三昧　源氏　正847
三昧堂　源氏　正847
三昧料　本朝　正534
三枚　宇津　正715
三万六十餘束　本朝　正534
三密　本朝　正534
三命　文選　正207
三命　白氏　續367
三明　文選　正207
三明　本朝　正534
三姪　白氏　續366
三面　本朝　正534
三面　白氏　續367
三木　文選　正207
三門　文選　正207
三門　白氏　續367
三夜　白氏　續367

三矢　白氏　續364
三友　論語　正61
三友　本朝　正533
三友　白氏　續363
三揖　文選　正205
三有　本朝　正533
三遊洞　白氏　續363
三遊洞序　白氏　續363
三雄　文選　正207
三葉　文選　正207
三葉　本朝　正533
三葉　白氏　續363
三陽　本朝　正534
三陽　白氏　續367
三翼　文選　正207
三利　白氏　續367
三吏　白氏　續367
三里　白氏　續367
三略　文選　正207
三寮　本朝　正534
三良　文選　正207
三良　白氏　續367
三令　白氏　續367
三礼　本朝　正534
三齡　文選　正207
三老　文選　正207
三老　本朝　正534
三老　白氏　續367
三六　文選　正207
三六　白氏　續367
三兩枝　白氏　續367
三兩事　白氏　續367
三兩人　白氏　續367
三兩叢　白氏　續367
三兩日　白氏　續367
三兩盃　白氏　續367
三兩卷　白氏　續367
三兩聲　白氏　續367
三處　白氏　續365
三卷　白氏　續363
三卷　宇津　正715
三哺　白氏　續367
三噍　白氏　續363
三國　文選　正206
三國　本朝　正533
三壤　文選　正206
三壺　本朝　正533
三壽　文選　正206
三奠す　白氏　續366
三學　文選　正205
三學士　白氏　續363
三寶　本朝　正534
三寶　白氏　續367
三寶　宇津　正715
三對　白氏　續366
三尸　白氏　續364
三尹　白氏　續363
三屬　文選　正206
三峽　文選　正206
三峽　本朝　正533
三峽　白氏　續364
三巒　文選　正207
三帙　白氏　續366
三徑　文選　正206
三徑　白氏　續363
三從す　白氏　續365
三從弟　白氏　續365
三徙　白氏　續364
三懼　本朝　正533
三掾　白氏　續363
三數局　白氏　續365
三數月　白氏　續365
三數事　白氏　續365
三數酌　白氏　續365
三數年　白氏　續366
三數盞　本朝　正533
三數盞　白氏　續365
三數聲　白氏　續365
三斛　本朝　正533
三旌　本朝　正533
三條　文選　正206
三條　白氏　續366
三條　伊勢　正650
三條　宇津　正715
三條おもて　宇津　正715
三條のおほぢ　宇津　正715
三條のみこ　宇津　正715
三條の院　宇津　正715
三條の新中納言殿
　宇津　正715
三條の北方　宇津　正715
三條ほりかは　宇津　正715
三條右大臣殿　宇津　正715
三條京極　宇津　正715
三條大宮　宇津　正715
三條殿　宇津　正715
三槐　本朝　正533
三樂　論語　正61
三樂　本朝　正534
三樂　白氏　續367
三欒　文選　正207
三歸　論語　正61
三歸　本朝　正533
三歸五戒　本朝　正533
三殤　文選　正206
三淮南　文選　正206
三犧　文選　正205
三獨　白氏　續366
三獸淺深　本朝　正533
三獻　文選　正206
三獻　白氏　續364
三署　白氏　續367
三盞　白氏　續364
三禮　白氏　續367
三經　白氏　續363
三縣　白氏　續363
三聲　白氏　續366
三臺　文選　正206
三臺　本朝　正533
三萬　文選　正207

三萬 白氏 續367
三萬衆 白氏 續367
三萬人 白氏 續367
三萬日 白氏 續367
三萬里 文選 正207
三藏 白氏 續364
三藏 白氏 續366
三蜀 文選 正206
三蜀 白氏 續365
三諫 白氏 續363
三謠 白氏 續363
三讓 本朝 正533
三讓 白氏 續365
三豕 本朝 正533
三趾 文選 正206
三逕 本朝 正533
三逕 白氏 續363
三邊 白氏 續367
三銖 白氏 續365
三閭 文選 正207
三閭大夫 文選 正207
三關 文選 正206
三雍 文選 正207
三靈 文選 正207
三餘 文選 正207
三餘 本朝 正534
三驅 文選 正206
三驅す 文選 正206
三驛 白氏 續363
三黜 白氏 續366
三齡 白氏 續367
三龜 本朝 正533
三德 白氏 續366
三敎 白氏 續363
三敎論衡 白氏 續364
三鄕 文選 正206
三孽 文選 正206
三嵕* 文選 正206
三帀 文選 正206
三徙す 文選 正206
三狀 白氏 續365
傘盖 白氏 續367
山 本朝 正534
山鷄 文選 正208
山阿 文選 正207
山阿 本朝 正534
山杏 白氏 續368
山意 白氏 續368
山陰 本朝 正534
山陰 白氏 續368
山宇 文選 正207
山雨 本朝 正534
山雨 白氏 續368
山雲 文選 正207
山雲 本朝 正534
山園 文選 正208
山煙 文選 正207
山猿 白氏 續369
山翁 白氏 續369
山岡 文選 正207
山下 本朝 正534
山下 白氏 續368
山下水 白氏 續368
山家 白氏 續368
山歌 白氏 續368
山河 文選 正207
山河 白氏 續368
山火 白氏 續368
山花 本朝 正534
山花 白氏 續368
山霞 本朝 正534
山海 文選 正207
山海 本朝 正534
山海 白氏 續368
山海經 文選 正207
山海經 白氏 續368
山外 文選 正208
山柿 文選 正208
山郭 白氏 續368
山岳 文選 正208
山岳 白氏 續368
山簡 白氏 續368
山館 白氏 續368
山基 文選 正208
山鬼 文選 正208
山鬼 白氏 續368
山祇 文選 正208
山客 白氏 續368
山脚 白氏 續368
山丘 文選 正208
山宮 白氏 續368
山居 文選 正208
山居 白氏 續368
山居す 白氏 續368
山巨源 文選 正208
山巾 本朝 正534
山禽 白氏 續368
山隅 文選 正208
山隈 文選 正208
山穴 白氏 續368
山月 本朝 正534
山月 白氏 續368
山狐 白氏 續368
山光 白氏 續368
山光亭 白氏 續368
山公 文選 正208
山口 遊仙 正91
山行す 文選 正208
山腰 白氏 續368
山根 白氏 續368
山妻 白氏 續368
山皐 文選 正207
山寺 本朝 正534
山寺 白氏 續368
山樹 文選 正208
山樹 白氏 續368
山戎 文選 正208
山宿 白氏 續368
山庄 本朝 正534
山上 文選 正208

山上	白氏	續368
山城	本朝	正534
山城	白氏	續368
山色	白氏	續368
山神	文選	正208
山神	本朝	正534
山神	白氏	續368
山人	文選	正208
山厨	本朝	正534
山厨	白氏	續368
山水	文選	正208
山水	本朝	正534
山水	白氏	續368
山晴	白氏	續368
山棲	文選	正208
山西	文選	正208
山西	本朝	正534
山石	文選	正208
山石榴	白氏	續368
山莭	本朝	正534
山雪	白氏	續368
山川	論語	正61
山川	遊仙	正91
山川	文選	正208
山川	本朝	正534
山川	白氏	續368
山泉	文選	正208
山泉	本朝	正534
山泉	白氏	續368
山僧	白氏	續368
山藻	文選	正208
山側	文選	正208
山宅	本朝	正534
山谷	文選	正208
山谷	白氏	續368
山智	本朝	正534
山池	本朝	正534
山竹	白氏	續368
山中	文選	正208
山中	本朝	正534
山中	白氏	續368
山中	宇津	正715
山中書生	本朝	正534
山頂	白氏	續368
山鳥	文選	正208
山鳥	白氏	續368
山亭	本朝	正534
山庭	文選	正208
山店	白氏	續368
山都	白氏	續368
山東	文選	正208
山東	本朝	正534
山東	白氏	續368
山東（地名）	白氏	續368
山東軍	白氏	續369
山桃	文選	正208
山桃	本朝	正534
山頭	本朝	正534
山頭	白氏	續369
山洞	白氏	續369
山南	白氏	續369
山南東道	白氏	續369
山飯	白氏	續369
山枇杷	白氏	續369
山表	本朝	正535
山苗	白氏	續369
山夫	白氏	續369
山父	文選	正208
山膚	文選	正208
山阜	文選	正208
山淵	文選	正208
山甫	文選	正208
山甫	白氏	續369
山甫等	白氏	續369
山峯	文選	正208
山北	本朝	正535
山北	白氏	續369
山桝	本朝	正534
山面	本朝	正535
山木	本朝	正535
山木	白氏	續369
山門	本朝	正535
山門	白氏	續369
山門外	白氏	續369
山野	文選	正208
山野	白氏	續369
山遊	本朝	正534
山遊	白氏	續368
山郵	本朝	正534
山郵	白氏	續368
山楊	遊仙	正91
山陽	文選	正208
山陽	本朝	正535
山陽	白氏	續369
山陽道	宇津	正715
山嵐	本朝	正535
山裏	白氏	續369
山溜	文選	正208
山侶	白氏	續369
山梁	論語	正61
山梁	文選	正208
山梁	白氏	續369
山陵	文選	正208
山陵	本朝	正535
山林	文選	正208
山林	本朝	正535
山林	白氏	續369
山嶺	文選	正208
山路	本朝	正535
山路	白氏	續369
山漏	本朝	正535
山圖	文選	正208
山坡	文選	正208
山壟	文選	正208
山屐	白氏	續368
山岫	文選	正208
山嶂	文選	正208
山嶽	文選	正208
山巓	文選	正208
山椒	文選	正208

山榴　本朝　正535
山榴　白氏　續369
山樊　文選　正208
山櫻　文選　正207
山櫻　白氏　續368
山氣　文選　正208
山濤　遊仙　正91
山濤　文選　正208
山濤　白氏　續368
山潛　文選　正208
山澤　文選　正208
山澤　本朝　正534
山狄　白氏　續368
山祇　本朝　正534
山齋　白氏　續368
山經　文選　正208
山縣　白氏　續368
山羞　文選　正208
山藪　文選　正208
山藪　白氏　續368
山躑躅　白氏　續368
山關　文選　正208
山陂　文選　正208
山陂　白氏　續369
山險　白氏　續368
山雉　白氏　續368
山靈　文選　正208
山驛　白氏　續368
山鵲　本朝　正534
山鷄　本朝　正534
山鷓鴣　白氏　續368
山麋　白氏　續369
山坻　文選　正208
山嶠　文選　正208
山扄　文選　正208
山梨　白氏　續369
山瀆　文選　正208
山牕　白氏　續368
山窻　白氏　續368
山雞　文選　正208
山魈　白氏　續368
山鷺　本朝　正534
慘虐　本朝　正534
慘懍　本朝　正534
散　文選　正208
散　白氏　續369
散す　遊仙　正91
散す　文選　正208
散す　法華　正420
散す　本朝　正535
散す　白氏　續369
散ず　論語　正61
散位　本朝　正535
散逸　文選　正208
散逸す　本朝　正535
散員　本朝　正535
散員　白氏　續370
散花　白氏　續369
散花す　本朝　正535
散官　白氏　續369
散官勲　白氏　續369
散官勲賜　白氏　續369
散官勲封　白氏　續369
散官實封　白氏　續369
散棄す　白氏　續369
散騎　文選　正208
散騎侍郎　文選　正208
散騎常侍　論語　正61
散騎常侍　文選　正208
散騎常侍　白氏　續369
散騎常侍（書名）　文選　正208
散騎常侍刑部尚書　白氏　續369
散客　白氏　續369
散失す　法華　正420
散失す　白氏　續369
散序　白氏　續369
散松喬　白氏　續369
散職　白氏　續369
散水　白氏　續369
散拙　白氏　續369
散仙　白氏　續369
散卒　本朝　正535
散地　白氏　續369
散秩　白氏　續369
散電　文選　正208
散得　白氏　續369
散輩　文選　正208
散配す　白氏　續369
散班　本朝　正535
散班　白氏　續369
散分　白氏　續369
散歩す　白氏　續370
散報す　白氏　續370
散漫　文選　正208
散漫　白氏　續370
散漫す　文選　正208
散漫交錯す　文選　正208
散木　本朝　正535
散落す　本朝　正535
散吏　文選　正208
散吏　白氏　續370
散亂す　白氏　續370
散樂　本朝　正535
散樂　宇津　正714
散樂する　宇津　正714
散渙す　文選　正208
散齋　白氏　續369
散關　文選　正208
散麪　白氏　續370
燦爛　本朝　正535
珊瑚　遊仙　正91
珊瑚　文選　正208
珊瑚　法華　正420
珊瑚　本朝　正535
珊瑚　白氏　續370
珊珊　白氏　續370
產　文選　正208
產　本朝　正535

産	白氏	續370
産毻す	文選	正208
産す	白氏	續370
産業	文選	正208
産業	本朝	正535
産業	白氏	續370
産禄	文選	正208
産毓す	文選	正208
算	論語	正61
算	本朝	正535
算師	法華	正420
算術	本朝	正535
算数	本朝	正535
算数す	法華	正420
算明法等	本朝	正535
算數	法華	正420
讃	文選	正209
讃	本朝	正535
讃す	文選	正209
讃す	法華	正420
讃す	本朝	正535
讃成	本朝	正535
讃嘆	源氏	正847
讃嘆す	本朝	正535
讃揚	本朝	正535
讃揚す	文選	正209
讃論	文選	正209
讃拝す	文選	正209
賛	文選	正209
賛	本朝	正535
賛す	文選	正209
賛契	文選	正209
賛楊す	文選	正209
酸	文選	正209
酸	白氏	續371
酸寒	白氏	續371
酸切	文選	正209
酸甜	白氏	續371
酸鼻	文選	正209
酸鼻す	文選	正209
酸棗	白氏	續371
酸棗縣	白氏	續371
餐	文選	正209
餐	白氏	續371
餐す	文選	正209
餐す	白氏	續371
餐食	文選	正209
餐飯	文選	正209
餐飯	白氏	續371
餐服す	文選	正209
斬す	白氏	續370
斬馬	白氏	續370
斬線	白氏	續370
暫時	白氏	續370
残	論語	正61
残害す	法華	正420
輚輅	文選	正209
杉桂	白氏	續370
杉月	白氏	續370
杉風	白氏	續370
潸然	白氏	續370
漸す	本朝	正534
蒜芋	文選	正208
蒜山	文選	正208
僭濫	本朝	正534
僭侈	本朝	正534
卅一字	本朝	正533
卅町	本朝	正533
卅年	本朝	正533
卅万人	本朝	正533
卅餘町	本朝	正533
相參錯す	白氏	續368
參	文選	正207
參	白氏	續367
參す	文選	正207
參す	本朝	正534
參す	白氏	續367
參せ	枕冊	正779
參夷	文選	正207
參夷す	文選	正207
參旗	文選	正207
參議	文選	正207
參議	本朝	正534
參議	宇津	正714
參議す	文選	正207
參屈	遊仙	正91
參軍	文選	正207
參軍	本朝	正534
參軍	白氏	續367
參経	宇津	正714
參詣	本朝	正534
參五	文選	正207
參護す	白氏	續368
參向	本朝	正534
參座し	源氏	正847
參錯	文選	正207
參州	本朝	正534
參商	文選	正207
參詳す	白氏	續368
參象す	文選	正207
參乗す	文選	正207
參請す	文選	正207
參辰	文選	正207
參天	文選	正207
參同	白氏	續368
參同契	白氏	續368
參任す	文選	正207
參倍す	文選	正207
參半	文選	正207
參分	文選	正207
參分す	文選	正207
參務す	白氏	續368
參糧す	白氏	續368
參漏	本朝	正534
參會す	白氏	續367
參拜	本朝	正534
參變す	文選	正207
參發す	文選	正207
參譚	文選	正207
參貳	白氏	續368

参雑す　白氏　續368
簒逆　文選　正208
簒事　文選　正208
簒組　文選　正208
簒簒　文選　正208
嶄絶　文選　正207
嶄巖　文選　正207
巉嵒　文選　正207
巉巉　白氏　續369
巉巖　文選　正207
惨　文選　正207
惨　白氏　續369
惨酷　文選　正207
惨爾　文選　正207
惨戚す　白氏　續369
惨然　白氏　續369
惨淡　白氏　續369
惨淡　白氏　續369
惨毒　文選　正207
惨裂す　文選　正207
惨冽　白氏　續369
惨怛　文選　正207
惨悽　文選　正207
惨悽す　文選　正207
惨悽す　白氏　續369
惨愴　文選　正207
惨愴す　文選　正207
惨惨　白氏　續369
惨惨戚戚　白氏　續369
惨慄　文選　正207
惨氣　白氏　續369
惨澹　白氏　續369
慙　白氏　續369
慙歎す　白氏　續369
慙悚　本朝　正534
慙惶　白氏　續369
慙惶す　白氏　續369
慙惶懇激　白氏　續369
慙惶僶俛　白氏　續369
慙愧　白氏　續369
慙愧す　白氏　續369
慙懼　本朝　正534
慙愓　本朝　正534
慙愓す　白氏　續369
慚忸す　白氏　續369
慚愧す　白氏　續369
懺悔　本朝　正534
懺悔　白氏　續369
懺除業障　本朝　正534
懺愧　本朝　正534
攢枝　本朝　正535
攢素　文選　正208
攢峯　文選　正208
棧　白氏　續370
棧齴　文選　正208
棧閣　白氏　續370
棧道　文選　正208
殘　文選　正208
殘　白氏　續370
殘粟　白氏　續370
殘雨　白氏　續370
殘花　本朝　正535
殘花　白氏　續370
殘害　文選　正208
殘涯　本朝　正535
殘菊　本朝　正535
殘菊　白氏　續370
殘兇　白氏　續370
殘月　本朝　正535
殘月　白氏　續370
殘紅　白氏　續370
殘酌　白氏　續370
殘酒　白氏　續370
殘醜　文選　正208
殘春　本朝　正535
殘春　白氏　續370
殘春曲　白氏　續370
殘暑　白氏　續370
殘照　白氏　續370
殘燭　白氏　續370
殘水　白氏　續370
殘生　本朝　正535
殘税　白氏　續370
殘席　白氏　續370
殘雪　白氏　續370
殘賊　文選　正208
殘黛　白氏　續370
殘茶　白氏　續370
殘燈　本朝　正535
殘燈　白氏　續370
殘肉　白氏　續370
殘日　本朝　正535
殘日　白氏　續370
殘熱　白氏　續370
殘年　白氏　續370
殘杯　白氏　續370
殘盃　白氏　續370
殘氷　白氏　續370
殘芳　白氏　續370
殘暴　論語　正61
殘夢　本朝　正535
殘命　本朝　正535
殘滅す　本朝　正535
殘夜　白氏　續370
殘陽　白氏　續370
殘漏　白氏　續370
殘悴　文選　正208
殘戮す　文選　正208
殘暉　本朝　正535
殘槿　白氏　續370
殘櫻　白氏　續370
殘氣　本朝　正535
殘絮　白氏　續370
殘螢　本朝　正535
殘醉　白氏　續370
殘鬢　白氏　續370
殘鴈　白氏　續370
殘鶯　白氏　續370
殘獷　文選　正208
殘焰　本朝　正535

殘焰　白氏　續370
殘鸎　白氏　續370
爨　本朝　正535
爨何楝　白氏　續370
爨薪す　白氏　續370
爨鼎　本朝　正535
爨鑊　文選　正208
醆　白氏　續370
醆杓　白氏　續370
醆底　白氏　續370
竄す　白氏　續370
竄謫　白氏　續370
簪履　文選　正207
簪纓　白氏　續370
粲　文選　正208
粲（人名）　文選　正208
粲す　文選　正208
粲乎　文選　正208
粲然　文選　正208
粲然　白氏　續370
粲爛　文選　正208
粲粲　文選　正208
粲粲　白氏　續370
繖蓋　白氏　續370
纘女　文選　正208
芟斫す　白氏　續371
衫　白氏　續371
衫襟　白氏　續371
衫色　白氏　續371
衫袖　白氏　續371
讒　論語　正61
讒　文選　正207
讒　本朝　正534
讒　白氏　續371
讒し　枕冊　正779
讒す　白氏　續371
讒凶　文選　正207
讒言　白氏　續371
讒巧　文選　正207
讒構　文選　正207
讒邪　文選　正207
讒人　文選　正207
讒賊　文選　正207
讒夫　文選　正207
讒毀　白氏　續371
讒佞　白氏　續371
讒冤　白氏　續371
讒莠　文選　正207
讒諂　白氏　續371
讒諛　文選　正207
讒謗　白氏　續371
讚　白氏　續371
讚す　白氏　續371
讚詠す　白氏　續371
讚歎す　白氏　續371
讚文　白氏　續371
讚揚演説す　白氏　續371
讚佛　白氏　續371
讚佛乘　白氏　續371
讚誄　白氏　續371
贊　白氏　續371
贊す　白氏　續371
贊皇縣君　白氏　續371
贊察　白氏　續371
贊修す　白氏　續371
贊善　白氏　續371
贊善大夫　白氏　續371
贊嘆す　白氏　續371
贊普　白氏　續371
贊論　白氏　續371
贊揚す　白氏　續371
贊理す　白氏　續371
贊貳　白氏　續371
釁聞　文選　正208
鑽仰　本朝　正535
鑽龜　白氏　續371
鑽仰す　文選　正209
鑽厲す　文選　正209
霰雪　文選　正209
驂　文選　正207
驂　白氏　續371
驂乘　文選　正207
驂乘す　文選　正207
驂鑣　文選　正207
剗革す　白氏　續367
巑岏　文選　正208
攙搶　文選　正207
攙搶　白氏　續369
欑羅す　文選　正208
欑萃す　文選　正208
欃槍　文選　正207
欃檀　文選　正207
毚免　文選　正207
毿毿　白氏　續370
滻　白氏　續370
滻水　白氏　續370
瀺灂　文選　正207
獑胡　文選　正207
獑猢　文選　正207
璨　白氏　續370
璨璨　白氏　續370
瓚　文選　正208
筭　文選　正208
筭　白氏　續370
筭す　白氏　續370
筭祀　文選　正208
纉位　白氏　續370
蚕賊　遊仙　正91
蠶　白氏　續371
蠶す　白氏　續371
蠶蟻　白氏　續371
蠶桑　白氏　續371
蠶月　文選　正208
蠶室　文選　正209
蠶室　白氏　續371
蠶妾　白氏　續371
蠶織　白氏　續371
蠶食す　文選　正209
蠶績　白氏　續371
蠶虫　白氏　續371

蠶病　白氏　續371
蠶繭　白氏　續371
蹔生　白氏　續371
鄼　文選　正209
鄼人　白氏　續371
湌　本朝　正534
湌飯　本朝　正534
湌飽す　本朝　正534
饞口　白氏　續371
饞叟　白氏　續371
卅一　宇津　正715
卅一年　宇津　正715
卅貫　宇津　正715
卅九　宇津　正715
卅具　宇津　正715
卅日　土左　正659
卅年　論語　正61
卅兩　宇津　正715
卅餘年　宇津　正715
卅二三　源氏　正847
卅余年　源氏　正847

【し】

しげのゝ王　宇津　正715
しげのゝ宰相　宇津　正715
しげのゝ帥　宇津　正715
しはすの十余日　枕冊　正780
し具し　宇津　正715
梓　文選　正214
梓宮　文選　正214
梓材　文選　正214
梓材　本朝　正538
梓樹　本朝　正538
梓州　白氏　續379
梓匠　文選　正214
梓潼　白氏　續380
梓澤　本朝　正538
梓澤　白氏　續380
梓瑟　文選　正214
梓棫　文選　正214
茨　白氏　續383
餌　白氏　續385
柹樹　白氏　續379
柹帶　白氏　續379
祇承す　本朝　正538
祇庸　文選　正214
祇莊　文選　正214
偨傂　文選　正210
偨池　文選　正210
榹桃　文選　正214
此間　本朝　正536
此岸　本朝　正536
此語　白氏　續380
此詩　文選　正210
此縣　文選　正210
此讎　文選　正210
差池　白氏　續377
跐跐　白氏　續373
仕　白氏　續372
仕す　本朝　正536
仕官す　白氏　續372
仕子　文選　正210
仕進　論語　正61
仕進　白氏　續372
仕途　白氏　續372
仕明　白氏　續372
仔細　白氏　續372
伺晨　文選　正210
使　本朝　正536
使　白氏　續372
使君　本朝　正536
使君　白氏　續372
使君公　白氏　續372
使君灘　白氏　續372
使司　白氏　續372
使持節　文選　正210
使持節　白氏　續372
使持節貝州諸軍事　白氏　續372
使持節儀州諸軍事　白氏　續372
使持節落州諸軍事　白氏　續372
使持節亳州諸軍事　白氏　續372
使者　文選　正210
使者　法華　正420
使者　白氏　續372
使車　白氏　續372
使上　文選　正210
使職　白氏　續372
使臣　白氏　續372
使人　本朝　正536
使人等　本朝　正536
使節　白氏　續372
使府　白氏　續372
使驛　本朝　正536
刺　白氏　續372
刺史　文選　正210
刺史　本朝　正536
刺史　白氏　續372
刺史館下　本朝　正536
刺部　白氏　續372
刺夾　白氏　續372
刺擧　白氏　續372
司　文選　正210
司　本朝　正536
司　白氏　續373
司官　文選　正210
司儀　文選　正210
司業　白氏　續373
司空　論語　正61
司空　文選　正210
司空　白氏　續373
司空(人名)　白氏　續373
司空太尉　文選　正210
司空南陽公　白氏　續373
司勳　文選　正210
司勳　白氏　續373

司勲員外郎　白氏　續373
司勲郎中　白氏　續373
司計　白氏　續373
司言　白氏　續373
司戸　白氏　續373
司戸參郡　白氏　續373
司獄　白氏　續373
司士　白氏　續373
司州　文選　正210
司職　文選　正210
司膳　白氏　續373
司倉　白氏　續373
司造　文選　正210
司存　本朝　正536
司存　白氏　續373
司直　白氏　續373
司典　文選　正210
司天臺　白氏　續373
司徒　文選　正210
司徒　本朝　正536
司徒　白氏　續373
司徒（人名）　白氏　續373
司徒令公　白氏　續373
司農　文選　正210
司農少卿　白氏　續373
司馬　文選　正210
司馬　本朝　正536
司馬　白氏　續373
司馬安　文選　正210
司馬喜　文選　正211
司馬牛　論語　正61
司馬子長　文選　正211
司馬叔持　文選　正211
司馬遷　文選　正211
司馬遷　本朝　正536
司馬遷　白氏　續373
司馬相如　文選　正211
司馬大夫　文選　正211
司馬長卿　文選　正211
司馬夫人　白氏　續373
司馬孚　本朝　正536
司馬廰　白氏　續373
司馬廰記　白氏　續373
司部　文選　正211
司封員外郎　白氏　續373
司封郎中　白氏　續373
司分　文選　正211
司兵參軍　白氏　續373
司牧　白氏　續373
司牧す　文選　正211
司牧す　白氏　續373
司命　文選　正211
司命　本朝　正536
司律　文選　正211
司隷　文選　正211
司暦　本朝　正536
司歴　文選　正211
司會　文選　正210
司會　白氏　續373
司寇　論語　正61
司旌　文選　正210
司氓　文選　正211
司衞　文選　正211
司衮　文選　正210
司諫　白氏　續373
司雍　文選　正211
司錄參軍　白氏　續373
史　論語　正61
史　文選　正210
史　本朝　正536
史　白氏　續373
史（人名）　文選　正210
史妠　文選　正210
史官　文選　正210
史官　白氏　續373
史漢　本朝　正536
史館　文選　正210
史館　白氏　續373
史館修撰　白氏　續373
史記　文選　正210
史記　本朝　正536
史記　白氏　續373
史記　宇津　正715
史記　枕冊　正780
史記　源氏　正847
史起　文選　正210
史魚　論語　正61
史魚　文選　正210
史公　文選　正210
史孝山　文選　正210
史策　文選　正210
史策　白氏　續373
史冊　白氏　續373
史冊　本朝　正536
史氏　白氏　續373
史治　本朝　正536
史述　文選　正210
史書　文選　正210
史臣　文選　正210
史生　本朝　正536
史生　枕冊　正780
史生書生等　本朝　正536
史生等　本朝　正536
史籍　文選　正210
史籍　本朝　正536
史遷　文選　正210
史大夫　枕冊　正780
史諜　白氏　續373
史白　文選　正210
史備　白氏　續373
史筆　文選　正210
史筆　白氏　續373
史論　文選　正210
史游　文選　正210
史澣　白氏　續373
史籒　本朝　正536
史駢　白氏　續373
史篇　本朝　正536
嗣　文選　正211
嗣　白氏　續373

嗣(人名)　文選　正211
嗣位　白氏　續373
嗣子　白氏　續373
嗣宗　文選　正211
嗣襲　白氏　續373
嗣嫡　本朝　正536
嗣統　白氏　續373
嗣之　文選　正211
嗣復　白氏　續373
御四十九日　宇津　正715
御四十九日　源氏　正847
御四郎　宇津　正717
四　文選　正211
四　法華　正420
四　本朝　正536
四　白氏　續373
四襃　本朝　正536
四碱　本朝　正537
四のみこ　宇津　正716
四のみこ　源氏　正847
四の宮　宇津　正716
四の宮　源氏　正847
四の君　宇津　正716
四の君　枕冊　正780
四の君　源氏　正847
四の君はら　源氏　正847
四悪　論語　正61
四悪道　法華　正420
四位　本朝　正537
四位　宇津　正717
四位　枕冊　正780
四位　源氏　正848
四位の君　枕冊　正780
四位の侍従　源氏　正848
四位の少將　宇津　正717
四位の少將　源氏　正848
四位五位　枕冊　正780
四位五位かち　源氏　正848
四位五位たち　源氏　正848
四位五位六位　枕冊　正780
四位少將　枕冊　正780
四夷　文選　正211
四夷　本朝　正536
四夷　白氏　續376
四維　文選　正211
四維　白氏　續376
四韻　本朝　正536
四韻　白氏　續373
四韻　宇津　正717
四韻　源氏　正848
四運　文選　正211
四運　本朝　正536
四遠　文選　正212
四奥　文選　正211
四王　文選　正212
四王　法華　正421
四屋　文選　正211
四牡　文選　正212
四恩　本朝　正536
四科　文選　正211
四科　本朝　正537
四科　白氏　續374
四箇　白氏　續373
四花　本朝　正537
四廻　本朝　正537
四廻す　本朝　正537
四海　論語　正61
四海　文選　正211
四海　本朝　正536
四海　白氏　續373
四海内　本朝　正536
四岳　文選　正211
四巻　宇津　正715
四巻　源氏　正847
四貫　白氏　續374
四季　本朝　正536
四季　白氏　續373
四季　宇津　正715
四季　源氏　正847
四紀　文選　正211
四渠　白氏　續373
四京　白氏　續374
四兇　白氏　續374
四凶　白氏　續374
四境　文選　正211
四境　白氏　續374
四教　文選　正211
四極　文選　正211
四九　本朝　正537
四句　白氏　續374
四隅　文選　正211
四隅　白氏　續374
四隈　文選　正212
四隈　白氏　續376
四君　文選　正211
四君子　白氏　續374
四軍　白氏　續374
四郡　本朝　正537
四郡　白氏　續374
四月　文選　正211
四月　法華　正420
四月　本朝　正537
四月　白氏　續374
四月　宇津　正715
四月　蜻蛉　正748
四月　枕冊　正780
四月　源氏　正847
四月つこもり　枕冊　正780
四月一日　白氏　續374
四月乙丑　文選　正211
四月九日　本朝　正537
四月九日　白氏　續374
四月庚寅朔二十一日庚戌　白氏　續374
四月十五日　本朝　正537
四月十四日　白氏　續374
四月十日　白氏　續374
四月十余日　源氏　正847
四月壬子　文選　正211
四月中　本朝　正537

四月廿日 源氏 正847
四賢 文選 正211
四絃 白氏 續374
四言 文選 正211
四言 白氏 續374
四枯 本朝 正537
四虎 本朝 正537
四五 文選 正211
四五 白氏 續374
四五株 白氏 續374
四五間 白氏 續374
四五間 宇津 正715
四五間 源氏 正847
四五月 本朝 正537
四五月 宇津 正715
四五月 枕冊 正780
四五月 源氏 正847
四五更 本朝 正537
四五歳 白氏 續374
四五尺 白氏 續374
四五酌 白氏 續374
四五主 白氏 續374
四五樹 白氏 續374
四五秋 白氏 續374
四五人 本朝 正537
四五人 宇津 正715
四五人 枕冊 正780
四五人 源氏 正847
四五日 白氏 續374
四五日 宇津 正715
四五日まぜ 宇津 正715
四五年 白氏 續374
四五年 枕冊 正780
四五年 源氏 正847
四五年來 本朝 正537
四五輩 本朝 正537
四五百廻 白氏 續374
四五百人 宇津 正715
四五枚 源氏 正847
四五里 白氏 續374
四五六のみこ 宇津 正715
四五條 蜻蛉 正748
四五萬 白氏 續374
四効 本朝 正536
四口 本朝 正537
四校 文選 正211
四考 白氏 續373
四膏 文選 正211
四荒 文選 正211
四荒 白氏 續374
四郊 文選 正211
四郊 白氏 續373
四獄 文選 正211
四坐 文選 正211
四座 文選 正211
四座 白氏 續374
四塞す 文選 正211
四歳 文選 正211
四歳 白氏 續375
四載 文選 正211
四載 白氏 續374
四罪 白氏 續374
四山 本朝 正537
四山 白氏 續374
四散 白氏 續374
四士 文選 正211
四始 文選 正211
四始 本朝 正537
四始 白氏 續374
四子 文選 正211
四子 白氏 續374
四子講德 文選 正211
四支 文選 正211
四支 白氏 續374
四肢 白氏 續374
四時 論語 正61
四時 文選 正211
四時 本朝 正537
四時 白氏 續374
四軸 本朝 正537
四七 文選 正211
四七 白氏 續374
四七將 本朝 正537
四者 文選 正211
四尺 白氏 續375
四尺 宇津 正715
四尺 蜻蛉 正748
四尺 源氏 正847
四尺の几帳 枕冊 正780
四尺の屛風 枕冊 正780
四種 本朝 正537
四首 文選 正211
四首 本朝 正537
四首 白氏 續375
四宗 文選 正211
四州 文選 正211
四州 白氏 續374
四愁 文選 正211
四衆 法華 正420
四衆 本朝 正537
四衆 白氏 續374
四十 論語 正61
四十 文選 正211
四十 本朝 正537
四十 白氏 續374
四十 伊勢 正650
四十 宇津 正715
四十 枕冊 正780
四十 源氏 正847
四十つら 源氏 正847
四十にん 源氏 正847
四十一 本朝 正537
四十一 白氏 續374
四十韻 白氏 續374
四十家 白氏 續374
四十巻 本朝 正537
四十九 本朝 正537
四十九 白氏 續374
四十九 枕冊 正780
四十九院 宇津 正715

四十九所	宇津	正715
四十九人	宇津	正715
四十九壇	宇津	正715
四十九日	本朝	正537
四十九日	宇津	正715
四十九日	源氏	正847
四十九年	白氏	續374
四十五	白氏	續374
四十五尺	本朝	正537
四十五尺	白氏	續374
四十五日	蜻蛉	正748
四十五年	白氏	續374
四十載	白氏	續374
四十三	白氏	續374
四十四	白氏	續374
四十寺	源氏	正847
四十七	白氏	續375
四十尺	本朝	正537
四十人	本朝	正537
四十人	白氏	續374
四十人	宇津	正715
四十二	文選	正211
四十二	白氏	續375
四十二	宇津	正715
四十二章	白氏	續375
四十二日	白氏	續375
四十日	蜻蛉	正748
四十年	本朝	正537
四十年	白氏	續374
四十年	白氏	續375
四十八	文選	正211
四十八	白氏	續375
四十疋	源氏	正847
四十部	文選	正211
四十枚	宇津	正715
四十枚	源氏	正847
四十有一人	白氏	續374
四十有九	文選	正211
四十有五人	文選	正211
四十有五年	白氏	續374
四十有四	文選	正211
四十有二	文選	正211
四十有八	文選	正211
四十有八章	文選	正211
四十余	源氏	正847
四十余日	蜻蛉	正748
四十里	文選	正211
四十六	白氏	續375
四十六巻	文選	正211
四十餘	本朝	正537
四十餘	白氏	續375
四十餘月	白氏	續375
四十餘歳	白氏	續375
四十餘年	文選	正211
四十餘年	白氏	續375
四重	本朝	正537
四重	白氏	續375
四術	文選	正211
四術	白氏	續375
四旬	文選	正211
四旬	白氏	續375
四序	白氏	續375
四照	文選	正211
四章	白氏	續375
四上	文選	正211
四上人	白氏	續375
四丞相	白氏	續375
四人	文選	正211
四人	本朝	正537
四人	白氏	續375
四人	宇津	正716
四人	蜻蛉	正748
四人	枕冊	正780
四人	源氏	正847
四寸	蜻蛉	正748
四世	論語	正61
四世	文選	正211
四姓	文選	正211
四星	文選	正211
四星	白氏	續375
四生	法華	正420
四生	本朝	正537
四生	白氏	續375
四聖	文選	正211
四石	白氏	續375
四石	宇津	正715
四節	文選	正211
四節	白氏	續375
四絶句	白氏	續375
四先生	白氏	續375
四千	白氏	續375
四千段	源氏	正847
四千日	白氏	續375
四千里	白氏	續375
四膳	文選	正211
四祖	文選	正211
四祖	白氏	續375
四曹局	白氏	續374
四窓	白氏	續375
四足	法華	正420
四族	文選	正211
四代	本朝	正537
四代	白氏	續375
四代	源氏	正847
四大	法華	正420
四大	白氏	續375
四大天王	法華	正420
四達	文選	正211
四端	白氏	續375
四帖	源氏	正847
四朝	白氏	續375
四鳥	文選	正211
四鳥	白氏	續375
四鎮	白氏	續375
四帝	文選	正211
四諦	法華	正420
四諦	白氏	續375
四天	法華	正420
四天下	法華	正420
四塗	文選	正211

四土　本朝　正537
四等　白氏　續375
四道　白氏　續375
四道人　白氏　續375
四日　本朝　正537
四日　白氏　續374
四日　土左　正659
四年　文選　正212
四年　本朝　正536
四年　本朝　正537
四年　白氏　續375
四八相　本朝　正537
四畔　白氏　續375
四飯　論語　正61
四美　文選　正212
四疋　宇津　正716
四百　本朝　正537
四百　白氏　續375
四百三十二首　白氏　續375
四百字　白氏　續375
四百年　本朝　正537
四百年　白氏　續375
四百疋　源氏　正847
四百里　白氏　續375
四百萬斛　白氏　續375
四百餘首　白氏　續375
四百餘日　竹取　正636
四百餘年　文選　正212
四百餘年　本朝　正537
四百餘里　白氏　續375
四表　文選　正212
四表　白氏　續375
四病　本朝　正537
四品　本朝　正537
四品　宇津　正716
四賓　文選　正212
四府　宇津　正716
四部　文選　正212
四部　法華　正420
四部　白氏　續375
四部衆　法華　正420
四封　白氏　續375
四幅　白氏　續375
四分　法華　正420
四分　本朝　正537
四分律　白氏　續375
四分毗尼藏　白氏　續375
四壁　文選　正212
四壁　本朝　正537
四壁　白氏　續375
四篇　白氏　續375
四菩薩　本朝　正537
四菩薩等　本朝　正537
四方　文選　正212
四方　法華　正420
四方　本朝　正537
四方　白氏　續375
四法　法華　正420
四邦　文選　正212
四傍　白氏　續375
四望　白氏　續375
四望樓　白氏　續375
四魔　本朝　正537
四民　文選　正212
四民　本朝　正537
四無礙智　法華　正420
四命　白氏　續376
四明　文選　正212
四明　白氏　續376
四面　文選　正212
四面　法華　正420
四面　本朝　正537
四面　白氏　續376
四面　宇津　正716
四面宣尉使　白氏　續376
四目　本朝　正537
四目　白氏　續376
四門　文選　正212
四門　本朝　正537
四門　白氏　續376
四門博士　白氏　續376
四野　文選　正212
四野　白氏　續376
四葉　本朝　正536
四履　文選　正212
四流　文選　正212
四隣　本朝　正537
四隣　白氏　續376
四廊　白氏　續376
四老　白氏　續376
四郎　宇津　正717
四郎君　源氏　正848
四會　文選　正211
四會す　文選　正211
四處　本朝　正537
四卷　白氏　續374
四嚮　白氏　續373
四國　文選　正211
四國　白氏　續374
四垠　文選　正211
四垠　白氏　續374
四寶　文選　正212
四屬　白氏　續375
四嶽　白氏　續374
四斛　本朝　正537
四旁　白氏　續375
四晧　文選　正211
四條　本朝　正537
四條　白氏　續375
四條　宇津　正716
四條の家　宇津　正716
四條わたり　宇津　正716
四條宮　枕冊　正780
四條大納言　本朝　正537
四樂　白氏　續376
四氣　文選　正211
四氣　白氏　續373
四溟　文選　正212
四瀛　本朝　正536
四皓　文選　正211

四皓　本朝　正536
四皓　白氏　續373
四齋　白氏　續374
四禪　文選　正211
四禪天　白氏　續375
四筵　文選　正211
四簷　白氏　續373
四聲　本朝　正537
四聲　白氏　續375
四聰　白氏　續375
四雖　白氏　續375
四衢　法華　正420
四衢　本朝　正537
四裔　文選　正211
四遐　文選　正211
四邊　白氏　續376
四鄰　白氏　續376
四鐵　文選　正211
四關　文選　正211
四靈　文選　正212
四靈　白氏　續376
四韵　本朝　正536
四騏　文選　正211
四體　論語　正61
四體　文選　正211
四體　白氏　續375
四德　文選　正211
四德　本朝　正537
四德　白氏　續375
四感　文選　正211
四瀆　文選　正212
四瀆　白氏　續375
四牖　白氏　續376
四虛　白氏　續374
四隩　文選　正211
四騶　本朝　正537
其年四月某日　白氏　續374
士　論語　正61
士　文選　正212
士　法華　正420
士　本朝　正537
士　白氏　續376
士　枕冊　正780
士安　本朝　正537
士階　白氏　續376
士寛　白氏　續376
士季　文選　正212
士君子　文選　正212
士君子　白氏　續376
士堅　白氏　續376
士元　文選　正212
士行　白氏　續376
士衡　文選　正212
士衡　白氏　續376
士載　文選　正212
士子　文選　正212
士子　白氏　續376
士師　論語　正61
士師　文選　正212
士庶　文選　正212
士庻　白氏　續376
士女　文選　正212
士女　本朝　正537
士女　白氏　續376
士人　文選　正212
士人　白氏　續376
士政　白氏　續376
士曹　白氏　續376
士曹參軍　白氏　續376
士族　白氏　續376
士卒　文選　正212
士卒　白氏　續376
士孫文始　文選　正212
士大夫　文選　正212
士大夫　白氏　續376
士通　白氏　續376
士馬　文選　正212
士馬　白氏　續376
士伯　文選　正212
士風　白氏　續376
士枚　白氏　續376
士民　文選　正212
士民　法華　正420
士吏　白氏　續376
士龍　文選　正212
士旅　白氏　續376
士良　白氏　續376
士力　白氏　續376
士林　文選　正212
士林　白氏　續376
士會　白氏　續376
士儉　白氏　續376
士燮　文選　正212
士玟　白氏　續376
始安郡　文選　正212
始願　白氏　續376
始皇　文選　正212
始皇　本朝　正537
始皇帝　白氏　續376
始終　文選　正212
始終　本朝　正537
始終　白氏　續376
始終す　文選　正212
始終す　白氏　續376
始祖　本朝　正537
始卒　白氏　續376
始寧墅　文選　正212
始封　白氏　續376
始望　文選　正212
始末　白氏　續376
姉妹　白氏　續376
姉歸　文選　正212
姿　本朝　正537
姿　白氏　續376
姿彩　白氏　續376
姿首　遊仙　正91
姿色　文選　正212
姿度　文選　正212
姿容　白氏　續376
姿媚　文選　正212

姿體　白氏　續376
子　論語　正61
子　文選　正212
子　文選　正212
子　本朝　正537
子　白氏　續376
子(人名)　文選　正212
子愛　文選　正212
子育　白氏　續376
子育す　白氏　續376
子羽　論語　正61
子羽　白氏　續376
子雲　文選　正212
子嬰　文選　正212
子温　白氏　續377
子夏　論語　正61
子夏　文選　正212
子夏　白氏　續376
子華　論語　正61
子雅　文選　正212
子奇　文選　正212
子規　白氏　續376
子卿　文選　正212
子喬　文選　正212
子喬　本朝　正537
子郷　白氏　續376
子玉　文選　正212
子禽　論語　正61
子衿　文選　正212
子衿　本朝　正537
子桑伯子　論語　正62
子敬　文選　正212
子荊　文選　正212
子建　文選　正212
子玄　文選　正212
子午　白氏　續376
子貢　論語　正61
子貢　本朝　正537
子貢　白氏　續376
子高　文選　正212
子高　本朝　正537
子細　遊仙　正91
子細　本朝　正537
子細　白氏　續376
子細なき　源氏　正847
子産　論語　正62
子産　文選　正212
子産　本朝　正537
子産　白氏　續376
子史　文選　正212
子子孫孫　文選　正212
子思　文選　正212
子書　白氏　續376
子勝　文選　正212
子城　白氏　續376
子晋　本朝　正537
子晋　白氏　續376
子晋廟　白氏　續376
子西　論語　正62
子西　文選　正212
子息　法華　正420
子孫　論語　正62
子孫　文選　正212
子孫　本朝　正537
子孫　白氏　續376
子大夫　文選　正212
子大夫　白氏　續376
子男　本朝　正537
子男　白氏　續376
子仲　文選　正212
子張　論語　正62
子張第十九　論語　正62
子張問　論語　正62
子長　文選　正212
子長　白氏　續377
子長政駿　文選　正212
子弟　論語　正62
子弟　文選　正212
子弟　本朝　正537
子弟　白氏　續377
子弟等　白氏　續377
子都　文選　正212
子道　白氏　續376
子南　遊仙　正91
子之　文選　正212
子反　文選　正212
子犯　白氏　續377
子布　文選　正212
子服景伯　論語　正62
子文　論語　正62
子文　文選　正212
子平　白氏　續377
子母　文選　正212
子房　文選　正212
子房　本朝　正537
子房　白氏　續377
子墨　文選　正212
子墨　本朝　正537
子墨客卿　本朝　正537
子牟　文選　正212
子明　文選　正212
子姪　白氏　續377
子孟　文選　正212
子孟　本朝　正537
子蒙　白氏　續377
子夜　本朝　正537
子野　文選　正212
子野　本朝　正537
子輿　文選　正212
子幼　白氏　續376
子陽　文選　正212
子諒　本朝　正537
子諒　白氏　續377
子陵　文選　正212
子陵灘　白氏　續377
子路　論語　正62
子路　文選　正212
子路　白氏　續377
子路第十三　論語　正62
子來す　本朝　正537

子冉　文選　正212
子圉　文選　正212
子游　論語　正62
子游　白氏　續376
子瑕　文選　正212
子瑜　文選　正212
子眞　文選　正212
子眞　白氏　續376
子罕第九　論語　正61
子羔　論語　正61
子胥　文選　正212
子胥*　白氏　續376
子臧　文選　正212
子賤　論語　正62
子賤　文選　正212
子頽　文選　正212
子騫　本朝　正537
子囊　文選　正212
子虚　文選　正212
子虚　白氏　續376
市　文選　正210
市　本朝　正537
市　白氏　續372
市井　文選　正210
市井　白氏　續372
市街　白氏　續372
市人　文選　正210
市人　本朝　正537
市人　白氏　續372
市籍　白氏　續372
市朝　論語　正61
市朝　文選　正210
市朝　白氏　續372
市南　文選　正210
市門　文選　正210
市門　本朝　正537
市利　白氏　續372
市路　白氏　續372
市肆　白氏　續372
市闠　文選　正210
市鄽　文選　正210
おほむ師とも　源氏　正847
御師　源氏　正847
師　論語　正62
師　文選　正212
師　法華　正420
師　本朝　正537
師　白氏　續377
師　宇津　正715
師　枕冊　正780
師　源氏　正847
師(人名)　論語　正62
師(人名)　論語　正62
師(人名)　白氏　續377
師(注)　白氏　續377
師ども　宇津　正715
師位　文選　正213
師官　文選　正212
師訓　白氏　續377
師訓す　文選　正212
師古　白氏　續377
師皐　白氏　續377
師子　遊仙　正91
師子　法華　正420
師子　宇津　正715
師子王　法華　正420
師子座　白氏　續377
師子比丘　白氏　續377
師子奮迅　法華　正420
師子吼　法華　正420
師子吼す　法華　正420
師師　文選　正212
師氏　文選　正212
師氏　白氏　續377
師資　白氏　續377
師錫　文選　正212
師儒　白氏　續377
師人　白氏　續377
師説　本朝　正537
師祖　文選　正212
師僧　白氏　續377
師僧等　白氏　續377
師損　白氏　續377
師知　本朝　正537
師長　白氏　續377
師長(人名)　白氏　續377
師徒　文選　正212
師徒　白氏　續377
師堂　文選　正212
師道　文選　正212
師道　白氏　續377
師範　本朝　正538
師表　文選　正213
師豹　文選　正213
師保　文選　正213
師門　文選　正213
師友　文選　正213
師友　白氏　續377
師利　文選　正213
師律　白氏　續377
師旅　論語　正62
師旅　文選　正213
師旅　白氏　續377
師令　文選　正213
師路　本朝　正538
師老　白氏　續377
師傅　白氏　續377
師傅　文選　正212
師傅　本朝　正538
師冕　論語　正62
師尹　文選　正212
師摯す　論語　正62
師涓　文選　正212
師涓　白氏　續377
師謨　文選　正212
師讀　本朝　正538
師閔　白氏　續377
師囊　文選　正212
相師　文選　正212
醫師　土左　正659

志　論語　正62
志　文選　正213
志　本朝　正538
志　白氏　續377
志　白氏　續377
志意　文選　正213
志怪放言　白氏　續377
志願　文選　正213
志願　白氏　續377
志業　白氏　續377
志行　白氏　續377
志行等　白氏　續377
志士　論語　正62
志士　文選　正213
志士　白氏　續377
志緒　本朝　正538
志尚　文選　正213
志誠　白氏　續377
志績　文選　正213
志節　文選　正213
志節　白氏　續377
志善　白氏　續377
志態　文選　正213
志度　文選　正213
志能　文選　正213
志慮　文選　正213
志學　文選　正213
志氣　文選　正213
志氣　白氏　續377
志畧　白氏　續377
思　文選　正213
思　本朝　正538
思(人名)　文選　正213
思益寺　白氏　續377
思益峯　白氏　續377
思晦　文選　正213
思議　法華　正420
思郷　白氏　續377
思索す　白氏　續378
思子臺　白氏　續378
思緒　白氏　續378
思諸　本朝　正538
思情　文選　正213
思心　文選　正213
思想　白氏　續378
思存　文選　正213
思致　文選　正213
思忠　文選　正213
思鳥　文選　正213
思念す　法華　正420
思婦　文選　正213
思婦　白氏　續378
思風　文選　正213
思風　本朝　正538
思慕す　論語　正62
思謀　白氏　續378
思摩　白氏　續378
思慮　論語　正62
思慮　文選　正213
思慮　本朝　正538
思慮　白氏　續378
思慮す　白氏　續378
思量　白氏　續378
思量す　法華　正421
思量す　本朝　正538
思量す　白氏　續378
思歸　白氏　續378
思歸引　文選　正213
思歸鳥　白氏　續378
思歸樂　白氏　續378
思舊　白氏　續377
思謇　文選　正213
思黯　白氏　續377
思黯居守　白氏　續377
思黯相公　白氏　續377
指意　文選　正213
指揮す　白氏　續378
指期す　白氏　續378
指言　白氏　續378
指顧　白氏　續378
指顧す　白氏　續378
指事　文選　正213
指趣　文選　正213
指切　白氏　續378
指千　白氏　續378
指陳　白氏　續378
指陳す　本朝　正538
指陳す　白氏　續378
指爪　法華　正420
指適す　文選　正213
指南　文選　正213
指南　本朝　正538
指撥　白氏　續378
指歸　白氏　續378
指麾　文選　正213
指麾　白氏　續378
指麾す　文選　正213
指麾す　白氏　續378
指畫す　白氏　續378
指蹤す　白氏　續378
指點　白氏　續378
指點す　本朝　正538
指點す　白氏　續378
支竺　白氏　續378
支許　白氏　續378
支計す　白氏　續378
支梧す　白氏　續378
支使　白氏　續378
支持　白氏　續378
支持す　文選　正213
支持す　白氏　續378
支提　本朝　正538
支提　白氏　續378
支提法寶藏　白氏　續378
支敵す　白氏　續378
支度　竹取　正636
支遁開　白氏　續378
支遁林　白氏　續378
支遁嶺　白氏　續378
支任す　白氏　續378

支伯　文選　正213
支附　文選　正213
支分す　白氏　續378
支離　文選　正213
支離　白氏　續378
支離す　文選　正213
支離す　白氏　續378
支牀　白氏　續378
支體　文選　正213
支體　白氏　續378
支泒　白氏　續378
孜孜　文選　正213
孜孜　白氏　續378
孜々　本朝　正538
斯　文選　正213
斯干　文選　正213
斯須　文選　正213
斯之　白氏　續379
施　文選　正213
施　白氏　續379
施す　文選　正213
施す　本朝　正538
施す　白氏　續379
施行　本朝　正538
施行　白氏　續379
施行す　本朝　正538
施行す　白氏　續379
施山人　白氏　續379
施氏　白氏　續379
施積　文選　正213
施張　本朝　正538
施張　白氏　續379
施張す　白氏　續379
施張擧措　白氏　續379
施展す　白氏　續379
施孟　文選　正213
施利　白氏　續379
施和　文選　正213
旨　白氏　續379
旨意　本朝　正538
旨義　白氏　續379
旨趣　文選　正213
旨趣　本朝　正538
旨酒　文選　正213
旨酒　本朝　正538
旨酒　白氏　續379
旨蓄　白氏　續379
旨要　白氏　續379
旨條　白氏　續379
枝　法華　正420
枝　白氏　續379
枝格　文選　正214
枝幹　文選　正214
枝幹　白氏　續379
枝岐　文選　正214
枝枝　白氏　續379
枝庶　文選　正214
枝梢　白氏　續379
枝上　白氏　續379
枝親　本朝　正538
枝中丞　本朝　正538
枝苗　本朝　正538
枝末　文選　正214
枝葉　文選　正214
枝葉　本朝　正538
枝葉　白氏　續379
枝柯　白氏　續379
枝條　文選　正214
枝條　本朝　正538
枝條　白氏　續379
枝泒　白氏　續379
止　文選　正214
止　白氏　續380
止宿す　法華　正420
止水　本朝　正538
止水　白氏　續380
止息　文選　正214
止息す　文選　正214
止息す　白氏　續380
止足　文選　正214
止足　本朝　正538
止足　白氏　續380
止託　文選　正214
止戈　文選　正214
止觀　本朝　正538
止觀　白氏　續380
止遏　白氏　續380
止遏す　白氏　續380
止鑒す　文選　正214
死　論語　正62
死　遊仙　正91
死　文選　正214
死　法華　正420
死　本朝　正538
死　白氏　續380
死し　枕冊　正780
死し　源氏　正847
死す　論語　正62
死す　文選　正214
死す　法華　正420
死す　本朝　正538
死す　白氏　續380
死灰　文選　正214
死灰　本朝　正538
死灰　白氏　續380
死却す　白氏　續380
死去す　文選　正214
死去す　白氏　續380
死後　白氏　續380
死骨　本朝　正538
死骨　白氏　續380
死罪　遊仙　正92
死罪　文選　正214
死罪　本朝　正538
死士　文選　正214
死屍　法華　正420
死者　白氏　續380
死囚　白氏　續380
死所　文選　正214
死所　白氏　續380

死傷　文選　正214
死傷　白氏　續380
死傷す　白氏　續380
死燭穢　宇津　正716
死人　論語　正62
死人　文選　正214
死人　宇津　正716
死生　論語　正62
死生　文選　正214
死生　本朝　正538
死生　白氏　續380
死生す　白氏　續380
死籍　白氏　續380
死節　白氏　續380
死然　論語　正62
死鼠　文選　正214
死喪　白氏　續380
死喪す　文選　正214
死地　文選　正214
死地　白氏　續380
死馬　白氏　續380
死亡　文選　正214
死亡す　論語　正62
死亡す　文選　正214
死没す　文選　正214
死魔　法華　正420
死命　遊仙　正92
死命　白氏　續380
死門　白氏　續380
死矢　白氏　續380
死力　文選　正214
死戰　白氏　續380
死戰す　白氏　續380
死囹　白氏　續380
死耋　白氏　續380
氏　文選　正214
氏　白氏　續380
氏爵　本朝　正538
氏姓　本朝　正538
氏族　文選　正214
氏族　本朝　正538
氏號　文選　正214
藤原氏　本朝　正538
某氏等　白氏　續380
獅子　白氏　續380
獅子　枕冊　正780
獅子吼す　白氏　續380
私　白氏　續381
私渥　白氏　續381
私粟　文選　正214
私稲　本朝　正538
私謁　白氏　續381
私恩　本朝　正538
私恩　白氏　續381
私家　白氏　續381
私客　白氏　續381
私嫌　白氏　續381
私語　白氏　續381
私財　白氏　續381
私室　文選　正214
私室　白氏　續381
私讐　白氏　續381
私情　文選　正214
私情　白氏　續381
私信　本朝　正538
私心　白氏　續381
私誠　白氏　續381
私第　文選　正214
私第　白氏　續381
私宅　本朝　正538
私溺　文選　正214
私田　白氏　續381
私度　本朝　正538
私筆　本朝　正538
私廟　白氏　續381
私儲　本朝　正538
私門　文選　正214
私門　本朝　正538
私利　本朝　正539
私利　白氏　續381
私慮　本朝　正539
私隷　文選　正214
私戀　本朝　正539
私錢　文選　正214
私鑄錢　本朝　正538
紙閣　白氏　續381
紙隔　本朝　正539
紙魚　本朝　正539
紙燭　竹取　正636
紙燭　宇津　正715
紙燭　源氏　正847
紙窓　本朝　正539
紙墨　本朝　正539
紙墨　白氏　續381
紙價　白氏　續381
紙卷　白氏　續381
紙錢　白氏　續381
紙牕　白氏　續381
紫　文選　正214
紫　本朝　正539
紫　白氏　續381
紫蚢　文選　正215
紫蕒　文選　正215
紫衣　文選　正214
紫衣　白氏　續381
紫芋　白氏　續381
紫雲　白氏　續381
紫英　文選　正214
紫煙　文選　正215
紫煙　白氏　續381
紫艶　白氏　續381
紫苑　宇津　正717
紫苑　枕冊　正780
紫苑　源氏　正848
紫苑いろ　宇津　正717
紫苑色　源氏　正848
紫鴛　本朝　正539
紫塩　遊仙　正92
紫河車　白氏　續381
紫花　白氏　續381

紫霞　文選　正215
紫霞　本朝　正539
紫霞　白氏　續381
紫芽　白氏　續381
紫界　白氏　續381
紫貝　文選　正215
紫蓋　文選　正215
紫垣　白氏　續382
紫閣　白氏　續381
紫閣山　白氏　續381
紫閣峯　白氏　續381
紫葛　白氏　續381
紫菊　本朝　正539
紫菊　白氏　續381
紫宮　文選　正215
紫宮　本朝　正539
紫極　文選　正215
紫極　本朝　正539
紫極　白氏　續381
紫桐　白氏　續382
紫巾　白氏　續381
紫禁　文選　正215
紫禁　白氏　續381
紫禁二年　本朝　正539
紫桂　本朝　正539
紫荊　白氏　續381
紫姑　本朝　正539
紫塞　文選　正215
紫傘　白氏　續381
紫芝　白氏　續381
紫車　白氏　續381
紫綬　文選　正215
紫綬　本朝　正539
紫綬　白氏　續381
紫蕉衫　白氏　續382
紫榛　文選　正215
紫袖　白氏　續381
紫苔　文選　正215
紫茸　文選　正215
紫茸　白氏　續382
紫脱　文選　正215
紫檀　宇津　正716
紫檀　源氏　正847
紫檀ら　宇津　正716
紫柱　文選　正215
紫庭　本朝　正539
紫庭　白氏　續382
紫泥　本朝　正539
紫泥　白氏　續382
紫的　文選　正215
紫殿　文選　正215
紫殿　本朝　正539
紫殿　白氏　續382
紫電　本朝　正539
紫藤　本朝　正539
紫藤　白氏　續382
紫藤花　白氏　續382
紫洞　白氏　續382
紫微　文選　正215
紫微　本朝　正539
紫微　白氏　續382
紫微閣　白氏　續382
紫微星　白氏　續382
紫微闈　白氏　續382
紫菱　白氏　續382
紫府　本朝　正539
紫淵　文選　正215
紫粉　白氏　續382
紫芳　文選　正215
紫房　遊仙　正92
紫房　文選　正215
紫房　白氏　續382
紫磨金　本朝　正539
紫名　本朝　正539
紫陽　白氏　續382
紫陽花　白氏　續382
紫羅　白氏　續382
紫嵐　本朝　正539
紫蘭　文選　正215
紫蘭　本朝　正539
紫蘭　白氏　續382
紫龍　白氏　續382
紫鱗　文選　正215
紫鱗　本朝　正539
紫鱗　白氏　續382
紫麟　白氏　續382
紫蕨　白氏　續381
紫圍　本朝　正539
紫宸　本朝　正539
紫宸　白氏　續382
紫宸殿　本朝　正539
紫掖　本朝　正539
紫毫　本朝　正539
紫毫　白氏　續381
紫毫筆　白氏　續381
紫毯　白氏　續382
紫氛　文選　正215
紫氣　白氏　續381
紫盖　本朝　正539
紫筍　白氏　續382
紫笋　本朝　正539
紫笋　白氏　續382
紫絳　文選　正215
紫纓　文選　正214
紫臺　文選　正215
紫薹　本朝　正539
紫荇　本朝　正539
紫苞　文選　正215
紫莖　文選　正215
紫薑　文選　正215
紫薇　白氏　續382
紫薇花　白氏　續382
紫薇郎　白氏　續382
紫袍　白氏　續382
紫闥　文選　正215
紫闥　本朝　正539
紫闥　白氏　續382
紫陌　白氏　續382
紫霄　本朝　正539
紫霄　白氏　續382

紫霄峯　白氏　續382
紫髯　白氏　續382
紫氈　白氏　續382
紫絨　本朝　正539
紫綃　白氏　續382
紫蠟　白氏　續382
紫軑　文選　正215
紫闈　文選　正215
紫騮　白氏　續382
紫驄　白氏　續382
紫鸞　文選　正215
紫鸞　本朝　正539
柴燎　文選　正214
肢體　白氏　續382
脂　白氏　續382
脂轄す　白氏　續382
脂膏　本朝　正539
脂膏　白氏　續382
脂燭　文選　正215
脂膚荑手　白氏　續382
脂粉　本朝　正539
脂粉　白氏　續382
脂韋　文選　正215
至哀　本朝　正539
至易　白氏　續383
至異　文選　正215
至遠　白氏　續383
至音　文選　正215
至寒　文選　正215
至願　文選　正215
至幾　文選　正215
至極　文選　正215
至極　本朝　正539
至愚　文選　正215
至愚　本朝　正539
至愚　白氏　續383
至訓　文選　正215
至言　文選　正215
至言　本朝　正539
至言　白氏　續383
至娯　文選　正215
至光　白氏　續383
至公　文選　正215
至公　白氏　續383
至公至平　文選　正215
至孝　本朝　正539
至孝　白氏　續383
至行　白氏　續383
至高　白氏　續383
至止　文選　正215
至柔　白氏　續383
至駿　文選　正215
至順　白氏　續383
至情　文選　正215
至情　本朝　正539
至信　白氏　續383
至心　文選　正215
至心　本朝　正539
至心　白氏　續383
至人　文選　正215
至仁　文選　正215
至仁　白氏　續383
至性　文選　正215
至性　白氏　續383
至清　文選　正215
至盛　文選　正215
至精　文選　正215
至精　白氏　續383
至聖　論語　正62
至聖　文選　正215
至聖　白氏　續383
至誠　文選　正215
至誠　本朝　正539
至誠　白氏　續383
至切　白氏　續383
至尊　文選　正215
至尊　白氏　續383
至大　白氏　續383
至忠　文選　正215
至適　白氏　續383
至道　文選　正215
至道　白氏　續383
至道元年四月日　本朝　正539
至難　白氏　續383
至寧　文選　正215
至悲　文選　正215
至美　文選　正215
至妙　文選　正215
至妙　本朝　正539
至妙(人名)　文選　正215
至明　白氏　續383
至要　白氏　續383
至理　文選　正215
至理　本朝　正539
至理　白氏　續383
至隆　文選　正215
至麗　白氏　續383
至論　文選　正215
至和　文選　正215
至壯　文選　正215
至寶　白氏　續383
至數　文選　正215
至樂　文選　正215
至樂　白氏　續383
至歡　文選　正215
至當　白氏　續383
至眞　白氏　續383
至艱　文選　正215
至德　文選　正215
至德　本朝　正539
至德　白氏　續383
至虛　文選　正215
芝蕨　白氏　續383
視　本朝　正540
視　白氏　續383
視聴　論語　正62
視聴　本朝　正540
視聽　文選　正216
視聽　白氏　續383

詞　文選　正216
詞　本朝　正539
詞　白氏　續384
詞意　白氏　續384
詞花　本朝　正539
詞華　本朝　正539
詞華　白氏　續384
詞義　本朝　正539
詞客　本朝　正539
詞句　遊仙　正92
詞句　本朝　正539
詞句　白氏　續384
詞源　本朝　正539
詞言　文選　正216
詞江　本朝　正539
詞采　白氏　續384
詞旨　文選　正216
詞章　白氏　續384
詞臣　白氏　續384
詞人　文選　正216
詞人　本朝　正539
詞人　白氏　續384
詞藻　本朝　正539
詞藻　白氏　續384
詞頭　白氏　續384
詞賦　文選　正216
詞賦　本朝　正539
詞賦　白氏　續384
詞文　白氏　續384
詞鋒　白氏　續384
詞林　本朝　正539
詞露　本朝　正539
詞浪　本朝　正539
詞論　文選　正216
詞場　白氏　續384
詞學　白氏　續384
詞條　本朝　正539
詞氣　白氏　續384
詞苑　本朝　正539
詩　論語　正62
詩　遊仙　正92
詩　文選　正216
詩　本朝　正539
詩　白氏　續384
詩　宇津　正715
詩　枕冊　正780
詩　源氏　正847
詩(書名)　文選　正216
詩(書名)　白氏　續384
詩ども　宇津　正715
詩韻　白氏　續384
詩宴　本朝　正539
詩家　本朝　正539
詩家　白氏　續384
詩解　白氏　續384
詩閣　本朝　正539
詩巻　本朝　正539
詩義　白氏　續384
詩客　白氏　續384
詩境　本朝　正539
詩境　白氏　續384
詩狂　白氏　續384
詩興　本朝　正539
詩句　本朝　正539
詩句　白氏　續384
詩語　本朝　正539
詩債　白氏　續384
詩史　文選　正216
詩思　白氏　續384
詩寺　本朝　正539
詩主　白氏　續384
詩酒　本朝　正540
詩酒　白氏　續384
詩酒琴　白氏　續384
詩集　白氏　續384
詩書　論語　正62
詩書　文選　正216
詩書　本朝　正540
詩書　白氏　續384
詩書(書名)　文選　正216
詩書(書名)　白氏　續384
詩書礼樂　本朝　正540
詩章　本朝　正539
詩章　白氏　續384
詩情　白氏　續384
詩臣　本朝　正540
詩人　文選　正216
詩人　本朝　正540
詩人　白氏　續384
詩石　白氏　續384
詩仙　本朝　正540
詩仙　白氏　續384
詩題　白氏　續384
詩中　白氏　續384
詩敵　白氏　續384
詩等　本朝　正540
詩筒　白氏　續384
詩媒　本朝　正540
詩筆　白氏　續384
詩賦　文選　正216
詩賦　本朝　正540
詩賦　白氏　續384
詩癖　白氏　續384
詩篇　遊仙　正92
詩篇　本朝　正540
詩篇　白氏　續384
詩報　白氏　續384
詩魔　本朝　正540
詩魔　白氏　續384
詩律　本朝　正540
詩流　本朝　正540
詩流　白氏　續384
詩侶　白氏　續384
詩卷　白氏　續384
詩帙　白氏　續384
詩禮　白氏　續384
詩篋　白氏　續384
詩頌　文選　正216
試　本朝　正540
試　白氏　續384

試右衛率府長史　白氏　續384
試協律郎　白氏　續384
試原王友　白氏　續384
試校書郎　白氏　續384
試左金吾衛兵曹參軍　白氏　續384
試左武衛倉曹參軍　白氏　續384
試策　白氏　續384
試策　宇津　正715
試策問制誥　白氏　續384
試場　本朝　正540
試正字　白氏　續384
試太子司議郎　白氏　續384
試太子舍人　白氏　續384
試太子常卿　白氏　續384
試太子通事舍人　白氏　續384
試太子賓客　白氏　續384
試太常寺協律郎　白氏　續384
試太僕卿　白氏　續384
試大理　白氏　續384
試大理評事　白氏　續384
試殿中監　白氏　續385
試判　本朝　正540
試樂　蜻蛉　正748
試樂　枕冊　正780
試樂　源氏　正847
試樂めき　源氏　正847
試經　本朝　正540
誌　白氏　續385
誌す　白氏　續385
誌狀　文選　正216
諮議　白氏　續385
諮請　遊仙　正92
諮稟　本朝　正540
諮稟す　白氏　續385
資　文選　正216
資　本朝　正540
資　白氏　續385
資す　文選　正216
資す　本朝　正540
資貨　文選　正216
資敬　文選　正216
資建　白氏　續385
資考　白氏　續385
資材　白氏　續385
資產　本朝　正540
資產　白氏　續385
資次　文選　正216
資質　遊仙　正92
資助す　白氏　續385
資序　白氏　續385
資身　白氏　續385
資人　本朝　正540
資性　文選　正216
資秩　白氏　續385
資貯　本朝　正540
資費　白氏　續385
資父　文選　正216
資物　白氏　續385
資幣　文選　正216
資儲　白氏　續385
資用　文選　正216
資略　文選　正216
資糧　白氏　續385
資粮　文選　正216
資粮　白氏　續385
資廕　白氏　續385
賜　論語　正62
賜　白氏　續385
賜紫　白氏　續385
賜紫引駕　白氏　續385
賜紫魚袋　白氏　續385
賜紫金魚袋　白氏　續385
賜爵侯　本朝　正540
賜酒　白氏　續385
賜書　文選　正216
賜食　白氏　續385
賜太常寺奉禮郎　白氏　續385
賜緋魚袋　白氏　續385
賜物　白氏　續385
賜帛　白氏　續385
賜與　白氏　續385
賜賚*　白氏　續385
雌　白氏　續385
雌黄　文選　正216
雌黄　本朝　正540
雌黄　白氏　續385
雌風　文選　正216
雌雄　文選　正216
雌雄　本朝　正540
雌雄　白氏　續385
雌雉　論語　正62
歯　論語　正62
歯髪　本朝　正540
歯落詞　本朝　正540
事　文選　正209
事　法華　正420
事　白氏　續371
事意　本朝　正535
事意　白氏　續371
事外　文選　正209
事宜　白氏　續371
事議　白氏　續371
事業　白氏　續371
事故　文選　正209
事故　白氏　續371
事旨　本朝　正535
事事　白氏　續371
事々　本朝　正535
事緒　本朝　正535
事上　白氏　續371
事情　本朝　正535
事情　白氏　續371
事勢　文選　正209
事勢　白氏　續371

事跡	白氏	續371
事大	白氏	續371
事典	白氏	續372
事難	白氏	續372
事任	白氏	續371
事物	白氏	續372
事弊	白氏	續372
事務	文選	正209
事務	白氏	續372
事目	白氏	續372
事由	白氏	續371
事理	文選	正209
事理	白氏	續372
事類	本朝	正535
事類集要	白氏	續372
事例	白氏	續372
事變	白氏	續372
事蹤	文選	正209
事迹	白氏	續371
事驗	白氏	續371
事體	白氏	續371
事狀	本朝	正535
事狀	白氏	續371
侍	本朝	正536
侍す	論語	正61
侍す	文選	正210
侍す	白氏	續372
侍右	白氏	續372
侍衛	文選	正210
侍衛	白氏	續372
侍官	文選	正210
侍言	文選	正210
侍御	白氏	續372
侍御史	文選	正210
侍御史	白氏	續372
侍御史知雑	白氏	續372
侍坐す	論語	正61
侍坐す	文選	正210
侍坐す	本朝	正536
侍座	本朝	正536
侍子	文選	正210
侍執	白氏	續372
侍者	文選	正210
侍者	法華	正420
侍者	白氏	續372
侍宿す	文選	正210
侍女	白氏	續372
侍臣	本朝	正536
侍臣	白氏	續372
侍中	論語	正61
侍中	文選	正210
侍中	本朝	正536
侍中	白氏	續372
侍中司徒	文選	正210
侍中晋公	白氏	續372
侍中中書監	文選	正210
侍奉	白氏	續372
侍奉親近	白氏	續372
侍郎	文選	正210
侍郎	本朝	正536
侍郎	白氏	續372
侍郎以下	本朝	正536
侍郎院長閣下	白氏	續372
侍兒	文選	正210
侍兒	白氏	續372
侍婢	遊仙	正91
侍婢	本朝	正536
侍婢	白氏	續372
侍從	文選	正210
侍從	本朝	正536
侍從	白氏	續372
侍從	宇津	正715
侍從	源氏	正847
侍從す	白氏	續372
侍從たち	宇津	正715
侍從どの	宇津	正715
侍從のあそん	宇津	正715
侍從のめのと	宇津	正715
侍從のめのと	源氏	正847
侍從の君	宇津	正715
侍從の君	枕冊	正780
侍從の君	源氏	正847
侍從の宰相	源氏	正847
侍從の内侍	源氏	正847
侍從宰将	枕冊	正780
侍從所	宇津	正715
侍從殿	枕冊	正780
侍從殿の女御	宇津	正715
侍祀す	文選	正210
侍讀	本朝	正536
字	論語	正62
字	文選	正212
字	本朝	正537
字	白氏	續377
字	宇津	正715
字音	文選	正212
字家	本朝	正537
字五千	白氏	續377
字字	白氏	續377
寺院	本朝	正537
寺宇	白氏	續377
寺卿	白氏	續377
寺社	本朝	正537
寺署	文選	正212
寺寝	文選	正212
寺人	文選	正212
寺西	白氏	續377
寺前	白氏	續377
寺僧	白氏	續377
寺奴	本朝	正537
寺塔	本朝	正537
寺府	白氏	續377
寺門	白氏	續377
寺路	白氏	續377
寺邊	本朝	正537
寺廟	本朝	正537
慈	文選	正213
慈	法華	正420
慈	本朝	正538
慈	白氏	續378

慈(地名)　白氏　續378
慈愛　文選　正213
慈愛　本朝　正538
慈愛　白氏　續378
慈雲　本朝　正538
慈恩　本朝　正538
慈恩　白氏　續378
慈恩(人名)　白氏　續378
慈恩院　本朝　正538
慈恩寺　本朝　正538
慈恩寺　白氏　續378
慈音　本朝　正538
慈海　本朝　正538
慈眼　法華　正420
慈顔　文選　正213
慈訓　文選　正213
慈訓　白氏　續378
慈訓す　白氏　續378
慈姑　文選　正213
慈姑　白氏　續378
慈光　白氏　續378
慈孝　白氏　續378
慈旨　本朝　正538
慈氏　本朝　正538
慈氏　白氏　續378
慈州　白氏　續378
慈心　法華　正420
慈心　本朝　正538
慈親　本朝　正538
慈仁　文選　正213
慈仁　白氏　續378
慈正　白氏　續378
慈聖　白氏　續378
慈善　白氏　續378
慈祖母　白氏　續378
慈尊　本朝　正538
慈鳥　白氏　續378
慈堂　本朝　正538
慈忍　白氏　續378
慈念　白氏　續378
慈悲　法華　正420
慈悲　本朝　正538
慈悲　白氏　續378
慈悲　宇津　正716
慈悲　源氏　正847
慈父　文選　正213
慈父　法華　正420
慈父　本朝　正538
慈母　文選　正213
慈母　本朝　正538
慈母　白氏　續378
慈和　文選　正213
慈和　白氏　續378
慈儉　白氏　續378
慈惠　文選　正213
慈惠　本朝　正538
慈惠　白氏　續378
慈靈　白氏　續378
慈德　白氏　續378
時　枕冊　正780
時　源氏　正847
時雨　文選　正213
時雨　白氏　續379
時運　文選　正213
時王　文選　正214
時暇　文選　正213
時寒　白氏　續379
時宜　文選　正213
時宜　本朝　正538
時宜　白氏　續379
時義　文選　正213
時義　本朝　正538
時議　本朝　正538
時議　白氏　續379
時菊　文選　正213
時君　文選　正213
時訓　文選　正213
時景　白氏　續379
時月　文選　正213
時月　白氏　續379
時賢　本朝　正538
時賢　白氏　續379
時候　白氏　續379
時光　白氏　續379
時歲　文選　正213
時歲　白氏　續379
時祭　白氏　續379
時事　文選　正213
時事　白氏　續379
時時　文選　正213
時時　法華　正420
時時　白氏　續379
時々　遊仙　正92
時々　本朝　正538
時宗　文選　正213
時習　本朝　正538
時習　白氏　續379
時巡　白氏　續379
時暑　白氏　續379
時序　文選　正213
時乘　文選　正213
時情　白氏　續379
時信　文選　正213
時世　白氏　續379
時世粧　白氏　續379
時制　白氏　續379
時政　白氏　續379
時聖　文選　正213
時節　文選　正213
時節　本朝　正538
時節　白氏　續379
時鮮　白氏　續379
時俗　文選　正213
時俗　本朝　正538
時俗　白氏　續379
時代　文選　正213
時代　本朝　正538
時代　白氏　續379
時中　白氏　續379
時鳥　文選　正213

時哲	文選	正213
時楝	文選	正213
時日	本朝	正538
時日	白氏	續379
時輩	本朝	正538
時輩	白氏	續379
時頒	白氏	續379
時彦	白氏	續379
時苗	文選	正213
時風	文選	正213
時風	本朝	正538
時風	白氏	續379
時服	文選	正213
時服	本朝	正538
時物	白氏	續379
時紛	文選	正213
時文	文選	正213
時弊	白氏	續379
時芳	本朝	正538
時芳	白氏	續379
時望	文選	正213
時望	白氏	續379
時謀	文選	正214
時務	文選	正213
時務	本朝	正538
時務	白氏	續379
時名	白氏	續379
時命	文選	正214
時命	白氏	續379
時明	文選	正214
時網	文選	正213
時網	白氏	續379
時用	文選	正214
時用	白氏	續379
時陽	文選	正214
時陽	白氏	續379
時利	白氏	續379
時龍	文選	正214
時累	文選	正214
時令	本朝	正538
時令	白氏	續379
時礼	白氏	續379
時論	白氏	續379
時論す	白氏	續379
時和	白氏	續379
時來	文選	正214
時會	文選	正213
時戮	文選	正214
時變	文選	正214
時變	本朝	正538
時變	白氏	續379
時旱	白氏	續379
時雍	文選	正214
時體	白氏	續379
時髦	文選	正214
時沴	白氏	續379
時藿	文選	正213
時邕	白氏	續379
御次第	宇津	正716
次	文選	正214
次	白氏	續380
次す	文選	正214
次す	白氏	續380
次官	本朝	正538
次休上人	白氏	續380
次子	本朝	正538
次舎	文選	正214
次女	白氏	續380
次序	論語	正62
次席	文選	正214
次第	文選	正214
次第	法華	正420
次第	本朝	正538
次第	白氏	續380
次第	宇津	正716
次第	枕冊	正780
次第	源氏	正847
次第し	宇津	正716
次第す	白氏	續380
次第司	宇津	正716
次列す	文選	正214
次將	本朝	正538
滋	文選	正214
滋	白氏	續380
滋す	白氏	續380
滋液	文選	正214
滋液	本朝	正538
滋旨	文選	正214
滋潤	文選	正214
滋彰	白氏	續380
滋章	本朝	正538
滋章	白氏	續380
滋生	本朝	正538
滋相公	本朝	正538
滋蔓	白氏	續380
滋味	文選	正214
滋味	白氏	續380
滋稔	白氏	續380
滋榮	白氏	續380
滋熙	文選	正214
爾	文選	正214
璽	文選	正214
璽	本朝	正538
璽書	白氏	續380
璽書す	白氏	續380
璽剱	本朝	正538
磁州	白氏	續380
磁邑郡	白氏	續380
示現す	法華	正420
示現す	白氏	續380
而立	本朝	正539
耳界	白氏	續382
耳間	白氏	續382
耳語す	本朝	正539
耳根	白氏	續382
耳順	白氏	續382
耳順吟	白氏	續382
耳中	白氏	續382
耳底	白氏	續382
耳目	論語	正62

耳目	文選	正215
耳目	本朝	正539
耳目	白氏	續382
耳裏	白氏	續382
耳裡	白氏	續382
耳邊	白氏	續382
自愛	文選	正215
自愛	白氏	續382
自愛す	文選	正215
自愛す	本朝	正539
自引す	文選	正215
自詠	白氏	續382
自遠禪師	白氏	續383
自我	文選	正215
自解	白氏	續382
自界	本朝	正539
自外	本朝	正539
自活	法華	正420
自感	白氏	續383
自喜	白氏	續383
自記	本朝	正539
自休す	文選	正215
自給	白氏	續383
自給す	白氏	續383
自居	白氏	續383
自見	文選	正215
自見す	文選	正215
自己	文選	正215
自今	本朝	正539
自祭	白氏	續383
自裁す	文選	正215
自在	遊仙	正92
自在	法華	正420
自在	本朝	正539
自在	白氏	續383
自在天	法華	正420
自在天	白氏	續383
自作	白氏	續383
自持	文選	正215
自持す	文選	正215
自持す	白氏	續383
自若	文選	正215
自若	白氏	續383
自宗	本朝	正539
自重す	白氏	續383
自新	白氏	續383
自身	本朝	正539
自衰す	文選	正215
自性	白氏	續383
自専	白氏	續383
自然	論語	正62
自然	遊仙	正92
自然	文選	正215
自然	法華	正420
自然	本朝	正539
自然	白氏	續383
自然	宇津	正716
自然	源氏	正847
自然智	法華	正420
自存	本朝	正539
自他利益	本朝	正539
自題	白氏	續383
自歎	白氏	續383
自適	白氏	續383
自適す	白氏	續383
自杜	白氏	續383
自得	文選	正215
自得	本朝	正539
自得	白氏	續383
自得す	文選	正215
自得す	白氏	續383
自悲	白氏	續383
自筆	本朝	正539
自奉	白氏	續383
自明	白氏	續383
自問	白氏	續383
自由	白氏	續382
自由身	白氏	續382
自余	本朝	正539
自用	白氏	續383
自葉	白氏	續382
自立す	文選	正215
自立す	白氏	續383
自來す	文選	正215
自勸	文選	正215
自勸	白氏	續383
自恣す	法華	正420
自稱す	論語	正62
自薊	文選	正215
自覺	白氏	續382
自誨	白氏	續383
自餘	本朝	正539
自餘	白氏	續383
辞	論語	正62
辞	本朝	正540
辞し	源氏	正847
辞す	論語	正62
辞す	遊仙	正92
辞す	本朝	正540
辞す	白氏	續385
辞す	宇津	正715
辞気	論語	正62
辞謝	遊仙	正92
辞讓	論語	正62
辞遜す	遊仙	正92
辞表	本朝	正540
辞狀	本朝	正540
辞職	本朝	正540
偲偲	論語	正61
偲偲	白氏	續372
芝	文選	正215
芝	白氏	續383
芝英	本朝	正539
芝蓋	文選	正215
芝澗	本朝	正539
芝求	白氏	續383
芝畝	本朝	正539
芝草	文選	正215
芝草	白氏	續383
芝田	文選	正215

芝田	本朝	正539
芝房	文選	正215
芝木	白氏	續383
芝蘭	文選	正216
芝蘭	本朝	正539
芝蘭	白氏	續383
芝廛	文選	正215
芝砌	本朝	正539
芝蕙	文選	正215
芝扃	本朝	正539
淑景舎	枕冊	正780
淑景舎	源氏	正847
漇漇	文選	正214
食	論語	正62
食	文選	正216
食	本朝	正540
食	白氏	續385
食す	論語	正62
新發意	源氏	正847
親族	伊勢	正650
親族	源氏	正847
進退	源氏	正847
仁寿伝	枕冊	正780
仁壽殿	宇津	正715
笥中	文選	正214
是	文選	正214
是	本朝	正538
是	白氏	續379
是界	本朝	正538
是善	本朝	正538
是非	文選	正214
是非	本朝	正538
是非す	文選	正214
積	文選	正214
弛維	文選	正213
弛張	文選	正213
弛張	白氏	續377
弛張す	文選	正213
弛張す	本朝	正538
漬酒	文選	正214
砥室	文選	正214
砥石	白氏	續380
砥柱	文選	正214
砥礪	本朝	正538
砥礪す	文選	正214
砥礪す	白氏	續380
二	論語	正61
二	文選	正209
二踈	文選	正209
二宇	本朝	正535
二王	文選	正210
二恩	本朝	正535
二科	本朝	正535
二箇年	本朝	正535
二箇條	本朝	正535
二華	文選	正209
二華	本朝	正535
二雅	文選	正209
二巻	本朝	正535
二漢	文選	正209
二奇	文選	正209
二季	本朝	正535
二紀	文選	正209
二軌	文選	正209
二儀	文選	正209
二儀	本朝	正535
二客	文選	正209
二宮	文選	正209
二宮	本朝	正535
二級	本朝	正535
二京	文選	正209
二京	本朝	正535
二極	文選	正209
二九	文選	正209
二九	本朝	正535
二句	本朝	正535
二君	文選	正209
二君子	文選	正209
二軍	文選	正209
二郡	本朝	正535
二兄	本朝	正535
二月	文選	正209
二月	本朝	正535
二月九日	文選	正209
二月三日	文選	正209
二月四日	本朝	正535
二月十一日	本朝	正535
二月十五日	本朝	正535
二月十二日	本朝	正535
二月廿二日	本朝	正535
二月八日	文選	正209
二月卅日	本朝	正535
二賢	文選	正209
二言	本朝	正535
二五	文選	正209
二公	文選	正209
二后	文選	正209
二江	文選	正209
二皇	文選	正209
二豪	文選	正209
二載千秋	本朝	正535
二三	文選	正209
二三	本朝	正535
二三許年	本朝	正535
二三許里	本朝	正535
二三子	論語	正61
二三子	文選	正209
二三子	本朝	正535
二三人	本朝	正535
二三畝	本朝	正535
二三日	本朝	正535
二三年	本朝	正535
二三輩	本朝	正535
二三百人	本朝	正535
二三歩	本朝	正535
二司	文選	正209
二子	論語	正61
二子	文選	正209
二子	本朝	正535
二氏	文選	正209

二事　本朝　正535
二軸　本朝　正536
二主　文選　正209
二主　本朝　正536
二守　文選　正209
二守　本朝　正536
二首　文選　正209
二周　文選　正209
二州　文選　正209
二秋　文選　正209
二十以下　文選　正209
二十一　文選　正209
二十一年　本朝　正535
二十一篇　論語　正61
二十廻　本朝　正536
二十許年　文選　正209
二十九　文選　正209
二十五年　文選　正209
二十五年　本朝　正536
二十五篇　文選　正209
二十口　本朝　正536
二十載　文選　正209
二十三箭　本朝　正536
二十四　文選　正209
二十四郡　文選　正209
二十七　文選　正209
二十人　文選　正209
二十二篇　論語　正61
二十日　本朝　正536
二十年　文選　正209
二十年　本朝　正536
二十盃　本朝　正536
二十輩　本朝　正536
二十八　文選　正209
二十八宿　文選　正209
二十八品　本朝　正536
二十八將　文選　正209
二十篇　論語　正61
二十篇　本朝　正536
二十有一年　文選　正209
二十有五年　文選　正209
二十有四年　文選　正209
二十有七人　文選　正209
二十有餘　本朝　正535
二十餘　本朝　正536
二十餘載　本朝　正536
二十餘章　本朝　正536
二十餘通　文選　正209
二十餘頭　文選　正209
二十餘日　本朝　正536
二十餘年　文選　正209
二十餘年　本朝　正536
二十餘篇　文選　正209
二旬　文選　正209
二旬　本朝　正536
二女　文選　正210
二省　本朝　正536
二臣　論語　正61
二臣　文選　正209
二親　本朝　正536
二人　文選　正209
二人　本朝　正536
二水　本朝　正536
二世　文選　正209
二星　本朝　正536
二生　文選　正209
二聖　文選　正209
二千　本朝　正536
二千戸　文選　正209
二千石　文選　正209
二千年　遊仙　正91
二千年　本朝　正536
二祖　文選　正209
二匝　本朝　正535
二相　文選　正209
二窓　本朝　正536
二族　文選　正209
二代　論語　正61
二代　文選　正210
二代　本朝　正536
二中書　文選　正210
二仲　本朝　正536
二朝　本朝　正536
二通　本朝　正536
二帝　文選　正210
二帝　本朝　正536
二轍　文選　正210
二展　文選　正210
二塗　文選　正210
二途　文選　正210
二都　文選　正210
二盗　本朝　正536
二等　文選　正210
二等　本朝　正536
二南　文選　正210
二日　文選　正209
二日　本朝　正535
二年　文選　正210
二伯　文選　正210
二八　文選　正210
二八　本朝　正536
二班　文選　正210
二妃　文選　正210
二美　文選　正210
二疋　本朝　正536
二百五十年　本朝　正536
二百四十二年　文選　正210
二百萬　文選　正210
二百餘匹等　本朝　正536
二百餘朞　文選　正210
二品　文選　正210
二不可　本朝　正536
二府　本朝　正536
二部　文選　正210
二物　本朝　正536
二分　文選　正210
二分　本朝　正536
二別　文選　正210
二篇　論語　正61
二母　文選　正210

二方　文選　正210
二方　本朝　正536
二邦　文選　正210
二名　文選　正210
二毛　文選　正210
二毛　本朝　正536
二門　文選　正210
二門　本朝　正536
二友　本朝　正535
二離　文選　正210
二離　本朝　正536
二流　本朝　正536
二龍　本朝　正536
二寮　本朝　正536
二連　文選　正210
二老　文選　正210
二郎　宇津　正717
二郎　源氏　正848
二郎君　宇津　正717
二郎君　源氏　正848
二六　文選　正210
二傳　文選　正210
二國　文選　正209
二姚　文選　正209
二斛　本朝　正535
二霸　文選　正210
二氣　本朝　正535
二溟　文選　正210
二經　本朝　正535
二莊　文選　正209
二踈　本朝　正536
二輅　文選　正210
二關　文選　正209
二駟　文選　正209
二體　文選　正210
二嬴　文選　正209
二崤　文選　正209
二柰　文選　正210
二號　文選　正210
二袁*　文選　正210
尼父　文選　正213
尼嶺　本朝　正537
廿以下　本朝　正535
廿一人　本朝　正535
廿一日　本朝　正535
廿巻　本朝　正536
廿九日　本朝　正536
廿五日　本朝　正536
廿七日　本朝　正536
廿人　本朝　正536
廿二巻　本朝　正536
廿二日　本朝　正536
廿二年　本朝　正536
廿八日　本朝　正536
廿六年　本朝　正536
之字　白氏　續372
之長芝　本朝　正535
之縱等　白氏　續372
之罘　文選　正209
髭　白氏　續385
髭鬚　白氏　續385
髭鬢　白氏　續385
巳亥　白氏　續377
巳卯　白氏　續377
巳丑　白氏　續377
巳酉朔　白氏　續377
刺史　遊仙　正91
矢言　文選　正214
矢人　白氏　續380
矢石　文選　正214
矢石　白氏　續380
矢陳す　文選　正214
矢謀　白氏　續380
侈靡　文選　正210
侈靡　本朝　正536
兒　文選　正210
兒　本朝　正536
兒　白氏　續372
兒女　文選　正210
兒女　白氏　續372
兒息　文選　正210
兒孫　白氏　續372
兒童　文選　正210
兒童　本朝　正536
兒童　白氏　續372
兒良　文選　正210
兒戲　文選　正210
兒戲　白氏　續372
廝　文選　正210
廝庶　文選　正210
廝役　白氏　續373
咨　文選　正211
咨度す　白氏　續373
咨謀　白氏　續373
咨問　白氏　續373
咨嗟　文選　正211
咨嗟す　文選　正211
咨嗟す　白氏　續373
咫尺　文選　正211
咫尺　本朝　正536
咫尺　白氏　續373
咫步　文選　正211
咫步　本朝　正536
嗜　文選　正211
嗜好　文選　正211
嗜慾　白氏　續373
嗜欲　文選　正211
嗜欲　白氏　續373
嗜欲す　白氏　續373
嗤嗤　白氏　續373
孳生　白氏　續377
孳生す　白氏　續377
孳息　白氏　續377
孳孳　文選　正212
尸　文選　正213
尸す　論語　正62
尸す　白氏　續377
尸韓　文選　正213
尸居す　本朝　正537
尸祝　文選　正213

尸素 文選 正213
尸素 本朝 正537
尸素 白氏 續377
尸逐 文選 正213
尸波羅密 白氏 續377
尸羅 白氏 續377
尸禄 文選 正213
尸祿 白氏 續377
尸諫す 本朝 正537
巵 白氏 續373
帋窓 本朝 正537
廝養 本朝 正538
弑逆 文選 正213
恣睢 文選 正213
恃 白氏 續378
摯 論語 正62
摯咎繇 文選 正213
杞梓 本朝 正538
枳句 文選 正214
枳塗 文選 正214
枳落 文選 正214
枳棘 文選 正214
枳棘 本朝 正538
栥梲* 文選 正214
沚 文選 正214
泗 文選 正214
泗 白氏 續380
泗州 白氏 續380
泗州判官 白氏 續380
泗水 文選 正214
泗水 本朝 正538
泗水城 白氏 續380
泗濱 文選 正214
泗濱 本朝 正538
泗濱 白氏 續380
泗濱石 白氏 續380
瀰池 文選 正214
熾盛 法華 正420
熾盛光 枕冊 正780
熾然 白氏 續380
珥 文選 正214
珥蟬 本朝 正538
瓷榼 白氏 續380
疵瑕 白氏 續380
疵賤 文選 正214
疵釁 文選 正214
疵厲 白氏 續380
祀 文選 正214
祀 白氏 續380
祀す 文選 正214
祀宇 文選 正214
祀事 白氏 續380
祀典 文選 正214
祀典 白氏 續381
祠 白氏 續381
祠す 白氏 續381
祠宇 白氏 續381
祠官 本朝 正538
祠曹 白氏 續381
祠曹員外 白氏 續381
祠葬 白氏 續381
祠堂 本朝 正538
祠廟 白氏 續381
祠部員外郎 白氏 續381
祠部郎中 白氏 續381
祈承す 本朝 正538
祗供す 白氏 續381
祗候 遊仙 正92
祗候す 白氏 續381
祗承 伊勢 正650
祗慄 白氏 續381
祗惕 白氏 續381
齋 論語 正62
粢盛 文選 正214
粢盛 本朝 正539
粢盛 白氏 續381
絲 論語 正62
絲 文選 正214
絲 白氏 續381
絲管 白氏 續381
絲桐 文選 正214
絲桐 白氏 續381
絲言 白氏 續381
絲雪 白氏 續381
絲竹 文選 正214
絲竹 本朝 正539
絲竹 白氏 續381
絲頭 白氏 續381
絲麻 文選 正214
絲淚 文選 正214
絲路 文選 正214
絲簧 文選 正214
絲絮 白氏 續381
絲緜 白氏 續381
絲綸 文選 正214
絲綸 本朝 正539
絲綸 白氏 續381
絲綸閣 白氏 續381
絲臬 文選 正214
緇 文選 正215
緇衣 論語 正62
緇衣 文選 正215
緇衣 本朝 正539
緇衣 白氏 續382
緇黄 白氏 續382
緇塵 文選 正215
緇素 本朝 正539
緇素男女 本朝 正539
緇徒 白氏 續382
緇白 白氏 續382
緇文 文選 正215
緇麻 白氏 續382
緇門 本朝 正539
緇磷 文選 正215
縰縰莘莘 文選 正215
翅 白氏 續382
翅羽 遊仙 正92
翅羽 文選 正215
翅羽 白氏 續382
翅翎 白氏 續382

粈	白氏	續382
肆	論語	正62
肆	文選	正215
肆	白氏	續382
肆す	論語	正62
肆夏	文選	正215
肆夏	本朝	正539
肆義	文選	正215
肆乎	文選	正215
肆心	白氏	續382
肆人	文選	正215
肆觀す	白氏	續382
肆鄽	文選	正215
胝	白氏	續382
膩	白氏	續382
膩剃す	白氏	續382
膩粉	白氏	續382
膩理	文選	正215
茝若	文選	正216
茝蘭	文選	正216
茲	文選	正214
茲情	文選	正214
茲白	文選	正214
蓍	文選	正216
蓍	白氏	續383
蓍下	白氏	續383
蓍神	白氏	續383
蓍蔡	文選	正216
蓍龜	白氏	續383
蚩尤	文選	正216
蚩蚩	文選	正216
蚩蚩	白氏	續383
觜	白氏	續384
觜嶲	文選	正216
觜陬	文選	正216
諡	論語	正62
諡	文選	正216
諡す	文選	正216
諡す	白氏	續385
諡議	白氏	續385
諡典	文選	正216
豕韋	文選	正216
貲糧	白氏	續385
貲粮	白氏	續385
貳	文選	正213
貳轄	文選	正213
貳宮	文選	正213
貳采	本朝	正538
貳師	文選	正213
貳師將軍	本朝	正538
貳膳	本朝	正538
貳地	文選	正213
貳佰兩	本朝	正538
貳辭	文選	正213
輜軒	文選	正216
輜輪	白氏	續385
輜褻	白氏	續385
辭	文選	正216
辭	白氏	續385
辭す	文選	正216
辭す	白氏	續385
辭意	白氏	續385
辭翰	文選	正216
辭義	文選	正216
辭客	白氏	續385
辭訣す	文選	正216
辭乞	白氏	續385
辭采	文選	正216
辭章	白氏	續385
辭讓	白氏	續385
辭人	文選	正216
辭人	白氏	續385
辭藻	白氏	續385
辭牒	白氏	續385
辭賦	文選	正216
辭令	文選	正216
辭悽	文選	正216
辭條	文選	正216
辭歸す	文選	正216
辭氣	白氏	續385
辭讓す	文選	正216
辭辯	文選	正216
錙銖	文選	正216
錙銖	本朝	正540
錙銖	白氏	續385
駟	論語	正62
駟	文選	正216
駟す	文選	正216
駟馬	論語	正62
駟馬	文選	正216
駟馬	法華	正420
駟馬	本朝	正540
駟馬	白氏	續385
駟盖	本朝	正540
髫髦	文選	正216
鴟夷	文選	正216
鴟張	白氏	續385
鴟梟	文選	正216
鴟鴞	文選	正216
鷙	文選	正216
鷙禽	白氏	續385
鷙鳥	文選	正216
鷙鳥	白氏	續385
鷙猛	文選	正216
齊衰	論語	正62
齒牙	本朝	正540
齒牙	白氏	續385
齒至	文選	正216
齒召	文選	正216
齒髮	文選	正216
齒髮	白氏	續385
齒落	白氏	續385
齒落辭	白氏	續385
齒歷	文選	正216
齒筭	文選	正216
寘	白氏	續377
汜	文選	正214
泚賊	白氏	續380
佽等	白氏	續372
佽飛	文選	正210

兕　文選　正210
兕觥　遊仙　正91
兕虎　文選　正210
卌二巻　本朝　正537
卌餘日　本朝　正537
姒　文選　正212
姒幄　文選　正212
尒時　本朝　正536
屣履す　文選　正213
徙倚　遊仙　正91
徙倚　文選　正213
徙倚す　文選　正213
徙倚彷徨す　文選　正213
徙靡　文選　正213
泜水　白氏　續380
洱河岍　白氏　續380
淄州　白氏　續380
淄州刺史　白氏　續380
淄青　白氏　續380
淄右　文選　正214
淄原　文選　正214
矖目す　文選　正214
磁石　文選　正214
簁簁　白氏　續381
絁被　白氏　續381
緦麻　文選　正215
縶維す　白氏　續382
纚　文選　正215
纚乎　文選　正215
纚纚　文選　正215
胔骼　白氏　續382
芰荷　文選　正216
茈　文選　正216
茈蕙　文選　正216
茈薑　文選　正216
菑畬　白氏　續383
菑畝　文選　正216
菑川　本朝　正539
葸　文選　正216
葸す　論語　正62
薋菉葹　文選　正216
覼縷　本朝　正540
覼縷す　白氏　續384
趑趄す　文選　正216
蹝履す　文選　正216
躧歩　文選　正216
躧歩す　文選　正216
躧履　文選　正216
軹　文選　正216
輀車　白氏　續385
輭錦　白氏　續385
輜重　文選　正216
輜軿　文選　正216
輜軿　白氏　續385
辤　白氏　續385
辤す　白氏　續385
辤根　白氏　續385
辤讓す　白氏　續385
辤遁す　本朝　正540
辤畢　白氏　續385
辤賦　白氏　續385
辤對　本朝　正540
鎡錤　白氏　續385
颸颪　文選　正216
騂角　白氏　續385
騂騂　文選　正216
鳲鳩　文選　正216
鳲鳩　本朝　正540
鳲鳩　白氏　續385
鴟鴞　文選　正216
鴟鴞　白氏　續385
四時　論語　正62
四方　論語　正62
至徳　論語　正62
是　論語　正62
殺*す　論語　正62
穴長　文選　正218
主　枕冊　正780
主　源氏　正847
綬　本朝　正541
囚　白氏　續387
囚禁す　白氏　續387
囚等　白氏　續387
囚閉す　白氏　續387
囚竄　白氏　續387
収獲　白氏　續387
収獲す　白氏　續387
収採す　白氏　續387
収拾す　白氏　續387
収成す　文選　正218
収納　本朝　正541
収納す　本朝　正541
収納す　白氏　續387
収抜す　白氏　續387
収復す　白氏　續387
収没す　白氏　續387
収斂す　文選　正218
収藏す　白氏　續387
相収拾す　白氏　續387
周　論語　正62
周　本朝　正540
周(国名)　白氏　續386
周(人名)　文選　正217
周(地名)　文選　正217
周(地名)　白氏　續386
周す　論語　正62
周渥　文選　正217
周易　文選　正218
周易　本朝　正540
周易　白氏　續386
周衛　文選　正218
周衛　本朝　正540
周衛す　文選　正218
周王　文選　正218
周王　本朝　正540
周夏　文選　正217
周家　文選　正217
周家　白氏　續386
周苛　文選　正217
周雅　文選　正217

周廻す　白氏　續386
周官　文選　正217
周官　白氏　續386
周漢　白氏　續386
周環　文選　正217
周関　本朝　正540
周忌　本朝　正540
周給　文選　正217
周京　文選　正217
周協律　白氏　續386
周曲　文選　正217
周屈す　文選　正217
周傾　文選　正217
周景式　本朝　正540
周月　白氏　續386
周軒　文選　正217
周元範　白氏　續386
周原　文選　正217
周原　白氏　續386
周固　文選　正217
周五　白氏　續386
周御　文選　正217
周公　論語　正62
周公　文選　正217
周公　本朝　正540
周公　白氏　續386
周公旦　本朝　正540
周孔　文選　正217
周孔　白氏　續386
周行　文選　正217
周行　本朝　正540
周行　白氏　續386
周行す　文選　正217
周最　文選　正217
周才　文選　正217
周歳　白氏　續386
周細　白氏　續386
周索　白氏　續386
周史　文選　正217
周子　論語　正62
周師　白氏　續386
周詩　文選　正217
周室　文選　正217
周室　本朝　正540
周室　白氏　續386
周遮　白氏　續386
周周　文選　正217
周巡官　白氏　續386
周書　論語　正62
周除　文選　正217
周召　文選　正217
周章　本朝　正540
周章す　文選　正217
周慎　文選　正217
周秦　白氏　續386
周親　論語　正62
周親　文選　正217
周親　白氏　續386
周身　文選　正217
周身　白氏　續386
周人　論語　正62
周人　文選　正217
周人　白氏　續386
周成　文選　正217
周生烈　論語　正62
周盛　文選　正217
周青　白氏　續386
周宣　文選　正217
周旋　文選　正217
周旋　白氏　續386
周旋す　文選　正217
周旋す　本朝　正540
周旋す　白氏　續386
周楚　文選　正217
周鼠　本朝　正540
周匝　遊仙　正92
周匝す　白氏　續386
周尊師　白氏　續386
周泰　文選　正217
周泰明　文選　正217
周宅　白氏　續386
周旦　文選　正217
周池　文選　正217
周馳す　文選　正217
周鎮　本朝　正540
周庭　本朝　正540
周鄭　文選　正218
周鼎　文選　正218
周典　白氏　續386
周堂　文選　正217
周道　文選　正217
周道　本朝　正540
周南　論語　正62
周南　文選　正218
周南　白氏　續386
周日　本朝　正540
周任　論語　正62
周任　文選　正217
周年　白氏　續386
周判官　白氏　續386
周備す　本朝　正540
周姫　文選　正217
周武　文選　正218
周武　白氏　續386
周風　文選　正218
周文　文選　正218
周文　本朝　正540
周文　白氏　續387
周穆　文選　正218
周穆　本朝　正540
周勃　文選　正218
周勃　本朝　正540
周儲　文選　正217
周幽　白氏　續386
周有　白氏　續386
周遊す　本朝　正540
周遊す　白氏　續386
周容　文選　正218
周李　本朝　正540
周劉　白氏　續387

周流 論語 正62
周流 文選 正218
周流す 論語 正62
周流す 文選 正218
周流す 白氏 續387
周礼 論語 正62
周礼 本朝 正540
周魯 文選 正218
周郎 本朝 正540
周郎 白氏 續387
周叟 白氏 續386
周寶 文選 正218
周廬 白氏 續387
周從事 白氏 續386
周惶 文選 正217
周愿 白氏 續386
周愿等 白氏 續386
周愼 白氏 續386
周愼す 白氏 續386
周懷義 白氏 續386
周晨 本朝 正540
周游す 文選 正218
周瑜 文選 正218
周皓大夫 白氏 續386
周禮 文選 正218
周禮 白氏 續387
周稱す 文選 正217
周袤 文選 正218
周賈 文選 正217
周迴す 文選 正217
周邵 文選 正217
周邵 本朝 正540
周魏 文選 正217
周黨 文選 正217
周厲 白氏 續387
周德 文選 正218
周墉 文選 正218
周扆 本朝 正540
周阹 文選 正217
宗 本朝 正540
宗室 本朝 正540
宗匠 本朝 正540
宗族 本朝 正540
宗廟 本朝 正540
就す 白氏 續387
就中 白氏 續387
就日 本朝 正541
州 文選 正218
州 本朝 正540
州 白氏 續387
州居 白氏 續387
州郡 文選 正218
州郡 本朝 正540
州郡 白氏 續387
州司 文選 正218
州司 白氏 續387
州守 白氏 續387
州乗 白氏 續387
州人 白氏 續387
州泰 文選 正218
州宅 白氏 續387
州都 文選 正218
州土 文選 正218
州伯 文選 正218
州府 文選 正218
州府 白氏 續387
州部 文選 正218
州部 白氏 續387
州北 白氏 續387
州牧 文選 正218
州牧 本朝 正540
州牧 白氏 續387
州民 本朝 正540
州民 白氏 續387
州門 白氏 續387
州吏 本朝 正540
州里 白氏 續387
州國 文選 正218
州壤 文選 正218
州壤 本朝 正540
州將 白氏 續387
州縣 文選 正218
州縣 本朝 正540
州縣 白氏 續387
修 白氏 續385
修す 文選 正216
修す 法華 正421
修す 本朝 正540
修す 白氏 續385
修蛾 白氏 續386
修学す 法華 正421
修橋 白氏 續386
修行 白氏 續386
修行す 法華 正421
修行す 白氏 續386
修行坊 白氏 續386
修行里 白氏 續386
修史 白氏 續386
修治 本朝 正540
修修 白氏 續386
修習 白氏 續386
修習す 本朝 正540
修書 白氏 續386
修省 白氏 續386
修章 本朝 正540
修飾す 白氏 續386
修撰 本朝 正540
修撰す 白氏 續386
修善 本朝 正540
修阻す 白氏 續386
修造 白氏 續386
修造す 本朝 正540
修造す 白氏 續386
修多羅藏 白氏 續386
修茸 白氏 續386
修短 本朝 正540
修短 白氏 續386
修竹 白氏 續386
修道 白氏 續386
修復す 本朝 正540

修盟　白氏　續386
修養す　白氏　續386
修利す　白氏　續386
修理　白氏　續386
修立す　白氏　續386
修列す　文選　正216
修學　本朝　正540
修緝　白氏　續386
愁　白氏　續387
愁意　白氏　續387
愁雲　文選　正218
愁雲　本朝　正541
愁怨す　文選　正218
愁猿　白氏　續387
愁翁　白氏　續387
愁花　白氏　續387
愁臥す　文選　正218
愁顔　白氏　續387
愁吟　本朝　正541
愁吟　白氏　續387
愁吟す　白氏　續387
愁苦　文選　正218
愁苦　白氏　續387
愁苦す　文選　正218
愁恨　白氏　續387
愁坐す　白氏　續387
愁殺す　白氏　續387
愁思　文選　正218
愁寂　白氏　續387
愁心　白氏　續387
愁辛す　文選　正218
愁人　遊仙　正92
愁人　文選　正218
愁人　白氏　續387
愁絶　白氏　續387
愁訴す　本朝　正541
愁霜　白氏　續387
愁悲す　白氏　續387
愁眉　本朝　正541
愁眉　白氏　續387
愁慕　文選　正218
愁民　文選　正218
愁悶　文選　正218
愁裏　白氏　續387
愁恙　本朝　正541
愁悴す　白氏　續387
愁惱　本朝　正541
愁瑣　白氏　續387
愁腸　白氏　續387
愁醉　白氏　續387
愁霖　文選　正218
愁鬢　白氏　續387
愁鴟　文選　正218
愁髩　白氏　續387
洲　論語　正62
洲　文選　正218
洲　本朝　正541
洲　白氏　續389
洲（人名）　白氏　續389
洲渚　文選　正218
洲島　文選　正218
洲里　論語　正62
洲淤　文選　正218
洲鶴　本朝　正541
秀　文選　正218
秀　白氏　續388
秀（人名）　文選　正218
秀（人名）　白氏　續387
秀逸　本朝　正541
秀句　白氏　續388
秀才　文選　正218
秀才　本朝　正541
秀才　白氏　續388
秀才　宇津　正715
秀士　文選　正218
秀士　白氏　續388
秀者　白氏　續388
秀出　文選　正218
秀出　白氏　續388
秀出す　文選　正218
秀出す　白氏　續388
秀色　文選　正218
秀達　文選　正218
秀木　文選　正219
秀麗　本朝　正541
秀朗　文選　正219
秀擧　文選　正218
秀氣　文選　正218
秀氣　白氏　續388
秀發す　文選　正219
秀蕚　文選　正218
秀驥す　文選　正218
秀麥　本朝　正541
秀德　文選　正219
秋河　文選　正219
秋衣　白氏　續388
秋院　白氏　續389
秋陰　白氏　續388
秋雨　白氏　續388
秋雲　白氏　續388
秋燕　白氏　續388
秋黄　文選　正219
秋夏　白氏　續388
秋果　白氏　續388
秋河　本朝　正541
秋花　白氏　續388
秋荷　白氏　續388
秋華　文選　正219
秋駕　本朝　正541
秋寒　白氏　續388
秋官　白氏　續388
秋舘　白氏　續388
秋菊　文選　正219
秋菊　白氏　續388
秋居　白氏　續388
秋興　白氏　續388
秋鏡　白氏　續388
秋琴　白氏　續388
秋吟　白氏　續388
秋景　白氏　續388

秋桂	本朝	正541
秋月	本朝	正541
秋月	白氏	續388
秋原	白氏	續388
秋絃	白氏	續388
秋胡	遊仙	正92
秋胡	文選	正219
秋御	文選	正219
秋候	白氏	續388
秋光	白氏	續388
秋江	白氏	續388
秋鴻	白氏	續388
秋坂	文選	正219
秋山	白氏	續388
秋思	白氏	續388
秋思(注)	白氏	續388
秋寺	白氏	續388
秋時	白氏	續388
秋社	白氏	續388
秋遮虜	白氏	續388
秋樹	白氏	續388
秋宿	白氏	續388
秋初	白氏	續388
秋場	文選	正219
秋色	白氏	續388
秋水	白氏	續388
秋成	白氏	續388
秋税	白氏	續388
秋石	白氏	續388
秋雪	白氏	續388
秋泉	白氏	續388
秋曹	白氏	續388
秋草	文選	正219
秋草	白氏	續388
秋霜	文選	正219
秋霜	白氏	續388
秋壇	白氏	續388
秋池	本朝	正541
秋池	白氏	續388
秋竹	白氏	續388
秋荼	文選	正219
秋蝶	白氏	續388
秋鶴	白氏	續388
秋庭	白氏	續388
秋天	白氏	續388
秋兎	文選	正219
秋冬	文選	正219
秋冬	白氏	續388
秋燈	白氏	續388
秋堂	白氏	續388
秋日	本朝	正541
秋日	白氏	續388
秋熱	白氏	續388
秋波	白氏	續388
秋晩	白氏	續389
秋婦	白氏	續389
秋風	文選	正219
秋風	白氏	續389
秋風樂	源氏	正847
秋物	白氏	續389
秋分	本朝	正541
秋暮	白氏	續389
秋方	文選	正219
秋芳	白氏	續389
秋蓬	白氏	續389
秋房	白氏	續389
秋娘	白氏	續388
秋夜	文選	正219
秋夜	白氏	續389
秋遊	白氏	續388
秋夕	白氏	續388
秋容	白氏	續389
秋陽	文選	正219
秋蘭	文選	正219
秋蘭	白氏	續389
秋涼	白氏	續389
秋林	白氏	續389
秋令	本朝	正541
秋練	白氏	續389
秋露	白氏	續389
秋漏	本朝	正541
秋豫す	文選	正219
秋來	白氏	續389
秋實	文選	正219
秋實	本朝	正541
秋懷	白氏	續388
秋曉	白氏	續388
秋槿	白氏	續388
秋橙	文選	正219
秋毫	本朝	正541
秋毫	白氏	續388
秋氣	白氏	續388
秋牀	白氏	續388
秋瘴	白氏	續388
秋齋	白氏	續388
秋聲	白氏	續388
秋莖	文選	正219
秋蔬	白氏	續388
秋蕣	白氏	續388
秋霖	文選	正219
秋霖	白氏	續389
秋霖す	文選	正219
秋霖中	白氏	續389
秋霽	白氏	續388
秋韭	白氏	續388
秋鬢	白氏	續389
秋唫	白氏	續388
秋蟬	文選	正219
終窮す	文選	正219
終極	文選	正219
終軍	文選	正219
終軍	本朝	正541
終軍才	文選	正219
終古	文選	正219
終始	論語	正62
終始	文選	正219
終始	本朝	正541
終始す	文選	正219
終身	文選	正219
終身	本朝	正541

終制　本朝　正541
終然　文選　正219
終朝　文選　正219
終天　文選　正219
終童　文選　正219
終南　文選　正219
終日　文選　正219
終畢　文選　正219
終篇　文選　正219
終没す　文選　正219
終焉　文選　正219
繡衣　文選　正219
繡衣　本朝　正541
繡戸　本朝　正541
繡軸　文選　正219
繡裳　文選　正219
繡柱　本朝　正541
繡被　本朝　正541
繡幌　本朝　正541
繡桷　文選　正219
繡甍　文選　正219
臭　白氏　續387
臭敗　白氏　續387
臭腐　文選　正219
臭味す　文選　正219
臭葉　白氏　續387
舟客　文選　正219
舟橋　白氏　續389
舟航　文選　正219
舟航　白氏　續389
舟航す　白氏　續389
舟行　白氏　續389
舟子　文選　正219
舟子　白氏　續389
舟車　文選　正219
舟車　白氏　續389
舟宿　本朝　正541
舟人　文選　正219
舟人　白氏　續389
舟船　文選　正219
舟船　白氏　續389
舟中　白氏　續389
舟牧　文選　正219
舟夜　白氏　續389
舟輿　文選　正219
舟壑　文選　正219
舟棹　白氏　續389
舟楫　文選　正219
舟楫　白氏　續389
舟舩　本朝　正541
舟檝　本朝　正541
衆　論語　正62
衆　文選　正217
衆　本朝　正540
衆　源氏　正847
衆とも　源氏　正847
衆哀　文選　正217
衆音　文選　正217
衆寡　論語　正62
衆寡　文選　正217
衆果　文選　正217
衆駕　本朝　正540
衆器　文選　正217
衆偽　文選　正217
衆議　文選　正217
衆議　本朝　正540
衆禽　文選　正217
衆君子　文選　正217
衆賢　文選　正217
衆狐　本朝　正540
衆口　文選　正217
衆口　本朝　正540
衆工　文選　正217
衆香　文選　正217
衆材　文選　正217
衆作　文選　正217
衆山　文選　正217
衆士　文選　正217
衆子　文選　正217
衆車　文選　正217
衆尺　文選　正217
衆庶　文選　正217
衆庶　本朝　正540
衆庶人　本朝　正540
衆書　文選　正217
衆女　文選　正217
衆色　文選　正217
衆色　本朝　正540
衆心　文選　正217
衆人　文選　正217
衆人　本朝　正540
衆水　本朝　正540
衆雛　文選　正217
衆雀　文選　正217
衆星　論語　正62
衆星　文選　正217
衆清　文選　正217
衆生　本朝　正540
衆川　本朝　正540
衆僧　本朝　正540
衆多　論語　正62
衆多　文選　正217
衆兆　文選　正217
衆聴　文選　正217
衆鳥　文選　正217
衆鳥　本朝　正540
衆哲　文選　正217
衆奴　文選　正217
衆難　文選　正217
衆美　文選　正217
衆賓　本朝　正540
衆賔　文選　正217
衆賦　文選　正217
衆物　文選　正217
衆芳　文選　正217
衆望　本朝　正540
衆妙　文選　正217
衆務　本朝　正540
衆目　文選　正217
衆理　文選　正217

衆流　文選　正217
衆流　本朝　正540
衆慮　文選　正217
衆力　本朝　正540
衆類　文選　正217
衆毀　文選　正217
衆變　文選　正217
衆獻　文選　正217
衆聲　文選　正217
衆葩　文選　正217
衆藝　文選　正217
衆藝　本朝　正540
衆辭　文選　正217
衆犛　本朝　正540
衆險　文選　正217
衆靈　文選　正217
衆雞　文選　正217
讐怨　白氏　續389
讐校　白氏　續389
讐校す　白氏　續389
讐敵　白氏　續389
讐斂す　白氏　續389
酋　文選　正219
酋豪　文選　正219
酬　文選　正219
酬効　白氏　續389
酬謝　白氏　續389
酬謝す　白氏　續389
酬酢す　文選　正219
酬贈　白氏　續389
酬贈す　白氏　續389
酬答　白氏　續389
酬答す　白氏　續389
酬報　本朝　正541
酬和　白氏　續389
酬和す　白氏　續389
酬奬　白氏　續389
酬對　白氏　續389
酬獻　白氏　續389
酬荅す　文選　正219
醜裔　文選　正219
醜行　文選　正219
醜士　文選　正219
醜虜　文選　正219
醜類　文選　正219
醜老　白氏　續389
醜辭　文選　正219
醜狀　文選　正219
充屈　文選　正217
充屈す　文選　正217
充奉す　文選　正217
充茂す　文選　正217
充仞す　文選　正217
充國　文選　正217
戎　文選　正218
戎葵　文選　正218
戎王　文選　正218
戎夏　文選　正218
戎禁　文選　正218
戎軒　文選　正218
戎行　文選　正218
戎剛　文選　正218
戎士　文選　正218
戎事　文選　正218
戎車　文選　正218
戎州　文選　正218
戎重　文選　正218
戎女　文選　正218
戎人　文選　正218
戎政　文選　正218
戎政　本朝　正541
戎卒　文選　正218
戎秩　文選　正218
戎馬　文選　正218
戎兵　文選　正218
戎落　文選　正218
戎旅　文選　正218
戎旅　本朝　正541
戎旃　文選　正218
戎狄　文選　正218
戎羯　文選　正218
戎輅　文選　正218
戎翟　文選　正218
柔　論語　正62
柔　文選　正218
柔幹　文選　正218
柔祇　文選　正218
柔弱　文選　正218
柔順　論語　正62
柔擾　文選　正218
柔心　文選　正218
柔中　文選　正218
柔風　文選　正218
柔服　文選　正218
柔明　文選　正218
柔條　文選　正218
柔橈　文選　正218
柔荑　文選　正218
宿　文選　正218
宿德　宇津　正715
宿德　源氏　正847
宿德ども　宇津　正715
祝す　白氏　續387
祝文　本朝　正541
祝噎　本朝　正541
崇嶺　文選　正218
痩馬　本朝　正541
痩容　本朝　正541
痩鴈　本朝　正541
袖間　白氏　續389
袖中　白氏　續389
袖幕　文選　正219
袖裏　白氏　續389
肉　文選　正219
肉　本朝　正541
肉　白氏　續389
肉粟　白氏　續389
肉角　文選　正219
肉刑　白氏　續389
肉食　文選　正219

肉食 白氏 續390
肉滄 本朝 正541
肉味 白氏 續390
肉袒す 文選 正219
乳す 文選 正216
乳竇 文選 正216
鷲窟 本朝 正541
鷲頭 本朝 正541
鷲峯 本朝 正541
鷲峯等 本朝 正541
鷲嶺 本朝 正541
鷲嶺 白氏 續389
鷲鶚 文選 正219
啾咋 文選 正218
啾啾 文選 正218
啾啾 白氏 續387
啾發す 文選 正218
岫 白氏 續387
岫幌 文選 正218
岫幌 本朝 正540
惆悵す 文選 正218
愀然 文選 正218
愀然 白氏 續387
愀愴す 文選 正218
愀愴惻減 文選 正218
攸之 文選 正218
楸 文選 正218
楸梓 文選 正218
樞機 本朝 正541
湫 文選 正218
湫阨す 文選 正218
湫隘 文選 正218
湫隘 白氏 續387
湫湄 文選 正218
獸 文選 正218
獸 白氏 續387
獸形 白氏 續387
獸言 本朝 正541
獸語 白氏 續387
獸心 文選 正218
獸臣 白氏 續387
獸人 白氏 續387
獸炭 白氏 續387
甃石 白氏 續387
綉裳 白氏 續389
羞 文選 正219
羞 白氏 續389
羞す 文選 正219
羞炰 文選 正219
聚 文選 正219
聚雲 文選 正219
聚沙 本朝 正541
聚散 文選 正219
聚斂 本朝 正541
聚斂す 論語 正62
聚斂す 文選 正219
聚榛 本朝 正541
脩 文選 正216
脩す 文選 正216
脩遠 文選 正217
脩蛾 本朝 正540
脩完補輔す 文選 正216
脩景 文選 正216
脩原 文選 正216
脩阪 文選 正216
脩治す 文選 正216
脩渚 文選 正216
脩飭す 論語 正62
脩成 文選 正216
脩撰す 本朝 正540
脩短 文選 正216
脩短 白氏 續389
脩竹 文選 正216
脩竹 本朝 正540
脩帳 文選 正216
脩長す 文選 正216
脩塗 文選 正216
脩日 文選 正216
脩能 文選 正216
脩薄 文選 正216
脩幕 文選 正216
脩網 文選 正216
脩門 文選 正216
脩夜 文選 正216
脩楊 文選 正216
脩理 文選 正216
脩理す 文選 正217
脩梁 文選 正217
脩陵 文選 正217
脩林 白氏 續389
脩嶺 文選 正217
脩營す 文選 正216
脩畛 文選 正216
脩篁 文選 正216
脩罕 文選 正216
脩罠 文選 正216
脩芒 文選 正216
脩莖 文選 正216
脩隴 文選 正217
脩霤 文選 正217
脩絜 文選 正216
脩坰 文選 正216
脩撾 文選 正216
脩篁 白氏 續389
讎 白氏 續389
讎怨 白氏 續389
讎校 白氏 續389
讎校す 文選 正219
讎訟 文選 正219
讎賊 文選 正219
讎敵 文選 正219
遒文 文選 正219
鞦韆 白氏 續389
鞦韆す 白氏 續389
鰌鱓 文選 正219
鶖鶚 文選 正219
鶖鶚 白氏 續389
朒朓 文選 正219
犨麋 文選 正218
繡 白氏 續389

繡す　白氏　續389
繡衣　白氏　續389
繡腰　白氏　續389
繡婦　白氏　續389
繡服　白氏　續389
繡文　白氏　續389
繡帽　白氏　續389
繡面　白氏　續389
繡羅　白氏　續389
繡履　白氏　續389
繡牀　白氏　續389
繡絆　白氏　續389
繡轂　白氏　續389
蘂庭　本朝　正541
蘂祠　本朝　正541
蘂邊　本朝　正541
詶賽　白氏　續389
鷲子　本朝　正541
鷲露　本朝　正541
鷲鶬　文選　正219
式　本朝　正541
式のかみ　枕冊　正780
式部　本朝　正541
式部　宇津　正715
式部　源氏　正847
式部のおとゝ　枕冊　正780
式部のおもと　枕冊　正780
式部のせうなにかし　枕冊　正780
式部のつかさ　源氏　正847
式部の少輔　源氏　正847
式部の丞　宇津　正715
式部の丞　枕冊　正780
式部の丞　源氏　正847
式部の大輔　宇津　正715
式部卿　宇津　正715
式部卿　源氏　正847
式部卿のみこ　宇津　正715
式部卿のみこ　源氏　正847
式部卿の宮　宇津　正715
式部卿の宮　枕冊　正780
式部卿の宮の御方　宇津　正715
式部卿の君　宇津　正715
式部卿の女御　宇津　正715
式部卿宮　源氏　正847
式部卿宮のおほきたの方　源氏　正847
式部卿宮の御むすめ　宇津　正715
式部卿宮の女御　宇津　正715
式部卿大輔　宇津　正715
式部少輔　本朝　正541
式部省　本朝　正541
式部丞　本朝　正541
式部丞たゝたか　枕冊　正780
式部丞のりつね　枕冊　正780
式部大輔　本朝　正541
式部大輔　枕冊　正780
式部大輔　源氏　正847
式部民部丞　本朝　正541
式部權少輔　本朝　正541
式部權大輔　本朝　正541
式文　本朝　正541
式兵二省　本朝　正541
式法　本朝　正541
式條　本朝　正541
識　文選　正219
識義　文選　正219
識察　文選　正219
識者　本朝　正541
識達　文選　正219
識智　文選　正219
識密　文選　正219
識量　文選　正219
識會　文選　正219
職　枕冊　正780
職の御曹司　宇津　正715
職の御曹司　枕冊　正780
職事　宇津　正715
職曹司　宇津　正715
色　文選　正219
色　法華　正420
色空　文選　正219
色紙　本朝　正541
色紙　宇津　正715
色紙　蜻蛉　正748
色紙　枕冊　正780
色紙　源氏　正847
色紙ども　宇津　正715
色授　文選　正219
色象　本朝　正541
色々　本朝　正541
色相　法華　正420
色像　本朝　正541
色養　文選　正219
色樂　文選　正219
食　法華　正420
食　宇津　正715
惻愴　遊仙　正92
叔孫通　本朝　正541
夙夜　本朝　正541
夙夜す　本朝　正541
夙慮　本朝　正541
宿　論語　正62
宿す　論語　正62
宿鳥　論語　正62
宿痾　本朝　正541
淑景　本朝　正541
淑女　論語　正62
淑氣　本朝　正541
俶裝　本朝　正541
椒房　本朝　正541
肅[illegible]　本朝　正541
肅愼　本朝　正541
肅清　本朝　正541
肅清す　本朝　正541

肅邑　本朝　正541
蹩*圯　文選　正219
蹩*頞　文選　正219
踧踖如　論語　正62
蹜々　論語　正62
顣頞　文選　正219
卌　論語　正62
下絵　源氏　正847
御七郎　源氏　正847
七　文選　正219
七　法華　正420
七　本朝　正541
七　宇津　正716
七ながら　宇津　正716
七のたから　宇津　正716
七のみこ　宇津　正716
七の君　宇津　正716
七哀　文選　正219
七依　文選　正219
七箇　本朝　正541
七箇寺　本朝　正541
七箇所　本朝　正541
七巻　本朝　正541
七間　本朝　正541
七間　宇津　正716
七間　源氏　正847
七貴　文選　正219
七宮　宇津　正716
七九　文選　正219
七九　本朝　正541
七啓　文選　正219
七激　文選　正219
七月　文選　正219
七月　本朝　正541
七月　宇津　正716
七月　蜻蛉　正748
七月　枕冊　正780
七月　源氏　正847
七月ついたち　宇津　正716
七月なかの十日　宇津　正716
七月一日　本朝　正541
七月一日　蜻蛉　正748
七月五日　蜻蛉　正748
七月三日　本朝　正541
七月三日　蜻蛉　正748
七月七日　文選　正219
七月七日　本朝　正541
七月七日　宇津　正716
七月七日　枕冊　正780
七月七日　源氏　正847
七月十五日　竹取　正636
七月十五日　枕冊　正780
七月十日　宇津　正716
七月十余日　蜻蛉　正748
七月廿余日　源氏　正847
七月日　本朝　正541
七月半　本朝　正541
七賢　本朝　正541
七言　本朝　正541
七歳　本朝　正542
七歳　宇津　正716
七子　文選　正219
七子　本朝　正541
七志　文選　正219
七字　本朝　正541
七々　本朝　正541
七々日　本朝　正541
七尺　文選　正220
七尺　本朝　正542
七尺　宇津　正716
七尺　枕冊　正780
七尺餘　宇津　正716
七首　文選　正220
七州　文選　正219
七秋　本朝　正541
七十　文選　正220
七十　本朝　正542
七十　竹取　正636
七十　宇津　正716
七十　枕冊　正780
七十ニ　宇津　正716
七十子　本朝　正542
七十二　本朝　正542
七十二君　文選　正220
七十二子　文選　正220
七十二代　本朝　正542
七十年　本朝　正542
七十有四人　文選　正220
七十有二　文選　正220
七十有二君　文選　正220
七十有八載　文選　正220
七十國　文選　正220
七十已上　本朝　正542
七十餘人　本朝　正542
七戎　文選　正219
七旬　文選　正220
七旬　本朝　正542
七浄　本朝　正542
七臣　文選　正220
七人　文選　正220
七人　本朝　正542
七人　宇津　正716
七寸　本朝　正542
七世　本朝　正542
七政　文選　正220
七千　文選　正220
七僧　源氏　正847
七匝　本朝　正541
七相　文選　正220
七族　文選　正220
七多羅樹　法華　正420
七代　文選　正220
七代　本朝　正542
七大寺　宇津　正716
七大寺　源氏　正847
七町　本朝　正542
七珍　法華　正420
七珍*　本朝　正542
七度　竹取　正636

七道 本朝 正542
七難 本朝 正542
七日 文選 正219
七日 本朝 正541
七日 竹取 正636
七日 土左 正659
七年 文選 正220
七年 本朝 正542
七年 宇津 正716
七年五月三日 文選 正220
七八 枕冊 正780
七八箇 本朝 正542
七八許里 本朝 正542
七八月 枕冊 正780
七八十 枕冊 正780
七八十人 文選 正220
七八人 宇津 正716
七八人 源氏 正847
七八寸 蜻蛉 正748
七八寸 源氏 正847
七八壇 宇津 正716
七八年 本朝 正542
七八年 枕冊 正780
七八年來 本朝 正542
七八輩 本朝 正542
七八枚 宇津 正716
七八木 宇津 正716
七番 宇津 正716
七盤 文選 正220
七百 文選 正220
七百歳 文選 正220
七百載 本朝 正542
七百人 文選 正220
七百年 本朝 正542
七百里 本朝 正542
七百餘里 文選 正220
七廟 文選 正220
七不堪 本朝 正542
七篇 文選 正220
七歩 文選 正220
七歩 本朝 正542
七奔す 文選 正220
七万里 本朝 正542
七夜 源氏 正847
七邑 文選 正219
七雄 文選 正220
七夕 文選 正220
七葉 遊仙 正92
七葉 文選 正220
七葉 本朝 正541
七里 文選 正220
七略 文選 正220
七略 本朝 正542
七郎 宇津 正716
七佛 法華 正420
七叟 本朝 正542
七國 文選 正219
七寶 法華 正420
七寶 本朝 正542
七寶 宇津 正716
七寶池 本朝 正542
七條のおほぢ 宇津 正716
七條家 宇津 正716
七條殿 宇津 正716
七澤 文選 正220
七發 文選 正220
七絲 本朝 正541
七萃 文選 正220
七萬三千の佛 宇津 正716
七襄 文選 正220
七覺 本朝 正541
七辯 文選 正220
七 白氏 續390
七韻 白氏 續390
七堰 白氏 續390
七株 白氏 續390
七間 白氏 續390
七丸 白氏 續390
七郡 白氏 續390
七兄 白氏 續390
七月 白氏 續390
七月一日 白氏 續390
七月七日 白氏 續390
七月十三日 白氏 續390
七月十四日 白氏 續390
七月十日 白氏 續390
七絃 白氏 續390
七言 白氏 續390
七言六韻 白氏 續390
七香車 白氏 續390
七歳 白氏 續390
七載 白氏 續390
七首 白氏 續390
七十 論語 正63
七十 白氏 續390
七十一 白氏 續390
七十韻 白氏 續390
七十五 白氏 續390
七十五門 白氏 續390
七十載 白氏 續390
七十三 白氏 續390
七十四 白氏 續390
七十四年 白氏 續390
七十子 白氏 續390
七十七 白氏 續390
七十二 白氏 續390
七十二年 白氏 續390
七十八 白氏 續390
七十有五 白氏 續390
七十有五年 白氏 續390
七十有八 白氏 續390
七十里 白氏 續390
七十卷 白氏 續390
七十鑚 白氏 續390
七十餘 白氏 續390
七十餘國 白氏 續390
七出 白氏 續390
七春 白氏 續390
七旬 白氏 續390
七城 白氏 續390

七人　論語　正63
七人　白氏　續390
七星　白氏　續390
七絶句　白氏　續390
七千餘　白氏　續390
七千餘里　白氏　續390
七層　白氏　續390
七代　白氏　續390
七朝　白氏　續390
七度　白氏　續390
七日　白氏　續390
七年　論語　正63
七年　白氏　續390
七年四月　白氏　續390
七八　白氏　續390
七八行　白氏　續391
七八歳　白氏　續391
七八人　白氏　續391
七八年　白氏　續391
七八萬　白氏　續391
七百端　白氏　續391
七百里　白氏　續391
七百六十九章　白氏　續391
七廟　白氏　續391
七品　白氏　續391
七福　白氏　續391
七篇　白氏　續391
七命　白氏　續391
七邑　白氏　續390
七曜　白氏　續390
七葉　白氏　續390
七葉堂　白氏　續390
七里灘　白氏　續391
七老　白氏　續391
七六氣　白氏　續391
七寶　白氏　續391
七尹　白氏　續390
七帙　白氏　續390
七扎　白氏　續390
七澤　白氏　續390
七竅　白氏　續390
七莖　白氏　續390
七萃　白氏　續390
七諍　白氏　續390
七輩　白氏　續391
七齡　白氏　續391
七德　白氏　續390
七德舞　白氏　續390
七袠　白氏　續390
執鞭　論語　正63
叱す　白氏　續391
叱灘　白氏　續391
叱呵　本朝　正542
叱呵　白氏　續391
叱撥　白氏　續391
叱撥す　白氏　續391
失　論語　正63
失　文選　正220
失　本朝　正542
失　白氏　續391
失す　論語　正63
失す　文選　正220
失す　本朝　正542
失す　白氏　續391
失儀　白氏　續391
失却す　白氏　續391
失計　文選　正220
失誤　本朝　正542
失策　文選　正220
失職　白氏　續391
失心　法華　正420
失節　文選　正220
失墜　本朝　正542
失墜す　白氏　續391
失得　文選　正220
失學　白氏　續391
失禮　宇津　正716
相失す　白氏　續391
嫉妬　文選　正220
嫉妬　法華　正420
嫉妬す　文選　正220
御室禮　宇津　正716
室　論語　正63
室　遊仙　正92
室　文選　正220
室　法華　正420
室　本朝　正542
室　白氏　續391
室宇　遊仙　正92
室家　論語　正63
室家　文選　正220
室家　本朝　正542
室家　白氏　續391
室人　白氏　續391
室中　文選　正220
室中　白氏　續391
室廬　文選　正220
室禮　宇津　正716
具悉　白氏　續391
悉　文選　正220
悉す　本朝　正542
悉知悉見す　本朝　正542
漆　白氏　續392
漆盞　白氏　續392
漆園　文選　正220
漆園　本朝　正542
漆園　白氏　續392
漆琴　白氏　續392
漆室　白氏　續392
漆彫開　論語　正63
漆匣　白氏　續392
疾　文選　正220
疾　本朝　正542
疾　白氏　續392
疾疫　本朝　正542
疾疫　白氏　續392
疾疫す　文選　正220
疾怨　白氏　續392
疾患　白氏　續392
疾苦　本朝　正542

疾苦　白氏　續392
疾徐　白氏　續392
疾疹　本朝　正542
疾疹　白氏　續392
疾疥　文選　正220
疾速　白氏　續392
疾速倏忽　白氏　續392
疾妬　文選　正220
疾病　論語　正63
疾病　文選　正220
疾病　本朝　正542
疾病　白氏　續392
疾病す　白氏　續392
疾風　文選　正220
疾風　白氏　續392
疾雷　文選　正220
疾恙　白氏　續392
疾痾　本朝　正542
疾癘　白氏　續392
疾狀　白氏　續392
疾疢　文選　正220
質　論語　正63
質　文選　正220
質　本朝　正542
質　白氏　續392
質　竹取　正636
質　宇津　正716
質（人名）　文選　正220
質閣　文選　正220
質幹　文選　正220
質性　白氏　續392
質直　論語　正63
質直　文選　正220
質直　白氏　續392
質敏　文選　正220
質夫　白氏　續392
質文　白氏　續392
質朴　本朝　正542
質朴　本朝　正542
質良　白氏　續392
質劑　文選　正220
質樸　白氏　續392
十荷　宇津　正716
十歳　宇津　正716
十石　宇津　正716
十疋　宇津　正716
十疋ども　宇津　正716
十巻　枕冊　正780
日域　文選　正220
日域　本朝　正542
日影　白氏　續391
日遠　本朝　正542
日火　本朝　正542
日華　文選　正220
日角　文選　正220
日官　文選　正220
日官　本朝　正542
日簡　白氏　續391
日脚　本朝　正542
日脚　白氏　續391
日及　文選　正220
日給　白氏　續391
日景　文選　正220
日計　白氏　續391
日月　論語　正63
日月　文選　正220
日月　本朝　正542
日月　白氏　續391
日午　白氏　續391
日光　白氏　續391
日坐　白氏　續391
日際　文選　正220
日時　白氏　續391
日者　文選　正220
日州　本朝　正542
日修　白氏　續391
日重　白氏　續391
日出　白氏　續391
日彰　白氏　續391
日城　本朝　正542
日蝕　白氏　續391
日新　文選　正220
日新　本朝　正542
日新　白氏　續391
日星　白氏　續391
日精　本朝　正542
日辰　本朝　正542
日辰　白氏　續391
日逐　文選　正220
日中　文選　正220
日中　白氏　續391
日日　本朝　正542
日日　白氏　續391
日入　文選　正220
日暮　文選　正220
日暮　白氏　續391
日母　文選　正220
日夜　文選　正220
日夜　白氏　續391
日夕　文選　正220
日夕　本朝　正542
日夕　白氏　續391
日用　白氏　續392
日陽　白氏　續391
日力　文選　正220
日昃　白氏　續391
日昊　文選　正220
日暘　白氏　續391
日觀　文選　正220
日晷　文選　正220
日磾　文選　正220
疲風　本朝　正542
膝下　文選　正220
膝下　本朝　正542
膝上　白氏　續392
膝歩す　文選　正220
膝脛　白氏　續392
蛭螾　文選　正220
唧唧　白氏　續391
實　論語　正63

實　文選　正220
實　法華　正420
實　本朝　正542
實　白氏　續391
實　宇津　正716
實　源氏　正847
實言す　白氏　續391
實語　法華　正420
實語　本朝　正542
實語　白氏　續391
實効　白氏　續391
實資　白氏　續391
實事　文選　正220
實事　法華　正420
實事　白氏　續391
實相　法華　正420
實相　本朝　正542
實相　白氏　續391
實相法密經　白氏　續391
實智　法華　正420
實智　本朝　正542
實沈　文選　正220
實難　白氏　續391
實年　白氏　續391
實賓　本朝　正542
實封　本朝　正542
實封　本朝　正542
實封　白氏　續391
實法　法華　正420
實法　源氏　正848
實用　白氏　續391
實用　伊勢　正650
實録　文選　正220
實恵　白氏　續391
實數　白氏　續391
實眞　白氏　續391
實錄　本朝　正542
實錄　白氏　續391
實錄す　白氏　續391
實法　宇津　正716
桎梏　白氏　續392
桎梏す　文選　正220
桎梏す　白氏　續392
濕化　本朝　正542
瀄汨　文選　正220
櫛沐す　白氏　續392
瑟　論語　正63
瑟　文選　正220
瑟　白氏　續392
瑟琴　文選　正220
瑟瑟　文選　正220
瑟瑟　白氏　續392
瑟々　本朝　正542
蟋蟀　文選　正220
蟋蟀　白氏　續392
駟　文選　正220
衂然　文選　正220
暱愛　文選　正220
蒺藜　文選　正220
郅惲　文選　正220
鑕鈇　文選　正220
飋䬁　遊仙　正92
執　論語　正63
執　白氏　續395
執　源氏　正847
執す　白氏　續395
執簡　白氏　續395
執競す　白氏　續396
執卿　本朝　正543
執恭　白氏　續396
執金吾　文選　正221
執金吾　本朝　正543
執金吾　白氏　續396
執珪　文選　正221
執珪　白氏　續396
執契　白氏　續396
執戟　文選　正221
執憲　文選　正221
執憲　白氏　續396
執謙　本朝　正543
執言　白氏　續396
執古　文選　正221
執事　文選　正221
執事　本朝　正543
執事　白氏　續396
執徐　本朝　正543
執政　論語　正63
執政　文選　正221
執政　本朝　正543
執政　白氏　續396
執著　白氏　續396
執念　宇津　正716
執念き　枕冊　正780
執念く　源氏　正847
執念け　源氏　正847
執鞭　文選　正221
執法　文選　正221
執迷す　白氏　續396
執友　白氏　續395
執咎　白氏　續395
執禮　論語　正63
執錢　白氏　續396
拾遺　文選　正221
拾遺　本朝　正543
拾遺　白氏　續396
拾遺（人名）　白氏　續396
拾遺監察等　白氏　續396
拾指　白氏　續396
拾青　本朝　正543
拾番　宇津　正716
拾螢　本朝　正543
習　本朝　正544
習　白氏　續396
習す　文選　正221
習御す　文選　正221
習講　本朝　正544
習習　文選　正221
習習　白氏　續396
習々　本朝　正544
習性　白氏　續396

習俗	文選	正221
習俗	白氏	續396
習池	白氏	續396
習誦	本朝	正544
襲逆す	文選	正221
襲險	文選	正221
襲魏國公	白氏	續396
輯寧	白氏	續396
輯寧す	白氏	續396
輯睦	白氏	續396
輯睦す	白氏	續396
輯穆す	文選	正221
輯理す	白氏	續396
輯矣	白氏	續396
御集	源氏	正847
集	文選	正221
集	法華	正420
集	本朝	正543
集	白氏	續396
集	宇津	正716
集	枕冊	正780
集	源氏	正847
集す	文選	正221
集す	白氏	續396
集ども	宇津	正716
集も	源氏	正847
集往す	文選	正221
集雅	文選	正221
集解	論語	正63
集解	文選	正221
集記	文選	正221
集賢	本朝	正544
集賢	白氏	續396
集賢院	白氏	續396
集賢閣	白氏	續396
集賢池	白氏	續396
集賢殿	白氏	續396
集賢坊	白氏	續396
集賢林亭	白氏	續396
集賢學士	白氏	續396
集止	文選	正221
集州	白氏	續396
集衆	白氏	續396
集翠	文選	正221
集注	文選	正221
集隼	文選	正221
集悲	文選	正221
集芳亭	白氏	續396
集録す	文選	正221
集會す	本朝	正543
集會す	白氏	續396
集巻	白氏	續396
集經	白氏	續396
集虚	白氏	續396
什	本朝	正542
什	白氏	續392
什一	文選	正220
什伍	白氏	續392
什七八	白氏	續392
什倍	文選	正220
什八九	白氏	續392
什將	白氏	續392
幾十里	白氏	續395
十	論語	正63
十	文選	正220
十	法華	正420
十	本朝	正542
十	白氏	續392
十のみこ	源氏	正847
十悪	本朝	正542
十一	論語	正63
十一	本朝	正542
十一	白氏	續392
十一	源氏	正847
十一韻	白氏	續392
十一箇年	本朝	正542
十一巻	本朝	正543
十一間	白氏	續392
十一月	文選	正220
十一月	本朝	正543
十一月	白氏	續392
十一月	源氏	正847
十一月五日	文選	正220
十一月四日	白氏	續392
十一月十一日	文選	正220
十一月十四日	白氏	續392
十一月廿一日	本朝	正543
十一月丙辰朔旦	本朝	正543
十一聖	白氏	續392
十一二	白氏	續393
十一日	伊勢	正650
十一日	土左	正659
十一年	本朝	正543
十一年	白氏	續393
十一葉	白氏	續392
十一尹	白氏	續392
十一斛	文選	正220
十韻	白氏	續393
十家	本朝	正543
十家	白氏	續393
十箇	遊仙	正92
十箇年	本朝	正543
十回	白氏	續393
十界	本朝	正543
十巻	本朝	正543
十願	枕冊	正780
十願王	本朝	正543
十願品	白氏	續393
十紀	文選	正221
十許人	白氏	續393
十九	遊仙	正92
十九	本朝	正543
十九	白氏	續393
十九	源氏	正847
十九首	本朝	正543
十九首	白氏	續393
十九代	白氏	續393
十九日	文選	正221
十九日	本朝	正543

十九日　白氏　續393
十九日　土左　正659
十九年　白氏　續393
十郡　文選　正221
十郡　白氏　續393
十月　文選　正221
十月　本朝　正543
十月　白氏　續393
十月　源氏　正847
十月ついたち　枕冊　正780
十月一日ころ　源氏　正847
十月三日　本朝　正543
十月三日　白氏　續393
十月十九日　白氏　續393
十月十二日　文選　正221
十月十余日　枕冊　正780
十月中の十日　源氏　正847
十月丁亥朔　文選　正221
十月八日　本朝　正543
十月八日　白氏　續393
十月某日　白氏　續393
十戸　文選　正221
十戸　白氏　續393
十五　文選　正221
十五　白氏　續393
十五　白氏　續393
十五　枕冊　正780
十五　源氏　正847
十五韻　白氏　續393
十五王　文選　正221
十五巻　文選　正221
十五兄　白氏　續393
十五歳　白氏　續393
十五載　白氏　續393
十五首　白氏　續393
十五儒　本朝　正543
十五秋　白氏　續393
十五春　白氏　續393
十五人　白氏　續393
十五政　白氏　續393
十五代　白氏　續393
十五日　文選　正221
十五日　本朝　正543
十五日　白氏　續393
十五日　竹取　正636
十五日　土左　正659
十五日　枕冊　正780
十五日　源氏　正847
十五年　本朝　正543
十五年　白氏　續393
十五年來　白氏　續393
十五遍　本朝　正543
十五夜　源氏　正847
十五里　白氏　續393
十五六　白氏　續393
十五六　源氏　正847
十五六人　枕冊　正780
十五巻　白氏　續393
十五莖　白氏　續393
十五餘頃　白氏　續393
十口　白氏　續393
十講　本朝　正543
十号　本朝　正543
十頃　白氏　續393
十座　本朝　正543
十歳　文選　正221
十歳　本朝　正543
十歳　白氏　續394
十載　文選　正221
十載　白氏　續393
十三　文選　正221
十三　本朝　正543
十三　白氏　續393
十三基　本朝　正543
十三絃　白氏　續393
十三行　白氏　續393
十三歳　白氏　續393
十三四　源氏　正847
十三程　白氏　續393
十三日　土左　正659
十三日　枕冊　正780
十三日　源氏　正847
十三年　本朝　正543
十三年　白氏　續393
十三已上　文選　正221
十三萬　白氏　續393
十四　文選　正221
十四　白氏　續393
十四　源氏　正847
十四韻　白氏　續393
十四廻　本朝　正543
十四五　文選　正221
十四五　白氏　續393
十四五　源氏　正847
十四五日　源氏　正847
十四首　白氏　續393
十四人　白氏　續393
十四雛　白氏　續393
十四日　土左　正659
十四日　源氏　正847
十四年　白氏　續393
十四年月日　白氏　續393
十四年三月十一日　白氏　續393
十四篇　白氏　續393
十四葉　白氏　續393
十指　本朝　正543
十指　白氏　續394
十字　白氏　續393
十寺　白氏　續394
十七　遊仙　正92
十七　文選　正221
十七　白氏　續394
十七韻　白氏　續394
十七首　文選　正221
十七章　白氏　續394
十七人　白氏　續394
十七畝　白氏　續394
十七日　本朝　正543
十七日　白氏　續394

十七日　土左　正659
十七日　源氏　正847
十七八　白氏　續394
十七八　源氏　正847
十七八日　枕冊　正780
十七八年　白氏　續394
十室　論語　正63
十室　文選　正221
十室　本朝　正543
十室　白氏　續394
十舎　文選　正221
十舎　本朝　正543
十尺　白氏　續394
十種　白氏　續394
十首　文選　正221
十首　白氏　續394
十首餘　白氏　續394
十旬　文選　正221
十旬　本朝　正543
十旬　白氏　續394
十松　白氏　續394
十章　白氏　續394
十丈　白氏　續394
十丈餘　白氏　續394
十乗　論語　正63
十乗　白氏　續394
十城　文選　正221
十人　論語　正63
十人　文選　正221
十人　本朝　正543
十人　白氏　續394
十人　枕冊　正780
十人　源氏　正847
十人八九　白氏　續394
十人圍　白氏　續394
十数　文選　正221
十数家　文選　正221
十数株　白氏　續394
十数頃　白氏　續394
十数章　白氏　續394
十数年　文選　正221
十数年　白氏　續394
十数篇　白氏　續394
十数聲　白氏　續394
十世　論語　正63
十世　文選　正221
十畝　白氏　續395
十畝餘　白氏　續395
十盛　遊仙　正92
十聖　白氏　續394
十隻　白氏　續394
十千　白氏　續394
十千一斗　白氏　續394
十善　本朝　正543
十善　白氏　續394
十善法　白氏　續394
十叢　白氏　續394
十代　本朝　正543
十代　白氏　續394
十大弟子　白氏　續394
十大徳　白氏　續394
十地　白氏　續394
十勅　本朝　正543
十帝　文選　正221
十弟子　白氏　續394
十哲　白氏　續394
十二　論語　正63
十二　文選　正221
十二　本朝　正543
十二　白氏　續394
十二　枕冊　正780
十二　源氏　正847
十二因縁　法華　正420
十二因緣　白氏　續394
十二因緣法　白氏　續394
十二韻　本朝　正543
十二韻　白氏　續394
十二衛　白氏　續395
十二箇年　本朝　正543
十二箇處　本朝　正543
十二箇條　本朝　正543
十二回　白氏　續394
十二廻　本朝　正543
十二巻　本朝　正543
十二句　白氏　續394
十二月　文選　正221
十二月　本朝　正543
十二月　白氏　續394
十二月　枕冊　正780
十二月　源氏　正847
十二月乙酉　白氏　續394
十二月四日　白氏　續394
十二月十一日　本朝　正543
十二月十七日　白氏　續394
十二月十八日　白氏　續394
十二月十余日　源氏　正847
十二月二十三日　白氏　續394
十二月二十四日　枕冊　正780
十二月二十日　白氏　續394
十二月二日　本朝　正543
十二行　白氏　續394
十二三　白氏　續394
十二三　源氏　正847
十二時　白氏　續394
十二首　文選　正221
十二首　白氏　續394
十二州　本朝　正543
十二書　文選　正221
十二章　白氏　續394
十二人　白氏　續394
十二人　枕冊　正780
十二人　源氏　正847
十二世　本朝　正543
十二扇　遊仙　正92
十二層　白氏　續394
十二度　白氏　續394
十二日　文選　正221
十二日　土左　正659

十二年	本朝	正543
十二年	白氏	續395
十二年	枕冊	正780
十二年二月	白氏	續395
十二年來	白氏	續395
十二部	白氏	續395
十二部分	白氏	續395
十二部經	法華	正420
十二部經	白氏	續395
十二篇	白氏	續395
十二遍	白氏	續395
十二葉	白氏	續394
十二國	文選	正221
十二樓	本朝	正543
十二衢	文選	正221
十二衢	本朝	正543
十二衢	白氏	續394
十二姝	白氏	續394
十二緣	白氏	續394
十日	文選	正221
十日	本朝	正543
十日	白氏	續394
十日	土左	正659
十日乙巳	白氏	續394
十年	文選	正221
十年	本朝	正543
十年	白氏	續395
十年	枕冊	正780
十年す	白氏	續395
十年三月三十日	白氏	續395
十年已下	本朝	正543
十年來	白氏	續395
十年餘	白氏	續395
十念	本朝	正543
十盃	本朝	正543
十倍	文選	正221
十倍	白氏	續395
十倍す	白氏	續395
十八	本朝	正543
十八	白氏	續395
十八韻	白氏	續395
十八王	文選	正221
十八廻	本朝	正543
十八九	白氏	續395
十八九	枕冊	正780
十八九	源氏	正847
十八賢	白氏	續395
十八載	白氏	續395
十八樹	白氏	續395
十八人	白氏	續395
十八僧	白氏	續395
十八日	文選	正221
十八日	本朝	正543
十八日	土左	正659
十八日	枕冊	正780
十八年	本朝	正543
十八年(ねん)	源氏	正847
十八里	白氏	續395
十八卷	白氏	續395
十八學士	本朝	正543
十半	文選	正220
十表	文選	正221
十分	文選	正221
十分	本朝	正543
十分	白氏	續395
十文字	土左	正659
十片	白氏	續395
十篇	本朝	正543
十歩	本朝	正543
十歩	白氏	續395
十方	法華	正420
十方	本朝	正543
十方	白氏	續395
十方浄土	本朝	正543
十方世界	法華	正420
十方世界	本朝	正543
十方世界	白氏	續395
十方菩薩	本朝	正543
十方佛土	本朝	正543
十万億	本朝	正543
十万億	源氏	正847
十万里	遊仙	正92
十万里	本朝	正543
十娘	遊仙	正92
十有五	論語	正63
十有五	本朝	正542
十有五	白氏	續392
十有五常	白氏	續392
十有五臣	白氏	續393
十有三人	本朝	正542
十有三年	本朝	正542
十有四位	文選	正221
十有四載	文選	正221
十有四人	白氏	續393
十有四日	本朝	正542
十有四年	文選	正221
十有四齋す	白氏	續392
十有七	白氏	續393
十有二卷	本朝	正542
十有二月	本朝	正542
十有二人	本朝	正542
十有二聖	白氏	續393
十有二日	本朝	正542
十有二年	白氏	續393
十有二轉	白氏	續393
十有八人	白氏	續393
十有余年	本朝	正542
十有餘	本朝	正542
十有餘世	文選	正221
十有餘畝	本朝	正542
十有餘日	文選	正221
十有餘年	文選	正221
十有餘年	本朝	正542
十有餘輩	文選	正221
十有餘輩	本朝	正542
十余人	源氏	正847
十余日	枕冊	正780
十余日	源氏	正847
十余年	本朝	正543

十余年　源氏　正847
十葉　文選　正221
十葉　白氏　續393
十羅刹女　法華　正420
十里　文選　正221
十里　白氏　續395
十律　白氏　續395
十両　白氏　續395
十力　法華　正420
十力　本朝　正543
十倫　白氏　續395
十列　本朝　正543
十聯　白氏　續395
十郎　白氏　續395
十六　法華　正420
十六　本朝　正543
十六　白氏　續395
十六　源氏　正847
十六韻　白氏　續395
十六王　文選　正221
十六箇年　本朝　正543
十六行　本朝　正543
十六七　白氏　續395
十六首　白氏　續395
十六所　竹取　正636
十六族　本朝　正543
十六大會　本朝　正543
十六程　白氏　續395
十六日　本朝　正543
十六日　白氏　續395
十六日　白氏　續395
十六日　土左　正659
十六日　源氏　正847
十六日壬寅　文選　正221
十六年　本朝　正543
十六年　白氏　續395
十六篇　文選　正221
十六篇　白氏　續395
十六坊　白氏　續395
十六會　本朝　正543
十六巻　白氏　續395
十六觀經　本朝　正543
十六韵　本朝　正543
十亂　文選　正221
十亂　白氏　續395
十仞　文選　正221
十卷　白氏　續393
十圍　文選　正221
十圍　白氏　續395
十將　白氏　續394
十惡　白氏　續392
十數　本朝　正543
十變　白氏　續395
十條　白氏　續394
十祀　本朝　正543
十齋　白氏　續393
十禪師　本朝　正543
十縣　白氏　續393
十萬　文選　正221
十萬　白氏　續395
十萬億　白氏　續395
十萬戸　白氏　續395
十萬人　白氏　續395
十萬部　白氏　續395
十雉　文選　正221
十餘　本朝　正543
十餘　白氏　續395
十餘公　文選　正221
十餘載　白氏　續395
十餘軸　白氏　續395
十餘首　白氏　續395
十餘旬　文選　正221
十餘人　本朝　正543
十餘人　白氏　續395
十餘束　白氏　續395
十餘年　文選　正221
十餘年　白氏　續395
十餘年來　本朝　正543
十餘万人　本朝　正543
十餘万束　本朝　正543
十餘里　白氏　續395
十餘聲　白氏　續395
十齊　本朝　正543
十二三　蜻蛉　正748
十二日　蜻蛉　正748
十一日　蜻蛉　正748
十九日　蜻蛉　正748
十五日　蜻蛉　正748
十五六日　蜻蛉　正748
十四日　蜻蛉　正748
十七日　蜻蛉　正748
十七八日　蜻蛉　正748
十八日　蜻蛉　正748
十余日　蜻蛉　正748
十余年　蜻蛉　正748
十六日　蜻蛉　正748
十　宇津　正716
十のきみ　宇津　正716
十のみこ　宇津　正716
十一　宇津　正716
十一の君　宇津　正716
十一間　宇津　正716
十一月　宇津　正716
十一月ついたち　宇津　正716
十一人　宇津　正716
十一日　宇津　正716
十一郎　宇津　正716
十宮　宇津　正716
十九　宇津　正716
十九才　宇津　正716
十九日　宇津　正716
十具　宇津　正716
十月　宇津　正716
十月ついたち　宇津　正716
十月ついたちの日　宇津　正716
十月五日　宇津　正716
十五　宇津　正716
十五貫　宇津　正716

十五間 宇津 正716
十五歳 宇津 正716
十五人 宇津 正716
十五日 宇津 正716
十五夜 宇津 正716
十五夜のよ 宇津 正716
十五夜の月 宇津 正716
十五六 宇津 正716
十三 宇津 正716
十三の君 宇津 正716
十三歳 宇津 正716
十三千 宇津 正716
十三日 宇津 正716
十四 宇津 正716
十四の君 宇津 正716
十四歳 宇津 正716
十四人 宇津 正716
十四日 宇津 正716
十七 宇津 正716
十七歳 宇津 正716
十七人 宇津 正716
十七日 宇津 正716
十七八人 宇津 正716
十人 宇津 正716
十二 宇津 正716
十二の君 宇津 正716
十二月 宇津 正716
十二歳 宇津 正716
十二三 宇津 正716
十二十人 宇津 正716
十二十両 宇津 正716
十二人 宇津 正716
十二日 宇津 正716
十二番 宇津 正716
十八 宇津 正716
十八人 宇津 正716
十郎 宇津 正716
十六 宇津 正716
十六歳 宇津 正716
十六大国 宇津 正716
十六年 宇津 正716
十禪師 宇津 正716
十餘 宇津 正716
十餘歳 宇津 正716
十餘人 宇津 正716
柔 本朝 正543
柔 白氏 續396
柔便 本朝 正543
柔遠 白氏 續396
柔克 白氏 續396
柔旨* 白氏 續396
柔弱 白氏 續396
柔淑 白氏 續396
柔順 白氏 續396
柔順慈恵 白氏 續396
柔臣 本朝 正543
柔正 白氏 續396
柔脆 白氏 續396
柔促 白氏 續396
柔芳 白氏 續396
柔蔓 白氏 續396
柔明 白氏 續396
柔毛 本朝 正543
柔和 本朝 正543
柔和 白氏 續396
柔條 白氏 續396
柔聲 白氏 續396
乳 本朝 正542
乳 白氏 續392
乳燕 白氏 續392
乳海 本朝 正542
乳虎 本朝 正542
乳子 本朝 正542
乳臭 白氏 續392
乳神 本朝 正542
乳母 白氏 續392
乳哺 白氏 續392
乳氣 白氏 續392
乳麋 白氏 續392
入 本朝 正542
入 白氏 續392
入音 本朝 正542
入廻紇使 白氏 續392
入廻紇副使 白氏
入官 白氏 續392
入貢 白氏 續392
入貢す 文選 正220
入仕す 白氏 續392
入侍す 文選 正220
入室す 白氏 續392
入深 遊仙 正92
入奏 白氏 續392
入奏す 白氏 續392
入朝 本朝 正542
入朝 白氏 續392
入朝す 文選 正220
入朝す 本朝 正542
入朝す 白氏 續392
入内 本朝 正542
入内す 本朝 正542
入蕃使 白氏 續392
入幣 白氏 續392
入木 本朝 正542
入木 白氏 續392
入洛す 本朝 正542
入覲 本朝 正542
入覲 白氏 續392
入覲す 本朝 正542
入覲す 白氏 續392
入覲使 本朝 正542
葺鱗 白氏 續396
葺蓺 白氏 續396
報金剛身 法華 正420
揉雑す 白氏 續396
楫櫂 文選 正221
澁米 白氏 續396
濕 文選 正221
濕 白氏 續396
濕煙 白氏 續396
濕化 白氏 續396

濕桑　本朝　正544
濕葉　白氏　續396
濕翅　白氏　續396
緝理す　白氏　續396
緝隆　文選　正221
緝熙　文選　正221
緝熙す　文選　正221
緝熈　白氏　續396
緝綏　白氏　續396
隰埛　文選　正221
隰甯　文選　正221
隰州　白氏　續396
隰朋　文選　正221
隰朋　白氏　續396
隰壤　文選　正221
槢　文選　正221
檝師　白氏　續396
荏苒　文選　正222
侵淫す　文選　正222
侵弱　文選　正222
侵擾す　文選　正222
侵辱　文選　正222
侵地　文選　正222
侵誣　文選　正222
侵軼す　文選　正222
侵駭す　文選　正222
心　文選　正222
心　本朝　正544
心意　文選　正222
心意　本朝　正544
心印　本朝　正544
心花　本朝　正544
心肝　文選　正222
心肝　本朝　正544
心顏　文選　正222
心顏　本朝　正544
心期　文選　正222
心許　文選　正222
心胸　本朝　正544
心胷　文選　正222
心曲　文選　正222
心極　文選　正222
心計　文選　正222
心源　本朝　正544
心悟　文選　正222
心行　文選　正222
心根　本朝　正544
心魂　文選　正222
心竃　本朝　正544
心志　文選　正222
心思　文選　正222
心事　文選　正222
心事　本朝　正544
心緒　本朝　正544
心匠　本朝　正544
心賞　文選　正222
心情　本朝　正544
心神　文選　正222
心神　本朝　正544
心跡　文選　正222
心地　本朝　正544
心中　文選　正222
心中　本朝　正544
心腸　文選　正222
心服す　文選　正222
心腹　文選　正222
心腹　本朝　正544
心明　文選　正222
心目　文選　正222
心目　本朝　正544
心悶　文選　正222
心憂　本朝　正544
心力　文選　正222
心累　文選　正222
心禮　文選　正222
心膂　文選　正222
心迹　文選　正222
心膐　本朝　正544
森　文選　正222
森森　文選　正222
森々　本朝　正544
森木　文選　正222
森藹　文選　正222
森槮　文選　正222
浸　文選　正222
浸淫　文選　正222
浸弱　文選　正222
浸潤　文選　正222
浸潭　文選　正222
深　文選　正222
深感　文選　正222
深澗　文選　正222
深規　本朝　正544
深宮　文選　正222
深宮　本朝　正544
深居　本朝　正544
深憲　文選　正222
深言　文選　正222
深固　文選　正222
深根　文選　正222
深山　文選　正222
深山幽谷　本朝　正544
深識　文選　正222
深仁　本朝　正544
深水　本朝　正544
深誠　本朝　正544
深切　文選　正222
深阻　文選　正222
深谷　文選　正222
深谷　本朝　正544
深衷　文選　正222
深沈　文選　正222
深秘　本朝　正544
深彦　本朝　正544
深淵　文選　正222
深謀　文選　正222
深略　文選　正222
深林　文選　正222
深圖　文選　正222
深巖　文選　正222

深黴　本朝　正544
深渕　本朝　正544
深淺　文選　正222
深淺　本朝　正544
深淪す　文選　正222
深澤　文選　正222
深諫す　文選　正222
深頌　文選　正222
紳　論語　正63
壬寅　文選　正222
尋　文選　正222
尋　本朝　正544
尋(人名)　文選　正222
尋桂　文選　正222
尋常　文選　正222
尋竹　文選　正222
尋表　文選　正222
尋木　文選　正222
尋陽　文選　正222
尋陽縣　文選　正222
尋繹　文選　正222
甚深　本朝　正544
潛然　本朝　正544
沈毅　文選　正222
沈休文　文選　正222
沈約　文選　正222
沈歸士　本朝　正544
充任す　本朝　正544
任　論語　正63
任　文選　正221
任　本朝　正544
任す　論語　正63
任す　文選　正221
任す　本朝　正544
任安　本朝　正544
任官　本朝　正544
任侠　文選　正221
任禁　文選　正221
任公　文選　正221
任好　文選　正221
任座　文選　正221
任使す　文選　正221
任子　文選　正221
任子咸　文選　正221
任終　本朝　正544
任少卿　文選　正221
任城　文選　正221
任職　文選　正221
任中　本朝　正544
任土　本朝　正544
任彦升　文選　正221
任彦昇　文選　正221
任父　文選　正222
任放　本朝　正544
任用　本朝　正544
任用す　文選　正222
任寮　本朝　正544
任國　本朝　正544
任實　文選　正221
任棠　文選　正222
任昉　文選　正222
枕中　本朝　正544
流溝　文選　正222
僭す　文選　正222
參　論語　正63
參差　文選　正222
參差　本朝　正544
參商　文選　正222
參辰　文選　正222
參塗　文選　正222
參參　文選　正222
參虚　文選　正222
寢　文選　正222
寢　本朝　正544
寢す　文選　正222
寢丘　文選　正222
寢興　文選　正222
寢興　本朝　正544
寢興す　文選　正222
寢食　文選　正222
寢食　本朝　正544
寢食す　文選　正222
寢膳　本朝　正544
寢縄　本朝　正544
寢廟　文選　正222
寢伏す　文選　正222
寢寐　文選　正222
斟酌　本朝　正544
斟酌す　文選　正222
斟酌す　本朝　正544
滲　文選　正222
滲漉す　文選　正222
潯陽　文選　正222
潯涘す　文選　正222
箴　文選　正222
箴　本朝　正544
箴規　文選　正222
箴銘　文選　正222
箴疵　文選　正222
箴誨　本朝　正544
箴誦　文選　正222
簪纓　本朝　正544
孏房　遊仙　正92
袵　文選　正222
衽　文選　正222
衽席　文選　正222
譖　論語　正63
讖　文選　正223
讖緯　文選　正223
軫　文選　正223
軫軫　文選　正223
鍼石　文選　正223
駸駸　文選　正223
諶　文選　正223
梫　文選　正222
梫桂　文選　正222
祲　文選　正222
葴橙　文選　正222
葴莎　文選　正222
葴菥　文選　正222

鱓魚 文選 正223
鱓鱣 文選 正223
下家司 宇津 正716
下家司 源氏 正848
卸驛 本朝 正544
差別 法華 正421
差別す 法華 正421
沙門 法華 正421
沙彌 法華 正421
舎 文選 正223
舎 本朝 正544
舎 白氏 續397
舎す 文選 正223
舎下 白氏 續397
舎人 文選 正223
舎人 白氏 續397
舎宅 法華 正421
舎宅 本朝 正544
舎宅 白氏 續397
舎中 文選 正223
舎弟 文選 正223
舎弟 白氏 續397
舎利 法華 正421
舎利 本朝 正544
舎利 白氏 續397
舎利弗 法華 正421
舎利弗 白氏 續397
射 論語 正63
射 文選 正223
射 白氏 續398
射宮 文選 正223
射宮 本朝 正544
射御 文選 正223
射鵠 本朝 正544
射策 白氏 續398
射的 本朝 正544
射筒 文選 正223
射夫 白氏 續398
射禮 本朝 正544
射鉤 文選 正223
射雉賦 文選 正223
捨 白氏 續397
捨棄す 白氏 續397
捨講 文選 正223
捨抜 白氏 續397
捨偈 白氏 續397
赦 本朝 正544
赦 白氏 續397
赦す 白氏 續397
赦書 白氏 續397
赦除す 本朝 正544
赦文 白氏 續397
赦免 本朝 正544
赦免す 本朝 正544
赦面す 本朝 正544
斜雲 白氏 續397
斜影 白氏 續397
斜漢 文選 正223
斜岸 本朝 正544
斜岸 白氏 續397
斜眼 遊仙 正92
斜景 本朝 正544
斜景 白氏 續397
斜月 白氏 續397
斜戸 本朝 正544
斜紅 白氏 續397
斜竹 白氏 續397
斜燈 白氏 續397
斜日 白氏 續397
斜陽 白氏 續397
斜暉 白氏 續397
社 論語 正63
社 白氏 續397
社下 本朝 正544
社宮 文選 正223
社酒 白氏 續397
社樹 白氏 續397
社人 白氏 續397
社石記 白氏 續397
社壇 白氏 續397
社内 白氏 續397
社日 白氏 續397
社舞 白氏 續397
社名 白氏 續397
社稷 論語 正63
社稷 文選 正223
社稷 本朝 正544
社稷 白氏 續397
紗燈 白氏 續397
者 白氏 續397
寄謝 白氏 續397
謝 文選 正223
謝 文選 正223
謝 本朝 正544
謝 白氏 續397
謝(人名) 白氏 續397
謝す 論語 正63
謝す 遊仙 正92
謝す 文選 正223
謝す 本朝 正544
謝す 白氏 續397
謝安 本朝 正544
謝安 白氏 續397
謝安山 白氏 續397
謝安石 本朝 正544
謝安石 白氏 續397
謝恩 白氏 續397
謝家 白氏 續397
謝監 文選 正223
謝希逸 文選 正223
謝客 白氏 續397
謝玄暉 文選 正223
謝玄暉 白氏 續397
謝光禄 文選 正223
謝公 白氏 續397
謝好 白氏 續397
謝康樂 白氏 續397
謝諮議 文選 正223
謝守 白氏 續397
謝叔源 文選 正223

謝章　白氏　續397
謝上　白氏　續397
謝上す　白氏　續397
謝仁祖　本朝　正544
謝絶す　白氏　續397
謝宣遠　文選　正223
謝草　白氏　續397
謝知　白氏　續397
謝朓　文選　正223
謝朓　白氏　續397
謝長霞　白氏　續397
謝陳　白氏　續397
謝陳す　白氏　續397
謝聞す　文選　正223
謝法曹　文選　正223
謝僕射　文選　正223
謝柳　白氏　續397
謝臨川　文選　正223
謝傅　白氏　續397
謝墅　白氏　續397
謝惠運　文選　正223
謝萬石　白氏　續397
謝詢　文選　正223
謝靈運　文選　正223
謝靈運　本朝　正544
謝靈雲　白氏　續397
謝德　文選　正223
謝德　本朝　正544
謝琰　文選　正223
代謝す　白氏　續397
車　本朝　正544
車　白氏　續398
車胤　本朝　正544
車右　本朝　正544
車蓋　白氏　續398
車騎　白氏　續398
車渠　遊仙　正92
車渠　法華　正421
車公　白氏　續398
車甲　本朝　正544
車司徒　本朝　正544
車書　本朝　正544
車書　白氏　續398
車叙　白氏　續398
車上　本朝　正544
車丞相　本朝　正544
車乗　法華　正421
車乗　白氏　續398
車轍　白氏　續398
車徒　文選　正223
車徒　白氏　續398
車馬　論語　正63
車馬　本朝　正544
車馬　白氏　續398
車服　白氏　續398
車輿　白氏　續398
車様　白氏　續398
車輪　白氏　續398
車茵　白氏　續398
遮列　文選　正223
蛇　法華　正420
邪　文選　正223
邪　法華　正420
邪　本朝　正544
邪　白氏　續398
邪悪　本朝　正544
邪鬼　本朝　正544
邪狂　本朝　正544
邪計　白氏　續398
邪見　法華　正421
邪険　宇津　正717
邪巧　白氏　續398
邪行　文選　正223
邪主　文選　正223
邪心　法華　正421
邪心　本朝　正544
邪臣　文選　正223
邪臣　白氏　續398
邪人　白氏　續398
邪政　文選　正223
邪正　文選　正223
邪正　白氏　續398
邪説　白氏　續398
邪智　法華　正421
邪僻　文選　正223
邪謀　白氏　續398
邪慢　法華　正421
邪濫　本朝　正545
邪論　文選　正223
邪亂　白氏　續398
邪叟　文選　正223
邪倿　本朝　正545
邪徑　白氏　續398
邪氣　文選　正223
邪竇　本朝　正544
邪諂　文選　正223
邪諛　白氏　續398
邪贏　文選　正223
邪孼　文選　正223
御邪氣　源氏　正848
借問す　白氏　續396
斥丘　文選　正223
柘枝　白氏　續397
柘枝詞　白氏　續397
奢　本朝　正544
奢　白氏　續396
奢淫　文選　正223
奢淫　本朝　正544
奢淫　白氏　續396
奢淫す　文選　正223
奢盈　本朝　正544
奢言す　文選　正223
奢盛　本朝　正544
奢泰　文選　正223
奢蕩　白氏　續396
奢蕩す　白氏　續397
奢欲　文選　正223
奢欲　白氏　續397
奢麗　文選　正223
奢侈　本朝　正544

奢侈　白氏　續396
奢侈す　文選　正223
奢儉　白氏　續396
奢靡　本朝　正544
娑伽羅龍王　法華　正421
娑婆　宇津　正717
娑婆世界　法華　正421
娑婆世界　宇津　正717
寫　白氏　續397
寫す　白氏　續397
寫霧　文選　正223
寫眞　白氏　續397
寫經　本朝　正544
寫經　白氏　續397
洒掃す　文選　正223
洒掃す　白氏　續397
灑掃　文選　正223
灑掃す　白氏　續397
灑落す　文選　正223
灑練す　文選　正223
灑屬す　文選　正223
灑々　本朝　正544
炙輠　本朝　正544
蔗節　白氏　續397
赭衣　文選　正223
赭衣　白氏　續397
赭汗　白氏　續398
赭白　白氏　續398
赭面　白氏　續398
赭面す　本朝　正544
赭陽　文選　正223
赭堊　文選　正223
赭堊　白氏　續397
赭汙　文選　正223
釋迦　本朝　正545
釋迦善逝　本朝　正545
釋迦尊　本朝　正545
釋迦如來　本朝　正545
釋迦如來像　本朝　正545
釋迦文　本朝　正545
釋迦牟尼　本朝　正545
釋迦牟尼如來　本朝　正545
釋迦牟尼佛　本朝　正545
釋提桓因　本朝　正545
闍維　白氏　續398
闍梨　本朝　正545
驪駒　本朝　正545
鷓鴣　本朝　正545
鷓鴣　白氏　續398
麝　遊仙　正92
麝　文選　正223
麝　本朝　正545
麝　白氏　續398
麝香　宇津　正717
哆嗚　文選　正223
榭　文選　正223
榭　白氏　續397
硨磲　法華　正421
硨磲　宇津　正717
罝網　白氏　續397
罝罘　文選　正223
罝罘　白氏　續397
虵齒　本朝　正544
頳白　文選　正223
向寵　文選　正224
傷　白氏　續399
傷易　文選　正224
傷害侵奪す　文選　正224
傷禽　文選　正224
傷禽　白氏　續399
傷苦　白氏　續399
傷心　文選　正224
傷悼す　白氏　續399
傷悲す　文選　正224
傷悲す　白氏　續399
傷別　白氏　續399
傷憂す　文選　正224
傷嗟す　白氏　續399
傷毀す　白氏　續399
傷壞　文選　正224
傷殘す　白氏　續399
傷翅　本朝　正545
匠者　文選　正224
匠人　文選　正224
匠人　白氏　續399
匠石　文選　正224
匠郢　文選　正224
匠斲　文選　正224
升越　文選　正224
升月　文選　正224
升皇　文選　正224
升降　文選　正224
升降す　文選　正224
升遐す　文選　正224
商　論語　正63
商　文選　正224
商　白氏　續400
商　白氏　續400
商(人名)　論語　正63
商(人名)　文選　正224
商(地名)　文選　正224
商(注)　白氏　續400
商権　本朝　正545
商羽　文選　正225
商奄　文選　正225
商王　文選　正225
商歌　文選　正225
商歌す　文選　正225
商較す　白氏　續400
商議　白氏　續400
商客　本朝　正545
商君　文選　正225
商絃　本朝　正545
商郊　文選　正225
商山　文選　正225
商山　本朝　正545
商山　白氏　續400
商周　文選　正225
商周　白氏　續400
商州　白氏　續400

商州館　白氏　續400
商秋　文選　正225
商女　白氏　續400
商臣　文選　正225
商辛　文選　正225
商人　文選　正225
商人　法華　正420
商人　白氏　續400
商人　白氏　續400
商都　白氏　續400
商土　白氏　續400
商農　白氏　續400
商賓　白氏　續400
商風　白氏　續400
商牧　文選　正225
商羊　文選　正225
商羊　白氏　續400
商洛　文選　正225
商洛　白氏　續400
商略　本朝　正545
商略す　本朝　正545
商旅　白氏　續400
商量　白氏　續400
商量す　本朝　正545
商量す　白氏　續400
商陵　白氏　續400
商陵氏　白氏　續400
商嶺　本朝　正545
商嶺　白氏　續400
商嶺　白氏　續400
商魯　文選　正225
商估　法華　正420
商價　本朝　正545
商參　文選　正225
商氣　文選　正225
商皓　白氏　續400
商瞿　白氏　續400
商聲　文選　正225
商聲　白氏　續400
商謌　本朝　正545
商賈　本朝　正545
商賈　白氏　續400
商鞅　文選　正225
商鞅　白氏　續400
商飆　本朝　正545
商庾　本朝　正545
商搉す　文選　正225
商搉す　白氏　續400
商攉　文選　正225
商榷す　文選　正225
商雒　白氏　續400
商飇　文選　正225
唱　白氏　續400
唱す　文選　正225
唱す　白氏　續400
唱引　文選　正225
唱歌　白氏　續400
唱歌　竹取　正636
唱歌す　白氏　續400
唱言す　文選　正225
唱首　本朝　正545
唱酬す　白氏　續400
唱導　法華　正420
唱滅　本朝　正545
唱和　文選　正225
唱和　白氏　續400
唱和す　文選　正225
唱和す　白氏　續400
唱發　文選　正225
嘗酒　白氏　續402
娼妓　白氏　續401
娼女　白氏　續401
娼樓　白氏　續401
将帥　論語　正63
将聖　論語　正63
尚　文選　正224
尚す　文選　正224
尚衣　白氏　續399
尚衣奉御　白氏　續399
尚冠　文選　正224
尚饗　本朝　正545
尚饗す　白氏　續399
尚子　文選　正224
尚子平　文選　正224
尚侍　本朝　正545
尚書　論語　正63
尚書　文選　正224
尚書　本朝　正545
尚書　白氏　續399
尚書右丞　文選　正224
尚書右丞　白氏　續399
尚書右中丞　本朝　正545
尚書右僕射　文選　正224
尚書右僕射　白氏　續399
尚書金部郎中　白氏　續399
尚書虞部郎中　白氏　續399
尚書刑部侍郎　白氏　續399
尚書庫部員外郎　白氏　續399
尚書戸部員外郎　白氏　續399
尚書戸部侍郎　白氏　續399
尚書工部員外郎　白氏　續399
尚書工部侍郎　白氏　續399
尚書左丞　白氏　續399
尚書司封郎中　白氏　續399
尚書司門郎中　白氏　續399
尚書侍郎　白氏　續399
尚書主客郎中　白氏　續400
尚書省　文選　正224
尚書丞掌　白氏　續400
尚書職方郎中　白氏　續400
尚書水部員外郎　白氏　續400
尚書膳部員外郎　白氏　續400
尚書膳部郎中　白氏　續400
尚書相公　本朝　正545
尚書張　白氏　續400

尚書比部郎中　白氏　續400
尚書兵部員外郎
白氏　續400
尚書兵部郎中　白氏　續400
尚書兵部郎中知制誥
白氏　續400
尚書吏部員外郎
白氏　續400
尚書吏部侍郎　白氏　續400
尚書吏部郎　文選　正224
尚書吏部郎中　白氏　續400
尚書令　文選　正224
尚書令　白氏　續400
尚書郎　文選　正224
尚書郎　白氏　續400
尚書祠部郎中　白氏　續400
尚書禮部員外郎
白氏　續400
尚書禮部郎中　白氏　續400
尚生　文選　正224
尚席　文選　正224
尚父　文選　正224
尚平　白氏　續400
尚綺心兒等　白氏　續399
尚輦奉御　白氏　續400
尚醫*奉御　白氏　續399
尚齒　本朝　正545
尚齒　白氏　續399
尚齒會　本朝　正545
庄　本朝　正545
庄家　本朝　正545
庄上　白氏　續401
床　本朝　正545
床　白氏　續401
床子　枕冊　正780
床席　白氏　續401
床前　白氏　續401
床頭　遊仙　正92
彰　文選　正225
彰義軍　白氏　續401
彰敬寺　白氏　續401
彰徹す　文選　正225
彰明　白氏　續401
彰露す　白氏　續401
彰癘　文選　正226
承香殿　枕冊　正780
掌　法華　正420
掌　白氏　續401
掌握　文選　正225
掌握　白氏　續401
掌花　本朝　正546
掌記　白氏　續401
掌技　文選　正225
掌故　文選　正225
掌治す　白氏　續401
掌舍　文選　正225
掌珠　白氏　續401
掌書記　白氏　續401
掌上　白氏　續401
掌中　白氏　續401
掌徒　文選　正225
掌内　白氏　續401
掌文　白氏　續401
掌夢　文選　正225
掌拊　文選　正225
掌錧　本朝　正546
昌　文選　正225
昌陰　文選　正225
昌運　文選　正225
昌運　白氏　續401
昌海　文選　正225
昌期　白氏　續401
昌言　文選　正225
昌言　白氏　續401
昌言す　文選　正225
昌時　白氏　續401
昌泰　本朝　正546
昌泰三年十月十一日
本朝　正546
昌泰三年二月九日
本朝　正546
昌泰二年三月四日
本朝　正546
昌泰二年三月廿八日
本朝　正546
昌泰二年十二月五日
本朝　正546
昌泰二年二月廿七日
本朝　正546
昌朝　白氏　續401
昌亭　本朝　正546
昌姫　文選　正225
昌平公　白氏　續401
昌亡　白氏　續401
昌明　白氏　續401
昌邑　論語　正63
昌邑　文選　正225
昌容　文選　正225
昌國　文選　正225
昌暉　文選　正225
昌發　文選　正225
昌黎　白氏　續401
晶華　白氏　續402
晶輝　白氏　續402
晶光　白氏　續402
晶熒　白氏　續402
樟亭　白氏　續402
樟亭驛　白氏　續402
樟亭驛後　白氏　續402
湘　文選　正224
湘　白氏　續402
湘干　文選　正224
湘漢　文選　正224
湘岸　白氏　續402
湘君　文選　正224
湘呉　文選　正224
湘江　白氏　續402
湘衡　白氏　續402
湘山　本朝　正546
湘州　文選　正224

湘州　白氏　續402
湘洲　本朝　正546
湘渚　文選　正224
湘渚　白氏　續402
湘神　白氏　續402
湘水　文選　正224
湘水　白氏　續402
湘西　文選　正224
湘西縣　文選　正224
湘川　文選　正224
湘川　白氏　續402
湘竹　白氏　續402
湘南　文選　正224
湘南　本朝　正546
湘妃　白氏　續402
湘夫人　文選　正224
湘羅　文選　正224
湘流　文選　正224
湘娥　文選　正224
湘潭　白氏　續402
湘濱　文選　正224
湘濱　本朝　正546
湘靈　白氏　續402
湘沅　文選　正224
湘筠　白氏　續402
省　本朝　正546
省す　本朝　正546
省去　本朝　正546
省試　本朝　正546
省底　本朝　正546
大蔵省　本朝　正546
祥　文選　正225
祥　本朝　正547
祥　白氏　續403
祥煙　白氏　續403
祥河　文選　正225
祥光　文選　正225
祥習　文選　正225
祥瑞　文選　正225
祥瑞　白氏　續403
祥虹　白氏　續403
祥符　白氏　續403
祥風　文選　正225
祥風　白氏　續403
祥麟　本朝　正547
祥鸞　白氏　續403
祥齊　白氏　續403
祥孽　白氏　續403
祥飈　文選　正225
祥鱣　白氏　續403
章　論語　正63
章　文選　正225
章　本朝　正547
章　白氏　續403
章亥　文選　正225
章夏　文選　正225
章華　文選　正225
章華　白氏　續403
章儀　本朝　正547
章句　論語　正63
章句　文選　正225
章句　法華　正420
章句　白氏　續403
章敬　白氏　續403
章公　白氏　續403
章溝　文選　正225
章施　文選　正225
章綬　白氏　續403
章疏　白氏　續403
章奏　本朝　正547
章奏　白氏　續403
章奏等　本朝　正547
章程　文選　正225
章表　文選　正225
章表　白氏　續403
章服　文選　正225
章服　白氏　續403
章甫　文選　正225
章明　文選　正225
章陵　文選　正225
章檄　白氏　續403
章臺　文選　正225
章邯　文選　正225
粧　本朝　正547
粧　白氏　續403
粧閣　白氏　續403
粧束　白氏　續403
粧粉　白氏　續403
粧紛　遊仙　正92
粧淚　白氏　續403
粧梳　白氏　續403
粧樓　本朝　正547
粧臉　白氏　續403
粧點す　白氏　續403
菖蒲　文選　正225
菖蒲　白氏　續403
菖蒲　宇津　正717
菖葉　文選　正225
蔣丞勲　本朝　正547
蔣生　本朝　正547
蔣袞　本朝　正547
裳　文選　正226
裳　白氏　續403
裳衣　文選　正226
裳服　文選　正226
裳袂　文選　正226
詳　白氏　續404
詳す　文選　正226
詳一　文選　正226
詳察　白氏　續404
詳察す　白氏　續404
詳省　白氏　續404
詳敏　白氏　續404
詳明　白氏　續404
詳略　文選　正226
詳略　本朝　正547
詳略　白氏　續404
詳覽　白氏　續404
象　文選　正226
象　本朝　正547

象	白氏　續404	賞翫	本朝　正547	上	本朝　正545
象(人名)	文選　正226	賞翫	白氏　續404	上	白氏　續398
象(注)	白氏　續404	賞翫す	本朝　正547	上	源氏　正848
象牙	遊仙　正92	賞翫す	白氏　續404	上す	文選　正223
象牙	文選　正226	賞功	白氏　續404	上位	文選　正224
象外	文選　正226	賞好	文選　正226	上衣	論語　正63
象外	本朝　正547	賞賜	文選　正226	上院	白氏　續399
象閣	本朝　正547	賞賜す	文選　正226	上苑	白氏　續399
象岳	本朝　正547	賞賜す	法華　正420	上下	論語　正63
象教	文選　正226	賞心	遊仙　正92	上下	文選　正223
象郡	文選　正226	賞心	文選　正226	上下	法華　正420
象弧	文選　正226	賞心	本朝　正547	上下	本朝　正545
象犀	文選　正226	賞心	白氏　續404	上下	白氏　續398
象正	文選　正226	賞設	白氏　續404	上下	宇津　正716
象設	文選　正226	賞典	白氏　續404	上下す	文選　正223
象白	文選　正226	賞罰	文選　正226	上下す	白氏　續398
象服	文選　正226	賞罰	白氏　續404	上下長幼	白氏　續398
象物	文選　正226	賞罰す	白氏　續404	上科	白氏　續398
象輿	文選　正226	賞罰威福	白氏　續404	上華	白氏　續398
象雷	白氏　續404	賞物	本朝　正547	上介	白氏　續398
象弭	文選　正226	賞勸	白氏　續404	上界	本朝　正545
象戲	白氏　續404	賞罸	本朝　正547	上界	白氏　續398
象筵	文選　正226	賞賚	本朝　正547	上階	本朝　正545
象簟	文選　正226	賞錢	文選　正226	上官	文選　正223
象羆	文選　正226	相賞す	本朝　正547	上官	本朝　正545
象闕	文選　正226	夜賞す	白氏　續404	上騎都尉	白氏　續398
象骼	文選　正226	障	文選　正226	上儀	文選　正223
象魏	文選　正226	障	本朝　正547	上客	遊仙　正92
象魏	本朝　正547	障	白氏　續404	上客	白氏　續398
象魏門	白氏　續404	障浦	本朝　正547	上宮	文選　正223
象教	本朝　正547	障子	本朝　正547	上宮太子	本朝　正545
賞	文選　正226	障子	白氏　續404	上京	文選　正223
賞	本朝　正547	障泥	白氏　續404	上卿	論語　正63
賞	白氏　續404	障礙	法華　正420	上卿	本朝　正545
賞す	文選　正226	障礙	白氏　續404	上卿	白氏　續398
賞す	本朝　正547	障隧	文選　正226	上教	文選　正223
賞す	白氏　續404	障厲	文選　正226	上九	本朝　正545
賞ず	論語　正63	上	論語　正63	上軍	白氏　續398
賞愛	白氏　續404	上	文選　正223	上郡	文選　正223
賞延	白氏　續404	上	法華　正420	上啓す	本朝　正545

上月　本朝　正545
上賢　文選　正223
上元　白氏　續398
上元夫人　本朝　正545
上弦　本朝　正545
上弦　白氏　續398
上玄　文選　正223
上玄　本朝　正545
上玄　白氏　續398
上言す　白氏　續398
上古　文選　正223
上古　本朝　正545
上古　白氏　續398
上湖　白氏　續398
上護軍　白氏　續398
上公　本朝　正545
上公　白氏　續398
上好里　白氏　續398
上弘　白氏　續398
上皇　文選　正223
上皇　本朝　正545
上佐　白氏　續398
上座　白氏　續398
上宰　文選　正223
上宰左相　本朝　正545
上才　文選　正223
上才　白氏　續398
上祭す　文選　正223
上策　文選　正223
上策　白氏　續398
上司　文選　正223
上士　文選　正223
上紙　本朝　正545
上事　文選　正223
上手　宇津　正716
上手　蜻蛉　正748
上手　源氏　正848
上手たち　宇津　正716
上手とも　源氏　正848
上手ども　宇津　正716
上手めかし　源氏　正848
上手めき　宇津　正717
上手めき　源氏　正848
上首　本朝　正545
上首　白氏　續398
上州　白氏　續398
上州大王　本朝　正545
上春　文選　正223
上春　本朝　正545
上旬　本朝　正545
上旬　白氏　續398
上書　文選　正223
上書す　文選　正223
上尚　文選　正223
上昇　白氏　續398
上昇す　法華　正420
上々　本朝　正545
上心　白氏　續398
上人　本朝　正545
上人　白氏　續398
上仁　文選　正223
上世　文選　正223
上清　白氏　續399
上清界　白氏　續399
上生　白氏　續399
上生す　白氏　續399
上聖　文選　正223
上聖　本朝　正545
上聖　白氏　續399
上請す　白氏　續399
上疏す　白氏　續398
上訴　文選　正223
上訴す　文選　正223
上奏　本朝　正545
上送す　文選　正223
上尊　白氏　續399
上代　文選　正223
上代　本朝　正545
上台　文選　正223
上台　本朝　正545
上台　白氏　續399
上第　白氏　續399
上達　白氏　續399
上達す　論語　正63
上達す　文選　正223
上達す　白氏　續399
上谷　文選　正223
上谷郡太夫人　白氏　續398
上谷太夫人　白氏　續398
上谷夫人　白氏　續398
上知　論語　正63
上智　論語　正63
上智　文選　正223
上智　本朝　正545
上池　本朝　正545
上中下郡　白氏　續399
上柱國　白氏　續399
上丁　本朝　正545
上寵　文選　正223
上帝　文選　正223
上帝　本朝　正545
上帝　白氏　續399
上弟　本朝　正545
上天　文選　正223
上天　本朝　正545
上天　白氏　續399
上都　文選　正223
上都　本朝　正545
上都　白氏　續399
上都騎尉　白氏　續399
上東門　文選　正224
上東門　本朝　正545
上等　白氏　續399
上頭　白氏　續399
上道　文選　正223
上寅　白氏　續398
上任す　白氏　續398
上年　本朝　正545
上農　文選　正224
上農　白氏　續399

上馬　源氏　正848
上尾　本朝　正545
上表　本朝　正545
上表　白氏　續399
上表す　本朝　正545
上品　文選　正224
上品　本朝　正545
上品　白氏　續399
上風　文選　正224
上服　本朝　正545
上聞　本朝　正545
上聞　白氏　續399
上聞す　文選　正224
上聞す　本朝　正545
上聞す　白氏　續399
上報す　文選　正224
上方　法華　正420
上方　本朝　正545
上方　白氏　續399
上邦　文選　正224
上慢　白氏　續399
上巳　文選　正223
上巳　白氏　續398
上巳のはらへ　宇津　正716
上務　文選　正224
上命　遊仙　正92
上面　白氏　續399
上遊　白氏　續398
上容　遊仙　正92
上葉　本朝　正545
上陽　本朝　正545
上陽　白氏　續399
上陽宮　白氏　續399
上蘭　文選　正224
上流　文選　正224
上林　本朝　正545
上林　白氏　續399
上林(書名)　文選　正224
上林(地名)　文選　正224
上林園　白氏　續399
上林坊　白氏　續399
上林菀　本朝　正545
上列　文選　正224
上路　文選　正224
上囿　文選　正223
上國　文選　正223
上國　本朝　正545
上國　白氏　續398
上圓　文選　正224
上壽　文選　正223
上壽　本朝　正545
上將　文選　正223
上將　白氏　續398
上將軍　白氏　續398
上對す　白氏　續399
上庠　文選　正223
上旻　文選　正224
上楹　文選　正224
上榮　文選　正224
上樓　白氏　續399
上獻　白氏　續398
上獻す　本朝　正545
上獻す　白氏　續398
上笏　文選　正223
上箙たつ　源氏　正848
上經　本朝　正545
上腴　文選　正224
上腴　本朝　正545
上腴　白氏　續399
上臈　枕冊　正780
上臈　源氏　正848
上臺　白氏　續399
上藥　文選　正224
上﨟　宇津　正717
上﨟しう　宇津　正717
上訖　白氏　續398
上靈　文選　正224
上黨　白氏　續399
上德　文選　正224
上德　本朝　正545
上篇　文選　正224
上蹠　本朝　正545
乗馬　宇津　正717
城　法華　正420
城郭　法華　正420
常　白氏　續401
常(地名)　白氏　續401
常安　文選　正225
常雨　白氏　續401
常科　白氏　續401
常規　白氏　續401
常饗　本朝　正545
常均　文選　正225
常刑　白氏　續401
常敬　白氏　續401
常行　本朝　正545
常行　白氏　續401
常座　本朝　正545
常在　本朝　正545
常山　文選　正225
常山　本朝　正546
常山縣　文選　正225
常師儒　白氏　續401
常氏　白氏　續401
常侍　文選　正225
常侍　白氏　續401
常赦　本朝　正546
常主　白氏　續401
常州　白氏　續401
常秀才　白氏　續401
常住　法華　正420
常住寺　本朝　正546
常人　白氏　續401
常生　白氏　續401
常精進　法華　正420
常膳　本朝　正546
常膳等　本朝　正546
常尊　白氏　續401
常典　文選　正225
常典　白氏　續401

常燈　本朝　正546
常燈　宇津　正717
常燈　枕冊　正780
常等　白氏　續401
常寧　文選　正225
常伯　文選　正225
常品　白氏　續401
常不輕　法華　正421
常服　白氏　續401
常平　白氏　續401
常篇　文選　正225
常北　白氏　續401
常理　本朝　正546
常理　白氏　續401
常倫　白氏　續401
常啼大士　本朝　正546
常啼菩薩　本朝　正546
常娥　本朝　正545
常娥　白氏　續401
常數　白氏　續401
常樂　本朝　正546
常樂里　白氏　續401
常珎　本朝　正546
常祀　白氏　續401
常禪師　白氏　續401
常賁　白氏　續401
常贇　白氏　續401
常暘　白氏　續401
情　論語　正63
浄土　白氏　續402
浄土　宇津　正717
浄土の楽　宇津　正717
浄名居士　白氏　續402
姓　法華　正420
性　法華　正420
成す　法華　正420
成業　本朝　正546
成劫　本朝　正546
成就　法華　正420
成就す　法華　正420
成身會　本朝　正546
成等正覚　法華　正420
成等正覺　本朝　正546
成道　本朝　正546
成佛　本朝　正546
成佛す　法華　正421
成佛す　本朝　正546
政官　枕冊　正780
政官　源氏　正848
整理す　本朝　正546
御正日　源氏　正848
正一位　本朝　正546
正下　本朝　正546
正下　源氏　正848
正覚　法華　正420
正軌　本朝　正546
正月　本朝　正546
正月　宇津　正716
正月　蜻蛉　正748
正月　源氏　正848
正月つもりかた　源氏　正848
正月の節會　宇津　正716
正月一日　枕冊　正780
正月元日　本朝　正546
正月朔日　源氏　正848
正月三日　本朝　正546
正月三日　宇津　正716
正月十日　枕冊　正780
正月十八日　宇津　正716
正月廿三日　源氏　正848
正月廿七日　宇津　正716
正月廿日　源氏　正848
正五位下　本朝　正546
正五位下行　本朝　正546
正五位下守　本朝　正546
正五位上行　本朝　正546
正三位　本朝　正546
正三位　宇津　正716
正三位　源氏　正848
正三位し　源氏　正848
正三位の大納言　宇津　正716
正三位行　本朝　正546
正三位行中納言　本朝　正546
正三位守　本朝　正546
正四位下　本朝　正546
正四位下行　本朝　正546
正税　本朝　正546
正直　法華　正420
正二位　本朝　正546
正二位　宇津　正717
正二位守　本朝　正546
正日　源氏　正848
正法　法華　正421
正法　本朝　正546
正暦五年月日　本朝　正546
正暦五年十月　本朝　正546
正暦五年十二月　本朝　正546
正暦五年二月十七日　本朝　正546
正暦四年閏十月　本朝　正546
正暦四年正月十一日　本朝　正546
正暦二年　本朝　正546
正暦二年閏二月廿七日　本朝　正546
正暦二年十二月廿三日　本朝　正546
正暦六年二月五日　本朝　正546
正六位下守　本朝　正546
正六位上　本朝　正546
正六位上行　本朝　正546
正覺　本朝　正546
正觀音像　本朝　正546
正教　本朝　正546

清涼	法華	正421
清淨	法華	正420
清淨	本朝	正546
生	法華	正420
生	本朝	正546
生	源氏	正848
生す	法華	正420
生す	本朝	正546
生育す	法華	正420
生涯	本朝	正546
生死	法華	正420
生死	本朝	正546
生死	宇津	正716
生死海	本朝	正546
生々	本朝	正546
生々世々	本朝	正546
生々世々	宇津	正716
生善	本朝	正546
生滅	法華	正421
章條	本朝	正547
精舎	本朝	正547
精進	法華	正420
精進す	法華	正420
精進歸依す	本朝	正547
精靈	本朝	正547
聖主	法華	正420
聖天の法	宇津	正717
聖天供	宇津	正717
請	法華	正420
請じ	宇津	正717
請じいで	宇津	正716
請じいれ	宇津	正716
請じよせ	宇津	正716
請し入る	竹取	正636
請す	法華	正420
請す	本朝	正547
相	論語	正63
相	文選	正225
相	白氏	續403
相す	文選	正225
相す	白氏	續403
相位	白氏	續403
相遇	白氏	續403
相君	白氏	續403
相御	文選	正225
相公	文選	正225
相公	本朝	正546
相公	白氏	續403
相好	白氏	續403
相思	遊仙	正92
相思	文選	正225
相思	白氏	續403
相似	白氏	續403
相識	白氏	續403
相者	文選	正225
相州	白氏	續403
相親す	白氏	續403
相庭	白氏	續403
相土	白氏	續403
相導	白氏	續403
相如	遊仙	正92
相如	文選	正225
相如	本朝	正546
相如	白氏	續403
相夫憐	白氏	續403
相府	本朝	正546
相府	白氏	續403
相府(人名)	白氏	續403
相貌	白氏	續403
相門	白氏	續403
相羊す	文選	正225
相里君	白氏	續403
相里友署	白氏	續403
相里友署等	白氏	續403
相留	白氏	續403
相國	文選	正225
相國	白氏	續403
相國鄭司徒	白氏	續403
相將	本朝	正546
相屬す	遊仙	正92
相撃	白氏	續403
装束	本朝	正547
裝束	竹取	正636
像	文選	正224
像	白氏	續399
像教	白氏	續399
像設	白氏	續399
湯湯	文選	正224
湯湯	白氏	續402
洋	白氏	續402
洋州	白氏	續402
倡家	文選	正224
倡優	文選	正224
倡佯	遊仙	正92
嗇	白氏	續400
墻	白氏	續400
墻衣	白氏	續400
墻陰	白氏	續400
墻屋	白氏	續400
墻下	白氏	續400
墻花	白氏	續400
墻垣	白氏	續401
墻角	白氏	續400
墻根	白氏	續400
墻枝	白氏	續400
墻西	白氏	續400
墻東	本朝	正545
墻東	白氏	續400
墻頭	白氏	續400
墻壁	白氏	續401
墻面	白氏	續401
墻柳	白氏	續401
壤	文選	正225
壤	本朝	正545
壤子	文選	正225
壤制す	白氏	續401
壤石	文選	正225
壤東	文選	正225
壤末	文選	正225
奬	白氏	續401

奬授　白氏　續401
奬賞　白氏　續401
奬飾す　白氏　續401
奬擢　白氏　續401
奬擢す　白氏　續401
奬任　白氏　續401
奬用　白氏　續401
奬用す　白氏　續401
奬勸　白氏　續401
奬學院　本朝　正545
嫦娥　白氏　續401
將　文選　正224
將　白氏　續402
將官吏　白氏　續402
將軍　文選　正224
將軍　本朝　正546
將軍　白氏　續402
將迎　文選　正224
將迎　白氏　續402
將校　文選　正224
將校　白氏　續402
將材　白氏　續402
將仕郎　白氏　續402
將仕郎守　白氏　續402
將士　白氏　續402
將士等　白氏　續402
將守　白氏　續402
將帥　文選　正224
將帥　白氏　續402
將星　白氏　續402
將相　文選　正224
將相　本朝　正546
將相　白氏　續402
將息　白氏　續402
將息す　白氏　續402
將卒　白氏　續402
將泰　文選　正224
將壇　白氏　續402
將等　白氏　續402
將導す　法華　正420
將兵　文選　正224
將門　白氏　續402
將養す　白氏　續402
將吏　白氏　續402
將率　文選　正224
將略　白氏　續402
將來　文選　正224
將來　法華　正421
將來　本朝　正546
將來　白氏　續402
將來世世　白氏　續402
將壘　白氏　續402
將將　文選　正224
將將焉　文選　正224
將焉　白氏　續402
嶂　文選　正225
庠　本朝　正545
庠序　本朝　正545
庠序　白氏　續401
廧裻　白氏　續401
捽擇　本朝　正545
攘竊　白氏　續401
敞閑　文選　正224
敞罔　文選　正224
檣　白氏　續402
殤　文選　正225
殤　白氏　續402
殤子　文選　正225
淨衣　源氏　正848
淨戒　法華　正420
淨潔　法華　正420
淨土　法華　正420
淨土　本朝　正546
淨土　源氏　正848
淨土變　本朝　正546
淨妙寺　本朝　正546
淨琉璃　法華　正421
淨瑠璃　法華　正421
淨藏　法華　正420
淨闍梨　本朝　正546
漿　文選　正224
漿　白氏　續402
漿酪　白氏　續402
牀　文選　正224
牀　白氏　續402
牀下　白氏　續402
牀上　白氏　續402
牀席　白氏　續402
牀前　白氏　續402
牀寢　文選　正224
牀帷　文選　正224
牀帷　白氏　續402
牀蓐　文選　正224
牀笫　文選　正224
牆　文選　正224
牆　白氏　續402
牆宇　文選　正224
牆屋　白氏　續402
牆藩　文選　正224
牆牖　白氏　續402
猖狂　遊仙　正92
猖狂　文選　正224
猖狂す　白氏　續402
猖婦　白氏　續402
猖猾　文選　正224
猖蹶　文選　正224
猩狂　白氏　續402
猩猩　白氏　續402
璋　文選　正225
璋　白氏　續402
璋之　文選　正225
璋瓚　文選　正225
痒序　文選　正225
瘴　白氏　續402
瘴雲　白氏　續402
瘴煙　白氏　續403
瘴海　白氏　續403
瘴江　白氏　續403
瘴地　白氏　續403
瘴霧　白氏　續403

瘴領	白氏	續403
瘴氣	文選	正225
瘴氣	白氏	續403
瘴瘧	白氏	續403
瘴癘	白氏	續403
瘴鄕	白氏	續403
禳す	白氏	續403
禳禱	白氏	續403
禳禱す	白氏	續403
穡	白氏	續403
穰侯	文選	正225
穰橙	文選	正225
穰々	本朝	正547
穰苴	文選	正225
笙	本朝	正547
笙	宇津	正716
笙の御ふえ	宇津	正717
笙の笛	宇津	正717
笙謌	本朝	正547
箏	遊仙	正92
箏	文選	正225
箏	本朝	正547
箏	白氏	續403
箏笛	白氏	續403
翔泳	文選	正225
翔禽	文選	正225
翔禽	白氏	續403
翔鴻	文選	正225
翔集	文選	正225
翔集す	文選	正225
翔鳥	文選	正225
翔風	文選	正225
翔鳳	文選	正225
翔陽	文選	正225
翔翼	文選	正225
翔龍	文選	正225
翔驟	文選	正225
翔鴈	本朝	正547
翔鶴	文選	正225
翔鸞	文選	正225
翔鸞	白氏	續403
聲	法華	正420
聲聞	法華	正421
聲聞	本朝	正547
聲聞	白氏	續403
聲聞乘	法華	正421
聲聞菩薩	本朝	正547
莊厳	法華	正420
莊厳す	法華	正420
莊嚴	本朝	正547
莊嚴	白氏	續403
莊嚴す	本朝	正547
薔薇	白氏	續403
薔薇澗	白氏	續403
装束きあつまり	蜻蛉	正748
装束す	遊仙	正92
襄	文選	正225
襄	白氏	續403
襄王	文選	正225
襄漢	白氏	續403
襄事	白氏	續403
襄州	白氏	續404
襄城	文選	正225
襄城人	白氏	續404
襄文	文選	正225
襄邑	文選	正225
襄陽	文選	正225
襄陽	白氏	續404
襄陽縣	白氏	續404
襄惠	文選	正225
觴	文選	正226
觴	白氏	續404
觴す	文選	正226
觴す	本朝	正547
觴す	白氏	續404
觴詠	本朝	正547
觴詠	白氏	續404
觴詠す	本朝	正547
觴詠す	白氏	續404
觴爵	本朝	正547
觴酌	文選	正226
觴酌流行す	文選	正226
觴豆	文選	正226
觴奐	文選	正226
觴醳	文選	正226
讓	論語	正63
讓	白氏	續404
讓位	本朝	正547
讓爵	本朝	正547
讓章	白氏	續404
讓疏	本朝	正547
蹌蹌	論語	正63
釀	白氏	續404
釀す	白氏	續404
釀酒	白氏	續404
釀甕	白氏	續404
釀糯	白氏	續404
鏘	白氏	續404
鏘洋す	文選	正226
鏘鏘	文選	正226
鏘鏘	白氏	續404
鏘鏘振振	白氏	續404
鏘々焉	本朝	正547
餉す	白氏	續404
餉饋す	白氏	續404
鱨魦	文選	正226
儴佯す	文選	正224
嬙媛	文選	正225
惝怳	本朝	正546
惝怳す	文選	正225
慞惶	文選	正225
㦂恍	白氏	續401
戕風	文選	正224
撐撥す	白氏	續401
漳	文選	正224
漳浦	本朝	正546
漳浦	白氏	續402
漳渠	文選	正224
漳州	白氏	續402

漳水　文選　正224
漳濱　本朝　正546
漳濱　白氏　續402
漳滏　文選　正224
瀼々　本朝　正546
瀼瀼　文選　正224
牂牁　白氏　續402
牂牱　白氏　續402
狀　文選　正224
狀　本朝　正546
狀　白氏　續402
狀す　文選　正224
狀す　白氏　續402
狀限　白氏　續402
狀奏す　白氏　續402
狀貌　文選　正224
狀貌　白氏　續402
狀迹　本朝　正546
瓤　白氏　續402
瓤肉　白氏　續402
緗帙　文選　正225
蔣芋　文選　正225
蔣蒲　文選　正226
蔣欽　文選　正226
蔣生　文選　正226
蔣琬　文選　正226
蘘荷　文選　正226
鄣　文選　正226
鄣　白氏　續404
閶風　文選　正226
閶門　文選　正226
閶門　白氏　續404
閶闔　文選　正226
閶闔　白氏　續404
鱨鯊　文選　正226
鑿牙　本朝　正547
鑿牙　白氏　續404
襄暮　本朝　正545
襄邑　本朝　正545
削黜　文選　正226
策堂　本朝　正547
策家　本朝　正547
策試　本朝　正547
借す　白氏　續404
借助す　白氏　續404
借問す　法華　正421
借留す　白氏　續404
相借助す　白氏　續404
勺水　白氏　續404
尺八　遊仙　正92
杓　白氏　續404
杓直　白氏　續404
灼　文選　正226
灼灼　文選　正226
灼灼　白氏　續404
灼然　本朝　正547
灼爍　文選　正226
灼爛　文選　正226
爵　論語　正63
爵　文選　正226
爵　本朝　正547
爵　白氏　續404
爵す　文選　正226
爵位　文選　正226
爵位　本朝　正547
爵位　白氏　續404
爵園　文選　正226
爵級　本朝　正547
爵侯　本朝　正547
爵重　白氏　續404
爵賞　文選　正226
爵賞　本朝　正547
爵賞　白氏　續404
爵秩　文選　正226
爵秩　白氏　續404
爵土　文選　正226
爵土　白氏　續404
爵堂　文選　正226
爵馬　文選　正226
爵服　文選　正226
爵命　文選　正226
爵命　本朝　正547
爵命　白氏　續404
爵禄　論語　正63
爵禄　文選　正226
爵壽　白氏　續404
爵祿　本朝　正547
爵祿　白氏　續404
爵號　文選　正226
爵號　白氏　續404
酌　文選　正226
酌　本朝　正547
酌　白氏　續405
酌言　文選　正226
釈迦　枕冊　正780
錫　文選　正226
錫　法華　正421
錫　本朝　正547
錫杖　本朝　正547
錫杖　白氏　續405
錫杖　源氏　正848
錫文　文選　正226
若　文選　正226
若英　文選　正226
若往　白氏　續405
若華　文選　正226
若干人　白氏　續405
若干巻　白氏　續405
若菜　本朝　正547
若水　文選　正226
若芳　文選　正226
若木　文選　正226
若耶　白氏　續405
若耶溪　白氏　續405
若榴　文選　正226
若厲　白氏　續405
若蓀　文選　正226
寂公　本朝　正547
寂々　本朝　正547
寂照　本朝　正547

寂心上人 本朝 正547
寂然 法華 正421
寂滅 法華 正421
寂滅 本朝 正547
寂滅す 法華 正421
寂寞 法華 正421
寂靜 本朝 正547
弱 文選 正226
弱 白氏 續404
弱冠 文選 正226
弱冠 本朝 正547
弱綱 文選 正226
弱骨 本朝 正547
弱才 文選 正226
弱思 文選 正226
弱枝 文選 正226
弱質 本朝 正547
弱主 文選 正226
弱小 文選 正226
弱情 文選 正226
弱植 文選 正226
弱水 文選 正226
弱水 白氏 續404
弱喪 文選 正226
弱藻 文選 正226
弱柳 遊仙 正92
弱柳 白氏 續404
弱葉 文選 正226
弱齡 文選 正226
雀羅 本朝 正547
雀羅 白氏 續405
雀臺 文選 正226
雀雉 文選 正226
雀梟 遊仙 正92
積善寺 本朝 正547
積善寺 枕冊 正780
積善寺供養 枕冊 正780
赤栴檀 本朝 正547
爍德 文選 正226
笏 宇津 正717
箬溪 白氏 續404
箬峴 白氏 續404
箬峴亭 白氏 續404
綽 文選 正226
綽 白氏 續404
綽寛 文選 正226
綽然 白氏 續405
綽約 白氏 續405
綽立す 白氏 續405
綽綽 文選 正226
綽綽 白氏 續404
芍藥 遊仙 正92
芍藥 文選 正226
芍藥 白氏 續405
蒻阿 文選 正226
釋す 本朝 正547
釋迦如來 法華 正421
釋迦如來 白氏 續405
釋迦牟尼佛 法華 正421
釋憾 白氏 續405
釋宮 本朝 正547
釋宮 白氏 續405
釋氏 法華 正421
釋氏 白氏 續405
釋然 法華 正421
釋尊 本朝 正547
釋門 本朝 正547
釋門 白氏 續405
釋流 白氏 續405
釋奠 本朝 正547
釋梵 白氏 續405
釋教 白氏 續405
鑠す 文選 正226
鑠す 白氏 續405
鵲翅 本朝 正547
婥約 文選 正226
焯燁 白氏 續404
皭 文選 正226
繳 文選 正226
繳す 文選 正226
主 論語 正63
主 文選 正226
主 文選 正226
主 本朝 正547
主 白氏 續405
主 宇津 正717
主 宇津 正717
主威 文選 正226
主恩 文選 正226
主恩 本朝 正547
主恩 白氏 續405
主家 白氏 續405
主器 文選 正226
主客 本朝 正547
主客 白氏 續405
主客員外郎 白氏 續405
主客郎中 白氏 續405
主君 白氏 續405
主計 白氏 續405
主宰 白氏 續405
主司 白氏 續405
主師 白氏 續405
主者 文選 正226
主者 本朝 正547
主者 白氏 續405
主爵 文選 正226
主守 白氏 續405
主上 文選 正226
主上 本朝 正547
主上 白氏 續405
主人 文選 正226
主人 本朝 正547
主人 白氏 續405
主人翁 白氏 續405
主帥 白氏 續405
主張す 白氏 續405
主典代 本朝 正547
主父 文選 正226
主父 白氏 續405
主父偃 文選 正226

主文　文選　正226
主文　白氏　續405
主簿　文選　正226
主簿　白氏　續405
主領す　白氏　續405
主佛　白氏　續405
主佛弟子　白氏　續405
主將　白氏　續405
主禮　白氏　續405
主胥　白氏　續405
主藏　白氏　續405
取　法華　正421
取次　白氏　續406
取次す　白氏　續406
取捨　文選　正227
取捨　本朝　正548
取捨　白氏　續406
取捨す　白氏　續406
取取緣　白氏　續406
取與　文選　正227
取與　白氏　續406
取睽　文選　正227
守　文選　正227
守　本朝　正548
守　白氏　續406
守(人名)　白氏　續406
守一　白氏　續406
守介　本朝　正548
守官　白氏　續406
守禦　文選　正227
守謙　白氏　續406
守謙す　白氏　續406
守護　法華　正421
守護す　法華　正421
守護す　本朝　正548
守護す　白氏　續406
守歳　白氏　續406
守事　白氏　續406
守尚書戸部侍郎　白氏　續406
守臣　白氏　續406
守正　白氏　續406
守戦　文選　正227
守土　白氏　續406
守備　白氏　續406
守文　文選　正227
守文　白氏　續406
守邑　白氏　續406
守漏　本朝　正548
守屏　文選　正227
守捍　白氏　續406
守陝州大都督府右司馬　白氏　續406
守冢　文選　正227
手翰　白氏　續406
手札　白氏　續406
手子　遊仙　正92
手書　本朝　正548
手詔　本朝　正548
手詔　白氏　續406
手疏　白氏　續406
手足　論語　正63
手足　文選　正227
手足　法華　正421
手足　本朝　正548
手足　白氏　續406
手中　白氏　續406
手爪　白氏　續406
手底　白氏　續406
手板　白氏　續406
手筆す　白氏　續406
手命　文選　正227
手命　本朝　正548
手裏　白氏　續406
手澤　白氏　續406
手臂　本朝　正548
朱　文選　正227
朱　本朝　正548
朱　白氏　續406
朱　宇津　正717
朱(人名)　文選　正227
朱の臺　宇津　正717
朱衣　文選　正227
朱衣　本朝　正548
朱衣　白氏　續406
朱烏　文選　正227
朱雲　本朝　正548
朱雲　白氏　續406
朱英　文選　正227
朱益州　文選　正227
朱炎　文選　正227
朱何　白氏　續406
朱家　文選　正227
朱火　文選　正227
朱華　文選　正227
朱霞　文選　正227
朱崖　文選　正227
朱閣　文選　正227
朱閣　白氏　續406
朱桓　文選　正227
朱顔　文選　正227
朱顔　白氏　續406
朱旗　文選　正227
朱旗　白氏　續406
朱宮　文選　正227
朱均　文選　正227
朱桂　文選　正227
朱軒　文選　正227
朱軒　白氏　續406
朱玄　文選　正227
朱絃　文選　正227
朱絃　白氏　續406
朱戸　文選　正227
朱戸　本朝　正548
朱光　文選　正227
朱公　文選　正227
朱公叔　文選　正227
朱紘　文選　正227
朱克融　白氏　續406
朱砂　白氏　續406

朱山　本朝　正548
朱仕明　白氏　續406
朱氏　本朝　正548
朱紫　本朝　正548
朱紫　白氏　續406
朱紫　文選　正227
朱綬　白氏　續407
朱叔元　文選　正227
朱塵　文選　正227
朱雀院　本朝　正548
朱雀院　源氏　正848
朱雀院の宮　源氏　正848
朱雀街　白氏　續406
朱生　文選　正227
朱宣　文選　正227
朱然　文選　正227
朱組　文選　正227
朱草　文選　正227
朱草　本朝　正548
朱丹　文選　正227
朱仲　文選　正227
朱忠亮　白氏　續407
朱張　論語　正63
朱頂　白氏　續407
朱鳥　文選　正227
朱陳　白氏　續407
朱陳村　白氏　續407
朱綴　文選　正227
朱邸　文選　正227
朱藤　白氏　續407
朱藤杖　白氏　續407
朱堂　文選　正227
朱道士　白氏　續407
朱買臣　文選　正227
朱買臣　本朝　正548
朱博　文選　正227
朱博　本朝　正548
朱髪　本朝　正548
朱板　白氏　續407
朱浮　文選　正227
朱吻　本朝　正548
朱粉　白氏　續407
朱放　白氏　續407
朱方　文選　正227
朱穆　文選　正227
朱鮪　文選　正227
朱明　文選　正227
朱明　白氏　續407
朱網　文選　正227
朱門　文選　正227
朱門　本朝　正548
朱門　白氏　續407
朱門(地名)　白氏　續407
朱邑　本朝　正548
朱楊　文選　正227
朱欄　白氏　續407
朱裏　白氏　續407
朱緑　文選　正227
朱林　文選　正227
朱輪　文選　正227
朱輪　本朝　正548
朱輪　白氏　續407
朱兒　本朝　正548
朱卷　本朝　正548
朱垠　文選　正227
朱實　文選　正227
朱實　白氏　續406
朱旄　文選　正227
朱桷　文選　正227
朱榮　文選　正227
朱槿　白氏　續406
朱樓　文選　正227
朱樓　白氏　續407
朱檻　本朝　正548
朱檻　白氏　續406
朱櫂　文選　正227
朱櫻　文選　正227
朱櫻　白氏　續406
朱殷　白氏　續406
朱絲　文選　正227
朱縚　本朝　正548
朱繩　白氏　續407
朱羲　文選　正227
朱脣　文選　正227
朱袗　本朝　正548
朱闕　文選　正227
朱鷺　文選　正227
朱黻*　文選　正227
朱汜　文選　正227
朱泚　白氏　續406
朱紱　文選　正227
朱紱　本朝　正548
朱紱　白氏　續407
朱茀　文選　正227
朱虛(人名)　文選　正227
朱虛(地名)　文選　正227
朱蠟　白氏　續407
朱轓　白氏　續407
朱竿　文選　正227
殊　白氏　續407
殊渥　白氏　續407
殊異　文選　正227
殊恩　文選　正227
殊恩　本朝　正548
殊恩　白氏　續407
殊階　白氏　續407
殊勲　白氏　續407
殊健　文選　正227
殊功　文選　正228
殊功　本朝　正548
殊功　白氏　續407
殊効　白氏　續407
殊策　文選　正228
殊姿　白氏　續407
殊私　白氏　續407
殊私す　本朝　正548
殊賜　白氏　續407
殊事　文選　正228
殊滋　白氏　續407
殊勝　法華　正421

殊勝　本朝　正548
殊常　本朝　正548
殊常　白氏　續407
殊榛　文選　正228
殊政　白氏　續407
殊製す　本朝　正548
殊績　本朝　正548
殊績　白氏　續407
殊節　文選　正228
殊絶す　文選　正228
殊操　文選　正228
殊俗　文選　正228
殊俗　本朝　正548
殊俗　白氏　續407
殊寵　白氏　續407
殊珍　文選　正228
殊途　本朝　正548
殊途　白氏　續407
殊文　白氏　續407
殊方　文選　正228
殊方　白氏　續407
殊妙　本朝　正548
殊尤　文選　正227
殊尤　白氏　續407
殊隣　文選　正228
殊類　文選　正228
殊剪す　白氏　續407
殊奬　本朝　正548
殊榮す　白氏　續407
殊澤　白氏　續407
殊裔　文選　正227
殊隱　文選　正227
殊豔　白氏　續407
狩す　文選　正228
珠　文選　正228
珠　白氏　續408
珠貝　文選　正228
珠崖郡　本朝　正548
珠閣　文選　正228
珠汗　本朝　正548
珠旗　文選　正228
珠玉　遊仙　正92
珠玉　文選　正228
珠玉　本朝　正548
珠玉　白氏　續408
珠光　白氏　續408
珠子　文選　正228
珠翠　文選　正228
珠翠　本朝　正548
珠翠　白氏　續408
珠胎　文選　正228
珠綴　文選　正228
珠箔　白氏　續408
珠被　文選　正228
珠服　文選　正228
珠網　文選　正228
珠履　文選　正228
珠履　本朝　正548
珠履　白氏　續408
珠簾　本朝　正548
珠露　本朝　正548
珠匣　白氏　續408
珠玳　文選　正228
珠琲　文選　正228
珠璧　文選　正228
珠砌　本朝　正548
珠籠　白氏　續408
珠纓　文選　正228
珠纓　白氏　續408
珠衾　白氏　續408
珠襦　文選　正228
珠顆　白氏　續408
珠柙　文選　正228
珠櫳　文選　正228
珠瀣　文選　正228
珠璣　文選　正228
珠蜯　文選　正228
種　本朝　正549
種種　法華　正421
種々　本朝　正549
種智　本朝　正549
種類　論語　正63
穤袴　白氏　續408
趣捨　文選　正228
趣數　白氏　續408
趣舍　文選　正228
酒　白氏　續407
酒域　本朝　正548
酒家　白氏　續407
酒駕　文選　正228
酒海　白氏　續407
酒鈎　白氏　續407
酒渴　白氏　續407
酒旗　白氏　續407
酒客　白氏　續407
酒狂　白氏　續407
酒狂す　白氏　續407
酒興　白氏　續407
酒軍　本朝　正548
酒軍　白氏　續407
酒庫　白氏　續407
酒後　白氏　續407
酒功　白氏　續407
酒功贊　白氏　續407
酒香　白氏　續407
酒痕　白氏　續408
酒債　白氏　續408
酒肴　宇津　正717
酒思　白氏　續408
酒升　白氏　續408
酒章　遊仙　正92
酒食　文選　正228
酒食　白氏　續408
酒聖　白氏　續408
酒席　白氏　續408
酒仙　白氏　續408
酒樽　本朝　正548
酒樽　白氏　續408
酒池　遊仙　正92
酒池　文選　正228

酒中　白氏　續408
酒敵　本朝　正548
酒徒　白氏　續408
酒肉　文選　正228
酒肉　本朝　正548
酒肉　白氏　續408
酒乳香果　白氏　續408
酒杯　白氏　續408
酒盃　白氏　續408
酒伴　白氏　續408
酒病　白氏　續408
酒瓶　白氏　續408
酒賦　文選　正228
酒分　白氏　續408
酒米　白氏　續408
酒癖　白氏　續408
酒房　白氏　續408
酒魔　白氏　續408
酒味　白氏　續408
酒面　白氏　續408
酒餅　白氏　續408
酒容　白氏　續408
酒壺　白氏　續407
酒巵　白氏　續408
酒樂　白氏　續408
酒氣　白氏　續407
酒漿　白氏　續408
酒甕　白氏　續408
酒醆　白氏　續408
酒筵　白氏　續407
酒肆　白氏　續408
酒脯　白氏　續408
酒脯等　白氏　續408
酒貲　白氏　續408
酒錢　白氏　續408
酒饌　白氏　續408
酒德　文選　正228
酒德　白氏　續408
酒德(書名)　文選　正228
酒德頌　文選　正228
酒德頌　本朝　正548
酒榼　白氏　續407
酒醅　白氏　續408
酒顛す　白氏　續408
酒食　論語　正63
首　文選　正228
首　法華　正421
首　白氏　續408
首夏　文選　正228
首夏　白氏　續408
首諫　白氏　續408
首丘　白氏　續408
首級　白氏　續408
首句　白氏　續408
首腰　文選　正228
首坐　白氏　續408
首子　白氏　續408
首種　白氏　續408
首章　白氏　續408
首身　文選　正228
首鼠す　文選　正228
首旦　文選　正228
首途す　本朝　正549
首尾　文選　正228
首尾　本朝　正549
首尾　白氏　續408
首文　本朝　正549
首目　文選　正228
首陽　文選　正228
首陽　本朝　正549
首陽　白氏　續409
首陽山　白氏　續409
首領　文選　正228
首領　白氏　續409
首惡　文選　正228
首數　白氏　續408
首楞嚴　白氏　續409
首楞嚴三昧經　白氏　續409
首楞嚴經　白氏　續409
首　論語　正63
首陽　論語　正63
首陽山　論語　正63
儒　論語　正63
儒　文選　正226
儒　本朝　正547
儒　白氏　續405
儒胤　本朝　正547
儒家　本朝　正547
儒家　白氏　續405
儒雅　文選　正227
儒雅　本朝　正547
儒官　本朝　正547
儒業　文選　正227
儒業　本朝　正547
儒玄　白氏　續405
儒行　文選　正227
儒行　本朝　正547
儒行　白氏　續405
儒士　文選　正227
儒士　本朝　正547
儒士　白氏　續405
儒者　文選　正227
儒者　本朝　正547
儒者　白氏　續405
儒宗　本朝　正547
儒宗　白氏　續405
儒術　文選　正227
儒術　白氏　續405
儒書　白氏　續405
儒臣　白氏　續405
儒人　本朝　正547
儒生　文選　正227
儒生　白氏　續405
儒宣　本朝　正547
儒素　白氏　續405
儒宋　本朝　正547
儒典　白氏　續405
儒道佛　白氏　續405
儒道釋　白氏　續405
儒風　本朝　正547

儒風　白氏　續405
儒墨　文選　正227
儒墨六家　白氏　續405
儒門　文選　正227
儒門　本朝　正548
儒門　白氏　續405
儒吏　本朝　正548
儒流　白氏　續405
儒林　文選　正227
儒林　本朝　正548
儒林郎　白氏　續405
儒勞　本朝　正548
儒學　文選　正227
儒學　本朝　正547
儒學　白氏　續405
儒教　本朝　正547
儒教　白氏　續405
儒職　本朝　正547
受　法華　正421
受　白氏　續405
受降　文選　正227
受降城　白氏　續405
受冊　白氏　續405
受持　本朝　正548
受持讀誦す　本朝　正548
受受緣　白氏　續405
受納　文選　正227
受納　白氏　續405
受命　文選　正227
受命　本朝　正548
受命　白氏　續406
受領　本朝　正548
受圖　本朝　正548
受藏　白氏　續405
呪　法華　正421
授戒　本朝　正548
授官　白氏　續406
授記　法華　正421
授記　本朝　正548
授記す　法華　正421
授持す　白氏　續406
授受　文選　正227
授受す　文選　正227
授任　本朝　正548
授任す　文選　正227
授與す　法華　正421
樹　文選　正227
樹　白氏　續407
樹す　白氏　續407
樹陰　本朝　正548
樹陰　白氏　續407
樹羽　文選　正227
樹影　白氏　續407
樹園　文選　正227
樹下　法華　正421
樹下　本朝　正548
樹下　白氏　續407
樹間　白氏　續407
樹桂　本朝　正548
樹根　白氏　續407
樹塞す　文選　正227
樹枝　白氏　續407
樹梢　白氏　續407
樹色　白氏　續407
樹心　白氏　續407
樹身　白氏　續407
樹草　文選　正227
樹端　文選　正227
樹畜　白氏　續407
樹提　本朝　正548
樹頭　白氏　續407
樹木　論語　正63
樹木　文選　正227
樹木　白氏　續407
樹葉　白氏　續407
樹養　文選　正227
樹立　文選　正227
樹輪　文選　正227
樹杪　白氏　續407
綬　文選　正228
綬　白氏　續408
綬(人名)　白氏　續408
需家　白氏　續408
宗　本朝　正548
移修す　本朝　正547
修行　本朝　正547
修行す　本朝　正547
修治す　本朝　正547
修飾　本朝　正547
修飾す　本朝　正547
修造す　本朝　正547
修多羅　法華　正421
修福　法華　正421
修理大夫　本朝　正547
衆　論語　正63
衆　宇津　正717
衆とも　宇津　正717
衆生　本朝　正547
衆生　白氏　續408
衆生　宇津　正717
衆生　源氏　正848
衆僧　法華　正421
衆會　法華　正421
戎器　本朝　正548
訟犬　本朝　正549
麈尾　本朝　正549
須陀洹　法華　正421
須菩提　法華　正421
須菩提　白氏　續408
須弥　本朝　正549
須彌　法華　正421
須彌　白氏　續408
須彌山　法華　正421
須彌山　白氏　續408
須臾　文選　正228
須臾　法華　正421
須臾　本朝　正549
須臾　白氏　續408
須臾す　文選　正228
竪　文選　正228

竪儒　文選　正228
濡翰　文選　正228
濡須　文選　正228
侏儒　文選　正226
侏儒　白氏　續405
咒願　本朝　正548
咒願文　本朝　正548
壽　文選　正227
壽　本朝　正548
壽　白氏　續406
壽安　文選　正227
壽安　白氏　續406
壽域　本朝　正548
壽王　文選　正227
壽丘　本朝　正548
壽宮　文選　正227
壽宮　白氏　續406
壽原　文選　正227
壽考　論語　正63
壽考　文選　正227
壽考　本朝　正548
壽考　白氏　續406
壽詞　本朝　正548
壽州　白氏　續406
壽州霍丘縣尉　白氏　續406
壽春　文選　正227
壽尚す　本朝　正548
壽昌　白氏　續406
壽常　白氏　續406
壽星　白氏　續406
壽泉　白氏　續406
壽邸　白氏　續406
壽堂　文選　正227
壽富貴　白氏　續406
壽福　本朝　正548
壽無量　白氏　續406
壽命　文選　正227
壽命　法華　正421
壽命　本朝　正548
壽命　白氏　續406
壽木　本朝　正548
壽量　本朝　正548
壽陵　文選　正227
壽夭　本朝　正548
壽夭　白氏　續406
壽臘　白氏　續406
壽觴　文選　正227
孺子　文選　正227
孺人　文選　正227
孺悲　論語　正63
孺慕　白氏　續406
孺慕す　白氏　續406
孺筵　文選　正227
從一位　本朝　正548
從下　本朝　正548
從五位下　本朝　正548
從五位下行　本朝　正548
從五位下守　本朝　正548
從五位上　本朝　正548
從五位上行　本朝　正548
從五位上守　本朝　正548
從三位　本朝　正548
從三位　宇津　正717
從三位行　本朝　正548
從三位守　本朝　正548
從四位下　本朝　正548
從四位下行　本朝　正548
從四位下守　本朝　正548
從四位上　本朝　正548
從四位上行　本朝　正548
從四位上行式部大輔　本朝　正548
從四位上守　本朝　正548
從二位　本朝　正548
從二位　宇津　正717
從二位兼行　本朝　正548
從二位行大納言　本朝　正548
從八位上守　本朝　正548
從六位下行　本朝　正548
戍　白氏　續406
戍す　文選　正227
戍人　白氏　續406
殳　白氏　續407
殳鋋　文選　正228
洙州　本朝　正548
洙水　本朝　正548
洙泗　文選　正228
洙泗　本朝　正548
繻　白氏　續408
聚　本朝　正549
聚落　法華　正421
茱萸　文選　正228
茱萸　白氏　續408
蛛蝥　文選　正228
襦　白氏　續408
襦袴　白氏　續408
襦上　白氏　續408
誦す　論語　正63
誦す　法華　正421
豎　文選　正228
豎牛　文選　正228
豎儒　白氏　續408
豎刀　文選　正228
銖　文選　正228
銖銅　白氏　續408
陬牙　文選　正228
鬚　白氏　續409
鬚間　白氏　續409
鬚霜　白氏　續409
鬚髪　白氏　續409
鬚鬢　白氏　續409
鬚髯　白氏　續409
麈尾　白氏　續409
姝　白氏　續406
姝子　白氏　續406
裋褐　白氏　續408
邾婦　白氏　續408
鷹鷚　文選　正228
樹す　論語　正63

修理亮のり光　枕冊　正780
終塞す　白氏　續410
終始　法華　正421
終始　白氏　續410
終身　白氏　續410
終然　白氏　續410
終朝　白氏　續411
終天　白氏　續411
終頭　白氏　續411
終南　白氏　續411
終南山　白氏　續411
終日　白氏　續410
終年　白氏　續411
終夜　白氏　續411
終老　白氏　續411
終焉　白氏　續410
衆　法華　正421
衆　白氏　續410
衆音　白氏　續410
衆寡　白氏　續410
衆議　白氏　續410
衆苦　白氏　續410
衆君子　白氏　續410
衆口　白氏　續410
衆校　白氏　續410
衆才　白氏　續410
衆山　白氏　續410
衆士　白氏　續410
衆耳　白氏　續410
衆庶　白氏　續410
衆樵　白氏　續410
衆笑　白氏　續410
衆情　白氏　續410
衆色　白氏　續410
衆心　白氏　續410
衆臣　白氏　續410
衆人　白氏　續410
衆生　法華　正421
衆誠　白氏　續410
衆請　白氏　續410
衆鼠　白氏　續410
衆僧　白氏　續410
衆中　白氏　續410
衆鳥　白氏　續410
衆美　白氏　續410
衆賓　白氏　續410
衆芳　白氏　續410
衆望　白氏　續410
衆面　白氏　續410
衆毛　白氏　續410
衆目　白氏　續410
衆流　白氏　續410
衆力　白氏　續410
衆佛　白氏　續410
衆寶　白氏　續410
衆毫　白氏　續410
衆觜　白氏　續410
充　白氏　續409
充(人名)　白氏　續409
充溢す　法華　正421
充横海軍節度　白氏　續409
充給す　白氏　續409
充京西都統　白氏　續409
充左江都知兵馬使　白氏　續409
充塞す　白氏　續409
充朔方靈鹽定遠城節度使　白氏　續409
充山東南道節度判官　白氏　續409
充山南東道觀察判官　白氏　續409
充彰義軍節度管内支度營田　白氏　續409
充職　白氏　續409
充推官　白氏　續409
充西蕃盟會使　白氏　續409
充斥す　白氏　續409
充足す　法華　正421
充賦　白氏　續409
充賦す　白氏　續409
充武寧軍節度　白氏　續409
充本州守捉使　白氏　續409
充本州鎮遏使　白氏　續409
充本州防禦使　白氏　續409
充本州團練使　白氏　續409
充盟會判官　白氏　續409
充盟會副使　白氏　續409
充劍南西川節度參謀　白氏　續409
充劍南西川觀察推官　白氏　續409
充團練渦口西城等使　白氏　續409
充泗州團練副使　白氏　續409
充滿す　法華　正421
充滿す　白氏　續409
充腸　白氏　續409
充靈鹽節度使　白氏　續409
充邠寧慶等州節度管内支度營田觀察處置等使　白氏　續409
充邠寧節度使　白氏　續409
充鄜坊等州觀察使　白氏　續409
從者　論語　正63
從弟　論語　正63
戎　白氏　續409
戎夷　白氏　續410
戎衣　白氏　續410
戎衛　白氏　續410
戎夏　白氏　續410
戎器　白氏　續410
戎境　白氏　續410
戎功　白氏　續410
戎好　白氏　續410
戎行　白氏　續410
戎索　白氏　續410
戎師　白氏　續410

戍事　白氏　續410
戍車　白氏　續410
戍首　白氏　續410
戍捷　白氏　續410
戍職　白氏　續410
戍心　白氏　續410
戍臣　白氏　續410
戍人　白氏　續410
戍帥　白氏　續410
戍政　白氏　續410
戍績　白氏　續410
戍秩　白氏　續410
戍馬　白氏　續410
戍備　白氏　續410
戍府　白氏　續410
戍務　白氏　續410
戍律　白氏　續410
戍略　白氏　續410
戍旅　白氏　續410
戍吭　白氏　續410
戍旃　白氏　續410
戍麾　白氏　續410
戍狄　白氏　續410
戍號　白氏　續410
戍裝　白氏　續410
戍闔*　白氏　續410
崇　白氏　續409
崇す　白氏　續409
崇敬　白氏　續409
崇重　白氏　續409
崇崇　白氏　續409
崇盛　白氏　續409
崇秩　白氏　續409
崇道郷　白氏　續409
崇道里　白氏　續409
崇文　白氏　續409
崇文卿　白氏　續409
崇名　白氏　續409
崇龍　白氏　續409
崇陵　白氏　續409
崇臺　白氏　續409
嵩　文選　正228
嵩構　文選　正228
嵩山　白氏　續409
嵩洛　白氏　續409
聚　白氏　續411
聚飲す　白氏　續411
聚散　白氏　續411
聚羨　白氏　續411
聚托　白氏　續411
聚談　白氏　續411
聚落　白氏　續411
聚落す　白氏　續411
聚會す　白氏　續411
聚斂　白氏　續411
崧高　白氏　續409
倜　文選　正228
粥　白氏　續411
蹴蹋す　白氏　續412
叔　文選　正228
叔　白氏　續411
叔(人名)　文選　正228
叔夏　論語　正63
叔牙　白氏　續411
叔矩　白氏　續411
叔源　文選　正228
叔向　本朝　正549
叔向　白氏　續411
叔高　文選　正228
叔子　文選　正228
叔子　白氏　續411
叔孫　文選　正228
叔孫通　文選　正228
叔孫通　本朝　正549
叔孫豹　文選　正228
叔孫武叔　論語　正63
叔田　文選　正228
叔度　文選　正228
叔伯　文選　正228
叔父　文選　正228
叔父　本朝　正549
叔父　白氏　續411
叔母　白氏　續411
叔母以下　白氏　續411
叔鮪　文選　正228
叔夜　論語　正63
叔夜　文選　正228
叔良　白氏　續411
叔郎　文選　正228
叔寶　文選　正228
叔齋　論語　正63
叔齊　文選　正228
夙意　白氏　續411
夙願　白氏　續411
夙志　白氏　續411
夙心　白氏　續411
夙昔　文選　正228
夙夜　文選　正228
夙夜　白氏　續411
夙夜す　文選　正228
夙懷　白氏　續411
夙舊　白氏　續411
夙齡　文選　正228
洒潤　白氏　續411
宿　文選　正228
宿　本朝　正549
宿　白氏　續411
宿(人名)　白氏　續411
宿す　文選　正228
宿す　法華　正421
宿す　本朝　正549
宿す　白氏　續411
宿意　本朝　正549
宿雨　本朝　正549
宿雨　白氏　續411
宿雲　白氏　續411
宿衛　本朝　正549
宿衛す　本朝　正549
宿衛等　本朝　正549
宿花　本朝　正549

宿閣　白氏　續411
宿期　白氏　續411
宿客　白氏　續411
宿犬　白氏　續411
宿侯　文選　正228
宿好　文選　正228
宿構　本朝　正549
宿香　白氏　續411
宿紫閣村　白氏　續411
宿酒　白氏　續411
宿儒　文選　正228
宿州　白氏　續411
宿習　本朝　正549
宿習　白氏　續411
宿住通　本朝　正549
宿訟　文選　正228
宿心　文選　正228
宿世　法華　正421
宿世　本朝　正549
宿栖　文選　正228
宿醒　白氏　續411
宿昔　文選　正228
宿昔　本朝　正549
宿雪　本朝　正549
宿楚　文選　正228
宿訴　本朝　正549
宿草　文選　正228
宿草　白氏　續411
宿息す　白氏　續411
宿諾　白氏　續411
宿鳥　本朝　正549
宿鳥　白氏　續411
宿直す　白氏　續411
宿祢　本朝　正549
宿念　本朝　正549
宿福　法華　正421
宿憤　文選　正228
宿兵　文選　正228
宿弊　白氏　續411
宿報　本朝　正549
宿暴　本朝　正549
宿望　本朝　正549
宿霧　文選　正228
宿霧　本朝　正549
宿霧　白氏　續411
宿命　白氏　續411
宿命通　白氏　續411
宿慮　本朝　正549
宿露　本朝　正549
宿露　白氏　續411
宿學　本朝　正549
宿寇*　白氏　續411
宿將　文選　正228
宿廬　本朝　正549
宿懐　本朝　正549
宿殃　白氏　續411
宿齋　白氏　續411
宿莽　文選　正228
宿衞　文選　正228
宿衞す　文選　正228
宿酲　白氏　續411
宿醉す　白氏　續411
宿麥　白氏　續411
宿齒　本朝　正549
宿德　文選　正228
宿德　白氏　續411
宿鷩　白氏　續411
菽麥　本朝　正549
淑　文選　正229
淑（人名）　文選　正229
淑均　文選　正229
淑景　白氏　續411
淑賢　文選　正229
淑姿　文選　正229
淑質　文選　正229
淑順　白氏　續411
淑女　遊仙　正92
淑女　文選　正229
淑女　白氏　續411
淑人　文選　正229
淑人　白氏　續411
淑性　白氏　續411
淑清　文選　正229
淑聖　文選　正229
淑哲　文選　正229
淑美　文選　正229
淑姫　本朝　正549
淑媛　文選　正229
淑貌　文選　正229
淑穆玄眞　文選　正229
淑明す　文選　正229
淑問　文選　正229
淑問　白氏　續411
淑容　白氏　續411
淑類　文選　正229
淑儷　文選　正229
淑慝　白氏　續411
淑懿　文選　正229
淑氣　文選　正229
淑氣　白氏　續411
淑靈　文選　正229
淑德　白氏　續411
淑貺　文選　正229
祝す　白氏　續412
祝願　白氏　續412
祝史　文選　正229
祝氏　白氏　續412
祝宗　文選　正229
祝髪　文選　正229
祝融　文選　正229
祝著　白氏　續412
祝鮀　論語　正63
縮　白氏　續412
縮地　白氏　續412
粛敬　論語　正63
熟　白氏　續412
熟す　論語　正63
熟す　文選　正229
熟す　本朝　正549
熟す　白氏　續412

熟衣 白氏 續412
熟簀 文選 正229
瀸潤 文選 正229
俶 白氏 續411
椒 文選 正228
椒丘 文選 正228
椒鶴 文選 正228
椒庭 文選 正228
椒塗 文選 正228
椒風 文選 正228
椒房 文選 正228
椒蘭 文選 正229
椒漿 文選 正228
椒糈 文選 正228
橚爽 文選 正229
倏 白氏 續411
倏忽 白氏 續411
倏爾 白氏 續411
倏然 白氏 續412
鬻博 文選 正229
肅 文選 正229
肅 白氏 續412
肅駕 文選 正229
肅祇す 文選 正229
肅恭す 文選 正229
肅恭す 白氏 續412
肅乎 文選 正229
肅侯 文選 正229
肅宗 文選 正229
肅宗 白氏 續412
肅慎 文選 正229
肅震 文選 正229
肅成 文選 正229
肅清 文選 正229
肅清す 文選 正229
肅然 文選 正229
肅然 白氏 續412
肅陳す 文選 正229
肅紛 文選 正229
肅穆 文選 正229
肅良 文選 正229
肅烈 文選 正229
肅肅 文選 正229
肅肅 白氏 續412
肅肅焉穆穆焉 文選 正229
肅雍 文選 正229
肅雍 白氏 續412
肅雍す 文選 正229
肅齊 文選 正229
肅雝 白氏 續412
菽粟 文選 正229
菽粟 白氏 續412
菽麥 文選 正229
菽麥 白氏 續412
蹙促 白氏 續412
儵 文選 正228
儵忽 文選 正228
儵悲 文選 正228
儵眒 文選 正228
儵忽 文選 正228
儵怳 文選 正228
儵眒 文選 正228
柷圉 文選 正228
潚 文選 正229
翛然 白氏 續412
驌驦 文選 正229
鷫鷞 文選 正229
出 法華 正421
出嫁 本朝 正549
出家 法華 正421
出家 本朝 正549
出家 白氏 續412
出家す 法華 正421
出家す 本朝 正549
出家す 白氏 續412
出現す 法華 正421
出言 白氏 續412
出降 白氏 續412
出降す 文選 正229
出塞 白氏 續412
出仕 本朝 正549
出宿 文選 正229
出宿す 文選 正229
出身 本朝 正549
出身 白氏 續412
出身す 白氏 續412
出震 本朝 正549
出塵 本朝 正549
出塵 白氏 續412
出世 法華 正421
出世 本朝 正549
出世 白氏 續412
出世間 法華 正421
出征す 文選 正229
出生 本朝 正549
出勅 本朝 正549
出入 文選 正229
出入 法華 正421
出入 本朝 正549
出入 白氏 續412
出入す 論語 正63
出入す 遊仙 正92
出入す 文選 正229
出入す 本朝 正549
出入す 白氏 續412
出納 文選 正229
出没す 文選 正229
出没す 白氏 續412
出遊す 白氏 續412
出離 本朝 正549
出處 文選 正229
出處 法華 正421
出處 白氏 續412
出處す 白氏 續412
出處行止 白氏 續412
出處進退 白氏 續412
出濟 文選 正229
出羣 白氏 續412
出豕す 文選 正229
出餞 文選 正229

術　文選　正229
術　本朝　正549
術　白氏　續412
術士　文選　正229
術數　文選　正229
術數　本朝　正549
術藝　文選　正229
術阡　文選　正229
述　文選　正229
述　白氏　續412
述す　文選　正229
述詠　文選　正229
述作　文選　正229
述作　白氏　續412
述作す　白氏　續412
述而第七　論語　正63
述序　白氏　續412
述職　白氏　續412
述造す　文選　正229
述録す　文選　正229
述譔　白氏　續412
率土　本朝　正549
恤獄　白氏　續412
恤勞す　白氏　續412
恤隱す　白氏　續412
朮　文選　正229
怵*迫　文選　正229
怵*惕す　文選　正229
秫　白氏　續412
郇刑　白氏　續412
郇後　白氏　續412
郇鄰　白氏　續412
郇隱　白氏　續412
閏　本朝　正550
閏　白氏　續414
閏九月九日　白氏　續414
閏九月盡　本朝　正550
閏五月己亥　白氏　續414
閏秋　白氏　續414
閏正月　白氏　續415
俊　文選　正229
俊　本朝　正549
俊　白氏　續412
俊偉　文選　正229
俊異　本朝　正549
俊賢　文選　正229
俊公子　文選　正229
俊才　文選　正229
俊士　文選　正229
俊士　本朝　正549
俊秀　白氏　續412
俊人　文選　正229
俊造　白氏　續412
俊民　文選　正229
俊茂　文選　正229
俊烈　文選　正229
俊乂　文選　正229
俊乂　白氏　續412
俊邁　文選　正229
俊德　文選　正229
峻　文選　正229
峻　白氏　續412
峻宇　本朝　正549
峻宇　白氏　續412
峻崖　文選　正229
峻岳　文選　正229
峻危　文選　正229
峻岐　文選　正229
峻極　文選　正229
峻極　本朝　正549
峻隅　文選　正229
峻高　文選　正229
峻阪　文選　正230
峻山　文選　正230
峻政　白氏　續412
峻節　文選　正230
峻阻　文選　正230
峻谷　文選　正229
峻挺　文選　正230
峻文　文選　正230
峻文　白氏　續412
峻嶺　本朝　正549
峻礼　本朝　正549
峻朗　文選　正230
峻嶮　文選　正229
峻嶽　文選　正229
峻巖　文選　正229
峻廬　文選　正230
峻垝　文選　正229
峻崿　文選　正229
峻跱　文選　正230
峻邈　文選　正230
春娃　白氏　續413
春意　白氏　續413
春衣　白氏　續413
春飲　白氏　續413
春雨　白氏　續413
春雲　白氏　續413
春王　文選　正230
春王　本朝　正549
春翁　白氏　續414
春夏　本朝　正549
春夏　白氏　續413
春花　文選　正230
春華　文選　正230
春華　白氏　續413
春芽　白氏　續413
春寒　白氏　續413
春官　文選　正230
春官　本朝　正549
春官　白氏　續413
春官及第　本朝　正549
春宮　文選　正230
春宮　白氏　續413
春去　白氏　續413
春卿　本朝　正549
春桂　白氏　續413
春枯　文選　正230
春候　白氏　續413
春光　白氏　續413

春江　白氏　續413
春行　白氏　續413
春郊　白氏　續413
春穀　白氏　續413
春穀鳥　白氏　續413
春詞　白氏　續413
春事　白氏　續413
春酒　白氏　續413
春樹　白氏　續413
春愁　白氏　續413
春秀　文選　正230
春秋　文選　正230
春秋　本朝　正549
春秋　白氏　續413
春秋(書名)　文選　正230
春秋(書名)　白氏　續413
春秋左氏傳　文選　正230
春初　白氏　續413
春渚　文選　正230
春城　白氏　續413
春色　文選　正230
春色　白氏　續413
春心　文選　正230
春心　白氏　續413
春深　白氏　續413
春申　文選　正230
春水　白氏　續413
春睡　白氏　續413
春雛　白氏　續413
春生　白氏　續413
春生秋殺　白氏　續413
春雪　白氏　續413
春泉　白氏　續413
春叢　文選　正230
春早　白氏　續413
春窓　白氏　續413
春草　文選　正230
春草　白氏　續413
春蒼　本朝　正549
春村　白氏　續413
春態　白氏　續413
春黛　白氏　續413
春旦　白氏　續413
春暖　白氏　續413
春池　白氏　續413
春茶　白氏　續413
春中　白氏　續413
春泥　白氏　續413
春天　白氏　續413
春殿　白氏　續413
春田　白氏　續413
春凍　白氏　續413
春塘　文選　正230
春塘　白氏　續413
春洞　本朝　正549
春日　本朝　正549
春日　白氏　續413
春葱*　白氏　續413
春波　本朝　正549
春馬　白氏　續414
春梅　文選　正230
春鳩　文選　正230
春盤　白氏　續414
春氷　白氏　續414
春病　白氏　續414
春風　文選　正230
春風　白氏　續414
春服　文選　正230
春服　白氏　續414
春物　白氏　續414
春分　本朝　正549
春分　白氏　續414
春別　白氏　續414
春圃　文選　正230
春暮　白氏　續414
春方　文選　正230
春芳　文選　正230
春坊　白氏　續414
春望　白氏　續414
春眠　白氏　續414
春夢　白氏　續414
春明門　白氏　續414
春毛　白氏　續414
春木　本朝　正549
春夜　本朝　正549
春夜　白氏　續414
春遊　白氏　續413
春遊す　白氏　續413
春陽　文選　正230
春陽　本朝　正549
春蘭　文選　正230
春流　白氏　續414
春溜　白氏　續414
春陵　文選　正230
春林　文選　正230
春林　白氏　續414
春令　白氏　續414
春路　文選　正230
春和　本朝　正549
春來　白氏　續414
春啼　白氏　續413
春嬌　白氏　續413
春寢　白氏　續413
春戲　白氏　續413
春氣　白氏　續413
春游　文選　正230
春游す　文選　正230
春澤　白氏　續413
春爐　白氏　續414
春羔　白氏　續413
春翹　文選　正230
春臺　文選　正230
春臺　本朝　正549
春艸　白氏　續413
春蔬　白氏　續413
春蘿　本朝　正549
春衢　文選　正230
春衫　白氏　續413
春裝　白氏　續413
春閨　文選　正230

春鶯囀	源氏	正848
春樹	白氏	續413
春畬	白氏	續414
春縠	文選	正230
春翟	白氏	續413
春闈	白氏	續414
瞬	白氏	續414
瞬す	白氏	續414
瞬息	白氏	續414
舜	論語	正63
舜	文選	正230
舜	本朝	正549
舜	白氏	續414
舜歌	白氏	續414
舜海	本朝	正549
舜曲	本朝	正550
舜帝	本朝	正550
舜典	文選	正230
舜典	白氏	續414
舜日	本朝	正550
舜風	本朝	正550
舜禹	文選	正230
駿	文選	正231
駿	本朝	正550
駿	白氏	續415
駿駒	白氏	續415
駿骨	文選	正231
駿人	文選	正231
駿足	文選	正231
駿足	白氏	續415
駿珍	文選	正231
駿馬	文選	正231
駿馬	本朝	正550
駿奔	文選	正231
駿奔	白氏	續415
駿奔す	文選	正231
駿奔す	白氏	續415
駿命	文選	正231
駿命	本朝	正550
駿茂	文選	正231
駿利	文選	正231
駿狝	本朝	正550
駿發	文選	正231
駿駮	文選	正231
駿騄	文選	正231
准	文選	正229
准す	文選	正229
准す	本朝	正549
准す	白氏	續412
准稲	本朝	正549
准額	本朝	正549
准擬す	本朝	正549
准擬す	白氏	續412
准三宮	本朝	正549
准三宮等	本朝	正549
准式	文選	正229
准的す	本朝	正549
准數	白氏	續412
循化	白氏	續412
循環	文選	正230
循環	白氏	續412
循環す	白氏	續412
循岸	文選	正230
循資	白氏	續412
循循然	論語	正63
循省す	白氏	續412
循潮封	白氏	續412
循吏	本朝	正549
循吏	白氏	續412
循良	本朝	正549
循良	白氏	續413
循陔	白氏	續412
旬	本朝	正549
旬	白氏	續413
旬宴	白氏	續413
旬月	本朝	正549
旬月	白氏	續413
旬時	白氏	續413
旬日	白氏	續413
旬假	白氏	續413
恂恂焉斌斌焉	文選	正230
楯	文選	正230
楯軒	文選	正230
殉	白氏	續414
淳化	文選	正230
淳化	本朝	正549
淳化郷	白氏	續414
淳源	文選	正230
淳源	本朝	正549
淳厚	法華	正421
淳至	文選	正230
淳酒	本朝	正549
淳淳	白氏	續414
淳淳泄泄	白氏	續414
淳深	文選	正230
淳仁	文選	正230
淳世	本朝	正549
淳性	本朝	正549
淳精	文選	正230
淳精	白氏	續414
淳素	本朝	正549
淳風	本朝	正549
淳茂	本朝	正549
淳曜す	文選	正230
淳耀	文選	正230
淳流	文選	正230
淳和	白氏	續414
淳和院	本朝	正549
淳于	文選	正230
淳于越	文選	正230
淳懿	文選	正230
淳樸	文選	正230
淳粋	文選	正230
淳脩	文選	正230
準す	白氏	續414
準擬す	白氏	續414
準程	白氏	續414
準的	文選	正229
準的	本朝	正549
準的	白氏	續414

準縄　白氏　續414
潤　文選　正230
潤　本朝　正549
潤(人名)　白氏　續414
潤(地名)　白氏　續414
潤屋　文選　正230
潤屋　本朝　正549
潤屋　白氏　續414
潤下す　白氏　續414
潤月　本朝　正549
潤堅　文選　正230
潤州　白氏　續414
潤飾す　文選　正230
潤色　本朝　正549
潤色　白氏　續414
潤色す　論語　正63
潤色す　文選　正230
潤色す　本朝　正549
潤色す　白氏　續414
潤草　白氏　續414
潤和　文選　正230
潤氣　白氏　續414
潤澤　本朝　正549
潤澤す　文選　正230
潤黷す　文選　正230
純　論語　正63
純　文選　正230
純　白氏　續414
純一　文選　正230
純一　法華　正421
純化　文選　正230
純鈎　文選　正230
純銀　本朝　正549
純潔　論語　正63
純孝　文選　正230
純漆　文選　正230
純淑　文選　正230
純仁　文選　正230
純仁す　文選　正230
純青　本朝　正549
純素　文選　正230
純如　論語　正63
純白　白氏　續414
純茂　文選　正230
純約　文選　正230
純懿　文選　正230
純殷　文選　正230
純熙　文選　正230
純犧　文選　正230
純粋　文選　正230
純緜　文選　正230
純德　文選　正230
巡　本朝　正550
巡す　文選　正231
巡飲す　白氏　續414
巡駕　文選　正231
巡官　白氏　續414
巡警　本朝　正550
巡警　白氏　續414
巡幸す　文選　正231
巡行　本朝　正550
巡行す　本朝　正550
巡察使　本朝　正550
巡守す　白氏　續414
巡狩　文選　正231
巡狩す　文選　正231
巡省　文選　正231
巡靖す　文選　正231
巡遊す　文選　正231
巡遊す　本朝　正550
巡檢す　白氏　續414
巡遶す　遊仙　正92
遵行　本朝　正550
遵行す　白氏　續414
遵奉す　文選　正231
醇厚　法華　正421
醇酒　文選　正231
醇酎　文選　正231
醇博　文選　正231
醇泊　文選　正231
醇和　文選　正231
醇粋　文選　正231
醇聽　文選　正231
醇醪　白氏　續414
醇醴　文選　正231
醇醲　文選　正231
順　論語　正63
順　文選　正231
順　本朝　正550
順　本朝　正550
順　白氏　續415
順(人名)　文選　正231
順す　文選　正231
順許　文選　正231
順皇　文選　正231
順宗　白氏　續415
順宗皇帝　白氏　續415
順宗至德大聖大安孝皇帝　白氏　續415
順叙　文選　正231
順序　文選　正231
順成　文選　正231
順成　白氏　續415
順孫　白氏　續415
順帝　論語　正63
順動　文選　正231
順之　白氏　續415
順婦　白氏　續415
順風　文選　正231
順陽　本朝　正550
順流　文選　正231
順德　文選　正231
惇睦　白氏　續413
惇誨　本朝　正549
敦化　本朝　正549
馴犀　白氏　續415
馴象　白氏　續415
馴善　白氏　續415
馴致　文選　正231
馴致　白氏　續415

馴致す 白氏 續415
馴駁 文選 正231
馴養 文選 正231
馴良 白氏 續415
馴麤 文選 正231
隼 白氏 續412
隼旟 本朝 正549
隼擊 白氏 續412
隼旟 白氏 續412
儁 文選 正229
儁異 文選 正229
儁材 白氏 續412
儁乗 文選 正229
儁俗 文選 正229
儁彦 文選 正229
儁民 文選 正229
儁茂 文選 正229
儁乂 文選 正229
儁聲 文選 正229
徇 白氏 續412
徇華 文選 正230
徇公 白氏 續412
徇名 白氏 續412
徇惑 白氏 續412
旬 文選 正230
旬月 文選 正230
旬朔 文選 正230
旬始 文選 正230
旬時 文選 正230
旬日 文選 正230
恂恂 文選 正230
恂恂 白氏 續413
恂恂孜孜 白氏 續413
恂恂如 論語 正63
惷愚 白氏 續413
洵美 文選 正230
浚 白氏 續414
浚儀 白氏 續414
浚谷 文選 正230
浚都 白氏 續414
浚波 文選 正230
浚明 文選 正230
濬 本朝 正549
筍簴 白氏 續414
筍蒲 文選 正230
筍業 文選 正230
筍虛 文選 正230
笋 白氏 續414
荀卿 文選 正230
荀君 本朝 正550
荀氏 本朝 正550
荀慈明 文選 正230
荀爽 文選 正230
荀爽 本朝 正550
荀宋 文選 正230
荀宋 白氏 續414
荀息 文選 正230
荀仲茂 文選 正230
荀龍 本朝 正550
荀令 文選 正230
荀令 白氏 續414
荀摯 文選 正230
荀攸 文選 正230
荀裴 文選 正230
荀賈 本朝 正550
荀彧 文選 正230
荀顗 論語 正63
蕣花 白氏 續414
蕣華 白氏 續414
蕣榮 文選 正230
蠢爾 文選 正230
蠢爾 白氏 續414
蠢生す 文選 正230
蠢物 本朝 正550
蠢蠕 白氏 續414
蠢蠢 文選 正230
蠢蠢 白氏 續414
詢 文選 正230
詢謀 白氏 續414
諄諄 文選 正230
諄諄 白氏 續414
逡 文選 正231
逡巡 遊仙 正92
逡巡 文選 正231
逡巡 本朝 正550
逡巡 白氏 續414
逡巡す 文選 正231
逡巡す 白氏 續414
雋 文選 正231
雋 白氏 續415
雋髦 白氏 續415
珣 白氏 續414
杶櫨 文選 正230
狥祿 白氏 續414
痠癄 遊仙 正92
葰茂 文選 正230
葰楙 文選 正230
踳駮 文選 正231
郇邠 文選 正231
郇邠 白氏 續414
鵔*鸃 文選 正231
鵔鸃 文選 正231
且 文選 正231
杵聲 白氏 續417
黍 論語 正64
黍 文選 正232
黍 白氏 續418
黍谷 文選 正232
黍苗 文選 正232
黍苗 白氏 續418
黍離 文選 正232
黍累 文選 正232
黍累 白氏 續418
黍稷 論語 正64
黍稷 文選 正232
黍稷 本朝 正551
黍稷 白氏 續418
楈枒 文選 正232
宿 文選 正231
初旭 白氏 續415

初夏　白氏　續415
初開　白氏　續415
初蒲　白氏　續415
初寒　白氏　續415
初儀　文選　正232
初吉　白氏　續415
初九　本朝　正550
初景　文選　正232
初月　本朝　正550
初伍　白氏　續415
初更　本朝　正550
初行　白氏　續415
初歳　白氏　續415
初三　本朝　正550
初三　白氏　續415
初三夜　本朝　正550
初三夜　白氏　續415
初秋　文選　正232
初終　白氏　續415
初心　本朝　正550
初心　白氏　續415
初征　文選　正232
初晴　白氏　續415
初生　白氏　續415
初創す　文選　正232
初丁　本朝　正550
初度　文選　正232
初冬　本朝　正550
初冬　白氏　續415
初日　白氏　續415
初年　白氏　續415
初伏　文選　正232
初服　文選　正232
初服　本朝　正550
初服す　文選　正232
初命　白氏　續415
初役　文選　正232
初會　本朝　正550
初學　文選　正232
初學記　本朝　正550
初宦　文選　正232
初晰　文選　正232
初發心　白氏　續415
初筵　白氏　續415
初篁　文選　正232
初莚　本朝　正550
初筠　白氏　續415
初鸎　本朝　正550
所攄　本朝　正550
所謂　文選　正231
所因　白氏　續416
所化　法華　正421
所課　本朝　正550
所賀　白氏　續416
所感　白氏　續416
所管　白氏　續416
所願　法華　正421
所願　本朝　正550
所宜　白氏　續416
所疑　白氏　續416
所急　白氏　續416
所居　文選　正231
所居　白氏　續416
所偶　白氏　續416
所遇　白氏　續416
所見　白氏　續416
所行　法華　正421
所貢　白氏　續416
所在　法華　正421
所在　白氏　續416
所作　法華　正421
所作　白氏　續416
所仕　白氏　續416
所使　白氏　續416
所司　本朝　正550
所司　白氏　續416
所思　文選　正231
所思　白氏　續416
所治　文選　正231
所執　白氏　續416
所謝　白氏　續416
所修　本朝　正550
所住　文選　正231
所囑　法華　正421
所職　文選　正231
所職　白氏　續416
所親　白氏　續416
所進　白氏　續416
所須　白氏　續416
所生　文選　正231
所生　法華　正421
所生　本朝　正550
所誠　文選　正231
所説　法華　正421
所説　本朝　正550
所説　白氏　續416
所善　白氏　續416
所措　白氏　續416
所託　白氏　續416
所短　文選　正231
所知　法華　正421
所知　白氏　續416
所致　文選　正231
所長　文選　正231
所長　白氏　續416
所長す　白氏　續416
所陳　白氏　續416
所天　文選　正231
所天　本朝　正550
所得　法華　正421
所得　本朝　正550
所難　白氏　續416
所任　白氏　續416
所念　法華　正421
所念　白氏　續416
所能　白氏　續416
所不免　本朝　正550
所部　本朝　正550
所服　文選　正231
所分　法華　正421

所聞　白氏　續416
所報　白氏　續416
所望　法華　正421
所望　本朝　正550
所望　白氏　續416
所問　白氏　續416
所由　文選　正231
所由　白氏　續416
所用　白氏　續416
所欲　文選　正231
所履　白氏　續416
所理　文選　正231
所慮　文選　正231
所傳　白氏　續416
所勞　本朝　正550
所變　文選　正231
所屬　白氏　續416
所帶　本朝　正550
所從　白氏　續416
所懷　白氏　續416
所學　白氏　續416
所濟　本朝　正550
所爲　法華　正421
所爲　本朝　正550
所爲　白氏　續416
所縁　白氏　續416
所職　本朝　正550
暑　論語　正64
暑　文選　正231
暑　本朝　正550
暑　白氏　續416
暑雨　白氏　續416
暑雲　白氏　續416
暑月　本朝　正550
暑月　白氏　續416
暑土　白氏　續416
暑賦　文選　正231
暑風　白氏　續416
暑氣　白氏　續416
暑濕　白氏　續416
曙　白氏　續416
曙霞　白氏　續416
曙色　白氏　續416
曙燈　白氏　續416
渚　文選　正232
渚宮　白氏　續417
渚禽　文選　正232
庶　論語　正64
庶　白氏　續415
庶(人名)　白氏　續415
庶官　文選　正231
庶官　本朝　正550
庶官　白氏　續415
庶幾　文選　正231
庶幾す　文選　正231
庶幾す　白氏　續415
庶機　本朝　正550
庶畿　論語　正64
庶議　白氏　續415
庶兄　論語　正64
庶功　文選　正231
庶獄　白氏　續415
庶士　文選　正231
庶子　文選　正231
庶子　本朝　正550
庶子　白氏　續415
庶事　文選　正231
庶事　本朝　正550
庶事　白氏　續415
庶女　文選　正231
庶職　白氏　續415
庶人　論語　正64
庶人　文選　正231
庶人　本朝　正550
庶人　白氏　續415
庶姓　文選　正231
庶政　文選　正231
庶政　白氏　續415
庶積　文選　正231
庶績　白氏　續415
庶草　文選　正231
庶息　文選　正231
庶男　白氏　續415
庶朝　文選　正231
庶土　文選　正231
庶姫*　文選　正231
庶品　本朝　正550
庶物　文選　正231
庶民　本朝　正550
庶民　白氏　續415
庶務　文選　正231
庶務　本朝　正550
庶務　白氏　續415
庶僚　文選　正231
庶僚　本朝　正550
庶寮　文選　正231
庶寮　白氏　續415
庶類　文選　正231
庶類　本朝　正550
庶類　白氏　續415
庶老　白氏　續415
庶尹　文選　正231
庶尹　本朝　正550
庶桀　文選　正231
庶羞　文選　正231
庶羞　白氏　續415
庶珉　文選　正231
庶孽　白氏　續415
緒　文選　正232
緒　本朝　正550
緒　白氏　續417
緒業　文選　正232
緒言　文選　正232
緒才　文選　正232
緒風　文選　正232
署　文選　正232
署　本朝　正550
署　白氏　續417
署す　本朝　正550
署す　白氏　續417

署官　白氏　續417
署牒　本朝　正550
書　論語　正64
書　文選　正231
書　本朝　正550
書　白氏　續416
書(書名)　文選　正231
書(書名)　白氏　續416
書す　文選　正231
書す　白氏　續416
書案　白氏　續416
書意　白氏　續416
書因　白氏　續416
書滛　本朝　正550
書閣　本朝　正550
書記　文選　正231
書記　白氏　續416
書軌　文選　正232
書軌　白氏　續416
書狂　白氏　續416
書契　文選　正232
書契　本朝　正550
書計　文選　正232
書庫　白氏　續416
書後　白氏　續417
書策　文選　正232
書策　白氏　續417
書策　白氏　續417
書札　文選　正232
書史　文選　正232
書史　白氏　續417
書指　白氏　續417
書指　白氏　續417
書序　白氏　續417
書信　本朝　正550
書信　白氏　續417
書生　本朝　正550
書生　白氏　續417
書誓　文選　正232
書籍　文選　正232
書籍　本朝　正550
書籍　白氏　續417
書疏　白氏　續417
書奏　白氏　續417
書題　白氏　續417
書中　文選　正232
書中　白氏　續417
書帳　白氏　續417
書殿　白氏　續417
書堂　白氏　續417
書判　白氏　續417
書府　文選　正232
書府　白氏　續417
書部　文選　正232
書幣す　文選　正232
書圃　文選　正232
書報　本朝　正550
書魔　白氏　續417
書命　文選　正232
書命　白氏　續417
書問　文選　正232
書問　白氏　續417
書林　文選　正232
書林　本朝　正550
書郎　白氏　續417
書論　文選　正232
書傳　論語　正64
書傳　文選　正232
書巻　本朝　正550
書巻　白氏　續416
書寫　本朝　正550
書寫す　法華　正421
書寫す　本朝　正550
書寫供養　本朝　正550
書寫供養す　本朝　正550
書帶　白氏　續417
書帷　本朝　正550
書帷　白氏　續416
書樓　白氏　續417
書櫃　白氏　續417
書牀　白氏　續417
書畫棊博　白氏　續416
書齋　本朝　正550
書辭　文選　正232
書迹　白氏　續417
書屛　白氏　續417
書䟽　文選　正232
諸柘　文選　正232
諸悪　法華　正421
諸院　本朝　正551
諸院　白氏　續418
諸衛　白氏　續418
諸衛府　本朝　正551
諸越　文選　正232
諸苑　文選　正232
諸遠　白氏　續418
諸王　文選　正232
諸王　法華　正421
諸王　本朝　正551
諸夏　論語　正64
諸夏　文選　正232
諸夏　白氏　續417
諸家　論語　正64
諸家　本朝　正551
諸家　白氏　續417
諸科　白氏　續418
諸華　文選　正232
諸葛　文選　正232
諸葛孔明　文選　正232
諸葛亮　文選　正232
諸葛亮　本朝　正551
諸葛瑾　文選　正232
諸機　本朝　正551
諸鬼功　白氏　續418
諸妓　白氏　續417
諸客　文選　正232
諸客　本朝　正551
諸客　白氏　續417
諸宮　本朝　正551
諸卿　白氏　續418

諸卿　宇津　正717
諸卿僉議　本朝　正551
諸禽　白氏　續417
諸苦　法華　正421
諸君　法華　正421
諸君　本朝　正551
諸君子　文選　正232
諸軍　文選　正232
諸軍　白氏　續418
諸軍行營招討處置使　白氏　續418
諸軍事　文選　正232
諸軍事　白氏　續418
諸軍招討處置使　白氏　續418
諸軍都監　白氏　續418
諸郡　白氏　續418
諸賢　文選　正232
諸姑　文選　正232
諸孤　文選　正232
諸孤等　白氏　續418
諸己　白氏　續417
諸故人　本朝　正551
諸故人　白氏　續418
諸侯　論語　正64
諸侯　文選　正232
諸侯　本朝　正551
諸侯　白氏　續418
諸侯卿　白氏　續418
諸公　文選　正232
諸公　白氏　續418
諸公卿　本朝　正551
諸好　文選　正232
諸工　文選　正232
諸校正　白氏　續417
諸才　文選　正232
諸才子　本朝　正551
諸罪　白氏　續418
諸使　白氏　續418
諸司　本朝　正551
諸司　白氏　續418
諸子　文選　正232
諸子　法華　正421
諸子　本朝　正551
諸子　白氏　續418
諸子孫　白氏　續418
諸氏　本朝　正551
諸事　本朝　正551
諸寺　本朝　正551
諸寺　白氏　續418
諸社　本朝　正551
諸儒　文選　正232
諸儒　本朝　正551
諸宗　本朝　正551
諸州　白氏　續418
諸州縣　白氏　續418
諸衆生　本朝　正551
諸戎　白氏　續418
諸女婦　白氏　續418
諸少年　白氏　續418
諸掌　白氏　續418
諸色　白氏　續418
諸真言等　本朝　正551
諸神　文選　正232
諸神　本朝　正551
諸神　白氏　續418
諸神策　文選　正232
諸紳　白氏　續418
諸臣　論語　正64
諸親王　本朝　正551
諸震　白氏　續418
諸人　法華　正421
諸人　本朝　正551
諸人　白氏　續418
諸生　文選　正232
諸生　本朝　正551
諸生　白氏　續418
諸先輩　白氏　續418
諸善逝　本朝　正551
諸善男子　本朝　正551
諸僧衆　白氏　續418
諸僧徒　本朝　正551
諸曹　本朝　正551
諸曹　白氏　續418
諸曹郎　白氏　續418
諸相　白氏　續418
諸孫　文選　正232
諸大沙門　白氏　續418
諸大夫　文選　正232
諸大夫　本朝　正551
諸大夫　宇津　正717
諸大夫　源氏　正848
諸大夫ども　宇津　正717
諸朝　白氏　續418
諸長老　白氏　續418
諸柘　文選　正232
諸定額寺　本朝　正551
諸弟　白氏　續418
諸弟姪　白氏　續418
諸典謨　文選　正232
諸天　法華　正421
諸天　本朝　正551
諸天　白氏　續418
諸天眼　白氏　續418
諸同年　白氏　續418
諸道　本朝　正551
諸道　白氏　續418
諸道侶　白氏　續418
諸道路　白氏　續418
諸道經　白氏　續418
諸内史　白氏　續418
諸念　白氏　續418
諸彦　文選　正232
諸姫　文選　正232
諸府　文選　正232
諸父　論語　正64
諸部　白氏　續418
諸復　白氏　續418
諸文士　白氏　續418
諸文友　本朝　正551

諸簿領 白氏 續418
諸法 法華 正421
諸法 本朝 正551
諸法 白氏 續418
諸法實相 法華 正421
諸牧 本朝 正551
諸凡 文選 正232
諸姪 白氏 續418
諸門人 白氏 續418
諸有 法華 正421
諸吏 文選 正232
諸虜 白氏 續418
諸例 文選 正232
諸呂 文選 正232
諸老 白氏 續418
諸郎官 白氏 續418
諸佛 法華 正421
諸佛 本朝 正551
諸佛 白氏 續418
諸佛知見 本朝 正551
諸處 白氏 續418
諸營 白氏 續418
諸國 文選 正232
諸國 法華 正421
諸國 本朝 正551
諸國司 本朝 正551
諸國司等 本朝 正551
諸將 文選 正232
諸將 本朝 正551
諸將 白氏 續418
諸變 文選 正232
諸禮 白氏 續418
諸經 法華 正421
諸經 白氏 續418
諸舅 文選 正232
諸藏 白氏 續418
諸藥 本朝 正551
諸蟄 文選 正232
諸觀 法華 正421
諸賁 文選 正232
諸邊 白氏 續418
諸龕 白氏 續417
助援す 白氏 續415
助成す 本朝 正550
助成す 白氏 續415
助教 白氏 續415
叙 白氏 續416
叙す 論語 正63
叙す 本朝 正550
叙す 白氏 續415
叙す 白氏 續416
叙位 本朝 正550
叙爵 本朝 正550
叙用 本朝 正550
叙用す 本朝 正550
女子 宇津 正717
序 論語 正63
序 文選 正231
序 本朝 正550
序 白氏 續415
序 枕冊 正780
序(注) 白氏 續415
序す 文選 正231
序す 本朝 正550
序す 白氏 續415
序引 白氏 續415
序守 白氏 續415
序述 文選 正231
序題 本朝 正550
徐 文選 正231
徐 白氏 續416
徐幹 文選 正231
徐幹偉長 文選 正231
徐敬業 文選 正231
徐堅 本朝 正550
徐公 本朝 正550
徐侍中 本朝 正550
徐州 白氏 續416
徐生 文選 正231
徐陳 文選 正231
徐都曹 文選 正231
徐福 白氏 續416
徐方 文選 正231
徐防 本朝 正550
徐劉 文選 正231
徐梁 白氏 續416
徐樂 文選 正231
徐泗濠 白氏 續416
徐衍 文選 正231
徐鑾 文選 正231
徐勛 文選 正231
徐詹事 本朝 正550
徐璜 文選 正231
徐邈 文選 正231
徐邈 本朝 正550
恕 論語 正64
恕 白氏 續416
恕す 白氏 續416
鋤櫌 文選 正232
鋤瓜 白氏 續418
鋤犁 文選 正232
鋤穀 白氏 續418
抄帳 本朝 正550
疏朗 白氏 續417
汝郁 文選 正232
汝陰 文選 正232
汝陰 白氏 續417
汝海 文選 正232
汝海 白氏 續417
汝郡 白氏 續417
汝州 白氏 續417
汝州等 白氏 續417
汝南 文選 正232
汝南 本朝 正550
汝南 白氏 續417
汝陽 白氏 續417
汝潁 文選 正232
汝邠 白氏 續417
如雲 本朝 正550
如膏 白氏 續415

如今 白氏 續415
如在 本朝 正550
如信 白氏 續415
如信大師 白氏 續415
如仁 文選 正231
如如 白氏 續415
如姫* 文選 正231
如輪 白氏 續415
如滿 白氏 續415
如滿大師 白氏 續415
如絲 文選 正231
如綸 本朝 正550
舒 白氏 續417
舒員外 白氏 續417
舒王 白氏 續417
舒巻 文選 正232
舒緩 文選 正232
舒姑 白氏 續417
舒向 文選 正232
舒三 白氏 續417
舒三員外 白氏 續417
舒疾 白氏 續417
舒人 白氏 續417
舒退す 白氏 續417
舒著作 白氏 續417
舒難陀那 白氏 續417
舒難陁 白氏 續417
舒放 文選 正232
舒慢 文選 正232
舒巻 本朝 正550
舒巻 白氏 續417
舒肆 文選 正232
舒辟 文選 正232
處 本朝 正550
處す 文選 正232
處す 法華 正421
處す 白氏 續417
處在 白氏 續417
處士 文選 正232
處士 本朝 正550
處士 白氏 續417
處士莊 白氏 續417
處子 遊仙 正92
處子 文選 正232
處子 白氏 續417
處所 文選 正232
處所 白氏 續417
處女 白氏 續417
處置 白氏 續417
處父 文選 正232
處分 本朝 正550
處分 白氏 續417
處分す 白氏 續417
處處 法華 正421
處處 白氏 續417
處々 本朝 正550
處寫 白氏 續417
墅 文選 正231
墅業 本朝 正550
攄 本朝 正550
沮傷 文選 正232
沮溺 文選 正232
沮斃す 文選 正232
沮洳す 白氏 續417
沮澤 文選 正232
沮漳 文選 正232
絮 白氏 續417
絮衣 白氏 續417
絮袍 白氏 續417
胥邪 文選 正232
胥吏 白氏 續417
胥靡す 文選 正232
苴舂等 白氏 續417
茹荼 白氏 續417
茹蕙 文選 正232
蔗 文選 正232
睢鳩 遊仙 正92
鶋鴟 文選 正232
涂中 文選 正232
滁壽 白氏 續417
潡浦 文選 正232
睢鳩 文選 正232
葅醢 文選 正232
褚氏 本朝 正550
醑 白氏 續418
鉏鋙 文選 正232
踈屬 文選 正232
踈糲 文選 正232
尉 宇津 正717
尉ども 宇津 正717
湥萃 文選 正233
種 文選 正233
種 本朝 正552
種 白氏 續420
種す 文選 正233
種す 白氏 續420
種黍 白氏 續420
種蒔す 白氏 續420
種種 白氏 續420
種樹 文選 正233
種植 白氏 續420
種植す 白氏 續420
種食 白氏 續420
種智 白氏 續420
種落 文選 正233
種落 白氏 續420
種蠡 文選 正233
種稑 文選 正233
猣 文選 正233
縦横 遊仙 正92
勝 論語 正64
勝 白氏 續419
勝 白氏 續419
勝(人名) 論語 正64
勝(注) 白氏 續419
勝因 白氏 續419
勝引 文選 正233
勝概 白氏 續419
勝境 遊仙 正92
勝境 本朝 正551

勝境　白氏　續419
勝業　本朝　正551
勝業　白氏　續419
勝句　本朝　正551
勝言　文選　正233
勝号　本朝　正551
勝事　本朝　正551
勝事　白氏　續419
勝趣　本朝　正551
勝賞　本朝　正551
勝陣　白氏　續419
勝跡　本朝　正551
勝絶　本朝　正551
勝絶　白氏　續419
勝絶す　白氏　續419
勝地　文選　正233
勝地　本朝　正551
勝地　白氏　續419
勝塗　文選　正233
勝幡　文選　正233
勝否　文選　正233
勝負　文選　正233
勝負　本朝　正551
勝負　白氏　續419
勝負　宇津　正717
勝兵　文選　正233
勝兵　本朝　正551
勝兵　白氏　續419
勝母　文選　正233
勝妙　法華　正421
勝遊　本朝　正551
勝遊　白氏　續419
勝利　本朝　正551
勝理　本朝　正551
勝處　白氏　續419
勝廣　文選　正233
勝氣　本朝　正551
勝氣　白氏　續419
勝粹　白氏　續419
勝躅　本朝　正551
勝靈　白氏　續419
勝槩　本朝　正551
勝槩　白氏　續419
勝緣　白氏　續419
升　白氏　續419
升降　白氏　續419
升降揖讓進退閑習す
　白氏　續419
升車　白氏　續419
升長　文選　正224
升沈　白氏　續419
升天行　文選　正224
升堂　白氏　續419
升聞す　白氏　續419
升平　文選　正224
升平　白氏　續419
升龍　文選　正224
升奬す　白氏　續419
升獻す　文選　正224
升沉す　白氏　續419
承　白氏　續419
承家　白氏　續419
承華　文選　正233
承華　白氏　續419
承疑　文選　正233
承元　白氏　續419
承光　文選　正233
承香殿　源氏　正848
承香殿の女御　源氏　正848
承指　本朝　正551
承宗　文選　正233
承宗　白氏　續420
承順　白氏　續420
承順す　白氏　續420
承宣　白氏　續420
承前　白氏　續420
承天　文選　正233
承天軍　白氏　續420
承平　本朝　正551
承平三年三月十六日
　本朝　正551
承平三年十一月六日
　本朝　正551
承平六年九月十五日
　本朝　正551
承望す　遊仙　正92
承明　文選　正233
承明　白氏　續420
承露　文選　正233
承和　本朝　正551
承和七年　本朝　正551
承和十一年　本朝　正551
承和年中　本朝　正551
承歡　白氏　續419
承筐　白氏　續419
承荅す　文選　正233
承荅す　白氏　續420
承璀　白氏　續419
承璀等　白氏　續420
承祧　白氏　續420
昇　白氏　續420
昇霞　本朝　正551
昇降　本朝　正551
昇晋　本朝　正551
昇進　本朝　正551
昇進す　本朝　正551
昇遷　本朝　正551
昇朝　白氏　續420
昇殿　本朝　正551
昇平　白氏　續420
昇沉　本朝　正551
松　論語　正64
松　文選　正233
松梓　文選　正233
松陰　白氏　續420
松韻　白氏　續420
松雨　白氏　續420
松影　白氏　續420
松園　白氏　續420
松煙　本朝　正551

松煙　白氏　續420
松下　本朝　正551
松下　白氏　續420
松架　文選　正233
松花　本朝　正551
松花　白氏　續420
松蓋　白氏　續420
松閣　白氏　續420
松栢　論語　正64
松栢　遊仙　正92
松栢　文選　正233
松栢　本朝　正552
松間　白氏　續420
松菊　文選　正233
松菊　白氏　續420
松客　本朝　正551
松丘　白氏　續420
松喬　文選　正233
松喬　白氏　續420
松喬（人名）　文選　正233
松菌　文選　正233
松桂　文選　正233
松桂　本朝　正551
松桂　白氏　續420
松戸　本朝　正551
松江　本朝　正551
松江　白氏　續420
松江上　白氏　續420
松江亭　白氏　續420
松根　本朝　正551
松根　白氏　續420
松際　白氏　續420
松山　文選　正233
松子　文選　正233
松子　本朝　正551
松子　白氏　續420
松枝　白氏　續420
松篠　白氏　續420
松主　白氏　續420
松樹　本朝　正551
松樹　白氏　續420
松宿　文選　正233
松上　白氏　續420
松色　白氏　續420
松心　白氏　續420
松身　白氏　續420
松杉　白氏　續420
松石　文選　正233
松石　白氏　續420
松莭　本朝　正552
松雪　文選　正233
松雪　白氏　續420
松窓　本朝　正552
松窓　白氏　續420
松竹　文選　正233
松竹　本朝　正552
松竹　白氏　續420
松柱　本朝　正552
松島　白氏　續420
松柏　白氏　續420
松扉　本朝　正552
松標　文選　正233
松風　文選　正233
松風　本朝　正552
松風　白氏　續420
松房　本朝　正552
松房　白氏　續420
松墨　白氏　續420
松霧　文選　正233
松霧　本朝　正552
松銘　文選　正233
松門　文選　正233
松門　本朝　正552
松門　白氏　續420
松門　源氏　正848
松容　本朝　正552
松林　本朝　正552
松廊　白氏　續420
松價　白氏　續420
松塒　文選　正233
松杞　文選　正233
松楹　本朝　正551
松楸　文選　正233
松灣　白氏　續420
松盖　本朝　正551
松齋　白氏　續420
松簷　白氏　續420
松聲　白氏　續420
松膠　白氏　續420
松臺　白氏　續420
松蘿　本朝　正552
松嶠　文選　正233
松嶠　白氏　續420
松巢　白氏　續420
松櫝　文選　正233
松櫝　白氏　續420
松牕　白氏　續420
松筠　本朝　正551
松筠　白氏　續420
衝　文選　正234
衝　白氏　續421
衝す　白氏　續421
衝牙　文選　正234
衝波　文選　正234
衝要　文選　正234
衝要　白氏　續421
衝欝す　文選　正234
衝輣　文選　正234
衝飆　文選　正234
訟　白氏　續421
訟端　白氏　續421
訟寃　文選　正234
証　白氏　續421
鍾　文選　正234
鍾　白氏　續421
鍾期　白氏　續421
鍾鼓　論語　正64
鍾離　白氏　續421
鍾陵　白氏　續421
鍾漏　白氏　續421

鐘　遊仙　正92
鐘　法華　正421
鐘　本朝　正552
鐘　白氏　續421
鐘阿　文選　正234
鐘愛　本朝　正552
鐘愛す　本朝　正552
鐘期　文選　正234
鐘儀　文選　正234
鐘儀　本朝　正552
鐘儀　白氏　續421
鐘鼓　文選　正234
鐘鼓　本朝　正552
鐘鼓　白氏　續421
鐘鼓樓　白氏　續421
鐘山　文選　正234
鐘子期　文選　正234
鐘子季　文選　正234
鐘石　文選　正234
鐘石　本朝　正552
鐘岱　文選　正234
鐘大尉　本朝　正552
鐘大理　文選　正234
鐘鼎　文選　正234
鐘鼎　本朝　正552
鐘堂　本朝　正552
鐘乳　白氏　續421
鐘阜　文選　正234
鐘離　文選　正234
鐘律　文選　正234
鐘漏　本朝　正552
鐘漏　白氏　續421
鐘梵　白氏　續421
鐘樓　本朝　正552
鐘磬　文選　正234
鐘磬　白氏　續421
鐘萬　文選　正234
鐘皷　白氏　續421
鐘鄧　文選　正234
鐘庾　文選　正234
鐘虡　文選　正234
丞　文選　正232
丞　本朝　正551
丞　白氏　續418
丞相　文選　正233
丞相　本朝　正551
丞相　白氏　續419
丞相府　白氏　續419
丞郎　白氏　續419
丞郎給事　白氏　續419
丞郎給舎　白氏　續419
大蔵丞　本朝　正551
乗　文選　正233
乗　法華　正421
乗　本朝　正551
乗　白氏　續419
乗(人名)　文選　正233
乗す　文選　正233
乗す　法華　正421
乗す　本朝　正551
乗す　白氏　續419
乗雲　文選　正233
乗丘　文選　正233
乗牛　本朝　正551
乗軒　文選　正233
乗車す　本朝　正551
乗石　文選　正233
乗旦　文選　正233
乗日　文選　正233
乗馬　文選　正233
乗風　文選　正233
乗輿　文選　正233
乗輿　白氏　續419
乗龍　文選　正233
乗傳　白氏　續419
乗坏　本朝　正551
乗桴　白氏　續419
乗轅　文選　正233
乗馭す　白氏　續419
乗鴈　文選　正233
乗遭す　文選　正233
乗鬣　文選　正233
乗黄　文選　正233
相乗す　白氏　續419
冗員　白氏　續419
冗食　白氏　續419
冗長　白氏　續419
冗吏　白氏　續419
衝黒　本朝　正552
蒸す　文選　正233
蒸雲　本朝　正552
蒸液す　文選　正234
蒸栗　文選　正234
蒸暑　文選　正233
蒸庶　白氏　續421
蒸嘗　白氏　續421
蒸甞　白氏　續421
蒸甞す　白氏　續421
蒸蒸　文選　正234
蒸蒸　白氏　續421
蒸人　文選　正234
蒸人　白氏　續421
蒸徒　文選　正234
蒸報　文選　正234
蒸民　文選　正234
蒸民　白氏　續421
蒸餅　白氏　續421
蒸雷　文選　正234
蒸屬　文選　正234
蒸炙　白氏　續421
蒸爨　白氏　續421
蒸甞　文選　正233
蒸黎　本朝　正552
蒸黎　白氏　續421
蒸禋す　文選　正233
相蒸す　白氏　續421
羕香　本朝　正551
茸茸　白氏　續421
憧憧　白氏　續419
縄　文選　正233

縄床　本朝　正552
縄縄　文選　正233
縄墨　文選　正233
縄木　本朝　正552
縄樞　文選　正233
乘　論語　正64
仍叔　白氏　續419
從　文選　正233
從　白氏　續419
從す　文選　正233
從横　文選　正233
從横す　文選　正233
從官　文選　正233
從官　白氏　續419
從軍　白氏　續419
從兄　文選　正233
從姑　文選　正233
從坐　白氏　續419
從仕　白氏　續419
從史　白氏　續419
從事　文選　正233
從事　白氏　續419
從事す　文選　正233
從事す　白氏　續419
從者　文選　正233
從者　白氏　續419
從周　白氏　續419
從叔　白氏　續419
從臣　文選　正233
從人　文選　正233
從前　白氏　續419
從祖　白氏　續419
從祖兄　白氏　續419
從祖兄弟　白氏　續419
從祖弟　白氏　續419
從弟　文選　正233
從弟　白氏　續419
從内兄　文選　正233
從父　白氏　續419
從父兄弟　白氏　續419
從兵　文選　正233
從容　文選　正233
從容　白氏　續419
從容す　文選　正233
從容す　白氏　續419
從容秒翫す　文選　正233
從吏　白氏　續419
從來　白氏　續419
悚慰　白氏　續419
悚越　本朝　正551
悚息　遊仙　正92
悚息　本朝　正551
悚迫　本朝　正551
悚悚　文選　正233
悚懼　本朝　正551
悚戰　文選　正233
尾張掾　本朝　正551
烝勲　本朝　正552
烝民　白氏　續420
稱　文選　正233
稱　文選　正233
稱　本朝　正552
稱　白氏　續420
稱す　文選　正233
稱す　法華　正421
稱す　本朝　正552
稱す　白氏　續420
稱す　枕冊　正780
稱ず　論語　正64
稱ず　論語　正64
稱異す　白氏　續420
稱謂　文選　正233
稱謂　本朝　正552
稱引す　文選　正233
稱下す　文選　正233
稱賀　白氏　續420
稱賀す　白氏　續420
稱慶　白氏　續421
稱計す　文選　正233
稱計す　本朝　正552
稱讃　本朝　正552
稱讃す　法華　正421
稱謝す　白氏　續421
稱説　論語　正64
稱善　白氏　續421
稱歎す　文選　正233
稱歎す　法華　正421
稱歎す　白氏　續421
稱美す　本朝　正552
稱揚　本朝　正552
稱揚す　遊仙　正92
稱揚す　法華　正421
稱論す　白氏　續421
稱奬　白氏　續421
稱歎す　文選　正233
稱號　論語　正64
稱號　文選　正233
稱譽　文選　正233
稱譽　本朝　正552
稱贊す　白氏　續421
稱辯　文選　正233
竦尋　文選　正233
竦躍す　白氏　續420
竦踊す　文選　正233
竦劒す　文選　正233
竦誚す　文選　正233
竦踴　白氏　續420
竦駭震越す　白氏　續420
鐘籠　文選　正233
縱逸　文選　正233
縱逸す　文選　正233
縱横　文選　正233
縱横　白氏　續421
縱横す　文選　正233
縱酒　文選　正233
縱性　文選　正233
縱誕　文選　正233
縱弛　文選　正233
縱暴　白氏　續421
縱容　文選　正233

縱容　本朝　正552
縱肆　文選　正233
繩契　白氏　續421
繩墨　白氏　續421
繩牀　白氏　續421
繩繩　白氏　續421
聳す　白氏　續421
聳兢　文選　正233
舂夕　本朝　正552
傳誦す　白氏　續421
誦　文選　正234
誦　本朝　正552
誦す　論語　正64
誦す　文選　正234
誦す　本朝　正552
誦す　白氏　續421
誦詠す　文選　正234
誦詠す　本朝　正552
誦音　本朝　正552
誦士　本朝　正552
誦習す　論語　正64
誦得　白氏　續421
誦經　白氏　續421
誦讀　本朝　正552
誦讀反覆す　文選　正234
證　論語　正64
證　文選　正234
證　法華　正421
證　本朝　正552
證す　文選　正234
證す　法華　正421
證す　本朝　正552
證す　白氏　續421
證果　本朝　正552
證知す　本朝　正552
證明　本朝　正552
證明　白氏　續421
證明す　本朝　正552
踈勒す　文選　正234
蹤　白氏　續421
蹤跡　本朝　正552
蹤跡　白氏　續421
蹤蹟　白氏　續421
邵南　論語　正64
頌　文選　正234
頌　本朝　正552
頌　白氏　續421
頌す　文選　正234
頌す　白氏　續421
頌祇　文選　正234
頌述す　文選　正234
頌臣　本朝　正552
頌歎す　文選　正234
頌歎す　本朝　正552
頌聲　白氏　續421
倘佯　文選　正224
倘佯す　文選　正224
僶俛　文選　正233
僶*俛　遊仙　正92
僶俛す　文選　正233
塍埒す　文選　正233
惷昧　本朝　正551
愯然　白氏　續419
穠李　本朝　正552
罿罻　文選　正233
賸長　白氏　續421
賸醉す　白氏　續421
粟　文選　正234
粟　白氏　續422
粟帛　文選　正234
粟帛　白氏　續422
粟廩　白氏　續422
粟麥　白氏　續422
粟麥等　白氏　續422
式　文選　正234
式　白氏　續422
式す　論語　正64
式微　文選　正234
式微　本朝　正552
式微　白氏　續422
式方　白氏　續422
式遏す　白氏　續422
識　白氏　續422
識行　白氏　續422
識察す　白氏　續422
識識緣　白氏　續422
識者　白氏　續422
識智　白氏　續422
識度　白氏　續422
識略　白氏　續423
飾　本朝　正552
飾　白氏　續423
飾す　白氏　續423
飾玩　文選　正235
飾好　文選　正235
飾終　白氏　續423
飾配　白氏　續423
飾獎す　文選　正235
飾讓　文選　正235
飾讓す　白氏　續423
飾糚　文選　正235
植　文選　正234
植　白氏　續422
植(人名)　白氏　續422
植物　文選　正234
植物　白氏　續422
植茗　白氏　續422
殖貨　白氏　續422
殖財　文選　正234
殖物　文選　正234
燭　文選　正234
燭　本朝　正552
燭　白氏　續422
爥　文選　正234
爥房　文選　正234
爥龍　文選　正234
燭下　白氏　續422
燭蛾　白氏　續422
燭銀　文選　正234
燭照す　本朝　正552

燭燭	文選	正234
燭夜	本朝	正552
燭龍	文選	正234
燭涙	白氏	續422
燭焰	白氏	續422
織	白氏	續422
織錦	文選	正234
織女	遊仙	正92
織女	文選	正234
織女	本朝	正552
織婦	文選	正234
織婦	白氏	續422
織文	文選	正234
織路	文選	正234
織絍	文選	正234
職	文選	正234
職	白氏	續422
職	宇津	正717
職員	白氏	續422
職官	白氏	續422
職業	文選	正234
職業	白氏	續422
職局	白氏	續422
職貢	文選	正234
職貢	白氏	續422
職司	文選	正234
職司	白氏	續422
職事	文選	正234
職事	白氏	續422
職署	白氏	續422
職掌	白氏	續422
職田	白氏	續422
職分	文選	正234
職方	文選	正234
職方郎中	白氏	續422
職名	白氏	續422
職役	白氏	續422
職僚	文選	正234
色	白氏	續422
色界	白氏	續422

色空	白氏	續422
色香味	白氏	續422
色身	白氏	續422
色相	白氏	續422
色類	白氏	續422
色絲	白氏	續422
食	論語	正64
食	文選	正234
食	本朝	正552
食	白氏	續423
食し竟る	白氏	續423
食す	論語	正64
食す	文選	正234
食す	本朝	正552
食す	白氏	續423
食飲	本朝	正552
食革	文選	正234
食葛	文選	正234
食客	本朝	正552
食後	白氏	續423
食香	本朝	正552
食采	白氏	續423
食事	文選	正234
食時	文選	正235
食時	本朝	正552
食宿	白氏	續423
食征	白氏	續423
食珍	白氏	續423
食土	文選	正235
食物	白氏	續423
食飽	白氏	續423
食味	白氏	續423
食邑	文選	正234
食邑	白氏	續423
食邑一千三百戸	白氏	續423
食邑三千戸	白氏	續423
食邑三百戸	白氏	續423
食邑七百戸	白氏	續423
食利	白氏	續423

食料	本朝	正552
食力	白氏	續423
食禄	白氏	續423
食實封	白氏	續423
食實封二百五十戸	白氏	續423
民食	論語	正64
蝕す	文選	正234
蝕す	白氏	續423
辱	文選	正234
辱	本朝	正552
辱	白氏	續422
辱す	文選	正234
俗	論語	正64
俗	文選	正234
俗	本朝	正552
俗	白氏	續421
俗飲す	白氏	續421
俗韻	白氏	續421
俗羽	白氏	續421
俗化	文選	正234
俗化	本朝	正552
俗家	白氏	續421
俗間	白氏	續421
俗眼	本朝	正552
俗機	本朝	正552
俗客	本朝	正552
俗客	白氏	續421
俗境	本朝	正552
俗骨	本朝	正552
俗史	白氏	續421
俗士	文選	正234
俗士	白氏	續421
俗事	本朝	正552
俗事	白氏	續421
俗情	文選	正234
俗情	白氏	續421
俗人	文選	正234
俗人	本朝	正552
俗人	白氏	續421

俗念	白氏	續421
俗夫	白氏	續421
俗服	本朝	正552
俗物	本朝	正552
俗物	白氏	續421
俗貌	白氏	續421
俗用	白氏	續421
俗吏	文選	正234
俗吏	白氏	續421
俗流	本朝	正552
俗慮	白氏	續421
俗力	白氏	續421
俗累	白氏	續421
俗樂	白氏	續421
俗狀	文選	正234
属す	遊仙	正92
属す	本朝	正552
属文	本朝	正552
属續	本朝	正552
鸀鳿	文選	正235
喞喞	白氏	續421
囑す	白氏	續421
囑繫す	白氏	續421
寔	文選	正234
相屬す	白氏	續422
屬	文選	正234
屬	白氏	續422
屬す	論語	正64
屬す	文選	正234
屬す	白氏	續422
屬玉	文選	正234
屬言	文選	正234
屬御す	文選	正234
屬車	文選	正234
屬車	白氏	續422
屬城	文選	正234
屬城	白氏	續422
屬籍	白氏	續422
屬文	白氏	續422
屬邑	白氏	續422
屬寮	白氏	續422
屬叨す	文選	正234
屬國	文選	正234
溽暑	文選	正234
溽露	本朝	正552
矚す	文選	正234
稷	論語	正64
稷	文選	正234
稷下	文選	正234
稷黍	文選	正234
稷契	文選	正234
稷契	本朝	正552
稷高*	白氏	續422
稷嗣	文選	正234
稷嗣君	文選	正234
穡	文選	正234
縟采	文選	正234
縟旨	文選	正234
縟繡	文選	正234
縟組	文選	正234
縟礼	本朝	正552
續	白氏	續422
續(人名)	白氏	續422
續虞人	白氏	續422
續古詩	白氏	續422
續座右	本朝	正552
續座右	白氏	續422
續續	白氏	續422
蓐収	白氏	續422
蓐收	文選	正234
蜀	文選	正234
蜀	本朝	正552
蜀	白氏	續422
蜀越	本朝	正552
蜀漢	文選	正234
蜀機	本朝	正552
蜀妓	白氏	續422
蜀客	白氏	續422
蜀境	文選	正234
蜀桐	白氏	續422
蜀錦	本朝	正552
蜀琴	文選	正234
蜀琴	白氏	續422
蜀郡	遊仙	正92
蜀郡	文選	正234
蜀侯	文選	正234
蜀江	本朝	正552
蜀江	白氏	續422
蜀坂	本朝	正552
蜀志	文選	正234
蜀主	本朝	正552
蜀州	白氏	續422
蜀人	本朝	正552
蜀人	白氏	續422
蜀生	遊仙	正92
蜀石	文選	正234
蜀川	白氏	續422
蜀茶	白氏	續422
蜀都	文選	正234
蜀都	白氏	續422
蜀都賦	文選	正234
蜀道	白氏	續422
蜀門	白氏	續422
蜀柳	本朝	正552
蜀路	白氏	續422
蜀棧	白氏	續422
觸	白氏	續422
觸目	文選	正234
觸穢	本朝	正552
觸觸緣	白氏	續422
謖	文選	正234
贖	白氏	續423
贖兮	白氏	續423
贖勞人	本朝	正552
贖勞料	本朝	正552
贖雞	白氏	續423
軾	文選	正234
軾す	文選	正234
餝首	本朝	正552
餝讓	本朝	正552

黷す	白氏	續423
黷武	白氏	續423
黹労	文選	正234
矚す	白氏	續422
矚望	白氏	續422
軄	論語	正64
軄	本朝	正552
軄員令	本朝	正552
軄居	本朝	正552
軄任	本朝	正552
軄封	本朝	正552
軄務	本朝	正552
軄役	本朝	正552
軄邑	本朝	正552
軄軄	本朝	正552
钃鏤す	文選	正234
白菊	宇津	正717
荏苒	白氏	續432
荏苒*	遊仙	正92
賁	文選	正238
賁贇	文選	正238
鵟鷺	文選	正239
伸	白氏	續424
伸屈	白氏	續424
信	論語	正64
信	文選	正235
信	文選	正235
信	法華	正421
信	本朝	正553
信	宇津	正717
信(人名)	文選	正235
信(人名)	白氏	續424
信(注)	白氏	續425
信(注)	白氏	續426
信しかたき	源氏	正848
信す	文選	正235
信す	文選	正235
信す	法華	正421
信す	本朝	正553
信す	白氏	續425
信す	源氏	正848
信ず	論語	正64
信安	白氏	續425
信意	白氏	續425
信越	文選	正235
信解	法華	正421
信解す	法華	正421
信義	白氏	續425
信義勇智雄重貴壽天親可汗	白氏	續425
信近	白氏	續425
信厚	白氏	續425
信行	文選	正235
信行	白氏	續425
信使	文選	正235
信使	白氏	續425
信州	白氏	續425
信重す	文選	正235
信宿	白氏	續425
信宿す	文選	正235
信宿す	白氏	續425
信順	文選	正235
信女	本朝	正553
信賞	白氏	續425
信心	本朝	正553
信臣	文選	正235
信臣	白氏	續425
信誠	文選	正235
信誠	白氏	續425
信誓	白氏	續425
信直	白氏	續425
信直謹厚	白氏	續425
信都	文選	正235
信都崇敬	白氏	續425
信任す	文選	正235
信否	白氏	續425
信布	文選	正235
信武	文選	正235
信伏す	法華	正421
信物	白氏	續425
信陽	文選	正235
信陵	文選	正235
信力	法華	正421
信力	本朝	正553
信實	白氏	續425
信惠	白氏	續425
信樂す	法華	正421
信脩す	文選	正235
相信す	白氏	續425
侵刻	白氏	續425
侵刻す	白氏	續425
侵削	白氏	續425
侵削す	白氏	續425
侵暴	白氏	續425
侵掠	白氏	續425
侵淩す	白氏	續425
侵偸	白氏	續425
侵畧	白氏	續425
侵軼	白氏	續425
侵軼す	白氏	續425
寢殿	枕冊	正780
審規	白氏	續425
審曲	文選	正235
審察す	本朝	正553
審配	文選	正235
心	遊仙	正92
心	法華	正421
心意	法華	正421
心遠す	白氏	續426
心王	白氏	續426
心灰	白氏	續426
心外	白氏	續426
心肝	遊仙	正92
心肝	白氏	續425
心眼	白氏	續425
心期	白氏	續425
心機	白氏	續426
心胸	白氏	續426
心胷	白氏	續426
心興	白氏	續426

心曲　白氏　續426
心空　白氏　續426
心形　白氏　續426
心計　白氏　續426
心源　白氏　續426
心口　遊仙　正92
心口　白氏　續426
心垢　白氏　續426
心行　白氏　續425
心骨　白氏　續426
心魂　白氏　續426
心事　白氏　續426
心識　白氏　續426
心術　白氏　續426
心緒　遊仙　正92
心緒　白氏　續426
心匠　白氏　續426
心賞　白氏　續426
心情　白氏　續426
心神　白氏　續426
心塵　白氏　續426
心性　白氏　續426
心誠　白氏　續426
心舌　白氏　續426
心素　白氏　續426
心地　白氏　續426
心智　白氏　續426
心中　白氏　續426
心腸　白氏　續426
心田　白氏　續426
心奴　白氏　續426
心頭　白氏　續426
心道　白氏　續426
心念　宇津　正717
心符　白氏　續426
心腹　白氏　續426
心法　白氏　續426
心目　白氏　續426
心要　白氏　續425
心要口訣　白氏　續425
心裏　白氏　續426
心力　白氏　續426
心勞し　宇津　正717
心懷　白氏　續426
心淨　白氏　續426
心滓　白氏　續426
心肚　遊仙　正92
心膂　白氏　續426
心膽　遊仙　正92
心臺　白氏　續426
心迹　白氏　續426
心隨　白氏　續426
心靈　白氏　續426
心髓　遊仙　正92
心體　白氏　續426
心教　白氏　續426
慎謹　本朝　正553
慎密　本朝　正553
振（人名）　白氏　續426
振す　文選　正236
振す　白氏　續426
振威す　文選　正236
振遠　文選　正236
振起　白氏　續426
振起す　文選　正236
振起す　白氏　續426
振擊　本朝　正553
振古　文選　正236
振公　白氏　續426
振鷺　文選　正236
振鷺　本朝　正553
振振　文選　正236
振大士　白氏　續426
振張す　白氏　續426
振陣　文選　正236
振蕩す　文選　正236
振拔す　文選　正236
振武　白氏　續426
振風　文選　正236
振耀　文選　正236
振耀す　白氏　續426
振落す　文選　正236
振旅　文選　正236
振旅す　文選　正236
振廩す　白氏　續426
振盪す　文選　正236
新　白氏　續426
新蓱　文選　正236
新娃　白氏　續427
新哀　文選　正236
新安　文選　正236
新安王　文選　正236
新安吏　白氏　續426
新意　文選　正236
新意　本朝　正553
新衣　文選　正236
新衣　白氏　續426
新陰　白氏　續427
新雨　白氏　續427
新影　白氏　續427
新詠　白氏　續427
新園　白氏　續429
新宴　白氏　續427
新燕　白氏　續427
新艷　白氏　續427
新王　本朝　正554
新黃　白氏　續427
新屋　白氏　續427
新恩　白氏　續429
新化　本朝　正553
新家　本朝　正553
新果　本朝　正553
新果　白氏　續427
新歌　文選　正236
新歌　白氏　續427
新歌行　白氏　續427
新火　白氏　續427
新花　遊仙　正92
新花　本朝　正553
新花　白氏　續427

新荷　白氏　續427
新菓　遊仙　正92
新廻鶻可汗　白氏　續427
新戒　本朝　正553
新戒　白氏　續427
新垣　文選　正236
新垣平　白氏　續429
新格　本朝　正553
新蒲　文選　正236
新蒲　白氏　續428
新官　白氏　續427
新感　本朝　正553
新澗　白氏　續427
新館　文選　正236
新館　白氏　續427
新器　文選　正236
新奇　白氏　續427
新規　本朝　正553
新規　白氏　續427
新起　文選　正236
新儀　本朝　正553
新菊　本朝　正553
新菊　白氏　續427
新橘　白氏　續427
新宮　文選　正236
新弓　本朝　正553
新居　白氏　續427
新境　白氏　續427
新橋　白氏　續427
新興　白氏　續427
新驚　白氏　續427
新玉　白氏　續427
新景　白氏　續427
新月　白氏　續427
新語　文選　正236
新語　白氏　續427
新功　本朝　正553
新婚　文選　正236
新恨　白氏　續427
新沙　白氏　續427
新宰相　宇津　正717
新宰相君　宇津　正717
新才　本朝　正553
新栽　白氏　續427
新歳　白氏　續428
新材　本朝　正553
新作　白氏　續427
新山　白氏　續427
新使　白氏　續427
新司　本朝　正553
新市　白氏　續427
新市城　白氏　續427
新詞　白氏　續427
新詩　文選　正236
新詩　本朝　正553
新詩　白氏　續427
新寺　本朝　正553
新室　文選　正236
新室　白氏　續427
新室（地名）　文選　正236
新社　白氏　續427
新酒　白氏　續427
新樹　白氏　續427
新愁　白氏　續427
新秋　白氏　續427
新什　本朝　正553
新什　白氏　續427
新汁　白氏　續427
新熟　白氏　續427
新春　白氏　續427
新叙　本朝　正553
新除　本朝　正554
新嘗會　本朝　正553
新嘗會　宇津　正717
新小灘　白氏　續428
新昌　白氏　續427
新昌堂　白氏　續427
新昌坊　白氏　續427
新昌里　白氏　續427
新昌臺　白氏　續427
新章　本朝　正553
新粧　本朝　正553
新詔　本朝　正553
新賞　文選　正236
新城　白氏　續428
新人　白氏　續428
新帥　白氏　續428
新水　白氏　續428
新睡　白氏　續428
新制　本朝　正553
新制　白氏　續428
新成　文選　正236
新成　白氏　續428
新政　白氏　續428
新晴　白氏　續428
新正　白氏　續428
新生　白氏　續428
新石　白氏　續428
新績　白氏　續428
新節　文選　正236
新説　本朝　正553
新雪　白氏　續428
新撰和謌　本朝　正553
新泉　白氏　續428
新草亭　白氏　續427
新藻　白氏　續427
新霜　白氏　續427
新造　白氏　續427
新胎　白氏　續428
新宅　白氏　續428
新知　本朝　正553
新池　白氏　續428
新竹　白氏　續428
新茶　白氏　續428
新中納言　宇津　正717
新中納言　枕冊　正780
新中納言殿　宇津　正717
新中將　枕冊　正780
新酎　白氏　續428
新寵　白氏　續428

新調　白氏　續428
新亭　文選　正236
新亭　白氏　續428
新定　本朝　正554
新庭　白氏　續428
新鄭縣　白氏　續428
新田　白氏　續428
新登科　白氏　續428
新都　文選　正236
新土　白氏　續428
新塔　白氏　續428
新塘　白氏　續428
新堂　白氏　續428
新任　本朝　正553
新年　白氏　續428
新白　白氏　續428
新悲　文選　正236
新廟　白氏　續428
新婦　遊仙　正92
新婦　白氏　續428
新封　白氏　續428
新風　本朝　正554
新墳　本朝　正554
新墳　白氏　續428
新文　白氏　續428
新兵　白氏　續428
新米　白氏　續428
新壁　白氏　續428
新篇　白氏　續428
新方　白氏　續428
新法　本朝　正554
新豊　文選　正236
新翻　白氏　續428
新磨　白氏　續428
新蜜　白氏　續428
新名　本朝　正554
新命　本朝　正554
新命　白氏　續428
新綿　白氏　續428
新柳　白氏　續428
新邑　文選　正236
新様　遊仙　正92
新葉　白氏　續427
新陽　文選　正236
新羅　本朝　正554
新羅　白氏　續428
新羅王　白氏　續428
新羅使　白氏　續428
新律　白氏　續428
新立　本朝　正554
新溜　白氏　續428
新林　文選　正236
新林　白氏　續428
新林浦　文選　正236
新令　本朝　正554
新令　白氏　續428
新蓮　白氏　續428
新路　白氏　續428
新廊　白氏　續428
新漏刻銘　文選　正236
新佛　本朝　正554
新來　白氏　續428
新營　文選　正236
新塋　白氏　續427
新將昌　白氏　續427
新廳　白氏　續428
新廳壁　白氏　續428
新戰　白氏　續428
新棗　白氏　續427
新樂　白氏　續427
新樂堂　白氏　續427
新樂府　白氏　續427
新樓　白氏　續428
新發意　法華　正421
新筍　白氏　續427
新篁　白氏　續427
新簟　白氏　續428
新絲　白氏　續427
新經堂　白氏　續427
新羈　文選　正236
新聲　文選　正236
新聲　本朝　正553
新聲　白氏　續428
新舊　文選　正236
新舊　本朝　正553
新舊　白氏　續427
新芻　白氏　續428
新茗　白氏　續428
新蕚　白氏　續427
新蔬　白氏　續428
新蘂　本朝　正553
新藝　文選　正236
新藥草　白氏　續428
新蘆　白氏　續428
新蛩　白氏　續427
新裝　白氏　續427
新譯　白氏　續428
新豐　白氏　續428
新豐縣　白氏　續428
新逕路　白氏　續427
新阡　白氏　續428
新隱　白氏　續427
新鞦韆　本朝　正554
新德　文選　正236
新綠　白氏　續428
新壠　白氏　續428
新姸　白氏　續427
新曆日　白氏　續428
新穀　論語　正64
新荇　白氏　續427
新萸　文選　正236
新蟬　白氏　續428
新醅　白氏　續428
新岍　白氏　續427
晋　論語　正64
晋　本朝　正554
晋(国名)　白氏　續429
晋(人名)　白氏　續429
晋煙　本朝　正554
晋王　文選　正236

晋紀　文選　正236
晋紀論　文選　正236
晋客　本朝　正554
晋京　文選　正236
晋月　本朝　正554
晋侯　白氏　續429
晋公　白氏　續429
晋公侍中　白氏　續429
晋后　本朝　正554
晋氏　文選　正236
晋室　文選　正236
晋室　本朝　正554
晋主　文選　正236
晋州　白氏　續429
晋昌　文選　正236
晋鐘　文選　正236
晋人　白氏　續429
晋水　白氏　續429
晋世　文選　正236
晋制　文選　正236
晋宋　白氏　續429
晋造　文選　正236
晋退　本朝　正554
晋朝　文選　正236
晋朝　本朝　正554
晋朝　白氏　續429
晋帝　本朝　正554
晋鄭　白氏　續429
晋典　文選　正236
晋日　本朝　正554
晋武　文選　正236
晋文　文選　正236
晋野　文選　正236
晋輿　文選　正236
晋陽　文選　正236
晋陽　本朝　正554
晋陽　白氏　續429
晋陽縣　白氏　續429
晋陵　白氏　續429
晋陵府君　白氏　續429
晋陵縣　白氏　續429
晋國　文選　正236
晋國　白氏　續429
晋獻　文選　正236
晋賈　文選　正236
森　白氏　續429
森森　白氏　續429
森然　白氏　續429
森爽　白氏　續429
榛　文選　正236
榛　白氏　續429
榛栗　白氏　續429
榛蕪す　文選　正236
榛棒　文選　正236
榛木　本朝　正554
榛林　文選　正236
榛曠　文選　正236
榛棘　文選　正236
榛藪　文選　正236
榛楛　文選　正236
浸滛　白氏　續429
浸潤　白氏　續429
浸潤　論語　正64
浸漬す　白氏　續429
深　白氏　續429
深（地名）　白氏　續429
深院　白氏　續430
深浦　白氏　續430
深奥　法華　正421
深王府　白氏　續430
深恩　白氏　續430
深火爐　白氏　續429
深宮　白氏　續429
深居　白氏　續429
深居す　白氏　續429
深契　白氏　續429
深穴　白氏　續429
深厚　法華　正421
深紅　白氏　續429
深山　白氏　續429
深思　遊仙　正92
深寺　白氏　續429
深樹　白氏　續429
深州　白氏　續429
深潤　白氏　續429
深情　白氏　續430
深色　白氏　續429
深心　法華　正421
深心　白氏　續429
深深　白氏　續430
深誠　白氏　續430
深石　白氏　續430
深草　白氏　續429
深村　白氏　續430
深大　法華　正421
深谷　白氏　續429
深知　白氏　續430
深智　法華　正421
深竹　白氏　續430
深衷　白氏　續430
深入　白氏　續429
深文　白氏　續430
深僻す　白氏　續430
深坊　白氏　續430
深房　白氏　續430
深望　白氏　續430
深夜　白氏　續430
深憂す　白氏　續429
深葉　白氏　續429
深慮す　白氏　續430
深林　白氏　續430
深惑　白氏　續429
深圓　白氏　續430
深峽　白氏　續429
深懷　白氏　續429
深淺　白氏　續430
深澤縣　白氏　續430
深爐　白氏　續430
深籠　白氏　續430
深閨　白氏　續429

深欵　白氏　續429
深沉　白氏　續430
深沉す　白氏　續430
深邢　白氏　續429
申　文選　正235
申詠　文選　正235
申韓　文選　正235
申湖　白氏　續423
申光蔡等州觀察處置等使留後　白氏　續423
申公發　白氏　續423
申錫す　文選　正235
申州刺史　白氏　續423
申州諸軍事　白氏　續423
申叔　白氏　續423
申商　文選　正235
申申　文選　正235
申申如　論語　正64
申生　白氏　續423
申奏す　白氏　續423
申旦　文選　正235
申徒狄　文選　正235
申聞　本朝　正552
申聞謹奏す　本朝　正552
申甫　白氏　續423
申報す　白氏　續423
申揚す　本朝　正552
申寫す　文選　正235
申椒　文選　正235
申胥　文選　正235
申黜　文選　正235
申棖　論語　正64
真　法華　正421
真器　本朝　正553
真救　本朝　正553
真空　本朝　正553
真形　本朝　正553
真言　枕冊　正780
真言　源氏　正848
真言院の阿闍梨　宇津　正717
真言院律師　宇津　正717
真姿　本朝　正553
真珠　遊仙　正92
真色　本朝　正553
真心　本朝　正553
真成　遊仙　正92
真跡　本朝　正553
真俗　本朝　正553
真誕　本朝　正553
真談　本朝　正553
真途　本朝　正553
真如　本朝　正553
真容　本朝　正553
真龍　本朝　正553
真實　本朝　正553
真實　伊勢　正650
真實　宇津　正717
真實　源氏　正848
真觀　本朝　正553
神　論語　正64
神　文選　正237
神　本朝　正554
神　白氏　續430
神蝂　文選　正237
神蘁口　文選　正237
神偉　文選　正237
神委　文選　正237
神威　本朝　正554
神意　文選　正237
神意　本朝　正554
神意　白氏　續430
神異　本朝　正554
神域　文選　正237
神域　白氏　續431
神宇　文選　正237
神運殿　白氏　續431
神益等　白氏　續431
神奥　文選　正237
神化　文選　正237
神化　白氏　續431
神駕　文選　正237
神怪　文選　正237
神岳　文選　正237
神姦　文選　正237
神感　文選　正237
神監　文選　正237
神器　文選　正237
神器　本朝　正554
神基　文選　正237
神旗　白氏　續431
神期　文選　正237
神機　本朝　正554
神鬼　白氏　續431
神祇　論語　正64
神祇　文選　正237
神祇　本朝　正554
神祇官　本朝　正554
神丘　文選　正237
神休　文選　正237
神居　文選　正237
神京　文選　正237
神京　白氏　續431
神禽　文選　正237
神襟　文選　正237
神襟　本朝　正554
神轡　文選　正237
神卦　文選　正237
神契　文選　正237
神景　文選　正237
神虎　文選　正237
神御　文選　正237
神交　本朝　正554
神光　文選　正237
神功　文選　正237
神功　白氏　續431
神功皇后　本朝　正554
神工　本朝　正554
神行　文選　正237
神骨　白氏　續431

神魂　白氏　續431
神策　白氏　續431
神策軍　白氏　續431
神察す　文選　正237
神皐　文選　正237
神山　文選　正237
神山　白氏　續431
神使　文選　正237
神思　白氏　續431
神事　本朝　正554
神社　本朝　正554
神爵　文選　正237
神宗　文選　正237
神州　文選　正237
神秀　文選　正237
神秀　白氏　續431
神渚　文選　正237
神助　白氏　續431
神女　文選　正237
神女　本朝　正554
神女　白氏　續431
神女浦　白氏　續431
神女臺　白氏　續431
神照　白氏　續431
神照上人　白氏　續431
神照禪師　白氏　續431
神鉦　文選　正237
神情　文選　正237
神情　本朝　正554
神心　文選　正237
神人　文選　正237
神人　白氏　續431
神瑞　本朝　正554
神雀　文選　正237
神星　本朝　正554
神聖　文選　正237
神聖　白氏　續431
神跡　文選　正237
神仙　遊仙　正92
神仙　文選　正237
神仙　本朝　正554
神仙　白氏　續431
神泉　文選　正237
神泉　宇津　正717
神泉苑　本朝　正554
神草　本朝　正554
神造　文選　正237
神足　文選　正237
神速　本朝　正554
神速　白氏　續431
神速變通　白氏　續431
神代　本朝　正554
神智　法華　正421
神池　文選　正237
神池　本朝　正554
神酎　白氏　續431
神聽　本朝　正554
神通　法華　正421
神通　白氏　續431
神通力　法華　正421
神鼎　文選　正237
神唐　白氏　續431
神島　文選　正237
神堂　白氏　續431
神道　文選　正237
神道　本朝　正554
神道　白氏　續431
神農　文選　正237
神馬　本朝　正554
神馬　宇津　正717
神秘　本朝　正554
神筆　本朝　正554
神符　文選　正237
神符　本朝　正554
神武　文選　正237
神武　白氏　續431
神武孝文皇帝　白氏　續431
神風　文選　正237
神淵　文選　正237
神物　文選　正237
神兵　文選　正237
神兵　本朝　正554
神兵　白氏　續431
神変　法華　正421
神変す　法華　正421
神母　文選　正237
神謀　文選　正237
神牧　文選　正237
神湊　白氏　續431
神妙　文選　正237
神妙　本朝　正554
神妙　白氏　續431
神明　論語　正64
神明　文選　正237
神明　本朝　正554
神明　白氏　續431
神門　白氏　續431
神祐　文選　正237
神容　文選　正237
神用　文選　正237
神用　白氏　續431
神理　文選　正237
神理　本朝　正554
神理　白氏　續431
神略　文選　正237
神龍　文選　正237
神龍　白氏　續431
神力　法華　正421
神力　本朝　正554
神林　白氏　續431
神麗　文選　正237
神路　文選　正237
神佛　宇津　正717
神會　白氏　續431
神劍　白氏　續431
神區　文選　正237
神營す　文選　正237
神寶　文選　正237
神恠　本朝　正554
神變　本朝　正554

神變 白氏 續431
神旍 文選 正237
神柩 白氏 續431
神氣 遊仙 正92
神氣 文選 正237
神氣 白氏 續431
神滸 文選 正237
神眷 本朝 正554
神睿 文選 正237
神祠 本朝 正554
神祇 白氏 續431
神縣 文選 正237
神聰 本朝 正554
神聽 文選 正237
神蓍靈龜 白氏 續431
神躬 文選 正237
神逵 文選 正237
神鑒 文選 正237
神靈 文選 正237
神靈 本朝 正554
神靈 白氏 續431
神魄 白氏 續431
神龜 文選 正237
神堯 白氏 續431
神德 文選 正237
神鈴 本朝 正554
神埛 文選 正237
神筭 文選 正237
神筭 白氏 續431
神螭 文選 正237
神飇 文選 正237
熱田神社 本朝 正554
秦 論語 正64
秦 文選 正237
秦 本朝 正554
秦 白氏 續431
秦歈 文選 正237
秦王 文選 正238
秦翁 白氏 續432
秦家 白氏 續431
秦家 白氏 續431
秦貨 文選 正237
秦漢 文選 正237
秦漢 白氏 續431
秦基 文選 正237
秦紀 文選 正237
秦吉了 白氏 續431
秦宮 文選 正237
秦京 文選 正237
秦吟 白氏 續431
秦郡 白氏 續431
秦稽 文選 正237
秦原等 白氏 續431
秦呉 文選 正237
秦呉 本朝 正554
秦皇 文選 正237
秦皇 本朝 正554
秦皇 白氏 續431
秦皇帝 文選 正237
秦皇帝 本朝 正554
秦郊 文選 正237
秦項 文選 正237
秦獄 白氏 續431
秦山 白氏 續431
秦始皇帝本紀 文選 正237
秦氏 本朝 正554
秦氏 白氏 續431
秦宿祢氏安 本朝 正554
秦女 白氏 續431
秦昭 文選 正237
秦城 本朝 正554
秦城 白氏 續431
秦人 文選 正237
秦人 本朝 正554
秦人 白氏 續431
秦制 文選 正237
秦成 文選 正237
秦青 文選 正237
秦川 文選 正237
秦川 白氏 續431
秦代 文選 正237
秦地 文選 正237
秦地 白氏 續431
秦中 文選 正237
秦中 白氏 續431
秦中吟 白氏 續431
秦帝 文選 正237
秦無 白氏 續431
秦野 文選 正238
秦野 白氏 續431
秦律 本朝 正554
秦嶺 文選 正238
秦嶺 白氏 續431
秦墟 文選 正237
秦娥 文選 正237
秦將 白氏 續431
秦彭 白氏 續431
秦樓 遊仙 正92
秦瑟 文選 正237
秦瑟 白氏 續431
秦箏 文選 正237
秦箏 白氏 續431
秦聲 白氏 續431
秦觀 文選 正237
秦趙 文選 正237
秦關 白氏 續431
秦隴 文選 正238
秦雍 白氏 續431
秦衡 文選 正237
紳 論語 正64
紳 文選 正238
紳 本朝 正554
紳 白氏 續432
紳(人名) 白氏 續432
紳冕 文選 正238
紳珮 文選 正238
臣 論語 正64
臣 文選 正238
臣 法華 正421
臣 本朝 正554

臣 白氏 續432
臣下 文選 正238
臣下 本朝 正554
臣下 白氏 續432
臣下 宇津 正717
臣下ども 宇津 正717
臣館 白氏 續432
臣愚 白氏 續432
臣子 文選 正238
臣子 本朝 正554
臣子 白氏 續432
臣事 白氏 續432
臣庶 文選 正238
臣妾 文選 正238
臣妾 本朝 正554
臣妾 白氏 續432
臣乗 文選 正238
臣節 本朝 正554
臣節 白氏 續432
臣等 文選 正238
臣等 本朝 正554
臣等 白氏 續432
臣匹磾 文選 正238
臣弼 本朝 正554
臣民 法華 正421
臣吏 白氏 續432
臣僚 文選 正238
臣琨 文選 正238
臣磾 文選 正238
脣吻 本朝 正554
薪 白氏 續432
薪樵 文選 正238
薪歌 文選 正238
薪采 文選 正238
薪草 文選 正238
薪草 白氏 續432
薪哥 本朝 正554
薪燎 文選 正238
薪芻 文選 正238
御親族 宇津 正716
親 論語 正64
親 文選 正238
親 本朝 正554
親 白氏 續432
親す 文選 正238
親す 本朝 正554
親す 白氏 續432
親愛 文選 正238
親愛 白氏 續432
親衛 本朝 正554
親衛大丞 本朝 正554
親宴 文選 正238
親怨 白氏 續432
親王 本朝 正554
親王 白氏 續432
親王 宇津 正717
親家翁 白氏 續432
親義 白氏 續432
親近 文選 正238
親近 白氏 續432
親近す 文選 正238
親近す 白氏 續432
親串 文選 正238
親迎 白氏 續432
親月 文選 正238
親賢 文選 正238
親賢 本朝 正554
親賢 白氏 續432
親故 文選 正238
親故 本朝 正554
親故 白氏 續432
親護 白氏 續432
親交 文選 正238
親厚 文選 正238
親好 文選 正238
親幸す 文選 正238
親事 白氏 續432
親重 白氏 續432
親重す 白氏 續432
親情 白氏 續432
親信 白氏 續432
親信す 白氏 續432
親人 白氏 續432
親戚 文選 正238
親戚 白氏 續432
親接す 文選 正238
親疎 本朝 正554
親族 法華 正421
親族 白氏 續432
親族 宇津 正715
親族 枕冊 正780
親族たち 宇津 正716
親知 文選 正238
親知 本朝 正554
親知 白氏 續432
親寵 文選 正238
親賓 白氏 續432
親賔 文選 正238
親賔 本朝 正554
親父 本朝 正554
親服 文選 正238
親兵 白氏 續432
親朋 白氏 續432
親睦 文選 正238
親友 文選 正238
親友 本朝 正554
親友 白氏 續432
親吏 文選 正238
親理 文選 正238
親老 白氏 續432
親媚 文選 正238
親屬 文選 正238
親屬 白氏 續432
親懿 文選 正238
親昵 論語 正64
親舅 本朝 正554
親舊 文選 正238
親舊 白氏 續432
親讎 白氏 續432
親踈 文選 正238

親踈 白氏 續432
親鄰 白氏 續432
親黨 白氏 續432
親暱 文選 正238
相親す 文選 正238
相親す 本朝 正554
相親近す 白氏 續432
身 文選 正238
身 本朝 正554
身意 文選 正238
身意 白氏 續432
身衣 白氏 續432
身外 文選 正238
身外 白氏 續432
身涯 本朝 正554
身骸 白氏 續432
身閑 白氏 續432
身義 文選 正238
身玉 文選 正238
身健 白氏 續432
身後 文選 正238
身後 本朝 正554
身後 白氏 續432
身才 文選 正238
身子 本朝 正554
身事 白氏 續432
身手 文選 正238
身首 文選 正238
身上 白氏 續432
身心 法華 正421
身心 白氏 續432
身人 白氏 續432
身世 文選 正238
身世 白氏 續433
身相 白氏 續432
身代 白氏 續433
身中 法華 正421
身田 本朝 正554
身謀 白氏 續433
身名 文選 正238
身名 白氏 續433
身命 法華 正421
身命 白氏 續433
身力 白氏 續433
身體 論語 正64
身體 法華 正421
身體 白氏 續433
身閒 白氏 續432
身軀 文選 正238
辛 白氏 續433
辛夷 文選 正238
辛夷 白氏 續433
辛亥 白氏 續433
辛卯 白氏 續433
辛丑 文選 正238
辛丑 白氏 續433
辛甘 文選 正238
辛丘度 白氏 續433
辛丘度等 白氏 續433
辛勤 白氏 續433
辛勤す 文選 正238
辛勤す 白氏 續433
辛苦 遊仙 正92
辛苦 文選 正238
辛苦 白氏 續433
辛苦す 文選 正238
辛苦す 白氏 續433
辛君 本朝 正555
辛酸 文選 正238
辛酸す 文選 正238
辛氏 白氏 續433
辛受 文選 正238
辛壬 文選 正238
辛楚 文選 正238
辛酉 本朝 正554
辛酉朔 白氏 續433
辛秘 白氏 續433
辛毘 白氏 續433
辛弁文 白氏 續433
辛巳 白氏 續433
辛有 文選 正238
辛有 白氏 續433
辛李衞霍 文選 正238
辛艱 本朝 正554
辛薑 文選 正238
作進す 本朝 正555
進 本朝 正555
進す 本朝 正555
進す 白氏 續433
進御す 文選 正238
進幸す 白氏 續433
進士 本朝 正555
進士 白氏 續433
進士 宇津 正717
進士 枕冊 正780
進士 源氏 正848
進士策問 白氏 續433
進士第 白氏 續433
進士等 白氏 續433
進旨 白氏 續433
進止 文選 正238
進止 白氏 續433
進止す 白氏 續433
進修 白氏 續433
進修す 白氏 續433
進上 枕冊 正780
進善 本朝 正555
進善 白氏 續433
進奏す 白氏 續433
進奏院 白氏 續433
進送す 白氏 續433
進退 論語 正64
進退 遊仙 正92
進退 文選 正238
進退 本朝 正555
進退 白氏 續433
進退し 枕冊 正780
進退す 論語 正64
進退す 文選 正238
進退す 白氏 續433

進退周旋　白氏　續433
進退出處　白氏　續433
進退擧措　白氏　續433
進退榮辱　白氏　續433
進達す　文選　正238
進秩　白氏　續433
進討　白氏　續433
進討す　白氏　續433
進物　白氏　續433
進奉　白氏　續433
進奉す　白氏　續433
進獻　白氏　續433
進獻す　白氏　續433
進發す　本朝　正555
進發す　白氏　續433
進讓　文選　正238
進讓す　白氏　續433
進德　白氏　續433
撰進す　本朝　正555
針　白氏　續433
針弦　白氏　續433
針女　白氏　續433
針線　白氏　續433
針頭　白氏　續433
針艾　本朝　正555
震　文選　正238
震　本朝　正555
震　白氏　續433
震(人名)　白氏　續433
震す　文選　正238
震位　本朝　正555
震越す　文選　正238
震響　文選　正238
震震す　文選　正238
震電　文選　正239
震怒す　文選　正239
震悼す　文選　正238
震悼す　白氏　續433
震蕩す　文選　正239
震騰　文選　正239
震動し　枕冊　正780
震動す　文選　正239
震動す　法華　正421
震動す　宇津　正717
震風　文選　正239
震服す　文選　正239
震耀　文選　正239
震耀す　白氏　續433
震雷　本朝　正555
震鱗　文選　正239
震慄す　白氏　續433
震澤　白氏　續433
震爻　本朝　正555
震盪す　文選　正238
震隱す　文選　正238
震霆　文選　正239
震兊　文選　正238
震讋す　白氏　續433
人　文選　正235
人　本朝　正552
人　白氏　續423
人位　本朝　正553
人意　白氏　續423
人影　白氏　續423
人英　本朝　正552
人益　文選　正235
人怨　文選　正235
人煙　文選　正235
人煙　白氏　續423
人煙*　白氏　續423
人家　本朝　正552
人家　白氏　續423
人我　本朝　正552
人我　白氏　續423
人悔　文選　正235
人間　文選　正235
人間　本朝　正553
人間　白氏　續423
人眼　白氏　續423
人紀　文選　正235
人鬼　文選　正235
人鬼　白氏　續423
人祇　文選　正235
人客　白氏　續423
人居　文選　正235
人居　白氏　續423
人魚　白氏　續423
人境　文選　正235
人境　白氏　續423
人極　白氏　續423
人君　文選　正235
人君　本朝　正553
人君　白氏　續423
人傑　文選　正235
人傑　白氏　續423
人言　白氏　續423
人戸　白氏　續423
人功　文選　正235
人口　本朝　正553
人口　白氏　續423
人皇　文選　正235
人行跡　白氏　續423
人豪　白氏　續423
人才　文選　正235
人才　本朝　正553
人材　白氏　續423
人財　白氏　續423
人士　文選　正235
人子　白氏　續423
人師　本朝　正553
人事　論語　正64
人事　文選　正235
人事　本朝　正553
人事　白氏　續423
人爵　文選　正235
人爵　白氏　續424
人若　本朝　正553
人主　文選　正235
人主　本朝　正553
人主　白氏　續424

人宗	文選	正235
人術	文選	正235
人庶	本朝	正553
人庶	白氏	續424
人上	文選	正235
人上	白氏	續423
人情	文選	正235
人情	本朝	正553
人情	白氏	續424
人心	本朝	正553
人心	白氏	續424
人神	文選	正235
人神	白氏	續424
人臣	文選	正235
人臣	本朝	正553
人臣	白氏	續424
人身	文選	正235
人人	文選	正235
人人	白氏	續424
人瑞	文選	正235
人世	本朝	正553
人世	白氏	續424
人性	白氏	續424
人生	文選	正235
人生	本朝	正553
人生	白氏	續424
人跡	本朝	正553
人跡	白氏	續424
人喪	白氏	續423
人曹	白氏	續423
人俗	本朝	正553
人俗	白氏	續424
人代	本朝	正553
人蓄	文選	正235
人中	本朝	正553
人中	白氏	續424
人定	白氏	續424
人天	本朝	正553
人天	白氏	續424
人徒	文選	正235
人頭	白氏	續424
人道	文選	正235
人道	白氏	續424
人日	白氏	續423
人馬	文選	正235
人馬	白氏	續424
人範	文選	正235
人表	文選	正235
人病	白氏	續424
人品	文選	正235
人腹	白氏	續424
人物	文選	正235
人物	本朝	正553
人物	白氏	續424
人文	文選	正235
人文	本朝	正553
人文	白氏	續424
人兵	文選	正235
人兵	本朝	正553
人弊	白氏	續424
人柄	本朝	正553
人柄	白氏	續424
人別	本朝	正553
人望	文選	正235
人望	本朝	正553
人望	白氏	續424
人謀	文選	正235
人謀	白氏	續424
人防	白氏	續424
人民	論語	正64
人民	文選	正235
人民	本朝	正553
人命	文選	正235
人命	本朝	正553
人命	白氏	續424
人面	文選	正235
人面	白氏	續424
人目	本朝	正553
人目	白氏	續424
人役	文選	正235
人用	白氏	續424
人欲	文選	正235
人欲	白氏	續424
人利	白氏	續424
人吏	白氏	續424
人理	文選	正235
人力	文選	正235
人力	本朝	正553
人力	白氏	續424
人倫	文選	正235
人倫	本朝	正553
人倫	白氏	續424
人和	文選	正235
人會	白氏	續423
人壽	文選	正235
人寰	文選	正235
人寰	本朝	正553
人寰	白氏	續423
人徑	文選	正235
人數	本朝	正553
人數	白氏	續424
人獸	白氏	續423
人疵	白氏	續423
人迹	文選	正235
人靈	文選	正235
人德	本朝	正553
人瘼	白氏	續424
仁	論語	正64
仁	文選	正235
仁	本朝	正553
仁	白氏	續424
仁愛す	白氏	續424
仁威	本朝	正553
仁恩	文選	正235
仁恩	本朝	正553
仁化	本朝	正553
仁貴	白氏	續424
仁義	文選	正235
仁義	本朝	正553
仁義	白氏	續424

仁君　文選　正235
仁形　文選　正235
仁恵　本朝　正553
仁賢　文選　正235
仁賢　白氏　續424
仁公　文選　正235
仁厚　論語　正64
仁厚　本朝　正553
仁厚　白氏　續424
仁策　文選　正235
仁察　白氏　續424
仁山　本朝　正553
仁者　論語　正64
仁者　文選　正235
仁者　本朝　正553
仁者　白氏　續424
仁恕　文選　正235
仁恕　白氏　續424
仁信　白氏　續424
仁心　文選　正235
仁心　本朝　正553
仁心　白氏　續424
仁人　論語　正64
仁人　文選　正235
仁政　白氏　續424
仁聖　文選　正235
仁聖　白氏　續424
仁端　白氏　續424
仁智　論語　正64
仁智　文選　正235
仁智　本朝　正553
仁道　論語　正64
仁道　文選　正235
仁篤　文選　正235
仁頻　文選　正235
仁風　文選　正235
仁風　本朝　正553
仁風　白氏　續424
仁明　文選　正235
仁里　文選　正235
仁里　白氏　續424
仁亮　白氏　續424
仁和　白氏　續424
仁和郷　白氏　續424
仁壽　文選　正235
仁壽　白氏　續424
仁壽殿　本朝　正553
仁惠　文選　正235
仁惠　白氏　續424
仁惻す　白氏　續424
仁氣　白氏　續424
仁澤　本朝　正553
仁獸　文選　正235
仁祠　本朝　正553
仁經　文選　正235
仁聲　文選　正235
仁德　白氏　續424
刃　文選　正235
刃　文選　正235
刃　本朝　正553
刃　白氏　續425
壬子　白氏　續425
壬申　白氏　續425
壬発　白氏　續425
尋　論語　正64
尋　白氏　續425
尋閤勸　白氏　續425
尋常　白氏　續425
尋盟　白氏　續425
尋檢　白氏　續425
尋靜　白氏　續425
甚深　法華　正421
甚深　白氏　續430
甚大　法華　正421
迅商　文選　正238
迅瀨　本朝　正555
迅足　文選　正238
迅漂す　文選　正238
迅風　文選　正238
迅雷　文選　正238
迅雷　白氏　續433
迅澓　文選　正238
迅翮　文選　正238
迅雌　文選　正238
迅飈　文選　正238
辰　文選　正238
辰　本朝　正555
辰　白氏　續433
辰角　本朝　正555
辰漢　文選　正238
辰極　文選　正238
辰極　本朝　正555
辰光　文選　正238
辰事　文選　正238
辰時　白氏　續433
辰象　文選　正238
辰精　文選　正238
辰日　白氏　續433
辰明　文選　正238
辰陽　文選　正238
辰良　文選　正238
辰旒　文選　正238
辰晷　文選　正238
沈四著作　白氏　續429
沈八中丞　白氏　續429
津　文選　正236
津　白氏　續429
津涯　文選　正236
津涯　白氏　續429
津橋　白氏　續429
津人　白氏　續429
津塗　文選　正236
津頭　白氏　續429
津門　文選　正236
津陽門　文選　正236
津梁　文選　正236
津梁　白氏　續429
津濟　文選　正236
賑給す　白氏　續432
賑貸　白氏　續432

賑貸す　白氏　續432
賑廩す　白氏　續432
賑贍　本朝　正554
賑卹*す　白氏　續432
任　白氏　續424
任す　遊仙　正92
任す　白氏　續424
任安　白氏　續424
任遇　白氏　續424
任敬仲　白氏　續424
任光輔　白氏　續424
任使　白氏　續424
任使す　白氏　續424
任重　白氏　續424
任土　白氏　續424
任文質　白氏　續424
任用　白氏　續424
任用す　白氏　續424
任老　白氏　續424
任廸簡　白氏　續424
任歷　白氏　續424
忍咲　遊仙　正92
溱洧　文選　正236
溱洧　白氏　續430
仞　論語　正64
參　白氏　續425
參差　遊仙　正92
參差　白氏　續425
參商　白氏　續425
參展　遊仙　正92
呻吟　白氏　續425
哂歎　白氏　續425
嗔中　白氏　續425
宸　文選　正235
宸　本朝　正553
宸　白氏　續425
宸位　本朝　正553
宸駕　文選　正235
宸居　文選　正235
宸居　白氏　續425
宸極　文選　正235
宸襟　本朝　正553
宸景　文選　正236
宸軒　文選　正236
宸慈　白氏　續425
宸衷　本朝　正553
宸衷　白氏　續425
宸波　本朝　正553
宸筆　本朝　正553
宸網　文選　正236
宸遊　本朝　正553
宸歷　文選　正236
宸嚴　白氏　續425
宸旒　本朝　正553
宸聰　白氏　續425
宸聽　白氏　續425
宸鑒　白氏　續425
宸扆　本朝　正553
寢　白氏　續425
寢す　白氏　續425
寢園　白氏　續425
寢宮　白氏　續425
寢興　白氏　續425
寢室　白氏　續425
寢食　白氏　續425
寢息　白氏　續425
寢息す　白氏　續425
寢殿　宇津　正717
寢殿　源氏　正848
寢門　白氏　續425
寢處　白氏　續425
岑岑　白氏　續425
愼　白氏　續426
愼忌　白氏　續426
愼行　白氏　續426
愼守　白氏　續426
愼終　白氏　續426
愼重す　白氏　續426
愼審　白氏　續426
愼選　白氏　續426
愼默　白氏　續426
愼默畏忌す　白氏　續426
愼擇　白氏　續426
愼檢　白氏　續426
愼竈　文選　正236
愼靜　白氏　續426
斟酌す　白氏　續426
晉(人名)　文選　正236
晉(地名)　文選　正236
晉安郡　文選　正236
晨　文選　正236
晨　本朝　正554
晨　白氏　續429
晨霞　白氏　續429
晨霞子　白氏　續429
晨輝　白氏　續429
晨興　白氏　續429
晨禽　文選　正236
晨禽　白氏　續429
晨月　文選　正236
晨光　文選　正236
晨光　白氏　續429
晨鵠　文選　正236
晨昏　文選　正236
晨昏　本朝　正554
晨昏　白氏　續429
晨昏す　本朝　正554
晨餐　文選　正236
晨炊　白氏　續429
晨鳩　白氏　續429
晨風　文選　正236
晨風　本朝　正554
晨風(書名)　文選　正236
晨服　文選　正236
晨暮　文選　正236
晨門　論語　正64
晨夜　文選　正236
晨夜　白氏　續429
晨夕　白氏　續429
晨旅　文選　正236

晨露　白氏　續429
晨曦　白氏　續429
晨歡　文選　正236
晨缸*　白氏　續429
晨羞　文選　正236
晨鳧　文選　正236
晨鷄　白氏　續429
晨皷　白氏　續429
晨雞　白氏　續429
晨飈　白氏　續429
沁水　白氏　續429
潯陽　白氏　續430
潯陽郡　白氏　續430
潯陽城　白氏　續430
潯陽府　白氏　續430
潯陽樓　白氏　續430
燼　白氏　續430
甄井　文選　正236
眕睩　文選　正236
盡忠　白氏　續430
盡日　本朝　正554
盡日　白氏　續430
盡滅　白氏　續430
盡滅す　法華　正421
眞　文選　正236
眞　文選　正236
眞　本朝　正553
眞　白氏　續430
眞(人名)　白氏　續430
眞意　文選　正236
眞儀　白氏　續430
眞卿　白氏　續430
眞玉　白氏　續430
眞空　白氏　續430
眞賢　白氏　續430
眞言　白氏　續430
眞語　白氏　續430
眞宰　白氏　續430
眞際　文選　正236
眞寂　白氏　續430
眞珠　法華　正421
眞珠　白氏　續430
眞珠簾　白氏　續430
眞趣　文選　正236
眞趣　白氏　續430
眞授　白氏　續430
眞授す　白氏　續430
眞宗　白氏　續430
眞食　白氏　續430
眞神　文選　正236
眞人　文選　正236
眞人　白氏　續430
眞性　白氏　續430
眞想　文選　正236
眞相　白氏　續430
眞存　白氏　續430
眞存先生　白氏　續430
眞秩　白氏　續430
眞通　白氏　續430
眞定　文選　正236
眞諦　白氏　續430
眞道　白氏　續430
眞如　白氏　續430
眞念　白氏　續430
眞娘　白氏　續430
眞妄　白氏　續430
眞理　白氏　續430
眞龍　文選　正236
眞侶　白氏　續430
眞力　白氏　續430
眞僞　文選　正236
眞僞　白氏　續430
眞學　白氏　續430
眞實　法華　正421
眞實　白氏　續430
眞拜す　白氏　續430
眞眷属　白氏　續430
眞誥　白氏　續430
眞隱　白氏　續430
眞籙　白氏　續430
瞋　法華　正421
瞋恚　法華　正421
箴　白氏　續432
箴規　白氏　續432
箴言　白氏　續432
簪　白氏　續432
簪裾　白氏　續432
簪組　白氏　續432
簪組す　白氏　續432
簪笏　白氏　續432
簪纓　白氏　續432
簪紱　白氏　續432
縉雲　白氏　續432
縉紳　白氏　續432
縉雲山　本朝　正554
縉紳　本朝　正554
縉紳先生　本朝　正554
脣吻　文選　正238
脣齒　文選　正238
蓁　文選　正238
蓁蓁　文選　正238
蓁藪　文選　正238
蜃　白氏　續432
蜃衛　文選　正238
蜃樓　本朝　正554
蜃樓　白氏　續432
襯す　白氏　續432
襯波　白氏　續432
譖　白氏　續432
軫悼　白氏　續433
軫悼す　白氏　續433
軫念　白氏　續433
軫念す　白氏　續433
軫軫　文選　正238
鍼石　白氏　續433
駸駸　白氏　續433
驂　白氏　續433
槇幹　白氏　續429
侁侁　文選　正235
搢紳　文選　正236

搢紳　白氏　續426
搢紳先生　文選　正236
櫬　文選　正236
櫬　白氏　續429
涔陽　白氏　續429
璡　文選　正236
稹　白氏　續432
寖漬す　白氏　續432
縝密　白氏　續432
莘　本朝　正554
莘莘　文選　正238
藎臣　白氏　續432
軔　白氏　續433
軔*　文選　正238
闐噎　文選　正238
飪　論語　正64
鬒髪　白氏　續433
齓髫　文選　正239

【す】

すか原の院　枕冊　正780
すけずみの宰相中將　宇津　正717
すけずみの中將　宇津　正717
すゞしの宰相　宇津　正717
すゞしの中納言　宇津　正717
すゞしの中納言どの　宇津　正717
すゞしの中納言の君　宇津　正717
すゞしの中將　宇津　正717
すゞりの具　宇津　正717
すみなと様　源氏　正848
するかの前司　枕冊　正780
すゑふさの弁　宇津　正717
朱砂　枕冊　正780
朱雀　源氏　正848
朱雀院　宇津　正717
朱雀院　源氏　正848
朱雀院の御門　源氏　正848
朱雀院の女御　宇津　正717
朱雀門　宇津　正717
朱買臣　枕冊　正780
受領　宇津　正717
受領　枕冊　正780
受領　源氏　正848
受領し　枕冊　正780
受領とも　源氏　正848
呪詛　宇津　正717
呪詛　枕冊　正780
呪詛し　宇津　正717
寿命經　枕冊　正780
み修法　宇津　正717
御修法　源氏　正848
御修法とも　源氏　正848
修行　宇津　正717
修行者　伊勢　正650
修行者　蜻蛉　正748
修行者　源氏　正848
修行者たち　枕冊　正780
修法　宇津　正717
修法　蜻蛉　正748
修法　枕冊　正780
修法　源氏　正848
修法し　枕冊　正780
修法せ　宇津　正717
修理　源氏　正848
修理し　源氏　正848
修理しなし　源氏　正848
修理しはて　宇津　正717
修理し果て　蜻蛉　正748
修理す　宇津　正717
修理す　枕冊　正780
修理づかさ　宇津　正717
修理のかみ　宇津　正717
修理のかみ　源氏　正848
修理の宰相　源氏　正848
修理職　宇津　正717
修理職　源氏　正848
従者　源氏　正848
出家　源氏　正848
出家し　源氏　正848
須彌の山　源氏　正848
嵩丘　文選　正239
数　論語　正64
数珠　宇津　正717
数珠　蜻蛉　正748
数年　論語　正64
数仞　論語　正64
蘇芳　土左　正659
蘇芳　宇津　正717
蘇芳　源氏　正848
蘇芳かさね　源氏　正848
蘇芳がさね　宇津　正717
蘇芳紋籤　宇津　正717
蘇枋　枕冊　正780
蘇枋襲　枕冊　正780
相撲の會　蜻蛉　正748
壽命經　源氏　正848
從者　枕冊　正780
從者とも　枕冊　正780
從者　宇津　正717
御數珠　源氏　正848
數奇　本朝　正555
數珠　枕冊　正780
數珠　源氏　正848
棕櫚　枕冊　正780
御誦經　宇津　正717
御誦經　源氏　正848
誦し　伊勢　正650
誦し　宇津　正717
誦し　枕冊　正780
誦しあへ　源氏　正848
誦しいて　枕冊　正780
誦しかち　源氏　正848
誦しなし　源氏　正848
誦する　蜻蛉　正748
誦文する　枕冊　正780

誦經　宇津　正717
誦經　蜻蛉　正748
誦經　枕冊　正780
誦經　源氏　正848
誦經す　宇津　正717
誦經のもの　枕冊　正780
誦經文　宇津　正717
誦じ　宇津　正718
誦じあげ　宇津　正717
出師　文選　正239
出師頌　文選　正239
出車　文選　正239
出納　文選　正239
出納　本朝　正555
出納　白氏　續434
出納す　白氏　續434
出擧　本朝　正555
出擧稲　本朝　正555
吹す　白氏　續434
吹嘘す　本朝　正555
吹作す　白氏　續434
吹塵　本朝　正555
吹簸す　白氏　續434
吹毛　本朝　正555
吹擧　本朝　正555
吹煦　白氏　續434
吹煦す　白氏　續434
吹萬　本朝　正555
吹蠱　文選　正239
吹噏　文選　正239
吹嘘　白氏　續434
吹嘘す　白氏　續434
吹筠　本朝　正555
垂す　本朝　正555
垂衣　本朝　正555
垂雲　文選　正239
垂旨　文選　正239
垂死　白氏　續434
垂示す　白氏　續434
垂珠　白氏　續434
垂跡　本朝　正555
垂天　文選　正239
垂天　本朝　正555
垂堂　文選　正239
垂堂す　文選　正239
垂白　白氏　續434
垂文　文選　正239
垂柳　本朝　正555
垂柳　白氏　續434
垂楊　文選　正239
垂楊　白氏　續434
垂露　本朝　正555
垂露　白氏　續434
垂老　白氏　續434
垂拱す　文選　正239
垂拱す　白氏　續434
垂棘　文選　正239
垂涕　文選　正239
垂簷　白氏　續434
垂雞　文選　正239
帥　論語　正64
帥　文選　正239
帥　白氏　續434
帥旗　白氏　續434
帥長　白氏　續434
推　白氏　續434
推す　法華　正421
推す　白氏　續434
推案　白氏　續434
推恩　文選　正239
推恩　白氏　續434
推恩す　白氏　續434
推官　白氏　續434
推竿　本朝　正555
推鞠　本朝　正555
推古　本朝　正555
推古天皇　本朝　正555
推古天皇十二年　本朝　正555
推校す　文選　正239
推策す　本朝　正555
推察す　本朝　正555
推辞　遊仙　正92
推斥す　文選　正239
推薦　本朝　正555
推薦す　白氏　續434
推遷　白氏　續434
推督す　文選　正239
推挽　白氏　續434
推挽す　白氏　續434
推服す　白氏　續434
推歩　本朝　正555
推歩す　本朝　正555
推問　本朝　正555
推問　本朝　正555
推理　文選　正239
推輪　白氏　續434
推輪す　白氏　續434
推奬　白氏　續434
推譲　本朝　正555
推轂　本朝　正555
推辭す　白氏　續434
水　白氏　續434
水蓱　文選　正239
水葵　白氏　續434
水夷　文選　正239
水衣　文選　正239
水雨　本朝　正555
水雨　白氏　續434
水運　文選　正239
水雲　白氏　續434
水煙　白氏　續434
水火　論語　正64
水火　文選　正239
水火　本朝　正555
水火　白氏　續434
水花　白氏　續434
水怪　文選　正239
水害　本朝　正555
水害　白氏　續434

水閣　本朝　正555
水閣　白氏　續434
水蒲　白氏　續435
水官　白氏　續434
水干袴　枕冊　正780
水舘　白氏　續434
水岸　白氏　續434
水嬉　本朝　正555
水嬉　白氏　續434
水嬉す　白氏　續434
水亀　本朝　正555
水客　文選　正239
水橋　白氏　續434
水郷　文選　正239
水鏡　文選　正239
水鏡　本朝　正555
水鏡　白氏　續434
水曲　文選　正239
水玉　文選　正239
水禁　白氏　續434
水禽　文選　正239
水禽　白氏　續434
水銀　白氏　續434
水軍　文選　正239
水畦　白氏　續434
水月　本朝　正555
水月　白氏　續434
水月菩薩　白氏　續434
水軒　白氏　續434
水戸　白氏　續434
水五筒　白氏　續434
水光　白氏　續434
水光す　本朝　正555
水巷　白氏　續434
水梗　白氏　續434
水行　文選　正239
水衡　文選　正239
水衡　白氏　續434
水閤　本朝　正555
水鷺　白氏　續435
水子陵　白氏　續434
水市　白氏　續434
水寺　白氏　續434
水若　文選　正239
水腫　法華　正421
水樹　本朝　正555
水樹　白氏　續435
水宿　文選　正239
水宿す　文選　正239
水渚　文選　正239
水晶　枕冊　正780
水松　文選　正239
水渉す　文選　正239
水上　文選　正239
水上　本朝　正555
水上　白氏　續435
水色　白氏　續435
水心　本朝　正555
水心亭　白氏　續435
水深　文選　正239
水人　文選　正239
水澄　白氏　續435
水精　遊仙　正92
水西　白氏　續435
水西館　白氏　續435
水西寺　白氏　續435
水石　本朝　正555
水石　白氏　續435
水仙　白氏　續435
水泉　本朝　正555
水泉　白氏　續435
水曹郎　白氏　續434
水窓　白氏　續435
水草　文選　正239
水草　白氏　續434
水蒼　白氏　續434
水族　文選　正239
水族　白氏　續435
水竹　白氏　續435
水竹花　白氏　續435
水中　文選　正239
水中　本朝　正555
水中　白氏　續435
水調　白氏　續435
水鳥　本朝　正555
水鳥　白氏　續435
水亭　白氏　續435
水亭院　白氏　續435
水天　白氏　續435
水田　白氏　續435
水土　白氏　續435
水東　白氏　續435
水堂　白氏　續435
水道　本朝　正555
水道　白氏　續435
水徳　白氏　續435
水南　白氏　續435
水波　本朝　正555
水波　白氏　續435
水畔　白氏　續435
水飯　宇津　正717
水飯　蜻蛉　正748
水飯　枕冊　正780
水飯　源氏　正848
水飯なと様　源氏　正848
水豹　文選　正239
水苗　白氏　續435
水府　文選　正239
水府　白氏　續435
水部　白氏　續435
水部員外郎　白氏　續435
水部庫部員外郎　白氏　續435
水風　白氏　續435
水物　文選　正239
水物　白氏　續435
水碧　文選　正239
水母　文選　正239
水芳　白氏　續435
水北　白氏　續435

水沫 法華 正421
水脈 本朝 正555
水霧 白氏 續435
水面 本朝 正555
水面 白氏 續435
水木 文選 正239
水木 白氏 續435
水陸 文選 正239
水陸 本朝 正555
水陸 白氏 續435
水林檎 白氏 續435
水蓮 白氏 續435
水路 本朝 正555
水路 白氏 續435
水區 文選 正239
水國 文選 正239
水國 白氏 續434
水獎 白氏 續435
水弩 白氏 續435
水戰 文選 正239
水旱 文選 正239
水旱 本朝 正555
水旱 白氏 續434
水檻 本朝 正555
水檻 白氏 續434
水游 白氏 續434
水漿 文選 正239
水潦 白氏 續435
水濱 文選 正239
水濱 白氏 續435
水獺 本朝 正555
水齋 白氏 續434
水籠 枕冊 正780
水聲 白氏 續435
水菽 本朝 正555
水蓼 白氏 續435
水蘋 文選 正239
水蘋 白氏 續435
水蟲 文選 正239
水蟲 白氏 續435
水邊 本朝 正555
水邊 白氏 續435
水邉 白氏 續435
水鸛 文選 正239
水德 文選 正239
水兕 文選 正239
水榭 白氏 續434
水檉 白氏 續435
水沴 白氏 續435
水溢亭 白氏 續435
水臬 文選 正239
水荇 白氏 續434
水蓏 文選 正239
水湌 白氏 續435
水鬐 白氏 續434
炊す 白氏 續435
炊甑 白氏 續435
炊爨 本朝 正555
睡 白氏 續435
睡起晏坐 白氏 續435
睡興 白氏 續435
睡後 白氏 續436
睡着 白氏 續436
睡中 白氏 續436
睡覺 白氏 續435
睡覺す 白氏 續435
翠 文選 正240
翠 白氏 續436
翠碉 文選 正240
翠羽 文選 正240
翠羽 白氏 續436
翠雲 文選 正240
翠黄 文選 正240
翠華 文選 正240
翠華 本朝 正555
翠華 白氏 續436
翠霞 文選 正240
翠蓋 文選 正240
翠蓋 白氏 續436
翠簡 本朝 正555
翠翰 文選 正240
翠錦 白氏 續436
翠山 文選 正240
翠色 白氏 續436
翠草 文選 正240
翠藻 白氏 續436
翠袖 白氏 續436
翠黛 白氏 續436
翠樽 文選 正240
翠池 本朝 正555
翠帳 本朝 正555
翠被 文選 正240
翠微 文選 正240
翠微 白氏 續436
翠眉 本朝 正555
翠眉 白氏 續436
翠阜 文選 正240
翠鳳 文選 正240
翠帽 文選 正240
翠幌 本朝 正555
翠幕 文選 正240
翠幕 白氏 續436
翠柳 本朝 正555
翠葉 白氏 續436
翠嵐 本朝 正555
翠緑 文選 正240
翠林 文選 正240
翠簾 本朝 正555
翠娥 本朝 正555
翠娥 白氏 續436
翠帷 文選 正240
翠幄 文選 正240
翠條 白氏 續436
翠氣 文選 正240
翠瀲 文選 正240
翠綏 文選 正240
翠翳 文選 正240
翠翹 文選 正240
翠翹 白氏 續436
翠莖 白氏 續436

翠蕚　白氏　續436
翠衫　遊仙　正92
翠觀　文選　正240
翠輦　本朝　正555
翠輦　白氏　續436
翠釵　白氏　續436
翠鬣　文選　正240
翠屛　文選　正240
翠屛　白氏　續436
翠巘　白氏　續436
翠帟　文選　正240
翠幬　文選　正240
翠筠　白氏　續436
翠綏　白氏　續436
衰　文選　正239
衰　白氏　續436
衰翁　本朝　正555
衰翁　白氏　續437
衰荷　白氏　續436
衰感　白氏　續436
衰間　白氏　續436
衰顏　本朝　正555
衰顏　白氏　續436
衰危　本朝　正555
衰朽　白氏　續436
衰朽す　白氏　續436
衰桐　白氏　續436
衰苦　白氏　續436
衰梧　本朝　正555
衰紅　白氏　續436
衰思　白氏　續436
衰疾　文選　正239
衰疾　白氏　續436
衰疾す　白氏　續436
衰弱す　白氏　續436
衰周　文選　正239
衰緒　文選　正239
衰情　白氏　續436
衰色　文選　正239
衰推す　白氏　續436
衰世　文選　正239
衰盛　白氏　續436
衰相　白氏　續436
衰息　白氏　續436
衰代　文選　正239
衰中　白氏　續436
衰年　本朝　正555
衰年　白氏　續436
衰白　白氏　續436
衰薄　文選　正239
衰微　文選　正239
衰微す　文選　正239
衰微す　白氏　續436
衰病　白氏　續436
衰病す　白氏　續436
衰弊　本朝　正555
衰暮　本朝　正555
衰暮　白氏　續436
衰暮す　文選　正239
衰暮す　白氏　續436
衰亡す　本朝　正555
衰貌　白氏　續436
衰滅　白氏　續436
衰木　文選　正239
衰柳　文選　正239
衰柳　白氏　續437
衰容　白氏　續437
衰揚　白氏　續437
衰葉　本朝　正555
衰葉　白氏　續436
衰落す　白氏　續437
衰蘭　白氏　續437
衰陵　文選　正239
衰林　文選　正239
衰蓮　白氏　續437
衰老　論語　正64
衰老　法華　正421
衰老　本朝　正555
衰老　白氏　續437
衰老す　論語　正64
衰老す　法華　正421
衰老す　本朝　正555
衰老す　白氏　續437
衰亂　文選　正239
衰亂　白氏　續437
衰惡す　白氏　續437
衰憊す　白氏　續436
衰敝　文選　正239
衰變す　白氏　續436
衰榮　白氏　續437
衰殘　白氏　續436
衰殘す　白氏　續436
衰耄　白氏　續437
衰賤　文選　正239
衰羸　白氏　續437
衰羸す　白氏　續437
衰邁　本朝　正555
衰颭す　白氏　續436
衰鬢　白氏　續436
衰亾　白氏　續436
衰孽　文選　正239
衰瘦　白氏　續436
衰瘦す　白氏　續436
衰瘵　白氏　續436
衰蘗　白氏　續436
遂（人名）　白氏　續437
遂（地名）　白氏　續437
遂安　白氏　續437
遂古　文選　正240
遂古　本朝　正555
遂州　白氏　續437
錐　白氏　續437
錐刀　文選　正240
錐刀　白氏　續437
錐頭　白氏　續437
錐囊す　文選　正240
み隨身　宇津　正717
み隨身はら　蜻蛉　正748
御隨身　伊勢　正650
御隨身　蜻蛉　正748

御随身ども　宇津　正717
随縁　本朝　正555
随喜　本朝　正555
随喜す　本朝　正555
随喜功徳　本朝　正555
随珠　本朝　正555
随身　本朝　正555
随身　宇津　正717
随身　蜻蛉　正748
随身ども　宇津　正717
随身等　本朝　正555
随代　本朝　正555
随武子　本朝　正556
随分　本朝　正556
随類　本朝　正556
瑞　論語　正64
瑞　文選　正239
瑞　法華　正421
瑞　本朝　正555
瑞　白氏　續435
瑞す　文選　正239
瑞気　白氏　續435
瑞景　白氏　續435
瑞史　文選　正239
瑞芝　白氏　續435
瑞雪　白氏　續435
瑞鶴　白氏　續435
瑞典　文選　正239
瑞電　白氏　續435
瑞馬　本朝　正555
瑞福　文選　正239
瑞命　文選　正239
瑞露　本朝　正555
瑞圖　文選　正239
瑞圖　白氏　續435
瑞帶　白氏　續435
瑞氣　本朝　正555
瑞麦　白氏　續435
髄脳　本朝　正556
倕　文選　正239
誰何　白氏　續437
誰何す　文選　正240
睦固　文選　正239
椯す　文選　正239
彗星　文選　正239
彗孛　白氏　續434
悴　本朝　正555
悴　白氏　續434
悴葉　文選　正239
惴惴　文選　正239
揣摩す　白氏　續434
榱棟　文選　正239
榱椽　文選　正239
燧　論語　正64
燧　文選　正239
燧　白氏　續435
瘁音　文選　正239
邃宇　文選　正240
邃遠　文選　正240
粋　白氏　續436
粋液　白氏　續436
粋温　文選　正240
粋精　文選　正240
粋容　白氏　續436
粋冷桑滑　白氏　續436
粋和　白氏　續436
粋靈　白氏　續436
綏　論語　正64
綏　文選　正240
綏山　本朝　正555
綏州　白氏　續436
綏世　文選　正240
綏撫　白氏　續436
綏撫す　白氏　續436
綏旌　文選　正240
隋　本朝　正555
隋　白氏　續437
隋氏　白氏　續437
隋時　白氏　續437
隋州　白氏　續437
隋州司戸　白氏　續437
隋人　白氏　續437
隋堤　白氏　續437
隋堤柳　白氏　續437
隋煬　白氏　續437
菙令　白氏　續436
萃　文選　正240
萃漎　文選　正240
萃然　文選　正240
萃蔡　文選　正240
蘂　本朝　正555
蘂　白氏　續436
蘂珠　白氏　續436
蘂蘂　文選　正240
觜爪　白氏　續437
御隨身　源氏　正848
御隨身とも　源氏　正848
隨　文選　正240
隨　白氏　續437
隨夷　文選　正240
隨緣　白氏　續437
隨王　文選　正240
隨何　文選　正240
隨喜　法華　正421
隨喜す　法華　正421
隨喜す　白氏　續437
隨求經　枕冊　正780
隨軍　白氏　續437
隨侯　文選　正240
隨光　文選　正240
隨侍す　文選　正240
隨時　白氏　續437
隨珠　文選　正240
隨順す　法華　正421
隨順す　白氏　續437
隨掌　文選　正240
隨身　白氏　續438
隨身　枕冊　正780
隨身　源氏　正848
隨身から　源氏　正848

隨身とも　枕冊　正780
隨身立　枕冊　正780
隨武　文選　正240
隨分　白氏　續438
隨分　源氏　正848
隨和　文選　正240
隨會　文選　正240
隨應す　白氏　續438
隨腦　法華　正421
醉　遊仙　正92
醉　白氏　續437
醉翁　白氏　續437
醉歌　白氏　續437
醉臥す　法華　正421
醉楽　白氏　續437
醉眼　本朝　正556
醉眼　白氏　續437
醉翫　白氏　續437
醉顏　白氏　續437
醉妓　白氏　續437
醉客　白氏　續437
醉狂す　白氏　續437
醉鄉　本朝　正556
醉鄉　白氏　續437
醉鄉先生　本朝　正556
醉鄉國　本朝　正556
醉吟　白氏　續437
醉吟す　白氏　續437
醉吟先生　白氏　續437
醉後　白氏　續437
醉後　白氏　續437
醉耳　白氏　續437
醉尚書　白氏　續437
醉色　白氏　續437
醉心　白氏　續437
醉仙　白氏　續437
醉先生　白氏　續437
醉袖　白氏　續437
醉態　白氏　續437
醉中　白氏　續437
醉伴　白氏　續437
醉悲す　白氏　續437
醉芙蓉　白氏　續437
醉舞狂歌す　白氏　續437
醉飽　白氏　續437
醉飽す　白氏　續437
醉貌　白氏　續437
醉眠　白氏　續437
醉眠す　白氏　續437
醉遊　白氏　續437
醉裏　白氏　續437
醉傅　白氏　續437
醉嬌　白氏　續437
醉尹　白氏　續437
醉暈　白氏　續437
醉歡　白氏　續437
醉歸　文選　正240
醉酣　本朝　正556
醉醺す　白氏　續437
醉卧す　白氏　續437
醉卧翁　白氏　續437
隧　文選　正240
隧路　文選　正240
騅　白氏　續438
髓　白氏　續438
髓腦　源氏　正848
靃靡　文選　正240
濉水　白氏　續435
濉南　白氏　續435
睟　文選　正239
睟容　文選　正239
睢河　文選　正239
睢陽　文選　正240
睢陽　白氏　續435
睢渙　文選　正240
睢睢盱盱　文選　正240
箠楚　文選　正240
篲　白氏　續436
篲箒　白氏　續436
萑蒲　白氏　續436
蕤　文選　正240
蕤　白氏　續436
蕤賓　文選　正240
蕤賓　本朝　正555
蕤賓　白氏　續436
蕤緌　文選　正240
殊榛　文選　正241
樹蓺　文選　正241
崇　文選　正240
崇雲　文選　正240
崇岡　文選　正240
崇恩　文選　正240
崇牙　文選　正240
崇階　本朝　正556
崇基　文選　正240
崇規　本朝　正556
崇虐　文選　正240
崇丘　文選　正240
崇憲　文選　正240
崇賢　文選　正240
崇高　文選　正240
崇号　本朝　正556
崇山　文選　正240
崇樹　文選　正240
崇重　本朝　正556
崇重す　文選　正240
崇尚す　文選　正240
崇城　文選　正240
崇情　文選　正240
崇神院田　本朝　正556
崇仁坊　本朝　正556
崇崇　文選　正240
崇正　文選　正240
崇盛　文選　正240
崇替　文選　正240
崇替す　文選　正240
崇兆　本朝　正556
崇島　文選　正240
崇班　本朝　正556
崇班　白氏　續438

崇封　本朝　正556
崇墳　文選　正240
崇文　文選　正240
崇文　本朝　正556
崇梁　本朝　正556
崇麗　文選　正240
崇論　文選　正240
崇和す　文選　正240
崇壯　文選　正240
崇實　白氏　續438
崇岫　文選　正240
崇嶽　文選　正240
崇巖　文選　正240
崇禮　文選　正240
崇臺　文選　正240
崇芒　文選　正240
崇衞す　文選　正240
崇觀　文選　正240
崇讓　文選　正240
崇雉　文選　正240
崇靄　文選　正240
崇德　文選　正240
崇德　本朝　正556
崇墉　文選　正240
崇邈　文選　正240
嵩　白氏　續438
嵩煙　白氏　續438
嵩華　文選　正240
嵩岳　本朝　正556
嵩客　白氏　續438
嵩衡　本朝　正556
嵩高　本朝　正556
嵩高山　本朝　正556
嵩山　本朝　正556
嵩山　白氏　續438
嵩石　白氏　續438
嵩等　白氏　續438
嵩碧　白氏　續438
嵩峯　白氏　續438
嵩陽　白氏　續438
嵩陽觀　白氏　續438
嵩洛　白氏　續438
嵩嶺　白氏　續438
嵩嶽　本朝　正556
数回　宇津　正717
趨競　白氏　續439
趨舍　文選　正241
趨進　白氏　續439
趨走　白氏　續439
趨馳す　白氏　續439
趨庭　白氏　續439
趨拜す　白氏　續439
趨蹌　白氏　續439
趨蹌す　白氏　續439
雛　白氏　續439
雛雉　文選　正241
足恭す　論語　正64
菆井　文選　正241
數　文選　正240
數　本朝　正556
數　白氏　續438
數王　文選　正241
數下　本朝　正556
數家　文選　正240
數家　本朝　正556
數回　白氏　續438
數外　白氏　續438
數巻　文選　正240
數竿　本朝　正556
數竿　白氏　續438
數奇　文選　正240
數奇　白氏　續438
數曲　白氏　續438
數句　文選　正240
數句　白氏　續438
數駒　本朝　正556
數君　文選　正240
數郡　白氏　續438
數月　本朝　正556
數月　白氏　續438
數公　文選　正240
數口　文選　正240
數行　本朝　正556
數行　白氏　續438
數刻　文選　正240
數匙　白氏　續438
數四　文選　正240
數四　白氏　續438
數子　文選　正240
數子　本朝　正556
數紙　本朝　正556
數詩　文選　正240
數事　本朝　正556
數尺　本朝　正556
數尺　白氏　續438
數首　白氏　續438
數州　文選　正241
數十　文選　正241
數十　白氏　續438
數十家　本朝　正556
數十株　白氏　續438
數十間　白氏　續438
數十眼　白氏　續438
數十載　白氏　續438
數十事　白氏　續438
數十種　文選　正241
數十首　白氏　續438
數十人　文選　正241
數十人　本朝　正556
數十人　白氏　續438
數十族　文選　正241
數十年　文選　正241
數十年　本朝　正556
數十篇　本朝　正556
數十篇　白氏　續438
數十斛　文選　正241
數十聲　白氏　續438
數十萬人　文選　正241
數十餘萬言　文選　正241
數重　本朝　正556

數術	文選	正241
數旬	白氏	續438
數巡	本朝	正556
數鐘	白氏	續438
數丈	本朝	正556
數丈	白氏	續438
數人	遊仙	正92
數人	文選	正241
數人	本朝	正556
數人	白氏	續438
數寸	白氏	續438
數世	文選	正241
數畝	文選	正241
數千	白氏	續438
數千竿	白氏	續438
數千言	白氏	續438
數千載	文選	正241
數千尺	白氏	續438
數千首	白氏	續438
數千人	文選	正241
數千尋	文選	正241
數千里	文選	正241
數千里	本朝	正556
數千里	白氏	續438
數千卷	白氏	續438
數千齢	文選	正241
數叢	白氏	續438
數匝	白氏	續438
數代	本朝	正556
數蝶	文選	正241
數度	文選	正241
數日	文選	正241
數日	本朝	正556
數日	白氏	續438
數年	文選	正241
數年	本朝	正556
數年	白氏	續438
數把	白氏	續438
數杯	白氏	續438
數盃	本朝	正556
數盃	白氏	續438
數輩	本朝	正556
數百	文選	正241
數百	本朝	正556
數百家	白氏	續438
數百歳	白氏	續439
數百載	白氏	續438
數百首	白氏	續438
數百人	文選	正241
數百人	白氏	續439
數百石	白氏	續439
數百千里	文選	正241
數百千處	文選	正241
數百年	文選	正241
數百篇	白氏	續439
數百歩	本朝	正556
數百万里	本朝	正556
數百里	文選	正241
數百里	白氏	續439
數百卷	白氏	續438
數百斛	白氏	續438
數百萬石	文選	正241
數幅	白氏	續439
數片	本朝	正556
數片	白氏	續439
數篇	白氏	續439
數遍	白氏	續439
數歩	本朝	正556
數歩	白氏	續439
數峯	白氏	續439
數里	文選	正241
數里	白氏	續439
數里餘	白氏	續439
數粒	文選	正241
數粒	白氏	續439
數仞	文選	正241
數仞	本朝	正556
數卷	白氏	續438
數國	本朝	正556
數帙	白氏	續438
數朞	文選	正240
數甌	白氏	續438
數盞	白氏	續438
數縣	白氏	續438
數聲	白氏	續438
數莖	白氏	續438
數萬	白氏	續439
數萬す	文選	正241
數萬言	白氏	續439
數錢	白氏	續438
數點	白氏	續438
樞	文選	正241
樞	本朝	正556
樞	白氏	續439
樞轄す	白氏	續439
樞機	文選	正241
樞機	本朝	正556
樞劇	白氏	續439
樞鍵	本朝	正556
樞衡	白氏	續439
樞電	文選	正241
樞密	白氏	續439
樞務	白氏	續439
樞命	白氏	續439
芻	文選	正240
芻	白氏	續438
芻(人名)	白氏	續438
芻粟	白氏	續438
芻狗	文選	正240
芻狗	白氏	續438
芻牧	文選	正240
芻秣	白氏	續438
芻秣す	白氏	續438
芻蕘	文選	正240
芻蕘	白氏	續438
芻豢	文選	正240
芻靈	文選	正240
芻槀	文選	正240
蒭韻	本朝	正556
蒭言	白氏	續439

蒭牧　本朝　正556
蒭蕘　文選　正241
蒭蕘　本朝　正556
蒿里　白氏　續439
鄒　文選　正241
鄒(地名)　文選　正241
鄒子　文選　正241
鄒生　文選　正241
鄒生　白氏　續439
鄒説　文選　正241
鄒俗　文選　正241
鄒婆　白氏　續439
鄒卜　文選　正241
鄒牧　白氏　續439
鄒枚　本朝　正556
鄒枚　白氏　續439
鄒邑　本朝　正556
鄒陽　文選　正241
鄒魯　文選　正241
鄒魯　本朝　正556
鄒魯　白氏　續439
鄒衍　文選　正241
鄒衍　白氏　續439
犓牛　文選　正241
篴弄　文選　正241
趍馳す　本朝　正556
趍拜す　本朝　正556
鄹　論語　正64
鄹人　論語　正64
騶虞　文選　正241
騶虞　白氏　續439
騶使　本朝　正556
鶵　白氏　續439
御宿世　源氏　正848
御宿世とも　源氏　正848
御宿世宿世　源氏　正848
宿院　蜻蛉　正748
宿世　伊勢　正650
宿世　宇津　正717
宿世　蜻蛉　正748
宿世　枕冊　正780
宿世　源氏　正848
宿世なき　枕冊　正780
宿世宿世　源氏　正848
宿曜　源氏　正848
雙六　遊仙　正92
雙六　宇津　正717
雙六　蜻蛉　正748
雙六　枕冊　正780
雙六　源氏　正848
雙六の盤　宇津　正717
順なかる　源氏　正848
順のまひ　宇津　正718
順の和歌　宇津　正718
寸　白氏　續439
寸陰　文選　正241
寸陰　白氏　續439
寸管　文選　正241
寸魚　白氏　續439
寸截　白氏　續439
寸尺　白氏　續439
寸旬　文選　正241
寸心　遊仙　正92
寸心　文選　正241
寸寸　白氏　續439
寸歩　遊仙　正92
寸歩　白氏　續439
寸祿　文選　正241
寸眸　文選　正241
寸莖　白氏　續439
寸鐵　白氏　續439
寸晷　文選　正241
誦し　枕冊　正780
誦しのゝしる　源氏　正848
誦する　源氏　正848

【せ】

せめ調じ　宇津　正718
せりかはの大將　源氏　正849
施　法華　正421
施し　源氏　正849
施す　法華　正421
施す　宇津　正718
施行す　本朝　正556
施主　法華　正421
施主　本朝　正556
施僧　本朝　正556
施入し　源氏　正849
施入す　本朝　正556
施無畏　本朝　正556
施無畏寺　本朝　正556
施旡畏　本朝　正556
施旡畏寺　本朝　正556
施藥院　本朝　正556
世　論語　正64
世　法華　正421
世運　文選　正241
世家　文選　正241
世禍　文選　正241
世界　法華　正421
世界　白氏　續439
世界　竹取　正636
世界　宇津　正718
世界　蜻蛉　正748
世界　枕冊　正781
世界　源氏　正849
世外　本朝　正556
世間　文選　正241
世間　法華　正421
世間　本朝　正556
世間　白氏　續439
世間　竹取　正636
世間　宇津　正718
世間　枕冊　正781
世間　源氏　正849
世議　文選　正241
世議　本朝　正556
世及　文選　正241
世業　文選　正241

世故　文選　正241
世功　文選　正241
世子　文選　正241
世資　文選　正241
世事　文選　正241
世事　本朝　正556
世主　文選　正241
世儒　文選　正241
世宗　文選　正241
世上　本朝　正556
世情　文選　正241
世情　本朝　正556
世親　文選　正241
世人　文選　正241
世人　白氏　續439
世塵　白氏　續439
世世　法華　正421
世々生々　本朝　正556
世祖　文選　正241
世祖武皇帝　文選　正241
世俗　論語　正64
世俗　文選　正241
世俗　法華　正421
世俗　本朝　正556
世俗　白氏　續439
世族　文選　正241
世尊　法華　正421
世尊　本朝　正556
世尊　白氏　續439
世代　文選　正241
世哲　文選　正241
世途　本朝　正556
世道　文選　正241
世屯　文選　正241
世難　文選　正241
世表　文選　正241
世廟　文選　正241
世婦　文選　正241
世武　文選　正241
世紛　文選　正241
世法　白氏　續439
世務　文選　正241
世網　文選　正241
世網　白氏　續439
世庸　文選　正241
世用　文選　正241
世翼　本朝　正556
世羅　文選　正241
世羅国　本朝　正556
世路　文選　正241
世路　本朝　正556
世論　本朝　正556
世亂　文選　正241
世僞　文選　正241
世冑　文選　正241
世霸　文選　正241
世祿　本朝　正556
世德　文選　正241
是　論語　正64
是　白氏　續439
是非　論語　正64
是非　遊仙　正92
是非　白氏　續439
是非しらす　源氏　正849
是非す　白氏　續439
清和院　枕冊　正781
節供　枕冊　正781
説經　枕冊　正781
説經す　枕冊　正781
説經師　枕冊　正781
井　論語　正64
井　文選　正241
井臼　文選　正241
井華　白氏　續440
井蛙　本朝　正556
井幹　文選　正241
井管　白氏　續440
井梧　白氏　續440
井樹　白氏　續440
井上　白氏　續440
井泉　白氏　續440
井谷　文選　正241
井中　白氏　續440
井底引銀瓶　白氏　續440
井田　文選　正241
井田　白氏　續440
井鮒　白氏　續440
井邑　文選　正241
井邑　白氏　續440
井絡　文選　正241
井欄　白氏　續440
井徑　文選　正241
井滐　文選　正241
甥姪　白氏　續446
甥舅　白氏　續446
茜袗　本朝　正558
妻　白氏　續441
妻子　文選　正242
妻子　本朝　正557
妻子　白氏　續441
妻子　源氏　正848
妻女　白氏　續441
妻妾　白氏　續441
妻姪等　白氏　續441
妻兒　本朝　正557
妻兒　白氏　續441
妻孥　文選　正242
妻孥　本朝　正557
妻孥　白氏　續441
歳　白氏　續443
歳陰　白氏　續443
歳華　本朝　正557
歳華　白氏　續443
歳課　白氏　續443
歳寒　文選　正243
歳寒　白氏　續443
歳紀　本朝　正557
歳計　白氏　續443
歳月　文選　正243
歳月　本朝　正557

歳月　白氏　續443
歳候　文選　正243
歳候　白氏　續443
歳功　白氏　續443
歳貢　白氏　續443
歳歳　白氏　續444
歳災　白氏　續443
歳時　文選　正243
歳時　本朝　正557
歳時　白氏　續443
歳次　本朝　正557
歳次　白氏　續444
歳酒　白氏　續444
歳初　白氏　續444
歳序　文選　正244
歳除　白氏　續444
歳成　白氏　續444
歳星　白氏　續444
歳前　白氏　續444
歳代　白氏　續444
歳秩　白氏　續444
歳調　白氏　續444
歳日　白氏　續444
歳年　遊仙　正93
歳年　文選　正244
歳年　本朝　正557
歳年　白氏　續444
歳晩　白氏　續444
歳賦　白氏　續444
歳暮　文選　正244
歳暮　本朝　正557
歳暮　白氏　續444
歳夜　白氏　續444
歳律　白氏　續444
歳仗　白氏　續444
歳假　白氏　續443
歳廩　白氏　續444
歳杪　白氏　續444
歳盞　白氏　續443
歳餘　本朝　正557
歳餘　白氏　續444
済す　本朝　正558
済々　本朝　正558
済川　本朝　正558
済陽　本朝　正558
犀　文選　正245
犀　白氏　續446
犀伽　白氏　續446
犀角　遊仙　正93
犀帶　白氏　續446
犀釐　文選　正245
犀兕　白氏　續446
祭　文選　正245
祭す　論語　正65
祭す　文選　正245
祭酒　文選　正245
祭祀　文選　正245
細　白氏　續448
細雨　本朝　正558
細雨　白氏　續448
細煙　本朝　正558
細眼　遊仙　正93
細吟　白氏　續448
細君　文選　正246
細月　本朝　正558
細故　文選　正246
細故　白氏　續448
細侯　白氏　續448
細行　文選　正246
細行　白氏　續448
細腰　本朝　正558
細腰　白氏　續448
細々　遊仙　正93
細々許　遊仙　正93
細作　白氏　續448
細書　本朝　正558
細辛　遊仙　正93
細水　白氏　續448
細政　文選　正246
細雪　白氏　續448
細泉　白氏　續448
細草　文選　正246
細大　白氏　續448
細軟　白氏　續448
細馬　本朝　正558
細馬　白氏　續448
細薄　白氏　續448
細微　文選　正246
細微　白氏　續448
細文　本朝　正558
細蓬　白氏　續448
細妙　白氏　續448
細網　文選　正246
細柳　文選　正246
細葉　本朝　正558
細流　文選　正246
細浪　本朝　正558
細浪　白氏　續448
細壤　本朝　正558
細碎　白氏　續448
細蘂　本朝　正558
細蟲　白氏　續448
細體　文選　正246
細德　文選　正246
鯖鰐　文選　正248
錫　白氏　續452
省　文選　正245
省　本朝　正558
省　白氏　續447
省(地名)　白氏　續447
省す　白氏　續447
省印　白氏　續447
省閲す　白氏　續447
省官　白氏　續447
省禁　文選　正245
省減す　本朝　正558
省司　白氏　續447
省事　白氏　續447
省寺　白氏　續447
省寺軍府　白氏　續447

省署　白氏　續447
省置　白氏　續447
省置す　白氏　續447
省中　文選　正245
省撤　本朝　正558
省壁　白氏　續447
省輔　本朝　正558
省覧　白氏　續447
省覧す　白氏　續447
省吏　白氏　續447
省略　本朝　正558
省略す　本朝　正558
省郎　白氏　續447
省曠　文選　正245
省覽　文選　正245
省闥　文選　正245
鉦　文選　正248
鉦鼓　文選　正248
鉦鼙　文選　正248
城　遊仙　正92
城　文選　正242
城　本朝　正556
城　白氏　續440
城（人名）　白氏　續440
城尉　文選　正242
城陰　白氏　續440
城下　白氏　續440
城外　本朝　正556
城外　白氏　續440
城角　白氏　續440
城郭　文選　正242
城郭　本朝　正556
城郭　白氏　續440
城隅　文選　正242
城隅　白氏　續440
城月　本朝　正556
城狐　文選　正242
城濠　文選　正242
城皐　文選　正242
城市　文選　正242
城市　白氏　續440
城守　文選　正242
城樹　白氏　續440
城上　文選　正242
城上　白氏　續440
城西　文選　正242
城西　白氏　續440
城池　文選　正242
城池　白氏　續440
城中　文選　正242
城中　本朝　正557
城中　白氏　續440
城鳥　白氏　續440
城東　文選　正242
城東　本朝　正557
城東　白氏　續440
城頭　白氏　續440
城南　遊仙　正93
城南　文選　正242
城南　本朝　正557
城南　白氏　續440
城南荘　白氏　續440
城府　文選　正242
城壁　白氏　續440
城北　本朝　正557
城北　白氏　續440
城門　本朝　正557
城門　白氏　續440
城柳　白氏　續440
城邑　文選　正242
城邑　白氏　續440
城陽　文選　正242
城裏　白氏　續440
城墻　白氏　續440
城戍　本朝　正557
城樓　白氏　續441
城洫　文選　正242
城肆　文選　正242
城閾　文選　正242
城闕　文選　正242
城闕　本朝　正557
城闕　白氏　續440
城隍　文選　正242
城隍　白氏　續440
城雉　白氏　續440
城鹽州　白氏　續440
城堞　白氏　續440
城闉　文選　正242
情　文選　正242
情　本朝　正557
情　白氏　續441
情意　文選　正242
情意　白氏　續441
情感　文選　正242
情感　本朝　正557
情願　文選　正242
情願　本朝　正557
情巧　文選　正242
情志　文選　正242
情詩　文選　正242
情事　文選　正242
情事　白氏　續441
情識　白氏　續441
情趣　本朝　正557
情趣　白氏　續441
情緒　白氏　續441
情親　白氏　續441
情人　文選　正242
情塵　文選　正242
情性　文選　正242
情性　本朝　正557
情性　白氏　續441
情誠　白氏　續441
情節　文選　正242
情素　文選　正242
情素　本朝　正557
情袖　遊仙　正93
情峯　本朝　正557
情貌　文選　正242
情慾　文選　正242

情欲　本朝　正557
情理　文選　正242
情理　本朝　正557
情理　白氏　續441
情慮　文選　正242
情累　文選　正242
情話　文選　正242
情僞　白氏　續441
情實　文選　正242
情實　白氏　續441
情慝　文選　正242
情昵　文選　正242
情條　文選　正242
情殷　文選　正242
情瀾　文選　正242
情眄　文選　正242
情禮　文選　正242
情禮　白氏　續441
情竇　本朝　正557
情狀　本朝　正557
情狀　白氏　續441
浄住子　文選　正244
世縁　白氏　續439
世家　白氏　續439
世教　白氏　續439
世業　白氏　續439
世事　白氏　續439
世叔　論語　正64
世上　白氏　續439
世世　白氏　續439
世族　白氏　續439
世途　白氏　續439
世徳　白氏　續439
世難　白氏　續439
世婦　白氏　續439
世雰　白氏　續439
世務　白氏　續439
世名　白氏　續439
世役　白氏　續439
世利　白氏　續439
世慮　白氏　續439
世累　白氏　續439
世路　白氏　續440
世祿　白氏　續440
世祿(人名)　白氏　續440
世禮　白氏　續440
凄　文選　正241
凄　白氏　續440
凄寒　文選　正241
凄緊　文選　正242
凄凄　文選　正242
凄凄　白氏　續440
凄凄切切　白氏　續440
凄清　白氏　續440
凄切　白氏　續440
凄風　文選　正242
凄涼　本朝　正556
凄涼　白氏　續440
制　論語　正64
制　文選　正242
制　文選　正242
制　本朝　正556
制　白氏　續440
制　枕冊　正781
制し　宇津　正718
制し　枕冊　正781
制しそさ　宇津　正718
制しわつらひ　枕冊　正781
制す　論語　正64
制す　文選　正242
制す　本朝　正556
制す　白氏　續440
制す　竹取　正636
制す　源氏　正848
制下　白氏　續440
制加す　白氏　續440
制科　白氏　續440
制科す　白氏　續440
制科場　白氏　續440
制詰　白氏　續440
制作　文選　正242
制作す　文選　正242
制策　白氏　續440
制使　白氏　續440
制旨　白氏　續440
制止す　法華　正421
制詞　白氏　續440
制書　白氏　續440
制除　白氏　續440
制勝　文選　正242
制詔　文選　正242
制詔　白氏　續440
制成す　文選　正242
制草　本朝　正556
制造す　文選　正242
制置す　白氏　續440
制勅　白氏　續440
制度　文選　正242
制度　白氏　續440
制度す　文選　正242
制法　本朝　正556
制命　白氏　續440
制問　白氏　續440
制令　文選　正242
制令　白氏　續440
制將　白氏　續440
制將都統　白氏　續440
制擧　白氏　續440
制斷　白氏　續440
制禮　白氏　續440
制馭す　白氏　續440
制忪す　文選　正242
勢　文選　正242
勢　本朝　正556
勢　白氏　續440
勢家　本朝　正556
勢交　文選　正242
勢至　本朝　正556
勢至　白氏　續440
勢至等　本朝　正556

勢勝　文選　正242
勢族　文選　正242
勢門　文選　正242
勢利　文選　正242
勢利　白氏　續440
勢力　文選　正242
勢力　法華　正421
勢力　本朝　正556
勢力　白氏　續440
勢權　文選　正242
勢德　宇津　正718
姓　論語　正64
姓　文選　正242
姓　本朝　正557
姓　白氏　續441
姓館　白氏　續441
姓字　文選　正242
姓字　白氏　續441
姓族　文選　正242
姓藤　本朝　正557
姓望　遊仙　正93
姓名　論語　正64
姓名　文選　正242
姓名　本朝　正557
姓名　白氏　續441
征　文選　正242
征　白氏　續441
征す　文選　正242
征す　白氏　續441
征衣　本朝　正557
征駕　文選　正242
征僑　文選　正242
征軒　白氏　續441
征行　文選　正242
征思　文選　正242
征軸　文選　正242
征車　白氏　續441
征人　文選　正242
征人　白氏　續441
征西　文選　正242
征西　白氏　續441
征西將軍　文選　正242
征税　白氏　續441
征稅　文選　正242
征戦　白氏　續441
征鎮　白氏　續441
征鎮　白氏　續441
征鎮す　白氏　續441
征徒　文選　正242
征途　白氏　續441
征東　文選　正242
征討　白氏　續441
征討す　文選　正242
征馬　文選　正242
征馬　本朝　正557
征馬　白氏　續441
征伐　論語　正64
征伐　文選　正242
征伐　本朝　正557
征伐　白氏　續441
征伐す　文選　正242
征夫　文選　正242
征夫　白氏　續441
征賦　白氏　續441
征北將軍　文選　正242
征役　文選　正242
征役　白氏　續441
征旅　文選　正242
征虜將軍　文選　正242
征路　白氏　續441
征營　本朝　正557
征徭　白氏　續441
征戍　文選　正242
征戍　白氏　續441
征戍す　白氏　續441
征棹　白氏　續441
征彸　本朝　正557
性　論語　正64
性　文選　正242
性　本朝　正557
性　白氏　續441
性海　白氏　續441
性言　白氏　續441
性行　文選　正242
性識　白氏　續441
性習　白氏　續441
性情　白氏　續441
性水　本朝　正557
性相　文選　正242
性分　本朝　正557
性命　文選　正242
性命　本朝　正557
性命　白氏　續441
性類　文選　正242
性埸　白氏　續441
性惡　白氏　續441
性靈　文選　正242
性靈　本朝　正557
性靈　白氏　續441
性婞　文選　正242
成　論語　正64
成　文選　正243
成　白氏　續441
成(人名)　文選　正243
成(人名)　白氏　續441
成す　文選　正243
成す　白氏　續441
成安　文選　正243
成育す　文選　正243
成王　文選　正243
成王　本朝　正557
成王　白氏　續442
成王　源氏　正848
成願　白氏　續441
成基　本朝　正557
成紀　文選　正243
成紀　文選　正243
成規　文選　正243
成規　本朝　正557
成議　文選　正243

成業	本朝	正557
成均	文選	正243
成形	論語	正64
成敬	白氏	續441
成後	白氏	續441
成侯	文選	正243
成功	論語	正64
成功	文選	正243
成功	白氏	續441
成効	本朝	正557
成効	白氏	續441
成康	文選	正243
成康	白氏	續441
成康文景	白氏	續441
成皐	文選	正243
成山	文選	正243
成子	本朝	正557
成師	白氏	續441
成式	白氏	續441
成周	文選	正243
成就	白氏	續441
成就す	白氏	續441
成州	白氏	續441
成親	文選	正243
成人	論語	正64
成人	文選	正243
成人	本朝	正557
成人	白氏	續441
成性	白氏	續441
成績	白氏	續441
成操	文選	正243
成長す	白氏	續441
成帝	文選	正243
成帝	白氏	續441
成都	文選	正243
成都	本朝	正557
成都	白氏	續442
成都す	文選	正243
成都郡	白氏	續442
成都府	白氏	續442
成湯	文選	正243
成等	白氏	續441
成堂	白氏	續441
成童	本朝	正557
成童	白氏	續442
成徳軍	白氏	續442
成徳軍節度押衙	白氏	續442
成徳軍節度使	白氏	續442
成徳節度	白氏	續442
成敗	文選	正243
成敗	本朝	正557
成敗	白氏	續442
成文	文選	正243
成法	文選	正243
成命	白氏	續442
成立	文選	正243
成立	本朝	正557
成立す	白氏	續442
成宜	文選	正243
政	論語	正64
政	文選	正243
政	白氏	續442
政化	本朝	正557
政化	白氏	續442
政教	論語	正64
政教	文選	正243
政教	本朝	正557
政教	白氏	續442
政刑	文選	正243
政源	白氏	續442
政事	論語	正65
政事	文選	正243
政事	本朝	正557
政事	白氏	續442
政事堂	白氏	續442
政治	白氏	續442
政術	文選	正243
政術	白氏	續442
政所	本朝	正557
政績	文選	正243
政績	本朝	正557
政績	白氏	續442
政典	本朝	正557
政典	白氏	續442
政途	本朝	正557
政道	論語	正65
政道	本朝	正557
政能	白氏	續442
政範	本朝	正557
政柄	白氏	續442
政務	本朝	正557
政要	文選	正243
政要	白氏	續442
政理	論語	正65
政理	本朝	正557
政理	白氏	續442
政令	論語	正65
政令	本朝	正557
政令	白氏	續442
政路	本朝	正557
政和	白氏	續442
政廳	本朝	正557
政經	白氏	續442
政聲	本朝	正557
政聲	白氏	續442
政衙	白氏	續442
政體	本朝	正557
整	文選	正243
整訓す	文選	正243
整頓	白氏	續442
整頓す	白氏	續442
星位	本朝	正557
星緯	文選	正243
星河	白氏	續442
星火	文選	正243
星灰	本朝	正557
星階	本朝	正557
星官	本朝	正557
星漢	文選	正243

星漢　白氏　續442
星紀　文選　正243
星月　白氏　續442
星軒　文選　正243
星言　文選　正243
星歳　白氏　續442
星次　本朝　正557
星宿　文選　正243
星宿　白氏　續442
星象　文選　正243
星象　白氏　續442
星星　文選　正243
星星　本朝　正557
星星　白氏　續442
星霜　本朝　正557
星霜　白氏　續442
星辰　文選　正243
星辰　本朝　正557
星辰　白氏　續442
星斗　白氏　續442
星虹　文選　正243
星畢　文選　正243
星分　文選　正243
星文　白氏　續442
星曜　文選　正243
星律　本朝　正557
星暦　文選　正243
星恠　本朝　正557
星旄　本朝　正557
星楡　本朝　正557
星槎　白氏　續442
星芒　白氏　續442
星躔　本朝　正557
星闌　文選　正243
星醫　本朝　正557
星驅　文選　正243
星軺　白氏　續442
晴　白氏　續442
晴陰　白氏　續442
晴雲　白氏　續442
晴空　白氏　續442
晴景　白氏　續442
晴光　白氏　續442
晴沙　本朝　正557
晴沙　白氏　續442
晴翠　白氏　續442
晴天　白氏　續442
晴虹　白氏　續442
晴日　白氏　續442
晴風　白氏　續442
晴峯　白氏　續442
晴芳　白氏　續442
晴望　白氏　續442
晴明　白氏　續443
晴夜　白氏　續443
晴陽　白氏　續443
晴和　白氏　續442
晴眸　白氏　續443
棲す　文選　正243
棲雲　白氏　續443
棲霞觀　本朝　正557
棲起す　白氏　續443
棲集　文選　正243
棲棲　白氏　續443
棲棲遑遑　文選　正243
棲息す　文選　正243
棲息す　本朝　正557
棲息す　白氏　續443
棲託す　白氏　續443
棲遟　文選　正243
棲遟す　文選　正243
棲遅す　文選　正243
棲鳥　白氏　續443
棲鶴　白氏　續443
棲薄　文選　正243
棲鳳　文選　正243
棲約　文選　正243
棲遑　文選　正243
棲遑　本朝　正557
棲遑す　文選　正243
棲遑す　本朝　正557
棲遲　白氏　續443
棲遲す　白氏　續443
棲靈　白氏　續443
棲靈塔　白氏　續443
栖霞観　本朝　正557
栖霞寺　本朝　正557
栖禽　白氏　續443
栖時　文選　正243
栖栖　論語　正65
栖栖　白氏　續443
栖息　文選　正243
栖息す　本朝　正557
栖息す　白氏　續443
栖遟　文選　正243
栖鳥　文選　正243
栖鶴洞　本朝　正557
栖鳳　白氏　續443
栖巖　文選　正243
栖遑　白氏　續443
栖遲　白氏　續443
栖遲す　文選　正243
栖遲す　本朝　正557
正　論語　正65
正　文選　正243
正　白氏　續443
正総　本朝　正557
正位　文選　正243
正位　本朝　正557
正一上人　白氏　續443
正員　白氏　續443
正官　白氏　續443
正気　白氏　續443
正義　文選　正243
正義　白氏　續443
正議　文選　正243
正議大夫　本朝　正557
正議大夫　白氏　續443
正月　文選　正243
正月　白氏　續443

正月乙亥　文選　正243
正月三日　白氏　續443
正月十九日　白氏　續443
正月十五日　白氏　續443
正月中　白氏　續443
正月二十四日戊申　文選　正243
正月二十有三日　白氏　續443
正月日　白氏　續443
正月八日　文選　正243
正見　白氏　續443
正言　文選　正243
正行　白氏　續443
正閤　文選　正243
正鵠　白氏　續443
正朔　文選　正243
正朔　本朝　正557
正朔　白氏　續443
正三品　白氏　續443
正司　文選　正243
正士　白氏　續443
正始　文選　正243
正始　白氏　續443
正字　白氏　續443
正序す　白氏　續443
正色　論語　正65
正色　白氏　續443
正信　白氏　續443
正臣　白氏　續443
正人　白氏　續443
正性　文選　正243
正贈　白氏　續443
正則　文選　正243
正台　本朝　正557
正旦　本朝　正557
正中　文選　正243
正丁　本朝　正557
正朝　本朝　正557
正朝　白氏　續443
正長　文選　正243
正直　論語　正65
正直　文選　正243
正直　本朝　正557
正直　白氏　續443
正通　本朝　正557
正殿　文選　正243
正殿　白氏　續443
正統　文選　正243
正道　論語　正65
正道　文選　正243
正内　文選　正243
正南　文選　正243
正二月　白氏　續443
正妃　宇津　正718
正風　文選　正243
正服　論語　正65
正文　本朝　正557
正平　文選　正243
正平　本朝　正557
正平人　白氏　續443
正法　文選　正243
正法　白氏　續443
正味　白氏　續443
正冥　文選　正243
正名　白氏　續443
正要　文選　正243
正陽　文選　正243
正陽　白氏　續443
正列す　文選　正243
正郎　白氏　續443
正已　白氏　續443
正樂　論語　正65
正樂　本朝　正557
正氣　文選　正243
正眞　白氏　續443
正聲　文選　正243
正聲　白氏　續443
正聲集　白氏　續443
正號　文選　正243
正諫す　文選　正243
正辭　白氏　續443
正體　文選　正243
菅原清公　本朝　正558
清　論語　正65
清　文選　正244
清　本朝　正557
清　白氏　續444
清醥　文選　正245
清渊　白氏　續444
清す　白氏　續444
清旭　文選　正244
清夷　文選　正245
清一　白氏　續444
清陰　文選　正244
清陰　白氏　續444
清韻　白氏　續444
清雲　文選　正244
清影　白氏　續444
清英　文選　正244
清英　本朝　正557
清越　文選　正244
清越　白氏　續445
清宴　文選　正244
清演　白氏　續444
清音　遊仙　正93
清音　文選　正244
清化　文選　正244
清歌　文選　正244
清歌　本朝　正557
清歌　白氏　續444
清歌す　文選　正244
清河　遊仙　正93
清河　文選　正244
清河　白氏　續444
清河公　遊仙　正93
清河大守　文選　正244
清華　文選　正244
清華　本朝　正557
清介　白氏　續444

清海　白氏　續444
清階　本朝　正557
清涯　文選　正244
清格　本朝　正557
清角　文選　正244
清角　本朝　正557
清官　白氏　續444
清幹　白氏　續444
清漢　文選　正244
清環　白氏　續444
清管　白氏　續444
清簡　白氏　續444
清貫　白氏　續444
清間上人　白氏　續444
清閑　文選　正244
清閑　白氏　續444
清顔　文選　正244
清機　文選　正244
清機　白氏　續444
清徽　文選　正244
清貴　白氏　續444
清軌　文選　正244
清輝　文選　正244
清輝　本朝　正558
清輝　白氏　續444
清義　文選　正244
清砧　白氏　續445
清宮　文選　正244
清渠　文選　正244
清禦　文選　正244
清狂す　文選　正244
清鏡　白氏　續444
清響　文選　正244
清曉　白氏　續444
清曲　文選　正244
清琴　文選　正244
清緊　白氏　續444
清襟　文選　正244
清襟　白氏　續444
清近　白氏　續444
清吟　本朝　正557
清吟　白氏　續444
清句　白氏　續444
清景　文選　正244
清景　本朝　正558
清景　白氏　續444
清激　文選　正244
清謙　本朝　正558
清源　文選　正244
清源　白氏　續444
清源寺　白氏　續444
清絃　文選　正244
清絃　白氏　續444
清候　文選　正244
清光　文選　正244
清光　本朝　正557
清光　白氏　續444
清公　文選　正244
清公　本朝　正558
清晃　白氏　續444
清江　文選　正244
清行　本朝　正557
清香　白氏　續444
清高　白氏　續444
清高廉　白氏　續444
清才　文選　正244
清詞　本朝　正558
清詞　白氏　續444
清時　文選　正244
清室　文選　正244
清質　文選　正244
清酌　白氏　續444
清酒　本朝　正558
清酒　白氏　續444
清秋　文選　正244
清秋　本朝　正558
清秋　白氏　續444
清重　白氏　續445
清潤　文選　正244
清潤　白氏　續444
清醇　文選　正244
清暑　文選　正244
清勝　本朝　正558
清商　文選　正244
清商　白氏　續444
清唱　文選　正244
清宵　白氏　續445
清沼　文選　正244
清賞　遊仙　正93
清慎公　本朝　正558
清新　文選　正244
清秦　文選　正244
清塵　文選　正244
清塵　白氏　續445
清水　文選　正244
清水　白氏　續445
清崇　白氏　續445
清澄　文選　正244
清制　文選　正244
清脆　白氏　續445
清切　文選　正244
清切　白氏　續445
清節　文選　正244
清節　白氏　續445
清川　文選　正244
清泉　文選　正244
清泉　本朝　正558
清泉　白氏　續445
清選　本朝　正558
清選　白氏　續445
清楚　白氏　續445
清奏　白氏　續445
清痩　白氏　續445
清藻　文選　正244
清泰　白氏　續445
清濁　文選　正244
清濁　本朝　正558
清濁　白氏　續445
清旦　白氏　續445
清端　文選　正244

清壇　文選　正244
清談　遊仙　正93
清談　文選　正244
清談す　文選　正244
清談す　本朝　正558
清談す　白氏　續445
清談遊宴す　本朝　正558
清地　白氏　續445
清池　文選　正244
清秩　白氏　續445
清衷　文選　正244
清徴　文選　正244
清暢　文選　正244
清暢　白氏　續445
清朝　文選　正244
清朝　白氏　續445
清聴　本朝　正558
清調　白氏　續445
清通　文選　正244
清泥　白氏　續445
清徹す　白氏　續445
清塗　文選　正244
清都　文選　正244
清頭陀　白氏　續445
清徳　白氏　續445
清寧　白氏　續445
清波　文選　正244
清白　文選　正244
清白　白氏　續445
清斑　白氏　續445
清氾　文選　正244
清班　本朝　正558
清班　白氏　續445
清繁　本朝　正558
清範　枕冊　正781
清氷　白氏　續445
清廟　文選　正245
清廟　白氏　續445
清浮　文選　正244
清風　文選　正244
清風　本朝　正558
清風　白氏　續445
清淵　文選　正245
清雰　文選　正245
清文　本朝　正558
清文　白氏　續445
清聞　白氏　續444
清平　文選　正245
清平　本朝　正558
清平　白氏　續445
清平官　白氏　續445
清平信惠　白氏　續445
清方　白氏　續445
清望　白氏　續445
清防　文選　正244
清穆　文選　正245
清妙　文選　正245
清命　本朝　正558
清明　文選　正245
清明　白氏　續445
清明勁正　白氏　續445
清茂　白氏　續445
清問　白氏　續445
清門　白氏　續445
清夜　文選　正245
清夜　本朝　正558
清夜　白氏　續445
清猷　文選　正244
清容　文選　正245
清陽　文選　正245
清陽　白氏　續445
清洛　文選　正245
清洛　白氏　續445
清流　文選　正245
清流　本朝　正558
清流　白氏　續445
清慮　文選　正245
清涼　本朝　正558
清涼　白氏　續445
清涼す　文選　正245
清涼山　白氏　續445
清涼殿　本朝　正558
清涼殿　宇津　正718
清涼殿　枕冊　正781
清林　文選　正245
清冷　遊仙　正93
清冷　文選　正245
清冷　白氏　續445
清麗　文選　正245
清麗　本朝　正558
清列　白氏　續445
清廉　白氏　續445
清廉簡直　白氏　續445
清漣　文選　正245
清連　白氏　續445
清路　文選　正245
清露　文選　正245
清露　白氏　續445
清朗　文選　正245
清論　文選　正245
清和　文選　正244
清和　本朝　正557
清和　白氏　續444
清哇　文選　正244
清唳　本朝　正558
清唳　白氏　續445
清埃　文選　正244
清壯　文選　正244
清巵　文選　正244
清彈　文選　正244
清懿　文選　正244
清學　文選　正244
清昊　文選　正244
清祀　文選　正244
清晏　文選　正244
清晏　白氏　續444
清晝　白氏　續445
清晨　文選　正244
清晨　白氏　續444
清暉　文選　正244

清曠 文選 正244
清曠 本朝 正558
清條 文選 正244
清氛 文選 正244
清氣 文選 正244
清沚 文選 正244
清浄 白氏 續445
清淺 文選 正244
清淺 白氏 續445
清淮 白氏 續444
清渭 文選 正245
清渭 白氏 續445
清渟 白氏 續445
清澂 文選 正244
清濟 文選 正244
清瀾 白氏 續445
清瑩 本朝 正558
清瑩 白氏 續444
清眸 文選 正245
清禪師 白氏 續445
清穹 文選 正244
清簟 白氏 續445
清縣 文選 正244
清羸 白氏 續445
清聲 文選 正244
清聲 白氏 續445
清肅 白氏 續444
清芬 文選 正245
清芬 本朝 正558
清觴 白氏 續444
清謐 文選 正244
清謐 本朝 正558
清謳 文選 正244
清讌 文選 正244
清蹕 文選 正244
清辭 文選 正244
清辭 白氏 續444
清迥 文選 正244
清鏘 白氏 續444
清閨 文選 正244
清閾 文選 正245
清霄 文選 正244
清靜 文選 正244
清靜 本朝 正558
清顥 文選 正244
清厲 文選 正245
清泚 文選 正244
清唫 白氏 續444
清嚝 白氏 續444
清漳 文選 正244
清猨 文選 正245
清甽 文選 正244
清矑 文選 正245
清虛 文選 正244
清虛 本朝 正557
清虛 白氏 續444
清酤 文選 正244
清醑 文選 正244
清醑 白氏 續444
清飈 文選 正245
清飈 白氏 續445
牲 論語 正65
牲 文選 正245
牲 本朝 正558
牲 白氏 續446
牲盛布帛 白氏 續446
牲豆 白氏 續446
牲牢 白氏 續446
牲牷 白氏 續446
生 論語 正65
生 文選 正245
生 本朝 正558
生 白氏 續446
生す 本朝 正558
生す 白氏 續446
生意 白氏 續446
生衣 白氏 續446
生育 白氏 續446
生育す 本朝 正558
生育す 白氏 續446
生煙 文選 正245
生花 白氏 續446
生戒 文選 正245
生涯 白氏 續446
生業 白氏 續446
生計 白氏 續446
生口 白氏 續446
生幸す 文選 正245
生梗 白氏 續446
生梗 白氏 續446
生降 白氏 續446
生降す 白氏 續446
生妻 文選 正245
生菜 白氏 續446
生殺 白氏 續446
生致 本朝 正558
生死 文選 正245
生死 白氏 續446
生死す 白氏 續446
生事 文選 正245
生事 白氏 續446
生者 白氏 續446
生熟 論語 正65
生人 文選 正245
生人 白氏 續446
生成 白氏 續446
生成す 白氏 續446
生生 文選 正245
生生 白氏 續446
生生縁 白氏 續446
生生劫劫 白氏 續446
生生刧刧 白氏 續446
生前 文選 正245
生前 本朝 正558
生前 白氏 續446
生全 白氏 續446
生存す 文選 正245
生知 文選 正245
生知 本朝 正558
生腸 本朝 正558

生長す　文選　正245
生長す　白氏　續446
生徒　文選　正245
生徒　本朝　正558
生徒　白氏　續446
生年　文選　正245
生物　白氏　續446
生平　遊仙　正93
生平　文選　正245
生民　文選　正245
生民　本朝　正558
生民　白氏　續446
生命　文選　正245
生命　白氏　續446
生盲　白氏　續446
生理　文選　正245
生理　白氏　續446
生慮　文選　正245
生類　文選　正245
生霊　本朝　正558
生路　文選　正245
生路　白氏　續446
生老死　白氏　續446
生老病　白氏　續446
生和　白氏　續446
生孩　文選　正245
生粛　本朝　正558
生芻　白氏　續446
生蠻　白氏　續446
生靈　白氏　續446
生齒*　白氏　續446
生辭　文選　正245
生軀　文選　正245
雑生す　白氏　續446
盛　文選　正245
盛　白氏　續446
盛　白氏　續446
盛王　白氏　續447
盛化　文選　正245
盛夏　文選　正245
盛夏　白氏　續447
盛漢　文選　正245
盛業　文選　正245
盛業　白氏　續447
盛勲　文選　正245
盛孝章　文選　正245
盛際　文選　正245
盛事　文選　正245
盛事　本朝　正558
盛事　白氏　續447
盛時　文選　正245
盛時　白氏　續447
盛治　白氏　續447
盛暑　文選　正245
盛粧　遊仙　正93
盛飾　文選　正245
盛飾す　文選　正245
盛衰　論語　正65
盛衰　文選　正245
盛衰　本朝　正558
盛衰　白氏　續447
盛世　文選　正245
盛聖　白氏　續447
盛製　白氏　續447
盛壮　白氏　續447
盛藻　文選　正245
盛則　文選　正245
盛尊　文選　正245
盛典　文選　正245
盛典　白氏　續447
盛道　文選　正245
盛徳　本朝　正558
盛徳　白氏　續447
盛年　文選　正245
盛農　文選　正245
盛美　文選　正245
盛美　本朝　正558
盛姫　白氏　續447
盛服す　白氏　續447
盛務　文選　正245
盛明　文選　正245
盛明　白氏　續447
盛遊　本朝　正558
盛烈　文選　正245
盛滿　文選　正245
盛禮　文選　正245
盛禮　白氏　續447
盛觀　文選　正245
盛饌　論語　正65
盛德　文選　正245
盛鬋　文選　正245
精　文選　正246
精　本朝　正558
精　白氏　續447
精(地名)　文選　正246
精す　白氏　續447
精威　文選　正246
精意　白氏　續447
精衛　文選　正246
精鋭　文選　正246
精鋭　白氏　續447
精液　本朝　正558
精遠　文選　正246
精款　本朝　正558
精義　文選　正246
精義　白氏　續447
精求　白氏　續447
精究　白氏　續447
精強　本朝　正558
精強　白氏　續447
精強博敏　白氏　續447
精勤　本朝　正558
精勤　白氏　續447
精勤す　本朝　正558
精景　文選　正246
精潔　白氏　續447
精堅　白氏　續447
精光　文選　正246
精光　白氏　續447
精甲　文選　正246

精剛　文選　正246
精剛　白氏　續447
精魂　文選　正246
精彩　白氏　續447
精采　文選　正246
精裁　文選　正246
精思　白氏　續447
精舎　文選　正246
精舎　白氏　續447
精詳　白氏　續447
精神　論語　正65
精神　遊仙　正93
精神　文選　正246
精神　本朝　正558
精神　白氏　續448
精進　本朝　正558
精進　白氏　續448
精誠　文選　正246
精誠　本朝　正558
精誠　白氏　續448
精専　白氏　續448
精粗　白氏　續448
精爽　文選　正246
精爽　本朝　正558
精爽　白氏　續447
精卒　文選　正246
精珍　白氏　續448
精通す　文選　正246
精通す　白氏　續448
精博　白氏　續448
精微　文選　正246
精微　白氏　續448
精微*　本朝　正558
精微専直　白氏　續448
精稗　文選　正246
精敏　白氏　續448
精敏剛正　白氏　續448
精兵　文選　正246
精兵　本朝　正558
精兵　白氏　續448
精妙　文選　正246
精明　本朝　正558
精茂　白氏　續448
精曜　文選　正246
精理　文選　正246
精力　白氏　續448
精霊　本朝　正558
精列　文選　正246
精練　文選　正246
精朗　文選　正246
精嚴　白氏　續447
精廬　文選　正246
精氣　文選　正246
精氣　本朝　正558
精粹　文選　正246
精粹辯博　白氏　續448
精覈す　文選　正246
精鑒　白氏　續447
精靈　遊仙　正93
精靈　文選　正246
精靈　白氏　續448
精魄　文選　正246
精麁　本朝　正558
精妍　文選　正246
精鍊　文選　正246
精麤　文選　正246
精麤　白氏　續448
聖　論語　正65
聖　文選　正246
聖　本朝　正559
聖　白氏　續448
聖哀　本朝　正559
聖渥　白氏　續448
聖意　文選　正246
聖意　白氏　續448
聖運　白氏　續448
聖王　文選　正246
聖王　白氏　續449
聖恩　文選　正246
聖恩　白氏　續449
聖化　文選　正246
聖化　本朝　正559
聖漢　文選　正246
聖顔　文選　正246
聖忌　本朝　正559
聖期　文選　正246
聖儀　文選　正246
聖教　文選　正246
聖教　白氏　續448
聖襟　本朝　正559
聖君　論語　正65
聖君　文選　正246
聖君　本朝　正559
聖訓　本朝　正559
聖賢　文選　正246
聖賢　本朝　正559
聖賢　白氏　續448
聖皇　文選　正246
聖皇　本朝　正559
聖宰　文選　正246
聖宰　本朝　正559
聖裁　白氏　續448
聖策　文選　正246
聖策　白氏　續448
聖姿　文選　正246
聖子　論語　正65
聖師　本朝　正559
聖旨　文選　正246
聖旨　本朝　正559
聖旨　白氏　續448
聖慈　白氏　續448
聖者　論語　正65
聖者　文選　正246
聖主　文選　正246
聖主　本朝　正559
聖主　白氏　續448
聖主陛下　本朝　正559
聖酒　白氏　續448
聖宗　白氏　續448
聖詔　文選　正246

聖詔　本朝　正559
聖上　文選　正246
聖上　本朝　正559
聖上　白氏　續448
聖情　文選　正246
聖心　文選　正246
聖心　白氏　續448
聖神　文選　正246
聖神　白氏　續448
聖臣　本朝　正559
聖人　論語　正65
聖人　文選　正246
聖人　本朝　正559
聖人　白氏　續448
聖水　白氏　續448
聖世　文選　正246
聖世　本朝　正559
聖政　文選　正246
聖政　白氏　續448
聖跡　本朝　正559
聖仙　文選　正246
聖善　文選　正246
聖善　白氏　續448
聖善寺　白氏　續448
聖祖　文選　正246
聖僧　白氏　續448
聖早　本朝　正559
聖造　本朝　正559
聖造　白氏　續448
聖代　文選　正246
聖代　本朝　正559
聖代　白氏　續448
聖達　文選　正246
聖達　白氏　續448
聖智　文選　正246
聖智　白氏　續448
聖朝　文選　正246
聖朝　本朝　正559
聖朝　白氏　續448
聖聴　本朝　正559
聖帝　文選　正246
聖帝　本朝　正559
聖帝　白氏　續448
聖哲　文選　正246
聖哲　本朝　正559
聖哲　白氏　續448
聖天　白氏　續448
聖唐　白氏　續448
聖道　論語　正65
聖道　本朝　正559
聖徳　論語　正65
聖徳　白氏　續448
聖日　本朝　正559
聖日　白氏　續448
聖念　本朝　正559
聖念　白氏　續448
聖範　本朝　正559
聖廟　本朝　正559
聖武　文選　正246
聖武　白氏　續448
聖風　文選　正246
聖風　本朝　正559
聖文　文選　正246
聖文　白氏　續448
聖明　文選　正246
聖明　本朝　正559
聖明　白氏　續449
聖問　文選　正246
聖門　文選　正246
聖憂　白氏　續448
聖容　文選　正246
聖覧　白氏　續449
聖慮　本朝　正559
聖慮　白氏　續449
聖力　白氏　續449
聖暦　文選　正246
聖暦　本朝　正559
聖列　文選　正246
聖論　文選　正246
聖壽　本朝　正559
聖孚　文選　正246
聖懷　文選　正246
聖懷　本朝　正559
聖澤　文選　正246
聖澤　白氏　續448
聖聰　白氏　續448
聖聽　文選　正246
聖聽　白氏　續448
聖謨　白氏　續449
聖躬　文選　正246
聖躬　本朝　正559
聖躬　白氏　續448
聖躰　本朝　正559
聖鑒　本朝　正559
聖鑒　白氏　續448
聖靈　文選　正246
聖靈　本朝　正559
聖靈陛下　本朝　正559
聖體　文選　正246
聖體　本朝　正559
聖體　白氏　續448
聖德　文選　正246
聖德　本朝　正559
聖敎　本朝　正559
聖庿　本朝　正559
聖皁　文選　正246
製　文選　正247
製　本朝　正558
製　白氏　續449
製す　遊仙　正93
製す　文選　正247
製す　本朝　正558
製す　白氏　續449
製作　本朝　正558
製作す　本朝　正558
製詔　本朝　正558
西樊　文選　正247
西菍　本朝　正559
西す　文選　正247
西夷　文選　正247

西夷　白氏　續450
西域　文選　正247
西院　白氏　續450
西烏　本朝　正558
西園　文選　正247
西園　本朝　正559
西園　白氏　續450
西苑　文選　正247
西王母　文選　正247
西音　文選　正247
西夏　文選　正247
西家　白氏　續449
西河　文選　正247
西河　白氏　續449
西海　文選　正247
西海　本朝　正558
西海　白氏　續449
西街　白氏　續449
西垣　白氏　續450
西角　白氏　續449
西郭　白氏　續449
西閣　白氏　續449
西岳　文選　正247
西漢　文選　正247
西漢　白氏　續449
西澗　白氏　續449
西館　文選　正247
西岸　本朝　正558
西岸　白氏　續449
西脚　本朝　正558
西丘寺　白氏　續449
西宮　本朝　正558
西宮　白氏　續449
西京　文選　正247
西京　本朝　正559
西京　白氏　續449
西極　文選　正247
西隅　文選　正247
西傾　文選　正247
西景　文選　正247
西渓　白氏　續449
西荊　文選　正247
西擊　白氏　續449
西軒　白氏　續449
西原　白氏　續449
西戸　白氏　續449
西湖　白氏　續449
西湖　白氏　續450
西午橋　白氏　續449
西江　文選　正247
西江　白氏　續449
西皇　文選　正247
西行　白氏　續449
西郊　文選　正247
西郊　本朝　正558
西郊　白氏　續449
西山　文選　正247
西山　本朝　正559
西山　白氏　續449
西子　文選　正247
西子　白氏　續449
西市　白氏　續449
西施　文選　正247
西施　白氏　續449
西寺　白氏　續449
西室　白氏　續449
西舎　白氏　續449
西射堂　文選　正247
西周　文選　正247
西州　白氏　續449
西州城下　白氏　續449
西戎　文選　正247
西戎　白氏　續449
西省　本朝　正559
西省　白氏　續450
西上　白氏　續449
西城　文選　正247
西秦　文選　正247
西人　白氏　續449
西水　文選　正247
西征　文選　正247
西征す　文選　正247
西成　白氏　續450
西成す　本朝　正559
西清　文選　正247
西川　文選　正247
西川　白氏　續450
西旋　白氏　續450
西楚　文選　正247
西楚　白氏　續450
西阻　文選　正247
西曹　本朝　正559
西曹　白氏　續449
西窓　本朝　正559
西窓　白氏　續450
西村　白氏　續450
西宅　白氏　續450
西池　文選　正247
西池　白氏　續450
西中郎將　文選　正247
西朝　文選　正247
西朝　文選　正247
西津　文選　正247
西亭　白氏　續450
西天　白氏　續450
西天竺　白氏　續450
西屠　文選　正247
西都　文選　正247
西都　本朝　正559
西都賦　文選　正247
西土　文選　正247
西土　本朝　正559
西塘　白氏　續450
西東　文選　正247
西東　白氏　續450
西東す　白氏　續450
西頭　白氏　續450
西堂　文選　正247
西堂　本朝　正559
西堂　白氏　續450

西洞 本朝 正559
西道 白氏 續450
西内 白氏 續450
西南 文選 正247
西南 白氏 續450
西日 文選 正247
西日 本朝 正559
西日 白氏 續449
西巴 本朝 正559
西伯 文選 正247
西伯 白氏 續450
西伐 文選 正247
西氾 文選 正247
西畔 文選 正247
西賓 文選 正247
西府 文選 正247
西府 本朝 正559
西風 白氏 續450
西平橋 白氏 續450
西壁 白氏 續450
西偏 文選 正247
西偏 白氏 續450
西母 本朝 正559
西母 白氏 續450
西方 文選 正247
西方 本朝 正559
西方 白氏 續450
西方極楽世界 白氏 續450
西坊 白氏 續450
西北 文選 正247
西北 本朝 正559
西北 白氏 續450
西冥 文選 正247
西明寺 白氏 續450
西面す 文選 正247
西面す 白氏 續450
西門 文選 正247
西門 白氏 續450
西門(人名) 文選 正247
西門豹 本朝 正559
西邑 文選 正247
西邑 白氏 續449
西陽 文選 正247
西陽王 文選 正247
西陽郡 文選 正247
西翼 文選 正247
西陸 文選 正247
西流 文選 正247
西涼 白氏 續450
西涼伎 白氏 續450
西涼州 白氏 續450
西陵 文選 正247
西陵 白氏 續450
西陵驛 白氏 續450
西林 白氏 續450
西林寺 白氏 續450
西隣 文選 正247
西隣 本朝 正559
西嶺 白氏 續450
西路 文選 正247
西廊 白氏 續450
西來 白氏 續450
西來す 白氏 續450
西坎 白氏 續449
西墅 文選 正247
西墻 白氏 續449
西寢 文選 正247
西廂 文選 正247
西掖 文選 正247
西掖 白氏 續449
西晉 本朝 正559
西樓 白氏 續450
西氣 文選 正247
西洫 文選 正247
西疆 文選 正247
西疆* 白氏 續449
西疇 文選 正247
西齋 白氏 續449
西簷 白氏 續449
西羌 文選 正247
西舫 白氏 續450
西蜀 文選 正247
西踐 文選 正247
西邊 白氏 續450
西鄙 白氏 續450
西鄰 白氏 續450
西陂 文選 正247
西陲 白氏 續449
西墉 文選 正247
西崐 文選 正247
西崦 本朝 正558
西澨 文選 正247
西蛩 本朝 正559
西闤 白氏 續449
西岍 白氏 續449
誠 白氏 續450
誠(人名) 白氏 續450
誠意 白氏 續450
誠懐 白氏 續450
誠貫 文選 正247
誠願 白氏 續450
誠喜 本朝 正559
誠喜 白氏 續450
誠恐 文選 正247
誠恐 本朝 正559
誠欣 白氏 續450
誠敬 白氏 續450
誠効 白氏 續450
誠幸 白氏 續450
誠懇 白氏 續450
誠恕 文選 正247
誠情 本朝 正559
誠信 論語 正65
誠信 文選 正247
誠信 本朝 正559
誠信 白氏 續450
誠心 本朝 正559
誠心 白氏 續450
誠節 本朝 正559
誠説 文選 正247

誠素	文選	正247
誠美	白氏	續450
誠望	白氏	續450
誠明	白氏	續450
誠躍	白氏	續450
誠諒	白氏	續450
誠僞	文選	正247
誠僞	白氏	續450
誠兢	本朝	正559
誠兢	白氏	續450
誠惶	文選	正247
誠惶	本朝	正559
誠惶誠恐	白氏	續450
誠懼	本朝	正559
誠懼	白氏	續450
誠懽	本朝	正559
誠懽	白氏	續450
誠懽誠幸	白氏	續450
誠德	文選	正247
誠愓	本朝	正559
誠忭	白氏	續450
誠怵	本朝	正559
誠愓	白氏	續450
誠欵	白氏	續450
誓	論語	正65
誓願	法華	正421
誓願	本朝	正559
誓願	白氏	續450
誓願す	法華	正421
誓護す	本朝	正559
誓志	白氏	續450
誓命	文選	正248
請	文選	正248
請	本朝	正559
請	白氏	續450
請す	文選	正248
請す	白氏	續450
請印す	本朝	正559
請僧	本朝	正559
請託	本朝	正559
請文	本朝	正559
請用	本朝	正559
請獻	白氏	續451
迎者	白氏	續451
逝	白氏	續451
逝す	白氏	續451
逝感	文選	正248
逝去す	本朝	正559
逝景	文選	正248
逝言	文選	正248
逝止	文選	正248
逝止す	文選	正248
逝者	論語	正65
逝水	白氏	續451
逝川	文選	正248
逝川	白氏	續451
逝波	白氏	續451
逝没	文選	正248
逝湍	文選	正248
醒	白氏	續451
醒す	白氏	續451
醒醒	白氏	續451
醒寤	文選	正248
青	文選	正248
青	白氏	續451
青衣	白氏	續451
青鳥	本朝	正559
青鳥	白氏	續451
青浦	文選	正248
青雲	文選	正248
青雲	本朝	正559
青雲	白氏	續451
青煙	文選	正248
青煙	白氏	續451
青屋	文選	正248
青霞	文選	正248
青霞	本朝	正559
青蛾	白氏	續451
青海波	源氏	正848
青崖	文選	正248
青崖	白氏	續451
青蓋	文選	正248
青角	白氏	續451
青閣	文選	正248
青閣	本朝	正559
青蒲	白氏	續452
青瓦	白氏	續451
青竿	白氏	續451
青簡	文選	正248
青簡	白氏	續451
青翰	文選	正248
青眼	本朝	正559
青眼	白氏	續451
青旗	文選	正248
青旗	白氏	續451
青規	文選	正248
青祇	本朝	正559
青丘	文選	正248
青宮	白氏	續451
青牛	本朝	正559
青鏡	白氏	續451
青玉	文選	正248
青玉	白氏	續451
青桐	白氏	續452
青琴	遊仙	正93
青琴	文選	正248
青衿	本朝	正559
青衿	白氏	續451
青襟	本朝	正559
青珪	本朝	正559
青桂	白氏	續451
青菰	白氏	續451
青光	文選	正248
青江	文選	正248
青郊	文選	正248
青黒	白氏	續451
青腰	本朝	正559
青紺	本朝	正559
青山	文選	正248
青山	本朝	正559

青山　白氏　續451
青史　文選　正248
青史　本朝　正559
青史　白氏　續451
青紫　文選　正248
青紫　本朝　正559
青紫　白氏　續451
青縞　文選　正248
青社　文選　正248
青蛇　白氏　續451
青珠　文選　正248
青珠　本朝　正559
青州　遊仙　正93
青州　文選　正248
青州　本朝　正559
青州　白氏　續451
青春　文選　正248
青春　本朝　正559
青春　白氏　續451
青徐　文選　正248
青松　文選　正248
青松　本朝　正559
青松　白氏　續451
青松樹　白氏　續451
青城人　白氏　續451
青色　本朝　正559
青真　本朝　正559
青翠　文選　正248
青翠　白氏　續451
青嵩　白氏　續451
青雀　白氏　續451
青精　文選　正248
青精　本朝　正559
青青　文選　正248
青青　白氏　續451
青々　遊仙　正93
青石　白氏　續451
青箭　白氏　續451
青組　文選　正248
青草　文選　正248
青草　本朝　正559
青草　白氏　續451
青草湖　本朝　正559
青草湖　白氏　續451
青蒼　白氏　續451
青霜　本朝　正559
青苔　文選　正248
青苔　本朝　正560
青苔　白氏　續451
青黛　本朝　正560
青黛　白氏　續451
青樽　白氏　續451
青壇　文選　正248
青池　文選　正248
青竹　白氏　續451
青帳　白氏　續451
青長　白氏　續451
青鳥　文選　正248
青鳥　本朝　正560
青鳥　白氏　續452
青塚　本朝　正560
青塚　白氏　續451
青帝　本朝　正560
青泥　本朝　正560
青泥　白氏　續451
青天　文選　正248
青天　本朝　正560
青天　白氏　續452
青田　白氏　續452
青兎　白氏　續452
青土　文選　正248
青童　本朝　正560
青銅　遊仙　正93
青銅　白氏　續452
青葱　文選　正248
青梅　白氏　續452
青板舫　白氏　續452
青盤　白氏　續452
青蕃　文選　正248
青菱　白氏　續452
青苗　白氏　續452
青布衫　白氏　續452
青蕪　白氏　續452
青楓　白氏　續452
青文　本朝　正560
青壁　遊仙　正93
青壁　文選　正248
青編　文選　正248
青鳳　白氏　續452
青房　白氏　續452
青幕　白氏　續452
青冥　文選　正248
青冥　白氏　續452
青門　文選　正248
青門　白氏　續452
青柳　文選　正248
青楊　白氏　續452
青羊　本朝　正560
青陽　文選　正248
青陽　本朝　正560
青陽　白氏　續452
青嵐　白氏　續452
青陸　文選　正248
青龍　文選　正248
青龍岡　白氏　續452
青龍閣　白氏　續452
青龍寺　白氏　續452
青稜　白氏　續452
青林　文選　正248
青林　白氏　續452
青鱗　白氏　續452
青蓮　本朝　正560
青蓮　白氏　續452
青豫　文選　正248
青冀　文選　正248
青冢　本朝　正560
青闈　本朝　正560
青實　白氏　續451
青岑　文選　正248
青幛　文選　正248

青嶂　白氏　續451
青巒　文選　正248
青巖　本朝　正559
青巖　白氏　續451
青幢　白氏　續452
青徼　文選　正248
青條　文選　正248
青條　白氏　續452
青楸　文選　正248
青槐　文選　正248
青槐　白氏　續451
青樓　文選　正248
青樓　白氏　續452
青氈　白氏　續451
青氈帳　白氏　續451
青氣　文選　正248
青溪　本朝　正559
青溪　白氏　續451
青琅玕　白氏　續452
青瑣　文選　正248
青瑣　白氏　續451
青甃　白氏　續451
青筍　文選　正248
青籠　白氏　續452
青絲　白氏　續451
青綸　文選　正248
青莎　文選　正248
青莎臺　白氏　續451
青蓱　文選　正248
青蒻　本朝　正559
青蒿　白氏　續451
青薜　白氏　續452
青蘋　文選　正248
青蘿　白氏　續452
青蠅　文選　正248
青衫　白氏　續451
青袗　本朝　正559
青袍　白氏　續452
青谿　文選　正248
青谿　白氏　續451
青錢　白氏　續451
青闕　文選　正248
青雉　本朝　正560
青雉尾　白氏　續451
青霄　文選　正248
青霄　本朝　正560
青霽　白氏　續451
青顱　文選　正248
青驪　文選　正248
青鯤　文選　正248
青鸞　遊仙　正93
青鸞　白氏　續452
青麥　白氏　續452
青兕　文選　正248
青琱　文選　正248
青璅　本朝　正559
青笻　白氏　續451
青篾　文選　正248
青篾　白氏　續452
青紱　文選　正248
青綃　白氏　續451
青縑　白氏　續451
青苕　文選　正248
青荃　文選　正248
青萊登海密五州　白氏　續452
青蕷　文選　正248
青虬　文選　正248
青虵　白氏　續451
青邅　白氏　續451
青臒　文選　正248
青鬐　白氏　續451
斉雲　本朝　正560
斉乙　本朝　正560
斉紀　本朝　正560
斉刑　本朝　正560
斉陳　本朝　正560
斉葉　本朝　正560
斉國　本朝　正560
斉筵　本朝　正560
斉裘　本朝　正560
税　文選　正245
税　白氏　續447
税す　文選　正245
税す　白氏　續447
税額　白氏　續447
税書　白氏　續447
税籍　白氏　續447
税租　白氏　續447
税賦す　白氏　續447
税米　白氏　續447
税穆　文選　正245
税麥　白氏　續447
脆管　白氏　續449
脆色　本朝　正558
脆促　文選　正246
説　文選　正247
説(人名)　文選　正247
説す　文選　正247
説者　文選　正247
説難　文選　正248
洗　文選　正244
洗然　文選　正244
洗馬　文選　正244
悽惶　白氏　續441
悽屑す　白氏　續441
悽悽　白氏　續441
靖安　白氏　續447
靖安院　白氏　續447
靖安里　白氏　續447
靖恭　文選　正245
靖恭す　文選　正245
靖節　文選　正245
靖節先生　白氏　續447
靖節徵士　文選　正245
靖端　文選　正245
靖之　白氏　續447
靖冥　文選　正245
麢狼　文選　正248
儕類　文選　正241

悽　文選　正242
悽感す　文選　正242
悽傷す　遊仙　正93
悽傷す　文選　正242
悽戚す　文選　正242
悽切　文選　正242
悽切す　文選　正242
悽唳　文選　正243
悽悽　文選　正242
悽悽　白氏　續441
悽悽す　文選　正242
悽惻す　文選　正242
悽愴　文選　正242
悽愴す　文選　正242
悽欷す　文選　正242
截事　白氏　續443
掣　白氏　續442
掣す　白氏　續442
掣肘　白氏　續442
旌　文選　正243
旌　白氏　續442
旌竿　白氏　續442
旌旗　文選　正243
旌旗　白氏　續442
旌弓　文選　正243
旌軒　白氏　續442
旌効　白氏　續442
旌甲　文選　正243
旌招　文選　正243
旌節　白氏　續442
旌節等　白氏　續442
旌善　白氏　續442
旌寵　白氏　續442
旌幢　白氏　續442
旌別　白氏　續442
旌命　文選　正243
旌銘　白氏　續442
旌門　文選　正243
旌帛　文選　正243
旌旆　文選　正243
旌旆　白氏　續442
旌旄　白氏　續442
旌鉞　白氏　續442
旌栧　文選　正243
旌棨　文選　正243
晟　白氏　續442
毳　白氏　續444
毳簾　白氏　續444
毳褐　白氏　續444
毳疎　白氏　續444
洒掃　論語　正65
洒如　白氏　續444
淨　白氏　續445
淨す　白氏　續445
淨戒　白氏　續445
淨潔　白氏　續445
淨財　白氏　續445
淨石　白氏　續445
淨名　白氏　續445
淨名　白氏　續445
淨名翁　白氏　續445
淨牀　白氏　續445
淨綠　白氏　續446
淨淥　白氏　續445
淒　文選　正245
淒　白氏　續446
淒歌　文選　正245
淒清　白氏　續446
淒然　文選　正245
淒其　白氏　續446
淒風　文選　正245
淒風　白氏　續446
淒涼　白氏　續446
淒淒　文選　正245
淒淒　白氏　續446
濟　文選　正245
濟　白氏　續446
濟す　文選　正245
濟す　文選　正245
濟す　白氏　續446
濟源　白氏　續446
濟源莊　白氏　續446
濟口　白氏　續446
濟江　文選　正245
濟時　白氏　續446
濟上　白氏　續446
濟水　白氏　續446
濟世　白氏　續446
濟成す　白氏　續446
濟西　文選　正245
濟川　白氏　續446
濟岱　文選　正245
濟度　白氏　續446
濟南　文選　正245
濟美　白氏　續446
濟北　文選　正245
濟陽　文選　正245
濟偈　白氏　續446
濟濟　論語　正65
濟濟　文選　正245
濟濟然　白氏　續446
濟濟焉　文選　正245
濟々焉　本朝　正558
濟々煌々　本朝　正558
濟潔　文選　正245
猜恨　文選　正245
猩猩　文選　正245
猩猩　白氏　續446
猩々　本朝　正558
砌　白氏　續447
砌す　白氏　續447
砌下　白氏　續447
砌桐　白氏　續447
砌月　白氏　續447
砌臺　白氏　續447
齋　論語　正65
笙　文選　正246
笙　白氏　續447
笙歌　白氏　續447
笙歌す　文選　正246

笙竿	白氏	續447
笙簧	白氏	續447
笙簫	白氏	續447
笙籥	文選	正246
笙竽	文選	正246
筬	文選	正246
筬	白氏	續447
筬す	文選	正246
筬す	白氏	續447
筬仕	白氏	續447
筬氏	文選	正246
聖妓	白氏	續449
聲	文選	正246
聲	本朝	正558
聲	白氏	續449
聲韻	白氏	續449
聲音	文選	正246
聲音	白氏	續449
聲化	文選	正246
聲歌	文選	正246
聲華	文選	正246
聲華	本朝	正558
聲華	白氏	續449
聲楽	白氏	續449
聲教	文選	正246
聲教	白氏	續449
聲訓	文選	正246
聲源	本朝	正558
聲色	遊仙	正93
聲色	文選	正247
聲塵	本朝	正558
聲塵	白氏	續449
聲勢	文選	正247
聲績	白氏	續449
聲聞す	白氏	續449
聲貌	白氏	續449
聲名	文選	正247
聲名	本朝	正558
聲名	白氏	續449
聲明	文選	正247
聲明	本朝	正558
聲明	白氏	續449
聲猷	白氏	續449
聲利	文選	正247
聲利	白氏	續449
聲林	文選	正247
聲價	文選	正246
聲價	本朝	正558
聲樂	文選	正246
聲樂	本朝	正558
聲氣	白氏	續449
聲稱	文選	正246
聲聲	白氏	續449
聲聽	文選	正247
聲譽	本朝	正558
聲迹	本朝	正558
聰色	白氏	續449
腥血	白氏	續449
腥羶	白氏	續449
腥鹹	白氏	續449
腥膻	本朝	正558
腥臊	本朝	正558
腥臊	白氏	續449
萋	文選	正247
萋萋	文選	正247
萋萋	白氏	續449
萋々	本朝	正558
菁	文選	正247
菁	白氏	續449
菁英	白氏	續449
菁華	文選	正247
菁藻	文選	正247
蔡(人名)	文選	正247
蔡(地名)	文選	正247
蔡公	文選	正247
蔡使	文選	正247
蔡子	文選	正247
蔡子篤	文選	正247
蔡氏	文選	正247
蔡道恭	文選	正247
蔡伯喈	文選	正247
蔡澤	文選	正247
蔡莽	文選	正247
蔡謳	文選	正247
蔡邕	文選	正247
薺花	白氏	續449
薺麥	白氏	續449
蛻	白氏	續449
蜻蛚	文選	正247
贇	白氏	續451
贅衣	文選	正248
贅行	文選	正248
贅閹	文選	正248
躋攀	白氏	續451
躋攀す	白氏	續451
霽景	白氏	續451
霽月	白氏	續451
霽色	白氏	續451
靜	文選	正248
靜	本朝	正560
靜	白氏	續452
靜安	白氏	續452
靜安す	文選	正248
靜一	文選	正248
靜一す	文選	正248
靜間	文選	正248
靜居	白氏	續452
靜境	白氏	續452
靜恭	白氏	續452
靜興	白氏	續452
靜言	文選	正248
靜好	白氏	續452
靜巷	白氏	續452
靜室	白氏	續452
靜者	文選	正248
靜寂	文選	正248
靜心	白氏	續452
靜專	白氏	續452
靜然	文選	正248
靜然	白氏	續452

靜息す	文選	正248
靜泰	文選	正248
靜退	文選	正248
靜夜	文選	正248
靜理	白氏	續452
靜侶	白氏	續452
靜謐	白氏	續452
靜躁	文選	正248
靜綠	白氏	續452
齊	論語	正65
齊	文選	正248
齊	本朝	正560
齊	白氏	續452
齊す	文選	正248
齊雲	白氏	續452
齊雲樓	白氏	續452
齊王	文選	正249
齊戒す	文選	正248
齊粥	白氏	續452
齊冠	白氏	續452
齊桓	文選	正249
齊韓	文選	正248
齊給す	文選	正248
齊境	文選	正249
齊景	文選	正249
齊古	論語	正65
齊侯	文選	正249
齊祭す	文選	正249
齊州	白氏	續452
齊照	白氏	續452
齊章	文選	正249
齊秦	文選	正249
齊人	論語	正65
齊人	文選	正248
齊衰	白氏	續452
齊聖	文選	正249
齊説	論語	正65
齊楚	文選	正249
齊代	文選	正249
齊中	文選	正249
齊帝	本朝	正560
齊鼎	白氏	續452
齊都	文選	正249
齊堂	文選	正249
齊眉	白氏	續452
齊姫	文選	正248
齊豹	文選	正249
齊敏す	文選	正249
齊斧	文選	正249
齊物	文選	正249
齊物	白氏	續452
齊民	文選	正249
齊名	本朝	正560
齊明	文選	正249
齊網	文選	正249
齊魯	文選	正249
齊魯	白氏	續452
齊論	論語	正65
齊僮	文選	正249
齊國	文選	正249
齊國	白氏	續452
齊娥	文選	正248
齊橈	白氏	續452
齊氣	文選	正248
齊瑟	文選	正249
齊經	白氏	續452
齊臺	文選	正249
齊萬	文選	正249
齊謳	文選	正248
齊鉞	本朝	正560
齊體	白氏	續452
齊竽	白氏	續452
齊紈	文選	正249
齊紈	本朝	正560
枘	白氏	續443
狌狌	文選	正245
瘵	文選	正245
眚災	白氏	續447
箵星	文選	正246
繐帳	文選	正246
繐帷	文選	正246
芮	文選	正247
蟬鳴	遊仙	正93
蠐螬	白氏	續449
靚裝	文選	正247
餳粥	白氏	續452
鶄鶴	文選	正248
鼱鼩	文選	正248
僬僥	本朝	正560
咲言	白氏	續452
篠簳	文選	正250
紗縠	文選	正250
叔平	本朝	正560
召	文選	正249
召滑	文選	正249
召公	文選	正249
召貢	文選	正249
召忽	論語	正65
召信臣	文選	正249
召南	文選	正249
召伯	文選	正249
召平	本朝	正560
召募	白氏	續452
召募す	白氏	續452
召對す	白氏	續452
相召匹す	白氏	續452
宵宴	文選	正249
宵宴	白氏	續453
宵月	文選	正249
宵城縣	文選	正249
宵燭	文選	正249
宵人	文選	正249
宵征	白氏	續453
宵燈	白氏	續453
宵遁	白氏	續453
宵分	白氏	續453
宵寤	文選	正249
小	論語	正65
小	文選	正249
小	法華	正421

小	本朝	正560
小	白氏	續453
小輪	白氏	續455
小娃	白氏	續453
小飲	白氏	續453
小飲す	白氏	續453
小院	白氏	續455
小隠	白氏	續453
小雨	白氏	續453
小園	白氏	續455
小宴	白氏	續453
小宴す	白氏	續453
小怨	文選	正249
小怨	白氏	續455
小黄門	文選	正249
小屋	本朝	正560
小家	白氏	續453
小火	白氏	續453
小花	白氏	續453
小過	論語	正65
小過	文選	正249
小過	白氏	續453
小雅	論語	正65
小雅	文選	正249
小外孫	白氏	續453
小害	白氏	續453
小閣	本朝	正560
小官	白氏	續453
小柑子	伊勢	正650
小澗	白氏	續453
小眼	白氏	續453
小器	文選	正249
小器	白氏	續453
小妓	白氏	續453
小魚	白氏	續453
小橋	本朝	正560
小橋	白氏	續453
小曲	白氏	續453
小玉	白氏	續453
小君	白氏	續453
小郡	白氏	續453
小慧	論語	正65
小計	白氏	續453
小迎	白氏	續453
小軒	白氏	續453
小絃	白氏	續453
小舷	白氏	續454
小姑	白氏	續453
小戸	白氏	續453
小康	白氏	續453
小紅	白氏	續453
小航	白氏	續453
小行	文選	正249
小根	法華	正421
小才	文選	正249
小才	白氏	續453
小歳	白氏	續454
小災	白氏	續453
小材	本朝	正560
小山	本朝	正560
小山	白氏	續453
小使	本朝	正560
小使	白氏	續453
小司徒	白氏	續453
小史	文選	正249
小子	論語	正65
小子	文選	正249
小子	本朝	正560
小子	白氏	續453
小枝	本朝	正560
小枝	白氏	續453
小詩	白氏	續453
小事	文選	正249
小事	白氏	續453
小字	本朝	正560
小字	白氏	續453
小疾	白氏	續453
小謝	白氏	續453
小謝娘	白氏	續453
小車	論語	正65
小車	法華	正421
小車	白氏	續453
小酌	白氏	續453
小酌す	白氏	續453
小弱	文選	正249
小珠	白氏	續453
小儒	文選	正249
小樹	法華	正421
小樹	白氏	續453
小宗	白氏	續454
小宗伯	白氏	續454
小舟	白氏	續453
小戎	文選	正249
小術	白氏	續454
小書樓	白氏	續454
小女	白氏	續454
小女子	白氏	續454
小女兒	白氏	續454
小序	本朝	正560
小小	白氏	續454
小松	本朝	正560
小祥	白氏	續453
小粧	白氏	續453
小乗	法華	正421
小心	文選	正249
小心	白氏	續454
小臣	文選	正249
小臣	本朝	正560
小臣	白氏	續454
小人	論語	正65
小人	文選	正249
小人	白氏	續454
小水	白氏	續454
小瑞	白氏	續454
小星	文選	正249
小青衣	白氏	續454
小石	白氏	續454
小節	文選	正249
小節	白氏	續454
小説	文選	正249

小説　白氏　續454
小泉　白氏　續454
小船　白氏　續454
小銭　遊仙　正93
小鮮　白氏　續454
小善　文選　正249
小善　本朝　正560
小善　白氏　續454
小僧　本朝　正560
小相　論語　正65
小窓　白氏　續454
小草　本朝　正560
小大　論語　正65
小大　文選　正249
小大　本朝　正560
小大　白氏　續454
小大中乗　白氏　續454
小宅　本朝　正560
小宅　白氏　續454
小男兒　白氏　續454
小知　白氏　續454
小知す　論語　正65
小智　文選　正249
小智　法華　正421
小池　本朝　正560
小池　白氏　續454
小池館　白氏　續454
小竹　白氏　續454
小中大乗　白氏　續454
小酎　白氏　續454
小蝶　白氏　續454
小鳥　文選　正249
小鳥　白氏　續454
小鎮　白氏　續454
小亭　白氏　續454
小庭　白氏　續454
小弟　白氏　續454
小艇　白氏　續454
小殿　白氏　續454
小奴　白氏　續454
小塘　白氏　續454
小桃閑　白氏　續454
小盗　白氏　續454
小頭　白氏　續454
小堂　本朝　正560
小堂　白氏　續454
小童　論語　正65
小童　白氏　續454
小道　論語　正65
小道　文選　正249
小徳　論語　正65
小灘　白氏　續454
小尼　白氏　續454
小虹橋　白氏　續453
小能　白氏　續454
小白　文選　正249
小白　白氏　續454
小白馬　白氏　續454
小姫　白氏　續453
小婦　白氏　續454
小府　遊仙　正93
小舞筵　白氏　續454
小文　文選　正249
小平臺　白氏　續454
小弊　白氏　續454
小便　文選　正249
小弁　宇津　正718
小墓　白氏　續454
小僕　本朝　正560
小民　本朝　正560
小務　白氏　續454
小姪　白氏　續454
小姪甥　白氏　續454
小面　白氏　續454
小儲　本朝　正560
小弥陀経　本朝　正560
小有洞　白氏　續453
小邑　白氏　續453
小用　白氏　續454
小葉　法華　正421
小欲　法華　正421
小羅　本朝　正560
小利　論語　正65
小利　文選　正249
小利　白氏　續455
小吏　本朝　正560
小吏　白氏　續454
小律　白氏　續455
小律詩　白氏　續455
小量　本朝　正560
小陵子　遊仙　正93
小令　白氏　續455
小伶　白氏　續455
小蓮　白氏　續455
小郎　白氏　續454
小乘　白氏　續454
小乘經　白氏　續454
小僮　白氏　續454
小兒　本朝　正560
小兒　白氏　續453
小國　論語　正65
小國　文選　正249
小國　本朝　正560
小婢　遊仙　正93
小婢　白氏　續454
小嬌孫　白氏　續453
小學　本朝　正560
小寇　白氏　續453
小將　白氏　續453
小屏　白氏　續454
小徑　白氏　續453
小忿　白氏　續454
小惡　白氏　續453
小惠　文選　正249
小惠　白氏　續453
小戰す　文選　正249
小樂　白氏　續453
小樓　白氏　續455
小溪　白氏　續453
小潭　白氏　續454

小爐　白氏　續455
小瑕　本朝　正560
小瑕　白氏　續453
小疵　文選　正249
小疵　白氏　續453
小盞　白氏　續453
小齋　白氏　續453
小簟　白氏　續454
小縣　遊仙　正93
小縣　文選　正249
小耻　白氏　續454
小聲　白氏　續454
小胥　白氏　續454
小臺　白氏　續454
小舩　本朝　正560
小艸亭　白氏　續453
小莖　法華　正421
小萍　白氏　續454
小藝　本朝　正560
小蠅　白氏　續454
小蠻　白氏　續454
小賽　源氏　正848
小辯　文選　正249
小隱　文選　正249
小麥　白氏　續454
小巢　白氏　續453
小榼　白氏　續453
小沴　白氏　續455
小繡　白氏　續453
小郗射　文選　正249
小醘　白氏　續453
水閣　白氏　續453
少　論語　正65
少　文選　正249
少　法華　正421
少　本朝　正560
少　白氏　續455
少苑　遊仙　正93
少屋　本朝　正560
少華　文選　正249
少華　白氏　續455
少過　白氏　續455
少官　文選　正249
少監　本朝　正560
少許　白氏　續455
少卿　文選　正249
少卿　白氏　續455
少橋　本朝　正560
少君　文選　正249
少健　白氏　續455
少原　文選　正249
少侯　本朝　正560
少康　文選　正249
少康　本朝　正560
少子　本朝　正560
少師　論語　正65
少師　白氏　續455
少時　論語　正65
少時　法華　正421
少時　宇津　正718
少室　文選　正249
少室　白氏　續455
少者　論語　正65
少者　白氏　續455
少主　本朝　正560
少序　本朝　正560
少小　文選　正249
少小　白氏　續455
少々　遊仙　正93
少々　宇津　正718
少々　枕冊　正781
少々　源氏　正848
少城　文選　正249
少信物　白氏　續455
少臣　本朝　正560
少進　宇津　正718
少人　本朝　正560
少多　文選　正249
少多　白氏　續455
少宅　本朝　正560
少竹　遊仙　正93
少長　文選　正249
少長　白氏　續455
少帝　本朝　正560
少弟　論語　正65
少典　文選　正249
少内記　本朝　正560
少日　本朝　正560
少日　白氏　續455
少年　文選　正249
少年　本朝　正560
少年　白氏　續455
少年娘　本朝　正560
少納言　宇津　正718
少納言　蜻蛉　正748
少納言　枕冊　正781
少納言　源氏　正849
少納言のめのと　源氏　正849
少納言の君　宇津　正718
少納言の命婦　枕冊　正781
少納言殿　枕冊　正781
少判事　本朝　正560
少府　遊仙　正93
少府　文選　正249
少府　白氏　續455
少府監　白氏　續455
少府公　遊仙　正93
少府少監　白氏　續455
少物　白氏　續455
少分　法華　正421
少分　本朝　正560
少弁　枕冊　正781
少保　白氏　續455
少保分司　白氏　續455
少保傅　白氏　續455
少輔　本朝　正560
少輔　源氏　正848
少僕　本朝　正560
少陽　文選　正249

少陽　本朝　正560
少陽　白氏　續455
少欲　法華　正421
少吏　本朝　正560
少林寺　白氏　續455
少連　論語　正65
少連　文選　正249
少牢　文選　正249
少牢　白氏　續455
少傅　文選　正249
少傅　白氏　續455
少傅分司　白氏　續455
少壯　文選　正249
少壯　本朝　正560
少壯　白氏　續455
少夭　白氏　續455
少姨　白氏　續455
少學士　白氏　續455
少將　竹取　正636
少將　宇津　正718
少將　枕冊　正781
少將　源氏　正848
少將たち　宇津　正718
少將ぬし　宇津　正718
少將のあま　源氏　正848
少將のあま君　源氏　正848
少將の君　宇津　正718
少將の君　枕冊　正781
少將の君　源氏　正848
少將の御　宇津　正718
少將の命婦　源氏　正848
少將井　枕冊　正781
少將殿　源氏　正848
少尹　白氏　續455
少掾　本朝　正560
少昊　文選　正249
少舩　本朝　正560
少荅信　白氏　續455
少貳　源氏　正849
少齢　本朝　正560
少閒　白氏　續455
播磨少掾　本朝　正560
抄出　本朝　正560
抄帳　本朝　正560
抄物　宇津　正718
抄物ども　宇津　正718
抄物ら　宇津　正718
抄掠　本朝　正560
招　文選　正249
招し　宇津　正718
招引す　本朝　正560
招王　本朝　正560
招客　白氏　續455
招具　文選　正249
招賢　文選　正249
招集　本朝　正560
招提　白氏　續455
招討　白氏　續455
招討使　白氏　續455
招討判官　白氏　續455
招納す　文選　正249
招諭　白氏　續455
招諭す　白氏　續455
招揺　文選　正249
招揺　本朝　正560
招揺す　文選　正249
招揺乎　文選　正249
招要す　文選　正249
招攜す　文選　正249
招辟す　文選　正249
招邀　白氏　續455
招隱　白氏　續455
昭　文選　正250
昭　本朝　正560
昭王　文選　正250
昭王　本朝　正560
昭華　文選　正250
昭儀　文選　正250
昭義　白氏　續455
昭義軍　白氏　續455
昭義縣　白氏　續455
昭丘　文選　正250
昭君　白氏　續455
昭君怨　白氏　續455
昭君村　白氏　續455
昭憲　文選　正250
昭侯　文選　正250
昭光　文選　正250
昭事　文選　正250
昭灼　文選　正250
昭彰　白氏　續455
昭昭　文選　正250
昭昭　白氏　續456
昭々　本朝　正560
昭昭然　白氏　續456
昭成　白氏　續455
昭成皇帝　白氏　續455
昭宣公　本朝　正560
昭然　文選　正250
昭然　白氏　續456
昭蘇　白氏　續456
昭泰　白氏　續456
昭泰す　文選　正250
昭代　白氏　續456
昭忠　文選　正250
昭著　文選　正250
昭副　文選　正250
昭穆　論語　正65
昭穆　文選　正250
昭穆　白氏　續456
昭明　文選　正250
昭明す　文選　正250
昭明太子　文選　正250
昭明太子　本朝　正560
昭陽　文選　正250
昭陽　白氏　續456
昭陽殿　白氏　續456
昭臨　文選　正250
昭列　文選　正250
昭國　白氏　續455

昭國星　白氏　續455
昭國坊　白氏　續455
昭國里　白氏　續455
昭應　白氏　續456
昭應す　文選　正250
昭懷　文選　正250
昭晰　文選　正250
昭曠　文選　正250
昭洒す　文選　正250
昭莊　文選　正250
昭襄　文選　正250
昭德王后　白氏　續456
昭昧　文選　正250
梢雲　文選　正250
梢雲　本朝　正560
梢梢　文選　正250
樵　白氏　續456
樵采　文選　正250
樵子　白氏　續456
樵蒸　文選　正250
樵人　白氏　續456
樵蘇　文選　正250
樵蘇　本朝　正560
樵蘇　白氏　續456
樵蘇す　文選　正250
樵夫　文選　正250
樵夫　本朝　正560
樵斧　白氏　續456
樵牧　白氏　續456
樵路　本朝　正560
樵謌　本朝　正560
樵蹊　本朝　正560
樵隱　文選　正250
沼　文選　正250
沼池　文選　正250
沼沚　文選　正250
沼沚　白氏　續456
おほむ消息　宇津　正718
み消息　宇津　正718
御消息　蜻蛉　正748
御消息　源氏　正848
御消息とも　源氏　正848
御消息ども　宇津　正718
消　白氏　續456
消す　文選　正250
消す　法華　正421
消す　白氏　續456
消屈　白氏　續456
消散す　文選　正250
消散す　法華　正421
消散す　白氏　續456
消除す　白氏　續456
消息　遊仙　正93
消息　白氏　續456
消息　伊勢　正650
消息　宇津　正718
消息　蜻蛉　正748
消息　枕冊　正781
消息　源氏　正848
消息かる　源氏　正848
消息し　宇津　正718
消息し　源氏　正848
消息す　文選　正250
消息す　枕冊　正781
消息だゝ　宇津　正718
消息ふみ　源氏　正849
消長　白氏　續456
消停す　白氏　續456
消伏す　本朝　正561
消沒す　本朝　正561
消沒す　白氏　續456
消磨す　白氏　續456
消滅す　法華　正421
消歇　白氏　續456
消歇　白氏　續456
消淪す　文選　正250
消爛　文選　正250
消釋す　白氏　續456
消沉す　白氏　續456
焼香　本朝　正561
焦煙　文選　正250
焦原　文選　正250
焦鵬　文選　正250
焦勞す　白氏　續456
焦溪　文選　正250
焦麋　文選　正250
焦螟　文選　正250
焦觸　文選　正250
焦穀　白氏　續456
照　文選　正250
照　白氏　續456
照す　文選　正250
照影　白氏　續456
照見　本朝　正561
照見す　本朝　正561
照公　白氏　續456
照察　文選　正250
照車　文選　正250
照灼　文選　正250
照灼　白氏　續456
照松　本朝　正561
照照　文選　正250
照燭す　白氏　續456
照然　本朝　正561
照然　白氏　續456
照知　遊仙　正93
照地　白氏　續456
照文　本朝　正561
照文館　本朝　正561
照密閒實　白氏　續456
照明　本朝　正561
照曜　文選　正250
照曜　法華　正421
照曜す　文選　正250
照曜す　法華　正421
照耀　本朝　正561
照耀　白氏　續456
照耀す　白氏　續456
照陽　本朝　正561
照臨　文選　正250

照臨 本朝 正561
照臨 白氏 續456
照臨す 本朝 正561
照臨す 白氏 續456
照烈す 文選 正250
照燿す 文選 正250
照爛 文選 正250
照覽 文選 正250
照讀 本朝 正561
相照耀す 白氏 續456
笑歌 白氏 續456
笑歌す 白氏 續456
笑教す 白氏 續456
笑言 文選 正250
笑言 白氏 續456
笑語 文選 正250
笑語 白氏 續456
笑語す 白氏 續456
笑口 白氏 續456
笑殺す 白氏 續456
笑資 白氏 續456
笑談す 白氏 續456
笑容 白氏 續456
笑裏 白氏 續456
笑傲 白氏 續456
笑哂 白氏 續456
笑樂 白氏 續456
笑謔す 白氏 續456
相笑謔す 白氏 續456
紹 白氏 續457
紹布 文選 正250
紹復す 白氏 續457
紹明 白氏 續457
紹隆す 本朝 正561
蕉衣 白氏 續457
蕉葛 文選 正250
蕉紗 白氏 續457
蕉葉 本朝 正561
蕉葉 白氏 續457
詔 文選 正250
詔 本朝 正561
詔 白氏 續457
詔す 文選 正250
詔す 本朝 正561
詔す 白氏 續457
詔下す 白氏 續457
詔言 白氏 續457
詔旨 文選 正250
詔旨 本朝 正561
詔旨 白氏 續457
詔賜 白氏 續457
詔示 白氏 續457
詔書 文選 正250
詔書 本朝 正561
詔書 白氏 續457
詔召 本朝 正561
詔祟 文選 正250
詔選 白氏 續457
詔草 本朝 正561
詔中 白氏 續457
詔勅 本朝 正561
詔批 白氏 續457
詔名 本朝 正561
詔命 本朝 正561
詔命 白氏 續457
詔問す 白氏 續457
詔令 文選 正251
詔令 白氏 續457
詔條 白氏 續457
詔誥 文選 正250
詔 文選 正251
丞相 論語 正65
播磨丞 本朝 正560
擾擾 文選 正250
擾擾 白氏 續455
擾溺 文選 正250
擾亂 白氏 續455
擾攘 文選 正249
擾攘 本朝 正560
擾攘す 文選 正250
憔眇 文選 正249
妄 法華 正421
葉公 論語 正65
御處分のふみ 宇津 正718
劭 本朝 正560
勦絶す 文選 正249
嘯 文選 正249
嘯詠す 文選 正249
嘯歌 文選 正249
嘯歌す 文選 正249
嘯呼す 文選 正249
嘯歎 文選 正249
嘯露 本朝 正560
嘯傲す 文選 正249
峭 白氏 續455
峭絶 白氏 續455
峭頂 白氏 續455
峭崿 文選 正249
峭陁 文選 正249
悄 白氏 續455
悄寂 白氏 續455
悄切 文選 正249
悄然 白氏 續455
悄悄 白氏 續455
悄蒨す 文選 正249
愮悄 文選 正249
愮焉 文選 正249
憔悴 文選 正249
憔悴 白氏 續455
憔悴し 宇津 正718
憔悴す 文選 正249
憔悴す 法華 正421
憔悴す 白氏 續455
杪忽 白氏 續456
杪秋 文選 正250
杪秋 白氏 續456
椒室 本朝 正560
椒庭 本朝 正560
椒房 本朝 正560
樔槮 文選 正250

瀟湘　文選　正250
瀟湘　白氏　續456
瀟洒　白氏　續456
瀟瀟　白氏　續456
瀟灑　白氏　續456
燒乾す　白氏　續456
燒金　白氏　續456
燒香　法華　正421
燒灼す　白氏　續456
燒酒　白氏　續456
燒丹　白氏　續456
燒丹經　白氏　續456
燒漂す　白氏　續456
稍食　白氏　續456
稍稍　白氏　續456
竦勇　文選　正250
簫　遊仙　正93
簫　文選　正250
簫　法華　正421
簫　本朝　正561
簫　白氏　續457
簫管　文選　正250
簫鼓　文選　正250
簫鼓　白氏　續457
簫籟　文選　正250
簫榦　文選　正250
蕭　文選　正250
蕭　白氏　續457
蕭育　本朝　正561
蕭員外　白氏　續457
蕭悦　白氏　續457
蕭遠　文選　正250
蕭王　文選　正250
蕭翁　白氏　續457
蕭何　文選　正250
蕭何　本朝　正561
蕭会稽　枕冊　正781
蕭茅　文選　正250
蕭丘　本朝　正561
蕭京す(鞏)　白氏　續457
蕭五　白氏　續457
蕭公　文選　正250
蕭宰　文選　正250
蕭索　文選　正250
蕭索　本朝　正561
蕭索　白氏　續457
蕭索す　文選　正250
蕭山縣　白氏　續457
蕭散　文選　正250
蕭散　白氏　續457
蕭散す　文選　正250
蕭史　白氏　續457
蕭士清　白氏　續457
蕭氏　文選　正250
蕭侍御　白氏　續457
蕭寺　白氏　續457
蕭朱　文選　正250
蕭朱　白氏　續457
蕭周　文選　正250
蕭庶子　白氏　續457
蕭尚書　白氏　續457
蕭森　文選　正250
蕭正字　白氏　續457
蕭籍　白氏　續457
蕭疎　白氏　續457
蕭曹　文選　正250
蕭曹　白氏　續457
蕭曹魏邴　文選　正250
蕭相　文選　正250
蕭相　本朝　正561
蕭相　白氏　續457
蕭相公　白氏　續457
蕭相公(人名)　白氏　續457
蕭相國　本朝　正561
蕭太傅　文選　正250
蕭辰　文選　正250
蕭辰　白氏　續457
蕭斧　文選　正250
蕭望　白氏　續457
蕭望之　論語　正65
蕭望之　文選　正250
蕭娘　白氏　續457
蕭楊州　文選　正250
蕭蘭　白氏　續457
蕭錬師　白氏　續457
蕭郎　白氏　續457
蕭郎中存　白氏　續457
蕭俛　白氏　續457
蕭俛等　白氏　續457
蕭會稽　本朝　正561
蕭傅　文選　正250
蕭處士　白氏　續457
蕭墻　白氏　續457
蕭寥　白氏　續457
蕭協律　白氏　續457
蕭條　文選　正250
蕭條　本朝　正561
蕭條　白氏　續457
蕭樊　文選　正250
蕭殷　白氏　續457
蕭灑　文選　正250
蕭灑　白氏　續457
蕭牆　論語　正65
蕭牆　文選　正250
蕭瑟　文選　正250
蕭瑟　本朝　正561
蕭瑟*　白氏　續457
蕭艾　文選　正250
蕭艾　本朝　正561
蕭蕭　文選　正250
蕭蕭　白氏　續457
蕭々　本朝　正561
蕭々然　本朝　正561
蕭韶　本朝　正561
蕭颯　本朝　正561
蕭颯　白氏　續457
蕭扆　本朝　正561
蕭杌　文選　正250
蕭藿　文選　正250
誚咲　白氏　續457

御逍遥　源氏　正848
逍遥　遊仙　正93
逍遥　文選　正251
逍遥　本朝　正561
逍遥　白氏　續457
逍遥　宇津　正718
逍遥　源氏　正848
逍遥し　宇津　正718
逍遥し　源氏　正848
逍遥す　文選　正251
逍遥す　本朝　正561
逍遥す　白氏　續457
逍遥す　伊勢　正650
逍遥篇　白氏　續457
邵　文選　正251
邵虎　文選　正251
邵康公　文選　正251
邵同　白氏　續457
邵父　本朝　正561
邵陵王　文選　正251
邵陵王友　文選　正251
銷　文選　正251
銷　白氏　續457
銷す　白氏　續457
銷化す　白氏　續457
銷停す　白氏　續458
銷匿す　白氏　續458
銷得　白氏　續457
銷亡す　文選　正251
銷亡す　白氏　續458
銷磨す　白氏　續458
銷滅す　本朝　正561
銷落す　文選　正251
銷落す　白氏　續458
銷漏　文選　正251
銷毀す　文選　正251
銷摧す　白氏　續458
銷擲す　白氏　續458
銷盪す　白氏　續458
銷鑠　文選　正251
銷鑠す　文選　正251
銷鑠す　白氏　續458
霄　白氏　續458
霄堮　文選　正251
霄蛾　本朝　正561
霄駕　文選　正251
霄外　文選　正251
霄漢　文選　正251
霄漢　本朝　正561
霄漢　白氏　續458
鞘中　文選　正251
韶　論語　正65
韶　白氏　續458
韶頀　白氏　續458
韶夏　文選　正251
韶夏　白氏　續458
韶華　白氏　續458
韶顔　白氏　續458
韶虞　文選　正251
韶護　文選　正251
韶光　本朝　正561
韶光　白氏　續458
韶箾　文選　正251
韶武　文選　正251
韶武　白氏　續458
韶舞　論語　正65
韶舞　文選　正251
韶陽　本朝　正561
韶樂　論語　正65
韶濩　白氏　續458
饒劇　遊仙　正93
饒　文選　正251
饒　白氏　續458
饒益　本朝　正561
饒舌　白氏　續458
饒風　白氏　續458
饒陽縣　白氏　續458
饒陽縣等　白氏　續458
饒衍　文選　正251
髾　文選　正251
鷦鵬　文選　正251
鷦螟　文選　正251
鷦鷯　文選　正251
鷦鷯　白氏　續458
釗　白氏　續457
僬僥す　白氏　續452
嘯傲　白氏　續453
嘯咏　白氏　續452
嘸嘸　文選　正249
娗妍　遊仙　正93
峉嶢　白氏　續455
嶕嶢　文選　正249
怊悵す　文選　正249
捎スル　本朝　正560
捎星　文選　正249
燋爛　文選　正250
燋爛す　文選　正250
燋爛す　白氏　續456
燋齒　文選　正250
爕*理　白氏　續456
綃　白氏　續457
綃巾　白氏　續457
綃衫　白氏　續457
翛然　白氏　續457
苕苕　文選　正250
蟭螟　白氏　續457
蠨蛸　白氏　續457
譙　文選　正251
譙居　文選　正251
譙郡　文選　正251
譙元彦　文選　正251
譙秀　文選　正251
譙人　文選　正251
譙國　文選　正251
譙沛　文選　正251
譙酇　白氏　續457
躞*蹀　白氏　續457
軺す　文選　正251
軺車　白氏　續457
醮郡　白氏　續457

醮壇　白氏　續457
顣頞　白氏　續458
顣頞す　文選　正251
顣頞す　白氏　續458
潟鹵　文選　正251
漃漻　文選　正251
舎菜　本朝　正561
射熊館　文選　正252
射聲　文選　正252
尺　文選　正251
尺　本朝　正561
尺　白氏　續458
尺劍　文選　正251
尺五　白氏　續458
尺書　文選　正251
尺書　白氏　續458
尺寸　文選　正251
尺寸　本朝　正561
尺寸　白氏　續458
尺素　文選　正251
尺素　白氏　續458
尺組　白氏　續458
尺度　白氏　續458
尺土　文選　正251
尺波　文選　正251
尺波　本朝　正561
尺波　白氏　續458
尺表　文選　正251
尺木　本朝　正561
尺有咫　白氏　續458
尺椽　文選　正251
尺澤　文選　正251
尺燼　文選　正251
尺牘　文選　正251
尺璧　文選　正251
尺璧　本朝　正561
尺蠖　文選　正251
尺蠖　白氏　續458
尺鐵　文選　正251
尺餘　白氏　續458
尺棰　文選　正251
杓子　遊仙　正93
錫　文選　正252
錫　白氏　續460
錫貢　白氏　續460
錫碧　文選　正252
寂　本朝　正561
寂　白氏　續458
寂（人名）　白氏　續458
寂遠　文選　正251
寂爾　文選　正251
寂寂　文選　正251
寂寂　本朝　正561
寂寂　白氏　續458
寂然　文選　正251
寂然　白氏　續458
寂然（人名）　白氏　續458
寂動　文選　正251
寂漠　文選　正251
寂莫　文選　正251
寂蔑　文選　正251
寂默　文選　正251
寂歷　文選　正251
寂兮　白氏　續458
寂寞　文選　正251
寂寞　本朝　正561
寂寞　白氏　續458
寂寥　文選　正251
寂寥　本朝　正561
寂寥　白氏　續458
寂寥す　文選　正251
寂寥忽慌　文選　正251
寂靜　本朝　正561
寂靜　白氏　續458
寂歷　白氏　續458
寂漻　文選　正251
庶門　本朝　正561
隻字　文選　正251
隻日　白氏　續458
隻翼す　文選　正251
隻輪　文選　正251
席　論語　正65
席　文選　正251
席　本朝　正561
席　白氏　續458
席次　文選　正251
席上　本朝　正561
席上　白氏　續458
席八　白氏　續458
戚　文選　正251
戚施　文選　正251
戚戚　文選　正251
戚戚　白氏　續458
戚促　白氏　續458
戚藩　文選　正251
戚夫人　白氏　續458
戚夫人　源氏　正849
戚容　白氏　續458
戚里　文選　正251
戚里　本朝　正561
戚里　白氏　續458
戚屬　白氏　續458
斥候　文選　正251
斥蠖　文選　正251
斥鴳　文選　正251
昔賢　白氏　續458
昔人　文選　正251
昔辰　文選　正251
昔日　文選　正251
昔日　本朝　正561
昔日　白氏　續458
昔闈　白氏　續458
昔莊　白氏　續458
柎毫　白氏　續459
析析　文選　正251
析木　文選　正251
析龍　文選　正251
析毫　白氏　續459
石　文選　正251
石　白氏　續459

石(人名)	文選	正251
石(人名)	白氏	續459
石稷	本朝	正561
石鎛	白氏	續459
石窌	白氏	續459
石蛄	文選	正252
石井	白氏	續459
石下	文選	正251
石下	白氏	續459
石家	白氏	續459
石火	本朝	正561
石火	白氏	續459
石華	文選	正251
石郭	文選	正251
石閣	白氏	續459
石澗	白氏	續459
石間	文選	正251
石間	白氏	續459
石岸	白氏	續459
石奇	白氏	續459
石季倫	文選	正251
石季倫	本朝	正561
石記	文選	正251
石渠	文選	正251
石渠	本朝	正561
石渠	白氏	續459
石橋	白氏	續459
石橋溪	白氏	續459
石鏡	文選	正252
石菌	文選	正251
石慶	文選	正251
石桂	白氏	續459
石建	文選	正252
石犬	本朝	正561
石厚	白氏	續459
石孔	白氏	續459
石溝溪	白氏	續459
石壕吏	白氏	續459
石士儉	白氏	續459
石子	文選	正252
石室	文選	正252
石室	本朝	正561
石首城	文選	正252
石首縣	白氏	續459
石州	白氏	續459
石尚書	白氏	續459
石上	白氏	續459
石上人	白氏	續459
石城	文選	正252
石神	白氏	續459
石水	白氏	續459
石髓	文選	正252
石崇	本朝	正561
石瀨	文選	正252
石瀨	本朝	正561
石泉	文選	正252
石泉	白氏	續459
石樽	白氏	續459
石竹	白氏	續459
石仲容	文選	正252
石亭	白氏	續459
石斗	白氏	續459
石塔	白氏	續459
石堂	白氏	續459
石道	文選	正252
石灘	白氏	續459
石楠	白氏	續459
石函	本朝	正561
石髪	白氏	續459
石帆	文選	正252
石婦	白氏	續459
石墳	白氏	續459
石奮	白氏	續459
石壁	文選	正252
石壁	白氏	續459
石壁經	白氏	續459
石片	白氏	續459
石盆泉	白氏	續459
石密	文選	正252
石面	白氏	續459
石門	論語	正65
石門	文選	正252
石門	本朝	正561
石門	白氏	續459
石門澗	白氏	續459
石友	文選	正251
石蘭	文選	正252
石留	文選	正252
石梁	文選	正252
石稜	白氏	續459
石林	文選	正252
石蓮	白氏	續459
石冰	文選	正252
石凾	白氏	續459
石圻	文選	正251
石崕	白氏	續459
石嵌	白氏	續459
石巖	白氏	續459
石徑	文選	正251
石杠	文選	正251
石榴	遊仙	正93
石榴	文選	正252
石榴	白氏	續459
石樓	本朝	正561
石樓	白氏	續459
石樓潭	白氏	續459
石溪	白氏	續459
石甕寺	白氏	續459
石磴	文選	正252
石磴	白氏	續459
石竇	本朝	正561
石筍	白氏	續459
石經	白氏	續459
石緇	文選	正252
石苞	文選	正252
石谿	文選	正252
石逕	文選	正251
石逕	白氏	續459
石闕銘	文選	正251
石闕	文選	正251

石隱金等　白氏　續459
石顯　文選　正252
石鼓　白氏　續459
石龕　白氏　續459
石綠　白氏　續459
積　白氏　續459
積(人名)　白氏　續459
積悪　本朝　正561
積陰　白氏　續459
積羽　文選　正252
積慶　白氏　續459
積思　本朝　正561
積習　白氏　續459
積薪　本朝　正561
積水　白氏　續459
積翠　文選　正252
積成す　白氏　續459
積正　本朝　正561
積石　遊仙　正93
積石　文選　正252
積石　白氏　續460
積雪　文選　正252
積善　文選　正252
積善　本朝　正561
積善　白氏　續460
積善餘慶　本朝　正561
積素　文選　正252
積弊　白氏　續460
積陽　文選　正252
積流　文選　正252
積累　文選　正252
積冰　文選　正252
積毀　文選　正252
積學　文選　正252
積滯す　白氏　續460
積甃　白氏　續459
積羸　本朝　正561
積讒　文選　正252
積險　文選　正252
積饌　本朝　正561
積德　文選　正252
籍　文選　正252
籍　本朝　正561
籍　白氏　續460
籍(人名)　文選　正252
籍(人名)　白氏　續460
籍甚　文選　正252
籍甚　白氏　續460
籍税　白氏　續460
籍籍　白氏　續460
績　文選　正252
績　白氏　續460
績す　白氏　續460
績効　白氏　續460
績行　本朝　正561
績之　白氏　續460
績用　白氏　續460
責　白氏　續460
責す　白氏　續460
責課す　白氏　續460
責言　白氏　續460
責瑣　文選　正252
赤　論語　正65
赤烏　文選　正252
赤烏　本朝　正561
赤烏　白氏　續460
赤羽　白氏　續460
赤英　白氏　續460
赤猿　文選　正252
赤王　文選　正252
赤岸　文選　正252
赤岸(地名)　文選　正252
赤蟻　文選　正252
赤玉　文選　正252
赤玉　白氏　續460
赤鯉　文選　正252
赤鯉　本朝　正561
赤光　本朝　正561
赤阪　文選　正252
赤山　文選　正252
赤子　文選　正252
赤子　本朝　正561
赤子　白氏　續460
赤氏　文選　正252
赤珠　白氏　續460
赤首　文選　正252
赤春　本朝　正561
赤松　文選　正252
赤松　白氏　續460
赤松(人名)　白氏　續460
赤城　文選　正252
赤城　本朝　正561
赤城　白氏　續460
赤色　本朝　正561
赤心　文選　正252
赤心　白氏　續460
赤須　文選　正252
赤水　文選　正252
赤水　白氏　續460
赤誠　本朝　正561
赤誠　白氏　續460
赤石　文選　正252
赤箭　白氏　續460
赤族　白氏　續460
赤地　本朝　正561
赤亭　文選　正252
赤帝　文選　正252
赤帝　本朝　正561
赤帝　白氏　續460
赤電　文選　正252
赤土　白氏　續460
赤刀　文選　正252
赤藤枝　白氏　續460
赤幢　白氏　續460
赤日　本朝　正561
赤日　白氏　續460
赤馬　本朝　正561
赤白　遊仙　正93
赤眉　文選　正252
赤筆　白氏　續460

赤豹　文選　正252
赤豹　白氏　續460
赤斧　文選　正252
赤文　文選　正252
赤壁　文選　正252
赤龍　本朝　正561
赤鱗　文選　正252
赤嶺　白氏　續460
赤仄　文選　正252
赤幟　白氏　續460
赤瑕　文選　正252
赤縣　文選　正252
赤縣　白氏　續460
赤莢　本朝　正561
赤霄　文選　正252
赤霄す　本朝　正561
赤靈　文選　正252
赤驥　白氏　續460
赤鴈　文選　正252
赤鴈　白氏　續460
赤墀　文選　正252
赤墀　白氏　續460
赤筦　白氏　續460
赤紱　白氏　續460
赤脛　本朝　正561
赤舄　文選　正252
赤茀　白氏　續460
赤螭　文選　正252
赤騮　本朝　正561
碩　白氏　續459
碩果　文選　正252
碩交　文選　正252
碩生　文選　正252
碩鼠　文選　正252
碩鼠　白氏　續459
碩大　白氏　續459
碩慮　文選　正252
碩量　文選　正252
碩麟　文選　正252
碩老　文選　正252
碩畫　文選　正252
碩德　本朝　正561
夕　文選　正251
夕陰　文選　正251
夕陰　白氏　續458
夕穎　文選　正251
夕見　本朝　正561
夕鼓　白氏　續458
夕死　文選　正251
夕照　白氏　續458
夕吹　白氏　續458
夕雀　白氏　續458
夕膳　文選　正251
夕旦　白氏　續458
夕鳥　文選　正251
夕鳥　白氏　續458
夕殿　白氏　續458
夕殿　源氏　正849
夕暮す　文選　正251
夕望　白氏　續458
夕陽　文選　正251
夕陽　本朝　正561
夕陽　白氏　續458
夕陽開　白氏　續458
夕漏　白氏　續458
夕郎　白氏　續458
夕寢　白氏　續458
夕暉　白氏　續458
夕淪　文選　正251
夕爨　白氏　續458
夕秀　文選　正251
夕螢　本朝　正561
夕讌　文選　正251
夕霏　文選　正251
夕惕　文選　正251
夕惕　白氏　續458
夕惕す　白氏　續458
夕曛　文選　正251
夕焔　白氏　續458
晰晰　白氏　續458
槭槭　白氏　續459
淅江　白氏　續459
淅淅　白氏　續459
碩歴　文選　正252
碩鹵　文選　正252
磧儒　本朝　正561
磧礫　文選　正252
簀　白氏　續460
繹典　白氏　續460
繹晤　白氏　續460
藉　文選　正252
藉　白氏　續460
藉す　文選　正252
藉田　文選　正252
藉冕　本朝　正561
藉藉　文選　正252
藉藉（地名）　文選　正252
螫毒　文選　正252
裼襲　白氏　續459
跖　文選　正252
跖實　文選　正252
跖蹻　文選　正252
蹙促す　白氏　續460
蹙容　文選　正252
蹠實　本朝　正561
蹠實す　本朝　正561
迹　白氏　續460
釋位　文選　正252
釋慧宗　文選　正252
釋曇珍　文選　正252
釋之　文選　正252
釋部　文選　正252
釋網　文選　正252
釋例　文選　正252
釋奠　文選　正252
釋巖　白氏　續460
鵲　白氏　續460
鵲官　本朝　正561
鵲脚　白氏　續460
鵲巣　文選　正252

鶺鴒	文選	正252
慼す	文選	正251
慼貌	文選	正251
慼屬	文選	正251
慼慼	文選	正251
穸	文選	正252
穸窆	文選	正252
腊	白氏	續460
腊毒	文選	正252
舄弈	白氏	續460
菥蓂	文選	正252
殺害す	宇津	正718
切	竹取	正636
切	伊勢	正650
切	宇津	正718
切	蜻蛉	正748
切	枕冊	正781
切	源氏	正849
御節句	宇津	正718
御節料	宇津	正718
節	宇津	正718
節	蜻蛉	正748
節	枕冊	正781
節会	枕冊	正781
節会	源氏	正849
節会とも	源氏	正849
節句	宇津	正718
節分	蜻蛉	正748
節分	枕冊	正781
節分	源氏	正849
節料	宇津	正718
節會	宇津	正718
節會がち	蜻蛉	正748
節會ごと	宇津	正718
節會ども	宇津	正718
屑屑	文選	正253
屑屑	白氏	續460
屑屑す	白氏	續460
契	論語	正65
致す	本朝	正562
致略す	本朝	正562
致青	本朝	正562
致生	本朝	正562
殺害す	法華	正421
薩子	本朝	正562
切	文選	正252
切	本朝	正561
切	白氏	續460
切す	論語	正65
切雲	文選	正252
切諌す	文選	正252
切響	文選	正252
切玉	本朝	正561
切言す	白氏	續460
切事	白氏	續460
切峻	文選	正252
切切	論語	正65
切切	文選	正252
切切	白氏	續460
切直	白氏	續460
切直*す	文選	正253
切磨	本朝	正561
切論す	白氏	續460
切磋	論語	正65
切磋琢磨	論語	正65
切韵	本朝	正561
切儗す	文選	正252
拙	白氏	續460
拙す	白氏	續460
拙音	白氏	續461
拙旨	本朝	正562
拙詩	白氏	續461
拙疾	文選	正253
拙什	白氏	續461
拙掌	本朝	正562
拙政	白氏	續461
拙速	文選	正253
拙直	白氏	續461
拙難	文選	正253
拙薄	白氏	續461
拙文	本朝	正562
拙目	文選	正253
拙目	本朝	正562
拙劣	白氏	續461
拙宦	白氏	續461
拙訥	文選	正253
相接す	本朝	正562
折	白氏	續460
折簡す	文選	正253
折獄	文選	正253
折腰	白氏	續460
折腰菱	白氏	續460
折枝	文選	正253
折衝將軍	文選	正253
折節	文選	正253
折損	白氏	續460
折竹	白氏	續460
折中	本朝	正562
折中す	文選	正253
折衷す	文選	正253
折盤	文選	正253
折磨す	白氏	續460
折劔頭	白氏	續460
折檻	白氏	續460
折毫	白氏	續460
折糴	白氏	續460
折臂翁	白氏	續460
折衂す	文選	正253
折苕	文選	正253
折頞	文選	正253
設	白氏	續462
設色	白氏	續462
節	論語	正65
節	遊仙	正93
節	文選	正253
節	本朝	正562
節	白氏	續461
節す	論語	正65
節す	白氏	續461
節解	文選	正253

節概　文選　正253
節忌　土左　正659
節供　蜻蛉　正748
節句まゐり　蜻蛉　正748
節限　白氏　續461
節候　文選　正253
節候　本朝　正562
節候　白氏　續461
節効　白氏　續461
節行　論語　正65
節行　白氏　續461
節歳　白氏　續461
節冊　白氏　續461
節使　白氏　續461
節士　文選　正253
節序　文選　正253
節信　文選　正253
節趨　文選　正253
節制　文選　正253
節制　本朝　正562
節制　白氏　續461
節制す　白氏　續461
節節　白氏　續461
節宣す　文選　正253
節奏　文選　正253
節奏　白氏　續461
節操　文選　正253
節中　文選　正253
節度　白氏　續461
節度管内支度營田觀察處置等使　白氏　續461
節度行營兵馬使　白氏　續461
節度使　白氏　續461
節度推官　白氏　續461
節度推巡　白氏　續461
節度都押衙　白氏　續461
節度等　白氏　續461
節度等使　白氏　續461
節度判官　白氏　續461
節度副使　白氏　續461
節度要籍　白氏　續461
節度留後　白氏　續461
節度留後起復　白氏　續461
節度處置等使　白氏　續461
節度參謀　白氏　續461
節度觀察使　白氏　續461
節度觀察等使　白氏　續461
節度觀察處置等使　白氏　續461
節日　本朝　正562
節夫　文選　正253
節婦　白氏　續461
節物　文選　正253
節物　白氏　續461
節文　白氏　續461
節目　本朝　正562
節目　白氏　續461
節約す　論語　正65
節理す　文選　正253
節會　本朝　正562
節儉　文選　正253
節儉　本朝　正562
節儉　白氏　續461
節儉す　白氏　續461
節將　白氏　續461
節旄　白氏　續461
節鄂　文選　正253
節鉞　白氏　續461
節鎭　白氏　續461
節槩　文選　正253
説　論語　正65
説　文選　正253
説　法華　正421
説　本朝　正562
説　本朝　正562
説　白氏　續462
説化す　白氏　續462
説著す　白氏　續462
説法　法華　正421
説法　本朝　正562
説法　白氏　續462
説法す　法華　正421
説論　文選　正253
説話　白氏　續462
説豫す　文選　正253
震裏　白氏　續462
雪雨　白氏　續462
雪花　白氏　續462
雪汗　本朝　正562
雪宮　文選　正253
雪月花　白氏　續462
雪月花草　本朝　正562
雪後　白氏　續462
雪山　文選　正253
雪山　本朝　正562
雪山　白氏　續462
雪山童子　本朝　正562
雪水　白氏　續462
雪霜　白氏　續462
雪堆莊　白氏　續462
雪隊　白氏　續462
雪中　白氏　續462
雪白　本朝　正562
雪白　白氏　續462
雪髪　白氏　續462
雪風　白氏　續462
雪雰　文選　正253
雪片　白氏　續462
雪暮　白氏　續462
雪麻　本朝　正562
雪夜　白氏　續462
雪裡　白氏　續462
雪林　本朝　正562
雪浪　白氏　續462
雪樓　白氏　續462
雪頸　白氏　續462
雪髯　白氏　續462
雪鬢　白氏　續462
雪鬢*　本朝　正562

絶　白氏　續461
絶す　白氏　續461
絶域　文選　正253
絶域　本朝　正562
絶域　白氏　續462
絶炎　文選　正253
絶艷　本朝　正562
絶遠　文選　正253
絶澗　文選　正253
絶澗　白氏　續461
絶岸　文選　正253
絶伎　文選　正253
絶紀　文選　正253
絶輝　文選　正253
絶境　文選　正253
絶境　白氏　續461
絶業　文選　正253
絶句　白氏　續461
絶句　源氏　正849
絶景　文選　正253
絶絃　文選　正253
絶絃　白氏　續461
絶交　本朝　正562
絶交　白氏　續461
絶交論　文選　正253
絶唱　文選　正253
絶塵　本朝　正562
絶席す　白氏　續462
絶跡　文選　正253
絶節　文選　正253
絶足　文選　正253
絶俗　白氏　續461
絶俗珠鄰　白氏　續461
絶寵　本朝　正562
絶頂　文選　正253
絶頂　白氏　續462
絶筆　白氏　續462
絶紐　文選　正253
絶壁　文選　正253
絶妙　本朝　正562
絶冥　文選　正253
絶滅す　文選　正253
絶滅す　白氏　續462
絶粒　白氏　續462
絶梁　文選　正253
絶倫　文選　正253
絶倫　本朝　正562
絶倫　白氏　續462
絶嶺　本朝　正562
絶區　文選　正253
絶國　文選　正253
絶國　白氏　續461
絶垠　文選　正253
絶學　白氏　續461
絶濟　文選　正253
絶藝　白氏　續461
絶黨　文選　正253
絶巘　文選　正253
絶豔　白氏　續461
舌下　本朝　正562
舌語　白氏　續462
舌根　法華　正421
舌根　本朝　正562
舌根　白氏　續462
舌子　遊仙　正93
舌上　白氏　續462
舌端　文選　正253
舌頭　白氏　續462
舌樞　白氏　續462
熱　文選　正253
熱暑　文選　正253
巀嶭　文選　正253
刹　文選　正252
刹那　本朝　正562
刹那　法華　正421
刹那　本朝　正562
刹那　白氏　續460
刹那　宇津　正718
刹利　法華　正421
卨　文選　正253
截　白氏　續460
截す　白氏　續460
截肪　白氏　續460
攝す　論語　正65
攝す　法華　正421
攝す　本朝　正562
攝行　本朝　正562
攝行す　本朝　正562
泄雲　文選　正253
浙右　文選　正253
浙江　文選　正253
淛河　白氏　續461
淛江　白氏　續461
淛江樓　白氏　續461
淛水　白氏　續461
淛西　白氏　續461
淛西道　白氏　續461
淛石　白氏　續461
淛東　白氏　續461
淛淛　白氏　續461
淛瀝　白氏　續461
竊位　文選　正253
竊吹す　文選　正253
竊盜　本朝　正562
竊竊　白氏　續461
緤　白氏　續462
薛　論語　正65
薛　文選　正253
薛家　白氏　續462
薛君　白氏　續462
薛兼訓　白氏　續462
薛元賞　白氏　續462
薛光朝　白氏　續462
薛公　文選　正253
薛公幹　白氏　續462
薛洪　文選　正253
薛氏　白氏　續462
薛秀才　白氏　續462
薛戎　白氏　續462
薛昌朝　白氏　續462

薛常翽	白氏	續462
薛燭	文選	正253
薛綜	文選	正253
薛存誠	白氏	續462
薛台	白氏	續462
薛中丞	白氏	續462
薛之縱等	白氏	續462
薛伯高	白氏	續462
薛伯高等	白氏	續462
薛伯蓮	白氏	續462
薛夫人	白氏	續462
薛平	白氏	續462
薛平等	白氏	續462
薛包	文選	正253
薛放	白氏	續462
薛方	文選	正253
薛訪	文選	正253
薛陽陶	白氏	續462
薛劉	白氏	續462
薛從	白氏	續462
薛稷	白氏	續462
薛縣	本朝	正562
薛萃	白氏	續462
薛閭君	文選	正253
薛鯤	白氏	續462
薛伾	白氏	續462
薛荔	文選	正253
藝服	論語	正65
刵劓	白氏	續460
晣	文選	正253
晣晣	文選	正253
棁	本朝	正562
棁*	論語	正65
煞	本朝	正562
爇*す	白氏	續462
銭	竹取	正636
銭	源氏	正849
絏貤	文選	正253
妾	文選	正253
妾	本朝	正562
妾	白氏	續462
妾人	文選	正253
妾媵	文選	正253
妾媵	白氏	續462
捷	文選	正253
捷	白氏	續463
捷す	白氏	續463
捷宿	文選	正253
捷書	白氏	續463
捷武	文選	正253
捷徑	文選	正253
捷獵	文選	正253
捷逕	文選	正253
渉江	白氏	續463
接	文選	正253
接	白氏	續462
接䍦	白氏	續462
接す	文選	正253
接す	本朝	正562
接す	白氏	續462
接近	文選	正253
接事	文選	正253
接輿	文選	正253
接輿	白氏	續462
接蓮す	白氏	續462
接戰	白氏	續462
相接す	白氏	續462
葉公	本朝	正562
葉縣	本朝	正562
燮理	白氏	續463
囁嚅	白氏	續462
慴服す	白氏	續462
攝	本朝	正562
攝	白氏	續463
攝す	文選	正253
攝す	白氏	續463
攝州刺史	本朝	正562
攝進す	文選	正253
攝政	本朝	正562
攝政し	源氏	正849
攝政す	本朝	正562
攝政関白	本朝	正562
攝生	文選	正253
攝生	白氏	續463
攝生す	文選	正253
攝太尉	白氏	續463
攝提	文選	正253
攝統す	文選	正253
攝動	白氏	續463
攝念	本朝	正562
攝理	本朝	正562
攝國	本朝	正562
攝檢す	文選	正253
攝籙	本朝	正562
楫棹	文選	正253
楗遲す	白氏	續463
歙	白氏	續463
歙州	白氏	續463
浹辰	文選	正253
浹日	文選	正253
浹洽す	白氏	續463
躡す	文選	正253
鑷	白氏	續463
婕妤	文選	正253
婕妤	白氏	續462
屧廊	白氏	續462
嶕嶫す	文選	正253
渉安	文選	正253
渉人	文選	正253
渉獵	文選	正253
燮和す	文選	正253
燮燮	文選	正253
蹀蹀	白氏	續463
接輿	論語	正65
戰	論語	正65
瞻視	論語	正65
饌す	論語	正65
茜綬	白氏	續471
茜衫	白氏	續471
僭悽す	白氏	續468

憯悽　文選　正254
喧卑　文選　正256
光火　白氏　續468
債　論語　正65
山海經　白氏　續468
筌緒　文選　正257
縰纚　文選　正257
西零　文選　正254
仙　文選　正255
仙　法華　正421
仙　本朝　正563
仙　白氏　續464
仙衣　本朝　正563
仙院　本朝　正563
仙雲　遊仙　正93
仙翁　白氏　續465
仙家　本朝　正563
仙果　白氏　續464
仙駕　白氏　續464
仙階　本朝　正563
仙官　本朝　正563
仙客　白氏　續464
仙宮　文選　正255
仙宮　本朝　正563
仙居　本朝　正563
仙居　白氏　續464
仙境　本朝　正563
仙禽　文選　正255
仙禽　白氏　續464
仙窟　本朝　正563
仙窟　白氏　續464
仙才　遊仙　正93
仙才　文選　正255
仙才　白氏　續464
仙山　白氏　續465
仙子　白氏　續465
仙氏　白氏　續465
仙事　白氏　續465
仙室　文選　正255
仙車　文選　正255
仙舟　白氏　續465
仙術　本朝　正563
仙掌　文選　正255
仙掌　白氏　續465
仙上　白氏　續465
仙人　遊仙　正93
仙人　文選　正255
仙人　法華　正421
仙人　白氏　續465
仙人　宇津　正718
仙人　源氏　正849
仙厨　本朝　正563
仙星　本朝　正563
仙籍　本朝　正563
仙壇　白氏　續465
仙中　白氏　續465
仙亭　白氏　續465
仙殿　本朝　正563
仙都　文選　正255
仙桃　白氏　續465
仙洞　本朝　正563
仙洞　白氏　續465
仙洞　宇津　正718
仙道　白氏　續465
仙夫　文選　正255
仙歩　文選　正255
仙母山　本朝　正563
仙方　本朝　正563
仙方　白氏　續465
仙木　白氏　續465
仙遊　本朝　正563
仙遊　白氏　續464
仙遊霞　源氏　正849
仙遊山　白氏　續464
仙遊寺　白氏　續464
仙遊洞　白氏　續464
仙欄　本朝　正563
仙類　文選　正255
仙列　白氏　續465
仙簾　本朝　正563
仙郎　本朝　正563
仙郎　白氏　續465
仙仗　白氏　續465
仙倡　文選　正255
仙倡　白氏　續465
仙闈　本朝　正563
仙娥　白氏　續464
仙娥峰　白氏　續464
仙棹　白氏　續465
仙樂　白氏　續465
仙砌　本朝　正563
仙祠　白氏　續465
仙竈　本朝　正563
仙籬　本朝　正563
仙臺　白氏　續465
仙蕁　本朝　正563
仙藥　白氏　續465
仙袂　白氏　續465
仙蹕　本朝　正563
仙靈　文選　正255
仙靈　本朝　正563
仙龕　白氏　續464
仙筭　本朝　正563
先　文選　正255
先　本朝　正563
先　白氏　續465
先せ　源氏　正849
先王　論語　正66
先王　文選　正255
先王　本朝　正563
先王　白氏　續466
先廻　白氏　續465
先格　本朝　正563
先格王　白氏　續465
先茅　文選　正255
先勘　本朝　正563
先漢　文選　正255
先願　白氏　續465
先期　文選　正255
先軌　文選　正255

先急　文選　正255
先君　文選　正255
先訓　文選　正255
先景　文選　正255
先賢　文選　正255
先賢　本朝　正563
先賢　白氏　續465
先言　文選　正255
先言　本朝　正563
先姑　白氏　續465
先故　文選　正255
先顧　文選　正255
先後　遊仙　正93
先後　文選　正255
先後　本朝　正563
先後　白氏　續465
先後す　文選　正255
先後す　白氏　續465
先公　文選　正255
先公　本朝　正563
先功　本朝　正563
先后　文選　正255
先后　白氏　續465
先皇　本朝　正563
先皇　白氏　續465
先皇帝　白氏　續465
先考　文選　正255
先考　本朝　正563
先考　白氏　續465
先考府君　白氏　續465
先士　文選　正255
先始　白氏　續465
先師　文選　正255
先師　本朝　正563
先師　白氏　續465
先志　文選　正255
先志　本朝　正563
先志　白氏　續465
先旨　文選　正255
先式　本朝　正563
先識　文選　正255
先主　文選　正255
先主　本朝　正563
先儒　文選　正255
先儒　本朝　正563
先儒　白氏　續465
先所　宇津　正718
先緒　本朝　正563
先唱　本朝　正563
先将軍　文選　正255
先賞す　文選　正255
先臣　文選　正255
先臣　本朝　正563
先臣　白氏　續465
先進　論語　正65
先進第十一　論語　正66
先人　文選　正255
先人　白氏　續465
先政　文選　正255
先正　文選　正255
先生　論語　正66
先生　文選　正255
先生　本朝　正563
先生　白氏　續465
先聖　文選　正255
先聖　本朝　正563
先聖　白氏　續465
先跡　本朝　正563
先祖　論語　正66
先祖　本朝　正563
先祖　白氏　續465
先祖　宇津　正718
先祖　源氏　正849
先相國　文選　正255
先足　白氏　續466
先太君　白氏　續465
先太師　白氏　續465
先太夫人　白氏　續465
先代　文選　正255
先代　白氏　續465
先大父　白氏　續465
先宅兆　白氏　續465
先達　文選　正255
先達　本朝　正563
先達　白氏　續465
先知　白氏　續465
先朝　文選　正255
先朝　本朝　正563
先朝　白氏　續466
先勅　本朝　正563
先帝　文選　正255
先帝　本朝　正563
先帝　白氏　續466
先帝　宇津　正718
先帝　蜻蛉　正749
先帝　源氏　正849
先哲　文選　正255
先典　文選　正255
先天　文選　正255
先登　文選　正255
先導　本朝　正563
先那　白氏　續465
先年　本朝　正563
先輩　白氏　續466
先秘書　白氏　續466
先廟　本朝　正563
先廟　白氏　續466
先府君　白氏　續466
先父　本朝　正563
先父　白氏　續466
先武皇帝　文選　正255
先民　文選　正255
先鳴　文選　正255
先鳴　白氏　續466
先友　文選　正255
先例　本朝　正563
先零　文選　正255
先路　文選　正255
先佛　法華　正421
先來　本朝　正563

先塋　文選　正255
先塋　白氏　續465
先妣　本朝　正563
先妣　白氏　續466
先條　文選　正255
先瑩　本朝　正563
先疇　文選　正255
先疇　白氏　續465
先祚　文選　正255
先覺　文選　正255
先趙　文選　正255
先蹤　本朝　正563
先輅　文選　正255
先霑　白氏　續466
先靈　文選　正255
先靈　本朝　正563
先驅　文選　正255
先驅す　文選　正255
先德　文選　正255
先德　白氏　續466
幾千　白氏　續463
幾千巻　本朝　正562
幾千秋　白氏　續463
幾千里　本朝　正563
幾千萬年　白氏　續464
千　文選　正254
千　白氏　續463
千億　法華　正421
千家　白氏　續463
千歌百舞　白氏　續463
千花　本朝　正562
千花　白氏　續463
千介　白氏　續463
千界　白氏　續463
千株　本朝　正562
千官　本朝　正562
千竿　白氏　續463
千騎　白氏　續463
千宮　白氏　續463
千金　遊仙　正93
千金　文選　正254
千金　白氏　續463
千九百餘人　本朝　正562
千計　文選　正254
千拳　白氏　續463
千言　白氏　續463
千古　文選　正254
千古　本朝　正562
千古　白氏　續463
千呼萬喚す　白氏　續463
千戸　文選　正254
千五百　宇津　正718
千功　白氏　續463
千行　遊仙　正93
千行　本朝　正562
千頃　白氏　續463
千歳　文選　正254
千歳　法華　正421
千歳　本朝　正562
千歳　白氏　續463
千歳一遇　本朝　正562
千載　文選　正254
千載　本朝　正562
千載　白氏　續463
千載一遇　本朝　正562
千三百里　白氏　續463
千山　白氏　續463
千姿萬狀　白氏　續463
千枝　白氏　續463
千字　白氏　續463
千字文　宇津　正718
千軸　本朝　正562
千室　論語　正65
千室　文選　正254
千室　本朝　正562
千車　白氏　續463
千手　枕冊　正781
千手観世音菩薩
　本朝　正562
千手陀羅尼　宇津　正718
千手陀羅尼　枕冊　正781
千手經　枕冊　正781
千首　白氏　續463
千樹　白氏　續463
千愁　白氏　續463
千秋　文選　正254
千秋　本朝　正562
千秋　白氏　續463
千秋万歳　本朝　正562
千重　白氏　續463
千緒　本朝　正562
千章　白氏　續463
千象万形　本朝　正562
千鐘　文選　正254
千丈　本朝　正563
千丈　白氏　續463
千丈　宇津　正718
千乗　文選　正254
千乗　本朝　正562
千乗　白氏　續463
千城　文選　正254
千針　白氏　續463
千人　文選　正254
千人　本朝　正562
千人　白氏　續463
千人　竹取　正636
千人　宇津　正718
千人　源氏　正849
千尋　文選　正254
千尋　本朝　正562
千尋　白氏　續463
千畝　文選　正255
千畝　本朝　正563
千畝　白氏　續464
千石　文選　正254
千千　白氏　續463
千僧　本朝　正562
千僧　白氏　續463
千叢　白氏　續463
千倉　白氏　續463

千都　文選　正254
千燈　白氏　續463
千二百餘町　本朝　正563
千日　文選　正254
千日　本朝　正562
千日　白氏　續463
千日　竹取　正636
千日の精進　枕冊　正781
千年　文選　正254
千年　本朝　正563
千年　白氏　續463
千年　宇津　正718
千念　文選　正254
千念　白氏　續463
千馬　白氏　續463
千杯　白氏　續464
千拍　白氏　續464
千箱　本朝　正562
千箱　白氏　續463
千帆　白氏　續464
千比丘　本朝　正563
千百　文選　正254
千百　白氏　續464
千百人　白氏　續464
千百年　白氏　續464
千百輩　白氏　續464
千百點す　白氏　續464
千品　文選　正254
千品　本朝　正563
千品　白氏　續464
千夫　文選　正254
千夫　白氏　續464
千部　源氏　正849
千分　法華　正421
千分　白氏　續464
千分がひとつ　宇津　正718
千片　白氏　續464
千篇　本朝　正563
千遍　白氏　續464
千峰　白氏　續464
千峯　白氏　續464
千房　白氏　續464
千万　本朝　正563
千万億　本朝　正563
千万種　本朝　正563
千万秋　本朝　正563
千万緒　本朝　正563
千万人　本朝　正563
千万尋　本朝　正563
千万里　本朝　正563
千万兩　本朝　正563
千万處　本朝　正563
千万莖　本朝　正563
千万錢　本朝　正563
千名　遊仙　正93
千名　文選　正255
千名　本朝　正563
千門　文選　正255
千門　本朝　正563
千門　白氏　續464
千有八百日　白氏　續463
千有餘人　文選　正254
千有餘篇　文選　正254
千有餘祀　白氏　續463
千余日　竹取　正636
千葉　本朝　正562
千葉　白氏　續463
千翼　文選　正255
千里　文選　正255
千里　本朝　正563
千里　白氏　續464
千里　宇津　正718
千里す　文選　正255
千里曲　文選　正255
千里餘　文選　正255
千慮　白氏　續464
千旅　文選　正255
千僚　本朝　正563
千僚　白氏　續464
千類　文選　正255
千嶺　文選　正255
千齢　文選　正255
千齢　白氏　續464
千列　文選　正255
千聯　白氏　續464
千乘　論語　正65
千仞　文選　正254
千仞　本朝　正562
千仭　遊仙　正93
千佛　法華　正421
千佛　白氏　續464
千佛堂　白氏　續464
千兩　白氏　續464
千兩　宇津　正718
千將　白氏　續463
千巖　文選　正254
千巖　白氏　續463
千帙　白氏　續463
千廡　文選　正254
千廬　文選　正255
千數　白氏　續463
千變　文選　正254
千變　白氏　續464
千變萬化　文選　正254
千變萬化　白氏　續464
千變萬化す　文選　正255
千變萬狀　白氏　續464
千斛　白氏　續463
千朶　白氏　續463
千柯　白氏　續463
千條　白氏　續463
千祀　文選　正254
千祀　本朝　正562
千祀　白氏　續463
千羣　文選　正254
千聲　白氏　續463
千艘　白氏　續463
千莖　白氏　續463
千蕚　白氏　續463
千萬　法華　正421

千萬 白氏 續464
千萬影 白氏 續464
千萬億佛 白氏 續464
千萬化 白氏 續464
千萬家 白氏 續464
千萬巻 白氏 續464
千萬竿 白氏 續464
千萬騎 白氏 續464
千萬拳 白氏 續464
千萬歳 文選 正254
千萬人 文選 正254
千萬人 白氏 續464
千萬尋 白氏 續464
千萬峰 白氏 續464
千萬里 白氏 續464
千萬朶 白氏 續464
千萬莖 白氏 續464
千萬顆 白氏 續464
千藥 白氏 續464
千輻 本朝 正563
千鈞 論語 正65
千鈞 文選 正254
千鈞 白氏 續463
千鎰 文選 正254
千顆万顆 本朝 正562
千餘 白氏 續464
千餘竿 白氏 續464
千餘騎 白氏 續464
千餘斤 白氏 續464
千餘頃 白氏 續464
千餘歳 文選 正255
千餘首 白氏 續464
千餘章 白氏 續464
千餘人 白氏 續464
千餘篇 白氏 續464
千餘里 白氏 續464
千餘仞 文選 正255
千駟 論語 正65
千駟 文選 正254
千點 白氏 續463
千龕 白氏 續463
千炷 白氏 續463
千畝 遊仙 正93
占す 文選 正254
占常 白氏 續467
占物 白氏 續467
占賣 本朝 正562
宣慰副使 白氏 續468
宣 文選 正256
宣 本朝 正564
宣 白氏 續467
宣 白氏 續467
宣す 本朝 正564
宣慰 白氏 續468
宣慰す 白氏 續468
宣越 白氏 續468
宣王 文選 正256
宣王 白氏 續468
宣温 文選 正256
宣化 文選 正256
宣徽 白氏 續467
宣貴妃 文選 正256
宣宮 文選 正256
宣教里 白氏 續467
宣曲 文選 正256
宣景 文選 正256
宣后 文選 正256
宣皇 文選 正256
宣皇帝 文選 正256
宣行 本朝 正564
宣行す 本朝 正564
宣讃す 文選 正256
宣子 白氏 續467
宣旨 本朝 正564
宣旨 白氏 續467
宣旨 宇津 正718
宣旨 枕冊 正781
宣旨 源氏 正849
宣旨かき 源氏 正849
宣旨かきめき 源氏 正849
宣旨書 宇津 正718
宣示す 法華 正421
宣示す 白氏 續467
宣室 文選 正256
宣室 白氏 續467
宣州 白氏 續467
宣上人 白氏 續467
宣城 文選 正256
宣城 白氏 續467
宣城郡 文選 正256
宣政 白氏 續467
宣曹 文選 正256
宣帝 文選 正256
宣帝 本朝 正564
宣帝 白氏 續468
宣尼 文選 正256
宣尼 白氏 續468
宣尼* 本朝 正564
宣美す 文選 正256
宣布 文選 正256
宣布 白氏 續468
宣布す 文選 正256
宣布す 法華 正421
宣父 白氏 續468
宣撫 白氏 續468
宣武 白氏 續468
宣武軍 白氏 續468
宣風 白氏 續468
宣風坊 本朝 正564
宣平 文選 正256
宣平 白氏 續468
宣平里 白氏 續468
宣報 白氏 續468
宣報す 白氏 續468
宣命 本朝 正564
宣命 源氏 正849
宣明 文選 正256
宣夜 文選 正256
宣諭す 白氏 續468
宣猷堂 文選 正256

宣遊す	文選	正256
宣揚	白氏	續468
宣耀殿	宇津	正718
宣耀殿	枕冊	正781
宣耀殿の女御	枕冊	正781
宣力	白氏	續468
宣令	白氏	續468
宣令す	白氏	續468
宣和す	文選	正256
宣傳す	法華	正421
宣傳	白氏	續468
宣傳す	白氏	續468
宣嶽	文選	正256
宣歙	白氏	續467
宣歙等州	白氏	續467
宣歙翟中丞	白氏	續467
宣游す	文選	正256
宣與す	白氏	續468
宣贊	白氏	續467
宣靈	文選	正256
宣徳	文選	正256
宣徳皇后	文選	正256
宣勑	文選	正256
専	論語	正66
専介	本朝	正564
専城	本朝	正564
専統	本朝	正564
尖纖	白氏	續468
川	文選	正256
川岳	文選	正256
川禽	文選	正256
川原	遊仙	正93
川后	文選	正256
川守	白氏	續468
川渚	文選	正256
川上	文選	正256
川上	白氏	續468
川水	白氏	續468
川谷	文選	正256
川途	文選	正257
川陸	文選	正257
川流	文選	正257
川梁	文選	正257
川梁	白氏	續468
川路	文選	正257
川峒	白氏	續468
川嶽	文選	正256
川氣	文選	正256
川游す	白氏	續468
川漲	文選	正256
川澤	文選	正256
川澤	白氏	續468
川岑	文選	正257
川坻	文選	正256
川瀆	文選	正257
扇	白氏	續470
扇間	白氏	續470
扇誘す	白氏	續470
扇揚す	文選	正257
撰	論語	正66
撰	文選	正257
撰	本朝	正564
撰	白氏	續468
撰す	本朝	正564
撰す	白氏	續469
撰国史所	本朝	正564
撰式所	本朝	正564
撰集す	法華	正421
撰集す	本朝	正564
撰進す	白氏	續469
撰定す	本朝	正564
撰定奏聞す	本朝	正564
撰録す	本朝	正564
撰和謌	本朝	正564
撰錄す	白氏	續469
栴檀	法華	正421
栴檀	本朝	正564
栴檀	白氏	續469
栴檀	宇津	正718
栴檀樹	法華	正421
栴檀椹	本朝	正564
泉	白氏	續469
泉下	白氏	續469
泉貨	白氏	續469
泉岩	白氏	續469
泉魚	本朝	正564
泉魚	白氏	續469
泉窟	白氏	續469
泉戸	白氏	續469
泉室	文選	正257
泉室	本朝	正564
泉室	白氏	續469
泉沼	白氏	續469
泉上	白氏	續469
泉水	白氏	續469
泉水	源氏	正849
泉石	遊仙	正93
泉石	文選	正257
泉石	本朝	正564
泉石	白氏	續469
泉池	白氏	續469
泉竹	白氏	續469
泉中	白氏	續469
泉朝賢	白氏	續469
泉底	白氏	續469
泉途	文選	正257
泉洞	白氏	續469
泉布	白氏	續469
泉脈	白氏	續469
泉門	白氏	續469
泉用	白氏	續469
泉陽	文選	正257
泉流	文選	正257
泉流	白氏	續469
泉壤	文選	正257
泉壤	本朝	正564
泉壤	白氏	續469
泉聲	白氏	續469
泉脉	本朝	正564
泉脉	白氏	續469

泉臺　文選　正257
泉臺　白氏　續469
泉襄　文選　正257
泉邊　白氏　續469
浅香　源氏　正849
洗拭　白氏　續469
洗雪　白氏　續469
洗濯　白氏　續469
洗竹　白氏　續469
洗馬　白氏　續469
洗抜す　白氏　續469
洗沐　白氏　續469
洗滌　白氏　續469
染愛　白氏　續469
染翰　文選　正257
染出す　本朝　正562
染人　本朝　正562
染人　白氏　續469
潜瑎　文選　正254
潜衛　本朝　正562
潜師　白氏　續469
潜水　文選　正254
潜川　文選　正254
潜謀　白氏　續469
潜龍　文選　正254
潜慮　文選　正254
潜鱗　本朝　正562
潜處　文選　正254
潜靈　文選　正254
煎す　白氏　續470
煎錬す　白氏　續470
煎和　白氏　續470
煎熬　文選　正257
煎藥　白氏　續470
旋室　文選　正257
旋旋　白氏　續469
旋頭　本朝　正564
旋風　白氏　續469
旋復す　文選　正257
旋目　文選　正257
旋門　文選　正257
旋流　文選　正257
旋流す　文選　正257
旋臺　文選　正257
穿衣　白氏　續470
穿掘　文選　正257
穿鑿　論語　正66
穿鑿す　論語　正66
穿鑿す　文選　正257
穿窬　白氏　續470
箭　白氏　續470
箭羽　白氏　續470
箭頭　白氏　續470
箭漏　文選　正257
箭鏃　白氏　續470
箭槀　文選　正257
線　白氏　續470
線頭　白氏　續470
線矢　白氏　續470
線縷　白氏　續470
繊芥　本朝　正562
羨門　文選　正257
羨門子　文選　正257
羡財　白氏　續470
羡食　白氏　續470
羡耗　白氏　續470
羡餘　白氏　續470
羡鹽　白氏　續470
舛　文選　正257
舛互　文選　正257
舛錯　文選　正257
船脚　白氏　續470
船師　白氏　續470
船太　本朝　正565
船中　白氏　續470
船頭　白氏　續470
船尾　本朝　正565
船尾　白氏　續470
船筏　白氏　續470
薦　文選　正258
薦　本朝　正564
薦　白氏　續471
薦す　文選　正258
薦延　白氏　續471
薦時　白氏　續471
薦論す　白氏　續471
薦獻す　白氏　續471
詮す　本朝　正565
詮す　白氏　續471
詮較す　白氏　續471
詮次　白氏　續471
選　文選　正258
選　本朝　正565
選　白氏　續471
選す　白氏　續471
選士　文選　正258
選事　文選　正258
選事　白氏　續471
選次　白氏　續471
選者　白氏　續471
選授　白氏　續471
選進す　白氏　續471
選人　白氏　續471
選中　白氏　續471
選任　文選　正258
選任　白氏　續471
選任す　白氏　續471
選納　文選　正258
選納　本朝　正565
選部　白氏　續471
選部尚書　白氏　續471
選補　白氏　續471
選命　白氏　續471
選用　白氏　續471
選吏　白氏　續472
選奬　白氏　續471
選將　白氏　續471
選巫　文選　正258
選擇　白氏　續471
選擇す　白氏　續471

遷擧　白氏　續471
遷　文選　正258
遷　白氏　續471
遷す　白氏　續471
遷易す　文選　正258
遷易す　白氏　續471
遷移す　白氏　續471
遷延　遊仙　正93
遷延　文選　正258
遷延　白氏　續471
遷延す　文選　正258
遷延す　白氏　續471
遷延進退す　白氏　續471
遷延徙池　文選　正258
遷化　白氏　續471
遷化す　文選　正258
遷化す　白氏　續471
遷革　文選　正258
遷客　文選　正258
遷客　白氏　續471
遷喬　文選　正258
遷御　本朝　正565
遷護　白氏　續471
遷次　白氏　續471
遷次す　本朝　正565
遷次す　白氏　續471
遷所　本朝　正565
遷臣　白氏　續471
遷斥　文選　正258
遷任す　本朝　正565
遷路　文選　正258
遷變す　本朝　正565
遷變す　白氏　續471
遷謫　白氏　續471
遷謫す　本朝　正565
遷謫す　白氏　續471
遷貶　白氏　續471
遷轉　白氏　續471
遷轉す　白氏　續471
遷鶯*　本朝　正565
銭　土左　正659
銑谿　本朝　正565
閃倏　白氏　續472
鮮　白氏　續472
鮮雲　文選　正258
鮮雲　本朝　正565
鮮華　白氏　續472
鮮奇　白氏　續472
鮮輝　文選　正258
鮮魚　文選　正258
鮮禽　文選　正258
鮮兄　白氏　續472
鮮潔　本朝　正565
鮮鯉　文選　正258
鮮支　文選　正258
鮮車　文選　正258
鮮粧　本朝　正565
鮮鮮　白氏　續472
鮮藻　文選　正258
鮮卑　文選　正258
鮮肥　白氏　續472
鮮膚　文選　正258
鮮風　文選　正258
鮮明　文選　正258
鮮明　本朝　正565
鮮明　白氏　續472
鮮陽　文選　正258
鮮于　白氏　續472
鮮妍　本朝　正565
鮮妍　白氏　續472
鮮娟　本朝　正565
鮮扁　文選　正258
鮮榮　文選　正258
鮮澤　文選　正258
鮮鱠　白氏　續472
鮮絜　文選　正258
鮮穠　白氏　續472
鮮飈　文選　正258
前　白氏　續466
前胤　文選　正255
前宴　文選　正255
前王　文選　正256
前王　本朝　正564
前王　白氏　續467
前岡　白氏　續466
前悔　白氏　續466
前階　白氏　續466
前格　本朝　正563
前茅　白氏　續467
前緩　文選　正255
前舘　白氏　續466
前期　文選　正255
前期　本朝　正563
前期　白氏　續466
前祈　本朝　正563
前徽　文選　正255
前規　文選　正255
前規　本朝　正563
前規　白氏　續466
前記　本朝　正563
前軌　文選　正255
前疑後承　本朝　正563
前魚　文選　正255
前境　白氏　續466
前禽　文選　正255
前訓　白氏　續466
前軍　文選　正255
前形　白氏　續466
前月　白氏　續466
前件　本朝　正563
前件　白氏　續466
前賢　文選　正255
前賢　本朝　正563
前賢　白氏　續466
前軒　本朝　正563
前軒　白氏　續466
前言　文選　正255
前言　本朝　正563
前言　白氏　續466
前古　文選　正255

前古	白氏	續466
前戸	白氏	續466
前後	文選	正255
前後	本朝	正563
前後	白氏	續466
前後	宇津	正718
前後部	文選	正255
前功	文選	正255
前功	本朝	正563
前功	白氏	續466
前効	白氏	續466
前好	白氏	續466
前鴻	白氏	續466
前栽	伊勢	正650
前栽	宇津	正718
前栽	蜻蛉	正748
前栽	枕冊	正781
前栽	源氏	正849
前栽とも	枕冊	正781
前歳	白氏	續466
前載	文選	正256
前冊	文選	正256
前山	白氏	續466
前司	本朝	正563
前司	枕冊	正781
前史	文選	正256
前史	本朝	正563
前史	白氏	續466
前志	文選	正256
前志	白氏	續466
前施	文選	正256
前事	文選	正256
前事	本朝	正563
前事	白氏	續466
前時	白氏	續466
前式	文選	正256
前識	文選	正256
前失	白氏	續466
前車	文選	正256
前車	白氏	續466
前守	白氏	續466
前修	本朝	正563
前修	白氏	續466
前秀	文選	正256
前秋	白氏	續466
前集	白氏	續466
前春	白氏	續466
前旬	白氏	續466
前緒	文選	正256
前序	白氏	續466
前将軍	論語	正66
前詔	本朝	正564
前詔	白氏	續466
前辱	文選	正256
前心	白氏	續466
前身	本朝	正564
前身	白氏	續466
前人	文選	正256
前人	白氏	續466
前塵	白氏	續466
前世	文選	正256
前世	法華	正421
前世	本朝	正564
前世	白氏	續466
前星	白氏	續466
前生	本朝	正564
前生	白氏	續466
前生	宇津	正718
前聖	文選	正256
前跡	文選	正256
前跡	本朝	正564
前泉州刺史	本朝	正564
前疏	本朝	正564
前藻	文選	正256
前代	文選	正256
前代	本朝	正564
前代	白氏	續466
前大王	源氏	正849
前大僧都	本朝	正564
前知	白氏	續466
前池	白氏	續466
前中書王	本朝	正564
前朝	本朝	正564
前亭	白氏	續466
前定	白氏	續466
前帝	本朝	正564
前庭	文選	正256
前庭	本朝	正564
前庭	白氏	續466
前程	本朝	正564
前程	白氏	續466
前哲	白氏	續466
前典	文選	正256
前典	白氏	續466
前殿	文選	正256
前殿	本朝	正564
前殿	白氏	續466
前登	文選	正256
前途	文選	正256
前途	本朝	正564
前途	白氏	續467
前頭	白氏	續467
前堂	白氏	續466
前日	文選	正256
前日	本朝	正563
前日	白氏	續466
前年	文選	正256
前年	本朝	正564
前年	白氏	續467
前輩	文選	正256
前輩	白氏	續467
前非	白氏	續467
前表	本朝	正564
前病	白氏	續467
前符	文選	正256
前物	文選	正256
前分	白氏	續467
前文	文選	正256
前聞	文選	正256
前聞	本朝	正564

前弊　白氏　續467
前篇　白氏　續467
前芳　白氏　續467
前坊　源氏　正849
前模　本朝　正564
前門　白氏　續467
前約　白氏　續467
前夕　白氏　續466
前吏　本朝　正564
前侶　文選　正256
前良　文選　正256
前林　文選　正256
前林　白氏　續467
前例　文選　正256
前例　本朝　正564
前列　白氏　續467
前烈　文選　正256
前烈　白氏　續467
前路　文選　正256
前路　本朝　正564
前路　白氏　續467
前會　白氏　續466
前儔　文選　正256
前勞　白氏　續467
前婢　文選　正256
前暉　文選　正255
前條　本朝　正564
前楹　白氏　續466
前檐　白氏　續466
前溪　白氏　續466
前齋　白氏　續466
前齋院　源氏　正849
前齋宮　源氏　正849
前簷　白氏　續466
前經　文選　正255
前綏　文選　正256
前聲　白氏　續466
前脩　文選　正256
前脩　本朝　正563
前覺　文選　正255
前誥　文選　正256
前蹤　文選　正256
前蹤　本朝　正564
前鑒　文選　正255
前鑒　本朝　正563
前驅　文選　正255
前驅　白氏　續466
前驅し　枕冊　正781
前驅す　文選　正255
前驅す　白氏　續466
前鴈門大守　本朝　正563
前墀　白氏　續466
前墀　文選　正256
前狀　白氏　續466
前笲　文選　正256
前籙　文選　正256
前靳　白氏　續466
善　論語　正66
善　遊仙　正93
善　文選　正256
善　法華　正421
善　本朝　正564
善　白氏　續467
善悪　法華　正421
善悪　本朝　正564
善意　法華　正421
善因　本朝　正564
善唄比丘　本朝　正564
善願　本朝　正564
善居逸　本朝　正564
善業　法華　正421
善業　本朝　正564
善慶　白氏　續467
善言　論語　正66
善言　本朝　正564
善言　白氏　續467
善巧　法華　正421
善巧　白氏　續467
善巧太子　源氏　正849
善行　論語　正66
善行　文選　正256
善根　法華　正421
善根　本朝　正564
善根　白氏　續467
善根山　本朝　正564
善哉　法華　正421
善士　文選　正256
善志　文選　正256
善事　法華　正421
善柔　論語　正66
善女人　法華　正421
善女人　本朝　正564
善心　法華　正421
善心　本朝　正564
善神等　本朝　正564
善人　論語　正66
善人　文選　正256
善人　本朝　正564
善制　文選　正256
善逝　法華　正421
善相公　本朝　正564
善貸　文選　正256
善男子　法華　正421
善男子　本朝　正564
善男善女　本朝　正564
善知識　法華　正421
善知識　本朝　正564
善知識　白氏　續467
善地　白氏　續467
善道　論語　正66
善道　文選　正256
善道　本朝　正564
善道　白氏　續467
善道統　本朝　正564
善馬　白氏　續467
善否　文選　正256
善否　白氏　續467
善苗　本朝　正564
善法　白氏　續467
善芳　文選　正256

善謀 白氏 續467
善本 法華 正421
善名 文選 正256
善鳴 文選 正256
善誘 本朝 正564
善良 白氏 續467
善處 法華 正421
善國 本朝 正564
善宦 文選 正256
善惡 文選 正256
善惡 白氏 續467
善應 白氏 續467
善旌 白氏 續467
善權 白氏 續467
善游 文選 正256
善游 白氏 續467
善經 文選 正256
善經 白氏 續467
善繼 白氏 續467
善聲 白氏 續467
善謔 文選 正256
善緣 本朝 正564
漸 文選 正254
漸 本朝 正562
漸 白氏 續469
漸(人名) 白氏 續469
漸す 文選 正254
漸す 白氏 續469
漸次 法華 正421
漸漸 法華 正421
漸々 遊仙 正93
漸々 本朝 正562
漸々廻向 本朝 正562
漸中 白氏 續469
漸漬す 文選 正254
漸漬す 文選 正254
漸包す 文選 正254
漸門 白氏 續469
漸離 文選 正254
漸離(人名) 文選 正254
漸臺 文選 正254
漸苒*す 文選 正254
然 本朝 正564
然諾 文選 正257
然諾す 本朝 正564
全 白氏 續465
全姖 本朝 正563
全越 白氏 續465
全家 白氏 續465
全活 白氏 續465
全匡 白氏 續465
全軍 白氏 續465
全呉 白氏 續465
全功 文選 正255
全才 白氏 續465
全材 白氏 續465
全師 白氏 續465
全秦 文選 正255
全身 法華 正421
全身 本朝 正563
全身 白氏 續465
全盛 文選 正255
全盛 白氏 續465
全節 文選 正255
全文 文選 正255
全邦 文選 正255
全略 白氏 續465
全氣 文選 正255
全犧 文選 正255
全畧 白氏 續465
全眞 白氏 續465
全經 文選 正255
全謨 文選 正255
全趙 文選 正255
禪師 伊勢 正650
繕完 白氏 續470
繕修す 白氏 續470
繕寫 本朝 正564
繕脩す 文選 正257
膳 文選 正257
膳 本朝 正565
膳 白氏 續470
膳す 文選 正257
膳食 文選 正257
膳夫 文選 正257
膳部 白氏 續470
膳部員外郎 白氏 續470
膳娘 白氏 續470
膳羞 白氏 續470
巽羽 文選 正257
壇 文選 正256
檀欒 文選 正257
苫夷 文選 正254
苫蓋 文選 正254
苫城 白氏 續470
苫席 文選 正254
軟雲 本朝 正562
軟弱 本朝 正565
軟障 蜻蛉 正748
軟障 源氏 正849
軟轝 白氏 續471
燀爍 文選 正254
婹 白氏 續467
蜁蝸 文選 正258
棎榴 文選 正254
櫼*櫨 文選 正254
僉 文選 正253
僉 白氏 續467
僉議 本朝 正562
僉議 白氏 續467
僉議す 本朝 正562
僉人 文選 正254
僉属 本朝 正562
僉望 白氏 續467
僉屬 白氏 續467
僉諧 白氏 續467
僭す 文選 正253
僭逆 文選 正254
僭縦す 文選 正254
僭賞 白氏 續465

僭盜　文選　正254
僭奢　白氏　續465
僭號す　文選　正254
僭　白氏　續465
僭す　論語　正65
僭す　白氏　續465
僭差　白氏　續465
僭濫　白氏　續465
僭濫す　白氏　續465
僭亂す　白氏　續465
僭差　本朝　正562
冉　文選　正254
冉耕　文選　正254
冉弱　文選　正254
冉冉　文選　正254
冉求　論語　正66
冉求　白氏　續464
冉牛　本朝　正562
冉牛　白氏　續464
冉子　論語　正66
冉伯牛　論語　正66
冉伯牛　白氏　續464
冉有　論語　正66
冉有　白氏　續464
冉冉　白氏　續464
冉々　本朝　正562
剪除す　白氏　續467
剪刀　白氏　續467
剪伐　白氏　續467
剪截す　白氏　續467
剪綵　白氏　續467
喘す　白氏　續467
喘急す　白氏　續467
喘牛　白氏　續467
喘息す　文選　正256
喘息す　白氏　續467
喘鳶　白氏　續467
單　文選　正256
單(人名)　文選　正256
單人　文選　正256
單生　文選　正256
單父　文選　正256
單父　白氏　續467
單門　文選　正256
單于　文選　正256
單于　白氏　續467
單孑　文選　正256
嬋媛　文選　正256
嬋娟　文選　正256
嬋娟　本朝　正564
孅離　文選　正256
專　白氏　續468
專す　文選　正256
專策　文選　正256
專殺　白氏　續468
專使　白氏　續468
專司す　白氏　續468
專車　文選　正256
專諸　文選　正256
專城　白氏　續468
專城(地名)　白氏　續468
專心　文選　正256
專心　白氏　續468
專征　白氏　續468
專精　白氏　續468
專達　白氏　續468
專利　白氏　續468
專良　文選　正256
專領　白氏　續468
專場　白氏　續468
專專然　白氏　續468
專對　白氏　續468
專逞　白氏　續468
孱微　白氏　續468
惴慄　白氏　續468
憚漫　文選　正257
憯濫　白氏　續468
憯惻す　白氏　續468
懺悔す　本朝　正562
懺法　源氏　正849
懺愧　本朝　正562
戔戔　文選　正257
戔戔　白氏　續468
戔々　本朝　正564
戰越　本朝　正564
戰越す　白氏　續468
戰汗　本朝　正564
戰汗　白氏　續468
戰艦　白氏　續468
戰栗　本朝　正564
戰勲　白氏　續468
戰功　白氏　續468
戰功す　白氏　續468
戰士　文選　正257
戰士　白氏　續468
戰射　文選　正257
戰者　白氏　續468
戰車陣　白氏　續468
戰灼　白氏　續468
戰勝　文選　正257
戰場　文選　正257
戰場　本朝　正564
戰色　論語　正66
戰陣　文選　正257
戰陣　白氏　續468
戰卒　白氏　續468
戰鬪　文選　正257
戰馬　白氏　續468
戰伐　白氏　續468
戰文　白氏　續468
戰鋒　白氏　續468
戰力　文選　正257
戰兢　白氏　續468
戰國　文選　正257
戰國　白氏　續468
戰塲　白氏　續468
戰將　白氏　續468
戰慄す　文選　正257
戰戰兢兢　論語　正66
戰爭　白氏　續468

戰袍　白氏　續468
旃　文選　正257
旃陀羅　法華　正421
旃裘　文選　正257
檐帷　文選　正254
氈帶　文選　正257
氈裘　文選　正257
淺　白氏　續469
淺渠　白氏　續469
淺近　論語　正66
淺近　文選　正257
淺紅　本朝　正564
淺紅　白氏　續469
淺香　宇津　正718
淺識　法華　正421
淺酌　白氏　續469
淺術　文選　正257
淺色　白氏　續469
淺深　文選　正257
淺深　本朝　正564
淺深　白氏　續469
淺水　白氏　續469
淺瀨　白氏　續469
淺草　白氏　續469
淺短　文選　正257
淺檀　白氏　續469
淺池　白氏　續469
淺薄　文選　正257
淺薄　法華　正421
淺薄　本朝　正564
淺薄　白氏　續469
淺碧　白氏　續469
淺末　文選　正257
淺劣　白氏　續469
淺圖　白氏　續469
淺沮　白氏　續469
淺淺　文選　正257
淺陋　白氏　續469
湍　文選　正257
湍瀨　文選　正257
湍險　文選　正257
潺湲　文選　正257
潺湲　本朝　正564
潺湲　白氏　續469
潺湲潔澈　白氏　續469
潺潺　白氏　續469
潛　文選　正254
潛　白氏　續469
潛す　文選　正254
潛逸　文選　正254
潛魚　文選　正254
潛魚　文選　正254
潛魚　白氏　續469
潛穴　文選　正254
潛戸　文選　正254
潛鵠　文選　正254
潛鹿　文選　正254
潛授　文選　正254
潛潤す　文選　正254
潛深　文選　正254
潛通す　文選　正254
潛底　文選　正254
潛波　文選　正254
潛伏す　白氏　續469
潛淵　文選　正254
潛謀　文選　正254
潛龍　文選　正254
潛鱗　文選　正254
潛朗　文選　正254
潛處す　文選　正254
潛圖　文選　正254
潛氣　文選　正254
潛游　文選　正254
潛潭巴　本朝　正562
潛穢　文選　正254
潛翳す　文選　正254
潛薈　文選　正254
潛險　文選　正254
潛隧　文選　正254
潛隱す　文選　正254
潛鰓　文選　正254
潛氏　文選　正254
潛頴　文選　正254
潛虬　文選　正254
潛鼉　文選　正254
潛演　文選　正254
潛達　文選　正254
潛沫　文選　正254
潛龍　文選　正254
潛虯　文選　正254
潛利　白氏　續469
潛蚪　白氏　續469
潛歿　白氏　續469
澹然　文選　正254
濺濺　文選　正257
濺濺　白氏　續470
煽熾　文選　正257
牋　文選　正257
牋記　文選　正257
牋紙　白氏　續470
甎　白氏　續470
痊復　白氏　續470
瞻仰　白氏　續470
瞻仰す　法華　正421
瞻仰す　白氏　續470
瞻係す　文選　正254
瞻眺す　文選　正254
瞻望　本朝　正562
瞻望　白氏　續470
瞻望す　文選　正254
瞻望す　本朝　正562
瞻目す　文選　正254
瞻拜す　文選　正254
瞻擧す　本朝　正562
瞻觀す　文選　正254
瞻遲す　文選　正254
臇皃　文選　正257
繕寫す　本朝　正564
禪　文選　正257
禪　法華　正421

禪　白氏　續470
禪す　文選　正257
禪す　白氏　續470
禪院　白氏　續470
禪院記　白氏　續470
禪悦　法華　正421
禪悦　本朝　正564
禪悦　白氏　續470
禪観　本朝　正564
禪客　白氏　續470
禪慧　文選　正257
禪功　白氏　續470
禪師　白氏　續470
禪師　蜻蛉　正748
禪師たち　宇津　正718
禪師たち　蜻蛉　正748
禪師のきみ　蜻蛉　正749
禪師の君　源氏　正849
禪室　白氏　續470
禪心　白氏　續470
禪生　白氏　續470
禪僧　本朝　正564
禪僧　白氏　續470
禪代　文選　正257
禪智　本朝　正564
禪定　法華　正421
禪定　本朝　正564
禪定　白氏　續470
禪定波羅密　白氏　續470
禪徒　本朝　正564
禪那　白氏　續470
禪波　本朝　正564
禪風　白氏　續470
禪文　文選　正257
禪房　本朝　正564
禪房　白氏　續470
禪味　白氏　續470
禪門　本朝　正564
禪門　白氏　續470
禪侶　本朝　正564
禪林　本朝　正564
禪林寺　本朝　正564
禪經　白氏　續470
禪菴　白氏　續470
禪觀　白氏　續470
禪誦　文選　正257
禪德大師　白氏　續470
筌　白氏　續470
筌蹄　白氏　續470
籖　宇津　正718
糯粟　遊仙　正93
纖垢　白氏　續470
纖手　本朝　正564
纖手　白氏　續470
纖塵　白氏　續470
纖草　白氏　續470
纖微　本朝　正565
纖流　本朝　正565
纖埃　白氏　續470
纖毫　白氏　續470
纖綸　本朝　正565
纖纖　白氏　續470
纖穠　白氏　續470
纎　文選　正257
纎阿　文選　正257
纎雲　文選　正257
纎葛　文選　正257
纎枯　文選　正257
纎胥　文選　正257
纎根　文選　正257
纎指　文選　正257
纎質　文選　正257
纎手　文選　正257
纎草　文選　正257
纎美　文選　正257
纎末　文選　正257
纎妙　文選　正257
纎要　文選　正257
纎羅　文選　正257
纎鱗　文選　正257
纎麗　文選　正257
纎埃　文選　正257
纎婉　文選　正257
纎毫　文選　正257
纎經　文選　正257
纎縟　文選　正257
纎纎　文選　正257
纎驪　文選　正257
纎纊　文選　正257
纎絺　文選　正257
纎縠　文選　正257
纎繳　文選　正257
纎翮　文選　正257
羶食　白氏　續470
羶腥　白氏　續470
羶膩　白氏　續470
翦　文選　正257
翦　白氏　續470
翦除　文選　正257
翦髪　文選　正257
翦幣　遊仙　正93
翦滅す　文選　正257
翦拂　白氏　續470
翦拂す　文選　正257
舩背　白氏　續470
舩舫　白氏　續470
苒苒　白氏　續471
苒蒻　白氏　續471
蘄　文選　正254
蓴菜　白氏　續471
蓴絲　白氏　續471
蘚草　白氏　續471
蟾影　本朝　正562
蟾兎　文選　正254
蟾蜍　白氏　續471
譖　文選　正254
讒　本朝　正562
賤　文選　正258
賤　白氏　續471
賤伎　文選　正258

賤穀　白氏　續471
賤子　文選　正258
賤子　本朝　正565
賤事　文選　正258
賤弱　白氏　續471
賤妾　文選　正258
賤小　白氏　續471
賤冗　白氏　續471
賤職　文選　正258
賤臣　文選　正258
賤臣　白氏　續471
賤族　文選　正258
賤微　白氏　續471
賤貧　本朝　正565
賤貧　白氏　續471
賤服　文選　正258
賤民　本朝　正565
賤隷　白氏　續471
賤老　文選　正258
賤老　本朝　正565
賤俘　文選　正258
賤糶　白氏　續471
賤糶す　白氏　續471
賤陋　遊仙　正93
賤陋　白氏　續471
賤軀　文選　正258
贍州　白氏　續471
贍智　文選　正254
贍部　白氏　續471
踐祚　本朝　正565
踐祚　白氏　續471
踐歴　白氏　續471
踐歴す　白氏　續471
銓　文選　正258
銓　白氏　續472
銓衡　文選　正258
銓衡　白氏　續472
銓次　白氏　續472
銓品す　文選　正258
銓緝　本朝　正565
銛利　本朝　正565
錢　文選　正258
錢　本朝　正565
錢　白氏　續472
錢　宇津　正718
錢(人名)　白氏　續472
錢員外　白氏　續472
錢華州　白氏　續472
錢貨　本朝　正565
錢徽　白氏　續472
錢兄　白氏　續472
錢湖　白氏　續472
錢湖州　白氏　續472
錢穀　白氏　續472
錢左丞　白氏　續472
錢侍郎　白氏　續472
錢侍郎使君　白氏　續472
錢舍人　白氏　續472
錢神　文選　正258
錢刀　白氏　續472
錢塘　白氏　續472
錢塘郡　白氏　續472
錢塘湖　白氏　續472
錢塘湖石　白氏　續472
錢塘大守　白氏　續472
錢二十八萬貫　白氏　續472
錢物　白氏　續472
錢米　白氏　續472
錢米等　白氏　續472
錢別　本朝　正565
錢學士　白氏　續472
錢帛　本朝　正565
錢帛　白氏　續472
錢蕭二舍人　白氏　續472
錢鑪　白氏　續472
錢虢州　白氏　續472
鐫勤　文選　正258
闡場　白氏　續472
闡場す　白氏　續472
闡提　白氏　續472
闡揚す　文選　正258
阡　文選　正258
阡　白氏　續472
阡眠　文選　正258
阡阡　文選　正258
阡陌　文選　正258
阡陌　白氏　續472
陝　文選　正258
陝服　文選　正258
陝郛　文選　正258
陝　白氏　續472
陝州　白氏　續472
陝西　白氏　續472
陝府　白氏　續472
陝府院官　白氏　續472
餞　白氏　續472
餞す　文選　正258
餞宴　文選　正258
餞席　文選　正258
餞送す　文選　正258
餞送す　白氏　續472
餞筵　白氏　續472
饌　論語　正66
饌　文選　正258
饌　本朝　正565
饌　白氏　續472
饌賓*　文選　正258
鬋　白氏　續472
鬋鬋　白氏　續472
詹何　文選　正254
詹公　文選　正254
詹事　文選　正254
詹事　本朝　正562
詹事　白氏　續471
詹事等　白氏　續471
詹府　白氏　續471
詹尹　文選　正254
詹尹　白氏　續471
僎　論語　正65
剡　白氏　續467

剡中 文選 正254
剡溪 白氏 續467
剸割す 白氏 續467
嘽緩舒繹 文選 正256
嘽諧す 文選 正256
塼塔 白氏 續467
塼甓 文選 正256
廌擧す 本朝 正564
憸人 白氏 續468
擩 白氏 續467
橵柹 文選 正257
氈 白氏 續469
氈帳 白氏 續469
氈履 白氏 續469
氈毯 白氏 續469
氈裘 白氏 續469
氈褥 白氏 續469
漩澴 文選 正257
澶 白氏 續469
澶州 白氏 續469
牷 文選 正257
琁蓋 文選 正257
琁源 文選 正257
琁室 文選 正257
琁題 文選 正257
琁淵 文選 正257
琁流 本朝 正564
琁臺 文選 正257
琁璣 文選 正257
琁璣 本朝 正564
璿曜 文選 正257
痁疾 文選 正254
碝石 文選 正257
羼*提波羅密 白氏 續468
腨苦す 文選 正257
芊眠 文選 正258
芊芊 文選 正257
芊芊 白氏 續470
荃 文選 正258
荃巾 本朝 正565
荃宰 文選 正258
荃宰 本朝 正565
荃蘭 文選 正258
荃蕙 文選 正258
荃蓀 文選 正258
蒨蒨 文選 正258
蒨蔔 白氏 續471
蒨葡 本朝 正562
蟬附 本朝 正565
蟬翼 文選 正258
蟬冕 文選 正258
蟬娟 白氏 續467
蟬聲 白氏 續471
蟬鬢 白氏 續471
蟺蜎 文選 正258
襜如 論語 正66
襜襜 文選 正254
訕謗 白氏 續471
詵詵 文選 正258
譔す 白氏 續471
譔述 白氏 續471
譔錄 白氏 續471
跧伏す 文選 正258
輭暖 白氏 續471
遄征 文選 正258
鄯 白氏 續472
顓頊 文選 正258
饍 白氏 續472
鱻魚 文選 正258

【そ】

そしり誹謗す 枕冊 正781
初九 文選 正260
初夜 蜻蛉 正749
初夜 枕冊 正781
初夜 源氏 正849
庶幾す 本朝 正565
岨 文選 正258
措 白氏 續472
楚 論語 正66
楚 文選 正258
楚 本朝 正565
楚 白氏 續472
楚(国名) 白氏 續472
楚(人名) 白氏 續472
楚域 文選 正258
楚越 文選 正258
楚越 白氏 續473
楚艶 本朝 正565
楚王 文選 正258
楚王 本朝 正565
楚王 白氏 續473
楚王 源氏 正849
楚夏 文選 正258
楚客 文選 正258
楚客 白氏 續472
楚郷 白氏 續472
楚玉 文選 正258
楚金 本朝 正565
楚吟 文選 正258
楚絃 白氏 續472
楚塞 文選 正258
楚山 文選 正258
楚山 白氏 續472
楚子 文選 正258
楚子 白氏 續472
楚思 白氏 續472
楚囚 白氏 續473
楚州 白氏 續473
楚匠 白氏 續473
楚城驛 白氏 續473
楚晋 文選 正258
楚人 文選 正258
楚水 白氏 續473
楚接輿 白氏 續473
楚楚 白氏 續473
楚組 文選 正258
楚袖 白氏 續473
楚歎 本朝 正565
楚地 文選 正258

楚調　白氏　續473
楚都　文選　正258
楚毒　本朝　正565
楚鳩　文選　正258
楚挽　文選　正258
楚妃　文選　正258
楚廟　文選　正258
楚苗　文選　正258
楚舞　白氏　續473
楚舞す　文選　正258
楚風　文選　正258
楚風　白氏　續473
楚望　文選　正258
楚夢　文選　正258
楚夢　本朝　正565
楚柳　白氏　續473
楚謡　文選　正258
楚嶺　本朝　正565
楚老　文選　正258
楚老　白氏　續473
楚甸　文選　正258
楚嚴　文選　正258
楚國　文選　正258
楚國　白氏　續472
楚國王　白氏　續472
楚壤　文選　正258
楚懷　白氏　續472
楚榜　文選　正258
楚樊　文選　正258
楚絲　白氏　續472
楚艷　白氏　續472
楚趙　文選　正258
楚醴　白氏　續473
楚魏　文選　正258
楚囊　文選　正258
狙丘　文選　正259
疏　本朝　正565
疏　白氏　續473
疏す　白氏　續473
疏通知遠　白氏　續473
疏理す　白氏　續473
疏數　白氏　續473
疎　白氏　續473
疎韻　白氏　續473
疎雨　白氏　續473
疎遠　白氏　續473
疎遠す　白氏　續473
疎遠賤微　白氏　續473
疎家　白氏　續473
疎頑　白氏　續473
疎棄す　白氏　續473
疎狂　白氏　續473
疎愚　白氏　續473
疎愚鈍滯　白氏　續473
疎索　白氏　續473
疎散　白氏　續473
疎散す　白氏　續473
疎受　白氏　續473
疎親　白氏　續473
疎窓　白氏　續473
疎竹　白氏　續473
疎放　白氏　續473
疎密　白氏　續473
疎網　白氏　續473
疎野　白氏　續473
疎涼　白氏　續473
疎簾　白氏　續473
疎傅　白氏　續473
疎圓　白氏　續473
疎慵　白氏　續473
疎懶　白氏　續473
疎數　白氏　續473
疎稠　白氏　續473
疎籬　白氏　續473
疎賤　白氏　續473
疎遲　白氏　續473
疎陋　遊仙　正93
祖　文選　正259
祖　本朝　正565
祖　白氏　續473
祖す　文選　正259
祖す　本朝　正565
祖す　白氏　續473
祖業　文選　正259
祖業　本朝　正565
祖業　白氏　續473
祖訓　白氏　續473
祖遣す　本朝　正565
祖構　文選　正259
祖江　文選　正259
祖考　論語　正66
祖考　文選　正259
祖考　本朝　正565
祖考　白氏　續473
祖高上　白氏　續473
祖載　文選　正259
祖師　白氏　續473
祖宗　文選　正259
祖宗　本朝　正565
祖宗　白氏　續473
祖述す　文選　正259
祖述す　白氏　續473
祖少卿　文選　正259
祖税　本朝　正565
祖席　本朝　正565
祖宣皇帝　文選　正259
祖曽　文選　正259
祖送す　文選　正259
祖則　文選　正259
祖帳　白氏　續473
祖調　本朝　正565
祖德　文選　正259
祖禰　白氏　續473
祖祢　本朝　正565
祖美　白氏　續473
祖廟　文選　正259
祖父　文選　正259
祖父　本朝　正565
祖父　白氏　續473
祖母　文選　正259

祖母　本朝　正565
祖母　白氏　續473
祖龍　文選　正259
祖奠　白氏　續473
祖妣　白氏　續473
祖稱　本朝　正565
祖筵　白氏　續473
祖饋　文選　正259
祖德　白氏　續473
租　白氏　續473
租す　白氏　續473
租税　文選　正259
租税　本朝　正565
租税　白氏　續473
租賦　白氏　續474
租庸　白氏　續474
租庸使　白氏　續474
粗　白氏　續474
粗豪　白氏　續474
粗才　白氏　續474
粗細　白氏　續474
素　遊仙　正93
素　文選　正259
素　本朝　正565
素　白氏　續474
素(人名)　白氏　續474
素漨　文選　正259
素威　文選　正259
素意　文選　正259
素意　本朝　正565
素衣　論語　正66
素衣　文選　正259
素烏　文選　正259
素液　文選　正259
素謁　文選　正259
素王　文選　正259
素王　本朝　正565
素花　文選　正259
素花　本朝　正565
素華　白氏　續474
素蓋　文選　正259
素巻　文選　正259
素棺　文選　正259
素簡　本朝　正565
素閑　本朝　正565
素館　文選　正259
素揮　文選　正259
素旗　文選　正259
素輝　文選　正259
素祇　文選　正259
素魚　文選　正259
素業　文選　正259
素業　本朝　正565
素玉　文選　正259
素琴　文選　正259
素琴　白氏　續474
素襟　文選　正259
素景　文選　正259
素月　文選　正259
素軒　文選　正259
素玄　文選　正259
素玄　本朝　正565
素交　文選　正259
素光　文選　正259
素光　本朝　正565
素功　本朝　正565
素甲　文選　正259
素行　白氏　續474
素餐　文選　正259
素志　文選　正259
素指　白氏　續474
素支　文選　正259
素雌　文選　正259
素質　文選　正259
素質　白氏　續474
素車　文選　正259
素車　白氏　續474
素手　文選　正259
素手　白氏　續474
素秋　文選　正259
素秋　本朝　正565
素秋　白氏　續474
素書　文選　正259
素書　白氏　續474
素女　文選　正259
素尚　文選　正259
素章　文選　正259
素心　文選　正259
素臣　文選　正259
素水　文選　正259
素瀬　文選　正259
素性　本朝　正565
素性法師　本朝　正565
素誠　白氏　續474
素節　文選　正259
素雪　文選　正259
素袖　白氏　續474
素泥　白氏　續474
素波　文選　正259
素板　白氏　續474
素布　白氏　續474
素膚　文選　正259
素封　白氏　續474
素風　文選　正259
素風　白氏　續474
素文　文選　正259
素壁　白氏　續474
素房　白氏　續474
素明　文選　正259
素面　遊仙　正93
素毛　白氏　續474
素門　文選　正259
素友　文選　正259
素葉　文選　正259
素卵　文選　正259
素履　白氏　續474
素里　文選　正259
素立　白氏　續474
素龍　白氏　續474
素領　文選　正259

素浪　白氏　續474
素論　文選　正259
素論　本朝　正565
素腕　文選　正259
素舒　文選　正259
素娥　文選　正259
素帶　文選　正259
素帷　文選　正259
素帷　白氏　續474
素懷　本朝　正565
素懷　白氏　續474
素旄　文選　正259
素樸　文選　正259
素毳　文選　正259
素牋　白氏　續474
素絲　文選　正259
素絲　白氏　續474
素緘　白氏　續474
素舊　本朝　正565
素舸　白氏　續474
素艷　白氏　續474
素葩　本朝　正565
素葩　白氏　續474
素辭　文選　正259
素雉　文選　正259
素靈　文選　正259
素靈　白氏　續474
素騏　文選　正259
素驂　文選　正259
素驂　白氏　續474
素體　文選　正259
素屏　白氏　續474
素屏風　白氏　續474
素柰　文選　正259
素琹　白氏　續474
素縑　文選　正259
素蕤　文選　正259
素虬　文選　正259
素蜺　文選　正259
素豔　白氏　續474
素湌　文選　正259
素湌　本朝　正565
素湌　白氏　續474
素湌す　白氏　續474
素飡　文選　正259
素飡　白氏　續474
素鱮　文選　正259
組　文選　正259
組　白氏　續474
組甲　文選　正259
組綬　白氏　續474
組織す　文選　正259
組帳　文選　正259
組練　文選　正259
組練　白氏　續474
組帷　文選　正259
組旒　文選　正259
組珮　白氏　續474
組纓　文選　正259
組紃　白氏　續474
蘇　文選　正259
蘇　白氏　續474
蘇（地名）　白氏　續474
蘇蕿　文選　正259
蘇す　白氏　續474
蘇家　白氏　續474
蘇外　白氏　續474
蘇遇等　白氏　續474
蘇君　白氏　續474
蘇杭　白氏　續474
蘇合　遊仙　正93
蘇合　白氏　續474
蘇合の急　枕冊　正781
蘇子　文選　正259
蘇鹿*子　白氏　續474
蘇州　本朝　正565
蘇州（人名）　白氏　續474
蘇州（地名）　白氏　續474
蘇小　白氏　續474
蘇小小　白氏　續474
蘇小府　白氏　續474
蘇秦　文選　正259
蘇秦　白氏　續474
蘇人　白氏　續474
蘇兆　白氏　續474
蘇帳　文選　正259
蘇長　白氏　續474
蘇定方　本朝　正565
蘇田　白氏　續474
蘇武　文選　正260
蘇武　本朝　正565
蘇武　白氏　續474
蘇民　白氏　續474
蘇門　白氏　續474
蘇李　本朝　正565
蘇李　白氏　續475
蘇嶺　本朝　正565
蘇六　白氏　續475
蘇將軍　本朝　正565
蘇屬國　文選　正259
蘇游　文選　正259
蘇臺　白氏　續474
蘇厲　文選　正260
蘇浰　白氏　續475
蘇鍊師　白氏　續475
蘇頲　白氏　續474
訴す　文選　正260
訴言　本朝　正565
訴訟　本朝　正565
訴人　本朝　正565
阻　文選　正260
阻　白氏　續475
阻す　文選　正260
阻飢す　白氏　續475
阻修す　白氏　續475
阻辱　白氏　續475
阻難　文選　正260
阻難　白氏　續475
阻艱　白氏　續475
阻險　文選　正260

阻顚す　文選　正260
鼠肝　白氏　續475
鼠中　白氏　續475
卒塔婆　枕冊　正781
率都婆　本朝　正565
狙獷　文選　正259
爼　文選　正259
爼豆　論語　正66
爼豆　文選　正259
爼豆　本朝　正565
爼豆　白氏　續473
爼味　文選　正259
爼實　文選　正259
爼羞　白氏　續473
徂謝　文選　正258
徂暑　白氏　續472
徂生　文選　正258
徂物　文選　正258
徂役す　文選　正258
徂兩　文選　正258
愬　論語　正66
愬　白氏　續472
愬す　論語　正66
梳掌　白氏　續472
梳洗　白氏　續472
梳理　白氏　續472
泝洄　文選　正258
泝洄す　文選　正258
沮顏　文選　正258
沮溺　文選　正258
疽疣　白氏　續473
祚　文選　正259
祚　本朝　正565
祚　白氏　續473
祚胤　文選　正259
祚靈　文選　正259
胙　文選　正259
胙す　白氏　續474
蔬　文選　正260
蔬　白氏　續474
蔬食　論語　正66
蔬食　白氏　續474
蔬食す　白氏　續474
蔬素　白氏　續474
蔬飯　白氏　續474
蔬圃　文選　正260
蔬糲　本朝　正565
蔬鱻　文選　正260
詛　白氏　續475
踈　文選　正260
踈　本朝　正565
踈　白氏　續475
踈（人名）　文選　正260
踈越す　白氏　續475
踈遠　文選　正260
踈隔　本朝　正565
踈頑　白氏　續475
踈棄す　白氏　續475
踈客　文選　正260
踈桂　文選　正260
踈泥　白氏　續475
踈蕪す　白氏　續475
踈密　文選　正260
踈密　本朝　正565
踈略　本朝　正565
踈朗　文選　正260
踈傅　白氏　續475
踈嬾　文選　正260
踈廣　白氏　續475
踈慵　本朝　正565
踈慵　白氏　續475
踈毫　本朝　正565
踈籬　白氏　續475
踈賤　白氏　續475
踈闊　本朝　正565
酥　白氏　續475
酥顆　白氏　續475
麁豪　白氏　續475
齟齬　白氏　續475
齟齬す　白氏　續475
殂す　白氏　續473
殂謝す　白氏　續473
殂落　文選　正258
殂落す　文選　正258
殂洳　白氏　續473
葅醢　白氏　續474
葅醢す　文選　正259
葙圃　文選　正259
阼階　論語　正66
駔壯駿穩　白氏　續475
麄狂　白氏　續475
麄狂す　白氏　續475
麤衣　白氏　續475
麤歌　白氏　續475
麤密　文選　正260
麤踈　文選　正260
踈　文選　正260
踈　白氏　續475
踈華　文選　正260
踈俗　文選　正260
踈蕪　文選　正260
踈涼　白氏　續475
踈蹊　文選　正260
踈逖　文選　正260
踈鑿　白氏　續475
尉　宇津　正718
尉ども　宇津　正718
礫窓*戸　文選　正261
窓*牖　文選　正261
甑　白氏　續477
甑上　白氏　續477
甑中　白氏　續477
忽々　宇津　正718
宗　論語　正66
宗　文選　正260
宗　本朝　正566
宗　白氏　續476
宗（人名）　文選　正260
宗（人名）　白氏　續476
宗祊　文選　正260

宗す　文選　正260
宗す　本朝　正566
宗す　白氏　續476
宗惟明等　白氏　續476
宗一　白氏　續476
宗王　文選　正260
宗河　白氏　續476
宗漢　文選　正260
宗簡　白氏　續476
宗卿　白氏　續476
宗虞　文選　正260
宗兄　白氏　續476
宗慶　宇津　正718
宗子　文選　正260
宗師　白氏　續476
宗枝　白氏　續476
宗寺　白氏　續476
宗鹿*　文選　正260
宗室　文選　正260
宗室　本朝　正566
宗室　白氏　續476
宗社　文選　正260
宗社　本朝　正566
宗社　白氏　續476
宗守　文選　正260
宗儒　白氏　續476
宗周　文選　正260
宗周　白氏　續476
宗緒　文選　正260
宗匠　文選　正260
宗城縣　白氏　續476
宗臣　文選　正260
宗臣　白氏　續476
宗親　文選　正260
宗親　白氏　續476
宗正　文選　正260
宗正　白氏　續476
宗正卿　白氏　續476
宗正李卿　白氏　續476
宗戚　文選　正260
宗戚　白氏　續476
宗祖　白氏　續476
宗族　論語　正66
宗族　文選　正260
宗族　白氏　續476
宗秩　白氏　續476
宗長　文選　正260
宗哲　文選　正260
宗姫　文選　正260
宗廟　論語　正66
宗廟　文選　正260
宗廟　本朝　正566
宗廟　白氏　續476
宗密上人　白氏　續476
宗盟　文選　正260
宗律師　白氏　續476
宗實　白氏　續476
宗實上人　白氏　續476
宗惠叔　文選　正260
宗祀す　文選　正260
宗稷　文選　正260
宗衮　文選　正260
宗黨　文選　正260
宗祧　文選　正260
宋法師　文選　正260
蒐狩す　文選　正261
承香殿　宇津　正718
承香殿のみこ　源氏　正849
承香殿の御息所　宇津　正718
承香殿の女御　宇津　正718
承和　源氏　正849
丞　枕冊　正781
丞　源氏　正849
曽　文選　正260
曽（人名）　文選　正260
曽阿　文選　正260
曽陰　文選　正260
曽雲　文選　正260
曽王父　白氏　續477
曽宮　文選　正260
曽曲　文選　正261
曽元　白氏　續477
曽沙　文選　正261
曽山　文選　正261
曽史　文選　正261
曽子　論語　正66
曽子　文選　正261
曽子　本朝　正566
曽子　白氏　續477
曽氏　文選　正261
曽城　文選　正261
曽深　文選　正261
曽水　文選　正261
曽誓　論語　正66
曽祖　文選　正261
曽祖　本朝　正566
曽祖　白氏　續477
曽祖伯叔　白氏　續477
曽祖府君　白氏　續477
曽祖父　本朝　正566
曽孫　文選　正261
曽孫　白氏　續477
曽波　文選　正261
曽波　本朝　正566
曽阜　文選　正261
曽嶺　文選　正261
曽參　論語　正66
曽參　文選　正261
曽參　本朝　正566
曽參　白氏　續477
曽岑　文選　正260
曽巓　文選　正261
曽暉　文選　正260
曽潭　文選　正261
曽穹　文選　正260
曽臺　文選　正261
曽觀　文選　正261
曽闕　文選　正261
曽飆　文選　正261

僧　文選　正260
僧　法華　正421
僧　本朝　正565
僧　白氏　續475
僧　宇津　正718
僧　枕冊　正781
僧　源氏　正849
僧　蜻蛉　正749
僧とも　蜻蛉　正749
僧房　蜻蛉　正749
僧たち　源氏　正849
僧とも　源氏　正849
僧院　白氏　續475
僧伽　本朝　正565
僧伽藍　本朝　正565
僧夏　白氏　續475
僧家　白氏　續475
僧居　白氏　續475
僧供　宇津　正718
僧言　白氏　續475
僧綱　本朝　正565
僧綱　宇津　正718
僧綱　枕冊　正781
僧綱たち　宇津　正718
僧行　白氏　續475
僧舎　白氏　續475
僧社　白氏　續475
僧儒(人名)　白氏　續475
僧儒(人名)　白氏　續475
僧儒等　白氏　續475
僧崇　白氏　續475
僧正　本朝　正565
僧正　白氏　續475
僧正　宇津　正718
僧正　枕冊　正781
僧正　源氏　正849
僧俗　枕冊　正781
僧俗房　本朝　正565
僧壇　白氏　續475
僧智　白氏　續475
僧中　白氏　續475
僧庭　白氏　續475
僧徒　文選　正260
僧徒　本朝　正565
僧徒　白氏　續475
僧都　白氏　續475
僧都　宇津　正718
僧都　枕冊　正781
僧都　源氏　正849
僧都たち　源氏　正849
僧都の君　枕冊　正781
僧都の君　源氏　正849
僧都の御坊　源氏　正849
僧等　本朝　正565
僧統　本朝　正565
僧道　白氏　續475
僧曇　白氏　續475
僧尼　本朝　正565
僧尼　白氏　續475
僧如　白氏　續475
僧風　白氏　續475
僧坊　法華　正422
僧坊　白氏　續475
僧坊　宇津　正718
僧坊ども　宇津　正718
僧房　本朝　正565
僧房　白氏　續475
僧房　源氏　正849
僧盟　白氏　續475
僧律　白氏　續475
僧龍　本朝　正565
僧侶　本朝　正565
僧亮　白氏　續475
僧冲虚等　白氏　續475
僧孺　文選　正260
僧寶　白氏　續475
僧晤　白氏　續475
僧爐　白氏　續475
僧皎　白氏　續475
僧祇　白氏　續475
僧齋　白氏　續475
僧臘　白氏　續475
僧臈　白氏　續475
叢　白氏　續475
叢山　白氏　續475
叢翠　白氏　續475
叢竹　本朝　正565
叢竹　白氏　續475
叢畔　白氏　續475
叢林　法華　正422
叢萃す　白氏　續475
叢邊　本朝　正565
間奏す　本朝　正566
合奏す　白氏　續476
趨奏す　白氏　續476
奏　文選　正260
奏　本朝　正566
奏　白氏　續476
奏し　枕冊　正781
奏しかたく　源氏　正849
奏しきり　宇津　正718
奏しくだす　宇津　正718
奏しさし　源氏　正849
奏しなし　源氏　正849
奏しなをす　源氏　正849
奏しをき　源氏　正849
奏す　遊仙　正93
奏す　文選　正260
奏す　本朝　正566
奏す　白氏　續476
奏す　白氏　續476
奏す　竹取　正636
奏す　宇津　正718
奏す　源氏　正849
奏下　本朝　正566
奏課　文選　正260
奏課　白氏　續476
奏記　白氏　續476
奏記す　文選　正260
奏議　文選　正260

奏議　白氏　續476
奏議す　本朝　正566
奏御す　文選　正260
奏乞　白氏　續476
奏告　白氏　續476
奏事　文選　正260
奏事官　白氏　續476
奏事官衛推　白氏　續476
奏謝す　白氏　續476
奏書　白氏　續476
奏章　白氏　續476
奏上す　本朝　正566
奏上す　白氏　續476
奏請　白氏　續476
奏請す　白氏　續476
奏陳　白氏　續476
奏陳す　白氏　續476
奏罷　白氏　續476
奏聞　白氏　續476
奏聞す　本朝　正566
奏聞す　白氏　續476
奏報　白氏　續476
奏報す　白氏　續476
奏論す　白氏　續476
奏來　白氏　續476
奏彈す　文選　正260
奏彈す　白氏　續476
奏狀　本朝　正566
奏狀　白氏　續476
奏狀中　本朝　正566
宋　論語　正66
宋　文選　正260
宋　本朝　正566
宋　白氏　續476
宋郁　白氏　續476
宋家　白氏　續476
宋開府　白氏　續476
宋玉　遊仙　正93
宋玉　文選　正260
宋玉　白氏　續476
宋景　本朝　正566
宋景　白氏　續476
宋建　文選　正260
宋公　文選　正260
宋皇　文選　正260
宋氏　文選　正260
宋主　本朝　正566
宋州　白氏　續476
宋書　文選　正260
宋昌　文選　正260
宋昌　白氏　續476
宋城　文選　正260
宋常春　白氏　續476
宋申錫　白氏　續476
宋臣　文選　正260
宋人　文選　正260
宋生　文選　正260
宋生　本朝　正566
宋大夫　本朝　正566
宋段　文選　正260
宋朝　論語　正66
宋朝榮　白氏　續476
宋如意　文選　正260
宋灌　文選　正260
宋蔡　文選　正260
宋翟　文選　正260
層　文選　正260
層雲　本朝　正566
層崖　白氏　續476
層閣　文選　正260
層曲　文選　正260
層軒　文選　正260
層構　文選　正260
層城　文選　正260
層城　白氏　續476
層櫨　文選　正260
層盤　文選　正260
層覆　文選　正260
層峯　文選　正260
層楹　文選　正260
層樓　文選　正260
層甍　文選　正260
層臺　文選　正260
惣管　遊仙　正93
惣持院　宇津　正718
惣別　本朝　正566
惣辺抄　本朝　正566
惣落　本朝　正566
想夫恋　枕冊　正779
痩　白氏　續477
痩客　白氏　續477
痩堅　白氏　續477
痩消す　白氏　續477
痩人　白氏　續477
痩損す　白氏　續477
痩地　白氏　續477
痩竹　白氏　續477
痩馬　白氏　續477
痩薄　白氏　續477
窓梅　本朝　正566
窓霧　本朝　正566
総州　本朝　正566
綜緝す　本朝　正566
綜覈す　文選　正261
聡　本朝　正566
聡慧　本朝　正566
聡識　本朝　正566
聡明　本朝　正566
聡明　枕冊　正781
聡晤　本朝　正566
走　文選　正261
走　本朝　正566
走使供養す　本朝　正566
走集　白氏　續478
走破勢　本朝　正566
走馬　文選　正261
走馬　本朝　正566
走馬　白氏　續478
走吏　白氏　續478
走獸　文選　正261

走獸 本朝 正566
送 白氏 續478
送迎 白氏 續478
送迎す 白氏 續478
送終 文選 正261
送神曲 白氏 續478
送葬 白氏 續478
送鶴 白氏 續478
送別 白氏 續478
送別す 白氏 續478
僧益 本朝 正565
增す 本朝 正565
增益す 論語 正66
增益す 文選 正260
增益す 本朝 正566
增加 白氏 續475
增加す 白氏 續475
增崖 文選 正260
增宮 文選 正260
增減 白氏 續476
增修す 白氏 續476
增傷 文選 正260
增上す 白氏 續476
增上慢 法華 正422
增上慢 白氏 續476
增城 文選 正260
增成 文選 正260
增成す 文選 正260
增石 文選 正260
增損 本朝 正566
增損す 本朝 正566
增長 本朝 正566
增波 文選 正260
增冰 文選 正260
增桴 文選 正260
增欷す 文選 正260
增眷す 文選 正260
憎悪す 文選 正260
憎嫌 白氏 續476
憎慢 白氏 續476
贈 文選 正261
贈 白氏 續477
贈位の中納言 宇津 正718
贈潁川郡太夫人 白氏 續477
贈潁川郡夫人 白氏 續477
贈越州都督 白氏 續478
贈官 白氏 續477
贈給事中 白氏 續477
贈刑部尚書 白氏 續477
贈姑臧郡太夫人 白氏 續477
贈戸部侍郎 白氏 續477
贈工部尚書 白氏 續477
贈豪州刺史 白氏 續477
贈左散騎常侍 白氏 續477
贈左僕射 白氏 續477
贈司空 白氏 續477
贈司徒 白氏 續477
贈史部郎中 白氏 續478
贈商鄧唐隋等州刺史 白氏 續477
贈尚書 白氏 續477
贈尚書右僕射 白氏 續477
贈尚書工部侍郎 白氏 續477
贈飾 白氏 續477
贈正一位 本朝 正566
贈清河郡太君 白氏 續477
贈太子少師 白氏 續477
贈太子少保 白氏 續477
贈太子太保 白氏 續477
贈太常卿 白氏 續478
贈太政大臣 本朝 正566
贈大尉 白氏 續478
贈鄭州刺史 白氏 續478
贈典 白氏 續478
贈悼懷太子 白氏 續478
贈答す 白氏 續478
贈汝州刺史 白氏 續477
贈博陵郡君 白氏 續478
贈博陵郡太君 白氏 續478
贈兵部員外 白氏 續478
贈兵部尚書 白氏 續478
贈別す 白氏 續478
贈坊州刺史 白氏 續478
贈某官 白氏 續477
贈某夫人 白氏 續477
贈僕射 白氏 續478
贈問す 文選 正261
贈從一位 本朝 正566
贈從四位上 本朝 正566
贈從二位 本朝 正566
贈晉陽郡大夫人 白氏 續477
贈禮部尚書 白氏 續478
贈荅 文選 正261
贈蒻 白氏 續477
贈贊善大夫 白氏 續477
贈趙國夫人 白氏 續478
贈德州刺史 白氏 續478
贈鄧州刺史 白氏 續478
贈婕妤孟氏 白氏 續477
み族 宇津 正718
御族 蜻蛉 正749
御族 源氏 正849
族 宇津 正718
族 源氏 正849
族の源氏 宇津 正718
族類 源氏 正849
苳嶺 本朝 正566
葱翠 文選 正261
葱青 文選 正261
葱韭 文選 正261
葱壠 白氏 續477
葱芊 文選 正261
葱蒨 文選 正261
驄馬 文選 正261
翽 白氏 續477
湊 文選 正261

湊　白氏　續477
御處分　源氏　正849
御處分とも　源氏　正849
御處分所　源氏　正849
處分し　源氏　正849
匆匆　白氏　續475
叟　文選　正260
叟　白氏　續475
嫂叔　文選　正260
嫂姪　文選　正260
搜索す　白氏　續476
搜揚す　白氏　續476
椶栟　文選　正261
椶楠　文選　正261
樅栝　文選　正261
淙淙　白氏　續477
潄滌す　白氏　續477
總　白氏　續477
總章　白氏　續477
總説す　法華　正422
聚散す　遊仙　正93
聰　白氏　續477
聰察　白氏　續477
聰達　法華　正422
聰明　白氏　續477
聰明文思　白氏　續477
藪　文選　正261
藪薄　文選　正261
藪澤　文選　正261
藪澤　本朝　正566
鬆丱　本朝　正566
鯼魮　文選　正261
摠　白氏　續476
摠統　白氏　續476
摠統す　白氏　續477
摠領す　白氏　續477
繒　白氏　續477
繒　文選　正261
繒帛　白氏　續477
繒絮　白氏　續477
嶒崚　文選　正260
悤々　遊仙　正93
悤々　本朝　正566
悤忙　本朝　正566
揔角　文選　正260
揔集す　文選　正260
揔章　文選　正260
揔制す　文選　正260
揔草　文選　正260
揔領す　文選　正260
揔揔　文選　正260
棷　文選　正261
矰　文選　正261
矰紅　文選　正261
矰弋　白氏　續477
矰繳　文選　正261
矰繳　白氏　續477
緫期　文選　正261
緫集す　文選　正261
緫成す　文選　正261
緫論　文選　正261
緫會す　文選　正261
緫緫　文選　正261
罾網　文選　正261
罾網　白氏　續477
罾罘　文選　正261
罾繳　文選　正261
罾繳　白氏　續477
聦　文選　正261
聦叡　文選　正261
聦察　文選　正261
聦善す　文選　正261
聦哲　文選　正261
聦明　文選　正261
聦明睿達　文選　正261
腠理　文選　正261
腠理　白氏　續477
腠胝　文選　正261
蔥蘢　白氏　續477
蔢　白氏　續477
蔢花　遊仙　正93
賨幏　文選　正261
賨邑　文選　正261
賨旅す　文選　正261
颼飀　白氏　續478
驄　白氏　續478
驄馬　白氏　續478
驄馬郎　白氏　續478
鰂生　本朝　正566
粟散国　宇津　正718
呢呰慄斯喔咿嚅唲す
　文選　正261
塞　本朝　正566
職　源氏　正849
嘱　本朝　正566
色荘　論語　正66
趨數す　白氏　續479
促管　文選　正261
促管　白氏　續478
促衿　文選　正261
促景　白氏　續478
促織　文選　正261
促節　文選　正261
促装す　文選　正261
促促　文選　正261
促促　白氏　續478
促中　文選　正261
促柱　文選　正261
促膝　白氏　續478
促鱗　文選　正261
促路　文選　正261
側階　文選　正261
側席す　文選　正261
側堂　文選　正261
側徑　文選　正261
側陋　文選　正261
則　遊仙　正93
則　白氏　續478
則哲　本朝　正566
御即位　宇津　正718

即	文選	正261
即	本朝	正566
即一	本朝	正566
即事	白氏	續478
即時	白氏	續478
即叙	白氏	續478
即身	本朝	正566
即世	本朝	正566
即世	白氏	續478
即世す	本朝	正566
即世す	白氏	續478
即日	文選	正261
即日	白氏	續478
即墨	文選	正261
即墨	本朝	正566
息	文選	正261
息す	文選	正261
息す	白氏	續478
息宴す	文選	正261
息饗	文選	正261
息言	文選	正261
息災	本朝	正566
息災	宇津	正718
息災	枕冊	正781
息子	本朝	正566
息慈	白氏	續478
息宿	白氏	續478
息女	本朝	正566
息心	文選	正261
息利	白氏	續478
息老	白氏	續478
息悒	文選	正261
束す	白氏	續478
束紳す	文選	正261
束帯す	論語	正66
束縛す	白氏	續478
束帛	論語	正66
束帛	文選	正261
束帶	白氏	續478
束帶す	白氏	續478
束廣微	文選	正261
束脩	論語	正66
束蘊	白氏	續478
束阨	文選	正261
測恩	文選	正261
測度す	文選	正261
測量	本朝	正566
足	白氏	續479
足す	本朝	正566
足す	白氏	續479
足下	文選	正261
足下	本朝	正566
足下	白氏	續479
足下	白氏	續479
足距	白氏	續479
足疾	白氏	續479
足力	白氏	續479
足趾	文選	正261
足迹	白氏	續479
速	白氏	續479
速尤	白氏	續479
速用	白氏	續479
速證	本朝	正566
俗	遊仙	正93
俗	法華	正422
俗	本朝	正566
俗	伊勢	正650
俗	宇津	正718
俗	源氏	正849
俗たち	枕冊	正781
俗ひしり	源氏	正849
俗言	論語	正66
俗塵	文選	正261
俗塵	本朝	正566
俗姓	本朝	正566
俗網	本朝	正566
俗綱	本朝	正566
俗累	本朝	正566
賊	論語	正66
賊	文選	正261
賊	本朝	正566
賊	白氏	續478
賊す	論語	正66
賊界	白氏	續478
賊害	論語	正66
賊害す	論語	正66
賊姦	文選	正261
賊境	白氏	續479
賊軍	白氏	續479
賊骨	白氏	續479
賊殺す	文選	正261
賊子	文選	正261
賊衆	白氏	續479
賊城	白氏	續479
賊臣	文選	正261
賊帥	白氏	續479
賊中	白氏	續479
賊庭	白氏	續479
賊徒	本朝	正566
賊徒	白氏	續479
賊徒	白氏	續479
賊盜	文選	正261
賊吏	本朝	正566
賊壘	白氏	續479
族	文選	正261
族	白氏	續478
族系	白氏	續478
族氏	本朝	正566
族氏	白氏	續478
族世	文選	正261
族滅	文選	正261
族類	文選	正261
族類	白氏	續478
族黨	白氏	續478
仄席	白氏	續478
仄陋	文選	正261
唧唧	白氏	續478
唧唧咨咨	白氏	續478
屬す	法華	正422
惻隠	文選	正261

惻隠　本朝　正566
惻隠　白氏　續478
惻隠す　文選　正261
惻隠す　白氏　續478
惻傷す　白氏　續478
惻然　白氏　續478
惻然す　白氏　續478
惻惻　文選　正261
惻惻　白氏　續478
惻惻す　白氏　續478
惻惻吟　白氏　續478
惻愴す　文選　正261
惻怛　文選　正261
簇　白氏　續478
簇す　白氏　續478
簇簇　白氏　續478
觸　法華　正422
觸穢　宇津　正718
贖勞　本朝　正566
贖勞　宇津　正718
贖勞　源氏　正849
鏃　白氏　續479
墄階　白氏　續478
莿莿　文選　正261
帥　宇津　正718
帥のぬし　宇津　正719
帥のみこ　宇津　正719
帥の宮　宇津　正719
帥の君　宇津　正719
帥爾　論語　正66
帥殿　宇津　正719
帥殿の北方　蜻蛉　正749
帥　源氏　正849
帥のみこ　源氏　正849
帥の宮　源氏　正849
帥　白氏　續479
卒　文選　正261
卒　本朝　正566
卒　白氏　續479
卒す　文選　正261
卒す　白氏　續479
卒伍　本朝　正566
卒歳　白氏　續479
卒然　文選　正261
卒然　白氏　續479
卒卒　文選　正261
卒卒　白氏　續479
卒屬　白氏　續479
率　白氏　續479
率す　白氏　續479
率爾　文選　正261
率爾　白氏　續479
率先　白氏　續479
率然　白氏　續479
率然す　文選　正261
率土　文選　正261
率土　本朝　正566
率土　白氏　續479
率府曹　白氏　續479
率尓　遊仙　正93
率屬　白氏　續479
率土　法華　正422
崒　文選　正261
袖几帳　枕冊　正781
孫王　蜻蛉　正749
空消息　源氏　正849
寸　本朝　正566
寸陰　本朝　正566
寸心　本朝　正566
寸誠　本朝　正566
寸断　本朝　正566
寸地　本朝　正566
寸苗　本朝　正566
寸府　本朝　正566
寸歩　本朝　正566
寸鐵　本朝　正566
存　文選　正262
存　白氏　續479
存す　遊仙　正93
存す　文選　正262
存す　法華　正422
存す　本朝　正566
存す　白氏　續479
存ず　論語　正66
存慰　文選　正262
存慰す　本朝　正566
存一　白氏　續479
存活　本朝　正566
存活　白氏　續479
存救　文選　正262
存者　文選　正262
存者　白氏　續479
存誠　白氏　續479
存日　本朝　正566
存撫　白氏　續479
存撫す　文選　正262
存亡　文選　正262
存亡　本朝　正566
存亡　白氏　續479
存亡す　白氏　續479
存没　文選　正262
存没　白氏　續479
存問　文選　正262
存問　本朝　正566
存問　白氏　續479
存問す　白氏　續479
存歿　白氏　續479
存亾　白氏　續479
存卹す　白氏　續479
孫　文選　正262
孫　白氏　續479
孫王　文選　正262
孫王　宇津　正719
孫王　源氏　正849
孫王たち　宇津　正719
孫王の君　宇津　正719
孫王の君たち　源氏　正849
孫簡　白氏　續479
孫簡等　白氏　續479
孫卿　文選　正262

孫興公 白氏 續479
孫原 文選 正262
孫呉 文選 正262
孫呉 本朝 正566
孫呉 白氏 續479
孫公度 白氏 續479
孫弘 本朝 正566
孫弘閣 白氏 續479
孫災 論語 正66
孫士政 白氏 續479
孫子 文選 正262
孫子 白氏 續479
孫子(人名) 文選 正262
孫子荊 文選 正262
孫枝 文選 正262
孫枝 白氏 續479
孫氏 文選 正262
孫氏 白氏 續479
孫叔 文選 正262
孫叔敖 文選 正262
孫叔敖 本朝 正566
孫俊 白氏 續479
孫心 白氏 續479
孫大皇 本朝 正566
孫稚 白氏 續479
孫程 文選 正262
孫登 文選 正262
孫輔 文選 正262
孫謀 文選 正262
孫謀 本朝 正566
孫謀 白氏 續479
孫陽 文選 正262
孫劉 文選 正262
孫會宗 文選 正262
孫權 文選 正262
孫權 本朝 正566
孫皓 文選 正262
孫綽 文選 正262
孫綽 本朝 正566
孫綽 白氏 續479
孫臺 文選 正262
孫疇 白氏 續479
孫臏 文選 正262
尊 文選 正262
尊 法華 正422
尊 本朝 正566
尊 白氏 續479
尊位 文選 正262
尊閣 本朝 正566
尊官 文選 正262
尊顏 本朝 正566
尊貴 論語 正66
尊貴 文選 正262
尊貴 白氏 續479
尊儀 本朝 正566
尊儀 白氏 續479
尊轡 文選 正262
尊敬す 文選 正262
尊敬上人 本朝 正566
尊賢 文選 正262
尊皇 白氏 續479
尊閤 本朝 正566
尊号 本朝 正566
尊師 本朝 正567
尊者 法華 正422
尊者 源氏 正849
尊重す 本朝 正567
尊勝陀羅尼 宇津 正719
尊勝陀羅尼 枕冊 正781
尊勝陀羅尼經 本朝 正567
尊勝經 白氏 續479
尊神 本朝 正567
尊親 文選 正262
尊親 本朝 正567
尊崇 本朝 正567
尊崇 白氏 續479
尊像 本朝 正567
尊長 白氏 續479
尊卑 論語 正66
尊卑 遊仙 正93
尊卑 文選 正262
尊卑 本朝 正567
尊卑 白氏 續479
尊名 文選 正262
尊容 本朝 正567
尊嚴 文選 正262
尊嚴 白氏 續479
尊廬 本朝 正567
尊榮 白氏 續479
尊盧 文選 正262
尊號 文選 正262
尊號 白氏 續479
尊靈 本朝 正567
尊顯 文選 正262
尊顯す 文選 正262
尊德 本朝 正567
削損*す 本朝 正567
損 文選 正262
損 白氏 續480
損 宇津 正719
捐 本朝 正567
捐す 本朝 正567
捐益 本朝 正567
捐符 本朝 正567
損す 文選 正262
損す 白氏 續480
損益 文選 正262
損益 白氏 續480
損益す 文選 正262
損益す 白氏 續480
損減す 文選 正262
損失 本朝 正567
損傷 白氏 續480
損傷す 白氏 續480
村 白氏 續480
村砧 本朝 正567
村杏 白氏 續480
村園 白氏 續480
村家 白氏 續480
村歌 白氏 續480

村花　白氏　續480
村妓　白氏　續480
村客　白氏　續480
村居　白氏　續480
村橋　白氏　續480
村巷　白氏　續480
村司　本朝　正567
村市　白氏　續480
村酒　白氏　續480
村樹　白氏　續480
村女　白氏　續480
村人　白氏　續480
村雪　白氏　續480
村中　白氏　續480
村笛　白氏　續480
村田　白氏　續480
村東　白氏　續480
村童　文選　正262
村童　白氏　續480
村南　白氏　續480
村婦　白氏　續480
村北　白氏　續480
村落　白氏　續480
村吏　本朝　正567
村隣　白氏　續480
村路　白氏　續480
村老　白氏　續480
村叟　本朝　正567
村塢　白氏　續480
村齋　白氏　續480
村胥　白氏　續480
村鄰　白氏　續480
村閭　本朝　正567
村閭　白氏　續480
遜　論語　正66
遜　白氏　續480
遜悌　論語　正66
遜讓　本朝　正567
遜讓　白氏　續480
巽　論語　正66
巽　白氏　續479
巽風　白氏　續479
巽與　論語　正66
樽　文選　正262
樽　本朝　正567
樽　白氏　續480
樽　宇津　正719
樽す　文選　正262
樽杓　白氏　續480
樽酒　文選　正262
樽酒　白氏　續480
樽前　白氏　續480
樽中　白氏　續480
樽裏　白氏　續480
樽俎　文選　正262
樽罍　白氏　續480
鱒魴　文選　正262
忖度　白氏　續480
損　論語　正66
損す　論語　正66
損す　法華　正422
損益す　論語　正66
損減す　法華　正422
損者　論語　正66
蹲　本朝　正567
蹲狗　本朝　正567
蹲狐　本朝　正567
蹲踞す　法華　正422
蹲蹲　文選　正262
蹲蹲　白氏　續480
蹲鴟　文選　正262
罇　文選　正262
罇　白氏　續480
罇酒　文選　正262
罇罍　白氏　續480
洊歳　文選　正262
洊至す　文選　正262
濈然　文選　正262
蓀萇　文選　正262
蓀蕙　文選　正262
飡　白氏　續480
飡す　白氏　續480
飡食　白氏　續480
飡飯　白氏　續480
飡歠　白氏　續480
飧　白氏　續480
飧す　白氏　續480

【た】

たゞぎみ僧都　宇津　正719
たゞずみの中納言　宇津　正719
たゞまろ法師　宇津　正719
たつの二点　宇津　正719
たつの一点　宇津　正719
袉服　文選　正262
蛇　白氏　續481
蛇鼠　白氏　續481
蛇皮　白氏　續481
蛇尾　白氏　續481
他　論語　正66
他　文選　正262
他　法華　正422
他　本朝　正567
他　白氏　續480
他　宇津　正719
他家　本朝　正567
他界　本朝　正567
他官　本朝　正567
他官　白氏　續480
他境　本朝　正567
他郷　文選　正262
他郷　本朝　正567
他郷　白氏　續480
他郡　白氏　續480
他見　本朝　正567
他劫　白氏　續480
他才　本朝　正567
他才　白氏　續480
他事　論語　正66

他事 文選 正262
他事 法華 正422
他事 本朝 正567
他事 白氏 續480
他時 白氏 續480
他州 白氏 續480
他春 白氏 續480
他所 本朝 正567
他人 論語 正66
他人 文選 正262
他人 法華 正422
他人 本朝 正567
他人 白氏 續480
他生 白氏 續480
他族 白氏 續480
他他 文選 正262
他辰 文選 正262
他土 法華 正422
他日 論語 正66
他日 文選 正262
他日 本朝 正567
他日 白氏 續480
他年 白氏 續480
他念 白氏 續480
他番 本朝 正567
他賔 白氏 續480
他物 白氏 續480
他聞 本朝 正567
他聞 白氏 續480
他篇 白氏 續480
他方 文選 正262
他方 法華 正422
他方 本朝 正567
他邦 論語 正66
他處 本朝 正567
他國 法華 正422
他聲 本朝 正567
多 論語 正66
多 文選 正262
多 白氏 續481
多雨 白氏 續481
多感 白氏 續481
多奇 文選 正262
多及す 白氏 續481
多興 白氏 續481
多虞 白氏 續481
多言 論語 正66
多言 文選 正262
多言す 本朝 正567
多幸 文選 正262
多幸 白氏 續481
多才 文選 正262
多才 本朝 正567
多才 白氏 續481
多材 本朝 正567
多財 文選 正262
多士 文選 正262
多士 本朝 正567
多士 白氏 續481
多祉 白氏 續481
多事 遊仙 正93
多事 白氏 續481
多時 白氏 續481
多愁 白氏 續481
多少 論語 正66
多少 文選 正262
多少 法華 正422
多少 本朝 正567
多少 白氏 續481
多情 白氏 續481
多生 白氏 續481
多足 法華 正422
多端 白氏 續481
多談す 文選 正262
多智 本朝 正567
多難 文選 正262
多難 白氏 續481
多年 法華 正422
多年 本朝 正567
多年 白氏 續481
多能 論語 正66
多能 白氏 續481
多美 文選 正262
多病 法華 正422
多病 白氏 續481
多福 文選 正262
多福 白氏 續481
多聞 論語 正66
多聞 法華 正422
多法 白氏 續481
多憂 白氏 續481
多略 白氏 續481
多力 論語 正66
多力 法華 正422
多路 白氏 續481
多壘 白氏 續481
多寶 法華 正422
多寶 本朝 正567
多寶の塔 宇津 正719
多寶如來 法華 正422
多寶如來 本朝 正567
多寳 白氏 續481
多寳塔 白氏 續481
多數 本朝 正567
多歇す 白氏 續481
多藝 本朝 正567
多藝 白氏 續481
御太郎 宇津 正720
御太郎 源氏 正850
太歳丁亥 文選 正262
太郎 伊勢 正650
太郎 宇津 正720
太郎 源氏 正850
太郎君 宇津 正720
太郎君 源氏 正850
汰す 白氏 續481
唾 文選 正262
唾 白氏 續480
堕す 法華 正422
堕す 本朝 正567

惰	本朝	正567
惰嬾	本朝	正567
惰游す	文選	正262
惰窳す	文選	正262
打毬樂	源氏	正850
御陀羅尼	宇津	正720
陊泐	白氏	續481
陀羅尼	法華	正422
陀羅尼	宇津	正720
陀羅尼	蜻蛉	正749
陀羅尼	枕冊	正781
陀羅尼	源氏	正850
陀羅尼呪	法華	正422
陀羅尼門	白氏	續481
達嚫物	本朝	正567
那許	遊仙	正93
侘	文選	正262
侘傺す	文選	正262
儺	論語	正66
墮す	白氏	續480
墮頑	白氏	續480
墮業す	白氏	續480
墮替	白氏	續480
墮落す	法華	正422
彈碁	源氏	正850
懦讋	文選	正262
懦品	文選	正262
懦夫	文選	正262
攤	宇津	正719
糯米	白氏	續481
荼	白氏	續481
荼毗	白氏	續481
駝馬	文選	正262
駝馬	白氏	續481
奼女	白氏	續481
柂樓	白氏	續481
淹汜	文選	正262
虵	白氏	續481
虵罔	白氏	續481
虵蟲	白氏	續481
虵豕	白氏	續481
虵虺	白氏	續481
酡	白氏	續481
酡顔	白氏	續481
酡顔	白氏	續481
鼉	白氏	續481
碓投す	文選	正265
積毀*	文選	正265
推服す	文選	正265
推轂	文選	正265
先太上皇	本朝	正567
太阿	文選	正264
太尉	文選	正265
太尉	本朝	正568
太尉	白氏	續486
太易	本朝	正567
太易等	白氏	續485
太一	文選	正264
太一	本朝	正567
太一	白氏	續485
太陰	文選	正264
太陰	白氏	續485
太液	文選	正265
太液	白氏	續485
太華	文選	正264
太階	文選	正264
太階	本朝	正567
太官	文選	正264
太官	白氏	續485
太簡	論語	正67
太丘	文選	正264
太丘	白氏	續485
太虚	文選	正264
太極	文選	正264
太君	白氏	續485
太君鄭氏	白氏	續485
太元	文選	正264
太原	文選	正264
太原	白氏	續485
太原公	遊仙	正93
太原人	白氏	續485
太原府	白氏	續485
太玄	文選	正264
太古	白氏	續485
太古時	白氏	續485
太湖	文選	正264
太湖	白氏	續485
太湖山	白氏	續485
太湖石	白氏	續485
太鼓	源氏	正849
太公	論語	正67
太公	文選	正264
太公	白氏	續485
太公望	文選	正264
太公望	本朝	正567
太后	文選	正264
太后	本朝	正567
太后	白氏	續485
太康	文選	正264
太皇太后宮	宇津	正719
太行	文選	正264
太行	白氏	續485
太行山	白氏	續485
太行峰	白氏	續485
太行路	白氏	續485
太宰	論語	正67
太宰	文選	正264
太宰	本朝	正567
太宰	白氏	續486
太宰侍中	文選	正264
太宰大貳	本朝	正567
太宰領	文選	正264
太歳	白氏	續486
太山	文選	正264
太山	本朝	正567
太史	論語	正67
太史	白氏	續486
太史公	文選	正264
太史遷	文選	正264
太子	論語	正67

太子　文選　正264
太子　法華　正422
太子　本朝　正567
太子　白氏　續486
太子　宇津　正719
太子　源氏　正849
太子賢　本朝　正567
太子左右庶子　白氏　續486
太子左諭徳　白氏　續486
太子司議郎　白氏　續486
太子射　文選　正264
太子少保　白氏　續486
太子少保分司　白氏　續486
太子少傅　白氏　續486
太子太師　白氏　續486
太子太師致仕　白氏　續486
太子太保　白氏　續486
太子太傅　文選　正264
太子賓客　白氏　續486
太子晉*　白氏　續486
太子贊善大夫等　白氏　續486
太子詹事　白氏　續486
太師　論語　正67
太師　文選　正264
太師　白氏　續486
太紫　文選　正264
太室　文選　正264
太社　白氏　續486
太守　文選　正264
太守　本朝　正567
太守　白氏　續486
太宗　文選　正264
太宗　本朝　正568
太宗　白氏　續486
太宗皇帝　本朝　正568
太宗文皇帝　白氏　續486
太叔　文選　正264
太初　本朝　正568
太上　文選　正264
太上　本朝　正567
太上皇　本朝　正567
太上皇　白氏　續486
太上天皇　本朝　正567
太上法皇　本朝　正567
太常　論語　正67
太常　文選　正264
太常　白氏　續486
太常卿　白氏　續486
太常少卿　白氏　續486
太常博士　文選　正264
太常博士　白氏　續486
太真院　白氏　續486
太政官　本朝　正568
太政大臣　本朝　正568
太政大臣　宇津　正719
太政大臣　源氏　正849
太政大臣のおとゞ　宇津　正719
太政天皇　源氏　正849
太清　文選　正264
太清宮　白氏　續486
太祖　論語　正67
太祖　文選　正264
太祖高皇帝　文選　正264
太素　文選　正264
太倉　白氏　續486
太宋國　本朝　正568
太相國　本朝　正567
太息　文選　正264
太息す　文選　正264
太息す　白氏　續486
太尊　文選　正265
太谷　文選　正264
太中　文選　正265
太中大夫　文選　正265
太長公主　白氏　續486
太帝　本朝　正568
太唐　本朝　正568
太寧　白氏　續486
太伯　文選　正265
太伯　白氏　續486
太白　文選　正265
太白　白氏　續486
太漠　文選　正265
太半　文選　正265
太半　白氏　續486
太微　文選　正265
太廟　論語　正67
太廟　白氏　續486
太苗　論語　正67
太夫　文選　正265
太夫　白氏　續486
太夫人　文選　正265
太府卿　白氏　續486
太府少卿　白氏　續486
太武　文選　正265
太平　遊仙　正93
太平　文選　正265
太平　本朝　正568
太平　白氏　續486
太平樂　宇津　正719
太平樂　枕冊　正781
太平樂　源氏　正850
太平樂詞　白氏　續486
太保　白氏　續486
太保府君　白氏　續486
太戊　白氏　續486
太僕　文選　正265
太僕卿　白氏　續486
太僕丞　白氏　續486
太卜　文選　正265
太本　本朝　正568
太冥　文選　正265
太容　文選　正265
太陽　文選　正265
太陽　白氏　續486
太陵　白氏　續486
太牢　文選　正265
太和　文選　正264

太和　白氏　續485
太和(年号)　白氏　續485
太和元年　白氏　續485
太和元年十月　白氏　續485
太和五年　白氏　續485
太和五年　白氏　續485
太和五年七月二十二日
白氏　續485
太和三年　白氏　續485
太和四年　白氏　續485
太和七年七月十一日
白氏　續485
太和長公主　白氏　續485
太和二年　白氏　續485
太和八年十二月十九日
白氏　續485
太和八年十二月二十三日
白氏　續485
太和六年　白氏　續485
太和六年八月一日
白氏　續485
太和六年六月二十六日
白氏　續485
太傅　文選　正265
太傅　白氏　續486
太傅　論語　正67
太壯　白氏　續486
太學　白氏　續485
太學博士　白氏　續485
太寶元年　本朝　正568
太嶽　白氏　續485
太昊　文選　正264
太眞　白氏　續486
太簇　文選　正265
太簇　白氏　續486
太暦　白氏　續486
堆　白氏　續481
堆す　白氏　續481
堆案　白氏　續481
堆盈　白氏　續481
堆金　白氏　續481
堆埼　文選　正263
堆土　白氏　續481
堆阜　文選　正263
対　伊勢　正650
対面す　竹取　正636
対面す　伊勢　正650
岱　文選　正265
岱雲　文選　正265
岱郊　文選　正265
岱山　文選　正265
岱宗　文選　正262
岱宗　文選　正265
岱北　白氏　續486
岱嶺　本朝　正568
岱嶽　文選　正265
帯し　竹取　正636
待す　白氏　續486
待詔　白氏　續487
待詔す　文選　正265
待制　白氏　續487
待制す　白氏　續487
待接　文選　正265
待旦　文選　正265
待漏　文選　正265
待漏　白氏　續487
待價　白氏　續486
怠棄　白氏　續487
怠々しき　宇津　正719
怠狀　本朝　正569
態　白氏　續487
戴　白氏　續487
戴記　文選　正265
戴君　白氏　續487
戴侯　文選　正265
戴侯揚君　文選　正265
戴公　白氏　續487
戴氏　白氏　續487
戴勝　文選　正265
戴勝　白氏　續487
戴星　白氏　續487
戴冑　白氏　續487
戴叜　白氏　續487
戴逵王　白氏　續487
戴馮　本朝　正569
替　白氏　續487
泰　論語　正67
泰　文選　正265
泰　白氏　續487
泰(人名)　文選　正265
泰運　本朝　正569
泰華　文選　正265
泰階　文選　正265
泰階　本朝　正569
泰階　白氏　續487
泰極　文選　正265
泰古　文選　正265
泰山　論語　正67
泰山　文選　正265
泰山　本朝　正569
泰山　白氏　續487
泰始　文選　正265
泰初　文選　正265
泰清　文選　正265
泰清　本朝　正569
泰誓　文選　正265
泰然　白氏　續487
泰素　文選　正265
泰伯　論語　正67
泰伯　文選　正265
泰伯第八　論語　正67
泰平　白氏　續487
泰容　文選　正265
泰倫　白氏　續487
泰畤　文選　正265
泰眞　文選　正265
滞淫す　文選　正265
滞思　文選　正265
滞積　文選　正265
滞積す　文選　正265

滞念	文選	正265
滞用	文選	正265
滞瑕	文選	正265
胎化	文選	正265
胎珠	文選	正265
胎卵	文選	正265
胎卵	本朝	正569
胎卵	白氏	續487
胎藏	本朝	正569
胎鰕	文選	正265
苔雨	白氏	續487
苔衡	本朝	正569
苔痕	本朝	正569
苔石	白氏	續487
苔髪	本朝	正569
苔文	白氏	續487
苔壁	白氏	續487
苔面	白氏	續487
苔甕	本朝	正569
苔徑	本朝	正569
苔癬	本朝	正569
苔茵	本朝	正569
苔鬟*	本朝	正569
貸	文選	正265
貸故	文選	正265
退	本朝	正569
退	白氏	續487
退還す	本朝	正569
退間	白氏	續487
退居	白氏	續487
退居す	本朝	正569
退居す	白氏	續487
退軍	白氏	續487
退散す	法華	正422
退修	文選	正265
退朝	白氏	續487
退之	白氏	續487
退馬	白氏	續487
退亦佳	本朝	正569
退老	本朝	正569
退老	白氏	續487
退傅	白氏	續487
退藏	白氏	續487
退藏す	白氏	續487
退轉す	法華	正422
退轉す	本朝	正569
隊	文選	正265
隊	白氏	續487
黛	白氏	續487
代	文選	正262
代	白氏	續481
代	宇津	正719
代越	文選	正262
代官	白氏	續481
代及	白氏	續481
代業	白氏	續481
代工	文選	正262
代耕	文選	正262
代嗣	白氏	續481
代謝	文選	正262
代謝す	文選	正262
代謝す	本朝	正567
代宗	白氏	續481
代州	白氏	續481
代序	文選	正262
代序す	文選	正262
代祖	本朝	正567
代々	本朝	正567
代々	宇津	正719
代々	源氏	正849
代徳	白氏	續481
代馬	文選	正262
代北	白氏	續481
代祀	文選	正262
台位	本朝	正567
台階	文選	正263
台階	白氏	續481
台衡	文選	正263
台衡	白氏	續481
台獄	本朝	正567
台山	本朝	正567
台司	文選	正263
台司	本朝	正567
台司	白氏	續481
台室	文選	正263
台州	白氏	續481
台星	本朝	正567
台庭	白氏	續481
台鼎	白氏	續481
台保	文選	正263
台輔	白氏	續481
台牧	文選	正263
台明	白氏	續481
台蒙克恭操等	白氏	續481
台曜	文選	正263
台嶺	文選	正263
台嶺	本朝	正567
台嶽	文選	正263
台衮	白氏	續481
台鉉	本朝	正567
台鉉	白氏	續481
柿本大夫	本朝	正569
御大饗	宇津	正719
御大事	宇津	正719
大	文選	正263
大	文選	正263
大	法華	正422
大	本朝	正568
大	白氏	續481
大	宇津	正719
大阿羅漢	法華	正422
大悪	法華	正422
大宛	文選	正264
大位	文選	正264
大位	本朝	正569
大位	白氏	續485
大威徳	法華	正422
大易	文選	正263
大易	白氏	續482
大因縁	本朝	正568

大雨	文選	正263
大運	文選	正263
大雲	法華	正422
大雲寺	白氏	續482
大盈	白氏	續482
大液	源氏	正849
大謁者	文選	正263
大閲	文選	正263
大王	文選	正264
大王	法華	正422
大王	本朝	正569
大王	宇津	正719
大王(人名)	文選	正264
大屋	白氏	續482
大恩	法華	正422
大恩	本朝	正568
大恩	白氏	續485
大音	文選	正263
大音聲	法華	正422
大化	文選	正263
大化	白氏	續482
大夏	文選	正263
大家	白氏	續482
大河	文選	正263
大河	本朝	正568
大河	白氏	續482
大火	文選	正263
大火	法華	正422
大迦葉	文選	正263
大迦葉	白氏	續482
大過	文選	正263
大過	白氏	續482
大雅	文選	正263
大駕	文選	正263
大駕す	白氏	續482
大塊	文選	正263
大塊	白氏	續482
大魁	文選	正263
大海	文選	正263
大海	法華	正422
大海	本朝	正568
大海	白氏	續482
大海	宇津	正719
大階	本朝	正568
大外記	本朝	正568
大害	文選	正263
大害	白氏	續482
大概	本朝	正568
大覚寺	源氏	正849
大較	文選	正263
大較	白氏	續482
大学	源氏	正849
大学の君	源氏	正849
大寒	論語	正66
大寒	白氏	續482
大官	白氏	續482
大幹	白氏	續482
大患	文選	正263
大患	白氏	續482
大漢	文選	正263
大漢	本朝	正568
大漢	白氏	續482
大監物	本朝	正568
大還丹	白氏	續482
大館	本朝	正568
大館	白氏	續482
大願	法華	正422
大願	白氏	續482
大願	宇津	正719
大願	源氏	正849
大願力	竹取	正636
大危	白氏	續482
大器	文選	正263
大規	本朝	正568
大鬼主	白氏	續482
大儀	文選	正263
大儀	白氏	續482
大義	文選	正263
大義	白氏	續482
大逆	論語	正66
大逆	本朝	正568
大京兆	白氏	續482
大兇	白氏	續483
大卿	本朝	正568
大教	文選	正263
大饗	宇津	正719
大饗	蜻蛉	正749
大饗	枕冊	正781
大饗	源氏	正849
大饗せ	宇津	正719
大饗とも	源氏	正849
大業	文選	正263
大業	本朝	正568
大業	白氏	續483
大業(年号)	白氏	續483
大曲	宇津	正719
大曲とも	源氏	正849
大極	文選	正263
大極	本朝	正568
大極殿	本朝	正568
大極殿	源氏	正849
大苦	文選	正263
大遇	文選	正263
大勲	白氏	續482
大君	文選	正263
大君	白氏	續482
大訓	文選	正263
大軍	文選	正263
大軍	白氏	續482
大郡	文選	正263
大郡	白氏	續482
大兄	白氏	續482
大圭	白氏	續482
大慶	白氏	續482
大慧	白氏	續482
大計	白氏	續482
大賢	論語	正66
大賢	文選	正263
大賢	本朝	正568
大賢	白氏	續483

大原縣開國男　白氏　續482
大弦　文選　正263
大紘　白氏　續482
大古　白氏　續483
大戸　本朝　正568
大故　論語　正66
大湖石　白氏　續483
大呉　文選　正263
大語　遊仙　正93
大侯　文選　正263
大侯　白氏　續483
大光　本朝　正568
大光　白氏　續482
大公望　論語　正66
大功　文選　正263
大功　本朝　正568
大功　白氏　續483
大后　本朝　正568
大后夫人　本朝　正568
大好　文選　正263
大孝　白氏　續482
大巧　白氏　續482
大康　文選　正263
大弘可　白氏　續483
大江　文選　正263
大江　白氏　續482
大江公　本朝　正568
大皇　文選　正263
大皇帝　文選　正263
大紅　白氏　續483
大綱　論語　正66
大綱　文選　正263
大綱　本朝　正568
大綱　白氏　續482
大荒　文選　正263
大荒　白氏　續482
大行　文選　正263
大行皇后　文選　正263
大行皇帝　白氏　續482
大行道　枕冊　正781
大項槖　本朝　正568
大香水　白氏　續482
大鴻臚　文選　正263
大鴻臚　白氏　續483
大国　宇津　正719
大獄　白氏　續482
大根　法華　正422
大座　本朝　正568
大哉　文選　正263
大宰　本朝　正568
大宰大貳　本朝　正568
大才　論語　正66
大才　文選　正263
大災　文選　正263
大災　白氏　續483
大采　白氏　續483
大祭　論語　正67
大罪　白氏　續483
大山　本朝　正568
大使　文選　正263
大使　宇津　正719
大司農　論語　正66
大司馬　文選　正263
大司馬　白氏　續483
大士　法華　正422
大師　論語　正66
大師　法華　正422
大師　本朝　正568
大師　白氏　續483
大志　文選　正263
大志　白氏　續483
大旨　本朝　正568
大旨　白氏　續483
大事　文選　正263
大事　法華　正422
大事　白氏　續483
大事　宇津　正719
大事　枕冊　正781
大事　源氏　正849
大事し　宇津　正719
大事とも　源氏　正849
大寺　本朝　正568
大寺　白氏　續483
大慈　法華　正422
大慈　本朝　正568
大慈大悲　法華　正422
大慈大悲　本朝　正568
大慈悲　本朝　正568
大慈悲　白氏　續483
大時　白氏　續483
大自在　法華　正422
大自在天　法華　正422
大質　文選　正263
大赦　白氏　續483
大赦す　本朝　正568
大赦す　白氏　續483
大者　白氏　續483
大車　論語　正66
大車　本朝　正568
大車　白氏　續483
大寂　白氏　續483
大寂大師　白氏　續483
大寂道一　白氏　續483
大守　論語　正67
大守　本朝　正568
大守　白氏　續483
大手筆　白氏　續483
大珠　白氏　續483
大儒　本朝　正568
大受す　論語　正67
大樹　文選　正263
大樹　白氏　續483
大宗　文選　正264
大宗　本朝　正568
大宗　白氏　續483
大宗(人名)　白氏　續483
大宗正　白氏　續483
大衆　法華　正422
大衆　本朝　正568
大衆　白氏　續483

大衆　宇津　正719
大春　文選　正263
大順　文選　正263
大順　白氏　續483
大初位下　本朝　正568
大署　白氏　續483
大匠　文選　正263
大匠　本朝　正568
大商　文選　正263
大商　白氏　續483
大嘗會　本朝　正568
大嘗會　宇津　正719
大嘗會　蜻蛉　正749
大小　文選　正263
大小　法華　正422
大小　本朝　正568
大小　白氏　續483
大小　宇津　正719
大小　源氏　正849
大小屋　白氏　續483
大小夏侯　文選　正263
大小姑　白氏　續483
大小乘　本朝　正568
大小乘　白氏　續483
大小判事　本朝　正568
大小斂　白氏　續483
大少　本朝　正568
大床子　宇津　正719
大床子　枕冊　正781
大床子　源氏　正849
大沼　文選　正264
大祥　白氏　續483
大祥齋　白氏　續483
大象　文選　正263
大鐘　白氏　續483
大上　宇津　正719
大丈夫　文選　正264
大丈夫　白氏　續484
大乘　法華　正422
大乘　本朝　正568
大乘　白氏　續483
大乘　源氏　正849
大乘法　白氏　續483
大乘經　法華　正422
大情　白氏　續483
大杖　文選　正264
大燭　白氏　續483
大信　文選　正263
大信　白氏　續483
大新　文選　正263
大晋　文選　正263
大秦　文選　正263
大臣　文選　正263
大臣　法華　正422
大臣　本朝　正568
大臣　白氏　續483
大臣　竹取　正636
大臣　宇津　正719
大臣　蜻蛉　正749
大臣　枕冊　正781
大臣　源氏　正849
大臣たち　源氏　正849
大臣どの　宇津　正719
大臣めし　宇津　正719
大臣家　宇津　正719
大身　法華　正422
大進　本朝　正568
大進　宇津　正719
大進　枕冊　正781
大進なりまさ　枕冊　正781
大人　論語　正67
大人　文選　正263
大人　本朝　正568
大人　白氏　續483
大人先生　文選　正263
大水　法華　正422
大水　本朝　正568
大水　白氏　續483
大瑞　白氏　續483
大制　白氏　續483
大勢　法華　正422
大勢至菩薩　本朝　正568
大征鎮　白氏　續483
大成　本朝　正568
大成　白氏　續483
大政　白氏　續483
大政官　枕冊　正781
大政官符　本朝　正568
大聖　論語　正67
大聖　法華　正422
大聖　本朝　正568
大聖　白氏　續483
大誓願　白氏　續483
大石　白氏　續483
大節　論語　正67
大節　文選　正264
大節　白氏　續483
大雪　白氏　續483
大仙　白氏　續483
大千　文選　正264
大千　本朝　正568
大千世界　本朝　正568
大川　文選　正264
大善根　本朝　正568
大漸　文選　正264
大漸す　文選　正264
大祖　論語　正67
大祖　文選　正264
大祖　本朝　正568
大素　本朝　正568
大僧正　本朝　正568
大宋國　本朝　正568
大漕　文選　正263
大相　論語　正66
大相　法華　正422
大相國　本朝　正568
大葬　白氏　續483
大造　文選　正263
大息　文選　正264
大息　白氏　續483

大息す　文選　正264
大族　白氏　續483
大大　論語　正67
大宅　文選　正264
大宅　白氏　續484
大谷　遊仙　正93
大谷　文選　正263
大端　白氏　續484
大智　本朝　正569
大智　白氏　續484
大池　白氏　續484
大畜　白氏　續484
大竹　遊仙　正93
大中　白氏　續484
大忠　白氏　續484
大帳　本朝　正569
大朝　文選　正264
大長秋　本朝　正569
大長秋納言　本朝　正569
大鳥　白氏　續484
大直　白氏　續484
大鎮　白氏　續484
大通中散　白氏　續484
大定　白氏　續484
大帝　文選　正264
大庭　本朝　正569
大庭　白氏　續484
大庭氏　文選　正264
大弟　文選　正264
大弟子　白氏　續484
大抵　白氏　續484
大敵　白氏　續484
大徹禪師　白氏　續484
大典　文選　正264
大典　本朝　正569
大田　白氏　續484
大都　文選　正264
大度　文選　正264
大唐　本朝　正569
大唐　白氏　續484
大唐國　白氏　續484
大盜　文選　正264
大統　白氏　續484
大動　白氏　續484
大同　白氏　續484
大童子　宇津　正719
大道　論語　正67
大道　文選　正264
大道　法華　正422
大道　本朝　正569
大道　白氏　續484
大徳　論語　正67
大徳　源氏　正849
大徳たち　源氏　正849
大内　文選　正264
大内　本朝　正568
大内　白氏　續483
大内記　本朝　正569
大内記　宇津　正719
大内記　源氏　正849
大日　本朝　正568
大日如來　源氏　正849
大日本國　本朝　正569
大任　文選　正263
大任　本朝　正568
大任　白氏　續484
大年　本朝　正569
大納言　本朝　正569
大納言　竹取　正636
大納言　伊勢　正650
大納言　宇津　正719
大納言　蜻蛉　正749
大納言　枕冊　正781
大納言　源氏　正849
大納言どの　宇津　正719
大納言のあそん　宇津　正719
大納言の君　源氏　正849
大納言の朝臣　源氏　正849
大納言殿　竹取　正636
大納言殿　枕冊　正781
大納言殿　源氏　正849
大波　文選　正264
大馬　白氏　續484
大伯　本朝　正569
大白　白氏　續484
大白牛　法華　正422
大漠　文選　正264
大漠　白氏　續484
大幡　白氏　續484
大判事　本朝　正569
大半　本朝　正569
大半　白氏　續484
大般若　本朝　正569
大般若　宇津　正719
大般若會　本朝　正569
大般若經　本朝　正569
大般若經　宇津　正719
大般若經　枕冊　正781
大般涅槃經　本朝　正569
大藩　白氏　續484
大蕃　白氏　續484
大悲　法華　正422
大悲　本朝　正569
大悲　白氏　續484
大悲観世音　本朝　正569
大悲者　宇津　正719
大悲者　源氏　正850
大費　白氏　續484
大美　文選　正264
大美　白氏　續484
大謬　白氏　續484
大廟　白氏　續484
大病　本朝　正569
大賓　論語　正67
大夫　論語　正67
大夫　遊仙　正93
大夫　文選　正264
大夫　本朝　正569
大夫　白氏　續484

大夫 宇津 正719
大夫 蜻蛉 正749
大夫 枕冊 正781
大夫 源氏 正850
大夫かり 源氏 正850
大夫のおとゝ 源氏 正850
大夫の君 宇津 正719
大夫の君 枕冊 正781
大夫の君 源氏 正850
大夫監 源氏 正850
大夫権守 枕冊 正781
大夫殿 枕冊 正781
大夫等 本朝 正569
大府 本朝 正569
大府 白氏 續484
大怖 白氏 續484
大父 白氏 續484
大武 文選 正264
大風 文選 正264
大福德 宇津 正719
大分 文選 正264
大丙 文選 正264
大兵 文選 正264
大兵 白氏 續484
大平 本朝 正569
大柄 白氏 續484
大弁 宇津 正719
大弁 枕冊 正781
大輔 本朝 正569
大輔 宇津 正719
大輔 蜻蛉 正749
大輔 源氏 正850
大輔のめのと 宇津 正719
大輔のめのと 源氏 正850
大輔の君 源氏 正850
大輔の命婦 源氏 正850
大菩薩 法華 正422
大方 文選 正264
大方 本朝 正569
大方 白氏 續484
大方廣佛華嚴經 白氏 續484
大法 法華 正422
大法 本朝 正569
大法 宇津 正719
大法輪 白氏 續484
大法會 宇津 正719
大邦 文選 正264
大邦 本朝 正569
大邦 白氏 續484
大鵬 文選 正264
大鵬 白氏 續484
大謀 論語 正67
大防 白氏 續484
大朴 文選 正264
大務 文選 正264
大務 本朝 正569
大夢 白氏 續484
大名 文選 正264
大名 本朝 正569
大名 白氏 續484
大命 文選 正264
大明 文選 正264
大明 白氏 續484
大明宮 白氏 續484
大明五年 文選 正264
大明六年 文選 正264
大紋 宇津 正719
大門 蜻蛉 正749
大門 枕冊 正781
大夜 白氏 續484
大野 文選 正264
大野 白氏 續484
大憂 白氏 續481
大有爲 白氏 續482
大猷 文選 正263
大猷 白氏 續482
大邑 白氏 續482
大予 文選 正264
大妖 白氏 續482
大容 文選 正264
大様 本朝 正569
大用 白氏 續484
大羊 文選 正264
大要 論語 正66
大陽 本朝 正569
大欲 文選 正264
大羅 白氏 續484
大羅天 白氏 續484
大羅天尊 白氏 續484
大利 法華 正422
大利 白氏 續485
大理 文選 正264
大理 白氏 續484
大理卿 白氏 續484
大理寺 白氏 續484
大理少卿 白氏 續485
大理丞 白氏 續485
大理評事 白氏 續485
大律 文選 正264
大率 白氏 續485
大略 文選 正264
大僚 白氏 續485
大梁 文選 正264
大量 文選 正264
大領 本朝 正569
大力 法華 正422
大倫 論語 正67
大林 白氏 續485
大林寺 白氏 續485
大礼 遊仙 正93
大呂 文選 正264
大路 論語 正67
大路 文選 正264
大路 白氏 續485
大麓 文選 正264
大麓 本朝 正569
大和 文選 正263
大和 白氏 續482
大和九年 白氏 續482

大和元年　白氏　續482
大和皇帝　白氏　續482
大和三年　白氏　續482
大和七年　白氏　續482
大和七年正月某日　白氏　續482
大和尚位　本朝　正568
大和二年　白氏　續482
大和八年　白氏　續482
大和六年　白氏　續482
大乘*本生心地觀經　白氏　續483
大亂　白氏　續484
大會　法華　正422
大會　本朝　正568
大會　白氏　續482
大傅　文選　正264
大僊　白氏　續483
大劍　遊仙　正93
大勞　文選　正264
大勞　白氏　續484
大厦　本朝　正568
大哥　白氏　續482
大國　論語　正66
大國　文選　正263
大國　法華　正422
大國　本朝　正568
大國　白氏　續483
大圓　文選　正264
大圓鏡　白氏　續485
大圓大師　白氏　續485
大壑　文選　正263
大壯　文選　正263
大壯　本朝　正568
大學　本朝　正568
大學　宇津　正719
大學のすけ　宇津　正719
大學の衆　宇津　正719
大學の丞　宇津　正719
大學士　白氏　續482
大學大屬　本朝　正568
大學頭　本朝　正568
大學頭等　本朝　正568
大學博士　白氏　續482
大學寮　本朝　正568
大寶　文選　正264
大寶　法華　正422
大寶　白氏　續484
大寶元年　本朝　正569
大寶年中　本朝　正569
大寶蓮　本朝　正569
大寶藏　白氏　續484
大將　文選　正263
大將　本朝　正568
大將　白氏　續483
大將　伊勢　正650
大將　宇津　正719
大將　蜻蛉　正749
大將　枕冊　正781
大將　源氏　正849
大將こそ　源氏　正849
大將たち　源氏　正849
大將どの　宇津　正719
大將ぬし　宇津　正719
大將のあそん　宇津　正719
大將のおとゞ　宇津　正719
大將のきみ　宇津　正719
大將の宮　宇津　正719
大將の君　源氏　正849
大將軍　文選　正263
大將軍　白氏　續483
大將軍事　白氏　續483
大將殿　源氏　正849
大將殿わたり　源氏　正849
大尹　白氏　續482
大帶　本朝　正568
大帶　白氏　續483
大廈　文選　正263
大彭　文選　正264
大惠　文選　正263
大惠　白氏　續482
大戀　文選　正264
大數　論語　正67
大變　文選　正264
大旆　白氏　續484
大旱　本朝　正568
大椽　文選　正264
大樂　白氏　續482
大樂師　白氏　續482
大權　文選　正263
大權　白氏　續482
大樸　白氏　續484
大歸　文選　正263
大溪　白氏　續482
大溥　文選　正264
大澤　文選　正264
大澤　白氏　續484
大畧　本朝　正569
大畧　白氏　續485
大禮　文選　正264
大竇　白氏　續484
大縣　文選　正263
大羹　文選　正263
大耋　文選　正264
大聲　白氏　續483
大胥　文選　正263
大舩師　本朝　正568
大藥　白氏　續484
大號　文選　正263
大號　白氏　續482
大裘　白氏　續482
大觀　文選　正263
大觀す　文選　正263
大觜烏　白氏　續483
大諫　白氏　續482
大谿　文選　正263
大貳　本朝　正569
大貳　宇津　正719
大貳　枕冊　正781
大貳　源氏　正849

大貳おもと　宇津　正719
大貳のめのと　源氏　正849
大貳の君　宇津　正719
大貳の内侍のすけ
源氏　正849
大賈　白氏　續483
大輅　文選　正264
大輅　白氏　續484
大辟　本朝　正569
大醫王　本朝　正568
大醫王　白氏　續481
大醫信　白氏　續481
大鈞　文選　正263
大鑒能　白氏　續482
大隱　文選　正263
大隱　本朝　正568
大隱　白氏　續482
大體　論語　正67
大體　文選　正264
大體　白氏　續484
大魏　文選　正263
大齊　文選　正263
大德　文選　正264
大德　法華　正422
大德　白氏　續484
大德　宇津　正719
大德　蜻蛉　正749
大德たち　宇津　正719
大德たち　宇津　正719
大昕　本朝　正568
大坰　文選　正263
大蓌　白氏　續483
大憝　文選　正264
大憝　白氏　續484
大曆　白氏　續485
大曆元年　白氏　續485
大曆三年十一月八日
白氏　續485
大曆十一年　白氏　續485
大曆十二年二月十五日
白氏　續485
大曆十二年六月十九日
白氏　續485
大曆中　白氏　續485
大曆年中　白氏　續485
大曆八年　白氏　續485
大曆八年五月三日
白氏　續485
大曆六年正月二十日
白氏　續485
大璡　白氏　續483
大窠　白氏　續482
大緣　本朝　正568
大耊　本朝　正569
大艑　白氏　續484
大苾蒭　白氏　續484
大茀　文選　正264
大虵　白氏　續483
大闍　本朝　正568
大阺　文選　正264
大顚　文選　正264
播磨大掾　本朝　正568
淺間大神　本朝　正568
第一　法華　正422
第一　枕冊　正781
第一　源氏　正849
第一の人　枕冊　正781
第一義　法華　正422
第五　遊仙　正93
第三　遊仙　正93
第三　法華　正422
第四　法華　正422
第宅　本朝　正569
第二　法華　正422
醍醐　本朝　正569
醍醐　白氏　續487
醍醐の阿闍梨の君
源氏　正849
醍醐天皇　本朝　正569
御題　宇津　正719
題　伊勢　正650
題　宇津　正719
題　枕冊　正781
題いたしから　枕冊　正781
題目　本朝　正569
御題　源氏　正849
題　源氏　正849
帝釋　法華　正422
帝釋　本朝　正569
帝釋　源氏　正849
提河　本朝　正569
提婆達多　法華　正422
提婆達多品　法華　正422
提婆品　本朝　正569
提婆品　宇津　正719
提撕　本朝　正569
諦　本朝　正569
蹄宮　本朝　正569
内衣　本朝　正567
内宴　本朝　正567
内奥　文選　正262
内外　文選　正262
内外　本朝　正567
内外官　本朝　正567
内官　本朝　正567
内感　文選　正262
内機　文選　正262
内記　本朝　正567
内兕　文選　正262
内考　本朝　正567
内史　文選　正263
内史　本朝　正567
内史局　本朝　正567
内侍　文選　正263
内主　本朝　正567
内職　文選　正263
内相府　本朝　正567
内則　文選　正263
内屬　本朝　正567
内寵　本朝　正567

内難	文選	正263
内美	文選	正263
内病	文選	正263
内府	文選	正263
内附す	文選	正263
内壁	本朝	正567
内裏	宇津	正719
内裏	枕冊	正781
内寢	本朝	正567
内屬	文選	正263
内應	文選	正262
内擧	本朝	正567
内棧	文選	正263
内樂	本朝	正567
内藏	文選	正263
内覽	本朝	正567
内軄	本朝	正567
乃貢	本朝	正567
乃心	文選	正262
乃誠	文選	正262
乃祖	文選	正262
乃武	白氏	續481
乃文	白氏	續481
乃懷	文選	正262
峿	文選	正265
殆庶	文選	正265
殆辱	文選	正265
蝳蝐	文選	正265
嚉	文選	正265
兌	本朝	正567
兌方	本朝	正567
開對す	白氏	續486
御對面	宇津	正719
御對面	源氏	正850
召對	白氏	續486
相對す	白氏	續486
對	文選	正265
對	本朝	正568
對	白氏	續486
對	宇津	正719
對	源氏	正849
對敭	白氏	續486
對す	遊仙	正93
對す	文選	正265
對す	本朝	正568
對す	白氏	續486
對とも	源氏	正849
對ども	宇津	正719
對のうへ	源氏	正849
對のひめ君	源氏	正850
對の君	宇津	正719
對の御方	宇津	正719
對の御方	源氏	正850
對の方	源氏	正850
對越す	文選	正265
對鏡	白氏	續486
對鏡吟	白氏	續486
對禁	文選	正265
對偶	本朝	正568
對御す	白氏	續486
對策	本朝	正568
對策	白氏	續486
對策	宇津	正719
對策す	文選	正265
對策す	白氏	續486
對策せ	宇津	正719
對冊	本朝	正568
對答す	白氏	續486
對面	宇津	正719
對面	蜻蛉	正749
對面	源氏	正850
對面し	蜻蛉	正749
對面し	枕冊	正781
對面す	宇津	正719
對面す	源氏	正850
對問す	白氏	續486
對揚	文選	正265
對揚	本朝	正568
對揚す	文選	正265
對揚す	白氏	續486
對荅	文選	正265
對	文選	正265
帶	文選	正265
帶	白氏	續487
帶す	本朝	正568
帶す	白氏	續486
帶芥	本朝	正569
帶甲	文選	正265
帶甲	本朝	正568
帶索	白氏	續486
帶草	本朝	正568
帶佗	文選	正265
廗門	本朝	正568
擡擧	白氏	續487
擡擧す	白氏	續487
棣州	白氏	續487
滯	白氏	續487
滯積	白氏	續487
滯念	白氏	續487
滯病	本朝	正569
滯用	白氏	續487
滯淹す	白氏	續487
滯礙す	白氏	續487
玳瑁	遊仙	正93
玳瑁	白氏	續487
おほん臺	宇津	正719
御臺ども	宇津	正719
臺	文選	正265
臺	文選	正265
臺	法華	正422
臺	本朝	正569
臺	白氏	續487
臺	宇津	正719
臺	蜻蛉	正749
臺	源氏	正849
臺す	文選	正265
臺ども	宇津	正719
臺閣	本朝	正569
臺閣	白氏	續487
臺笠	文選	正265

臺轄　白氏　續487
臺官　白氏　續487
臺澗　文選　正265
臺館　文選　正265
臺議　白氏　續487
臺憲　白氏　續487
臺孝威　文選　正265
臺綱　白氏　續487
臺省　文選　正265
臺省　白氏　續487
臺上　本朝　正569
臺上　白氏　續487
臺丞　白氏　續487
臺城　文選　正265
臺中　本朝　正569
臺中　白氏　續487
臺中推院　白氏　續487
臺亭　白氏　續487
臺殿　白氏　續487
臺堂　文選　正265
臺盤　宇津　正719
臺盤　枕冊　正781
臺盤　源氏　正850
臺盤所　宇津　正719
臺盤所　枕冊　正781
臺盤所　源氏　正850
臺府　白氏　續487
臺覆　宇津　正719
臺務　本朝　正569
臺隷　文選　正265
臺郎　文選　正265
臺郎　白氏　續487
臺郎憲吏　白氏　續487
臺陂　文選　正265
臺駘　白氏　續487
臺榭　文選　正265
臺榭　白氏　續487
御臺　源氏　正849
臺觀　法華　正422
薹芥　文選　正265
穨俗　白氏　續487
頹響　文選　正265
頹玉　白氏　續487
頹綱　文選　正265
頹綱　白氏　續487
頹残　本朝　正569
頹侵す　文選　正265
頹然　白氏　續487
頹息す　文選　正265
頹俗　白氏　續487
頹風　文選　正265
頹暮　文選　正265
頹暮　本朝　正569
頹陽　文選　正265
頹輪　本朝　正569
頹寢　文選　正265
頹簷　白氏　續487
頹隴　文選　正265
頹頹嗒然　白氏　續487
頹魄　文選　正265
頹齢　文選　正265
頹齢　本朝　正569
餒　白氏　續487
餒す　論語　正67
餒殍　白氏　續487
駘蕩す　文選　正265
駘盪　文選　正265
體　法華　正422
瑇瑁　文選　正265
邰　文選　正265
鮐背　文選　正265
鮐背　本朝　正569
鶗鴂　本朝　正569
御堂　源氏　正850
堂　源氏　正850
倒影　白氏　續487
倒景　文選　正265
倒懸　文選　正265
倒懸　白氏　續487
倒懸す　文選　正265
倒載　本朝　正569
倒載す　本朝　正569
倒戴　白氏　續487
倒流　白氏　續487
倒裘　本朝　正569
党項　白氏　續488
刀　本朝　正569
刀　白氏　續488
刀火　本朝　正569
刀火　白氏　續488
刀机　白氏　續488
刀鋸　文選　正265
刀圭　白氏　續488
刀子　遊仙　正93
刀尺　文選　正265
刀尺　本朝　正569
刀尺　白氏　續488
刀槍　白氏　續488
刀鎗　白氏　續488
刀斗　文選　正265
刀筆　文選　正265
刀筆　本朝　正569
刀筆　白氏　續488
刀布　文選　正265
刀斧　白氏　續488
刀斧等　白氏　續488
刀劍　本朝　正569
刀劍　白氏　續488
刀鈹　文選　正265
唐　論語　正67
唐　本朝　正569
唐　白氏　續488
唐　宇津　正719
唐(人名)　文選　正266
唐(地名)　文選　正265
唐園　本朝　正569
唐家　本朝　正569
唐雅　白氏　續488
唐官　文選　正266
唐基　文選　正266

唐虞　論語　正67
唐虞　文選　正266
唐虞　白氏　續488
唐虞(人名)　文選　正266
唐言　白氏　續488
唐公　文選　正266
唐氏　文選　正266
唐詩　文選　正266
唐式　本朝　正569
唐室　本朝　正569
唐州　白氏　續488
唐昌　白氏　續488
唐臣　白氏　續488
唐人　白氏　續488
唐人　宇津　正719
唐生　文選　正266
唐生　白氏　續488
唐損　本朝　正569
唐中　文選　正266
唐朝　本朝　正569
唐朝　白氏　續488
唐帝　本朝　正569
唐典　文選　正266
唐典　白氏　續488
唐都　文選　正266
唐統　文選　正266
唐突す　文選　正266
唐文　白氏　續488
唐林　文選　正266
唐臨　白氏　續488
唐咨　文選　正266
唐國　本朝　正569
唐國　白氏　續488
唐國玠　白氏　續488
唐學　文選　正266
唐棣　論語　正67
唐祀　文選　正266
唐禮　白氏　續488
唐稷　文選　正266
唐衢　白氏　續488
唐陂　文選　正266
唐堯　文選　正266
唐堯　本朝　正569
唐堯　白氏　續488
唐鄧行軍司馬　白氏　續488
宕渠　文選　正266
宕子　文選　正266
宕冥　文選　正266
島　文選　正266
島夷　白氏　續488
島樹　白氏　續488
島嶼　文選　正266
島濱　文選　正266
悼亡　白氏　續488
桃　宇津　正719
桃杏　白氏　續488
桃杏梅　白氏　續488
桃浦　白氏　續488
桃園　文選　正266
桃花　遊仙　正93
桃花　白氏　續488
桃核　白氏　續488
桃澗　遊仙　正93
桃顏　本朝　正570
桃源　本朝　正570
桃根　白氏　續488
桃枝　文選　正266
桃樹　白氏　續488
桃島　白氏　續488
桃柳　白氏　續488
桃葉　白氏　續488
桃李　文選　正266
桃李　本朝　正570
桃李　白氏　續488
桃李院　白氏　續488
桃梨　白氏　續488
桃林　文選　正266
桃林　白氏　續488
桃夭　白氏　續488
桃笙　文選　正266
盜　論語　正67
盜　白氏　續489
盜鍾　文選　正266
盜食　白氏　續489
盜心　論語　正67
盜泉　文選　正266
盜泉　白氏　續489
盜賊　文選　正266
盜賊　本朝　正570
盜賊　白氏　續489
盜徒　本朝　正570
盜犯　本朝　正570
盜奔　白氏　續489
盜亂　文選　正266
盜贓　本朝　正570
盜跖　文選　正266
相淘す　白氏　續488
淘す　白氏　續488
淘汰す　白氏　續488
湯　論語　正67
湯　文選　正266
湯　白氏　續488
湯(人名)　文選　正266
湯井　文選　正266
湯火　文選　正266
湯火　白氏　續488
湯若　白氏　續488
湯征　白氏　續488
湯泉　文選　正266
湯泉　白氏　續489
湯谷　文選　正266
湯々　本朝　正570
湯武　文選　正266
湯武　本朝　正570
湯療　本朝　正570
湯沐　文選　正266
湯沐　本朝　正570
湯沐　白氏　續489
湯禹　文選　正266
湯藥　文選　正266

湯藥　法華　正422
湯藥　本朝　正570
湯鑊　本朝　正570
答　枕冊　正781
答の拜　源氏　正850
到岸　本朝　正569
到俊　本朝　正569
到長史漑　文選　正265
到頭　白氏　續488
到來　本朝　正569
到來す　本朝　正569
到來す　白氏　續488
蕩　論語　正67
蕩　文選　正266
蕩　本朝　正570
蕩覆す　本朝　正570
蕩す　文選　正266
蕩す　本朝　正570
蕩す　白氏　續489
蕩子　文選　正266
蕩取す　文選　正266
蕩枡す　白氏　續489
蕩析す　文選　正266
蕩析す　白氏　續489
蕩然　白氏　續489
蕩蕩　論語　正67
蕩蕩　文選　正266
蕩々乎　本朝　正570
蕩没　本朝　正570
蕩滅す　白氏　續489
蕩滌　白氏　續489
蕩滌す　文選　正266
蕩漾　白氏　續489
蕩瀁　文選　正266
蕩颺す　白氏　續489
進討す　白氏　續489
討　文選　正266
討　白氏　續489
討す　論語　正67
討す　文選　正266
討す　文選　正266
討す　白氏　續489
討除　白氏　續489
討除す　白氏　續489
討賊　文選　正266
討逐す　白氏　續489
討伐　文選　正267
討伐す　白氏　續489
討滅　本朝　正570
討論　白氏　續489
討論す　論語　正67
討論す　文選　正267
討論す　本朝　正570
討論す　白氏　續489
踏歌　本朝　正570
踏歌　宇津　正719
踏歌　源氏　正850
踏謌　本朝　正570
逃債　本朝　正570
逃亡す　本朝　正570
陶　白氏　續490
陶す　文選　正267
陶す　本朝　正570
陶す　白氏　續490
陶安公　本朝　正570
陶家　白氏　續490
陶休す　白氏　續490
陶巾　白氏　續490
陶琴　白氏　續490
陶虞　文選　正267
陶元亮　本朝　正570
陶元亮　白氏　續490
陶公　白氏　續490
陶巷　白氏　續490
陶謝　白氏　續490
陶朱　文選　正267
陶蒸す　文選　正267
陶染す　本朝　正570
陶潜　本朝　正570
陶然　白氏　續490
陶徵*君　本朝　正570
陶徵君　文選　正267
陶徵君　白氏　續490
陶徵士　文選　正267
陶塗　文選　正267
陶唐　文選　正267
陶唐　本朝　正570
陶唐氏　文選　正267
陶陶　文選　正267
陶陶　白氏　續490
陶々　本朝　正570
陶陶然　白氏　續490
陶白　文選　正267
陶淵明　文選　正267
陶淵明　白氏　續490
陶牧　文選　正267
陶冶　本朝　正570
陶冶　白氏　續490
陶冶す　白氏　續490
陶靖節　白氏　續490
陶令　本朝　正570
陶令　白氏　續490
陶匏*　文選　正267
陶廬　白氏　續490
陶彭澤　白氏　續490
陶潛　白氏　續490
陶甄す　白氏　續490
陶鈞　文選　正267
陶鈞　白氏　續490
陶鈞(人名)　白氏　續490
陶鈞す　白氏　續490
陶鋺　宇津　正719
陶鑄す　文選　正267
み堂　宇津　正719
御堂　蜻蛉　正749
塘上行　文選　正266
堂　論語　正67
堂　遊仙　正93
堂　文選　正266
堂　本朝　正569

堂	白氏	續488
堂	伊勢	正650
堂	宇津	正719
堂	蜻蛉	正749
堂宇	文選	正266
堂宇	本朝	正570
堂宇	白氏	續488
堂下	文選	正266
堂下	白氏	續488
堂基	文選	正266
堂隅	文選	正266
堂構	遊仙	正93
堂構	文選	正266
堂構	本朝	正570
堂室	文選	正266
堂室	本朝	正570
堂室	白氏	續488
堂舎	遊仙	正93
堂舎	法華	正422
堂舎	本朝	正570
堂除	文選	正266
堂上	文選	正266
堂上	本朝	正570
堂上	白氏	續488
堂前	本朝	正570
堂前	白氏	續488
堂中	文選	正266
堂中	白氏	續488
堂亭	白氏	續488
堂庭	文選	正266
堂弟	白氏	續488
堂堂	論語	正67
堂堂	文選	正266
堂堂	白氏	續488
堂堂巍巍	白氏	續488
堂童子	宇津	正719
堂童子	枕冊	正781
堂搆	白氏	續488
御導師	源氏	正850
導引す	本朝	正570
導騎	白氏	續488
導言	文選	正266
導師	法華	正422
導師	白氏	續488
導師	宇津	正719
導師	源氏	正850
導揚す	文選	正266
導養す	文選	正266
導呵す	白氏	續488
導師	蜻蛉	正749
御道心	源氏	正850
道	法華	正422
道	本朝	正570
道	白氏	續489
道	白氏	續489
道(注)	白氏	續489
道威	白氏	續490
道一	白氏	續489
道引	本朝	正570
道引	白氏	續489
道衛	白氏	續490
道益	白氏	續489
道家	文選	正267
道家	本朝	正570
道家	白氏	續490
道儀	本朝	正570
道義	論語	正67
道義	文選	正267
道恭	文選	正267
道業	文選	正267
道具	本朝	正570
道契	文選	正267
道建	白氏	續490
道元公嗣	文選	正267
道護	白氏	續490
道光	白氏	續490
道行	白氏	續490
道根	白氏	續490
道左	本朝	正570
道士	遊仙	正93
道士	文選	正267
道士	白氏	續490
道子	本朝	正570
道識	文選	正267
道者	白氏	續490
道宗上人	白氏	續490
道州	白氏	續490
道州民	白氏	續490
道術	文選	正267
道術	白氏	續490
道書	白氏	續490
道勝	文選	正267
道場	法華	正422
道場	本朝	正570
道場	白氏	續490
道場観	本朝	正570
道場法師	本朝	正570
道情	文選	正267
道情	白氏	續490
道心	文選	正267
道心	法華	正422
道心	白氏	續490
道心	枕冊	正781
道心	源氏	正850
道心すゝむる	枕冊	正781
道深	白氏	續490
道人	文選	正267
道人	白氏	續490
道崇	白氏	續490
道性	白氏	續490
道説	白氏	續490
道素	本朝	正570
道喪	文選	正267
道則	白氏	續490
道俗	本朝	正570
道俗	白氏	續490
道中	文選	正267
道程	白氏	續490
道途	白氏	續490
道徳	論語	正67

道扶　白氏　續490
道風　文選　正267
道風　本朝　正570
道保　白氏　續490
道峰　白氏　續490
道傍　白氏　續490
道北　白氏　續490
道本　白氏　續490
道命阿闍梨　枕冊　正781
道門　白氏　續490
道友　白氏　續489
道猷　白氏　續489
道用　白氏　續490
道理　遊仙　正93
道理　本朝　正570
道理　白氏　續490
道理　宇津　正719
道理　源氏　正850
道里　文選　正267
道里　白氏　續490
道流　文選　正267
道隆寺　宇津　正719
道侶　白氏　續490
道力　白氏　續490
道林　白氏　續490
道路　論語　正67
道路　遊仙　正94
道路　文選　正267
道路　本朝　正570
道路　白氏　續490
道論　文選　正267
道夭す　文選　正267
道屬　白氏　續490
道帙　文選　正267
道徑　遊仙　正93
道徑　白氏　續490
道從　白氏　續490
道樞　白氏　續490
道氣　白氏　續490
道游　文選　正267
道眞　文選　正267
道祕　文選　正267
道經　白氏　續490
道腴　本朝　正570
道藝　文選　正267
道藝　本朝　正570
道觀　白氏　續490
道釋二教　白氏　續490
道德　文選　正267
道德　本朝　正570
道德　白氏　續490
道德經　白氏　續490
道敎　本朝　正570
道緣　白氏　續489
儻　文選　正265
儻言す　白氏　續488
叨昧す　文選　正265
嘲哳　文選　正266
嘲哂す　文選　正266
嘲戲　文選　正266
嘲謔す　文選　正266
掉　白氏　續488
擣衣　文選　正266
曩古　本朝　正570
曩史　本朝　正570
曩時　本朝　正570
曩日　本朝　正570
檮杌　文選　正266
棹歌　文選　正266
棹歌　本朝　正570
棹風　白氏　續488
棹郎　白氏　續488
棹謳　白氏　續488
棠　白氏　續488
棠陰　文選　正266
棠樹　白氏　續488
棠梨　本朝　正570
棠梨　白氏　續488
棠棣　文選　正266
棠棣　白氏　續488
棠黎　文選　正266
棠棃　文選　正266
濤　本朝　正570
濤水　文選　正266
濤波　文選　正266
滔漢　本朝　正570
滔蕩　文選　正266
滔涸　文選　正266
滔滔　文選　正266
滔滔　白氏　續489
滔滔す　論語　正67
當　文選　正266
當　本朝　正570
當　白氏　續489
當家　本朝　正570
當家　白氏　續489
當階　本朝　正570
當官　本朝　正570
當管　白氏　續489
當管南界　白氏　續489
當局　白氏　續489
當軍　白氏　續489
當軍大將　白氏　續489
當結　本朝　正570
當己　文選　正266
當午　白氏　續489
當御す　文選　正266
當国　源氏　正850
當今　文選　正266
當今　本朝　正570
當今　白氏　續489
當山　白氏　續489
當寺　白氏　續489
當時　論語　正67
當時　文選　正266
當時　法華　正422
當時　本朝　正570
當時　白氏　續489
當時　宇津　正719
當時　源氏　正850

當省　本朝　正570
當上　本朝　正570
當世　文選　正266
當世　本朝　正570
當世　白氏　續489
當前　文選　正266
當代　文選　正266
當代　本朝　正570
當代　白氏　續489
當朝　本朝　正570
當帝　源氏　正850
當天　文選　正266
當塗　文選　正266
當途　文選　正266
當土　本朝　正570
當頭　白氏　續489
當道　白氏　續489
當日　白氏　續489
當年　文選　正266
當年　本朝　正570
當年　白氏　續489
當番　本朝　正570
當否　白氏　續489
當百　文選　正266
當不　白氏　續489
當夕　文選　正266
當陽　白氏　續489
當寮　本朝　正570
當路　文選　正266
當來　法華　正422
當來　白氏　續489
當來世　白氏　續489
當營　白氏　續489
當國　本朝　正570
當筵　白氏　續489
當關　文選　正266
當宁　白氏　續489
當職　本朝　正570
盪　文選　正266
盪す　文選　正266
盪す　本朝　正570
盪す　白氏　續489
盪失す　文選　正266
盪滌　文選　正266
盪盪　文選　正266
盪駭す　文選　正266
瞪眙す　文選　正266
稲栽　文選　正266
稲水　白氏　續489
稲田　文選　正266
稲田　白氏　續489
稲飯　白氏　續489
稲苗　白氏　續489
稲穂　白氏　續489
稲粱　文選　正266
稲粱　本朝　正570
稲粱　白氏　續489
稲壟　白氏　續489
稲粢穱麥　文選　正266
稲穟　白氏　續489
纛　白氏　續489
纛鉞　白氏　續489
罩*縛す　白氏　續489
腦　白氏　續489
舂　文選　正266
舂税　文選　正266
螳蜋　文選　正266
蹈井　本朝　正570
蹈海　文選　正267
蹈舞す　白氏　續489
蹈舞歡呼す　白氏　續489
鐺脚　白氏　續490
鬧熱　白氏　續490
鬧處　白氏　續490
韜世　文選　正267
韜略　白氏　續490
韜鈐　白氏　續490
饕餮　文選　正267
相黨す　白氏　續490
黨　論語　正67
黨　文選　正267
黨　本朝　正570
黨　白氏　續490
黨す　論語　正67
黨す　文選　正267
黨す　本朝　正570
黨結　本朝　正570
黨事　文選　正267
黨人　文選　正267
黨庇　白氏　續490
黨類　論語　正67
黨類　文選　正267
燾載　本朝　正570
啁哳す　文選　正266
忉利　法華　正422
忉利　本朝　正570
忉利　白氏　續488
忉利天　本朝　正570
忉利天　宇津　正719
忉利天宮　本朝　正570
忉怛　文選　正266
忉怛す　文選　正266
忉忉　白氏　續488
慆慆　文選　正266
戇愚　白氏　續488
棖　論語　正67
牚距　文選　正266
猱㹅　文選　正266
矘朗　遊仙　正93
碭基　文選　正266
碭山　白氏　續489
碭突す　文選　正266
禱　白氏　續489
禱す　白氏　續489
禱爾す　論語　正67
禱祠　文選　正266
螗蜋す　文選　正266
諂成　白氏　續489
諂佞　白氏　續489
諂黷　白氏　續489

讜議　本朝　正570
讜議　白氏　續489
讜言　文選　正267
讜言　本朝　正570
讜言　白氏　續489
讜言弘説す　文選　正267
讜正　白氏　續489
讜直　白氏　續489
讜辭　文選　正267
鏜鞳　白氏　續490
鞀磬　文選　正267
騊駼　文選　正267
高遠の大貳　枕冊　正781
卓　文選　正267
卓　白氏　續491
卓(人名)　文選　正267
卓王　遊仙　正94
卓爾　論語　正67
卓爾　文選　正267
卓然　論語　正67
卓然　文選　正267
卓然　白氏　續491
卓卓　文選　正267
卓茂　文選　正267
卓魯　文選　正267
卓犖　文選　正267
卓犖　本朝　正570
卓犖　白氏　續491
卓躒　文選　正267
卓躒す　本朝　正570
啄害す　文選　正267
啄木曲　白氏　續491
啄木鳥　白氏　續491
宅　論語　正67
宅　文選　正267
宅　法華　正422
宅　本朝　正570
宅　白氏　續491
宅す　文選　正267
宅す　本朝　正570
宅す　白氏　續491
宅相　白氏　續491
宅第　白氏　續491
宅中　文選　正267
宅兆　文選　正267
宅兆　白氏　續491
宅土　文選　正267
宅道　文選　正267
宅門　白氏　續491
托す　白氏　續491
拓落　文選　正267
拓跋忠敬等　白氏　續491
濯濯　文選　正267
濯龍　文選　正267
濯沐す　文選　正267
濯漑す　文選　正267
濯纓　白氏　續491
琢す　論語　正67
琢玉　本朝　正570
琢刻　白氏　續491
琢磨す　論語　正67
琢磨す　文選　正267
託　本朝　正570
託　白氏　續491
託す　文選　正267
託す　本朝　正570
託す　白氏　續491
託寄　白氏　續491
託付　文選　正267
鐸　文選　正267
鐸　本朝　正570
濁　文選　正267
濁　本朝　正570
濁悪　本朝　正570
濁河　文選　正267
濁渠　文選　正267
濁酒　文選　正267
濁酒　白氏　續491
濁暑　白氏　續491
濁水　文選　正267
濁水　白氏　續491
濁世　論語　正67
濁世　文選　正267
濁清　文選　正267
濁清　本朝　正570
濁泉　白氏　續491
濁乱　論語　正67
濁醪　文選　正267
濁醪　白氏　續491
濁涇　文選　正267
諾　論語　正67
諾　文選　正267
諾す　論語　正67
諾す　文選　正267
擢抜す　文選　正267
度支　白氏　續491
度支員外郎　白氏　續491
度支河北權*鹽使　白氏　續491
度支使　白氏　續491
度支郎中　白氏　續491
度支鹽鐵使　白氏　續491
度量　文選　正267
倬詭　文選　正267
啅　白氏　續491
懌　白氏　續491
柝　文選　正267
柝　本朝　正570
櫂歌　文選　正267
櫂管　白氏　續491
櫂授す　白氏　續491
澤　文選　正267
澤　本朝　正570
澤　白氏　續491
澤(注)　白氏　續491
澤葵　文選　正267
澤虞　文選　正267
澤馬　文選　正267
澤畔　文選　正267
澤畔　本朝　正570

澤畔　白氏　續491
澤風　文選　正267
澤蘭　文選　正267
澤國　白氏　續491
澤雉　文選　正267
澤潞　白氏　續491
謫　文選　正267
謫す　白氏　續491
謫去す　白氏　續491
謫居　白氏　續491
謫仙　白氏　續491
謫逐　白氏　續491
謫吏　白氏　續491
謫宦　白氏　續491
謫戍　文選　正267
槖籥　本朝　正570
槖籥　文選　正267
槖駞　文選　正267
橐　文選　正267
涿　文選　正267
涿邪　文選　正267
檡　本朝　正570
翟　文選　正267
翟景　文選　正267
翟公　文選　正267
翟子　文選　正267
翟氏　白氏　續491
讁す　本朝　正570
跅弛　文選　正267
立添ひ領し　枕冊　正781
送達す　白氏　續491
達　論語　正67
達　文選　正267
達　白氏　續491
達す　論語　正67
達す　文選　正267
達す　法華　正422
達す　本朝　正570
達す　白氏　續491
達官　白氏　續491
達義　文選　正267
達言　文選　正267
達巷　論語　正67
達士　文選　正268
達士　白氏　續491
達識　文選　正268
達識　白氏　續491
達者　文選　正268
達者　白氏　續491
達人　文選　正268
達人　白氏　續491
達世　文選　正268
達生　文選　正268
達度　文選　正268
達道　白氏　續491
達摩　白氏　續491
達磨　白氏　續491
達理　白氏　續491
達論　文選　正268
達禮　文選　正268
達覽將軍　白氏　續491
達覽將軍等　白氏　續491
達嚫　白氏　續491
導達す　白氏　續491
奪情　白氏　續491
奪攘　白氏　續491
奪擊す　白氏　續491
脱す　文選　正267
脱す　本朝　正570
脱す　白氏　續491
脱遺す　文選　正267
脱穎　本朝　正570
脱置　白氏　續491
脱放す　白氏　續491
脱落す　文選　正267
脱略す　文選　正267
脱梏　本朝　正570
脱屣　文選　正267
脱屣　本朝　正570
脱屣す　白氏　續491
怛　文選　正267
怛悼す　文選　正267
怛愓　文選　正267
獺　文選　正267
闥　文選　正268
闥爾　文選　正268
敓數　白氏　續491
棚厨子　枕冊　正781
棚厨子　源氏　正850
沓嶂　文選　正268
魼鰨　文選　正268
塔　法華　正422
塔　本朝　正570
塔　白氏　續491
塔す　白氏　續491
塔の會　宇津　正719
塔下　本朝　正570
塔寺　本朝　正571
塔上　本朝　正571
塔西　白氏　續491
塔石　白氏　續491
塔婆　本朝　正571
塔廟　白氏　續491
塔陂　白氏　續491
答　論語　正67
答　白氏　續491
答　宇津　正719
答す　本朝　正571
答す　白氏　續491
答恩　本朝　正571
答謝　白氏　續492
答信　本朝　正571
答貺す　白氏　續491
踏歌　本朝　正571
踏舞す　本朝　正571
納す　文選　正268
納言　文選　正268
納言　本朝　正571
納貢す　文選　正268
納采　白氏　續492

納徵　白氏　續492
納陛　文選　正268
納涼　本朝　正571
納蓮　白氏　續492
納麓　文選　正268
榻　白氏　續491
榻子　遊仙　正94
榻席　白氏　續491
榻然　白氏　續491
荅　文選　正268
荅す　文選　正268
荅す　白氏　續492
荅客　文選　正268
荅詩等　白氏　續492
荅然　白氏　續492
荅眖す　文選　正268
荅遝　文選　正268
訥愼　文選　正268
蹋青　白氏　續492
闒茸　文選　正268
霅溪　白氏　續492
達磨和尚　本朝　正571
丹　遊仙　正94
丹　文選　正268
丹　本朝　正571
丹　白氏　續492
丹　白氏　續492
丹　白氏　續492
丹(人名)　文選　正268
丹(人名)　白氏　續492
丹(注)　白氏　續492
丹鑪　白氏　續492
丹濼　文選　正268
丹粟　文選　正268
丹井　文選　正268
丹烏　文選　正268
丹浦　文選　正269
丹雲　文選　正268
丹華　白氏　續492
丹霞　文選　正268
丹霞　本朝　正571
丹崖　文選　正268
丹涯　文選　正268
丹竃　本朝　正571
丹款　文選　正268
丹款　本朝　正571
丹丸　本朝　正571
丹旗　文選　正268
丹祈　本朝　正571
丹橘　文選　正268
丹丘　文選　正268
丹丘　本朝　正571
丹宮　文選　正268
丹魚　文選　正268
丹禁　白氏　續492
丹襟　本朝　正571
丹契　本朝　正571
丹桂　文選　正268
丹桂　白氏　續492
丹穴　文選　正268
丹訣　白氏　續492
丹絃　文選　正268
丹後　本朝　正571
丹後　宇津　正720
丹後のめのと　宇津　正720
丹後の掾　宇津　正720
丹後國　本朝　正571
丹魂　本朝　正571
丹沙　文選　正268
丹沙　本朝　正571
丹砂　白氏　續492
丹彩　文選　正268
丹冊　文選　正268
丹字　白氏　續492
丹漆　文選　正268
丹漆　白氏　續492
丹蛇　文選　正268
丹州　本朝　正571
丹州　白氏　續492
丹秀　文選　正268
丹書　文選　正268
丹裳す　文選　正268
丹情　文選　正268
丹情　本朝　正571
丹心　文選　正268
丹心　本朝　正571
丹心　白氏　續492
丹水　文選　正268
丹制　白氏　續492
丹誠　文選　正268
丹誠　本朝　正571
丹誠　白氏　續492
丹青　遊仙　正94
丹青　文選　正268
丹青　本朝　正571
丹青　白氏　續492
丹石　文選　正268
丹赤　白氏　續492
丹泉　文選　正268
丹素　文選　正268
丹素　白氏　續492
丹谷　文選　正268
丹地　本朝　正571
丹頂　本朝　正571
丹頂　白氏　續492
丹鳥　本朝　正571
丹庭　白氏　續492
丹梯　文選　正269
丹殿　白氏　續492
丹田　白氏　續492
丹徒　文選　正269
丹白　文選　正269
丹筆　白氏　續492
丹府　文選　正269
丹府　本朝　正571
丹府　白氏　續492
丹陛　白氏　續492
丹鳳　本朝　正571
丹鳳樓　白氏　續492
丹冥　文選　正269

丹陽　文選　正269
丹陽郡　白氏　續492
丹履　遊仙　正94
丹溜　文選　正269
丹梁　文選　正269
丹陵　文選　正269
丹帷　文選　正268
丹悃　本朝　正571
丹慊　文選　正268
丹慊　白氏　續492
丹掖　文選　正269
丹棘　本朝　正571
丹椒　文選　正268
丹楹　文選　正268
丹榮　文選　正269
丹氣　文選　正268
丹澤　文選　正269
丹珀　文選　正269
丹礫　文選　正269
丹竈　文選　正269
丹經　文選　正268
丹綺　文選　正268
丹脣　文選　正268
丹腦　白氏　續492
丹臺　白氏　續492
丹萼　遊仙　正94
丹葩　文選　正269
丹藕　文選　正268
丹螢　本朝　正571
丹谿　文選　正268
丹轂　文選　正268
丹霄　文選　正268
丹霄　白氏　續492
丹墀　文選　正269
丹墀　本朝　正571
丹墀　白氏　續492
丹巘　文選　正268
丹旐　白氏　續492
丹焰　文選　正269
丹黄　文選　正269
丹菉　本朝　正571
丹雘　文選　正268
丹臒　文選　正268
丹鵠　本朝　正571
嘆　白氏　續492
嘆す　論語　正67
嘆す　白氏　續492
嘆息す　白氏　續492
嘆矚　白氏　續492
坦然　文選　正269
坦然　白氏　續492
坦坦　白氏　續492
坦途　本朝　正571
坦途　白氏　續493
坦蕩蕩　論語　正67
坦懷　文選　正269
探韻　宇津　正720
探韻　源氏　正850
探韻す　宇津　正720
旦　論語　正67
旦　文選　正269
旦(人名)　文選　正269
旦日　白氏　續493
旦暮　文選　正269
旦暮　本朝　正571
旦暮　白氏　續493
旦夕　文選　正269
旦夕　白氏　續493
旦暝　白氏　續493
旦奭　文選　正269
歎　文選　正269
歎　白氏　續493
歎す　論語　正67
歎す　文選　正269
歎す　法華　正422
歎す　本朝　正571
歎す　白氏　續493
歎詠　白氏　續493
歎音　文選　正269
歎音　本朝　正571
歎慨す　文選　正269
歎至　白氏　續493
歎賞　白氏　續493
歎惜す　白氏　續493
歎息　文選　正269
歎息す　文選　正269
歎息す　白氏　續493
歎息痛恨す　文選　正269
歎息鬱悼す　白氏　續493
歎咨　白氏　續493
歎嗟　白氏　續493
歎嗟す　白氏　續493
歎拜す　白氏　續493
歎矚す　白氏　續493
歎譽　文選　正269
歎羨　白氏　續493
淡　白氏　續493
淡泞　白氏　續494
淡す　白氏　續493
淡海公　本朝　正571
淡交　本朝　正571
淡交　白氏　續493
淡江　白氏　續493
淡寂　白氏　續493
淡水　本朝　正571
淡水　白氏　續493
淡清　白氏　續493
淡然　白氏　續494
淡淡　文選　正268
淡蕩　白氏　續494
淡泊　文選　正268
淡泊　白氏　續494
淡白　白氏　續494
淡薄　文選　正268
淡薄　白氏　續494
淡蚶　白氏　續493
湛　文選　正268
湛　白氏　續494
湛然　白氏　續494
湛淡　文選　正268

湛湛 文選 正268
湛湛 白氏 續494
湛々 本朝 正571
湛露 文選 正268
湛露 白氏 續494
湛盧 文選 正268
短 文選 正269
短 白氏 續494
短す 文選 正269
短衣 本朝 正571
短韻 文選 正269
短羽 文選 正269
短羽 白氏 續494
短歌 文選 正269
短歌す 文選 正269
短歌す 白氏 續494
短歌行 文選 正269
短褐 文選 正269
短貫 白氏 續494
短期 文選 正269
短靴 白氏 續494
短景 白氏 續494
短計 文選 正269
短後 文選 正269
短紅袖 白氏 續494
短才 文選 正269
短才 本朝 正571
短才 白氏 續494
短札 文選 正269
短札 本朝 正571
短辞 本朝 正571
短弱 文選 正269
短什 白氏 續494
短書 文選 正269
短小 白氏 續494
短少 白氏 續494
短松 白氏 續494
短章 文選 正269
短章 白氏 續494
短裳 本朝 正571
短籍 宇津 正720
短折 文選 正269
短男 本朝 正571
短長 文選 正269
短長 本朝 正571
短長 白氏 續494
短虹 本朝 正571
短日 文選 正269
短命 文選 正269
短命 本朝 正571
短命 白氏 續494
短用 白氏 續494
短李 白氏 續494
短略 文選 正269
短墻 白氏 續494
短懐 本朝 正571
短檄 白氏 續494
短竇 白氏 續494
短脛 本朝 正571
短舫艇 白氏 續494
短謌 本朝 正571
短謌 白氏 續494
短謌行 白氏 續494
短轅 白氏 續494
短鬢 白氏 續494
短屏風 白氏 續494
短晷 文選 正269
短晷 本朝 正571
短樴 本朝 正571
短綆 白氏 續494
短翮 文選 正269
短命 論語 正67
端 論語 正67
端 文選 正269
端 本朝 正571
端 白氏 續494
端愨 白氏 續494
端委 文選 正269
端居す 白氏 續494
端仰 遊仙 正94
端厚和敏 白氏 續494
端坐 遊仙 正94
端坐す 文選 正269
端坐す 白氏 續494
端坐す 白氏 續495
端士 白氏 續495
端緒 白氏 續495
端章甫す 論語 正67
端詳 白氏 續495
端飾す 文選 正269
端信 文選 正269
端正 文選 正269
端正 法華 正422
端正 白氏 續495
端然 白氏 續495
端操 文選 正269
端直 文選 正269
端直 白氏 續495
端標 白氏 續495
端方 白氏 續495
端方廉雅 白氏 續495
端明 文選 正269
端明 白氏 續495
端明精實 白氏 續495
端明愼重 白氏 續495
端木 本朝 正571
端黙 白氏 續495
端憂 白氏 續494
端憂す 文選 正269
端理 文選 正269
端諒 白氏 續495
端諒勤敏 白氏 續495
端麗 文選 正269
端和 白氏 續494
端倪 文選 正269
端嚴 法華 正422
端嚴 白氏 續494
端尹 本朝 正571
端拱す 白氏 續494
端拱凝旒す 白氏 續494

端揆　白氏　續494
端溪　白氏　續494
端溪縣　白氏　續494
端肅す　白氏　續495
端莊　白氏　續495
端闈　文選　正269
誕　本朝　正571
誕す　白氏　續495
誕育す　文選　正269
誕生　本朝　正571
誕漫　本朝　正571
誕曜　文選　正269
誕略　文選　正269
鍛成　文選　正269
鍛錬す　白氏　續495
壇　文選　正269
壇　白氏　續493
壇　宇津　正720
壇　源氏　正850
壇宇　文選　正269
壇所　宇津　正720
壇上　白氏　續493
壇場　文選　正269
壇特山　宇津　正720
壇塲　本朝　正571
壇塲　白氏　續493
断　本朝　正571
断す　本朝　正571
断悪修善離苦得樂す　本朝　正571
断金　本朝　正571
断決す　本朝　正571
断罪　本朝　正571
相暖熱す　白氏　續493
暖　本朝　正571
暖　白氏　續493
暖雨　本朝　正571
暖霞　本朝　正571
暖閣　白氏　續493
暖活　白氏　續493
暖脚　白氏　續493
暖光　白氏　續493
暖室　白氏　續493
暖樹　白氏　續493
暖水　白氏　續493
暖泉　白氏　續493
暖熱す　白氏　續493
暖被　白氏　續493
暖帽　白氏　續493
暖霧　白氏　續493
暖露　本朝　正571
暖氣　文選　正269
暖爐　白氏　續493
暖牀　白氏　續493
暖簷　白氏　續493
檀　文選　正269
檀越　本朝　正571
檀桓　文選　正269
檀施　白氏　續493
檀主　白氏　續493
檀那　本朝　正571
檀波羅密　白氏　續493
檀波羅蜜　法華　正422
檀欒　白氏　續493
檀經　白氏　續493
檀龕　白氏　續493
段干木　文選　正269
段公　白氏　續493
段史倚　白氏　續493
段氏　白氏　續493
段生　文選　正269
段相　白氏　續493
段段　法華　正422
男　文選　正269
男　本朝　正571
男　白氏　續492
男　白氏　續492
男（人名）　文選　正269
男（注）　白氏　續492
男阿武　白氏　續492
男子　論語　正67
男子　本朝　正571
男子　白氏　續492
男爵　白氏　續492
男女　文選　正268
男女　文選　正269
男女　本朝　正571
男女　白氏　續492
男女等　白氏　續492
男兒　文選　正269
男兒　白氏　續492
相談す　本朝　正571
談　文選　正268
談　本朝　正571
談　白氏　續495
談（人名）　白氏　續495
談す　文選　正268
談す　本朝　正571
談す　白氏　續495
談家　白氏　續495
談客　白氏　續495
談玄　本朝　正571
談交　文選　正268
談弘簒等　白氏　續495
談弘謩　白氏　續495
談校書　白氏　續495
談咲　本朝　正571
談咲す　本朝　正571
談士　文選　正268
談氏　白氏　續495
談笑　文選　正268
談笑　白氏　續495
談笑す　文選　正268
談笑す　白氏　續495
談端　白氏　續495
談賓　文選　正268
談柄　白氏　續495
談論　白氏　續495
談話　文選　正268
談話す　本朝　正571

談讌す	文選	正268
灘	白氏	續494
灘頭	白氏	續494
灘聲	白氏	續494
軟弱	文選	正269
難す	本朝	正571
啖異	白氏	續492
啖異等	白氏	續492
單	白氏	續492
單衣	白氏	續492
單車	文選	正269
單車	白氏	續492
單書	本朝	正571
單床	白氏	續492
單疎	遊仙	正94
單疎	白氏	續492
單薄	白氏	續492
單貧	白氏	續492
單幕	白氏	續492
單惠	文選	正269
單牀	白氏	續492
單獨	本朝	正571
單獨	白氏	續492
單絲	白氏	續492
單衫	白氏	續492
單醪	文選	正269
單醪	本朝	正571
單醪	白氏	續492
單閼	文選	正269
團	白氏	續492
團す	白氏	續492
團月	本朝	正571
團雪	本朝	正571
團扇	文選	正269
團扇	白氏	續492
團練使	白氏	續492
團練判官	白氏	續492
團練副使	白氏	續492
團圓	白氏	續492
團團	文選	正269
團團	白氏	續492
彈	文選	正269
彈	白氏	續493
彈す	文選	正269
彈す	本朝	正571
彈す	白氏	續493
彈弓	白氏	續493
彈琴	文選	正269
彈碁	白氏	續493
彈射す	文選	正269
彈吹	白氏	續493
彈正	枕冊	正781
彈正のみこ	宇津	正720
彈正の宮	宇津	正720
彈正少忠	本朝	正571
彈正少弼	本朝	正571
彈正大弼	本朝	正571
彈奏	白氏	續493
彈奏す	白氏	續493
彈壓す	文選	正269
彈棊	文選	正269
彈箏峽	本朝	正571
彖	文選	正269
憺	文選	正268
擔石	文選	正268
摶す	文選	正269
摶飛す	文選	正269
摶扶	本朝	正571
摶摶	文選	正269
斷	文選	正269
斷	白氏	續493
斷す	文選	正269
斷す	法華	正422
斷す	白氏	續493
斷割	文選	正269
斷割す	文選	正269
斷金	文選	正269
斷金	白氏	續493
斷絃	白氏	續493
斷絶	遊仙	正94
斷絶	文選	正269
斷絶	白氏	續493
斷絶す	文選	正269
斷絶す	法華	正422
斷絶す	白氏	續493
斷送す	白氏	續493
斷滅	白氏	續493
斷落	白氏	續493
斷焉	文選	正269
斷絲	白氏	續493
斷腸	白氏	續493
斷鴈	白氏	續493
斷蛇	文選	正269
毯	白氏	續493
湍渚	文選	正269
湍流	文選	正269
潭	白氏	續494
潭岸	白氏	續494
潭月	本朝	正571
潭月	白氏	續494
潭上	白氏	續494
潭水	白氏	續494
潭島	白氏	續494
潭淵	文選	正268
潭面	本朝	正571
潭邊	白氏	續494
潭隩	文選	正268
澹	文選	正268
澹	白氏	續494
澹澉す	文選	正268
澹煙	白氏	續494
澹雅	文選	正268
澹乎	文選	正268
澹然	文選	正268
澹然	白氏	續494
澹淡	文選	正268
澹蕩	白氏	續494
澹泊	文選	正268
澹泊	白氏	續494
澹澹	白氏	續494

澹臺　文選　正268
澹臺滅明　論語　正67
澹澧　文選　正268
澹灩　白氏　續494
相煖熱す　白氏　續494
煖　文選　正269
煖　白氏　續494
煖閣　白氏　續494
煖寒　白氏　續494
煖帳　白氏　續494
煖被す　白氏　續494
煖爐　白氏　續494
煖簷　白氏　續494
眈盤　文選　正268
眈樂　文選　正268
眈眈　文選　正268
簞　白氏　續495
膽　文選　正268
膽　本朝　正571
膽　白氏　續495
膽中　本朝　正571
膽葡　白氏　續495
膽力　白氏　續495
膽氣　文選　正268
袒裼　文選　正269
袒跣　白氏　續495
貪　文選　正268
貪　白氏　續495
貪鳥　本朝　正571
貪競　文選　正268
貪康　白氏　續495
貪心　白氏　續495
貪泉　本朝　正571
貪泉　白氏　續495
貪鳥　白氏　續495
貪夫　文選　正268
貪夫　白氏　續495
貪兵　白氏　續495
貪忙　白氏　續495
貪暴　白氏　續495
貪冒*　白氏　續495
貪庸　白氏　續495
貪慾　文選　正268
貪欲　白氏　續495
貪吏　白氏　續495
貪虜　白氏　續495
貪佞　文選　正268
貪婪　文選　正268
貪婪　本朝　正571
貪殘　文選　正268
貪殘　本朝　正571
貪殘　白氏　續495
貪鄙　文選　正268
貪饕　文選　正268
貪饕　白氏　續495
赧　文選　正269
赧然　文選　正269
酖毒　文選　正268
黮　文選　正268
諶　文選　正268
儋耳　文選　正268
儋石　白氏　續492
段諸突　白氏　續493
段谷普　白氏　續493
段斌　白氏　續493
段平仲　白氏　續493
段祐等　白氏　續493
段良玭　白氏　續493
嘽啴　文選　正269
團々　遊仙　正94
琛　文選　正268
琛幣　文選　正268
琛賂　文選　正268
琛縭　文選　正268
禫す　白氏　續494
箹　文選　正269
簞色　白氏　續495
簞食　論語　正67
簞食　白氏　續495
簞食す　文選　正269
簞瓢　文選　正269
簞瓢　本朝　正571
簞瓢　白氏　續495
簞醪　白氏　續495
緂　宇津　正720
緂　源氏　正850
耼周　文選　正268
襜襜　白氏　續495
躭酒　白氏　續495
澶迴す　文選　正269
醰粹　文選　正268
黕黕　白氏　續495
黮黮　文選　正268

【ち】

ちかよりの少將　枕冊　正781
ちゝ入道　源氏　正850
祉　文選　正270
祉福　文選　正270
御持佛　源氏　正850
御持經　源氏　正850
持　法華　正422
持　白氏　續496
持　宇津　正720
持　蜻蛉　正749
持　源氏　正850
持す　文選　正270
持す　法華　正422
持す　本朝　正572
持す　白氏　續496
持戒　法華　正422
持戒　本朝　正572
持戒　白氏　續496
持久　文選　正270
持護す　白氏　續496
持者　法華　正422
持節　白氏　續496
持節同州諸軍事　白氏　續496

持説す　法華　正422
持念す　本朝　正572
持律　本朝　正572
持論す　文選　正270
持佛　源氏　正850
持國天王　法華　正422
持齋　白氏　續496
持齋す　白氏　續496
持經　源氏　正850
持經者　法華　正422
持經者　本朝　正572
持經者　枕冊　正781
相持す　文選　正270
相持す　白氏　續496
治　論語　正67
治　文選　正270
治　本朝　正572
治　白氏　續497
治す　文選　正270
治す　法華　正422
治す　本朝　正572
治す　白氏　續497
治せ　蜻蛉　正749
治術　本朝　正572
治世　論語　正67
治世　本朝　正572
治世　白氏　續497
治政　本朝　正572
治中　白氏　續497
治田　本朝　正572
治道　論語　正67
治道　文選　正270
治道　白氏　續497
治否　本朝　正572
治不　本朝　正572
治部卿　宇津　正720
治部卿のあそん　宇津　正720
治部卿のぬし　宇津　正720
治部卿の殿　宇津　正720
治部卿集　宇津　正720
治部少輔　本朝　正572
治兵す　文選　正270
治平　文選　正270
治方　本朝　正572
治邦　論語　正67
治乱　論語　正67
治理　本朝　正572
治略　本朝　正572
治療　白氏　續497
治亂　文選　正270
治亂　本朝　正572
治亂　白氏　續497
治國　本朝　正572
治迹　本朝　正572
治體　文選　正270
痔　文選　正270
質　文選　正270
質す　文選　正270
質子　本朝　正572
除目　本朝　正572
除目　宇津　正720
除目　蜻蛉　正749
除目　枕冊　正781
除目　源氏　正850
植持す　文選　正270
苔島　白氏　續498
値遇す　法華　正422
知　論語　正67
知　文選　正270
知　白氏　續497
知す　文選　正270
知遠　白氏　續498
知恩　本朝　正572
知音　文選　正270
知音　本朝　正572
知音　白氏　續497
知感す　白氏　續497
知幾　文選　正270
知恭　白氏　續497
知欽州事　白氏　續497
知遇　白氏　續497
知遇す　白氏　續497
知軍事　白氏　續497
知軍事賜　白氏　續497
知慧　白氏　續498
知見　法華　正422
知見す　本朝　正572
知見す　白氏　續497
知見證明す　本朝　正572
知己　文選　正270
知己　本朝　正572
知己　白氏　續497
知左藏庫出納　白氏　續497
知止　白氏　續497
知寺　文選　正270
知識　文選　正270
知識　法華　正422
知識　本朝　正572
知識　白氏　續497
知悉す　白氏　續497
知者　論語　正67
知柔　白氏　續497
知人　本朝　正572
知制誥　白氏　續497
知性　白氏　續498
知節度事　白氏　續498
知足　本朝　正572
知足　白氏　續498
知足院　蜻蛉　正749
知足院　枕冊　正781
知足吟　白氏　續498
知退　白氏　續498
知田州事　白氏　續498
知道　論語　正67
知賓州事　白氏　續498
知府事　白氏　續498
知分　法華　正422
知分す　白氏　續498
知聞　白氏　續498

知聞す　遊仙　正94
知聞す　文選　正270
知聞す　白氏　續498
知命　文選　正270
知命　本朝　正572
知命　白氏　續498
知亮す　本朝　正572
知奬　白氏　續497
知巒州事　白氏　續498
知渭橋院官　白氏　續498
知舊　文選　正270
知轉運永豐院　白氏　續498
知雜事　白氏　續497
知汴州院官　白氏　續498
知瀼州事　白氏　續497
御地敷　源氏　正850
地　論語　正67
地　遊仙　正94
地　文選　正270
地　法華　正422
地　本朝　正571
地　白氏　續495
地　宇津　正720
地　枕冊　正781
地(ち)　源氏　正850
地(ぢ)　源氏　正850
地緯　文選　正270
地黄　白氏　續495
地下　本朝　正571
地下　白氏　續495
地下　枕冊　正781
地下　源氏　正850
地火爐　枕冊　正781
地界　文選　正270
地芥　文選　正270
地芥　本朝　正571
地芥　白氏　續495
地角　遊仙　正94
地角　白氏　續495
地隔　文選　正270
地官　白氏　續495
地宜　白氏　續495
地祇　文選　正270
地祇　本朝　正571
地義　文選　正270
地隅　白氏　續495
地形　文選　正270
地形　本朝　正571
地形　白氏　續496
地穴　文選　正270
地光　白氏　續495
地功　文選　正270
地獄　法華　正422
地獄　白氏　續495
地獄　宇津　正720
地獄繪　枕冊　正781
地載　本朝　正571
地財　白氏　續496
地產　白氏　續496
地子　本朝　正571
地子　宇津　正720
地軸　文選　正270
地軸　白氏　續496
地主　白氏　續496
地訟　白氏　續496
地上　本朝　正571
地上　白氏　續496
地色　白氏　續496
地心す　白氏　續496
地震　本朝　正572
地摺　宇津　正720
地摺り　枕冊　正781
地勢　文選　正270
地勢　本朝　正572
地勢　白氏　續496
地征　白氏　續496
地籍　白氏　續496
地仙　白氏　續496
地中　本朝　正572
地底　文選　正270
地道　文選　正270
地道　白氏　續496
地忍　本朝　正572
地表　文選　正270
地府　白氏　續496
地符　文選　正270
地物　白氏　續496
地分　本朝　正572
地方　文選　正270
地方　本朝　正572
地望　本朝　正572
地末　白氏　續496
地洛　本朝　正572
地絡　文選　正270
地利　文選　正270
地利　本朝　正572
地利　白氏　續496
地理　文選　正270
地理　本朝　正572
地力　白氏　續496
地類　本朝　正572
地圖　文選　正270
地圖　本朝　正572
地圖　白氏　續496
地垠　文選　正270
地廬　文選　正270
地氣　白氏　續495
地爐　白氏　續496
地爐　宇津　正720
地祇　白氏　續495
地脉　文選　正270
地脉　本朝　正572
地藏　本朝　正571
地藏　枕冊　正781
地鼇　文選　正270
地險　文選　正270
地靈　文選　正270
地德　文選　正270
恥辱　文選　正270
智　論語　正67

智　文選　正270
智　法華　正422
智　本朝　正572
智　白氏　續496
智興　白氏　續496
智凝法師　白氏　續496
智愚　白氏　續496
智恵　本朝　正572
智恵　宇津　正720
智慧　法華　正422
智慧　白氏　續496
智計　文選　正270
智巧　文選　正270
智巧　白氏　續496
智行　本朝　正572
智士　文選　正270
智者　論語　正67
智者　遊仙　正94
智者　文選　正270
智者　法華　正422
智者　本朝　正572
智者　白氏　續496
智者　宇津　正720
智者ども　宇津　正720
智者大師　本朝　正572
智周　白氏　續496
智刃　文選　正270
智水　本朝　正572
智積　法華　正422
智全　白氏　續496
智則　白氏　續496
智大師　白氏　續496
智燈　白氏　續496
智如　白氏　續496
智如和尚　白氏　續496
智能　文選　正270
智能　白氏　續496
智伯　文選　正270
智風　本朝　正572
智分　法華　正422
智峯　本朝　正572
智謀　白氏　續496
智明　白氏　續496
智勇　文選　正270
智勇　白氏　續496
智略　文選　正270
智略　本朝　正572
智慮　本朝　正572
智力　文選　正270
智力　白氏　續496
智刄　本朝　正572
智惠　遊仙　正94
智惠　文選　正270
智效　文選　正270
智滿　白氏　續496
智畧　白氏　續496
智禪師　白氏　續496
智隱　白氏　續496
智釖*　本朝　正572
池　文選　正270
池　白氏　續496
池位　白氏　續497
池宇　白氏　續496
池苑　白氏　續497
池荷　白氏　續496
池館　文選　正270
池館　本朝　正572
池館　白氏　續496
池岸　白氏　續496
池魚　文選　正270
池魚　本朝　正572
池魚　白氏　續496
池月　白氏　續496
池舟　白氏　續497
池沼　文選　正270
池沼　白氏　續497
池上　文選　正270
池上　本朝　正572
池上　白氏　續497
池上篇　白氏　續497
池色　白氏　續497
池心　白氏　續497
池水　本朝　正572
池水　白氏　續497
池西　白氏　續497
池西亭　白氏　續497
池雪　白氏　續497
池草　白氏　續497
池竹　白氏　續497
池中　本朝　正572
池中　白氏　續497
池鳥　白氏　續497
池鶴　白氏　續496
池亭　本朝　正572
池亭　白氏　續497
池堤　本朝　正572
池塘　文選　正270
池塘　本朝　正572
池塘　白氏　續497
池東　白氏　續497
池頭　白氏　續497
池南　白氏　續497
池畔　白氏　續497
池風　白氏　續497
池圃　文選　正270
池芳　白氏　續497
池北　白氏　續497
池面　白氏　續497
池柳　白氏　續497
池陽　文選　正270
池陽　本朝　正572
池涼　白氏　續497
池卉　文選　正270
池籠　白氏　續497
池臺　白氏　續497
池藕　白氏　續496
池邊　白氏　續497
池隍　文選　正270
池鶩　白氏　續497
池塹　文選　正270

池窻　白氏　續497
池綍　文選　正270
稚羽　本朝　正572
稚子　文選　正270
稚子　白氏　續498
稚質　文選　正270
稚女　白氏　續498
稚節　文選　正270
稚川　本朝　正572
稚賓　文選　正270
稚姪　白氏　續498
稚齒　文選　正270
稚齒　白氏　續498
置す　文選　正270
置す　白氏　續497
置酒　文選　正270
置酒　本朝　正572
置酒　白氏　續497
置酒す　文選　正270
置酒す　白氏　續497
置制す　白氏　續497
置奏す　白氏　續497
置命　本朝　正572
置對す　文選　正270
置醴　白氏　續497
致す　白氏　續496
致雨　文選　正270
致果校尉　白氏　續496
致仕　本朝　正572
致仕　白氏　續496
致仕　源氏　正850
致仕す　白氏　續496
致仕のおとゝ　源氏　正850
致仕のおとゞ　宇津　正720
致仕の大殿　源氏　正850
致政　白氏　續496
致理　白氏　續496
蜘蛛　文選　正270
蜘蛛　白氏　續498
遅　文選　正270
遅速　文選　正270
遅遅　文選　正270
遅鈍　論語　正67
遅留す　文選　正270
遅迴す　文選　正270
馳星　本朝　正572
馳走す　法華　正422
馳逐　文選　正271
馳蕩す　文選　正271
馳道　文選　正271
馳暉　文選　正270
馳騁　文選　正271
馳騁　白氏　續498
馳騁す　文選　正271
馳驛す　白氏　續498
馳鶩　文選　正271
馳鶩す　文選　正271
馳俠　文選　正270
馳鶩　白氏　續498
馳鶩す　本朝　正572
馳鶩す　白氏　續498
徵　文選　正270
徵　文選　正270
徵調　白氏　續496
尼院　白氏　續496
尼丘　本朝　正572
尼父　文選　正270
尼父　本朝　正572
尼父　白氏　續496
咎悔　文選　正270
咎繇　文選　正270
帙簀　宇津　正720
帙簀　源氏　正850
癡　法華　正422
癡　白氏　續497
癡王潭　白氏　續497
癡鹿　白氏　續497
癡小　白氏　續497
癡心　白氏　續497
癡人　白氏　續497
癡男　白氏　續497
笞掠　本朝　正572
恥格　白氏　續498
恥格す　白氏　續498
胝　文選　正270
膩理　文選　正270
臺　文選　正270
豸角　白氏　續498
踟蹰す　白氏　續498
踟躕　文選　正270
踟躕す　文選　正270
遲延　白氏　續498
遲廻す　白氏　續498
遲疑す　本朝　正572
遲疑す　白氏　續498
遲景　本朝　正572
遲速　本朝　正572
遲速　白氏　續498
遲日　本朝　正572
遲晩　白氏　續498
遲暮　文選　正270
遲暮　白氏　續498
遲遲　白氏　續498
遲々　本朝　正572
雉子　文選　正270
雉兎　文選　正270
雉兎　白氏　續498
雉謀　白氏　續498
雉堞　白氏　續498
雉堞　文選　正270
魑魅　文選　正271
魑魅　法華　正422
魑魅　白氏　續498
魑魅蝄蜽　文選　正271
佁儗　文選　正270
坻　文選　正270
坻　白氏　續496
坻坂　文選　正270
坻鄂　文選　正270
墀　文選　正270

墀　白氏　續496
墀廡　文選　正270
柅　白氏　續496
滍阜　文選　正270
滍澧　文選　正270
疐尾　白氏　續496
箎　文選　正270
篪　文選　正270
篪塤*　文選　正270
絺服す　文選　正270
絺綌　論語　正67
絺綌　文選　正270
虒　文選　正270
虒公　文選　正270
蚳蝝　白氏　續498
螭　文選　正270
螭虎　文選　正270
螭魅　文選　正270
螭魅　本朝　正572
螭龍　文選　正270
跱蹠　文選　正270
沖　文選　正272
沖旨　文選　正272
沖人　文選　正272
沖人　白氏　續501
沖達　文選　正272
沖等　文選　正272
沖漠　文選　正272
沖漠公子　文選　正272
沖蒙　白氏　續501
沖融　白氏　續501
沖和　文選　正272
沖藐　文選　正272
紏墨　文選　正272
紂　文選　正272
住　白氏　續500
住す　本朝　正573
住す　白氏　續500
住居す　遊仙　正94
住寺　白氏　續500
住持　本朝　正573
住所　本朝　正573
住僧　本朝　正573
住處　白氏　續500
重病　本朝　正573
重物　宇津　正720
厨　本朝　正573
在原中將　本朝　正572
前中書舍人　白氏　續499
中　論語　正67
中　文選　正271
中　本朝　正572
中　白氏　續498
中す　論語　正68
中す　文選　正271
中す　本朝　正572
中す　白氏　續498
中の盤　枕冊　正781
中阿　文選　正271
中尉　論語　正68
中尉　白氏　續499
中域　文選　正272
中允　白氏　續498
中飲　文選　正271
中宇　文選　正271
中園　文選　正272
中園　白氏　續499
中央　文選　正271
中央　本朝　正572
中央　白氏　續498
中黄　文選　正271
中黄(人名)　文選　正271
中臆　白氏　續499
中夏　文選　正271
中夏　白氏　續498
中華　文選　正271
中華　本朝　正572
中華　白氏　續498
中外　論語　正68
中外　文選　正271
中外　白氏　續498
中岳　文選　正271
中官　文選　正271
中官　白氏　續498
中間　文選　正271
中間　本朝　正572
中間　白氏　續498
中間　枕冊　正781
中眼　白氏　續498
中徽　白氏　續498
中規　白氏　續498
中貴　白氏　續498
中宮　本朝　正572
中宮　白氏　續498
中宮　枕冊　正781
中橋　白氏　續498
中興　論語　正68
中興　文選　正271
中興　本朝　正572
中興　白氏　續498
中興す　文選　正271
中興す　白氏　續498
中鄕　文選　正271
中業　文選　正271
中曲　文選　正271
中禁　本朝　正572
中禁　白氏　續498
中軍　文選　正271
中軍　白氏　續498
中軍將軍　文選　正271
中兼　白氏　續498
中堅　文選　正271
中憲　白氏　續498
中原　文選　正271
中原　白氏　續498
中言　文選　正271
中古　文選　正271
中古　白氏　續498
中庫　白氏　續498
中荒　文選　正271

中行　論語　正68
中行　文選　正271
中高橋　白氏　續498
中国　論語　正68
中佐　文選　正271
中坐　文選　正271
中才　文選　正271
中才　本朝　正572
中阪　文選　正271
中山　文選　正271
中山　白氏　續499
中散　文選　正271
中散　白氏　續499
中散大夫　文選　正271
中散大夫　白氏　續499
中産　文選　正271
中使　文選　正271
中使　本朝　正572
中使　白氏　續499
中司　白氏　續499
中志　本朝　正572
中旨　文選　正271
中執憲　白氏　續499
中室　白氏　續499
中謝　白氏　續499
中謝す　本朝　正572
中酒　白氏　續499
中酒す　文選　正271
中宗　白氏　續499
中宗元皇帝　文選　正271
中州　文選　正271
中秋　白氏　續499
中旬　本朝　正572
中旬　宇津　正720
中庶　白氏　續499
中庶子　文選　正271
中書　文選　正271
中書　白氏　續499
中書監　文選　正271
中書侍郎　文選　正271
中書侍郎　白氏　續499
中書舎人　白氏　續499
中書省　文選　正271
中書省　白氏　續499
中書制誥　白氏　續499
中書大王　本朝　正572
中書門下　白氏　續499
中書令　文選　正271
中書令　白氏　續499
中書郎　文選　正271
中書郎　白氏　續499
中書韋相　白氏　續499
中書韋相公　白氏　續499
中序　白氏　續499
中傷　文選　正271
中傷　白氏　續499
中宵　文選　正271
中少將　枕冊　正781
中賞　本朝　正572
中丞　文選　正271
中丞　本朝　正572
中丞　白氏　續499
中乗　白氏　續499
中常　文選　正271
中常侍　文選　正271
中情　文選　正271
中情　本朝　正572
中信上人　本朝　正572
中心　文選　正271
中心　本朝　正572
中心　白氏　續499
中身　文選　正271
中人　論語　正68
中人　文選　正271
中人　白氏　續499
中厨　文選　正271
中世　文選　正271
中勢たかつき　枕冊　正781
中勢をしき　枕冊　正781
中正　論語　正68
中正　文選　正271
中正　本朝　正572
中誠　文選　正271
中誠　白氏　續499
中節目　白氏　續499
中絶す　白氏　續499
中川　文選　正271
中泉　文選　正271
中操　文選　正271
中尊　本朝　正572
中太夫　白氏　續499
中代　本朝　正572
中台　白氏　續499
中大夫　文選　正271
中大夫　本朝　正572
中第　白氏　續499
中第す　白氏　續499
中谷　文選　正271
中丹　本朝　正573
中壇　文選　正271
中男　本朝　正573
中智　文選　正271
中丁　白氏　續499
中朝　文選　正271
中朝　本朝　正573
中朝　白氏　續499
中腸　文選　正271
中腸　本朝　正573
中腸　白氏　續499
中長兄　白氏　續499
中頂　白氏　續499
中亭　文選　正271
中底　白氏　續499
中庭　文選　正271
中庭　本朝　正573
中庭　白氏　續499
中汀　白氏　續499
中適　白氏　續499
中適す　文選　正271
中典　文選　正271

中天　文選　正271
中天　本朝　正573
中天　白氏　續499
中天竺　本朝　正573
中塗　文選　正271
中塗　白氏　續499
中渡　白氏　續499
中途　白氏　續499
中都　白氏　續499
中都里　文選　正271
中土　文選　正271
中唐　文選　正271
中島亭　白氏　續499
中等　白氏　續499
中堂　遊仙　正94
中堂　文選　正271
中堂　白氏　續499
中堂　宇津　正720
中道　論語　正68
中道　文選　正271
中道　本朝　正572
中道　白氏　續499
中年　文選　正271
中年　白氏　續499
中納言　本朝　正573
中納言　枕冊　正781
中納言の君　枕冊　正781
中納言殿　枕冊　正781
中判事　本朝　正573
中否　白氏　續499
中表　文選　正271
中部　白氏　續499
中風す　本朝　正573
中分す　白氏　續499
中平三年八月　文選　正271
中峯　白氏　續499
中方　本朝　正573
中務す　本朝　正573
中務省　本朝　正573
中牟　論語　正68
中牟　白氏　續499
中面　白氏　續499
中門　文選　正271
中門　白氏　續499
中門　枕冊　正781
中夜　文選　正271
中夜　本朝　正573
中夜　白氏　續499
中野　文選　正271
中有　本朝　正572
中庸　論語　正68
中庸　文選　正272
中葉　文選　正271
中李原　白氏　續499
中立　白氏　續499
中立す　白氏　續499
中流　文選　正272
中流　白氏　續499
中領軍　論語　正68
中領軍　文選　正272
中林　文選　正272
中林　白氏　續499
中呂　本朝　正573
中路　文選　正272
中路　白氏　續499
中露　本朝　正573
中牢　文選　正272
中郎　文選　正272
中郎　白氏　續499
中郎將　文選　正272
中論　文選　正272
中和　文選　正271
中和　本朝　正572
中和　白氏　續498
中和(書名)　文選　正271
中和友孝　白氏　續498
中甸　文選　正271
中區　文選　正271
中營　文選　正271
中囿　文選　正271
中國　文選　正271
中國　本朝　正572
中國　白氏　續499
中壘　論語　正68
中壤　文選　正271
中孚　文選　正271
中宸　文選　正271
中將　枕冊　正781
中將殿　枕冊　正781
中嶽　文選　正271
中帷　文選　正271
中廐　白氏　續498
中悃　本朝　正572
中懷　文選　正271
中懷　本朝　正572
中懷　白氏　續498
中掖　白氏　續498
中權　白氏　續498
中樞　白氏　續499
中氣　白氏　續498
中沚　文選　正271
中涓謁者　白氏　續498
中筵　文選　正272
中經　文選　正271
中縣　文選　正271
中膽　本朝　正572
中臺　白氏　續499
中臺省　本朝　正572
中藥　文選　正271
中逵　文選　正271
中逵　白氏　續498
中鉉　文選　正271
中閨　文選　正271
中隱　白氏　續498
中雍　文選　正272
中霄　本朝　正572
中霄　白氏　續499
中饋　文選　正271
中敎　文選　正271
中昬　文選　正271

中闈　文選　正272
中闈　白氏　續499
仲　論語　正68
仲　本朝　正573
仲　白氏　續500
仲蔚　文選　正272
仲遠　白氏　續500
仲夏　白氏　續500
仲弓　論語　正68
仲弓　文選　正272
仲弓　白氏　續500
仲兄　白氏　續500
仲月　本朝　正573
仲月　白氏　續500
仲月六日　本朝　正573
仲忽　論語　正68
仲山　文選　正272
仲山甫　文選　正272
仲山甫　本朝　正573
仲氏　文選　正272
仲秋　文選　正272
仲秋　本朝　正573
仲叔圉　論語　正68
仲春　文選　正272
仲春　本朝　正573
仲春　白氏　續500
仲旬　本朝　正573
仲宣　文選　正272
仲端　白氏　續500
仲長　文選　正272
仲長統　本朝　正573
仲通　白氏　續500
仲弟　白氏　續500
仲冬　文選　正272
仲冬　本朝　正573
仲突　論語　正68
仲尼　論語　正68
仲尼　文選　正272
仲尼　本朝　正573
仲尼　白氏　續500
仲任　文選　正272
仲武　文選　正272
仲文　文選　正272
仲方　白氏　續500
仲由　論語　正68
仲由　文選　正272
仲由　白氏　續500
仲容　文選　正272
仲連　文選　正272
仲連　白氏　續500
仲路　文選　正272
仲舒　文選　正272
仲孚　白氏　續500
仲孺　文選　正272
仲寶　文選　正272
仲擧　文選　正272
仲翔　文選　正272
宙　文選　正272
忠　論語　正68
忠　文選　正272
忠　本朝　正573
忠　白氏　續500
忠(人名)　白氏　續500
忠益　白氏　續500
忠果　文選　正272
忠規　文選　正272
忠規　本朝　正573
忠規　白氏　續500
忠義　文選　正272
忠義　白氏　續500
忠義公　本朝　正573
忠恭　白氏　續500
忠勤　白氏　續500
忠勳　白氏　續500
忠敬　文選　正272
忠敬　白氏　續500
忠敬恭順　白氏　續500
忠賢　文選　正272
忠賢　白氏　續500
忠言　文選　正272
忠公　文選　正272
忠功　白氏　續500
忠効　白氏　續500
忠厚　文選　正272
忠厚　本朝　正573
忠厚　白氏　續500
忠孝　文選　正272
忠孝　本朝　正573
忠孝　白氏　續500
忠孝智勇　白氏　續500
忠杭　白氏　續500
忠懇　白氏　續500
忠志　文選　正272
忠質　白氏　續500
忠邪　文選　正272
忠邪　白氏　續500
忠州　白氏　續500
忠肅　文選　正272
忠純　文選　正272
忠順　白氏　續500
忠恕　文選　正272
忠恕　白氏　續500
忠信　論語　正68
忠信　文選　正272
忠信　本朝　正573
忠信　白氏　續500
忠臣　文選　正272
忠臣　本朝　正573
忠臣　白氏　續500
忠仁公　本朝　正573
忠正　文選　正272
忠正　白氏　續500
忠正恭愼　白氏　續500
忠正恭肅　白氏　續500
忠誠　文選　正272
忠誠　本朝　正573
忠誠　白氏　續500
忠赤　白氏　續500
忠節　論語　正68
忠節　文選　正272

忠節	本朝	正573
忠節	白氏	續500
忠善	文選	正272
忠腸	白氏	續500
忠直	文選	正272
忠直	白氏	續500
忠貞	文選	正272
忠貞	本朝	正573
忠貞	白氏	續500
忠貞公壼	文選	正272
忠怒	論語	正68
忠武	白氏	續500
忠武將	白氏	續500
忠憤	白氏	續500
忠謀	文選	正272
忠謀	白氏	續500
忠勇	文選	正272
忠勇	白氏	續500
忠亮	白氏	續500
忠良	文選	正272
忠良	白氏	續501
忠諒	白氏	續501
忠力	白氏	續501
忠烈	白氏	續501
忠廉	白氏	續501
忠勞	白氏	續500
忠壯	文選	正272
忠壯	白氏	續500
忠實	文選	正272
忠實有常	白氏	續500
忠愨	白氏	續500
忠畧	白氏	續501
忠萬樓	白氏	續500
忠蕭	白氏	續500
忠諫	文選	正272
忠欵	白氏	續500
忠藎	白氏	續500
忠讜	文選	正272
忠讜	白氏	續500
忠鯁	本朝	正573
抽賞	本朝	正573
抽賞す	本朝	正573
抽撰	本朝	正573
柱下	文選	正272
柱下	本朝	正573
柱後	文選	正272
柱根	白氏	續501
柱史	文選	正272
柱史	本朝	正573
柱史	白氏	續501
柱石	文選	正272
柱石	白氏	續501
柱礎	文選	正272
柱礎	本朝	正573
柱礎	白氏	續501
柱地	文選	正272
柱國	白氏	續501
柱楣	文選	正272
注	文選	正272
注	白氏	續501
注す	本朝	正573
注引	文選	正272
注解	本朝	正573
注解す	文選	正272
注記	本朝	正573
注擬	白氏	續501
注望	白氏	續501
注本	文選	正272
注流	文選	正272
注緝	文選	正272
虫鳥	白氏	續501
虫獸	白氏	續501
衷	文選	正273
衷襟	本朝	正573
衷情	白氏	續501
衷心	白氏	續501
衷誠	白氏	續501
衷腸	白氏	續501
衷懷	白氏	續501
註	論語	正68
酎	文選	正273
酎飲	文選	正273
酎金	文選	正273
酎臺	本朝	正573
肘後	白氏	續501
肘上	白氏	續501
肘腋	白氏	續501
紐	文選	正272
偸間	白氏	續500
儔	白氏	續500
儔匹	文選	正272
儔侶	文選	正272
儔侶	白氏	續500
儔類	文選	正272
儔列	文選	正272
冑	文選	正272
冑	白氏	續501
冑子	本朝	正573
冑子	白氏	續501
冲	白氏	續500
冲す	白氏	續500
冲華	文選	正272
冲虛	文選	正272
冲襟	本朝	正573
冲襟	白氏	續500
冲旨	本朝	正573
冲融	本朝	正573
冲融	白氏	續500
冲讓	白氏	續500
冲挈	白氏	續500
冲挹	本朝	正573
冲邈	本朝	正573
廚膳	文選	正272
廚廐	白氏	續500
惆悵	文選	正272
惆悵	白氏	續501
惆悵す	文選	正272
惆悵す	白氏	續501
惆焉	文選	正272
惆惕す	文選	正272

晝刻　白氏　續501
晝日　文選　正272
晝分　文選　正272
晝夜　論語　正67
晝夜　文選　正272
晝夜　法華　正422
晝夜　白氏　續501
晝夜　本朝　正573
晝漏　本朝　正573
燽燽　白氏　續501
疇人　文選　正272
疇昔　文選　正272
疇日　文選　正272
疇匹　文選　正272
疇庸　文選　正272
疇庸　白氏　續501
疇咨す　文選　正272
疇曩　文選　正272
疇隴　文選　正272
稠　白氏　續501
稠桑　白氏　續501
稠桑驛　本朝　正573
稠桑驛　白氏　續501
稠直　白氏　續501
稠林　本朝　正573
稠疊す　文選　正272
稠疊す　本朝　正573
稠疊　白氏　續501
籌　文選　正272
籌　本朝　正573
籌　白氏　續501
籌策　文選　正272
籌策　白氏　續501
籌謀　白氏　續501
籌略　白氏　續501
籌畫す　文選　正272
籀篆　本朝　正573
紂　論語　正68
紂　白氏　續501
綢繆　文選　正272
綢繆　本朝　正573
綢繆　白氏　續501
綢繆す　文選　正272
綢繆す　白氏　續501
薵蓼　文選　正273
蛛網　本朝　正573
蛛網*　本朝　正573
蛛絲　本朝　正573
蟲　白氏　續501
蟲蛇　白氏　續501
蟲鳥　白氏　續501
蟲聲　白氏　續501
蟲臂　白氏　續501
蟲蛆　遊仙　正94
蟲蝗　白氏　續501
蟲蠹　白氏　續501
蟲虵　白氏　續501
誅　論語　正68
誅　文選　正273
誅　本朝　正573
誅　白氏　續501
誅す　論語　正68
誅す　文選　正273
誅す　本朝　正573
誅す　白氏　續501
誅夷　白氏　續501
誅夷す　文選　正273
誅夷す　白氏　續501
誅求　白氏　續501
誅求す　白氏　續501
誅殺　文選　正273
誅始　文選　正273
誅囚す　白氏　續501
誅鋤す　文選　正273
誅鋤す　白氏　續501
誅賞　文選　正273
誅伐　文選　正273
誅罰　白氏　續501
誅放　白氏　續501
誅放　白氏　續501
誅戮す　白氏　續501
誅擒す　白氏　續501
誅殛す　文選　正273
誅鉏す　文選　正273
毆誅す　白氏　續501
躊躇　文選　正273
躊躇す　文選　正273
躊躇す　白氏　續501
躊躇稽詣　文選　正273
躊躕す　白氏　續501
鑄　白氏　續501
鑄器　白氏　續501
鑄鼎　白氏　續501
鑄木　本朝　正573
倜*儻　白氏　續500
啁啾す　白氏　續500
忡忡　文選　正272
忡忡　白氏　續500
恧然　白氏　續501
柤橿　文選　正272
沖瀜　文選　正272
盩厔　文選　正272
盩厔　白氏　續501
盩厔廳　白氏　續501
盩厔縣　白氏　續501
种府君　文選　正272
貙虎　本朝　正573
輈張す　文選　正272
罼*儱　文選　正273
鯈魚　文選　正273
直　法華　正422
直す　本朝　正573
竺乾　白氏　續502
竺乾師　白氏　續502
竺寺　白氏　續502
竺法潛　白氏　續502
軸　文選　正273
軸　本朝　正573
軸　白氏　續502
軸　源氏　正850

軸す　文選　正273
軸軸　白氏　續502
軸本　蜻蛉　正749
軸艫　文選　正273
築　白氏　續502
築塞す　白氏　續502
畜　白氏　續501
畜生　法華　正422
畜積　文選　正273
畜養す　文選　正273
竹　本朝　正573
竹　白氏　續501
竹意　白氏　續501
竹院　白氏　續502
竹陰　白氏　續501
竹園　本朝　正573
竹煙　本朝　正573
竹煙　白氏　續502
竹下　白氏　續502
竹花　文選　正273
竹閣　白氏　續502
竹栢　文選　正273
竹竿　白氏　續502
竹簡　文選　正273
竹簡　本朝　正573
竹間　白氏　續502
竹騎　本朝　正573
竹橋　白氏　續502
竹郷　白氏　續502
竹戸　本朝　正573
竹根　遊仙　正94
竹使符　文選　正273
竹枝　白氏　續502
竹枝曲　白氏　續502
竹枝詞　白氏　續502
竹寺　白氏　續502
竹樹　文選　正273
竹樹　本朝　正573
竹樹　白氏　續502
竹書　文選　正273
竹床　白氏　續502
竹梢　白氏　續502
竹杖　白氏　續502
竹石　白氏　續502
竹節　白氏　續502
竹泉　白氏　續502
竹疎　白氏　續502
竹素　文選　正273
竹叢　白氏　續502
竹窓　白氏　續502
竹牒　本朝　正573
竹亭　白氏　續502
竹筒　白氏　續502
竹肉　本朝　正573
竹馬　本朝　正573
竹馬　白氏　續502
竹柏　白氏　續502
竹扉　白氏　續502
竹皮　白氏　續502
竹符　本朝　正573
竹符　白氏　續502
竹譜　本朝　正573
竹風　白氏　續502
竹霧　本朝　正573
竹霧　白氏　續502
竹木　白氏　續502
竹葉　文選　正273
竹葉　本朝　正573
竹葉　白氏　續501
竹林　文選　正273
竹林　本朝　正573
竹林　白氏　續502
竹露　白氏　續502
竹廊　白氏　續502
竹几　白氏　續502
竹帛　文選　正273
竹帛　本朝　正573
竹徑　白氏　續502
竹徑　白氏　續502
竹樓　白氏　續502
竹檻　本朝　正573
竹氣　白氏　續502
竹籠　白氏　續502
竹籃　白氏　續502
竹籬　白氏　續502
竹藥　白氏　續502
竹鞋　白氏　續501
竹篙　白氏　續502
竹篾　白氏　續502
竹簞　白氏　續502
竹蓑　本朝　正573
筑　文選　正273
筑　本朝　正573
筑後　枕冊　正781
筑紫　本朝　正573
筑紫絹　本朝　正573
筑前のかみ　源氏　正850
筑前の守　枕冊　正781
蓄　白氏　續502
蓄妓　本朝　正573
蓄念　本朝　正573
蓄懷　本朝　正573
蓄德　本朝　正573
逐　文選　正273
逐育す　本朝　正573
逐客　白氏　續502
逐鹿　文選　正273
逐臣　白氏　續502
逐日　白氏　續502
逐馬　文選　正273
逐末　文選　正273
舳艫　文選　正273
舳艫　本朝　正573
舳艫　白氏　續502
秩　文選　正273
秩　本朝　正573
秩　白氏　續502
秩す　文選　正273
秩宗　白氏　續502
秩序　文選　正273

秩序　白氏　續502
秩清　白氏　續502
秩贈　白氏　續502
秩秩　文選　正273
秩々　本朝　正573
秩命　白氏　續502
秩禄　白氏　續502
秩滿　本朝　正573
秩滿　白氏　續502
帙　文選　正273
帙　本朝　正573
帙　白氏　續502
昵近す　本朝　正573
昵語　本朝　正573
蟄　文選　正273
蟄　白氏　續502
蟄す　白氏　續502
蟄燕　白氏　續502
蟄者　白氏　續502
蟄鱗　白氏　續502
蟄蟲　白氏　續502
蟄虺　白氏　續502
黜　文選　正273
黜殯　文選　正273
黜陟　文選　正273
暱交　文選　正273
縶す　白氏　續502
縶維　文選　正273
縶維　白氏　續502
縶維す　白氏　續502
袠　文選　正273
蟄虫　本朝　正573
縶囚　本朝　正573
湛恩　文選　正273
朕　論語　正68
沈飲す　文選　正273
沈淫　文選　正273
沈陰　文選　正273
沈液　文選　正273
沈恩　文選　正273
沈稼　文選　正273
沈寒　文選　正273
沈患　文選　正273
沈機　文選　正273
沈休文　文選　正273
沈牛　文選　正273
沈吟　文選　正273
沈吟す　文選　正273
沈虎　文選　正273
沈姿　文選　正273
沈思　文選　正273
沈尚書　文選　正273
沈詳　文選　正273
沈城　文選　正273
沈心　文選　正273
沈深　文選　正273
沈酔す　文選　正273
沈沈　文選　正273
沈痛　文選　正273
沈泥　文選　正273
沈溺　文選　正273
沈蕩す　文選　正273
沈道士　文選　正273
沈頓　文選　正273
沈浮　文選　正273
沈淵　文選　正273
沈冥　文選　正273
沈迷　文選　正273
沈迷す　文選　正273
沈憂　文選　正273
沈憂す　文選　正273
沈攸　文選　正273
沈榮　文選　正273
沈鬱　文選　正273
沈歡　文選　正273
沈潛　文選　正273
沈潛す　文選　正273
沈燎　文選　正273
沈痾　文選　正273
沈痼　文選　正273
沈絲　文選　正273
沈藏　文選　正273
沈辭　文選　正273
沈辭　文選　正273
沈珩　文選　正273
枕席　文選　正273
珎恠　文選　正273
鴆　文選　正273
鴆毒　文選　正273
沉　文選　正273
琛　文選　正273
跣踔　文選　正273
茶　白氏　續502
茶園　本朝　正573
茶園　白氏　續503
茶果　白氏　續502
茶果等　白氏　續503
茶器　白氏　續502
茶興　白氏　續502
茶山　白氏　續503
茶酒　本朝　正573
茶中　白氏　續503
茶法　白氏　續503
茶郎　白氏　續503
茶椀　白氏　續503
茶櫃　白氏　續502
茶甌　白氏　續502
茶竈　白氏　續503
茶茗　本朝　正573
茶藥　白氏　續503
茶鹽　白氏　續502
茶毗　白氏　續503
茶毗幢　白氏　續503
虵　本朝　正573
勺藥　文選　正275
幾丈　本朝　正573
丈　文選　正273
丈　白氏　續503
丈室　白氏　續503
丈人　論語　正68

丈人　文選　正273
丈夫　文選　正273
丈夫　法華　正422
丈夫　白氏　續503
丈有三尺　白氏　續503
丈六　本朝　正573
丈餘　文選　正273
丈餘　白氏　續503
場苗　文選　正274
場圃　文選　正274
杖　論語　正68
杖　本朝　正574
杖　白氏　續504
杖者　論語　正68
杖履　白氏　續504
杖屨　白氏　續504
錠　宇津　正720
錠　源氏　正850
打　白氏　續504
打擲す　法華　正422
丁子　宇津　正720
丁子　源氏　正850
丁子そめ　源氏　正850
み帳　宇津　正720
御帳　源氏　正850
帳　文選　正274
帳　法華　正422
帳　本朝　正574
帳　白氏　續503
帳　竹取　正636
帳　宇津　正720
帳　蜻蛉　正749
帳　枕冊　正781
帳　源氏　正850
帳飲　文選　正274
帳下　白氏　續503
帳内　本朝　正574
帳望　本朝　正574
帳臺　宇津　正720
帳臺　枕冊　正781
帳臺　源氏　正850
張　論語　正68
張　遊仙　正94
張　文選　正273
張　文選　正273
張　白氏　續503
張(人名)　文選　正273
張(人名)　白氏　續503
張旭　白氏　續503
張安世　文選　正273
張偉等　白氏　續504
張惟素　白氏　續503
張允中　白氏　續503
張員外　白氏　續504
張王　文選　正274
張黄門　文選　正273
張温　文選　正273
張可續　白氏　續503
張嘉泰　白氏　續503
張嘉和　白氏　續503
張家　白氏　續503
張桓　文選　正273
張翰　白氏　續503
張韓　文選　正273
張含　文選　正273
張儀　文選　正273
張儀　本朝　正574
張儀　白氏　續503
張居士　白氏　續503
張卿　文選　正273
張謹　白氏　續503
張君　白氏　續503
張敬則　白氏　續503
張景陽　文選　正273
張元夫　白氏　續503
張玄　文選　正273
張侯論　論語　正68
張公　遊仙　正94
張公　文選　正273
張公　白氏　續503
張弘靖　白氏　續503
張校尉　文選　正273
張洪　白氏　續503
張行成　白氏　續503
張衡　文選　正273
張左　本朝　正574
張司空　文選　正274
張士然　文選　正274
張子　文選　正274
張子房　文選　正274
張子房　本朝　正574
張耳　文選　正274
張芝　本朝　正574
張十五　白氏　續503
張十五仲元　白氏　續503
張十八　白氏　續503
張十八員外　白氏　續503
張十八員外籍　白氏　續503
張十八博士　白氏　續503
張十八秘書　白氏　續503
張女　文選　正274
張徐州　文選　正274
張勝　文選　正274
張少府　遊仙　正94
張尚書　白氏　續503
張承　文選　正274
張昭　文選　正274
張湘州　文選　正274
張常侍　白氏　續503
張深之　白氏　續503
張正一　白氏　續503
張正甫　白氏　續503
張生　白氏　續503
張籍　白氏　續503
張銑　文選　正274
張楚金　本朝　正574
張曹　文選　正273
張蒼　白氏　續503
張藻　白氏　續503
張太祝　白氏　續503

張態　白氏　續503
張大　白氏　續503
張大府　白氏　續503
張値　白氏　續503
張仲蔚　文選　正274
張仲素績之　白氏　續503
張陳　文選　正274
張陳　白氏　續503
張庭珪　白氏　續503
張廷尉　文選　正274
張徹　白氏　續503
張湯　文選　正274
張湯　白氏　續503
張道士　白氏　續503
張道士抱元　白氏　續503
張特　白氏　續503
張惇　文選　正274
張敦簡　白氏　續503
張南簡　白氏　續504
張博士　白氏　續504
張博望　文選　正274
張博望　本朝　正574
張賓客　白氏　續504
張文　白氏　續504
張文瓘　白氏　續504
張平叔　白氏　續504
張歩　文選　正274
張奉國　白氏　續504
張僕射　本朝　正574
張本　本朝　正574
張本　白氏　續504
張茂先　文選　正274
張孟　文選　正274
張孟陽　文選　正274
張愉　白氏　續504
張揚　文選　正274
張雷　白氏　續504
張陸　白氏　續504
張良　文選　正274
張遼　文選　正274
張魯　文選　正274
張郎　遊仙　正94
張郎　白氏　續504
張禄　文選　正274
張帷　白氏　續504
張敖　文選　正273
張敞　文選　正274
張衵　白氏　續503
張殷衡等　白氏　續503
張渾　白氏　續503
張禹　論語　正68
張聿　白氏　續503
張范　白氏　續504
張蔡　文選　正274
張觀主　白氏　續503
張諷等　白氏　續504
張賈　白氏　續503
張趙　文選　正274
張邵　文選　正274
張霍　文選　正273
張韋　白氏　續504
張騁　本朝　正574
張騫　遊仙　正94
張騫　文選　正273
張岊　白氏　續503
張繡　文選　正274
張郃　文選　正274
張郃鴿　文選　正273
張錄事　白氏　續504
張鷃九　白氏　續503
暢　白氏　續504
暢師房　白氏　續504
暢轂　文選　正274
聴衆　本朝　正574
聴聞　本朝　正574
聴聞受持　本朝　正574
腸　文選　正274
腸　白氏　續504
腸間　白氏　續504
腸中　白氏　續504
腸斷　白氏　續504
腸肚　遊仙　正94
長　論語　正68
長　文選　正274
長　文選　正274
長　本朝　正574
長　白氏　續504
長す　論語　正68
長す　文選　正274
長す　本朝　正574
長安　文選　正274
長安　本朝　正574
長安　白氏　續504
長安宮　白氏　續504
長安城　本朝　正574
長安城　白氏　續504
長安縣　白氏　續504
長煙　文選　正274
長遠　法華　正422
長遠　本朝　正575
長遠　白氏　續506
長往　文選　正275
長夏門　白氏　續504
長歌　文選　正274
長歌　白氏　續504
長歌す　文選　正274
長歌す　白氏　續504
長河　文選　正274
長河　本朝　正574
長河　白氏　續504
長駕す　文選　正274
長垣　文選　正274
長干　文選　正274
長竿　白氏　續504
長閑　白氏　續504
長徽　文選　正274
長規　文選　正274
長技　文選　正274
長久　文選　正274
長久　本朝　正574

長久　白氏　續504
長卿　文選　正274
長卿　本朝　正574
長卿淵雲　文選　正274
長曲　本朝　正574
長句　白氏　續504
長虞　文選　正274
長轡　文選　正275
長兄　白氏　續504
長慶　白氏　續504
長慶元年　白氏　續504
長慶元年歳次辛丑　白氏　續504
長慶元年四月某日　白氏　續504
長慶元年二月二十三日　白氏　續504
長慶五年　白氏　續504
長慶三年　白氏　續504
長慶三年八月十三日　白氏　續504
長慶四年　白氏　續504
長慶四年三月十日　白氏　續504
長慶四年二月十三日　白氏　續504
長慶集　白氏　續504
長慶二年　白氏　續504
長慶二年七月　白氏　續504
長慶二年七月三十日　白氏　續504
長鯨　本朝　正574
長鯨　白氏　續504
長戟　文選　正274
長源　白氏　續504
長御　文選　正274
長公主　本朝　正574
長公主　白氏　續505
長厚　文選　正274
長庚　文選　正274
長庚　本朝　正574
長江　文選　正274
長江　白氏　續504
長講會　本朝　正574
長告　白氏　續505
長恨　文選　正274
長恨　白氏　續505
長恨歌　白氏　續505
長恨歌　源氏　正850
長恨歌巳下　白氏　續505
長佐　白氏　續505
長沙　文選　正274
長沙　本朝　正574
長沙　白氏　續505
長沙王　文選　正274
長才　文選　正274
長才　白氏　續505
長材　白氏　續505
長坂　文選　正275
長坂　本朝　正574
長阪　文選　正275
長策　文選　正274
長山　文選　正274
長山　白氏　續505
長山縣　白氏　續505
長史　文選　正274
長史　白氏　續505
長姉　白氏　續505
長子　遊仙　正94
長子　法華　正422
長子　本朝　正574
長子　白氏　續505
長子誦　本朝　正574
長思　文選　正274
長枝　白氏　續505
長至　白氏　續505
長者　文選　正274
長者　法華　正422
長者　白氏　續505
長者　竹取　正636
長者　宇津　正720
長者子　白氏　續505
長蛇　文選　正274
長蛇　白氏　續505
長州　白氏　續505
長州苑　白氏　續505
長愁　白氏　續505
長洲　文選　正274
長洲　白氏　續505
長洲苑　白氏　續505
長洲曲　白氏　續505
長秀　文選　正274
長秋　本朝　正574
長秋　白氏　續505
長秋宮　本朝　正574
長春　文選　正274
長女　白氏　續505
長宵　文選　正274
長松　文選　正274
長松　本朝　正574
長松　白氏　續505
長松樹　白氏　續505
長丈　文選　正274
長城　文選　正274
長城　本朝　正574
長城　白氏　續505
長城縣　白氏　續505
長情　白氏　續505
長信　文選　正274
長人　文選　正274
長人　白氏　續505
長水　白氏　續505
長裾　文選　正274
長裾　白氏　續504
長裾　白氏　續504
長世　文選　正274
長征　白氏　續505
長成　白氏　續505
長成す　白氏　續505
長生　文選　正274

長生　本朝　正574
長生　白氏　續505
長生す　文選　正274
長生久視　白氏　續505
長生善寺　白氏　續505
長生殿　白氏　續505
長生殿　宇津　正720
長生殿　源氏　正850
長逝す　文選　正274
長戚戚　論語　正68
長川　文選　正274
長川　白氏　續505
長息す　文選　正274
長袖　文選　正274
長孫　本朝　正574
長孫司戸　白氏　續505
長孫鉉　白氏　續505
長太息　白氏　續505
長代　本朝　正574
長大　文選　正274
長大　法華　正422
長大　白氏　續505
長大す　本朝　正574
長大息す　本朝　正574
長大息す　白氏　續505
長歎す　白氏　續505
長歎息す　文選　正274
長短　文選　正274
長短　法華　正422
長短　本朝　正574
長短　白氏　續505
長男　本朝　正574
長男　白氏　續505
長々馨　遊仙　正94
長津　文選　正274
長津　白氏　續505
長庭　文選　正274
長汀　白氏　續505
長笛　文選　正274
長塗　文選　正275
長途　文選　正275
長途　本朝　正574
長途　白氏　續505
長都　文選　正275
長道　文選　正274
長寧陵　文選　正274
長年　文選　正274
長年　本朝　正574
長年　白氏　續505
長波　文選　正275
長波　白氏　續505
長薄　文選　正275
長髪　文選　正275
長悲　文選　正275
長府　論語　正68
長阜　文選　正275
長武　白氏　續505
長風　文選　正275
長風　白氏　續505
長風浦　本朝　正574
長福　白氏　續505
長物　白氏　續505
長兵　白氏　續505
長平　文選　正275
長平　本朝　正574
長保　本朝　正574
長保元年閏三月廿九日　本朝　正574
長保元年六月二日　本朝　正574
長保三年　本朝　正574
長保三年三月三日　本朝　正574
長保三年三月廿八日　本朝　正574
長保三年七月一日　本朝　正574
長保三年十二月廿五日　本朝　正574
長保三年八月　本朝　正574
長保四年五月廿七日　本朝　正574
長保四年十一月十四日　本朝　正574
長保四年十二月九日　本朝　正574
長保二年五月九日　本朝　正575
長保二年五月十八日　本朝　正575
長保二年二月六日　本朝　正575
長保六年三月一日　本朝　正575
長圃　文選　正275
長暮　文選　正275
長奉送使　源氏　正850
長房　白氏　續505
長貌　白氏　續505
長命　白氏　續505
長門　文選　正275
長門宮　文選　正275
長夜　遊仙　正94
長夜　文選　正275
長夜　法華　正422
長夜　本朝　正575
長夜　白氏　續505
長夜　源氏　正850
長輿　文選　正275
長幼　論語　正68
長幼　文選　正274
長幼　白氏　續504
長楊　文選　正275
長楊　白氏　續505
長楊賦　白氏　續505
長謡　文選　正275
長養す　本朝　正575
長翼　文選　正275
長吏　文選　正275
長吏　白氏　續506

長吏(人名)　白氏　續506
長離　文選　正275
長率　文選　正274
長率　白氏　續505
長流　文選　正275
長流　白氏　續506
長陵　文選　正275
長林　文選　正275
長路　文選　正275
長路　白氏　續506
長廊　遊仙　正94
長廊　文選　正275
長廊　白氏　續505
長老　文選　正275
長老　白氏　續505
長和三年正月二十三日　本朝　正575
長劍　文選　正274
長吁す　白氏　續504
長吁大息す　白氏　續504
長嘯　文選　正274
長圖　文選　正274
長坡　白氏　續505
長塈　文選　正274
長壽　文選　正274
長壽　本朝　正574
長壽　白氏　續505
長壽(地名)　文選　正274
長壽寺　白氏　續505
長巒　文選　正275
長帶　文選　正274
長徃　白氏　續506
長擡す　文選　正274
長早　白氏　續504
長條　白氏　續505
長棘　文選　正274
長樂　文選　正275
長樂　白氏　續505
長樂(地名)　白氏　續505
長樂寺　本朝　正575
長樂亭　白氏　續506
長樂坡　白氏　續506
長歸　白氏　續504
長毫　白氏　續504
長沮　論語　正68
長淮　白氏　續506
長瀾　文選　正275
長罯　白氏　續506
長齋　白氏　續505
長齋す　白氏　續505
長筵　文選　正275
長簟　白氏　續505
長綏　文選　正274
長縻　文選　正275
長繩　白氏　續505
長纓　文選　正274
長纓　白氏　續504
長苞　文選　正275
長莽　文選　正275
長萬　文選　正275
長衢　文選　正274
長衢　白氏　續504
長袂　文選　正274
長謌　本朝　正574
長轂　文選　正274
長轂　白氏　續505
長鋏　文選　正274
長鋏　本朝　正574
長隧　文選　正274
長驅　白氏　續504
長驅す　文選　正274
長驅す　白氏　續504
長齡　本朝　正575
長德　文選　正275
長德元年　本朝　正574
長德元年十二月　本朝　正574
長德元年八月　本朝　正574
長德三年七月廿日　本朝　正574
長德三年正月廿一日　本朝　正574
長德三年八月十五日　本朝　正574
長德三年八月廿九日　本朝　正574
長德四年三月十二日　本朝　正574
長德四年十月十二日　本朝　正574
長德二年四月二日　本朝　正574
長德二年十月七日　本朝　正574
長德二年正月十五日　本朝　正574
長閒　白氏　續504
長塹　文選　正274
長感　文選　正274
長筭　文選　正274
長鎩　文選　正274
長隄　文選　正274
長飈　文選　正275
頂載　本朝　正575
頂上　法華　正422
頂上　本朝　正575
頂戴す　法華　正422
頂禮す　法華　正422
貞觀　本朝　正574
貞觀格　本朝　正574
貞觀十一年　本朝　正574
貞觀十四年　本朝　正574
貞觀十四年十月十三日　本朝　正574
貞觀十七年十一月五日　本朝　正574
貞觀十年　本朝　正574
貞觀十八年十一月一日　本朝　正574
貞觀十八年十二月日

	本朝	正574
貞観政要	本朝	正574
貞観年中	本朝	正574
貞観臨時格	本朝	正574
貞観六年	本朝	正574
貞觀殿	枕冊	正781
貞觀殿の御方	蜻蛉	正749
定	法華	正422
定	白氏	續503
定額	本朝	正574
定額寺	本朝	正574
定者	枕冊	正781
定証僧都	枕冊	正781
定澄僧都	枕冊	正781
定本	枕冊	正781
程	本朝	正574
娘	文選	正274
娘	白氏	續503
娘子	遊仙	正94
仗	白氏	續503
塲	白氏	續503
塲官	白氏	續503
塲上	白氏	續503
塲苗	白氏	續503
塲圃	白氏	續503
廰	源氏	正850
悵	文選	正274
悵恨す	文選	正274
悵爾	文選	正274
悵然	文選	正274
悵然	本朝	正574
悵然	白氏	續504
悵望	白氏	續504
悵望す	文選	正274
悵望す	本朝	正574
悵望す	白氏	續504
悵快	遊仙	正94
悵悵	文選	正274
悵焉	文選	正274
悵怳	文選	正274
暘谷	文選	正274
漲海	文選	正274
聽聞する	枕冊	正782
芍藥	文選	正275
萇弘	文選	正274
鬯	白氏	續506
倀倀	白氏	續503
貙象	文選	正275
貙氓	文選	正275
貙犴	文選	正275
餦餭	文選	正275
餳	白氏	續506
嫡	本朝	正575
飲着	白氏	續506
着す	本朝	正575
着す	白氏	續506
着座	蜻蛉	正749
着任す	本朝	正575
著す	法華	正422
著す	白氏	續506
笛	法華	正422
廚	白氏	續506
廚燈	白氏	續506
廚傅	白氏	續506
住	法華	正422
住す	法華	正422
住處	法華	正422
重罪	法華	正422
重点かち	蜻蛉	正749
重病	法華	正422
重寶	法華	正422
中	法華	正422
中の盤	宇津	正720
中間	法華	正422
中間	源氏	正850
中宮	宇津	正720
中宮	源氏	正850
中宮の御方	源氏	正850
中宮大夫	宇津	正720
中少將	宇津	正720
中少將	源氏	正850
中堂	源氏	正850
中道	法華	正422
中納言	竹取	正636
中納言	伊勢	正650
中納言	宇津	正720
中納言	源氏	正850
中納言たち	宇津	正720
中納言との	源氏	正850
中納言どの	宇津	正720
中納言のあそん	宇津	正720
中納言のあそん	源氏	正850
中納言のめのと	源氏	正850
中納言の君	宇津	正720
中納言の君	源氏	正850
中納言みなもとのあそん	源氏	正850
中門	宇津	正720
中門	蜻蛉	正749
中門	源氏	正850
中夜	法華	正422
中葉	法華	正422
中將	竹取	正636
中將	伊勢	正650
中將	宇津	正720
中將	蜻蛉	正749
中將	源氏	正850
中將たち	宇津	正720
中將たつ	源氏	正850
中將との	源氏	正850
中將どの	宇津	正720
中將のあそん	宇津	正720
中將のあそん	源氏	正850
中將のおもと	源氏	正850
中將のきみ	源氏	正850
中將の君	宇津	正720
中將の命婦	源氏	正850

中將君　宇津　正720
中臈　宇津　正720
仲媒　宇津　正720
仲媒し　宇津　正720
柱　源氏　正850
鍮石　法華　正422
黜辱　白氏　續506
黜責　白氏　續506
黜退す　白氏　續506
黜落す　白氏　續506
黜陟　白氏　續506
黜陟す　白氏　續506
黜陟使　白氏　續506
种暠　白氏　續506
黜陟　本朝　正575
怵*惕　文選　正275
怵*惕す　文選　正275
椿菌　白氏　續506
椿壽　白氏　續506
屯　文選　正275
屯す　文選　正275
屯す　白氏　續506
屯夷す　文選　正275
屯雲　文選　正275
屯騎　文選　正275
屯難　文選　正275
屯平　文選　正275
屯方　文選　正275
屯蒙　白氏　續506
屯營　文選　正275
屯園　文選　正275
屯聚す　文選　正275
屯蹇　文選　正275
屯邅　文選　正275
窀穸　白氏　續506
迍　白氏　續506
迍す　白氏　續506
迍窮　白氏　續506
迍剥す　白氏　續506
迍邅　白氏　續506
迍邅す　文選　正275
貙肩　文選　正275
女　文選　正275
女　本朝　正575
女　白氏　續506
女嫛　文選　正275
女家　白氏　續506
女官　本朝　正575
女宮　文選　正275
女桑　文選　正275
女湖　白氏　續506
女御　文選　正275
女功　本朝　正575
女工　文選　正275
女工　白氏　續506
女沙彌　白氏　續506
女史　文選　正275
女史箴　文選　正275
女子　論語　正68
女子　文選　正275
女子　本朝　正575
女子　白氏　續506
女師　文選　正275
女師　白氏　續506
女主　文選　正275
女手　白氏　續506
女叙　本朝　正575
女色　本朝　正575
女身　本朝　正575
女仙　白氏　續506
女中　白氏　續506
女貞　文選　正275
女弟子　白氏　續506
女道士　白氏　續506
女美　白氏　續506
女婦　白氏　續506
女墳湖　白氏　續506
女羅　文選　正275
女羅草　白氏　續506
女郎　白氏　續506
女几　白氏　續506
女几山　白氏　續506
女壻等　白氏　續506
女娥　文選　正275
女孩　白氏　續506
女學　白氏　續506
女樂　論語　正68
女樂　文選　正275
女牀　文選　正275
女牆　白氏　續506
女牆城　白氏　續506
女蘿　文選　正275
女媧　文選　正275
徐　白氏　續506
徐凝山人　白氏　續506
徐州　白氏　續506
徐州刺史　白氏　續506
徐州諸軍事　白氏　續506
徐徐　白氏　續507
徐宣　白氏　續507
徐登　白氏　續507
徐復　白氏　續507
徐方　白氏　續507
徐郎中　白氏　續507
徐處士　白氏　續507
徐泗　白氏　續506
徐泗濠等州　白氏　續506
徐泗濠等觀察處置等使　白氏　續506
改除す　白氏　續507
除　白氏　續507
除す　文選　正275
除す　本朝　正575
除す　白氏　續507
除改　白氏　續507
除改す　白氏　續507
除却す　本朝　正575
除却す　白氏　續507
除去す　白氏　續507
除授　白氏　續507

除授す	白氏	續507
除書	本朝	正575
除書	白氏	續507
除日	白氏	續507
除非す	白氏	續507
除病延命	本朝	正575
除滅す	文選	正275
除夜	白氏	續507
樗	白氏	續507
樗散	文選	正275
樗里	文選	正275
猪羊	白氏	續507
苧蘿	白氏	續507
著	文選	正275
著	本朝	正575
著す	白氏	續507
著作	文選	正275
著作	本朝	正575
著作佐郎	文選	正275
著作郎	文選	正275
著作郎	本朝	正575
著作郎	白氏	續507
著述	文選	正275
著述	白氏	續507
著述す	白氏	續507
著姓	本朝	正575
著姓	白氏	續507
著性	本朝	正575
著明	論語	正68
著明	文選	正275
著明	白氏	續507
著録	文選	正275
貯水	文選	正275
貯畜す	白氏	續507
貯中	白氏	續507
汝墳	本朝	正575
儲	白氏	續506
儲倂	文選	正275
儲駕	文選	正275
儲季	文選	正275
儲宮	文選	正275
儲君	本朝	正575
儲后	文選	正275
儲皇	文選	正275
儲皇	白氏	續506
儲嗣	文選	正275
儲祉	文選	正275
儲祉	白氏	續506
儲積	白氏	續506
儲積す	文選	正275
儲端	文選	正275
儲蓄	白氏	續506
儲邸	文選	正275
儲命	文選	正275
儲寮	白氏	續506
儲隷	文選	正275
儲胥	文選	正275
儲貳	文選	正275
儲貳	白氏	續506
儲鉉	文選	正275
儲稸	文選	正275
儲闈	文選	正275
儲闈	白氏	續506
佇立	文選	正275
佇立す	文選	正275
佇眄す	文選	正275
佇眙す	文選	正275
杼	白氏	續507
杼機	文選	正275
杼軸す	文選	正275
杼首	文選	正275
紵	白氏	續507
紵衣	文選	正275
紵縞	文選	正275
紵衫	白氏	續507
躇峙	文選	正275
冢宰	論語	正68
宁	白氏	續506
滁州	白氏	續507
滁州長吏	白氏	續507
筯	白氏	續507
緒諮議蓁	文選	正275
褚淵	文選	正275
雩都縣	文選	正275
重	文選	正276
重	文選	正276
重	白氏	續508
重(人名)	文選	正276
重膇す	白氏	續508
重す	文選	正276
重悪	本朝	正575
重位	白氏	續509
重委	白氏	續509
重易	白氏	續508
重衣	本朝	正575
重衣	白氏	續508
重胤	白氏	續508
重陰	文選	正276
重雲	文選	正276
重雲	白氏	續508
重穎	文選	正276
重英	文選	正276
重詠	白氏	續508
重宴	白氏	續508
重怨	文選	正276
重屋	文選	正276
重恩	文選	正276
重恩	本朝	正575
重科	本朝	正575
重華	文選	正276
重華	本朝	正575
重涯	文選	正276
重閣	文選	正276
重官	白氏	續508
重器	文選	正276
重器	本朝	正575
重器	白氏	續508
重基	文選	正276
重寄	本朝	正575
重寄	白氏	續508

重議 文選 正276
重客 本朝 正575
重丘 文選 正276
重錦 文選 正276
重襟 文選 正276
重九 白氏 續508
重軒 文選 正276
重軒 本朝 正575
重玄 文選 正276
重玄 白氏 續508
重玄寺 白氏 續508
重乞 本朝 正575
重光 文選 正276
重光 白氏 續508
重構 本朝 正575
重江 文選 正276
重江 白氏 續508
重江複山 白氏 續508
重甲 文選 正276
重困す 白氏 續508
重坐 文選 正276
重載 本朝 正575
重罪 本朝 正575
重山 文選 正276
重山 本朝 正575
重士 白氏 續508
重試 白氏 續508
重賜 白氏 續508
重耳 文選 正276
重耳 白氏 續508
重爵 文選 正276
重重 白氏 續508
重重 本朝 正575
重序 白氏 續508
重宵 文選 正276
重賞 本朝 正575
重城 文選 正276
重城 白氏 續508
重杖 白氏 續508
重職 白氏 續508
重深 文選 正276
重臣 本朝 正575
重臣 白氏 續508
重笥 文選 正276
重泉 文選 正276
重泉 白氏 續508
重選 白氏 續508
重阻 文選 正276
重畜 文選 正276
重秩 本朝 正575
重秩 白氏 續508
重殿 文選 正276
重任 論語 正68
重任 文選 正276
重任 本朝 正575
重任 白氏 續508
重年 本朝 正575
重罰 文選 正276
重罰 白氏 續509
重藩 白氏 續509
重賦 白氏 續509
重阜 文選 正276
重複す 文選 正276
重淵 文選 正276
重柄 白氏 續509
重望 白氏 續509
重繭す 文選 正276
重務 白氏 續509
重霧 本朝 正575
重命 本朝 正575
重明 文選 正276
重明 本朝 正575
重明等 白氏 續509
重門 文選 正276
重門 本朝 正575
重門 白氏 續509
重葉 文選 正276
重陽 文選 正276
重陽 本朝 正575
重陽 白氏 續509
重離 本朝 正575
重林 文選 正276
重輪 文選 正276
重輪 本朝 正575
重蓮 白氏 續509
重禄 文選 正276
重仞 文選 正276
重闈 文選 正276
重闈 白氏 續509
重壤 文選 正276
重寶 文選 正276
重岫 文選 正276
重幄 文選 正276
重愼す 白氏 續508
重斂 白氏 續509
重旃 文選 正276
重桴 文選 正276
重欒 文選 正276
重渕 本朝 正575
重溟 文選 正276
重爻 文選 正276
重璧臺 白氏 續509
重疊 白氏 續508
重疊す 文選 正276
重疊す 本朝 正575
重疊す 白氏 續509
重疊增益す 文選 正276
重秬 文選 正276
重籬 白氏 續509
重葩 本朝 正575
重衾 文選 正276
重衾 白氏 續508
重裘 白氏 續508
重誅 文選 正276
重輕 白氏 續508
重鎭 白氏 續508
重閨 文選 正276
重關 文選 正276
重闉 文選 正276
重險 文選 正276

重纊　文選　正276
重德　白氏　續509
重巘　文選　正276
重扃　文選　正276
重昬　文選　正276
重棼　文選　正276
重櫬　文選　正276
重磵　文選　正276
重裀　白氏　續508
重闈　文選　正276
澄　白氏　續508
澄(人名)　白氏　續508
澄凝　白氏　續508
澄湖　文選　正276
澄江　文選　正276
澄江　白氏　續508
澄寂す　文選　正276
澄什　文選　正276
澄城　白氏　續508
澄心　文選　正276
澄々　本朝　正575
澄清　本朝　正575
澄清　白氏　續508
澄清す　本朝　正575
澄清す　白氏　續508
澄鮮　文選　正276
澄鮮　白氏　續508
澄汰す　白氏　續508
澄徹　白氏　續508
澄波　白氏　續508
澄明　本朝　正575
澄懷　文選　正276
澄暉　文選　正276
澄泓　白氏　續508
澄渟す　白氏　續508
澄澹　文選　正276
澄瀛　文選　正276
澄瀾　白氏　續508
澄灣　白氏　續508
澄觴　文選　正276
澄醪　文選　正276
澄澈す　文選　正276
寵　文選　正276
寵　本朝　正575
寵　白氏　續507
寵(人名)　文選　正276
寵し用　白氏　續507
寵す　文選　正276
寵す　白氏　續507
寵愛　本朝　正575
寵愛　白氏　續507
寵渥　白氏　續507
寵位　白氏　續508
寵異　文選　正276
寵益す　白氏　續507
寵寄す　白氏　續507
寵遇　白氏　續507
寵光　文選　正276
寵光　本朝　正575
寵光　白氏　續507
寵幸　白氏　續507
寵幸す　本朝　正575
寵行　白氏　續507
寵子　文選　正276
寵私　文選　正276
寵賜　白氏　續507
寵示す　白氏　續507
寵者　白氏　續507
寵爵　文選　正276
寵爵　本朝　正575
寵錫　白氏　續507
寵樹　本朝　正575
寵重　白氏　續507
寵重す　白氏　續507
寵章　文選　正276
寵章　本朝　正575
寵章　白氏　續507
寵飾す　白氏　續507
寵辱　文選　正276
寵辱　白氏　續507
寵辱憂喜　白氏　續507
寵贈　文選　正276
寵贈　白氏　續507
寵秩　文選　正276
寵秩　白氏　續507
寵珍す　文選　正276
寵擢　白氏　續507
寵擢す　白氏　續507
寵任　白氏　續507
寵任す　文選　正276
寵任す　白氏　續507
寵姬　白氏　續507
寵奮　文選　正276
寵名　白氏　續507
寵命　文選　正276
寵命　本朝　正575
寵命　白氏　續507
寵用　白氏　續507
寵用す　白氏　續507
寵賂　文選　正276
寵禄　文選　正276
寵數　白氏　續507
寵旌　白氏　續507
寵榮　文選　正276
寵榮　本朝　正575
寵榮　白氏　續508
寵澤　本朝　正575
寵澤　白氏　續507
寵祿　白氏　續508
寵靈　文選　正276
寵德　白氏　續507
徵　論語　正68
徵　文選　正276
徵　白氏　續508
徵*言　本朝　正575
徵す　文選　正276
徵す　白氏　續508
徵還　白氏　續508
徵驗　文選　正276
徵催　白氏　續508

徵士　文選　正276
徵事郎　白氏　續508
徵書　白氏　續508
徵祥　文選　正276
徵祥　白氏　續508
徵迫す　白氏　續508
徵賦　文選　正276
徵舒　文選　正276
徵應　文選　正276
徵拜　白氏　續508
徵效　文選　正276
徵發　白氏　續508
懲す　白氏　續508
懲戒　白氏　續508
懲革す　文選　正276
懲罰　白氏　續508
懲勸　白氏　續508
懲勸す　白氏　續508
懲惡　白氏　續508
懲惡勸善　白氏　續508
調せ　竹取　正636
塚間　白氏　續507
塚墓　白氏　續507
冢宰　文選　正275
冢司　文選　正275
冢嗣　文選　正276
冢社　文選　正276
冢卿　白氏　續507
冢宰　白氏　續507
冢墓　白氏　續507
穜稑　文選　正276
穠　白氏　續508
穠華　白氏　續508
穠姿　白氏　續508
穠茂　白氏　續508
醲　白氏　續508
濁世　法華　正422
濁波　本朝　正575
勅　法華　正422
勅　本朝　正575
勅　白氏　續509
勅す　本朝　正575
勅す　白氏　續509
勅喚　本朝　正575
勅使　本朝　正575
勅使　竹取　正636
勅使　宇津　正720
勅使　源氏　正850
勅旨　本朝　正575
勅旨　白氏　續509
勅書　本朝　正575
勅書　白氏　續509
勅置　白氏　續509
勅牒　白氏　續509
勅答　本朝　正575
勅到　本朝　正575
勅符　本朝　正575
勅文　白氏　續509
勅命　本朝　正575
勅祐　本朝　正575
直　論語　正68
直　文選　正276
直　本朝　正575
直　白氏　續509
直轄　本朝　正575
直す　文選　正276
直す　本朝　正575
直す　白氏　續509
直下　遊仙　正94
直下　白氏　續509
直下す　白氏　續509
直言　文選　正276
直言　白氏　續509
直言す　文選　正276
直言す　白氏　續509
直言危行　白氏　續509
直行　白氏　續509
直士　白氏　續509
直指　白氏　續509
直詞　白氏　續509
直事　文選　正276
直宿　白氏　續509
直城　白氏　續509
直心　白氏　續509
直臣　文選　正276
直臣　白氏　續509
直性　文選　正276
直清　白氏　續509
直清貞涼　白氏　續509
直生　文選　正277
直切　文選　正277
直折　白氏　續509
直置す　文選　正277
直直　白氏　續509
直道　論語　正68
直道　文選　正277
直道　白氏　續509
直日　白氏　續509
直筆　文選　正277
直筆　白氏　續509
直文　白氏　續509
直名　白氏　續509
直木　文選　正277
直夜　白氏　續509
直廊　白氏　續509
直廬　文選　正277
直廬　白氏　續509
直氣　白氏　續509
直聲　白氏　續509
直諫　文選　正276
直諫　白氏　續509
直諫す　文選　正276
直躬　白氏　續509
直阡　文選　正277
直辭　白氏　續509
匿　論語　正68
敕　白氏　續509
敕す　白氏　續509
敕書　白氏　續509
敕命　白氏　續509

陟配	文選	正277
陟罰	文選	正277
陟方	文選	正277
陟明	白氏	續509
陟陽侯	文選	正277
陟岵	白氏	續509
砧硂	白氏	續511
砧杵	白氏	續511
塵	文選	正277
塵	白氏	續509
塵衣	白氏	續509
塵汚	白氏	續510
塵架	白氏	續509
塵灰	白氏	續509
塵外	文選	正277
塵外	白氏	續509
塵街	白氏	續509
塵機	本朝	正575
塵機	白氏	續509
塵軌	文選	正277
塵客	白氏	續509
塵襟	白氏	續509
塵垢	白氏	續509
塵巷	本朝	正575
塵綱	文選	正277
塵刧	文選	正277
塵沙	白氏	續510
塵事	文選	正277
塵事	白氏	續510
塵心	本朝	正575
塵心	白氏	續510
塵俗	本朝	正575
塵俗	白氏	續510
塵中	本朝	正575
塵中	白氏	續510
塵泥	白氏	續510
塵轍	文選	正277
塵土	法華	正422
塵土	本朝	正576
塵土	白氏	續510
塵念す	白氏	續510
塵物	文選	正277
塵紛	文選	正277
塵壁	白氏	續510
塵務	文選	正277
塵務	白氏	續510
塵霧	文選	正277
塵霧	白氏	續510
塵冥	文選	正277
塵妄	白氏	續510
塵網	白氏	續510
塵遊	文選	正277
塵容	文選	正277
塵路	白氏	續510
塵刹	本朝	正575
塵勞	本朝	正576
塵勞	白氏	續510
塵囂	白氏	續509
塵埃	文選	正277
塵埃	本朝	正575
塵埃	白氏	續509
塵壞	白氏	續510
塵寰	本朝	正575
塵忝	白氏	續510
塵忝す	白氏	續510
塵數	本朝	正575
塵曠	本朝	正575
塵曠	白氏	續509
塵榻	文選	正277
塵滓	白氏	續510
塵牀	白氏	續510
塵穢	法華	正422
塵穢	本朝	正576
塵穢す	白氏	續510
塵筵	文選	正277
塵籠	本朝	正576
塵纓	文選	正277
塵纓	白氏	續509
塵翳	本朝	正575
塵蘚	白氏	續510
塵蠹す	白氏	續510
塵謗	文選	正277
塵蹤	白氏	續510
塵雑	文選	正277
塵鞅	白氏	續509
塵櫱	文選	正277
塵黷	白氏	續510
塵黷す	白氏	續510
陣	文選	正277
陣	法華	正422
陣	白氏	續511
陣	宇津	正720
陣	枕冊	正782
陣ごと	宇津	正720
陣雲	本朝	正576
陣屋	枕冊	正782
陣亡	白氏	續511
陣亡軍	白氏	續511
陣圖	白氏	續511
朕	文選	正277
朕	本朝	正575
朕	白氏	續511
沈	白氏	續510
沈	宇津	正720
沈	源氏	正850
沈吟	遊仙	正94
沈吟す	本朝	正575
沈吟す	白氏	續510
沈厚和易	白氏	續510
沈香	本朝	正575
沈困	本朝	正575
沈子明	白氏	續510
沈思	本朝	正575
沈謝	白氏	續510
沈愁	白氏	續510
沈舟	白氏	續510
沈水	法華	正422
沈水香	法華	正422
沈嘆す	白氏	續510
沈檀	本朝	正575

沈沈　白氏　續510
沈痛　白氏　續510
沈平　白氏　續510
沈謀　白氏　續510
沈没す　白氏　續510
沈冥　白氏　續510
沈傳師　白氏　續510
沈實　白氏　續510
沈斷す　白氏　續510
沈淪　本朝　正575
沈淪す　本朝　正575
沈滯　本朝　正575
沈潛　白氏　續510
沈痾　本朝　正575
沈痼　白氏　續510
沈醉　本朝　正575
珍　文選　正277
珍　本朝　正576
珍　白氏　續510
珍貨　本朝　正576
珍駕　文選　正277
珍怪　文選　正277
珍館　文選　正277
珍玩　法華　正422
珍器　文選　正277
珍奇　法華　正422
珍奇　白氏　續510
珍義　白氏　續510
珍玉　文選　正277
珍玉　白氏　續510
珍重　本朝　正576
珍重　白氏　續510
珍重す　白氏　續510
珍善　本朝　正576
珍池　文選　正277
珍符　文選　正277
珍物　文選　正277
珍妙　法華　正422
珍木　文選　正277
珍和　白氏　續510
珍寶　文選　正277
珍寶　法華　正422
珍寶　白氏　續511
珍瑰　文選　正277
珍簟　文選　正277
珍羞　文選　正277
珍羞　白氏　續510
珍羣　文選　正277
珍臺　文選　正277
珍藏　文選　正277
珍裘　文選　正277
珍瑋　文選　正277
珎就　白氏　續510
賃す　白氏　續511
賃舂す　白氏　續511
鎮　文選　正277
鎮　本朝　正576
鎮　白氏　續511
鎮す　文選　正277
鎮す　白氏　續511
鎮衛す　文選　正277
鎮軍　文選　正277
鎮軍將軍　文選　正277
鎮主　本朝　正576
鎮州　白氏　續511
鎮州大都督府長吏　白氏　續511
鎮西　文選　正277
鎮西　本朝　正576
鎮西府　文選　正277
鎮南將軍　文選　正277
鎮府　本朝　正576
鎮北將軍　文選　正277
鎮冀　白氏　續511
鎮冀深趙等州觀察處置等使　白氏　續511
鎮國軍判官　白氏　續511
鎮遏使　白氏　續511
鎮靜す　文選　正277
陳　論語　正68
陳　文選　正277
陳　本朝　正576
陳(人名)　文選　正277
陳(人名)　白氏　續511
陳(地名)　白氏　續511
陳す　文選　正277
陳す　本朝　正576
陳す　白氏　續511
陳嬰　文選　正277
陳王　文選　正277
陳家　白氏　續511
陳家古壁之文　本朝　正576
陳賀　白氏　續511
陳賀す　白氏　續511
陳丘子　文選　正277
陳給事　白氏　續511
陳居士　白氏　續511
陳許　白氏　續511
陳許高僕射　白氏　續511
陳協律　白氏　續511
陳君　文選　正277
陳君賞　白氏　續511
陳兄　白氏　續511
陳啓す　白氏　續511
陳結之　白氏　續511
陳見す　文選　正277
陳乞　本朝　正576
陳乞　白氏　續511
陳乞す　本朝　正576
陳乞す　白氏　續511
陳公　文選　正277
陳孔璋　文選　正277
陳孝山　白氏　續511
陳恒　論語　正68
陳皇后　文選　正277
陳紅　本朝　正576
陳項　文選　正277
陳根　文選　正277
陳根　白氏　續511
陳山人　白氏　續511

陳司敗　論語　正68
陳子禽　論語　正68
陳子昂　白氏　續511
陳思　文選　正277
陳思王　文選　正277
陳思王　本朝　正576
陳氏　文選　正277
陳氏　白氏　續511
陳式　白氏　續511
陳室　白氏　續511
陳謝　白氏　續511
陳謝(人名)　白氏　續511
陳謝す　白氏　續511
陳主簿　白氏　續511
陳重　本朝　正576
陳叔達　白氏　續511
陳徐　文選　正277
陳勝　文選　正277
陳唱　文選　正277
陳渉　文選　正277
陳焦　文選　正277
陳丞相　本朝　正576
陳情　白氏　續511
陳讓　本朝　正576
陳成子　論語　正68
陳生　白氏　續511
陳請　本朝　正576
陳請す　白氏　續511
陳説す　文選　正277
陳楚　白氏　續511
陳奏　白氏　續511
陳奏す　白氏　續511
陳宋　文選　正277
陳相　文選　正277
陳村　白氏　續511
陳太丘　文選　正277
陳泰　文選　正277
陳大尉　本朝　正576
陳大守　本朝　正576
陳中師　白氏　續511
陳朝　白氏　續511
陳杜　白氏　續511
陳二　白氏　續511
陳日榮等　白氏　續511
陳農　文選　正277
陳伯之　文選　正277
陳夫子　白氏　續512
陳府君　白氏　續512
陳武　文選　正277
陳文子　論語　正68
陳聞　文選　正277
陳聞す　文選　正277
陳平　文選　正277
陳平　白氏　續512
陳篇　文選　正277
陳篇　本朝　正576
陳昧　文選　正277
陳留　文選　正277
陳留　白氏　續512
陳留郡　白氏　續512
陳琳　文選　正277
陳琳孔璋　文選　正277
陳列す　本朝　正576
陳露　白氏　續512
陳露す　白氏　續512
陳郎中　白氏　續512
陳郎中使君　白氏　續512
陳亢　論語　正68
陳咸　文選　正277
陳娥　文選　正277
陳寔　白氏　續511
陳寶　文選　正277
陳將軍　文選　正277
陳榻　白氏　續511
陳樊　白氏　續511
陳獻す　白氏　續511
陳籠　白氏　續511
陳羣　論語　正68
陳羣　文選　正277
陳蔡　論語　正68
陳蔡　白氏　續511
陳讓　白氏　續511
陳讓す　白氏　續511
陳軫　文選　正277
陳倓　白氏　續511
陳汧*　文選　正277
陳荄　文選　正277
椿葉　本朝　正576
枕　白氏　續510
枕　枕冊　正782
枕上　白氏　續510
枕席　白氏　續510
枕籍　白氏　續510
枕前　白氏　續510
枕中　白氏　續510
枕帙　白氏　續510
枕簟　白氏　續510
殄滅　本朝　正576
殄滅す　本朝　正576
殄瘁　本朝　正576
畛　文選　正277
瞋菌　文選　正277
鎭守　白氏　續511
鎭守す　白氏　續511
鎭帥　白氏　續511
鎭星　白氏　續511
鎭節度使　白氏　續511
鎭寧す　白氏　續511
鎭備す　白氏　續511
鎭撫　白氏　續511
鎭撫す　白氏　續511
鎭陽　白氏　續511
鎭臨す　白氏　續511
鎭壘　白氏　續511
鎭綏す　白氏　續511
鎭靜　白氏　續511
鴆鳥　白氏　續512
沉　白氏　續510
沉吟　白氏　續510
沉吟す　白氏　續510

沉舟　白氏　續510
沉重す　白氏　續510
沉然　白氏　續510
沉浮す　白氏　續510
沉冥　白氏　續510
沉冥す　白氏　續510
沉僾す　白氏　續510
沉淪　白氏　續510
沉湎す　白氏　續510
沉痾　白氏　續510
沉賤　白氏　續510
沉醉す　白氏　續510
沉靜　白氏　續510
沉沉　白氏　續510
琛　本朝　正576
疢痗　文選　正277
繽紛　文選　正277
迍邅　遊仙　正94
迍邅　本朝　正576

【つ】

つくり様　源氏　正850
つねふさの中將
　枕冊　正782
み厨子　宇津　正720
み厨子どころ　宇津　正720
み厨子とも　源氏　正850
み厨子所　源氏　正850
御厨子　源氏　正850
厨子　宇津　正720
厨子　源氏　正850
塗香　法華　正422
頭陀　法華　正422
頭陀　本朝　正576
頭陀　白氏　續512
頭陀す　本朝　正576
頭陀寺　白氏　續512
頭陀會　白氏　續512
頭陀經　白氏　續512
頭頂　法華　正422
頭面　法華　正422
圖す　本朝　正576
圖書頭　本朝　正576
圖書頭等　本朝　正576
圖寫す　本朝　正576
圖繪　本朝　正576
圖繪す　本朝　正576
衝立障子　枕冊　正782
塠　文選　正277
堆髻　白氏　續512
墜景　文選　正277
墜軸　白氏　續512
墜失す　本朝　正576
墜履　白氏　續512
墜墮す　法華　正422
墜髻　白氏　續512
椎輪　文選　正277
椎髻　文選　正277
椎髻す　文選　正277
相追隨　文選　正277
追遠　白氏　續512
追悔す　白氏　續512
追勘す　白氏　續512
追感す　文選　正277
追求す　法華　正422
追孝　文選　正277
追孝　本朝　正576
追思す　白氏　續512
追従　源氏　正850
追尋す　文選　正277
追尋す　白氏　續512
追隨す　白氏　續512
追崇　白氏　續512
追崇す　白氏　續512
追善　本朝　正576
追想す　白氏　續512
追贈　白氏　續512
追贈す　文選　正277
追歎す　白氏　續512
追逐す　白氏　續512
追寵　文選　正277
追寵　白氏　續512
追封す　白氏　續512
追風　文選　正277
追風　本朝　正576
追福　本朝　正576
追捕　本朝　正576
追捕す　本朝　正576
追捕す　白氏　續512
追命　白氏　續512
追遊　白氏　續512
追遊す　白氏　續512
追遊集宴　白氏　續512
追養　文選　正277
追從　本朝　正576
追從し　枕冊　正782
追從し　源氏　正850
追從しありき　源氏　正850
追從しより　源氏　正850
追從す　本朝　正576
追從す　宇津　正720
追榮　本朝　正576
追榮　白氏　續512
追榮す　白氏　續512
追歡　本朝　正576
追歡　白氏　續512
追號　白氏　續512
追錄す　文選　正277
鎚鍛す　白氏　續512
魋結す　文選　正277
御通事　宇津　正720
通す　法華　正422
通す　本朝　正576
通塞　法華　正422
通事　宇津　正720
通達す　法華　正422
通利　法華　正422
通利す　法華　正422
月の宴　源氏　正850
筑紫の五節　源氏　正850

作絵　源氏　正850
壺前栽　源氏　正850
壺前栽の宴　源氏　正850
壺裝束　枕冊　正782
壺裝束　源氏　正850
壺裝束し　枕冊　正782

【て】

てくるまの宣旨　源氏　正850
御手本　宇津　正720
御手本　源氏　正850
手本　宇津　正720
手本　源氏　正850
み弟子　宇津　正720
御弟子　源氏　正850
御弟子とも　源氏　正850
弟子　法華　正422
弟子　宇津　正720
弟子　源氏　正850
弟子とも　源氏　正850
弟子はら　源氏　正850
鵜鶘　文選　正280
脭醲　文選　正279
替處　白氏　續514
第　文選　正279
第　白氏　續514
第す　白氏　續514
第一　文選　正279
第一　本朝　正577
第一　白氏　續514
第一座　白氏　續515
第一室　白氏　續515
第一道　白氏　續515
第一聲　白氏　續515
第館　文選　正279
第九　本朝　正577
第九層　白氏　續515
第五　文選　正279
第五　本朝　正577
第五　白氏　續515
第五七句　本朝　正577
第五道　白氏　續515
第三　本朝　正577
第三　白氏　續515
第三室　白氏　續515
第三谷　文選　正279
第三道　白氏　續515
第三聲　白氏　續515
第四　文選　正279
第四　本朝　正577
第四　白氏　續515
第四道　白氏　續515
第七　本朝　正577
第七　白氏　續515
第七集　白氏　續515
第七句　白氏　續515
第七秩　白氏　續515
第十　文選　正279
第十　本朝　正577
第十二妹等　白氏　續515
第宅　文選　正279
第宅　白氏　續515
第二　文選　正279
第二　本朝　正577
第二　白氏　續515
第二室　白氏　續515
第二道　白氏　續515
第二年　白氏　續515
第八　本朝　正577
第八秩　白氏　續515
第判　白氏　續515
第品　白氏　續515
第門　白氏　續515
第六　白氏　續515
第六祖　白氏　續515
寄題す　白氏　續516
題　文選　正280
題　本朝　正577
題　白氏　續516
題す　文選　正280
題す　本朝　正577
題す　白氏　續516
題者　本朝　正577
題署　本朝　正577
題贈　白氏　續517
題答　白氏　續517
題湊　文選　正280
題名　本朝　正577
題目　本朝　正577
題目　白氏　續517
題輿　白氏　續517
題贊す　白氏　續517
題錄す　白氏　續517
聯題す　白氏　續516
緘題す　白氏　續516
鷤鴂　文選　正280
杕杜　文選　正279
丁　文選　正278
丁　白氏　續512
丁亥　白氏　續512
丁儀　文選　正278
丁敬禮　文選　正278
丁固　文選　正278
丁公著　白氏　續512
丁口　白氏　續512
丁氏　白氏　續512
丁生　文選　正278
丁丁　白氏　續512
丁鶴　白氏　續512
丁酉　白氏　續512
丁寧　本朝　正576
丁寧　白氏　續512
丁年　文選　正278
丁年　本朝　正576
丁年　白氏　續512
丁奉鍾　文選　正278
丁未　文選　正278
丁未　白氏　續512
丁令(人名)　文選　正278

丁令(地名) 文選 正278
丁令威 本朝 正576
丁零 文選 正278
丁傅 文選 正278
丁壯 白氏 續512
町畽 白氏 續514
聽許 遊仙 正94
頂 白氏 續516
頂謁 白氏 續516
頂上 白氏 續516
頂毳 白氏 續516
綴 文選 正279
綴す 文選 正279
綴衣 文選 正279
綴韻 本朝 正577
綴属 本朝 正577
綴學 文選 正279
綴敘 文選 正279
綴旒 文選 正279
綴旒 白氏 續515
亭 文選 正278
亭 本朝 正576
亭 白氏 續512
亭育 白氏 續512
亭菊 文選 正278
亭午 本朝 正576
亭午 白氏 續512
亭候 文選 正278
亭皐 文選 正278
亭子 本朝 正576
亭子 白氏 續512
亭子院 本朝 正576
亭子院 源氏 正850
亭障 白氏 續512
亭上 本朝 正576
亭上 白氏 續512
亭西 白氏 續512
亭亭 文選 正278
亭亭 白氏 續512
亭々 本朝 正576
亭毒 文選 正278
亭毒 白氏 續512
亭毒す 本朝 正576
亭臺 白氏 續512
㐆屋 本朝 正576
㐆昂 遊仙 正94
㐆昂す 本朝 正576
㐆頭す 本朝 正576
㐆頭擧手す 本朝 正576
㐆柳 本朝 正576
低歌 白氏 續512
低花 白氏 續512
低廻す 白氏 續512
低仰す 文選 正278
低昂 文選 正278
低昂 白氏 續512
低昂す 文選 正278
低昂す 白氏 續512
低斜す 白氏 續512
低垂す 白氏 續512
低窓 白氏 續512
低亭 白氏 續512
低頭す 本朝 正576
低風 白氏 續512
低平 白氏 續513
低帽 白氏 續512
低密 白氏 續513
低迷す 文選 正278
低廊 白氏 續513
低墻 白氏 續512
低徊す 文選 正278
低濕 白氏 續512
低卬す 文選 正278
低屏 白氏 續513
低鵶 白氏 續512
停依 文選 正278
停陰 文選 正278
停止 本朝 正576
停止す 本朝 正576
停樹 文選 正278
停住す 文選 正278
停絶す 文選 正278
停滞 白氏 續513
停綴 文選 正278
停年 白氏 續513
停泊す 白氏 續513
停罷 白氏 續513
停歩 白氏 續513
停歇 遊仙 正94
停滯 本朝 正576
停滯す 本朝 正576
停癈 本朝 正576
偵諜 文選 正278
剃削 白氏 續513
剃落す 白氏 續513
貞 論語 正68
貞 文選 正279
貞 本朝 正577
貞 白氏 續515
貞夷 文選 正279
貞介 文選 正279
貞軌 文選 正279
貞吉 文選 正279
貞休 文選 正279
貞苦 白氏 續515
貞堅 文選 正279
貞元 本朝 正577
貞元 白氏 續515
貞元(年号) 白氏 續515
貞元々年 本朝 正577
貞元々年九月十九日 本朝 正577
貞元十九年 白氏 續515
貞元十九年冬十月一日 白氏 續515
貞元十五年 白氏 續515
貞元十五年七月七日 白氏 續515
貞元十七年 白氏 續515
貞元十年五月二十八日

白氏　續515
貞元十有五年　白氏　續515
貞元十六年夏四月一日
白氏　續515
貞元中　白氏　續515
貞元二十年十一月十三日
白氏　續515
貞元二年　本朝　正577
貞元二年　白氏　續515
貞元二年六月十四日
本朝　正577
貞元八年九月　白氏　續515
貞元六年　白氏　續515
貞固　文選　正279
貞公　本朝　正577
貞孝　文選　正279
貞行　白氏　續515
貞作す　本朝　正577
貞士　文選　正279
貞姿　白氏　續515
貞修　白氏　續515
貞純　文選　正279
貞順　文選　正279
貞女　文選　正279
貞松　白氏　續515
貞上人　本朝　正577
貞信　文選　正279
貞信公　本朝　正577
貞心　文選　正279
貞心　本朝　正577
貞臣　文選　正279
貞臣　本朝　正577
貞脆　文選　正279
貞石　文選　正279
貞節　文選　正279
貞節　本朝　正577
貞操等　白氏　續515
貞則　文選　正279
貞退　白氏　續516
貞端　白氏　續516
貞白　白氏　續516
貞白端莊　白氏　續516
貞白嚴重　白氏　續516
貞方　白氏　續516
貞明　白氏　續516
貞明儉素　白氏　續516
貞亮　文選　正279
貞亮　白氏　續516
貞良　文選　正279
貞良　白氏　續516
貞廉　文選　正279
貞廉　白氏　續516
貞和　白氏　續515
貞勁秀異　白氏　續515
貞吝　文選　正279
貞壯　文選　正279
貞壯　本朝　正577
貞恬　白氏　續516
貞愨　文選　正279
貞觀　白氏　續515
貞觀す　文選　正279
貞觀中　白氏　續515
寄呈す　白氏　續513
呈　白氏　續513
呈す　文選　正278
呈す　本朝　正576
呈す　白氏　續513
呈試す　文選　正278
呈謝す　白氏　續513
呈露　文選　正278
堤上　白氏　續513
堤塘　白氏　續513
堤柳　白氏　續513
堤決　白氏　續513
堤滕　文選　正278
定　白氏　續513
定慧　白氏　續513
定光上人　白氏　續513
定公　論語　正68
定根　白氏　續513
定策　文選　正278
定山　文選　正278
定爾　文選　正278
定州　白氏　續513
定準　本朝　正576
定省す　文選　正278
定情　白氏　續513
定心石　白氏　續513
定水　白氏　續513
定星　本朝　正576
定中　白氏　續513
定衷　文選　正278
定難　白氏　續513
定分　文選　正278
定約す　白氏　續513
定襄郡王　白氏　續513
定偈　白氏　續513
定國　文選　正278
定國　白氏　續513
定場　白氏　續513
定惠　本朝　正576
定數　本朝　正576
定數　白氏　續513
帝　論語　正68
帝　文選　正278
帝　白氏　續513
帝位　文選　正278
帝位　本朝　正576
帝位　白氏　續513
帝宇　文選　正278
帝王　文選　正278
帝王　本朝　正576
帝王　白氏　續513
帝王　宇津　正720
帝王　源氏　正850
帝魁　文選　正278
帝漢　文選　正278
帝漢　本朝　正576
帝畿　文選　正278
帝宮　文選　正278

帝居 文選 正278
帝京 文選 正278
帝京 白氏 續513
帝郷 文選 正278
帝郷 白氏 續513
帝業 文選 正278
帝軒 文選 正278
帝功 文選 正278
帝功 白氏 續513
帝后 本朝 正576
帝江 文選 正278
帝皇 文選 正278
帝皇 本朝 正576
帝紘 文選 正278
帝郊 文選 正278
帝座 文選 正278
帝座 白氏 續513
帝載 文選 正278
帝子 文選 正278
帝子 白氏 續513
帝師 文選 正278
帝祉 文選 正278
帝室 文選 正278
帝者 文選 正278
帝者 本朝 正576
帝者 白氏 續513
帝狩 文選 正278
帝舜 本朝 正576
帝渚 文選 正278
帝緒 文選 正278
帝女 文選 正278
帝城 本朝 正576
帝城 白氏 續513
帝心 文選 正278
帝心 白氏 續513
帝臣 論語 正68
帝臣 文選 正278
帝辛 文選 正278
帝辛 白氏 續513
帝世 文選 正278
帝籍 白氏 續513
帝先 本朝 正576
帝祖 文選 正278
帝像 文選 正278
帝族 文選 正278
帝孫 白氏 續513
帝弟 文選 正278
帝典 文選 正278
帝都 文選 正278
帝都 白氏 續513
帝唐 文選 正278
帝道 文選 正278
帝道 本朝 正576
帝念 本朝 正576
帝範 本朝 正576
帝服す 文選 正278
帝文 文選 正278
帝放勛 本朝 正576
帝命 文選 正278
帝猷 文選 正278
帝容 文選 正278
帝里 文選 正278
帝里 本朝 正576
帝里 白氏 續513
帝力 白氏 續513
帝圖 文選 正278
帝學 文選 正278
帝暉 文選 正278
帝臺 文選 正278
帝藉 文選 正278
帝號 文選 正278
帝詢 文選 正278
帝迹 文選 正278
帝闉 文選 正278
帝體 文選 正278
帝堯 文選 正278
帝德 文選 正278
帝德 本朝 正576
帝德將軍 白氏 續513
帝嫣 文選 正278
帝祜 文選 正278
帝籙 文選 正278
帝閽 文選 正278
帝閽 本朝 正576
底 白氏 續513
底 白氏 續513
底沓す 文選 正278
底寧す 文選 正278
底滯す 文選 正278
庭 文選 正278
庭す 文選 正278
庭す 白氏 續513
庭院 白氏 續514
庭宇 文選 正278
庭宇 白氏 續513
庭下 文選 正278
庭花 白氏 續513
庭階 文選 正278
庭隅 本朝 正576
庭訓 白氏 續513
庭堅 文選 正278
庭戸 本朝 正576
庭戸 白氏 續513
庭際 白氏 續513
庭樹 文選 正278
庭樹 本朝 正576
庭樹 白氏 續513
庭序 文選 正278
庭除 文選 正278
庭松 白氏 續513
庭上 本朝 正576
庭前 文選 正278
庭前 本朝 正576
庭前 白氏 續513
庭草 文選 正278
庭草 白氏 續513
庭霜 白氏 續513
庭中 文選 正278
庭中 本朝 正577
庭中 白氏 續513

庭東	白氏	續513
庭蕪	文選	正278
庭蕪	白氏	續513
庭湊	白氏	續513
庭柳	白氏	續514
庭葉	白氏	續513
庭蘭	白氏	續514
庭露	本朝	正577
庭實	文選	正278
庭實	本朝	正576
庭實	白氏	續513
庭廡	文選	正278
庭徑	白氏	續513
庭柯	文選	正278
庭槐	文選	正278
庭槐	白氏	續513
庭櫻	本朝	正576
庭燎	文選	正278
庭筵	文選	正278
庭臺	白氏	續513
庭衢	文選	正278
庭諍	白氏	續513
庭闈	文選	正278
庭闈	白氏	續514
庭鵾	文選	正278
廷尉	文選	正279
廷尉	本朝	正577
廷尉	白氏	續514
廷尉寺吏	白氏	續514
廷尉丞	白氏	續514
廷尉正	文選	正279
弟	文選	正279
弟	本朝	正577
弟	白氏	續514
弟兄	白氏	續514
弟子	論語	正68
弟子	文選	正279
弟子	本朝	正577
弟子	白氏	續514
弟宅	本朝	正577
弟二	文選	正279
弟二之子	本朝	正577
弟妹	白氏	續514
弟姪	本朝	正577
弟姪	白氏	續514
弟姪等	白氏	續514
悌	論語	正68
抵見	文選	正279
抵滯	白氏	續514
挺	白氏	續514
挺す	白氏	續514
挺解す	文選	正279
挺出	白氏	續514
挺身	白氏	續514
挺生す	文選	正279
挺穟	文選	正279
相提攜す	白氏	續514
提垣因	白氏	續514
提契	文選	正279
提携す	白氏	續514
提結す	本朝	正577
提衡	文選	正279
提振す	白氏	續514
提抜す	白氏	續514
提壺	白氏	續514
提壺鳥	白氏	續514
提奬	本朝	正577
提挈	文選	正279
提挈す	白氏	續514
提擧す	白氏	續514
提攜す	文選	正279
提攜す	白氏	續514
梯	白氏	續514
梯航す	本朝	正577
汀曲	文選	正279
汀沙	白氏	續514
汀樹	白氏	續514
汀州	白氏	續514
汀洲	文選	正279
汀濘	文選	正279
汀葭	文選	正279
禎	文選	正279
禎	白氏	續514
禎祥	文選	正279
禎祥	本朝	正577
禎祥	白氏	續514
程	文選	正279
程	本朝	正577
程	白氏	續514
程す	文選	正279
程限	白氏	續514
程行	白氏	續514
程子	本朝	正577
程試	文選	正279
程式す	文選	正279
程執恭	白氏	續514
程執撫	白氏	續514
程秀才	白氏	續514
程章	本朝	正577
程昔範	白氏	續514
程姫	文選	正279
程普	文選	正279
程羅	文選	正279
程羣	白氏	續514
締錦	文選	正279
締構	文選	正279
締搆	文選	正279
諦聽す	本朝	正577
諦觀す	白氏	續515
蹄	本朝	正577
蹄角	白氏	續516
蹄汗	白氏	續515
蹄足	文選	正279
邸	文選	正279
邸第	白氏	續516
鄭	論語	正68
鄭(人名)	文選	正279
鄭(人名)	白氏	續516
鄭(地名)	文選	正279
鄭(地名)	白氏	續516

鄭雲逵　白氏　續516
鄭衛　文選　正279
鄭衛　白氏　續516
鄭沖　論語　正68
鄭沖　文選　正280
鄭何　白氏　續516
鄭家　白氏　續516
鄭雅　文選　正279
鄭滑　白氏　續516
鄭滑院官　白氏　續516
鄭滑觀察推官　白氏　續516
鄭滑邠寧　白氏　續516
鄭義泰　文選　正279
鄭牛　白氏　續516
鄭居中　白氏　續516
鄭興　文選　正279
鄭郷　文選　正279
鄭均　文選　正279
鄭君　白氏　續516
鄭群　白氏　續516
鄭群等　白氏　續516
鄭元　白氏　續516
鄭玄　本朝　正577
鄭公　本朝　正577
鄭公　白氏　續516
鄭公榮　白氏　續516
鄭公逵　白氏　續516
鄭公逵等　白氏　續516
鄭康成　本朝　正577
鄭弘　文選　正279
鄭弘　本朝　正577
鄭使君　白氏　續516
鄭氏　文選　正279
鄭侍御　白氏　續516
鄭侍御判官　白氏　續516
鄭舍人　白氏　續516
鄭州　白氏　續516
鄭衆　文選　正279
鄭重　本朝　正577
鄭重　白氏　續516
鄭叔矩　白氏　續516
鄭庶子　白氏　續516
鄭女　文選　正280
鄭尚書　文選　正279
鄭尚書　本朝　正577
鄭臣君　本朝　正577
鄭人　白氏　續516
鄭生　文選　正280
鄭泉　本朝　正577
鄭相(人名)　白氏　續516
鄭相(地名)　白氏　續516
鄭太尉　本朝　正577
鄭中　白氏　續516
鄭長水　白氏　續516
鄭通誠　白氏　續516
鄭都　文選　正280
鄭二司錄　白氏　續516
鄭二侍御　白氏　續516
鄭白　文選　正280
鄭秘書徵君　白氏　續516
鄭夫人　白氏　續516
鄭武　文選　正280
鄭武公　本朝　正577
鄭舞す　文選　正280
鄭風　白氏　續516
鄭明府　白氏　續516
鄭處士　白氏　續516
鄭尹　白氏　續516
鄭懿等　白氏　續516
鄭懼　白氏　續516
鄭據　白氏　續516
鄭枋　白氏　續516
鄭涵等　白氏　續516
鄭璞　文選　正280
鄭當時　文選　正280
鄭聲　論語　正68
鄭聲　文選　正280
鄭聲　白氏　續516
鄭莊　文選　正279
鄭蠻利等　白氏　續516
鄭覃　白氏　續516
鄭餘慶　白氏　續516
鄭詹尹　文選　正280
鄭絪　白氏　續516
釘す　白氏　續516
鼎　文選　正280
鼎　本朝　正577
鼎　白氏　續517
鼎貴　文選　正280
鼎魚　白氏　續517
鼎湖　文選　正280
鼎湖　本朝　正577
鼎湖　白氏　續517
鼎司　文選　正280
鼎司　本朝　正577
鼎嗣　本朝　正577
鼎士　文選　正280
鼎食　文選　正280
鼎食す　文選　正280
鼎盛　白氏　續517
鼎盛す　本朝　正577
鼎足　文選　正280
鼎族　本朝　正577
鼎定　本朝　正577
鼎門　文選　正280
鼎門　白氏　續517
鼎俎　文選　正280
鼎實　文選　正280
鼎彝　文選　正280
鼎鉉　文選　正280
鼎鑊　白氏　續517
泥　文選　正279
泥　法華　正422
泥　白氏　續514
泥　宇津　正720
泥す　文選　正279
泥雨　白氏　續514
泥蛙　白氏　續514
泥金　白氏　續514
泥垢　白氏　續514

泥沙　文選　正279
泥沙　本朝　正577
泥沙　白氏　續514
泥首　文選　正279
泥人　文選　正279
泥塵　白氏　續514
泥雪　白氏　續514
泥泉　白氏　續514
泥壇　白氏　續514
泥中　白氏　續514
泥泥　文選　正279
泥塗　本朝　正577
泥塗　白氏　續514
泥土　白氏　續514
泥鋪　白氏　續514
泥滓　文選　正279
泥滓　白氏　續514
泥濘　白氏　續514
泥蚤　本朝　正577
砥　白氏　續514
砥路　文選　正279
砥礪　文選　正279
薙氏　文選　正279
禰衡　文選　正279
禰衡　白氏　續514
禰處士　文選　正279
梈柰　文選　正279
詆殺す　白氏　續515
俤　白氏　續514
叮嚀　遊仙　正94
啼猿　遊仙　正94
啼眼　本朝　正576
啼眼　白氏　續513
啼襟　白氏　續513
啼鳥　白氏　續513
啼眉　白氏　續513
啼哭す　白氏　續513
啼聲　白氏　續513
啼蛩　白氏　續513
啼螿　白氏　續513
侫哀　文選　正278
幀　白氏　續513
廳　文選　正279
廳　白氏　續514
廳院　白氏　續514
廳記　白氏　續514
廳事　白氏　續514
廳前　白氏　續514
廳堂　白氏　續514
廳壁　白氏　續514
廳簾　白氏　續514
棣　白氏　續514
棣華　本朝　正577
棣華驛　白氏　續514
棣等　白氏　續514
棣蕚　白氏　續514
涕　白氏　續514
涕泣　文選　正279
涕泣す　文選　正279
涕泣す　法華　正422
涕血　遊仙　正94
涕川　本朝　正577
涕唾　文選　正279
涕流す　文選　正279
涕涙　文選　正279
涕涙　本朝　正577
涕涙　白氏　續514
涕泗　文選　正279
涕泗　白氏　續514
渟海　文選　正279
渟渟　白氏　續514
渟洿　文選　正279
渟涔　文選　正279
滯　本朝　正577
滯淹　本朝　正577
睇眄　文選　正279
聽　本朝　正577
聽　白氏　續515
聽看す　白氏　續515
聽採す　白氏　續515
聽取す　白氏　續515
聽法　白氏　續515
聽從　白氏　續515
聽覽　文選　正279
聽覽　本朝　正577
聽覽　白氏　續515
詆訊　白氏　續515
詆忤す　白氏　續515
詆訐　白氏　續515
詆訐す　文選　正279
詆訶　文選　正279
躑躅　白氏　續515
躰　本朝　正577
軆　本朝　正577
逞印　白氏　續516
遞互　白氏　續515
遞夫　白氏　續515
醒　白氏　續516
霆　文選　正280
體　論語　正68
體　文選　正280
體　文選　正280
體　本朝　正577
體　白氏　續517
體す　論語　正68
體す　文選　正280
體す　本朝　正577
體す　白氏　續517
體解す　文選　正280
體元　白氏　續517
體行　文選　正280
體骨　白氏　續517
體裁　文選　正280
體裁　白氏　續517
體信　文選　正280
體制　文選　正280
體勢　文選　正280
體性　文選　正280
體製　本朝　正577
體中　白氏　續517

體統　文選　正280
體道　白氏　續517
體肉　本朝　正577
體物　白氏　續517
體分　文選　正280
體文　文選　正280
體望　白氏　續517
體貌　文選　正280
體命　文選　正280
體用　白氏　續517
體要　白氏　續517
體理　文選　正280
體國　文選　正280
體氣　文選　正280
體氣　白氏　續517
體澤　文選　正280
楨　文選　正279
楨　白氏　續514
楨橿　文選　正279
楨幹　白氏　續514
珵美　文選　正279
坻　白氏　續513
娣姒　白氏　續513
[illegible]　白氏　續514
檉松　文選　正279
氐　文選　正279
氐斧　文選　正279
氐羌(人名)　文選　正279
氐羌(地名)　文選　正279
泜水　文選　正279
睼禽す　文選　正279
禘　論語　正68
禘郊　文選　正279
稊米　白氏　續514
稊楊　文選　正279
稊葹　文選　正279
筳篿す　文選　正279
綈衣　文選　正279
綈錦　文選　正279
綈袍　白氏　續515
緹騎　文選　正279
緹繡　文選　正279
緹幕　文選　正279
緹幭　文選　正279
緹帷　文選　正279
緹縠　文選　正279
緹縈　白氏　續515
苐宅　本朝　正577
荑　白氏　續515
荑指　本朝　正577
赬螫　文選　正280
赬鯉　文選　正280
赬素　文選　正280
赬丹　文選　正280
赬壤　文選　正280
赬葚　本朝　正577
鋌　文選　正280
隄　白氏　續516
隄封　文選　正280
隄防　文選　正280
隄防　本朝　正577
隄防　白氏　續516
隄防す　白氏　續516
鞮鞻　文選　正280
鞮譯　文選　正280
鞮鍪　文選　正280
頳玉　白氏　續516
頳錦　白氏　續516
頳鯉　白氏　續516
頳面す　白氏　續516
頳莖　文選　正280
鮷鱧　文選　正280
鶗鴂　文選　正280
鶗鴂　白氏　續517
鼶鼠　文選　正280
兆　文選　正280
兆　本朝　正577
兆　白氏　續517
兆域　本朝　正577
兆域　白氏　續517
兆庶　文選　正280
兆庶　本朝　正577
兆庶　白氏　續517
兆人　文選　正280
兆人　白氏　續517
兆眹す　文選　正280
兆民　文選　正280
兆民　本朝　正577
兆民　白氏　續517
凋　文選　正280
凋枯　本朝　正577
凋衰　本朝　正577
凋疏　白氏　續517
凋喪す　文選　正280
凋年　文選　正280
凋年　白氏　續517
凋弊　白氏　續517
凋弊す　白氏　續517
凋落　本朝　正577
凋落す　文選　正280
凋落す　本朝　正577
凋零　白氏　續517
凋零す　白氏　續517
凋殘　本朝　正577
凋殘　白氏　續517
凋殘す　本朝　正577
凋殞　文選　正280
凋瘵　白氏　續517
相弔す　白氏　續517
弔　文選　正280
弔　本朝　正577
弔す　論語　正68
弔す　文選　正280
弔す　本朝　正577
弔す　白氏　續517
弔影　白氏　續517
弔客　白氏　續517
弔祭　文選　正280
弔祭冊立使　白氏　續517
弔伐　白氏　續517

弔奠　白氏　續517
弔祠す　文選　正280
彫　本朝　正577
彫鎪　文選　正280
彫雲　文選　正280
彫閣　文選　正280
彫弓　文選　正280
彫玉　文選　正280
彫枯す　文選　正280
彫胡　文選　正280
彫虎　文選　正280
彫刻　本朝　正577
彫章　文選　正280
彫章　白氏　續517
彫飾す　文選　正280
彫飾す　本朝　正577
彫衰す　文選　正280
彫琢　論語　正68
彫琢　文選　正280
彫琢す　文選　正280
彫庭　文選　正280
彫堂　文選　正280
彫服　文選　正280
彫文　文選　正280
彫落す　文選　正280
彫俎　文選　正280
彫殘す　文選　正280
彫煥す　文選　正280
彫篆　文選　正280
彫籠　文選　正280
彫觴　文選　正280
彫輦　文選　正280
彫鐫　白氏　續517
彫餝　本朝　正577
彫斲　文選　正280
彫瑑す　文選　正280
徴　本朝　正577
徴嬖　本朝　正577
徴發　本朝　正577
徴辟　本朝　正577
懲肅　本朝　正577
挑　白氏　續517
挑兮　本朝　正577
朝　論語　正68
朝　文選　正280
朝　本朝　正577
朝　白氏　續517
朝す　論語　正68
朝す　文選　正280
朝す　本朝　正577
朝す　白氏　續517
朝威　本朝　正578
朝衣　文選　正280
朝衣　本朝　正578
朝衣　白氏　續517
朝陰　文選　正280
朝隠　文選　正280
朝右　文選　正280
朝右　白氏　續517
朝雨　文選　正280
朝雨　白氏　續517
朝雲　文選　正280
朝雲　本朝　正578
朝雲　白氏　續517
朝謁　白氏　續517
朝謁す　白氏　續517
朝煙　白氏　續517
朝恩　本朝　正578
朝恩　白氏　續518
朝家　本朝　正578
朝歌　文選　正280
朝華　文選　正280
朝霞　文選　正280
朝霞亭　白氏　續517
朝賀す　文選　正280
朝階　文選　正280
朝官　白氏　續518
朝飢　白氏　續517
朝儀　文選　正280
朝儀　本朝　正578
朝儀　白氏　續517
朝義　本朝　正578
朝議　文選　正280
朝議　白氏　續517
朝議大夫　白氏　續517
朝議郎　白氏　續517
朝客　白氏　續517
朝享　白氏　續518
朝景　白氏　續518
朝憲　本朝　正578
朝憲　白氏　續518
朝賢　白氏　續518
朝光　白氏　續518
朝綱　本朝　正578
朝綱　白氏　續517
朝行　白氏　續517
朝昏　白氏　續518
朝鎖　白氏　續518
朝坐　本朝　正578
朝采　文選　正281
朝散　白氏　續518
朝散大夫　白氏　續518
朝散郎　白氏　續518
朝散贊善二大夫　白氏　續518
朝使　本朝　正578
朝士　文選　正281
朝士　本朝　正578
朝士　白氏　續518
朝市　文選　正281
朝市　本朝　正578
朝市　白氏　續518
朝市す　文選　正281
朝旨　文選　正281
朝旨　白氏　續518
朝事　本朝　正578
朝寺　文選　正281
朝車　白氏　續518
朝宗　文選　正281
朝宗　白氏　續518

朝秀　文選　正281
朝序　白氏　續518
朝章　文選　正281
朝章　本朝　正578
朝章　白氏　續518
朝鐘　白氏　續518
朝臣　文選　正281
朝臣　本朝　正578
朝臣　白氏　續518
朝水　白氏　續518
朝睡　白氏　續518
朝政　文選　正281
朝政　本朝　正578
朝政　白氏　續518
朝請　文選　正281
朝請　本朝　正578
朝請す　白氏　續518
朝請大夫　白氏　續518
朝籍　白氏　續518
朝選　本朝　正578
朝選　白氏　續518
朝鮮　文選　正281
朝帯　白氏　續518
朝大夫　白氏　續518
朝旦　文選　正281
朝端　文選　正281
朝端　白氏　續518
朝中　白氏　續518
朝中親故　白氏　續518
朝朝　白氏　續518
朝朝暮暮　文選　正281
朝朝暮暮　白氏　續518
朝庭　論語　正68
朝廷　文選　正281
朝廷　本朝　正578
朝廷　白氏　續518
朝天　本朝　正578
朝東　本朝　正578
朝堂　文選　正281
朝那　文選　正281
朝那　白氏　續518
朝那縣　本朝　正578
朝日　文選　正281
朝盤　白氏　續518
朝彦　文選　正281
朝服　論語　正68
朝服　文選　正281
朝服　白氏　續518
朝服　宇津　正720
朝服す　論語　正68
朝服す　文選　正281
朝暮　本朝　正578
朝暮　白氏　續518
朝簿　白氏　續518
朝奉大夫　白氏　續518
朝眠　白氏　續518
朝務　本朝　正578
朝務　本朝　正578
朝霧　文選　正281
朝霧　本朝　正578
朝命　文選　正281
朝命　白氏　續518
朝夜　文選　正281
朝夜　白氏　續518
朝野　文選　正281
朝野　本朝　正578
朝野　白氏　續518
朝夕　論語　正68
朝夕　文選　正281
朝夕　本朝　正578
朝夕　白氏　續518
朝夕す　文選　正281
朝陽　文選　正281
朝陽　白氏　續518
朝蘭　文選　正281
朝履清等　白氏　續518
朝列　文選　正281
朝列　本朝　正578
朝列　白氏　續518
朝烈　文選　正281
朝露　文選　正281
朝露　本朝　正578
朝露　白氏　續518
朝佩　白氏　續518
朝來　白氏　續518
朝會　文選　正281
朝會　本朝　正578
朝參　白氏　續518
朝奬　白氏　續518
朝拜　本朝　正578
朝拜　宇津　正720
朝拜　源氏　正850
朝暾　白氏　續518
朝曦　本朝　正578
朝曦　白氏　續517
朝榮　文選　正280
朝權　文選　正281
朝氣　白氏　續517
朝眞　白氏　續518
朝禮　論語　正68
朝簟　白氏　續518
朝經　文選　正281
朝經　本朝　正578
朝經　白氏　續518
朝聘　白氏　續518
朝聽　文選　正281
朝聽　白氏　續518
朝肆　文選　正281
朝脛　白氏　續518
朝薤　白氏　續517
朝衙　白氏　續517
朝覲　文選　正280
朝觀　白氏　續518
朝觀す　白氏　續518
朝闕　文選　正281
朝闕　白氏　續518
朝獻　文選　正281
朝昏　文選　正281
朝晡　文選　正281
朝晡　白氏　續518

朝藿	本朝	正578
朝飡	白氏	續518
朝飱	白氏	續518
潮源	文選	正281
潮宗	白氏	續518
潮州	白氏	續518
潮州（地名）	白氏	續518
潮信	白氏	續519
潮水	文選	正281
潮水	白氏	續519
潮頭	白氏	續519
潮南	本朝	正578
潮波	文選	正281
潮陽	白氏	續519
潮濤	白氏	續519
眺	文選	正281
眺望	本朝	正578
眺望す	本朝	正578
蝶	枕冊	正782
蝶	源氏	正850
御調度	宇津	正720
御調度	源氏	正850
御調度とも	源氏	正850
調	文選	正281
調	白氏	續519
調	枕冊	正782
調し	蜻蛉	正749
調し	源氏	正850
調じいそぐ	宇津	正720
調しいだし	宇津	正720
調しいて	源氏	正850
調じすへ	宇津	正720
調したて	蜻蛉	正749
調じまうくる	宇津	正720
調しわひ	源氏	正850
調す	白氏	續519
調す	宇津	正720
調せ	枕冊	正782
調御す	本朝	正578
調護	白氏	續519
調護す	白氏	續519
調子	宇津	正720
調子	枕冊	正782
調子	源氏	正850
調子とも	源氏	正850
調習	白氏	續519
調柔す	白氏	續519
調笑	白氏	續519
調笑す	文選	正281
調食	白氏	續519
調食・調半	枕冊	正782
調節	白氏	續519
調選	白氏	續519
調度	文選	正281
調度	宇津	正720
調度	枕冊	正782
調度	源氏	正850
調度ども	宇津	正720
調度めく	源氏	正850
調判	白氏	續519
調判す	白氏	續519
調品	白氏	續519
調伏	白氏	續519
調伏す	法華	正422
調伏す	白氏	續519
調慢す	白氏	續519
調庸	本朝	正578
調沃	白氏	續519
調露	文選	正281
調和	本朝	正578
調和す	文選	正281
調和す	白氏	續519
調攝	白氏	續519
調樂	枕冊	正782
調樂	源氏	正850
調氣	白氏	續519
調謔	遊仙	正94
調馭	白氏	續519
調匀	白氏	續519
超	文選	正281
超（人名）	文選	正281
超逾	文選	正281
超す	文選	正281
超越	文選	正281
超越す	文選	正281
超越す	本朝	正578
超忽	文選	正281
超升	白氏	續519
超乘	文選	正281
超遂	文選	正281
超世	文選	正281
超遷す	白氏	續519
超然	文選	正281
超然	白氏	續519
超擢	白氏	續519
超擢す	本朝	正578
超野	文選	正281
超遥	文選	正281
超拜す	白氏	續519
超曠	文選	正281
超踰	文選	正281
超軼す	白氏	續519
超驤	文選	正281
超攄	文選	正281
跳踃	文選	正281
跳蛙	白氏	續519
跳躍す	白氏	續519
銚㦥	文選	正282
銚子	本朝	正578
銚子	宇津	正720
銚子	蜻蛉	正749
鳥詠	本朝	正578
鳥紀	文選	正282
鳥魚	文選	正282
鳥言	本朝	正578
鳥語	本朝	正578
鳥語	白氏	續520
鳥策	文選	正282
鳥策	本朝	正578
鳥字	本朝	正578

鳥章　文選　正282
鳥申　本朝　正578
鳥雀　文選　正282
鳥雀　本朝　正578
鳥雀　白氏　續520
鳥跡　白氏　續520
鳥鼠　本朝　正578
鳥程　文選　正282
鳥目　白氏　續520
鳥羅　本朝　正578
鳥路　文選　正282
鳥路　白氏　續520
鳥獸　論語　正68
鳥獸　遊仙　正94
鳥獸　文選　正282
鳥獸　本朝　正578
鳥獸　白氏　續520
鳥獸魚虫　本朝　正578
鳥獸蟲魚　白氏　續520
鳥翅　白氏　續520
鳥聲　白氏　續520
鳥觜　白氏　續520
鳥迹　白氏　續520
鳥曆　白氏　續520
釣　白氏　續519
釣す　論語　正68
釣翁　白氏　續519
釣竿　白氏　續519
釣魚　白氏　續519
釣射　文選　正281
釣舟　白氏　續519
釣渚　文選　正281
釣人　白氏　續519
釣船　白氏　續519
釣艇　白氏　續519
釣網　白氏　續519
釣叟　文選　正282
釣潭　本朝　正578
釣絲　白氏　續519
釣緡　文選　正282
釣臺　文選　正282
濃淡　本朝　正578
肇等　白氏　續519
褭々　本朝　正578
褭柳　本朝　正578
龍　文選　正282
佻巧　文選　正280
佻然　白氏　續517
嘲す　白氏　續517
嘲詠す　白氏　續517
嘲風　本朝　正577
嘲弄する　枕冊　正782
嘲噪す　白氏　續517
嘲哳　白氏　續517
嘲哳す　白氏　續517
姚泓　文選　正280
姚澤　文選　正280
嫋　白氏　續517
嫋紅　白氏　續517
嫋舞　本朝　正577
嫋娜　本朝　正577
嫋娜　白氏　續517
嫋嫋　文選　正280
嫋嫋　白氏　續517
晁錯　文選　正280
晁錯　白氏　續517
晁朴　白氏　續517
晁董　白氏　續517
梟梟　文選　正281
條　文選　正281
條　白氏　續518
條　宇津　正720
條（人名）　文選　正281
條貫　文選　正281
條貫　本朝　正577
條貫　白氏　續518
條決　文選　正281
條侯　文選　正281
條支　文選　正281
條枝　文選　正281
條事　本朝　正577
條章　白氏　續518
條上　文選　正281
條制　白氏　續518
條疎　白氏　續518
條暢　文選　正281
條暢*す　文選　正281
條暢す　文選　正281
條風　文選　正281
條目　論語　正68
條目　白氏　續518
條理す　白氏　續518
條流　本朝　正577
條類　本朝　正577
條對　白氏　續518
條袒　文選　正281
條々　本朝　正577
條錄す　白氏　續518
檮杌　文選　正281
滌蕩　文選　正281
綢繆　文選　正281
倐蠨　文選　正281
蜩甲　白氏　續519
蜩鴳　白氏　續519
豸冠　白氏　續519
貂　文選　正281
貂　本朝　正578
貂　白氏　續519
貂冠　白氏　續519
貂馬　文選　正281
貂冕　文選　正281
貂裘　白氏　續519
貂蟬　遊仙　正94
貂蟬　本朝　正578
貂蟬　白氏　續519
貂蟬（人名）　白氏　續519
貂襜褕　文選　正281
趙　論語　正68
趙　文選　正281
趙　本朝　正578

趙　白氏　續519
趙(人名)　文選　正281
趙衛　文選　正281
趙燕　本朝　正578
趙王　文選　正281
趙季　白氏　續519
趙軍　本朝　正578
趙郡　白氏　續519
趙景眞　文選　正281
趙原　白氏　續519
趙弘亮　白氏　續519
趙弘亮等　白氏　續519
趙高　文選　正281
趙高　白氏　續519
趙氏　文選　正281
趙氏　本朝　正578
趙氏　白氏　續519
趙宗儒　白氏　續519
趙州　白氏　續519
趙秀才　白氏　續519
趙充國　文選　正281
趙女　文選　正281
趙女　本朝　正578
趙昌　白氏　續519
趙衰　文選　正281
趙宣　文選　正281
趙村　白氏　續519
趙達　文選　正281
趙談　文選　正281
趙彦　文選　正281
趙姫　文選　正281
趙武　文選　正281
趙文　文選　正281
趙母　文選　正281
趙李　文選　正281
趙虜　文選　正281
趙良　文選　正281
趙厠　文選　正281
趙叟　白氏　續519
趙咨　文選　正281
趙國　文選　正281
趙國公　白氏　續519
趙國夫人　白氏　續519
趙奢　文選　正281
趙廣漢　文選　正281
趙瑟　白氏　續519
趙璧　白氏　續519
趙禹　文選　正281
趙襄　白氏　續519
趙謳　文選　正281
沼遞　白氏　續519
迢遥　白氏　續519
迢迢　文選　正281
迢迢　白氏　續519
迢々　遊仙　正94
迢々　本朝　正578
迢遞　文選　正281
迢遞　白氏　續519
迢遞す　文選　正281
雕鎪　白氏　續519
雕雲　本朝　正578
雕金　白氏　續519
雕弧　白氏　續519
雕虎　本朝　正578
雕刻す　文選　正282
雕題　文選　正282
雕琢　文選　正282
雕文　本朝　正578
雕龍　文選　正282
雕墻　白氏　續519
雕欒　文選　正282
雕蟲　白氏　續519
雕軫　文選　正282
雕鏤す　白氏　續519
雕鐫　白氏　續519
雕鶚　文選　正282
髫　文選　正282
齠容　白氏　續520
齠亂　本朝　正578
齠齓　白氏　續520
齠亂す　白氏　續520
奝上人　本朝　正577
奝然　本朝　正577
奝然上人　本朝　正577
鵰　本朝　正578
鵰　白氏　續520
鵰弓　文選　正282
鵰虎　文選　正282
鵰龍　本朝　正578
鵰鶚　文選　正282
鵰鶡　文選　正282
刁　文選　正280
刁斗　白氏　續517
嬥歌　文選　正280
岧嶢　文選　正280
岧嶢す　文選　正280
怊悵　文選　正280
朓側　文選　正281
洮滆　文選　正281
祧祀す　文選　正281
苕　文選　正281
苕亭　文選　正281
苕嶢　文選　正281
苕苕　文選　正281
裑　白氏　續519
裊裊　白氏　續519
荻花　白氏　續520
荻竹　白氏　續520
荻簾　白氏　續520
弔　文選　正282
商武　文選　正282
嫡庶　白氏　續520
嫡孫　本朝　正578
敵　文選　正282
敵　本朝　正578
敵　白氏　續520
敵す　文選　正282
敵す　本朝　正578
敵す　白氏　續520
敵手　白氏　續520

敵人　文選　正282
敵人　白氏　續520
敵國　文選　正282
敵國　本朝　正578
敵國　白氏　續520
滴瀝　遊仙　正94
滴瀝　文選　正282
滴瀝飄灑　白氏　續520
的　文選　正282
的然　白氏　續520
的皪　文選　正282
笛竹　白氏　續520
笛中　白氏　續520
適　文選　正282
適　白氏　續520
適す　文選　正282
適す　白氏　續520
適意　白氏　續520
適然　白氏　續520
適從す　白氏　續520
適歸　白氏　續520
溺　文選　正282
溺　文選　正282
俶儻　文選　正282
滌　文選　正282
滌す　文選　正282
滌濯す　白氏　續520
滌蕩　文選　正282
滌蕩す　白氏　續520
滌汔す　文選　正282
狄　文選　正282
狄牙　文選　正282
狄兼謩　白氏　續520
狄人　文選　正282
狄道　文選　正282
狄隷　文選　正282
狄鞮　文選　正282
甋　白氏　續520
糴　白氏　續520
糴す　白氏　續520
糴比す　白氏　續520
蓨人　白氏　續520
螫刺す　文選　正282
謫す　文選　正282
躑跼　文選　正282
躑躅　文選　正282
躑躅　白氏　續520
躑躅す　本朝　正578
躑躑す　文選　正282
迪簡　白氏　續520
惕然　白氏　續520
惕厲　白氏　續520
倜儻　文選　正282
倜儻　白氏　續520
倜儻す　文選　正282
啇飆　本朝　正578
惄焉　文選　正282
惕　文選　正282
惕す　文選　正282
惕然　文選　正282
惕息す　文選　正282
惕惕怵*怵*　文選　正282
樀樀　白氏　續520
玓瓅　白氏　續520
籊籊　白氏　續520
翟葆　文選　正282
鄘水　本朝　正578
鄘谷　本朝　正578
墆霓　文選　正282
綴す　白氏　續520
綴兆　白氏　續520
涅陽　文選　正282
哲　文選　正282
哲　白氏　續520
哲王　文選　正282
哲王　白氏　續520
哲兄　文選　正282
哲后　文選　正282
哲匠　文選　正282
哲匠　白氏　續520
哲人　文選　正282
哲人　白氏　續520
哲聖　文選　正282
哲婦　白氏　續520
哲母　文選　正282
哲門　文選　正282
徹す　論語　正68
徹す　文選　正282
徹す　白氏　續520
徹警す　白氏　續520
徹底　白氏　續520
徹明　本朝　正578
撤す　文選　正282
撤す　本朝　正578
轍　文選　正282
轍　本朝　正578
轍　白氏　續520
轍魚　本朝　正578
轍跡　文選　正282
轍迹　文選　正282
轍迹　白氏　續520
迭救　白氏　續520
迭盪　文選　正282
鉄馬　白氏　續520
熱湯　本朝　正578
蛭蜩　文選　正282
姪　文選　正282
姪　白氏　續520
姪孫　白氏　續520
姪某　白氏　續520
姪兒　白氏　續520
垤塊　白氏　續520
跌宕す　文選　正282
輟す　文選　正282
鐵　白氏　續520
鐵冠　白氏　續520
鐵騎　白氏　續520
鐵杵　本朝　正578
鐵牛　白氏　續520
鐵牛城　白氏　續520

鐵子　本朝　正578
鐵槌　本朝　正578
鐵馬　白氏　續520
鐵鉢　白氏　續520
鐵處士　本朝　正578
鐵圍　本朝　正578
鐵繫　白氏　續520
鐵鑿　白氏　續520
鐵　文選　正282
鐵　法華　正422
鐵馬　文選　正282
鐵鳳　文選　正282
鐵瑣　文選　正282
喆人　文選　正282
耋　本朝　正578
鄽縣　本朝　正578
捺然　文選　正282
帖す　白氏　續520
帖薦　遊仙　正94
牒　本朝　正578
牒　白氏　續520
牒　文選　正282
牒す　本朝　正578
牒訴　文選　正282
牒送　本朝　正578
牒送す　本朝　正578
牒中　白氏　續520
牒封　本朝　正578
蝶　白氏　續520
蝶　宇津　正720
蝶舞　本朝　正578
諜　文選　正282
諜　白氏　續520
貼す　白氏　續521
跂惵惵　文選　正282
疊映　本朝　正578
疊浪　本朝　正578
疊岫　本朝　正578
疊潁　文選　正282
疊嶂　文選　正282
疊基　文選　正282
聶政　文選　正282
褋　文選　正282
堞　文選　正282
蹀　文選　正282
蹀跂　文選　正282
蹀す　文選　正282
鍱腹　本朝　正578
箓　白氏　續524
佃魚　本朝　正578
典　文選　正283
典　本朝　正578
典　白氏　續521
典す　白氏　續521
典引　文選　正283
典雅　文選　正283
典戒　文選　正283
典業　文選　正283
典訓　白氏　續521
典刑　文選　正283
典刑　白氏　續521
典憲　文選　正283
典言　文選　正283
典故　文選　正283
典故　本朝　正578
典故　白氏　續521
典午　白氏　續521
典校す　文選　正283
典校す　白氏　續521
典獄　論語　正68
典冊　文選　正283
典司　文選　正283
典章　文選　正283
典章　本朝　正578
典章　白氏　續521
典常　白氏　續521
典職す　白氏　續521
典制　白氏　續521
典籍　文選　正283
典籍　法華　正422
典籍　本朝　正578
典籍　白氏　續521
典存す　白氏　續521
典墳　文選　正283
典墳　白氏　續521
典薬のかみ　宇津　正720
典例　白氏　續521
典麗　白氏　續521
典論　文選　正283
典論　白氏　續521
典屬國　文選　正283
典彝　白氏　續521
典彝　文選　正283
典樂　白氏　續521
典禮　文選　正283
典禮　白氏　續521
典藥　本朝　正579
典謨　文選　正283
典謨　白氏　續521
典謨(書名)　文選　正283
典賣　白氏　續521
典賣す　白氏　續521
村上天皇　本朝　正581
天　論語　正68
天　文選　正283
天　本朝　正579
天　白氏　續521
天　竹取　正636
天　宇津　正720
天　枕冊　正782
天　源氏　正851
天罼　文選　正284
天す　文選　正283
天愛　本朝　正579
天安　本朝　正579
天安元年　本朝　正579
天位　文選　正284
天威　文選　正284
天威　白氏　續523
天尉　本朝　正581

天意　文選　正283
天意　本朝　正579
天意　白氏　續521
天維　文選　正283
天維　白氏　續523
天衣　法華　正422
天衣　白氏　續521
天井　文選　正283
天井　宇津　正720
天宇　文選　正283
天雨　文選　正283
天姥　文選　正284
天姥　白氏　續523
天姥岑　白氏　續523
天運　本朝　正579
天運　白氏　續521
天雲　文選　正283
天延元年　本朝　正579
天延三年　本朝　正579
天延三年九月十日　本朝　正579
天延三年五月十一日　本朝　正579
天延四年正月廿八日　本朝　正579
天延二年　本朝　正579
天延二年十一月十一日　本朝　正579
天延二年十二月十七日　本朝　正579
天延二年二月十日　本朝　正579
天延二年八月十日　本朝　正579
天王　文選　正284
天乙　文選　正283
天恩　本朝　正579
天恩　白氏　續523
天下　論語　正68
天下　文選　正283
天下　本朝　正579
天下　白氏　續521
天下　竹取　正636
天下　宇津　正720
天下　蜻蛉　正749
天下　源氏　正851
天下一　白氏　續521
天下人　蜻蛉　正749
天可度　白氏　續521
天火　白氏　續521
天禍　文選　正283
天華　法華　正422
天戒　白氏　續521
天海　白氏　續521
天界　白氏　續521
天階　文選　正283
天外　文選　正283
天外　白氏　續521
天崖　遊仙　正94
天涯　文選　正283
天涯　本朝　正579
天涯　白氏　續521
天閣　文選　正283
天寒　文選　正283
天官　論語　正68
天官　文選　正283
天官　本朝　正579
天官　白氏　續521
天官侍郎　白氏　續521
天漢　文選　正283
天監　文選　正283
天監二年六月　文選　正283
天監六年　文選　正283
天眼　法華　正422
天眼　源氏　正851
天顔　本朝　正579
天顔　白氏　續521
天機　文選　正283
天機　本朝　正579
天機　白氏　續521
天紀　文選　正283
天儀　文選　正283
天宮　法華　正422
天宮　白氏　續521
天宮閣　白氏　續521
天宮寺　白氏　續521
天居　文選　正283
天居　本朝　正579
天居す　文選　正283
天業　文選　正283
天狗　宇津　正720
天狗　源氏　正851
天隅　文選　正283
天刑　本朝　正579
天慶　文選　正283
天慶　本朝　正579
天慶九年九月四日　本朝　正579
天慶元年八月十五日　本朝　正579
天慶五年　本朝　正579
天慶三年五月廿七日　本朝　正579
天慶三年正月十一日　本朝　正579
天慶七年　本朝　正579
天慶七年六月十日　本朝　正579
天慶七年六月廿三日　本朝　正579
天慶七年六月廿八日　本朝　正579
天慶十年三月十七日　本朝　正579
天慶十年三月廿八日　本朝　正579
天慶二年　本朝　正579
天慶二年二月廿二日　本朝　正579
天慶八年三月五日

本朝　正579
天慶六年五月廿七日　本朝　正579
天慶六年四月廿二日　本朝　正579
天月　文選　正283
天憲　文選　正283
天元五載　本朝　正579
天元五年　本朝　正579
天元五年七月十三日　本朝　正579
天元三年　本朝　正579
天元三年正月五日　本朝　正579
天元三年正月廿三日　本朝　正579
天元二年七月廿二日　本朝　正579
天元二年正月日　本朝　正579
天元六年　本朝　正579
天弧　文選　正283
天顧　文選　正283
天呉　文選　正283
天光　文選　正283
天功　文選　正283
天功　白氏　續521
天口　文選　正283
天工　文選　正283
天工　本朝　正579
天工　白氏　續521
天皇　文選　正283
天皇　本朝　正581
天皇　宇津　正720
天綱　文選　正283
天行　文選　正283
天郊　文選　正283
天香　白氏　續521
天骨　文選　正283
天才　文選　正283
天才　本朝　正579
天災　白氏　續521
天裁　本朝　正579
天際　文選　正283
天際　本朝　正579
天際　白氏　續521
天使　本朝　正579
天姿　文選　正283
天姿　白氏　續521
天子　論語　正68
天子　文選　正283
天子　法華　正422
天子　本朝　正579
天子　白氏　續522
天子　宇津　正720
天師　文選　正283
天旨　文選　正283
天旨　本朝　正579
天枝　本朝　正579
天枝帝葉　本朝　正579
天資　本朝　正579
天賜　白氏　續522
天慈　本朝　正579
天慈　白氏　續522
天時　本朝　正579
天時　白氏　續522
天耳　本朝　正579
天竺　本朝　正580
天竺　白氏　續522
天竺　竹取　正636
天竺　宇津　正720
天竺山　白氏　續522
天竺寺　白氏　續522
天竺石　白氏　續522
天爵　文選　正283
天爵　本朝　正579
天爵　白氏　續522
天錫　本朝　正579
天酒　白氏　續522
天授　白氏　續522
天宗　文選　正284
天衆　法華　正422
天衆　本朝　正579
天緒　文選　正283
天書　本朝　正579
天書　白氏　續522
天女　法華　正422
天女　宇津　正720
天象　本朝　正579
天上　法華　正422
天上　本朝　正579
天上　白氏　續522
天上　宇津　正720
天上天下　本朝　正579
天情　文選　正283
天色　白氏　續522
天心　論語　正68
天心　文選　正283
天心　本朝　正579
天心　白氏　續522
天神　文選　正283
天神　法華　正422
天神　本朝　正579
天神　白氏　續522
天神地祇　本朝　正579
天親　白氏　續522
天人　文選　正283
天人　本朝　正579
天人　白氏　續522
天人　竹取　正636
天人　宇津　正720
天人　枕冊　正782
天人　源氏　正851
天人交感　白氏　續522
天人師　本朝　正579
天厨　本朝　正580
天垂　文選　正283
天水　白氏　續522
天水郡開國公　白氏　續522
天瑞　文選　正283

天数　白氏　續522
天性　遊仙　正94
天性　文選　正283
天性　本朝　正579
天性　白氏　續522
天成　文選　正283
天星　文選　正283
天仙　本朝　正579
天仙　白氏　續522
天選　本朝　正579
天然　遊仙　正94
天然　文選　正283
天然　本朝　正579
天阻　文選　正284
天窓*　文選　正283
天造　文選　正283
天造　白氏　續521
天族　白氏　續522
天尊　白氏　續522
天損　文選　正284
天台　文選　正284
天台　本朝　正579
天台　白氏　續522
天台座主　本朝　正580
天台山　文選　正284
天台山　本朝　正580
天台山　白氏　續522
天台峯　白氏　續522
天台嶺　白氏　續522
天只　文選　正283
天壇　白氏　續522
天壇子　白氏　續522
天壇峯下　白氏　續522
天地　論語　正68
天地　遊仙　正94
天地　文選　正284
天地　本朝　正580
天地　白氏　續522
天地　宇津　正720
天地神明　白氏　續522
天地人　文選　正284
天智天皇　本朝　正580
天智天皇元年　本朝　正580
天池　文選　正284
天池　白氏　續522
天秩　文選　正284
天中　本朝　正580
天柱　白氏　續522
天衷　文選　正284
天寵　文選　正284
天朝　本朝　正580
天聴　本朝　正580
天長元年　本朝　正580
天長元年九月三日　本朝　正580
天長元年八月廿日　本朝　正580
天長四年六月十三日　本朝　正580
天長年中　本朝　正580
天津　文選　正283
天津　本朝　正579
天津　白氏　續522
天津橋　白氏　續522
天津橋上　白氏　續522
天帝　論語　正68
天帝　文選　正284
天帝　白氏　續522
天庭　文選　正284
天庭　白氏　續522
天哲　文選　正284
天田　文選　正284
天途　文選　正284
天度　本朝　正580
天討　文選　正284
天討　白氏　續522
天道　論語　正68
天道　遊仙　正94
天道　文選　正284
天道　法華　正422
天道　本朝　正580
天道　白氏　續522
天道　宇津　正720
天得す　文選　正284
天徳　本朝　正580
天徳四年九月廿一日　本朝　正580
天徳四年七月廿六日　本朝　正580
天徳二年正月十一日　本朝　正580
天南　白氏　續522
天難　文選　正284
天日　文選　正283
天日　白氏　續522
天年　文選　正284
天年　本朝　正580
天年　白氏　續522
天波　文選　正284
天馬　文選　正284
天馬　白氏　續522
天罰　文選　正284
天罰　白氏　續522
天判　本朝　正580
天畔　白氏　續522
天飛　文選　正284
天府　本朝　正580
天府　白氏　續522
天符　文選　正284
天封　文選　正284
天風　文選　正284
天風　白氏　續522
天覆地載　白氏　續522
天淵　文選　正284
天文　文選　正284
天文　本朝　正580
天文　白氏　續522
天文博士　本朝　正580
天兵　文選　正284
天兵　白氏　續522

天平　本朝　正580
天平格　本朝　正580
天平軍　白氏　續522
天平勝寶九年五月廿日　本朝　正580
天平神護元年　本朝　正580
天平神護年中　本朝　正580
天平二年三月廿七日　本朝　正580
天平年中　本朝　正580
天変　源氏　正851
天保　文選　正284
天保(書名)　文選　正284
天歩　文選　正284
天北　白氏　續522
天魔女　白氏　續522
天末　文選　正284
天満自在天神　本朝　正580
天満天神　本朝　正580
天民　本朝　正580
天命　論語　正68
天命　文選　正284
天命　本朝　正580
天命　白氏　續522
天網　文選　正284
天目　白氏　續522
天門　文選　正284
天門外　白氏　續522
天門山　本朝　正580
天邑　文選　正283
天輿　本朝　正580
天吏　本朝　正580
天梁　文選　正284
天量　本朝　正580
天倫　文選　正284
天倫　白氏　續523
天臨　文選　正284
天臨　本朝　正580
天輪　文選　正284
天暦　本朝　正580
天暦九年九月十七日　本朝　正580
天暦九年十二月廿五日　本朝　正580
天暦九年正月四日　本朝　正580
天暦元年閏七月廿九日　本朝　正580
天暦元年閏七月廿七日　本朝　正580
天暦元年十一月廿二日　本朝　正580
天暦五年　本朝　正580
天暦五年十月日　本朝　正580
天暦三年　本朝　正580
天暦三年三月十一日　本朝　正580
天暦三年三月十六日　本朝　正580
天暦三年十一月一日　本朝　正580
天暦三年正月三日　本朝　正580
天暦四年　本朝　正580
天暦四年九月　本朝　正580
天暦四年九月四日　本朝　正580
天暦四年九月廿六日　本朝　正580
天暦七年　本朝　正580
天暦七年三月日　本朝　正580
天暦七年二月日　本朝　正580
天暦七年八月七日　本朝　正580
天暦十一年十二月廿七日　本朝　正580
天暦十年月日　本朝　正580
天暦十年七月廿三日　本朝　正580
天暦二年　本朝　正580
天暦二年二月廿七日　本朝　正580
天暦八年七月廿七日　本朝　正580
天暦八年二月廿日　本朝　正580
天暦八年八月九日　本朝　正580
天暦六年四月廿七日　本朝　正580
天暦六年十月二日　本朝　正580
天歴　文選　正284
天歴七年七月日　本朝　正580
天憐　白氏　續523
天路　文選　正284
天路　本朝　正580
天狼　白氏　續523
天禄　文選　正284
天禄　白氏　續523
天禄閣　白氏　續523
天禄三年　蜻蛉　正749
天和　文選　正283
天和　白氏　續521
天區　文選　正283
天垠　文選　正283
天墟　文選　正283
天壌　文選　正283
天壌　白氏　續522
天奬　文選　正283
天寶　文選　正284
天寶　白氏　續522
天寶十載　白氏　續522
天寶十三載正月二十一日　白氏　續522
天寶十四年　白氏　續522

天寶中　白氏　續522
天屬　文選　正283
天廚　白氏　續522
天惠　文選　正283
天懷　文選　正283
天數　本朝　正579
天變　本朝　正580
天旱　白氏　續521
天樂　白氏　續521
天權　文選　正283
天氣　文選　正283
天氣　本朝　正579
天氣　白氏　續521
天氣　土左　正659
天潯　文選　正283
天眞　白氏　續522
天眷　文選　正283
天眷　本朝　正579
天矚　文選　正283
天祿　本朝　正580
天祿四年正月十五日　本朝　正580
天祿二年　本朝　正580
天祿二年四月廿九日　本朝　正581
天籟　白氏　續522
天經　文選　正283
天經　本朝　正579
天縱　白氏　續522
天聲　文選　正283
天聰　白氏　續522
天聽　白氏　續522
天號　文選　正283
天衢　文選　正283
天衢　白氏　續521
天誅　本朝　正580
天譴　本朝　正579
天邊　白氏　續522
天鑒　本朝　正579
天鑒　白氏　續521
天闕　白氏　續521
天闕　文選　正283
天闕　本朝　正579
天闕　白氏　續521
天關　文選　正283
天險　文選　正283
天險　本朝　正579
天霄　文選　正283
天驥　文選　正283
天驥　白氏　續521
天厲　白氏　續523
天德　文選　正284
天德　白氏　續522
天德軍使　白氏　續522
天旒　本朝　正580
天晷　文選　正284
天潢　文選　正283
天琛　文選　正284
天璣　文選　正283
天聰　文選　正284
天閫　文選　正283
天雞　文選　正283
展謁　本朝　正581
展季　文選　正284
展禽　文選　正284
展禽　白氏　續523
展送す　文選　正284
展養　白氏　續523
展隆　文選　正284
展轉　文選　正284
展轉　白氏　續523
展轉す　文選　正284
展轉す　法華　正422
展轉す　白氏　續523
展轉隨喜す　本朝　正581
店女　白氏　續523
店前　白氏　續523
店壁　白氏　續523
店門　白氏　續523
添硯　白氏　續523
纏牽　文選　正285
纏牽す　本朝　正581
纏頭　本朝　正581
纏頭　白氏　續524
纏頭す　白氏　續524
纏迫　文選　正285
纏綿　文選　正285
纏綿　白氏　續524
纏繇　文選　正285
纏繇す　文選　正285
纏繞す　白氏　續524
纏縈　白氏　續524
甜酒　白氏　續524
貼す　文選　正282
点かち　源氏　正851
点つか　源氏　正851
点なか　源氏　正851
殿　論語　正69
殿　文選　正284
殿　白氏　續523
殿す　白氏　續523
殿下　文選　正284
殿下　本朝　正581
殿角　白氏　續523
殿閣　白氏　續523
殿監　白氏　續523
殿館　文選　正284
殿坐　文選　正284
殿最　文選　正284
殿最　本朝　正581
殿最　白氏　續523
殿最す　白氏　續523
殿省　文選　正284
殿上　本朝　正581
殿上　伊勢　正650
殿上　宇津　正720
殿上　蜻蛉　正749
殿上　枕冊　正782
殿上　源氏　正851
殿上ぐち　宇津　正720

殿上くら人　宇津　正720
殿上し　源氏　正851
殿上のわらは　宇津　正720
殿上の將監　源氏　正851
殿上ましらひ　枕冊　正782
殿上わらは　宇津　正720
殿上わらは　枕冊　正782
殿上わらはべ　宇津　正720
殿上人　宇津　正720
殿上人　蜻蛉　正749
殿上人　枕冊　正782
殿上人　源氏　正851
殿上人とも　源氏　正851
殿上人等　宇津　正720
殿前　本朝　正581
殿中　文選　正284
殿中　白氏　續523
殿中監　白氏　續523
殿中侍御史　白氏　續523
殿定　白氏　續523
殿庭　本朝　正581
殿庭　白氏　續523
殿堂　文選　正284
殿内　白氏　續523
殿内御史　白氏　續523
殿邦　白氏　續523
殿傍　文選　正284
殿門　文選　正284
殿門　白氏　續523
殿翼　文選　正284
殿檻　本朝　正581
殿闈　文選　正284
澱水　白氏　續523
田　文選　正284
田　法華　正422
田　本朝　正581
田　白氏　續523
田(人名)　文選　正284
田す　白氏　續523
田夷吾　白氏　續524
田衣　白氏　續523
田穎　白氏　續523
田園　文選　正284
田園　本朝　正581
田園　白氏　續524
田横　文選　正284
田翁　本朝　正581
田翁　白氏　續524
田家　文選　正284
田家　白氏　續523
田家　白氏　續523
田官　文選　正284
田忌　文選　正284
田儀　文選　正284
田興　白氏　續523
田戸　白氏　續523
田子　文選　正284
田子方　文選　正284
田氏　文選　正284
田氏　白氏　續523
田舍　白氏　續523
田種　文選　正284
田上　文選　正284
田常　文選　正284
田畝　本朝　正581
田生　文選　正284
田盛　白氏　續523
田祖　本朝　正581
田祖穀　本朝　正581
田租　文選　正284
田蘇　白氏　續523
田卒　白氏　續523
田大夫　本朝　正581
田宅　白氏　續523
田達音　本朝　正581
田地　本朝　正581
田地　白氏　續523
田畜蠶績　白氏　續523
田中　白氏　續523
田鶴　文選　正284
田田　文選　正284
田田　白氏　續524
田頭　白氏　續524
田農　白氏　續524
田巴　文選　正284
田苗　白氏　續524
田夫　本朝　正581
田夫　白氏　續524
田布　白氏　續524
田父　文選　正284
田父　本朝　正581
田賦　白氏　續524
田文　文選　正284
田方　文選　正284
田野　白氏　續524
田邑　文選　正284
田里　文選　正284
田里　白氏　續524
田練　白氏　續524
田連　文選　正284
田老　文選　正284
田壟　白氏　續524
田廬　文選　正284
田廬　白氏　續524
田游　文選　正284
田獵　文選　正284
田疇　白氏　續523
田疇(人名)　白氏　續523
田竇　文選　正284
田羣　白氏　續523
田藉　本朝　正581
田閭　白氏　續524
田畯　文選　正284
田畯　白氏　續523
田畯兒　白氏　續523
田畝　白氏　續524
田翟　文選　正284
電　文選　正285
電　白氏　續524
電戟　本朝　正581

電光　法華　正422
電策　白氏　續524
電電　白氏　續524
電泡　本朝　正581
電泡　白氏　續524
粘す　白氏　續524
稔　文選　正282
稔す　文選　正282
淀　文選　正284
傳　文選　正282
傳　本朝　正578
傳　白氏　續521
傳す　文選　正282
傳す　白氏　續521
傳家　白氏　續521
傳記　文選　正282
傳呼　文選　正282
傳璽　文選　正282
傳舎　文選　正282
傳舎　白氏　續521
傳授　白氏　續521
傳授誘誨　白氏　續521
傳祝　文選　正282
傳詔　文選　正282
傳瑞　文選　正282
傳説　文選　正283
傳説　白氏　續521
傳奏す　本朝　正578
傳天台　本朝　正578
傳武仲　文選　正283
傳武平侯　文選　正283
傳癖　本朝　正578
傳法　白氏　續521
傳法阿闍梨　本朝　正578
傳法堂　白氏　續521
傳葉　文選　正283
傳暦　本朝　正578
傳漏　文選　正283
傳國　本朝　正578
傳寫　白氏　續521
傳巖　文選　正282
傳教主院　白氏　續521
傳教大師　本朝　正578
甸　文選　正284
甸畿　文選　正284
甸師　文選　正284
甸内　文選　正284
甸服　本朝　正581
甸服　白氏　續521
甸縣　白氏　續521
囀す　文選　正283
壥　文選　正283
奠　文選　正284
奠　本朝　正581
奠　白氏　續523
奠す　文選　正284
奠す　本朝　正581
奠祭す　文選　正284
奠次す　白氏　續523
奠設　白氏　續523
奠文　白氏　續523
奠牧　文選　正284
奠礼　本朝　正581
奠禮　白氏　續523
奠筵　白氏　續523
奠酹　白氏　續523
奠酹す　白氏　續523
巓　白氏　續523
巓根　文選　正284
巓山　白氏　續523
巓倒偃側す　文選　正284
廛左　文選　正284
廛里　文選　正284
忝す　白氏　續523
忝冒　白氏　續523
忝竊す　文選　正282
恬　文選　正282
恬　白氏　續523
恬虚　文選　正282
恬然　文選　正282
恬然　白氏　續523
恬怠　文選　正282
恬泰　白氏　續523
恬淡　文選　正282
恬淡　白氏　續523
恬智　白氏　續523
恬蕩　文選　正282
恬漠　文選　正282
恬敏　文選　正282
恬和　白氏　續523
恬曠　文選　正282
恬曠　白氏　續523
恬靜　文選　正282
拈す　白氏　續523
畋　白氏　續524
畋す　白氏　續524
畋漁　白氏　續524
畋遊　文選　正284
畋遊　白氏　續524
畋獵　文選　正284
畋獵　白氏　續524
椽欒　文選　正284
殄瘁す　文選　正284
殄夷す　白氏　續523
殄敗　文選　正284
殄滅　文選　正284
殄滅す　白氏　續523
殄瘁す　白氏　續523
沾す　白氏　續523
沾濡　白氏　續523
篆刻　文選　正284
篆字　白氏　續524
篆素　文選　正284
篆籒　文選　正284
篆籀　文選　正285
簟　白氏　續524
簟上　白氏　續524
簟牀　白氏　續524
腆愧す　白氏　續524
諂諛　文選　正282

諂曲	法華	正422
諂夫	文選	正282
諂媚	白氏	續524
諂諛	白氏	續524
躔	本朝	正581
躔次	本朝	正581
躔次	白氏	續524
輷輷	文選	正285
輾轉す	文選	正285
遷轉す	本朝	正581
相轉す	文選	正285
轉眄	文選	正285
轉す	遊仙	正94
轉す	文選	正285
轉す	法華	正422
轉す	本朝	正581
轉す	白氏	續524
轉移す	白氏	續524
轉運	文選	正285
轉運	白氏	續524
轉運使	白氏	續524
轉運司	白氏	續524
轉運判官	白氏	續524
轉死す	文選	正285
轉女成仏經	本朝	正581
轉切す	文選	正285
轉旋す	白氏	續524
轉遷	白氏	續524
轉遷す	白氏	續524
轉側	白氏	續524
轉展随喜	本朝	正581
轉動す	本朝	正581
轉動す	白氏	續524
轉任す	本朝	正581
轉薄す	文選	正285
轉法輪	法華	正422
轉法輪	白氏	續524
轉蓬	文選	正285
轉蓬	本朝	正581
轉蓬	白氏	續524
轉輸	白氏	續524
轉輪	法華	正422
轉輪王	法華	正422
轉輪王	白氏	續524
轉輪聖王	法華	正422
轉輪經藏	白氏	續524
轉徙す	文選	正285
轉徙す	白氏	續524
轉戰	白氏	續524
轉續	文選	正285
轉賣	白氏	續524
轉轉	本朝	正581
轉鬭す	文選	正285
鈿	白氏	續524
鈿合	白氏	續524
鈿合	白氏	續524
鈿軸	白氏	續524
鈿車	白氏	續524
鈿扇	白氏	續524
鈿頭	白氏	續524
鈿帶す	白氏	續524
鈿暈	白氏	續524
鈿瓔	白氏	續524
鈿胯	白氏	續524
鈿點	白氏	續524
闐緩	文選	正285
霑	本朝	正578
霑汗	文選	正282
霑露	文選	正282
霑沐す	文選	正282
霑濕	白氏	續524
靦顏	文選	正285
黏黴	文選	正282
黏虫	本朝	正581
點	論語	正69
點	文選	正282
點	本朝	正578
點	白氏	續525
點す	文選	正282
點す	法華	正422
點す	本朝	正578
點す	白氏	續525
點額す	白氏	續525
點額魚	白氏	續525
點粧	白氏	續525
點綴す	白氏	續525
點檢す	白氏	續525
點竄	白氏	續525
佔畢	本朝	正578
黰然	白氏	續521
塡す	白氏	續521
塡委す	文選	正283
塡塞	文選	正283
塡納す	白氏	續521
塡陪す	白氏	續521
塡塡	文選	正283
墊す	白氏	續521
墊溺	白氏	續521
淟濁	文選	正284
淟涊	文選	正284
滇河	文選	正284
滇池	文選	正284
瀍	文選	正284
瀍洛	文選	正284
玷辱す	文選	正282
癲狂	遊仙	正94
邅廻す	文選	正285
邅廻す	白氏	續524
邅帳	白氏	續524
鄽里	文選	正285
顚す	白氏	續524
顚歌	文選	正285
顚狂す	白氏	續524
顚池	文選	正285
顚墜	文選	正285
顚墜	本朝	正579
顚倒	法華	正422
顚倒	白氏	續524
顚倒す	文選	正285
顚倒す	法華	正422

顚倒す　白氏　續524
顚倒殪仆す　文選　正285
顚覆　本朝　正579
顚覆す　文選　正285
顚没す　文選　正285
顚木　白氏　續524
顚仆　文選　正285
顚沛　論語　正68
顚沛　遊仙　正94
顚沛　文選　正285
顚沛　本朝　正579
顚沛す　文選　正285
顚隕　文選　正285
顚眴　文選　正285
顚隮す　白氏　續524
驒騱　文選　正285
鱣鯉　文選　正285
鱣鮪　文選　正285
鱣鮪　白氏　續524

【と】

としかたの中將
　枕冊　正782
とのゝ侍從の君
　宇津　正721
とのゝ中將　源氏　正851
とのもりの御　宇津　正721
とのゐ裝束　宇津　正721
とはり帳　源氏　正851
とり具し　宇津　正721
と文字　枕冊　正782
殿の中將の君　源氏　正851
兜率　本朝　正581
兜率　白氏　續525
兜率寺　白氏　續525
兜率天　白氏　續525
兜率天宮　白氏　續525
兜率陁天宮　白氏　續525
秺侯　文選　正286
兎園　白氏　續525
兎苑　白氏　續525
兎毫　白氏　續525
吐握　本朝　正581
吐納　文選　正285
吐納す　文選　正285
吐蕃　白氏　續525
吐露す　白氏　續525
吐漱す　文選　正285
吐茹　白氏　續525
吐喔　文選　正285
堵　文選　正285
堵　本朝　正581
堵　白氏　續525
堵墻　白氏　續525
塗　文選　正285
塗　白氏　續525
塗歌　文選　正285
塗口　文選　正285
塗巷　文選　正285
塗江　白氏　續525
塗山　白氏　續525
塗山寺　白氏　續525
塗車　文選　正285
塗炭　文選　正285
塗炭　本朝　正581
塗炭　白氏　續525
塗中　文選　正285
塗中　白氏　續525
塗塗　文選　正285
塗路　文選　正285
塗谿　白氏　續525
妬忌　文選　正285
妬嫮　文選　正285
屠各　文選　正285
屠児　本朝　正581
屠蘇　土左　正659
屠釣　文選　正285
屠釣　本朝　正581
屠保　文選　正285
屠門　文選　正285
屠門　白氏　續525
屠羊　本朝　正581
屠裂す　文選　正285
屠剿す　文選　正285
屠戮す　文選　正285
徒　文選　正285
徒　本朝　正581
徒　白氏　續526
徒す　白氏　續526
徒歌す　文選　正285
徒言　白氏　續526
徒御　文選　正285
徒爾　白氏　續526
徒車　文選　正285
徒首　文選　正285
徒衆　本朝　正581
徒庶　文選　正285
徒然　文選　正285
徒然　白氏　續526
徒歩　文選　正285
徒歩す　白氏　續526
徒侶　文選　正285
徒侶　白氏　續526
徒旅　文選　正285
徒隷　文選　正285
徒倚す　本朝　正581
徒爲　文選　正285
徒藥　文選　正285
徒黨　本朝　正581
斗　文選　正286
斗　白氏　續526
斗　白氏　續526
斗牛　白氏　續526
斗極　文選　正286
斗杓　本朝　正581
斗酒　文選　正286
斗酒　白氏　續526
斗十千　文選　正286
斗升　本朝　正581
斗水　白氏　續526

斗亭　白氏　續526
斗伯山　本朝　正581
斗柄　本朝　正581
斗儲　文選　正286
斗儲　白氏　續526
斗門　白氏　續526
斗藪　本朝　正581
斗筲　論語　正69
斗筲　文選　正286
斗筲　白氏　續526
杜　文選　正286
杜　白氏　續526
杜宇　文選　正286
杜延年　文選　正286
杜赫　文選　正286
杜曲　白氏　續526
杜曲花　白氏　續526
杜矩　文選　正286
杜兼　白氏　續526
杜元穎等　白氏　續526
杜元凱　文選　正286
杜原　白氏　續526
杜康　文選　正286
杜康　白氏　續526
杜三十一　白氏　續526
杜子　白氏　續526
杜子美　白氏　續526
杜氏　白氏　續526
杜式方　白氏　續526
杜若　文選　正286
杜若　白氏　續526
杜十四拾遺　白氏　續526
杜正倫　白氏　續526
杜相公　白氏　續526
杜南　白氏　續526
杜文清　白氏　續526
杜甫　白氏　續526
杜母　本朝　正581
杜母　白氏　續526
杜佑　白氏　續526
杜佑等　白氏　續526
杜郵　文選　正286
杜郵　白氏　續526
杜預　文選　正286
杜陵　白氏　續526
杜陵叟　白氏　續526
杜連　文選　正286
杜霸　文選　正286
杜羔　白氏　續526
杜羔等　白氏　續526
杜鵑　白氏　續526
杜鵑花　白氏　續526
杜棃　白氏　續526
杜濩　文選　正286
杜蘅　文選　正286
杜錄事　白氏　續526
渡　白氏　續526
渡海　本朝　正581
渡口　白氏　續526
渡船　白氏　續526
渡頭　白氏　續526
菟絲　文選　正286
途（人名）　白氏　續526
途（地名）　白氏　續526
途軌　文選　正286
途中　白氏　續526
途方　宇津　正721
都　文選　正286
都　本朝　正581
都　白氏　續526
都す　文選　正286
都す　本朝　正581
都尉　文選　正286
都尉　白氏　續527
都押衛　白氏　續526
都雅　文選　正286
都外　文選　正286
都官　白氏　續526
都官員外郎　白氏　續526
都官駕部郎中　白氏　續526
都官郎中　白氏　續526
都監　白氏　續526
都監軍使　白氏　續526
都畿　文選　正286
都畿　白氏　續526
都郷　文選　正286
都虞侯　白氏　續526
都護　文選　正286
都護　白氏　續526
都子　白氏　續526
都市　文選　正286
都市　白氏　續526
都序　本朝　正581
都昌　白氏　續526
都城　文選　正286
都城　本朝　正581
都城　白氏　續527
都場　文選　正286
都人　文選　正286
都人　本朝　正581
都水　文選　正286
都水　白氏　續526
都正　文選　正286
都大夫　本朝　正581
都中　文選　正286
都長　文選　正286
都都　文選　正286
都統　本朝　正581
都統　白氏　續527
都督　文選　正286
都督　本朝　正581
都督　白氏　續527
都督相公　本朝　正581
都督大王　本朝　正581
都督將軍　文選　正286
都内　文選　正286
都府　白氏　續527
都房　文選　正286
都門　白氏　續527
都野　文選　正286

都邑　文選　正286
都邑　白氏　續526
都良香　本朝　正581
都會　文選　正286
都甸　文選　正286
都壥　文選　正286
都廬　文選　正286
都數　白氏　續526
都盧　本朝　正581
都縣　文選　正286
都輦　文選　正286
都鄙　文選　正286
都鄙　白氏　續527
都團練　白氏　續527
都團練判官　白氏　續527
努力　文選　正285
努力す　文選　正285
努力す　白氏　續525
相度脱す　白氏　續525
度　論語　正69
度　文選　正285
度　本朝　正581
度　白氏　續525
度す　法華　正422
度す　本朝　正581
度す　白氏　續525
度越す　文選　正285
度外　文選　正285
度曲　文選　正285
度者　本朝　正581
度者す　白氏　續525
度脱　本朝　正581
度脱す　白氏　續525
度程　白氏　續525
度々　本朝　正581
度等　白氏　續525
度了る　白氏　續525
度量　文選　正285
度量　白氏　續525
度數　白氏　續525
度闕　白氏　續525
度縁　本朝　正581
土　論語　正69
土　文選　正285
土　法華　正422
土　本朝　正581
土　白氏　續525
土宇　文選　正285
土芥　白氏　續525
土階　本朝　正581
土階　白氏　續525
土宜　本朝　正581
土宜　白氏　續525
土牛　白氏　續525
土圭　文選　正285
土鼓　白氏　續525
土功　白氏　續525
土梗　文選　正285
土膏　文選　正285
土膏　白氏　續525
土貢　本朝　正581
土貢　白氏　續525
土産　白氏　續525
土事　本朝　正581
土室　文選　正285
土人　本朝　正581
土俗　本朝　正581
土俗　白氏　續525
土地　論語　正69
土地　文選　正285
土地　本朝　正581
土地　白氏　續525
土中　文選　正285
土中　本朝　正581
土田　本朝　正581
土田　白氏　續525
土肉　文選　正285
土嚢　文選　正285
土伯　文選　正285
土風　文選　正285
土風　白氏　續525
土物　白氏　續525
土墳　白氏　續525
土崩　文選　正285
土民　白氏　續525
土木　文選　正285
土木　本朝　正581
土木　白氏　續525
土門　白氏　續525
土龍　文選　正285
土龍　白氏　續525
土浪　本朝　正581
土壤　文選　正285
土壤　本朝　正581
土壤　白氏　續525
土爐　白氏　續525
土疆　白氏　續525
土宜　文選　正285
奴　論語　正69
奴　文選　正285
奴　白氏　續525
奴子　白氏　續525
奴僕　文選　正285
奴僕　白氏　續525
奴虜　文選　正285
奴婢　文選　正285
奴婢　白氏　續525
奴婢等　文選　正285
奴藏　白氏　續525
怒　白氏　續526
怒浪　本朝　正581
怒號す　白氏　續526
読經　蜻蛉　正749
読經　枕冊　正782
読經す　枕冊　正782
駑鈍　白氏　續527
兔影　本朝　正581
兔園　文選　正285
兔園　本朝　正581
兔褐　本朝　正581

兔月　本朝　正581
兔脱す　文選　正285
兔毫　本朝　正581
兔絲　文選　正285
兔裘　本朝　正581
圖　論語　正69
圖　文選　正285
圖　本朝　正581
圖　白氏　續525
圖す　文選　正285
圖す　白氏　續525
圖緯　文選　正285
圖議　文選　正285
圖史　文選　正285
圖軸　白氏　續525
圖書　文選　正285
圖書　本朝　正581
圖書　白氏　續525
圖象す　文選　正285
圖籍　論語　正69
圖籍　白氏　續525
圖像　文選　正285
圖像　白氏　續525
圖牒　文選　正285
圖諜　白氏　續525
圖典　文選　正285
圖寫す　本朝　正581
圖寫す　白氏　續525
圖畫　本朝　正581
圖畫　白氏　續525
圖畫す　文選　正285
圖讖　文選　正285
圖錄　文選　正285
孥戮　文選　正285
弩　本朝　正581
弩　白氏　續525
弩師　本朝　正581
弩射　本朝　正581
抖擻　白氏　續526
抖擻す　白氏　續526
獨鈷　枕冊　正782
荼　文選　正286
荼　本朝　正581
荼　白氏　續526
荼（人名）　文選　正286
荼毒　文選　正286
荼毒す　文選　正286
荼蘗　白氏　續526
荼蓼　白氏　續526
菟裘　白氏　續526
蠹　文選　正286
蠹害　本朝　正581
蠹簡　本朝　正581
蠹　白氏　續526
蠹す　白氏　續526
蠹魚　白氏　續526
蠹椽　白氏　續526
蠹驤*　白氏　續526
み讀經　宇津　正721
御讀經　源氏　正851
讀經　宇津　正721
讀經　源氏　正851
讀經する　宇津　正721
駑鈍　文選　正286
駑馬　文選　正286
駑馬　本朝　正581
駑猥　文選　正286
駑蹇　文選　正286
駑駘　文選　正286
駑駘　白氏　續527
駑騫　文選　正286
駑騫　本朝　正581
鄧塞　文選　正286
鄧艾　文選　正286
涂　文選　正286
稌　文選　正286
兜離　文選　正286
兜率天　宇津　正721
桐花　白氏　續530
桐栢　文選　正287
桐鄉　文選　正287
桐鄉　本朝　正582
桐山　本朝　正582
桐枝　白氏　續530
桐樹　文選　正287
桐樹　白氏　續530
桐樹館　白氏　續530
桐孫　本朝　正582
桐尾　本朝　正582
桐尾　白氏　續530
桐柳　白氏　續530
桐葉　文選　正287
桐葉　白氏　續530
桐林　文選　正287
桐廬　白氏　續530
桐廬館　白氏　續530
春宮　本朝　正582
春宮　伊勢　正650
春宮　源氏　正851
春宮さだめ　宇津　正721
春宮のかみ　宇津　正721
春宮のすけの君ども　宇津　正721
春宮の女御　源氏　正851
春宮の宣旨　源氏　正851
春宮の學士　宇津　正721
春宮權大夫　本朝　正582
春宮權大夫　枕冊　正782
春宮權亮　本朝　正582
春宮大夫　本朝　正582
春宮大夫　枕冊　正782
春宮大夫　源氏　正851
春宮方　宇津　正721
春宮亮　本朝　正582
春宮亮　枕冊　正782
逗留す　本朝　正583
逗留す　白氏　續532
逗橈　文選　正288
逗遛　白氏　續532
痛　文選　正288

痛 白氏 續530
痛飲 白氏 續530
痛飲す 白氏 續530
痛苦 白氏 續530
痛言す 白氏 續530
痛酷す 文選 正288
痛恨 白氏 續530
痛酸 白氏 續530
痛心 白氏 續530
痛心す 白氏 續530
痛惜す 白氏 續530
痛切す 文選 正288
痛憤 白氏 續530
痛憤す 白氏 續530
痛哭 白氏 續530
痛哭す 文選 正288
痛哭す 白氏 續530
相通す 白氏 續531
通 文選 正288
通 白氏 續531
通(人名) 白氏 續531
通す 論語 正69
通す 文選 正288
通す 本朝 正583
通す 白氏 續531
通韻 文選 正288
通浦 文選 正288
通家 白氏 續531
通果澧鳳州 白氏 續531
通雅 文選 正288
通介 白氏 續531
通規 白氏 續531
通軌 文選 正288
通議大夫 白氏 續531
通急 文選 正288
通暁す 白氏 續531
通慧 白氏 續531
通計す 本朝 正583
通計す 白氏 續531
通健 白氏 續531
通賢 本朝 正583
通言 本朝 正583
通侯 文選 正288
通侯 白氏 續531
通好 白氏 續531
通江 白氏 續531
通溝 文選 正288
通塞 文選 正288
通塞 白氏 續531
通才 文選 正288
通才 本朝 正583
通才 白氏 續531
通犀 白氏 續532
通子 白氏 續531
通事舎人 白氏 續531
通識 白氏 續531
通守 白氏 續531
通儒 本朝 正583
通儒 白氏 續531
通州 白氏 續531
通渉す 文選 正288
通詳す 白氏 續531
通燭す 文選 正288
通神 文選 正288
通人 文選 正288
通制 白氏 續531
通仙 文選 正288
通川 文選 正288
通川 白氏 續532
通喪 論語 正69
通奏 白氏 續532
通達す 白氏 續532
通谷 文選 正288
通旦 文選 正288
通知す 白氏 續532
通池 文選 正288
通中 白氏 續532
通津 文選 正288
通津 白氏 續531
通徹 文選 正288
通天 文選 正288
通天 白氏 續532
通塗 文選 正288
通都 文選 正288
通統す 白氏 續532
通波 文選 正288
通博 本朝 正583
通班 白氏 續532
通敏 白氏 續532
通淵 文選 正288
通蔽 文選 正288
通方 文選 正288
通明 白氏 續532
通門 文選 正288
通門 本朝 正583
通邑 文選 正288
通理 文選 正288
通理 本朝 正583
通理 白氏 續532
通理す 白氏 續532
通流す 文選 正288
通流す 白氏 續532
通亮 文選 正288
通力 白氏 續532
通路 文選 正288
通論 文選 正288
通論 本朝 正583
通和す 白氏 續532
通偈 白氏 續531
通壑 文選 正288
通學 白氏 續531
通帛 文選 正288
通徑 白氏 續531
通變神化す 文選 正288
通濟 白氏 續531
通稱 文選 正288
通粹 白氏 續531
通經 白氏 續531
通聘 白氏 續532
通莊 文選 正288

通衢 文選 正288
通衢 白氏 續531
通鑾 文選 正288
通闢す 文選 正288
通體 文選 正288
通瀆 文選 正288
登 白氏 續530
登科 本朝 正583
登科 白氏 續530
登科す 白氏 續530
登科第す 白氏 續530
登歌 白氏 續530
登花殿 源氏 正851
登華殿 宇津 正721
登華殿 枕冊 正782
登覚 本朝 正583
登祇 文選 正288
登極 本朝 正583
登御す 文選 正288
登降 文選 正288
登降 白氏 續530
登高 白氏 續530
登仕郎 白氏 續530
登車 白氏 續530
登州 白氏 續530
登省し 宇津 正721
登進す 白氏 續530
登仙 文選 正288
登壇す 白氏 續530
登眺す 白氏 續530
登徒子 文選 正288
登封 白氏 續530
登聞 白氏 續530
登庸 文選 正288
登庸 本朝 正583
登庸す 文選 正288
登庸す 白氏 續530
登用 本朝 正583
登用す 本朝 正583
登里羅羽録没密施句主錄毗
迦可汗 白氏 續530
登臨 本朝 正583
登臨す 本朝 正583
登樓 文選 正288
登遐す 文選 正288
登閎 文選 正288
登閬 本朝 正583
冬衣 白氏 續527
冬夏 白氏 續527
冬官 本朝 正582
冬官 白氏 續527
冬卿 白氏 續527
冬景 白氏 續527
冬計 白氏 續527
冬月 白氏 續527
冬至 本朝 正582
冬至 白氏 續527
冬春 白氏 續527
冬渉 白氏 續527
冬日 本朝 正582
冬日 白氏 續527
冬夜 文選 正286
冬夜 本朝 正582
冬夜 白氏 續527
冬淩 白氏 續527
冬獻 白氏 續527
冬裴 白氏 續527
凍 文選 正286
凍 白氏 續527
凍飲す 文選 正286
凍雨 文選 正286
凍雲 白氏 續527
凍花 白氏 續527
凍航 白氏 續527
凍死 白氏 續527
凍死骨 白氏 續527
凍水 白氏 續527
凍墨 白氏 續527
凍梨 本朝 正582
凍翅 白氏 續527
凍醴 文選 正286
凍餒 白氏 續527
凍餧 本朝 正582
投 遊仙 正94
投 文選 正287
投す 文選 正287
投す 本朝 正582
投す 白氏 續528
投下 論語 正69
投枲す 文選 正287
投分 白氏 續528
投林 白氏 續528
投和す 白氏 續528
投壺 白氏 續528
東牆 文選 正287
東す 文選 正287
東す 白氏 續528
東阿 文選 正287
東阿 本朝 正582
東阿王 文選 正287
東夷 文選 正287
東夷 白氏 續530
東井 文選 正287
東院 白氏 續530
東羽 文選 正287
東越 文選 正287
東園 文選 正287
東園 白氏 續530
東王公 遊仙 正94
東王城 白氏 續530
東岡 文選 正287
東屋 白氏 續528
東夏 文選 正287
東夏 白氏 續528
東家 文選 正287
東歌 文選 正287
東河 本朝 正582
東海 遊仙 正94
東海 文選 正287
東海 本朝 正582

東海　白氏　續528
東海東山道　本朝　正582
東階　文選　正287
東涯　白氏　續528
東垣　白氏　續530
東郭　文選　正287
東郭　白氏　續529
東郭牙　本朝　正582
東閣　本朝　正582
東閣　白氏　續528
東岳　文選　正287
東漢　本朝　正582
東澗　白氏　續528
東莞　文選　正287
東観　本朝　正582
東館　文選　正287
東岸　本朝　正582
東畿　白氏　續528
東輝　本朝　正582
東宮　文選　正287
東宮　本朝　正582
東宮　白氏　續528
東宮　宇津　正721
東宮　蜻蛉　正749
東宮(人名)　白氏　續528
東宮のすけ　宇津　正721
東宮のすけ　蜻蛉　正749
東宮の御方　源氏　正851
東宮の女御　宇津　正721
東宮の藏人　宇津　正721
東宮昇殿　本朝　正582
東宮學士　本朝　正582
東去す　白氏　續528
東京　文選　正287
東京　本朝　正582
東京　白氏　續529
東極　文選　正287
東極　本朝　正582
東極　白氏　續528
東隅　白氏　續529
東君　白氏　續529
東軍　文選　正287
東軍　白氏　續529
東郡　文選　正287
東郡　白氏　續529
東軒　文選　正287
東軒　白氏　續529
東胡　文選　正287
東顧　文選　正287
東呉　文選　正287
東呉　本朝　正582
東呉　白氏　續529
東御史府　白氏　續528
東坑　文選　正287
東皇太一　文選　正287
東荒　文選　正287
東郊　文選　正287
東郊　本朝　正582
東郊　白氏　續528
東閤　文選　正287
東閤　本朝　正582
東国　宇津　正721
東作　文選　正287
東作　本朝　正582
東作　白氏　續529
東作す　本朝　正582
東皐　文選　正287
東皐　白氏　續528
東三條　本朝　正582
東三條　枕冊　正782
東山　文選　正287
東山　本朝　正582
東山　白氏　續529
東使　白氏　續529
東司　白氏　續529
東市　文選　正287
東師　文選　正287
東寺　白氏　續529
東室　白氏　續529
東主　文選　正287
東首　論語　正69
東周　論語　正69
東周　文選　正287
東周　本朝　正582
東周　白氏　續529
東順　白氏　續529
東署　白氏　續529
東諸侯　白氏　續529
東序　文選　正287
東床　白氏　續529
東沼　文選　正287
東城　文選　正287
東城　白氏　續529
東晋　文選　正287
東人　白氏　續529
東征　文選　正287
東征す　白氏　續529
東征賦　文選　正287
東西　文選　正287
東西　法華　正422
東西　本朝　正582
東西　白氏　續529
東西　宇津　正721
東西　枕冊　正782
東西間　白氏　續529
東西川　白氏　續529
東西南北　文選　正287
東西南北　白氏　續529
東西南北す　論語　正69
東西府　白氏　續529
東西兩都　本朝　正582
東川　文選　正287
東川　白氏　續529
東船　白氏　續529
東漸す　本朝　正582
東楚　文選　正287
東曹　本朝　正582
東曹　白氏　續529
東窓　白氏　續529
東岱　本朝　正582

東岱 白氏 續529
東大寺 本朝 正582
東大寺 宇津 正721
東第 文選 正287
東宅 白氏 續529
東谷 文選 正287
東丹國 本朝 正582
東池 白氏 續529
東朝 文選 正287
東朝 本朝 正582
東朝 白氏 續529
東津郷 白氏 續529
東亭 白氏 續529
東帝 文選 正287
東鄭 白氏 續529
東田 文選 正287
東塗 文選 正287
東都 文選 正287
東都 本朝 正582
東都 白氏 續529
東都城 白氏 續529
東都賦 文選 正287
東都賦 本朝 正582
東都留守 白氏 續529
東土 白氏 續529
東島 白氏 續529
東頭 本朝 正582
東頭 白氏 續529
東道 文選 正287
東道 白氏 續529
東南 文選 正287
東南 本朝 正582
東南 白氏 續529
東藩 文選 正287
東蕃 文選 正287
東扉 文選 正287
東扉 白氏 續529
東表 文選 正287
東府 文選 正287
東阜 文選 正287
東武 文選 正287
東武 白氏 續529
東武丘寺 白氏 續529
東風 文選 正287
東風 本朝 正582
東風 白氏 續529
東平 文選 正287
東平 白氏 續529
東平王 本朝 正582
東平蒼 本朝 正582
東壁 文選 正287
東壁 白氏 續529
東別 文選 正287
東偏 白氏 續529
東方 論語 正69
東方 文選 正287
東方 法華 正422
東方 本朝 正582
東方 白氏 續529
東方朔 文選 正287
東方朔 本朝 正582
東方朔 白氏 續529
東方先生 文選 正287
東方曼倩 文選 正287
東方曼倩 白氏 續529
東房 文選 正287
東北 文選 正287
東北 本朝 正582
東北 白氏 續529
東牟 文選 正287
東面 白氏 續529
東蒙 論語 正69
東門 論語 正69
東門 遊仙 正94
東門 文選 正287
東門 白氏 續529
東門呉 文選 正287
東門行 文選 正287
東野 文選 正287
東遊 白氏 續528
東陽 文選 正287
東陽 白氏 續529
東洛 本朝 正582
東洛 白氏 續529
東里 論語 正69
東里 本朝 正582
東里 白氏 續529
東流 文選 正287
東流 本朝 正582
東流 白氏 續529
東流す 本朝 正582
東淩 白氏 續529
東陵 文選 正287
東林 本朝 正582
東林 白氏 續529
東林寺 白氏 續529
東林精舍 白氏 續530
東隣 文選 正287
東隣 本朝 正582
東隣 白氏 續530
東嶺 遊仙 正94
東魯 文選 正287
東路 文選 正287
東廊 白氏 續529
東麓 文選 正287
東國 文選 正287
東圍 本朝 正582
東坡 白氏 續529
東墟 白氏 續528
東墻 白氏 續529
東岑 文選 正287
東峙 文選 正287
東嶽 文選 正287
東巖 白氏 續528
東廂 文選 正287
東掖 白氏 續528
東晉 白氏 續529
東樓 白氏 續530
東歸 文選 正287
東歸 白氏 續528

東游す　文選　正287
東溪野　白氏　續529
東溟　文選　正287
東溟　白氏　續529
東灣　白氏　續530
東牀　白氏　續529
東瑟　文選　正287
東籬　文選　正287
東籬　本朝　正582
東籬　白氏　續529
東粤　文選　正287
東臺　白氏　續529
東菴　白氏　續528
東蜀　白氏　續529
東裔　文選　正287
東謳　文選　正287
東鄙　文選　正287
東鄰　白氏　續530
東關　文選　正287
東陂　文選　正287
東陂　白氏　續529
東鶩す　文選　正287
東齊　白氏　續529
東龜　文選　正287
東厓　文選　正287
東汜　文選　正287
東坰　文選　正287
東坰　白氏　續529
東牕　白氏　續529
東牖　白氏　續529
東牗　白氏　續528
東萊　本朝　正582
東萊　白氏　續529
東萊(地名)　白氏　續529
東菑　文選　正287
東闈　白氏　續530
東阬　文選　正287
東鯷　文選　正287
東岍　白氏　續528
棟宇　文選　正287
棟宇　本朝　正582
棟宇　白氏　續530
棟幹　文選　正287
棟間　白氏　續530
棟隆　文選　正288
棟梁　文選　正288
棟梁　本朝　正582
棟梁　白氏　續530
棟桴　文選　正288
燈　白氏　續530
燈下　本朝　正583
燈下　白氏　續530
燈火　本朝　正583
燈火　白氏　續530
燈蓋　宇津　正721
燈燭　本朝　正583
燈燭　白氏　續530
燈燭析　本朝　正583
燈心　遊仙　正94
燈前　本朝　正583
燈前　白氏　續530
燈前　白氏　續530
燈分　本朝　正583
燈分料　本朝　正583
燈明　法華　正422
燈籠　宇津　正721
燈籠　源氏　正851
燈臺　宇津　正721
燈臺　枕冊　正782
燈臺　源氏　正851
燈焰　白氏　續530
等　法華　正422
等　白氏　續531
等す　文選　正288
等夷　白氏　續531
等夷す　白氏　續531
等級　文選　正288
等級　白氏　續531
等差　本朝　正583
等差　白氏　續531
等事　本朝　正583
等衰　白氏　續531
等正覚　法華　正422
等第す　白氏　續531
等頭　白氏　續531
等倫　法華　正422
等倫　白氏　續531
等列　白氏　續531
等列す　文選　正288
筒　白氏　續531
筒　蜻蛉　正749
筒　源氏　正851
筒中　白氏　續531
統　論語　正69
統　文選　正288
統　本朝　正583
統　白氏　續531
統一す　白氏　續531
統衛す　白氏　續531
統家　白氏　續531
統軍　白氏　續531
統御　白氏　續531
統護す　白氏　續531
統作城　文選　正288
統序　白氏　續531
統帥　白氏　續531
統制す　白氏　續531
統牧す　白氏　續531
統理　本朝　正583
統理　白氏　續531
統領す　白氏　續531
統類　文選　正288
統馭　白氏　續531
董　文選　正288
董允　文選　正288
董褐　文選　正288
董賢　文選　正288
董狐　白氏　續531
董公　文選　正288
董公　本朝　正583

董公　白氏　續531
董氏　文選　正288
董氏　本朝　正583
董襲　文選　正288
董昌齡　白氏　續531
董生　文選　正288
董石　文選　正288
董相　文選　正288
董卓　文選　正288
董仲舒　文選　正288
董叟　文選　正288
藤亜相　本朝　正583
藤陰　白氏　續531
藤英　宇津　正721
藤英の大内記　宇津　正721
藤架　白氏　續531
藤花　白氏　續531
藤群　本朝　正583
藤後生　本朝　正583
藤貢士　本朝　正583
藤宰相　宇津　正721
藤宰相　源氏　正851
藤宰相どの　宇津　正721
藤三位　枕冊　正782
藤枝　白氏　續531
藤氏　本朝　正583
藤氏　伊勢　正650
藤氏　宇津　正721
藤侍御史　本朝　正583
藤侍従　宇津　正721
藤侍従　枕冊　正782
藤侍従　源氏　正851
藤侍従の君　宇津　正721
藤式部の丞　源氏　正851
藤醜人　本朝　正583
藤十一大夫　本朝　正583
藤少將　源氏　正851
藤床　白氏　續531
藤上卿　本朝　正583
藤杖　白氏　續531
藤相公　本朝　正583
藤帯　白氏　續531
藤大納言　宇津　正721
藤大納言　枕冊　正782
藤大納言　源氏　正851
藤中納言　宇津　正721
藤中納言　源氏　正851
藤中納言どの　宇津　正721
藤中將　宇津　正721
藤登州　本朝　正583
藤納言　本朝　正583
藤帽　白氏　續531
藤葉　白氏　續531
藤學士　本朝　正583
藤將軍　本朝　正583
藤懃　本朝　正583
藤牀　白氏　續531
藤轝　白氏　續531
豆苗　白氏　續531
豆區　白氏　續531
豆觴　白氏　續531
豆蔻　文選　正288
頭　本朝　正583
頭　白氏　續532
頭　宇津　正721
頭　源氏　正851
頭の君　宇津　正721
頭の君　源氏　正851
頭の少將　源氏　正851
頭の中將君　宇津　正721
頭の殿　枕冊　正782
頭巾　本朝　正583
頭巾　白氏　續532
頭使　宇津　正721
頭上　白氏　續532
頭雪　白氏　續532
頭足　本朝　正583
頭陀　文選　正289
頭陀寺　文選　正289
頭中將　竹取　正636
頭中將　宇津　正721
頭中將　枕冊　正782
頭中將　源氏　正851
頭中將たゝのふの君　枕冊　正782
頭中將のあそん　宇津　正721
頭中將殿　枕冊　正782
頭等　本朝　正583
頭髪　白氏　續532
頭風　白氏　續532
頭風す　白氏　續532
頭弁　枕冊　正782
頭弁　源氏　正851
頭弁殿　本朝　正583
頭面　遊仙　正94
頭面　文選　正289
頭藏人　宇津　正721
頭邊　白氏　續532
頭鬢　白氏　續532
騰　文選　正289
騰驤す　白氏　續532
騰雲　文選　正289
騰遠　文選　正289
騰駕す　文選　正289
騰蛇　文選　正289
騰騰　白氏　續532
騰騰兀兀　白氏　續532
騰歩す　文選　正289
騰躍　文選　正289
騰躍す　文選　正289
騰涌す　文選　正289
騰装す　文選　正289
騰驤　文選　正289
騰猨　文選　正289
騰趠　文選　正289
騰澴　文選　正289
騰黄　文選　正289
動　文選　正286
動　白氏　續527

動　源氏　正851
動し　宇津　正721
動す　文選　正286
動す　法華　正422
動す　本朝　正582
動す　白氏　續527
動せ　源氏　正851
動言　白氏　續527
動作　文選　正286
動作す　法華　正422
動作す　白氏　續527
動者　白氏　續527
動寂　文選　正286
動植　白氏　續527
動殖　本朝　正582
動静　論語　正69
動静　本朝　正582
動息　文選　正286
動息　白氏　續527
動天　白氏　續527
動蕩す　白氏　續527
動復　文選　正286
動物　文選　正286
動揺　白氏　續527
動揺す　白氏　續527
動用　本朝　正582
動履　本朝　正582
動類　文選　正286
動應　文選　正286
動發す　文選　正286
動靜　文選　正286
動靜　白氏　續527
動靜進退　白氏　續527
同　論語　正69
同　文選　正286
同　文選　正286
同す　論語　正69
同す　文選　正286
同す　本朝　正582
同す　白氏　續527
同位　白氏　續528
同異　文選　正286
同異　白氏　續527
同一　法華　正422
同一　本朝　正582
同一　白氏　續527
同一法　白氏　續527
同一揆　文選　正286
同一樊　白氏　續527
同飲す　白氏　續527
同穎　白氏　續527
同音　本朝　正582
同音　白氏　續527
同学　法華　正422
同官　白氏　續527
同軌　白氏　續527
同居　本朝　正582
同居す　文選　正286
同響　文選　正286
同群　白氏　續527
同郡　本朝　正582
同穴　本朝　正582
同穴　白氏　續527
同穴偕老　本朝　正582
同憲　白氏　續527
同公　本朝　正582
同好　文選　正286
同行　宇津　正721
同坐　文選　正286
同坐　白氏　續527
同座　白氏　續527
同歳　白氏　續528
同産　文選　正286
同子　文選　正286
同志　白氏　續527
同枝　白氏　續527
同事　白氏　續527
同時　文選　正286
同時　法華　正422
同時　本朝　正582
同時　白氏　續527
同室　白氏　續528
同舎郎　白氏　續528
同趣　文選　正286
同州　白氏　續528
同宿　白氏　續528
同宿す　白氏　續528
同出す　白氏　續528
同匠　白氏　續528
同賞　白氏　續528
同賞す　白氏　續528
同城縣　白氏　續528
同色　白氏　續528
同心　遊仙　正94
同心　本朝　正582
同心　白氏　續528
同心す　本朝　正582
同心同道　白氏　續528
同塵　白氏　續528
同制　白氏　續528
同姓　論語　正69
同姓　文選　正286
同姓　白氏　續528
同生　文選　正286
同川　文選　正286
同前　本朝　正582
同族　白氏　續528
同中　白氏　續528
同中書　白氏　續528
同中書門下　白氏　續528
同中書門下平章事　白氏　續528
同聴　本朝　正582
同等　法華　正422
同同　白氏　續528
同徳寺　白氏　續528
同日　白氏　續528
同年　文選　正286
同年　本朝　正582
同年　白氏　續528

同輩 白氏 續528
同伴 白氏 續528
同病 文選 正286
同病 白氏 續528
同文 文選 正286
同平章事 白氏 續528
同弊 文選 正286
同胞 文選 正286
同胞 本朝 正582
同房 本朝 正582
同謀 本朝 正582
同盟 文選 正286
同門 文選 正286
同門 本朝 正582
同門 白氏 續528
同門生 白氏 續528
同夜 白氏 續528
同遊 本朝 正582
同遊 白氏 續527
同遊す 白氏 續527
同僚 文選 正286
同寮 文選 正286
同寮 白氏 續528
同類 本朝 正582
同類 白氏 續528
同列 文選 正286
同列 白氏 續528
同老 白氏 續528
同儕 白氏 續527
同儕 白氏 續528
同圍 文選 正286
同學 白氏 續527
同惡 文選 正286
同惡 白氏 續527
同懷 文選 正286
同歸 白氏 續527
同氣 文選 正286
同氣 白氏 續527
同焉 文選 正286
同牀 白氏 續528
同縣 白氏 續527
同聲 本朝 正582
同聲 白氏 續528
同衾 文選 正286
同衾 白氏 續527
同袍 文選 正286
同謚 白氏 續528
同讌 白氏 續527
同輦 文選 正286
同德 文選 正286
同閈 文選 正286
憧憧 白氏 續528
憧幢 白氏 續528
洞 文選 正288
洞 本朝 正582
洞 白氏 續530
洞院 枕冊 正782
洞院 源氏 正851
洞雲 本朝 正582
洞花 本朝 正582
洞花 白氏 續530
洞霞 本朝 正582
洞穴 文選 正288
洞穴 白氏 續530
洞月 本朝 正582
洞戸 白氏 續530
洞主 白氏 續530
洞水 白氏 續530
洞達 文選 正288
洞中 本朝 正582
洞中 白氏 續530
洞庭 文選 正288
洞庭 本朝 正582
洞庭 白氏 續530
洞庭湖 本朝 正582
洞庭湖 白氏 續530
洞徹す 白氏 續530
洞天 本朝 正582
洞天 白氏 續530
洞房 文選 正288
洞房 本朝 正582
洞房 白氏 續530
洞北 白氏 續530
洞門 文選 正288
洞門 本朝 正582
洞門 白氏 續530
洞裏 白氏 續530
洞壑 文選 正288
洞壑 本朝 正582
洞簫 文選 正288
洞簫 本朝 正582
洞澈 文選 正288
曈曈 白氏 續528
童子 論語 正69
童子 文選 正288
童子 法華 正422
童子 本朝 正583
童子 宇津 正721
童女 文選 正288
童女 法華 正422
童女 白氏 續531
童女 宇津 正721
童女 枕冊 正782
童男 法華 正422
童男 宇津 正721
童男形 法華 正422
童稚 本朝 正583
童童 白氏 續531
童僕 本朝 正583
童僕 白氏 續531
童牧 文選 正289
童蒙 文選 正289
童蒙 本朝 正583
童蒙 白氏 續531
童幼 文選 正288
童豎 文選 正288
童昏 文選 正288
銅 文選 正289
銅 白氏 續532
銅印 白氏 續532

銅街	白氏	續532
銅器	法華	正422
銅魚	白氏	續532
銅虎	本朝	正583
銅鼓	白氏	續532
銅山	文選	正289
銅山	本朝	正583
銅山	白氏	續532
銅史	文選	正289
銅史	本朝	正583
銅漆	文選	正289
銅爵	文選	正289
銅錫	文選	正289
銅水	本朝	正583
銅雀	遊仙	正94
銅雀	文選	正289
銅雀	本朝	正583
銅雀	白氏	續532
銅雀臺	文選	正289
銅瓶	白氏	續532
銅符	白氏	續532
銅墨	文選	正289
銅墨	白氏	續532
銅利	白氏	續532
銅龍	文選	正289
銅龍	白氏	續532
銅梁	文選	正289
銅陵	文選	正289
銅樓	白氏	續532
銅爐	白氏	續532
銅輦	文選	正289
銅錢	白氏	續532
銅鐶	遊仙	正94
銅鐵	白氏	續532
銅駝	白氏	續532
銅缾	白氏	續532
銅鈸	法華	正422
銅鍇	文選	正289
銅鍇	白氏	續532
銅匜	白氏	續532
濃艶	本朝	正583
濃輝	本朝	正583
濃香	本朝	正583
濃粧	本朝	正583
能	文選	正288
能	本朝	正583
能裨す	文選	正288
能す	文選	正288
能賢	文選	正288
能事	文選	正288
能事	本朝	正583
能者	文選	正288
能仁	文選	正288
能説	本朝	正583
能否	文選	正288
能鼈	文選	正288
膿肌	文選	正288
農業	本朝	正583
農桑	本朝	正583
農事	本朝	正583
剅左丞	本朝	正582
剅林	本朝	正582
剅攸	本朝	正582
剅禹	本朝	正582
偸薄	文選	正286
偸薄	白氏	續527
僮	文選	正286
僮僕	文選	正286
僮僕	法華	正422
僮僕	本朝	正581
僮僕	白氏	續527
剅攸	本朝	正583
幢	法華	正422
幢蓋	文選	正286
幢幡	法華	正422
幢幡	本朝	正582
幢幢	文選	正286
慟	白氏	續528
慟す	論語	正69
慟す	白氏	續528
慟哭す	白氏	續528
橙	文選	正288
橙柹	文選	正288
橙榛	文選	正288
橦華	文選	正288
勝薜	白氏	續530
滕	論語	正69
滕王閣	白氏	續530
滕家	白氏	續530
滕殷晉	白氏	續530
潼	文選	正288
潼闕	白氏	續530
潼闕吏	白氏	續530
疼痛	白氏	續530
竇	文選	正288
竇憲	文選	正288
竇武	文選	正288
竇融	文選	正288
竇林	文選	正288
荳蔻子	遊仙	正94
螽斯	文選	正288
骰盤	白氏	續532
鬪諍	法華	正422
鬪諍す	法華	正422
鼕鼕	白氏	續532
鼕鼕	白氏	續532
鄧翁	白氏	續532
鄧家	白氏	續532
鄧橘	文選	正288
鄧訓	文選	正288
鄧后	文選	正288
鄧国夫人	白氏	續532
鄧犀伽	白氏	續532
鄧子成	白氏	續532
鄧州	白氏	續532
鄧生	文選	正288
鄧伯道	白氏	續532
鄧林	文選	正288
鄧林	本朝	正583
鄧攸	文選	正288

鄧攸	白氏	續532
鄧魴	白氏	續532
鄧魴張徹	白氏	續532
侗	論語	正69
墱道	文選	正286
墱流	文選	正286
媵臣	文選	正286
彤	文選	正286
彤	白氏	續528
彤雲	文選	正286
彤雲	白氏	續528
彤管	文選	正287
彤弓	文選	正286
彤軒	文選	正287
彤弧	文選	正287
彤彩	文選	正287
彤失	文選	正287
彤朱	文選	正287
彤庭	文選	正287
彤庭	白氏	續528
彤編	本朝	正582
彤彤	文選	正287
彤襜	白氏	續528
彤闈	文選	正287
瞪盱す	文選	正288
瞪瞢	文選	正288
禱	本朝	正583
穠纖	文選	正288
醲化	文選	正288
醲實	文選	正288
隥道	文選	正289
鬭	論語	正69
鬭	白氏	續532
鬭殺	白氏	續532
鬭城	文選	正289
鬭班す	白氏	續532
鬭廉	白氏	續532
鬭爭	白氏	續532
䲢鮋	文選	正289
黈纊	白氏	續532
黈纊	文選	正289
竺論	本朝	正584
み得	宇津	正721
得	論語	正69
得	文選	正289
得	白氏	續532
得	宇津	正721
得意	文選	正289
得意	枕冊	正782
得意	源氏	正851
得一	白氏	續532
得益	本朝	正583
得果	本朝	正583
得業生	本朝	正583
得賢臣	文選	正289
得失	論語	正69
得失	文選	正289
得失	本朝	正583
得失	白氏	續532
得趣	文選	正289
得心	白氏	續532
得選	枕冊	正782
得喪	白氏	續532
得替	本朝	正583
得大	本朝	正583
得度	本朝	正583
得度	白氏	續532
得度す	白氏	續532
得道	本朝	正583
得道す	法華	正422
得二	文選	正289
得分	宇津	正721
得樂す	白氏	續532
得雋	白氏	續532
徳	論語	正69
徳	遊仙	正94
徳義	論語	正69
徳行	論語	正69
特	白氏	續533
特	宇津	正721
特叚	文選	正289
特異	白氏	續533
特進	文選	正289
特進	白氏	續533
特生	文選	正289
特達	文選	正289
特達	白氏	續533
特地	白氏	續533
特豚	文選	正289
特立	論語	正69
特立す	白氏	續533
特奬	白氏	續533
特闈	文選	正289
督	文選	正289
督し	宇津	正721
督す	文選	正289
督守	文選	正289
督責す	白氏	續533
督郵	文選	正289
禿首	本朝	正584
禿丁	本朝	正584
禿頭	白氏	續533
禿筆	本朝	正584
篤義	文選	正289
篤敬	論語	正69
篤固	文選	正289
篤厚	本朝	正584
篤好	文選	正289
篤行	文選	正289
篤行	白氏	續533
篤疾	本朝	正584
篤仁	本朝	正584
篤聖	文選	正289
篤誠	文選	正289
篤茂	本朝	正584
篤學	本朝	正584
篤誨	文選	正289
毒	文選	正289
毒	法華	正422
毒	白氏	續533

毒す　文選　正289
毒す　白氏　續533
毒害　法華　正422
毒沙　白氏　續533
毒蛇　宇津　正721
毒暑　白氏　續533
毒睡　本朝　正583
毒虫　本朝　正584
毒龍　本朝　正584
毒卉　文選　正289
毒噬す　文選　正289
毒艸　白氏　續533
毒藥　文選　正289
毒藥　法華　正422
毒藥　本朝　正584
毒螫　文選　正289
毒螫　白氏　續533
毒蟲　法華　正422
毒蟲　白氏　續533
毒蟒　白氏　續533
毒焰　本朝　正583
慝　論語　正69
慝　文選　正289
犢　文選　正289
犢　本朝　正583
犢鼻　本朝　正583
獨　論語　正69
獨　本朝　正583
獨異　白氏　續533
獨園　本朝　正583
獨往　文選　正289
獨往　本朝　正583
獨往　白氏　續533
獨居　白氏　續533
獨居す　文選　正289
獨吟　本朝　正583
獨吟　白氏　續533
獨吟す　白氏　續533
獨見　文選　正289
獨見　本朝　正583
獨見　白氏　續533
獨孤　白氏　續533
獨孤郁　白氏　續533
獨孤操　白氏　續533
獨孤二十七　白氏　續533
獨孤朗　白氏　續533
獨孤朗等　白氏　續533
獨孤涇　白氏　續533
獨鈷　源氏　正851
獨行　白氏　續533
獨鵠　文選　正289
獨坐　白氏　續533
獨坐す　白氏　續533
獨自　白氏　續533
獨酌　白氏　續533
獨樹浦　白氏　續533
獨愁　白氏　續533
獨宿す　文選　正289
獨宿す　白氏　續533
獨賞　白氏　續533
獨身　文選　正289
獨棲　白氏　續533
獨静　文選　正289
獨善　文選　正289
獨善　本朝　正583
獨善　白氏　續533
獨善す　白氏　續533
獨盤　白氏　續533
獨美　白氏　續533
獨夫　文選　正289
獨幅　白氏　續533
獨歩　本朝　正583
獨歩す　文選　正289
獨歩す　本朝　正583
獨歩す　白氏　續533
獨繭　文選　正289
獨繭　本朝　正583
獨眠　白氏　續533
獨眠吟　白氏　續533
獨木　本朝　正583
獨夜　文選　正289
獨夜　白氏　續533
獨遊　本朝　正583
獨遊　白氏　續533
獨立　文選　正289
獨立　本朝　正583
獨立　白氏　續533
獨立す　論語　正69
獨立す　文選　正289
獨立す　白氏　續533
獨寢　白氏　續533
獨拜す　文選　正289
獨斷す　文選　正289
獨樂　文選　正289
獨邃　文選　正289
獨酣す　白氏　續533
獨鑒　白氏　續533
讀書　本朝　正584
讀諷す　白氏　續533
黷す　白氏　續533
黷亂す　文選　正289
御德　源氏　正851
德　文選　正289
德　法華　正422
德　本朝　正583
德　白氏　續532
德　宇津　正721
德　蜻蛉　正749
德　源氏　正851
德す　文選　正289
德位　本朝　正583
德威　白氏　續533
德意　本朝　正583
德宇　本朝　正583
德音　文選　正289
德音　本朝　正583
德音　白氏　續532
德化　文選　正289
德化　本朝　正583
德馨　本朝　正583

徳輝　文選　正289
徳輝　本朝　正583
徳義　文選　正289
徳義　本朝　正583
徳義　白氏　續533
徳宮　文選　正289
徳宮里　文選　正289
徳教　白氏　續533
徳業　文選　正289
徳刑　文選　正289
徳厚　文選　正289
徳厚　文選　正289
徳行　文選　正289
徳行　本朝　正583
徳行　白氏　續532
徳采　本朝　正583
徳宗　白氏　續533
徳宗皇帝　白氏　續533
徳宗聖文神武皇帝　白氏　續533
徳州　白氏　續533
徳潤　本朝　正583
徳心　文選　正289
徳臣　文選　正289
徳人　文選　正289
徳水　本朝　正583
徳政　本朝　正583
徳政　白氏　續533
徳星　白氏　續533
徳精　文選　正289
徳善　白氏　續533
徳町　宇津　正721
徳望　白氏　續533
徳牧　文選　正289
徳本　本朝　正583
徳門　白氏　續533
徳猷　文選　正289
徳裕　白氏　續532
徳容　白氏　續533
徳陽　文選　正289
徳惠　文選　正289
徳暉　文選　正289
徳棣兩州　白氏　續533
徳澤　文選　正289
徳澤　本朝　正583
徳澤　白氏　續533
徳禮　文選　正289
徳聲　文選　正289
徳號　文選　正289
徳譽　本朝　正583
徳敎　文選　正289
徳璉　文選　正289
匵　白氏　續532
忒　文選　正289
瀆　文選　正289
罜*麗　文選　正289
所の衆とも　枕冊　正782
所衆　枕冊　正782
突　文選　正289
突　白氏　續533
突す　文選　正289
突奥　文選　正289
突騎　本朝　正584
突出す　白氏　續533
突梯滑稽す　文選　正289
突兀　白氏　續533
突厥等　白氏　續533
咄咄　白氏　續533
咄嗟す　文選　正289
咄唶　文選　正289
訥　論語　正69
訥　白氏　續533
殿の大夫　枕冊　正782
取具し　源氏　正851
十日餘ひ　宇津　正721
庉庉　文選　正289
屯　本朝　正584
屯す　白氏　續533
屯雲　文選　正289
屯衛　文選　正289
屯食　宇津　正721
屯食　源氏　正851
屯田　白氏　續534
屯田員外郎　白氏　續534
屯用　文選　正289
屯聚　白氏　續534
屯聚す　白氏　續534
惇史　文選　正290
惇睦　文選　正290
敦　文選　正290
敦　白氏　續534
敦脈　文選　正290
敦す　白氏　續534
敦愛　白氏　續534
敦悦　文選　正290
敦固　文選　正290
敦故　白氏　續534
敦厚　白氏　續534
敦詩　白氏　續534
敦質　白氏　續534
敦崇す　文選　正290
敦誠　本朝　正584
敦責す　白氏　續534
敦睦　白氏　續534
敦穆　文選　正290
敦諭　白氏　續534
敦庬　本朝　正584
敦洽　文選　正290
沌沌　文選　正290
豚　論語　正69
豚胉　文選　正290
豚魚　文選　正290
豚魚　白氏　續534
豚酒　文選　正290
豚醪　文選　正290
遁遺　白氏　續534
遁世　本朝　正584
遁逃す　白氏　續534
遁佚　文選　正290
頓　文選　正290

頓　白氏　續534
頓　土左　正659
頓す　文選　正290
頓坐　文選　正290
頓挫　白氏　續534
頓首　文選　正290
頓首　本朝　正584
頓首　白氏　續534
頓首す　文選　正290
頓首す　本朝　正584
頓悴　文選　正290
頓擗　文選　正290
呑舟　文選　正289
呑縦　文選　正289
呑波　文選　正289
曇雲　文選　正290
曇元比丘　本朝　正584
曇濬律師　白氏　續534
曇禪師　白氏　續534
鈍　論語　正69
鈍　白氏　續534
鈍頑　白氏　續534
鈍器　文選　正290
鈍根　法華　正422
鈍人　白氏　續534
鈍拙　白氏　續534
鈍學　本朝　正584
嫩紫　白氏　續534
嫩樹　白氏　續534
嫩緑醅　白氏　續534
嫩笋　白氏　續534
暾　文選　正290
燉煌　遊仙　正94
鈍　法華　正422
貪　法華　正422
貪生　遊仙　正94
貪著　法華　正422
貪著す　法華　正422
貪欲　論語　正69
貪欲　法華　正422
貪欲　本朝　正584
貪欲　宇津　正721
貪吏　本朝　正584
貪隣す　本朝　正584
遯　文選　正290
遯俗　文選　正290
忳　文選　正290
涒灘　本朝　正584
窀穸　白氏　續534

【な】

なかたゞの宰相　宇津　正721
なかたゞの侍從　宇津　正721
なかたゞの中將　宇津　正721
なかつかさの丞　宇津　正721
ながとの權のすけ　宇津　正721
なかの對　源氏　正851
なぎさの院　宇津　正721
なゝ所經　宇津　正721
なにかしの院　源氏　正851
なにかしの念佛　源氏　正851
なにかし阿闍梨　源氏　正851
なにかし供奉　枕冊　正782
なにかし僧都　源氏　正851
なにそ様　源氏　正851
なに様　源氏　正851
なにの丞のきみ　蜻蛉　正749
なま受領　源氏　正851
なま孫王めく　源氏　正851
ならの京　源氏　正851
なおし裝束　宇津　正721
那羅延　法華　正423
南殿　源氏　正851
南無當來導師　源氏　正851
納言　宇津　正721
名對面　枕冊　正782
名對面　源氏　正851
儺　蜻蛉　正749
儺　源氏　正851
儺火　蜻蛉　正749
椋落　本朝　正584
奈菀　本朝　正584
内　法華　正423
内　白氏　續534
内　白氏　續534
内衣　法華　正423
内院　宇津　正721
内廐　白氏　續534
内園　白氏　續534
内園使　白氏　續534
内宴　本朝　正584
内宴　白氏　續534
内宴　宇津　正721
内宴　源氏　正851
内延　白氏　續534
内外　法華　正423
内外　本朝　正584
内外　白氏　續534
内外　宇津　正721
内外　枕冊　正782
内外　源氏　正851
内外官　白氏　續534
内外戚　本朝　正584
内記　伊勢　正650
内記　宇津　正721
内記　源氏　正851
内宮　白氏　續534
内供　枕冊　正782
内供奉　白氏　續534
内教　源氏　正851
内教坊　宇津　正721
内教坊　源氏　正851

内郷縣　白氏　續534
内景　白氏　續534
内司　白氏　續534
内史　白氏　續534
内子　白氏　續534
内侍　白氏　續534
内侍　竹取　正636
内侍　宇津　正721
内侍　枕冊　正782
内侍　源氏　正851
内侍たち　宇津　正721
内侍とも　源氏　正851
内侍のかみ　宇津　正721
内侍のかみ　蜻蛉　正749
内侍のかみ　源氏　正851
内侍のかむの君　源氏　正851
内侍のかんのおとゞ　宇津　正721
内侍のかんの殿　宇津　正721
内侍のきみ　宇津　正721
内侍のすけ　宇津　正721
内侍のすけ　枕冊　正782
内侍のすけ　源氏　正851
内侍のすけのおとゞ　宇津　正721
内侍のすけはら　源氏　正851
内侍はら　源氏　正851
内侍所　源氏　正851
内侍省　白氏　續534
内侍省内謁省監　白氏　續534
内侍寮　宇津　正721
内修　白氏　續534
内衆　白氏　續534
内署　白氏　續534
内署　白氏　續534
内常侍　白氏　續534
内職　白氏　續534
内臣　本朝　正584
内臣　白氏　續534
内親王　源氏　正851
内人　白氏　續534
内戚　宇津　正721
内膳　宇津　正721
内膳　枕冊　正782
内則　白氏　續534
内大臣　本朝　正584
内大臣　宇津　正721
内大臣　源氏　正851
内大臣殿　枕冊　正782
内大臣殿　源氏　正851
内地　白氏　續534
内寵　白氏　續534
内朝　白氏　續534
内庭　白氏　續534
内邸　白氏　續534
内典　本朝　正584
内殿　白氏　續534
内道場　白氏　續534
内々　宇津　正721
内府　白氏　續534
内府局　白氏　續534
内附　白氏　續534
内附す　白氏　續534
内方　宇津　正721
内坊　白氏　續534
内憂　白氏　續534
内理　白氏　續534
内屬す　白氏　續534
内廳　白氏　續534
内從表弟　白氏　續534
乃至　法華　正423
乃至　本朝　正584
㮈菀　本朝　正584
納粟　白氏　續535
納言　本朝　正584
納言殿下　本朝　正584
納受　法華　正423
納受す　法華　正423
納欵　白氏　續535
惱　法華　正423
惱殺す　白氏　續535
惱亂す　法華　正423
惱亂す　白氏　續535
曩古　本朝　正584
曩志　本朝　正584
曩日　本朝　正584
曩篇　本朝　正584
囊　文選　正290
囊　白氏　續535
囊括す　文選　正290
囊基　文選　正290
囊歳　白氏　續535
囊載　文選　正290
囊資　白氏　續535
囊時　文選　正290
囊時　白氏　續535
囊秦　文選　正290
囊昔　文選　正290
囊中　白氏　續535
囊被　文選　正290
囊篇　文選　正290
囊袠　白氏　續535
中の御障子　源氏　正851
中の障子のくち　源氏　正851
中の塀　源氏　正851
中の廊　源氏　正851
中障子　源氏　正851
長精進　蜻蛉　正749
梨絵し　枕冊　正782
七日の御節供　枕冊　正782
七文字　蜻蛉　正749
生親族たつ　蜻蛉　正749
南す　文選　正290
南亜將　本朝　正584
南夷　文選　正290

南威	文選	正290
南院	本朝	正584
南浦	文選	正290
南浦	本朝	正584
南越	文選	正290
南園	文選	正290
南燕	遊仙	正94
南岡	文選	正290
南音	文選	正290
南歌す	文選	正290
南海	文選	正290
南海	本朝	正584
南階	文選	正290
南崖	文選	正290
南涯	文選	正290
南郭	文選	正290
南岳	文選	正290
南岳	本朝	正584
南岳大師	本朝	正584
南澗	文選	正290
南館	文選	正290
南宮	文選	正290
南郷	文選	正290
南極	文選	正290
南極	本朝	正584
南金	文選	正290
南郡	文選	正290
南荊	文選	正290
南呉	文選	正290
南康	文選	正290
南康郡公	文選	正290
南江	文選	正290
南荒	文選	正290
南山	文選	正290
南山	本朝	正584
南枝	文選	正290
南枝	本朝	正584
南氏	本朝	正584
南至	本朝	正584
南州	文選	正290
南巡	文選	正290
南徐州	文選	正290
南徐兖	文選	正290
南昌	文選	正290
南昌縣	文選	正290
南湘	文選	正290
南燭	本朝	正584
南垂	文選	正290
南畝	文選	正290
南畝	本朝	正584
南楚	文選	正290
南曹	本朝	正584
南相	本朝	正584
南相公	本朝	正584
南窓	遊仙	正94
南窻	文選	正290
南宅	本朝	正584
南端	文選	正290
南中	文選	正290
南中郎	文選	正290
南津	文選	正290
南斗	文選	正290
南嶋	本朝	正584
南皮	文選	正290
南皮	本朝	正584
南部	本朝	正584
南風	文選	正290
南服	文選	正290
南平	文選	正290
南方	文選	正290
南方	本朝	正584
南望	文選	正290
南北	文選	正290
南北	本朝	正584
南北二京	本朝	正584
南箕	文選	正290
南無	本朝	正584
南無垢	本朝	正584
南冥	文選	正290
南面	文選	正290
南面	本朝	正584
南面す	文選	正290
南門	本朝	正584
南容	文選	正290
南陽	遊仙	正94
南陽	文選	正290
南陽	本朝	正584
南陽王	文選	正290
南蘭陵	文選	正290
南蘭陵郡	文選	正290
南陸	文選	正290
南流	文選	正290
南陵	文選	正290
南鄰	文選	正290
南鄰	本朝	正584
南嶺	本朝	正584
南路	文選	正290
南單于(人名)	文選	正290
南單于(地名)	文選	正290
南國	遊仙	正94
南國	文選	正290
南垓	本朝	正584
南岑	文選	正290
南嶽	文選	正290
南曫	文選	正290
南徑	文選	正290
南條	本朝	正584
南榮	文選	正290
南榮	本朝	正584
南樓	文選	正290
南樓	本朝	正584
南樓中	文選	正290
南淮	文選	正290
南溟	本朝	正584
南簷	本朝	正584
南籥	文選	正290
南蠻	本朝	正584
南兗*	文選	正290
南兗*州	文選	正290
南裔	文選	正290

南鄙　文選　正290
南關　文選　正290
南鴈　文選　正290
南氾　文選　正290
南墉　文選　正290
南巢　文選　正290
南戄　文選　正290
南澨　文選　正290
南闈　文選　正290
南陔　文選　正290
南陔　本朝　正584
楠榴　文選　正290
湳德　文選　正290
成信中將　枕冊　正782
男子　法華　正423
男女　法華　正423
南　法華　正423
南夷　白氏　續536
南威　白氏　續536
南移　白氏　續535
南印　白氏　續535
南院　白氏　續536
南雨　白氏　續535
南浦　白氏　續536
南園　白氏　續536
南苑　白氏　續536
南岡　白氏　續535
南岡石墳　白氏　續535
南音　白氏　續535
南家　白氏　續535
南花　白氏　續535
南華　白氏　續535
南華經　白氏　續535
南海　白氏　續535
南海　竹取　正636
南海道　宇津　正721
南澗　白氏　續535
南館　白氏　續535
南岸　白氏　續535
南宮　白氏　續535
南宮郎　白氏　續535
南宮适　論語　正69
南去　白氏　續535
南去す　白氏　續535
南金　白氏　續535
南隅　白氏　續535
南郡　論語　正69
南郡　白氏　續535
南荊　白氏　續535
南軒　白氏　續535
南原　白氏　續535
南巷　白氏　續535
南行す　白氏　續535
南郊　白氏　續535
南国　論語　正69
南山　白氏　續535
南山大師　白氏　續535
南子　論語　正69
南枝　白氏　續535
南侍御　白氏　續535
南寺　白氏　續535
南宗　白氏　續535
南州　白氏　續535
南順　白氏　續535
南庄　白氏　續535
南省　白氏　續535
南詔　白氏　續535
南城　白氏　續535
南秦　白氏　續535
南人　論語　正69
南人　白氏　續535
南征北伐　白氏　續535
南西　白氏　續535
南遷　白氏　續535
南祖　白氏　續535
南僧寶　白氏　續535
南操　白氏　續535
南窓　白氏　續535
南村　白氏　續535
南宅　白氏　續535
南池　白氏　續535
南中　白氏　續535
南亭　白氏　續535
南鄭　白氏　續535
南天竺　宇津　正721
南殿　宇津　正721
南土　白氏　續535
南塔　白氏　續535
南塘　白氏　續535
南東　白氏　續535
南東北廊　白氏　續536
南道　白氏　續535
南頓縣　白氏　續536
南巴　白氏　續536
南賓　白氏　續536
南賓郡　白氏　續536
南部　白氏　續536
南風　白氏　續536
南服　白氏　續536
南偏　白氏　續536
南方　法華　正423
南方　白氏　續536
南邦　白氏　續536
南坊　白氏　續536
南望す　白氏　續536
南北　白氏　續536
南北軍　白氏　續536
南北東西　白氏　續536
南北兩道　白氏　續536
南牧　白氏　續536
南幕　白氏　續536
南面　白氏　續536
南面す　論語　正69
南面す　白氏　續536
南遊す　白氏　續535
南容　論語　正69
南容　白氏　續536
南陽（人名）　白氏　續536
南陽（地名）　白氏　續536
南陽縣開國男　白氏　續536

南洛陽　白氏　續536
南龍興寺　白氏　續536
南隣　白氏　續536
南路　白氏　續536
南國　白氏　續535
南塢　白氏　續535
南崗　白氏　續535
南嶽　白氏　續535
南樓　白氏　續536
南溪　白氏　續535
南潭　白氏　續535
南甍　白氏　續536
南瞻部州　白氏　續535
南禪院　白氏　續535
南筧　白氏　續535
南簷　白氏　續535
南莊　白氏　續535
南蜀　白氏　續535
南蠻　白氏　續536
南鄰　白氏　續536
南阡　白氏　續535
南陌　白氏　續536
南鴈　白氏　續535
南牕　白氏　續535
南窻　白氏　續535
楠榁　白氏　續536
軟*綾　白氏　續536
軟火　白氏　續536
軟沙　白氏　續536
軟砂　白氏　續536
軟車　白氏　續536
軟弱　白氏　續536
軟暖　白氏　續536
軟美　白氏　續536
軟褥　白氏　續536
難　論語　正69
難　文選　正290
難　文選　正290
難　法華　正423
難　本朝　正584
難　白氏　續536
難　宇津　正721
難　源氏　正851
難す　文選　正290
難す　白氏　續536
難す　源氏　正851
難つく　源氏　正851
難なき　宇津　正721
難なく　源氏　正851
難易　本朝　正584
難解　法華　正423
難解　本朝　正584
難解難入　本朝　正584
難行苦行　法華　正423
難行苦行す　法華　正423
難済　本朝　正584
難詞　白氏　續536
難事　法華　正423
難重　白氏　續536
難制　白氏　續536
難陀　法華　正423
難陀　本朝　正584
難奪　白氏　續536
難入　本朝　正584
難報　白氏　續536
難問す　法華　正423
難理　白氏　續536
難處　法華　正423
喃喃　白氏　續536

【に】

にしの一の對　宇津　正722
にしの院　宇津　正722
にしの京　蜻蛉　正749
にしの京　源氏　正851
にしの陣　宇津　正722
にしの二の對　宇津　正722
にしの對　宇津　正722
にしの對の君　宇津　正722
にしの樓　宇津　正722
にしひんかしの對　枕冊　正782
にしひんがしの對　宇津　正722
にし曹司　宇津　正722
にし北の對　宇津　正722
にほふ兵部卿　源氏　正852
二のみこ　宇津　正722
二のわらは　宇津　正722
二の宮　宇津　正722
二の女御　宇津　正722
二の對　宇津　正722
二尺　宇津　正722
二寸　宇津　正722
二千人　宇津　正722
二丁　宇津　正722
二番　宇津　正722
二疋　宇津　正722
二百五十貫　宇津　正722
二百石　宇津　正722
二條おほぢ　宇津　正722
二條の院　宇津　正722
二條殿　宇津　正722
御二条のきたのかた　源氏　正851
二　宇津　正721
二　法華　正423
二　白氏　續536
二のくるま　源氏　正851
二のま　源氏　正851
二のまち　源氏　正851
二位　宇津　正722
二園　白氏　續540
二王　白氏　續540
二家　白氏　續536
二階　蜻蛉　正749
二階　源氏　正851
二頤　白氏　續536
二紀　白氏　續536
二妓　白氏　續536

二義 白氏 續536
二宮 源氏 正851
二玉 白氏 續536
二君 白氏 續537
二君子 白氏 續537
二月 白氏 續536
二月 宇津 正721
二月 蜻蛉 正749
二月 枕冊 正782
二月 源氏 正851
二月ついたちころ
源氏 正851
二月つこもり 枕冊 正782
二月つこもりかた
枕冊 正782
二月むまの日 枕冊 正782
二月一 白氏 續536
二月一日 白氏 續536
二月一日 土左 正660
二月五日 白氏 續536
二月朔日 枕冊 正782
二月三日三月朔日ころ
枕冊 正782
二月十九日 白氏 續536
二月十五日 蜻蛉 正749
二月十二日 白氏 續536
二月十二日 宇津 正721
二月十日 枕冊 正782
二月十余日 枕冊 正782
二月十余日 源氏 正851
二月辛未朔二日壬申
白氏 續537
二月二 白氏 續537
二月二十五日 白氏 續537
二月二十二日 白氏 續537
二月二日 白氏 續537
二月廿五日 枕冊 正782
二月廿七日 宇津 正721
二月廿日 宇津 正721
二月廿日 蜻蛉 正749
二月廿日あまり
源氏 正851
二賢 白氏 續537
二五年 白氏 續537
二公 白氏 續537
二孔 白氏 續537
二歳 白氏 續538
二載 白氏 續537
二三 白氏 續537
二三 宇津 正721
二三 枕冊 正782
二三巻 宇津 正721
二三月 白氏 續537
二三月 宇津 正721
二三子 白氏 續537
二三尺 白氏 續537
二三尺 枕冊 正782
二三州 白氏 續537
二三十万疋 宇津 正721
二三升 白氏 續537
二三人 宇津 正721
二三人 枕冊 正782
二三人 源氏 正851
二三寸 白氏 續537
二三寸 宇津 正721
二三千 白氏 續537
二三千 宇津 正721
二三千里 白氏 續537
二三代 宇津 正721
二三町 宇津 正721
二三日 竹取 正636
二三日 宇津 正721
二三年 白氏 續537
二三年 宇津 正721
二三年 源氏 正851
二三百人 宇津 正722
二四 白氏 續537
二子 白氏 續537
二荷 宇津 正721
二師 白氏 續537
二志 白氏 續537
二詩 白氏 續537
二事 白氏 續537
二字 白氏 續537
二時 白氏 續537
二室 白氏 續537
二舎人 白氏 續538
二尺 枕冊 正782
二尺餘 白氏 續538
二首 白氏 續538
二周歳 白氏 續537
二宗 白氏 續539
二州 白氏 續537
二秀才 白氏 續537
二什 白氏 續537
二十 法華 正423
二十 白氏 續537
二十 宇津 正722
二十一 白氏 續537
二十一代 白氏 續537
二十一日 白氏 續537
二十一年 白氏 續537
二十韻 白氏 續537
二十巻 白氏 續537
二十九 白氏 續537
二十九人 白氏 續537
二十九日 白氏 續537
二十句 白氏 續537
二十畦 白氏 續537
二十五 白氏 續537
二十五絃 白氏 續537
二十五首 白氏 續537
二十五日 白氏 續537
二十五年 白氏 續537
二十五篇 白氏 續537
二十五六年 白氏 續537
二十五萬匹 白氏 續537
二十口 白氏 續537
二十歳 白氏 續538
二十三 白氏 續537

二十三首　白氏　續538
二十三年　白氏　續538
二十三郎　白氏　續538
二十四　白氏　續538
二十四韻　白氏　續538
二十四廻　白氏　續538
二十四人　白氏　續538
二十四日　白氏　續538
二十四年　白氏　續538
二十四葉　白氏　續538
二十四縣　白氏　續538
二十四萬八千　白氏　續538
二十七　白氏　續538
二十七代　白氏　續538
二十七日　白氏　續538
二十七年　白氏　續538
二十首　白氏　續538
二十春　白氏　續538
二十章　白氏　續538
二十丈　伊勢　正650
二十人　白氏　續538
二十人　宇津　正722
二十政　白氏　續538
二十二　白氏　續538
二十二韻　白氏　續538
二十二日　白氏　續538
二十二年　白氏　續538
二十日　白氏　續538
二十任　白氏　續538
二十年　白氏　續538
二十年　宇津　正722
二十年前　白氏　續538
二十輩　白氏　續538
二十八　白氏　續538
二十八　宇津　正722
二十八日　白氏　續538
二十篇　白氏　續538
二十有九　白氏　續537
二十有五年　白氏　續537
二十有三年　白氏　續537
二十有四　白氏　續537
二十有二人　白氏　續537
二十有六年　白氏　續537
二十里　白氏　續538
二十里餘　白氏　續538
二十六　白氏　續538
二十六韻　白氏　續538
二十六軸　白氏　續538
二十六日　白氏　續538
二十六年　白氏　續538
二十六峯　白氏　續538
二十塲　白氏　續538
二十載　白氏　續537
二十萬　白氏　續538
二十餘　白氏　續538
二十餘年　白氏　續538
二重　白氏　續539
二旬　白氏　續538
二女　白氏　續539
二升　白氏　續538
二少尹　白氏　續538
二乘　法華　正423
二条　源氏　正851
二条のうへ　源氏　正851
二条のおとゝ　源氏　正851
二条の院のうへ
　源氏　正851
二条の宮　源氏　正851
二条の君　源氏　正851
二条院のひめ君
　源氏　正851
二条院の君　源氏　正851
二職　白氏　續538
二食　法華　正423
二心　白氏　續538
二臣　白氏　續538
二人　白氏　續538
二帥　白氏　續538
二寸　白氏　續538
二世尊　本朝　正584
二姓　白氏　續538
二成　白氏　續538
二石　宇津　正721
二説　白氏　續538
二絶　白氏　續538
二絶句　白氏　續538
二先瑩　白氏　續539
二千　法華　正423
二千　白氏　續538
二千九百六十四首
　白氏　續538
二千五百　白氏　續538
二千三百三十五人
　白氏　續539
二千若干百十間
　白氏　續539
二千人　竹取　正636
二千石　白氏　續539
二千匹　白氏　續539
二千里　白氏　續539
二千里　源氏　正851
二千餘戸　白氏　續539
二宣　白氏　續539
二選　白氏　續539
二疎　白氏　續539
二祖　白氏　續539
二相公　白氏　續537
二相府　白氏　續537
二足　法華　正423
二代　白氏　續539
二大士　白氏　續539
二大夫　白氏　續539
二端　白氏　續539
二池　白氏　續539
二張　白氏　續539
二天　白氏　續539
二途　白氏　續539
二都　白氏　續539
二度　枕冊　正782
二同年　白氏　續539

二道 白氏 續539
二日 白氏 續537
二日 土左 正660
二如來 本朝 正584
二年 本朝 正584
二年 白氏 續539
二年三月五日 白氏 續539
二年七月十日 白氏 續539
二年十月十五日 白氏 續539
二八 本朝 正584
二八 白氏 續539
二八廻 本朝 正584
二判官 白氏 續539
二美 白氏 續539
二百 法華 正423
二百 本朝 正584
二百 白氏 續539
二百間 白氏 續539
二百言 白氏 續539
二百五十五言 白氏 續539
二百五十八言 白氏 續539
二百五十有六 白氏 續539
二百三十八字 白氏 續539
二百十聖 白氏 續539
二百丈 白氏 續539
二百人 宇津 正722
二百石 白氏 續539
二百段 白氏 續539
二百張 白氏 續539
二百年 本朝 正584
二百年 白氏 續539
二百反 宇津 正722
二百歩 白氏 續539
二百兩 宇津 正722
二百祀 白氏 續539
二百萬 白氏 續539
二百餘 白氏 續539
二百餘載 白氏 續539
二百餘人 宇津 正722
二百餘年 白氏 續539
二病 白氏 續539
二品 本朝 正584
二品 白氏 續539
二品 源氏 正852
二品宮 源氏 正852
二賓客 白氏 續539
二夫子 白氏 續539
二夫人 白氏 續539
二婦 白氏 續539
二府 白氏 續539
二部 本朝 正584
二部侍郎 白氏 續539
二物 白氏 續539
二分 法華 正423
二分 白氏 續539
二柄 白氏 續539
二篇 白氏 續539
二菩薩 本朝 正584
二邦 白氏 續539
二本 白氏 續539
二万 法華 正423
二万 本朝 正584
二万人 本朝 正584
二万八千四百卅束 本朝 正584
二毛 白氏 續539
二門 白氏 續540
二邑 白氏 續536
二融 白氏 續536
二楊尚書 白氏 續540
二翼 白氏 續540
二良 白氏 續540
二林 白氏 續540
二林寺 白氏 續540
二老翁 白氏 續540
二老夫 白氏 續540
二郎 白氏 續540
二乘 白氏 續538
二佛 法華 正423
二偈 白氏 續537
二叟 白氏 續539
二國 白氏 續537
二婢 白氏 續539
二從事 白氏 續538
二協律 白氏 續537
二條 本朝 正584
二條 枕冊 正782
二條の宮 枕冊 正782
二條の后 伊勢 正650
二條院 源氏 正851
二條前后 本朝 正584
二經 白氏 續537
二萬 白氏 續539
二萬七千九十二言 白氏 續540
二萬匹 白氏 續540
二蟲 白氏 續539
二賈 白氏 續536
二鎭 白氏 續539
二屛 白氏 續539
二牖 白氏 續536
二邪 白氏 續536
尼連禪河 本朝 正584
日記 宇津 正721
日記 蜻蛉 正749
日記 源氏 正851
日記ども 宇津 正721
膩理 白氏 續540
貳す 白氏 續540
貳師 白氏 續540
貳志 白氏 續540
貳職 白氏 續540
柔和 法華 正423
肉眼 法華 正423
肉髻 法華 正423
褥 遊仙 正94
褥 白氏 續540
西の京 枕冊 正782
西の對 枕冊 正782

廿一日 土左 正660
廿九日 土左 正660
廿五日 土左 正660
廿三日 土左 正660
廿七日 土左 正660
廿二日 土左 正660
廿日 土左 正660
廿八日 土左 正660
廿六日 土左 正660
廿 枕冊 正782
廿 源氏 正851
廿くだり 宇津 正722
廿二 宇津 正722
廿二日 宇津 正722
廿一 宇津 正722
廿一二 源氏 正851
廿一日 蜻蛉 正749
廿荷 宇津 正722
廿巻 枕冊 正782
廿貫 宇津 正722
廿九 宇津 正722
廿九日 宇津 正722
廿具 宇津 正722
廿五 宇津 正722
廿五 源氏 正851
廿五日 宇津 正722
廿五日 蜻蛉 正749
廿五日 源氏 正851
廿五六日 蜻蛉 正749
廿歳 宇津 正722
廿三 宇津 正722
廿三 源氏 正851
廿三日 宇津 正722
廿三日 蜻蛉 正749
廿三日 源氏 正851
廿三年 宇津 正722
廿四日 宇津 正722
廿四日 蜻蛉 正749
廿七 宇津 正722
廿七日 宇津 正722
廿七日 蜻蛉 正749
廿七八 源氏 正851
廿七八日 蜻蛉 正749
廿人 竹取 正636
廿人 蜻蛉 正749
廿人 枕冊 正782
廿石 宇津 正722
廿町 宇津 正722
廿二三 源氏 正851
廿二日 蜻蛉 正749
廿日 枕冊 正782
廿八日 蜻蛉 正749
廿八日 源氏 正851
廿八夜 宇津 正722
廿疋 宇津 正722
廿余人 枕冊 正782
廿余日 蜻蛉 正749
廿余年 竹取 正636
廿余年 源氏 正851
廿六 宇津 正722
廿六七日人 枕冊 正782
廿六日 宇津 正722
廿餘 宇津 正722
廿餘人 宇津 正722
廿餘年 宇津 正722
廿五 法華 正423
日記 土左 正660
日月 法華 正423
日月燈明 法華 正423
日月燈明佛 法華 正423
日光 法華 正423
日中 源氏 正851
日中の時 枕冊 正782
日天子 法華 正423
日本 本朝 正585
日本 宇津 正722
日本記 源氏 正852
日本国 宇津 正722
日本国皇 宇津 正722
日本國 本朝 正585
日本國王 本朝 正585
日夜 遊仙 正94
日夜 法華 正423
入学 源氏 正851
入己 本朝 正585
入唐 本朝 正585
入道 本朝 正585
入道 宇津 正722
入道 源氏 正851
入道す 本朝 正585
入道のひめきみ 源氏 正852
入道のひめ宮 源氏 正852
入道のみかと 源氏 正852
入道の宮 源氏 正852
入道の君 蜻蛉 正749
入道后の宮 源氏 正851
入道前太政大臣 本朝 正585
入道兵部卿宮 枕冊 正782
入滅 本朝 正585
入滅す 本朝 正585
入學し 宇津 正722
入聲 本朝 正585
女一宮 本朝 正585
女王 宇津 正722
女御 本朝 正585
女人 法華 正423
女人 宇津 正722
女弟子 本朝 正585
如 法華 正423
如意 本朝 正585
如意輪 枕冊 正782
如建 白氏 續540
如上人 白氏 續540
如然 白氏 續540
如大師 白氏 續540
如来 文選 正291
如來 法華 正423
如來 本朝 正585

如來 白氏 續540
如來薩埵 本朝 正585
如來住世 本朝 正585
如實 本朝 正585
女院 枕冊 正782
女官 枕冊 正782
女官とも 枕冊 正782
女御 枕冊 正782
女房 枕冊 正782
女房たち 枕冊 正782
女房とも 枕冊 正782
女くら人 源氏 正852
女官 宇津 正722
女官 源氏 正852
女官とも 源氏 正852
女官ども 宇津 正722
女御 伊勢 正650
女御 宇津 正722
女御 源氏 正852
女御かた 源氏 正852
女御かた 源氏 正852
女御たち 宇津 正722
女御たち 源氏 正852
女御との 源氏 正852
女御どの 宇津 正722
女御の君 宇津 正722
女御の君 源氏 正852
女御の君ばらのみこたち 宇津 正722
女御ばら 宇津 正722
女御更衣 源氏 正852
女御更衣たち 源氏 正852
女御代 蜻蛉 正749
女人 源氏 正852
女別当 源氏 正852
女房 宇津 正722
女房 蜻蛉 正749
女房ぐるま 宇津 正722
女房ぐるまども 宇津 正722
女房たち 宇津 正722
人 法華 正423
人間 法華 正423
人間 枕冊 正782
人相 法華 正423
人中 法華 正423
人長 宇津 正722
人長 枕冊 正782
人民 法華 正423
仁 法華 正423
仁王 本朝 正585
仁王般若經 本朝 正585
仁王會 本朝 正585
仁王會 源氏 正852
仁王經 本朝 正585
仁康 本朝 正585
仁康上人 本朝 正585
仁明天皇 本朝 正585
仁和 本朝 正585
仁和 伊勢 正650
仁和寺 枕冊 正782
仁和二年正月二日 本朝 正585
仁壽 本朝 正585
任 本朝 正585
任 白氏 續540
任 源氏 正852
任(人名) 白氏 續540
任じ 宇津 正722
任す 白氏 續540
任限 本朝 正585
任秩 本朝 正585
任來 本朝 正585
忍 法華 正423
忍 白氏 續540
忍受す 法華 正423
忍辱 法華 正423
忍辱 本朝 正585
忍辱 白氏 續540
忍辱 宇津 正722
忍辱のおもと 宇津 正722
忍辱のともがら 宇津 正722

【ぬ】

奴僕 法華 正423
奴婢 法華 正423
ぬの屛風 枕冊 正782
布障子 枕冊 正782

【ね】

寢裝束 宇津 正722
涅槃 文選 正291
涅槃 法華 正423
涅槃 本朝 正585
涅槃 白氏 續540
涅槃す 白氏 續540
涅槃山 本朝 正585
涅槃經 白氏 續540
寧遠 文選 正291
寧居す 白氏 續540
寧塞郡 白氏 續540
寧塞郡王 白氏 續540
寧子 白氏 續540
寧息す 文選 正291
寧泰 白氏 續540
寧貼 白氏 續540
寧處 遊仙 正94
寧壹 白氏 續540
寧歸す 本朝 正585
佞 論語 正69
佞 文選 正291
佞 白氏 續540
佞言 白氏 續540
佞倖傳 文選 正291
佞巧 白氏 續540
佞枝 文選 正291
佞者 論語 正69
佞順 白氏 續540
佞臣 白氏 續540

佞人　論語　正69
佞人　文選　正291
佞諂　文選　正291
佞險　文選　正291
鶃鴂　文選　正291
寗　文選　正291
寗す　文選　正291
寗越　文選　正291
寗歳　文選　正291
寗朔將軍　文選　正291
寗子　文選　正291
寗氏　文選　正291
寗親　文選　正291
寗生　文選　正291
寗戚　文選　正291
寗濟　文選　正291
寗濟す　文選　正291
寗靜　文選　正291
寗蘧　文選　正291
女房　源氏　正852
女房たち　源氏　正852
女房とも　源氏　正852
女房のさふらひ　源氏　正852
女房車　源氏　正852
御熱　宇津　正722
熱　宇津　正722
熱　法華　正423
熱　本朝　正585
熱　白氏　續540
熱す　白氏　續540
熱飲　白氏　續540
熱飲す　白氏　續540
熱月　白氏　續540
熱行す　白氏　續540
熱地　白氏　續540
熱病　法華　正423
熱物　白氏　續540
熱惱　白氏　續540
熱旱す　白氏　續540
然燈　本朝　正585
然燈記　白氏　續541
然禪師　本朝　正585
年運　文選　正291
年華　本朝　正585
年華　白氏　續540
年官　本朝　正585
年顔　本朝　正585
年顔　白氏　續540
年紀　文選　正291
年紀　本朝　正585
年紀　白氏　續540
年記　本朝　正585
年義　文選　正291
年給　本朝　正585
年月　文選　正291
年月　本朝　正585
年月　白氏　續540
年月日　本朝　正585
年月日　白氏　續540
年月名氏　白氏　續540
年限　本朝　正585
年光　白氏　續540
年功　白氏　續540
年歳　文選　正291
年歳　白氏　續540
年載　文選　正291
年三　源氏　正852
年事　白氏　續540
年時　文選　正291
年爵　本朝　正585
年十月廿四日　本朝　正585
年所　文選　正291
年少　論語　正69
年少　法華　正423
年少　本朝　正585
年少　白氏　續540
年世　白氏　續540
年勢　文選　正291
年代　文選　正291
年代　本朝　正585
年長す　白氏　續540
年登　白氏　續540
年徳　白氏　續540
年年　白氏　續540
年輩　白氏　續540
年分　本朝　正585
年芳　文選　正291
年芳　白氏　續540
年貌　文選　正291
年貌　白氏　續541
年命　文選　正291
年料　本朝　正585
年力　文選　正291
年暦　本朝　正585
年禄　白氏　續541
年來　本朝　正585
年來　白氏　續541
年壯　白氏　續540
年壽　文選　正291
年壽　白氏　續540
年祀　白氏　續540
年臈　本朝　正585
年豐　白氏　續541
年鬢　本朝　正585
年鬢　白氏　續541
年齒　文選　正291
年齒　本朝　正585
年齒　白氏　續540
年齡　本朝　正585
年穀　本朝　正585
御念仏　宇津　正722
御念佛　源氏　正852
御念誦　源氏　正852
御念誦の具とも　源氏　正852
御念誦堂　源氏　正852
念　文選　正291
念　本朝　正585
念　白氏　續541

念　宇津　正722
念し　竹取　正636
念し　蜻蛉　正749
念し　枕冊　正782
念じ　宇津　正722
念しあへ　源氏　正852
念しあまり　源氏　正852
念じあまり　宇津　正722
念しいり　源氏　正852
念しおもふ　蜻蛉　正749
念しかたく　蜻蛉　正749
念しかへし　蜻蛉　正749
念しかへし　源氏　正852
念しくらし　枕冊　正782
念しすくす　源氏　正852
念しすこし　源氏　正852
念しはつ　源氏　正852
念しわたり　源氏　正852
念しわたる　伊勢　正650
念しわひ　伊勢　正650
念しゐ　源氏　正852
念し過し　枕冊　正782
念し居　枕冊　正782
念す　法華　正423
念す　本朝　正585
念す　白氏　續541
念す　源氏　正852
念願　本朝　正585
念願し　宇津　正722
念功　白氏　續541
念心　白氏　續541
念念　法華　正423
念念　白氏　續541
念慮　白氏　續541
念力　本朝　正585
念佛　本朝　正585
念佛　蜻蛉　正749
念佛　枕冊　正782
念佛　源氏　正852
念佛の僧とも　源氏　正852
念佛三昧　本朝　正585
念佛衆生攝取不捨　源氏　正852
念佛僧　源氏　正852
念佛聲　蜻蛉　正749
念誦　源氏　正852
念誦し　宇津　正722
念誦し　源氏　正852
念誦する　蜻蛉　正749
念誦の具　源氏　正852
念誦堂　宇津　正722
念誦聲　蜻蛉　正749
燃燈　法華　正423
燃燈佛　法華　正423
粘す　白氏　續541
涊然　文選　正291

【の】

のふかたの中將　枕冊　正783
のりの師　源氏　正852
野の行幸　源氏　正852
濃　白氏　續541
濃酎　白氏　續541
濃露　白氏　續541
納衣　法華　正423
納衣　本朝　正585
能　論語　正69
能　本朝　正585
能　白氏　續541
能飲す　白氏　續541
能言　白氏　續541
能効　白氏　續541
能行　白氏　續541
能才　白氏　續541
能詩　白氏　續541
能事　本朝　正585
能事　白氏　續541
能七倫　白氏　續541
能者　白氏　續541
能州　本朝　正585
能仁　本朝　正585
能政　白氏　續541
能生　白氏　續541
能否　白氏　續541
能文　白氏　續541
能名　白氏　續541
能木　白氏　續541
能斷　白氏　續541
能聲　白氏　續541
農　文選　正291
農　白氏　續541
農す　白氏　續541
農牛　白氏　續541
農業　白氏　續541
農桑　文選　正291
農桑　白氏　續541
農隙　文選　正291
農隙　白氏　續541
農候　白氏　續541
農功　文選　正291
農功　白氏　續541
農郊　文選　正291
農作　白氏　續541
農者　白氏　續541
農書　白氏　續541
農書　白氏　續541
農商　白氏　續541
農商工賈　白氏　續541
農祥　文選　正291
農人　文選　正291
農人　白氏　續541
農畝　白氏　續541
農政　文選　正291
農帝　文選　正291
農夫　文選　正291
農夫　本朝　正585
農夫　白氏　續541
農父　白氏　續541
農圃　文選　正291

農圃　白氏　續541
農民　文選　正291
農野　文選　正291
農輿　文選　正291
農戰　文選　正291
農戰　白氏　續541
衲　枕冊　正783
登り困し　枕冊　正783

【は】

はつか余日　蜻蛉　正749
はかまの具　源氏　正852
はきの宴　源氏　正852
はすのみなと様　源氏　正852
はつせの觀音　源氏　正852
御はさみなと様　源氏　正852
駮騀　文選　正292
頗　白氏　續542
頗邪　白氏　續542
頗僻　文選　正292
頗牧　白氏　續542
頗梨　本朝　正585
頗黎　遊仙　正94
巴　文選　正291
巴　本朝　正585
巴　白氏　續541
巴邛　白氏　續541
巴夷　文選　正291
巴夷　白氏　續542
巴猿　本朝　正585
巴猿　白氏　續542
巴歌　白氏　續541
巴漢　文選　正291
巴漢　白氏　續541
巴宮　白氏　續541
巴曲　白氏　續541
巴郡　文選　正291
巴郡　白氏　續541
巴戟　文選　正291
巴絃　白氏　續541
巴工　白氏　續541
巴山　白氏　續541
巴子城　白氏　續541
巴子臺　白氏　續541
巴字　白氏　續541
巴蛇　白氏　續541
巴州　白氏　續541
巴女　白氏　續541
巴城　白氏　續542
巴人　文選　正291
巴人　本朝　正585
巴人　白氏　續541
巴水　白氏　續541
巴西　文選　正291
巴西　白氏　續541
巴中　文選　正291
巴東　文選　正291
巴東　白氏　續541
巴童　文選　正291
巴童　白氏　續542
巴南　白氏　續542
巴姫　文選　正291
巴民　白氏　續542
巴庸　白氏　續542
巴梁　文選　正291
巴陵　文選　正291
巴陵城　文選　正291
巴兪　文選　正291
巴岷　文選　正291
巴峽　白氏　續541
巴徼　白氏　續541
巴臺　白氏　續541
巴苴　文選　正291
巴菽　文選　正291
巴蜀　文選　正291
巴蜀　白氏　續541
巴蜀軍　白氏　續541
巴蠻　白氏　續542
巴虵　文選　正291
巴蟬　白氏　續541
把　文選　正291
把　白氏　續542
把握　文選　正291
把酒　白氏　續542
播　白氏　續542
播(人名)　白氏　續542
播す　白氏　續542
播逸す　文選　正291
播殖　文選　正291
播遷　白氏　續542
播遷す　文選　正291
播等　白氏　續542
播揚す　白氏　續542
播鞀　論語　正69
覇　論語　正69
覇　白氏　續542
覇王　白氏　續542
覇者　白氏　續542
覇道　白氏　續542
覇陵　本朝　正585
波　文選　正291
波　本朝　正585
波眼　白氏　續542
波月　本朝　正585
波月　白氏　續542
波散　文選　正291
波旬　法華　正423
波旬　本朝　正585
波上　本朝　正585
波上　白氏　續542
波心　本朝　正585
波臣　文選　正291
波蕩　文選　正291
波風　白氏　續542
波文　白氏　續542
波面　本朝　正585
波鄲　本朝　正585
波羅蜜　法華　正423

波離	白氏	續542
波流	文選	正291
波浪	法華	正423
波浪	本朝	正585
波浪	白氏	續542
波濤	遊仙	正94
波濤	文選	正291
波濤	本朝	正585
波濤	白氏	續542
波瀾	文選	正291
波瀾	白氏	續542
波爛	本朝	正585
派	白氏	續542
派	白氏	續542
破	本朝	正585
破す	法華	正423
破暗	本朝	正585
破屋	白氏	續542
破戒	法華	正423
破顔す	白氏	續542
破鏡	白氏	續542
破産	本朝	正585
破産	白氏	續542
破傷す	白氏	續542
破扇	白氏	續542
破船	白氏	續542
破窓	白氏	續542
破村	白氏	續542
破竹	白氏	續542
破敗	文選	正291
破滅す	白氏	續542
破漏す	白氏	續542
破壞す	法華	正423
破壞す	白氏	續542
破碎す	白氏	續542
破袍	白氏	續542
破齊	白氏	續542
破豔	白氏	續542
婆羅門	法華	正423
婆羅門僧正	本朝	正585
婆娑	文選	正291
婆娑	本朝	正585
婆娑	白氏	續542
婆娑す	文選	正291
婆娑す	白氏	續542
婆娑世界	白氏	續542
芭蕉	白氏	續542
馬	文選	正292
馬	白氏	續542
馬驪	本朝	正586
馬鞍	本朝	正585
馬延	文選	正292
馬援	文選	正292
馬家	白氏	續542
馬牛	白氏	續542
馬卿	本朝	正585
馬駒	白氏	續542
馬屈	白氏	續543
馬君	文選	正292
馬軍先鋒兵馬使	白氏	續543
馬犀	文選	正292
馬策	白氏	續543
馬氏	本朝	正585
馬侍御	白氏	續543
馬舍人	白氏	續543
馬首	文選	正292
馬首	白氏	續543
馬周	白氏	續543
馬州	本朝	正586
馬駿	文選	正292
馬上	文選	正292
馬上	白氏	續543
馬常侍	白氏	續543
馬植	白氏	續543
馬政	白氏	續543
馬生	文選	正292
馬遷	本朝	正586
馬遷	白氏	續543
馬前	白氏	續543
馬相如	本朝	正586
馬造	白氏	續543
馬大宰	本朝	正586
馬大史	本朝	正586
馬畜	白氏	續543
馬超	文選	正292
馬蹄	文選	正292
馬蹄	白氏	續543
馬鄭	本朝	正586
馬頭	本朝	正586
馬頭	白氏	續543
馬敦	文選	正292
馬伏波	白氏	續543
馬服	文選	正292
馬鞭	白氏	續543
馬歩	白氏	續543
馬法	文選	正292
馬鳴	文選	正292
馬鳴	白氏	續543
馬融	論語	正69
馬融	文選	正292
馬嵬	白氏	續543
馬總	白氏	續543
馬銜	文選	正292
馬銜	白氏	續542
馬摠	白氏	續543
馬汧	文選	正292
馬頰	本朝	正585
馬鬣	白氏	續543
伯	文選	正291
伯(人名)	文選	正291
半蔀	枕冊	正783
半蔀	源氏	正852
相摩す	文選	正291
摩す	文選	正291
摩す	白氏	續542
摩滅	文選	正291
摩滅す	文選	正291
摩娑	遊仙	正94
摩娑	白氏	續542

摩娑す 白氏 續542
相磨折す 白氏 續542
磨す 論語 正69
磨す 文選 正291
磨す 白氏 續542
磨折す 白氏 續542
磨梅 白氏 續542
磨滅す 文選 正291
磨圍山 白氏 續542
磨戛す 白氏 續542
磨揣す 白氏 續542
磨瑩す 白氏 續542
磨盡す 白氏 續542
磨礪 白氏 續542
磨笄山 白氏 續542
磨礱 文選 正291
麻衣 文選 正292
麻衣 白氏 續543
麻果 本朝 正586
麻源 文選 正292
麻冕 論語 正69
麻紵 文選 正292
麻緵 白氏 續543
坡 白氏 續542
坡上 白氏 續542
坡前 白氏 續542
岥峗 文選 正291
麼蟲 白氏 續543
拔頭 枕冊 正783
霸 文選 正291
霸王 文選 正292
霸業 文選 正292
霸功 文選 正292
霸上 文選 正292
霸跡 文選 正292
霸川 文選 正292
霸楚 文選 正292
霸朝 文選 正292
霸道 文選 正292
霸夫 文選 正292
霸陵 文選 正292
霸勒 文選 正292
霸德 文選 正292
笆籬 白氏 續542
葩葉 文選 正291
藐姑射 源氏 正852
蟇池 白氏 續542
跛鼈 白氏 續542
跛牂 本朝 正585
陂池す 文選 正291
陂陁 文選 正291
嶓冢 文選 正291
泒流 文選 正291
灞岸 文選 正291
灞池 文選 正291
灞陵 白氏 續542
灞陵原 白氏 續542
灞涘 文選 正291
灞滻 文選 正291
灞滻 白氏 續542
皤々 本朝 正585
皤然 白氏 續542
皤皤 文選 正291
磻 文選 正291
簛 白氏 續542
鄱陽 文選 正291
唄 本朝 正586
貝冑 文選 正292
貝丘 白氏 續545
貝錦 文選 正292
貝錦 白氏 續545
貝州 白氏 續545
貝葉 本朝 正586
貝葉 白氏 續545
俳優 文選 正292
俳優 本朝 正586
俳徊す 本朝 正586
俳徊す 白氏 續543
拜し 宇津 正722
排 文選 正292
排す 白氏 續544
排勘 白氏 續544
排拒 本朝 正586
排虛 文選 正292
排斥す 文選 正292
排脱す 本朝 正586
排比す 白氏 續544
排北す 白氏 續544
排擯す 文選 正292
排虛 本朝 正586
敗 文選 正292
敗 白氏 續545
敗牲 白氏 續545
敗す 文選 正292
敗す 白氏 續545
敗軍 文選 正292
敗軍 白氏 續545
敗事 白氏 續545
敗績す 文選 正292
敗乱す 論語 正69
敗衂す 白氏 續545
敗闕 白氏 續545
杯 白氏 續544
杯香 白氏 續544
杯杓 白氏 續544
杯酌 白氏 續544
杯酒 文選 正292
杯酒 白氏 續544
杯前 白氏 續544
杯中 白氏 續544
杯盤 白氏 續544
杯裏 白氏 續544
杯盂 白氏 續544
杯觴 白氏 續544
杯觴諷詠 白氏 續544
杯讌 白氏 續544
盃 本朝 正586
盃 白氏 續544
盃飲 白氏 續544
盃杓 白氏 續544

盃杓　本朝　正586
盃酌　本朝　正586
盃酒　文選　正292
盃酒　本朝　正586
盃酒　白氏　續544
盃中　白氏　續544
盃盤　本朝　正586
盃盤　白氏　續544
盃觴　白氏　續544
背　白氏　續544
背穴　文選　正292
背後　白氏　續544
背叛　文選　正292
背文　本朝　正586
肺　白氏　續544
肺肝　文選　正292
肺神　白氏　續544
肺石　白氏　續544
肺腸　白氏　續544
肺腑　白氏　續544
肺膓　白氏　續544
吾ガ輩　白氏　續545
輩　本朝　正586
輩　白氏　續545
輩流　白氏　續545
相配す　遊仙　正94
相配す　本朝　正586
配す　論語　正69
配す　文選　正292
配す　本朝　正586
配す　白氏　續545
配偶　本朝　正586
配偶　白氏　續545
配偶す　本朝　正586
配天　文選　正292
配流　本朝　正586
配藜　文選　正292
倍　本朝　正586
倍す　文選　正292
倍す　法華　正423
倍す　本朝　正586
倍す　白氏　續543
倍息　白氏　續543
倍百　白氏　續543
倍利　白氏　續543
倍價　文選　正292
倍從　本朝　正586
倍稱す　白氏　續543
倍萬　白氏　續543
倍萬す　白氏　續543
培塿す　白氏　續543
媒　白氏　續543
媒氏　文選　正292
媒氏　白氏　續543
媒人　文選　正292
媒櫱　白氏　續543
媒櫱す　文選　正292
媒孽す　白氏　續543
梅　白氏　續544
梅(注)　白氏　續544
梅鋗　文選　正292
梅杏　本朝　正586
梅雨　本朝　正586
梅雨　白氏　續544
梅花　本朝　正586
梅花　白氏　續544
梅花　源氏　正852
梅樹　本朝　正586
梅心　本朝　正586
梅生　文選　正292
梅生　本朝　正586
梅暖　本朝　正586
梅福　文選　正292
梅房　白氏　續544
梅柳　本朝　正586
梅李　文選　正292
梅嶺　白氏　續544
梅櫻　白氏　續544
梅溪　遊仙　正94
買　白氏　續545
買臣　文選　正292
買臣　本朝　正586
買臣　白氏　續545
陪　文選　正292
陪し　源氏　正852
陪す　文選　正292
陪す　白氏　續545
陪侍　文選　正292
陪侍す　本朝　正586
陪乗す　文選　正293
陪臣　論語　正69
陪臣　文選　正293
陪臣　本朝　正586
陪臣　白氏　續545
陪膳　源氏　正852
陪増す　本朝　正586
陪奉す　文選　正293
陪隷　文選　正293
陪列す　文選　正293
斐均等　白氏　續544
斐弘泰　白氏　續544
斐晋公　白氏　續544
斐然　文選　正292
斐然　白氏　續544
斐注　白氏　續544
斐度　白氏　續544
斐斐　文選　正292
斐美列　白氏　續544
斐武　白氏　續544
斐敞　白氏　續544
斐洽　白氏　續544
斐藏　白氏　續544
斐廙　白氏　續544
斐暐渙爛　文選　正292
吠犬　白氏　續543
埋輪　文選　正292
枚　文選　正292
枚　文選　正292
枚　白氏　續544
枚皐　文選　正292

枚叔　文選　正292
枚乗　文選　正292
枚生　文選　正292
枚叟　文選　正292
枚叟　白氏　續544
毎度　本朝　正586
毎日　本朝　正586
毎年　本朝　正586
毎夜　本朝　正586
佩　白氏　續543
佩玉　白氏　續543
佩刀　文選　正292
佩刀　本朝　正586
佩服　白氏　續543
佩服す　白氏　續543
佩履　本朝　正586
佩劍　白氏　續543
佩幃　文選　正292
佩纕　文選　正292
坏酒　遊仙　正94
坏盞　遊仙　正94
坏觴　本朝　正586
廢　文選　正292
廢す　論語　正69
廢す　文選　正292
廢す　白氏　續544
廢遺　文選　正292
廢井　白氏　續543
廢棄す　白氏　續543
廢棄す　白氏　續543
廢宮　白氏　續543
廢興　文選　正292
廢興　白氏　續543
廢興す　文選　正292
廢琴　白氏　續543
廢事　白氏　續543
廢失す　本朝　正586
廢人　本朝　正586
廢絶　文選　正292
廢絶　本朝　正586
廢村　白氏　續543
廢退　白氏　續543
廢置　文選　正292
廢墜す　白氏　續543
廢田　白氏　續543
廢病　白氏　續543
廢忘す　本朝　正586
廢忘す　白氏　續543
廢離す　文選　正292
廢立　文選　正292
廢曠　白氏　續543
廢黜す　文選　正292
徘徊　文選　正292
徘徊　白氏　續543
徘徊す　文選　正292
徘徊す　白氏　續543
徘徊す　源氏　正852
徘徊顧慕す　文選　正292
徘徊布護す　文選　正292
徘徊翺翔す　文選　正292
悖逆　文選　正292
悖慢　白氏　續543
悖禮　白氏　續543
召し拝す　文選　正292
羅拝す　白氏　續543
拝　文選　正292
拝　本朝　正586
拝　白氏　續543
拝し　枕冊　正783
拝し　源氏　正852
拝す　論語　正69
拝す　文選　正292
拝す　本朝　正586
拝す　白氏　續543
拝する　蜻蛉　正749
拝恩　白氏　續544
拝官　本朝　正586
拝官す　本朝　正586
拝起　白氏　續543
拝起す　文選　正292
拝慶　白氏　續543
拝迎す　白氏　續543
拝告す　白氏　續543
拝賜す　白氏　續543
拝謝　本朝　正586
拝手す　白氏　續543
拝首稽手　白氏　續543
拝首蹈舞鞠躬　白氏　續543
拝受す　文選　正292
拝除　本朝　正586
拝除す　本朝　正586
拝唱す　本朝　正586
拝請す　白氏　續543
拝任　本朝　正586
拝任す　本朝　正586
拝表　文選　正292
拝表　白氏　續543
拝表す　文選　正292
拝表す　本朝　正586
拝表す　白氏　續543
拝表陳乞以聞す　本朝　正586
拝舞　白氏　續543
拝伏　本朝　正586
拝哭す　白氏　續543
拝跪す　白氏　續543
拝辭す　白氏　續543
擺落す　白氏　續544
旆　白氏　續544
旆　文選　正292
旆す　文選　正292
旆旌　文選　正292
旆旌　白氏　續544
沛　文選　正292
沛（人名）　文選　正292
沛（地名）　文選　正292
沛宮　文選　正292
沛乎　文選　正292
沛公　文選　正292
沛公　白氏　續544

沛然　文選　正292
沛中　文選　正292
沛中　本朝　正586
沛國　文選　正292
沛沛　文選　正292
沛澤　文選　正292
沛縣　白氏　續544
珮　文選　正292
珮　白氏　續544
珮環　白氏　續544
珮響　白氏　續544
珮玉　白氏　續544
珮飾　文選　正292
珮尾　白氏　續544
珮服　白氏　續544
昒昕す　文選　正292
肧渾　文選　正292
莓苔　文選　正292
莓苔　本朝　正586
莓苔　白氏　續544
莓莓　文選　正292
斐君　白氏　續544
裴　白氏　續544
裴(人名)　白氏　續544
裴垍　白氏　續544
裴垍等　白氏　續544
裴員外　白氏　續545
裴家　白氏　續544
裴堪　白氏　續544
裴均　白氏　續544
裴五　白氏　續544
裴公　本朝　正586
裴向　白氏　續544
裴弘泰　白氏　續544
裴克諒　白氏　續544
裴使君　白氏　續544
裴氏　白氏　續545
裴侍中　白氏　續544
裴侍中晋公　白氏　續544
裴侍郎　白氏　續544
裴庶子　白氏　續545
裴少尹侍郎　白氏　續545
裴常侍　白氏　續545
裴遡　本朝　正586
裴相　白氏　續545
裴相公　白氏　續545
裴相國　白氏　續545
裴通　白氏　續545
裴度　白氏　續545
裴賓客　白氏　續545
裴夫人　白氏　續545
裴令公　白氏　續545
裴儔　白氏　續545
裴敞等　白氏　續545
裴楷　文選　正292
裴濤使君　白氏　續545
裴侔　白氏　續545
裴惲　白氏　續544
裴淄州　白氏　續545
裴玢　白氏　續545
裴璆等　本朝　正586
賣却す　白氏　續545
賣炭翁　白氏　續545
賣藥　文選　正292
踣地　白氏　續545
霈然　文選　正293
霈然　白氏　續545
霈足す　白氏　續545
霈澤　本朝　正586
霈禪師　白氏　續545
霈霈　文選　正293
霾曀　文選　正293
昧死す　文選　正292
昧谷　文選　正292
昧旦　文選　正292
浼浼　白氏　續544
玫瑰　文選　正292
玫瑰　白氏　續544
肧　白氏　續544
肧渾　白氏　續544
肧渾す　白氏　續544
胏　文選　正292
胏石　文選　正292
醅　白氏　續545
韎昧　文選　正293
虻蝝　白氏　續548
卯　白氏　續546
卯飲　白氏　續546
卯飲す　白氏　續546
卯後　白氏　續546
卯時　白氏　續546
卯酒　白氏　續546
茅庵　白氏　續548
茅茨　文選　正295
茅茨　本朝　正587
茅茨　白氏　續548
茅宇　白氏　續548
茅屋　文選　正295
茅屋　本朝　正587
茅屋　白氏　續548
茅家　白氏　續548
茅君　本朝　正587
茅山　本朝　正587
茅舎　白氏　續548
茅社　文選　正295
茅城驛　白氏　續548
茅亭　白氏　續548
茅土　文選　正295
茅土　本朝　正587
茅棟　文選　正295
茅棟　白氏　續548
茅洞　本朝　正587
茅藉　本朝　正587
莔露　文選　正295
駍聲　文選　正295
昴宿　白氏　續547
蝄蜽　文選　正295
蝄像　文選　正295
拍子　宇津　正722
拍子　源氏　正852

拍子あはせ　源氏　正852
拍子とり　源氏　正852
豹　白氏　續548
豹髄　本朝　正587
豹尾　白氏　續548
包含　文選　正293
包桑　白氏　續545
包山　文選　正293
包山　白氏　續545
包子　論語　正69
包丁　宇津　正722
包裹す　白氏　續546
包藏す　文選　正293
包藏す　白氏　續545
包匭　文選　正293
崩壞す　白氏　續546
庖子　文選　正293
庖人　文選　正293
庖人　本朝　正586
庖厨　文選　正293
庖浴　本朝　正586
庖廚　本朝　正586
庖犧　文選　正293
庖羲　文選　正293
抱関　本朝　正586
抱識　本朝　正586
抱關　文選　正293
放　論語　正69
放　文選　正293
放　白氏　續547
放逸　文選　正293
放逸　法華　正423
放逸　白氏　續547
放逸す　白氏　續547
放横　文選　正293
放歌す　白氏　續547
放還　本朝　正587
放還す　白氏　續547
放棄　白氏　續547
放棄す　白氏　續547
放却　本朝　正587
放狂　白氏　續547
放狂す　白氏　續547
放言　白氏　續547
放殺す　文選　正293
放散　白氏　續547
放散す　白氏　續547
放失　文選　正293
放縦　文選　正293
放唱　宇津　正722
放俗　源氏　正852
放濁　文選　正293
放達　文選　正293
放誕　本朝　正587
放逐　白氏　續547
放逐す　文選　正293
放逐す　本朝　正587
放逐す　白氏　續547
放陳す　文選　正293
放鶴峯　白氏　續547
放唐　文選　正293
放蕩　文選　正293
放免す　白氏　續547
放佚　白氏　續547
放慵　白氏　續547
放懷　白氏　續547
放懶　白氏　續547
放曠　文選　正293
放歸す　白氏　續547
放肆　文選　正293
放醉　白氏　續547
放勛　文選　正293
御方　源氏　正852
御方便　源氏　正852
方　論語　正69
方　文選　正293
方　法華　正423
方　本朝　正586
方　白氏　續546
方　白氏　續546
方　宇津　正722
方　源氏　正852
方(人名)　文選　正293
方す　論語　正69
方位　文選　正294
方井　文選　正294
方域　文選　正294
方域　白氏　續547
方煙　文選　正293
方黄　本朝　正586
方外　文選　正293
方外　本朝　正586
方外　白氏　續546
方岳　文選　正293
方畿　文選　正293
方軌　文選　正293
方儀　文選　正293
方祇　文選　正293
方響　白氏　續546
方九百里　文選　正293
方隅　文選　正293
方隅　白氏　續546
方圭　白氏　續546
方罫　文選　正293
方潔貞廉　白氏　續546
方元蕩等　白氏　續546
方功　本朝　正586
方今　白氏　續546
方載　文選　正293
方策　文選　正293
方策　本朝　正587
方策　白氏　續546
方冊　文選　正293
方冊　白氏　續546
方山　文選　正293
方士　文選　正293
方士　本朝　正587
方士　白氏　續546
方志　文選　正293
方州　文選　正293

方州　白氏　續546
方舟　文選　正293
方叔　論語　正69
方叔　文選　正293
方術　文選　正294
方術　白氏　續546
方所　法華　正423
方書　白氏　續546
方諸　本朝　正587
方丈　文選　正294
方丈　本朝　正587
方丈　白氏　續546
方丈餘　白氏　續546
方城　文選　正294
方神　文選　正294
方進　文選　正294
方寸　文選　正294
方寸　本朝　正587
方寸　白氏　續546
方寸心　白氏　續546
方正　文選　正294
方正　白氏　續546
方石　文選　正294
方赤　本朝　正587
方折　白氏　續546
方相　文選　正293
方池　文選　正294
方池　白氏　續546
方長　白氏　續546
方直強毅　白氏　續546
方塘　文選　正294
方等　白氏　續546
方等經　源氏　正852
方瞳　白氏　續546
方内　文選　正294
方任　文選　正294
方念　本朝　正587
方伯　文選　正294
方伯　本朝　正587
方伯　白氏　續547
方八尺　本朝　正587
方部　文選　正294
方物　本朝　正587
方便　遊仙　正94
方便　法華　正423
方便　本朝　正587
方便　白氏　續547
方便　源氏　正852
方便す　白氏　續547
方便教　白氏　續547
方便智　本朝　正587
方便智　白氏　續547
方便力　法華　正423
方望　文選　正294
方牧　文選　正294
方命　文選　正294
方面　文選　正294
方面　法華　正423
方輪　文選　正293
方輿　文選　正294
方輿　本朝　正587
方里　論語　正69
方略　本朝　正587
方略　宇津　正722
方流　文選　正294
方流　白氏　續547
方林　文選　正294
方嶺　本朝　正587
方連　文選　正294
方來　文選　正294
方來　本朝　正587
方國　文選　正293
方圓　文選　正294
方圓　本朝　正587
方圓　白氏　續547
方壺　本朝　正586
方壺　文選　正293
方媾　文選　正293
方將　文選　正293
方廣　文選　正293
方廣　本朝　正586
方暉　文選　正293
方澤　文選　正294
方畧　白氏　續547
方綵　文選　正293
方藥　白氏　續547
方袍　本朝　正587
方袍　白氏　續547
方趾　本朝　正587
方逵　白氏　續546
方鎮　白氏　續546
方驤　文選　正293
方蹠　文選　正294
法なけれ　宇津　正722
泡影　白氏　續548
泡幻　白氏　續548
泡山　本朝　正587
泡溲　文選　正294
烹炙　白氏　續548
烹燀す　白氏　續548
胞胎　本朝　正587
胞中　文選　正294
芳　文選　正294
芳　本朝　正587
芳　白氏　續548
芳意　本朝　正587
芳意　白氏　續548
芳餌　文選　正294
芳煙　文選　正294
芳艶　白氏　續548
芳苑　遊仙　正94
芳苑　文選　正295
芳音　文選　正294
芳花　文選　正294
芳華　白氏　續548
芳馨　文選　正294
芳馨　白氏　續548
芳襟　文選　正294
芳景　白氏　續548
芳桂　本朝　正587

芳潔	本朝	正587
芳菰	文選	正294
芳香	文選	正294
芳香	白氏	續548
芳骨	本朝	正587
芳魂	本朝	正587
芳魂	白氏	續548
芳歳	白氏	續548
芳酸	文選	正294
芳旨	文選	正294
芳時	文選	正294
芳時	白氏	續548
芳滋	白氏	續548
芳酒	文選	正294
芳樹	遊仙	正94
芳樹	文選	正294
芳樹	本朝	正587
芳樹	白氏	續548
芳洲	文選	正294
芳春	文選	正294
芳潤	文選	正294
芳情	白氏	續548
芳色	白氏	續548
芳信	白氏	續548
芳心	本朝	正587
芳塵	文選	正294
芳訊	文選	正294
芳節	白氏	續548
芳鮮	文選	正294
芳叢	白氏	續548
芳草	文選	正294
芳草	本朝	正587
芳草	白氏	續548
芳辰	本朝	正587
芳辰	白氏	續548
芳直	白氏	續548
芳轍	本朝	正587
芳杜	文選	正294
芳杜	白氏	續548
芳年	文選	正294
芳年	本朝	正587
芳梅	本朝	正587
芳風	文選	正295
芳物	白氏	續548
芳味	白氏	續548
芳名	本朝	正587
芳名	白氏	續548
芳猷	文選	正294
芳猷	本朝	正587
芳猷	白氏	續548
芳遊	本朝	正587
芳葉	文選	正294
芳蘭	文選	正295
芳梨	文選	正295
芳林	文選	正295
芳林	白氏	續548
芳林(地名)	文選	正295
芳林園	文選	正295
芳苓	文選	正295
芳烈	文選	正295
芳烈	本朝	正587
芳蓮	文選	正295
芳甸	文選	正294
芳柯	文選	正294
芳枳	文選	正294
芳椒	文選	正294
芳榮	白氏	續548
芳氣	文選	正294
芳氣	白氏	續548
芳澤	文選	正294
芳縟	文選	正294
芳聲	文選	正294
芳菲	文選	正294
芳菲	本朝	正587
芳菲	白氏	續548
芳薇	文選	正295
芳藹	文選	正294
芳躅	本朝	正587
芳醴	文選	正295
芳饌	本朝	正587
芳芷	文選	正294
芳荃	文選	正294
芳蓀	文選	正294
芳蕤	文選	正294
芳蘺	文選	正295
芳醑	文選	正294
萌芽す	文選	正295
萌兆	文選	正295
萌隷	文選	正295
訪宿	白氏	續548
訪問	白氏	續548
訪對	文選	正295
訪敘	白氏	續548
邦	白氏	續548
邦域	論語	正69
邦家	論語	正69
邦家	文選	正295
邦家	本朝	正587
邦家	白氏	續548
邦気味	白氏	續548
邦畿	文選	正295
邦君	論語	正69
邦君	文選	正295
邦憲	白氏	續548
邦后	文選	正295
邦国	論語	正69
邦政	白氏	續549
邦族	文選	正295
邦内	論語	正69
邦彦	文選	正295
邦彦	白氏	續549
邦賦	白氏	續549
邦部	白氏	續549
邦柄	白氏	續549
邦本	白氏	續549
邦邑	白氏	續548
邦國	文選	正295
邦國	本朝	正587
邦國	白氏	續549
邦懋	文選	正295

邦教　文選　正295
防淫　本朝　正587
飽　白氏　續549
飽す　白氏　續549
飽餐す　白氏　續549
飽食　白氏　續549
飽暖　白氏　續549
飽煖　本朝　正587
飽煖　白氏　續549
飽饑す　白氏　續549
飽飡　白氏　續549
亡　論語　正69
亡　文選　正293
亡　白氏　續545
亡す　文選　正293
亡す　本朝　正586
亡す　白氏　續545
亡期　文選　正293
亡機　文選　正293
亡弓　白氏　續545
亡虞　文選　正293
亡兄　白氏　續545
亡高祖　文選　正293
亡魂　文選　正293
亡妻　白氏　續545
亡室　本朝　正586
亡者　文選　正293
亡者　本朝　正586
亡者　白氏　續545
亡主　文選　正293
亡叔　本朝　正586
亡秦　文選　正293
亡身　文選　正293
亡是す　本朝　正586
亡是公　文選　正293
亡祖　本朝　正586
亡祖　白氏　續545
亡祖母　白氏　續545
亡曹　白氏　續545
亡息　本朝　正586
亡卒　本朝　正586
亡卒　白氏　續545
亡弟　白氏　續545
亡伯　白氏　續545
亡父　文選　正293
亡父　本朝　正586
亡父　白氏　續545
亡墳　文選　正293
亡母　白氏　續545
亡母等　白氏　續545
亡没す　文選　正293
亡命　文選　正293
亡命　本朝　正586
亡命す　文選　正293
亡命す　白氏　續545
亡矢　文選　正293
亡友　白氏　續545
亡國　文選　正293
亡國　本朝　正586
亡國　白氏　續545
亡妣　本朝　正586
亡妣　白氏　續545
亡靈　文選　正293
亡靈　本朝　正586
亡齊　文選　正293
傍　本朝　正586
傍行す　本朝　正586
傍助　白氏　續545
傍親　本朝　正586
傍人　遊仙　正94
傍人　本朝　正586
傍人　白氏　續545
傍達す　白氏　續545
傍薄す　本朝　正586
傍例　本朝　正586
傍喩　白氏　續545
傍徨す　白氏　續545
傍邊　白氏　續545
剖竹　白氏　續545
剖判す　文選　正293
剖符　文選　正293
坊　文選　正293
坊　本朝　正586
坊　白氏　續546
坊　宇津　正722
坊　蜻蛉　正749
坊　源氏　正852
坊　源氏　正852
坊がね　宇津　正722
坊さだめ　宇津　正722
坊のたちはき　宇津　正722
坊の君　宇津　正722
坊曲　白氏　續546
坊口　白氏　續546
坊州　白氏　續546
坊城　本朝　正586
忘期　白氏　續546
忘機　白氏　續546
忘却す　白氏　續546
忘年　本朝　正586
忘憂　文選　正294
忘憂　白氏　續546
忘懐　白氏　續546
忘歸　文選　正294
忘筌　白氏　續546
忘筌亭　白氏　續546
忙　白氏　續546
忙官　白氏　續546
忙客　白氏　續546
忙苦　白氏　續546
忙事　白氏　續546
忙人　白氏　續546
房　文選　正293
房　白氏　續546
房(人名)　白氏　續546
房家　白氏　續546
房子　文選　正293
房式　白氏　續546
房室　遊仙　正94
房室　文選　正293

房蕊　白氏　續546
房舎　法華　正423
房舍　本朝　正587
房星　本朝　正587
房星　白氏　續546
房宋　白氏　續546
房中　遊仙　正94
房中　法華　正423
房杜　白氏　續546
房杜姚宋　白氏　續546
房内　本朝　正587
房門　白氏　續546
房陵　遊仙　正94
房陵　文選　正293
房露　文選　正293
房廊　白氏　續546
房孺　白氏　續546
房帷　文選　正293
房廡　文選　正293
房樂　文選　正293
房竇　白氏　續546
房闥　文選　正293
房闔　文選　正293
房櫳　文選　正293
房櫳　白氏　續546
房闈　文選　正293
暴*　白氏　續547
暴*す　白氏　續547
暴　白氏　續547
暴す　白氏　續547
暴雨　白氏　續547
暴客　白氏　續547
暴虐　白氏　續547
暴君　白氏　續547
暴氏　白氏　續547
暴疾　白氏　續547
暴秦　白氏　續547
暴水　白氏　續547
暴卒　白氏　續547
暴風　白氏　續547
暴慢　論語　正69
暴戻　白氏　續547
暴狼　白氏　續547
暴亂　白氏　續547
暴悖　白氏　續547
暴殄す　白氏　續547
望　文選　正294
望　白氏　續547
望(人名)　文選　正294
望す　文選　正294
望夷　文選　正294
望夷宮　白氏　續547
望雲　本朝　正586
望苑　本朝　正586
望苑　白氏　續547
望海　本朝　正586
望海樓　白氏　續547
望外　白氏　續547
望郷　白氏　續547
望月橋　白氏　續547
望江樓　白氏　續547
望江縣　白氏　續547
望秦　白氏　續547
望秦嶺　白氏　續547
望崇す　白氏　續547
望仙宮　文選　正294
望仙宮　白氏　續547
望亭驛　白氏　續547
望斗　本朝　正586
望之　文選　正294
望梅　白氏　續547
望梅閣老　白氏　續547
望夫　本朝　正586
望夫　白氏　續547
望舒　文選　正294
望哭す　文選　正294
望實　白氏　續547
望氣　文選　正294
望濤樓　白氏　續547
望祀　文選　正294
望祀　本朝　正586
望祀す　文選　正294
望闕　白氏　續547
望驛臺　白氏　續547
紡花　白氏　續548
紡績　白氏　續548
紡績す　文選　正294
謀毀　論語　正69
貌　文選　正295
貌　白氏　續548
貌恭　文選　正295
貌形　文選　正295
防　論語　正69
防　文選　正295
防　白氏　續549
防衛　本朝　正587
防河　本朝　正587
防閑　文選　正295
防閑　本朝　正587
防禦　文選　正295
防禦　本朝　正587
防禦使　白氏　續549
防禦巡官　白氏　續549
防禦判官　白氏　續549
防禦副使　白氏　續549
防虞　白氏　續549
防提　白氏　續549
防備す　白氏　續549
防風　文選　正295
防慮　白氏　續549
防露　文選　正295
防狄兵馬使　白氏　續549
防遏　白氏　續549
矛戟　文選　正294
矛鋏　文選　正294
妄譖　文選　正293
妄譖　本朝　正586
妄作　文選　正293
妄想　本朝　正586
妄歎す　文選　正293

妄誕　本朝　正586
盲者　文選　正294
網　本朝　正587
網　白氏　續548
網す　白氏　續548
網外　白氏　續548
網軒　文選　正294
網戸　文選　正294
網羅　文選　正294
網羅　白氏　續548
網羅す　文選　正294
網羅す　白氏　續548
網絡　文選　正294
網絲　文選　正294
網罟　文選　正294
網罟　本朝　正587
網罟　白氏　續548
網蟲　文選　正294
匏瓜　文選　正293
匏瓜　白氏　續546
匏竹　文選　正293
匏土　文選　正293
匏苽　論語　正69
厖厚　本朝　正586
厖鴻　文選　正293
厖眉　文選　正293
咆哮　白氏　續546
咆虎　文選　正293
咆勃　文選　正293
咆咻　文選　正293
嗷石　文選　正293
彭祖　本朝　正586
彭殤　白氏　續546
彭澤　白氏　續546
彭蠡湖　白氏　續546
彷彿　文選　正293
彷徨　文選　正293
彷徨　白氏　續546
彷徨す　文選　正293
彷徨す　白氏　續546
彷徨抑鬱す　白氏　續546
彷徨翺翔す　文選　正293
怦怦　文選　正293
惘　文選　正293
惘憋　文選　正293
惘然　白氏　續546
拋却す　白氏　續546
拋擲す　白氏　續546
旁求　白氏　續547
旁午　本朝　正587
旁人　白氏　續547
旁薄　文選　正294
旁羅す　本朝　正587
旁魄　文選　正294
旁迕　文選　正294
昴　文選　正294
昴　本朝　正587
昴宿　文選　正294
昴靈　文選　正294
枹鼓　文選　正294
榜す　白氏　續547
榜人　文選　正294
榜箠　文選　正294
氓　文選　正294
氓庶　文選　正294
氓俗　文選　正294
氓俗　白氏　續547
氓隷　文選　正294
氓黎　文選　正294
滂　文選　正294
滂　白氏　續548
滂流す　文選　正294
滂流す　本朝　正587
滂沛　文選　正294
滂沱　文選　正294
滂渤　文選　正294
滂淹　文選　正294
疱　白氏　續546
疱厨　白氏　續546
疱童　白氏　續546
眸子　文選　正294
磅硠　文選　正294
暴　白氏　續547
暴す　白氏　續547
暴征　白氏　續547
罔　論語　正69
罔　文選　正293
罔極　文選　正293
罔極　白氏　續545
罔車　文選　正293
罔象　文選　正293
罔象　白氏　續545
罔人　白氏　續545
罔冒　白氏　續545
舫　白氏　續548
舫舟　文選　正294
芒　文選　正294
芒　白氏　續548
芒山　文選　正294
芒刺　文選　正294
芒種　文選　正294
芒消　文選　正294
芒芒　文選　正294
芒熛　文選　正294
芒碭　白氏　續548
苞　文選　正295
苞蒲　文選　正295
苞茅　文選　正295
苞桑　文選　正295
苞擧す　文選　正295
苞筍　文選　正295
苞苴　文選　正295
苞藏す　白氏　續548
苞匭　本朝　正587
苞幷す　文選　正295
苞荔　文選　正295
茆山　本朝　正587
茆宅　本朝　正587
茆土　本朝　正587
茫　白氏　續548

茫乎 白氏 續548
茫然 白氏 續548
茫蒼 白氏 續548
茫昧 本朝 正587
茫昧 白氏 續548
茫昧す 文選 正295
茫茫 文選 正295
茫茫 白氏 續548
莽 文選 正295
莽(人名) 文選 正295
莽罠 文選 正295
莽蒼 白氏 續548
莽尊 文選 正295
莽鹵 白氏 續548
蚌 文選 正295
蚌 白氏 續548
蚌蛤 文選 正295
蟒蛇 白氏 續548
袍 本朝 正587
袍 白氏 續548
袍衣 遊仙 正94
袍被 白氏 續548
謗 本朝 正587
謗默 文選 正295
謗議 文選 正295
謗議 本朝 正587
謗言 文選 正295
謗法 本朝 正587
謗木 文選 正295
謗木 白氏 續548
謗毀 本朝 正587
謗譽 本朝 正587
謗訕 本朝 正587
謗讟 文選 正295
鋩氣 文選 正295
髣髴 文選 正295
髣髴 本朝 正587
髣髴 白氏 續549
魍魎 文選 正295
魴 文選 正295
魴 白氏 續549
魴(人名) 文選 正295
魴(人名) 白氏 續549
魴謝 白氏 續549
魴鱗 白氏 續549
魴鱧 文選 正295
魴鱮 文選 正295
鮑 文選 正295
鮑永 白氏 續549
鮑魚 文選 正295
鮑叔牙 論語 正69
鮑焦 文選 正295
鮑生 文選 正295
鮑明遠 文選 正295
鮑明遠 白氏 續549
鮑參軍 文選 正295
鮑魴 白氏 續549
昉 文選 正294
丰茸 白氏 續545
仿統 文選 正293
仿佯す 文選 正293
仿偟 遊仙 正94
亾 白氏 續545
亾す 白氏 續545
亾戸 白氏 續545
亾母 白氏 續545
亾命 白氏 續545
冃* 論語 正69
抔 文選 正293
抔す 文選 正293
漰浩 文選 正294
漰沛 文選 正294
膀 本朝 正587
膀 白氏 續548
膀す 白氏 續548
膀額 本朝 正587
眊俗 白氏 續548
砰磅 文選 正294
砰磕 文選 正294
菌*臺 文選 正295
輞川寺 白氏 續548
輞溪 白氏 續548
迸集す 文選 正295
迸竹 白氏 續548
邙 文選 正295
邙山 文選 正295
邙阜 白氏 續548
雱霈 文選 正295
雱沲* 白氏 續549
龐閣老 白氏 續546
龐少尹 白氏 續546
帛 論語 正70
栢皇 文選 正296
栢皇 本朝 正587
栢舟 文選 正296
栢上 本朝 正588
栢城 本朝 正587
栢人 文選 正296
栢木 文選 正296
栢葉 本朝 正587
栢梁 文選 正296
栢梁殿 本朝 正587
栢 白氏 續550
栢杵 白氏 續550
栢署 白氏 續550
栢城 白氏 續550
栢殿 白氏 續550
栢梁 白氏 續550
栢梁殿 白氏 續550
伯 文選 正295
伯 白氏 續549
伯夷 論語 正69
伯夷 文選 正295
伯夷 白氏 續549
伯益 文選 正295
伯益 白氏 續549
伯牙 文選 正295
伯奇 文選 正295
伯牛 論語 正69
伯魚 論語 正69

伯魚 文選 正295
伯喬 文選 正295
伯禽 本朝 正587
伯禽 白氏 續549
伯言 文選 正295
伯司空 本朝 正587
伯始 文選 正295
伯子 文選 正295
伯氏 論語 正69
伯氏 白氏 續549
伯宗 白氏 續549
伯叔 白氏 續549
伯叔祖 白氏 續549
伯成 文選 正295
伯祖 白氏 續549
伯達 論語 正69
伯仲 文選 正295
伯仲 白氏 續549
伯通 文選 正295
伯道 白氏 續549
伯父 本朝 正587
伯父 白氏 續549
伯符 文選 正295
伯庸 文選 正295
伯陽 文選 正295
伯里奚 本朝 正587
伯寮 白氏 續549
伯倫 本朝 正587
伯倫 白氏 續549
伯蓮 白氏 續549
伯勞 白氏 續549
伯樂 文選 正295
伯樂 白氏 續549
伯禹 文選 正295
伯舅 文選 正295
伯迹 文選 正295
伯鸞 本朝 正587
伯昏 文選 正295
伯适 論語 正69
剥す 白氏 續549
剥割す 文選 正295
剥削 白氏 續549
剥落 白氏 續549
剥亂 文選 正295
剥廬 文選 正295
剥葱 白氏 續549
博 文選 正295
博す 文選 正295
博愛 本朝 正587
博雅 文選 正295
博雅 白氏 續549
博軍 白氏 續549
博見彊識 文選 正295
博古 文選 正295
博古 本朝 正587
博士 論語 正70
博士 文選 正295
博士 本朝 正587
博士 白氏 續549
博士 宇津 正722
博士 源氏 正852
博士たち 宇津 正722
博士とも 源氏 正852
博士ども 宇津 正722
博士ら 宇津 正722
博士等 本朝 正587
博捜精掇す 白氏 續549
博打 宇津 正722
博打ども 宇津 正722
博大 文選 正295
博達 文選 正295
博誕 文選 正295
博通 白氏 續549
博徒 白氏 續549
博波 本朝 正587
博扶 白氏 續550
博物 文選 正295
博物 本朝 正587
博文 本朝 正587
博聞 文選 正295
博聞 白氏 續549
博望 文選 正295
博望 白氏 續549
博望苑 白氏 續549
博望侯 遊仙 正94
博野鎮都虞侯 白氏 續549
博約 文選 正295
博陸 文選 正295
博陸 本朝 正587
博陵 白氏 續549
博陵王 遊仙 正94
博陵郡夫人 白氏 續549
博陵人 白氏 續549
博陵崔府君 白氏 續549
博練 本朝 正587
博奕 論語 正69
博奕 文選 正296
博奕 白氏 續549
博奕論 文選 正295
博學 本朝 正587
博學 白氏 續549
博學宏詞科 白氏 續549
博帶 本朝 正587
博敝 文選 正295
博覽す 文選 正295
博蹇 文選 正295
博辯 文選 正295
博弈 文選 正295
博擊 白氏 續550
拍 白氏 續550
拍搦 遊仙 正95
柏 論語 正70
柏 白氏 續550
柏郷縣 白氏 續550
柏舟 文選 正296
柏谷 文選 正296
柏學 文選 正296
柏耆 白氏 續550
泊 文選 正296
泊乎 文選 正296

泊然す　文選　正296
泊如　文選　正296
白　文選　正296
白　本朝　正587
白　白氏　續550
白　白氏　續550
白　白氏　續550
白(人名)　文選　正296
白(人名)　白氏　續550
白す　文選　正296
白衣　文選　正296
白衣　本朝　正587
白衣　白氏　續550
白烏　白氏　續550
白羽　文選　正296
白羽　白氏　續550
白雨　白氏　續550
白雲　文選　正296
白雲　本朝　正587
白雲　白氏　續550
白煙　白氏　續550
白煙*　白氏　續550
白猿　白氏　續552
白塩　本朝　正587
白翁　白氏　續552
白屋　文選　正296
白屋　本朝　正588
白屋　白氏　續550
白牡丹　白氏　續552
白乙　白氏　續550
白家　白氏　續550
白花　本朝　正588
白花　白氏　續550
白花蓮　白氏　續550
白華　文選　正296
白華　本朝　正588
白角　白氏　續550
白額　本朝　正588
白茅　文選　正296
白環　文選　正296
白監　白氏　續550
白竿　白氏　續550
白簡　文選　正296
白簡　白氏　續550
白間　文選　正296
白眼　白氏　續550
白雁　白氏　續550
白菊　本朝　正588
白菊　白氏　續550
白牛　本朝　正588
白居易　本朝　正588
白居易　白氏　續550
白魚　遊仙　正94
白魚　文選　正296
白魚　白氏　續550
白業　本朝　正588
白玉　遊仙　正94
白玉　文選　正296
白玉　本朝　正588
白玉　白氏　續550
白玉墀　白氏　續550
白金　白氏　續550
白銀　遊仙　正94
白銀　本朝　正588
白銀　白氏　續550
白狗　白氏　續550
白狗崖　白氏　續550
白狗峡　白氏　續550
白駒　文選　正296
白駒　白氏　續550
白君巳下　白氏　續550
白圭　論語　正70
白圭　文選　正296
白珪　文選　正296
白月　白氏　續550
白虎　文選　正296
白虎　白氏　續550
白光　白氏　續550
白公　白氏　續550
白鵠　文選　正296
白黒　文選　正296
白黒　本朝　正588
白黒　白氏　續550
白黒衆中　白氏　續550
白骨　遊仙　正95
白骨　文選　正296
白沙　文選　正296
白沙　本朝　正588
白沙　白氏　續551
白犀　白氏　續551
白鷺　文選　正296
白鷺　本朝　正588
白鷺　白氏　續552
白賛善　白氏　續551
白使君　白氏　續551
白司馬　白氏　續551
白氏　本朝　正588
白氏　白氏　續551
白氏長慶集　白氏　續551
白氏文集　本朝　正588
白氏文集　白氏　續551
白氏洛中集　白氏　續551
白氏六帖　白氏　續551
白氏叟　白氏　續551
白紙　白氏　續551
白侍郎　白氏　續551
白鹿　文選　正296
白鹿原　白氏　續552
白鹿原頭　白氏　續552
白鹿洞　白氏　續552
白質　文選　正296
白質　白氏　續551
白舎人　白氏　續551
白射　白氏　續551
白社　白氏　續551
白紗　白氏　續551
白蛇　白氏　續551
白寂然　白氏　續551
白珠　白氏　續551
白酒　白氏　續551

白首	文選	正296
白首	本朝	正588
白首	白氏	續551
白庶子	白氏	續551
白書す	文選	正296
白商	文選	正296
白小魚	白氏	續551
白少傅	白氏	續551
白尚書	白氏	續551
白章	本朝	正588
白粧	白氏	續551
白蕉	白氏	續551
白蕉衫	白氏	續551
白象	本朝	正588
白色	本朝	正588
白刃	文選	正296
白刃	本朝	正588
白刃	白氏	續551
白水	遊仙	正95
白水	文選	正296
白水	白氏	續551
白水塘	白氏	續551
白雀	本朝	正588
白雀	白氏	續551
白盛	文選	正296
白精	本朝	正588
白石	本朝	正588
白石	白氏	續551
白石先生	白氏	續551
白石灘	白氏	續551
白接䍦	白氏	續551
白雪	文選	正296
白雪	本朝	正588
白雪	白氏	續551
白雪樓	白氏	續551
白栴檀	白氏	續551
白素	文選	正296
白奏	白氏	續551
白足	本朝	正588
白太守	白氏	續551
白檀	本朝	正588
白丁	本朝	正588
白鳥	文選	正296
白鳥	白氏	續551
白鶴	文選	正296
白鶴	本朝	正588
白鶴	白氏	續550
白帝	本朝	正588
白帝	白氏	續551
白帝城	白氏	續551
白兎	白氏	續551
白登	文選	正296
白藤	白氏	續551
白頭	文選	正296
白頭	本朝	正588
白頭	白氏	續551
白頭翁	白氏	續551
白頭吟	白氏	續551
白頭陀	白氏	續551
白頭浪	白氏	續551
白道士	白氏	續551
白道猷	白氏	續551
白二十二郎	白氏	續551
白肉	文選	正296
白虹	文選	正296
白虹	白氏	續550
白虹	源氏	正852
白日	文選	正296
白日	本朝	正588
白日	白氏	續551
白波	本朝	正588
白波	白氏	續551
白馬	文選	正296
白馬	白氏	續551
白馬（書名）	文選	正296
白馬（地名）	文選	正296
白梅	白氏	續551
白白	白氏	續551
白箸翁	本朝	正588
白髪	文選	正296
白髪	本朝	正588
白鳩	文選	正296
白版	白氏	續552
白眉	本朝	正588
白髭	白氏	續551
白髭鬚	白氏	續551
白賓客	白氏	續552
白布	白氏	續552
白府君	白氏	續552
白芙蓉	白氏	續552
白粉	白氏	續552
白粉墻	白氏	續552
白片	白氏	續552
白鳳	本朝	正588
白鳳	白氏	續552
白麻	白氏	續551
白幕	白氏	續551
白面	本朝	正588
白面	白氏	續552
白面郎	白氏	續552
白毛	本朝	正588
白門	文選	正296
白楊	文選	正296
白楊	本朝	正588
白楊	白氏	續552
白螺	白氏	續552
白琉璃	白氏	續552
白龍	文選	正296
白龍	白氏	續552
白輪	白氏	續552
白鱗	白氏	續552
白麟	文選	正296
白練	白氏	續552
白蓮	白氏	續552
白蓮花	白氏	續552
白蓮池	白氏	續552
白路	白氏	續552
白露	文選	正296
白露	白氏	續552
白露水	本朝	正588

白浪	本朝	正588
白浪	白氏	續552
白狼	文選	正296
白老	白氏	續552
白郎中集	白氏	續552
白佛	白氏	續552
白叟	白氏	續551
白坿	文選	正296
白學士	白氏	續550
白尹	白氏	續550
白旄	白氏	續552
白昊	白氏	續550
白晝	白氏	續551
白晳	白氏	續551
白楡	本朝	正588
白楡	白氏	續552
白樂天	本朝	正588
白樂天	白氏	續552
白槿花	白氏	續550
白毫	白氏	續550
白氣	本朝	正588
白濤	白氏	續551
白牋	文選	正296
白璧	文選	正296
白瓷	白氏	續551
白甌	白氏	續550
白紵	本朝	正588
白紵	白氏	續551
白絲	白氏	續551
白綸	白氏	續552
白綸巾	白氏	續552
白荅す	文選	正296
白茗	白氏	續552
白薤	文選	正296
白藏	文選	正296
白藏	本朝	正588
白藕	白氏	續550
白蘋	白氏	續552
白蘋州	白氏	續552
白蘋亭	白氏	續552
白蝙蝠	白氏	續552
白衫	白氏	續550
白裘	白氏	續550
白輕褣	白氏	續550
白醪	白氏	續552
白雉	文選	正296
白頸	白氏	續550
白餘盛	白氏	續552
白驥	文選	正296
白髯	白氏	續551
白髮	白氏	續551
白髮人	白氏	續551
白鬚	白氏	續551
白鬢	白氏	續552
白鴈	本朝	正588
白鹽	白氏	續550
白點	白氏	續551
白氎*	白氏	續551
白氎*求衣	白氏	續551
白綃	白氏	續551
白翎	白氏	續552
白芷	文選	正296
白蕖	白氏	續550
白薠	文選	正296
白虵	文選	正296
白螭	文選	正296
白犛	白氏	續552
白鷗	文選	正296
白鷗	本朝	正587
白鷗	白氏	續550
白鷺	遊仙	正94
白鷴	文選	正296
白鶴	遊仙	正94
白黿	文選	正296
白䟽	本朝	正588
箔	文選	正297
箔絵	宇津	正722
薄	文選	正297
薄す	白氏	續552
薄位	本朝	正588
薄陰	文選	正297
薄寒	文選	正297
薄伎	文選	正297
薄技	文選	正297
薄具	文選	正297
薄言	白氏	續552
薄効	白氏	續552
薄産	白氏	續552
薄質	文選	正297
薄紗	白氏	續552
薄酒	白氏	續552
薄賞	文選	正297
薄触	白氏	續552
薄食す	白氏	續552
薄蝕	文選	正297
薄身	文選	正297
薄草	文選	正297
薄田	白氏	續552
薄莫	白氏	續552
薄晩	白氏	續552
薄夫	白氏	續552
薄幣	本朝	正588
薄暮	文選	正297
薄暮	本朝	正588
薄暮	白氏	續552
薄俸	本朝	正588
薄俸	白氏	續552
薄霧	文選	正297
薄命	本朝	正588
薄命	白氏	續552
薄祐	文選	正297
薄劣	文選	正297
薄宦	文選	正297
薄宦	白氏	續552
薄帷	文選	正297
薄游す	文選	正297
薄焉	文選	正297
薄祿	本朝	正588
薄繇	白氏	續552
薄耆	文選	正297

薄裝	文選	正297
薄德	文選	正297
薄德	法華	正423
薄德	本朝	正588
薄德	白氏	續552
薄軀	文選	正297
薄酹	白氏	續552
薄媚	遊仙	正95
迫脅	文選	正297
迫促す	白氏	續553
迫促驚忙す	白氏	續553
迫束	文選	正297
迫蹙	白氏	續553
迫蹙鞭撻す	白氏	續553
迫隘	文選	正297
曝布	本朝	正587
瀵	白氏	續550
漠	文選	正296
漠然	白氏	續550
漠然班班	白氏	續550
漠然紛紛	白氏	續550
漠漠	文選	正296
漠漠	白氏	續550
漠漠淒淒	白氏	續550
漠々焉	本朝	正587
縛す	白氏	續552
縛戎人	白氏	續552
莫逆	白氏	續552
莫黒	白氏	續552
莫邪	文選	正295
莫愁	白氏	續552
莫走柳條詞	白氏	續552
莫大	文選	正295
莫大	白氏	續552
莫智	白氏	續552
莫莫	文選	正295
莫耶	白氏	續552
莫耆	本朝	正588
駁	白氏	續553
駁議	本朝	正588
麦齒	本朝	正588
百	文選	正296
百	本朝	正588
百井	文選	正297
百一	文選	正296
百一	本朝	正588
百越	文選	正296
百王	文選	正297
百王	本朝	正588
百億	本朝	正588
百家	文選	正296
百家	本朝	正588
百果	文選	正296
百花	本朝	正588
百華	本朝	正588
百巻	本朝	正588
百官	文選	正296
百官	本朝	正588
百感	文選	正296
百艦	文選	正296
百儀	文選	正296
百技	文選	正296
百斤	文選	正296
百禽	文選	正296
百金	文選	正296
百群	文選	正296
百口	本朝	正588
百工	文選	正296
百工	本朝	正588
百行	文選	正296
百行	本朝	正588
百講	本朝	正588
百穀	文選	正296
百歳	文選	正297
百歳	本朝	正588
百歳已上	本朝	正588
百済	本朝	正588
百三十篇	文選	正296
百司	文選	正296
百四十五	文選	正296
百子	文選	正296
百氏	文選	正297
百室	文選	正297
百尺	文選	正297
百種	文選	正297
百重	文選	正297
百丈	文選	正297
百城	文選	正297
百城	本朝	正588
百常	文選	正297
百神	文選	正297
百人	文選	正297
百人	本朝	正588
百尋	文選	正297
百世	論語	正70
百世	文選	正297
百畝	文選	正297
百姓	論語	正70
百姓	文選	正297
百姓	本朝	正588
百千万莖	本朝	正588
百川	文選	正297
百川	本朝	正588
百泉	本朝	正588
百層	文選	正297
百草	文選	正296
百足	文選	正297
百代	文選	正297
百代	本朝	正588
百谷	文選	正296
百端	文選	正297
百端	本朝	正588
百帖	本朝	正588
百鳥	本朝	正588
百堵	文選	正297
百度	文選	正297
百度	本朝	正588
百毒	文選	正297
百二	文選	正296
百二十	文選	正296

百二十　本朝　正588
百二十人　文選　正296
百廿字　本朝　正588
百日　本朝　正588
百年　論語　正70
百年　遊仙　正95
百年　文選　正297
百年　本朝　正588
百病　文選　正297
百夫　文選　正297
百部　本朝　正588
百福　文選　正297
百福　本朝　正588
百物　論語　正70
百物　文選　正297
百篇　文選　正297
百遍　本朝　正588
百歩　文選　正297
百万里　本朝　正588
百味　文選　正297
百味　本朝　正588
百憂　文選　正296
百有餘年　文選　正296
百有餘區　文選　正296
百羅　文選　正297
百羅漢　本朝　正588
百里　論語　正70
百里　文選　正297
百里（人名）　文選　正297
百里奚　文選　正297
百慮　文選　正297
百僚　文選　正297
百寮　文選　正297
百寮　本朝　正588
百霊　本朝　正588
百鍊　文選　正297
百六　文選　正297
百六十字　本朝　正588
百乘　論語　正70
百兩　文選　正297
百卉　文選　正296
百卉　本朝　正588
百實　本朝　正588
百尅　本朝　正588
百廛　文選　正297
百罹　文選　正297
百揆　文選　正296
百揆　本朝　正588
百數　文選　正297
百斛　文選　正296
百殃　文選　正296
百濮　文選　正297
百獸　遊仙　正95
百獸　文選　正297
百祀　文選　正297
百禮　文選　正297
百籟　文選　正297
百艘　本朝　正588
百萬　文選　正297
百虆　本朝　正588
百藥　文選　正297
百藥　本朝　正588
百蠻　文選　正297
百辟　文選　正297
百辟　本朝　正588
百鎰　文選　正296
百隧　文選　正297
百雉　文選　正297
百靈　文選　正297
百餘口　本朝　正588
百餘歳　本朝　正588
百餘尺　文選　正297
百餘枚　文選　正297
百餘斛　文選　正297
百齡　文選　正297
百鍰　文選　正296
百穀　本朝　正588
碧砮　文選　正297
暴露　文選　正296
暴露　白氏　續550
暴露す　白氏　續550
朴　本朝　正587
朴斲　文選　正296
幕　文選　正295
幕　白氏　續549
幕　白氏　續549
幙中　文選　正296
幙帷す　文選　正296
幕燕　白氏　續549
幕下　本朝　正587
幕下　白氏　續549
幕上　白氏　續549
幕席　白氏　續549
幕中　白氏　續549
幕南　文選　正295
幕府　文選　正295
幕府　本朝　正587
幕府　白氏　續550
幕幕　文選　正295
幕裏　文選　正295
膜　白氏　續552
脈　白氏　續552
脈脈　白氏　續552
亳　文選　正295
帛　文選　正295
帛　本朝　正587
帛　白氏　續549
帛子　遊仙　正94
愽陸　文選　正296
愽瞻　文選　正296
搏風　本朝　正587
擘肆　白氏　續550
樸儒　文選　正296
檗離　文選　正296
溥漠　文選　正296
瀑水　白氏　續550
瀑布　文選　正296
瀑布　本朝　正587
瀑布　白氏　續550
獏　白氏　續553

璞	本朝	正587
璞玉	白氏	續550
脉	本朝	正588
脉	白氏	續552
脉起す	文選	正297
脉脉	白氏	續552
藐姑射	本朝	正588
藐爾	文選	正297
藐然	白氏	續553
藐眄	文選	正297
貊	文選	正297
貘犛*	文選	正297
陌	文選	正297
陌	白氏	續553
陌上	文選	正297
陌上	白氏	續553
陌路	白氏	續553
駮議	白氏	續553
駮議す	白氏	續553
駮正	白氏	續553
駮正す	白氏	續553
駮落	白氏	續553
魄	文選	正297
魄	本朝	正588
魄	白氏	續553
魄*	文選	正297
魄兆	白氏	續553
麥	文選	正297
麥	白氏	續553
麥粟	白氏	續553
麥禾	白氏	續553
麥麴	本朝	正588
麥秀	文選	正297
麥秋	本朝	正588
麥傷	白氏	續553
麥苗	白氏	續553
麥風	白氏	續553
麥隴	遊仙	正95
麥麪	白氏	續553
擂	白氏	續550
欂櫨	文選	正296
眽眽	文選	正297
眽眽す	文選	正297
眽眽然	文選	正297
邈	文選	正297
邈	白氏	續553
邈す	文選	正297
邈然	文選	正297
邈然	白氏	續553
邈焉	文選	正297
邈矣	白氏	續553
邈邈	文選	正297
邈邈	白氏	續553
鏌鎁	文選	正297
鏌鎁	白氏	續553
霡霂	文選	正297
霡霂	白氏	續553
霡霂	白氏	續553
端蘇芳	枕冊	正783
八	法華	正423
八	宇津	正722
八の宮	宇津	正722
八の宮	源氏	正852
八の君	宇津	正722
八まち	宇津	正722
八維	文選	正297
八韻	本朝	正589
八韻	宇津	正723
八王子	法華	正423
八音	文選	正297
八箇年	本朝	正589
八解	文選	正297
八戒	文選	正298
八巻	本朝	正589
八虐	本朝	正589
八極	文選	正297
八九	文選	正297
八九	本朝	正589
八九	宇津	正722
八九月	文選	正297
八九載	本朝	正589
八九十餘	宇津	正722
八九人	本朝	正589
八九人	枕冊	正783
八寓	文選	正297
八隅	文選	正297
八郡	文選	正298
八郡	本朝	正589
八卦	文選	正297
八刑	文選	正298
八桂	文選	正298
八月	文選	正298
八月	本朝	正589
八月	宇津	正722
八月	蜻蛉	正749
八月	枕冊	正783
八月	源氏	正852
八月つこもり	枕冊	正783
八月つごもり	宇津	正722
八月九日	枕冊	正783
八月十五日	本朝	正589
八月十五日	竹取	正636
八月十五日	宇津	正722
八月十五夜	本朝	正589
八月十五夜	蜻蛉	正749
八月十五夜	源氏	正852
八月十三日	本朝	正589
八月十三日	宇津	正722
八月十七日	宇津	正722
八月十日	宇津	正722
八月十余日	源氏	正852
八月二十一日	文選	正298
八月廿五日	本朝	正589
八月廿二日	本朝	正589
八月廿八日	宇津	正722
八月廿余日	蜻蛉	正749
八月廿余日	源氏	正852
八月六日	宇津	正722
八元	文選	正298
八戸	本朝	正589

八顧　本朝　正589
八公山　文選　正298
八紘　文選　正297
八紘　本朝　正589
八荒　文選　正297
八講　本朝　正589
八講　枕冊　正783
八講　源氏　正852
八講し　枕冊　正783
八合　宇津　正722
八座　文選　正298
八座　本朝　正589
八歳　文選　正298
八索　文選　正298
八使　本朝　正589
八字　文選　正298
八字　本朝　正589
八尺　宇津　正723
八首　文選　正298
八首　本朝　正589
八州　文選　正298
八襲　文選　正298
八十　法華　正423
八十　本朝　正589
八十一　文選　正298
八十歳　宇津　正722
八十字　本朝　正589
八十種　法華　正423
八十種好　法華　正423
八十人　宇津　正722
八十年　本朝　正589
八十有三　文選　正298
八十已上　本朝　正589
八十餘　本朝　正589
八十餘人　宇津　正722
八駿　文選　正298
八旬　本朝　正589
八旬行　本朝　正589
八省　源氏　正852
八章　文選　正298
八衝　文選　正298
八象　文選　正298
八丈　枕冊　正783
八乗　文選　正298
八神　文選　正298
八人　本朝　正589
八人　宇津　正722
八人　枕冊　正783
八人　源氏　正852
八陣　文選　正298
八水　本朝　正589
八正　文選　正298
八正　本朝　正589
八生　宇津　正723
八千徒　本朝　正589
八川　文選　正298
八族　文選　正298
八代　文選　正298
八達　文選　正298
八丁　宇津　正723
八珍　文選　正298
八都　文選　正298
八道　法華　正423
八難　文選　正298
八難　本朝　正589
八日　本朝　正589
八日　土左　正660
八年　文選　正298
八年　本朝　正589
八年　宇津　正722
八番　宇津　正722
八蕃　文選　正298
八百　文選　正298
八百　本朝　正589
八百戸　本朝　正589
八百束　本朝　正589
八表　文選　正298
八病　本朝　正589
八品　文選　正298
八風　文選　正298
八風　本朝　正589
八柄　本朝　正589
八方　文選　正298
八万　法華　正423
八万　本朝　正589
八万四千相　本朝　正589
八万十二　本朝　正589
八命　文選　正298
八葉　本朝　正589
八龍　文選　正298
八列　文選　正298
八郎　宇津　正723
八郎君　源氏　正852
八區　文選　正297
八圻　文選　正297
八條の式部卿　源氏　正852
八溪　文選　正297
八萬　本朝　正589
八裔　文選　正297
八鄙　文選　正298
八鎭　文選　正298
八鑾　文選　正298
八頌　文選　正298
八體　文選　正298
八虁　本朝　正589
八佾　文選　正297
八埏　文選　正297
八埏　本朝　正589
八蜑　本朝　正589
御鉢　源氏　正852
鉢　法華　正423
鉢　竹取　正636
撥　源氏　正852
撥音　源氏　正852
蹳刺す　白氏　續555
廿日あまり一日
　宇津　正723
薄効　本朝　正589
八　白氏　續553
八韻　白氏　續553

八詠　白氏　續553
八音　白氏　續553
八科　白氏　續553
八戒　白氏　續553
八角亭　白氏　續553
八寒　白氏　續553
八極　白氏　續553
八九　白氏　續553
八九曲　白氏　續553
八九頃　白氏　續553
八九歳　白氏　續553
八九載　白氏　續553
八九子　白氏　續553
八九枝　白氏　續553
八九尺　白氏　續553
八九樹　白氏　續553
八九十　白氏　續553
八九春　白氏　續553
八九丈　白氏　續553
八九日　白氏　續553
八九日　白氏　續553
八九年　白氏　續553
八九坊　白氏　續553
八九里　白氏　續553
八九聲　白氏　續553
八九萬　白氏　續553
八苦四惡道　白氏　續553
八君子　白氏　續554
八卦　論語　正70
八月　白氏　續553
八月三日　白氏　續553
八月十一日　白氏　續553
八月十五日　白氏　續553
八月十五夜　白氏　續553
八月十七日　白氏　續553
八言　白氏　續554
八荒　白氏　續553
八行　白氏　續553
八行詩　白氏　續553
八座　白氏　續554
八歳　白氏　續554
八載　白氏　續554
八使君　白氏　續554
八士　論語　正70
八子　遊仙　正95
八子　白氏　續554
八字　白氏　續554
八尺　遊仙　正95
八種　白氏　續554
八首　白氏　續554
八十　白氏　續554
八十一　白氏　續554
八十一車　白氏　續554
八十家　白氏　續554
八十九　白氏　續554
八十三　白氏　續554
八十三年　白氏　續554
八十四　白氏　續554
八十字　白氏　續554
八十二　白氏　續554
八十二歳　白氏　續554
八十八　白氏　續554
八十八家　白氏　續554
八十有三年　白氏　續554
八十有六旬　白氏　續554
八十六　白氏　續554
八十萬　白氏　續554
八十餘家　白氏　續554
八十餘歳　白氏　續554
八駿　白氏　續554
八駿圖　白氏　續554
八旬　白氏　續554
八章　白氏　續554
八人　白氏　續554
八水　白氏　續554
八聖　白氏　續554
八節　白氏　續554
八節灘　白氏　續554
八絶句　白氏　續554
八千　白氏　續554
八千人　白氏　續554
八漸偈　白氏　續554
八代　白氏　續554
八長老　白氏　續554
八珍　白氏　續554
八爪　白氏　續554
八屯　白氏　續554
八灘　白氏　續554
八難　白氏　續554
八日　白氏　續554
八年　白氏　續554
八年三月晦　白氏　續554
八年十二月五日　白氏　續554
八八　論語　正70
八百言　白氏　續554
八百首　白氏　續554
八百年　白氏　續554
八表　白氏　續554
八病　白氏　續554
八部　法華　正423
八風　白氏　續554
八幅　遊仙　正95
八方　法華　正423
八方　白氏　續554
八面　白氏　續554
八門　白氏　續554
八龍　白氏　續554
八區　白氏　續553
八溟　白氏　續554
八沵　白氏　續554
八疊　白氏　續554
八莖　白氏　續554
八萬四千　白氏　續554
八貂　白氏　續554
八關　白氏　續553
八關戒　白氏　續553
八關齋戒　白氏　續553
八陲　白氏　續554
八佾　論語　正70

八佾す　論語　正70
八佾第三　論語　正70
鉢塔院　白氏　續555
鉢羅樹　本朝　正589
鉢闡布　白氏　續555
髪　文選　正298
髪　白氏　續555
髪肉　白氏　續555
髪膚　本朝　正589
髪膚　白氏　續555
髪落詞　本朝　正589
髪齒　文選　正298
伐性　白氏　續553
伐檀　文選　正298
伐檀　白氏　續553
伐木　文選　正298
伐木　本朝　正589
伐木　白氏　續553
伐夭す　文選　正298
伐柯　文選　正298
伐櫻賦　白氏　續553
相罰す　文選　正298
罰　本朝　正589
罰　白氏　續555
罰す　白氏　續555
抜苦　本朝　正589
抜済　本朝　正589
抜刺　白氏　續554
抜出す　法華　正423
抜粋　本朝　正589
抜摺　本朝　正589
抜俗　本朝　正589
抜擢　文選　正298
抜萃　本朝　正589
抜萃　白氏　續554
抜撥　文選　正298
百官　論語　正70
百工　論語　正70
法則　本朝　正589
法度　論語　正70
末　文選　正298
末　白氏　續555
末位　文選　正298
末官　文選　正298
末伎　文選　正298
末議　文選　正298
末響　文選　正298
末業　白氏　續555
末曲　文選　正298
末句　白氏　續555
末契　文選　正298
末景　文選　正298
末減　白氏　續555
末光　文選　正298
末光　本朝　正589
末工　白氏　續555
末座　本朝　正589
末作　白氏　續555
末師　文選　正298
末事　文選　正298
末疾　白氏　續555
末儒　本朝　正589
末緒　文選　正298
末章　白氏　續555
末臣　文選　正298
末塵　本朝　正589
末垂　文選　正298
末席　本朝　正589
末折　文選　正298
末孫　本朝　正589
末代　文選　正298
末代　本朝　正589
末代　白氏　續555
末塗　文選　正298
末班　文選　正298
末班　本朝　正589
末苗　本朝　正589
末暮　文選　正298
末法中　白氏　續555
末命　文選　正298
末葉　文選　正298
末葉　本朝　正589
末利　白氏　續555
末流　文選　正298
末流　本朝　正589
末列　本朝　正589
末聯　白氏　續555
末路　文選　正298
末冑　文選　正298
末學　文選　正298
末迹　文選　正298
末德　文選　正298
沫　白氏　續555
撥　白氏　續554
撥す　白氏　續554
撥剌　白氏　續554
撥剌す　白氏　續554
撥撥　白氏　續555
發　文選　正298
發　白氏　續555
發す　遊仙　正95
發す　文選　正298
發す　本朝　正589
發す　白氏　續555
發のを　源氏　正852
發因　本朝　正589
發越　文選　正298
發越す　文選　正298
發願　本朝　正589
發願　白氏　續555
發願す　本朝　正589
發願文　本朝　正589
發揮　白氏　續555
發揮す　白氏　續555
發軌　文選　正298
發狂す　白氏　續555
發句　本朝　正589
發遣　白氏　續555
發遣す　文選　正298
發遣す　本朝　正589

發遣す　白氏　續555
發顧す　白氏　續555
發護す　白氏　續555
發皇す　文選　正298
發散す　文選　正298
發心す　本朝　正589
發成　本朝　正589
發生す　文選　正298
發生す　白氏　續555
發旦　文選　正298
發中　文選　正298
發動し　宇津　正723
發布　文選　正298
發赴す　白氏　續555
發憤す　文選　正298
發明す　文選　正298
發明す　本朝　正589
發明す　白氏　續555
發問す　白氏　續555
發揚す　文選　正298
發揚す　白氏　續555
發露す　本朝　正589
發矇　本朝　正589
發溹す　文選　正298
發　論語　正70
發す　論語　正70
發起　論語　正70
發明　論語　正70
發明す　論語　正70
秣陵　文選　正298
秣穀　本朝　正589
罰　文選　正298
罰す　本朝　正589
罰滅　本朝　正589
跋渉　白氏　續555
跋渉　白氏　續555
跋渉す　白氏　續555
跋提　本朝　正589
跋提河　本朝　正589
跋滯　白氏　續555
跋躓す　文選　正298
跋扈　文選　正298
跋扈　白氏　續555
跋扈す　文選　正298
跋扈す　本朝　正589
鱍鱍　白氏　續555
潑す　白氏　續555
潑醅　白氏　續555
紱　文選　正298
紱冕　文選　正298
茇葀　文選　正298
茷骫　文選　正298
醱す　白氏　續555
駊鵫　白氏　續555
花の院　宇津　正723
花の宴　宇津　正723
花の宴　源氏　正852
花蝶　源氏　正852
法　文選　正298
法　本朝　正589
法　白氏　續555
法す　文選　正298
法雲　文選　正298
法音　白氏　續555
法家　本朝　正589
法科　白氏　續555
法駕　文選　正298
法官　白氏　續555
法供　白氏　續555
法卿　白氏　續555
法曲　白氏　續555
法曲歌　白氏　續555
法禁　本朝　正589
法言　文選　正298
法語　論語　正70
法弘　白氏　續555
法昂　白氏　續555
法獄　文選　正298
法札　本朝　正589
法司　白氏　續555
法師　文選　正298
法施　白氏　續555
法酒　白氏　續555
法衆　白氏　續555
法術　本朝　正589
法乗　白氏　續555
法振　白氏　續555
法身　文選　正298
法塵　白氏　續555
法制　文選　正298
法制　白氏　續555
法性　白氏　續555
法星　文選　正298
法星　本朝　正589
法祖　白氏　續555
法曹　文選　正298
法曹　白氏　續555
法曹參軍　白氏　續555
法相　文選　正298
法孫　白氏　續555
法忠　文選　正298
法直　白氏　續555
法天　白氏　續555
法度　文選　正298
法度　白氏　續555
法堂　白氏　續555
法部　白氏　續555
法服　文選　正298
法文　本朝　正589
法法　白氏　續555
法務　本朝　正589
法用　遊仙　正95
法用　本朝　正589
法用　白氏　續555
法吏　文選　正299
法吏　本朝　正589
法吏　白氏　續555
法理　白氏　續555
法律　文選　正299
法律　本朝　正589

法流 文選 正299
法慮 本朝 正589
法力 白氏 續555
法令 文選 正299
法令 本朝 正589
法學 白氏 續555
法將 白氏 續555
法筵 文選 正298
法藏 本朝 正589
法 論語 正70
乏 白氏 續555
乏困 文選 正298
乏絶 文選 正298
蝘蜒 文選 正300
坂東國 本朝 正590
坂磴 遊仙 正95
阪 文選 正302
播種 文選 正299
播植 白氏 續557
播揚す 文選 正299
播潜す 文選 正299
幡 法華 正423
幡蓋 法華 正423
幡竿 白氏 續557
幡盖 本朝 正590
伴 白氏 續556
伴僧 宇津 正723
伴侶 白氏 續556
御判 宇津 正723
判 文選 正299
判 本朝 正590
判 白氏 續556
判 宇津 正723
判 源氏 正852
判す 文選 正299
判とも 源氏 正852
判官 本朝 正590
判官 白氏 續556
判官代 本朝 正590
判許 本朝 正590
判司 白氏 續556
判史 本朝 正590
判事 本朝 正590
判事 白氏 續556
判者 源氏 正852
判断 本朝 正590
判定す 本朝 正590
判度支 白氏 續556
判度支案 白氏 續556
判入す 白氏 續556
相半す 白氏 續556
半 文選 正299
半 法華 正423
半開 白氏 續556
半格詩 白氏 續556
半漢 本朝 正590
半規 文選 正299
半空 白氏 續556
半月 本朝 正590
半月 白氏 續556
半月餘 白氏 續556
半江 白氏 續556
半紅輪 白氏 續556
半行半座 本朝 正590
半坐 法華 正423
半座 本朝 正590
半歳 文選 正299
半歳 白氏 續556
半市 本朝 正590
半死 本朝 正590
半時 白氏 續556
半蔀 本朝 正590
半醜 遊仙 正95
半出 白氏 續556
半床 白氏 續556
半身 白氏 續556
半人 白氏 續556
半挿 宇津 正723
半張 白氏 續556
半頭 白氏 續556
半日 法華 正423
半日 本朝 正590
半日 白氏 續556
半年 文選 正299
半年 白氏 續556
半年餘 白氏 續556
半白 白氏 續556
半疋 白氏 續556
半百 本朝 正590
半百 白氏 續556
半瓶 白氏 續556
半封 本朝 正590
半分 本朝 正590
半分 白氏 續556
半壁 白氏 續556
半俸 白氏 續556
半峯 白氏 續556
半面 遊仙 正95
半面 白氏 續556
半夜 本朝 正590
半夜 白氏 續556
半里餘 本朝 正590
半路 白氏 續556
半禄 白氏 續556
半偈 本朝 正590
半價 白氏 續556
半插 枕冊 正783
半爐 白氏 續556
半牀 白氏 續556
半臂 宇津 正723
半臂 枕冊 正783
半菽 文選 正299
半酣 白氏 續556
半酣半飽 白氏 續556
半醉 白氏 續556
半錢 本朝 正590
相反す 本朝 正590
相反す 白氏 續556
反 論語 正70
反す 論語 正70

反す　文選　正299
反す　白氏　續556
反易す　文選　正299
反宇　文選　正299
反鑑　本朝　正590
反虞　白氏　續556
反魂香　白氏　續556
反錯す　文選　正299
反招隠　文選　正299
反照　本朝　正590
反照　白氏　續556
反信　文選　正299
反舌　文選　正299
反側　文選　正299
反側す　文選　正299
反復　白氏　續556
反覆　文選　正299
反覆　白氏　續556
反覆す　論語　正70
反覆す　文選　正299
反覆す　本朝　正590
反覆す　白氏　續556
反虜　文選　正299
反哭す　文選　正299
反哺　文選　正299
反哺　白氏　續556
反哺す　白氏　續556
反旆　文選　正299
反瀉　本朝　正590
反聽す　白氏　續556
反荅　文選　正299
反謌　本朝　正590
反踵　文選　正299
反玷　論語　正70
坂　文選　正299
坂坻　文選　正299
叛　文選　正299
叛　白氏　續556
叛換　文選　正299
叛換す　白氏　續556
叛逆　文選　正299
叛逆　本朝　正590
叛逆　白氏　續556
叛逆す　文選　正299
叛逆す　白氏　續556
叛人　文選　正299
叛人　白氏　續556
叛離す　白氏　續556
叛亂　文選　正299
叛亂　白氏　續556
帆　白氏　續557
帆影　白氏　續557
帆席　文選　正299
帆檣　白氏　續557
斑　文選　正299
斑　白氏　續558
斑犀　源氏　正852
斑鹿胎　白氏　續558
斑鹿皮　白氏　續558
斑題　文選　正299
斑竹　本朝　正590
斑竹　白氏　續558
斑白　文選　正299
斑白　白氏　續558
斑駮　白氏　續558
斑駮す　白氏　續558
斑斑　白氏　續558
斑文　文選　正299
斑劒　文選　正299
斑婕妤　遊仙　正95
板屋　白氏　續557
板橋　白氏　續557
板詔書　文選　正299
板築　文選　正299
板纏す　文選　正299
板蕩す　文選　正299
板輿　文選　正299
板輿　白氏　續557
氾　文選　正299
氾濫衍溢す　文選　正299
氾毓　文選　正299
氾豔　文選　正299
汎す　文選　正299
汎舟　白氏　續557
汎然　白氏　續557
汎汎　文選　正299
汎汎　白氏　續557
汎々焉　遊仙　正95
汎文　白氏　續557
汎濫　文選　正299
汎剽　文選　正299
汎拂す　白氏　續557
版す　文選　正300
版屋　文選　正300
版橋　文選　正300
版築　文選　正300
版蕩す　文選　正300
版圖　白氏　續558
犯す　本朝　正589
犯過　本朝　正589
犯用す　本朝　正590
班　文選　正300
班　白氏　續558
班倕　文選　正300
班倕　白氏　續558
班す　文選　正300
班陰　本朝　正590
班級　白氏　續558
班荊　本朝　正590
班固　文選　正300
班固　白氏　續558
班行　白氏　續558
班司　文選　正300
班嗣　文選　正300
班師　白氏　續558
班氏　白氏　續558
班資　白氏　續558
班次　白氏　續558
班爾　文選　正300
班爾　本朝　正590

班叔皮　文選　正300
班敘す　文選　正300
班序　白氏　續558
班匠　文選　正300
班妾　文選　正300
班生　文選　正300
班籍　白氏　續558
班扇　白氏　續558
班足　本朝　正591
班秩　白氏　續558
班中　白氏　續558
班鳥　白氏　續558
班如　文選　正300
班馬　本朝　正591
班白　白氏　續558
班班　白氏　續558
班望　白氏　續558
班孟堅　文選　正300
班孟堅　本朝　正591
班孟堅　白氏　續558
班輸　文選　正300
班楊　文選　正300
班楊す　文選　正300
班例　文選　正300
班列　白氏　續558
班榮　白氏　續558
班雑　本朝　正590
班婕　文選　正300
班婕好　文選　正300
班婕妤　本朝　正590
畔　白氏　續558
畔換す　文選　正300
繁　文選　正300
繁　白氏　續559
繁（人名）　白氏　續559
繁育す　文選　正300
繁雲　文選　正300
繁英　文選　正300
繁艶　本朝　正591
繁艶　白氏　續559
繁音　文選　正300
繁華　文選　正300
繁華　本朝　正591
繁華　白氏　續559
繁華子　文選　正300
繁簡　白氏　續559
繁翰　文選　正300
繁休伯　文選　正300
繁欽　文選　正300
繁刑　白氏　續559
繁劇　白氏　續559
繁絃　文選　正300
繁絃　白氏　續559
繁采　文選　正300
繁肴　文選　正300
繁姿　文選　正300
繁詞　白氏　續559
繁弱　文選　正300
繁手　文選　正300
繁重　白氏　續559
繁省　白氏　續559
繁飾　文選　正300
繁飾す　文選　正300
繁星　文選　正300
繁節　文選　正300
繁舛　文選　正300
繁霜　文選　正300
繁霜　本朝　正591
繁霜　白氏　續559
繁促　文選　正300
繁多　本朝　正591
繁多　白氏　續559
繁富　文選　正300
繁蕪　文選　正300
繁沸す　文選　正300
繁文　文選　正300
繁文　本朝　正591
繁務　本朝　正591
繁霧　文選　正300
繁雄　白氏　續559
繁慮　文選　正300
繁緑　白氏　續559
繁林　文選　正300
繁麗　本朝　正591
繁漏　本朝　正591
繁漏　白氏　續559
繁俎　文選　正300
繁會　文選　正300
繁會す　白氏　續559
繁囿　文選　正300
繁孳　本朝　正591
繁廡す　文選　正300
繁榮　文選　正300
繁禮　文選　正300
繁絲　白氏　續559
繁縟　文選　正300
繁纓　文選　正300
繁聲　白氏　續559
繁辭　文選　正300
繁雜　白氏　續559
繁鶩す　文選　正300
般　文選　正299
般倕　文選　正299
般乎　文選　正299
般次　白氏　續557
般爾　本朝　正591
般若　本朝　正591
般若心等　本朝　正591
般若心等經　本朝　正591
般若心經　本朝　正591
般若波羅密多心經　白氏　續557
般若波羅蜜　法華　正423
般匠　文選　正299
般般　文選　正299
般輸　文選　正299
藩　文選　正301
藩　白氏　續560
藩（人名）　白氏　續560
藩す　文選　正301

藩す　白氏　續560
藩維　文選　正301
藩維　白氏　續561
藩援　文選　正302
藩王　本朝　正591
藩垣　白氏　續561
藩岳　文選　正301
藩隅　白氏　續560
藩后　文選　正301
藩司　文選　正301
藩守　白氏　續560
藩臣　文選　正301
藩臣　白氏　續560
藩盛　白氏　續560
藩宣　白氏　續560
藩朝　文選　正301
藩邸　白氏　續560
藩府　白氏　續561
藩部　白氏　續561
藩封す　白氏　續561
藩服　文選　正302
藩輔　文選　正301
藩輔　白氏　續561
藩輔す　白氏　續561
藩方　白氏　續561
藩房　文選　正301
藩輸　白氏　續560
藩要　文選　正301
藩營　白氏　續561
藩國　文選　正301
藩條　白氏　續560
藩籬　文選　正302
藩鎮　白氏　續560
藩屏　文選　正302
藩屏　白氏　續561
販夫　白氏　續561
範　文選　正299
範　白氏　續559
範す　白氏　續559
範則　本朝　正591
範圍す　本朝　正591
煩　文選　正300
煩　白氏　續558
煩簡　白氏　續558
煩襟　白氏　續558
煩倦　白氏　續558
煩倦す　白氏　續558
煩暑　白氏　續558
煩傷す　文選　正300
煩擾　白氏　續558
煩辱　文選　正300
煩切　白氏　續558
煩想　文選　正300
煩促　文選　正300
煩毒　文選　正300
煩熱　白氏　續558
煩費　本朝　正590
煩費　白氏　續558
煩費す　白氏　續558
煩文　文選　正300
煩暴　白氏　續558
煩濫　本朝　正590
煩慮　白氏　續558
煩亂　文選　正300
煩冤す　白氏　續558
煩勞す　文選　正300
煩寃　文選　正300
煩憺　文選　正300
煩懣す　文選　正300
煩拏す　文選　正300
煩數　白氏　續558
煩碎　白氏　續558
煩禮　文選　正300
煩紆す　文選　正300
煩酲す　文選　正300
煩閙　白氏　續558
煩黷　文選　正300
煩黷す　白氏　續558
煩惋す　文選　正300
煩鶩　文選　正300
頒賜　白氏　續561
頒氷　白氏　續561
頒斌　文選　正302
頒條　白氏　續561
飯　文選　正302
飯　白氏　續561
飯す　論語　正70
飯す　文選　正302
飯す　白氏　續561
飯牛　文選　正302
飯食　白氏　續561
飯料米　本朝　正591
飯爐　白氏　續561
飯飡　本朝　正591
飯飡　白氏　續561
挽歌　文選　正299
挽歌　白氏　續557
挽歌詞　白氏　續557
挽詞　白氏　續557
晩　白氏　續557
晩院　白氏　續557
晩陰　白氏　續557
晩瓜　白氏　續557
晩運　文選　正299
晩燕　白氏　續557
晩夏　白氏　續557
晩花　白氏　續557
晩荷　白氏　續557
晩霞　本朝　正590
晩霞　白氏　續557
晩開　白氏　續557
晩寒　白氏　續557
晩起　白氏　續557
晩興　白氏　續557
晩吟　白氏　續557
晩遇　本朝　正590
晩遇　白氏　續557
晩景　白氏　續557
晩鼓　白氏　續557
晩紅　白氏　續557

晩歳 文選 正299
晩歳 白氏 續557
晩山 白氏 續557
晩至 文選 正299
晩樹 白氏 續557
晩秋 本朝 正590
晩秋 白氏 續557
晩春 本朝 正590
晩春 白氏 續557
晩松 白氏 續557
晩照 白氏 續557
晩鐘 本朝 正590
晩節 文選 正299
晩節 本朝 正590
晩節 白氏 續557
晩雪 白氏 續557
晩叢 白氏 續557
晩代 文選 正299
晩池 白氏 續557
晩彫 文選 正299
晩潮 白氏 續557
晩眺す 白氏 續557
晩亭 白氏 續557
晩庭 白氏 續557
晩冬 本朝 正590
晩桃花 白氏 續557
晩燈 白氏 續557
晩熱 白氏 續557
晩年 白氏 續557
晩萩 本朝 正590
晩泊 白氏 續557
晩風 白氏 續557
晩望 白氏 續557
晩望す 白氏 續557
晩葉 白氏 續557
晩涼 白氏 續557
晩來 白氏 續557
晩學 本朝 正590
晩稻 白氏 續557
晩衙 白氏 續557
晩鶯 白氏 續557
晩蕙 白氏 續557
晩牕 白氏 續557
晩籜 白氏 續557
晩湌 白氏 續557
晩鸎 本朝 正590
御番 宇津 正723
番 白氏 續558
番 竹取 正636
番 宇津 正723
番 枕冊 正783
番 源氏 正852
番語 白氏 續558
番々 宇津 正723
番禺 文選 正300
盤 文選 正300
盤 本朝 正591
盤 白氏 續558
盤 宇津 正723
盤 枕冊 正783
盤 源氏 正852
盤とも 源氏 正852
盤逸 文選 正300
盤渦 文選 正300
盤下 白氏 續558
盤歌 白氏 續558
盤桓 文選 正300
盤桓 白氏 續558
盤桓す 文選 正300
盤桓す 白氏 續558
盤桓毓養す 文選 正300
盤岸 文選 正300
盤鼓 文選 正300
盤庚 文選 正300
盤根 白氏 續558
盤酒 白氏 續558
盤涉調 源氏 正852
盤心 白氏 續558
盤水 白氏 續558
盤石 文選 正300
盤石 白氏 續559
盤折す 白氏 續558
盤樽 文選 正300
盤中 白氏 續558
盤薄 白氏 續558
盤遊 文選 正300
盤龍 白氏 續558
盤巖 文選 正300
盤樂 文選 正300
盤樂す 文選 正300
盤盂 文選 正300
盤筵 白氏 續558
盤紆 文選 正300
盤紆す 白氏 續558
盤蔬 白氏 續558
盤飧 白氏 續558
磐石 文選 正300
磐石 本朝 正591
蕃 文選 正301
蕃 白氏 續560
蕃(地名) 白氏 續560
蕃界 白氏 續560
蕃漢 白氏 續560
蕃客 本朝 正591
蕃客 白氏 續560
蕃侯 文選 正301
蕃侯 白氏 續560
蕃使 白氏 續560
蕃祉 文選 正301
蕃賜 文選 正301
蕃滋す 文選 正301
蕃弱 文選 正301
蕃戎 白氏 續560
蕃息す 本朝 正591
蕃中 白氏 續560
蕃東 白氏 續560
蕃國 白氏 續560
蕃廡す 文選 正301
蕃廬 文選 正301
蕃帥 白氏 續560

蕃蠻　白氏　續560
蕃衞　文選　正301
蕃屛　文選　正301
蕃蘺　文選　正301
翻す　白氏　續559
翻曲　白氏　續559
翻爾　文選　正300
翻出す　白氏　續559
翻然　文選　正300
翻然　白氏　續559
翻飛　文選　正300
翻飛す　文選　正300
翻覆す　文選　正300
翻覆す　白氏　續560
翻翻　文選　正300
翻翻　白氏　續559
翻傳　白氏　續559
凡　文選　正299
凡　本朝　正589
凡　白氏　續555
凡客　遊仙　正95
凡客　白氏　續556
凡才　白氏　續556
凡材　本朝　正589
凡耳　文選　正299
凡庶　文選　正299
凡情　本朝　正589
凡人　文選　正299
凡人　白氏　續556
凡聖　本朝　正589
凡叢　本朝　正589
凡草　白氏　續556
凡俗　遊仙　正95
凡濁　白氏　續556
凡鳥　文選　正299
凡鳥　白氏　續556
凡百　文選　正299
凡百　白氏　續556
凡夫　文選　正299
凡夫　本朝　正589
凡夫　白氏　續556
凡夫生　白氏　續556
凡庸　文選　正299
凡要　本朝　正589
凡流　文選　正299
凡流　本朝　正589
凡例　白氏　續556
凡聲　白氏　續556
凡陋　白氏　續556
凡藂　本朝　正589
幾万人　本朝　正590
幾万年　本朝　正590
万　遊仙　正95
万一　本朝　正590
万株　遊仙　正95
万株　本朝　正590
万機　本朝　正590
万古　本朝　正590
万戸　本朝　正590
万行　本朝　正590
万項　本朝　正590
万歳　本朝　正590
万歳千秋楽未央　本朝　正590
万歳藤　本朝　正590
万死　本朝　正590
万事　本朝　正590
万字　本朝　正590
万樹　本朝　正590
万春樂　源氏　正852
万緒　本朝　正590
万象　本朝　正590
万鐘　本朝　正590
万丈　本朝　正590
万乗　本朝　正590
万心　本朝　正590
万人　本朝　正590
万水　本朝　正590
万姓　本朝　正590
万善　本朝　正590
万代　本朝　正590
万端　本朝　正590
万年　本朝　正590
万倍　本朝　正590
万八千年　本朝　正590
万物　論語　正70
万物　文選　正299
万物　本朝　正590
万分　本朝　正590
万分之一　本朝　正590
万方　本朝　正590
万邦　本朝　正590
万民　本朝　正590
万葉　本朝　正590
万里　本朝　正590
万類　本朝　正590
万靈　本朝　正590
万仞　本朝　正590
万戀　本朝　正590
万條　本朝　正590
万籟　本朝　正590
万錢　本朝　正590
万點　本朝　正590
万種　遊仙　正95
万尋　遊仙　正95
万里　遊仙　正95
慢　文選　正299
慢弛　文選　正299
幔帷　文選　正299
潓然　文選　正299
攀援す　白氏　續557
攀縁　白氏　續557
攀翫*す　白氏　續557
攀折　白氏　續557
攀慕　本朝　正590
攀翻　文選　正299
攀龍　文選　正299
攀龍　本朝　正590
攀餞　白氏　續557
梵家　白氏　續557

樊　文選　正299
樊　白氏　續556
樊於期　文選　正299
樊家　白氏　續556
樊山　文選　正299
樊子　白氏　續556
樊宗師　白氏　續557
樊須　論語　正70
樊川　文選　正299
樊素　白氏　續556
樊大　白氏　續557
樊壇　本朝　正590
樊遅　論語　正70
樊著作　白氏　續557
樊姫　文選　正299
樊姫　白氏　續556
樊李　白氏　續557
樊蠻　白氏　續557
樊霍　文選　正299
樊鄧　文選　正299
樊噲　文選　正299
泛　文選　正299
泛　白氏　續557
泛淁す　文選　正299
泛愛　文選　正299
泛艶　白氏　續557
泛然　白氏　續557
泛遊す　本朝　正589
泛濫　文選　正299
泛濫す　文選　正299
泛泛　文選　正299
泛泛　白氏　續558
泛々　本朝　正589
泛灑　文選　正299
泛豔　文選　正299
潘　文選　正299
潘　白氏　續558
潘安　白氏　續558
潘安仁　遊仙　正95
潘安仁　文選　正299
潘安仁　本朝　正590
潘駅　白氏　續558
潘黄門　文選　正299
潘岳　本朝　正590
潘監　白氏　續558
潘元茂　文選　正299
潘子　文選　正299
潘子　本朝　正590
潘謝　本朝　正590
潘崇　文選　正299
潘僧尚　文選　正299
潘亭　白氏　續558
潘孟陽　白氏　續558
潘楊　文選　正300
潘楊　白氏　續558
潘郎　本朝　正590
潘郎　白氏　續558
潘濬　文選　正299
潘璋　文選　正299
瀿瀷　文選　正300
燔柴　白氏　續558
燔燒す　白氏　續558
燔瘞　文選　正300
瘢痕　白氏　續558
瘢瘡　本朝　正591
盼　論語　正70
絆惹す　白氏　續559
縔　文選　正300
辮髪　文選　正300
飜然　文選　正302
飜飛す　文選　正302
飜覆す　文選　正302
飜譯　白氏　續561
范　文選　正299
范(人名)　文選　正299
范安成　文選　正299
范蔚宗　文選　正299
范蔚宗　本朝　正590
范希朝　白氏　續559
范季睦　白氏　續559
范黍　白氏　續559
范喬　白氏　續559
范侯　文選　正299
范公　文選　正299
范史　本朝　正590
范始興　文選　正299
范氏　文選　正299
范叔　白氏　續559
范尚書　文選　正299
范張　文選　正299
范張　本朝　正590
范彦龍　文選　正299
范武　文選　正299
范別駕　本朝　正590
范陽　白氏　續559
范陽人　白氏　續559
范陽縣　白氏　續559
范零陵　文選　正299
范傳正　白氏　續559
范處士　白氏　續559
范愼　文選　正299
范曄　本朝　正590
范々　本朝　正590
范蔡　文選　正299
范蠡　文選　正299
范蠡　本朝　正590
范蠡　白氏　續559
范燮　文選　正299
范睢　文選　正299
相萬す　白氏　續559
萬　文選　正301
萬井　白氏　續560
萬一　文選　正301
萬一　白氏　續559
萬縁　白氏　續559
萬化　文選　正301
萬化　白氏　續559
萬家　文選　正301
萬家　白氏　續559
萬株　文選　正301

萬株　白氏　續559
萬官　文選　正301
萬感　文選　正301
萬感　白氏　續559
萬竿　白氏　續559
萬貫　文選　正301
萬幾　白氏　續559
萬期　文選　正301
萬機　文選　正301
萬機　本朝　正591
萬機　白氏　續559
萬紀　文選　正301
萬騎　文選　正301
萬騎　白氏　續559
萬鬼　文選　正301
萬曲　白氏　續559
萬金　文選　正301
萬金　白氏　續559
萬句　白氏　續559
萬景　文選　正301
萬計　文選　正301
萬計　本朝　正591
萬計　白氏　續559
萬穴　文選　正301
萬言　白氏　續559
萬古　文選　正301
萬古　白氏　續559
萬戸　文選　正301
萬戸　白氏　續559
萬戸侯　文選　正301
萬劫　白氏　續559
萬頃　文選　正301
萬頃　白氏　續559
萬恨　文選　正301
萬歳　文選　正301
萬歳　白氏　續560
萬載　文選　正301
萬嗣　文選　正301
萬始　文選　正301
萬枝　白氏　續559
萬死　文選　正301
萬死　白氏　續559
萬事　文選　正301
萬事　白氏　續559
萬事　白氏　續559
萬軸　文選　正301
萬室　文選　正301
萬室　白氏　續559
萬殊　文選　正301
萬樹　白氏　續559
萬州　白氏　續559
萬重　白氏　續560
萬重皓　白氏　續560
萬緒　文選　正301
萬緒　本朝　正591
萬商　文選　正301
萬祥　文選　正301
萬象　文選　正301
萬象　本朝　正591
萬象　白氏　續559
萬鍾　文選　正301
萬鍾　白氏　續559
萬丈　文選　正301
萬丈　白氏　續560
萬乗　文選　正301
萬色　文選　正301
萬心　白氏　續560
萬人　文選　正301
萬人　白氏　續559
萬尋　文選　正301
萬尋　白氏　續560
萬帥　文選　正301
萬世　文選　正301
萬畝　文選　正301
萬姓　文選　正301
萬姓　白氏　續560
萬石　文選　正301
萬石（人名）　文選　正301
萬千　白氏　續560
萬川　文選　正301
萬泉　文選　正301
萬全　文選　正301
萬僧　白氏　續560
萬俗　文選　正301
萬族　文選　正301
萬族　白氏　續560
萬態　白氏　續560
萬代　文選　正301
萬代　白氏　續560
萬端　文選　正301
萬端　白氏　續560
萬端す　文選　正301
萬塗　文選　正301
萬童　文選　正301
萬年　文選　正301
萬年　白氏　續560
萬年（地名）　白氏　續560
萬年縣　白氏　續560
萬念　白氏　續560
萬念千憂　白氏　續560
萬馬　白氏　續560
萬輩　白氏　續560
萬疋　白氏　續560
萬病　白氏　續560
萬品　文選　正301
萬品　白氏　續560
萬夫　文選　正301
萬夫　白氏　續560
萬舞　文選　正301
萬舞す　文選　正301
萬福　文選　正301
萬物　論語　正70
萬物　文選　正301
萬物　白氏　續560
萬分　白氏　續560
萬分之一　文選　正301
萬分之一　白氏　續560
萬方　論語　正70
萬方　文選　正301
萬方　白氏　續560

萬法　白氏　續560
萬邦　文選　正301
萬邦　白氏　續560
萬房　白氏　續560
萬民　文選　正301
萬民　白氏　續560
萬木　白氏　續560
萬有　文選　正301
萬有　白氏　續559
萬有三千餘乗　文選　正301
萬邑　文選　正301
萬葉　文選　正301
萬葉　白氏　續559
萬里　文選　正301
萬里　白氏　續560
萬里餘　白氏　續560
萬流　文選　正301
萬慮　白氏　續560
萬累　白氏　續560
萬類　文選　正301
萬類　本朝　正591
萬類　白氏　續560
萬六千　白氏　續560
萬乘　白氏　續559
萬仞　文選　正301
萬仭　白氏　續560
萬佛　白氏　續560
萬卷　白氏　續559
萬國　文選　正301
萬國　本朝　正591
萬國　白氏　續559
萬壑　白氏　續559
萬壽　文選　正301
萬壽　白氏　續559
萬寶　文選　正301
萬彙　白氏　續560
萬數　白氏　續560
萬變　文選　正301
萬變す　白氏　續560
萬朶　本朝　正591
萬朶　白氏　續560
萬條　白氏　續560
萬楹　文選　正301
萬樂　文選　正301
萬燧　文選　正301
萬祀　文選　正301
萬祀　白氏　續559
萬祀す　文選　正301
萬縷　白氏　續560
萬聲　文選　正301
萬聲　白氏　續560
萬艘　文選　正301
萬莖　白氏　續559
萬萬　文選　正301
萬萬　白氏　續560
萬萬有餘　文選　正301
萬萬葉　白氏　續560
萬貲　白氏　續559
萬鈞　文選　正301
萬錢　白氏　續560
萬鐵衣　白氏　續560
萬雉　文選　正301
萬靈　白氏　續560
萬餘丈　文選　正301
萬餘里　文選　正301
萬餘里　白氏　續560
萬點　白氏　續560
萬齡　白氏　續560
萬庾　文選　正301
萬摳　白氏　續560
萬寓　文選　正301
蟠木　文選　正300
蟠木　白氏　續561
蟠龍　遊仙　正95
蟠蜿　文選　正300
蟠螭　文選　正300
蠻　文選　正300
蠻　白氏　續561
蠻阢　白氏　續561
蠻夷　文選　正300
蠻夷　白氏　續561
蠻越　白氏　續561
蠻夏　文選　正300
蠻旗　白氏　續561
蠻荊　文選　正300
蠻鼓　白氏　續561
蠻荒　白氏　續561
蠻子　白氏　續561
蠻子朝　白氏　續561
蠻態　白氏　續561
蠻邸　文選　正300
蠻方　文選　正301
蠻兒　白氏　續561
蠻狄　文選　正301
蠻裔　文選　正300
蠻觸　白氏　續561
蠻貊　白氏　續561
蠻貃　文選　正301
蠻貃　本朝　正591
蠻狛　論語　正70
蠻陬　文選　正300
蠻榼　白氏　續561
輓　文選　正302
鑁字　本朝　正591
鱕䱜　文選　正302
媻姍　文選　正299
嫚秦　文選　正299
泮林　白氏　續558
皤然　白氏　續558
皤叟　白氏　續558
皤皤　文選　正300
磻溪　本朝　正591
磻溪　白氏　續559
磻磎　文選　正300
蘋莞　文選　正301
蘋草　文選　正301
鄱陽　白氏　續561
鄱陽坑　白氏　續561
鄱溪　白氏　續561
磐　文選　正302

鞶礪　文選　正302
鞶厲　文選　正302
鞶帨*　文選　正302

【ひ】

ひかる源氏　源氏　正852
ひき具す　源氏　正852
ひたちの前司殿　源氏　正853
ひだりみぎの尉　宇津　正723
ひとつ院　源氏　正853
ひんがしの陣　宇津　正723
ひんかしの對　源氏　正853
ひんがしの對　宇津　正723
芋　文選　正304
轡　白氏　續561
轡策　本朝　正591
轡者　文選　正302
轡鞭　白氏　續561
妃　宇津　正723
飛霜　本朝　正591
頗偏　文選　正304
旆縫　本朝　正591
阰　文選　正304
昼の御裝束　枕冊　正783
昼の裝束　枕冊　正783
昼の裝束し　枕冊　正783
陫側　文選　正304
日の裝束ども　宇津　正723
匪す　白氏　續561
匪我　白氏　續561
匪人　文選　正302
匪席　文選　正302
匪石　本朝　正591
匪他　文選　正302
匪服　本朝　正591
匪民　文選　正302
匪懈　白氏　續561
匪櫱　文選　正302
匪莪　白氏　續561
匪躬　本朝　正591
匪躬　白氏　續561
匪徳　本朝　正591
匪執　文選　正302
卑　本朝　正591
卑　白氏　續561
卑す　白氏　續561
卑位　文選　正302
卑位　白氏　續561
卑下し　源氏　正852
卑官　文選　正302
卑儀　本朝　正591
卑高　文選　正302
卑高　白氏　續561
卑室　文選　正302
卑庶　文選　正302
卑小　本朝　正591
卑小　白氏　續561
卑冗疎賤　白氏　續561
卑辱　文選　正302
卑崇　白氏　續561
卑勢　文選　正302
卑濁　文選　正302
卑微　遊仙　正95
卑微　文選　正302
卑微　本朝　正591
卑吏　白氏　續561
卑巖　白氏　續561
卑濕　文選　正302
卑濕　白氏　續561
卑聽　本朝　正591
卑賤　文選　正302
卑賤　法華　正423
卑賤　白氏　續561
卑辭　文選　正302
卑諶　論語　正70
卑达す　文選　正302
否　文選　正302
否　白氏　續561
否隔　文選　正302
否隔す　文選　正302
否泰　文選　正302
否泰(書名)　文選　正302
否藏　白氏　續561
妃　本朝　正591
妃　白氏　續561
妃(人名)　白氏　續561
妃主　文選　正302
妃妾　文選　正302
庇蔭す　文選　正302
庇廕す　白氏　續562
彼我　文選　正302
彼岸　文選　正302
彼岸　法華　正423
彼岸　本朝　正591
彼岸　白氏　續562
彼岸　宇津　正723
彼岸　蜻蛉　正749
彼岸　源氏　正852
彼己　文選　正302
彼此　文選　正302
彼此　法華　正423
彼此　白氏　續562
悲　本朝　正591
悲　白氏　續562
悲哀　論語　正70
悲哀　文選　正303
悲愛　本朝　正591
悲音　文選　正303
悲歌　文選　正303
悲歌　白氏　續562
悲歌す　文選　正303
悲歌す　白氏　續562
悲火　白氏　續562
悲悔す　白氏　續562
悲感　本朝　正591
悲願　本朝　正591
悲泣　本朝　正591
悲泣す　本朝　正591

悲曲 文選 正303
悲欣す 文選 正303
悲吟 文選 正303
悲吟 白氏 續562
悲吟す 文選 正303
悲吟す 白氏 續562
悲訃 白氏 續562
悲懇 白氏 續562
悲哉行 文選 正303
悲哉行 白氏 續562
悲酸す 白氏 續562
悲思 文選 正303
悲愁 文選 正303
悲愁 白氏 續562
悲愁す 文選 正303
悲傷 文選 正303
悲傷 白氏 續562
悲傷す 文選 正303
悲傷す 白氏 續562
悲傷歎息す 文選 正303
悲傷摧藏す 文選 正303
悲情 文選 正303
悲情 本朝 正591
悲情 白氏 續562
悲心 文選 正303
悲心 本朝 正591
悲心 白氏 續562
悲辛 白氏 續562
悲辛す 白氏 續562
悲誠 白氏 續562
悲泉 文選 正303
悲歎す 文選 正303
悲歎す 本朝 正591
悲端 文選 正303
悲端 本朝 正591
悲端 白氏 續562
悲知 白氏 續562
悲智 白氏 續562
悲風 文選 正303
悲風 本朝 正591
悲風 白氏 續562
悲鳴す 文選 正303
悲鳴す 白氏 續562
悲憂 文選 正303
悲憂 白氏 續562
悲涼 文選 正303
悲涙 本朝 正591
悲涼す 白氏 續562
悲哭踊躋す 本朝 正591
悲唳 白氏 續562
悲喘 白氏 續562
悲啼 白氏 續562
悲嗟す 白氏 續562
悲愴す 白氏 續562
悲慙 文選 正303
悲懷 文選 正303
悲懷 白氏 續562
悲懼 文選 正303
悲歡 文選 正303
悲歡す 白氏 續562
悲笳 文選 正303
悲腸 白氏 續562
悲臺 文選 正303
悲號す 文選 正303
悲觀 法華 正423
悲鬢 白氏 續562
悲吒す 文選 正303
悲吒す 白氏 續562
悲猨 文選 正303
扉 白氏 續563
批す 白氏 續562
披 白氏 續562
披閲 白氏 續562
披閲す 本朝 正591
披閲す 白氏 續563
披閲嘉歎す 白氏 續563
披講 本朝 正591
披香 文選 正303
披香殿 白氏 續563
披尋す 白氏 續563
披陳 本朝 正591
披陳す 本朝 正591
披陳す 白氏 續563
披披 文選 正303
披離す 文選 正303
披拂す 文選 正303
斐然 論語 正70
比 論語 正70
比 文選 正303
比 白氏 續563
比す 論語 正70
比す 文選 正303
比す 本朝 正591
比す 白氏 續563
比屋 文選 正303
比屋 本朝 正591
比屋 白氏 續563
比干 論語 正70
比干 文選 正303
比丘 法華 正423
比丘 本朝 正591
比丘衆 白氏 續563
比丘尼 法華 正423
比丘尼 白氏 續563
比興 白氏 續563
比景 文選 正303
比周 文選 正303
比色 白氏 續563
比鳥 本朝 正591
比年 本朝 正591
比附 白氏 續563
比部 白氏 續563
比部員外郎 白氏 續563
比部府君 白氏 續563
比部郎中 白氏 續563
比風 本朝 正592
比方 白氏 續563
比方す 白氏 續563
比目 遊仙 正95
比目 文選 正303

比目　白氏　續563
比諭す　白氏　續563
比翼　文選　正303
比翼す　白氏　續563
比倫　白氏　續563
比隣　文選　正303
比類　白氏　續563
比伉　文選　正303
比數す　文選　正303
疲　白氏　續563
疲極　本朝　正592
疲倦　法華　正423
疲困　白氏　續563
疲困す　白氏　續563
疲散　文選　正303
疲弱　文選　正303
疲人　白氏　續563
疲頓　遊仙　正95
疲頓す　白氏　續563
疲鈍　文選　正303
疲馬　白氏　續563
疲病　白氏　續563
疲病す　文選　正303
疲乏　文選　正303
疲民　白氏　續563
疲隷　文選　正303
疲勞　法華　正423
疲勞す　本朝　正592
疲勞す　白氏　續563
疲惓　法華　正423
疲敝す　文選　正303
疲氓　白氏　續563
疲羸　白氏　續563
疲駑　文選　正303
疲驂　本朝　正592
疲眊　白氏　續563
疲瘵　白氏　續563
疲薾　文選　正303
皮褐　文選　正303
皮軒　文選　正303
皮竺　本朝　正592
皮宍　本朝　正592
皮上　白氏　續563
皮膚　論語　正70
皮幣　白氏　續563
皮弁　文選　正303
皮帛　文選　正303
皮裘　白氏　續563
碑　文選　正303
碑　本朝　正592
碑　白氏　續563
碑す　白氏　續563
碑記　白氏　續563
碑誌　白氏　續563
碑背　白氏　續563
碑版　文選　正303
碑表　文選　正303
碑表　白氏　續563
碑文　文選　正303
碑銘　白氏　續564
碑碣　文選　正303
碑碣　白氏　續563
碑誄　白氏　續564
秘し　宇津　正723
秘す　本朝　正592
秘閣　文選　正303
秘閣　本朝　正592
秘閣　白氏　續564
秘監　白氏　續564
秘錦　宇津　正723
秘旨　文選　正303
秘重　本朝　正592
秘重す　白氏　續564
秘術　本朝　正592
秘書　文選　正303
秘書　本朝　正592
秘書　白氏　續564
秘書（人名）　白氏　續564
秘書閣　本朝　正592
秘書監　白氏　續564
秘書監分司　白氏　續564
秘書校正　白氏　續564
秘書少監　白氏　續564
秘書少監兼滁州刺史本州團練使　白氏　續564
秘書省　白氏　續564
秘書省書郎　白氏　續564
秘書省中　白氏　續564
秘書省秘書郎　白氏　續564
秘書丞　文選　正303
秘書郎　白氏　續564
秘省　白氏　續564
秘色　宇津　正723
秘著　白氏　續564
秘殿　文選　正303
秘府　白氏　續564
秘舞　文選　正303
秘文　文選　正303
秘文　白氏　續564
秘密　本朝　正592
秘遊　本朝　正592
秘要　法華　正423
秘寶　文選　正303
秘藏　法華　正423
秘藏　本朝　正592
秘藏　白氏　續564
秘藏す　白氏　續564
秘賾　本朝　正592
緋　白氏　續564
緋綾　遊仙　正95
緋花　白氏　續564
緋魚袋　白氏　續564
緋紫　白氏　續564
緋紗　白氏　續564
緋衫　白氏　續564
緋袍　白氏　續564
罷人　白氏　續564
罷氓　白氏　續565
罷竭す　白氏　續565
肥　白氏　續564

肥す　白氏　續564
肥牛　文選　正304
肥狗　文選　正304
肥後　源氏　正852
肥厚　文選　正304
肥前　源氏　正853
肥遁　文選　正304
肥遁　白氏　續565
肥遁す　文選　正304
肥馬　本朝　正592
肥馬　白氏　續565
肥膚　本朝　正592
肥壯　白氏　續564
肥瓠　白氏　續564
肥磧　本朝　正592
肥膩　白氏　續564
肥豢　文選　正304
肥遯　文選　正304
肥醲　文選　正304
肥饒　文選　正304
肥墝　白氏　續564
肥醲　白氏　續565
被　文選　正304
被　白氏　續565
被す　文選　正304
被衣　白氏　續565
被服　文選　正304
被服す　文選　正304
被麗披離　文選　正304
被練　文選　正304
被幞　白氏　續565
誹謗　本朝　正592
誹謗　白氏　續565
誹謗す　法華　正423
誹謗せ　枕冊　正783
費　論語　正70
費省　白氏　續565
費損　本朝　正592
費長房　本朝　正592
費務　文選　正304
費無忌　文選　正304
費留　文選　正304
費禕　文選　正304
避忌　白氏　續565
避賢驛　白氏　續565
避陳　本朝　正592
避悪　本朝　正592
避迴　文選　正304
相非す　白氏　續565
非　論語　正70
非　文選　正304
非　本朝　正592
非　白氏　續565
非す　白氏　續565
非意　白氏　續565
非違の尉佐　宇津　正723
非違の別當　宇津　正723
非義　論語　正70
非空　本朝　正592
非偶　白氏　續565
非語　白氏　續565
非罪　文選　正304
非参議　本朝　正592
非参議　源氏　正852
非参議の四位　源氏　正852
非参議の四位とも　源氏　正852
非時　宇津　正723
非次　文選　正304
非次　白氏　續565
非儒　本朝　正592
非所　文選　正304
非常　論語　正70
非常　遊仙　正95
非常　文選　正304
非常　文選　正304
非常　本朝　正592
非常　白氏　續565
非常　宇津　正723
非常　枕冊　正783
非常　源氏　正852
非人　法華　正423
非人　白氏　續565
非成業　本朝　正592
非想　白氏　續565
非想頂　白氏　續565
非道　源氏　正853
非服　文選　正304
非服　本朝　正592
非分　本朝　正592
非方　文選　正304
非法　論語　正70
非法　白氏　續565
非望　白氏　續565
非命　文選　正304
非命　白氏　續565
非有　本朝　正592
非有先生　文選　正304
非類　文選　正304
非類　本朝　正592
非類　白氏　續565
非據　本朝　正592
非據　白氏　續565
非禮　論語　正70
非禮　白氏　續565
非藏人　本朝　正592
飛　白氏　續565
飛蝠　文選　正305
飛檣　文選　正304
飛猵　文選　正305
飛す　白氏　續565
飛宇　文選　正304
飛羽　文選　正304
飛羽　本朝　正592
飛雨　文選　正304
飛雲　文選　正304
飛液　本朝　正592
飛越す　文選　正304
飛越す　本朝　正592
飛煙　白氏　續565

飛燕　文選　正304
飛燕　白氏　續565
飛音　文選　正304
飛花　本朝　正592
飛華　文選　正305
飛霞　文選　正304
飛蚊　本朝　正592
飛蛾　文選　正304
飛駕　文選　正304
飛蓋　文選　正304
飛蓋　白氏　續565
飛閣　文選　正304
飛旗　文選　正304
飛騎尉　白氏　續565
飛響　文選　正305
飛禽　文選　正305
飛禽　本朝　正592
飛禽　白氏　續565
飛轡　文選　正305
飛軒　文選　正305
飛軒　本朝　正592
飛狐　文選　正305
飛語す　白氏　續565
飛光　文選　正305
飛昂　文選　正305
飛行　法華　正423
飛香舎　本朝　正592
飛鴻　文選　正305
飛鴻　白氏　續565
飛采　文選　正305
飛鷺　白氏　續566
飛散す　文選　正305
飛射　本朝　正592
飛射す　文選　正305
飛州　本朝　正592
飛除　文選　正305
飛塵　文選　正305
飛塵　白氏　續566
飛星　文選　正305
飛生　文選　正305
飛雪　文選　正305
飛泉　文選　正305
飛泉　本朝　正592
飛泉　白氏　續566
飛走　文選　正305
飛霜　文選　正305
飛談　本朝　正592
飛馳　文選　正305
飛鳥　文選　正305
飛鳥　白氏　續566
飛沈　文選　正305
飛沈　本朝　正592
飛鶴　文選　正304
飛帝　本朝　正592
飛天　白氏　續566
飛電　本朝　正592
飛電　白氏　續566
飛棟　文選　正305
飛鳶　文選　正304
飛白　白氏　續566
飛薄　文選　正305
飛飛　文選　正305
飛豹　文選　正305
飛浮す　文選　正305
飛舞す　文選　正305
飛文　文選　正305
飛文　本朝　正592
飛陛　文選　正305
飛歩す　文選　正305
飛蓬　文選　正305
飛蓬　白氏　續566
飛鋒　文選　正305
飛鳳　白氏　續566
飛奔　文選　正305
飛翻す　文選　正305
飛幕　文選　正305
飛鳴す　白氏　續566
飛矢　文選　正305
飛容　文選　正305
飛揚　本朝　正592
飛揚　白氏　續566
飛揚す　文選　正305
飛揚す　本朝　正592
飛揚す　白氏　續566
飛翼　白氏　續566
飛羅　文選　正305
飛流　文選　正305
飛龍　文選　正305
飛龍　白氏　續566
飛龍使　白氏　續566
飛龍馬　白氏　續566
飛梁　文選　正305
飛鱗　文選　正305
飛廉　文選　正305
飛廉　白氏　續566
飛廉（人名）　文選　正305
飛兔　文選　正305
飛岑　文選　正304
飛榮　文選　正304
飛檐　文選　正304
飛瓊　白氏　續565
飛甍　文選　正305
飛甍　本朝　正592
飛礫　文選　正305
飛絮　白氏　續565
飛翔　文選　正305
飛翔　本朝　正592
飛聚　文選　正305
飛聲　文選　正305
飛聽　文選　正305
飛莖　文選　正304
飛蓋　白氏　續565
飛蝗　白氏　續565
飛蠅　白氏　續565
飛觀　文選　正305
飛輓　白氏　續566
飛辯　文選　正305
飛遯　文選　正305
飛遯す　文選　正305
飛遽　文選　正305

飛鏃　文選　正305
飛闥　文選　正305
飛雉　白氏　續566
飛駟　文選　正305
飛騫す　文選　正305
飛鳧　文選　正305
飛鸞　文選　正305
飛旐　文選　正305
飛沉　白氏　續566
飛猱　文選　正305
飛矰　文選　正305
飛翮　文選　正305
飛藿　文選　正305
飛軨　文選　正305
飛颺す　文選　正305
飛飈　文選　正305
飛鶱　文選　正304
飛鶱　本朝　正592
飛黄　文選　正305
飛鼯　文選　正305
備　白氏　續561
備禦　白氏　續561
備禦す　白氏　續561
備後権介　本朝　正591
備察す　白氏　續561
備悉　文選　正302
備州　本朝　正591
備進す　本朝　正591
備前　本朝　正591
備前のすけ　宇津　正723
備中介　本朝　正591
備中権守　本朝　正591
備中守　本朝　正591
備物　文選　正302
備物　白氏　續561
備從　文選　正302
備旱　白氏　續561
備邊　白氏　續561
尾　白氏　續561
尾曳　白氏　續561
尾集　本朝　正591
尾生　文選　正302
尾閭　文選　正302
微　論語　正70
微　文選　正302
微　本朝　正591
微　白氏　續562
微（人名）　白氏　續562
微闇す　白氏　續562
微陰　文選　正302
微雨　文選　正302
微雨　白氏　續562
微遠　文選　正303
微音　文選　正302
微火　文選　正302
微寒　白氏　續562
微官　文選　正302
微官　本朝　正591
微官　白氏　續562
微管　文選　正302
微禽　文選　正302
微禽　本朝　正591
微吟　文選　正302
微吟す　文選　正302
微月　文選　正302
微月　白氏　續562
微言　論語　正70
微言　文選　正302
微言　本朝　正591
微言　白氏　續562
微光　本朝　正591
微功　文選　正302
微功　本朝　正591
微功等　本朝　正591
微効　白氏　續562
微行　文選　正302
微行す　文選　正302
微香　白氏　續562
微懇　本朝　正591
微才　文選　正302
微才　白氏　續562
微細　白氏　續562
微子　論語　正70
微子　文選　正302
微子　白氏　續562
微子第十八　論語　正70
微志　文選　正302
微斯文学　文選　正302
微旨　文選　正302
微旨　白氏　續562
微詞　文選　正302
微弱　論語　正70
微弱　文選　正302
微小　白氏　續562
微尚　文選　正302
微尚　白氏　續562
微笑す　白氏　續562
微情　文選　正302
微情　本朝　正591
微臣　文選　正302
微臣　本朝　正591
微臣　白氏　續562
微身　本朝　正591
微塵　白氏　續562
微塵劫　本朝　正591
微生高　論語　正70
微生畝　論語　正70
微誠　文選　正302
微誠　本朝　正591
微雪　白氏　續562
微鮮　文選　正302
微霜　文選　正302
微霜　本朝　正591
微衷　本朝　正591
微衷　白氏　續562
微津　文選　正302
微燈　文選　正302
微念　白氏　續562
微之　白氏　續562
微波　文選　正302

微薄	文選	正302
微微	文選	正302
微微	白氏	續562
微々	本朝	正591
微風	文選	正303
微風	白氏	續562
微物	文選	正303
微分	本朝	正591
微文	文選	正303
微俸	本朝	正591
微芳	文選	正302
微望	本朝	正591
微昧	文選	正302
微密	文選	正302
微妙	文選	正303
微妙	本朝	正591
微冥	文選	正303
微命	文選	正303
微陽	文選	正303
微陽	本朝	正591
微陽	白氏	續562
微涼	文選	正303
微涼	白氏	續562
微力	本朝	正591
微力	白氏	續562
微祿	白氏	續562
微和	文選	正302
微和	白氏	續562
微婉	白氏	續562
微學	文選	正302
微宦	白氏	續562
微晝	文選	正302
微澤	文選	正302
微罟	文選	正302
微茫	白氏	續562
微莖	文選	正302
微賤	白氏	續562
微賤す	文選	正302
微躬	文選	正302
微躬	本朝	正591
微躬	白氏	續562
微陋	白氏	續562
微靄	文選	正302
微綠	白氏	續562
微繒	文選	正302
微綃	文選	正302
微軀	文選	正302
微軀	白氏	續562
微飈	文選	正303
微飈	白氏	續562
枇杷	文選	正303
枇杷	白氏	續563
枇杷左大臣	本朝	正591
毘沙門	法華	正423
毘沙門天王	法華	正423
御琵琶	宇津	正723
御琵琶	源氏	正853
琵琶	遊仙	正95
琵琶	文選	正303
琵琶	法華	正423
琵琶	白氏	續563
琵琶	宇津	正723
琵琶	蜻蛉	正749
琵琶	枕冊	正783
琵琶	源氏	正853
琵琶の御こと	宇津	正723
琵琶の御こと	枕冊	正783
琵琶の法師	源氏	正853
琵琶引	白氏	續563
琵琶行	白氏	續563
眉宇	文選	正303
眉眼	白氏	續563
眉局	遊仙	正95
眉月	白氏	續563
眉首	白氏	續563
眉心	白氏	續563
眉黛	白氏	續563
眉目	文選	正303
眉目	白氏	續563
眉連	文選	正303
眉壽	文選	正303
眉鬢	白氏	續563
美	論語	正70
美	遊仙	正95
美	文選	正303
美	文選	正303
美	本朝	正592
美	白氏	續564
美す	文選	正303
美す	白氏	續564
美悪	文選	正304
美悪	本朝	正592
美意	文選	正304
美衣	本朝	正592
美王	本朝	正592
美顔	白氏	續564
美玉	論語	正70
美玉	文選	正304
美玉	本朝	正592
美錦	本朝	正592
美景	文選	正304
美景	本朝	正592
美景	白氏	續564
美好	文選	正304
美才	本朝	正592
美材	文選	正304
美刺	本朝	正592
美刺	白氏	續564
美志	文選	正304
美事	白氏	續564
美質	論語	正70
美手	文選	正304
美種	本朝	正592
美酒	文選	正304
美酒	白氏	續564
美州	本朝	正592
美女	論語	正70
美女	文選	正304
美女	本朝	正592
美少年	文選	正304

美少年　白氏　續564
美丈夫　白氏　續564
美色　文選　正304
美食　白氏　續564
美食す　白氏　續564
美新(書名・地名)　文選　正304
美新(地名)　文選　正304
美疹　白氏　續564
美人　文選　正304
美人　白氏　續564
美人賦　白氏　續564
美政　文選　正304
美政　白氏　續564
美遷　白氏　續564
美相なき　源氏　正852
美退　白氏　續564
美談　文選　正304
美談　本朝　正592
美談　白氏　續564
美々しう　蜻蛉　正749
美々しう　源氏　正853
美々しく　枕冊　正783
美服　文選　正304
美服　白氏　續564
美福門　本朝　正592
美貌　文選　正304
美目　論語　正70
美目　文選　正304
美利　白氏　續564
美麗　文選　正304
美麗　白氏　續564
美話　文選　正304
美價　文選　正304
美惡　白氏　續564
美號　白氏　續564
美謚　文選　正304
美辭　文選　正304
美體　本朝　正592
美德　文選　正304
美玦　文選　正304
美醞　白氏　續564
鼻息　文選　正305
鼻中　白氏　續566
鼻頭　白氏　續566
逼迫す　法華　正423
桧破籠様　源氏　正853
敏達天皇　本朝　正591
沸鼎　本朝　正592
沸乱　遊仙　正95
沸潭　文選　正303
沸脣　文選　正303
未央　文選　正303
未央　白氏　續563
未可　論語　正70
未華　文選　正303
未冠す　白氏　續563
未形　文選　正303
未結正　本朝　正591
未悟　白氏　續563
未行　白氏　續563
未進　本朝　正591
未生　文選　正303
未然　文選　正303
未措　白氏　續563
未兆　文選　正303
未服　白氏　續563
未聞　文選　正303
未聞　本朝　正591
未萌　文選　正303
未明　本朝　正591
未流　白氏　續563
未來　文選　正303
未纂　白氏　續563
未濟卦　白氏　續563
未蒴　本朝　正591
未鑿　白氏　續563
梍梠　文選　正303
丕　文選　正302
丕業　白氏　續561
丕訓　白氏　續561
丕夫　文選　正302
丕圖　白氏　續561
丕顯　文選　正302
丕顯す　文選　正302
俾す　文選　正302
匕首　文選　正302
匕首　白氏　續561
妣　文選　正302
妣　白氏　續561
婢　文選　正302
婢　白氏　續561
婢姉　文選　正302
婢姉妹　文選　正302
婢妾　文選　正302
婢僕　文選　正302
婢僕　白氏　續561
媚景　本朝　正591
媚狐　白氏　續561
媚子　遊仙　正95
媚神　白氏　續561
彌天　文選　正302
彌篤す　白氏　續561
彌縫　文選　正302
彌縫す　白氏　續561
彌留　白氏　續561
彌留す　白氏　續561
彌彌　文選　正302
彌綸　白氏　續561
彌綸す　文選　正302
彌綸す　白氏　續562
怫悁　文選　正303
朏魄*　文選　正304
檳榔　蜻蛉　正749
檳榔毛　蜻蛉　正749
痺す　白氏　續563
痺藤　白氏　續563
祕　文選　正303
祕し　源氏　正853
祕す　文選　正303

祕す 白氏 續564
祕宇 文選 正303
祕奥 文選 正303
祕駕 文選 正303
祕閣 文選 正303
祕閣 白氏 續564
祕監 白氏 續564
祕器 文選 正303
祕錦綺とも 源氏 正852
祕思 白氏 續564
祕書 文選 正303
祕書 白氏 續564
祕書監 白氏 續564
祕書省 白氏 續564
祕書丞 文選 正303
祕書丞 白氏 續564
祕書郎 文選 正303
祕書郎 白氏 續564
祕色様 源氏 正853
祕著校正畿赤簿尉 白氏 續564
祕府 文選 正303
祕密 法華 正423
祕寶 文選 正303
祕藏 文選 正303
祕藏す 白氏 續564
秕稗 白氏 續564
紕繆 白氏 續564
紕纇 白氏 續564
縻費 白氏 續566
羆獠 文選 正303
翡翠 遊仙 正95
翡翠 文選 正304
翡翠 白氏 續564
翡帷 文選 正304
翡翠 本朝 正592
脾 白氏 續565
臂 白氏 續565
菲薄 文選 正304
菲披 文選 正304
菲微 文選 正304
菲菲 文選 正304
菲菲 白氏 續565
菲徳 白氏 續565
菲葑 白氏 續565
菲虚 本朝 正592
薇蕪 文選 正304
薇蕨 文選 正304
薇藿 文選 正304
薜衣 本朝 正592
薜服 本朝 正592
薜荔 本朝 正592
裨*補す 本朝 正592
裨す 白氏 續565
裨師 文選 正304
裨助す 文選 正304
裨助す 白氏 續565
裨敗 白氏 續565
裨販 白氏 續565
裨補す 白氏 續565
裨將 文選 正304
裨將 白氏 續565
裨裨 白氏 續564
譬類 文選 正304
譬喩 法華 正423
譬喩す 白氏 續565
貔虎 文選 正304
貔虎 白氏 續565
貔豹 文選 正304
貔豹 本朝 正592
貔武 白氏 續565
賁赫 文選 正304
贔屓 本朝 正592
贔屓す 本朝 正592
贔屭 白氏 續565
跛鼈 本朝 正592
蹕 文選 正304
鄙 文選 正304
鄙 白氏 續565
鄙意 白氏 續565
鄙介 白氏 續565
鄙願 文選 正304
鄙況 白氏 續565
鄙言 本朝 正592
鄙語 白氏 續565
鄙好 文選 正304
鄙志 白氏 續565
鄙事 論語 正70
鄙宗 文選 正304
鄙情 文選 正304
鄙心 文選 正304
鄙人 論語 正70
鄙人 文選 正304
鄙人 白氏 續565
鄙訊 文選 正304
鄙生 文選 正304
鄙誠 白氏 續565
鄙拙 白氏 續565
鄙倍 論語 正70
鄙夫 論語 正70
鄙夫 文選 正304
鄙夫 白氏 續565
鄙殆 文選 正304
鄙昧 白氏 續565
鄙野 本朝 正592
鄙劣 白氏 續565
鄙俚 文選 正304
鄙吝 文選 正304
鄙夭 白氏 續565
鄙怯 白氏 續565
鄙懷 文選 正304
鄙懷 本朝 正592
鄙懷 白氏 續565
鄙賤 文選 正304
鄙賤 白氏 續565
鄙陋 文選 正304
鄙陋 白氏 續565
陂 白氏 續565
陂堰 白氏 續565
陂池 文選 正304

陂池　白氏　續565
陂塘　文選　正304
陂塘　白氏　續565
陂澤　文選　正304
陂潢　文選　正304
霏霜　文選　正304
霏微　白氏　續565
霏霏　文選　正304
霏霏　白氏　續565
霏々焉　本朝　正592
髀子　遊仙　正95
髀肉　白氏　續566
髴猬　文選　正305
御鬢莖　源氏　正852
鵯鶋　文選　正305
糜　文選　正305
糜散す　文選　正305
糜鹿　文選　正305
糜鹿　白氏　續566
糜竺　白氏　續566
糜麕　文選　正305
靡　文選　正305
靡顔　文選　正305
靡然　文選　正305
靡然　本朝　正592
靡費　本朝　正592
靡麗　文選　正305
靡麗す　文選　正305
靡曼　文選　正305
靡曼す　文選　正305
靡徙　文選　正305
靡敝す　文選　正305
靡蓱　文選　正305
靡鹽　白氏　續566
靡靡　文選　正305
靡靡　白氏　續566
靡々然　本朝　正592
靡靡猗猗　文選　正305
靡辇す　白氏　續566
靡池　文選　正305
亹　文選　正302
亹*亹*　文選　正304
亹亹　文選　正302
亹亹　白氏　續561
仳別　文選　正302
仳離　白氏　續561
仳離す　白氏　續561
圮　文選　正302
圮裂　文選　正302
埤濕　文選　正302
帔子　遊仙　正95
帔裾　白氏　續561
悱　白氏　續562
悱す　論語　正70
悱憤　文選　正303
梶　白氏　續563
毗佐　文選　正303
毗沙門　本朝　正592
毗邪　文選　正303
毗首　本朝　正592
毗尼　白氏　續563
毗耶長者　白氏　續563
毗陵　白氏　續563
毗陵舘　白氏　續563
毗盧遮那如來　白氏　續563
毗梨耶波羅密　白氏　續563
淠　文選　正303
淠焉　文選　正303
獼猴　白氏　續563
獼猴　文選　正303
紕繆　本朝　正592
蘼蕪　文選　正304
蘼蕪　白氏　續565
邳豹　文選　正304
邳垠　文選　正304
郫　白氏　續565
郫縣　白氏　續565
鄙　文選　正304
陴　文選　正304
陴湖　白氏　續565
鞞鼓　文選　正304
駓駓　文選　正305
騑　文選　正305
騑轡　文選　正305
騑服　文選　正305
騑駟　文選　正305
騑驂　文選　正305
謬官　白氏　續566
謬恩　文選　正305
謬妄　本朝　正592
謬擧　文選　正305
謬訛す　本朝　正592
彪　白氏　續566
樛木　文選　正305
繆賢　文選　正305
繆公　文選　正305
繆子　文選　正305
滮池　文選　正305
滮滮　文選　正305
紾舛　白氏　續566
紾濫す　白氏　續566
引裝束き　蜻蛉　正749
左のつかさの中將
　宇津　正723
左の大將　宇津　正723
左の大將殿　宇津　正723
篳篥　宇津　正723
篳篥　枕冊　正783
篳篥　源氏　正853
匹　白氏　續566
匹溢　文選　正305
匹合　文選　正305
匹段　白氏　續566
匹段等　白氏　續566
匹馬　白氏　續566
匹夫　論語　正70
匹夫　文選　正305
匹夫　白氏　續566
匹婦　論語　正70
匹婦　文選　正305

匹婦　白氏　續566
匹侶　文選　正305
匹儔　文選　正305
匹帛　白氏　續566
匹磾　文選　正305
疋　白氏　續567
疋馬　白氏　續567
疋夫　本朝　正592
弼諧　文選　正306
弼諧　白氏　續566
弼諧す　白氏　續566
必す　文選　正306
必す　白氏　續566
必規す　白氏　續566
必興　白氏　續566
必告　文選　正306
必至　文選　正306
必至　白氏　續566
必書　文選　正306
必勝　白氏　續566
必遂　白氏　續566
必成　白氏　續566
必然　文選　正306
必然　白氏　續566
必中　白氏　續566
必定す　法華　正423
必封す　文選　正306
必對　文選　正306
必拜　文選　正306
必諫　白氏　續566
畢　白氏　續567
畢公　文選　正306
畢昴　文選　正306
畢卓　白氏　續567
畢貞　白氏　續567
畢命　文選　正306
畢萬　文選　正306
畢竟　白氏　續567
筆　本朝　正592
筆す　本朝　正592
筆科　本朝　正592
筆海　本朝　正592
筆管　本朝　正592
筆硯　本朝　正592
筆硯　白氏　續567
筆語　本朝　正592
筆彩　白氏　續567
筆削　文選　正306
筆削　本朝　正592
筆削　白氏　續567
筆削す　本朝　正592
筆札　文選　正306
筆札　本朝　正592
筆精　文選　正306
筆精　本朝　正592
筆精　白氏　續567
筆跡　文選　正306
筆端　文選　正306
筆柱　本朝　正592
筆頭　白氏　續567
筆鋒　文選　正306
筆墨　遊仙　正95
筆墨　文選　正306
筆墨　本朝　正592
筆力　本朝　正592
筆力　白氏　續567
筆露　本朝　正592
筆區　本朝　正592
筆迹　白氏　續567
逼側す　文選　正306
逼迫　文選　正306
逼迫す　文選　正306
彪休　文選　正306
密　文選　正305
密　白氏　續566
密（人名）　文選　正305
密（地名）　白氏　續566
密雨　文選　正305
密雲　文選　正305
密雲　白氏　續566
密宴　本朝　正592
密宴　白氏　續566
密苑　文選　正306
密竿　文選　正305
密機　白氏　續566
密近　白氏　續566
密語す　白氏　續566
密行　白氏　續566
密坐　文選　正305
密座　白氏　續566
密事　白氏　續566
密爾　文選　正305
密樹　白氏　續566
密州　白氏　續566
密職　白氏　續566
密親　文選　正306
密人　白氏　續566
密清　文選　正306
密戚　文選　正306
密石　文選　正306
密雪　文選　正306
密奏す　白氏　續566
密竹　白氏　續566
密陳す　白氏　續566
密迩す　文選　正306
密如　文選　正306
密謀　白氏　續566
密命　白氏　續566
密網　文選　正306
密勿　文選　正305
密勿　白氏　續566
密勿す　文選　正305
密友　文選　正305
密葉　文選　正305
密葉　白氏　續566
密慮　文選　正306
密陵　文選　正306
密林　文選　正306
密參す　白氏　續566
密歙　白氏　續566

密歙湖　白氏　續566
密縣　白氏　續566
密謨　文選　正306
密邇　本朝　正592
密邇す　白氏　續566
密欵　白氏　續566
蜜餌　文選　正306
蜜勺　文選　正306
蜜房　文選　正306
蜜沫　本朝　正593
篳栗　白氏　續567
篳篥　遊仙　正95
謐静す　文選　正306
謐然　白氏　續567
蹕　文選　正306
佖　白氏　續566
苾　白氏　續567
密*生す　文選　正305
宓妃　文選　正305
宓妃　白氏　續566
宓羲　本朝　正592
宓賤　白氏　續566
櫝　文選　正306
泌丘　文選　正306
滭渤　文選　正306
胇肸　論語　正70
苾　白氏　續567
苾芬　本朝　正593
苾蒭　白氏　續567
苾蒭衆　白氏　續567
蓽門　本朝　正593
觱栗　白氏　續567
觱篥　白氏　續567
閟宮　文選　正306
一京　蜻蛉　正749
一具　宇津　正723
一数珠　蜻蛉　正749
一族　宇津　正723
一族　源氏　正853
一番　宇津　正723
一文字題　蜻蛉　正749
一様　源氏　正853
一類　宇津　正723
一類　源氏　正853
人氣なき　枕冊　正783
人氣なし　源氏　正853
拍子　宇津　正723
拍子　枕冊　正783
拍子　源氏　正853
評定　本朝　正593
病者　土左　正660
病者　宇津　正723
病者　源氏　正853
病婦　本朝　正593
病鵲　遊仙　正95
兵　法華　正423
兵衛　宇津　正723
兵衛　枕冊　正783
兵衛つかさ　宇津　正723
兵衛のかんのきみ　宇津　正723
兵衛のつかさ　宇津　正723
兵衛の尉　宇津　正723
兵衛の尉　源氏　正853
兵衛の尉の君　宇津　正723
兵衛の君　宇津　正723
兵衛の君のみや　宇津　正723
兵衛の大君　源氏　正853
兵衛の命婦　源氏　正853
兵衛の藏人　枕冊　正783
兵衛佐　宇津　正723
兵衛佐　蜻蛉　正749
兵衛佐　枕冊　正783
兵衛佐　源氏　正853
兵衛佐君　宇津　正723
兵衛主典　宇津　正723
兵衛殿　宇津　正723
兵衛督　本朝　正593
兵衛督　宇津　正723
兵衛督　源氏　正853
兵衛督すけ尉　枕冊　正783
兵衛督殿　宇津　正723
兵藤太未央　源氏　正853
兵部　宇津　正723
兵部　枕冊　正783
兵部　源氏　正853
兵部の君　源氏　正853
兵部の大夫　源氏　正853
兵部の大輔　宇津　正723
兵部卿　本朝　正593
兵部卿　宇津　正723
兵部卿　枕冊　正783
兵部卿　源氏　正853
兵部卿のみこ　宇津　正723
兵部卿のみこ　源氏　正853
兵部卿の宮　宇津　正723
兵部卿宮　源氏　正853
兵部卿少將　宇津　正723
兵部少輔　本朝　正593
兵部丞　宇津　正723
兵部大輔　本朝　正593
兵部大輔きみ　宇津　正723
平正　法華　正423
平調　源氏　正853
平等　法華　正423
平等　本朝　正593
萍實　本朝　正593
御屏風　宇津　正723
御屏風　蜻蛉　正749
御屏風　源氏　正853
御屏風とも　源氏　正853
御屏風ども　宇津　正723
屏風　遊仙　正95
屏風　本朝　正593
屏風　宇津　正723
屏風　蜻蛉　正749
屏風　枕冊　正783
屏風　源氏　正853
屏風たつ　源氏　正853

屏風とも　源氏　正853
屏風ども　宇津　正723
白衣　法華　正423
白衣　本朝　正593
白牛　本朝　正593
白虎通　本朝　正593
白散　土左　正660
白檀　宇津　正723
白檀　源氏　正853
白瑠璃　宇津　正723
白蓮　本朝　正593
白毫　法華　正423
白毫　本朝　正593
白癩　法華　正423
白鑞　法華　正423
幾百尺　白氏　續567
幾百年來　白氏　續568
百　白氏　續567
百　宇津　正723
百王　本朝　正593
百王　白氏　續568
百億　白氏　續567
百億千　白氏　續567
百果　白氏　續567
百花　白氏　續567
百花亭　白氏　續567
百貨　白氏　續567
百骸　白氏　續567
百巻　白氏　續567
百官　本朝　正593
百官　白氏　續567
百官　竹取　正636
百官　宇津　正723
百竿　白氏　續567
百貫　宇津　正723
百計　白氏　續567
百結　白氏　續567
百犬　白氏　續567
百戸　白氏　續567
百五十石　宇津　正723
百口　白氏　續567
百工　白氏　續567
百行　白氏　續567
百刻　白氏　續567
百穀　白氏　續567
百歳　白氏　續567
百歳　宇津　正723
百司　白氏　續567
百四十　白氏　續567
百子　白氏　續567
百志　白氏　續567
百枝　白氏　續567
百氏　白氏　續567
百事　白氏　續567
百執　白氏　續567
百執事　白氏　續567
百疾　白氏　續567
百尺　白氏　續567
百首　白氏　續567
百衆　白氏　續567
百十　白氏　續567
百勝　白氏　續567
百祥　白氏　續567
百丈　白氏　續568
百情　白氏　續567
百職　白氏　續567
百神　白氏　續567
百身　白氏　續567
百人　白氏　續567
百人　竹取　正636
百人　宇津　正723
百尋　白氏　續567
百世　白氏　續567
百姓　白氏　續567
百姓ら　宇津　正723
百姓等　白氏　續567
百舌　白氏　續567
百千　法華　正423
百千　白氏　續567
百千官　白氏　續568
百千竿　白氏　續567
百千人　白氏　續568
百千燈　白氏　續568
百千万　法華　正423
百千條　白氏　續568
百千萬　白氏　續568
百千萬億　白氏　續568
百千萬劫　白氏　續568
百千萬里　竹取　正636
百川　白氏　續568
百泉　白氏　續568
百層　白氏　續568
百草　白氏　續567
百足　法華　正423
百族　白氏　續568
百代　白氏　續568
百端　白氏　續568
百中す　白氏　續568
百鳥　白氏　續568
百直　白氏　續568
百度　白氏　續568
百屯　宇津　正723
百二十人　白氏　續568
百日　白氏　續567
百日はかり　枕冊　正783
百年　白氏　續568
百納　白氏　續568
百杯　白氏　續568
百倍　白氏　續568
百筏　白氏　續568
百匹　白氏　續568
百疋　宇津　正723
百病　白氏　續568
百品　白氏　續568
百夫　白氏　續568
百敷　白氏　續567
百部經　白氏　續568
百福　法華　正423
百福　白氏　續568
百福莊嚴　法華　正423

百物	白氏　續568
百分	法華　正423
百篇	白氏　續568
百歩	白氏　續568
百歩	源氏　正853
百法	白氏　續568
百味	宇津　正723
百憂	白氏　續567
百吏	白氏　續568
百里	白氏　續568
百里餘	白氏　續568
百慮	本朝　正593
百慮	白氏　續568
百寮	白氏　續568
百錬	白氏　續568
百錬鏡	白氏　續568
百牢關	白氏　續568
百六十	宇津　正723
百和香	白氏　續567
百兩	白氏　續568
百兩	宇津　正723
百兩	源氏　正853
百處	白氏　續567
百卉	白氏　續567
百囀	白氏　續568
百巖暉	白氏　續567
百戰百勝す	白氏　續568
百揆	白氏　續567
百斛	白氏　續567
百朶	白氏　續568
百獸	白氏　續567
百祿	白氏　續568
百萬	白氏　續568
百萬の神	宇津　正723
百萬戸	白氏　續568
百辟	白氏　續568
百餘	白氏　續568
百餘歳	白氏　續568
百餘人	白氏　續568
百餘人	宇津　正723
百餘篇	白氏　續568
百餘歩	白氏　續568
百餘里	白氏　續568
百餘莖	白氏　續568
百體	白氏　續568
百齡	白氏　續568
百朧	白氏　續568
甓地	法華　正423
氷下	白氏　續568
氷玉	白氏　續568
氷魂	本朝　正593
氷雪	本朝　正593
氷雪	白氏　續568
氷泉	白氏　續568
氷霜	白氏　續568
氷谷	本朝　正593
氷炭	本朝　正593
氷炭	白氏　續568
氷池	白氏　續568
氷凍	白氏　續568
氷塘	白氏　續568
氷蟄	本朝　正593
冰雪	白氏　續568
憑虚	本朝　正593
憑虚	本朝　正593
馮河す	白氏　續568
馮翊	白氏　續568
馮翊使君	白氏　續568
馮翊縣	白氏　續568
憖侯	文選　正306
筤笏	文選　正306
品	文選　正306
品	本朝　正593
品	白氏　續568
品階	白氏　續569
品式	文選　正306
品庶	文選　正306
品藻す	文選　正306
品藻す	本朝　正593
品秩	本朝　正593
品秩	白氏　續569
品物	文選　正306
品物	白氏　續569
品目	文選　正306
品量	白氏　續569
品類す	文選　正306
品彙	本朝　正593
品彙	白氏　續569
彬蔚	文選　正306
彬彬	論語　正70
彬彬	文選　正306
彬彬	白氏　續569
斌	白氏　續569
瀕淮	白氏　續569
貧	論語　正70
貧	文選　正307
貧	本朝　正593
貧	白氏　續569
貧す	白氏　續569
貧翁	白氏　續570
貧家	白氏　續569
貧間	白氏　續569
貧閑	白氏　續569
貧客	白氏　續569
貧窮	文選　正307
貧窮	法華　正423
貧窮	本朝　正593
貧窮	白氏　續569
貧居	本朝　正593
貧居	白氏　續569
貧居す	文選　正307
貧苦	白氏　續569
貧健	白氏　續569
貧戸	白氏　續569
貧御史	白氏　續569
貧困	白氏　續569
貧困す	白氏　續570
貧司	白氏　續570
貧士	文選　正307
貧室	白氏　續570

貧者　白氏　續570
貧州　白氏　續570
貧厨　白氏　續570
貧僧　白氏　續570
貧惰　文選　正307
貧地　白氏　續570
貧中　白氏　續570
貧泥　白氏　續570
貧道　本朝　正593
貧薄　白氏　續570
貧病　文選　正307
貧病　白氏　續570
貧婦人　白氏　續570
貧富　論語　正70
貧富　文選　正307
貧富　本朝　正593
貧富　白氏　續570
貧僻　白氏　續570
貧乏　白氏　續570
貧民　文選　正307
貧友　白氏　續569
貧冷　白氏　續570
貧樂　文選　正307
貧窶　本朝　正593
貧竭す　白氏　續569
貧褊　白氏　續570
貧賤　論語　正70
貧賤　遊仙　正95
貧賤　文選　正307
貧賤　本朝　正593
貧賤　白氏　續570
貧靜　白氏　續570
鬢　文選　正307
相賓す　文選　正306
賓　論語　正70
賓　文選　正306
賓　本朝　正593
賓　白氏　續569
賓す　文選　正306
賓す　白氏　續569
賓位　白氏　續569
賓位亭　白氏　續569
賓飲す　文選　正306
賓院　白氏　續569
賓介　白氏　續569
賓階　文選　正306
賓階　白氏　續569
賓閣　白氏　續569
賓監　文選　正306
賓館　本朝　正593
賓儀　文選　正306
賓客　論語　正70
賓客　文選　正306
賓客　本朝　正593
賓客　白氏　續569
賓客等　白氏　續569
賓御　文選　正306
賓貢　遊仙　正95
賓貢　白氏　續569
賓佐　白氏　續569
賓主　本朝　正593
賓主　白氏　續569
賓澄巒横貴等五州都遊弈使　白氏　續569
賓席　白氏　續569
賓薦す　白氏　續569
賓典　白氏　續569
賓頭盧　竹取　正636
賓服す　文選　正306
賓崩　本朝　正593
賓僕　文選　正306
賓明　白氏　續569
賓友　文選　正306
賓友　本朝　正593
賓友　白氏　續569
賓侶　文選　正306
賓旅　文選　正306
賓旅　白氏　續569
賓僚　白氏　續569
賓寮　白氏　續569
賓從　文選　正306
賓從　白氏　續569
賓榻　本朝　正593
賓榻　白氏　續569
賓洽す　文選　正306
賓禮す　文選　正306
賓筵　白氏　續569
頻　白氏　續570
頻婆果　法華　正423
敏　論語　正70
敏　文選　正306
敏　白氏　續569
敏給　本朝　正593
敏口　白氏　續569
敏行寡言　白氏　續569
敏思　本朝　正593
敏識　白氏　續569
敏手　文選　正306
敏手　白氏　續569
敏捷　文選　正306
敏心　白氏　續569
敏巣　白氏　續569
敏達　文選　正306
敏中　白氏　續569
便　文選　正306
便　宇津　正723
便なき　枕冊　正783
便なし　宇津　正723
便なし　源氏　正853
便宜　本朝　正593
便習　文選　正306
便道　文選　正306
便房　文選　正306
便無け　蜻蛉　正749
便無し　蜻蛉　正749
便娟　文選　正306
便辟　文選　正306
便姍　文選　正306
便嬛　文選　正306
便蜎　文選　正306

冰　文選　正306
冰井　文選　正306
冰室　文選　正306
冰刃　文選　正306
冰折す　文選　正306
冰霜　文選　正306
冰天　文選　正306
冰紈　文選　正306
冰紈　文選　正306
嬪　文選　正306
嬪　本朝　正593
嬪御　本朝　正593
嬪御　白氏　續569
嬪后　文選　正306
嬪婚　白氏　續569
嬪則　文選　正306
嬪妃　白氏　續569
嬪良人　白氏　續569
嬪德　文選　正306
嬪嬙　白氏　續569
擯す　論語　正70
岷　文選　正306
岷　白氏　續569
岷越　文選　正306
岷山　文選　正306
岷精　文選　正306
岷嶓　文選　正306
愍然　白氏　續569
愍帝　文選　正306
愍念　本朝　正593
愍默　白氏　續569
愍懷　文選　正306
憑相　文選　正306
憑夫　文選　正306
憑陵す　文選　正306
憫凶　白氏　續569
憫然　白氏　續569
憫默　白氏　續569
憫惻　白氏　續569
擯す　文選　正306
擯出す　法華　正423
擯斥す　文選　正306
旻　白氏　續569
檳す　論語　正70
檳俗　本朝　正593
檳榔　遊仙　正95
檳榔　文選　正306
檳榔　白氏　續569
檳榔毛　宇津　正723
檳榔毛　枕冊　正783
檳榔毛　源氏　正853
殯　文選　正306
殯　白氏　續569
殯す　白氏　續569
殯宮　文選　正306
濱　文選　正306
濱　本朝　正593
濱　白氏　續569
濱海　本朝　正593
濱岸　本朝　正593
濱據す　文選　正306
緡　文選　正307
緡　白氏　續569
緡纚　文選　正307
緡錢　白氏　續569
繽　文選　正307
繽騈　文選　正307
繽す　文選　正307
繽粉　本朝　正593
繽紛　遊仙　正95
繽紛　文選　正307
蘋　文選　正307
蘋　白氏　續569
蘋州　白氏　續569
蘋藻　文選　正307
蘋藻　本朝　正593
蘋藻　白氏　續569
蘋中　文選　正307
蘋風　本朝　正593
蘋風　白氏　續569
蘋萍　文選　正307
蘋蘩　文選　正307
蘋蘩　本朝　正593
蘋蘩　白氏　續569
閔　文選　正306
閔凶　文選　正306
閔子　文選　正306
閔子騫　論語　正70
閔子騫　白氏　續570
御鬢　源氏　正853
鬢　本朝　正593
鬢　白氏　續570
鬢　宇津　正723
鬢　枕冊　正783
鬢　源氏　正853
鬢つき　宇津　正723
鬢間　白氏　續570
鬢上　白氏　續570
鬢雪　白氏　續570
鬢髮　本朝　正593
鬢髮　白氏　續570
鬢眉　本朝　正593
鬢毛　白氏　續570
鬢絲　白氏　續570
鬢莖　源氏　正853
鬢邊　本朝　正593
鬢邊　白氏　續570
鬢頰　宇津　正723
珉　文選　正306
瑉玉　文選　正306
僶*俛す　本朝　正593
僶俛　白氏　續568
僶俛す　文選　正306
僶俛す　白氏　續568
儐　文選　正306
儐從　文選　正306
嚬伸す　白氏　續569
嚬瘁す　文選　正307
旼旼穆穆　文選　正306
昬旦　文選　正306

昏狡　文選　正306
昏墊　文選　正306
梗柟　文選　正306
汶上　文選　正306
獱獺　文選　正306
繽理　文選　正307
臏脚す　文選　正307
豳　文選　正307
豳歌　文選　正307
豳人　白氏　續569
豳土　白氏　續569
邠　文選　正307
邠荒　文選　正307
邠州　白氏　續570
邠州刺史　白氏　續570
邠州諸軍事　白氏　續570
邠寧　白氏　續570
閩越　文選　正307
閩越　白氏　續570
閩中　文選　正307
閩濮　文選　正307
閩禺　文選　正307
鬢　白氏　續570
鬢雪　白氏　續570
鬢髪　白氏　續570
鬢毛　白氏　續570
鬌　白氏　續570
鬌間　白氏　續570
鬌根　白氏　續570
鬌髪　白氏　續570
鬌毛　白氏　續570
東の對　枕冊　正783
東の對たち　枕冊　正783
東の樓　宇津　正723
東曹司　宇津　正723

【ふ】

ふくろ様　源氏　正853
ふた大將　宇津　正724
ふぢつぼの女御　宇津　正724
ふぢつぼの女御の君　宇津　正724
ふちの宴　源氏　正853
ふちの花の宴　源氏　正853
ふみの書　宇津　正724
御ふすまなと様　源氏　正853
賦・諷・封・風?　蜻蛉　正749
蒲萄　法華　正423
蒲萄　白氏　續575
蒲柳　本朝　正595
釜　論語　正71
釜　宇津　正723
缶　文選　正309
鈇鉞　白氏　續575
否　論語　正70
御不興　宇津　正723
御不祥　蜻蛉　正750
不悪　宇津　正723
不意　本朝　正593
不意　白氏　續570
不意　宇津　正723
不意　源氏　正853
不易　文選　正307
不易　本朝　正593
不易　白氏　續570
不異語　白氏　續570
不一　白氏　續570
不運　本朝　正593
不悦　白氏　續570
不遠　本朝　正594
不可　論語　正70
不可　文選　正307
不可　法華　正423
不可　白氏　續570
不可思議　法華　正423
不可思議　本朝　正593
不可思議　白氏　續570
不可思議品　白氏　續570
不可説　白氏　續570
不可量　本朝　正593
不課　本朝　正593
不快　白氏　續570
不刊　文選　正307
不堪　文選　正307
不堪　本朝　正593
不官　白氏　續570
不敢　遊仙　正95
不器　白氏　續570
不忌　白氏　續570
不軌　白氏　續570
不疑　文選　正307
不義　論語　正70
不義　文選　正307
不義　本朝　正593
不義　白氏　續570
不及弟　本朝　正593
不朽　文選　正307
不朽　本朝　正593
不朽　白氏　續570
不去　白氏　續570
不恭　文選　正307
不興す　宇津　正724
不謹　文選　正307
不具　法華　正423
不具　本朝　正593
不虞　文選　正307
不虞　本朝　正593
不虞　白氏　續570
不空　白氏　續570
不空三藏　白氏　續570
不偶　白氏　續570
不遇　文選　正307
不遇　本朝　正593
不遇　白氏　續570
不遇之文　文選　正307
不群　本朝　正593
不敬　白氏　續571
不倦　白氏　續571

不健　白氏　續571
不賢　論語　正70
不賢者　論語　正70
不賢者　文選　正307
不言　文選　正307
不言　本朝　正593
不孝　白氏　續570
不孝　宇津　正723
不孝　源氏　正853
不幸　論語　正70
不幸　文選　正307
不幸　本朝　正593
不幸　白氏　續570
不幸　源氏　正853
不行　白氏　續570
不行　宇津　正723
不合　白氏　續570
不合　宇津　正723
不告　文選　正307
不才　文選　正307
不才　本朝　正593
不才　白氏　續571
不才　宇津　正724
不材　文選　正307
不材　本朝　正593
不材　白氏　續571
不使　文選　正307
不思議　法華　正423
不死　文選　正307
不死　本朝　正593
不死　白氏　續571
不死　竹取　正636
不死のくすり　宇津　正724
不死薬　宇津　正724
不慈　白氏　續571
不次　本朝　正593
不次　白氏　續571
不捨　文選　正307
不周　文選　正307
不襲　白氏　續571
不住　本朝　正593
不出　白氏　續571
不准擬　白氏　續571
不祥　文選　正307
不祥　白氏　續571
不祥雲　枕冊　正783
不肖　文選　正307
不肖　本朝　正593
不肖　白氏　續571
不肖　宇津　正724
不擾　論語　正70
不食　白氏　續571
不信　遊仙　正95
不信　法華　正423
不臣　論語　正70
不臣　文選　正307
不臣　白氏　續571
不仁　論語　正70
不仁　白氏　續571
不仁者　論語　正70
不仁者　文選　正307
不仁者　白氏　續571
不睡　白氏　續571
不世　文選　正307
不成　本朝　正593
不成就　法華　正423
不正　論語　正70
不生　白氏　續571
不占　文選　正307
不宣　本朝　正593
不宣　白氏　續571
不善　論語　正71
不善　文選　正307
不善　法華　正423
不善　白氏　續571
不然　文選　正307
不造　文選　正307
不息　白氏　續571
不測　文選　正307
不測　白氏　續571
不足　白氏　續571
不存　文選　正307
不孫　論語　正71
不遜　文選　正307
不遜　白氏　續571
不退　法華　正423
不退　本朝　正593
不退地　本朝　正593
不退輪　白氏　續571
不退轉　法華　正423
不逮　文選　正307
不逮　白氏　續571
不第　本朝　正593
不達　論語　正71
不奪　白氏　續571
不断　宇津　正724
不断　枕冊　正783
不断　源氏　正853
不断の修法　宇津　正724
不断經　枕冊　正783
不断經　源氏　正853
不知　文選　正307
不致仕　白氏　續571
不中　白氏　續571
不忠　論語　正71
不忠　文選　正307
不忠　本朝　正593
不忠　白氏　續571
不調　源氏　正853
不調ものとも　源氏　正853
不定　本朝　正593
不定　宇津　正724
不定　蜻蛉　正750
不定　源氏　正853
不弟　白氏　續571
不悌　白氏　續571
不適　白氏　續571
不天　白氏　續571
不等　白氏　續571
不動　本朝　正593

不動　白氏　續571
不動　宇津　正724
不動の陀羅尼　源氏　正853
不動尊　枕冊　正783
不動尊　源氏　正853
不同　法華　正423
不道　白氏　續571
不二　文選　正307
不二　本朝　正593
不二　白氏　續571
不二門　白氏　續571
不日　本朝　正593
不如法　白氏　續571
不能　論語　正71
不能　本朝　正593
不能　白氏　續571
不拔　文選　正307
不拔　白氏　續571
不犯　本朝　正593
不敏　論語　正71
不敏　文選　正307
不敏　本朝　正593
不敏　白氏　續571
不平　論語　正71
不平　遊仙　正95
不平　文選　正307
不平　白氏　續571
不便　宇津　正724
不便　枕冊　正783
不便　源氏　正853
不勉　白氏　續571
不奉　白氏　續571
不法　白氏　續571
不亡　本朝　正593
不密　文選　正307
不明　文選　正307
不明　本朝　正593
不明　白氏　續571
不滅　法華　正423
不滅　白氏　續571
不毛　文選　正307
不与解由狀　本朝　正593
不用　白氏　續571
不用　土左　正660
不用　宇津　正724
不用　枕冊　正783
不用　源氏　正853
不用處　白氏　續571
不欲　論語　正71
不離　本朝　正593
不流　白氏　續571
不慮　本朝　正594
不了義經　白氏　續571
不類　文選　正307
不類　白氏　續571
不例　宇津　正724
不烈　文選　正307
不烈　白氏　續571
不老　本朝　正593
不老不死　法華　正423
不和　白氏　續570
不惑　本朝　正593
不惑　白氏　續571
不豫　文選　正307
不豫　本朝　正593
不匱　白氏　續570
不嚴　本朝　正593
不嚴　白氏　續571
不壞　本朝　正593
不壞　白氏　續570
不佞　白氏　續571
不實　法華　正423
不實　本朝　正593
不恪　白氏　續570
不樂　文選　正307
不涸　白氏　續571
不淨　法華　正423
不淨　蜻蛉　正750
不游　文選　正307
不當　白氏　續571
不當　宇津　正724
不盡　文選　正307
不矜　白氏　續570
不禪　白氏　續571
不竭　白氏　續571
不羈　文選　正307
不羣　文選　正307
不羣　白氏　續571
不翅　本朝　正593
不聽す　白氏　續571
不覺　遊仙　正95
不覺　文選　正307
不誑語　白氏　續570
不諧　白氏　續570
不諱　文選　正307
不諱　本朝　正593
不諱　白氏　續571
不踰　白氏　續571
不輕　源氏　正853
不辜　文選　正307
不隨應心　白氏　續571
不韋　文選　正307
不龜　白氏　續571
不德　文選　正307
不德　白氏　續571
不譓　文選　正307
不扃　白氏　續571
不覊　白氏　續570
不訾　文選　正307
相付　白氏　續571
付す　文選　正307
付す　白氏　續571
付制　文選　正307
付属　本朝　正594
付囑　法華　正423
付囑　白氏　續571
付囑す　法華　正423
付囑す　白氏　續571
付與　白氏　續571
夫　論語　正71

夫 文選 正308
夫 白氏 續572
夫 宇津 正723
夫井 白氏 續572
夫家 白氏 續572
夫義 白氏 續572
夫君 白氏 續572
夫差 文選 正308
夫妻 文選 正308
夫妻 白氏 續572
夫子 文選 正308
夫子 白氏 續572
夫主 遊仙 正95
夫人 論語 正71
夫人 遊仙 正95
夫人 文選 正308
夫人 白氏 續572
夫人 宇津 正724
夫南 文選 正308
夫婦 文選 正308
夫婦 白氏 續572
婦 文選 正308
婦 白氏 續572
婦儀 白氏 續572
婦姑 白氏 續572
婦順 白氏 續572
婦女 文選 正308
婦女 本朝 正594
婦女 白氏 續572
婦女 宇津 正724
婦人 論語 正71
婦人 文選 正308
婦人 本朝 正594
婦人 白氏 續572
婦道 文選 正308
婦道 白氏 續572
婦房 白氏 續572
婦兒 白氏 續572
婦嫂 白氏 續572
婦歟 本朝 正594
婦禮 文選 正308
婦德 文選 正308
富貴 文選 正308
富彊 文選 正308
富士山 本朝 正594
富春 文選 正308
富春す 文選 正308
富商 文選 正308
富中 文選 正308
富有 文選 正308
富陽 文選 正308
富利 文選 正308
富樂 文選 正308
富樓那 法華 正423
冨 本朝 正594
冨貴 本朝 正594
冨豪 本朝 正594
冨士 本朝 正594
冨有 本朝 正594
御布施 宇津 正724
布 文選 正308
布告 本朝 正594
布施 法華 正423
布施 本朝 正594
布施 白氏 續572
布施 宇津 正724
布施 源氏 正853
布施す 法華 正423
布施とも 源氏 正853
布帛 本朝 正594
布教 文選 正308
府 論語 正71
府 文選 正308
府 本朝 正594
府 白氏 續572
府す 文選 正308
府印 白氏 續572
府界 白氏 續572
府官 白氏 續572
府監 白氏 續572
府君 本朝 正594
府君 白氏 續572
府庫 文選 正308
府庫 本朝 正594
府庫 白氏 續572
府事 白氏 續572
府寺 文選 正308
府寺 白氏 續572
府酒 白氏 續572
府署 文選 正308
府署 白氏 續572
府丞 文選 正308
府生 本朝 正594
府生 宇津 正724
府西 白氏 續572
府西池 白氏 續572
府池 白氏 續572
府中 文選 正308
府中 白氏 續572
府朝 文選 正308
府亭 白氏 續572
府庭 文選 正308
府邸 白氏 續572
府兵 白氏 續572
府門 白氏 續572
府吏 白氏 續572
府僚 白氏 續572
府寮 白氏 續572
府伶 白氏 續572
府尹 白氏 續572
府帑 本朝 正594
府廳 白氏 續572
府掾 文選 正308
府掾 白氏 續572
府齋 白氏 續572
府縣 白氏 續572
府藏 文選 正308
府醞 白氏 續572
怖畏 法華 正423
怖畏す 法華 正423

扶桑　文選　正308
扶桑　本朝　正594
扶桑樂　宇津　正724
扶護す　文選　正308
扶光　文選　正308
扶侍　白氏　續573
扶持　本朝　正594
扶持　白氏　續573
扶持す　文選　正308
扶持す　本朝　正594
扶持す　白氏　續573
扶樹す　白氏　續573
扶疎　白氏　續573
扶蘇　文選　正308
扶南　本朝　正594
扶風　文選　正308
扶風歌　文選　正308
扶木　本朝　正594
扶揺　文選　正308
扶揺　白氏　續573
扶翼　本朝　正594
扶留　文選　正308
扶牀　白氏　續573
扶踈　文選　正308
扶踈　本朝　正594
扶蹠　文選　正308
敷求　白氏　續573
敷讃す　文選　正308
敷水　白氏　續573
敷奏　文選　正309
敷奏す　文選　正309
敷奏す　白氏　續573
敷陳　本朝　正594
敷陳す　文選　正309
敷紛す　文選　正309
敷衍す　文選　正308
敷蕁　本朝　正594
斧　文選　正309
斧　白氏　續573
斧斨　文選　正309
斧斨　白氏　續573
斧斤　文選　正309
斧斤　白氏　續573
斧質　文選　正309
斧藻　白氏　續573
斧藻す　文選　正309
斧藻す　白氏　續573
斧斫　白氏　續573
斧鉞　文選　正309
斧扆　文選　正309
斧鑕　白氏　續573
普恩　白氏　續573
普皆　本朝　正594
普賢　法華　正423
普賢　本朝　正594
普賢　枕冊　正783
普賢講　源氏　正853
普賢薩埵　本朝　正594
普賢菩薩　法華　正423
普賢菩薩　本朝　正594
普賢菩薩　源氏　正853
普賢經　本朝　正594
普天　文選　正309
普天　本朝　正594
普天　白氏　續573
普寧　白氏　續573
普寧公主　白氏　續573
普遍　法華　正423
普門寺　枕冊　正783
普門品　法華　正423
普濟寺　白氏　續573
浮　文選　正309
浮　白氏　續573
浮雲　論語　正71
浮雲　文選　正309
浮雲　本朝　正594
浮雲　白氏　續573
浮雲然　白氏　續573
浮泳す　文選　正309
浮煙　白氏　續573
浮花　本朝　正594
浮華　文選　正309
浮蟻　文選　正309
浮客　文選　正309
浮丘　文選　正309
浮丘公　文選　正309
浮休　白氏　續573
浮橋　文選　正309
浮近　本朝　正594
浮景　文選　正309
浮言　本朝　正594
浮言　白氏　續573
浮彩　文選　正309
浮彩　本朝　正594
浮屍　白氏　續573
浮詞　文選　正309
浮詞　本朝　正594
浮詞　白氏　續573
浮食　本朝　正594
浮心　白氏　續573
浮世　白氏　續573
浮生　本朝　正594
浮生　白氏　續574
浮石　文選　正309
浮石潭　白氏　續574
浮説　文選　正309
浮箭　文選　正309
浮藻　文選　正309
浮藻　本朝　正594
浮俗　白氏　續573
浮惰す　文選　正309
浮惰す　白氏　續574
浮柱　遊仙　正95
浮柱　文選　正309
浮沈　文選　正309
浮沈　本朝　正594
浮沈す　文選　正309
浮杯す　文選　正309
浮名　文選　正309
浮名　白氏　續574

浮遊	本朝	正594
浮遊す	文選	正309
浮陽	文選	正309
浮陽	本朝	正594
浮陽	白氏	續574
浮利	文選	正309
浮梁	文選	正309
浮梁	白氏	續574
浮梁縣	白氏	續574
浮僞	本朝	正594
浮圖	本朝	正594
浮圖	白氏	續574
浮圖教	白氏	續574
浮埃	文選	正309
浮埃	本朝	正594
浮曠	文選	正309
浮榮	文選	正309
浮榮	本朝	正594
浮榮	白氏	續574
浮氛	文選	正309
浮湍	文選	正309
浮游先生	文選	正309
浮爍	文選	正309
浮磬	文選	正309
浮磬	本朝	正594
浮磬	白氏	續573
浮聲	文選	正309
浮萍	文選	正309
浮萍	白氏	續574
浮觀す	文選	正309
浮賤	文選	正309
浮辭	文選	正309
浮驂	文選	正309
浮飃	文選	正309
浮沉	白氏	續574
浮沉す	白氏	續574
浮翮	文選	正309
父	文選	正309
父	本朝	正594
父	白氏	續574
父君	遊仙	正95
父兄	論語	正71
父兄	文選	正309
父兄	本朝	正594
父兄	白氏	續574
父兄等	白氏	續574
父子	文選	正309
父子	本朝	正594
父子	白氏	續574
父祖	本朝	正594
父祖	白氏	續574
父道	本朝	正594
父母	文選	正309
父母	法華	正423
父母	本朝	正594
父母	白氏	續574
父老	文選	正309
父老	本朝	正594
符	文選	正309
符	本朝	正594
符	白氏	續574
符(人名)	白氏	續574
符す	文選	正309
符印	白氏	續574
符益	本朝	正595
符仰	文選	正309
符契	文選	正309
符虎	文選	正309
符載	白氏	續574
符策	文選	正309
符璽	文選	正309
符守	文選	正309
符祥	文選	正309
符章	白氏	續574
符賞	文選	正309
符瑞	文選	正309
符節	文選	正309
符節	白氏	續574
符損	本朝	正595
符竹	文選	正309
符竹	白氏	續574
符同す	文選	正309
符命	文選	正309
符離	白氏	續574
符離縣	白氏	續574
符來	文選	正309
符應	文選	正309
符應	本朝	正595
符檄	文選	正309
符鉞	白氏	續575
腐	文選	正309
腐す	白氏	續575
腐刑	文選	正310
腐儒	本朝	正595
腐鼠	本朝	正595
腐腸	文選	正310
腐腸	白氏	續575
腐餘	文選	正310
膚革	白氏	續575
膚血	白氏	續575
膚受	論語	正71
膚受	白氏	續575
膚色	文選	正310
膚寸	文選	正310
膚體	文選	正310
膚體	白氏	續575
芙蓉	遊仙	正95
芙蓉	文選	正310
芙蓉	本朝	正595
芙蓉	白氏	續575
芙蓉	源氏	正853
芙蓉山	白氏	續575
芙蓉池	文選	正310
芙蓉池	白氏	續575
芙蕖	文選	正310
譜	本朝	正595
譜	源氏	正853
負下	文選	正310
負荷	文選	正310
負荷す	文選	正310

負荷す	白氏	續575
負海	文選	正310
負郭	文選	正310
負笈	白氏	續575
負載す	文選	正310
負持	遊仙	正95
負舟	白氏	續575
負重	文選	正310
負乗	本朝	正595
負薪	文選	正310
負戴す	文選	正310
負鼎	文選	正310
負鼎	本朝	正595
負鳳	本朝	正595
負枚	論語	正71
負累	文選	正310
負乘	文選	正310
負圖	文選	正310
負擔	文選	正310
負暄す	白氏	續575
負扆	本朝	正595
賦	論語	正71
賦	文選	正310
賦	文選	正310
賦	文選	正310
賦	本朝	正595
賦	白氏	續575
賦す	遊仙	正95
賦す	文選	正310
賦す	本朝	正595
賦す	白氏	續575
賦歌	文選	正310
賦格律詩	白氏	續575
賦句	白氏	續575
賦税	論語	正71
賦税	本朝	正595
賦税	白氏	續575
賦籍	白氏	續575
賦租	白氏	續575
賦得	本朝	正595
賦得	白氏	續575
賦入	白氏	續575
賦納	白氏	續575
賦判	白氏	續575
賦命	白氏	續575
賦役	白氏	續575
賦力	白氏	續575
賦斂	文選	正310
賦斂	本朝	正595
賦斂	白氏	續575
賦樞	本朝	正595
賦頌	文選	正310
赴す	文選	正310
赴弔す	文選	正310
赴會す	文選	正310
阜	文選	正310
阜安	白氏	續575
阜郷	文選	正310
阜成	本朝	正595
阜蕃す	白氏	續575
阜陸	文選	正310
阜陵	文選	正310
阜螽	文選	正310
相附す	白氏	續575
附す	白氏	續575
附託	本朝	正595
附難	白氏	續575
附入す	白氏	續575
附馬	白氏	續575
附鳳	本朝	正595
附庸	論語	正71
附庸	文選	正310
附離す	白氏	續575
附會す	文選	正310
附屬	本朝	正595
附從す	文選	正310
附蟬	文選	正310
侮食	文選	正307
侮吏	文選	正307
撫す	文選	正308
撫す	白氏	續573
撫哀す	白氏	續573
撫慰	白氏	續573
撫育	本朝	正594
撫運	本朝	正594
撫訓す	白氏	續573
撫軍	文選	正308
撫軍大將軍	文選	正308
撫視	白氏	續573
撫字	白氏	續573
撫州	白氏	續573
撫循	白氏	續573
撫循す	文選	正308
撫巡す	文選	正308
撫寧	文選	正308
撫備	白氏	續573
撫民	本朝	正594
撫養	文選	正308
撫養	白氏	續573
撫養す	文選	正308
撫和す	文選	正308
撫恤	白氏	續573
撫綏	白氏	續573
撫綏す	白氏	續573
撫覽	文選	正308
武	論語	正71
武	文選	正308
武	本朝	正594
武	白氏	續572
武（人名）	論語	正71
武（人名）	文選	正308
武（人名）	白氏	續572
武安	文選	正308
武安	白氏	續572
武安君	白氏	續572
武安君起	白氏	續572
武夷	白氏	續573
武衛	文選	正308
武衛	本朝	正594
武園	文選	正308

武王　論語　正71
武王　文選　正308
武王　本朝　正594
武王　源氏　正853
武巻　文選　正308
武官　本朝　正594
武器　本朝　正594
武毅　文選　正308
武毅　白氏　續572
武騎　文選　正308
武騎尉　白氏　續572
武義　文選　正308
武義　白氏　續572
武誼*　文選　正308
武丘　白氏　續572
武丘寺　白氏　續573
武丘路　白氏　續573
武強　白氏　續573
武元　文選　正308
武元衡　白氏　續573
武庫　文選　正308
武庫　本朝　正594
武庫　白氏　續573
武侯　文選　正308
武公　文選　正308
武公　白氏　續573
武功　遊仙　正95
武功　文選　正308
武功　白氏　續573
武康公主　文選　正308
武皇　文選　正308
武皇　白氏　續573
武皇帝　文選　正308
武士　文選　正308
武士　本朝　正594
武士曹　白氏　續573
武始　文選　正308
武子　文選　正308
武子　本朝　正594
武子　白氏　續573
武事　文選　正308
武寺　白氏　續573
武秋　文選　正308
武淑妃　白氏　續573
武術　文選　正308
武俊　白氏　續573
武昌　遊仙　正95
武昌　文選　正308
武昌軍　白氏　續573
武昭　文選　正308
武昭　白氏　續573
武象　文選　正308
武城　論語　正71
武城　文選　正308
武臣　文選　正308
武臣　白氏　續573
武人　文選　正308
武節　文選　正308
武相　白氏　續573
武相公　白氏　續573
武卒　文選　正308
武仲　文選　正308
武丁　文選　正308
武帝　文選　正308
武帝　白氏　續573
武都　文選　正308
武怒　文選　正308
武寧　白氏　續573
武寧軍　白氏　續573
武寧軍節度　白氏　續573
武備　本朝　正594
武夫　文選　正308
武夫　白氏　續573
武平侯　文選　正308
武弁　文選　正308
武穆　文選　正308
武穆皇后　文選　正308
武猛　文選　正308
武勇　本朝　正594
武羅　文選　正308
武里　白氏　續573
武陵　本朝　正594
武陵　白氏　續573
武力　文選　正308
武力　白氏　續573
武烈　文選　正308
武烈　白氏　續573
武烈皇帝　文選　正308
武牢　白氏　續573
武决勇健　白氏　續573
武將　文選　正308
武將　本朝　正594
武畧　白氏　續573
武經　白氏　續573
武聲　文選　正308
武藝　文選　正308
武藝　白氏　續573
武闕　文選　正308
武闕　白氏　續573
武關　文選　正308
武德　白氏　續573
武職　本朝　正594
舞す　文選　正310
舞す　白氏　續575
舞衣　本朝　正595
舞衣　白氏　續575
舞詠　文選　正310
舞閣　文選　正310
舞汗　白氏　續575
舞館　文選　正310
舞妓　本朝　正595
舞妓　白氏　續575
舞鏡　白氏　續575
舞巾　白氏　續575
舞香　白氏　續575
舞腰　白氏　續575
舞女　文選　正310
舞丈　白氏　續575
舞人　本朝　正595
舞人　白氏　續575

舞水　本朝　正595
舞操　文選　正310
舞袖　白氏　續575
舞蝶　本朝　正595
舞踏し　宇津　正724
舞踏し　枕冊　正783
舞踏し　源氏　正853
舞拍　白氏　續575
舞文　本朝　正595
舞陽　文選　正310
舞陽侯　文選　正310
舞筵　白氏　續575
舞臺　宇津　正724
舞臺　源氏　正853
舞茵　白氏　續575
舞衫　白氏　續575
舞釵　白氏　續575
舞鬟　白氏　續575
舞榭　白氏　續575
舞雩　論語　正71
舞鸖　本朝　正595
列舞す　文選　正310
蕪　白氏　續575
蕪音　文選　正310
蕪詞　本朝　正595
蕪城　文選　正310
蕪城賦　白氏　續575
蕪絶す　白氏　續575
蕪没す　文選　正310
蕪没す　白氏　續575
蕪滅す　文選　正310
蕪穢　文選　正310
部　本朝　正595
部内　本朝　正595
部類　本朝　正595
部類す　本朝　正595
み封　宇津　正723
封　本朝　正594
封　宇津　正723
封戸　本朝　正594
風香調　枕冊　正783
風情　宇津　正724
風俗　枕冊　正783
風土記　本朝　正595
風病　源氏　正853
復　文選　正308
覆載　本朝　正595
覆載す　本朝　正595
覆燾す　本朝　正595
鮒隅　文選　正310
粉熟　宇津　正724
粉熟　源氏　正853
御文題　宇津　正724
文題　宇津　正724
鋪説　本朝　正595
歩　本朝　正594
充補す　本朝　正595
申補す　本朝　正595
補す　本朝　正595
補任す　本朝　正595
輔佐　本朝　正595
輔昭　本朝　正595
輔弼す　本朝　正595
母丘元志　白氏　續573
奉行　本朝　正594
奉行す　法華　正423
蜂腰　本朝　正595
豊楽院　本朝　正595
豊後のすけ　源氏　正853
豊前　枕冊　正783
朴胡　文選　正309
務光　文選　正309
夢　文選　正308
夢想　文選　正308
夢寐　文選　正308
無　文選　正309
無　本朝　正594
無位　本朝　正594
無為　文選　正309
無為す　論語　正71
無畏　白氏　續574
無衣　文選　正309
無逸　文選　正309
無益　本朝　正594
無厭　白氏　續574
無何　本朝　正594
無何之郷　本朝　正594
無過　白氏　續574
無外　文選　正309
無間　文選　正309
無忌　文選　正309
無忌　本朝　正594
無忌　白氏　續574
無窮　文選　正309
無窮　白氏　續574
無彊　本朝　正594
無彊　白氏　續574
無響　文選　正309
無極　文選　正309
無極　白氏　續574
無虞　本朝　正594
無虞　白氏　續574
無隅　白氏　續574
無形　文選　正309
無紘　白氏　續574
無限　白氏　續574
無功　文選　正309
無功　本朝　正594
無荒　白氏　續574
無告　白氏　續574
無私　白氏　續574
無事　遊仙　正95
無事　文選　正309
無事　本朝　正594
無事　白氏　續574
無字　白氏　續574
無象　文選　正309
無上　白氏　續574
無上尊　白氏　續574
無常　白氏　續574

無情	遊仙	正95
無情	文選	正309
無情	白氏	續574
無心	文選	正309
無人	文選	正309
無人	本朝	正594
無人	白氏	續574
無塵	白氏	續574
無生	文選	正309
無生	白氏	續574
無生忍	白氏	續574
無生念	白氏	續574
無相	白氏	續574
無端	遊仙	正95
無知	文選	正309
無地	文選	正309
無敵	白氏	續574
無道	論語	正71
無道	文選	正309
無二	白氏	續574
無年	文選	正309
無能	文選	正309
無能	本朝	正594
無能	白氏	續574
無廟	白氏	續574
無物	文選	正309
無文	文選	正309
無偏	本朝	正594
無方	文選	正309
無万数	本朝	正594
無名	白氏	續574
無滅	白氏	續574
無妄	文選	正309
無用	文選	正309
無用	本朝	正594
無用	白氏	續574
無欲	文選	正309
無欲	白氏	續574
無利	白氏	續574
無量	本朝	正594
無倫	文選	正309
無漏	本朝	正594
無禄	白氏	續574
無雙	本朝	正594
無垠	文選	正309
無壅	白氏	續574
無實	本朝	正594
無慚	本朝	正594
無擇	白氏	續574
無數	白氏	續574
無棣	文選	正309
無澤	文選	正309
無爲	本朝	正594
無爲	白氏	續574
無疆	文選	正309
無禮	文選	正309
無聲	文選	正309
無貳	本朝	正594
無邊	本朝	正594
無邊	白氏	續574
無隱	白氏	續574
無餘	白氏	續574
無媿	白氏	續574
無狀	白氏	續574
無筭	本朝	正594
無緣	文選	正309
牟首	文選	正309
霧雨	文選	正310
霧街	本朝	正595
霧帳	本朝	正595
霧鳥	白氏	續575
霧豹	本朝	正595
霧豹	白氏	續575
霧露	文選	正310
霧露	本朝	正595
霧氣	本朝	正595
霧靄	本朝	正595
霧縠	文選	正310
霧綃	文選	正310
仆質	文選	正307
俘穫	白氏	續572
俘囚	白氏	續572
俘虜	白氏	續572
俛仰	白氏	續571
俯	文選	正307
俯す	文選	正307
俯す	本朝	正594
俯す	白氏	續571
俯仰	文選	正307
俯仰	白氏	續572
俯仰す	文選	正307
俯仰す	白氏	續572
俯察す	白氏	續572
俯同	文選	正307
俯伏	白氏	續572
俯伏す	白氏	續571
俯伏す	白氏	續572
俯伏拜表す	白氏	續572
俯傴す	白氏	續572
俯僂	文選	正307
俯僂す	白氏	續572
俯擗す	文選	正307
傅	文選	正307
傅	白氏	續572
傅寛	文選	正307
傅毅	文選	正307
傅季友	文選	正307
傅義等	白氏	續572
傅玄	文選	正307
傅説	文選	正307
傅説	白氏	續572
傅父	文選	正307
傅予	文選	正307
傅良弼	白氏	續572
傅會す	文選	正307
傅咸	文選	正307
傅巖	文選	正307
傅璣	文選	正307
傅	本朝	正594
傅氏巖	本朝	正594

傳説 本朝 正594
孚 白氏 續572
孚伊 白氏 續572
巫 白氏 續572
巫家 白氏 續572
巫峡 遊仙 正95
巫峡 文選 正308
巫峡 白氏 續572
巫山 文選 正308
巫山 本朝 正594
巫山 白氏 續572
巫史 白氏 續572
巫女 白氏 續572
巫女廟 白氏 續572
巫馬 白氏 續572
巫馬期 論語 正71
巫陽 文選 正308
巫陽 白氏 續572
巫咸 文選 正308
巫廬 文選 正308
巫蠱 文選 正308
巫醫 論語 正71
廡門 文選 正308
憮然 論語 正71
憮然 文選 正308
拊循 白氏 續573
拊嗟 文選 正308
拊拂す 文選 正308
无涯 本朝 正594
无忌 文選 正309
无事 本朝 正594
无偏 本朝 正594
无量 本朝 正594
无爲 本朝 正594
无邊 本朝 正594
枹 文選 正309
枹鼓 文選 正309
桴 論語 正71
桴 文選 正309
桴楫 文選 正309
脯 白氏 續575
苻 本朝 正595
蜉蝣 文選 正310
蜉蝣 白氏 續575
訃 文選 正310
誣 白氏 續575
誣告 本朝 正595
誣謗 白氏 續575
諷刺す 本朝 正595
賻 文選 正310
賻 白氏 續575
趺坐 白氏 續575
郛 文選 正310
郛 白氏 續575
郛郭 文選 正310
郛邑 文選 正310
郛壥 文選 正310
馮生 文選 正308
馮文羆 文選 正308
馮驩 本朝 正594
鳧 文選 正307
鳧 白氏 續575
鳧鵠 文選 正307
鳧鐘 本朝 正594
鳧藻 文選 正307
鳧藻 本朝 正594
鳧鴈 文選 正307
鳧鴈 白氏 續575
鳧舃 本朝 正594
鳧舄 文選 正307
鳧鷖 文選 正307
鳧鷖 白氏 續575
麩炭 白氏 續575
黼藻す 本朝 正595
黼筵 文選 正310
儛雩 論語 正71
婺 文選 正308
婺州 白氏 續572
婺女 文選 正308
嫵媚 遊仙 正95
滏水 白氏 續574
滏陽 白氏 續574
珷玞 文選 正309
碔砆 文選 正309
合祔す 白氏 續574
遷祔す 白氏 續574
祔す 文選 正309
祔す 白氏 續574
祔廟 白氏 續574
祔禮 白氏 續574
祔塟す 白氏 續574
簠 文選 正309
簠簋 文選 正309
簠簋 白氏 續575
膴膴 文選 正310
芣苡 白氏 續575
芣苢 白氏 續575
芣莒 文選 正310
蝥賊 文選 正310
跗 文選 正310
鄜州 白氏 續575
鄜城府君 白氏 續575
鄜坊 白氏 續575
鄜畤 白氏 續575
鈇 文選 正310
鈇鉞 文選 正310
鈇鉞 本朝 正595
駙馬 文選 正310
駙馬 白氏 續575
駙馬都尉 論語 正71
駙馬都尉 文選 正310
駙馬都尉 白氏 續575
夫子 論語 正71
夫子 本朝 正595
夫婦 本朝 正595
夫聟 本朝 正595
富 白氏 續576
富す 白氏 續576
富安 白氏 續576
富家 白氏 續576

富貴	論語	正71
富貴	白氏	續576
富貴強大	白氏	續576
富強	白氏	續576
富豪	白氏	續576
富室	白氏	續576
富州	白氏	續576
富庶	白氏	續576
富人	白氏	續576
富貧	白氏	續576
富平縣	白氏	續576
富陽	白氏	續576
富陽山	白氏	續576
富壽	白氏	續576
富榮	白氏	續576
富樓那	白氏	續576
父母	論語	正71
封	論語	正71
封	源氏	正853
封し	蜻蛉	正750
封す	論語	正71
封事	本朝	正595
封樹	本朝	正595
封賞す	本朝	正595
封人	本朝	正595
封題	本朝	正595
封祿	本朝	正595
楓樹	文選	正310
楓人	白氏	續576
楓柳	本朝	正595
楓葉	白氏	續576
楓林	白氏	續576
楓柙	文選	正310
風	論語	正71
風	文選	正310
風	文選	正310
風	本朝	正595
風	白氏	續576
風	白氏	續576
風す	論語	正71
風す	文選	正310
風す	文選	正310
風案	白氏	續576
風威	文選	正311
風逸	白氏	續576
風韻	白氏	續576
風雨	文選	正310
風雨	本朝	正595
風雨	白氏	續576
風雨す	本朝	正595
風雲	文選	正310
風雲	本朝	正595
風雲	白氏	續576
風影	白氏	續576
風煙	文選	正310
風煙	本朝	正595
風煙	白氏	續576
風煙*	白氏	續576
風化	文選	正310
風化	本朝	正595
風化	白氏	續576
風化す	文選	正310
風化す	本朝	正595
風架	白氏	續576
風花	本朝	正595
風花	白氏	續576
風荷	白氏	續576
風雅	文選	正310
風雅	本朝	正595
風雅	白氏	續576
風雅比興	白氏	續576
風寒	文選	正310
風寒	白氏	續576
風徽	文選	正310
風規	文選	正310
風規	白氏	續576
風軌	文選	正310
風儀	文選	正310
風儀	本朝	正595
風儀	白氏	續576
風客	本朝	正595
風境	本朝	正595
風教	白氏	續576
風業	本朝	正595
風琴	白氏	續576
風襟	白氏	續576
風景	本朝	正595
風景	白氏	續576
風穴	文選	正310
風穴	本朝	正595
風穴山	本朝	正595
風月	本朝	正595
風月	白氏	續576
風憲	文選	正310
風絃	白氏	續576
風湖	文選	正310
風胡	本朝	正595
風虎	本朝	正595
風梧	白氏	續577
風候	白氏	續577
風光	文選	正310
風光	本朝	正595
風光	白氏	續576
風后	文選	正310
風后	白氏	續577
風骨	本朝	正595
風骨	白氏	續577
風沙	白氏	續577
風彩	白氏	續577
風采	文選	正310
風山	本朝	正595
風刺す	文選	正310
風姿	本朝	正595
風姿	白氏	續577
風思	本朝	正595
風枝	本朝	正595
風枝	白氏	續577
風疾	白氏	續577
風疾す	白氏	續577
風樹	本朝	正595

風樹　白氏　續577
風什　文選　正310
風渚　本朝　正595
風松　本朝　正595
風松　白氏　續577
風情　文選　正310
風情　本朝　正595
風情　白氏　續577
風燭　白氏　續577
風色　文選　正310
風神　本朝　正595
風神　白氏　續577
風人　文選　正310
風人　本朝　正595
風人　白氏　續577
風塵　遊仙　正95
風塵　文選　正310
風塵　本朝　正595
風塵　白氏　續577
風水　白氏　續577
風水輪　白氏　續577
風勢　本朝　正595
風雪　文選　正310
風雪　白氏　續577
風雪中　白氏　續577
風扇　白氏　續577
風泉　文選　正310
風前　白氏　續577
風操　白氏　續577
風窓　本朝　正595
風藻　本朝　正595
風霜　文選　正310
風霜　本朝　正595
風霜　白氏　續577
風騷　文選　正310
風騷　白氏　續577
風俗　文選　正310
風俗　本朝　正595
風俗　白氏　續577
風袖　白氏　續577
風態　白氏　續577
風鐸　白氏　續577
風谷　文選　正310
風池　白氏　續577
風馳　白氏　續577
風竹　白氏　續577
風中　白氏　續577
風潮　文選　正311
風調　白氏　續577
風亭　本朝　正595
風亭　白氏　續577
風庭　白氏　續577
風度　本朝　正595
風土　文選　正311
風土　白氏　續577
風頭　白氏　續577
風日　白氏　續577
風波　文選　正311
風波　白氏　續577
風伯　文選　正311
風伯　白氏　續577
風帆　本朝　正595
風帆　白氏　續577
風範　白氏　續577
風標　白氏　續577
風病　白氏　續577
風賦　白氏　續577
風舞　文選　正311
風舞　本朝　正595
風物　文選　正311
風物　本朝　正596
風物　白氏　續577
風聞　本朝　正596
風聞す　文選　正311
風鵬　本朝　正596
風鵬　白氏　續577
風貌　白氏　續577
風幌　本朝　正595
風幌　白氏　續576
風霧　本朝　正596
風猷　文選　正310
風猷　白氏　續576
風謠　文選　正310
風羅す　本朝　正596
風雷　白氏　續577
風裏　白氏　續577
風流　遊仙　正95
風流　文選　正311
風流　本朝　正596
風流　白氏　續577
風涼　文選　正311
風烈　文選　正311
風烈先生　文選　正311
風簾　文選　正311
風簾　白氏　續577
風連　文選　正311
風露　本朝　正596
風露　白氏　續577
風浪　本朝　正596
風浪　白氏　續577
風條　白氏　續577
風棘　本朝　正595
風氣　文選　正310
風氣　白氏　續576
風濤　文選　正310
風濤　本朝　正595
風濤　白氏　續577
風澤　白氏　續577
風牀　白氏　續577
風獻　本朝　正595
風痰　白氏　續577
風痺　白氏　續577
風發　白氏　續577
風眩　白氏　續576
風眩す　白氏　續576
風磧　白氏　續577
風篁　文選　正310
風聲　文選　正310
風聲　本朝　正595
風聲　白氏　續577

風號	白氏	續576
風袂	白氏	續577
風礜	本朝	正596
風躅	白氏	續577
風霰	白氏	續577
風飄	文選	正311
風馭	白氏	續576
風體	文選	正311
風靡	文選	正311
風教	文選	正310
風教	本朝	正595
風埽	文選	正310
風摽	文選	正311
風槩	文選	正310
風灾	白氏	續577
風猋す	文選	正311
風篁	白氏	續576
風翮	白氏	續576
風蟬	白氏	續577
風飈	文選	正311
風鸞	白氏	續576
諷	文選	正310
諷	白氏	續576
諷す	文選	正310
諷す	白氏	續576
諷詠す	白氏	續576
諷議	文選	正310
諷議	白氏	續576
諷吟す	白氏	續576
諷高	文選	正310
諷采	文選	正310
諷刺	白氏	續576
諷諭	文選	正310
諷諭	本朝	正595
諷諭	白氏	續576
諷誦	本朝	正595
諷誦す	文選	正310
諷誦文	本朝	正595
諷諫	文選	正310
諷諫	白氏	續576
諷諫す	文選	正310
諷諫す	白氏	續576
諷讀す	白氏	續576
馮閣老	白氏	續576
馮公	白氏	續576
馮氏	白氏	續576
馮侍御	白氏	續576
馮宿	白氏	續576
馮宿等	白氏	續576
馮緒	白氏	續576
馮少尹	白氏	續576
馮唐	白氏	續576
馮李	白氏	續576
馮伉	白氏	續576
馮學士	白氏	續576
馮尹	白氏	續575
渢渢	白氏	續576
灃上	白氏	續576
灃水	白氏	續576
御笛の師	宇津	正723
琫弩	文選	正311
馻す	文選	正311
伏	白氏	續577
伏す	文選	正311
伏す	法華	正423
伏す	本朝	正596
伏す	白氏	續577
伏陰	白氏	續577
伏火	白氏	續577
伏火爐	白氏	續577
伏死す	文選	正311
伏生	文選	正311
伏泉	文選	正311
伏奏す	本朝	正596
伏走	本朝	正596
伏熱	白氏	續577
伏波	文選	正311
伏不見	本朝	正596
伏武昌	文選	正311
伏暴	文選	正311
伏涌す	文選	正311
伏兔	文選	正311
伏羲	文選	正311
伏羲	本朝	正596
伏羲氏	文選	正311
伏臘	文選	正311
伏臘	白氏	續577
伏螭	文選	正311
副	白氏	續577
副王	白氏	續578
副君	文選	正311
副元帥判官	白氏	續577
副使	白氏	續577
副使	宇津	正723
副車	白氏	續578
副丞相	白氏	續578
副相	白氏	續577
復	論語	正71
復	白氏	續578
復す	論語	正71
復す	文選	正311
復す	本朝	正596
復す	白氏	續578
復関	遊仙	正95
復起す	文選	正311
復州	白氏	續578
復生す	白氏	續578
復土	白氏	續578
復命す	論語	正71
復陸	文選	正311
復儺	白氏	續578
復辟す	本朝	正596
幅	本朝	正596
幅裂す	文選	正311
敬服す	白氏	續578
御服	宇津	正723
御服	蜻蛉	正749
御服	源氏	正853
相服す	文選	正311
服	論語	正71

服　文選　正311
服　本朝　正596
服　白氏　續578
服　宇津　正723
服　蜻蛉　正749
服　源氏　正853
服し　源氏　正853
服勤　白氏　續578
服す　論語　正71
服す　文選　正311
服す　法華　正423
服す　本朝　正596
服す　白氏　續578
服なをし　宇津　正723
服やつれ　宇津　正723
服畏す　白氏　續578
服翫　白氏　續578
服勤　白氏　續578
服勤す　白氏　續578
服元　白氏　續578
服御　文選　正311
服御　本朝　正596
服御　白氏　續578
服御す　文選　正311
服事す　論語　正71
服事す　文選　正311
服事す　本朝　正596
服習す　文選　正311
服章　白氏　續578
服色　文選　正311
服色　白氏　續578
服食　文選　正311
服食　白氏　續578
服食す　文選　正311
服食す　白氏　續578
服制　白氏　續578
服馬　文選　正311
服命　文選　正311
服用　白氏　續578
服冕　文選　正311
服従す　文選　正311
服従す　本朝　正596
服膺す　文選　正311
服膺す　本朝　正596
福　文選　正311
福　法華　正423
福　本朝　正596
福　白氏　續578
福す　白氏　續578
福延　白氏　續578
福禍　白氏　續578
福饗す　文選　正311
福建　白氏　續578
福幸　白氏　續578
福衡　文選　正311
福助す　本朝　正596
福地　文選　正311
福地のその　源氏　正853
福智　白氏　續578
福庭　文選　正311
福庭　本朝　正596
福田　本朝　正596
福報　法華　正423
福報　白氏　續578
福祐　本朝　正596
福利す　白氏　續578
福履　白氏　續578
福壽　本朝　正596
福惠　本朝　正596
福應　文選　正311
福祚　文選　正311
福祚　本朝　正596
福祚　白氏　續578
福祿　文選　正311
福祿　白氏　續578
福德　法華　正423
福德　白氏　續578
福祜　文選　正311
腹議す　文選　正311
腹心　文選　正311
腹心　本朝　正596
腹心　白氏　續578
腹中　白氏　續578
腹内　白氏　續578
腹背　文選　正311
複屋　白氏　續578
複閣　文選　正311
複衿　白氏　續578
複湖　白氏　續578
複帳　白氏　續578
複廟　文選　正311
複疊　文選　正311
複疊す　白氏　續578
複闕　文選　正311
覆　白氏　續578
覆育　白氏　續578
覆逆　文選　正311
覆載　文選　正311
覆載す　文選　正311
覆策　白氏　續578
覆試　本朝　正596
覆車　文選　正311
覆車　白氏　續578
覆舟　本朝　正596
覆折　本朝　正596
覆亡　文選　正311
覆亡　白氏　續578
覆亡す　白氏　續578
覆冒す　文選　正311
覆没す　文選　正311
覆滅　文選　正311
覆滅す　文選　正311
覆滅す　白氏　續578
覆盂　文選　正311
覆虧す　文選　正311
覆亾す　白氏　續578
覆巣　白氏　續578
愎諫す　白氏　續578
蝮蛇　文選　正311
蝮蛇　白氏　續578

蝮虵　文選　正311
輻　白氏　續578
輻湊す　文選　正311
輻輪　本朝　正596
馥馥　文選　正311
馥馥　白氏　續578
宓賤　白氏　續578
愊抑　文選　正311
楅履　文選　正311
洑流す　文選　正311
鵩　文選　正311
鵩　白氏　續578
鵩鳥　文選　正311
鵩鳥　白氏　續578
伐木　本朝　正596
沸乎　文選　正311
沸鼎　文選　正311
沸鼎　白氏　續579
沸騰す　文選　正311
物　白氏　續579
物化　文選　正311
物花　遊仙　正95
物我　文選　正311
物外　遊仙　正95
物議　本朝　正596
物議　白氏　續579
物故　文選　正311
物故　白氏　續579
物産　文選　正311
物衆　文選　正311
物象　文選　正311
物情　白氏　續579
物色　文選　正311
物色　本朝　正596
物色す　文選　正311
物性　白氏　續579
物牲　文選　正311
物節　白氏　續579
物土　文選　正311
物土　白氏　續579
物表　文選　正311
物表　白氏　續579
物役　文選　正311
物役　白氏　續579
物理　論語　正71
物理　白氏　續579
物力　白氏　續579
物類　論語　正71
物類　文選　正311
物類　本朝　正596
物類　白氏　續579
物論　白氏　續579
物變　文選　正311
物聽　文選　正311
物厲　白氏　續579
物狀　白氏　續579
勿照　文選　正311
御佛名　宇津　正724
御佛名　源氏　正853
佛　法華　正423
佛　白氏　續578
佛意　法華　正423
佛屋　白氏　續578
佛恩　本朝　正596
佛恩　白氏　續579
佛果　本朝　正596
佛果　白氏　續578
佛海　本朝　正596
佛界　本朝　正596
佛閣　白氏　續578
佛眼　法華　正423
佛眼　枕冊　正783
佛儀　本朝　正596
佛儀　白氏　續578
佛語　法華　正423
佛語　本朝　正596
佛光　白氏　續578
佛光寺　白氏　續578
佛光和尚　白氏　續578
佛香　白氏　續578
佛座　法華　正423
佛座　白氏　續578
佛子　法華　正423
佛子　本朝　正596
佛事　法華　正423
佛事　本朝　正596
佛事　白氏　續578
佛寺　本朝　正596
佛寺　白氏　續578
佛室　白氏　續578
佛舎利　法華　正423
佛種　法華　正423
佛所　法華　正423
佛書　白氏　續578
佛上　本朝　正596
佛乗　法華　正423
佛乗　白氏　續578
佛心　本朝　正596
佛心　白氏　續579
佛身　法華　正423
佛身　本朝　正596
佛身　白氏　續579
佛人　白氏　續579
佛世尊　本朝　正596
佛性　白氏　續579
佛性院　本朝　正596
佛説　白氏　續579
佛前　法華　正423
佛前　白氏　續579
佛僧　白氏　續579
佛像　本朝　正596
佛像　白氏　續578
佛足　法華　正423
佛駄先那　白氏　續579
佛地　本朝　正596
佛智　法華　正423
佛智　本朝　正596
佛智　白氏　續579
佛頂呪　白氏　續579
佛頂尊勝陀羅尼

白氏 續579
佛頂尊勝陀羅尼經
白氏 續579
佛庭 本朝 正596
佛庭 白氏 續579
佛弟子 白氏 續579
佛天 源氏 正853
佛土 法華 正423
佛土 本朝 正596
佛土 白氏 續579
佛塔 法華 正423
佛塔 本朝 正596
佛塔 白氏 續579
佛堂 本朝 正596
佛堂 白氏 續579
佛道 法華 正423
佛道 本朝 正596
佛道 白氏 續579
佛道記里 本朝 正596
佛那 本朝 正596
佛日 本朝 正596
佛法 法華 正423
佛法 本朝 正596
佛法 白氏 續579
佛法 源氏 正853
佛法興隆 本朝 正596
佛法僧 本朝 正596
佛法僧 白氏 續579
佛名 本朝 正596
佛名 白氏 續579
佛名 宇津 正724
佛名 枕冊 正783
佛名懺悔 本朝 正596
佛名經 白氏 續579
佛命 白氏 續579
佛滅度 白氏 續579
佛理 白氏 續579
佛律 本朝 正596
佛力 白氏 續579
佛令 白氏 續579
佛國土 白氏 續578
佛國荘嚴論 本朝 正596
佛寶 法華 正423
佛涅槃 白氏 續579
佛經 本朝 正596
佛經 白氏 續578
佛經等 本朝 正596
佛聲 白氏 續579
佛髻 白氏 續578
佛龕 白氏 續578
佛教 法華 正423
佛緣 白氏 續578
拂拭 本朝 正596
怫悦 文選 正311
怫戾 文選 正311
怫鬱 文選 正311
拂拭 白氏 續579
拂拭す 白氏 續579
拂壁 文選 正311
拂拂 白氏 續579
祓飾す 文選 正311
黻 文選 正311
黻*免 論語 正71
黻*冕 白氏 續579
黻衣 文選 正311
沕穆 文選 正311
沕潏 文選 正311
紱 文選 正311
紱冕 文選 正311
紼 白氏 續579
古御たち 源氏 正853
古受領 源氏 正853
古屛風 宇津 正724
蚊巣 白氏 續581
蚊蚋 白氏 續581
蚊蟆 白氏 續581
蚊嗌 文選 正313
砏汃 文選 正313
封し 宇津 正724
封し 枕冊 正783
封しこめ 源氏 正853
分 論語 正71
分 文選 正311
分 法華 正423
分 本朝 正596
分 白氏 續579
分陰 本朝 正596
分隔 本朝 正596
分義 白氏 續579
分決す 文選 正311
分訣す 白氏 續579
分限 白氏 續579
分香 本朝 正596
分索 文選 正311
分索す 文選 正312
分散 白氏 續579
分散す 白氏 續579
分司 白氏 續579
分司東都 白氏 續579
分施す 白氏 續579
分至 文選 正312
分次 文選 正312
分守 白氏 續579
分身 法華 正423
分身 本朝 正596
分水 白氏 續579
分水嶺 白氏 續579
分寸 文選 正312
分寸 白氏 續579
分析 文選 正312
分析す 文選 正312
分折す 白氏 續579
分疎 遊仙 正95
分段 本朝 正596
分段生死 本朝 正596
分秩 白氏 續579
分張す 白氏 續579
分天 文選 正312
分半 白氏 續579
分番す 本朝 正596

分飛	白氏	續579
分飛す	白氏	續579
分付	白氏	續579
分付す	白氏	續579
分布す	法華	正423
分敷	白氏	續579
分別	文選	正312
分別	本朝	正596
分別	白氏	續579
分別す	法華	正423
分別す	本朝	正596
分別す	白氏	續579
分崩	論語	正71
分崩す	文選	正312
分命	文選	正312
分命	白氏	續580
分明	遊仙	正95
分明	法華	正423
分明	本朝	正596
分明	白氏	續580
分野	文選	正312
分野	本朝	正596
分憂	本朝	正596
分憂	白氏	續579
分梨	遊仙	正95
分理	白氏	續580
分理す	白氏	續580
分離	文選	正312
分離す	遊仙	正95
分離す	文選	正312
分離す	白氏	續580
分領	白氏	續580
分類す	本朝	正596
分隷*す	本朝	正596
分裂	文選	正312
分裂す	文選	正312
分乖	文選	正311
分悵	遊仙	正95
分銖	文選	正312
分陜	文選	正311
吻合	白氏	續580
噴玉泉	白氏	續580
墳	文選	正312
墳	白氏	續580
墳す	白氏	續580
墳丘	文選	正312
墳隅	文選	正312
墳樹	白氏	續580
墳上	本朝	正596
墳上	白氏	續580
墳籍	文選	正312
墳前	白氏	續580
墳素	文選	正312
墳典	文選	正312
墳土	文選	正312
墳土	白氏	續580
墳墓	文選	正312
墳墓	本朝	正596
墳墓	白氏	續580
墳羊	文選	正312
墳陵	文選	正312
墳陵	白氏	續580
墳塋	文選	正312
墳壟	文選	正312
墳衍	文選	正312
墳澤	文選	正312
墳邊	白氏	續580
墳腴す	文選	正312
憤	文選	正312
憤	白氏	續580
憤す	論語	正71
憤盈す	文選	正312
憤怨	白氏	續580
憤怨す	文選	正312
憤慨	文選	正312
憤思	文選	正312
憤積す	文選	正312
憤然	白氏	續580
憤歎す	文選	正312
憤歎す	白氏	續580
憤痛	白氏	續580
憤痛す	文選	正312
憤徘	白氏	續580
憤憤	白氏	續580
憤憂	白氏	續580
憤懣	文選	正312
憤懣	本朝	正596
憤懣す	文選	正312
憤懣す	白氏	續580
憤氣	文選	正312
焚溺	白氏	續581
焚燒	白氏	續581
奮逸	文選	正313
奮呼す	白氏	續581
奮迅す	文選	正313
奮迅す	白氏	續581
奮藻	本朝	正597
奮飛す	白氏	續581
奮涌す	文選	正313
奮勵す	白氏	續581
奮發す	文選	正313
奮發す	白氏	續581
奮竦す	文選	正313
奮撝す	文選	正313
粉	文選	正313
粉	本朝	正597
粉	白氏	續581
粉す	白氏	續581
粉妓	本朝	正597
粉色	白氏	續581
粉節	白氏	續581
粉霜	白氏	續581
粉黛	本朝	正597
粉黛	白氏	續581
粉壁	白氏	續581
粉片	白氏	續581
粉墨	本朝	正597
粉澤	本朝	正597
粉牆	白氏	續581
粉蘗	白氏	續581

紛闠	白氏　續581	紛紜	白氏　續581	文栢	遊仙　正95
糞	法華　正423	紛綸	文選　正313	文巻	白氏　續580
糞車	文選　正313	紛葩	文選　正313	文官	本朝　正596
糞上	文選　正313	紛藹す	文選　正313	文竿	文選　正312
糞土	論語　正71	紛諍	文選　正313	文簡	文選　正312
糞土	文選　正313	紛糅	本朝　正597	文簡公	文選　正312
糞土	法華　正423	紛猋	文選　正313	文翰	白氏　續580
糞土	白氏　續581	雰濁	文選　正313	文記	本朝　正596
糞壌	文選　正313	雰雰	白氏　續582	文軌	文選　正312
糞壌	白氏　續581	雰埃	文選　正313	文義	文選　正312
紛	文選　正313	雰祲	文選　正313	文客	白氏　續580
紛	白氏　續581	雰霏	文選　正313	文魚	文選　正312
紛錯	文選　正313	菅原文時	本朝　正597	文欽	文選　正312
紛錯す	文選　正313	文	論語　正71	文禽	文選　正312
紛擾	白氏　續581	文	文選　正312	文句	白氏　續580
紛擾す	文選　正313	文	本朝　正596	文君	文選　正312
紛然	文選　正313	文	白氏　續580	文君	白氏　續580
紛然	本朝　正597	文(人名)	文選　正312	文景	文選　正312
紛然	白氏　續581	文(人名)	白氏　續580	文景	白氏　續580
紛阻	白氏　續581	文漪	本朝　正596	文桂	白氏　續580
紛濁	文選　正313	文す	白氏　續580	文憲	文選　正312
紛沌	文選　正313	文のこと	宇津　正724	文憲	白氏　續580
紛虹	文選　正313	文のて	宇津　正724	文軒	文選　正312
紛半	文選　正313	文案	文選　正312	文言	白氏　續580
紛披す	文選　正313	文案	本朝　正596	文狐	文選　正312
紛飛	本朝　正597	文杏	文選　正312	文侯	文選　正312
紛敷	文選　正313	文苑	白氏　續581	文光	文選　正312
紛敷す	文選　正313	文王	論語　正71	文公	論語　正71
紛紛	文選　正313	文王	文選　正313	文公	文選　正312
紛紛	白氏　續581	文王	本朝　正597	文后	文選　正312
紛々	本朝　正597	文王	白氏　續581	文皇	白氏　續580
紛紛翼翼	文選　正313	文王	源氏　正853	文皇帝	文選　正312
紛々焉	本朝　正597	文翁	白氏　續581	文皇帝	本朝　正596
紛文	文選　正313	文襖	白氏　續580	文考	文選　正312
紛蒙	本朝　正597	文化	文選　正312	文行	白氏　續580
紛乱	本朝　正597	文華	文選　正312	文告	文選　正312
紛拏	白氏　續581	文華	本朝　正596	文彩	文選　正312
紛糅	文選　正313	文華	白氏　續580	文彩	本朝　正596
紛紜	文選　正313	文雅	文選　正312	文彩	白氏　續580
紛紜	本朝　正597	文雅	白氏　續580	文才	白氏　續580

文采	文選	正312
文采	本朝	正596
文采	白氏	續580
文犀	文選	正312
文史	文選	正312
文士	本朝	正597
文士	白氏	續580
文子	論語	正71
文子	本朝	正597
文子	白氏	續580
文子（書名）	文選	正312
文子（人名）	文選	正312
文思	文選	正312
文思	本朝	正597
文思	白氏	續580
文詞	白氏	續580
文事	本朝	正597
文字	文選	正312
文字	白氏	續580
文時	本朝	正597
文辞	本朝	正597
文質	論語	正71
文質	文選	正312
文質	本朝	正597
文質	白氏	續580
文蛇	文選	正312
文若	文選	正312
文殊	文選	正312
文儒	文選	正312
文儒	白氏	續580
文宗	白氏	續580
文宗（人名）	白氏	續580
文終侯	文選	正312
文集	白氏	續580
文叔良	文選	正312
文書	文選	正312
文書	本朝	正597
文書	白氏	續580
文書等	白氏	續580
文昌	文選	正312
文昌	白氏	續580
文昌（人名）	白氏	續580
文章	論語	正71
文章	遊仙	正95
文章	文選	正312
文章	本朝	正597
文章	白氏	續580
文章院	本朝	正597
文章儀式	本朝	正597
文場	本朝	正597
文場	白氏	續581
文身	文選	正312
文身	白氏	續580
文人	文選	正312
文人	本朝	正597
文人	白氏	續580
文性	白氏	續580
文成	文選	正312
文成	白氏	續580
文成侯	文選	正312
文星	本朝	正597
文星	白氏	續580
文石	文選	正312
文籍	文選	正312
文籍	本朝	正597
文籍院	本朝	正597
文跡	本朝	正597
文宣王	文選	正312
文宣王	本朝	正597
文選	文選	正312
文祖	文選	正312
文祖	白氏	續580
文奏	文選	正312
文草	本朝	正596
文藻	本朝	正596
文藻	白氏	續580
文仲	文選	正312
文暢上人	白氏	續581
文鳥	本朝	正597
文通	文選	正312
文亭	本朝	正597
文貞	白氏	續581
文帝	文選	正312
文帝	本朝	正597
文帝	白氏	續581
文頭	白氏	續581
文道	本朝	正597
文道	白氏	續580
文徳	論語	正71
文虹	文選	正312
文虹	本朝	正596
文伯	白氏	續581
文拍牀	白氏	續581
文範先生	文選	正312
文弼	白氏	續581
文筆	本朝	正597
文筆	白氏	續581
文筆式	本朝	正597
文姫	白氏	續580
文賓	本朝	正597
文布	白氏	續581
文府	文選	正313
文武	論語	正71
文武	文選	正313
文武	本朝	正597
文武	白氏	續581
文武（人名）	文選	正313
文武（人名）	白氏	續581
文武官	白氏	續581
文武孝皇帝陛下	白氏	續581
文武常参	白氏	續581
文物	文選	正313
文物	白氏	續581
文陛	文選	正313
文篇	白氏	續581
文簿	文選	正313
文法	本朝	正597
文法	白氏	續581
文房	白氏	續581

文墨　文選　正313
文墨　白氏　續581
文命　文選　正313
文明　文選　正313
文明　白氏　續581
文友　本朝　正596
文友　白氏　續580
文雄　本朝　正596
文吏　文選　正313
文吏　本朝　正597
文履　文選　正313
文理　文選　正313
文理　白氏　續581
文律　文選　正313
文律　白氏　續581
文力　白氏　續581
文林　本朝　正597
文琳　本朝　正597
文鱗　文選　正313
文令　文選　正313
文郎中　本朝　正597
文會　本朝　正596
文冕　文選　正313
文囿　文選　正312
文學　論語　正71
文學　文選　正312
文學　本朝　正596
文學　白氏　續580
文岑　白氏　續580
文擧　白氏　續580
文條　文選　正312
文榱　文選　正312
文獻　論語　正71
文獻　白氏　續580
文獻始興公　白氏　續580
文壁　文選　正313
文畧　白氏　續581
文綺　文選　正312
文綵　文選　正312
文綵　本朝　正596
文聲　本朝　正597
文臺　宇津　正724
文臺　源氏　正853
文茵　白氏　續580
文藝　白氏　續580
文袠　文選　正312
文貍　文選　正313
文躰　本朝　正597
文軫　文選　正312
文辭　文選　正312
文辭　白氏　續580
文鉞　文選　正312
文韜　本朝　正597
文韶　文選　正312
文駟　文選　正312
文體　文選　正312
文體　本朝　正597
文鷁　文選　正312
文德　文選　正312
文德　白氏　續581
文敎　文選　正312
文敎　本朝　正596
文敎　白氏　續580
文櫰　文選　正312
文璫　文選　正312
文轂　文選　正312
文菀　本朝　正596
文虵　文選　正312
文魮　文選　正312
文鰩　文選　正312
文字　土左　正660
聞　論語　正71
聞　文選　正313
聞　白氏　續581
聞す　文選　正313
聞す　本朝　正597
聞す　白氏　續581
聞喜　文選　正313
聞喜縣　文選　正313
聞見　文選　正313
聞見　白氏　續581
聞薦　白氏　續581
聞薦す　白氏　續581
聞奏す　白氏　續581
聞達　文選　正313
聞達　白氏　續581
聞知　白氏　續581
聞知す　白氏　續581
聞奉す　白氏　續581
聞望　白氏　續581
聞望す　白氏　續581
聞訃　白氏　續581
聞鞞　白氏　續581
葐蒀　文選　正313
問　論語　正71
問王　論語　正71
悶癢す　文選　正312
刎頸　文選　正311
刎頸　本朝　正596
刎頸　白氏　續580
忿恨　文選　正312
忿怒　文選　正312
忿戾　論語　正71
忿戾　文選　正312
忿忿　文選　正312
忿悁　文選　正312
忿争　白氏　續580
忿争す　白氏　續580
枌梓　文選　正313
枌邑　文選　正313
枌楡　文選　正313
枌栱　文選　正313
枌橑　文選　正313
枌櫝　文選　正313
氛　文選　正313
氛霜　文選　正313
氛霧　文選　正313
氛埃　文選　正313
氛埃　白氏　續581
氛慝　文選　正313

氛旄 文選 正313
氛雜 文選 正313
氛厲 文選 正313
氛孽 白氏 續581
氛昏 文選 正313
氛氳 文選 正313
氛氳 白氏 續581
汾陰 文選 正313
汾陰 本朝 正597
汾雲 白氏 續581
汾河 文選 正313
汾水 文選 正313
汾水 本朝 正597
汾水 白氏 續581
汾溶 文選 正313
汾陽 文選 正313
汾陽 本朝 正597
汾晉 白氏 續581
汾沄 文選 正313
分鬱 文選 正313
芬 文選 正313
芬 白氏 續581
芬郁 本朝 正597
芬華 文選 正313
芬華 白氏 續582
芬馨 白氏 續582
芬若 文選 正313
芬敷 本朝 正597
芬芳 文選 正313
芬芳 本朝 正597
芬澤 文選 正313
芬芬 文選 正313
芬葩 文選 正313
芬藉 文選 正313
芬馥 文選 正313
芬馥 本朝 正597
芬馥す 白氏 續582
賁 文選 正313
賁育 文選 正313
賁鼓 文選 正313
賁然 白氏 續582
賁父 文選 正313
閺參 文選 正313
坌涌 文選 正312
棼絲 白氏 續581
棼楣 文選 正313
棼橑 文選 正313
汶 論語 正71
汶江 文選 正313
汶陽 文選 正313
湓流 文選 正313
朌然 白氏 續581
蕡實 文選 正313
轒轀 文選 正313
闤鄉 文選 正313
闤鄉 白氏 續582
鱝鼃 文選 正313
鼖鼓 文選 正313

【へ】

別當 蜻蛉 正750
潎潎 白氏 續583
荓 文選 正314
荓實 文選 正314
陪從 蜻蛉 正750
陪從 源氏 正853
批河(中) 白氏 續583
評 白氏 續584
評す 文選 正314
評す 白氏 續584
評事 白氏 續584
評奏す 白氏 續584
病 論語 正71
病 文選 正314
病 本朝 正597
病 白氏 續584
病す 白氏 續584
病翁 白氏 續584
病官 白氏 續584
病患 白氏 續584
病間 白氏 續584
病眼 白氏 續584
病起 白氏 續584
病客 白氏 續584
病脚 白氏 續584
病居士 白氏 續584
病苦 白氏 續584
病形 白氏 續584
病後 白氏 續584
病口 白氏 續584
病根 本朝 正597
病根 白氏 續584
病妻 白氏 續584
病者 白氏 續584
病樹 白氏 續584
病心 白氏 續584
病臣 本朝 正597
病身 白氏 續584
病雀 本朝 正597
病雀 白氏 續584
病拙 白氏 續584
病僧 白氏 續584
病中 白氏 續584
病痛 白氏 續584
病鶴 白氏 續584
病肺 白氏 續584
病判 白氏 續584
病夫 白氏 續584
病腹 白氏 續584
病癖 白氏 續584
病眠 白氏 續584
病免 白氏 續584
病免す 白氏 續584
病木 白氏 續584
病容 白氏 續584
病累 本朝 正597
病老 白氏 續584
病來 白氏 續584
病假 白氏 續584
病叟 白氏 續584

病懷　白氏　續584
病痺す　白氏　續584
病羸　白氏　續584
病藥　白氏　續584
病醉　白氏　續584
病餘　白氏　續584
病駭　白氏　續584
病鬢　白氏　續584
病梨　白氏　續584
病鬓　白氏　續584
病鶴　本朝　正597
瓶　白氏　續583
瓶子　宇津　正724
瓶子　源氏　正853
瓶中　白氏　續583
瓶壺　文選　正314
瓶甒　文選　正314
部從　宇津　正724
獘邑　文選　正313
獘帷　文選　正313
丙穴　文選　正313
丙午　白氏　續582
丙申朔　白氏　續582
丙丁　文選　正313
丙寅　白氏　續582
丙律　本朝　正597
併性す　文選　正313
併憂　白氏　續582
兵　論語　正71
兵　文選　正313
兵　本朝　正597
兵　白氏　續582
兵威　白氏　續582
兵衛　白氏　續582
兵革　文選　正313
兵革　白氏　續582
兵機　本朝　正597
兵機　白氏　續582
兵庫　文選　正313
兵後　白氏　續582
兵甲　白氏　續582
兵合　白氏　續582
兵災救療　白氏　續582
兵士　本朝　正597
兵士　白氏　續582
兵事　白氏　續582
兵車　論語　正71
兵戎　白氏　續582
兵書　白氏　續582
兵丈　白氏　續582
兵杖　本朝　正597
兵刃　白氏　續582
兵籍　白氏　續582
兵曹　白氏　續582
兵田　白氏　續582
兵馬　白氏　續582
兵馬使　白氏　續582
兵馬留後　白氏　續582
兵馬留後判官　白氏　續582
兵符　白氏　續582
兵賦　白氏　續582
兵部　白氏　續582
兵部員外郎　白氏　續582
兵部侍郎　白氏　續582
兵部少錄　本朝　正597
兵部尚書　白氏　續582
兵部楊侍郎　白氏　續582
兵部李尚書　白氏　續582
兵部郎中　本朝　正597
兵部郎中　白氏　續582
兵部郎中知制誥　白氏　續582
兵柄　白氏　續582
兵法　文選　正313
兵要　本朝　正597
兵要　白氏　續582
兵欄　本朝　正597
兵略　白氏　續582
兵力　白氏　續582
兵力　白氏　續582
兵仗　本朝　正597
兵塋　文選　正313
兵戈　本朝　正597
兵數　白氏　續582
兵權　文選　正313
兵權　白氏　續582
兵氣　白氏　續582
兵寇　白氏　續582
塀　宇津　正724
塀とも　源氏　正853
幣　文選　正314
幣　白氏　續582
幣役　文選　正314
幣帛　文選　正314
平　文選　正314
平　本朝　正597
平　白氏　續582
平(人名)　文選　正314
平(注)　白氏　續582
平す　文選　正314
平安　白氏　續582
平安好　白氏　續582
平夷　文選　正314
平夷す　文選　正314
平易　白氏　續582
平允　白氏　續582
平陰　文選　正314
平蔚　文選　正314
平遠　白氏　續583
平王　論語　正71
平王　文選　正314
平岡　文選　正314
平穩　白氏　續583
平河　白氏　續582
平滑　白氏　續583
平簡公　白氏　續583
平岸　白氏　續582
平季　白氏　續583
平議　本朝　正597
平丘　文選　正314

平居 白氏 續583
平居す 文選 正314
平橋 白氏 續583
平均 論語 正71
平均 文選 正314
平均 本朝 正597
平均 白氏 續583
平均調節 白氏 續583
平刑 白氏 續583
平慧 文選 正314
平原 文選 正314
平原 本朝 正597
平原 白氏 續583
平原（人名） 文選 正314
平湖 白氏 續583
平呉 文選 正314
平公 本朝 正597
平后 文選 正314
平江 白氏 續582
平沙 白氏 續583
平皐 文選 正314
平皐 本朝 正597
平子 文選 正314
平子 白氏 續583
平施す 白氏 續583
平時 白氏 續583
平治す 白氏 續583
平叔 白氏 續583
平昌縣 白氏 續583
平章 遊仙 正95
平章 文選 正314
平章 白氏 續583
平章事 白氏 續583
平城 文選 正314
平城天子 本朝 正597
平人 文選 正314
平人 白氏 續583
平粋 文選 正314
平世 文選 正314
平生 論語 正71
平生 遊仙 正95
平生 文選 正314
平生 本朝 正597
平生 白氏 續583
平泉 白氏 續583
平善 白氏 續583
平楚 文選 正314
平素 文選 正314
平素 本朝 正597
平泰 白氏 續583
平代 文選 正314
平旦 文選 正314
平旦 本朝 正597
平旦 白氏 續583
平地 論語 正71
平地 本朝 正597
平地 白氏 續583
平池 白氏 續583
平仲 文選 正314
平仲 白氏 續583
平仲 源氏 正853
平直 文選 正314
平津 文選 正314
平津 本朝 正597
平津 白氏 續583
平津池 白氏 續583
平定 白氏 續583
平帝 本朝 正597
平徹 文選 正314
平塗 文選 正314
平塗 白氏 續583
平度 文選 正314
平等 白氏 續583
平頭 本朝 正597
平頭 白氏 續583
平内侍 源氏 正853
平内侍のすけ 源氏 正853
平日 本朝 正597
平判 白氏 續583
平蕪 白氏 續583
平封 白氏 續583
平復 本朝 正597
平分 白氏 續583
平分す 文選 正314
平分す 白氏 續583
平圃 文選 正314
平勃 文選 正314
平民 文選 正314
平明 文選 正314
平明 白氏 續583
平陽 文選 正314
平陽 白氏 續583
平流 白氏 續583
平涼 白氏 續583
平林 文選 正314
平路 文選 正314
平路 白氏 續583
平露 本朝 正597
平和 白氏 續583
平于 文選 正314
平國 文選 正314
平國君 文選 正314
平樂 文選 正314
平衍 文選 正314
平糴 白氏 續583
平聲 本朝 正597
平臺 文選 正314
平臺 本朝 正597
平臺 白氏 續583
平莽 文選 正314
平衢 文選 正314
平逵 文選 正314
平隰 文選 正314
平齊 白氏 續583
弊 論語 正71
弊 白氏 續583
弊す 白氏 續583
弊衣 白氏 續583
弊居 白氏 續583
弊句 白氏 續583

弊絹　本朝　正597
弊事　白氏　續583
弊政　白氏　續583
弊俗　本朝　正597
弊宅　白氏　續583
弊文　白氏　續583
弊法　白氏　續583
弊帛　本朝　正597
弊帷　白氏　續583
弊廬　白氏　續583
弊袍　白氏　續583
弊裘　白氏　續583
柄　文選　正314
並命　白氏　續582
蔽　文選　正314
蔽す　文選　正314
蔽蕩　白氏　續584
蔽瘞　文選　正314
蔽瘞す　文選　正314
蔽鄣す　文選　正314
閉　白氏　續584
閉塞す　法華　正423
閉否す　白氏　續584
陛　白氏　續584
陛下　文選　正314
陛下　本朝　正598
陛下　白氏　續584
陛制す　文選　正314
陛殿　文選　正314
米粟　白氏　續584
米塩　本朝　正597
米泉　白氏　續584
米椀　白氏　續584
箳篁す　白氏　續584
梐圄　本朝　正597
吠犬　本朝　正597
迷執　白氏　續584
迷執す　白氏　續584
迷者　白氏　續584
迷情　本朝　正597
迷鳥　文選　正314
迷塗　白氏　續584
迷復　白氏　續584
迷蒙す　白氏　續584
迷路　白氏　續584
迷惑　文選　正314
迷惑す　文選　正314
迷惑す　本朝　正597
迷懼　本朝　正597
迷樓　白氏　續584
餅　白氏　續585
餅餌　白氏　續585
餅果　白氏　續585
餅果等　白氏　續585
餅餤　枕冊　正783
崥崹　文選　正314
蕨宅　白氏　續584
辨章　文選　正314
娉す　文選　正313
娉財　白氏　續582
娉婷　遊仙　正95
娉婷　白氏　續582
娉婷す　白氏　續582
嬖す　白氏　續582
嬖人　文選　正313
嬖寵　白氏　續582
嬖惑　白氏　續582
嬖褒　文選　正313
屏　白氏　續582
屏除　白氏　續582
屏除す　白氏　續582
屏障　白氏　續582
屏風　白氏　續582
屏營　白氏　續582
屏營す　白氏　續582
屏帷　白氏　續582
屏幃　白氏　續582
屏翳　白氏　續582
屛　論語　正71
敝　文選　正314
敝人　文選　正314
敝俗　文選　正314
敝邑　文選　正314
敝廬　文選　正314
斃　白氏　續583
斃す　白氏　續583
瀰瀰　文選　正314
炳　文選　正314
炳　白氏　續583
炳然　文選　正314
炳然儼然　白氏　續583
炳炳煒煒　文選　正314
炳焉　文選　正314
炳焉　白氏　續583
炳煥　文選　正314
炳靈　文選　正314
炳晬　文選　正314
睥睨す　白氏　續584
秉す　白氏　續583
秉持す　白氏　續583
秉燭　本朝　正597
秉燭　白氏　續583
聘　文選　正314
聘　白氏　續584
聘す　文選　正314
聘す　白氏　續584
聘財　白氏　續584
聘納　文選　正314
聘禮　文選　正314
苹　文選　正314
苹苹　文選　正314
萍　文選　正314
萍　本朝　正597
萍　白氏　續584
萍梗　白氏　續584
薜衣　白氏　續584
薜葉　白氏　續584
薜蘿　本朝　正597
薜蘿　白氏　續584
薜荔　文選　正314

薜茘　白氏　續584
袂　白氏　續584
騁す　白氏　續585
騁望　文選　正314
駢闐　文選　正314
駢馳翼軀す　文選　正314
駢田　文選　正314
駢塡　文選　正314
麛麌　文選　正314
鼂鼊　文選　正314
伻す　文選　正313
屏　文選　正313
屏居す　文選　正314
屏室　文選　正314
屏風　文選　正314
屏營　文選　正313
屏營　本朝　正597
屏營す　文選　正313
屏營延仰す　文選　正313
屏帷　本朝　正597
屏幔　枕冊　正783
屏翳　文選　正313
帡風　白氏　續583
并　文選　正314
并す　白氏　續583
并介　文選　正314
并兼　文選　正314
并兼　本朝　正597
并州　文選　正314
并州　白氏　續583
并知本州鑄錢事
　白氏　續583
并吞す　文選　正314
并包　文選　正314
并奔す　文選　正314
并夾　文選　正314
并柯　文選　正314
并櫚　文選　正314
并汾　白氏　續583
并閭　文選　正314
枰櫨　文選　正314
栟櫚　文選　正314
栟櫚　白氏　續583
砰宕　文選　正314
缾　白氏　續584
蓂莢　文選　正314
聘　本朝　正598
聘命　本朝　正598
軿輅　文選　正314
迸脱　文選　正314
邴　文選　正314
邴　白氏　續584
邴吉　文選　正314
邴吉　本朝　正597
邴吉　白氏　續584
邴蒸相　本朝　正597
邴生　文選　正314
鞞　文選　正314
鸊*卯　白氏　續585
鼙*鼓　白氏　續585
鼙鼓　文選　正314
鼙鼓　白氏　續585
猋禽　文選　正315
猋狡　文選　正315
軿礚　文選　正315
篻簩　文選　正315
杓直　白氏　續585
彪　白氏　續585
標　文選　正315
標　白氏　續585
標す　文選　正315
標す　白氏　續585
標格　白氏　續585
標勝　文選　正315
標表す　白氏　續585
標榜　白氏　續585
氷凍　本朝　正598
氷兒　本朝　正598
氷壺　本朝　正598
氷綃　本朝　正598
漂　文選　正315
漂寄す　白氏　續585
漂棄す　白氏　續585
漂疾　文選　正315
漂水　白氏　續585
漂水府君　白氏　續585
漂水縣　白氏　續585
漂蕩す　白氏　續585
漂泊　白氏　續585
漂泊す　白氏　續585
漂漂　文選　正315
漂漂　白氏　續585
漂亡す　本朝　正598
漂没　本朝　正598
漂没す　本朝　正598
漂流　本朝　正598
漂流　白氏　續585
漂流す　法華　正423
漂流す　白氏　續585
漂淩す　文選　正315
漂零　白氏　續585
漂淪す　白氏　續585
漂淪憔悴す　白氏　續585
漂霰　文選　正315
瓢箪　本朝　正598
表　文選　正315
表　本朝　正598
表　白氏　續585
表　宇津　正724
表　源氏　正853
表す　文選　正315
表す　法華　正423
表す　本朝　正598
表す　白氏　續585
表異　文選　正315
表餌　白氏　續585
表下　本朝　正598
表賀す　白氏　續585
表翰　本朝　正598
表旗　白氏　續585

表記　文選　正315
表記　本朝　正598
表儀　本朝　正598
表啓　文選　正315
表候　本朝　正598
表紙　源氏　正853
表誌　白氏　續585
表章　本朝　正598
表章　白氏　續585
表上　本朝　正598
表正す　白氏　續585
表請す　白氏　續585
表疏　白氏　續585
表奏　文選　正315
表奏　本朝　正598
表奏　白氏　續585
表奏す　白氏　續585
表則　白氏　續585
表白　本朝　正598
表白文　本朝　正598
表函　白氏　續585
表函す　本朝　正598
表分　白氏　續585
表明す　白氏　續585
表門　文選　正315
表揚す　文選　正315
表裏　文選　正315
表裏　本朝　正598
表裏　白氏　續585
表裏す　白氏　續586
表率　白氏　續585
表率す　白氏　續585
表來　白氏　續585
表旌す　白氏　續585
表蹠す　文選　正315
豹　遊仙　正95
豹　文選　正315
豹　本朝　正598
豹(人名)　文選　正315
豹虎　白氏　續586
豹尾　文選　正315
豹尾　白氏　續586
豹螭　文選　正315
廟　論語　正71
廟　文選　正315
廟　本朝　正598
廟　白氏　續585
廟す　白氏　續585
廟雲　本朝　正598
廟居　白氏　續585
廟饗す　白氏　續585
廟主　白氏　續585
廟勝　文選　正315
廟前　白氏　續585
廟壇　本朝　正598
廟中　文選　正315
廟庭　本朝　正598
廟桃　文選　正315
廟堂　文選　正315
廟堂　本朝　正598
廟謀　文選　正315
廟謀　白氏　續585
廟貌　白氏　續585
廟門　文選　正315
廟謨　白氏　續585
廟筭　文選　正315
廟筭　白氏　續585
苗　文選　正315
苗　白氏　續585
苗す　文選　正315
苗胤　本朝　正598
苗緒　本朝　正598
苗人　白氏　續585
苗人　白氏　續585
苗裔　遊仙　正95
苗裔　文選　正315
苗扈　文選　正315
苗愔　白氏　續585
漻虛　本朝　正598
妙　文選　正315
妙　本朝　正598
妙音　文選　正315
妙音　本朝　正598
妙果　本朝　正598
妙簡　本朝　正598
妙妓　文選　正315
妙曲　文選　正315
妙曲　本朝　正598
妙句　文選　正315
妙句　本朝　正598
妙巧　文選　正315
妙材　文選　正315
妙思　本朝　正598
妙指　文選　正315
妙詩　文選　正315
妙質　文選　正315
妙絶　遊仙　正95
妙絶　文選　正315
妙善　文選　正315
妙足　文選　正315
妙態　文選　正315
妙道　文選　正315
妙年　文選　正315
妙微　文選　正315
妙姫　文選　正315
妙舞　文選　正315
妙舞　本朝　正598
妙物　文選　正315
妙有　文選　正315
妙理　文選　正315
妙理　本朝　正598
妙略　文選　正315
妙戲　文選　正315
妙綵　文選　正315
妙聲　文選　正315
妙觀す　文選　正315
妙譽　文選　正315
妙韵　本朝　正598
妙靡　文選　正315
剽急　文選　正315

剽刧	本朝	正598
剽虜	文選	正315
剽剽	文選	正315
嫖姚	文選	正315
慓	文選	正315
憑河	論語	正71
杪	白氏	續585
杪顚	文選	正315
渺	白氏	續585
渺漫	白氏	續585
渺渺	白氏	續585
渺々	本朝	正598
渺瀰	文選	正315
渺瀰	白氏	續585
渺茫	白氏	續585
眇	文選	正315
眇	白氏	續585
眇婧	文選	正315
眇爾	文選	正315
眇小	文選	正315
眇身	文選	正315
眇身	本朝	正598
眇身	白氏	續585
眇然	文選	正315
眇然	白氏	續585
眇代	本朝	正598
眇默	文選	正315
眇默	白氏	續585
眇焉	文選	正315
眇焉	本朝	正598
眇眇	文選	正315
眇眇	白氏	續585
眇々	本朝	正598
眇茫	白氏	續585
眇邈	遊仙	正95
縹	文選	正315
縹酒	文選	正315
縹囊	文選	正315
縹碧	文選	正315
縹瓷	文選	正315
縹眇	本朝	正598
縹緲	白氏	續585
縹緲す	白氏	續585
縹繚潎洌	文選	正315
縹囊	白氏	續585
藐	文選	正315
貌言	本朝	正598
飄	文選	正315
飄	白氏	續586
飄す	文選	正315
飄す	白氏	續586
飄寄	文選	正315
飄騎太將軍	白氏	續586
飄忽	文選	正315
飄忽	白氏	續586
飄爾	文選	正315
飄人	白氏	續586
飄塵	文選	正315
飄然	文選	正315
飄然	白氏	續586
飄然悦然	白氏	續586
飄燥す	白氏	續586
飄墜す	白氏	續586
飄蕩	白氏	續586
飄泊	白氏	續586
飄薄	文選	正315
飄風	文選	正315
飄風	白氏	續586
飄揚	文選	正316
飄揚す	文選	正316
飄落	本朝	正598
飄落す	白氏	續586
飄零	文選	正316
飄零	白氏	續586
飄零す	白氏	續586
飄國王	白氏	續586
飄國樂	白氏	續586
飄灑す	白氏	續586
飄焉	文選	正315
飄翔す	文選	正315
飄蕭	白氏	續586
飄飄	文選	正316
飄飄	白氏	續586
飄飄す	文選	正316
飄飄焉	文選	正316
飄撇	文選	正316
飄颻す	文選	正316
飄颻	文選	正315
飄颻	本朝	正598
飄颻	白氏	續586
飄颻す	文選	正315
飄颻す	白氏	續586
飇飇	文選	正315
剽	文選	正315
馮夷	文選	正314
馮虛	文選	正315
馮虛公子	文選	正315
馮熊	文選	正314
馮公	文選	正314
馮相	文選	正314
馮都尉	文選	正315
馮媛	文選	正315
馮文熊	文選	正315
馮陵す	文選	正315
馮應す	文選	正315
馮豕	文選	正315
馮諼	文選	正314
驃騎	文選	正316
驃騎大將軍	文選	正316
驃樂	白氏	續586
驃衞	文選	正316
淼茫	本朝	正598
淼茫	白氏	續585
淼々	本朝	正598
僄狡	文選	正314
廟	論語	正71
廟	本朝	正598
廟意	本朝	正598
廟基	本朝	正598
廟社	本朝	正598

庿前　本朝　正598
庿藉　本朝　正598
彯す　文選　正315
彯禽　文選　正315
彯沙　文選　正315
彯揺　文選　正315
彯輕　文選　正315
彯撇　文選　正315
摽　文選　正315
摽す　文選　正315
摽危　文選　正315
摽擧す　文選　正315
摽牓す　文選　正315
焱　文選　正315
熛起す　文選　正315
熛炭　文選　正315
熛怒　文選　正315
熛闕　文選　正315
猋忽　文選　正315
臕　白氏　續585
藨苧　文選　正315
鄜　白氏　續586
鄜城　白氏　續586
鄜城府君　白氏　續586
鄜城縣　白氏　續586
鄜帥　白氏　續586
鑣す　文選　正315
鑣駕　文選　正315
鑣轡　文選　正315
飇　文選　正316
飇塵　文選　正316
飇流　文選　正316
鈲摫　文選　正316
熐蠡　文選　正316
僻　白氏　續586
僻遠　文選　正316
僻左　文選　正316
僻主　文選　正316
僻脱す　文選　正316
僻處　白氏　續586
僻陋　白氏　續586
壁　本朝　正598
壁璒　本朝　正598
壁上　白氏　續586
壁水　本朝　正598
壁立　文選　正316
壁立す　文選　正316
壁立す　白氏　續586
壁壘　文選　正316
癖　本朝　正598
癖　白氏　續586
癖習　白氏　續586
碧　白氏　續586
碧衣　白氏　續586
碧雲　文選　正316
碧雲　白氏　續586
碧雲英　白氏　續586
碧煙　白氏　續586
碧牙　白氏　續586
碧海　白氏　續586
碧澗　文選　正316
碧玉　遊仙　正95
碧玉　文選　正316
碧玉　本朝　正598
碧玉　白氏　續586
碧空　白氏　續586
碧鷄　本朝　正598
碧股　白氏　續586
碧梧　白氏　續586
碧沙　文選　正316
碧慈　白氏　續586
碧滋　文選　正316
碧紗　白氏　續586
碧紗窓　白氏　續586
碧樹　文選　正316
碧色　文選　正316
碧水　本朝　正598
碧嵩　白氏　續586
碧線　白氏　續586
碧鮮　白氏　續586
碧窻　本朝　正598
碧草　白氏　續586
碧丹　文選　正316
碧天　白氏　續586
碧桃　白氏　續586
碧洞　本朝　正598
碧波亭　本朝　正598
碧波亭　白氏　續586
碧峯　白氏　續586
碧芳　白氏　續586
碧幌　白氏　續586
碧油　白氏　續586
碧油幢　白氏　續586
碧葉　白氏　續586
碧羅山　本朝　正598
碧落　本朝　正598
碧落　白氏　續587
碧落す　白氏　續587
碧欄　本朝　正598
碧流　白氏　續587
碧琉璃　白氏　續587
碧龍　白氏　續587
碧琳　文選　正316
碧瑠璃　本朝　正598
碧嶺　文選　正316
碧嶺　本朝　正598
碧露　本朝　正598
碧巖　本朝　正598
碧幢　白氏　續586
碧毯　白氏　續586
碧潭　遊仙　正95
碧潭　本朝　正598
碧潭　白氏　續586
碧珮　白氏　續586
碧璋　文選　正316
碧甃　白氏　續586
碧砌　白氏　續586
碧簟　白氏　續586
碧籌　白氏　續586
碧縷　白氏　續587

碧腴雲膏 白氏 續586
碧氊帳 白氏 續586
碧窻 白氏 續586
碧綃 白氏 續586
碧黄 白氏 續587
碧雞 文選 正316
嬖妾 白氏 續586
汨 文選 正316
汨渚 文選 正316
汨羅 文選 正316
汨羅 白氏 續586
璧 文選 正316
璧 本朝 正598
璧 白氏 續586
璧す 文選 正316
璧瑛 文選 正316
璧水 遊仙 正95
璧水 本朝 正598
璧門 文選 正316
璧羔 文選 正316
璧臺 白氏 續586
璧璫 文選 正316
璧璫 白氏 續586
羃羃 白氏 續587
羃䐋 白氏 續587
薜莎 文選 正316
薜蘿 文選 正316
薜荔 文選 正316
襞積 文選 正316
襞襀す 文選 正316
辟 論語 正71
辟彊 文選 正316
辟彊 本朝 正598
辟公 論語 正71
辟書 文選 正316
辟土 白氏 續587
辟命 本朝 正598
辟命 白氏 續587
辟廱 文選 正316
辟雍 文選 正316
辟雍 白氏 續587
辟穀 白氏 續587
辟芷 文選 正316
霹靂 遊仙 正95
霹靂 文選 正316
擗摽す 文選 正316
䴙鷉 文選 正316
別 枕冊 正783
別當 枕冊 正783
別 論語 正71
別 文選 正316
別 本朝 正598
別 白氏 續587
別 源氏 正853
別意 白氏 續587
別院 本朝 正598
別駕 本朝 正598
別駕 白氏 續587
別駕府君 白氏 續587
別館 本朝 正598
別舘 文選 正316
別宮 本朝 正598
別境 白氏 續587
別業 文選 正316
別業 本朝 正598
別業 白氏 續587
別曲 白氏 續587
別計 白氏 續587
別牽 白氏 續587
別後 白氏 續587
別功 本朝 正598
別鵠 白氏 續587
別恨 本朝 正598
別恨 白氏 續587
別座 本朝 正598
別使 白氏 續587
別紙 本朝 正598
別紙 白氏 續587
別資 白氏 續587
別時 白氏 續587
別爵 本朝 正598
別緒 遊仙 正95
別緒 本朝 正598
別詔 白氏 續587
別情 白氏 續587
別臣 白氏 續587
別進す 本朝 正598
別人 白氏 續587
別世 文選 正316
別勅 本朝 正598
別鶴 文選 正316
別鶴操 白氏 續587
別弟 本朝 正598
別殿 文選 正316
別島 文選 正316
別当 源氏 正853
別当とも 源氏 正853
別当大納言 源氏 正853
別屯 白氏 續587
別納 源氏 正853
別白 文選 正316
別物 白氏 續587
別方 本朝 正598
別容 白氏 續587
別葉 文選 正316
別葉 白氏 續587
別理 文選 正316
別離 文選 正316
別離 白氏 續587
別離す 遊仙 正95
別離す 文選 正316
別離す 白氏 續587
別淚 本朝 正598
別路 本朝 正598
別録 白氏 續587
別録す 白氏 續587
別來 白氏 續587
別營 文選 正316
別墅 白氏 續587
別寢 文選 正316

別數	白氏	續587
別當	本朝	正598
別筵	白氏	續587
別隝	文選	正316
別鶴	遊仙	正95
別納	宇津	正724
別當	宇津	正724
別當どの	宇津	正724
瞥	白氏	續587
瞥然	白氏	續587
瞥瞥	白氏	續587
瞥瞥然	白氏	續587
蔑褸	文選	正316
蔑然	文選	正316
蔑如	文選	正316
蔑如	本朝	正598
蔑如	白氏	續587
滅	文選	正316
滅す	文選	正316
滅す	白氏	續587
滅亡	文選	正316
滅亡	本朝	正598
滅亡す	文選	正316
滅没す	文選	正316
蠛蠓	文選	正316
鼈	文選	正316
鼈	白氏	續587
鼈令	文選	正316
鼈蜃	文選	正316
鼈黿	文選	正316
撇嘗	白氏	續587
撇蒻	白氏	續587
蟣蠓	文選	正316
鷩雉	文選	正316
鷩鵝	文選	正316
辺	蜻蛉	正750
杵射	文選	正317
あを反吐	竹取	正636
偏	論語	正71
偏	文選	正316
偏	本朝	正598
偏	白氏	續587
偏裻	文選	正316
偏つき	源氏	正853
偏愛	遊仙	正95
偏愛	本朝	正598
偏見	本朝	正598
偏絃	文選	正316
偏師	文選	正316
偏師	白氏	續587
偏私	文選	正316
偏執す	本朝	正598
偏舟	文選	正316
偏人	文選	正316
偏帥	文選	正316
偏頗	本朝	正598
偏説	文選	正316
偏説	白氏	續587
偏智	文選	正316
偏梁閣	白氏	續587
偏憐	白氏	續587
偏將	文選	正316
偏將	白氏	續587
偏煦	本朝	正598
偏裨	文選	正316
偏裨	白氏	續587
変	論語	正72
変ず	論語	正72
変化	法華	正423
変化	竹取	正636
変化	宇津	正724
変化	枕冊	正783
変化	源氏	正853
変化し	源氏	正853
変化す	法華	正423
変現	法華	正423
変現す	法華	正423
片	白氏	續588
片雲	本朝	正599
片雲	白氏	續588
片議	文選	正317
片玉	白氏	續588
片月	本朝	正599
片言	論語	正71
片言	文選	正317
片言す	文選	正317
片時	本朝	正599
片心	白氏	續588
片石	白氏	續588
片善	文選	正317
片善	本朝	正599
片善	白氏	續588
片片	本朝	正599
片藝	白氏	續588
眄睞	文選	正317
眄睞す	文選	正317
篇	論語	正72
篇	文選	正317
篇	本朝	正599
篇	白氏	續588
篇詠	白氏	續588
篇簡	本朝	正599
篇翰	文選	正317
篇句	本朝	正599
篇軸	本朝	正599
篇什	文選	正317
篇什	白氏	續588
篇章	論語	正72
篇章	文選	正317
篇章	本朝	正599
篇章	白氏	續588
篇籍	文選	正317
篇篇	白氏	續588
篇末	文選	正317
篇末	白氏	續588
篇目	本朝	正599
篇數	白氏	續588
篇辭	文選	正317
編	論語	正72
編す	白氏	續588

編結　文選　正317
編戸　文選　正317
編戸　本朝　正599
編纂　白氏　續588
編次　白氏　續588
編次す　本朝　正599
編次す　白氏　續588
編集す　白氏　續588
編竹　本朝　正599
編蓬　文選　正317
編房　白氏　續588
編列　文選　正317
編連　文選　正317
編緝　本朝　正599
編都　文選　正317
編錄す　本朝　正599
編錄す　白氏　續588
辺　竹取　正636
辺　宇津　正724
辺　枕冊　正783
扁　枕冊　正783
返却　本朝　正599
返事　本朝　正599
返抄　本朝　正599
返照　白氏　續588
返上　本朝　正599
返進　本朝　正599
返牒　本朝　正599
返納　本朝　正599
返路　文選　正317
返哺　白氏　續588
遍す　本朝　正599
遍す　白氏　續589
遍照　本朝　正599
遍法界　本朝　正599
遍滿す　法華　正423
便　論語　正71
便　白氏　續587
便す　白氏　續587
便安　白氏　續587
便押す　白氏　續587
便宜　白氏　續587
便近　白氏　續587
便道　白氏　續587
便便　論語　正71
便門　文選　正316
便門　白氏　續587
便利　法華　正423
便佞　論語　正71
便佞　白氏　續587
便辟　論語　正71
勉強す　白氏　續587
勉勤す　白氏　續587
勉諭　白氏　續587
勉諭す　白氏　續587
勉勵　文選　正316
勉勵す　白氏　續587
勉贊す　白氏　續587
弁　文選　正316
弁　白氏　續587
弁　宇津　正724
弁　源氏　正853
弁のあま　源氏　正853
弁のあま君　源氏　正853
弁のきみたち　源氏　正853
弁のぬし　宇津　正724
弁の君　宇津　正724
弁の君　源氏　正853
弁の御もと　源氏　正853
弁の少將　源氏　正853
弁官　本朝　正598
弁官　源氏　正853
弁行す　本朝　正598
弁正　本朝　正598
弁説　本朝　正598
弁張す　本朝　正598
弁殿　宇津　正724
弁命婦　源氏　正853
弁論　本朝　正598
弁論執議す　本朝　正598
鞭　本朝　正599
鞭　白氏　續589
鞭す　白氏　續589
鞭蒲　本朝　正599
鞭刑　白氏　續589
鞭責　白氏　續589
鞭草　本朝　正599
鞭朴　白氏　續589
鞭弭櫜鞬　白氏　續589
鞭撻す　白氏　續589
鞭笞す　白氏　續589
鞭箠　文選　正317
免す　文選　正316
免官　文選　正316
免削す　文選　正316
免相　本朝　正598
緬　文選　正317
緬*　文選　正317
緬*然　文選　正317
緬邈　文選　正317
緬邈す　文選　正317
俛　白氏　續587
俛す　文選　正316
俛す　白氏　續587
俛起す　文選　正316
俛仰　文選　正316
俛仰す　文選　正316
俛僶　白氏　續587
冕　論語　正71
冕　文選　正317
冕*　本朝　正599
冕*礼　本朝　正599
冕す　文選　正317
冕衣裳　論語　正71
冕冠　論語　正72
冕者　論語　正72
冕卉　文選　正317
冕帯　文選　正317
冕旒　文選　正317
冕旒　白氏　續588

冕旒す 文選 正317
冕笏 文選 正317
辨 論語 正72
辨 文選 正317
辨 本朝 正599
辨 枕冊 正783
辨す 文選 正317
辨す 法華 正423
辨す 本朝 正599
辨す 白氏 續588
辨のおもと 枕冊 正783
辨官 本朝 正599
辨薫蕕論 本朝 正599
辨章す 文選 正317
辨亡論 文選 正317
辨味 白氏 續588
辨命論 文選 正317
辨明す 白氏 續588
辨問す 文選 正317
辨争す 白氏 續588
卞荘子 論語 正71
卞忠貞 文選 正316
卞彬 文選 正316
卞和 遊仙 正95
卞和 文選 正316
卞和 白氏 續587
宛魂 文選 正316
宛鼀 文選 正316
扁舟 本朝 正599
扁舟 白氏 續588
扁鵲 文選 正316
扁鵲 白氏 續588
抃 白氏 續588
抃舞 本朝 正598
抃舞踊溢す 文選 正316
抃舞歡呼す 白氏 續588
抃躍 本朝 正598
抃躍 白氏 續588
抃會す 白氏 續588
攣龍 本朝 正599
攣縁 本朝 正598
相變す 文選 正316
相變す 本朝 正599
變 文選 正316
變 本朝 正599
變 白氏 續588
變し換へ 白氏 續588
變す 文選 正316
變す 法華 正423
變す 本朝 正599
變す 白氏 續588
變易す 文選 正316
變異 本朝 正599
變化 文選 正316
變化 本朝 正599
變化 白氏 續588
變化す 文選 正316
變化す 白氏 續588
變雅 文選 正316
變雅 白氏 續588
變改 文選 正316
變改 本朝 正599
變改 白氏 續588
變改す 白氏 續588
變革 本朝 正599
變革 白氏 續588
變故 文選 正316
變巧 文選 正316
變詐 文選 正316
變商 文選 正316
變色 白氏 續588
變身 本朝 正599
變衰 白氏 續588
變衰す 文選 正317
變衰す 白氏 續588
變遷す 白氏 續588
變相 白氏 續588
變態 文選 正317
變態 本朝 正599
變通 文選 正317
變通 本朝 正599
變通 白氏 續588
變通す 本朝 正599
變通健決 白氏 續588
變風 文選 正317
變風 本朝 正599
變法 白氏 續588
變滅 白氏 續588
變滅す 白氏 續588
變用 文選 正317
變理 白氏 續588
變例 文選 正317
變轉 本朝 正599
翩 文選 正317
翩す 文選 正317
翩幡す 文選 正317
翩翻 文選 正317
翩翻 本朝 正599
翩翻 白氏 續588
翩翻す 白氏 續588
翩緜飄邈 文選 正317
翩翩 文選 正317
翩翩 白氏 續588
翩翩然 文選 正317
翩飄 文選 正317
翩翾 文選 正317
翩翾 白氏 續588
蝙蝠 白氏 續588
褊衣 本朝 正599
褊狭 白氏 續588
褊心 文選 正317
褊陋 白氏 續588
褊恡 白氏 續588
貶 文選 正317
貶す 文選 正317
貶す 白氏 續588
貶官 白氏 續588
貶官す 白氏 續588
貶降す 白氏 續588
貶省 白氏 續588

貶損す 文選 正317
貶損す 白氏 續588
貶謫 本朝 正599
辯 文選 正317
辯 法華 正423
辯 白氏 續588
辯す 白氏 續588
辯給 文選 正317
辯慧 白氏 續588
辯言 文選 正317
辯詐 文選 正317
辯才 文選 正317
辯才 法華 正423
辯士 文選 正317
辯識 白氏 續588
辯省す 文選 正317
辯智 文選 正317
辯問 文選 正317
辯論 文選 正317
辯論す 白氏 續588
辯惑 文選 正317
辯囿 文選 正317
辯惠 文選 正317
邊 文選 正317
邊 本朝 正599
邊 白氏 續589
邊 源氏 正853
邊雲 白氏 續589
邊遠 文選 正317
邊涯 本朝 正599
邊角 白氏 續589
邊境 遊仙 正95
邊境 文選 正317
邊彊 白氏 續589
邊隅 白氏 續589
邊郡 文選 正317
邊郡 白氏 續589
邊隙 文選 正317
邊候 白氏 續589
邊功 白氏 續589
邊荒 文選 正317
邊鴻 白氏 續589
邊際 法華 正423
邊際 本朝 正599
邊際 白氏 續589
邊朔 文選 正317
邊事 文選 正317
邊事 白氏 續589
邊州 白氏 續589
邊城 文選 正317
邊城 本朝 正599
邊城 白氏 續589
邊人 白氏 續589
邊雪 白氏 續589
邊地 文選 正317
邊鎮 本朝 正599
邊鎮 白氏 續589
邊亭 文選 正317
邊土 文選 正317
邊土 本朝 正599
邊豆 本朝 正599
邊頭 白氏 續589
邊馬 文選 正317
邊畔 白氏 續589
邊備 白氏 續589
邊封 白氏 續589
邊風 文選 正317
邊兵 文選 正317
邊弊 本朝 正599
邊防 白氏 續589
邊民 白氏 續589
邊柳 白氏 續589
邊要 白氏 續589
邊壘 白氏 續589
邊將 白氏 續589
邊疆 文選 正317
邊簫 文選 正317
邊聲 文選 正317
邊讓 文選 正317
邊鄙 文選 正317
邊鄙 白氏 續589
邊陲 文選 正317
邊陲 白氏 續589
邊詔 本朝 正599
邊鴈 白氏 續589
邊鸞 白氏 續589
駢邑 論語 正71
駢衍 文選 正317
勔 文選 正317
徧す 白氏 續587
楩楓 文選 正317
楩柟 文選 正317
楩柟 白氏 續588
汴 白氏 續588
汴河 白氏 續588
汴州 白氏 續588
汴水 白氏 續588
汴路 白氏 續588
汴泗 白氏 續588
澠池 文選 正317
砭石 白氏 續588
窆す 文選 正317
窆す 白氏 續588
籩 白氏 續588
籩豆 論語 正71
籩豆 文選 正317
軿軒 文選 正317

【ほ】

ほそ冠者とも 枕冊 正783
ほの氣色み 源氏 正854
浦 文選 正318
浦 白氏 續590
浦中 白氏 續590
浦派 白氏 續590
浦陽 文選 正318
浦嶼 白氏 續590
牡 文選 正318
牡駿 文選 正318
蒲 白氏 續590

蒲(地名) 白氏 續590
蒲葵 白氏 續590
蒲浦 白氏 續590
蒲黄 白氏 續590
蒲且 文選 正318
蒲岸 白氏 續590
蒲坂 白氏 續590
蒲車 文選 正318
蒲城 文選 正318
蒲藻 白氏 續590
蒲池村 白氏 續590
蒲桃 文選 正318
蒲萄 文選 正318
蒲萄 白氏 續590
蒲稗 文選 正318
蒲稗 白氏 續590
蒲伏連延す 文選 正318
蒲鞭 白氏 續590
蒲密 文選 正318
蒲柳 白氏 續590
蒲輪 文選 正318
蒲輪 本朝 正600
蒲輪 白氏 續590
蒲帛 文選 正318
蒲帛 白氏 續590
蒲蘆蘆 文選 正318
蒲*桃 遊仙 正95
蒲*鞭 本朝 正600
蒲*柳 本朝 正600
畒 文選 正317
反故 源氏 正854
反故とも 源氏 正854
帆 本朝 正599
帆 宇津 正724
帆 枕冊 正783
布 論語 正72
布 文選 正317
布 白氏 續589
布衣 文選 正317
布衣 本朝 正599
布衣 白氏 續589
布衣 宇津 正724
布褐 白氏 續589
布憲 文選 正317
布鼓 本朝 正599
布護 文選 正317
布護す 文選 正317
布護す 白氏 續589
布施 白氏 續589
布素 文選 正317
布被 白氏 續589
布被す 白氏 續589
布帛 白氏 續589
布絮 白氏 續589
布裘 白氏 續589
布裙 白氏 續589
布濾 本朝 正599
布濩半散 文選 正317
布濩流衍す 文選 正317
怖覆す 文選 正317
怖厄 白氏 續589
怖懼 文選 正317
扶服す 文選 正317
普天 文選 正318
普天 本朝 正599
父 文選 正318
腐肉 文選 正318
譜 白氏 續591
譜第 文選 正318
相保す 白氏 續591
保 白氏 續591
保す 白氏 續591
保安 白氏 續591
保胤 本朝 正599
保家 白氏 續591
保子 白氏 續591
保持す 白氏 續591
保障 白氏 續591
保全す 白氏 續591
保輔す 本朝 正599
保和 白氏 續591
保傅 白氏 續591
保綏す 白氏 續591
保釐 白氏 續591
保釐す 白氏 續591
鋪 白氏 續591
鋪首 文選 正318
鋪設す 白氏 續591
鋪陳す 白氏 續591
鋪歠す 白氏 續591
圃 論語 正72
圃 白氏 續589
圃草 文選 正317
圃囿 白氏 續589
捕蝗 白氏 續589
若干歩 白氏 續589
歩 文選 正318
歩 白氏 續589
歩櫚 文選 正318
歩す 文選 正318
歩す 白氏 續589
歩騎 文選 正318
歩光 文選 正318
歩行 白氏 續590
歩障 本朝 正599
歩障 白氏 續590
歩卒 文選 正318
歩卒 白氏 續590
歩頓 文選 正318
歩馬 文選 正318
歩武 文選 正318
歩兵 白氏 續590
歩歩 文選 正318
歩歩 白氏 續590
歩々 遊仙 正95
歩欄 文選 正318
歩廊 白氏 續590
歩搖 白氏 續590
歩櫓 文選 正318
歩蹇す 白氏 續590

歩闈　文選　正318
歩隲　文選　正318
歩驟　文選　正318
歩驟　白氏　續590
歩虚　白氏　續590
歩虚詞　白氏　續590
歩虚辭　白氏　續590
甫　文選　正318
甫　白氏　續590
甫刑　文選　正318
補　白氏　續591
補す　文選　正318
補す　本朝　正600
補す　白氏　續591
補遺　白氏　續591
補益　本朝　正600
補益　白氏　續591
補益す　文選　正318
補行參軍　文選　正318
補察　白氏　續591
補察す　白氏　續591
補拾す　白氏　續591
補署　白氏　續591
補署す　白氏　續591
補天　文選　正318
補貼す　白氏　續591
補亡　文選　正318
補亡　白氏　續591
補養　白氏　續591
補袞　文選　正318
補衮　本朝　正600
補闕　白氏　續591
譕謀　本朝　正600
輔　文選　正318
輔　白氏　續591
輔果　文選　正318
輔興　白氏　續591
輔光　白氏　續591
輔佐　本朝　正600
輔佐　白氏　續591
輔佐す　本朝　正600
輔佐す　白氏　續591
輔車　文選　正318
輔車　白氏　續591
輔助す　白氏　續591
輔臣　白氏　續591
輔成す　白氏　續591
輔相　文選　正318
輔相　本朝　正600
輔相す　白氏　續591
輔導　白氏　續591
輔導す　本朝　正600
輔弼　文選　正318
輔弼　白氏　續591
輔弼す　白氏　續591
輔養　文選　正318
輔國將軍　文選　正318
輔贊す　白氏　續591
墓　文選　正317
墓誌　文選　正317
墓誌　白氏　續589
墓誌銘　白氏　續589
墓樹　白氏　續589
墓所　本朝　正599
墓松　白氏　續589
墓石　白氏　續589
墓前　白氏　續589
墓田　文選　正317
墓田　白氏　續589
墓碑　白氏　續589
墓廟　白氏　續589
墓門　文選　正317
墓門　白氏　續589
慕徒　文選　正317
慕容超　文選　正317
慕巢　白氏　續589
慕巢尚書　白氏　續589
戊　文選　正317
戊　白氏　續589
戊己　白氏　續589
戊己校尉　本朝　正599
戊子　白氏　續589
戊申　白氏　續589
戊辰　白氏　續589
戊戌　白氏　續589
暮　白氏　續590
暮雨　白氏　續590
暮雲　本朝　正599
暮雲　白氏　續590
暮角　白氏　續590
暮景　本朝　正599
暮景　白氏　續590
暮月　本朝　正599
暮月　白氏　續590
暮江　白氏　續590
暮山　白氏　續590
暮秋　文選　正318
暮秋　本朝　正599
暮秋　白氏　續590
暮春　論語　正72
暮春　文選　正318
暮春　本朝　正599
暮春　白氏　續590
暮西　本朝　正599
暮節　文選　正318
暮節　白氏　續590
暮潮　白氏　續590
暮程　白氏　續590
暮年　文選　正318
暮年　本朝　正599
暮年　白氏　續590
暮齡　本朝　正599
暮僞　白氏　續590
暮歸　白氏　續590
暮衙　白氏　續590
暮齒　本朝　正599
暮齒　白氏　續590
暮晷　白氏　續590
母儀　本朝　正599
母儀　白氏　續590

母訓	白氏	續590
母兄	文選	正318
母兄	白氏	續590
母后	文選	正318
母后	本朝	正599
母昆	文選	正318
母妻	白氏	續590
母子	文選	正318
母子	本朝	正599
母子	白氏	續590
母氏	文選	正318
母孫	文選	正318
母弟	白氏	續590
母道	白氏	續590
母別子	白氏	續590
母面	本朝	正599
母黨	文選	正318
母雞	白氏	續590
簿書	白氏	續590
簿閥	文選	正318
簿領	文選	正318
簿領	白氏	續590
菩薩	法華	正424
菩薩	本朝	正599
菩薩	白氏	續590
菩薩	枕冊	正783
菩薩戒	本朝	正599
菩薩行	本朝	正599
菩薩行	白氏	續590
菩薩僧	白氏	續590
菩薩道	法華	正424
菩提	法華	正424
菩提	本朝	正599
菩提	白氏	續590
菩提	蜻蛉	正750
菩提	枕冊	正783
菩提	源氏	正854
菩提寺	白氏	續590
菩提樹	法華	正424
菩提樹	本朝	正599
菩提心	法華	正424
菩提心	本朝	正599
菩提心	白氏	續590
菩提道樹	本朝	正599
菩薩	宇津	正724
菩提	宇津	正724
法花	本朝	正599
法花の曼陀羅	源氏	正854
法花三昧	源氏	正854
法華	本朝	正599
法華三昧	本朝	正599
法華寺	本朝	正599
法華示殊指	本朝	正599
法華廿八品	本朝	正599
法華經	本朝	正599
法華經	枕冊	正783
法華經	源氏	正854
法華經廿八品	本朝	正599
法興院	枕冊	正783
御本意	宇津	正724
御本意	源氏	正854
本に	宇津	正724
本意	宇津	正724
本意	枕冊	正783
本意	源氏	正854
本意なし	宇津	正724
本意なし	枕冊	正783
本意なし	源氏	正854
模	文選	正318
模す	本朝	正599
模範	文選	正318
茂す	白氏	續590
茂異	文選	正318
茂異	白氏	續590
茂育す	文選	正318
茂陰	文選	正318
茂苑	白氏	續590
茂遠	白氏	續590
茂器	文選	正318
茂勲	文選	正318
茂勲	白氏	續590
茂玄	白氏	續590
茂功	白氏	續590
茂行	文選	正318
茂宰	文選	正318
茂才	文選	正318
茂才	本朝	正599
茂樹	文選	正318
茂樹	白氏	續590
茂緒	文選	正318
茂昭	白氏	續590
茂松	文選	正318
茂親	文選	正318
茂崇	文選	正318
茂世	文選	正318
茂制	文選	正318
茂政	白氏	續590
茂盛	文選	正318
茂績	文選	正318
茂績	白氏	續590
茂先	白氏	續590
茂草	文選	正318
茂草	本朝	正599
茂草	白氏	續590
茂典	文選	正318
茂典	本朝	正599
茂範	本朝	正599
茂彦	文選	正318
茂庸	文選	正318
茂陵	文選	正318
茂陵	白氏	續590
茂林	文選	正318
茂學	白氏	續590
茂實	文選	正318
茂實	白氏	續590
茂德	文選	正318
茂菀	文選	正318
傅	白氏	續589
匍匐	文選	正317
匍匐	本朝	正599

匍匐す	文選	正317
匍匐す	本朝	正599
匍匐す	白氏	續589
哺	文選	正317
哺	本朝	正599
哺	白氏	續589
哺す	白氏	續589
哺食	文選	正317
哺養	本朝	正599
嫫母	文選	正317
嫫母	白氏	續589
戊卒	文選	正317
拂底す	宇津	正724
脯食	本朝	正599
脯糒	文選	正318
脯醢	白氏	續590
謩す	白氏	續591
謨擬す	文選	正318
謨訓	文選	正318
謨士	文選	正318
謨臣	文選	正318
謨明	文選	正318
謨猷	白氏	續591
賻贈	白氏	續591
逋	白氏	續591
逋逸	文選	正318
逋客	文選	正318
逋客	白氏	續591
逋債	白氏	續591
逋罪	文選	正318
逋人	本朝	正600
逋租	白氏	續591
逋賦	白氏	續591
逋慢	文選	正318
逋容	本朝	正600
黼衣	文選	正318
黼帳	文選	正318
黼帷	文選	正318
黼繪	文選	正318
黼黻	文選	正318
黼黻*	白氏	續591
摹寫す	文選	正317
晡夕	文選	正317
畒	論語	正72
酺	白氏	續591
逢	本朝	正600
逢	白氏	續594
逢迎す	文選	正320
逢迎す	白氏	續594
逢山	白氏	續594
逢萌	文選	正320
逢蒙	文選	正320
逢門子	文選	正320
相逢迎す	白氏	續594
牡丹	白氏	續593
牡丹	蜻蛉	正750
牡丹	枕冊	正783
牡丹花	白氏	續593
牡丹叢	白氏	續593
牡丹芳	白氏	續593
蔀家	文選	正319
堥敦	文選	正318
硼硠	文選	正319
鴇*鳧	文選	正320
培塿	文選	正318
培塿	本朝	正600
反故	宇津	正724
汎淫	文選	正319
部	文選	正320
部	白氏	續594
部下	白氏	續594
部妓	白氏	續594
部曲	文選	正320
部曲	白氏	續594
部伍	白氏	續594
部司	文選	正320
部人	白氏	續594
部内	白氏	續594
部落	文選	正320
部落	白氏	續594
部落等	白氏	續594
部吏	白氏	續594
部領す	白氏	續594
封	文選	正319
封	本朝	正600
封	白氏	續592
封(注)	白氏	續592
封狶	文選	正319
封す	文選	正319
封す	本朝	正600
封す	白氏	續592
封域	文選	正319
封域	白氏	續593
封王	白氏	續593
封畿	文選	正319
封畿	白氏	續592
封丘	文選	正319
封丘	白氏	續592
封境	白氏	續592
封疆	本朝	正600
封熊	文選	正319
封建	白氏	續592
封建す	文選	正319
封戸	本朝	正600
封狐	文選	正319
封侯	文選	正319
封侯	本朝	正600
封侯	白氏	續592
封賜	白氏	續592
封事	文選	正319
封事	白氏	續592
封執	白氏	續592
封爵	文選	正319
封爵	白氏	續592
封樹	白氏	續592
封州	白氏	續592
封書	白氏	續592
封章	文選	正319
封章	白氏	續592
封上	白氏	續592

封杖	白氏	續593
封植	白氏	續592
封植す	文選	正319
封植す	白氏	續592
封人	文選	正319
封崇す	白氏	續592
封禅	文選	正319
封奏す	白氏	續592
封贈	白氏	續593
封題	白氏	續593
封題す	白氏	續593
封長樂郡夫人	白氏	續593
封徳彝	白氏	續593
封内	論語	正72
封瓶	白氏	續593
封部	白氏	續593
封服	白氏	續593
封閉	白氏	續593
封邑	白氏	續592
封略	白氏	續593
封狼	文選	正319
封禄	文選	正319
封圻	白氏	續592
封壤	白氏	續592
封巒	文選	正319
封畛	文選	正319
封疆	文選	正319
封疆	白氏	續592
封豕	文選	正319
封豕	白氏	續592
封豕す	文選	正319
封陲	白氏	續592
雺駕	本朝	正600
保す	文選	正318
保阿	文選	正318
保家	文選	正318
保持す	文選	正318
保生	文選	正318
保定す	文選	正318
保母	文選	正318
保祐	文選	正318
保綏	文選	正318
歩障	宇津	正724
俸	文選	正318
俸	白氏	續591
俸料	白氏	續591
俸祿	本朝	正600
俸祿	白氏	續591
俸錢	白氏	續591
相報す	白氏	續591
報	論語	正72
報	文選	正318
報	法華	正424
報	本朝	正600
報	白氏	續591
報じ	宇津	正724
報す	遊仙	正95
報す	文選	正318
報す	法華	正424
報す	本朝	正600
報す	白氏	續591
報ず	論語	正72
報恩	本朝	正600
報恩寺	白氏	續591
報語	白氏	續591
報効	白氏	續591
報施	白氏	續591
報施す	文選	正318
報事	白氏	續591
報示す	白氏	續591
報書	本朝	正600
報章	文選	正318
報章	白氏	續591
報身	白氏	續591
報政	白氏	續591
報知す	本朝	正600
報知す	白氏	續591
報牒す	白氏	續591
報陳	本朝	正600
報答	本朝	正600
報答す	白氏	續591
報年	白氏	續591
報聞	文選	正318
報命	白氏	續591
報國	本朝	正600
報國	白氏	續591
報應	白氏	續591
報賽	本朝	正600
報賽	白氏	續591
報辭	白氏	續591
奉	文選	正318
奉	白氏	續592
奉す	論語	正72
奉す	文選	正318
奉す	本朝	正600
奉す	白氏	續592
奉引	文選	正318
奉謁す	文選	正318
奉義郎	白氏	續592
奉賢鄉	白氏	續592
奉御	白氏	續592
奉公	本朝	正600
奉行す	白氏	續592
奉仕す	本朝	正600
奉時	文選	正318
奉謝す	白氏	續592
奉車	文選	正318
奉述す	文選	正319
奉春	文選	正319
奉遵す	文選	正319
奉書	本朝	正600
奉詔	白氏	續592
奉進す	文選	正319
奉進す	本朝	正600
奉誠園	白氏	續592
奉先寺	本朝	正600
奉先寺	白氏	續592
奉先縣	白氏	續592
奉宣す	本朝	正600
奉宣す	白氏	續592

奉薦す	白氏	續592
奉葬	白氏	續592
奉勅	本朝	正600
奉天	白氏	續592
奉天丞	白氏	續592
奉天定難	白氏	續592
奉天縣	白氏	續592
奉被す	文選	正319
奉表	文選	正319
奉表	本朝	正600
奉表す	本朝	正600
奉報す	白氏	續592
奉明	文選	正319
奉揚す	白氏	續592
奉揚宣布す	白氏	續592
奉養	白氏	續592
奉傳す	本朝	正600
奉國	本朝	正600
奉國	白氏	續592
奉國寺	白氏	續592
奉荅す	文選	正319
奉荅す	白氏	續592
奉讀す	文選	正319
宝宮	本朝	正600
峰暁	白氏	續593
峰頂	白氏	續593
峰頭	白氏	續593
峰巒	白氏	續593
峯上	白氏	續593
峯頭	白氏	續593
峯巒	白氏	續593
峯攢	白氏	續593
崩	論語	正72
崩す	文選	正319
崩す	本朝	正600
崩榛	文選	正319
崩喪す	文選	正319
崩弛す	文選	正319
崩騰す	文選	正319
崩波	文選	正319
崩剥	白氏	續593
崩迫	文選	正319
崩離す	文選	正319
崩浪	文選	正319
崩浪	本朝	正600
崩亂す	文選	正319
崩壞す	白氏	續593
崩摧す	文選	正319
崩殂す	文選	正319
奉持す	白氏	續593
捧す	文選	正319
捧す	白氏	續593
捧受	白氏	續593
捧戴歡榮す	白氏	續593
捧擁す	白氏	續593
方	枕冊	正783
方六七十	論語	正72
方藥	法華	正424
朋	文選	正319
朋	白氏	續593
朋好	文選	正319
朋執	白氏	續593
朋知	文選	正319
朋賓	本朝	正600
朋友	論語	正72
朋友	文選	正319
朋友	本朝	正600
朋友	白氏	續593
朋侶	白氏	續593
朋僚	白氏	續593
朋寮	白氏	續593
朋黨	文選	正319
法華	法華	正424
法華三昧	法華	正424
法華經	法華	正424
法身	法華	正424
法性	法華	正424
法	法華	正424
法位	法華	正424
法印	法華	正424
法雨	法華	正424
法王	法華	正424
法喜	法華	正424
法鼓	法華	正424
法座	法華	正424
法師	法華	正424
法相	法華	正424
法服	法華	正424
法門	法華	正424
法輪	法華	正424
法會	法華	正424
法藏	法華	正424
烹鮮	本朝	正600
絳	白氏	續593
絳點	白氏	續593
蓬	本朝	正600
蓬茨	文選	正319
蓬丘	白氏	續593
蓬宮	本朝	正600
蓬宮	白氏	續593
蓬居	文選	正319
蓬戸	文選	正319
蓬衡	文選	正319
蓬砂	本朝	正600
蓬山	本朝	正600
蓬山	白氏	續593
蓬山	白氏	續593
蓬室	文選	正319
蓬首	白氏	續593
蓬州	白氏	續593
蓬心	文選	正319
蓬心	白氏	續593
蓬茸	文選	正319
蓬池	文選	正319
蓬嶋	本朝	正600
蓬勃	文選	正319
蓬門	白氏	續593
蓬壺	文選	正319
蓬壺	本朝	正600
蓬壺	白氏	續593

蓬廬　文選　正320
蓬瀛　白氏　續593
蓬莠　白氏　續593
蓬蒿　文選　正319
蓬蒿　白氏　續593
蓬藜　文選　正320
蓬蘢　文選　正320
蓬鬢　本朝　正600
蓬鬢　白氏　續593
蓬萊　文選　正320
蓬萊　本朝　正600
蓬萊　白氏　續593
蓬萊　竹取　正636
蓬萊　宇津　正724
蓬萊　源氏　正854
蓬萊のやま　源氏　正854
蓬萊の山　宇津　正724
蓬萊宮　白氏　續593
蓬萊洞　本朝　正600
蓬蓽　文選　正319
蓬蓽　白氏　續593
蓬鬓　白氏　續593
蜂子　遊仙　正95
蜂巣　白氏　續594
蜂蠆　文選　正320
蜂蠆　白氏　續594
褒　白氏　續593
褒す　文選　正320
褒す　白氏　續593
褒異す　文選　正320
褒貴　本朝　正600
褒采す　文選　正320
褒讃す　文選　正320
褒氏　白氏　續593
褒斜　白氏　續593
褒述す　文選　正320
褒升　白氏　續594
褒升す　白氏　續594
褒賞　白氏　續594
褒賞す　白氏　續594
褒飾　白氏　續594
褒人　白氏　續594
褒崇　白氏　續594
褒崇す　文選　正320
褒崇す　白氏　續594
褒善　白氏　續594
褒贈　白氏　續594
褒贈す　白氏　續594
褒谷　文選　正320
褒美　白氏　續594
褒美す　白氏　續594
褒優　白氏　續593
褒揚　本朝　正600
褒揚　白氏　續594
褒揚す　本朝　正600
褒揚す　白氏　續594
褒揚寵飾す　白氏　續594
褒喩　本朝　正600
褒獎　白氏　續594
褒奬す　文選　正320
褒獎す　白氏　續594
褒妲　白氏　續594
褒榮　白氏　續594
褒貶　文選　正320
褒貶　白氏　續594
褒貶す　文選　正320
褒貶す　白氏　續594
褒陞す　白氏　續594
褒德　白氏　續594
豊熒　本朝　正600
豊屋　本朝　正600
豊大　本朝　正600
豊年　本朝　正600
豊邑　本朝　正600
豊沛　本朝　正600
豊穰　本朝　正600
鋒　白氏　續594
鋒穎　文選　正320
鋒鋭　白氏　續594
鋒刃　文選　正320
鋒刃　白氏　續594
鋒鍔　白氏　續594
鋒鏑　文選　正320
鋒鏑　白氏　續594
鋒捍　文選　正320
鋒毫　白氏　續594
鋒鉅　文選　正320
鋒鏃　文選　正320
鋒栝　文選　正320
鋒釳　白氏　續594
鋒鍉　文選　正320
鳳　論語　正72
鳳　遊仙　正95
鳳　文選　正320
鳳　本朝　正600
鳳　白氏　續594
鳳銜　本朝　正601
鳳羽　白氏　續594
鳳音　本朝　正600
鳳蓋　文選　正320
鳳閣　文選　正320
鳳閣　本朝　正601
鳳閣　白氏　續595
鳳管　遊仙　正95
鳳管　本朝　正601
鳳錦　遊仙　正95
鳳錦　本朝　正601
鳳琴　本朝　正601
鳳繫　本朝　正601
鳳口　白氏　續595
鳳皇　文選　正320
鳳皇　白氏　續595
鳳皇池　文選　正320
鳳皇池　白氏　續595
鳳閤　白氏　續595
鳳閤郎　白氏　續595
鳳史　本朝　正601
鳳唱　本朝　正601
鳳詔　本朝　正601
鳳詔　白氏　續595

鳳城　本朝　正601
鳳吹　文選　正320
鳳雛　白氏　續595
鳳藻　本朝　正601
鳳足　本朝　正601
鳳池　文選　正320
鳳池　本朝　正601
鳳池　白氏　續595
鳳兆　白氏　續595
鳳鳥　論語　正72
鳳鳥　文選　正320
鳳筆　本朝　正601
鳳舞　本朝　正601
鳳鳴　文選　正320
鳳毛　本朝　正601
鳳戻　本朝　正601
鳳律　本朝　正601
鳳暦　本朝　正601
鳳凰　遊仙　正95
鳳凰　本朝　正601
鳳凰　白氏　續595
鳳凰谷　本朝　正601
鳳凰池　白氏　續595
鳳凰樓　白氏　續595
鳳刹　本朝　正601
鳳擧　文選　正320
鳳樓　白氏　續595
鳳翔　白氏　續595
鳳翔尹　白氏　續595
鳳翔隴州節度觀察處置等使鳳書　白氏　續595
鳳臺　文選　正320
鳳闕　文選　正320
鳳闕　本朝　正601
鳳闕　白氏　續595
鳳德　本朝　正601
鳳扆　本朝　正600
鳳掖　本朝　正600
鳳舄　白氏　續595
鵬　白氏　續595
鵬翼　文選　正320
鵬鴳　白氏　續595
鵬鷃　遊仙　正95
剖魚　白氏　續591
剖判す　文選　正318
帽　白氏　續593
暴　論語　正72
暴　文選　正319
暴　本朝　正600
暴雨　本朝　正600
暴客　本朝　正600
暴虐　文選　正319
暴逆　本朝　正600
暴君　文選　正319
暴虎　論語　正72
暴心　本朝　正600
暴秦　文選　正319
暴辛　文選　正319
暴楚　文選　正319
暴風　本朝　正600
暴慢　論語　正72
暴戻　本朝　正600
暴露　本朝　正600
暴亂　文選　正319
暴夭す　白氏　續593
某郡　白氏　續593
某公主　白氏　續593
某氏　白氏　續593
某某　白氏　續593
棒持　源氏　正854
棒物　宇津　正724
冒奏す　文選　正319
謀　白氏　續594
謀議　白氏　續594
謀作す　論語　正72
謀士　文選　正320
謀臣　文選　正320
謀臣　白氏　續594
謀身　白氏　續594
謀帥　白氏　續594
謀勢　白氏　續594
謀選　文選　正320
謀夫　文選　正320
謀猷　文選　正320
謀猷　白氏　續594
謀猷啓沃す　白氏　續594
謀律　文選　正320
謀略　本朝　正600
謀慮　白氏　續594
謀力　文選　正320
謀畫　白氏　續594
謀謨　文選　正320
夢後　本朝　正600
夢魂　白氏　續592
夢想追歡す　本朝　正600
夢宅變易　本朝　正600
夢中　本朝　正600
夢路　本朝　正600
夢寐　本朝　正600
矛鋋　文選　正319
毛　文選　正319
毛羽　文選　正319
毛褐　文選　正319
毛公　文選　正319
毛骨　本朝　正600
毛子　文選　正319
毛詩　文選　正319
毛質　文選　正319
毛宗　文選　正319
毛遂　文選　正319
毛髮　文選　正319
毛髮　本朝　正600
毛布　本朝　正600
毛翼　文選　正319
毛林　文選　正319
毛類　文選　正319
毛擧す　本朝　正600
毛羣　文選　正319
毛脩之等　文選　正319
毛體　文選　正319

毛嬙　文選　正319
毛玠　文選　正319
淜滂　文選　正319
蒯聵　文選　正318
寶衣　文選　正320
寶華　法華　正424
寶貝　文選　正320
寶蓋　法華　正424
寶蓋　本朝　正600
寶器　法華　正424
寶宮　本朝　正600
寶業　文選　正320
寶曲　本朝　正600
寶玉　白氏　續592
寶琴　本朝　正600
寶庫　文選　正320
寶座　法華　正424
寶山　本朝　正600
寶珠　法華　正424
寶珠　本朝　正600
寶樹　文選　正320
寶樹　本朝　正600
寶書　文選　正320
寶乗　本朝　正600
寶城　文選　正320
寶殖す　文選　正320
寶勢　文選　正320
寶生　法華　正424
寶税　本朝　正600
寶相　文選　正320
寶鐸　本朝　正600
寶鼎　文選　正320
寶典　本朝　正600
寶殿　文選　正320
寶刀　白氏　續592
寶塔　法華　正424
寶塔　本朝　正600
寶堂　白氏　續592
寶瓶　法華　正424
寶物　法華　正424
寶命　文選　正320
寶利　文選　正320
寶暦　本朝　正600
寶蓮　白氏　續592
寶蓮華　法華　正424
寶偈　本朝　正600
寶刹　白氏　續592
寶剪刀　白氏　續592
寶劒　文選　正320
寶壽　本朝　正600
寶應寺　白氏　續592
寶瑟　文選　正320
寶瑟　白氏　續592
寶祚　文選　正320
寶祚　本朝　正600
寶稱寺　白氏　續592
寶藏　法華　正424
寶藏　本朝　正600
寶躰　本朝　正600
寶龜三年　本朝　正600
寶鉸　文選　正320
寶曆　白氏　續592
寶曆元年　白氏　續592
寶曆元年七月二十日　白氏　續592
寶曆元年某月某日　白氏　續592
寶曆元年六月某日　白氏　續592
寶曆三年三月一日　白氏　續592
寶曆二年九月二十五日　白氏　續592
寶曆二年八月三十日　白氏　續592
寶玦　文選　正320
寶璐　文選　正320
寶笄　本朝　正600
寶雞　文選　正320
寶　白氏　續592
寶器　白氏　續592
彭　文選　正319
彭越　文選　正319
彭果　白氏　續592
彭韓　文選　正319
彭城　文選　正319
彭城　白氏　續592
彭城縣　白氏　續592
彭生　白氏　續592
彭祖　文選　正319
彭祖　本朝　正600
彭寵　文選　正319
彭門　文選　正319
彭陽　文選　正319
彭咸　文選　正319
彭澤　文選　正319
彭澤　白氏　續592
彭碣　文選　正319
彭胥　文選　正319
彭薛　文選　正319
彭蠡　文選　正319
彭蠡湖　文選　正319
彭聃　文選　正319
旄人　本朝　正600
旄麈　文選　正319
旄端　文選　正319
旄鉞　白氏　續593
泛駕　文選　正319
澎濞　文選　正319
烽火　文選　正319
烽火　白氏　續593
烽鼓　文選　正319
烽候　文選　正319
烽櫓　文選　正319
烽戍　白氏　續593
烽燧　文選　正319
焙茶　白氏　續593
甍宇　文選　正319
眸子　白氏　續593
眸矚　文選　正319

曚　文選　正319
曚曚　文選　正319
曚瞍　文選　正319
絳氣　文選　正319
罘罳　文選　正319
耄　白氏　續593
耄乱す　本朝　正600
耄す　白氏　續593
耄及　本朝　正600
耄昏す　白氏　續593
耄老　文選　正319
冐　白氏　續593
冐名　白氏　續593
葆佾　文選　正319
褒　文選　正320
褒斜　文選　正320
褒女　文選　正320
豐　文選　正320
豐　白氏　續594
豐蔚　文選　正320
豐盈　白氏　續594
豐盈す　文選　正320
豐頴　文選　正320
豐屋　白氏　續594
豐寡　文選　正320
豐凶　白氏　續594
豐潔す　白氏　續594
豐功　文選　正320
豐獄　白氏　續594
豐歳　白氏　續594
豐財　白氏　續594
豐肴　文選　正320
豐殺　白氏　續594
豐施　文選　正320
豐州　白氏　續594
豐熟す　白氏　續594
豐膳　文選　正320
豐草　文選　正320
豐草　白氏　續594
豐足　白氏　續594
豐谷　文選　正320
豐注　文選　正320
豐登　白氏　續594
豐年　文選　正320
豐年　白氏　續594
豐肌　文選　正320
豐稔　白氏　續594
豐約　文選　正320
豐約　白氏　續594
豐邑　文選　正320
豐融　文選　正320
豐利　文選　正320
豐隆　文選　正320
豐麗　文選　正320
豐儉　白氏　續594
豐壤　文選　正320
豐條　文選　正320
豐樂　白氏　續594
豐樓　文選　正320
豐殷　文選　正320
豐沛　文選　正320
豐沛（地名）　文選　正320
豐澤　文選　正320
豐藝　文選　正320
豐贍す　文選　正320
豐确　文選　正320
豐頟　白氏　續594
髦傑　文選　正320
髦士　文選　正320
髦俊　文選　正320
髦俊　本朝　正600
髦殘　文選　正320
菶茸　白氏　續593
丰茸　文選　正318
丰容　文選　正318
懵然　白氏　續593
掊謙　本朝　正600
掊刻　白氏　續593
澧　文選　正319
澧滈　文選　正319
澧灞　文選　正319
澧州　白氏　續593
澧水橋　白氏　續593
滂湧す　文選　正319
瞀亂す　文選　正319
瞢然　白氏　續593
芃芃　白氏　續593
芼實　文選　正319
蝥蠈　本朝　正600
蟚蜞　白氏　續594
逄蘴*　白氏　續594
賵賻　白氏　續594
輣軋　文選　正320
酆　文選　正320
酆宮　文選　正320
酆城　白氏　續594
酆琅　文選　正320
酆鎬　文選　正320
酆鄗　文選　正320
酆鄠　文選　正320
龐公　本朝　正600
龐統　文選　正319
冐頓　文選　正321
北す　文選　正320
北阿　文選　正320
北院　本朝　正601
北院　白氏　續596
北園　文選　正321
北園　白氏　續596
北燕　文選　正320
北岡　白氏　續595
北家　白氏　續595
北河　文選　正320
北海　文選　正320
北海　本朝　正601
北海　白氏　續595
北崖　白氏　續595
北街　白氏　續595
北垣　白氏　續596
北郭　白氏　續595

北岳	文選	正320
北澗	文選	正321
北舘	白氏	續595
北岸	文選	正321
北岸	白氏	續595
北客	本朝	正601
北客	白氏	續595
北宮	文選	正321
北京	文選	正321
北境	白氏	續595
北橋	白氏	續595
北興	本朝	正601
北曲	白氏	續595
北極	文選	正321
北軒	白氏	續595
北原	白氏	續595
北固	文選	正321
北戸	遊仙	正95
北戸	文選	正321
北戸	本朝	正601
北戸	白氏	續595
北湖	文選	正321
北巷	白氏	續595
北紘	文選	正321
北荒	文選	正321
北朔	文選	正321
北山	文選	正321
北山	本朝	正601
北山	白氏	續595
北市	白氏	續595
北枝	本朝	正601
北寺	文選	正321
北次	白氏	續595
北州	白氏	續595
北渚	文選	正321
北渚	白氏	續595
北省	白氏	續595
北城	白氏	續595
北場	文選	正321
北人	白氏	續595
北征	白氏	續595
北征賦	文選	正321
北製	白氏	續595
北西	白氏	續595
北窓	本朝	正601
北窓	白氏	續595
北村	白氏	續595
北宅	本朝	正601
北辰	論語	正72
北辰	文選	正321
北辰	本朝	正601
北辰	白氏	續595
北地	文選	正321
北地	白氏	續596
北暢師	白氏	續596
北鎮	白氏	續596
北亭	白氏	續596
北庭	白氏	續596
北斗	文選	正321
北斗	白氏	續596
北都	白氏	續596
北度す	文選	正321
北土	文選	正321
北塘	白氏	續596
北頭	白氏	續596
北堂	本朝	正601
北堂	白氏	續595
北道	白氏	續596
北南す	文選	正321
北伐	白氏	續596
北伐す	文選	正321
北阜	文選	正321
北風	文選	正321
北風	白氏	續596
北風(書名)	白氏	續596
北平	白氏	續596
北峰	白氏	續596
北方	文選	正321
北方	法華	正424
北方	本朝	正601
北方	白氏	續596
北房	文選	正321
北面	文選	正321
北面	白氏	續596
北面す	文選	正321
北面す	白氏	續596
北門	文選	正321
北門	本朝	正601
北門	白氏	續596
北野	本朝	正601
北葉	本朝	正601
北落	文選	正321
北落	白氏	續596
北里	文選	正321
北里	白氏	續596
北陸	文選	正321
北陸	本朝	正601
北慮	文選	正321
北虜	白氏	續596
北梁	文選	正321
北陵	文選	正321
北林	文選	正321
北林	白氏	續596
北列	文選	正321
北廊	白氏	續596
北來	白氏	續596
北冀	文選	正321
北叟	文選	正321
北垠	文選	正321
北塢	白氏	續595
北嶽	文選	正321
北寨	本朝	正601
北樓	白氏	續596
北檻	白氏	續595
北歸	文選	正321
北歸	白氏	續595
北轟	文選	正321
北沚	文選	正321
北煥	文選	正321
北狄	文選	正321

北疆　文選　正321
北發　文選　正321
北齋　白氏　續595
北簷　白氏　續595
北芒　文選　正321
北芒　本朝　正601
北兗　文選　正320
北趙　遊仙　正95
北轅　白氏　續596
北邊　文選　正321
北邊　白氏　續596
北鄙　文選　正321
北闕　文選　正321
北闕　本朝　正601
北闕　白氏　續595
北阡　白氏　續595
北陌　白氏　續596
北隍　文選　正321
北隴　文選　正321
北魏　文選　正321
北齊　白氏　續595
北壍　文選　正321
北湑　白氏　續595
北牕　白氏　續595
北牖　白氏　續595
北邙　文選　正321
北邙　白氏　續596
北邙原　白氏　續596
北邙山　白氏　續596
北廓　白氏　續596
北閈　白氏　續595
僕　論語　正72
僕　文選　正320
僕　本朝　正601
僕　白氏　續595
僕御　文選　正320
僕御　白氏　續595
僕使　白氏　續595
僕射　文選　正320
僕射　白氏　續595
僕射府君　白氏　續595
僕妾　文選　正320
僕妾　本朝　正601
僕妾　白氏　續595
僕人　文選　正320
僕人　白氏　續595
僕馬　白氏　續595
僕夫　文選　正320
僕夫　本朝　正601
僕夫　白氏　續595
僕隷　文選　正320
僕乘　白氏　續595
僕從　法華　正424
卜　文選　正321
卜　本朝　正601
卜　白氏　續595
卜す　文選　正321
卜す　本朝　正601
卜す　白氏　續595
卜英琦　白氏　續595
卜子夏　文選　正321
卜式　文選　正321
卜式　白氏　續595
卜者　白氏　續595
卜祝　文選　正321
卜商　論語　正72
卜宅　白氏　續595
卜兆す　白氏　續595
卜偃　文選　正321
卜揆す　文選　正321
卜擇す　文選　正321
卜歸　白氏　續595
卜筮　文選　正321
卜鄰　白氏　續595
墨　文選　正321
墨　白氏　續596
墨井　文選　正321
墨客　本朝　正601
墨客　白氏　續596
墨子　論語　正72
墨子　文選　正321
墨氏　文選　正321
墨字　本朝　正601
墨守　本朝　正601
墨綬　文選　正321
墨池　本朝　正601
墨妙　文選　正321
墨妙　本朝　正601
墨點　本朝　正601
墨齒　文選　正321
墨縗　文選　正321
墨翟　文選　正321
撲　白氏　續596
撲撲　白氏　續596
朴　白氏　續596
朴（人名）　白氏　續596
朴厚　白氏　續596
朴素　白氏　續596
朴忠沈厚　白氏　續596
朴直　白氏　續596
朴略　白氏　續596
朴畧　本朝　正601
牧　文選　正321
牧　白氏　續596
牧宰　本朝　正601
牧宰　白氏　續596
牧宰（人名）　白氏　續596
牧宰等　本朝　正601
牧子　白氏　續596
牧守　文選　正321
牧守　白氏　續596
牧人　文選　正321
牧笛　本朝　正601
牧馬　文選　正321
牧馬　枕冊　正783
牧伯　文選　正321
牧野　文選　正321
牧野　白氏　續596
牧豎　文選　正321
睦す　白氏　續597

睦州　白氏　續597
睦親　文選　正321
睦鄰　白氏　續597
穆　文選　正321
穆　本朝　正601
穆　白氏　續596
穆(人名)　文選　正321
穆(人名)　白氏　續596
穆羽　文選　正321
穆遠　文選　正322
穆王　本朝　正601
穆王　白氏　續597
穆公　文選　正321
穆三十六地主　白氏　續596
穆質　白氏　續596
穆宗　白氏　續597
穆親　文選　正321
穆清　文選　正321
穆清　白氏　續597
穆生　文選　正321
穆生　白氏　續597
穆然　文選　正321
穆然　白氏　續597
穆天子　本朝　正601
穆如　白氏　續597
穆之　文選　正321
穆伯　白氏　續597
穆武　文選　正321
穆穆　文選　正321
穆穆　白氏　續597
穆々　論語　正72
穆々　本朝　正601
穆穆焉　文選　正321
穆々焉　本朝　正601
穆遊　本朝　正601
穆陵　文選　正322
穆滿　文選　正321
木　論語　正72
木　文選　正321
木　本朝　正601
木　白氏　續596
木(人名)　文選　正321
木羽　文選　正321
木禾　文選　正321
木芽　白氏　續596
木器　文選　正321
木器　白氏　續596
木強　本朝　正601
木偶人　白氏　續596
木景　本朝　正601
木功　文選　正321
木根　文選　正321
木索　文選　正321
木芝　文選　正321
木上　文選　正321
木人　白氏　續596
木刄　本朝　正601
木性　白氏　續596
木栖　遊仙　正95
木石　文選　正321
木石　本朝　正601
木石　白氏　續596
木石　源氏　正854
木鷹　白氏　續596
木鐸　論語　正72
木難　文選　正321
木筆　白氏　續596
木芙蓉　白氏　續596
木末　文選　正321
木魅　文選　正321
木綿　白氏　續596
木擁　文選　正321
木葉　文選　正321
木蘭　文選　正321
木蘭　白氏　續596
木蘭花　白氏　續596
木吏　本朝　正601
木理　文選　正321
木龍　白氏　續596
木蓮　白氏　續596
木蓮花　白氏　續596
木實　白氏　續596
木榻　白氏　續596
木槿　白氏　續596
木訥　論語　正72
木鴈　本朝　正601
木德　本朝　正601
木雞　白氏　續596
默　文選　正322
默す　文選　正322
默語　文選　正322
默仙　文選　正322
默然　文選　正322
默默　文選　正322
默默す　文選　正322
目　文選　正321
目　白氏　續597
目成　文選　正321
目成す　文選　正321
目精　文選　正321
目前　文選　正321
目中　文選　正321
目觀　文選　正321
樸　文選　正321
樸　白氏　續596
樸叢　文選　正321
樸復　白氏　續596
樸略す　文選　正321
沐　白氏　續596
沐す　文選　正321
沐す　本朝　正601
沐す　白氏　續596
沐浴　白氏　續596
沐浴す　論語　正72
沐浴す　文選　正321
沐浴す　白氏　續596
沐猴　文選　正321
濮上　文選　正321
濮上　白氏　續596
濮陽　文選　正321

默休	本朝	正601
璞	文選	正321
繆公	文選	正322
嘿嘿	文選	正321
纆牽	文選	正322
樸	白氏	續597
樸頭	遊仙	正95
踣焉す	文選	正322
醭	白氏	續597
騂馬	文選	正322
法興院	本朝	正601
法曹	本朝	正601
勃	文選	正322
勃興す	白氏	續597
勃然	白氏	續597
勃怒	文選	正322
勃如	論語	正72
勃勃	白氏	續597
勃亂	白氏	續597
勃鬱	文選	正322
勃焉	白氏	續597
勃盧	文選	正322
勃碣	文選	正322
勃貂	文選	正322
没	論語	正72
没シテ後	白氏	續597
没シ來	白氏	續597
没す	論語	正72
没す	論語	正72
没す	文選	正322
没す	本朝	正601
没す	白氏	續597
没滑	文選	正322
没後	本朝	正601
没在す	白氏	續597
没死す	本朝	正601
没世	文選	正322
没入す	白氏	續597
没落す	白氏	續597
怫鬱	文選	正322
歿す	文選	正322
渤海	文選	正322
渤海	本朝	正601
渤海	白氏	續597
渤海公	文選	正322
渤海公	白氏	續597
渤海國	本朝	正601
渤澥	文選	正322
渤澥	本朝	正601
發す	本朝	正601
發起す	法華	正424
發心	法華	正424
綍	文選	正322
佛菩薩	源氏	正854
佛經	源氏	正854
御法事	源氏	正854
御法服	宇津	正724
御法服	源氏	正854
法	本朝	正601
法	白氏	續597
法	宇津	正724
法	枕冊	正783
法とも	源氏	正854
法衣	本朝	正601
法雨	本朝	正601
法雲	本朝	正601
法演	白氏	續597
法王	本朝	正601
法王	白氏	續597
法王寺	白氏	續597
法王等三經	白氏	續597
法王經	白氏	續597
法音	本朝	正601
法華	白氏	續597
法華院	白氏	續597
法華經	白氏	續597
法界	本朝	正601
法界三昧普賢大士	源氏	正854
法眼和尚位	本朝	正601
法器	本朝	正601
法興院	本朝	正601
法凝大師	白氏	續597
法句	白氏	續597
法軍降魔	本朝	正601
法鼓	文選	正322
法皇	本朝	正601
法皇	枕冊	正783
法師	文選	正322
法師	本朝	正601
法師	白氏	續597
法師	宇津	正724
法師	蜻蛉	正750
法師	蜻蛉	正750
法師	枕冊	正783
法師	源氏	正854
法師はら	枕冊	正783
法師はら	源氏	正854
法師ばら	宇津	正724
法師まさりし	源氏	正854
法師陰陽師	枕冊	正783
法師子	枕冊	正783
法施	本朝	正601
法事	白氏	續597
法事	源氏	正854
法身	本朝	正601
法水	本朝	正601
法性寺	本朝	正601
法性寺	源氏	正854
法正寺	蜻蛉	正750
法貞	白氏	續597
法棟	本朝	正601
法服	本朝	正601
法服	宇津	正724
法服	枕冊	正783
法服	源氏	正854
法服たち	源氏	正854
法服ども	宇津	正724
法文	宇津	正724
法文	源氏	正854

法味	本朝	正601
法門	白氏	續597
法涌菩薩	本朝	正601
法要	白氏	續597
法龍池	本朝	正601
法侶	本朝	正601
法輪	本朝	正601
法輪	白氏	續597
法輪	枕冊	正783
法令	本朝	正601
法會	本朝	正601
法會	白氏	續597
法寶嚴持院	白氏	續597
法樂	白氏	續597
法氣つき	源氏	正854
法筵	本朝	正601
法肆す	本朝	正601
法藏	白氏	續597
法裔	白氏	續597
賞め感し	枕冊	正783
犯八虐	本朝	正602
煩悩	本朝	正602
煩悩す	遊仙	正96
煩悩病	本朝	正602
煩慮	本朝	正602
煩惱	法華	正424
煩惱	白氏	續598
煩惱	枕冊	正783
煩惱	源氏	正854
煩惱す	白氏	續598
煩惱濁	法華	正424
煩惱魔	法華	正424
煩穢	本朝	正602
煩雜	本朝	正602
品	本朝	正601
噴勃	文選	正322
憤滿す	文選	正322
焚林	文選	正322
焚燒	白氏	續598
焚爇*	白氏	續598
奔駕	本朝	正602
奔起す	文選	正322
奔牛	文選	正322
奔競	文選	正322
奔競	本朝	正602
奔競	白氏	續597
奔競す	文選	正322
奔鯨	文選	正322
奔激す	白氏	續597
奔沙	文選	正322
奔散す	白氏	續597
奔車	白氏	續597
奔星	文選	正322
奔精	文選	正322
奔箭	本朝	正602
奔走	文選	正322
奔走	本朝	正602
奔走す	文選	正322
奔走す	白氏	續597
奔走來賓す	白氏	續597
奔足	本朝	正602
奔馳	文選	正322
奔馳す	白氏	續597
奔注す	白氏	續597
奔電	文選	正322
奔逃	白氏	續597
奔逃す	白氏	續597
奔騰す	白氏	續597
奔播	文選	正322
奔波	文選	正322
奔波	本朝	正602
奔波	白氏	續597
奔馬	文選	正322
奔迫	白氏	續597
奔放	文選	正322
奔放す	文選	正322
奔亡	文選	正322
奔亡す	本朝	正602
奔北	文選	正322
奔湊す	文選	正322
奔流	本朝	正602
奔溜	文選	正322
奔龍	文選	正322
奔浪	本朝	正602
奔營	本朝	正602
奔營す	本朝	正602
奔壯	文選	正322
奔屬す	文選	正322
奔峭	文選	正322
奔湍	白氏	續597
奔聲	本朝	正602
奔邁す	文選	正322
奔邀す	文選	正322
奔駟	文選	正322
奔驥	文選	正322
奔兕	文選	正322
奔螭	文選	正322
奔踶す	文選	正322
奔迸す	文選	正322
御本性	源氏	正854
品々	宇津	正724
本	論語	正72
本	文選	正322
本	法華	正424
本	白氏	續597
本	宇津	正724
本	枕冊	正783
本	源氏	正854
本(注)	白氏	續597
本とも	源氏	正854
本ども	宇津	正724
本位	本朝	正602
本意	論語	正72
本意	文選	正322
本意	本朝	正602
本意	白氏	續597
本意なく	竹取	正636
本稲	本朝	正602
本院	白氏	續598
本韻	白氏	續597

本穎*　本朝　正602
本家　宇津　正724
本界　白氏　續597
本覚　本朝　正602
本官　文選　正322
本官　本朝　正602
本官　白氏　續597
本貫　白氏　續597
本貫經略招討左押衙
白氏　續597
本願　法華　正424
本願　本朝　正602
本願　白氏　續597
本紀　文選　正322
本境　白氏　續598
本郷　白氏　續597
本業　本朝　正602
本業　白氏　續598
本軍　白氏　續597
本郡　本朝　正602
本郡　白氏　續598
本原　白氏　續597
本源　本朝　正602
本源　白氏　續597
本戸　白氏　續598
本功德　白氏　續598
本行　白氏　續597
本号　本朝　正602
本根　文選　正322
本根　白氏　續598
本妻　宇津　正724
本妻　源氏　正854
本才　源氏　正854
本罪　白氏　續598
本使　白氏　續598
本司　白氏　續598
本師　本朝　正602
本師　白氏　續598
本志　本朝　正602
本支　文選　正322
本枝　文選　正322
本枝　白氏　續598
本寺　白氏　續598
本社　本朝　正602
本主　本朝　正602
本宗　白氏　續598
本州　文選　正322
本州　白氏　續598
本州團錬使　白氏　續598
本所　源氏　正854
本書　白氏　續598
本情　白氏　續598
本職　本朝　正602
本職　白氏　續598
本心　文選　正322
本心　法華　正424
本心　白氏　續598
本人　法華　正424
本性　遊仙　正96
本性　文選　正322
本性　法華　正424
本性　白氏　續598
本性　宇津　正724
本性　蜻蛉　正750
本性　枕冊　正783
本性　源氏　正854
本生　白氏　續598
本誓　本朝　正602
本誓　宇津　正724
本曹　白氏　續598
本草　白氏　續598
本尊　宇津　正724
本尊　源氏　正854
本尊観音大悲　本朝　正602
本態　白氏　續598
本第　文選　正322
本朝　文選　正322
本朝　本朝　正602
本朝文粋巻第五
本朝　正602
本朝文粋巻第三
本朝　正602
本朝文粋巻第七
本朝　正602
本朝文粋巻第十
本朝　正602
本朝文粋巻第十一
本朝　正602
本朝文粋巻第十三
本朝　正602
本朝文粋巻第十四
本朝　正602
本朝文粋巻第十二
本朝　正602
本朝文粋巻第二
本朝　正602
本朝文粋巻第八
本朝　正602
本朝文粋巻第六
本朝　正602
本鎮　白氏　續598
本土　文選　正322
本土　法華　正424
本土　本朝　正602
本堂　本朝　正602
本堂講書　本朝　正602
本道　白氏　續598
本府　本朝　正602
本府　白氏　續598
本部　白氏　續598
本物　白氏　續598
本分　白氏　續598
本文　本朝　正602
本篇　白氏　續598
本邦　白氏　續598
本望　本朝　正602
本末　文選　正322
本末　法華　正424
本末　本朝　正602
本末　白氏　續598

本名 本朝 正602
本命 白氏 續598
本役 本朝 正602
本來 白氏 續598
本傳 白氏 續598
本處 法華 正424
本國 法華 正424
本國 本朝 正602
本國 白氏 續598
本國土 白氏 續598
本惠 白氏 續597
本懷 文選 正322
本懷 本朝 正602
本數 白氏 續598
本經 文選 正322
本經 白氏 續598
本號 文選 正322
本覺 白氏 續597
本敎 白氏 續598
本意 伊勢 正650
翻飛す 文選 正322
翻覆 文選 正322
凡愚 法華 正424
凡身 本朝 正601
凡人 論語 正72
凡夫 法華 正424
凡夫 本朝 正601
凡庸 本朝 正601
凡藥 本朝 正601
御盆 宇津 正724
御盆ども 宇津 正724
盆 白氏 續598
盆 蜻蛉 正750
盆 枕冊 正783
盆する 枕冊 正783
盆口 文選 正322
問 文選 正322
問 本朝 正602
悶 本朝 正602
梵 法華 正424
梵 本朝 正601
梵唄 本朝 正602
梵王 法華 正424
梵音 法華 正424
梵音 本朝 正601
梵閣 白氏 續598
梵宮 法華 正424
梵宮 本朝 正602
梵宮 白氏 續598
梵行 法華 正424
梵行 白氏 續598
梵志 法華 正424
梵志 本朝 正602
梵字 源氏 正854
梵鐘 本朝 正602
梵天 法華 正424
梵天 本朝 正602
梵天王 法華 正424
梵塔 白氏 續598
梵部 白氏 續598
梵風 本朝 正602
梵筵 本朝 正601
樊壇 本朝 正602
樊籠 本朝 正602
賁育 文選 正322
汶陽 文選 正322
汶汶 文選 正322
湓浦 白氏 續598
湓魚 白氏 續598
湓口 白氏 續598
湓江 白氏 續598
湓上 白氏 續598
湓城 白氏 續598
湓水 白氏 續598
湓草 白氏 續598
湓亭 白氏 續598

【ま】

まゝはゝなと様 源氏 正854
まいの師 宇津 正724
まさあきらの中納言 宇津 正724
まどころの別當 宇津 正724
まひの師 蜻蛉 正750
まひの師 源氏 正854
摩詰 白氏 續598
摩天 白氏 續598
摩尼 法華 正424
摩尼 本朝 正602
摩尼師等 白氏 續598
摩尼珠 本朝 正602
摩摩帝 白氏 續598
摩綿 白氏 續598
摩耶 本朝 正602
摩竭 文選 正322
摩訶迦葉 法華 正424
摩訶迦葉 本朝 正602
摩訶迦葉 白氏 續598
摩訶毘盧遮那 源氏 正854
魔 法華 正424
魔 白氏 續598
魔王 法華 正424
魔軍 法華 正424
魔事 本朝 正602
魔女 白氏 續598
魔物 白氏 續598
麻粥 白氏 續598
麻姑 白氏 續598
麻滄 本朝 正602
埋閉す 白氏 續598
埋没す 白氏 續598
埋殁す 白氏 續598
妹壻 白氏 續598
昧死す 白氏 續598
昧爽 本朝 正602
毎月 白氏 續598
毎歳 白氏 續599
毎日 白氏 續599

毎年　白氏　續599
毎毎　白氏　續599
毎夜　白氏　續599
沕　文選　正322
啘聒す　文選　正322
萌　白氏　續599
萌す　白氏　續599
萌芽　白氏　續599
萌生　文選　正323
萌草　白氏　續599
萌動す　白氏　續599
萌柢　文選　正323
亡す　本朝　正602
亡者　本朝　正602
望　本朝　正602
望請す　本朝　正602
妄　本朝　正602
妄　白氏　續599
妄語　本朝　正602
妄授　本朝　正602
妄進　白氏　續599
妄想　白氏　續599
妄中　白氏　續599
妄動　白氏　續599
妄有　白氏　續599
妄懷　白氏　續599
妄縁　白氏　續599
孟　論語　正72
孟　文選　正322
孟嘉　白氏　續599
孟夏　文選　正322
孟夏　本朝　正602
孟夏　白氏　續599
孟簡　白氏　續599
孟季　本朝　正602
孟敬子　論語　正72
孟元陽　白氏　續599
孟光　白氏　續599
孟公　文選　正322
孟公綽　論語　正72
孟功曹　白氏　續599
孟浩然　白氏　續599
孟郊　白氏　續599
孟山　白氏　續599
孟司功　白氏　續599
孟子　論語　正72
孟子　白氏　續599
孟子(書名)　文選　正322
孟子(人名)　文選　正322
孟子反　論語　正72
孟氏　論語　正72
孟氏　白氏　續599
孟宗　文選　正322
孟春　文選　正322
孟諸　文選　正322
孟嘗　文選　正322
孟嘗　白氏　續599
孟嘗君　本朝　正602
孟嘗君　枕冊　正783
孟莊子　論語　正72
孟存　白氏　續599
孟孫　論語　正72
孟達　文選　正322
孟津　文選　正322
孟冬　文選　正322
孟冬　本朝　正602
孟冬　白氏　續599
孟伯周　本朝　正602
孟博　本朝　正602
孟武伯　論語　正72
孟母　文選　正322
孟明　文選　正322
孟門　文選　正322
孟門　白氏　續599
孟陽　白氏　續599
孟浪　本朝　正602
孟懿子　論語　正72
孟甞君　文選　正322
孟賁　本朝　正602
孟軻　文選　正322
孟軻　白氏　續599
孟陬　文選　正322
猛　文選　正322
猛　白氏　續599
猛　竹取　正636
猛雨　白氏　續599
猛鋭　文選　正322
猛毅　文選　正322
猛犬　文選　正322
猛虎　文選　正322
猛虎　本朝　正602
猛虎　白氏　續599
猛士　文選　正322
猛志　文選　正322
猛氏　文選　正322
猛政　白氏　續599
猛風　白氏　續599
猛噬　白氏　續599
猛將　文選　正322
猛將　白氏　續599
猛氣　文選　正322
猛氣　白氏　續599
猛獸　文選　正322
猛獸　白氏　續599
猛鷙　文選　正322
猛焰　白氏　續599
猛虡　文選　正322
盲　法華　正424
氓隷　文選　正322
蕄牙　本朝　正602
蕄動　本朝　正602
莽　文選　正323
漭沆　文選　正322
漭漭　文選　正322
甿謡　文選　正322
蒔絵　宇津　正724
蒔絵　枕冊　正783
蒔絵　源氏　正854
おほん幕　宇津　正724
幕　蜻蛉　正750

待ち困する	枕冊	正783
末	法華	正424
末香	法華	正424
末世	法華	正424
末法	法華	正424
末法	本朝	正602
末利夫人	本朝	正602
纏はれ追従し	枕冊	正783
学ひ啓し	枕冊	正783
舞の師ども	宇津	正724
舞の師ら	宇津	正724
万	法華	正424
万恒河沙	宇津	正724
万劫	宇津	正724
万石	宇津	正724
万燈會	本朝	正602
万葉集	本朝	正602
万葉集	枕冊	正783
万両	宇津	正724
万仞	本朝	正602
万壽	本朝	正602
万歳	源氏	正854
万歳樂	源氏	正854
慢	白氏	續599
慢易	白氏	續599
慢使	白氏	續599
慢水	白氏	續599
慢慢	白氏	續599
慢流	白氏	續599
慢瞼	白氏	續599
慢鞚	白氏	續599
漫	文選	正323
滂々	本朝	正603
滂映す	本朝	正603
滂語	遊仙	正96
滂怕	遊仙	正96
漫糊	白氏	續599
漫沙	文選	正323
漫漫	文選	正323
漫漫	白氏	續599
漫衍	文選	正323
漫瀆	文選	正323
蔓延	文選	正323
蔓延	法華	正424
蔓葛	文選	正323
蔓荊	文選	正323
蔓草	文選	正323
蔓草	本朝	正603
蔓草	白氏	續600
蔓藻	文選	正323
蔓蔓	文選	正323
蔓菁	白氏	續600
曼陀羅	本朝	正603
曼陀曼殊	本朝	正603
曼荼羅	本朝	正602
曼都	本朝	正603
曼睩	文選	正323
曼殊沙	法華	正424
曼殊沙華	法華	正424
曼羨	文選	正323
曼陀羅	源氏	正854
曼姫	文選	正323
曼倩	白氏	續599
曼倩す	文選	正323
曼煖	文選	正323
曼辭	文選	正323
曼鬋	文選	正323
曼鬋	文選	正323
幔幕	宇津	正724
滿	文選	正323
滿	本朝	正603
滿	白氏	續599
滿(人名)	白氏	續599
滿す	法華	正424
滿す	白氏	續599
滿園	白氏	續599
滿眼	白氏	續599
滿記	本朝	正603
滿月	本朝	正603
滿月	白氏	續599
滿公	白氏	續599
滿公琰	文選	正323
滿坐	白氏	續599
滿座	本朝	正603
滿座	白氏	續599
滿歳	白氏	續599
滿山	本朝	正603
滿山	白氏	續599
滿子	白氏	續599
滿枝	白氏	續599
滿氏	文選	正323
滿上人	白氏	續599
滿城	白氏	續599
滿船	白氏	續599
滿足す	法華	正424
滿地	白氏	續599
滿池	白氏	續599
滿庭	白氏	續599
滿頭	白氏	續599
滿堂	文選	正323
滿堂	本朝	正603
滿堂	白氏	續599
滿杯	白氏	續599
滿腹	文選	正323
滿奮	文選	正323
滿面	白氏	續599
滿林	本朝	正603
滿卮	白氏	續599
滿滿	白氏	續599
滿璋之	文選	正323
滿盞	本朝	正603
滿盞	白氏	續599
滿衫	白氏	續599
縵	白氏	續599
縵胡	文選	正323
萬	白氏	續599
萬五千七十二人	白氏	續600
萬歳	宇津	正724
萬歳樂	宇津	正724

萬葉　本朝　正603
萬葉集　本朝　正603
槾栢　文選　正323

【み】

みたけ精進　源氏　正854
みたり脚病　宇津　正724
みたり脚病　源氏　正854
みつなのすけの中少將　枕冊　正784
みなみの陣　宇津　正724
みなみの門　宇津　正724
みふ二條　宇津　正725
みまやの別當　宇津　正725
みやあこの大輔　宇津　正725
み領　宇津　正725
み臺　宇津　正724
見興じ　宇津　正724
御くしあけの内侍　源氏　正854
御格子　枕冊　正783
御修法　枕冊　正784
御障子　枕冊　正784
御厨子　枕冊　正784
御厨子所　枕冊　正784
御生れの宣旨　枕冊　正783
御曹司　枕冊　正783
御帳　枕冊　正784
御堂　枕冊　正784
御読經　枕冊　正784
御符　源氏　正854
御名文字　宇津　正724
御几帳　枕冊　正783
御嶽精進し　枕冊　正784
御誦經　枕冊　正784
三十一字　源氏　正854
三十文字あまり　源氏　正854
三文字　源氏　正854
旀留す　本朝　正603
微塵　法華　正424
微妙　本朝　正603
眉間　法華　正424
眉間　本朝　正603
美玉　本朝　正603
味　白氏　續600
味道　白氏　續600
幾未來　本朝　正603
未　白氏　續600
未熟　宇津　正724
未然　白氏　續600
未曾有　法華　正424
未曽有　本朝　正603
未得解由　本朝　正603
未來　法華　正424
未來　本朝　正603
未來　白氏　續600
未來　宇津　正725
未來際　白氏　續600
未來世　法華　正424
未發覺　本朝　正603
弥陀　本朝　正603
弥陀尊　本朝　正603
弥陀佛　本朝　正603
弥勒　本朝　正603
弥勒成佛經　本朝　正603
弥勒菩薩　本朝　正603
弥陁　本朝　正603
彌勒　法華　正424
彌勒　白氏　續600
彌勒　枕冊　正784
彌勒　源氏　正854
彌勒上生　白氏　續600
彌勒菩薩　法華　正424
右の衛門のかみ　宇津　正724
右の大將　宇津　正724
右の大將どの　宇津　正724
右の頭　宇津　正724
三十文字余り　土左　正660
三十文字余り七文字　土左　正660
道方少納言　枕冊　正784
密印　白氏　續600
密宴　本朝　正603
密法　本朝　正603
蜜　白氏　續600
蜜　枕冊　正784
南の院　枕冊　正784
宮あこの侍從　宇津　正725
宮の権かみ　宇津　正725
宮の女御　源氏　正854
宮の女房　枕冊　正784
宮の進　宇津　正725
宮の大夫　源氏　正854
宮の大夫のあそん　宇津　正725
宮の大夫殿　枕冊　正784
宮の樂士　宇津　正725
宮の權の佐　源氏　正854
宮中將　枕冊　正784
冥　法華　正424
名香　宇津　正725
名香　源氏　正854
名字　法華　正424
名聞　法華　正424
名聞　本朝　正603
名利　法華　正424
名利　本朝　正603
名號　法華　正424
命婦　宇津　正725
命婦　枕冊　正784
命婦　源氏　正854
命婦のおとゝ　枕冊　正784
命婦のめのと　枕冊　正784
命婦の君　源氏　正854
明　法華　正424
明神　枕冊　正784
明星　枕冊　正784

明年　宇津　正725
民　本朝　正603
民英　文選　正323
民間　本朝　正603
民祇　文選　正323
民居　本朝　正603
民業　本朝　正603
民極　文選　正323
民戸　本朝　正603
民貢　本朝　正603
民子　本朝　正603
民思　文選　正323
民事　文選　正323
民主　文選　正323
民宗　文選　正323
民庶　文選　正323
民情　文選　正323
民食　文選　正323
民心　文選　正323
民神　文選　正323
民身　本朝　正603
民人　論語　正72
民人　文選　正323
民生　文選　正323
民曹　白氏　續600
民俗　本朝　正603
民部　本朝　正603
民部のおもと　源氏　正854
民部の大輔　宇津　正725
民部卿　本朝　正603
民部卿　宇津　正725
民部卿　源氏　正854
民部卿のみこ　宇津　正725
民部卿の君　宇津　正725
民部卿の殿　宇津　正725
民部卿宮　宇津　正725
民部丞　宇津　正725
民部大丞　本朝　正603
民部大輔　本朝　正603
民部大輔　源氏　正854
民風　文選　正323
民風　本朝　正603
民望　文選　正323
民望　白氏　續600
民命　文選　正323
民力　文選　正323
民倫　文選　正323
民烟　本朝　正603
民聽　文選　正323
民謌　本朝　正603
民譽　文選　正323
民靈　文選　正323
民黎　文選　正323
民黎　本朝　正603
民德　文選　正323
眠睡す　白氏　續600
愍護　本朝　正603
泯す　文選　正323
泯絶す　文選　正323
泯滅す　文選　正323

【む】

むかし様　源氏　正854
むまの内侍のすけ　枕冊　正784
むまの二点　宇津　正725
むまの命婦　枕冊　正784
むめつぼの更衣　宇津　正725
右馬の権すけ　宇津　正725
謀殺*　本朝　正603
謀反　本朝　正603
貿易　法華　正424
夢幻　白氏　續600
夢悟　白氏　續600
夢思す　白氏　續600
夢仙　白氏　續600
夢想　白氏　續600
夢想す　白氏　續600
夢中　白氏　續600
夢蝶　白氏　續600
夢得　白氏　續600
夢得閣下　白氏　續600
夢得尚書　白氏　續600
夢得賓客　白氏　續600
夢遊　白氏　續600
夢遊春　白氏　續600
夢兒　白氏　續600
夢寐　白氏　續600
夢澤　白氏　續600
無　法華　正424
無　白氏　續600
無畏　法華　正424
無畏　本朝　正603
無央數　白氏　續600
無下　宇津　正725
無下　蜻蛉　正750
無下　枕冊　正784
無下　源氏　正854
無何　白氏　續600
無何郷　白氏　續600
無何本郡　白氏　續600
無学　法華　正424
無官　本朝　正603
無間　本朝　正603
無期　宇津　正725
無期　枕冊　正784
無期　源氏　正854
無形　白氏　續600
無言太子　源氏　正854
無垢稱　本朝　正603
無行　本朝　正603
無根　法華　正424
無才　本朝　正603
無才　白氏　續600
無才　宇津　正725
無才　源氏　正854
無材　白氏　續600
無作　法華　正424
無始以來　本朝　正603

無始刧　白氏　續600
無事　本朝　正603
無識　法華　正424
無錫　白氏　續600
無修　白氏　續600
無所畏　法華　正424
無上　法華　正424
無上　本朝　正603
無上尊　法華　正424
無上道　法華　正424
無上道　本朝　正603
無上道　白氏　續600
無上菩提　法華　正424
無上菩提　本朝　正603
無上法　白氏　續600
無常　本朝　正603
無色　白氏　續600
無心　白氏　續600
無心　宇津　正725
無心　枕冊　正784
無心　源氏　正854
無生三昧觀　白氏　續600
無生忍觀　白氏　續600
無税　白氏　續600
無想　法華　正424
無相　法華　正424
無相　本朝　正603
無知　法華　正424
無知　本朝　正603
無智　法華　正424
無智　本朝　正603
無等三昧　宇津　正725
無二無三　本朝　正603
無念　白氏　續600
無比　法華　正424
無品　宇津　正725
無品親王　源氏　正854
無夢　白氏　續600
無名　法華　正424
無名　本朝　正603
無名　枕冊　正784
無明　法華　正424
無明　本朝　正603
無明　白氏　續600
無明行行緣　白氏　續600
無明緣行行緣　白氏　續600
無紋　枕冊　正784
無紋　源氏　正854
無有郷　白氏　續600
無量　法華　正424
無量　本朝　正603
無量　白氏　續600
無量義　法華　正424
無量義經　本朝　正603
無量刧　本朝　正603
無量罪障　本朝　正603
無量無邊　法華　正424
無量無邊　本朝　正603
無量壽　白氏　續600
無量壽佛　白氏　續600
無礼　源氏　正854
無漏　本朝　正603
無漏界　本朝　正603
無漏地　本朝　正603
無價　法華　正424
無慚　宇津　正725
無慚　源氏　正854
無爲　法華　正424
無爲　本朝　正603
無盡意　本朝　正603
無礙　法華　正424
無禮　宇津　正725
無邊　法華　正424
無邊　本朝　正603
無餘涅槃　法華　正424
無德　宇津　正725
無德　枕冊　正784
無德　源氏　正854
無緣　本朝　正603
無虚日　白氏　續600
牟尼　本朝　正603
霧雨　白氏　續600
霧雨す　白氏　續600
无数　本朝　正603
无明　本朝　正603
誣告す　本朝　正603
梅つほの少將　枕冊　正784
紫地　源氏　正854

【め】

めのと様　源氏　正854
御めのと様　源氏　正854
罵詈す　法華　正424
馬道　枕冊　正784
馬道　源氏　正854
馬瑙　遊仙　正96
馬瑙　法華　正424
瑪瑙　白氏　續600
瑪瑙　宇津　正725
冥　文選　正323
冥　本朝　正603
冥　白氏　續600
冥奥す　文選　正323
冥化　白氏　續600
冥火　文選　正323
冥固　文選　正323
冥鴻　白氏　續600
冥寂　文選　正323
冥助　本朝　正603
冥然　白氏　續601
冥捜　白氏　續600
冥兆　文選　正323
冥同　白氏　續601
冥漠　文選　正323
冥漠　白氏　續601
冥漠君　文選　正323
冥莫　白氏　續601
冥福　白氏　續601
冥報　本朝　正603
冥昧　本朝　正603

冥冥　文選　正323
冥冥　白氏　續601
冥々　本朝　正603
冥黙す　文選　正323
冥祐　白氏　續600
冥吏　本朝　正603
冥數　文選　正323
冥數　白氏　續601
冥濛　文選　正323
冥濛　白氏　續601
冥筌　文選　正323
冥翳　文選　正323
冥茫　白氏　續601
冥觀す　文選　正323
冥讃　本朝　正603
冥邈　文選　正323
冥鴟　白氏　續600
名　白氏　續601
名位　文選　正323
名位　白氏　續601
名衣　本朝　正603
名宇　文選　正323
名王　文選　正323
名王　白氏　續601
名家　文選　正323
名花　白氏　續601
名器　文選　正323
名義　文選　正323
名義　本朝　正604
名義　白氏　續601
名級　文選　正323
名京　文選　正323
名境　白氏　續601
名業　白氏　續601
名郡　白氏　續601
名傑　文選　正323
名賢　文選　正323
名賢　白氏　續601
名行　白氏　續601
名号　本朝　正604
名山　文選　正323
名散　文選　正323
名士　本朝　正604
名士　白氏　續601
名師　文選　正323
名氏　文選　正323
名氏　白氏　續601
名賜す　文選　正323
名字　文選　正323
名字　本朝　正604
名字　白氏　續601
名爵　白氏　續601
名儒　文選　正323
名儒　本朝　正604
名儒　白氏　續601
名城　文選　正323
名職　白氏　續601
名色名色緣　白氏　續601
名神　本朝　正604
名臣　文選　正323
名臣　本朝　正604
名人　白氏　續601
名制　白氏　續601
名姓　本朝　正604
名姓　白氏　續601
名籍　白氏　續601
名績　文選　正323
名績　白氏　續601
名跡　文選　正323
名節　文選　正323
名節　白氏　續601
名相　白氏　續601
名秩　文選　正323
名秩　白氏　續601
名都　文選　正323
名徳　本朝　正604
名徳　白氏　續601
名藩　白氏　續601
名姫　白氏　續601
名父　本朝　正604
名父　白氏　續601
名物　本朝　正604
名物　白氏　續601
名分　白氏　續601
名文　本朝　正604
名聞　白氏　續601
名望　白氏　續601
名目　白氏　續601
名誉　論語　正72
名利　白氏　續601
名理　白氏　續601
名略　白氏　續601
名倡　文選　正323
名價　白氏　續601
名兢　白氏　續601
名處　本朝　正604
名區　文選　正323
名區　本朝　正604
名宦　白氏　續601
名實　文選　正323
名實　本朝　正604
名實　白氏　續601
名將　文選　正323
名將　白氏　續601
名尸　白氏　續601
名數　白氏　續601
名檢　文選　正323
名檢　白氏　續601
名稱　文選　正323
名稱　白氏　續601
名聲　文選　正323
名聲　白氏　續601
名號　文選　正323
名號　白氏　續601
名謚　文選　正323
名謚　白氏　續601
名謳　文選　正323
名譽　白氏　續601
名迹　白氏　續601
名醫　本朝　正603

名銜　白氏　續601
名體　文選　正323
名德　文選　正323
名教　文選　正323
名教　白氏　續601
名狀す　白氏　續601
名輩　文選　正323
命　論語　正72
命　文選　正323
命　文選　正323
命　本朝　正604
命　本朝　正604
命　白氏　續601
命　宇津　正725
命す　論語　正72
命す　文選　正323
命す　本朝　正604
命す　白氏　續601
命駕　本朝　正604
命駕　白氏　續601
命臣　文選　正323
命世　文選　正323
命世　本朝　正604
命秩　白氏　續601
命薄　白氏　續601
命婦　本朝　正604
命婦　白氏　續601
命服　文選　正323
命服　白氏　續601
命分　白氏　續601
命命　本朝　正604
命數　白氏　續601
命鼈　文選　正323
相明滅す　白氏　續602
名月池　本朝　正604
明　論語　正72
明　文選　正323
明　本朝　正604
明　白氏　續601
明(人名)　文選　正323
明(人名)　白氏　續601
明嫿瞭惠　文選　正324
明す　白氏　續601
明闇　文選　正323
明威　文選　正324
明衣　論語　正72
明一　本朝　正604
明允　文選　正324
明遠　文選　正324
明遠　白氏　續602
明遠大師　白氏　續602
明王　文選　正324
明王　本朝　正604
明王　白氏　續602
明王　宇津　正725
明王　枕冊　正784
明王　源氏　正854
明王がね　宇津　正725
明恩　文選　正324
明恩　本朝　正604
明科　文選　正324
明河　白氏　續601
明霞　本朝　正604
明晦　白氏　續601
明閣　文選　正324
明器　文選　正324
明忌　文選　正324
明義　文選　正324
明義　白氏　續601
明鏡　白氏　續602
明君　論語　正72
明君　文選　正324
明君　白氏　續602
明訓　文選　正324
明訓　白氏　續602
明刑　白氏　續602
明慧　白氏　續602
明月　文選　正324
明月　本朝　正604
明月　白氏　續602
明月峽　白氏　續602
明月灣　白氏　續602
明賢　文選　正324
明賢　本朝　正604
明光　文選　正324
明光　白氏　續601
明光殿　白氏　續601
明公　文選　正324
明効　白氏　續601
明皇　文選　正324
明皇帝　文選　正324
明皇帝　白氏　續601
明歲　本朝　正604
明察　文選　正324
明察　本朝　正604
明察　白氏　續602
明子　本朝　正604
明旨　文選　正324
明旨　白氏　續602
明視　白氏　續602
明時　文選　正324
明時　本朝　正604
明時　白氏　續602
明識　白氏　續602
明室　文選　正324
明者　文選　正324
明主　文選　正324
明主　本朝　正604
明主　白氏　續602
明珠　文選　正324
明珠　本朝　正604
明珠　白氏　續602
明州　白氏　續602
明淑　文選　正324
明肅　白氏　續602
明春　本朝　正604
明準上人　白氏　續602
明宵　文選　正324
明照　本朝　正604
明詔　文選　正324

明詔　本朝　正604
明詔　白氏　續602
明賞　白氏　續602
明鐘　文選　正324
明燭　文選　正324
明心　文選　正324
明神　文選　正324
明神　白氏　續602
明進　白氏　續602
明水　白氏　續602
明政　文選　正324
明星　文選　正324
明正　白氏　續602
明盛　文選　正324
明盛　白氏　續602
明聖　文選　正324
明聖　本朝　正604
明聖　白氏　續602
明誠　白氏　續602
明誓　文選　正324
明節　文選　正324
明節　白氏　續602
明早　文選　正324
明達　文選　正324
明達　白氏　續602
明旦　白氏　續602
明暖　白氏　續602
明智　文選　正324
明智　本朝　正604
明智　白氏　續602
明中　文選　正324
明徴　白氏　續602
明徴す　白氏　續602
明朝　白氏　續602
明帝　文選　正324
明帝　本朝　正604
明庭　白氏　續602
明哲　文選　正324
明哲　白氏　續602
明天子　白氏　續602
明燈　文選　正324
明堂　文選　正324
明堂　本朝　正604
明堂　白氏　續602
明道　文選　正324
明日　論語　正72
明日　文選　正324
明日　本朝　正604
明日　白氏　續602
明年　遊仙　正96
明年　文選　正324
明年　本朝　正604
明年　白氏　續602
明年二月十五日　白氏　續602
明白　文選　正324
明白　白氏　續602
明罰　文選　正324
明罰　白氏　續602
明妃　文選　正324
明妃　白氏　續602
明備　白氏　續602
明表　文選　正324
明分　文選　正324
明文　文選　正324
明文　本朝　正604
明文　白氏　續602
明法　本朝　正604
明法得業生　本朝　正604
明法博士　本朝　正604
明牧　文選　正324
明亦　文選　正324
明密　文選　正324
明命　文選　正324
明明　文選　正324
明明　白氏　續602
明々　本朝　正604
明滅す　白氏　續602
明目　宇津　正725
明略　文選　正324
明慮　文選　正324
明僚　白氏　續602
明令　文選　正324
明偈　白氏　續602
明兩　文選　正324
明决　本朝　正604
明惠　文選　正324
明愼　白氏　續602
明懋　文選　正324
明懿　文選　正324
明據　文選　正324
明敕　白氏　續602
明晨　文選　正324
明暉　文選　正324
明濟　文選　正324
明燎　文選　正324
明畧　白氏　續602
明發　文選　正324
明發す　文選　正324
明發す　白氏　續602
明祀　文選　正324
明經　文選　正324
明經　本朝　正604
明經　白氏　續602
明臺　文選　正324
明號　文選　正324
明辟　文選　正324
明辯す　白氏　續602
明鑒　本朝　正604
明靈　文選　正324
明靈　白氏　續602
明驗　白氏　續602
明德　文選　正324
明德　本朝　正604
明德　白氏　續602
明絜　文選　正324
明璣　文選　正324
明璫　文選　正324
明豔　文選　正324
盟　文選　正325

盟　本朝　正604
盟　白氏　續602
盟主　文選　正325
盟誓　白氏　續602
盟誓す　白氏　續602
盟津　文選　正325
盟府　文選　正325
盟約　本朝　正604
盟約　白氏　續602
盟會　白氏　續602
迷悶　法華　正424
迷惑す　法華　正424
銘　文選　正325
銘　本朝　正604
銘　白氏　續602
銘す　文選　正325
銘す　本朝　正604
銘す　白氏　續603
銘誌　文選　正325
銘誌　白氏　續603
銘典　文選　正325
銘謡　文選　正325
銘旌　白氏　續603
銘碣　白氏　續603
銘誄　文選　正325
鳴鵶　文選　正324
鳴咽す　文選　正324
鳴珂　白氏　續603
鳴球　文選　正324
鳴玉　文選　正324
鳴玉谿　白氏　續603
鳴琴　文選　正324
鳴琴　本朝　正604
鳴琴　白氏　續603
鳴禽　文選　正324
鳴禽　白氏　續603
鳴駒　文選　正324
鳴謙　文選　正324
鳴絃　本朝　正604
鳴顧す　白氏　續603
鳴鼓　文選　正324
鳴鍾　文選　正324
鳴情　本朝　正604
鳴石　文選　正324
鳴鳥　文選　正324
鳴鳥　白氏　續603
鳴鶴　文選　正324
鳴鶴　白氏　續603
鳴笛　文選　正324
鳴鏑　文選　正324
鳴盗　文選　正324
鳴鳶　文選　正324
鳴鳩　文選　正324
鳴鳳　文選　正325
鳴鳳　白氏　續603
鳴吠　本朝　正604
鳴律　文選　正325
鳴和　文選　正324
鳴佩　文選　正324
鳴吼す　白氏　續603
鳴條　文選　正324
鳴桴　文選　正325
鳴湍　文選　正324
鳴瑟　文選　正324
鳴笙　文選　正324
鳴簧　文選　正324
鳴籟　文選　正325
鳴聲　文選　正324
鳴葭　文選　正324
鳴轂　文選　正324
鳴驥　文選　正324
鳴鴈　文選　正324
鳴鶉　文選　正324
鳴皷　白氏　續603
鳴虵　文選　正324
鳴蟬　文選　正324
鳴雞　文選　正324
鳴雞　白氏　續603
鳴鞞　文選　正324
鳴飈　文選　正325
鳴騶　文選　正324
鳴騶　白氏　續603
鳴鸛　本朝　正604
御面目　源氏　正854
面目　源氏　正854
面目なく　源氏　正854
暝　白氏　續602
暝興　白氏　續602
暝色　文選　正324
暝鶴　白氏　續602
暝拜す　白氏　續602
溟海　文選　正324
溟海　本朝　正604
溟洲　文選　正324
溟渤　文選　正324
溟渤　本朝　正604
溟漲　文選　正324
溟漲す　白氏　續602
溟涬　本朝　正604
溟漭　文選　正324
瞑目　本朝　正604
茗　白氏　續602
茗芽　白氏　續602
茗邈　文選　正325
螟　文選　正324
螟蛉　文選　正324
酩酊　白氏　續602
酩酊す　本朝　正604
酩酊す　白氏　續602
洺州　白氏　續602
蓂　白氏　續602
蓂莢　本朝　正604
墾田　本朝　正604
妙　白氏　續603
妙衣　法華　正424
妙韻　本朝　正604
妙音　法華　正424
妙音　本朝　正604
妙音菩薩　法華　正424
妙果　本朝　正604

妙器　本朝　正604
妙光　法華　正424
妙光法師　本朝　正604
妙功　本朝　正604
妙好　法華　正424
妙辞　本朝　正604
妙匠　本朝　正604
妙選　白氏　續603
妙相　本朝　正604
妙典　本朝　正604
妙能　白氏　續603
妙文　本朝　正604
妙法　法華　正424
妙法　本朝　正604
妙法一乗　本朝　正604
妙法寺別当大德　源氏　正854
妙法蓮　本朝　正604
妙法蓮華　法華　正424
妙法蓮華經　法華　正424
妙法蓮華經　本朝　正604
妙法蓮華經　白氏　續603
妙有　白氏　續603
妙理　本朝　正604
妙輪　本朝　正604
妙覺　本朝　正604
明神　土左　正660
玅喜寺　白氏　續603
玅然　白氏　續603
滅　法華　正424
滅　白氏　續603
滅す　法華　正424
滅す　本朝　正604
滅す　白氏　續603
滅後　法華　正424
滅後　白氏　續603
滅罪　本朝　正604
滅罪生善　本朝　正604
滅罪證覺　本朝　正604
滅除す　白氏　續603
滅相　法華　正424
滅度　法華　正424
滅度　本朝　正604
滅度　白氏　續603
滅度す　法華　正424
滅盡す　法華　正424
滅盡す　白氏　續603
免す　本朝　正604
免す　白氏　續603
免除す　本朝　正604
免職　白氏　續603
免歸す　白氏　續603
綿衣　白氏　續603
綿篇　本朝　正604
綿綿　白氏　續603
綿々　本朝　正604
綿絡　文選　正325
綿圖　本朝　正604
綿袍　白氏　續603
綿惙　本朝　正604
面　白氏　續603
面謁　本朝　正604
面顏　白氏　續603
面欺　白氏　續603
面子　遊仙　正96
面傷す　白氏　續603
面上　白氏　續603
面色　白氏　續603
面奏す　白氏　續603
面相　白氏　續603
面朝　文選　正325
面展　本朝　正604
面白　白氏　續603
面縛す　文選　正325
面々　本朝　正604
面目　文選　正325
面目　法華　正424
面目　本朝　正604
面目　宇津　正725
面目　枕冊　正784
面目なく　宇津　正725
面從　白氏　續603
面從す　白氏　續603
面旁　文選　正325
面槐　本朝　正604
面赭　白氏　續603
面櫬す　文選　正325
眄眄　白氏　續603
緜　白氏　續603
緜駒　文選　正325
緜州　白氏　續603
緜蔓　文選　正325
緜野　文選　正325
緜洛　文選　正325
緜留す　文選　正325
緜攣　文選　正325
緜緜　文選　正325
緜緜　白氏　續603
緜緜連連　文選　正325
緜纊　文選　正325
緜匀　白氏　續603
緜嶠　文選　正325
緜杭　文選　正325
緜歷　白氏　續603
緜歷す　白氏　續603
緜邈　文選　正325
澠池　文選　正325
麪　法華　正424
麪　白氏　續603

【も】

ものゝ怪　宇津　正725
ものゝ怪　蜻蛉　正750
ものゝ絵様　源氏　正855
ものゝ興　宇津　正725
ものゝ具　宇津　正725
ものゝ具　蜻蛉　正750
ものゝ上手　源氏　正854
ものゝ上手とも　源氏　正854

もの丶上手ども　宇津　正725
もの丶変化　宇津　正725
もの丶用　宇津　正725
もの丶用　源氏　正855
もの丶要　宇津　正725
もみぢの賀　宇津　正725
文字　枕冊　正784
文字　源氏　正854
文字すくな　源氏　正854
文字つよう　源氏　正854
文字とも　源氏　正854
文字様　源氏　正854
帽額　宇津　正725
帽額　枕冊　正784
模様　白氏　續603
勿体な　枕冊　正784
糢糊　白氏　續603
茅　文選　正325
毛　白氏　續603
毛(人名)　白氏　續603
毛衣　白氏　續603
毛羽　白氏　續603
毛下　白氏　續603
毛群　白氏　續603
毛孔　法華　正424
毛詩　本朝　正604
毛詩　白氏　續603
毛質　白氏　續603
毛色　白氏　續603
毛仙翁　白氏　續603
毛頭　白氏　續603
毛道　白氏　續603
毛髪　白氏　續603
毛帶　白氏　續603
毛龜　白氏　續603
毛玠　白氏　續603
毛髯　白氏　續603
蒙　文選　正325
蒙　本朝　正604
蒙　白氏　續603
蒙雲　本朝　正604
蒙嘉　文選　正325
蒙求　本朝　正605
蒙公　文選　正325
蒙山　白氏　續603
蒙施　文選　正325
蒙塵す　文選　正325
蒙泉　本朝　正605
蒙然　白氏　續604
蒙茸　白氏　續604
蒙茶　白氏　續604
蒙昧　文選　正325
蒙密　文選　正325
蒙霧　本朝　正605
蒙蒙　白氏　續604
蒙龍　文選　正325
蒙恬　文選　正325
蒙恬　白氏　續604
蒙朧　本朝　正605
蒙籠　文選　正325
蒙籠　白氏　續604
蒙莊　白氏　續603
蒙莊子　文選　正325
蒙蘢　文選　正325
蒙鄙　文選　正325
曚　本朝　正604
曚昧　本朝　正604
曚瞽　本朝　正604
朦々　源氏　正854
朦朧　白氏　續603
濛鴻　文選　正325
濛鴻　本朝　正604
濛汜　白氏　續603
濛昧　本朝　正604
濛濛　文選　正325
濛濛　白氏　續603
濛々　本朝　正604
濛汜　文選　正325
耄　本朝　正604
木　法華　正424
木絵　枕冊　正784
木工　宇津　正725
木工　源氏　正854
木工のすけ　宇津　正725
木工の君　宇津　正725
木工の君　源氏　正854
木工の丞　枕冊　正784
木工頭　本朝　正605
木蘭地　本朝　正605
木理　宇津　正725
木蓮　源氏　正854
黙す　法華　正424
黙す　白氏　續604
黙坐す　白氏　續604
黙然　法華　正424
黙然　白氏　續604
黙然す　法華　正424
黙黙　白氏　續604
黙黙兀兀　白氏　續604
目　白氏　續604
目す　白氏　續604
目乾連　白氏　續604
目前　白氏　續604
目録　宇津　正725
目眩　白氏　續604
目撃す　白氏　續604
目撃指顧す　白氏　續604
目錄　本朝　正605
没す　法華　正424
没官す　本朝　正605
没官田　本朝　正605
御物怪　源氏　正854
御物怪めき　源氏　正854
物の怪　枕冊　正784
物の絵様　枕冊　正784
物の具　枕冊　正784
物の師　宇津　正725
物の上手　宇津　正725
物の上手　枕冊　正784

物の変化　源氏　正854
物の変化(めき　源氏　正855
物の例　枕冊　正784
物の氣色　宇津　正725
物怨　源氏　正855
物怨しし　枕冊　正784
物怨しす　源氏　正855
物怪　源氏　正854
物怪たち　源氏　正854
物啓し　枕冊　正784
物語絵　源氏　正854
物念しし　源氏　正854
物不便　宇津　正725
御もみちの賀　源氏　正855
紅葉の賀　源氏　正855
洩らし奏し　源氏　正855
諸誦　宇津　正725
唐の楽し　枕冊　正784
錦文　本朝　正605
五文字　伊勢　正650
男文字　土左　正660
文　本朝　正605
文　宇津　正725
文　蜻蛉　正750
文才　宇津　正725
文才　源氏　正855
文字　白氏　續604
文字　宇津　正725
文字　蜻蛉　正750
文殊　法華　正424
文殊　本朝　正605
文殊　宇津　正725
文殊　枕冊　正784
文珠　白氏　續604
文集　枕冊　正784
文書　宇津　正725
文章　源氏　正855
文章の生　源氏　正855
文章生　本朝　正605
文章生　宇津　正725
文章得業生　本朝　正605
文章博士　本朝　正605
文章博士　宇津　正725
文章博士　枕冊　正784
文章博士　源氏　正855
文人　宇津　正725
文人　源氏　正855
文人ども　宇津　正725
文粋巻第四　本朝　正605
文籍　源氏　正855
文選　文選　正325
文選　本朝　正605
文選　白氏　續604
文選　枕冊　正784
文武　本朝　正605
文武天皇　本朝　正605
文德天皇　伊勢　正650
聞法　白氏　續604
問　白氏　續604
問す　本朝　正605
問遺　白氏　續604
問客　白氏　續604
問者　本朝　正605
問訊　白氏　續604
問訊す　法華　正424
問訊す　白氏　續604
問答　法華　正424
問法　白氏　續604
問荅す　白氏　續604
閔　白氏　續604
閔す　白氏　續604
閔襟　本朝　正605
閔時　白氏　續604
閔絶躄地す　法華　正424
紋　白氏　續604
紋　宇津　正725
紋　枕冊　正784
紋　源氏　正855
門　論語　正72
門　文選　正325
門　法華　正424
門　本朝　正605
門　白氏　續604
門　宇津　正725
門す　論語　正72
門蔭子　白氏　續604
門下　遊仙　正96
門下　文選　正325
門下　白氏　續604
門下侍郎　白氏　續604
門下侍郎平章事　白氏　續604
門下平章事　白氏　續604
門下掾　本朝　正605
門階　文選　正325
門外　本朝　正605
門外　白氏　續604
門館　文選　正325
門館　白氏　續604
門基　文選　正325
門客　本朝　正605
門客　白氏　續604
門業　本朝　正605
門戟　白氏　續604
門戸　文選　正325
門戸　本朝　正605
門戸　白氏　續604
門巷　白氏　續604
門子　文選　正325
門資　本朝　正605
門者　白氏　續604
門緒　文選　正325
門上　白氏　續604
門人　論語　正72
門人　文選　正325
門人　本朝　正605
門人　白氏　續604
門塵　本朝　正605
門生　白氏　續604
門籍　文選　正325

門籍　本朝　正605
門籍　白氏　續604
門千　本朝　正605
門前　本朝　正605
門前　白氏　續604
門素　文選　正325
門側　文選　正325
門地　白氏　續604
門中　遊仙　正96
門柱　白氏　續604
門庭　遊仙　正96
門庭　白氏　續604
門弟子　論語　正72
門弟子　本朝　正605
門弟子　白氏　續604
門塗　文選　正325
門徒　本朝　正605
門徒　白氏　續604
門東　白氏　續604
門内　白氏　續604
門閥　白氏　續604
門風　本朝　正605
門柳　本朝　正605
門柳　白氏　續604
門欄　本朝　正605
門廊　白氏　續604
門屏　白氏　續604
門衞　文選　正325
門衢　文選　正325
門閭　文選　正325
門閭　白氏　續604
門闌　白氏　續604
門闕　文選　正325
門闥　文選　正325
門楣　白氏　續604
門闈　文選　正325
捫　白氏　續604
捫す　文選　正325

【や】

やまと相　源氏　正855
やり戸厨子　枕冊　正784
冶長　白氏　續604
射　文選　正325
射干　文選　正325
射山　本朝　正605
邪　本朝　正605
冶氷　本朝　正605
冶服　文選　正325
冶容　文選　正325
冶容(人名)　文選　正325
冶璞　本朝　正605
冶鑄す　本朝　正605
夜飲す　白氏　續604
夜雨　白氏　續604
夜火　白氏　續604
夜寒　白氏　續604
夜砧　白氏　續605
夜境　白氏　續605
夜鏡　白氏　續605
夜琴　白氏　續604
夜景　文選　正325
夜月　白氏　續605
夜光　文選　正325
夜光　白氏　續605
夜行　文選　正325
夜行　枕冊　正784
夜行　源氏　正855
夜合　白氏　續604
夜合花　白氏　續604
夜叉　法華　正424
夜坐　白氏　續605
夜坐す　白氏　續605
夜酌　白氏　續605
夜舟　白氏　續605
夜色　文選　正325
夜色　白氏　續605
夜食　白氏　續605
夜雪　白氏　續605
夜泉　白氏　續605

夜霜　白氏　續605
夜茶　白氏　續605
夜中　文選　正325
夜直す　白氏　續605
夜泊　白氏　續605
夜半　白氏　續605
夜分　文選　正325
夜分　白氏　續605
夜眠　白氏　續605
夜夜　白氏　續605
夜裏　白氏　續605
夜涼　白氏　續605
夜漏　白氏　續605
夜郎　文選　正325
夜話　白氏　續605
夜話す　白氏　續605
夜來　白氏　續605
夜哭　文選　正325
夜柝　白氏　續605
夜棊　白氏　續604
夜歸　白氏　續605
夜氣　白氏　續604
夜箏　白氏　續605
夜臺　白氏　續605
夜茹　白氏　續605
夜號　白氏　續604
夜衾　白氏　續604
夜禪　白氏　續605
夜醪　白氏　續605
夜牕　白氏　續605
夜猨　文選　正325
夜湌　白氏　續605
爺娘　白氏　續605
耶輸陀羅　法華　正424
耶溪　白氏　續605
耶谿　文選　正325
夜飲　本朝　正605
夜火　本朝　正605
夜景　本朝　正605
夜月　本朝　正605

夜行　本朝　正605
夜酌　本朝　正605
夜燭　本朝　正605
夜遊　本朝　正605
夜漏　本朝　正605
夜學　本朝　正605
夜柝　本朝　正605
夜臺　本朝　正605
夜魄　本朝　正605
野　論語　正72
野　文選　正325
野　本朝　正605
野　白氏　續605
野葵　本朝　正605
野杏　本朝　正605
野意　白氏　續605
野衣　白氏　續605
野陰　文選　正325
野雲　本朝　正605
野雲　白氏　續605
野煙　本朝　正605
野煙　白氏　續605
野猿　本朝　正605
野猿　白氏　續606
野王　文選　正326
野翁　白氏　續606
野火　白氏　續605
野花　白氏　續605
野外　文選　正325
野外　本朝　正605
野外　白氏　續605
野葛　白氏　續605
野褐　本朝　正605
野蒲　文選　正325
野干　法華　正424
野客　白氏　續605
野居　白氏　續605
野巾　白氏　續605
野禽　白氏　續605
野狐　白氏　續605
野行　白氏　續605
野鵠　遊仙　正96
野菜　白氏　續605
野思　白氏　續605
野寺　白氏　續605
野酌　文選　正325
野裳　文選　正325
野情　本朝　正605
野情　白氏　續605
野色　白氏　續605
野食　白氏　續605
野食す　白氏　續605
野心　文選　正325
野心　本朝　正605
野心　白氏　續605
野人　論語　正72
野人　文選　正325
野人　本朝　正605
野人　白氏　續605
野水　白氏　續605
野雀　文選　正325
野性　白氏　續605
野生　白氏　續605
野船　白氏　續605
野鼠　文選　正325
野相公　本朝　正605
野草　文選　正325
野草　本朝　正605
野草　白氏　續605
野大夫　本朝　正605
野中　本朝　正605
野中　白氏　續605
野鳥　文選　正325
野鶴　白氏　續605
野亭　文選　正325
野亭　本朝　正605
野庭　文選　正325
野艇　白氏　續605
野店　白氏　續605
野田　文選　正325
野田　白氏　續605
野渡　白氏　續605
野途　文選　正325
野塘　白氏　續605
野桃　本朝　正605
野桃　白氏　續605
野馬　文選　正325
野飯　白氏　續606
野扉　白氏　續606
野夫　白氏　續606
野風　文選　正325
野物　白氏　續606
野望　白氏　續606
野繭　文選　正325
野面　本朝　正605
野遊　本朝　正605
野遊す　本朝　正605
野羊　文選　正325
野路　白氏　續606
野老　文選　正325
野老　本朝　正605
野老　白氏　續606
野蕨　文選　正325
野卉　白氏　續605
野叟　本朝　正605
野叟　白氏　續605
野壤　白氏　續605
野甕　文選　正325
野廬　文選　正326
野徑　文選　正325
野徑　白氏　續605
野戰　文選　正325
野戰す　文選　正325
野棗　白氏　續605
野澤　白氏　續605
野獸　文選　正325
野萍　白氏　續606
野陂　白氏　續605
野雉　文選　正325
野馗　文選　正326

野麋　本朝　正605
野麋　白氏　續606
野綠　白氏　續606
揶揄す　白氏　續605
梛葉　文選　正325
椰子　遊仙　正96
椰子　文選　正325
柍桭　文選　正326
揚王　文選　正326
揚荊州　文選　正326
揚侯　文選　正326
揚使君　文選　正326
揚執戟　本朝　正605
揚州　文選　正326
揚駿　文選　正326
揚難　白氏　續606
揚伯起　本朝　正605
揚披　文選　正326
揚彪　文選　正326
揚名　白氏　續606
揚名のすけ　源氏　正855
揚門　文選　正326
揚雄　文選　正326
揚雄　本朝　正605
揚揚　白氏　續606
揚歴　文選　正326
揚倩　文選　正326
揚汨す　文選　正326
揚綵　文選　正326
揚搉す　文選　正326
楊　文選　正326
楊　本朝　正605
楊　白氏　續606
楊員外　白氏　續607
楊隱士　白氏　續606
楊穎*士　白氏　續606
楊於陵　白氏　續607
楊於陵等　白氏　續607
楊家　文選　正326
楊家　白氏　續606
楊花　白氏　續606
楊閣老　白氏　續606
楊冠俗　白氏　續606
楊幹　白氏　續606
楊貴妃　宇津　正725
楊貴妃　枕冊　正784
楊貴妃　源氏　正855
楊九　白氏　續606
楊九弘貞　白氏　續606
楊虞卿　白氏　續606
楊君　白氏　續606
楊君靖　白氏　續606
楊君馮　白氏　續606
楊景復　白氏　續606
楊景復等　白氏　續606
楊荊州誄　文選　正326
楊玄諒等　白氏　續606
楊玄琰　白氏　續606
楊戶部　白氏　續606
楊湖州　白氏　續606
楊公　文選　正326
楊孝直　白氏　續606
楊工部　白氏　續606
楊弘元　白氏　續606
楊弘元法師　白氏　續606
楊弘貞　白氏　續606
楊衡　白氏　續606
楊三　白氏　續606
楊使君　白氏　續606
楊史　文選　正326
楊嗣復　白氏　續606
楊子　文選　正326
楊子　本朝　正605
楊子　白氏　續606
楊子雲　文選　正326
楊子雲　本朝　正605
楊子津　白氏　續606
楊子渡　白氏　續606
楊子幼　文選　正326
楊師皐　白氏　續606
楊志和等　白氏　續606
楊枝　白氏　續606
楊氏　白氏　續606
楊侍郎　白氏　續606
楊舍人　白氏　續606
楊主簿　白氏　續606
楊主簿兄弟　白氏　續606
楊朱　文選　正326
楊州　遊仙　正96
楊州　文選　正326
楊州　本朝　正605
楊州　白氏　續606
楊十二　白氏　續606
楊十二員外　白氏　續606
楊十二博士　白氏　續606
楊尚書　白氏　續606
楊常州　白氏　續606
楊生　白氏　續606
楊相公繼之　白氏　續606
楊藻　本朝　正605
楊造　白氏　續606
楊造等　白氏　續606
楊大尉　本朝　正605
楊大使　白氏　續606
楊仲武　文選　正326
楊貞一　白氏　續606
楊庭　本朝　正605
楊東川　白氏　續606
楊同州　白氏　續606
楊同縣等　白氏　續606
楊得意　本朝　正605
楊汝士　白氏　續606
楊馬　本朝　正605
楊馬　白氏　續606
楊梅　文選　正326
楊梅舘　白氏　續606
楊八　白氏　續606
楊八給事　白氏　續606
楊八仕君　白氏　續607
楊班　文選　正326

楊妃　白氏　續607
楊秘書巨源　白氏　續607
楊夫人　白氏　續607
楊府　白氏　續607
楊府君　遊仙　正96
楊平公遠　白氏　續607
楊慕巣　白氏　續607
楊慕巣侍郎　白氏　續607
楊慕巣尚書　白氏　續607
楊奉　文選　正326
楊僕射　白氏　續607
楊柳　白氏　續607
楊柳曲　白氏　續607
楊柳枝　白氏　續607
楊雄　文選　正326
楊雄　白氏　續606
楊葉　文選　正326
楊琳庄　白氏　續607
楊魯士　白氏　續607
楊郎中　白氏　續607
楊郎中兄弟　白氏　續607
楊六　白氏　續607
楊六兄弟　白氏　續607
楊六侍御　白氏　續607
楊六侍郎　白氏　續607
楊六尚書　白氏　續607
楊國忠　白氏　續606
楊尹　白氏　續606
楊歸厚　白氏　續606
楊潛　白氏　續606
楊瓊　白氏　續606
楊經　文選　正326
楊萬州　白氏　續607
楊德祖　文選　正326
楊歧　本朝　正605
楊澥　白氏　續606
楊穀　白氏　續606
あり様　土左　正660
いか様　竹取　正636
か様　竹取　正636
かう様　土左　正660
さ様　竹取　正636
さ様　伊勢　正650
御様態　宇津　正725
様　竹取　正636
様　源氏　正855
様かはり　源氏　正855
様かへ　源氏　正855
様たかひ　源氏　正855
様の物　源氏　正855
様の物とも　源氏　正855
様はなれ　源氏　正855
様器　宇津　正725
様器　源氏　正855
様態　宇津　正725
様體　源氏　正855
洋溢　文選　正326
洋溢す　文選　正326
洋洋　論語　正72
洋洋　文選　正326
洋洋　白氏　續607
洋々　本朝　正605
洋洋乎　論語　正72
洋洋乎　文選　正326
洋洋乎　白氏　續607
洋洋習習　文選　正326
羊何　文選　正326
羊角　白氏　續607
羊公　文選　正326
羊公　本朝　正605
羊公　白氏　續607
羊左　文選　正326
羊質　文選　正326
羊質　本朝　正605
羊叔子　文選　正326
羊叔子　本朝　正605
羊叔子　白氏　續607
羊職　文選　正326
羊舌　文選　正326
羊僧　本朝　正605
羊太傅　本朝　正605
羊柱　本朝　正605
羊腸　文選　正326
羊腸　白氏　續607
羊杜　白氏　續607
羊頭　文選　正326
羊膓　本朝　正605
羊豕　文選　正326
羊陟　本朝　正605
羊雍　遊仙　正96
羊琇　文選　正326
羊祜　文選　正326
羊祜　白氏　續607
陽　論語　正72
陽　文選　正326
陽　本朝　正605
陽　白氏　續607
陽　白氏　續607
陽阿　文選　正326
陽陰　文選　正326
陽烏　文選　正326
陽烏　本朝　正605
陽雲　文選　正326
陽雲(地名)　文選　正326
陽嘉中　文選　正326
陽荷　文選　正326
陽貨　論語　正72
陽貨　白氏　續607
陽貨第十七　論語　正72
陽崖　文選　正326
陽丘　文選　正326
陽給事　文選　正326
陽魚　文選　正326
陽橋　文選　正326
陽九　文選　正326
陽隈　文選　正326
陽君　文選　正326
陽景　文選　正326
陽原　文選　正326
陽侯　文選　正326

陽侯	白氏	續607
陽光	文選	正326
陽光	白氏	續607
陽公	白氏	續607
陽山縣	白氏	續607
陽子	文選	正326
陽子江	白氏	續607
陽春	文選	正326
陽春	本朝	正605
陽春	白氏	續607
陽春白雪	文選	正326
陽渚	文選	正326
陽書	文選	正326
陽城	遊仙	正96
陽城驛	白氏	續607
陽人	文選	正326
陽遂す	文選	正326
陽数	本朝	正605
陽成院	本朝	正605
陽成院	源氏	正855
陽生	文選	正326
陽石	文選	正326
陽叢	白氏	續607
陽朝	文選	正326
陽鳥	文選	正326
陽鳥	本朝	正605
陽陶	白氏	續607
陽道州	白氏	續607
陽日	白氏	續607
陽馬	文選	正326
陽父	本朝	正605
陽膚	論語	正72
陽武	文選	正326
陽武縣開國侯	白氏	續607
陽文	文選	正326
陽平	文選	正326
陽明	文選	正326
陽明洞天	白氏	續607
陽明里	本朝	正606
陽葉	文選	正326

陽葉	本朝	正605
陽陸	文選	正326
陽律	本朝	正606
陽陵	文選	正326
陽林	文選	正326
陽霊	本朝	正606
陽路	文選	正326
陽和	白氏	續607
陽冰	文選	正326
陽劒	文選	正326
陽卉	文選	正326
陽塢	白氏	續607
陽峽	文選	正326
陽柯	文選	正326
陽榮	文選	正326
陽氣	文選	正326
陽氣	本朝	正605
陽澤	文選	正326
陽濱	文選	正326
陽爻	文選	正326
陽爻	本朝	正605
陽臺	文選	正326
陽臺	本朝	正605
陽臺	白氏	續607
陽關	白氏	續607
陽靈	文選	正326
陽榭	文選	正326
陽焰	白氏	續607
陽燄	白氏	續607
陽瓚	文選	正326
陽盱	文選	正326
陽翟	文選	正326
養	文選	正326
養	白氏	續607
養(人名)	文選	正326
養活	白氏	續607
養活す	白氏	續607
養士	文選	正326
養子	白氏	續607
養性	本朝	正606

養生	文選	正326
養生	本朝	正606
養生抄	本朝	正606
養生論	文選	正326
養拙	白氏	續607
養竹	白氏	續607
養竹記	白氏	續607
養馬坡	白氏	續607
養物	文選	正326
養文	白氏	續607
養由	文選	正326
養由基	文選	正326
養理す	白氏	續607
養老	本朝	正606
養老二年	本朝	正606
養老年中	本朝	正606
佯狂す	文選	正326
暘夷	文選	正326
暘谷	文選	正326
御様	宇津	正725
様	枕冊	正784
様器	枕冊	正784
様	本朝	正605
様	白氏	續607
様	伊勢	正650
様	土左	正660
様	宇津	正725
様	蜻蛉	正750
様体	蜻蛉	正750
殃	本朝	正605
漾	文選	正326
漾漾	白氏	續607
煬帝	本朝	正605
煬天子	白氏	續607
瑩し	枕冊	正784
瑩じかけ	宇津	正725
瑩せ	宇津	正725
瓔珞	法華	正424
癢	白氏	續607
秧稻	白氏	續607

鞅　文選　正326
鞅斯　文選　正326
鞅掌　文選　正326
颺言す　白氏　續607
焼き調ず　宇津　正725
易筮　本朝　正606
益　法華　正424
益　源氏　正855
益なさ　源氏　正855
益なし　源氏　正855
厄　白氏　續607
厄す　白氏　續607
厄窮　白氏　續607
役　本朝　正606
役　宇津　正725
役　枕冊　正784
役　源氏　正855
役す　本朝　正606
相約す　白氏　續607
約　論語　正72
約　本朝　正606
約(人名)　白氏　續607
約す　論語　正72
約す　本朝　正606
約す　白氏　續607
約義す　白氏　續607
約言　白氏　續607
約心　白氏　續607
約束　白氏　續608
約等　白氏　續607
約勵す　本朝　正606
躍雲　本朝　正606
藥　白氏　續608
藥　白氏　續608
藥餌　本朝　正606
藥餌　白氏　續608
藥王　法華　正424
藥王寺　本朝　正606
藥王菩薩　法華　正424
藥誤　白氏　續608
藥債　白氏　續608
藥菜　白氏　續608
藥師ほとけ　宇津　正725
藥師ほとけ　源氏　正855
藥師如來　本朝　正606
藥師佛　枕冊　正784
藥酒　白氏　續608
藥樹　白氏　續608
藥術　白氏　續608
藥性　白氏　續608
藥石　本朝　正606
藥石　白氏　續608
藥草　法華　正424
藥草　本朝　正606
藥草　白氏　續608
藥銚　白氏　續608
藥堂　白氏　續608
藥物　白氏　續608
藥圃　本朝　正606
藥圃　白氏　續608
藥欄　白氏　續608
藥力　白氏　續608
藥效　白氏　續608
藥爐　白氏　續608
藥竈　白氏　續608
藥臺　白氏　續608
藥銷　白氏　續608
藥錢　白氏　續608
藥驗　本朝　正606
藥牕　白氏　續608
譯す　本朝　正606
譯す　白氏　續608
譯語官　白氏　續608
譯刻す　白氏　續608
軛　論語　正72
軛　白氏　續608
驛戸　本朝　正606
山の井の大納言　枕冊　正784
山の王　宇津　正725

【ゆ】

ゆきひらの中納言　源氏　正855
ゆきまさの左兵衛中將たち　宇津　正725
ゆきまさの中將　宇津　正725
ゆけひの尉　源氏　正855
ゆけひの命婦　源氏　正855
ゆみの師　蜻蛉　正750
愉　白氏　續608
愉逸す　文選　正326
愉悦す　文選　正326
愉愉煦煦　文選　正326
油單　枕冊　正784
諭す　白氏　續608
諭妓　白氏　續608
諭德　白氏　續608
輸　本朝　正606
輸す　白氏　續608
輸税　本朝　正606
輸納　白氏　續608
輸寫す　文選　正327
輸嬴　白氏　續608
輸嬴　白氏　續608
唯一心　本朝　正606
柚　蜻蛉　正750
柚　枕冊　正784
涌出す　本朝　正606
幾由旬　白氏　續608
由緒　本朝　正606
欲　文選　正327
兪騎　文選　正326
兪跗　文選　正326
喩機　本朝　正606
揄楊　白氏　續608
楡　白氏　續608
楡英　白氏　續608
楡中　文選　正327

楡風	本朝	正606	庾承宣	白氏	續608	雄俊	文選	正327
楡柳	本朝	正606	庾信	白氏	續608	雄心	文選	正327
楡柳	白氏	續608	庾西陽	文選	正326	雄臣	文選	正327
楡莢	文選	正327	庾亮	白氏	續608	雄節	文選	正327
楡葉	白氏	續608	庾樓	白氏	續608	雄虹	文選	正327
渝舞す	文選	正327	廋	論語	正72	雄鳩	文選	正327
瑜	文選	正327	揄揶	文選	正327	雄富す	文選	正327
瑜（人名）	文選	正327	維摩	本朝	正606	雄風	文選	正327
瞼瞼	文選	正327	維摩	白氏	續608	雄名	文選	正327
腴	文選	正327	維摩詰	白氏	續608	雄率	文選	正327
腴	白氏	續608	維摩等三經	白氏	續608	雄略	文選	正327
腴潤	文選	正327	維摩經	白氏	續608	雄圖	文選	正327
腴地	本朝	正606	遺言	宇津	正725	雄斷	文選	正327
臾駢	白氏	續608	遺言	源氏	正855	雄芒	文選	正327
諛	白氏	續608	遺言し	宇津	正725	雄辯	文選	正327
諛言	文選	正327	御遺言	源氏	正855	雄虺	文選	正327
諛佞	白氏	續608	御遺言とも	源氏	正855	雄豔	文選	正327
踰溢	文選	正327	唯然	白氏	續608	融	文選	正327
踰越す	白氏	續608	愉々如	論語	正72	融通す	文選	正327
踰延	文選	正327	勇	論語	正72	融等	文選	正327
踰沙	文選	正327	勇施菩薩	法華	正424	融朗	文選	正327
踰佚す	文選	正327	勇者	論語	正72	融裔	文選	正327
踰跇す	文選	正327	勇猛	法華	正424	融顯	文選	正327
媮樂	文選	正326	勇猛精進す	法華	正424	幼	本朝	正606
媮樂す	文選	正326	勇躍	法華	正424	尢	論語	正72
庾	文選	正326	友	論語	正72	肜肜	文選	正327
庾	白氏	續608	悠々	宇津	正725			
庾家	白氏	續608	由	論語	正72	【よ】		
庾敬休	白氏	續608	誘引す	法華	正424	よかはの僧都	源氏	正855
庾敬休等	白氏	續608	遊行す	法華	正424	よしちかの中納言		
庾元規	文選	正326	遊戲す	法華	正424		枕冊	正784
庾公	白氏	續608	雄	文選	正327	よるの裝束	宇津	正726
庾三十三	白氏	續608	雄（人名）	文選	正327	よ具	宇津	正726
庾三十二	白氏	續608	雄琴	文選	正327	於卓氏	文選	正327
庾三十二員外	白氏	續608	雄戟	文選	正327	予	論語	正72
庾三十二補闕	白氏	續608	雄豪	文選	正327	予	文選	正327
庾氏	白氏	續608	雄才	文選	正327	予	本朝	正606
庾侍郎	白氏	續608	雄姿	文選	正327	予	白氏	續608
庾七	白氏	續608	雄志	文選	正327	予一人	本朝	正606
庾順之	白氏	續608	雄雌	文選	正327	予客	本朝	正606

予躬	白氏	續608
余	文選	正327
余	本朝	正606
余	白氏	續608
余吾	文選	正327
与參	本朝	正606
輿	文選	正327
輿	白氏	續609
輿鋑	文選	正327
輿す	文選	正327
輿蓋	本朝	正606
輿棺	文選	正327
輿騎	文選	正327
輿人	文選	正327
輿徒	文選	正327
輿馬	文選	正327
輿馬	白氏	續609
輿服	文選	正327
輿輪	文選	正327
輿隷	文選	正327
輿臺	文選	正327
輿誦	文選	正327
輿軫	文選	正327
輿輦	文選	正327
輿輦	本朝	正606
輿皁	文選	正327
轝	白氏	續609
預	白氏	續609
預判	本朝	正606
豫	論語	正73
豫	文選	正327
豫す	文選	正327
豫且	文選	正327
豫州	文選	正327
豫州	本朝	正606
豫樟	文選	正327
豫樟	白氏	續608
豫章	文選	正327
豫章王	文選	正327
豫寧公	文選	正327
豫北	文選	正327
豫觀	文選	正327
豫讓	文選	正327
淤	白氏	續608
舁	白氏	續608
舁竿	白氏	續608
與	論語	正73
與果上人	白氏	續609
與奪	白氏	續609
與二	文選	正327
與儔	白氏	續609
與國	文選	正327
與與	文選	正327
與與如	論語	正73
譽望	文選	正327
醧讌す	文選	正327
飫す	白氏	續609
飫宴	文選	正327
飫宴	本朝	正606
飫賜	白氏	續609
飫饒	文選	正327
飲徽	文選	正327
餘	論語	正73
餘	文選	正327
餘	法華	正424
餘	本朝	正606
餘	白氏	續609
餘	宇津	正725
餘桥	白氏	續609
餘絢	文選	正327
餘威	文選	正327
餘映	文選	正327
餘映	本朝	正606
餘炎	本朝	正606
餘温	白氏	續609
餘音	遊仙	正96
餘音	文選	正327
餘化	本朝	正606
餘暇	白氏	續609
餘花	白氏	續609
餘華	文選	正327
餘華	本朝	正606
餘霞	文選	正327
餘霞	白氏	續609
餘甘	文選	正327
餘閑	本朝	正606
餘玩	文選	正327
餘基	文選	正327
餘輝	文選	正327
餘輝	本朝	正606
餘興	白氏	續609
餘響	文選	正327
餘業	文選	正327
餘業	本朝	正606
餘曲	白氏	續609
餘慶	文選	正327
餘慶	本朝	正606
餘慶	白氏	續609
餘慶	白氏	續609
餘慶(注)	白氏	續609
餘景	文選	正327
餘景	本朝	正606
餘景	白氏	續609
餘紘	文選	正327
餘光	文選	正327
餘光	本朝	正606
餘巧	文選	正327
餘杭	白氏	續609
餘杭郡	白氏	續609
餘杭縣	白氏	續609
餘香	文選	正327
餘思	白氏	續609
餘資	白氏	續609
餘事	文選	正327
餘事	法華	正424
餘事	白氏	續609
餘滋	白氏	續609
餘軸	文選	正328
餘室	白氏	續609
餘酌	白氏	續609

餘趣　白氏　續609
餘習　本朝　正606
餘習　白氏　續609
餘春　白氏　續609
餘潤　本朝　正606
餘乗　法華　正424
餘情　白氏　續609
餘食　法華　正424
餘心　本朝　正606
餘人　論語　正73
餘人　文選　正327
餘人　法華　正424
餘人　白氏　續609
餘刃　白氏　續609
餘塵　白氏　續609
餘清　文選　正327
餘清　白氏　續609
餘生　文選　正328
餘生　本朝　正606
餘生　白氏　續609
餘税　文選　正327
餘跡　文選　正328
餘霜　文選　正327
餘息　文選　正328
餘唾　本朝　正606
餘樽　白氏　續609
餘地　白氏　續609
餘津　文選　正327
餘適　白氏　續609
餘田　白氏　續609
餘道　文選　正328
餘日　文選　正327
餘日　本朝　正606
餘熱　白氏　續609
餘年　文選　正328
餘年　本朝　正606
餘年　白氏　續609
餘念　本朝　正606
餘波　遊仙　正96
餘波　文選　正328
餘波　本朝　正606
餘波　白氏　續609
餘盃　白氏　續609
餘風　文選　正328
餘風　本朝　正606
餘物　白氏　續609
餘分　本朝　正606
餘俸　白氏　續609
餘芳　文選　正328
餘芳　本朝　正606
餘芳　白氏　續609
餘萌　文選　正328
餘味　白氏　續609
餘命　文選　正328
餘命　本朝　正606
餘勇　白氏　續609
餘裕　文選　正328
餘裕　白氏　續609
餘謡　文選　正328
餘涼　白氏　續609
餘糧　文選　正328
餘糧　白氏　續609
餘力　論語　正73
餘力　文選　正328
餘力　本朝　正606
餘力　白氏　續609
餘累　白氏　續609
餘烈　文選　正328
餘露　文選　正328
餘弄　文選　正328
餘論　文選　正328
餘論　白氏　續609
餘哇　文選　正327
餘哢　白氏　續609
餘喘　本朝　正606
餘喘す　本朝　正606
餘國　法華　正424
餘址　文選　正327
餘姚　白氏　續609
餘姚公主　文選　正328
餘姚縣　白氏　續609
餘帶　文選　正328
餘懽　文選　正327
餘暉　文選　正327
餘歡　文選　正327
餘歡　白氏　續609
餘殃　本朝　正606
餘殃　白氏　續609
餘滓　文選　正327
餘澤　本朝　正606
餘瀝　文選　正328
餘燎　文選　正328
餘燼　本朝　正606
餘祚　白氏　續609
餘簫　文選　正328
餘經　法華　正424
餘聲　文選　正328
餘聲　白氏　續609
餘萠　本朝　正606
餘葩　白氏　續609
餘裔　本朝　正606
餘貲　文選　正327
餘迹　文選　正328
餘霰　白氏　續609
餘靄　本朝　正606
餘黨　文選　正328
旟　白氏　續608
櫲樟　本朝　正606
璵璠　文選　正327
璵璠　白氏　續608
畬　白氏　續608
畬粟　白氏　續608
畬煙　白氏　續608
畬田　白氏　續608
瘀傷す　文選　正327
瘀葉　本朝　正606
瘀絮　白氏　續608
艅艎　文選　正327
菸　白氏　續609
菸邑す　文選　正327

鱮鮦　文選　正328
鸒斯　文選　正328
猜旄　文選　正328
鷹犬　文選　正329
鷹爪　白氏　續610
鷹隼　文選　正329
鷹隼　白氏　續610
鷹揚　文選　正329
鷹揚す　文選　正329
鷹猜　白氏　續610
鷹翅　白氏　續610
鷹鷂　文選　正329
鷹鸇　文選　正329
鷹鸇　白氏　續610
勇　文選　正328
勇　本朝　正606
勇義　文選　正328
勇怯　文選　正328
勇士　文選　正328
勇者　文選　正328
勇略　文選　正328
勇烈　文選　正328
勇剽　文選　正328
勇懼　文選　正328
勇捍　本朝　正606
湧泉　文選　正328
涌泉　文選　正328
涌裔　文選　正328
涌觴　文選　正328
傭　白氏　續609
傭す　白氏　續609
傭書す　文選　正328
傭書す　白氏　續609
傭保　白氏　續609
幼　論語　正73
御容面　源氏　正855
相容隱す　白氏　續610
容　文選　正328
容　本朝　正606
容　白氏　續610
容(人名)　白氏　續610
容易　文選　正328
容易　白氏　續610
容衛　白氏　續610
容艶　白氏　續610
容華　文選　正328
容管　白氏　續610
容顔　文選　正328
容顔　法華　正424
容顔　白氏　續610
容輝　文選　正328
容輝　本朝　正606
容輝　白氏　續610
容儀　論語　正73
容儀　遊仙　正96
容儀　文選　正328
容儀　白氏　續610
容居す　文選　正328
容隙　白氏　續610
容光　文選　正328
容光　白氏　續610
容好　文選　正328
容姿　文選　正328
容姿　本朝　正606
容止　文選　正328
容止　白氏　續610
容質　白氏　續610
容捨　白氏　續610
容州　白氏　續610
容恕　白氏　續610
容恕す　白氏　續610
容飾　文選　正328
容飾　白氏　續610
容色　論語　正73
容色　文選　正328
容色　本朝　正606
容成　文選　正328
容貸　白氏　續610
容貸す　白氏　續610
容入す　文選　正328
容忍す　白氏　續610
容納　本朝　正606
容納す　本朝　正606
容物　文選　正328
容貌　論語　正73
容貌　遊仙　正96
容面　宇津　正726
容面　宇津　正726
容彭　文選　正328
容皃　本朝　正606
容與　文選　正328
容與　白氏　續610
容與す　文選　正328
容與す　白氏　續610
容裔　文選　正328
容貌　文選　正328
容貌　白氏　續610
容隱　本朝　正606
容體　文選　正328
容鬢　白氏　續610
容德　白氏　續610
容翟　文選　正328
容諂　文選　正328
庸　文選　正328
庸　白氏　續609
庸音　文選　正328
庸音　本朝　正606
庸器　文選　正328
庸祇　文選　正328
庸渠　文選　正328
庸近　文選　正328
庸勲　文選　正328
庸君　論語　正73
庸固　文選　正328
庸才　遊仙　正96
庸才　文選　正328
庸才　本朝　正606
庸材　本朝　正606
庸主　文選　正328
庸心　本朝　正606

庸親　文選　正328
庸人　文選　正328
庸人　本朝　正606
庸人(書名)　文選　正328
庸生　論語　正73
庸生　文選　正328
庸怠　文選　正328
庸代　文選　正328
庸調　白氏　續609
庸奴　白氏　續609
庸徳　文選　正328
庸薄　文選　正328
庸夫　文選　正328
庸夫　本朝　正606
庸蔽　文選　正328
庸昧　本朝　正606
庸昧　白氏　續609
庸庸　文選　正328
庸流　文選　正328
庸流　本朝　正606
庸岷　文選　正328
庸淺　本朝　正606
庸淺　白氏　續609
庸聽　文選　正328
庸蜀　文選　正328
庸賤　本朝　正606
庸陋　文選　正328
庸朽　本朝　正606
庸虚　本朝　正606
庸虚　白氏　續609
擁す　文選　正328
擁す　白氏　續610
擁隔す　文選　正328
擁腫　白氏　續610
擁腫す　白氏　續610
擁樹す　文選　正328
擁劒　文選　正328
擁帶　文選　正328
擁鬱抑按す　文選　正328
擁遏す　白氏　續610
曜卿　文選　正328
曜曜振振　文選　正328
曜靈　文選　正328
溶溶　白氏　續610
御用　宇津　正725
御用意　宇津　正725
用　論語　正73
用　文選　正328
用　本朝　正606
用　白氏　續610
用　竹取　正636
用　宇津　正725
用　枕冊　正784
用　源氏　正855
用し　宇津　正725
用す　白氏　續610
用せ　源氏　正855
用なき　竹取　正636
用なき　宇津　正726
用なき　源氏　正855
用なく　蜻蛉　正750
用なしこと　源氏　正855
用意　宇津　正725
用意　枕冊　正784
用意　源氏　正855
用意ありかほ　源氏　正855
用意し　宇津　正725
用意し　蜻蛉　正750
用意し　枕冊　正784
用意す　源氏　正855
用意なさ　源氏　正855
用師　白氏　續610
用舍　白氏　續610
用捨　文選　正329
用捨　本朝　正606
用捨　白氏　續610
用捨す　白氏　續610
用心　法華　正424
用心　本朝　正606
用心　白氏　續610
用心す　文選　正329
用置す　白氏　續610
用度　白氏　續610
用納す　文選　正329
用否　白氏　續610
用表す　白氏　續610
用兵　文選　正329
用兵　白氏　續610
用命　白氏　續610
耀　文選　正329
耀穎　文選　正329
耀雪　文選　正329
要　論語　正73
要す　論語　正73
踊す　白氏　續610
踊躍　遊仙　正96
踊躍　本朝　正606
踊躍　白氏　續610
踊躍す　白氏　續610
踊躍欣喜す　白氏　續610
噰噰す　文選　正328
壅　白氏　續609
壅す　白氏　續609
壅蔽　白氏　續609
壅蔽す　白氏　續609
夭夭　論語　正73
夭夭如　論語　正73
孕　本朝　正606
孕育　文選　正328
孕育す　文選　正328
慵　白氏　續610
慵す　白氏　續610
慵間　白氏　續610
慵惰　白氏　續610
慵中　白氏　續610
慵慢　白氏　續610
慵墮　白氏　續610
慵懶　白氏　續610
慵饞　白氏　續610
慵饞す　白氏　續610

相應す　白氏　續610
應　白氏　續610
應す　白氏　續610
應須　白氏　續610
應接す　白氏　續610
應兵　白氏　續610
應用　白氏　續610
應辨　白氏　續610
應對　白氏　續610
應對す　白氏　續610
甬道　文選　正329
癰疽　法華　正424
膺　白氏　續610
膺す　文選　正329
膺隼　文選　正329
膺門　文選　正329
踊絶す　文選　正329
踊躍　文選　正329
踊躍す　文選　正329
蠅蚋　文選　正329
蠅蠅翊翊　文選　正329
踵武　文選　正329
鎔　白氏　續610
鎔造　文選　正329
鎔範　文選　正329
鎔範　本朝　正606
鎔範　白氏　續610
鎔範す　本朝　正606
雍　論語　正73
雍　文選　正328
雍　白氏　續610
雍(人名)　文選　正328
雍丘　文選　正328
雍渠　文選　正328
雍州　文選　正328
雍谷　文選　正328
雍部　文選　正328
雍穆　文選　正328
雍門　白氏　續610
雍門(人名)　文選　正328
雍門(地名)　文選　正328
雍門子　文選　正328
雍也第六　論語　正73
雍容　文選　正328
雍容す　文選　正328
雍豫　文選　正328
雍熙*　文選　正328
雍熙　白氏　續610
雍熙す　白氏　續610
雍羌　白氏　續610
雍雍　文選　正328
雍雍穆穆　文選　正328
鷛鷞　文選　正329
埇橋　白氏　續609
埇口　白氏　續609
埇口等　白氏　續609
埇城　白氏　續609
鏞　白氏　續610
鏞鼓　文選　正329
嗈嗈　白氏　續609
墉　文選　正328
墉　白氏　續609
墉垣　文選　正328
墉基　文選　正328
墉城　文選　正328
媵母　文選　正328
窅冥　文選　正329
鄘　白氏　續610
雝雝　文選　正329
饔　文選　正329
饔人　文選　正329
饔餼　文選　正329
域　文選　正329
域　白氏　續611
域中　文選　正329
域中　白氏　續611
域堡　白氏　續611
億　文選　正329
億載　文選　正329
億丈　文選　正329
億兆　文選　正329
億兆　白氏　續611
億度　文選　正329
億年　文選　正329
億萬　文選　正329
億萬　白氏　續611
憶念　白氏　續611
臆　文選　正329
臆　白氏　續611
臆對す　文選　正329
慾　論語　正73
慾　白氏　續611
抑挫す　文選　正329
抑絶す　文選　正329
抑退す　文選　正329
抑揚　文選　正329
抑揚　本朝　正606
抑揚す　文選　正329
抑揚す　白氏　續611
抑抑　文選　正329
抑留す　本朝　正606
抑遏　本朝　正606
抑遏す　文選　正329
抑遏す　本朝　正606
抑隱　文選　正329
欲　論語　正73
欲　文選　正329
欲　法華　正424
欲　本朝　正607
欲　白氏　續611
欲す　論語　正73
欲す　白氏　續611
欲ふかし　宇津　正726
欲海　本朝　正607
欲界　白氏　續611
欲利　文選　正329
欲利　本朝　正607
沃す　白氏　續611
沃州　白氏　續611
沃州山　白氏　續611

沃壤　白氏　續611
沃瘠　白氏　續611
浴　本朝　正607
浴　白氏　續611
浴す　論語　正73
浴す　文選　正329
浴す　本朝　正607
浴す　白氏　續611
浴殿　白氏　續611
浴堂　白氏　續611
浴日　本朝　正607
浴日　白氏　續611
浴罷　白氏　續611
浴來　本朝　正607
翌日　文選　正329
翌日　本朝　正607
翌日　白氏　續611
翼　文選　正329
翼　白氏　續611
翼衛　本朝　正607
翼乎　文選　正329
翼佐　文選　正329
翼子　文選　正329
翼氏　本朝　正607
翼爾　文選　正329
翼新す　文選　正329
翼戴　文選　正329
翼戴　白氏　續611
翼戴す　白氏　續611
翼如　論語　正73
翼扶す　文選　正329
翼孟　白氏　續611
翼翼　文選　正329
翼翼　白氏　續611
翼翼矜矜　文選　正329
翼翼邑邑　文選　正329
翼鱗　文選　正329
翼軫　文選　正329
弋す　論語　正73
弋羅　白氏　續611
檍檀　文選　正329
翊　白氏　續611
翊佐す　白氏　續611
薏苡　文選　正329
薏苡　白氏　續611
蜮　白氏　續611
横座　宇津　正726
読み困し　枕冊　正784

【ら】

らう〳〵たく　宇津　正726
羅　遊仙　正96
羅　白氏　續611
羅　白氏　續611
羅　宇津　正726
羅(注)　白氏　續611
羅す　文選　正329
羅す　白氏　續611
羅衣　遊仙　正96
羅衣　文選　正329
羅衣　白氏　續611
羅蓋　竹取　正637
羅漢　法華　正424
羅漢　本朝　正607
羅漢　白氏　續611
羅漢僧　白氏　續611
羅巾　遊仙　正96
羅巾　白氏　續611
羅袴　白氏　續611
羅山　本朝　正607
羅子　白氏　續611
羅氏　本朝　正607
羅裳　白氏　續611
羅城門　本朝　正607
羅雀　白氏　續611
羅扇　白氏　續611
羅薦　白氏　續611
羅袖　白氏　續611
羅泰　本朝　正607
羅帳　文選　正329
羅布す　白氏　續611
羅敷　文選　正329
羅敷　白氏　續611
羅敷水　白氏　續611
羅浮　文選　正329
羅文　枕冊　正784
羅幕　文選　正329
羅網　文選　正329
羅落す　文選　正329
羅列す　法華　正425
羅列す　本朝　正607
羅列す　白氏　續611
羅兒　白氏　續611
羅刹　法華　正425
羅刹　白氏　續611
羅帶　白氏　續611
羅帷　文選　正329
羅弋　白氏　續611
羅潭　文選　正329
羅綺　遊仙　正96
羅綺　文選　正329
羅綺　本朝　正607
羅綺　白氏　續611
羅縷　文選　正329
羅裙　文選　正329
羅裙　白氏　續611
羅襦　白氏　續611
羅幬　文選　正329
羅睺　法華　正425
羅睺阿修羅王　法華　正425
羅睺羅　法華　正425
羅睺羅　白氏　續611
羅紈　文選　正329
羅紈　白氏　續611
羅紈　文選　正329
羅綃　白氏　續611
螺　法華　正424
螺　本朝　正607
螺　白氏　續611
螺盃　白氏　續611

螺母　白氏　續611
螺鈿　本朝　正607
螺鈿　宇津　正726
螺鈿　源氏　正855
螺髻　白氏　續611
裸人　文選　正329
裸國　本朝　正607
裸壤　文選　正329
裸袒　文選　正329
蘿　白氏　續611
蘿衣　本朝　正607
蘿襟　本朝　正607
蘿桂　本朝　正607
蘿月　本朝　正607
蘿蔦　白氏　續611
蘿蔓　白氏　續611
蘿圖　本朝　正607
蘿徑　本朝　正607
蘿徑　白氏　續611
蘿薜　白氏　續611
蘿逕　本朝　正607
蘿蕙　白氏　續611
驟軍　白氏　續611
籮徑　本朝　正607
覼縷す　白氏　續611
躶跣す　白氏　續611
瀨　文選　正330
雷　文選　正330
雷　本朝　正607
雷　白氏　續612
雷(人名)　白氏　續612
雷雨　文選　正330
雷雨　本朝　正607
雷雨　白氏　續612
雷雨す　本朝　正607
雷鼓　文選　正330
雷師　文選　正330
雷車　白氏　續612
雷泉　文選　正330
雷歎　文選　正330
雷池　文選　正330
雷同　白氏　續612
雷同す　文選　正330
雷風　文選　正330
雷鳴す　文選　正330
雷門　本朝　正607
雷輜　文選　正330
雷陂　本朝　正607
雷霆　文選　正330
雷霆　白氏　續612
礼す　本朝　正607
礼記　本朝　正607
礼拝　宇津　正726
來　論語　正73
來　文選　正329
來　法華　正424
來　本朝　正607
來　白氏　續611
來す　文選　正329
來意　白氏　續611
來往　文選　正329
來往　本朝　正607
來往　白氏　續612
來往す　文選　正329
來往す　白氏　續612
來王　文選　正329
來王す　文選　正329
來果　白氏　續612
來感す　白氏　續612
來還す　文選　正329
來儀　文選　正329
來儀　白氏　續612
來儀す　遊仙　正96
來儀す　文選　正329
來儀す　白氏　續612
來客　文選　正329
來客　白氏　續612
來去　白氏　續612
來去す　白氏　續612
來享す　文選　正329
來業　白氏　續612
來詣す　法華　正424
來効　白氏　續611
來降す　白氏　續612
來告す　白氏　續611
來今　文選　正329
來歳　白氏　續612
來使　白氏　續612
來思　文選　正329
來思　白氏　續612
來旨　白氏　續612
來至す　本朝　正607
來詩　文選　正329
來詩　白氏　續612
來事　文選　正329
來時　白氏　續612
來者　論語　正73
來者　文選　正329
來者　白氏　續612
來集す　法華　正424
來春　白氏　續612
來書　白氏　續612
來序　白氏　續612
來章　文選　正329
來章　白氏　續612
來人　文選　正329
來人　白氏　續612
來尋す　白氏　續612
來世　文選　正329
來世　法華　正424
來世　本朝　正607
來世　白氏　續612
來世　宇津　正726
來生　白氏　續612
來請　白氏　續612
來籍　文選　正329
來蘇　文選　正329
來蘇す　文選　正329
來奏　白氏　續612
來代　本朝　正607

來朝　白氏　續612
來朝す　本朝　正607
來朝す　白氏　續612
來牒　本朝　正607
來庭　文選　正329
來哲　文選　正329
來哲　白氏　續612
來同す　文選　正329
來日　文選　正329
來日　白氏　續612
來年　白氏　續612
來年　宇津　正726
來年　蜻蛉　正750
來年　枕冊　正784
來年　源氏　正855
來表　白氏　續612
來賓　本朝　正607
來賓　白氏　續612
來賓す　文選　正329
來賓す　白氏　續612
來篇　白氏　續612
來暮　白氏　續612
來報　本朝　正607
來芳　文選　正329
來命　文選　正329
來問　白氏　續612
來由　白氏　續611
來葉　文選　正329
來葉　本朝　正607
來路　白氏　續612
來樂　本朝　正607
來歸す　文選　正329
來裔　文選　正329
來轅　文選　正330
來緣　白氏　續611
儡　文選　正329
勵卿　本朝　正607
㠥㠣　文選　正329
㠥嵬　白氏　續611
癩　法華　正424
磊珂　文選　正330
磊石　文選　正330
磊落　文選　正330
磊落　白氏　續612
磊磊　文選　正330
磊磊　白氏　續612
磊砢　白氏　續612
禮　文選　正330
禮　法華　正424
禮　白氏　續612
禮す　法華　正424
禮記　白氏　續612
禮堂　蜻蛉　正750
禮盤　枕冊　正784
禮拜　法華　正424
禮拜し　法華　正424
籟　文選　正330
籟　白氏　續612
罍　白氏　續612
罍子　源氏　正855
罍子とも　源氏　正855
耒　文選　正330
耒　白氏　續612
耒耜　文選　正330
耒耜　白氏　續612
轠轤　文選　正330
勑　文選　正329
勑す　文選　正329
勑天　文選　正329
類　白氏　續612
萊　文選　正330
萊　白氏　續612
萊(人名)　文選　正330
萊黄　文選　正330
萊妻　白氏　續612
萊氏　文選　正330
萊州　白氏　續612
萊蕪　本朝　正607
萊蓬　白氏　續612
酹觴　文選　正330
姥　白氏　續613
娘子　宇津　正726
落蹲　宇津　正726
乱がはしき　宇津　正726
乱かはしく　源氏　正855
乱かはしさ　源氏　正855
良佐　宇津　正726
良少將　宇津　正726
良少將　枕冊　正784
良中將　宇津　正726
良中將のあそん　宇津　正726
良藥　法華　正424
領し　蜻蛉　正750
領し　源氏　正855
領じ　宇津　正726
廊　文選　正330
廊　本朝　正607
廊　白氏　續613
廊　宇津　正726
廊　蜻蛉　正750
廊　枕冊　正784
廊　源氏　正855
廊とも　源氏　正855
廊ども　宇津　正726
廊めく　源氏　正855
廊宇　白氏　續613
廊下　本朝　正607
廊下　白氏　續613
廊室　白氏　續613
廊廟　文選　正330
廊廟　白氏　續613
廊庖　白氏　續613
廊肆　文選　正330
朗　白氏　續613
朗詠　文選　正330
朗詠　本朝　正607
朗詠す　本朝　正607
朗詠す　白氏　續613
朗月　文選　正330

朗月　本朝　正607
朗悟　本朝　正607
朗州　白氏　續613
朗上人　白氏　續613
朗心　文選　正330
朗暢　文選　正330
朗笛　文選　正330
朗天　文選　正330
朗之　白氏　續613
朗陵公　文選　正330
朗璞　文選　正330
朗鑒　文選　正330
榔　白氏　續613
浪　本朝　正607
浪井　本朝　正607
浪花　本朝　正607
浪心　白氏　續613
浪淘沙　白氏　續613
浪孟　文選　正330
浪浪　文選　正330
浪浪　白氏　續613
浪驛　本朝　正607
浪拽す　文選　正330
牢　論語　正73
牢　文選　正330
牢徃　本朝　正607
牢堅　白氏　續613
牢固　法華　正424
牢固　白氏　續613
牢剌　文選　正330
牢閉す　白氏　續613
牢落　文選　正330
牢落　白氏　續613
牢落す　文選　正330
牢落す　白氏　續613
牢落淩厲す　文選　正330
牢籠　源氏　正855
牢籠す　文選　正330
牢籠す　白氏　續613
牢䍃　白氏　續613
狼肮　文選　正330
狼瞫　白氏　續613
狼顧　白氏　續613
狼星　白氏　續613
狼籍　白氏　續613
狼狽　文選　正330
狼狽す　文選　正330
狼戾　文選　正330
狼戾　本朝　正607
狼藉　文選　正330
狼藉　法華　正424
狼藉　本朝　正607
狼藉　白氏　續613
狼跋　文選　正330
老　論語　正73
老　文選　正330
老　本朝　正607
老　白氏　續613
老（人名）　文選　正330
老（人名）　白氏　續613
老す　文選　正330
老翁　文選　正330
老翁　本朝　正607
老翁　白氏　續614
老黄綺　白氏　續613
老何　白氏　續613
老駕兄　白氏　續613
老戒　白氏　續613
老株　白氏　續613
老監　白氏　續613
老閑　本朝　正607
老眼　白氏　續613
老菊　白氏　續613
老去　白氏　續613
老居士　白氏　續613
老狂　白氏　續613
老桐樹　白氏　續614
老桑　白氏　續613
老君　白氏　續613
老兄　白氏　續613
老計　白氏　續613
老健　白氏　續613
老拳　本朝　正607
老元　白氏　續613
老後　本朝　正607
老歳　白氏　續614
老使君　白氏　續613
老子　文選　正330
老子　本朝　正607
老子　白氏　續613
老志　本朝　正607
老思　白氏　續613
老死　法華　正424
老死　白氏　續613
老死す　白氏　續613
老死病苦　白氏　續613
老氏　文選　正330
老氏　白氏　續613
老時　白氏　續613
老耳　白氏　續613
老者　論語　正73
老者　白氏　續613
老弱　文選　正330
老弱　本朝　正607
老樹　白氏　續613
老愁　白氏　續613
老醜　白氏　續613
老春　本朝　正607
老小　白氏　續614
老少　本朝　正607
老少　白氏　續614
老松　本朝　正607
老松樹　白氏　續613
老上　文選　正330
老丞相　白氏　續613
老色　白氏　續613
老心　白氏　續613
老臣　文選　正330
老臣　本朝　正607
老臣　白氏　續613

老身　白氏　續613
老人　論語　正73
老人　本朝　正607
老人　白氏　續613
老人星　白氏　續613
老杉　白氏　續613
老成　文選　正330
老成　本朝　正607
老生　本朝　正607
老僧　本朝　正607
老僧　白氏　續614
老僧　源氏　正855
老瘦　白氏　續614
老大　文選　正330
老大　法華　正424
老大　白氏　續614
老樗　白氏　續614
老丁　本朝　正607
老張　白氏　續614
老陳　白氏　續614
老柘　白氏　續613
老鶴　白氏　續613
老奴　本朝　正607
老湯師　白氏　續614
老頭　白氏　續614
老童　文選　正330
老日　白氏　續613
老熱　白氏　續614
老年　本朝　正607
老年　白氏　續614
老農　論語　正73
老農　本朝　正607
老農　白氏　續614
老馬　本朝　正607
老馬　白氏　續614
老博士　文選　正330
老柏　白氏　續614
老伴　白氏　續614
老髭鬢　白氏　續613
老病　本朝　正607
老病　白氏　續614
老病す　本朝　正607
老病す　白氏　續614
老病苦　白氏　續614
老病人　白氏　續614
老賓客　白氏　續614
老夫　文選　正330
老夫　白氏　續614
老父　本朝　正607
老圃　論語　正73
老圃　本朝　正607
老母　文選　正330
老母　本朝　正607
老母　白氏　續614
老僕　白氏　續614
老命　白氏　續614
老面　白氏　續614
老柳　本朝　正607
老柳　白氏　續614
老柳樹　白氏　續614
老遊　白氏　續613
老幼　文選　正330
老幼　白氏　續613
老容　本朝　正607
老容顔　白氏　續614
老葉　白氏　續613
老吏　本朝　正607
老劉　白氏　續614
老涙　本朝　正607
老涙　白氏　續614
老令　白氏　續614
老郎　白氏　續614
老來　白氏　續614
老叟　白氏　續614
老將　白氏　續613
老尹　白氏　續613
老崔郎　白氏　續613
老巫　白氏　續614
老彭　論語　正73
老彭　本朝　正607
老彭　白氏　續614
老慵　白氏　續614
老慵す　白氏　續614
老檜　本朝　正607
老槐　白氏　續613
老爛　本朝　正607
老皓　白氏　續613
老莊　文選　正330
老莊　白氏　續613
老蕭郎　白氏　續614
老蚌　白氏　續614
老鬢　白氏　續614
老龜　白氏　續613
老鄧攸　白氏　續614
老狀　白氏　續613
老耼　本朝　正607
老聃　文選　正330
老萊　白氏　續614
老蚕　本朝　正607
老雞　白氏　續613
老鸎　本朝　正607
何郎　白氏　續614
郎　文選　正330
郎　白氏　續614
郎(人名)　白氏　續614
郎位　白氏　續614
郎官　白氏　續614
郎君　文選　正330
郎君　白氏　續614
郎州　白氏　續614
郎署　文選　正330
郎署　白氏　續614
郎中　文選　正330
郎中　本朝　正607
郎中　白氏　續614
郎等　土左　正660
郎等　源氏　正855
郎等とも　源氏　正855
郎吏　白氏　續614
郎將　文選　正330

郎將 白氏 續614
郎逡 文選 正330
亂かはしく 蜻蛉 正750
御勞 源氏 正855
勞 論語 正73
勞 文選 正330
勞 文選 正330
勞 本朝 正607
勞 白氏 續612
勞 宇津 正726
勞 蜻蛉 正750
勞 源氏 正855
勞倈 白氏 續613
勞倈す 白氏 續613
勞あり 宇津 正726
勞し 宇津 正726
勞す 論語 正73
勞す 文選 正330
勞す 本朝 正607
勞す 白氏 續612
勞たがり 蜻蛉 正750
勞たかる 枕冊 正784
勞たくし 源氏 正855
勞たけ 枕冊 正784
勞たけ 源氏 正855
勞たげ 蜻蛉 正750
勞たけさ 源氏 正855
勞たさ 源氏 正855
勞たし 蜻蛉 正750
勞たし 枕冊 正784
勞たし 源氏 正855
勞愛す 文選 正330
勞逸 文選 正330
勞逸 本朝 正607
勞逸 白氏 續612
勞逸す 白氏 續612
勞苦 論語 正73
勞苦 白氏 續612
勞苦す 白氏 續612
勞結 文選 正330
勞倦す 文選 正330
勞謙 文選 正330
勞謙 白氏 續612
勞謙す 文選 正330
勞謙す 白氏 續612
勞功 本朝 正607
勞効 白氏 續612
勞施す 白氏 續612
勞止 白氏 續612
勞止す 白氏 續612
勞者 文選 正330
勞者 白氏 續612
勞者 宇津 正726
勞擾 白氏 續612
勞心 文選 正330
勞臣 文選 正330
勞臣 白氏 續612
勞生 白氏 續612
勞積 文選 正330
勞績 本朝 正607
勞績 白氏 續612
勞動す 文選 正330
勞動す 白氏 續612
勞頓す 白氏 續612
勞費 白氏 續612
勞費す 白氏 續613
勞問す 白氏 續613
勞役 文選 正330
勞來 本朝 正607
勞來 白氏 續613
勞來す 論語 正73
勞來す 文選 正330
勞來す 白氏 續613
勞來安集す 文選 正330
勞々 宇津 正726
勞々し 源氏 正855
勞々じ 宇津 正726
勞々しく 枕冊 正784
勞々しさ 源氏 正855
勞氣 源氏 正855
勞瘁す 白氏 續612
潦 文選 正330
潦潏 文選 正330
琅邪 文選 正330
琅邪王 文選 正330
琅邪城 文選 正330
琅邪臺 文選 正330
琅琅 文選 正330
琅玕 文選 正330
琅玕 白氏 續613
琅琊 白氏 續613
瑯耶 論語 正73
瑯琊 本朝 正607
礲嘈 文選 正330
御臈とも 源氏 正855
莨蕩花 白氏 續614
醪 文選 正330
醪 白氏 續614
鑞 宇津 正726
御靈 源氏 正855
啷嘈 文選 正330
悢悢す 文選 正330
悢然 文選 正330
悢悢 文選 正330
悢悢 白氏 續613
桹 文選 正330
硠硠 文選 正330
稂莠 白氏 續613
蠟 遊仙 正96
閬風 文選 正330
洛 文選 正330
洛 本朝 正608
洛 白氏 續614
洛飲 文選 正331
洛浦 遊仙 正96
洛浦 文選 正331
洛浦 本朝 正608
洛浦 白氏 續615
洛堰 白氏 續614
洛宴 文選 正331

洛苑　白氏　續615
洛下　白氏　續614
洛河　白氏　續614
洛外　本朝　正608
洛畿　文選　正331
洛客　白氏　續614
洛宮　文選　正331
洛京　白氏　續614
洛橋　白氏　續614
洛隅　白氏　續614
洛景　白氏　續614
洛郊　白氏　續614
洛師　白氏　續614
洛州　白氏　續614
洛城　文選　正331
洛城　本朝　正608
洛城　白氏　續614
洛人　白氏　續614
洛水　文選　正331
洛水　本朝　正608
洛水　白氏　續614
洛石　白氏　續614
洛川　遊仙　正96
洛川　文選　正331
洛川　本朝　正608
洛川　白氏　續614
洛中　文選　正331
洛中　白氏　續614
洛都　白氏　續614
洛童　白氏　續614
洛沫　文選　正331
洛邑　文選　正330
洛陽　文選　正331
洛陽　本朝　正608
洛陽　白氏　續615
洛陽堰　白氏　續615
洛陽橋　白氏　續615
洛陽子　本朝　正608
洛陽城　本朝　正608
洛陽城　白氏　續615
洛陽縣　白氏　續615
洛尹　白氏　續614
洛濱　文選　正331
洛濱　白氏　續614
洛茫　白氏　續614
洛靈　文選　正331
洛汭　文選　正331
洛汭　白氏　續614
洛涘　文選　正331
絡頭　文選　正331
絡絲　白氏　續615
絡絲蟲　白氏　續615
落　文選　正331
落英　文選　正331
落英　本朝　正608
落英　白氏　續615
落下閎　文選　正331
落花　本朝　正608
落花　白氏　續615
落霞　本朝　正608
落簡　文選　正331
落輝　本朝　正608
落句　白氏　續615
落景　文選　正331
落景　白氏　續615
落月　本朝　正608
落月　白氏　續615
落宿　文選　正331
落書　本朝　正608
落照　白氏　續615
落星　文選　正331
落生石　白氏　續615
落然　白氏　續615
落第　白氏　續615
落第す　白氏　續615
落拓　白氏　續615
落弟　本朝　正608
落弟す　本朝　正608
落日　文選　正331
落日　本朝　正608
落日　白氏　續615
落梅　白氏　續615
落箔　白氏　續615
落葉　文選　正331
落葉　本朝　正608
落葉　白氏　續615
落落　文選　正331
落淚　本朝　正608
落帶　文選　正331
落暉　文選　正331
落暉　白氏　續615
落櫻　本朝　正608
落盡す　白氏　續615
落絮　白氏　續615
落蘂　文選　正331
落蹲　枕冊　正784
落蹲　源氏　正855
落魄　白氏　續615
落魄す　本朝　正608
落魄す　白氏　續615
酪　白氏　續615
酪漿　白氏　續615
樂　法華　正424
樂　本朝　正607
樂　白氏　續614
樂安　文選　正330
樂意　本朝　正607
樂逸す　白氏　續614
樂飲す　文選　正330
樂康す　文選　正330
樂事　本朝　正607
樂事　白氏　續614
樂暑　本朝　正607
樂職　文選　正330
樂人　白氏　續614
樂世　白氏　續614
樂善　本朝　正607
樂池　文選　正330
樂池　本朝　正607
樂天　本朝　正607

樂天　白氏　續614
樂天君　白氏　續614
樂天行　白氏　續614
樂天白　白氏　續614
樂都　文選　正330
樂土　文選　正330
樂土　法華　正425
樂篇　文選　正330
樂輸　白氏　續614
樂遊　文選　正330
樂遊　本朝　正607
樂遊　白氏　續614
樂遊園　白氏　續614
樂遊園寄足下　白氏　續614
樂陵郡　文選　正330
樂浪　文選　正330
樂國　文選　正330
樂胥　文選　正330
樂滑　文選　正330
駱　白氏　續615
駱口　白氏　續615
駱口驛　白氏　續615
駱山人　白氏　續615
駱峻　白氏　續615
駱前　本朝　正608
駱全儒等　白氏　續615
駱統　文選　正331
駱馬　白氏　續615
駱處士　白氏　續615
駱驛　文選　正331
駱驛す　文選　正331
駱驛す　本朝　正608
磬*硌　文選　正331
雒都　白氏　續615
雒邑　白氏　續615
馲駝　法華　正425
埒　源氏　正855
埒　蜻蛉　正750
埒　宇津　正726
拉攙　文選　正331
拉捭　文選　正331
糲　白氏　續615
糲食　白氏　續615
蝪燭　白氏　續615
婪婪　文選　正331
獵　文選　正331
臘　文選　正331
臘　白氏　續615
臘月　白氏　續615
臘月九日　白氏　續615
臘後　白氏　續615
臘候　白氏　續615
臘子　白氏　續615
臘節　白氏　續615
臘天　白氏　續615
臘日　白氏　續615
臘娘　白氏　續615
臈月　白氏　續615
臈酒　白氏　續615
蠟　白氏　續615
蠟燭　本朝　正608
蠟燭　白氏　續615
蠟雷　本朝　正608
蠟炬　白氏　續615
蠟炷　本朝　正608
乱　論語　正73
乱　本朝　正608
乱花　本朝　正608
乱階　本朝　正608
乱国　論語　正73
乱心　本朝　正608
乱神　論語　正73
乱臣　論語　正73
乱世　本朝　正608
乱声　源氏　正855
乱声とも　源氏　正855
乱邦　論語　正73
乱濤　本朝　正608
乱綵　遊仙　正96
乱聲　宇津　正726
乱聲し　宇津　正726
卵　白氏　續615
卵胎　白氏　續615
嵐陰　白氏　續615
嵐色　白氏　續615
嵐霧　白氏　續615
嵐氣　白氏　續615
欄　白氏　續616
欄下　白氏　續616
欄干　白氏　續616
欄堂　白氏　續616
欄杆　白氏　續616
濫　白氏　續616
濫す　論語　正73
濫貨　白氏　續616
濫巾す　文選　正331
濫行　本朝　正608
濫死　白氏　續616
濫吹　本朝　正608
濫吹す　文選　正331
濫泉　文選　正331
濫罰　論語　正73
濫罰　本朝　正608
濫羅　本朝　正608
濫悪　本朝　正608
濫穢　本朝　正608
濫觴　文選　正331
濫觴　本朝　正608
濫觴　白氏　續616
濫觴す　本朝　正608
濫觴す　白氏　續616
藍橋　白氏　續616
藍橋驛　白氏　續616
藍朱　文選　正331
藍水　白氏　續616
藍谷　白氏　續616
藍田　文選　正331
藍田　白氏　續616
藍田山　白氏　續616
藍田人　白氏　續616

藍尾 白氏 續616
藍輿 白氏 續616
藍溪 白氏 續616
藍衫 白氏 續616
藍轝 白氏 續616
欄池 文選 正331
蘭 遊仙 正96
蘭 文選 正331
蘭 本朝 正608
蘭 白氏 續616
蘭 源氏 正855
蘭泣 文選 正331
蘭宇 文選 正331
蘭英 文選 正331
蘭牙 本朝 正608
蘭芽 白氏 續616
蘭儀 文選 正331
蘭菊 白氏 續616
蘭宮 文選 正331
蘭筋 文選 正331
蘭契 本朝 正608
蘭桂 文選 正331
蘭紅 文選 正331
蘭膏 文選 正331
蘭膏 白氏 續616
蘭坂 本朝 正608
蘭肴 文選 正331
蘭肴 本朝 正608
蘭索 白氏 續616
蘭皐 文選 正331
蘭室 文選 正331
蘭質 本朝 正608
蘭芝 文選 正331
蘭若 文選 正331
蘭若 白氏 續616
蘭旬 文選 正331
蘭渚 文選 正331
蘭省 本朝 正608
蘭省 白氏 續616
蘭泉 文選 正331
蘭船 白氏 續616
蘭草 遊仙 正96
蘭樽 本朝 正608
蘭亭 白氏 續616
蘭殿 文選 正331
蘭殿 本朝 正608
蘭杜 文選 正331
蘭唐 文選 正331
蘭塘 白氏 續616
蘭湯 文選 正331
蘭湯 白氏 續616
蘭燈 本朝 正608
蘭堂 文選 正331
蘭薄 文選 正331
蘭圃 文選 正331
蘭芳 文選 正331
蘭房 文選 正331
蘭房 本朝 正608
蘭房 白氏 續616
蘭野 文選 正331
蘭陵 本朝 正608
蘭陵 白氏 續616
蘭林 文選 正331
蘭路 文選 正331
蘭路 白氏 續616
蘭棹 本朝 正608
蘭橈 本朝 正608
蘭沚 文選 正331
蘭澤 文選 正331
蘭澤 白氏 續616
蘭釭 白氏 續616
蘭臺 文選 正331
蘭臺 本朝 正608
蘭臺 白氏 續616
蘭芬 文選 正331
蘭芬 本朝 正608
蘭逕 文選 正331
蘭麝 白氏 續616
蘭汜 文選 正331
蘭綷 文選 正331
蘭蕙 文選 正331
蘭蕙 本朝 正608
蘭錡 文選 正331
蘭錡 白氏 續616
蘭橑 文選 正331
蘭芷 文選 正331
蘭芷 白氏 續616
蘭苕 文選 正331
蘭茝* 文選 正331
蘭蓀 文選 正331
蘭蘂 本朝 正608
蘭陔 白氏 續616
蘭省 枕冊 正784
覧 白氏 續616
覧觀す 文選 正331
亂 文選 正331
亂 白氏 續615
亂す 文選 正331
亂す 白氏 續615
亂花 白氏 續615
亂階 白氏 續615
亂危 白氏 續615
亂逆 文選 正331
亂後 白氏 續615
亂山 白氏 續615
亂主 文選 正331
亂書す 白氏 續615
亂松園 白氏 續615
亂象 文選 正331
亂心 白氏 續615
亂臣 文選 正331
亂臣 白氏 續615
亂人 文選 正331
亂世 文選 正331
亂世 白氏 續615
亂政 白氏 續615
亂石 白氏 續615
亂雪 白氏 續615
亂泉 白氏 續615
亂代 白氏 續615

亂竹　白氏　續615
亂藤　白氏　續615
亂髪　文選　正331
亂峰　白氏　續615
亂法　白氏　續615
亂蓬　白氏　續615
亂亡　文選　正331
亂亡　白氏　續615
亂落す　白氏　續615
亂離　文選　正331
亂離　白氏　續615
亂離す　文選　正331
亂流す　文選　正331
亂繩　文選　正331
亂鶯　白氏　續615
亂亾　白氏　續615
嬾　文選　正331
嬾　白氏　續615
嬾音　本朝　正608
嬾出　白氏　續615
嬾放　本朝　正608
巒阬　文選　正331
彎彎　白氏　續615
懶　白氏　續615
懶す　白氏　續615
懶病　白氏　續616
懶放　白氏　續616
懶慢　白氏　續616
懶靜　白氏　續616
攬苣　文選　正331
欒　文選　正331
欒大　文選　正331
欒櫨　文選　正331
欒櫨　白氏　續616
欒郤　文選　正331
欒栱　文選　正331
瀾汗　文選　正331
瀾漫　文選　正331
爛　白氏　續616
爛蛾　本朝　正608
爛漫　本朝　正608
爛椹　白氏　續616
爛爛　白氏　續616
爛々　本朝　正608
爛爛煌煌　白氏　續616
爛熳　白氏　續616
籃　白氏　續616
籃輿　白氏　續616
籃舁　白氏　續616
籃舁す　白氏　續616
籃轝　白氏　續616
籃轝す　白氏　續616
纜　白氏　續616
襤褸　白氏　續616
鑾　文選　正331
鑾音　文選　正331
鑾旗　文選　正331
鑾刀　文選　正331
鑾旌　文選　正331
鑾躅　文選　正331
鑾輅　文選　正331
闌　白氏　續616
闌晦　本朝　正608
闌干　文選　正331
闌干　白氏　續616
闌珊　白氏　續616
闌暑　文選　正331
闌亭　白氏　續616
闌夕　文選　正331
鸞　遊仙　正96
鸞　文選　正331
鸞　本朝　正608
鸞　白氏　續616
鸞（人名）　文選　正331
鸞鵠　文選　正332
鸞音　文選　正331
鸞歌　白氏　續616
鸞駕　文選　正331
鸞鏡　本朝　正608
鸞吟　本朝　正608
鸞皇　文選　正332
鸞皇　白氏　續616
鸞鳥　文選　正332
鸞鶴　文選　正332
鸞鶴　白氏　續616
鸞鶴郡　白氏　續616
鸞鳳　文選　正332
鸞鳳　本朝　正608
鸞輿　文選　正332
鸞龍　文選　正332
鸞凰　白氏　續616
鸞臺　文選　正332
鸞觴　文選　正332
鸞觴　本朝　正608
鸞謌　本朝　正608
鸞鷖　文選　正331
鸞鶩　文選　正332
鸞鷟　文選　正332
鸞鶴　本朝　正608
斕斑　白氏　續616
爤　文選　正331
爤す　文選　正331
爤汗　文選　正331
爤然す　文選　正331
爤漫　文選　正331
瓓珊　白氏　續616
闌入　本朝　正608
闌入す　本朝　正608

【り】

鯉　論語　正73
鯉　文選　正333
鯉　本朝　正609
鯉　白氏　續620
鯉魚　文選　正333
相利す　白氏　續619
利　論語　正73
利　文選　正332
利　法華　正425
利　本朝　正608

利　白氏　續619
利す　論語　正73
利す　文選　正332
利す　本朝　正608
利す　白氏　續619
利稲　本朝　正608
利益　法華　正425
利益　本朝　正608
利益　白氏　續619
利益す　法華　正425
利益す　本朝　正609
利益す　白氏　續619
利害　文選　正332
利害　本朝　正608
利害　白氏　續619
利害　白氏　續620
利眼　文選　正332
利喜　白氏　續620
利器　論語　正73
利器　文選　正332
利器　本朝　正608
利距　白氏　續620
利穴　白氏　續620
利交　文選　正332
利口　論語　正73
利根　法華　正425
利仕坊　白氏　續620
利州　白氏　續620
利衆生　本朝　正608
利渉　白氏　續620
利人　白氏　續620
利仁　白氏　續620
利仁里　白氏　續620
利刃　文選　正332
利刃　白氏　續620
利生　本朝　正608
利足　白氏　續620
利他　本朝　正608
利貞　文選　正332
利刀　白氏　續620
利鈍　法華　正425
利鈍　本朝　正608
利鈍　白氏　續620
利病　文選　正332
利病　白氏　續620
利物　白氏　續620
利兵　文選　正332
利兵　白氏　續620
利用　白氏　續620
利養　法華　正425
利劍　白氏　續620
利辨　白氏　續620
利權　白氏　續620
利澤　白氏　續620
利辯　白氏　續620
吏　文選　正332
吏　本朝　正608
吏　白氏　續616
吏幹　本朝　正608
吏員　白氏　續617
吏課　白氏　續616
吏才　白氏　續616
吏材　白氏　續616
吏士　文選　正332
吏事　白氏　續616
吏治　本朝　正608
吏治　白氏　續617
吏職　文選　正332
吏職　白氏　續616
吏人　白氏　續617
吏曹　白氏　續616
吏卒　文選　正332
吏途　本朝　正608
吏途　白氏　續617
吏道　文選　正332
吏道　白氏　續617
吏能　白氏　續617
吏表　本朝　正608
吏部　文選　正332
吏部　本朝　正608
吏部　白氏　續617
吏部　宇津　正726
吏部員外侍郎　本朝　正608
吏部員外大卿　本朝　正608
吏部員外郎　白氏　續617
吏部王　本朝　正608
吏部侍郎　本朝　正608
吏部侍郎　白氏　續617
吏部尚書　文選　正332
吏部尚書　白氏　續617
吏部選事　白氏　續617
吏部善侍郎　本朝　正608
吏部大輔　本朝　正608
吏部鄭相　白氏　續617
吏部封侯　文選　正332
吏部郎　文選　正332
吏部郎中　白氏　續617
吏兵　白氏　續617
吏民　文選　正332
吏民　本朝　正608
吏民　白氏　續617
吏務　本朝　正608
吏役　白氏　續616
吏理　白氏　續617
吏列　白氏　續617
吏禄　白氏　續617
吏屬　白氏　續616
吏胥　白氏　續616
吏隱　白氏　續616
吏隱す　白氏　續616
喙掾　白氏　續616
履　論語　正73
履　白氏　續617
履信　白氏　續617
履信池　白氏　續617
履組　文選　正332
履端　白氏　續617
履道　白氏　續617
履道居　白氏　續617
履道第　白氏　續617

履道宅 白氏 續617
履道池 白氏 續617
履道坊 本朝 正608
履道里(人名) 白氏 續617
履道里(地名) 白氏 續617
履道里第 白氏 續617
履薄 白氏 續617
履聲 白氏 續617
履綦 白氏 續617
履舃 白氏 續617
李 文選 正332
李 白氏 續617
李翶 白氏 續618
李夷簡 白氏 續619
李夷道 白氏 續619
李員外 白氏 續619
李胤 文選 正332
李益 白氏 續617
李益等 白氏 續617
李延年 文選 正332
李演 白氏 續617
李下 文選 正332
李家 白氏 續617
李開府 白氏 續617
李郭 白氏 續617
李簡 白氏 續617
李奇 文選 正332
李義府 白氏 續617
李吉輔 白氏 續617
李給事 白氏 續617
李虞仲 白氏 續617
李君 文選 正332
李君 白氏 續617
李景亮 白氏 續617
李景儉 白氏 續617
李景儉等 白氏 續617
李景讓 白氏 續617
李建 白氏 續617
李原何 白氏 續618
李玄成等 白氏 續617
李光顔 白氏 續617
李公 文選 正332
李公 白氏 續617
李公佐等 白氏 續617
李公杓直 白氏 續617
李康 白氏 續617
李弘慶 白氏 續617
李校書 白氏 續617
李浩 白氏 續617
李克恭 白氏 續617
李三 白氏 續618
李参軍 本朝 正608
李山人 白氏 續618
李使君 白氏 續618
李司徒 白氏 續618
李司徒留守 白氏 續618
李司録 白氏 續618
李士良 白氏 續618
李子 遊仙 正96
李師道 白氏 續618
李斯 文選 正332
李斯 白氏 續618
李氏 文選 正332
李氏 白氏 續618
李詞 白氏 續618
李詞等 白氏 續618
李侍御 白氏 續618
李侍郎 白氏 續618
李侍郎公垂 白氏 續618
李侍郎杓直 白氏 續618
李次 白氏 續618
李耳 本朝 正608
李自明 白氏 續618
李七 白氏 續618
李舎人 白氏 續618
李樹 白氏 續618
李綬 白氏 續618
李周翰 文選 正332
李宗何等 白氏 續618
李拾遺 白氏 續618
李十 白氏 續618
李十一 白氏 續618
李十一侍郎 白氏 續618
李十一舎人 白氏 續618
李十九使君 白氏 續618
李十九郎中 白氏 續618
李十建 白氏 續618
李十三判官 白氏 續618
李十使君 白氏 續618
李十使君員外 白氏 續618
李重 文選 正332
李循 白氏 續618
李序 白氏 續618
李恕 白氏 續618
李少卿 文選 正332
李少君 白氏 續618
李少府 白氏 續618
李尚書 白氏 續618
李昌元 白氏 續618
李常侍 白氏 續618
李紳 白氏 續618
李進賢 白氏 續618
李人 白氏 續617
李遂 白氏 續618
李勢 白氏 續618
李正 白氏 續618
李正卿 白氏 續618
李正己 白氏 續618
李石 白氏 續618
李石等 白氏 續618
李善 文選 正332
李善 文選 正332
李蘇州 白氏 續618
李相公 白氏 續617
李相公留守 白氏 續618
李遜 白氏 續618
李遜等 白氏 續618
李待價 白氏 續618
李大 白氏 續618
李大夫 白氏 續618

李辰　文選　正332
李知柔　白氏　續618
李中丞　白氏　續618
李長官　白氏　續618
李通　文選　正332
李程　白氏　續618
李杜　白氏　續618
李都尉　文選　正332
李都尉　本朝　正608
李都尉　白氏　續618
李道士　白氏　續618
李道樞　白氏　續618
李德循　白氏　續618
李南　本朝　正608
李二十　白氏　續618
李二十三　白氏　續618
李二十侍郎　白氏　續618
李二十助教員外　白氏　續619
李二十尚書　白氏　續618
李二十常侍　白氏　續619
李二十文畧　白氏　續619
李二賓客　白氏　續619
李馬　白氏　續619
李白　白氏　續619
李肇　白氏　續618
李肇等　白氏　續618
李判官　白氏　續619
李繁　白氏　續619
李泌相公　白氏　續619
李彦佐　白氏　續617
李夫子　白氏　續619
李夫人　本朝　正608
李夫人　白氏　續619
李附覽　白氏　續619
李武　白氏　續619
李部　本朝　正608
李部大王　本朝　正608
李文悦　白氏　續619
李兵馬使　白氏　續619
李勉　白氏　續619
李補闕渤　白氏　續619
李放　白氏　續619
李縫*　白氏　續619
李褒等　白氏　續619
李僕射　白氏　續619
李牧　文選　正332
李睦州　白氏　續619
李門　本朝　正608
李佑　白氏　續617
李陽氷　白氏　續619
李李立　白氏　續617
李留守相公　白氏　續619
李良僅　白氏　續619
李諒　白氏　續619
李諒等　白氏　續619
李陵　文選　正332
李陵　白氏　續619
李鍊師　白氏　續619
李老　本朝　正608
李郎中　白氏　續619
李六　白氏　續619
李六員外　白氏　續619
李六景儉　白氏　續619
李六使君　白氏　續619
李六拾遺　白氏　續619
李六郎中　白氏　續619
李仍叔　白氏　續618
李勣　白氏　續618
李叟　文選　正332
李娟　白氏　續617
李將軍　文選　正332
李將軍　本朝　正608
李尹　白氏　續617
李尹侍郎　白氏　續617
李恊律　白氏　續617
李愿　白氏　續617
李愬　白氏　續618
李愬等　白氏　續618
李懷金等　白氏　續617
李扞　白氏　續617
李扞等　白氏　續617
李晏　白氏　續617
李晟　白氏　續618
李暈　白氏　續617
李樂山等　白氏　續619
李淅東　白氏　續618
李盧二中丞　白氏　續619
李絳　白氏　續617
李絳等　白氏　續617
李膺　白氏　續619
李蕭遠　文選　正332
李蕭遠　本朝　正608
李袞　白氏　續617
李謫仙　白氏　續618
李輕車　文選　正332
李銛　白氏　續618
李齊　文選　正332
李實　白氏　續618
李錡　白氏　續617
李异傍　白氏　續617
李彤　白氏　續618
李悝　白氏　續619
李洧　白氏　續619
李滁州　白氏　續618
李澧州　白氏　續619
李玘　白氏　續617
李翺等　白氏　續617
李邕　白氏　續619
李鄘　白氏　續619
李蘄州　白氏　續617
李頎　白氏　續617
李顒　白氏　續617
梨園　本朝　正608
梨園　白氏　續619
梨花　白氏　續619
梨花　枕冊　正784
梨花園　白氏　續619
梨桃　白氏　續619
梨葉　白氏　續619

梨棗　本朝　正608
理　論語　正73
理　文選　正332
理　文選　正332
理　本朝　正609
理　白氏　續619
理す　文選　正332
理す　本朝　正609
理す　白氏　續619
理安　白氏　續619
理運　本朝　正609
理化　文選　正332
理化　白氏　續619
理化す　白氏　續619
理課　白氏　續619
理懐　文選　正332
理戒　白氏　續619
理官　本朝　正609
理感　文選　正332
理窟　本朝　正609
理劇　本朝　正609
理劇　白氏　續619
理遣　文選　正332
理行　白氏　續619
理合　白氏　續619
理趣經　宇津　正726
理尚　文選　正332
理色　文選　正332
理人　白氏　續619
理世　本朝　正609
理世　白氏　續619
理勢　文選　正332
理席　文選　正332
理代　白氏　續619
理致　本朝　正609
理道　白氏　續619
理平　白氏　續619
理柄　白氏　續619
理本　白氏　續619
理名　白氏　續619
理名　白氏　續619
理命　白氏　續619
理乱　本朝　正609
理乱す　本朝　正609
理亂　白氏　續619
理亂す　白氏　續619
理辭　白氏　續619
裏罵　文選　正332
幾里　文選　正332
里　論語　正73
里　白氏　續620
里語　文選　正332
里巷　白氏　續620
里社　文選　正332
里人　白氏　續620
里仁　文選　正332
里仁第四　論語　正73
里閭　文選　正332
里閭　白氏　續620
里閈　文選　正332
離　文選　正332
離　白氏　續620
離す　文選　正332
離す　白氏　續620
離異　文選　正332
離域　白氏　續620
離衛　白氏　續620
離宴　白氏　續620
離花　白氏　續620
離隔す　文選　正332
離隔す　白氏　續620
離館　文選　正332
離奇　文選　正332
離客　白氏　續620
離宮　文選　正332
離宮　本朝　正609
離居　文選　正332
離居す　文選　正332
離居す　白氏　續620
離襟　白氏　續620
離苦　白氏　續620
離駒　本朝　正609
離堅　文選　正332
離垢　法華　正425
離垢す　法華　正425
離垢す　本朝　正609
離鴻　文選　正332
離鴻　本朝　正609
離合　文選　正332
離合す　文選　正332
離合存歿　白氏　續620
離恨　白氏　續620
離索す　白氏　續620
離散す　論語　正73
離散す　文選　正332
離散す　白氏　續620
離散轉移　文選　正332
離子　文選　正332
離思　文選　正332
離思　白氏　續620
離支　文選　正332
離酌　本朝　正609
離朱　文選　正332
離朱　本朝　正609
離傷す　文選　正332
離情　文選　正332
離情　白氏　續620
離心　文選　正332
離心　白氏　續620
離身　文選　正332
離人　白氏　續620
離析す　論語　正73
離析す　文選　正332
離石　文選　正332
離石　白氏　續620
離折す　白氏　續620
離騒　文選　正332
離騒　白氏　續620
離騒賦　文選　正332
離亭　本朝　正609

離殿　文選　正332
離念　白氏　續620
離披　白氏　續620
離披す　文選　正332
離披す　白氏　續620
離裴　文選　正332
離畢　文選　正332
離分す　文選　正332
離別　文選　正332
離別　本朝　正609
離別　白氏　續620
離別す　文選　正332
離別す　法華　正425
離抱　白氏　續620
離房　文選　正332
離憂　文選　正332
離憂　本朝　正609
離憂　白氏　續620
離離　文選　正332
離離　白氏　續620
離々　本朝　正609
離婁　文選　正333
離亂　白氏　續620
離亂す　白氏　續620
離偈　白氏　續620
離懷　白氏　續620
離筵　白氏　續620
離羣　文選　正332
離翦　文選　正332
離聲　白氏　續620
離謌　本朝　正609
離闊　文選　正332
離闊　白氏　續620
離榭　文選　正332
離鵾　文選　正332
犂牛　論語　正73
籬　白氏　續620
籬下　本朝　正609
籬下　白氏　續620
籬花　本朝　正609
籬菊　本朝　正609
籬菊　白氏　續620
籬脚　本朝　正609
籬根　白氏　續620
籬落　白氏　續620
籬邊　白氏　續620
籬鷃　本朝　正609
貍首　文選　正332
貍首　白氏　續620
釐降　白氏　續620
釐務　本朝　正609
釐纓　白氏　續620
驪　文選　正333
驪黄　文選　正333
驪翰　文選　正333
驪翰*　本朝　正609
驪宮　白氏　續620
驪宮高　白氏　續620
驪駒　文選　正333
驪駒　白氏　續620
驪山　文選　正333
驪山　白氏　續620
驪山宮　白氏　續620
驪珠　白氏　續620
驪姫　文選　正333
驪姫　白氏　續620
驪龍　文選　正333
驪龍　白氏　續621
驪虯　文選　正333
梨栗　文選　正332
梨脯等　白氏　續619
氂　文選　正332
灕乎　文選　正332
犛櫟　文選　正332
离坎　文選　正332
螭舎　本朝　正609
螭頭　白氏　續620
褵　文選　正332
褵　白氏　續620
邐池　文選　正332
邐迤　白氏　續620
酈其　白氏　續620
醨　白氏　續620
懰　文選　正333
懰亮　文選　正333
虾江　文選　正334
柳　白氏　續622
柳宛　白氏　續622
柳惟　白氏　續622
柳陰　白氏　續622
柳影　白氏　續622
柳園　白氏　續622
柳下　文選　正333
柳下惠　論語　正73
柳下惠　文選　正333
柳家　白氏　續622
柳花　白氏　續622
柳花苑　源氏　正855
柳岸　白氏　續622
柳眼　本朝　正609
柳眼　白氏　續622
柳季　文選　正333
柳橋　白氏　續622
柳曲　白氏　續622
柳傑等　白氏　續622
柳湖　白氏　續622
柳公綽　白氏　續622
柳巷　白氏　續622
柳腰　本朝　正609
柳腰　白氏　續622
柳彩　白氏　續622
柳使君　白氏　續622
柳市　本朝　正609
柳枝　本朝　正609
柳枝　白氏　續622
柳枝(人名)　白氏　續622
柳守　白氏　續622
柳州　白氏　續622
柳宿　白氏　續622
柳梢　白氏　續622

柳色 白氏 續622
柳大 白氏 續622
柳中 本朝 正609
柳牒 本朝 正609
柳亭 白氏 續622
柳某 白氏 續622
柳葉 白氏 續622
柳惠 文選 正333
柳晟 白氏 續622
柳杞 文選 正333
柳杞 白氏 續622
柳條 白氏 續622
柳絲 白氏 續622
柳絮 白氏 續622
柳經 白氏 續622
柳莊 文選 正333
柳惲 白氏 續622
柳惲州 白氏 續622
柳隄 白氏 續622
劉 白氏 續621
劉(人名) 文選 正333
劉(地名) 文選 正333
劉安 文選 正333
劉嬰 本朝 正609
劉越石 文選 正333
劉家 白氏 續621
劉恢 白氏 續621
劉戒之 白氏 續621
劉韓 白氏 續621
劉基 文選 正333
劉毅 文選 正333
劉季 文選 正333
劉勲 文選 正333
劉君 白氏 續621
劉君仙 本朝 正609
劉兄 白氏 續621
劉敬 文選 正333
劉元鼎 白氏 續621
劉元鼎等 白氏 續621
劉五 白氏 續621
劉五司馬 白氏 續621
劉五主簿 白氏 續621
劉悟 白氏 續621
劉侯 文選 正333
劉公 文選 正333
劉公幹 文選 正333
劉公幹 白氏 續621
劉向 論語 正73
劉向 文選 正333
劉向 白氏 續621
劉后 文選 正333
劉孝標 文選 正333
劉孝標 本朝 正609
劉弘 白氏 續621
劉綱 白氏 續621
劉項 文選 正333
劉項 白氏 續621
劉三十二 白氏 續621
劉三十二敦質 白氏 續621
劉嗣之 文選 正333
劉士元 白氏 續621
劉士信 白氏 續621
劉子駿 文選 正333
劉師老 白氏 續621
劉氏 文選 正333
劉氏 白氏 續621
劉宗 文選 正333
劉十九 白氏 續621
劉十五公輿 白氏 續621
劉従周 白氏 續621
劉従周等 白氏 續621
劉遵古 白氏 續621
劉尚書夢得 白氏 續621
劉承祖 文選 正333
劉成師 白氏 續621
劉整 文選 正333
劉清潭 白氏 續621
劉生 文選 正333
劉先生 文選 正333
劉前軍 文選 正333
劉全節 白氏 續621
劉曽 白氏 續621
劉蘇州 白氏 續621
劉総 白氏 續621
劉太尉 文選 正333
劉太守 本朝 正609
劉太白 白氏 續621
劉泰倫 白氏 續621
劉大夫 白氏 續621
劉仲威 本朝 正609
劉忠謹 白氏 續621
劉寵 本朝 正609
劉長卿 白氏 續621
劉貞亮 白氏 續621
劉同州夢得 白氏 續621
劉道士 白氏 續621
劉得威 白氏 續621
劉寅 文選 正333
劉敦質 白氏 續621
劉汝州 白氏 續621
劉二 白氏 續621
劉二十八 白氏 續621
劉二十八使君 白氏 續621
劉伯康 文選 正333
劉伯倫 文選 正333
劉伯倫 本朝 正609
劉伯倫 白氏 續621
劉伯芻 白氏 續621
劉白 白氏 續621
劉白呉洛寄和卷 白氏 續621
劉白唱和集 白氏 續621
劉白唱和集解 白氏 續621
劉白二狂翁 白氏 續621
劉備 文選 正333
劉表 文選 正333
劉賓客 白氏 續621
劉府君 文選 正333
劉淵 文選 正333
劉文學 文選 正333

劉文璨等　白氏　續621
劉方輿　白氏　續621
劉穆之　文選　正333
劉夢得　白氏　續621
劉明府　白氏　續621
劉約　白氏　續622
劉約等　白氏　續622
劉幽求　白氏　續621
劉曜　文選　正333
劉李　白氏　續622
劉令璆　白氏　續622
劉伶　文選　正333
劉伶　白氏　續622
劉郎　白氏　續622
劉郎中　白氏　續622
劉郎中學士　白氏　續622
劉和州　白氏　續621
劉處士　白氏　續621
劉參軍　文選　正333
劉叟　白氏　續621
劉姚　白氏　續621
劉媼　文選　正333
劉學士　白氏　續621
劉悚　白氏　續621
劉應　文選　正333
劉旻　白氏　續621
劉濟　白氏　續621
劉眞　白氏　續621
劉眞長　文選　正333
劉禪　文選　正333
劉禹錫　白氏　續621
劉秣陵沼　文選　正333
劉縱　白氏　續621
劉薛　白氏　續621
劉賈　文選　正333
劉軻　白氏　續621
劉闢　白氏　續621
劉阮　白氏　續621
劉頌　文選　正333
劉馥　文選　正333
劉德祖　文選　正333
劉德惠　白氏　續621
劉楨　文選　正333
劉楨　白氏　續621
劉楨公幹　文選　正333
劉歆　文選　正333
劉洎輩　白氏　續621
劉瓛　文選　正333
劉緄　白氏　續621
劉虬　文選　正333
流　論語　正73
流　文選　正333
流　本朝　正609
流　白氏　續622
流盻す　文選　正334
流す　白氏　續622
流易す　文選　正333
流溢す　本朝　正609
流雲　文選　正333
流影　文選　正333
流英　文選　正333
流詠す　文選　正333
流黄　文選　正333
流温　文選　正333
流化　文選　正333
流火　文選　正333
流霞　文選　正333
流喝す　文選　正333
流漢　文選　正333
流潤　文選　正333
流議　文選　正333
流議　白氏　續622
流競　文選　正333
流響　文選　正333
流寓す　文選　正333
流憩　文選　正333
流景　文選　正333
流景　白氏　續622
流謙　本朝　正609
流言　文選　正333
流言　本朝　正609
流言　白氏　續622
流伍　文選　正333
流光　文選　正333
流光　白氏　續622
流溝山　白氏　續622
流溝山下　白氏　續622
流溝寺　白氏　續622
流膏　文選　正333
流荒　文選　正333
流行す　白氏　續622
流根　白氏　續622
流沙　文選　正333
流沙　白氏　續622
流歳　白氏　續622
流宗　文選　正333
流冗　本朝　正609
流冗す　本朝　正609
流塵　文選　正333
流吹　文選　正333
流水　文選　正333
流水　本朝　正609
流水　白氏　續622
流世　白氏　續622
流星　遊仙　正96
流星　文選　正333
流星　白氏　續622
流精　文選　正333
流川　文選　正333
流泉　文選　正333
流楚　文選　正333
流蘇　文選　正333
流藻　文選　正333
流霜　文選　正333
流俗　文選　正333
流俗　本朝　正609
流俗人　文選　正333
流池　文選　正333
流注　白氏　續622
流徵　文選　正333

流潮　文選　正333
流綴す　文選　正333
流電　本朝　正609
流唐　文選　正333
流宕　文選　正333
流蕩す　文選　正333
流遁　文選　正333
流遁　白氏　續622
流遁す　文選　正333
流遁す　本朝　正609
流年　本朝　正609
流年　白氏　續622
流波　文選　正334
流派　文選　正334
流輩　文選　正334
流輩　白氏　續622
流品　文選　正334
流品　白氏　續622
流風　文選　正334
流風　白氏　續622
流聞す　文選　正334
流聞す　本朝　正609
流芳　文選　正334
流亡す　文選　正334
流亡す　白氏　續622
流亡轉徙　白氏　續622
流沫　文選　正334
流沫す　文選　正334
流漫　文選　正334
流民　文選　正334
流民　本朝　正609
流矢　文選　正333
流矢　本朝　正609
流輸す　文選　正333
流庸　白氏　續622
流庸　白氏　續622
流落す　白氏　續622
流離　文選　正334
流離　本朝　正609
流離す　本朝　正609
流離す　白氏　續622
流離辛苦す　文選　正334
流例　本朝　正609
流例　白氏　續623
流隷　文選　正334
流連　文選　正334
流連す　文選　正334
流傳　白氏　續622
流傳す　白氏　續622
流戌す　文選　正333
流攬す　文選　正334
流衍す　文選　正333
流涕す　白氏　續622
流湎す　文選　正334
流潦　文選　正334
流澤　文選　正333
流灑す　文選　正333
流眄す　文選　正334
流睇　文選　正333
流竄　白氏　續622
流綺　文選　正333
流聲　文選　正333
流藹　文選　正333
流裔　文選　正333
流谿　文選　正333
流轉す　白氏　續622
流遯　文選　正333
流邁す　文選　正334
流飄す　文選　正334
流澌　本朝　正609
流澌　白氏　續622
流猋　文選　正334
流鸎　文選　正333
流鸎　本朝　正609
溜　文選　正334
溜　本朝　正609
溜　白氏　續623
留　文選　正334
畱聽　白氏　續623
留花門　白氏　續623
留義　文選　正334
留客　白氏　續623
留後　白氏　續623
留侯　文選　正334
留侯　白氏　續623
留行す　文選　正334
留獄　白氏　續623
留司　白氏　續623
留司格　本朝　正609
留子　文選　正334
留止す　白氏　續623
留事　文選　正334
留事　白氏　續623
留取す　白氏　續623
留守　白氏　續623
留守す　白氏　續623
留守牛相公　白氏　續623
留守裴令公　白氏　續623
留宿す　白氏　續623
留城　文選　正334
留滞す　遊仙　正96
留滞す　文選　正334
留著す　白氏　續623
留鎮　白氏　續623
留府　白氏　續623
留別　白氏　續623
留別す　白氏　續623
留務　白氏　續623
留落　文選　正334
留聯す　文選　正334
留連　白氏　續623
留連す　文選　正334
留連す　本朝　正609
留連す　白氏　續623
留連爛漫　文選　正334
留傳す　白氏　續623
留戀す　白氏　續623
留滯す　白氏　續623
留與す　白氏　續623
留攢　文選　正334

留黄　文選　正334
硫黄　白氏　續623
隆恩　文選　正334
隆家　文選　正334
隆家　本朝　正609
隆漢　文選　正334
隆器　文選　正334
隆響　文選　正334
隆窟　文選　正334
隆殺　文選　正334
隆思　文選　正334
隆車　文選　正334
隆周　文選　正334
隆周　本朝　正609
隆重　文選　正334
隆暑　文選　正334
隆暑　白氏　續623
隆昌　文選　正334
隆振す　文選　正334
隆晋　文選　正334
隆崇　文選　正334
隆盛　文選　正334
隆盛　白氏　續623
隆替　文選　正334
隆替　文選　正334
隆替す　文選　正334
隆冬　文選　正334
隆平　文選　正334
隆平　本朝　正609
隆隆　文選　正334
隆烈　文選　正334
隆厦　文選　正334
隆敝　文選　正334
隆熾　文選　正334
隆坻　文選　正334
隆嵑　文選　正334
龍　宇津　正726
龍　源氏　正855
龍のこま　宇津　正726
龍のつの　宇津　正726
龍王　源氏　正855
龍頭鷁首　源氏　正855
龍脳　宇津　正726
龍門　宇津　正726
龍膽　枕冊　正784
麟角　宇津　正726
麟角風　宇津　正726
留黄　文選　正334
旒　文選　正333
旒旗　文選　正333
旒旌　文選　正333
旒纊　文選　正333
旒扆　本朝　正609
旒扆　白氏　續622
梳掠　白氏　續622
榴花　白氏　續622
瀏　文選　正334
瀏亮　文選　正334
瀏亮す　白氏　續623
瀏瀏　文選　正334
瀏莅　文選　正334
霤　文選　正334
霤　白氏　續623
飀飀　文選　正334
力　論語　正73
力　法華　正425
力文　白氏　續623
力役　論語　正73
力役　白氏　續623
力穡　白氏　續623
陸　文選　正335
陸　白氏　續625
陸(人名)　文選　正335
陸(人名)　白氏　續625
陸奥　本朝　正609
陸海　文選　正335
陸海　本朝　正609
陸凱　文選　正335
陸翰　白氏　續625
陸機　文選　正335
陸機　本朝　正609
陸刑部　白氏　續625
陸公　文選　正335
陸抗　白氏　續625
陸行　文選　正335
陸佐公　文選　正335
陸産　文選　正335
陸士衡　文選　正335
陸士龍　文選　正335
陸子　文選　正335
陸氏　白氏　續625
陸庶　白氏　續625
陸象先　白氏　續625
陸生　文選　正335
陸績　文選　正335
陸遜　文選　正335
陸大夫　文選　正335
陸地　論語　正73
陸中丞　白氏　續625
陸長源　白氏　續625
陸沈　文選　正335
陸沈　本朝　正609
陸沈す　文選　正335
陸賓虞　白氏　續625
陸平原　文選　正335
陸歩　本朝　正609
陸補闕　白氏　續625
陸離　文選　正335
陸離　白氏　續625
陸梁　文選　正335
陸路　白氏　續625
陸郎中　白氏　續625
陸惠暁　本朝　正609
陸渾　白氏　續625
陸渾山　白氏　續625
陸澤　文選　正335
陸賈　文選　正335
陸賈　白氏　續625
陸沉　白氏　續625
陸灋　白氏　續625

力役　本朝　正609
六　論語　正73
六　文選　正334
六　白氏　續623
六す　文選　正334
六位　文選　正335
六衣　文選　正334
六井　白氏　續624
六一　白氏　續623
六姻　白氏　續623
六引　文選　正334
六韻　白氏　續623
六英　文選　正334
六家　白氏　續623
六駕す　文選　正334
六較　文選　正334
六官　文選　正334
六官　白氏　續623
六間　白氏　續623
六眼　白氏　續623
六器　文選　正334
六奇　文選　正334
六祈　文選　正334
六紀　白氏　續623
六義　文選　正334
六義　本朝　正609
六義　白氏　續623
六義四始　白氏　續623
六宮　文選　正334
六宮　白氏　續623
六卿　文選　正334
六卿　白氏　續623
六極　白氏　續623
六禽　文選　正334
六句　白氏　續623
六隅　白氏　續623
六轡　白氏　續625
六軍　文選　正334
六軍　白氏　續623
六郡　文選　正334
六郡　白氏　續623
六兄　白氏　續623
六月　文選　正334
六月　白氏　續623
六月五日　白氏　續623
六月三日　白氏　續623
六月十三日　白氏　續623
六月十日　白氏　續623
六賢　白氏　續623
六言　論語　正73
六言　白氏　續623
六后　文選　正334
六合　文選　正334
六合　白氏　續623
六根　白氏　續623
六歳　文選　正335
六歳　白氏　續624
六載　本朝　正609
六載　白氏　續623
六材　白氏　續623
六刺　白氏　續623
六司　白氏　續623
六事　白氏　續623
六七　文選　正334
六七　白氏　續624
六七月　白氏　續624
六七賢　白氏　續624
六七行　白氏　續624
六七十里　白氏　續624
六七十萬　白氏　續624
六七人　白氏　續624
六七畝　白氏　續624
六七堂　白氏　續624
六七日　白氏　續624
六七年　白氏　續624
六七篇　白氏　續624
六尺　論語　正73
六尺　文選　正335
六尺　白氏　續624
六首　文選　正334
六首　白氏　續624
六宗　白氏　續624
六州　文選　正334
六州　白氏　續624
六十　論語　正73
六十　白氏　續624
六十一　白氏　續624
六十巻　白氏　續624
六十九　白氏　續624
六十九御　白氏　續624
六十五　白氏　續624
六十五夏　白氏　續624
六十五巻　白氏　續624
六十三　白氏　續624
六十四　文選　正334
六十四　白氏　續624
六十四卦　本朝　正609
六十四卦　白氏　續624
六十四年　白氏　續624
六十字　白氏　續624
六十七　白氏　續624
六十七巻　白氏　續624
六十人　文選　正334
六十人　白氏　續624
六十二　白氏　續624
六十二三人　白氏　續624
六十年　白氏　續624
六十八　白氏　續624
六十有四　白氏　續624
六十有七　白氏　續624
六十有二　白氏　續624
六十有八　白氏　續624
六十六　白氏　續624
六十六年　白氏　續624
六十巻　文選　正334
六十餘載　文選　正334
六十餘年　白氏　續624
六旬　白氏　續624
六順　白氏　續624
六所　白氏　續624

六尚 白氏 續624
六詔 白氏 續624
六城 文選 正334
六情 文選 正334
六職 白氏 續624
六臣 文選 正334
六人 文選 正334
六人 白氏 續624
六塵 白氏 續624
六帥 文選 正334
六帥 文選 正334
六世 文選 正334
六姓 文選 正334
六籍 文選 正335
六節 白氏 續624
六絶句 白氏 續624
六千九百九十言 白氏 續624
六千五百匹 白氏 續624
六千里 白氏 續624
六千餘人 白氏 續624
六曹 白氏 續623
六賊 白氏 續624
六代 文選 正335
六代 白氏 續624
六壇 白氏 續624
六畜 白氏 續624
六典 文選 正335
六典 白氏 續624
六斗 文選 正335
六度 文選 正335
六度 白氏 續624
六日 文選 正334
六入 文選 正334
六入六入緣 白氏 續624
六年 文選 正335
六年 白氏 續624
六年七月 白氏 續624
六年七月十二日 白氏 續625
六波羅密 白氏 續625
六波羅密法 白氏 續625
六馬 文選 正335
六博 文選 正335
六駁 文選 正335
六八 文選 正335
六飛 文選 正335
六百 文選 正335
六百一十二言 白氏 續625
六百石 白氏 續625
六百日 白氏 續625
六府 文選 正335
六符 文選 正335
六部落 白氏 續625
六服 文選 正335
六蔽 論語 正73
六蔽 文選 正335
六輔 文選 正335
六穗 文選 正334
六命 白氏 續625
六幽 文選 正334
六律 文選 正335
六龍 文選 正335
六歷 文選 正335
六聯 白氏 續625
六偈 白氏 續623
六傅 白氏 續625
六區 文選 正334
六國 文選 正334
六學士 白氏 續623
六么 白氏 續623
六變 文選 正335
六條 文選 正335
六條 白氏 續624
六樂 文選 正334
六氣 文選 正334
六氣 白氏 續623
六經 文選 正334
六經 白氏 續623
六韜 白氏 續624
六聚 白氏 續624
六腑 白氏 續625
六莖 文選 正334
六萬 白氏 續625
六萬九千五百五言 白氏 續625
六藏 白氏 續623
六藝 論語 正73
六藝 文選 正334
六藝 本朝 正609
六藝 白氏 續623
六譯 白氏 續623
六讚偈 白氏 續623
六韜 白氏 續624
六齊 文選 正335
六佾 文選 正334
六沴 白氏 續625
六翮 白氏 續625
六翮 文選 正334
六翮 白氏 續623
戮 文選 正335
戮 本朝 正609
戮す 文選 正335
戮す 白氏 續625
戮笑す 文選 正335
戮辱 文選 正335
戮辱 白氏 續625
戮辱す 白氏 續625
戮勇 白氏 續625
蓼莪 文選 正335
蓼蕭 白氏 續625
逵 文選 正335
栗 論語 正73
栗 文選 正335
栗栗 文選 正335
栗如 白氏 續625
栗陸 文選 正335
栗陸 本朝 正609
慄里 白氏 續625
峍崒 文選 正335

律　文選　正335
律　本朝　正609
律　白氏　續625
律　源氏　正855
律す　白氏　續625
律儀　本朝　正609
律儀　白氏　續625
律均　文選　正335
律句　白氏　續625
律句中　白氏　續625
律庫　白氏　續625
律講　白氏　續625
律座　白氏　續625
律師　白氏　續625
律師　宇津　正726
律師　枕冊　正784
律師　源氏　正855
律詩　白氏　續625
律手　白氏　續625
律疏　白氏　續625
律僧　白氏　續625
律大德宗上人　白氏　續625
律大德上弘和尚　白氏　續625
律大德湊公　白氏　續625
律谷　文選　正335
律典　白氏　續625
律度　文選　正335
律度　白氏　續625
律令　文選　正335
律令　本朝　正609
律令　白氏　續625
律呂　文選　正335
律呂　本朝　正609
律呂　白氏　續625
律學　本朝　正609
律德沙門　白氏　續625
慄　文選　正335
慄然　白氏　續625
慄慄　白氏　續625
聿懐　文選　正335
聿皇　文選　正335
鷸　文選　正335
矞雲　文選　正335
立す　文選　正335
立家　白氏　續625
立功　白氏　續625
立秋　白氏　續625
立春　白氏　續625
立錐　文選　正335
立錐　本朝　正609
立談す　文選　正335
立碑　白氏　續625
立部　白氏　續625
立部伎　白氏　續625
立用す　本朝　正609
立峴　文選　正335
粒　白氏　續625
粒食　白氏　續625
粒樓　本朝　正609
磷磷　文選　正335
林箊　文選　正335
林園　文選　正335
林園　本朝　正609
林宴　本朝　正609
林薗　本朝　正609
林下　本朝　正609
林花　本朝　正609
林回　文選　正335
林間　本朝　正609
林丘　文選　正335
林檎　文選　正335
林光　文選　正335
林衡　文選　正335
林氏　文選　正335
林鹿　本朝　正609
林宗　文選　正335
林渚　文選　正335
林梢　本朝　正609
林鍾　文選　正335
林鐘　本朝　正609
林泉　本朝　正609
林叢　文選　正335
林叢　本朝　正609
林草　文選　正335
林池　本朝　正609
林亭　本朝　正609
林庭　本朝　正609
林塘　本朝　正609
林頭　本朝　正609
林堂　本朝　正609
林薄　文選　正335
林表　文選　正335
林府　文選　正335
林風　本朝　正609
林木　文選　正335
林野　文選　正335
林麓　文選　正335
林壑　文選　正335
林巒　文選　正335
林籟　文選　正335
林莽　文選　正335
林藪　文選　正335
林豺　本朝　正609
林趾　文選　正335
林閭　文選　正335
林閒　文選　正335
林巢　文選　正335
淋淋焉　文選　正335
淋浪　文選　正335
淋灕　文選　正335
琳　文選　正335
琳珪　文選　正335
琳琅　文選　正335
琳珉*　文選　正335
琳瑀　文選　正335
臨　文選　正335
臨す　文選　正335
臨海　文選　正335
臨海嶠　文選　正335

臨崖　文選　正335
臨顔　文選　正335
臨幸　本朝　正609
臨幸す　本朝　正609
臨時　本朝　正609
臨終　本朝　正609
臨照す　文選　正335
臨水閣　本朝　正609
臨川　文選　正335
臨池　本朝　正609
臨眺す　文選　正335
臨圃　文選　正335
臨哭す　文選　正335
臨沂　文選　正335
臨硎　文選　正335
臨邛　本朝　正609
臨洮　文選　正335
臨淄侯　文選　正335
臨漳　文選　正335
臨菑　文選　正335
慊縿　文選　正335
懍懍　文選　正335
霖　文選　正336
霖雨　文選　正336
霖潦　文選　正336
霖瀝す　文選　正336
惏悷　文選　正335
綝麗　文選　正335
亮　本朝　正609
亮節　白氏　續625
亮發す　本朝　正609
梁　文選　正336
梁　本朝　正610
梁　白氏　續627
梁陰　文選　正336
梁益　文選　正336
梁園　本朝　正610
梁園　白氏　續627
梁燕　白氏　續627
梁苑　白氏　續627
梁苑城　白氏　續627
梁王　文選　正336
梁王　本朝　正610
梁王　白氏　續627
梁下　白氏　續627
梁家　遊仙　正96
梁華等　白氏　續627
梁岳　文選　正336
梁漢　白氏　續627
梁基　文選　正336
梁希逸　白氏　續627
梁丘　文選　正336
梁丘賀　文選　正336
梁元　本朝　正610
梁侯　文選　正336
梁高　本朝　正610
梁高士　白氏　續627
梁鴻　文選　正336
梁鴻　本朝　正610
梁鴻　白氏　續627
梁山　文選　正336
梁州　白氏　續627
梁上　論語　正73
梁上　白氏　續627
梁城　文選　正336
梁塵　文選　正336
梁塵　白氏　續627
梁征　文選　正336
梁生　文選　正336
梁籍　文選　正336
梁楚　白氏　續627
梁宋　文選　正336
梁宋　白氏　續627
梁藻　文選　正336
梁柱　白氏　續627
梁朝　文選　正336
梁陳　文選　正336
梁棟　文選　正336
梁棟　白氏　續627
梁伯鸞　本朝　正610
梁飯　白氏　續627
梁必復　白氏　續627
梁父　文選　正336
梁甫　文選　正336
梁木　文選　正336
梁木　白氏　續627
梁野　文選　正336
梁遊　本朝　正610
梁冀　文選　正336
梁冀　白氏　續627
梁劒　文選　正336
梁埃　文選　正336
梁岷　文選　正336
梁潁　文選　正336
梁竇　文選　正336
梁肅　白氏　續627
梁隋　白氏　續627
梁趙　文選　正336
梁鄒　文選　正336
梁魏　文選　正336
梁璲等　白氏　續627
梁騶　文選　正336
梁鷰　本朝　正610
涼　文選　正336
涼　本朝　正610
涼　白氏　續627
涼す　白氏　續628
涼陰　文選　正336
涼陰　本朝　正610
涼陰　白氏　續628
涼雨　白氏　續628
涼温　文選　正336
涼月　白氏　續628
涼原　白氏　續628
涼沙　文選　正336
涼室　文選　正336
涼州　文選　正336
涼州　白氏　續628
涼秋　文選　正336
涼秋　本朝　正610

涼川 文選 正336
涼天 本朝 正610
涼風 文選 正336
涼風 本朝 正610
涼風 白氏 續627
涼風 白氏 續628
涼夜 文選 正336
涼夜 本朝 正610
涼夜 白氏 續628
涼野 文選 正336
涼葉 文選 正336
涼葉 白氏 續628
涼冷 白氏 續628
涼露 白氏 續628
涼處 白氏 續628
涼國公 白氏 續628
涼氣 文選 正336
涼燠 文選 正336
涼臺 文選 正336
涼德 白氏 續628
涼飃 文選 正336
涼颷 文選 正336
涼飇 白氏 續628
糧儲 白氏 續628
糧粒 文選 正336
糧料 白氏 續628
良 論語 正73
良 文選 正336
良 白氏 續628
良(人名) 文選 正336
良(人名) 白氏 續628
良逸 文選 正336
良因 本朝 正610
良姻 白氏 續628
良胤 白氏 續628
良宴 本朝 正610
良家 文選 正336
良家 本朝 正610
良家 白氏 續628
良器 白氏 續628
良規 文選 正336
良久 遊仙 正96
良久 白氏 續628
良弓 文選 正336
良弓 本朝 正610
良玉 文選 正336
良玉 白氏 續628
良具 文選 正336
良遇 文選 正336
良月 白氏 續628
良源 本朝 正610
良工 文選 正336
良工 本朝 正610
良工 白氏 續628
良香 本朝 正610
良宰 文選 正336
良宰 白氏 續628
良才 文選 正336
良才 白氏 續628
良材 文選 正336
良刺史 本朝 正610
良史 文選 正336
良史 本朝 正610
良史 白氏 續628
良士 文選 正336
良士 白氏 續628
良師 白氏 續628
良時 文選 正336
良時 白氏 續628
良質 文選 正336
良者 白氏 續628
良主 文選 正336
良守 文選 正336
良守 本朝 正610
良駿 文選 正336
良書 文選 正336
良臣 白氏 續628
良人 文選 正336
良人 本朝 正610
良人 白氏 續628
良訊 文選 正336
良帥 白氏 續628
良說 文選 正336
良辰 文選 正336
良辰 本朝 正610
良辰 白氏 續628
良田 文選 正337
良田 白氏 續628
良塗 文選 正337
良二千石 本朝 正610
良二千石 白氏 續628
良能 白氏 續628
良馬 文選 正337
良馬 本朝 正610
良媒 文選 正337
良媒 白氏 續628
良比 文選 正337
良弼 白氏 續628
良苗 文選 正337
良平 文選 正337
良輔 白氏 續628
良朋 文選 正337
良謀 白氏 續628
良民 本朝 正610
良木 文選 正337
良冶 本朝 正610
良冶 白氏 續628
良夜 文選 正337
良夜 本朝 正610
良夜 白氏 續628
良友 文選 正336
良友 白氏 續628
良友朋 白氏 續628
良遊 文選 正336
良遊 本朝 正610
良吏 本朝 正610
良吏 白氏 續628
良隣 文選 正337
良會 文選 正336
良儔 文選 正336

良處士　文選　正336
良叟　文選　正336
良圖　文選　正337
良圖　白氏　續628
良實　文選　正336
良寶　文選　正337
良將　文選　正336
良將　本朝　正610
良將　白氏　續628
良樂　文選　正337
良游　文選　正336
良璞　本朝　正610
良璞　白氏　續628
良藥　文選　正337
良藥　本朝　正610
良藥　白氏　續628
良覿　文選　正336
良謨　文選　正337
良讌　本朝　正610
良醫　本朝　正610
良驥　文選　正336
良驥　白氏　續628
良窳　文選　正337
良窳　白氏　續628
良緣　文選　正336
諒　白氏　續628
諒闇　文選　正337
諒闇　白氏　續628
諒陰　白氏　續628
諒直　文選　正337
諒直　白氏　續628
量　論語　正73
量　文選　正337
量　本朝　正610
量移す　白氏　續628
量交　文選　正337
量折す　白氏　續628
量留　白氏　續628
量苞す　文選　正337
御領　宇津　正726
御領　源氏　正855
領し　枕冊　正784
領しはて　源氏　正855
領す　法華　正425
領ず　宇津　正726
領知す　法華　正425
令　本朝　正610
令義解　本朝　正610
霊　源氏　正855
霊山會　本朝　正610
兩　白氏　續625
兩院　本朝　正610
兩韻　白氏　續625
兩王　文選　正336
兩家　文選　正336
兩家　本朝　正610
兩家　白氏　續626
兩河　白氏　續626
兩箇　本朝　正610
兩界　白氏　續626
兩崖　白氏　續626
兩角　白氏　續626
兩株　白氏　續626
兩巻　本朝　正610
兩巻　白氏　續626
兩官　本朝　正610
兩漢　文選　正336
兩漢　白氏　續626
兩館　本朝　正610
兩岸　白氏　續626
兩眼　本朝　正610
兩眼　白氏　續626
兩岐　白氏　續626
兩畿　白氏　續626
兩騎　白氏　續626
兩儀　文選　正336
兩儀　本朝　正610
兩儀　白氏　續626
兩宮　文選　正336
兩宮相　白氏　續626
兩京　文選　正336
兩京　本朝　正610
兩京　白氏　續626
兩卿　本朝　正610
兩境　白氏　續626
兩興　白氏　續626
兩鄉　文選　正336
兩鄉　白氏　續626
兩禽　文選　正336
兩銀榼　白氏　續626
兩句　文選　正336
兩句　白氏　續626
兩君　論語　正73
兩君　文選　正336
兩軍　白氏　續626
兩郡　本朝　正610
兩月　白氏　續626
兩賢　文選　正336
兩源相公　本朝　正610
兩公　本朝　正610
兩口　白氏　續626
兩考　白氏　續626
兩行　白氏　續626
兩頃　白氏　續626
兩三　本朝　正610
兩三廻　白氏　續626
兩三株　白氏　續626
兩三間　白氏　續626
兩三枝　白氏　續626
兩三章　白氏　續626
兩三人　本朝　正610
兩三人　白氏　續626
兩三隻　白氏　續626
兩三仙　白氏　續626
兩三叢　白氏　續626
兩三束　白氏　續626
兩三日　白氏　續626
兩三杯　白氏　續626
兩三盃　白氏　續626
兩三倍す　白氏　續626

兩三坊　白氏　續626
兩三塲　白氏　續626
兩三條　白氏　續626
兩三甕　白氏　續626
兩三聲　本朝　正610
兩三聲　白氏　續626
兩三艘　白氏　續626
兩三莖　本朝　正610
兩三莖　白氏　續626
兩子　本朝　正610
兩枝　白氏　續626
兩氏　本朝　正610
兩紙　白氏　續626
兩肢　白氏　續626
兩事　本朝　正610
兩事　白氏　續626
兩侍郎　白氏　續626
兩字　本朝　正610
兩字　白氏　續626
兩寺　白氏　續626
兩耳　文選　正336
兩耳　白氏　續626
兩主　文選　正336
兩朱閣　白氏　續626
兩首　白氏　續626
兩樹　白氏　續626
兩州　白氏　續626
兩重　白氏　續627
兩春　白氏　續626
兩旬　白氏　續626
兩松樹　白氏　續627
兩省　白氏　續627
兩情　白氏　續627
兩心　白氏　續627
兩晋　文選　正336
兩人　文選　正336
兩人　本朝　正610
兩人　白氏　續627
兩数　本朝　正610
兩菅學士　本朝　正610
兩姓　白氏　續627
兩星　白氏　續627
兩税　白氏　續627
兩税す　白氏　續627
兩節度使　白氏　續627
兩説　文選　正336
兩絶　白氏　續627
兩川　白氏　續627
兩叢　白氏　續627
兩叢竹　白氏　續627
兩相公　本朝　正610
兩造　文選　正336
兩足　法華　正425
兩足　本朝　正610
兩足　白氏　續627
兩足尊　法華　正425
兩袖　文選　正336
兩存　本朝　正610
兩端　本朝　正610
兩端　白氏　續627
兩地　本朝　正610
兩地　白氏　續627
兩柱　白氏　續627
兩帝　文選　正336
兩弟　白氏　續627
兩途　白氏　續627
兩都　文選　正336
兩都　白氏　續627
兩都(書名)　文選　正336
兩都賦　文選　正336
兩度　本朝　正610
兩度　白氏　續627
兩頭　白氏　續627
兩瞳　本朝　正610
兩道　白氏　續627
兩椽　白氏　續626
兩日　本朝　正610
兩日　白氏　續626
兩如　文選　正336
兩任　白氏　續627
兩納言　本朝　正610
兩杯　白氏　續627
兩盃　白氏　續627
兩般　白氏　續627
兩藩　文選　正336
兩扉　白氏　續627
兩匹　白氏　續627
兩膝　白氏　續626
兩病身　白氏　續627
兩瓶　白氏　續627
兩赴　文選　正336
兩部　本朝　正610
兩幅　白氏　續627
兩壁　本朝　正610
兩片　白氏　續627
兩片石　白氏　續627
兩明　文選　正336
兩面　白氏　續627
兩目　白氏　續627
兩門　文選　正336
兩夜　白氏　續627
兩邑　文選　正336
兩曜　白氏　續625
兩葉　白氏　續626
兩翼　本朝　正610
兩翼　白氏　續627
兩龍　文選　正336
兩輪　白氏　續627
兩和　白氏　續626
兩碗　白氏　續627
兩會　本朝　正610
兩兩　本朝　正610
兩兩　白氏　續627
兩處　本朝　正610
兩處　白氏　續627
兩國　文選　正336
兩國　本朝　正610
兩國　白氏　續626
兩壺　文選　正336
兩龔　文選　正336

兩學　文選　正336
兩帶　白氏　續627
兩廂　白氏　續626
兩條　白氏　續627
兩楹　文選　正336
兩榻　白氏　續627
兩淅　白氏　續627
兩瑩　白氏　續626
兩甌　白氏　續626
兩縣　白氏　續626
兩翅　白氏　續626
兩聲　白氏　續627
兩腋　白氏　續625
兩莖　白氏　續626
兩蝸角　白氏　續626
兩衙　白氏　續626
兩袠　白氏　續626
兩觀　文選　正336
兩轅　文選　正336
兩邊　白氏　續627
兩闈　文選　正336
兩顆　白氏　續626
兩驛　白氏　續626
兩鬢　遊仙　正96
兩鬢　白氏　續627
兩點　白氏　續627
兩牕　白氏　續627
兩轓　白氏　續627
兩闈　文選　正336
兩飡　白氏　續627
兩鬓　白氏　續627
兩鬠　白氏　續627
兩魪　文選　正336
琅邪王　文選　正336
粮道　白氏　續628
粮料　白氏　續628
粮路　白氏　續628
莨莠　本朝　正610
靈鷲山　法華　正425
靈鷲山　白氏　續628
靈氣　宇津　正726
閬宮　白氏　續628
閬風　文選　正337
閬閬　文選　正337
略　文選　正337
略す　文選　正337
略す　法華　正425
略す　本朝　正610
略す　白氏　續628
略術　文選　正337
略略　白氏　續628
略例　本朝　正610
畧　白氏　續628
隆円　枕冊　正784
龍　竹取　正637
龍　法華　正425
龍王　法華　正425
龍宮　法華　正425
龍女　法華　正425
龍神　法華　正425
龍紋　枕冊　正784
侶　本朝　正610
侶　白氏　續628
呂公　本朝　正610
呂尚　本朝　正610
呂尚父　本朝　正610
呂望　本朝　正610
呂梁　本朝　正610
慮　論語　正73
慮　文選　正337
旅　論語　正73
旅　文選　正337
旅　白氏　續629
旅す　文選　正337
旅逸　文選　正337
旅館　文選　正337
旅館　本朝　正610
旅客　白氏　續629
旅恨　白氏　續629
旅魂　本朝　正610
旅思　文選　正337
旅思　白氏　續629
旅次　白氏　續629
旅次す　白氏　續629
旅愁　白氏　續629
旅宿　本朝　正610
旅宿　白氏　續629
旅宿す　白氏　續629
旅情　白氏　續629
旅食　白氏　續629
旅食す　文選　正337
旅進す　白氏　續629
旅人　文選　正337
旅人　白氏　續629
旅燈　白氏　續629
旅泊　白氏　續629
旅望　白氏　續629
旅貌　白氏　續629
旅力　本朝　正610
旅宦　白氏　續629
旅宦す　文選　正337
旅懷　白氏　續629
旅殯す　白氏　續629
旅游　白氏　續629
旅游す　白氏　續629
旅鴈　文選　正337
旅鴈　白氏　續629
旅翮　文選　正337
旅鬠　白氏　續629
虜　文選　正337
虜　白氏　續629
虜す　文選　正337
虜す　白氏　續629
虜騎　文選　正337
虜居　白氏　續629
虜郊　白氏　續629
虜塵　白氏　續629
虜陣　文選　正337
虜態　白氏　續629
虜庭　文選　正337

虜庭　白氏　續629
虜廷　文選　正337
虜廷　白氏　續629
虜氣　白氏　續629
領袖　論語　正73
呂　文選　正337
呂　白氏　續628
呂　宇津　正726
呂　源氏　正855
呂(人名)　文選　正337
呂安　文選　正337
呂安　白氏　續628
呂延濟　文選　正337
呂延祚　文選　正337
呂興　文選　正337
呂君　白氏　續628
呂刑　文選　正337
呂公　文選　正337
呂向　文選　正337
呂后　文選　正337
呂晃等　白氏　續628
呂四熲　白氏　續628
呂氏(書名・人名)　文選　正337
呂氏(人名)　文選　正337
呂尚　文選　正337
呂尚　白氏　續628
呂僧珍　文選　正337
呂岱　文選　正337
呂南二郎中　白氏　續628
呂二　白氏　續629
呂二炅　白氏　續629
呂範　文選　正337
呂布　文選　正337
呂法曹　文選　正337
呂望　文選　正337
呂蒙　文選　正337
呂梁　文選　正337
呂梁　白氏　續629
呂處士　白氏　續628
呂叟　白氏　續628
呂虔　文選　正337
呂覽　文選　正337
呂郤　文選　正337
呂漳州　白氏　續628
梠桷　文選　正337
濾(す)　白氏　續629
盧四周諒　白氏　續629
盧將軍　白氏　續629
膂然　白氏　續629
膂力　白氏　續629
閭　文選　正337
閭井　白氏　續629
閭巷　白氏　續629
閭里　白氏　續629
閭娵　文選　正337
閭閻　文選　正337
閭閻　白氏　續629
莒　文選　正337
綾　宇津　正726
綾彩　本朝　正610
綾軟　白氏　續629
綾羅　文選　正337
綾羅　本朝　正610
綾帛　白氏　續629
綾綺　文選　正337
綾綺殿　本朝　正610
綾袍　白氏　續629
菱　文選　正337
菱花　白氏　續629
菱荷　文選　正337
菱華　文選　正337
菱角　白氏　續629
菱池　白氏　續629
菱風　白氏　續629
菱片　白氏　續629
菱葉　白氏　續629
菱藕　文選　正337
菱芡　文選　正337
菱芡　白氏　續629
菱茭　白氏　續629
陸園　白氏　續630
陸園妾　白氏　續630
龍　文選　正338
龍　本朝　正610
龍　白氏　續630
龍嵸　文選　正338
龍栱　文選　正338
龍猇　文選　正338
龍逢　文選　正338
龍逢　白氏　續630
龍火　文選　正338
龍花　本朝　正610
龍花寺　白氏　續630
龍華　本朝　正610
龍華三會　本朝　正610
龍駕　文選　正338
龍駕　本朝　正610
龍駕す　文選　正338
龍且　文選　正338
龍眼　文選　正338
龍顏　文選　正338
龍顏　本朝　正610
龍顏　白氏　續630
龍騎　文選　正338
龍丘　文選　正338
龍宮　白氏　續630
龍魚　文選　正338
龍興　文選　正338
龍興　本朝　正610
龍興す　文選　正338
龍興寺　白氏　續630
龍鄉　文選　正338
龍吟　本朝　正610
龍穴　文選　正338
龍牽　文選　正338
龍見　文選　正338
龍見　白氏　續630
龍虎　文選　正338
龍虎　本朝　正610

龍鯉　文選　正338
龍光　本朝　正610
龍犀　文選　正338
龍朔二年十月　本朝　正610
龍山　本朝　正611
龍山す　文選　正338
龍蛇　白氏　續630
龍首　文選　正338
龍樹　文選　正338
龍樹　本朝　正611
龍樹論　白氏　續630
龍州　白氏　續630
龍舟　文選　正338
龍舟　本朝　正611
龍舟　白氏　續630
龍叙　文選　正338
龍女　本朝　正611
龍女成佛義　本朝　正611
龍昌寺　白氏　續630
龍昌上寺　白氏　續630
龍章　文選　正338
龍象　本朝　正611
龍象　白氏　續630
龍象衆　本朝　正611
龍鍾　白氏　續630
龍燭　文選　正338
龍神　白氏　續630
龍雀　文選　正338
龍星　本朝　正611
龍節　本朝　正611
龍節　白氏　續630
龍川　文選　正338
龍泉　本朝　正611
龍泉　白氏　續630
龍胎　本朝　正611
龍脱　文選　正338
龍池　文選　正338
龍庭　文選　正338
龍庭　本朝　正611
龍蹄　本朝　正611
龍鼎　本朝　正611
龍笛　本朝　正611
龍頭　本朝　正611
龍頭　白氏　續630
龍頭鷁首　本朝　正611
龍洞　本朝　正611
龍馬　文選　正338
龍飛　本朝　正611
龍尾　本朝　正611
龍尾　白氏　續630
龍尾道　白氏　續630
龍淵　文選　正338
龍文　文選　正338
龍文　本朝　正611
龍鳳　文選　正338
龍鳳　本朝　正611
龍鳳　白氏　續630
龍鵬　白氏　續630
龍目　文選　正338
龍門　遊仙　正96
龍門　文選　正338
龍門　本朝　正611
龍門　白氏　續630
龍門堰　白氏　續630
龍門山　白氏　續630
龍門寺　白氏　續630
龍門集　本朝　正611
龍門祖師　白氏　續630
龍門潭　白氏　續630
龍門潭上　白氏　續630
龍輿　白氏　續630
龍陽　文選　正338
龍翼　文選　正338
龍鱗　本朝　正611
龍鱗　白氏　續630
龍圖　文選　正338
龍圖　本朝　正611
龍帷　文選　正338
龍戰　文選　正338
龍斷　白氏　續630
龍桷　文選　正338
龍梭　遊仙　正96
龍桴　白氏　續630
龍樓　文選　正338
龍樓　本朝　正611
龍樓　白氏　續630
龍渕　本朝　正610
龍渙　本朝　正610
龍潛　文選　正338
龍潭　白氏　續630
龍潭寺　白氏　續630
龍臺　文選　正338
龍蠖　文選　正338
龍趙　文選　正338
龍輅　文選　正338
龍轜　文選　正338
龍馭　白氏　續630
龍驥　文選　正338
龍髯　白氏　續630
龍鬢　遊仙　正96
龍鬢　本朝　正611
龍鸞　文選　正338
龍德　文選　正338
龍旂　文選　正338
龍虵　文選　正338
龍虵　白氏　續630
龍逄　文選　正338
淩雲　文選　正337
淩雲　本朝　正610
淩雲　白氏　續629
淩煙閣　白氏　續629
淩辱　白氏　續629
淩替す　白氏　續629
淩遲す　文選　正337
淩統　文選　正337
淩波　文選　正337
淩風　文選　正337
淩亂す　文選　正337
淩亂す　白氏　續629
淩僭す　白氏　續629

凌競　文選　正337
凌競す　白氏　續629
凌晨　白氏　續629
凌烟　白氏　續629
凌礫す　白氏　續629
凌遅す　白氏　續629
凌遽　文選　正337
凌霄　本朝　正610
凌霄　白氏　續629
凌厲す　文選　正337
凌厲す　白氏　續629
稜　文選　正337
稜威　文選　正337
稜威す　文選　正337
稜襖　白氏　續629
稜節　白氏　續629
稜稜　文選　正337
稜稜　白氏　續629
陵　論語　正73
陵　文選　正337
陵　白氏　續629
陵(人名)　文選　正337
陵(人名)　白氏　續629
陵夷　文選　正337
陵夷す　文選　正337
陵夷す　白氏　續629
陵雨　文選　正337
陵雲　文選　正337
陵王　宇津　正726
陵岡　文選　正337
陵火　文選　正337
陵虐す　文選　正337
陵丘　文選　正337
陵喬　文選　正337
陵鯉　文選　正337
陵州　白氏　續629
陵上　文選　正337
陵上　白氏　續629
陵辱　文選　正337
陵谷　文選　正337
陵谷　本朝　正610
陵谷　白氏　續629
陵遅　本朝　正610
陵土　文選　正337
陵廟　文選　正337
陵阜　文選　正337
陵墓　文選　正337
陵躍超驤蜿蟬揮霍す　文選　正337
陵邑　文選　正337
陵陽　文選　正337
陵陽　文選　正337
陵陽　白氏　續629
陵亂す　文選　正337
陵寢　白氏　續629
陵巔　文選　正337
陵巒　文選　正337
陵窘す　文選　正337
陵藪　文選　正337
陵轢す　文選　正337
陵遲　文選　正337
陵遲す　文選　正337
陵邁　文選　正337
陵闕　文選　正337
陵苕　文選　正337
陵虛　文選　正337
陵飈　文選　正337
聾耳　文選　正337
聾俗　文選　正337
聾昧　文選　正337
楞迦　白氏　續629
楞迦思益　白氏　續629
楞迦寺　白氏　續629
楞嚴院　本朝　正610
隴　白氏　續630
隴右　白氏　續630
隴外　白氏　續630
隴上　白氏　續630
隴水　白氏　續630
隴西(人名)　白氏　續630
隴西(地名)　白氏　續630
隴西公　白氏　續630
隴西縣　白氏　續630
隴頭　文選　正338
隴蜀　白氏　續630
倰　白氏　續629
壠　白氏　續629
壠上　白氏　續629
壠陌　本朝　正610
淩縦　文選　正337
淩飛　文選　正337
淩遽　文選　正337
鯪鯥　文選　正338
鯪鰩　文選　正338
力耕す　文選　正338
力政　文選　正338
力役　文選　正338
緑葵　文選　正338
緑煙　本朝　正611
緑徽　文選　正338
緑蟻　文選　正338
緑滋　文選　正338
緑篠　文選　正338
緑渚　文選　正338
緑松　本朝　正611
緑沼　文選　正338
緑水　文選　正338
緑泉　文選　正338
緑素　文選　正338
緑草　文選　正338
緑草(人名)　文選　正338
緑苔　文選　正338
緑池　文選　正338
緑竹　文選　正338
緑塘　本朝　正611
緑房　文選　正338
緑野　文選　正338
緑柳　文選　正338
緑葉　文選　正338
緑林　文選　正338

緑槐	文選	正338
緑潭	本朝	正611
緑疇	文選	正338
緑綺	文選	正338
緑綟	文選	正338
緑蘿	文選	正338
緑錢	文選	正338
緑驥	文選	正338
緑罇	文選	正338
緑蕙	文選	正338
緑幘	文選	正338
緑籜	文選	正338
緑萸	文選	正338
緑蘩	文選	正338
緑虵	文選	正338
緑蟻	本朝	正611
緑醽	文選	正338
綠碧	文選	正338
騄驥	文選	正338
綠	白氏	續630
綠衣	白氏	續630
綠陰	白氏	續630
綠雲	白氏	續630
綠英	白氏	續630
綠芽	白氏	續630
綠蒲	白氏	續631
綠蟻	白氏	續630
綠玉	白氏	續630
綠桂	白氏	續630
綠江	白氏	續630
綠姿	白氏	續630
綠篠	白氏	續631
綠酒	白氏	續630
綠樹	白氏	續630
綠樹陰	白氏	續630
綠綬	本朝	正611
綠昌明	白氏	續630
綠色	白氏	續631
綠水	白氏	續631
綠線	遊仙	正96
綠窓	白氏	續631
綠草	白氏	續630
綠藻潭	白氏	續630
綠苔	白氏	續631
綠茸	白氏	續631
綠樽す	白氏	續631
綠池	本朝	正611
綠竹	遊仙	正96
綠竹	本朝	正611
綠竹	白氏	續631
綠塘	白氏	續631
綠藤	白氏	續631
綠波	本朝	正611
綠波	白氏	續631
綠杯	白氏	續631
綠蕪	本朝	正611
綠蕪	白氏	續631
綠粉	白氏	續631
綠盆	白氏	續631
綠野	白氏	續631
綠野堂	白氏	續631
綠油	白氏	續630
綠楊	本朝	正611
綠楊	白氏	續631
綠嵐	白氏	續631
綠李	白氏	續631
綠林	本朝	正611
綠浪	白氏	續631
綠槐	白氏	續630
綠泓	白氏	續631
綠秧	白氏	續630
綠絲	白氏	續630
綠絲布	白氏	續630
綠綺	白氏	續630
綠萍	白氏	續631
綠蒋	白氏	續631
綠蘋	本朝	正611
綠蘋	白氏	續631
綠蘿	本朝	正611
綠蘿潭	白氏	續631
綠衫	白氏	續630
綠袍	本朝	正611
綠袍	白氏	續631
綠觴	本朝	正611
綠觴	白氏	續630
綠邊	遊仙	正96
綠醪	白氏	續631
綠鬢	白氏	續630
綠蕙	白氏	續630
綠筠	白氏	續630
綠紈香	遊仙	正96
綠芡	白氏	續630
綠螘	白氏	續630
綠醅	白氏	續631
綠醑	本朝	正611
綠醑	白氏	續631
綠醽	白氏	續630
綠餳	白氏	續631
淥池	文選	正338
淥波	文選	正338
淥水	文選	正338
淥	白氏	續630
淥水	白氏	續630
菉薋	文選	正338
趢趗	文選	正338
蜦蟤	文選	正339
龍膽	宇津	正726
龍膽	源氏	正855
相倫擬す	白氏	續631
倫	論語	正73
倫	文選	正338
倫	本朝	正611
倫	白氏	續631
倫す	白氏	續631
倫化	文選	正338
倫擬	白氏	續631
倫好	文選	正338
倫次	白氏	續631
倫序	白氏	續631
倫輩	白氏	續631

倫比　文選　正338
倫理　論語　正73
倫理　白氏　續631
倫黨　文選　正338
林院　白氏　續631
林英　白氏　續631
林園　白氏　續631
林下　白氏　續631
林外　白氏　續631
林丘　白氏　續631
林渠　白氏　續631
林恭　白氏　續631
林紅　白氏　續631
林宗　白氏　續631
林梢　白氏　續631
林泉　白氏　續631
林鼠　白氏　續631
林池　白氏　續631
林中　白氏　續631
林鳥　白氏　續631
林鶴　白氏　續631
林亭　白氏　續631
林挺　白氏　續631
林塘　白氏　續631
林風　白氏　續631
林放　論語　正73
林木　白氏　續631
林野　法華　正425
林野　白氏　續631
林邑　白氏　續631
林葉　白氏　續631
林路　白氏　續631
林麓　白氏　續631
林墅　白氏　續631
林壑　白氏　續631
林巒　白氏　續631
林杪六眇　白氏　續631
林笋　白氏　續631
林藪　法華　正425
林鴉　白氏　續631
林閒　白氏　續631
林狖　白氏　續631
林鷺　白氏　續631
琳公等　白氏　續632
琳琅　白氏　續632
臨す　白氏　續632
臨海　白氏　續632
臨甿　白氏　續632
臨危　白氏　續632
臨御　白氏　續632
臨御す　白氏　續632
臨江　白氏　續632
臨時　宇津　正726
臨時　枕冊　正784
臨時　源氏　正855
臨時のまつり　蜻蛉　正750
臨時のまつり　源氏　正855
臨時の祭　宇津　正726
臨時の祭　枕冊　正784
臨時客　宇津　正726
臨時客　源氏　正855
臨城縣　白氏　續632
臨川　白氏　續632
臨壇開法大師　白氏　續632
臨壇律德　白氏　續632
臨壇律德大師　白氏　續632
臨津里　白氏　續632
臨都　白氏　續632
臨都驛　白氏　續632
臨汎す　白氏　續632
臨風　白氏　續632
臨望　白氏　續632
臨老　白氏　續632
臨卭　白氏　續632
臨洧里　白氏　續632
輪　遊仙　正96
輪　文選　正339
輪　法華　正425
輪　本朝　正611
輪　白氏　續632
輪の手　源氏　正855
輪廻　法華　正425
輪廻　本朝　正611
輪廻　宇津　正726
輪廻し　宇津　正726
輪廻す　本朝　正611
輪蓋す　文選　正339
輪軸　白氏　續632
輪匠　文選　正339
輪台　宇津　正726
輪奐　文選　正339
輪奐　本朝　正611
輪奐　白氏　續632
輪扁　文選　正339
輪煥　白氏　續632
輪轅　白氏　續632
輪轂　文選　正339
輪轉す　本朝　正611
輪轉す　白氏　續632
輪囷　文選　正339
輪囷　白氏　續632
輪翮　文選　正339
隣　白氏　續632
隣家　白氏　續632
隣杵　白氏　續632
隣居　白氏　續632
隣境　本朝　正611
隣郡　白氏　續632
隣言　本朝　正611
隣好　本朝　正611
隣国　論語　正73
隣舎　本朝　正611
隣舎　白氏　續632
隣州　白氏　續632
隣女　白氏　續632
隣笛　本朝　正611
隣笛　白氏　續632
隣約　本朝　正611
隣里　論語　正73
隣里　文選　正339

隣叟	白氏	續632
隣國	白氏	續632
隣寇	本朝	正611
鱗	文選	正339
鱗	白氏	續632
鱗羽	白氏	續632
鱗介	文選	正339
鱗介	本朝	正611
鱗介	白氏	續632
鱗翰	文選	正339
鱗甲	文選	正339
鱗甲	本朝	正611
鱗甲	白氏	續633
鱗次	白氏	續633
鱗水	本朝	正611
鱗飛	本朝	正611
鱗翼	文選	正339
鱗鱗	文選	正339
鱗侖	文選	正339
鱗皴す	白氏	續633
鱗蟲	文選	正339
鱗蟲	白氏	續633
鱗骼	文選	正339
鱗鬣	白氏	續633
麟角	本朝	正611
麟	遊仙	正96
麟	文選	正339
麟	白氏	續633
麟閣	文選	正339
麟閣	白氏	續633
麟鳳	文選	正339
麟鳳	白氏	續633
麟臺	白氏	續633
麟趾	文選	正339
麟趾	白氏	續633
麟德殿	白氏	續633
憐察	文選	正338
憐女	文選	正338
論語	論語	正73
論語集解	論語	正73
凛秋	文選	正338
凛然	文選	正338
凛凛	文選	正338
凛々然	本朝	正611
吝	文選	正338
吝嫉す	文選	正338
吝惜す	白氏	續631
吝嗇す	論語	正73
崙菌	文選	正338
廩	文選	正338
廩	白氏	續631
廩人	白氏	續631
廩積	白氏	續631
廩倉	文選	正338
廩祿	白氏	續631
廩藏	白氏	續631
悋惜	遊仙	正96
悋惜す	法華	正425
淪す	文選	正338
淪棄す	白氏	續631
淪誤す	文選	正338
淪塞	文選	正338
淪謝す	白氏	續632
淪逝す	白氏	續632
淪池	文選	正338
淪薄す	文選	正338
淪漂	文選	正338
淪亡す	文選	正338
淪冥	本朝	正611
淪洛す	白氏	續632
淪落	本朝	正611
淪落	白氏	續632
淪落す	白氏	續632
淪漣	白氏	續632
淪惑す	文選	正338
淪歿す	白氏	續632
淪翳	本朝	正611
淪藹す	文選	正338
淪躓	文選	正338
淪雜す	文選	正338
淪湑	遊仙	正96
綸	文選	正339
綸	白氏	續632
綸閣	白氏	續632
綸閣	白氏	續632
綸巾	白氏	續632
綸言	本朝	正611
綸言	白氏	續632
綸旨	本朝	正611
綸紙	本朝	正611
綸組	文選	正339
綸命	本朝	正611
綸誥	文選	正339
綸誥	白氏	續632
綸綍	本朝	正611
綸綍	白氏	續632
綸闈	白氏	續632
藺生	文選	正339
藺先生	文選	正339
鄰	白氏	續632
鄰幾	白氏	續632
鄰居	白氏	續632
鄰言	白氏	續632
鄰好	白氏	續632
鄰人	文選	正339
鄰人	白氏	續632
鄰道	白氏	續632
鄰里	文選	正339
鄰里	白氏	續632
鄰國	文選	正339
鄰雞	白氏	續632
霖	白氏	續632
霖す	白氏	續632
霖雨	白氏	續632
鯩鰱	文選	正339
凜乎	白氏	續631
凜冽	白氏	續631
凜凜	白氏	續631
凜々	枕冊	正784
驎角	本朝	正611

橉杞　文選　正338
澟洌　白氏　續632
璘[王扁]　文選　正339
瞵　白氏　續632
磷緇　白氏　續632
磷緇す　白氏　續632
磷磷　文選　正339
磷磷　白氏　續632
磷磷鑿鑿　白氏　續632
䑳　白氏　續632
䑳頭　白氏　續632
䑳背　白氏　續632
轔す　文選　正339
轔菌　白氏　續632
轔轔　文選　正339
鏻　白氏　續632

【る】

流罪　宇津　正726
流布　法華　正425
流布　本朝　正611
流布す　法華　正425
流傳す　本朝　正611
流轉　本朝　正611
琉璃　法華　正425
琉璃　本朝　正611
琉璃　白氏　續633
瑠璃　遊仙　正96
瑠璃　本朝　正611
瑠璃　竹取　正637
瑠璃　宇津　正726
瑠璃　源氏　正855
瑠璃色　竹取　正637
慺慺　白氏　續633
慺慺然　白氏　續633
縷す　白氏　續633
縷句　白氏　續633
縷形す　文選　正339
縷旨　本朝　正611
縷陳す　白氏　續633
礧　文選　正339
礧す　文選　正339
螺蚌　文選　正339
流轉三界中　源氏　正855
淚眼　白氏　續633
淚痕　白氏　續633
淚酒　白氏　續633
淚川　本朝　正611
淚泉　本朝　正611
淚容　文選　正339
淚浪　本朝　正611
淚臉　白氏　續633
累　文選　正339
累　白氏　續633
累巧　文選　正339
累行　文選　正339
累歳　白氏　續633
累讃す　文選　正339
累樹　文選　正339
累旬　文選　正339
累旬　本朝　正611
累身　白氏　續633
累世　文選　正339
累聖　本朝　正611
累聖　白氏　續633
累積　文選　正339
累祖相傳　本朝　正611
累息す　文選　正339
累代　本朝　正611
累代　白氏　續633
累代　宇津　正726
累朝　白氏　續633
累土山　白氏　續633
累日　本朝　正611
累年　白氏　續633
累藩　文選　正339
累百　白氏　續633
累表す　本朝　正611
累葉　本朝　正611
累葉　白氏　續633
累卵　文選　正339
累卵　本朝　正611
累氣　文選　正339
累臺　文選　正339
累舊　文選　正339
累榭　文選　正339
相類す　白氏　續633
類　論語　正73
類　文選　正339
類　法華　正425
類　本朝　正611
類　白氏　續633
類　竹取　正637
類　宇津　正726
類　蜻蛉　正750
類　枕冊　正784
類　源氏　正855
類し　蜻蛉　正750
類す　文選　正339
類す　本朝　正611
類す　白氏　續633
類集　白氏　續633
類生す　文選　正339
類帝　文選　正339
類帝　本朝　正611
類例す　白氏　續633
壘　白氏　續633
壘垣　文選　正339
壘壁　文選　正339
壘和　文選　正339
壘壘　文選　正339
纍囚　白氏　續633
纍纍　白氏　續633
縲囚　白氏　續633
縲匿　文選　正339
縲紲　文選　正339
縲紲　本朝　正611
縲紲　白氏　續633
縲紲す　文選　正339
縲絏　論語　正73

縲絏　白氏　續633
縲緤　文選　正339
羸　白氏　續633
羸茶　本朝　正611
羸餓す　白氏　續633
羸牛　白氏　續633
羸駿　白氏　續633
羸然　白氏　續633
羸馬　白氏　續633
羸病　白氏　續633
羸病す　白氏　續633
羸劣　白氏　續633
羸殘す　白氏　續633
羸驂　白氏　續633
羸惙　白氏　續633
誄　論語　正73
誄　文選　正339
誄す　文選　正339
纍々　本朝　正611
纍纍　文選　正339

【れ】

冷泉院の女御殿　源氏　正856
協榹　文選　正339
戾　白氏　續634
戾園　文選　正339
戾夫　文選　正339
戾戾　文選　正339
戾莎　文選　正339
珕珋　文選　正339
兼領す　白氏　續636
遷領す　白氏　續636
領シ得　白氏　續636
領す　文選　正341
領す　本朝　正612
領す　白氏　續636
領右長史　文選　正341
領軍　文選　正341
領郡　白氏　續636
領護　文選　正341
領主簿　文選　正341
領取　文選　正341
領掌す　本朝　正612
領袖　文選　正341
領袖　本朝　正612
領袖　白氏　續636
領直兵　文選　正341
領綴す　白氏　續636
領略　文選　正341
領豫州　文選　正341
領會　文選　正341
領冀州　文選　正341
令　論語　正73
令　文選　正339
令　本朝　正611
令　白氏　續633
令(注)　白氏　續633
令す　論語　正73
令す　文選　正339
令す　本朝　正611
令す　白氏　續633
令顏　文選　正339
令顏　白氏　續633
令器　白氏　續633
令儀　文選　正339
令儀　白氏　續633
令月　文選　正339
令狐家　白氏　續633
令狐尚書　白氏　續633
令狐章　白氏　續633
令狐相公　白氏　續633
令狐僕射　白氏　續633
令狐留守　白氏　續633
令狐令公　白氏　續633
令公　白氏　續633
令史　文選　正339
令史　白氏　續633
令姿　文選　正339
令子　白氏　續633
令旨　本朝　正611
令式　白氏　續633
令主　文選　正339
令績　文選　正339
令節　本朝　正611
令節　白氏　續633
令宣　白氏　續633
令族　白氏　續633
令長　白氏　續633
令弟　文選　正339
令弟　白氏　續633
令典　文選　正339
令典　本朝　正611
令典　白氏　續634
令伯　白氏　續634
令範　文選　正339
令聞　文選　正339
令聞　白氏　續634
令望　文選　正339
令名　文選　正339
令名　白氏　續634
令命　本朝　正611
令門　白氏　續634
令猷　文選　正339
令猷　白氏　續633
令圖　文選　正339
令圖　白氏　續634
令尹　論語　正73
令尹　文選　正339
令稱　白氏　續633
令德　文選　正339
令德　白氏　續634
伶　白氏　續634
伶人　本朝　正611
伶倫　文選　正339
伶倫　本朝　正611
伶俜　白氏　續634
例　文選　正339
例　本朝　正611
例　白氏　續634

例	竹取	正637
例	伊勢	正650
例	土左	正660
例	宇津	正726
例	蜻蛉	正750
例	枕冊	正785
例さま	源氏	正856
例ならず	宇津	正726
例の	宇津	正726
例の	枕冊	正785
例の人さま	源氏	正856
例の人めき	源氏	正856
例事	本朝	正611
例進	本朝	正611
例人	宇津	正726
例致	本朝	正611
例務	本朝	正611
例様	枕冊	正785
冷	文選	正339
冷	本朝	正611
冷	白氏	續634
冷雨	白氏	續634
冷宴	白氏	續634
冷花	白氏	續634
冷滑	白氏	續634
冷粥	白氏	續634
冷吟	白氏	續634
冷吟す	白氏	續634
冷巷	白氏	續634
冷酒	白氏	續634
冷笑す	白氏	續634
冷翠	白氏	續634
冷席	本朝	正611
冷節	白氏	續634
冷泉	本朝	正611
冷泉	白氏	續634
冷泉の院	枕冊	正785
冷泉院	本朝	正611
冷泉院	蜻蛉	正750
冷泉院	源氏	正856
冷泉院のきさいの宮	源氏	正856
冷泉院の御門	源氏	正856
冷泉院の后	源氏	正856
冷泉亭	白氏	續634
冷泉亭記	白氏	續634
冷然	本朝	正611
冷淡	白氏	續634
冷淡	枕冊	正785
冷暖	白氏	續634
冷竹	白氏	續634
冷熱	白氏	續634
冷盃	白氏	續634
冷風	白氏	續634
冷僻	白氏	續634
冷壁	本朝	正611
冷碧	白氏	續634
冷枕	白氏	續634
冷落	白氏	續634
冷落す	白氏	續634
冷冷	白氏	續634
冷々	本朝	正612
冷露	白氏	續634
冷峭	白氏	續634
冷澁	白氏	續634
冷澹	白氏	續634
冷煖	白氏	續634
冷靜	白氏	續634
嶺猿	本朝	正612
嶺上	白氏	續634
嶺南	遊仙	正96
嶺南	本朝	正612
嶺南	白氏	續634
嶺岫	白氏	續634
相玲瓏	白氏	續634
玲玲	白氏	續634
玲瓏	遊仙	正96
玲瓏	文選	正339
玲瓏	本朝	正612
玲瓏	白氏	續634
御例	源氏	正856
例	源氏	正856
礼	遊仙	正96
礼	本朝	正612
礼す	本朝	正612
礼云	本朝	正612
礼遇	本朝	正612
礼敬	本朝	正612
礼重	本朝	正612
礼序	本朝	正612
礼制	本朝	正612
礼節	論語	正74
礼節	本朝	正612
礼足す	本朝	正612
礼典	本朝	正612
礼堂	本朝	正612
礼部侍郎	本朝	正612
礼部郎中	本朝	正612
礼法	本朝	正612
礼拝	本朝	正612
礼拝す	本朝	正612
礼樂	遊仙	正96
礼樂	本朝	正612
礼教	本朝	正612
礼貺	遊仙	正96
鈴鍵	白氏	續635
鈴閣	白氏	續635
鈴杯	白氏	續635
隷	文選	正340
隷*す	本朝	正612
隷す	白氏	續635
隷古	文選	正340
隷子弟	白氏	續635
隷首	文選	正340
隷名	白氏	續635
零雨	文選	正340
零散す	白氏	續635
零雪	文選	正340
零丁	文選	正340
零茂	文選	正340

零落　文選　正340
零落　白氏　續635
零落す　文選　正340
零落す　本朝　正612
零落す　白氏　續635
零陵郡　文選　正340
零淚　文選　正340
零露　文選　正340
零悴　文選　正340
零碎す　白氏　續635
零傳　白氏　續635
霊軡　本朝　正612
霊海　本朝　正612
霊感　本朝　正612
霊基　本朝　正612
霊奇　本朝　正612
霊禽　本朝　正612
霊光　本朝　正612
霊公　論語　正74
霊効　本朝　正612
霊魂　本朝　正612
霊策　本朝　正612
霊山　本朝　正612
霊社　本朝　正612
霊樹　本朝　正612
霊勝　本朝　正612
霊跡　本朝　正612
霊造　本朝　正612
霊辰　本朝　正612
霊長　本朝　正612
霊廟　本朝　正612
霊夢　本朝　正612
霊鷲山　本朝　正612
霊鑒　本朝　正612
霊龜　本朝　正612
霊虵　本朝　正612
霊貺　本朝　正612
麗　文選　正341
麗　白氏　續636
麗花　本朝　正612
麗曲　文選　正341
麗句　本朝　正612
麗句　白氏　續636
麗景殿　宇津　正726
麗景殿　源氏　正856
麗事　本朝　正612
麗質　文選　正341
麗質　本朝　正612
麗質　白氏　續636
麗色　白氏　續636
麗人　文選　正341
麗人　白氏　續636
麗牲　白氏　續636
麗絶　白氏　續636
麗草　文選　正341
麗藻　文選　正341
麗藻　本朝　正612
麗藻　白氏　續636
麗辰　本朝　正612
麗日　文選　正341
麗日　本朝　正612
麗美　本朝　正612
麗服　文選　正341
麗服　本朝　正612
麗密　文選　正341
麗容　文選　正341
麗利　白氏　續636
麗靡　文選　正341
麗靡　本朝　正612
麗龜　白氏　續636
麗譙　本朝　正612
麗譙　白氏　續636
勵　白氏　續634
勵す　白氏　續634
唳鶴　白氏　續634
囹圄　文選　正339
囹圄　白氏　續634
囹圉　文選　正339
棣　白氏　續634
棣華　文選　正339
棣華　白氏　續634
棣華驛　白氏　續634
棣州　白氏　續634
櫺軒　文選　正339
櫺檻　文選　正339
犁鋤　白氏　續634
癘鬼　本朝　正612
癘痟　文選　正339
礪　文選　正339
礪砥　本朝　正612
禮　論語　正74
禮　文選　正339
禮　文選　正339
禮　白氏　續634
禮ｼ徹ﾙ　白氏　續634
禮す　文選　正339
禮す　白氏　續634
禮園　文選　正340
禮冠　論語　正74
禮官　文選　正339
禮官　白氏　續634
禮儀　文選　正339
禮儀　本朝　正612
禮義　論語　正74
禮義　文選　正339
禮義　白氏　續634
禮教　白氏　續634
禮訓　文選　正340
禮事　文選　正340
禮事　白氏　續634
禮寺　白氏　續634
禮術　文選　正340
禮序　文選　正340
禮讓　論語　正74
禮神　文選　正340
禮制　文選　正340
禮制　白氏　續634
禮成　白氏　續634
禮正　文選　正340
禮節　白氏　續634

禮俗　文選　正340
禮智　文選　正340
禮秩　文選　正340
禮典　文選　正340
禮典　白氏　續634
禮部　白氏　續635
禮部員外郎　白氏　續635
禮部貢擧　白氏　續635
禮部閤　本朝　正612
禮部高侍郎　白氏　續635
禮部侍郎　白氏　續635
禮部尚書　白氏　續635
禮部郎中　白氏　續635
禮物　文選　正340
禮物　白氏　續635
禮文　文選　正340
禮法　文選　正340
禮法　本朝　正612
禮法　白氏　續635
禮防　文選　正340
禮命　白氏　續635
禮容　文選　正340
禮容　白氏　續635
禮吏部　白氏　續635
禮律　文選　正340
禮拜す　白氏　續635
禮數　文選　正340
禮數　白氏　續634
禮樂　論語　正74
禮樂　文選　正339
禮樂　白氏　續634
禮樂刑政　白氏　續634
禮經　文選　正340
禮經　本朝　正612
禮經　白氏　續634
禮聘す　白氏　續635
禮讓　文選　正340
禮讓　白氏　續634
禮敎　文選　正340
禮闈　文選　正340
禮闈郎　白氏　續635
茘芃　文選　正340
茘枝　文選　正340
茘枝　白氏　續635
茘枝樓　白氏　續635
藜戸　本朝　正612
藜枝　本朝　正612
藜杖　白氏　續635
藜茹　白氏　續635
藜菽　文選　正340
藜藿　本朝　正612
藜藿　文選　正340
藜藿　白氏　續635
蠡　白氏　續635
醴　文選　正340
醴　白氏　續635
醴泉　文選　正340
醴泉　白氏　續635
醴泉縣　白氏　續635
醴膳　白氏　續635
醴幣　白氏　續635
醴幣羊豕　白氏　續635
醴醪　文選　正340
御靈　宇津　正726
靈　文選　正340
靈　本朝　正612
靈　白氏　續635
靈　宇津　正726
靈蠵　文選　正340
靈ども　宇津　正726
靈異　文選　正340
靈衣　文選　正340
靈一　白氏　續635
靈宇　文選　正340
靈烏　白氏　續635
靈運　文選　正340
靈運　白氏　續635
靈液　文選　正340
靈液　白氏　續635
靈越　文選　正340
靈王　白氏　續636
靈駕　文選　正340
靈海　文選　正340
靈奇　遊仙　正96
靈旗　文選　正340
靈輝　文選　正340
靈儀　白氏　續635
靈祇　文選　正340
靈丘　文選　正340
靈宮　文選　正340
靈居　文選　正340
靈境　文選　正340
靈境　白氏　續635
靈矯す　文選　正340
靈響　文選　正340
靈均　文選　正340
靈均　白氏　續635
靈襟　白氏　續635
靈訓　文選　正340
靈契　文選　正340
靈慶　文選　正340
靈景　文選　正340
靈源　文選　正340
靈湖　文選　正340
靈鼓　文選　正340
靈光　遊仙　正96
靈光　文選　正340
靈光　白氏　續635
靈光(書名)　文選　正340
靈光殿　文選　正340
靈公　文選　正340
靈根　文選　正340
靈坐　白氏　續635
靈山　文選　正340
靈山　白氏　續635
靈山會　白氏　續635
靈芝　文選　正340
靈芝　白氏　續635
靈蛇　白氏　續635
靈若　文選　正340

靈主　文選　正340
靈珠　文選　正340
靈珠　白氏　續635
靈州　文選　正340
靈州大都督府長吏　白氏　續635
靈舟　本朝　正612
靈潤　文選　正340
靈勝　白氏　續635
靈沼　文選　正340
靈心　文選　正340
靈瑞　文選　正340
靈跡　白氏　續635
靈仙　文選　正340
靈仙　白氏　續635
靈泉　白氏　續635
靈祖　文選　正340
靈爽　文選　正340
靈草　文選　正340
靈族　文選　正340
靈達等　白氏　續635
靈辰　文選　正340
靈壇　文選　正340
靈壇　白氏　續635
靈池　白氏　續635
靈兆　文選　正340
靈潮　文選　正340
靈長　文選　正340
靈長　白氏　續635
靈鳥　文選　正341
靈鶴　白氏　續635
靈徹　白氏　續635
靈都　白氏　續635
靈洞　白氏　續635
靈波　文選　正341
靈妃　文選　正341
靈匹　文選　正341
靈疋　本朝　正612
靈表　文選　正341
靈廟　文選　正341
靈府　白氏　續635
靈符　文選　正341
靈武　文選　正341
靈武　白氏　續635
靈風　文選　正341
靈風　文選　正341
靈淵　文選　正341
靈物　文選　正341
靈物　白氏　續636
靈篇　文選　正341
靈圃　文選　正341
靈鳳　文選　正341
靈鳳　白氏　續636
靈穆律師　白氏　續636
靈茂　文選　正341
靈祐　白氏　續635
靈裕　白氏　續635
靈輿　文選　正341
靈輿　白氏　續636
靈曜　文選　正340
靈和　文選　正340
靈囿　文選　正340
靈圉　文選　正340
靈圖　文選　正341
靈址　文選　正340
靈壽　文選　正340
靈寶　文選　正341
靈巖寺　白氏　續635
靈應臺　白氏　續636
靈變　文選　正341
靈變す　文選　正341
靈暉　文選　正340
靈樞　文選　正340
靈氛　文選　正341
靈氣　文選　正340
靈氣　白氏　續635
靈溪　文選　正340
靈獻　文選　正340
靈畤　文選　正340
靈祀　文選　正340
靈胥　文選　正340
靈脩　文選　正340
靈臺　文選　正340
靈蔡　文選　正340
靈藥　白氏　續636
靈誅　文選　正340
靈谿　文選　正340
靈轜　文選　正340
靈鑒　文選　正340
靈關　文選　正340
靈隱　白氏　續635
靈隱寺　白氏　續635
靈驗　文選　正340
靈體　文選　正340
靈魄　文選　正341
靈鹽豐等　白氏　續635
靈龜　文選　正340
靈龜　白氏　續635
靈德　文選　正341
靈夔　文選　正340
靈庿　本朝　正612
靈旂　白氏　續635
靈櫬　文選　正340
靈櫬　白氏　續635
靈璅　文選　正340
靈虬　文選　正340
靈虵　文選　正340
靈虵　白氏　續635
靈晛　文選　正340
靈輴　文選　正340
靈鱓　文選　正340
靈鼂　文選　正340
駖磕　文選　正341
黎　白氏　續636
黎（人名）　文選　正341
黎（地名）　文選　正341
黎丘　文選　正341
黎栗　文選　正341
黎元　文選　正341
黎元　本朝　正612

黎元　白氏　續636
黎黒　白氏　續636
黎州　白氏　續636
黎庶　文選　正341
黎庶　本朝　正612
黎庶　白氏　續636
黎蒸　文選　正341
黎人　文選　正341
黎人　白氏　續636
黎苗　文選　正341
黎民　文選　正341
黎民　本朝　正612
黎民　白氏　續636
黎陽　文選　正341
黎氓　文選　正341
黎獻　文選　正341
黎獻　白氏　續636
黎甿　白氏　續636
厲　論語　正74
厲　文選　正339
厲す　論語　正74
厲王　文選　正339
厲王　白氏　續634
厲階　白氏　續634
厲卿　本朝　正612
厲揭　文選　正339
厲節　文選　正339
厲宣　文選　正339
沴　文選　正339
沴　白氏　續634
沴氣　白氏　續634
泠然　文選　正339
泠風　文選　正339
泠泠　文選　正339
泠泠　白氏　續634
澧　文選　正339
澧　白氏　續634
澧浦　文選　正339
澧水　文選　正339
澧頭　白氏　續634
瓴甋　文選　正339
瓴甓　文選　正339
翎　白氏　續635
舲船　文選　正340
軨軒　文選　正340
軨軹　文選　正340
酃其　白氏　續635
醽　文選　正340
菱荇　本朝　正612
了す　法華　正425
了す　白氏　續636
了義　文選　正341
了義　白氏　續636
了義經　白氏　續636
了却す　白氏　續636
了悟　白氏　續636
了然　白氏　續636
了達す　法華　正425
了達す　本朝　正612
了了　白氏　續636
亮　文選　正341
亮（人名）　文選　正341
亮月　文選　正341
亮誠　文選　正341
亮跡　文選　正341
亮節　文選　正341
僚佐　白氏　續636
僚庶　文選　正341
僚属　本朝　正612
僚友　白氏　續636
僚吏　白氏　續636
僚舊　文選　正341
凌ぜ　宇津　正726
凌辱　本朝　正612
大炊寮　本朝　正612
寮　本朝　正612
寮　白氏　續636
寮家　本朝　正612
寮佐　白氏　續636
寮試　本朝　正612
寮試　源氏　正856
寮中　本朝　正612
寮頭等　本朝　正612
寮門　源氏　正856
寮友　白氏　續636
寮吏　白氏　續636
寮屬　白氏　續636
寮寀　白氏　續636
み料　宇津　正726
御料　源氏　正856
料　本朝　正612
料　竹取　正637
料　宇津　正726
料　宇津　正726
料　枕冊　正785
料　源氏　正856
料ぜ　宇津　正726
料合す　白氏　續636
料主　本朝　正612
料人　白氏　續636
料物　本朝　正612
料米　本朝　正612
料理　遊仙　正96
料理す　白氏　續636
料錢　白氏　續636
療治　本朝　正612
瞭　文選　正341
遼遠　文選　正341
遼海　文選　正341
遼廓　文選　正341
遼廓　白氏　續636
遼索　文選　正341
遼城　白氏　續636
遼水　文選　正341
遼水　本朝　正612
遼水　白氏　續636
遼絶　文選　正341
遼然　白氏　續636
遼鶴　本朝　正612
遼天　白氏　續636

遼東　文選　正341
遼東　白氏　續636
遼陽　文選　正341
遼陽　白氏　續636
遼落す　文選　正341
遼亮　文選　正341
遼豕　本朝　正612
陵王　蜻蛉　正750
陵王　源氏　正856
寮　文選　正341
寮位　文選　正341
寮司　文選　正341
寮友　文選　正341
寮屬　文選　正341
寮宷　文選　正341
寥廓　文選　正341
寥廓　本朝　正612
寥廓　白氏　續636
寥然　白氏　續636
寥天　白氏　續636
寥戾　文選　正341
寥落　文選　正341
寥落　白氏　續636
寥落す　白氏　續636
寥亮　遊仙　正96
寥亮　文選　正341
寥兮　白氏　續636
寥寥　文選　正341
寥寥　白氏　續636
寥泬　文選　正341
撩撥　遊仙　正96
潦倒　文選　正341
潦倒　白氏　續636
潦倒す　白氏　續636
燎す　文選　正341
燎煙　文選　正341
燎火　文選　正341
燎火　白氏　續636
燎薫す　文選　正341
燎爥　文選　正341
獵師　法華　正425
繆繞　文選　正341
繚　論語　正74
繚綾　白氏　續636
繚乱　本朝　正612
繚繞　文選　正341
繚繞　白氏　續636
聊　文選　正341
聊城　文選　正341
聊慮　文選　正341
聊浪　文選　正341
聊攝　文選　正341
膠緻　文選　正341
蓼蕭　白氏　續636
蓼莪　文選　正341
蓼蕺　文選　正341
嘹唳　白氏　續636
嫽妙　文選　正341
嶛嶕　文選　正341
憀*亮　文選　正341
憭　文選　正341
憭慄　文選　正341
漻澥　文選　正341
獠徒　文選　正341
瘳　白氏　續636
瘳す　白氏　續636
瘳立　白氏　續636
飂戾　文選　正341
飂淚　文選　正341
飄厲　文選　正341
暦象す　文選　正342
暦天　文選　正341
暦日　白氏　續636
暦數　白氏　續636
暦鳥　本朝　正612
暦日　本朝　正612
暦名　本朝　正612
暦數　本朝　正612
歴々　本朝　正612
歴數　論語　正74
櫟櫧　文選　正342
櫪　白氏　續637
櫪馬　文選　正342
櫪馬　白氏　續637
瀝液　文選　正342
瀝々　本朝　正612
礫　文選　正342
礫石　文選　正342
轢轢轔轔　白氏　續637
歴　文選　正341
歴運　文選　正341
歴紀　文選　正341
歴阪　文選　正342
歴試　白氏　續636
歴試す　白氏　續637
歴事　白氏　續636
歴賞す　文選　正341
歴政　文選　正341
歴説す　文選　正341
歴草　文選　正341
歴代　文選　正341
歴代　白氏　續637
歴朝　白氏　續637
歴配す　文選　正341
歴命　文選　正342
歴陽　文選　正342
歴陽　白氏　續637
歴數　文選　正341
歴覽　文選　正342
歴踐す　白氏　續637
歴歴　文選　正342
歴歴　白氏　續637
酈商　文選　正342
酈食其　文選　正342
酈生　文選　正342
列　宇津　正726
列　文選　正342
列　本朝　正612
列　白氏　續637
列缺　文選　正342

列刹 文選 正342
列す 本朝 正612
列す 白氏 續637
列岳 文選 正342
列岳 本朝 正612
列岳 白氏 續637
列官 文選 正342
列卿 文選 正342
列郡 文選 正342
列郡 本朝 正612
列郡 白氏 續637
列侯 文選 正342
列坐 遊仙 正96
列坐 文選 正342
列坐す 文選 正342
列子 文選 正342
列侍 文選 正342
列侍す 白氏 續637
列寺 文選 正342
列次 論語 正74
列樹 文選 正342
列宿 文選 正342
列宿 白氏 續637
列序 本朝 正612
列城 白氏 續637
列心 文選 正342
列真 本朝 正612
列臣 白氏 續637
列星 文選 正342
列聖 文選 正342
列聖 本朝 正612
列聖 白氏 續637
列仙 文選 正342
列祖 本朝 正612
列鎮 白氏 續637
列土 白氏 續637
列藩 白氏 續637
列蕃 文選 正342
列部 白氏 續637
列邦 文選 正342
列邑 白氏 續637
列列 文選 正342
列傳 文選 正342
列傳 白氏 續637
列傳(書名) 文選 正342
列國 文選 正342
列國 白氏 續637
列壑 文選 正342
列將 文選 正342
列岫 白氏 續637
列眞 文選 正342
列稱 文選 正342
列筵 文選 正342
列肆 文選 正342
列辟 文選 正342
列辟 白氏 續637
列錢 文選 正342
列墉 文選 正342
列狀 文選 正342
列狀 白氏 續637
劣 文選 正342
劣 本朝 正612
烈 論語 正74
烈 文選 正342
烈火 文選 正342
烈火 白氏 續637
烈士 文選 正342
烈士 白氏 續637
烈女 白氏 續637
烈心 文選 正342
烈臣 白氏 續637
烈精 文選 正342
烈祖 文選 正342
烈祖 白氏 續637
烈風 文選 正342
烈風 白氏 續637
烈柄 文選 正342
烈烈 文選 正342
烈將 文選 正342
洌清 文選 正342
洌風 文選 正342
洌洌 文選 正342
洌 文選 正342
迾卒 文選 正342
獵す 白氏 續637
獵師 白氏 續637
獵射 文選 正342
獵徒 文選 正342
獵獵 文選 正342
獵攦 文選 正342
爆捷 文選 正342
婕娟 文選 正342
怜愍 遊仙 正96
廉 論語 正74
廉 文選 正342
廉 本朝 正612
廉 白氏 續637
廉幹 白氏 續637
廉隅 文選 正342
廉潔直方 白氏 續637
廉公 文選 正342
廉孝 文選 正342
廉高 文選 正342
廉察 白氏 續637
廉察す 白氏 續637
廉使 白氏 續637
廉士 本朝 正612
廉深 文選 正342
廉頗 文選 正342
廉正 本朝 正613
廉節 白氏 續637
廉恥 文選 正342
廉恥 白氏 續637
廉直 白氏 續637
廉貞 文選 正342
廉貞 白氏 續637
廉能 白氏 續637
廉風 文選 正342
廉平 白氏 續637
廉平易簡 白氏 續637

廉平簡直　白氏　續637
廉平清簡　白氏　續637
廉明　白氏　續637
廉問　本朝　正613
廉問　白氏　續637
廉吏　白氏　續637
廉稜　白氏　續637
廉耻　本朝　正613
廉藺　文選　正342
廉譲　本朝　正612
廉譲　白氏　續637
廉絜　文選　正342
廉絜正直　文選　正342
憐察す　白氏　續637
憐恤　本朝　正613
憐愍す　法華　正425
憐愍す　本朝　正613
憐憫す　白氏　續637
漣　白氏　續637
漣水　白氏　續637
漣漣　白氏　續637
漣洳　白氏　續637
漣洏　文選　正342
漣洏　白氏　續637
漣漪　文選　正342
漣漪　白氏　續637
簾　白氏　續637
簾庰　本朝　正613
簾下　白氏　續638
簾中　本朝　正613
簾箔　白氏　續638
簾幌　本朝　正613
簾幕　白氏　續638
簾帷　本朝　正613
簾帷　白氏　續638
簾幃　白氏　續638
簾旌　白氏　續638
簾肆　文選　正342
簾櫳　文選　正342
練　文選　正342
練　白氏　續638
練す　文選　正342
練し　源氏　正856
練す　法華　正425
練す　本朝　正613
練衣　本朝　正613
練金　本朝　正613
練行　本朝　正613
練紙　白氏　續638
練習す　本朝　正613
練達す　白氏　續638
聯　白氏　續638
聯延　文選　正342
聯句　白氏　續638
聯行す　白氏　續638
聯唱す　白氏　續638
聯城　文選　正342
聯墻　白氏　續638
聯緜　文選　正342
聯緜　白氏　續638
聯翩　文選　正342
蓮　白氏　續638
蓮花　遊仙　正96
蓮花　白氏　續638
蓮花経　白氏　續638
蓮花寺　白氏　續638
蓮花性　白氏　續638
蓮華　法華　正425
蓮華　宇津　正726
蓮華世界　本朝　正613
蓮眼　本朝　正613
蓮宮　本朝　正613
蓮座　本朝　正613
蓮子　遊仙　正96
蓮子　本朝　正613
蓮子　白氏　續638
蓮心　白氏　續638
蓮石　白氏　續638
蓮府　本朝　正613
蓮峯　本朝　正613
蓮芳　白氏　續638
蓮葉　本朝　正613
蓮臺　本朝　正613
蓮藕　文選　正342
連す　文選　正342
連案　本朝　正613
連陰　文選　正342
連陰　白氏　續638
連雨　白氏　續638
連浦　白氏　續638
連延　文選　正342
連延　白氏　續638
連岡　文選　正342
連閣　文選　正342
連閣　本朝　正613
連巻　文選　正342
連及　本朝　正613
連句　宇津　正726
連軒　文選　正342
連綱　文選　正342
連行す　白氏　續638
連坐す　白氏　續638
連山　本朝　正613
連山　白氏　續638
連子す　宇津　正726
連枝　文選　正342
連枝　本朝　正613
連枝　白氏　續638
連璽　文選　正342
連珠　文選　正342
連州　白氏　續638
連春　白氏　續638
連署す　本朝　正613
連宵　白氏　續638
連障　文選　正342
連城　文選　正342
連城　本朝　正613
連心　白氏　續638
連帥　白氏　續638
連逮　文選　正343

連逮す 文選 正343
連地 白氏 續638
連柱 白氏 續638
連日 白氏 續638
連歩す 白氏 續638
連峯 本朝 正613
連峯 白氏 續638
連抱 文選 正343
連夜 白氏 續638
連夕 白氏 續638
連落 文選 正343
連理 文選 正343
連理 本朝 正613
連理 白氏 續638
連理のちぎり 宇津 正726
連理樹 白氏 續638
連領す 白氏 續638
連累す 白氏 續638
連連 白氏 續638
連々 遊仙 正96
連廊 文選 正343
連廊 白氏 續638
連營 白氏 續638
連壑 本朝 正613
連屬 文選 正342
連屬す 文選 正342
連帶す 文選 正342
連榻 文選 正342
連緜 文選 正343
連翩 文選 正343
連舫 文選 正343
連蜷 文選 正342
連觀 文選 正342
連蹇す 文選 正342
連錢 白氏 續638
連闥 文選 正342
連雞 文選 正342
錬す 文選 正343
錬す 本朝 正613
戀 白氏 續637
戀恨 文選 正342
戀着 白氏 續637
戀著 白氏 續637
戀慕 法華 正425
戀慕 本朝 正613
戀慕す 法華 正425
戀慕す 白氏 續637
戀戀 白氏 續637
戀戀す 白氏 續637
戀闕 白氏 續637
斂 文選 正342
斂 白氏 續637
斂す 文選 正342
斂咲 遊仙 正96
斂散 白氏 續637
斂散す 白氏 續637
斂色 遊仙 正96
斂葬す 白氏 續637
斂羅 白氏 續637
瀲灔 白氏 續637
磏石 白氏 續637
聊翩 遊仙 正96
輦 文選 正342
輦 白氏 續638
輦す 文選 正342
輦居 文選 正342
輦車 文選 正342
輦道 文選 正342
輦輿 法華 正425
輦路 文選 正342
輦路 本朝 正613
輦輅 文選 正342
輦轂 文選 正342
輦轂 白氏 續638
匳香 本朝 正612
獫玁猲 文選 正342
錬す 白氏 續638
錬盡 白氏 續638

【ろ】

鷺鷥 白氏 續640
鷺鴻 文選 正343
鷺池 本朝 正613
櫨櫪 文選 正343
玈弓 文選 正343
玈矢 文選 正343
魯 論語 正74
魯 論語 正74
魯 本朝 正613
魯（国名） 白氏 續638
魯（人名） 文選 正343
魯（人名） 白氏 續638
魯（地名） 文選 正343
魯衛（国名） 白氏 續638
魯衛（人名） 白氏 續638
魯客 文選 正343
魯魚 本朝 正613
魯恭 白氏 續638
魯侯 文選 正343
魯侯 本朝 正613
魯侯 白氏 續638
魯公 論語 正74
魯公 文選 正343
魯公 本朝 正613
魯策 白氏 續638
魯山 白氏 續638
魯史 文選 正343
魯史 白氏 續638
魯士 白氏 續638
魯子 文選 正343
魯子 本朝 正613
魯芝 文選 正343
魯縞 文選 正343
魯酒 白氏 續638
魯儒 本朝 正613
魯春秋 文選 正343
魯匠 本朝 正613
魯人 論語 正74
魯人 文選 正343
魯人 本朝 正613

魯水 本朝 正613
魯聖 本朝 正613
魯仲連 文選 正343
魯堂 本朝 正613
魯鈍 本朝 正613
魯班 文選 正343
魯般 本朝 正613
魯門 文選 正343
魯門 本朝 正613
魯陽 文選 正343
魯陽 白氏 續638
魯連 文選 正343
魯論 論語 正74
魯國 文選 正343
魯國 白氏 續638
魯縣 文選 正343
魯肅 文選 正343
魯衞 文選 正343
櫓 白氏 續638
櫓 枕冊 正785
櫓 本朝 正613
賂 白氏 續639
賂遺 白氏 續639
路 論語 正74
路 文選 正343
路貫等 白氏 續639
路岐 白氏 續639
路隅 白氏 續639
路左 文選 正343
路左 白氏 續639
路次 文選 正343
路車 文選 正343
路恕 白氏 續639
路上 白氏 續639
路人 文選 正343
路人 白氏 續639
路塵 白氏 續639
路中 本朝 正613
路泌 白氏 續639
路傍 文選 正343
路傍 白氏 續639
路寢 文選 正343
路寢 本朝 正613
路旁 白氏 續639
路粹 文選 正343
路衢 文選 正343
路驛 白氏 續639
路歧 文選 正343
路蕟 文選 正343
露葵 文選 正343
露杏 白氏 續640
露井 本朝 正613
露英 文選 正343
露液 本朝 正613
露荷 白氏 續640
露寒 文選 正343
露菊 白氏 續640
露犬 文選 正343
露鵠 文選 正343
露根 白氏 續640
露彩 文選 正343
露才 本朝 正613
露斯 文選 正343
露斯 本朝 正613
露酌 本朝 正613
露杖 白氏 續640
露人 本朝 正613
露草 白氏 續640
露地 本朝 正613
露竹 白氏 續640
露盤 本朝 正613
露布 白氏 續640
露布す 本朝 正613
露文 本朝 正613
露命 本朝 正613
露葉 白氏 續640
露來 本朝 正613
露惠 本朝 正613
露槐 本朝 正613
露氣 白氏 續640
露牀 白氏 續640
露簟 白氏 續640
露膽 本朝 正613
露臺 白氏 續640
露臺 枕冊 正785
露蒿 本朝 正613
露驛 本朝 正613
露點 本朝 正613
露雞 文選 正343
駱 本朝 正613
漏 法華 正425
論無う 蜻蛉 正750
廬 文選 正343
廬 白氏 續638
廬す 白氏 續638
廬園 文選 正343
廬宮 白氏 續638
廬九 文選 正343
廬江 文選 正343
廬江 白氏 續638
廬山 文選 正343
廬山 白氏 續638
廬室 文選 正343
廬舍 白氏 續638
廬州 白氏 續638
廬墓 白氏 續638
廬峯 白氏 續638
廬陵 白氏 續638
廬陵王 文選 正343
廬霍 文選 正343
瀘 文選 正343
瀘水 白氏 續639
爐 本朝 正613
爐 白氏 續639
爐煙 白氏 續639
爐下 本朝 正613
爐火 白氏 續639
爐香 白氏 續639
爐炭 本朝 正613
爐中 白氏 續639

爐峰	白氏	續639
盧	文選	正343
盧	白氏	續639
盧(注)	白氏	續639
盧員外	白氏	續639
盧夏	白氏	續639
盧橘	文選	正343
盧橘	白氏	續639
盧弓	文選	正343
盧給事元輔	白氏	續639
盧欽	文選	正343
盧狗	文選	正343
盧君	白氏	續639
盧元勲	白氏	續639
盧元輔	白氏	續639
盧言	白氏	續639
盧胡	本朝	正613
盧胡	白氏	續639
盧公	本朝	正613
盧恒郷	白氏	續639
盧昂	白氏	續639
盧昂等	白氏	續639
盧校	白氏	續639
盧校等	白氏	續639
盧克柔	白氏	續639
盧載	白氏	續639
盧山	文選	正343
盧山	白氏	續639
盧士玫	白氏	續639
盧子蒙侍郎	白氏	續639
盧子諒	文選	正343
盧氏	白氏	續639
盧侍御	白氏	續639
盧侍郎	白氏	續639
盧秀才	白氏	續639
盧衆等	白氏	續639
盧女	白氏	續639
盧商	白氏	續639
盧商等	白氏	續639
盧少卿	白氏	續639
盧生	白氏	續639
盧先生	白氏	續639
盧台	白氏	續639
盧巽	白氏	續639
盧担	白氏	續639
盧仲通	白氏	續639
盧貞	白氏	續639
盧貞和	白氏	續639
盧播	文選	正343
盧博	文選	正343
盧白	本朝	正613
盧八等	白氏	續639
盧判官	白氏	續639
盧秘書	白氏	續639
盧夫人	白氏	續639
盧附	文選	正343
盧明府	白氏	續639
盧蒙	白氏	續639
盧龍	白氏	續639
盧龍軍	白氏	續639
盧龍軍節度判官	白氏	續639
盧龍軍兵馬使	白氏	續639
盧郎中	文選	正343
盧郎中	白氏	續639
盧勣	本朝	正613
盧尹	白氏	續639
盧尹中丞	白氏	續639
盧從史	白氏	續639
盧眞	白氏	續639
盧綰	文選	正343
盧虔	白氏	續639
盧賈	白氏	續639
盧諶	文選	正343
盧縝	白氏	續639
臚人	文選	正343
艫栧	文選	正343
蘆葦	本朝	正613
蘆葦	白氏	續639
蘆葦叢	白氏	續639
蘆荻	白氏	續639
蘆花	本朝	正613
蘆花	白氏	續639
蘆管	白氏	續639
蘆州	文選	正343
蘆人	文選	正343
蘆葉	白氏	續639
蘆簾	白氏	續639
蘆簟	白氏	續639
輅	文選	正343
輅木	文選	正343
鑪煙	白氏	續640
鑪炭	本朝	正613
鑪峯	本朝	正613
鑪峯	白氏	續640
鑪捶す	文選	正343
鑪橐	白氏	續640
顱骨	白氏	續640
驢	文選	正343
驢	法華	正425
驢騾	文選	正343
鱸	白氏	續640
鱸魚	本朝	正613
鱸魚	白氏	續640
鹵簿	白氏	續640
鹵莽	文選	正343
鹵莽	白氏	續640
潞	白氏	續638
潞州	白氏	續638
潞城縣	白氏	續638
潞府	白氏	續638
罏	白氏	續639
鸕鷀	白氏	續640
慺慺	文選	正343
膢身	本朝	正613
緑衫	枕冊	正785
慺々然	本朝	正613
婁敬	文選	正343
婁敬	白氏	續640
婁玄	文選	正343

婁子	文選	正343
相弄す	本朝	正613
弄	文選	正343
弄し	源氏	正856
弄じ	宇津	正726
弄す	文選	正343
弄す	白氏	續640
弄す	伊勢	正650
弄ずる	蜻蛉	正750
弄看す	白氏	續640
弄玉	遊仙	正96
弄玉	白氏	續640
弄潮	白氏	續640
弄譜	白氏	續640
弄法	白氏	續640
弄璋	白氏	續640
漏	文選	正343
漏	本朝	正613
漏	白氏	續640
漏洩	白氏	續640
漏屋	本朝	正613
漏江	文選	正343
漏水	本朝	正613
漏跡	文選	正343
漏箭	白氏	續640
漏網	文選	正343
漏卮	文選	正343
漏卮(書名)	文選	正343
漏壤	白氏	續640
漏尅	本朝	正613
漏巵	白氏	續640
漏泄	白氏	續640
牢	枕冊	正785
聾	白氏	續640
聾す	白氏	續640
聾闇	白氏	續640
哢月	本朝	正613
哢吭す	文選	正343
崚嶒	文選	正343
朧月	白氏	續640
朧明	白氏	續640
朧朧	白氏	續640
樓	文選	正343
樓	白氏	續640
樓	宇津	正726
樓花	白氏	續640
樓角	白氏	續640
樓閣	法華	正425
樓閣	本朝	正613
樓閣	白氏	續640
樓額	白氏	續640
樓緩	文選	正343
樓居	白氏	續640
樓月	白氏	續640
樓閤	白氏	續640
樓秀	文選	正343
樓上	文選	正343
樓上	白氏	續640
樓船	文選	正343
樓船	白氏	續640
樓前	白氏	續640
樓中	文選	正343
樓中	白氏	續640
樓亭	白氏	續640
樓殿	本朝	正613
樓殿	白氏	續640
樓塔	白氏	續640
樓桃	白氏	續640
樓南	白氏	續640
樓煩	文選	正343
樓煩	白氏	續640
樓攏櫟埒	文選	正343
樓蘭	文選	正343
樓臺	白氏	續640
樓舩	本朝	正613
樓觀	文選	正343
樓觀	白氏	續640
樓闕	白氏	續640
樓雉	文選	正343
樓雉	白氏	續640
樓舡	文選	正343
瓏璁	白氏	續640
籠	白氏	續640
籠下	白氏	續640
籠禽	白氏	續640
籠香	白氏	續640
籠燭	白氏	續640
籠中	白氏	續640
籠鳥	文選	正343
籠鳥	本朝	正613
籠鳥	白氏	續640
籠鶴	白氏	續640
籠裏	白氏	續640
籠檻	文選	正343
籠檻	白氏	續640
籠罩す	文選	正343
籠裙	白氏	續640
籠鶯	白氏	續640
籠鷄	白氏	續640
艛艓	白氏	續640
艛艓す	白氏	續640
螻蟻	文選	正343
螻蟻	白氏	續640
螻蛄	文選	正343
鏤窠	文選	正343
鏤章	文選	正343
鏤象	文選	正343
陋	論語	正74
陋	白氏	續640
陋す	白氏	續641
陋宇	文選	正343
陋巷	論語	正74
陋巷	文選	正343
陋巷	本朝	正613
陋巷	白氏	續641
陋室	白氏	續641
陋質	文選	正343
陋質	本朝	正613
陋質	白氏	續641
陋宗	文選	正343

陋身　文選　正343
陋圃　文選　正343
陋賤　文選　正343
陋體　文選　正343
隴　文選　正343
隴陰　文選　正344
隴右　文選　正343
隴右　本朝　正613
隴阪　文選　正344
隴山　本朝　正613
隴首　文選　正344
隴西　文選　正344
隴頭　本朝　正613
隴隴　文選　正344
隴鴈　文選　正344
隴坻　文選　正344
壠畆　白氏　續640
巃嵸　文選　正343
曨曖　白氏　續640
曨曨　白氏　續640
漉酒　白氏　續641
鹿丘　文選　正344
鹿猪　本朝　正614
鹿鳴　文選　正344
鹿鳴　本朝　正614
鹿鳴　白氏　續641
鹿門山　白氏　續641
鹿邑　白氏　續641
鹿邑縣　白氏　續641
鹿巖　本朝　正614
鹿菀　本朝　正614
露地　法華　正425
御六十の賀　宇津　正726
六　法華　正425
六　宇津　正726
六　源氏　正856
六のみこ　宇津　正726
六の宮　宇津　正726
六の君　宇津　正726
六の君　源氏　正856
六位　宇津　正726
六位　蜻蛉　正750
六位　枕冊　正785
六位　源氏　正856
六位とも　枕冊　正785
六位藏人　枕冊　正785
六韻　本朝　正613
六衛　竹取　正637
六衛府　本朝　正614
六衛府　源氏　正856
六燕輕重　本朝　正613
六箇條　本朝　正613
六牙　法華　正425
六牙　本朝　正614
六牙象　本朝　正614
六巻　本朝　正613
六巻　枕冊　正785
六観音　本朝　正613
六轡ヒ　本朝　正614
六軍　本朝　正613
六月　宇津　正726
六月　蜻蛉　正750
六月　枕冊　正785
六月　源氏　正856
六月十一日　本朝　正613
六月十五日　本朝　正613
六月十二月のつごもり　枕冊　正785
六月十余日　枕冊　正785
六月中の十日　宇津　正726
六月廿二日　本朝　正613
六月六日　宇津　正726
六五人　本朝　正614
六行　本朝　正613
六根　法華　正425
六根　本朝　正614
六根清浄　本朝　正614
六根清淨　法華　正425
六時　本朝　正614
六時　宇津　正726
六時のつとめ　源氏　正856
六七　本朝　正614
六七月　蜻蛉　正750
六七月　枕冊　正785
六七巡　本朝　正614
六七人　論語　正74
六七人　宇津　正726
六七疋　宇津　正726
六七疋　宇津　正726
六尺　宇津　正726
六尺　源氏　正856
六種　法華　正425
六種動　本朝　正614
六趣　法華　正425
六趣　本朝　正614
六十　本朝　正614
六十　宇津　正726
六十巻　源氏　正856
六十九　本朝　正614
六十五六　源氏　正856
六十口　本朝　正614
六十三　源氏　正856
六十四書　本朝　正614
六十七　本朝　正614
六十人　宇津　正726
六十僧　源氏　正856
六十匹　宇津　正726
六十余人　源氏　正856
六十余日　宇津　正726
六十餘　本朝　正614
六十餘　宇津　正726
六十餘廻　本朝　正614
六十餘国　伊勢　正650
六十餘歳　本朝　正614
六十餘國　宇津　正726
六出　本朝　正614
六旬　本朝　正614
六条　源氏　正856
六条との　源氏　正856
六条のおとゝ　源氏　正856

六条のみやす所　源氏　正856
六条の院　源氏　正856
六条の女御　源氏　正856
六条わたり　源氏　正856
六条京極わたり　源氏　正856
六神通　法華　正425
六人　本朝　正614
六人　竹取　正637
六人　宇津　正726
六人　枕冊　正785
六人　源氏　正856
六籍　本朝　正614
六千餘社　本朝　正614
六祖　白氏　續641
六代　本朝　正614
六畜　本朝　正613
六通　法華　正425
六通　本朝　正614
六典　本朝　正614
六斗　本朝　正614
六度　本朝　正614
六度　宇津　正726
六道　法華　正425
六道　本朝　正614
六道　源氏　正856
六日　本朝　正614
六日　土左　正660
六年　本朝　正614
六年　宇津　正726
六波羅密寺　本朝　正614
六波羅蜜　法華　正425
六八　本朝　正614
六番　宇津　正726
六百巻　本朝　正614
六百高僧　本朝　正614
六百人　宇津　正726
六百八十所　本朝　正614
六部　本朝　正614
六部　源氏　正856
六鋪　本朝　正614
六郎　宇津　正726
六郎君　源氏　正856
六叟　本朝　正614
六變　本朝　正614
六條　本朝　正614
六條わたり　伊勢　正650
六條右大臣　本朝　正614
六觀音　枕冊　正785
六躰佛菩薩　本朝　正614
六韵　本朝　正613
禄　論語　正74
禄　文選　正344
禄　竹取　正637
禄　伊勢　正650
禄す　文選　正344
禄位　白氏　續641
禄秩　白氏　續641
禄米　白氏　續641
禄俸　白氏　續641
禄命　文選　正344
禄養　本朝　正614
禄利　文選　正344
禄料　白氏　續641
禄稟　白氏　續641
録す　本朝　正614
碌碌　白氏　續641
御祿　宇津　正726
御祿　源氏　正856
祿　本朝　正614
祿　白氏　續641
祿　宇津　正726
祿　枕冊　正785
祿　源氏　正856
祿す　白氏　續641
祿とも　源氏　正856
祿ども　宇津　正726
祿山　白氏　續641
祿仕　本朝　正614
祿仕　白氏　續641
祿賜　白氏　續641
祿食　白氏　續641
祿綿　本朝　正614
祿養　白氏　續641
轆轤　白氏　續641
轆轤　宇津　正726
轆轤ひき　宇津　正726
轆轤師ども　宇津　正726
勒　文選　正344
勒　本朝　正614
勒　白氏　續641
勒す　文選　正344
勒す　本朝　正614
勒す　白氏　續641
勒成す　白氏　續641
勒潭　白氏　續641
綠青　宇津　正726
綠衫　伊勢　正650
淥　白氏　續641
籙　文選　正344
籙　本朝　正614
籙　白氏　續641
籙圖　文選　正344
趢趗　白氏　續641
兼錄す　白氏　續641
錄　文選　正344
錄　白氏　續641
錄す　文選　正344
錄す　白氏　續641
錄事　文選　正344
錄事　白氏　續641
錄事府君　白氏　續641
錄事參軍　白氏　續641
錄尚書事　文選　正344
論　文選　正344
論　本朝　正614
論　白氏　續641
論　枕冊　正785
論す　論語　正74

論す	遊仙	正96
論す	文選	正344
論す	本朝	正614
論す	白氏	續641
論する	源氏	正856
論すれ	枕冊	正785
論なう	宇津	正726
論なう	枕冊	正785
論なく	源氏	正856
論記す	文選	正344
論議	法華	正425
論議	白氏	續641
論議	宇津	正727
論議	枕冊	正785
論議	源氏	正856
論結都離等	白氏	續641
論言	本朝	正614
論語	文選	正344
論語	本朝	正614
論語	白氏	續641
論公	白氏	續641
論衡	白氏	續641
論思諸悉	白氏	續641
論枝	白氏	續641
論悉吉贊	白氏	續641
論者	文選	正344
論者	文選	正344
論者	本朝	正614
論者	白氏	續641
論情陳獻す	白氏	續641
論請す	白氏	續641
論説	文選	正344
論説す	法華	正425
論薦す	白氏	續641
論奏	本朝	正614
論奏す	白氏	續641
論著す	文選	正344
論篤	論語	正74
論文	文選	正344
論文	本朝	正614
論文(書名)	文選	正344
論報す	文選	正344
論輸す	文選	正344
論列す	文選	正344
論列す	白氏	續641
論與勃藏	白氏	續641
論與勃藏等	白氏	續641
論贊勃藏	白氏	續641
論譔	白氏	續641
論譔す	白氏	續641
崙郎	白氏	續641

【わ】

わらは孫王	源氏	正856
わらは殿上し	源氏	正856
娃娨	遊仙	正96
蛙	白氏	續641
蛙角	白氏	續641
窪拗	白氏	續641
倭漢	本朝	正614
倭皇	本朝	正614
倭唐	本朝	正614
和	本朝	正614
和し	源氏	正856
和す	本朝	正614
和歌	宇津	正727
和歌	源氏	正856
和雅	法華	正425
和琴	宇津	正727
和琴	枕冊	正785
和琴	源氏	正856
和香	遊仙	正96
和合	本朝	正614
和合す	法華	正425
和州	本朝	正614
和暖	本朝	正614
和調す	本朝	正614
和風	本朝	正614
和謌	本朝	正614
和謌序	本朝	正614
哇咬	文選	正344
窊隆	文選	正344
隈隩	文選	正344
涠淴	文選	正344
賄遺	本朝	正614
賄貨	本朝	正614
蛙*咬	文選	正344
淮	白氏	續641
淮右	白氏	續641
淮海	白氏	續641
淮涯	白氏	續641
淮口	白氏	續641
淮山	白氏	續641
淮上	白氏	續641
淮水	白氏	續641
淮西	白氏	續641
淮楚	白氏	續641
淮南	白氏	續641
淮南諸道	白氏	續641
淮氷	白氏	續641
淮寇	白氏	續641
淮泗間	白氏	續641
淮蔡	白氏	續641
猥積	文選	正344
猥積す	文選	正344
猥濫	本朝	正614
猥瀗	文選	正344
矮奴	白氏	續642
矮民	白氏	續642
穢	白氏	續642
穢食	白氏	續642
穢累	文選	正344
煨燼	文選	正344
煨燼	白氏	續641
碨硤	文選	正344
鼃黽	文選	正344
往	論語	正74
往	文選	正344
往因	白氏	續642
往往	文選	正344

往化	文選	正344
往駕	文選	正344
往漢	文選	正344
往還	文選	正344
往還	白氏	續642
往還	宇津	正727
往還す	文選	正344
往還す	白氏	續642
往記	文選	正344
往義	白氏	續642
往詣す	法華	正425
往賢	文選	正344
往古	文選	正344
往古	白氏	續642
往効	白氏	續642
往行	文選	正344
往行	白氏	續642
往告	文選	正344
往恨	白氏	續642
往載	文選	正344
往使	文選	正344
往事	文選	正344
往事	白氏	續642
往時	白氏	續642
往者	白氏	續642
往初	文選	正344
往世	白氏	續642
往昔	文選	正344
往昔	法華	正425
往朝	文選	正344
往牒	文選	正344
往哲	文選	正344
往日	白氏	續642
往年	白氏	續642
往播す	文選	正344
往反す	文選	正344
往復	白氏	續642
往復す	文選	正344
往復す	白氏	續642
往篇	文選	正344

往返	文選	正344
往返	白氏	續642
往烈	文選	正344
往路	文選	正344
往來	文選	正344
往來	白氏	續642
往來	宇津	正727
往來す	文選	正344
往來す	法華	正425
往來す	白氏	續642
往來游讌す	文選	正344
往勞	白氏	續642
往圖	文選	正344
往懷	文選	正344
往舊	文選	正344
往號	文選	正344
牲生す	白氏	續642
横笛	宇津	正727
横流	文選	正344
王	論語	正74
王	文選	正344
王	文選	正344
王	法華	正425
王	本朝	正614
王	白氏	續642
王	白氏	續642
王	竹取	正637
王	宇津	正727
王(人名)	文選	正344
王(人名)	白氏	續642
王諠	白氏	續642
王暕	文選	正344
王す	白氏	續642
王位	法華	正425
王委	文選	正345
王意	白氏	續642
王維	文選	正344
王逸	文選	正344
王員外	白氏	續644
王胤	白氏	續642

王右軍	本朝	正614
王羽	文選	正345
王延壽	本朝	正614
王屋	白氏	續642
王屋縣	白氏	續642
王化	文選	正344
王化	本朝	正615
王化	白氏	續642
王何	本朝	正614
王夏	文選	正344
王家	文選	正344
王家	白氏	續642
王家(人名)	白氏	續642
王恢	白氏	續642
王涯	白氏	續642
王涯等	白氏	續642
王閣老	白氏	續642
王官	白氏	續642
王簡栖	文選	正344
王韓	文選	正344
王畿	文選	正344
王畿	白氏	續642
王季	文選	正344
王起	白氏	續642
王起居	白氏	續642
王起等	白氏	續642
王義	文選	正344
王吉	論語	正74
王吉	白氏	續642
王休	文選	正344
王宮	白氏	續642
王居	文選	正344
王居士	白氏	續642
王卿	論語	正74
王卿使君	白氏	續642
王喬	文選	正345
王業	文選	正345
王業	本朝	正615
王業	白氏	續642
王君	文選	正345

王軍 文選 正345
王敬仁 白氏 續642
王計 白氏 續642
王計等 白氏 續642
王建 白氏 續642
王元 文選 正344
王元長 文選 正345
王元補 白氏 續642
王元貺 文選 正345
王源 文選 正345
王源中 白氏 續642
王言 文選 正345
王言 白氏 續642
王侯 文選 正345
王侯 本朝 正615
王侯 白氏 續642
王侯相將 本朝 正615
王公 文選 正345
王公 本朝 正615
王公 白氏 續642
王公主 白氏 續642
王公亮 白氏 續643
王公縉 白氏 續643
王康琚 文選 正344
王校書 白氏 續642
王綱 文選 正344
王考 白氏 續642
王克謹 白氏 續643
王佐 文選 正345
王佐 本朝 正615
王佐 白氏 續643
王宰 文選 正345
王才子 本朝 正615
王山人 白氏 續643
王餐 文選 正345
王司馬 白氏 續643
王司馬建 白氏 續643
王士則 白氏 續643
王士則等 白氏 續643
王子 文選 正345
王子 法華 正425
王子 白氏 續643
王子(人名) 文選 正345
王子喬 文選 正345
王子晋 文選 正345
王子晋 本朝 正615
王子晋 白氏 續643
王子比干 文選 正345
王子淵 文選 正345
王子猷 本朝 正615
王子渕 本朝 正615
王師 文選 正345
王師 白氏 續643
王師閔 白氏 續643
王氏 文選 正345
王氏 本朝 正615
王氏 白氏 續643
王事 文選 正345
王事 本朝 正615
王事 白氏 續643
王侍御 白氏 續643
王侍中 白氏 續643
王滋 文選 正345
王爾 本朝 正615
王室 文選 正345
王室 本朝 正615
王室 白氏 續643
王質夫 白氏 續643
王舎 本朝 正615
王舎城 法華 正425
王舎城 本朝 正615
王者 論語 正74
王者 文選 正345
王者 法華 正425
王者 本朝 正615
王者 白氏 續643
王爵 文選 正345
王主簿 文選 正345
王衆仲 白氏 續643
王充 本朝 正615
王十一 白氏 續643
王十一起 白氏 續643
王十五 白氏 續643
王十三 白氏 續643
王十七庶子 白氏 續643
王十八 白氏 續643
王十八質夫 白氏 續643
王戎 文選 正345
王春 本朝 正615
王純 本朝 正615
王順山 白氏 續643
王女御 源氏 正856
王尚書 本朝 正615
王尚書 白氏 續643
王承宗 白氏 續643
王承林 白氏 續643
王昌渉等 白氏 續643
王昌齢 白氏 續643
王昭 文選 正345
王昭君 文選 正345
王昭君 白氏 續643
王昭君 宇津 正727
王昭君 源氏 正856
王章 文選 正345
王紹 白氏 續643
王丞相 本朝 正615
王城 文選 正345
王城 本朝 正615
王城 白氏 續643
王常 文選 正345
王職 文選 正345
王職 白氏 續643
王信 文選 正345
王心 文選 正345
王申伯 白氏 續643
王臣 文選 正345
王臣 本朝 正615
王臣 白氏 續643
王制 論語 正74
王制 文選 正345

王成　文選　正345
王政　文選　正345
王政　白氏　續643
王正雅　白氏　續643
王生　文選　正345
王生　白氏　續643
王績　白氏　續643
王跡　文選　正345
王僧達　文選　正345
王僧孺　文選　正345
王僧綽　本朝　正615
王相　白氏　續643
王孫　遊仙　正96
王孫　文選　正345
王孫　本朝　正615
王孫　白氏　續643
王孫賈　論語　正74
王大夫　白氏　續643
王大父　白氏　續643
王丹　文選　正345
王丹　白氏　續643
王智興　白氏　續643
王中書　文選　正345
王仲宣　文選　正345
王仲宣　白氏　續643
王仲宣誄　文選　正345
王仲寶　文選　正345
王衷　文選　正345
王著作　文選　正345
王徴君　文選　正345
王朝　文選　正345
王鍔　白氏　續642
王庭　文選　正345
王庭　白氏　續643
王庭湊　白氏　續643
王廷　白氏　續643
王程　本朝　正615
王程　白氏　續643
王塗　文選　正345
王杜　文選　正345
王途　文選　正345
王度　文選　正345
王度　本朝　正615
王度　白氏　續643
王土　文選　正345
王土　本朝　正615
王統　宇津　正727
王道　文選　正345
王道　本朝　正615
王道　白氏　續643
王道士　白氏　續643
王難　法華　正425
王二十二　白氏　續643
王日簡　白氏　續643
王日興　白氏　續643
王之煥　白氏　續643
王播　白氏　續643
王覇　本朝　正615
王覇　白氏　續643
王八使君　白氏　續643
王秘　白氏　續643
王姫　文選　正344
王姫　白氏　續642
王彪　文選　正345
王表　文選　正345
王豹　文選　正345
王夫子　白氏　續643
王夫人　本朝　正615
王府　白氏　續643
王府君　白氏　續643
王府諮議參事軍　白氏　續643
王府長史　白氏　續643
王父　本朝　正615
王父　白氏　續643
王父府君　白氏　續643
王賦　白氏　續644
王撫軍　文選　正345
王武　文選　正345
王武子　文選　正345
王風　文選　正345
王風　白氏　續644
王文憲　文選　正345
王文度　白氏　續644
王別駕　本朝　正615
王母　文選　正345
王母　本朝　正615
王母　白氏　續644
王母　宇津　正727
王法　本朝　正615
王法　白氏　續643
王褒　文選　正345
王某　白氏　續644
王僕射　白氏　續644
王鮪　文選　正345
王繭　文選　正345
王民　本朝　正615
王民　白氏　續644
王無功　白氏　續644
王命　文選　正345
王命　白氏　續644
王命婦　源氏　正856
王命論　文選　正345
王明君　文選　正345
王網　文選　正345
王蒙　白氏　續644
王門　文選　正345
王門　白氏　續644
王役　本朝　正614
王猷　文選　正344
王由　文選　正345
王陽　文選　正345
王陽　本朝　正615
王略　文選　正345
王留守僕射　白氏　續644
王旅　文選　正345
王寮　文選　正345
王良　文選　正345
王陵　文選　正345
王烈　本朝　正615

王錬師　白氏　續644
王朗　本朝　正615
王會　文選　正344
王傅　文選　正345
王儉　文選　正345
王處士　白氏　續643
王劭　本朝　正615
王勣　本朝　正615
王勣　白氏　續643
王國　文選　正345
王國清　白氏　續643
王奢　文選　正345
王尹　白氏　續642
王尹橋　白氏　續642
王廖　文選　正345
王彌　文選　正345
王徭　白氏　續642
王怡　白氏　續642
王怡等　白氏　續642
王旡公　本朝　正615
王霸　文選　正345
王樓　白氏　續644
王氣つき　源氏　正856
王洽　白氏　續642
王滿　文選　正345
王游　文選　正345
王潛　白氏　續643
王澤　文選　正345
王澤　本朝　正615
王澤　白氏　續643
王粲　文選　正345
王粲　本朝　正615
王粲　白氏　續643
王粲中宣　文選　正345
王經　文選　正345
王羲之　白氏　續642
王肅　論語　正74
王肅　文選　正345
王莽　文選　正345
王莽　白氏　續644
王蒭　文選　正345
王誅　文選　正345
王赧*　文選　正345
王迹　文選　正345
王鎰　白氏　續642
王陝州　白氏　續642
王隧　文選　正345
王餘　文選　正345
王龜謀等　本朝　正614
王佖書　白氏　續643
王德　本朝　正615
王敎　文選　正345
王敎　白氏　續642
王汶　白氏　續644
王珧　文選　正345
王璀　白氏　續643
王睢　文選　正345
王蠋　文選　正345
王褭　文選　正345
王閎　文選　正344
王鱣　文選　正345
御王位　宇津　正727
黄金　法華　正425
黄鍾調　枕冊　正785
黄鐘調　源氏　正856
皇轝　宇津　正727
皇轝　源氏　正856
椀飯　源氏　正856
徃　本朝　正614
徃　白氏　續642
徃還　本朝　正614
徃還す　本朝　正614
徃賢　本朝　正614
徃古　本朝　正614
徃古來今　本朝　正614
徃事　本朝　正614
徃時　本朝　正614
徃世　本朝　正614
徃生　本朝　正614
徃生す　本朝　正614
徃聖　本朝　正614
徃昔　本朝　正614
徃跡　本朝　正614
徃哲　本朝　正614
徃日　本朝　正614
徃年　本朝　正614
徃反　本朝　正614
徃反す　本朝　正614
徃例　白氏　續642
徃來す　本朝　正614
徃徃　白氏　續642
枉　文選　正344
枉　白氏　續642
枉屈す　文選　正344
枉死す　白氏　續642
枉渚　文選　正344
枉直　白氏　續642
枉法　白氏　續642
枉矢　文選　正344
枉撓す　白氏　續642
汪氏　文選　正344
汪汪　文選　正344
汪汪焉　文選　正344
汪汪焉洋洋焉　文選　正344
汪洸　文選　正344
汪濊　文選　正344
泓宏　文選　正344
泓澄　白氏　續642
泓澄す　白氏　續642
泓汯　文選　正344
瀇滉　文選　正344
尫　本朝　正614
尫々然　遊仙　正96
尫羸　本朝　正614
若法師　宇津　正727
惑亂す　法華　正425
蠖略　文選　正345
蠖濩　文選　正345
斡流す　文選　正345
童隨身　源氏　正856

童陪従　宇津　正727
笑ひ興し　枕冊　正785
童装束し　蜻蛉　正750
悪御　源氏　正856
椀　白氏　續644
彎崎　文選　正345
彎彎　白氏　續644
灣環　白氏　續644
盌　白氏　續644

【ゐ】

葦仲將　本朝　正615
葦苕　白氏　續645
位　文選　正346
位す　文選　正346
位記　本朝　正615
位記　宇津　正727
位記等　本朝　正615
位勢　文選　正346
位封　本朝　正615
位分　本朝　正615
位望　本朝　正615
位望　白氏　續644
位禄　白氏　續644
位貌　文選　正346
偉器　本朝　正615
偉卿　白氏　續644
偉人　白氏　續644
偉兆す　文選　正346
偉長　文選　正346
囲繞し　枕冊　正785
夷　本朝　正615
夷　白氏　續644
夷音　白氏　續644
夷夏　白氏　續644
夷吾　本朝　正615
夷吾　白氏　續644
夷賊　本朝　正615
夷門　白氏　續644
夷落　白氏　續644
夷虜　白氏　續644
夷陵　白氏　續644
夷陵す　白氏　續644
夷隷　白氏　續644
夷隷*　本朝　正615
夷浪　本朝　正615
夷狄　本朝　正615
夷狄　白氏　續644
夷貊　白氏　續644
夷險　白氏　續644
夷齊　本朝　正615
夷齊　白氏　續644
委　白氏　續644
委す　文選　正346
委す　文選　正346
委す　本朝　正615
委す　白氏　續644
委羽　文選　正346
委化從容　白氏　續644
委灰　文選　正346
委骸　文選　正346
委棄す　白氏　續644
委曲　論語　正74
委曲　文選　正346
委曲　本朝　正615
委曲　白氏　續644
委轡　白氏　續644
委形　白氏　續644
委細　白氏　續644
委質す　文選　正346
委蛇　文選　正346
委趣　本朝　正615
委重す　白氏　續644
委順　白氏　續644
委順（人名）　白氏　續644
委順す　白氏　續644
委成す　文選　正346
委績す　白氏　續644
委置　白氏　續644
委置す　白氏　續644
委擢　白氏　續644
委任　本朝　正615
委任す　白氏　續644
委付す　白氏　續644
委附　本朝　正615
委望　白氏　續644
委約す　文選　正346
委輸す　文選　正346
委用　文選　正346
委離す　文選　正346
委屬す　文選　正346
委鬱　文選　正346
委瑣　文選　正346
委篋　文選　正346
委蛻　白氏　續644
委蛻す　白氏　續644
委蛻然　白氏　續644
委裘す　文選　正346
委隨す　文選　正346
威　論語　正74
威　文選　正346
威　本朝　正615
威　白氏　續644
威夷　文選　正346
威王　文選　正346
威儀　論語　正74
威儀　文選　正346
威儀　法華　正425
威儀　本朝　正615
威儀　白氏　續644
威儀　宇津　正727
威儀具足し　枕冊　正785
威儀師　枕冊　正785
威儀納　宇津　正727
威儀物　宇津　正727
威虐　白氏　續644
威脅　本朝　正615
威刑　文選　正346
威弧　文選　正346
威光　法華　正425

威光　本朝　正615
威重　文選　正346
威重　白氏　續644
威神　文選　正346
威制　白氏　續644
威勢　法華　正425
威宣　文選　正346
威武　文選　正346
威武　白氏　續644
威風　文選　正346
威風　本朝　正615
威福　文選　正346
威福　白氏　續644
威柄　文選　正346
威謀　文選　正346
威名　文選　正346
威名　白氏　續644
威命　文選　正346
威明　文選　正346
威約　文選　正346
威容　文選　正346
威容　白氏　續644
威略　白氏　續644
威稜　文選　正346
威稜　白氏　續644
威稜す　文選　正346
威力　文選　正346
威力　本朝　正615
威令　文選　正346
威令　白氏　續645
威嚴　文選　正346
威嚴　本朝　正615
威嚴　白氏　續644
威惠　白氏　續644
威懷　文選　正346
威權　本朝　正615
威權　白氏　續644
威紆　文選　正346
威聲　白氏　續644
威蘊　白氏　續645
威遲　文選　正346
威靈　文選　正346
威靈　白氏　續645
威德　文選　正346
威德　法華　正425
威德　白氏　續644
威蕤　文選　正346
為政第二　論語　正74
尉　文選　正346
尉　白氏　續645
尉侯　白氏　續645
尉候　文選　正346
尉佗　文選　正346
尉喩　文選　正346
尉誨　文選　正346
尉印　文選　正346
惟一無二　白氏　續645
惟明　白氏　續645
慰す　本朝　正615
慰す　白氏　續645
慰安す　白氏　續645
慰薦　白氏　續645
慰薦褒升す　白氏　續645
慰納　文選　正346
慰撫す　白氏　續645
慰望　白氏　續645
慰問　本朝　正615
慰問　白氏　續645
慰問す　白氏　續645
慰諭　白氏　續645
慰諭す　白氏　續645
慰勞す　白氏　續645
慰喩　本朝　正615
慰悚　白氏　續645
慰誨　本朝　正615
慰愜す　白氏　續645
自慰す　白氏　續645
相慰問す　白氏　續645
同慰す　白氏　續645
為憲　本朝　正615
為佛塔　本朝　正615
畏愛　白氏　續645
畏愛悦服す　白氏　續645
畏忌　白氏　續645
畏忌因循　白氏　續645
畏景　白氏　續645
畏天　白氏　續645
畏途　本朝　正615
畏途　白氏　續645
畏尾す　本朝　正615
畏侮　白氏　續645
畏伏す　白氏　續645
維す　白氏　續645
維私　白氏　續645
相維す　白氏　續645
緯す　白氏　續645
緯侯　本朝　正615
胃　白氏　續645
胃維　文選　正346
萎腇　本朝　正615
萎紅　白氏　續645
萎蕪　白氏　續645
謂南　遊仙　正96
違　本朝　正615
違　白氏　續645
違す　文選　正346
違す　本朝　正615
違異　文選　正346
違越　白氏　續646
違越す　白氏　續646
違謝す　文選　正346
違勅　本朝　正615
違謬　白氏　續645
違命　文選　正346
違命　白氏　續645
違濫す　白氏　續645
違離　文選　正346
違律　本朝　正615
違例す　本朝　正615
相違反す　白氏　續645

韻塞	枕冊	正785
蔚章	白氏	續645
煟煌	文選	正346
葦杖	文選	正346
葦苕	文選	正346
罻羅	文選	正346
倭傀	文選	正346
圍	本朝	正615
圍碁	遊仙	正96
圍口	文選	正346
圍木	文選	正346
圍棊	白氏	續644
圍經す	文選	正346
圍繞す	法華	正425
圍繞す	白氏	續644
帷	白氏	續645
帷蓋	白氏	續645
帷幕	白氏	續645
帷幄	白氏	續645
幃帳	白氏	續645
幃幔	白氏	續645
幃屏	文選	正346
幃屏	白氏	續645
渭	文選	正346
渭	白氏	續645
渭域	白氏	續645
渭浦	白氏	續645
渭河	白氏	續645
渭境	本朝	正615
渭橋	白氏	續645
渭橋	枕冊	正785
渭曲	白氏	續645
渭源縣	白氏	續645
渭江	白氏	續645
渭上	白氏	續645
渭城	文選	正346
渭水	本朝	正615
渭水	白氏	續645
渭川	白氏	續645
渭村	白氏	續645
渭南	文選	正346
渭南	白氏	續645
渭南縣	白氏	續645
渭表	文選	正346
渭北	白氏	續645
渭陽	文選	正346
渭陽	本朝	正615
渭陽	白氏	續645
渭塋	文選	正346
渭濱	文選	正346
渭濱	本朝	正615
熨す	白氏	續645
爲姦	白氏	續645
爲佐	白氏	續645
爲政	白氏	續645
爲霖	白氏	續645
爲教	白氏	續645
蝟	文選	正346
蝟結	文選	正346
諱月	本朝	正615
逶遅	文選	正346
逶遲す	白氏	續645
逶迆す	文選	正346
逶迆す	文選	正346
逶迤	遊仙	正96
逶迤	文選	正346
逶迤	白氏	續645
逶迱	文選	正346
闈	論語	正74
韋	白氏	續646
韋(人名)	文選	正346
韋(地名)	文選	正346
韋弘嗣	文選	正346
韋絢	白氏	續646
韋悦	白氏	續646
韋家	白氏	續646
韋開州	白氏	續646
韋貫之	白氏	續646
韋貫之等	白氏	續646
韋君	白氏	續646
韋君丹	白氏	續646
韋荊南	白氏	續646
韋賢	本朝	正615
韋賢妃	白氏	續646
韋弦	文選	正346
韋弦	白氏	續646
韋玄成	文選	正346
韋公德載	白氏	續646
韋弘景	白氏	續646
韋江州	白氏	續646
韋左丞	白氏	續646
韋山人	白氏	續646
韋氏	白氏	續646
韋侍御	白氏	續646
韋侍郎	白氏	續646
韋七	白氏	續646
韋七庶子	白氏	續646
韋綬	白氏	續646
韋綬等	白氏	續646
韋舟	白氏	續646
韋庶子	白氏	續646
韋尚書	白氏	續646
韋丞相	本朝	正615
韋城	白氏	續646
韋審規	白氏	續646
韋楚	白氏	續646
韋蘇州	白氏	續646
韋大	白氏	續646
韋大員外	白氏	續646
韋徵君拾遺	白氏	續646
韋長史	白氏	續646
韋同憲	白氏	續646
韋之晉	白氏	續646
韋八	白氏	續646
韋彪	白氏	續646
韋彪等	白氏	續646
韋賓客	白氏	續646
韋文恪	白氏	續646
韋編	本朝	正615
韋弁	白氏	續646

韋房　白氏　續646
韋孟　文選　正346
韋門　白氏　續646
韋令公　白氏　續646
韋鍊師　白氏　續646
韋處士　白氏　續646
韋尹常侍　白氏　續646
韋帶　文選　正346
韋帶　本朝　正615
韋帶す　文選　正346
韋應物　白氏　續646
韋覬　白氏　續646
餧馬　白氏　續646
崴嵬　文選　正346
彝章　白氏　續645
暐曄　遊仙　正96
暐曄　文選　正346
暐曄　白氏　續645
洧　白氏　續645
洧盤　文選　正346
煒曄す　文選　正346
煒爗　文選　正346
猥子　白氏　續645
瑋態　文選　正346
瑋寶　文選　正346
痏　白氏　續645
葳蕤　文選　正346
葳蕤　白氏　續645
葳蕤す　文選　正346
蜲蜲蜿蜿す　文選　正346
緯繣す　文選　正346
褘充　文選　正346
褘褕　文選　正346
闈　文選　正346
闈　白氏　續646
闈庭　文選　正346
韙す　白氏　續646
鮪鯇　文選　正346
或或　文選　正346
域　本朝　正615
域中　本朝　正615
罭汩　文選　正346
汩　文選　正346
汩越　文選　正346
汩起す　文選　正346
員　白氏　續646
員外　白氏　續646
員外置同正員　白氏　續646
員外郎　白氏　續646
なきさの院　土左　正660
院　白氏　續646
院　伊勢　正650
院　土左　正660
院　宇津　正727
院　蜻蛉　正750
院　枕冊　正785
院　源氏　正856
院かた　源氏　正856
院がた　宇津　正727
院のうへ　源氏　正856
院のきさいの宮　宇津　正727
院のみかと　源氏　正856
院のみかど　宇津　正727
院の御方　宇津　正727
院の女御　宇津　正727
院の女御どの　宇津　正727
院の上　宇津　正727
院の殿上　源氏　正856
院の殿上人　源氏　正856
院の内侍のかみ　源氏　正856
院の別当　源氏　正856
院の別當　枕冊　正785
院もり　源氏　正856
院院　白氏　續646
院司　宇津　正727
院司　源氏　正856
院事　白氏　續646
院主　白氏　續646
院中　白氏　續646
院長　白氏　續646
院堂　白氏　續646
院内　宇津　正727
院門　白氏　續646
院柳　白氏　續646
院落　白氏　續646
院塲　白氏　續646
韻　宇津　正727
韻　源氏　正856
韻ふたき　源氏　正856
蝹　文選　正346
蝹蝹　文選　正346
隕越す　白氏　續646
隕妣　文選　正346
瀹淪　白氏　續646
筠　白氏　續646
筠風　白氏　續646
筠粉　白氏　續646

【う】(わ行)

羽　文選　正347
羽(人名)　文選　正347
羽衛　文選　正347
羽蓋　文選　正347
羽褐　文選　正347
羽旗　文選　正347
羽騎　文選　正347
羽儀　文選　正347
羽群　文選　正347
羽校　文選　正347
羽山　文選　正347
羽爵　文選　正347
羽書　文選　正347
羽人　文選　正347
羽族　文選　正347
羽隊　文選　正347
羽毛　文選　正347
羽翼　文選　正347
羽林　文選　正347

羽卮　文選　正347
羽旆　文選　正347
羽旄　文選　正347
羽楫　文選　正347
羽檄　文選　正347
羽獵　文選　正347
羽獵す　文選　正347
羽葆　文選　正347
羽觴　文選　正347
羽翮　文選　正347

【ゑ】

御み烏帽子　宇津　正727
衛護　法華　正425
衛護す　法華　正425
衛士　蜻蛉　正750
衛府　伊勢　正650
衛府　宇津　正727
衛府　枕冊　正785
衛府づかさ　宇津　正727
衛府つかさたち　源氏　正856
衛府のすけ　蜻蛉　正750
衛府のすけ　源氏　正856
衛府の尉ども　宇津　正727
衛府の陣　宇津　正727
衛門　宇津　正727
衛門のかみ　宇津　正727
衛門のかむの君　源氏　正856
衛門のすけ　宇津　正727
衛門尉　宇津　正727
衛門督　源氏　正856
怨じ　宇津　正727
怨し越後　枕冊　正785
怨し心憂かり　枕冊　正785
怨す　源氏　正856
回向　枕冊　正785
廻向　本朝　正616
廻向　源氏　正856
廻向す　法華　正425
廻向す　本朝　正616
廻向す　白氏　續646
御廻向　源氏　正856
まき絵　竹取　正637
絵　竹取　正637
絵　伊勢　正650
絵　土左　正708
絵　宇津　正727
絵　枕冊　正785
絵　源氏　正856
絵とも　源氏　正856
絵ものかたり　源氏　正856
絵師　宇津　正727
絵師　枕冊　正785
絵師　源氏　正856
絵師とも　源氏　正856
絵所　源氏　正856
絵様　源氏　正856
御絵　源氏　正856
蒔絵　伊勢　正650
垣下　源氏　正856
慧　法華　正425
慧遠　白氏　續646
慧遠寺　白氏　續646
慧日　法華　正425
慧命　法華　正425
おほん會釋　宇津　正727
會　法華　正425
會　本朝　正616
壞劫　本朝　正616
惠恭等　白氏　續646
惠業　本朝　正616
畫　法華　正425
畫像　法華　正425
穢悪　本朝　正616
繪　法華　正425
繪像　法華　正425
繒　論語　正74
繒　蜻蛉　正750
繒馬　本朝　正616
永　白氏　續647
永安　白氏　續647
永永　白氏　續647
永遠　白氏　續647
永遠宗雷　白氏　續647
永嘉　白氏　續647
永徽　白氏　續647
永謹上人　白氏　續647
永州　白氏　續647
永州司戸　白氏　續647
永崇里　白氏　續647
永泰中　白氏　續647
永通　白氏　續647
永貞元年十月二十五日　白氏　續647
永日　白氏　續647
永寧　白氏　續647
永年　白氏　續647
永豊　白氏　續647
永豊坊　白氏　續647
永穆公主　白氏　續647
永夜　白氏　續647
永和　白氏　續647
永圖　白氏　續647
永壽寺　白氏　續647
永樂　白氏　續647
衛　白氏　續647
衛尉郷　白氏　續648
衛尉少郷　白氏　續648
衛官　白氏　續647
衛公　白氏　續647
衛佐　白氏　續647
衛州　白氏　續647
衛叔　白氏　續647
衛叔寶　白氏　續647
衛紹則　白氏　續647
衛人　白氏　續647
衛國寺　白氏　續647
衛玠　白氏　續647

詠	白氏	續648
詠す	白氏	續648
詠歌す	白氏	續648
詠興	白氏	續648
詠史	白氏	續648
詠詩	白氏	續648
詠歎す	白氏	續648
詠懷	白氏	續648
詠謌	白氏	續648
抒詠す	白氏	續648
咏す	白氏	續646
榮	白氏	續646
榮す	白氏	續646
榮夷公	白氏	續647
榮華	白氏	續647
榮喜	白氏	續647
榮期	白氏	續647
榮貴	白氏	續647
榮遇	白氏	續647
榮啓	白氏	續647
榮啓期	白氏	續647
榮啓先生	白氏	續647
榮枯	白氏	續647
榮公	白氏	續647
榮幸	白氏	續647
榮賜	白氏	續647
榮滋す	白氏	續647
榮重	白氏	續647
榮重す	白氏	續647
榮辱	白氏	續647
榮進	白氏	續647
榮衰	白氏	續647
榮衰す	白氏	續647
榮盛	白氏	續647
榮先生	白氏	續647
榮秩	白氏	續647
榮寵	白氏	續647
榮班	白氏	續647
榮名	白氏	續647
榮耀	白氏	續647
榮耀す	白氏	續647
榮陽	白氏	續647
榮陽郡	白氏	續647
榮陽人	白氏	續647
榮陽夫人	白氏	續647
榮陽縣	白氏	續647
榮陽縣開國公	白氏	續647
榮陽縣君	白氏	續647
榮落	白氏	續647
榮利	白氏	續647
榮路	白氏	續647
榮奬	白氏	續647
榮悴	白氏	續647
榮祿	白氏	續647
榮賤	白氏	續647
榮鬧	白氏	續647
榮顯	白氏	續647
榮顇	白氏	續647
禜す	白氏	續647
轊	文選	正347
越	白氏	續648
越娃	白氏	續648
越艷	白氏	續648
越王	白氏	續648
越客	白氏	續648
越郡	白氏	續648
越後のめのと	宇津	正727
越思	白氏	續648
越州	白氏	續648
越蕉	白氏	續648
越城	白氏	續648
越人	白氏	續648
越中	白氏	續648
越調	白氏	續648
越鳥	白氏	續648
越府	白氏	續648
越遊	白氏	續648
越國	白氏	續648
越徼	白氏	續648
越棹	白氏	續648
越溪	白氏	續648
越嶠	白氏	續648
鉞	白氏	續648
怨すれ	蜻蛉	正750
宛	文選	正347
宛	白氏	續648
宛宛	文選	正347
宛丘	白氏	續648
宛珠	文選	正347
宛然	白氏	續648
宛虹	文選	正347
宛葉	文選	正347
宛洛	文選	正347
宛陵	文選	正347
宛轉	白氏	續648
宛轉す	法華	正425
宛轉す	本朝	正616
宛轉す	白氏	續648
宛郢	文選	正347
園	文選	正347
園	白氏	續648
園葵	文選	正347
園葵	白氏	續648
園外	白氏	續648
園菊	文選	正347
園客	文選	正347
園曲	白氏	續648
園公	白氏	續648
園司徒	本朝	正616
園疏	白氏	續648
園中	文選	正347
園中	白氏	續648
園田	文選	正347
園桃	文選	正347
園桃	本朝	正616
園桃	白氏	續648
園杏	白氏	續648
園圃	文選	正347
園圃	本朝	正616
園柳	文選	正347

園邑 文選 正347
園陵 文選 正347
園林 文選 正347
園林 白氏 續648
園囿 文選 正347
園塋 文選 正347
園墟 文選 正347
園寢 文選 正347
園寢 白氏 續648
園縣 文選 正347
怨 論語 正74
怨 文選 正347
怨 本朝 正616
怨 白氏 續648
怨し 枕冊 正785
怨じうらみ 宇津 正727
怨しはつ 源氏 正856
怨しをき 源氏 正856
怨し謗り 枕冊 正785
怨す 土左 正660
怨せられはて 源氏 正856
怨咽 白氏 續648
怨咽す 白氏 續648
怨歌行 文選 正347
怨偶 白氏 續649
怨言 白氏 續649
怨獄 本朝 正616
怨恨す 文選 正347
怨恨す 白氏 續649
怨思 白氏 續649
怨詞 白氏 續649
怨女 白氏 續649
怨傷 白氏 續649
怨情 文選 正348
怨親 本朝 正616
怨憎 文選 正348
怨憎 白氏 續649
怨歎 白氏 續649
怨調 白氏 續649
怨怒 白氏 續649
怨毒す 文選 正348
怨慕 文選 正348
怨望 本朝 正616
怨望 白氏 續649
怨門 本朝 正616
怨抑す 白氏 續649
怨咨す 白氏 續649
怨嗟 白氏 續649
怨曠 文選 正347
怨曠 本朝 正616
怨曠 白氏 續649
怨曠す 文選 正347
怨沮す 文選 正347
怨謗す 白氏 續649
怨懟す 文選 正348
怨讟 白氏 續649
援 文選 正348
援助 文選 正348
援助 本朝 正616
援神契 本朝 正616
炎暑 白氏 續649
猿 文選 正348
猿叫 白氏 續649
猿鳥 白氏 續649
猿父 文選 正348
猿巖 本朝 正616
猿狖 白氏 續649
苑鹿 文選 正348
苑中 白氏 續649
苑僕射 文選 正348
苑門 文選 正348
苑囿 文選 正348
苑囿 文選 正348
遠 論語 正74
遠 白氏 續649
遠(人名) 白氏 續649
遠夷 文選 正348
遠夷 本朝 正616
遠韻 文選 正348
遠煙 文選 正348
遠遠 白氏 續650
遠々 本朝 正616
遠音 文選 正348
遠岳 文選 正348
遠雁 白氏 續649
遠期 文選 正348
遠客 白氏 續649
遠京 文選 正348
遠橋 白氏 續649
遠近 文選 正348
遠近 本朝 正616
遠近 白氏 續649
遠空 白氏 續649
遠郡 白氏 續649
遠計 白氏 續649
遠計す 白氏 續649
遠公 白氏 續649
遠行 文選 正348
遠行 本朝 正616
遠行 白氏 續649
遠行す 文選 正348
遠郊 文選 正348
遠山 文選 正348
遠山 白氏 續649
遠使 白氏 續649
遠師 白氏 續649
遠志 本朝 正616
遠思 白氏 續649
遠思(人名) 白氏 續649
遠旨 文選 正348
遠旨 白氏 續649
遠者 文選 正348
遠樹 文選 正348
遠樹 本朝 正616
遠樹 白氏 續649
遠戎 文選 正348
遠出 文選 正348
遠所 文選 正348
遠書 本朝 正616
遠祥 文選 正348

遠上人　白氏　續649
遠情　本朝　正616
遠心　文選　正348
遠人　論語　正74
遠人　文選　正348
遠人　本朝　正616
遠人　白氏　續649
遠征　文選　正348
遠征　本朝　正616
遠績　文選　正348
遠跡　文選　正348
遠節　文選　正348
遠節　本朝　正616
遠祖　文選　正348
遠草　白氏　續649
遠村　白氏　續649
遠代　文選　正348
遠大　文選　正348
遠大師　白氏　續649
遠地　本朝　正616
遠地　白氏　續649
遠程　白氏　續649
遠天　文選　正348
遠度　文選　正348
遠到　白氏　續649
遠道　文選　正348
遠道　白氏　續649
遠日　白氏　續649
遠年　白氏　續649
遠念　文選　正348
遠藩　白氏　續650
遠部　白氏　續650
遠風　文選　正348
遠風　白氏　續650
遠聞　本朝　正616
遠壁　白氏　續650
遠別　白氏　續650
遠峯　文選　正348
遠峯　白氏　續650
遠方　論語　正74
遠方　文選　正348
遠方　白氏　續650
遠朋　文選　正348
遠芳　白氏　續650
遠坊　白氏　續649
遠望す　白氏　續649
遠謀　白氏　續650
遠慢　白氏　續650
遠役　文選　正348
遠猷　文選　正348
遠遊　白氏　續649
遠葉　白氏　續649
遠吏　本朝　正616
遠略　文選　正348
遠略　白氏　續650
遠流　本朝　正616
遠慮　文選　正348
遠路　論語　正74
遠路　文選　正348
遠來　白氏　續650
遠傳法華　本朝　正616
遠冑　文選　正348
遠處　白氏　續649
遠國　文選　正348
遠圖　文選　正348
遠圖　本朝　正616
遠圖　白氏　續649
遠埃　文選　正348
遠壑　文選　正348
遠岫　文選　正348
遠岫　白氏　續649
遠巖　文選　正348
遠戍　本朝　正616
遠游　文選　正348
遠禪師　白氏　續649
遠聽　文選　正348
遠蠻　白氏　續650
遠謫　白氏　續649
遠貶　白氏　續650
遠邇　文選　正348
遠邇　白氏　續649
遠迹　文選　正348
遠闢　文選　正348
遠陟　文選　正348
遠泒　白氏　續649
遠筭　文選　正348
相遠近　白氏　續649
鴛　文選　正348
鴛鷺　白氏　續650
鴛雛　文選　正348
鴛鴦　遊仙　正96
鴛鴦　文選　正348
鴛鴦　本朝　正616
鴛鴦　白氏　續650
鴛鸞　文選　正348
鴛鸞　本朝　正616
鴛鸞　白氏　續650
垣下　宇津　正727
垣下　枕冊　正785
垣翰　白氏　續648
垣上　文選　正347
垣中　白氏　續648
垣墻　本朝　正616
垣牆　文選　正347
垣閭　文選　正347
鵷鶵　文選　正348
淵　文選　正348
淵（人名）　文選　正348
淵偉　文選　正348
淵雲　文選　正348
淵雲　白氏　續649
淵英　文選　正348
淵遠　文選　正348
淵海　文選　正348
淵角　文選　正348
淵客　文選　正348
淵丘　文選　正348
淵魚　文選　正348
淵源　文選　正348
淵玄　文選　正348

淵塞 文選 正348
淵水 白氏 續649
淵静 文選 正348
淵然 文選 正348
淵沈 文選 正348
淵塗 文選 正348
淵淵緜緜 白氏 續649
淵穆 文選 正348
淵明 白氏 續649
淵黙 文選 正348
淵流 文選 正348
淵令 文選 正348
淵澤 文選 正348
淵藪 文選 正348
冤 白氏 續648
冤す 白氏 續648
冤苦す 白氏 續648
冤事 白氏 續648
冤滞 白氏 續648
冤憤痛酷す 白氏 續648
冤民 白氏 續648
冤濫 白氏 續648
冤恥 白氏 續648
圓 文選 正347
圓 白氏 續648
圓井 文選 正347
圓影 文選 正347
圓海 文選 正347
圓蓋 本朝 正616
圓覚 本朝 正616
圓冠 本朝 正616
圓丘 文選 正347
圓丘 本朝 正616
圓丘 白氏 續648
圓鏡 本朝 正616
圓鏡 白氏 續648
圓景 文選 正347
圓月 文選 正347
圓座 本朝 正616
圓紫 本朝 正616
圓珠 白氏 續648
圓首 白氏 續648
圓恕 白氏 續648
圓昭 白氏 續648
圓照 本朝 正616
圓象 文選 正347
圓城寺 本朝 正616
圓精 文選 正347
圓折 文選 正347
圓扇 文選 正347
圓通 本朝 正616
圓波 文選 正347
圓扉 文選 正347
圓扉 本朝 正616
圓府 文選 正347
圓淵 文選 正347
圓文 文選 正347
圓方 文選 正347
圓方 白氏 續648
圓明 本朝 正616
圓明 白氏 續648
圓明房 本朝 正616
圓門 文選 正347
圓融 本朝 正616
圓融院 本朝 正616
圓融院 枕冊 正785
圓流 文選 正347
圓滿 本朝 正616
圓滿す 法華 正425
圓滿す 本朝 正616
圓滿忍 白氏 續648
圓盞 白氏 續648
圓覺達摩 白氏 續648
圓轉 白氏 續648
圓轉す 白氏 續648
圓靈 文選 正347
圓顱 本朝 正616
圓教 白氏 續648
園廬 文選 正347
圜土 白氏 續648
圜闕 文選 正347
婉 文選 正347
婉嫕 文選 正347
婉す 文選 正347
婉順 本朝 正616
婉軟 白氏 續648
婉娩 白氏 續648
婉約 文選 正347
婉麗 白氏 續648
婉婉 文選 正347
婉媚 文選 正347
婉孌す 文選 正347
婉轉 遊仙 正96
婉轉 文選 正347
婉轉 本朝 正616
婉轉す 文選 正347
婉孌 文選 正347
婉孌 白氏 續648
婉蟬す 文選 正347
宛 本朝 正616
宛屈 本朝 正616
宛魂 本朝 正616
宛者 本朝 正616
宛伏 文選 正347
宛牢 本朝 正616
爰居 文選 正347
爰絲 文選 正347
蜿虹 文選 正348
蜿蜿 白氏 續649
袁 文選 正347
袁安 白氏 續649
袁右丞 白氏 續649
袁家 文選 正347
袁幹 白氏 續649
袁公 文選 正347
袁公 白氏 續649
袁高 白氏 續649
袁山松 本朝 正616
袁司空 本朝 正616
袁司徒 本朝 正616

袁氏　本朝　正616
袁滋　白氏　續649
袁州　白氏　續649
袁州司場　白氏　續649
袁州府君　白氏　續649
袁術　文選　正347
袁尚　文選　正347
袁紹　文選　正347
袁生　文選　正347
袁相　白氏　續649
袁太尉　文選　正347
袁彦伯　文選　正347
袁彦伯　白氏　續649
袁本初　文選　正347
袁門　白氏　續649
袁諭　文選　正347
袁陽源　文選　正347
袁渙　文選　正347
袁熙　文選　正347
袁粲　文選　正347
袁絲　文選　正347
袁綺　文選　正347
袁譚　文選　正347
轅生　文選　正348
轅馬　文選　正348
轅門　本朝　正616
轅門　白氏　續650
轅輪　白氏　續650
閻浮提　白氏　續650
晼晩　文選　正348
猨鳥　白氏　續649
猨峽　白氏　續649
猨猴　文選　正348
猨狖　文選　正348
猨蜼　文選　正348
琬琰　文選　正348
菀　文選　正348
菀柳　文選　正348
菀柳　本朝　正616
菀囿　本朝　正616
踠す　文選　正348
踠踠　文選　正348
鵷群　本朝　正616
鵷行　白氏　續650
鵷鷺　白氏　續650
鵷雛　白氏　續650
鵷鶴　白氏　續650
鵷鸞　白氏　續650
鵷鶵　文選　正348
鷰鷰　白氏　續650

【を】

をはり法師　宇津　正727
烏　白氏　續650
烏椑　文選　正349
烏獲　文選　正349
烏兎　白氏　續650
烏弋　文選　正349
烏滸　文選　正349
烏鵲　遊仙　正96
於赫　文選　正349
於穆　文選　正349
於邑す　文選　正349
於陵　文選　正349
於陵　白氏　續650
於陵子　文選　正349
於潛　白氏　續650
於菟　文選　正349
汚溝　白氏　續650
汚辱　文選　正348
汚辱す　文選　正349
汚澄　本朝　正616
汚隆　文選　正349
汚萊　白氏　續650
汚萊す　白氏　續650
嗚咽　白氏　續650
嗚咽す　文選　正348
嗚咽す　白氏　續650
嗚咽流涕　白氏　續650
嗚嗚　文選　正348
嗚嗚　白氏　續650
嗚嗚す　文選　正348
嗚唈す　文選　正348
汙辱　文選　正348
汙池　文選　正348
汙隆す　文選　正348
汙瀆　文選　正348
洿塗　文選　正349
鄔　文選　正349
鄔達干等　白氏　續650
翁　白氏　續650
擁護す　法華　正425
甕　文選　正349
甕　白氏　續650
甕間　白氏　續650
甕中　白氏　續650
甕頭　白氏　續650
甕牖　文選　正349
蓊茸　遊仙　正96
蓊鬱　白氏　續650
教へ様　枕冊　正785
男主　枕冊　正785
男踏歌　源氏　正856
折り格子　枕冊　正785
怨　本朝　正616
怨憎會苦　法華　正425
怨敵　法華　正425
怨氣　本朝　正616
遠離　法華　正425
遠離す　法華　正425
恩　白氏　續650
恩愛　白氏　續650
恩渥　白氏　續650
恩意　白氏　續650
恩加す　白氏　續650
恩外　白氏　續650
恩寄　白氏　續650
恩輝　白氏　續650
恩結　白氏　續650
恩光　白氏　續650

恩幸	白氏	續650
恩私	白氏	續650
恩賜す	白氏	續650
恩赦	白氏	續650
恩讐	白氏	續650
恩情	白氏	續650
恩信	白氏	續650
恩制	白氏	續650
恩勢	白氏	續650
恩貸	白氏	續650
恩寵	白氏	續650
恩難	白氏	續650
恩波	白氏	續650
恩分	白氏	續650
恩令	白氏	續650
恩奬	白氏	續650
恩榮	白氏	續650
恩澤	白氏	續650
恩禮	白氏	續650
恩德	白氏	續650
恩德寺	白氏	續650
恩德洞	白氏	續650
温	文選	正349
温	白氏	續650
温(人名)	文選	正349
温(人名)	白氏	續650
温渥	文選	正349
温液	文選	正349
温温	文選	正349
温温	白氏	續651
温温郁郁	白氏	續651
温雅	文選	正349
温雅	白氏	續651
温顏	白氏	續651
温恭	文選	正349
温恭	白氏	續651
温恭信厚	白氏	續651
温敬忠實	白氏	續651
温胡	文選	正349
温厚靜專	白氏	續651
温室	文選	正349
温室	白氏	續651
温樹	白氏	續651
温柔	白氏	續651
温柔す	文選	正349
温柔敦厚	白氏	續651
温重	白氏	續651
温重明正	白氏	續651
温淳	文選	正349
温潤	文選	正349
温潤	白氏	續651
温尚書	白氏	續651
温色	白氏	續651
温水	白氏	續651
温清	白氏	續651
温席	白氏	續651
温泉	文選	正349
温泉	白氏	續651
温然	白氏	續651
温造	白氏	續651
温太眞	文選	正349
温谷	文選	正349
温谷	白氏	續651
温暖	白氏	續651
温酎	文選	正349
温酎	白氏	續651
温調	文選	正349
温直	文選	正349
温天	白氏	續651
温湯	白氏	續651
温等	白氏	續651
温如	白氏	續651
温敏	文選	正349
温敏靜專	白氏	續651
温瓶	白氏	續651
温風	文選	正349
温風	白氏	續651
温飽	白氏	續651
温房	文選	正349
温明	文選	正349
温裕端明	白氏	續651
温涼	文選	正349
温涼	白氏	續651
温良	文選	正349
温良冲淡	白氏	續651
温麗	文選	正349
温會等	白氏	續651
温飭	文選	正349
温惠	白氏	續651
温暾	白氏	續651
温汾	文選	正349
温燠	文選	正349
温爐	白氏	續651
温禺	文選	正349
温莊潔白	白氏	續651
温堯卿等	白氏	續651
温嶠	文選	正349
冤霊	本朝	正616
吁	文選	正349
瘟	白氏	續651
穩臥す	白氏	續651
穩快	白氏	續651
穩枝	白氏	續651
穩事	白氏	續651
穩善	白氏	續651
穩暖	白氏	續651
穩馬	白氏	續651
穩平	白氏	續651
穩便	白氏	續651
穩處	白氏	續651
穩煖	白氏	續651
膃腯	遊仙	正96
慍	白氏	續650
氳氳	白氏	續650
熅	白氏	續651
熅等	白氏	續651
縕緒	文選	正349
轀輬車	文選	正349
女の裝束	宇津	正727
女一のみこ	宇津	正727

女一の宮　宇津　正727
女一宮　源氏　正856
女絵　枕冊　正785
女絵とも　源氏　正856
女五宮　宇津　正727
女三の宮　宇津　正727
女三宮　源氏　正856
女大饗　宇津　正727
女二の宮　源氏　正856
女樂　源氏　正856
女繪　蜻蛉　正750

【意味不明語】

うかんるり　竹取　正637
さうし　竹取　正637
わうけい　竹取　正637

和文系索引

見出し	出典	所在頁

【あ】

あかしの入道	源氏	正840
あがたの院	蜻蛉	正747
あしろ屛風	源氏	正840
あふみの掾	宇津	正708
あまかつ様のもの	源氏	正840
ありとほしの明神	枕冊	正776
あり様	宇津	正708
あり様	源氏	正840
あり様	蜻蛉	正747
阿修羅	宇津	正708
阿難	源氏	正840
阿彌陀	源氏	正840
阿彌陀の大呪	枕冊	正776
阿彌陀の大呪	源氏	正840
阿彌陀の峯	枕冊	正776
阿彌陀ほとけ	源氏	正840
阿彌陀三昧	宇津	正708
阿闍梨	宇津	正708
阿闍梨	枕冊	正776
阿闍梨	源氏	正840
阿闍梨たち	源氏	正840
阿闍梨とも	源氏	正840
按察使	宇津	正708
按察使	源氏	正840
按察使のきみ	宇津	正708
按察使の君	源氏	正840
按察使の大納言	蜻蛉	正747
按察使大納言	源氏	正840
按察使殿	蜻蛉	正747
案内する	蜻蛉	正747
網代屛風	蜻蛉	正747
網代屛風	枕冊	正776
閼伽	源氏	正840
閼伽杯	源氏	正840
愛	宇津	正708
愛敬	宇津	正708
愛敬	枕冊	正776
愛敬	源氏	正840
愛敬つき	宇津	正708
愛敬つき	枕冊	正776
愛敬つき	源氏	正840
愛敬なけ	源氏	正840
愛敬なし	枕冊	正776
愛敬なし	源氏	正840
愛敬をくれ	枕冊	正776
愛子	宇津	正708
愛子とも	宇津	正708
愛執	源氏	正840
御愛敬	源氏	正840
御愛子	宇津	正708
奥いか	枕冊	正776
奥なかり	蜻蛉	正747
奥なく	源氏	正840
奥より	枕冊	正776
奥よる	宇津	正708
奥寄り	蜻蛉	正747
奥寄り	源氏	正840
鸚鵡	宇津	正708
鸚鵡	枕冊	正776
赤袈裟	枕冊	正776
悪	宇津	正708
悪毒	宇津	正708
悪念	宇津	正708
悪魔国	宇津	正708
悪靈	源氏	正840
朝座	源氏	正840
幄	宇津	正708
幄ども	宇津	正708
幄ら	宇津	正708
遊び興じ	宇津	正708
扇拍子	宇津	正708
襖子	宇津	正708
青磁	枕冊	正776
安祥寺	伊勢	正649
按す	竹取	正635
按する	源氏	正840
案	伊勢	正649
案	源氏	正840
案内	宇津	正708
案内	枕冊	正776
案内	源氏	正840
案内し	宇津	正708
案内し	源氏	正840
案内す	枕冊	正776

【い】

いか様	宇津	正708
いか様	蜻蛉	正747
いか様	枕冊	正776
いか様	源氏	正840
いせの御	源氏	正840
いつもの權のかみときかたの朝臣	源氏	正840
いはもる中將	源氏	正840
いひ調ぜ	宇津	正708
いま一番	宇津	正708
いま内裏	枕冊	正776
いま様	源氏	正840
いま様いろ	源氏	正840
いま様たち	源氏	正840
いま様色	宇津	正708
いよの御封	宇津	正708
御いのりの師	源氏	正840
御いのりの師とも	源氏	正840
御いま様色	宇津	正708
衣架	宇津	正708
一向	源氏	正840
倚子	枕冊	正776
倚子	源氏	正840
右將軍	源氏	正840
優	竹取	正635
優	宇津	正708
優	枕冊	正776

優 源氏 正840
有職 宇津 正708
有職 源氏 正840
有職とも 源氏 正840
有用 宇津 正708
遊子 枕冊 正776
遊猟し 宇津 正708
筏師 宇津 正708
石伏様 源氏 正840
一 宇津 正708
一 枕冊 正776
一のかみ 宇津 正708
一のとねり 宇津 正708
一のひゞき 宇津 正708
一のみこ 宇津 正708
一のみこ 源氏 正840
一のみこの女御 源氏 正840
一のめ 宇津 正708
一のもの 宇津 正708
一の宮 宇津 正708
一の宮 源氏 正840
一の橋 枕冊 正776
一の口 枕冊 正776
一の后 宇津 正708
一の国 枕冊 正776
一の才 宇津 正708
一の才 源氏 正840
一の車 宇津 正708
一の車 枕冊 正776
一の所 枕冊 正776
一の所 源氏 正840
一の女御 宇津 正708
一の人 宇津 正708
一の人 枕冊 正776
一の棚 枕冊 正776
一の内親王 宇津 正708
一の拍 宇津 正708
一の舞 枕冊 正776
一の物 源氏 正840
一の對 宇津 正708
一院 宇津 正708
一院 源氏 正840
一院の上 宇津 正708
一王 宇津 正708
一期 宇津 正708
一具 宇津 正708
一具 源氏 正840
一月 宇津 正708
一月 枕冊 正776
一合 宇津 正708
一尺 源氏 正840
一丈 宇津 正708
一丈はかり 枕冊 正776
一乗の法 枕冊 正776
一条 源氏 正840
一条の宮 源氏 正840
一世 源氏 正840
一生 竹取 正635
一石 宇津 正708
一石四斗七升 宇津 正708
一男 宇津 正708
一帖 源氏 正840
一町 蜻蛉 正747
一度 宇津 正708
一二 宇津 正708
一二の宮 宇津 正708
一二の對 宇津 正708
一二の對 源氏 正840
一二石 宇津 正708
一二丁 宇津 正708
一二斗 宇津 正708
一二年 宇津 正708
一二万丁 宇津 正708
一日 宇津 正708
一日 枕冊 正776
一日一夜 源氏 正840
一年 宇津 正708
一念 源氏 正840
一番 宇津 正708
一番 枕冊 正776
一品宮 源氏 正840
一部 源氏 正840
一分 宇津 正708
一文字 土左 正659
一枚 宇津 正708
一万恒沙 宇津 正708
一夜 宇津 正708
一條 宇津 正708
一條 枕冊 正776
一條にしの對の君 宇津 正708
一條のおほきおとと 蜻蛉 正747
一條のかた 宇津 正708
一條の太政のおとと 蜻蛉 正747
一條の太政のおととの少將 蜻蛉 正747
一條院 枕冊 正776
一條殿 宇津 正708
一條殿 枕冊 正776
一階 宇津 正708
一向 宇津 正708
一枝 枕冊 正776
一尺 宇津 正708
一尺 枕冊 正776
一尺五寸 宇津 正708
一尺二寸 宇津 正708
一尺余 枕冊 正776
一寸 宇津 正708
一寸 枕冊 正776
一世の源氏 宇津 正708
一生 宇津 正708
一切經 宇津 正708
一切經 枕冊 正776
一切經供養せ 枕冊 正776
一束 宇津 正708
一天下 宇津 正708
一斗 宇津 正708

一斗五升　宇津　正708
一疋　宇津　正708
一品の宮　枕冊　正776
五具　宇津　正708
五日の菖蒲　枕冊　正776
五文字　源氏　正840
逸物　宇津　正708
壹越調　源氏　正840
言ひ期し　枕冊　正776
家の御集　宇津　正708
家集ども　宇津　正708
今上一の宮　枕冊　正778
今様　宇津　正708
今様　枕冊　正776
今様　蜻蛉　正747
印　源氏　正841
因縁　宇津　正709
淫欲　宇津　正709
韻　宇津　正709

【う】

うせ様　宇津　正709
うたの尉　宇津　正709
うちのくらの尉　宇津　正709
うちの院　蜻蛉　正747
うちの院　源氏　正841
うぢの院　宇津　正709
うちの具　宇津　正709
うちの女御　宇津　正709
うち怨し　蜻蛉　正747
うち怨し　源氏　正841
うち化粧し　宇津　正709
うち化粧し　源氏　正841
うち気色はめ　枕冊　正777
うち具し　宇津　正709
うち具し　源氏　正841
うち屈し　蜻蛉　正747
うち屈し　枕冊　正777
うち散樂ひ　枕冊　正777
うち請ず　蜻蛉　正747
うち騒動き　源氏　正841
うち調し　枕冊　正777
うち氣色はみ　源氏　正841
うち瑩じ　宇津　正709
うち裝束き　枕冊　正777
うち裝束き　源氏　正841
うち誦し　枕冊　正777
うち誦し　源氏　正841
うち誦じ　宇津　正709
うち誦しなし　源氏　正841
うぶ屋裝束　宇津　正709
うへの五節　源氏　正841
うへの女房　枕冊　正777
うへの女房　源氏　正841
うへの女房たち　枕冊　正777
うへの命婦　源氏　正841
上雜仕　枕冊　正777
右衛門　枕冊　正777
右衛門のすけ　源氏　正841
右衛門の尉　枕冊　正777
右衛門佐信賢　枕冊　正777
右衛門督　源氏　正841
右京のかみ　源氏　正841
右近　伊勢　正649
右近　宇津　正709
右近　枕冊　正776
右近　源氏　正841
右近のくらん　宇津　正709
右近のくら人の將監　源氏　正841
右近のこきみ　宇津　正709
右近のさねよりの中將　宇津　正709
右近のつかさ　源氏　正841
右近のむまづかさ　宇津　正709
右近のめのと　宇津　正709
右近の尉　宇津　正709
右近の君　源氏　正841
右近の君こそ　源氏　正841
右近の少將　宇津　正709
右近の陣　宇津　正709
右近の陣　枕冊　正776
右近の陣　源氏　正841
右近の政官　枕冊　正776
右近の大夫　源氏　正841
右近の中將　宇津　正709
右近の内侍　枕冊　正776
右近の將監　宇津　正709
右近の將監　源氏　正841
右近の將監のくら人　源氏　正841
右近君　宇津　正709
右近大將　宇津　正709
右近中將　枕冊　正776
右近中將　源氏　正841
右大臣　竹取　正635
右大臣　宇津　正709
右大臣　源氏　正841
右大臣の女御　源氏　正841
右大臣殿　宇津　正709
右大臣殿　源氏　正841
右大弁　宇津　正709
右大弁　源氏　正841
右大弁のきみ　宇津　正709
右大弁のとの　宇津　正709
右大弁の君　源氏　正841
右大將　伊勢　正649
右大將　宇津　正709
右大將　源氏　正841
右大將のあそん　宇津　正709
右大將のおとど　宇津　正709
右大將のぬし　宇津　正709
右大將の君　宇津　正709
右大將の君　源氏　正841
右大將殿　宇津　正709

右大將殿　源氏　正841
右大將殿御方　宇津　正709
右中弁　宇津　正709
右中弁　源氏　正841
右中將　源氏　正841
右馬のかんのきみ　蜻蛉　正747
右兵衛　蜻蛉　正747
右兵衛たゝきみ　枕冊　正777
右兵衛尉　宇津　正709
右兵衛佐　枕冊　正777
右兵衛督　源氏　正841
右衛門のかみ　宇津　正709
右衛門の尉　宇津　正709
右衛門佐　宇津　正709
右衛門佐のきみ　宇津　正709
右衛門大夫　宇津　正709
宇多の法師　源氏　正841
宇陀の法師　枕冊　正776
烏胡麻　宇津　正709
優曇華　竹取　正635
優曇華　宇津　正709
優曇華　源氏　正841
優婆塞　宇津　正709
優婆塞　源氏　正841
有心　宇津　正709
有心すき　枕冊　正776
有心者　宇津　正709
于公　枕冊　正776
浮紋　枕冊　正776
浮紋　源氏　正841
薄紅梅　源氏　正841
薄香　宇津　正709
薄蘇芳　宇津　正709
薄蘇枋　源氏　正841
薄様　宇津　正709
薄様　源氏　正841
薄様たち　源氏　正841
薄様　蜻蛉　正747
薄毯　源氏　正841
薄紅梅　枕冊　正776
薄様　枕冊　正776
歌絵　源氏　正841
内曹司　宇津　正709
上の判官　枕冊　正777
呻き誦し　枕冊　正777
運　宇津　正709
雲林院　蜻蛉　正747
雲林院　枕冊　正777
雲林院　源氏　正841
温明殿　源氏　正841
繧繝縁　枕冊　正776

【え】

ゑせ受領　源氏　正841
衣裳　宇津　正709
衣被のか　源氏　正841
衣被被香　源氏　正841
烏帽子　枕冊　正777
烏帽子　源氏　正841
緣　源氏　正841
褭衣　宇津　正709
詠　源氏　正841
榮花　伊勢　正649
榮華　源氏　正841
榮耀さかし　宇津　正709
纓　枕冊　正777
纓　源氏　正841
御要　宇津　正709
要　宇津　正709
要　蜻蛉　正747
要し　竹取　正635
要し　源氏　正841
要じ　宇津　正709
要なし　伊勢　正649
緣　宇津　正709
纓　蜻蛉　正747
縁　蜻蛉　正747
宴　宇津　正709
宴の松原　宇津　正709
延喜　源氏　正841
延命息災　宇津　正709
緣　竹取　正635
緣　宇津　正709
艶　宇津　正709
艶　枕冊　正777
艶　源氏　正841
艶かりおはする　源氏　正841
艶け　源氏　正841
艶たち　枕冊　正777
艶たち　源氏　正841
艶たちゐ　源氏　正841
莚道　枕冊　正777
緣　伊勢　正649
緣　枕冊　正777

【お】

おちくほの少將　枕冊　正777
おほき大將殿　宇津　正709
おほくらの大夫(たいふ)　源氏　正841
おほし屈し・せ　源氏　正841
おほし念し　源氏　正841
おほ君四位　源氏　正841
おほ君氣色　源氏　正841
おもひ屈し　源氏　正841
おもひ屈す　宇津　正709
おもひ困し　源氏　正841
おもひ困じ　宇津　正709
おもひ念し　源氏　正841
おもほし屈し　宇津　正709
おもほし屈す　宇津　正709
御おとゝにうと入道　宇津　正709
御佛名　枕冊　正777
老学問　宇津　正709

老御たち　源氏　正841
老法師　枕冊　正777
老法師　源氏　正841
大柑子　宇津　正709
大蔵卿　宇津　正709
大蔵史生　宇津　正709
公様　宇津　正709
臆しかち　源氏　正841
臆す　源氏　正841
臆せ　宇津　正709
臆せ　枕冊　正777
怖ち困し　源氏　正841
驚き興し　枕冊　正777
大殿の四位の少將　枕冊　正777
大篳篥　源氏　正841
大藏卿　枕冊　正777
大藏卿　源氏　正841
御様　宇津　正709
面様　源氏　正841
思ひ屈し　枕冊　正777
飲食　宇津　正709
陰陽　宇津　正709
陰陽師　伊勢　正649
陰陽師　宇津　正709
陰陽師　枕冊　正777
陰陽師　源氏　正841
陰陽師とも　源氏　正841
陰陽師文　宇津　正709
陰陽頭　宇津　正709
恩　宇津　正709
恩　源氏　正841
恩賜　源氏　正841
御恩　宇津　正709
音聲樂　宇津　正709
御はゝ女御　枕冊　正777
御学問　枕冊　正777
御冊子　枕冊　正777
御散樂言　枕冊　正777
御宿世　枕冊　正777
御消息　枕冊　正777
御節句　枕冊　正777
御弟子　枕冊　正777
御導師　枕冊　正777
御琵琶　枕冊　正777
御服　枕冊　正777
御物の怪　枕冊　正777
御様　枕冊　正777
御用意　枕冊　正777
御佛供　枕冊　正777
御氣色　枕冊　正777
御經　枕冊　正777
御裝束　枕冊　正777
御屛風　枕冊　正777

【か】

かい具し　宇津　正709
かう様　蜻蛉　正747
かたのゝ少將　枕冊　正777
かたのゝ少將　源氏　正842
かつらの院　源氏　正842
かほる中將　源氏　正842
からの地　源氏　正842
からの百歩の薫衣香　源氏　正842
かれ困じ　宇津　正710
か様　枕冊　正777
か様　源氏　正842
か様　宇津　正710
か様　蜻蛉　正747
かう様　源氏　正842
御伽陵頻伽のこゑ　源氏　正842
加階　宇津　正710
加階　源氏　正842
加階し　宇津　正710
加階し　源氏　正842
加持　宇津　正710
加持　蜻蛉　正747
加持　枕冊　正777
加持　源氏　正842
加持し　宇津　正710
加持し　源氏　正842
加持す　蜻蛉　正747
加持す　枕冊　正777
加持僧　源氏　正842
御加持　源氏　正842
歌頭　源氏　正842
荷葉　源氏　正842
迦葉　源氏　正842
賀　伊勢　正649
賀　宇津　正709
賀　蜻蛉　正747
賀　源氏　正841
賀皇恩　源氏　正842
御賀　宇津　正709
御賀　蜻蛉　正747
御賀　源氏　正841
降魔　源氏　正842
戒　源氏　正841
海仙樂　源氏　正841
海賊　土左　正659
海賊　源氏　正841
海賦　宇津　正709
海部　源氏　正841
海龍王　源氏　正841
害　宇津　正709
害する　宇津　正709
害せ　竹取　正635
み格子　宇津　正709
み格子　源氏　正842
み格子とも　源氏　正842
み格子まいり　源氏　正842
み格子まゐりわたし　源氏　正842
格子　竹取　正635
格子　宇津　正709
格子　蜻蛉　正747
格子　枕冊　正777
格子　源氏　正842

格子とも　枕冊　正777
勘事　蜻蛉　正747
柑子　宇津　正709
柑子　源氏　正842
強盗　枕冊　正777
警策　源氏　正842
庚申　宇津　正710
庚申　源氏　正842
庚申し　宇津　正710
庚申せ　枕冊　正777
更衣　宇津　正709
更衣　源氏　正841
更衣たち　源氏　正841
更衣はら　源氏　正841
更衣腹　宇津　正709
校書殿　宇津　正710
考定　枕冊　正777
御講　宇津　正709
講　伊勢　正649
講　宇津　正709
講　枕冊　正777
講し　源氏　正842
講しはて　源氏　正842
講ず　宇津　正710
講師　土左　正659
講師　宇津　正710
講師　枕冊　正777
講師　源氏　正842
講師す　宇津　正710
講書　宇津　正710
講説　宇津　正710
香　宇津　正709
香　蜻蛉　正747
香　枕冊　正777
香　源氏　正841
香とも　源氏　正841
香水　宇津　正710
香染　枕冊　正777
香染　源氏　正842
香壺　源氏　正841
香爐峯　枕冊　正777
高巾子　源氏　正841
高座　枕冊　正777
高名　枕冊　正777
高欄　宇津　正710
高欄　蜻蛉　正747
高欄　枕冊　正777
高欄　源氏　正842
高麗　宇津　正710
高麗　枕冊　正777
高麗端　枕冊　正777
豪家　宇津　正709
豪家　源氏　正841
廣陵　源氏　正842
学士　宇津　正710
学生　宇津　正710
学生　源氏　正842
学生ども　宇津　正710
学生ら　宇津　正710
学問　宇津　正710
学問　源氏　正842
学問せ　宇津　正710
学問料　宇津　正710
御学問　宇津　正710
御学問　源氏　正842
楽し　宇津　正710
楽屋　宇津　正710
楽衆ども　宇津　正710
楽所　宇津　正710
楽所ども　宇津　正710
楽人　宇津　正710
楽人ども　宇津　正710
御樂　宇津　正710
樂　宇津　正710
樂器ども　宇津　正710
客　枕冊　正777
脚病　宇津　正710
樂　蜻蛉　正747
樂　枕冊　正777
樂　源氏　正842
樂とも　源氏　正842
樂屋　源氏　正842
樂所　源氏　正842
樂人　源氏　正842
樂人とも　源氏　正842
懸盤　枕冊　正777
懸盤　源氏　正842
懸盤とも　枕冊　正777
飾り装束き　宇津　正710
畏り勘事　枕冊　正777
固紋　蜻蛉　正747
固紋　枕冊　正777
片文字　枕冊　正777
喝食　宇津　正710
合子　枕冊　正777
返さひ奏し　源氏　正842
顔様　源氏　正842
顔様　宇津　正710
紙絵　源氏　正842
神なりの陣　枕冊　正777
勘当　竹取　正635
唐絵　枕冊　正777
唐楽　宇津　正710
唐小紋　源氏　正842
唐色紙　源氏　正842
唐浮線陵　源氏　正842
唐本なと　源氏　正842
唐綺　源氏　正842
狩衣装束　宇津　正710
狩装束　宇津　正710
狩装束　枕冊　正777
勘し　源氏　正842
勘ぜ　宇津　正710
勘事　宇津　正710
勘事　源氏　正842
勘事し　源氏　正842
勘当　源氏　正842
勘当せ　源氏　正842
勘當　宇津　正710
勘當　蜻蛉　正747

勘當し　宇津　正710
勘當す　蜻蛉　正747
御勘事　源氏　正842
感　宇津　正710
感し　枕冊　正777
感し　源氏　正842
感じ　宇津　正710
閑院の大政大臣の女御　枕冊　正777
坎日　源氏　正842
巫様　源氏　正842
酣醉樂　源氏　正842

【き】

きたの院　源氏　正842
きたの廊　宇津　正710
きたの對　宇津　正710
きたの對　源氏　正842
きつねこたま様　源氏　正842
きつねなと様　源氏　正842
き困ず　蜻蛉　正747
喜春樂　源氏　正842
器用　宇津　正710
忌　源氏　正842
忌月　源氏　正842
忌日　蜻蛉　正747
忌日　源氏　正842
御忌月　源氏　正842
御忌日　源氏　正842
畿内　宇津　正710
祈願し　宇津　正710
季の御読經　枕冊　正777
儀式　宇津　正710
儀式　蜻蛉　正747
儀式　枕冊　正777
儀式　源氏　正842
儀式官　源氏　正842
御儀式　源氏　正842
宜陽殿　枕冊　正778
宜陽殿　源氏　正842
擬しあひ　宇津　正710
擬生　宇津　正710
擬生　源氏　正842
擬生衆　宇津　正710
義　源氏　正842
桔梗　源氏　正842
桔梗色　宇津　正710
桔梗　枕冊　正777
碁聖　源氏　正842
碁聖大徳　源氏　正842
み几帳　源氏　正842
み几帳とも　源氏　正842
御几帳　宇津　正710
几帳　宇津　正710
几帳　蜻蛉　正747
几帳　枕冊　正777
几帳　源氏　正842
几帳こし　源氏　正842
几帳とも　蜻蛉　正747
几帳とも　枕冊　正777
几帳とも　源氏　正842
几帳ども　宇津　正710
綺　宇津　正710
綺　源氏　正842
九尺　宇津　正710
九十　宇津　正710
九寸のくろ　宇津　正710
九日　土左　正659
九番　宇津　正710
毬杖　宇津　正710
聞き困し　源氏　正842
菊　伊勢　正649
菊　宇津　正710
菊　蜻蛉　正747
菊　枕冊　正777
菊　源氏　正842
菊の宴　宇津　正710
菊園　宇津　正710
白菊　伊勢　正649
北の陣　枕冊　正777
北の陣　源氏　正842
北野ゝ三位　枕冊　正777
吉祥天女　宇津　正710
吉祥天女　源氏　正842
及第　源氏　正842
及第し　宇津　正710
急　宇津　正710
急　枕冊　正777
急　源氏　正842
急用　宇津　正710
京　伊勢　正649
京　土左　正659
京　宇津　正710
京　蜻蛉　正747
京　枕冊　正777
京　源氏　正842
京くそたち　宇津　正710
京びと　宇津　正710
京わらはべ　宇津　正710
京極　宇津　正710
京極どの　宇津　正710
京極わたり　源氏　正842
京極殿　枕冊　正777
京人　源氏　正842
西の京　伊勢　正649
卿の君　宇津　正710
鏡臺　源氏　正842
饗　宇津　正710
饗　源氏　正842
饗応し　枕冊　正778
經　宇津　正710
經ども　宇津　正710
警策　宇津　正710
行　宇津　正710
行基菩薩　蜻蛉　正747
行敬　枕冊　正777
行幸　宇津　正710
行幸　蜻蛉　正747
行幸　枕冊　正777

行幸　源氏　正842
行幸し　宇津　正710
行幸す　伊勢　正649
行香　源氏　正842
行事　宇津　正710
行事す　宇津　正710
行事する　枕冊　正777
行事の藏人　枕冊　正777
行道する　源氏　正842
御經　源氏　正842
御經佛　源氏　正842
經　蜻蛉　正747
經　枕冊　正777
經　源氏　正842
經供養　枕冊　正777
經箱　源氏　正842
經佛　源氏　正842
御輕服　源氏　正842
輕々　源氏　正842
客　宇津　正710
御衣　源氏　正842
御題　枕冊　正778
清水觀觀音　源氏　正842
興　宇津　正710
興　枕冊　正778
興さかし　宇津　正710
興し　枕冊　正778
興じあはせ　宇津　正710
興しめで　宇津　正710
興し笑ふ　枕冊　正778
興事　宇津　正710
桐壺更衣　源氏　正842
琴　宇津　正710
琴　枕冊　正778
琴　源氏　正842
琴のこと　宇津　正710
琴のこと　源氏　正842
琴の御こと　宇津　正710
琴の御こと　枕冊　正778
琴の御こと　源氏　正842
御琴　源氏　正842
金　宇津　正710
公任の君　枕冊　正778

【く】

くら人の佐衛門の尉　源氏　正843
くら人の少將　源氏　正843
くら人の少將の君　源氏　正843
くら人の頭　宇津　正711
くら人の頭　蜻蛉　正747
くら人の兵衛のすけ　源氏　正843
宮中　源氏　正843
宮内　宇津　正711
宮内のかねみのあそん　宇津　正711
宮内卿　伊勢　正649
宮内卿　宇津　正711
宮内卿のとの　宇津　正711
宮内卿のぬし　宇津　正711
宮内卿の宰相　源氏　正843
宮内少輔　宇津　正711
供御　宇津　正711
供養　宇津　正711
供養し　宇津　正711
供養す　源氏　正843
供養法　源氏　正843
御供のもの　宇津　正711
九　宇津　正711
九のみこ　宇津　正711
九の君　宇津　正711
九月　宇津　正711
九月　蜻蛉　正747
九月　源氏　正843
九月かみの十日　宇津　正711
九月ついたち　蜻蛉　正747
九月つこもり　枕冊　正778
九月つこもり　源氏　正843
九月つごもり　宇津　正711
九月一日　宇津　正711
九月九日　宇津　正711
九月九日　枕冊　正778
九月七日　源氏　正843
九月十日　枕冊　正778
九月十日　源氏　正843
九月十余日　蜻蛉　正747
九月十余日　源氏　正843
九月廿日　宇津　正711
九月廿日　源氏　正843
九月廿余日　源氏　正843
九尺餘　源氏　正843
九十一月　枕冊　正778
九十月　蜻蛉　正747
九十月　源氏　正843
九条　源氏　正843
九人　宇津　正711
九寸　宇津　正711
九品　源氏　正843
九品蓮臺　枕冊　正778
九郎　宇津　正711
九條　伊勢　正649
九條錫杖　枕冊　正778
九條殿　宇津　正711
九條殿の女御殿の御方　蜻蛉　正747
句　伊勢　正649
句　宇津　正711
句　源氏　正843
句詩　源氏　正843
苦惱　枕冊　正778
ひき具し　竹取　正636
具　伊勢　正649
具　宇津　正711
具　枕冊　正778
具　源氏　正843
具し　竹取　正635
具し　宇津　正711

具し　蜻蛉　正747
具し　枕冊　正778
具し　源氏　正843
具し行け　蜻蛉　正747
具す　伊勢　正649
具とも　源氏　正843
具者　宇津　正711
御具　源氏　正843
御具とも　源氏　正843
屈し　源氏　正843
屈しいたく　蜻蛉　正747
屈しいたく　源氏　正843
屈しいたけ　源氏　正843
屈し果つ　蜻蛉　正747
薫衣香　源氏　正843
公卿　宇津　正711
公卿　蜻蛉　正747
公卿　源氏　正843
公卿たち　宇津　正711
功徳　宇津　正711
功徳　竹取　正636
功徳　枕冊　正778
功徳　源氏　正843
口舌　伊勢　正649
口舌　蜻蛉　正747
口舌のゝしり　宇津　正711
口伝　枕冊　正778
孔子　枕冊　正778
孔子　源氏　正843
孔雀　宇津　正711
孔雀經　宇津　正711
孔雀經　枕冊　正778
裙帯　枕冊　正778
醫師　源氏　正843
倶舎　枕冊　正778
功つき　源氏　正843
功づき　宇津　正711
薬師　宇津　正711
薬師ども　宇津　正711
薬師書　宇津　正711
口性なく　源氏　正843
口性なさ　源氏　正843
屈し　源氏　正843
訓　宇津　正711
願　竹取　正636
蔵人の源少將　宇津　正711
蔵人の式部の丞　宇津　正711
蔵人の少將　宇津　正711
蔵人の少將の君　宇津　正711
藏人兵衛佐　枕冊　正778
藏人弁　枕冊　正778
御黒方　源氏　正843
黒方　宇津　正711
黒方　源氏　正843
黒半臂　枕冊　正778
會稽　枕冊　正778
皇后宮権大夫　枕冊　正778
萱草　枕冊　正778
萱草　源氏　正843
萱草色　源氏　正843
冠者　源氏　正843
冠者の君　源氏　正843
勧学院　宇津　正711
巻数　枕冊　正778
巻數　源氏　正843
官のつかさ　枕冊　正778
官爵　源氏　正843
官人　伊勢　正649
官人　宇津　正711
官人　枕冊　正778
官人　源氏　正843
官人ごと　宇津　正711
官人とも　枕冊　正778
官人ども　宇津　正711
官位　宇津　正711
官人　竹取　正636
観音　宇津　正711
関白殿　枕冊　正778
願　伊勢　正649
願　土左　正659
願　宇津　正711
願　蜻蛉　正747
願　源氏　正843
願し　宇津　正711
願とも　源氏　正843
願ども　宇津　正711
願ふみ　源氏　正843
願ふみとも　源氏　正843
願書　宇津　正711
願文　宇津　正711
願文　枕冊　正778
願文　源氏　正843
御願　宇津　正711
御願　源氏　正843
御願とも　源氏　正843
御願文　源氏　正843
元三　枕冊　正778
元日　土左　正659
丱女　宇津　正711
灌仏　宇津　正711
灌佛　源氏　正843
觀音　源氏　正843
觀世音寺　源氏　正843
花足　源氏　正843
凶會日　枕冊　正778
玄蕃のすけ　宇津　正711
眷属　宇津　正711
眷属　源氏　正843
屈し　枕冊　正778
屈しいり　源氏　正843
屈し果て　蜻蛉　正747
薫衣香　宇津　正711

【け】

下向し　枕冊　正778
下衆　宇津　正711
下衆　蜻蛉　正748
下衆　枕冊　正778

下衆　源氏　正844
下衆おのこ　枕冊　正778
下衆ちか　蜻蛉　正748
下衆とも　蜻蛉　正748
下衆とも　枕冊　正778
下衆とも　源氏　正844
下衆下衆しく　源氏　正844
下衆女　枕冊　正778
下衆女　源氏　正844
下衆女とも　枕冊　正778
下人　宇津　正711
下人料　宇津　正711
下品　枕冊　正778
下臈　伊勢　正649
下臈　宇津　正711
下臈　枕冊　正778
下臈　源氏　正844
下臈さふらひ　源氏　正844
下臈法師　源氏　正844
化粧　竹取　正636
化粧　宇津　正711
化粧　源氏　正843
化粧し　枕冊　正778
化粧し　源氏　正843
化粧しくらし　源氏　正843
化粧しそふ　源氏　正843
化粧したて　枕冊　正778
化粧す　伊勢　正649
御化粧　宇津　正711
家司　宇津　正711
家司たち　宇津　正711
家司ども　宇津　正711
家子　竹取　正636
家礼　源氏　正844
家捐　源氏　正844
花文綾　宇津　正711
花文綾　源氏　正844
解文　枕冊　正778
解由　土左　正659
芥子　源氏　正843
芥子焼き　蜻蛉　正748
外記　宇津　正711
外戚　宇津　正711
外戚　源氏　正843
外題　宇津　正711
希有　宇津　正711
希有　源氏　正843
気色　竹取　正636
袈裟　宇津　正711
袈裟　蜻蛉　正747
袈裟　枕冊　正778
袈裟　源氏　正843
御袈裟　蜻蛉　正747
罫　源氏　正843
懸想　源氏　正843
懸想し　宇津　正711
懸想する　源氏　正843
懸想たち　源氏　正843
懸想はみ　源氏　正843
懸想ひ　源氏　正843
懸想人　宇津　正711
懸想人　枕冊　正778
懸想人　源氏　正843
懸想文　枕冊　正778
御懸想人　源氏　正843
検非違使　枕冊　正778
見参　宇津　正711
見参　源氏　正843
遣唐の大弁　宇津　正711
顕証　竹取　正636
顕証　枕冊　正778
顕證　源氏　正844
偈　源氏　正843
袈裟衣　枕冊　正778
夾算し　枕冊　正778
懈怠　宇津　正711
懈怠　蜻蛉　正748
懈怠　枕冊　正778
懈怠　源氏　正844
懈怠し　源氏　正844
み氣色　宇津　正711
御氣　源氏　正843
御氣色　伊勢　正649
御氣色　蜻蛉　正747
御氣色　源氏　正843
御氣色とも　源氏　正843
御氣色とり　源氏　正844
氣　蜻蛉　正747
氣　宇津　正711
氣　源氏　正843
氣うとく　源氏　正843
氣うとけ　源氏　正843
氣うとさ　源氏　正843
氣うとし　枕冊　正778
氣たかう　枕冊　正778
氣たかし　源氏　正843
氣ちかく　枕冊　正778
氣ちかく　源氏　正843
氣ちかさ　源氏　正843
氣とおく　源氏　正843
氣とほく　枕冊　正778
氣とをけ　源氏　正843
氣なつかしう　源氏　正843
氣にくく　枕冊　正778
氣にくく　源氏　正843
氣のほり　源氏　正843
氣上し　宇津　正711
氣色　伊勢　正649
氣色　土左　正659
氣色　宇津　正711
氣色　蜻蛉　正747
氣色　枕冊　正778
氣色　源氏　正843
氣色　源氏　正843
氣色たち　枕冊　正778
氣色たちゆるかし　枕冊　正778
氣色つき　源氏　正843
氣色とも　枕冊　正778
氣色とも　源氏　正843

氣色とり　源氏　正843
氣色はまし　源氏　正844
氣色はみ　枕冊　正778
氣色はみありき　源氏　正844
氣色はみおき　源氏　正844
氣色はみかへし　源氏　正844
氣色はみたて　蜻蛉　正747
氣色はみはしめ　源氏　正844
氣色はみよる　源氏　正844
氣色はむ　蜻蛉　正747
氣色はむ　源氏　正844
氣色ばむ　宇津　正711
氣色ふかう　源氏　正844
家司　源氏　正843
家司たつ　源氏　正843
家司とも　源氏　正843
兄弟　宇津　正711
啓し　源氏　正843
啓し直さ　枕冊　正778
啓す　宇津　正711
啓す　枕冊　正778
み敬命　宇津　正711
敬命　蜻蛉　正747
敬命し　蜻蛉　正747
敬命し　源氏　正843
敬命しあへ　源氏　正843
敬命しありく　源氏　正843
屐子　枕冊　正778
磬　宇津　正711
凶事　宇津　正710
教化　枕冊　正778
興　竹取　正636
興　源氏　正843
興し　源氏　正843
興じ　宇津　正710
興しあへ　源氏　正843
業　宇津　正711
交易　宇津　正711
交易す　宇津　正711
交雜し　源氏　正843
御孝　源氏　正843
孝　宇津　正711
孝　枕冊　正778
孝　源氏　正843
孝し　源氏　正843
孝ずる　宇津　正711
孝養　源氏　正843
掲焉　源氏　正844
結願　枕冊　正778
結願　源氏　正844
結緣　枕冊　正778
結緣　源氏　正844
結緣講する　枕冊　正778
闕　源氏　正844
闕さし　枕冊　正778
結願　宇津　正711
闕　宇津　正711
闕巡　宇津　正711
闕巡流　宇津　正711
御脇息　宇津　正711
御脇息　源氏　正844
脇士　源氏　正844
脇息　宇津　正711
脇息　蜻蛉　正748
脇息　源氏　正844
監　源氏　正844
兼行　宇津　正711
兼　宇津　正711
劵　宇津　正711
劵　源氏　正844
嫌疑　枕冊　正778
嫌疑　源氏　正844
懸想す　伊勢　正649
検見　蜻蛉　正748
検校す　宇津　正711
見所　源氏　正844
見所し　源氏　正844
見物　宇津　正712
顕証　蜻蛉　正748
おほん験　宇津　正711
み験　宇津　正711
験　宇津　正711
験　枕冊　正778
験　源氏　正844
験者　宇津　正711
験者　枕冊　正778
験者　源氏　正844
験者とも　源氏　正844
験方　源氏　正844
元服　源氏　正844
御元服　源氏　正844
源右大將殿　宇津　正711
源宰相　宇津　正711
源宰相かねたゝ　蜻蛉　正748
源宰相殿　宇津　正711
源三位　宇津　正712
源氏　宇津　正712
源氏　源氏　正844
源氏のおとゝ　源氏　正844
源氏のひかる君　源氏　正844
源氏の君　宇津　正712
源氏の君　源氏　正844
源氏の侍従　宇津　正712
源氏の大納言　蜻蛉　正748
源氏の大納言　源氏　正844
源氏の中納言　宇津　正712
源氏の中將　宇津　正712
源氏の中將　源氏　正844
源侍從　宇津　正712
源侍從　源氏　正844
源侍從の君　宇津　正712
源侍從の君　源氏　正844
源少納言　枕冊　正778
源少納言　源氏　正844
源少將　宇津　正712

源少將　源氏　正844
源少將法師　宇津　正712
源大納言殿　宇津　正712
源中納言　宇津　正712
源中納言　源氏　正844
源中納言のおとゞ　宇津　正712
源中納言君　宇津　正712
源中納言殿　宇津　正712
源中將　宇津　正712
源中將　蜻蛉　正748
源中將　枕冊　正778
源中將　源氏　正844
源中將のあそん　宇津　正712
源中將の君　宇津　正712
源内侍のすけ　源氏　正844
玄上　枕冊　正778
現　宇津　正711
現じ　宇津　正712
現形す　伊勢　正649
慳貪邪險　宇津　正712

【こ】

こと少將　源氏　正845
こと御調度　宇津　正712
こよみの博士　源氏　正845
これみつの宰相　源氏　正845
これみつ様　源氏　正845
期　伊勢　正649
期　宇津　正712
期　蜻蛉　正748
期　枕冊　正778
牛頭栴檀　源氏　正845
巾子　宇津　正712
古今　枕冊　正778
古今集　枕冊　正778
古今和哥集　源氏　正844
古集　宇津　正712
古集　源氏　正844
古代　蜻蛉　正748
古代　源氏　正845
古文　宇津　正713
古万葉集　源氏　正845
古老　源氏　正845
古樂　宇津　正712
子廟　枕冊　正779
故あまうへ　源氏　正844
故あまきみ　源氏　正844
故ありはらのなりひらの中將　土左　正659
故おとゝ　源氏　正844
故おとゝの院　源氏　正844
故おほとのゝ宮　源氏　正844
故かむの君　源氏　正844
故きさいの宮　源氏　正844
故これたかのみこ　土左　正659
故ちゝおとゝ　源氏　正845
故はゝ　源氏　正845
故はゝ宮すん所　源氏　正845
故ひめ君　源氏　正845
故みやす所　源氏　正845
故按察大納言　源氏　正844
故院　源氏　正845
故院のうへ　源氏　正845
故衛門督　源氏　正845
故宮　源氏　正845
故君　宇津　正712
故源侍從　宇津　正712
故御方　源氏　正844
故左大臣殿の女御　源氏　正844
故侍從　宇津　正712
故治部卿　宇津　正712
故治部卿のあそん　宇津　正712
故治部卿のおとゞ　宇津　正712
故治部卿のぬし　宇津　正712
故式部卿の宮　宇津　正712
故式部卿の宮　源氏　正844
故少貮　源氏　正845
故上　枕冊　正778
故上　源氏　正844
故人　源氏　正844
故前坊　源氏　正845
故僧都　源氏　正845
故太政大臣殿　宇津　正712
故大宮　源氏　正844
故大臣　宇津　正712
故大臣殿　宇津　正712
故大殿　源氏　正844
故大納言　源氏　正845
故大將殿　源氏　正845
故致仕のおとゝ　源氏　正845
故致仕のおほい殿　源氏　正845
故殿　枕冊　正779
故殿　源氏　正845
故入道の宮　源氏　正845
故八宮　源氏　正845
故兵部卿のみこ　源氏　正845
故北のかた　源氏　正844
故民部大輔　源氏　正845
故陽成院　蜻蛉　正748
故六條院　源氏　正845
故權大納言　源氏　正844
故權大納言の君　源氏　正844
胡　源氏　正844
胡のくに　宇津　正712
胡竹　蜻蛉　正748
胡蝶　宇津　正712

胡蝶　源氏　正845
胡蝶樂　蜻蛉　正748
胡粉　枕冊　正779
胡笳　宇津　正712
胡笳　源氏　正844
胡笳のしらべ　宇津　正712
五　宇津　正712
五の宮　宇津　正712
五の宮　源氏　正845
五の君　宇津　正712
五の君　源氏　正845
五位　宇津　正713
五位　枕冊　正779
五位　源氏　正845
五位とも　源氏　正845
五位のくら人　源氏　正845
五位の藏人　枕冊　正779
五位四位とも　源氏　正845
五戒　源氏　正844
五巻　源氏　正844
五貫　宇津　正712
五月　宇津　正712
五月　蜻蛉　正748
五月　源氏　正844
五月ついたち　枕冊　正778
五月なかの十日ごろ　宇津　正712
五月のつごもりの日　宇津　正712
五月の御精進　枕冊　正778
五月の節　枕冊　正778
五月五日　宇津　正712
五月五日　枕冊　正778
五穀　竹取　正636
五師　源氏　正844
五尺　竹取　正636
五尺　宇津　正712
五尺　枕冊　正778
五十　竹取　正636
五十　宇津　正712
五十荷　宇津　正712
五十具　源氏　正844
五十寺　源氏　正844
五十七八　源氏　正844
五十人　宇津　正712
五十八　源氏　正844
五十匹　宇津　正712
五十兩　竹取　正636
五十餘　宇津　正712
五丈　伊勢　正649
五常樂　宇津　正712
五条　源氏　正845
五色　竹取　正636
五色　土左　正659
五人　竹取　正636
五人　宇津　正712
五人　源氏　正845
五笥　宇津　正712
五寸　枕冊　正778
五石　宇津　正712
五節　宇津　正712
五節　枕冊　正778
五節　源氏　正845
五節の君　源氏　正845
五千　枕冊　正778
五大尊　枕冊　正779
五壇　源氏　正845
五斗　宇津　正712
五度　宇津　正712
五日　土左　正659
五年　宇津　正712
五百日　竹取　正636
五百疋　宇津　正713
五百枚　宇津　正713
五部　宇津　正713
五葉　宇津　正712
五葉　枕冊　正778
五葉　源氏　正844
五郎君　源氏　正845
五六　源氏　正845
五六の君　源氏　正845
五六宮　宇津　正713
五六月　枕冊　正779
五六尺　枕冊　正779
五六十人　源氏　正845
五六人　宇津　正713
五六人　枕冊　正779
五六人　源氏　正845
五六年　宇津　正713
五六年　源氏　正845
五六枚　源氏　正845
五條　伊勢　正649
五條　宇津　正712
五條の后　伊勢　正649
五條わたり　伊勢　正649
五經　源氏　正844
五體　宇津　正712
五體こめ　枕冊　正779
後院　宇津　正713
後宴　源氏　正844
後撰集　枕冊　正779
後前とも　枕冊　正779
後夜　蜻蛉　正748
後夜　枕冊　正779
後夜　源氏　正845
おほい御　土左　正659
御　土左　正659
御たち　伊勢　正649
御たち　宇津　正712
御たち　源氏　正844
御戒の師　源氏　正844
御監　宇津　正712
御器　宇津　正712
御器ども　宇津　正712
御御前　源氏　正845
御幸　宇津　正712
御国忌　源氏　正844
御座　枕冊　正778
御産　宇津　正712
御産　枕冊　正778

御所　枕冊　正778
御心次第　宇津　正712
御前　宇津　正712
御前　蜻蛉　正748
御前　源氏　正845
御前とも　蜻蛉　正748
御前ども　宇津　正712
御前驅　枕冊　正779
御前驅　源氏　正845
御前驅とも　源氏　正845
御題ども　宇津　正712
御短章　枕冊　正779
御陪膳　枕冊　正779
御盤　枕冊　正779
御坊たち　枕冊　正779
御覧　源氏　正845
御覧し　竹取　正636
御覧じ　宇津　正713
御覧しあて　源氏　正845
御覧しあはせ　枕冊　正779
御覧じあやまち　宇津　正713
御覧しいれ　源氏　正845
御覧しうる　源氏　正845
御覧じおおはします　宇津　正713
御覧しおこせ　源氏　正845
御覧じおとさ　宇津　正713
御覧しおとろき　源氏　正845
御覧しかたく　源氏　正845
御覧しくらへ　源氏　正845
御覧じくらべ　宇津　正713
御覧しさし　源氏　正845
御覧しさたむる　源氏　正845
御覧じしら　宇津　正713
御覧ししらせ　源氏　正845
御覧ししる　源氏　正845
御覧しすくす　源氏　正845
御覧しすてかたく　源氏　正845
御覧しつき　源氏　正845
御覧しつけ　枕冊　正779
御覧しつけ　源氏　正845
御覧じつけ　宇津　正713
御覧じつゞけ　宇津　正713
御覧じとか　宇津　正713
御覧しとかめ　源氏　正845
御覧しとゝむ　源氏　正845
御覧じなさ　宇津　正713
御覧しなす　源氏　正845
御覧じならひ　宇津　正713
御覧しなれ　源氏　正845
御覧しなをさ　源氏　正845
御覧じなをす　宇津　正713
御覧しはしめ　源氏　正845
御覧しはて　源氏　正845
御覧しはなち　源氏　正845
御覧じまはし　宇津　正713
御覧しゆるす　源氏　正845
御覧しわか　源氏　正845
御覧しわく　源氏　正845
御覧じわすれ　宇津　正713
御覧しわたす　枕冊　正779
御覧しをく　源氏　正845
御覧しをくら　源氏　正845
御覧し果つ　蜻蛉　正748
御覧し出し　枕冊　正779
御覧し所　源氏　正845
御覧す　蜻蛉　正748
御覧す　枕冊　正779
御覧ず　源氏　正845
御佛名　枕冊　正779
御對面　枕冊　正779
御衵　蜻蛉　正748
御衵　源氏　正844
御齋会　枕冊　正778
御靈會　枕冊　正779
御緣　枕冊　正778
小大輔の御　宇津　正712
御坊　源氏　正845
御碁　宇津　正712
御碁　源氏　正844
御碁て物　宇津　正712
御殿　宇津　正712
碁　宇津　正712
碁　枕冊　正778
碁　源氏　正844
碁うち　宇津　正712
碁て物　宇津　正712
碁石　枕冊　正778
碁石笥　宇津　正712
碁代　宇津　正712
碁代　源氏　正845
碁盤　宇津　正713
碁盤　枕冊　正779
碁盤　源氏　正845
護身　宇津　正712
護身　蜻蛉　正748
護身　源氏　正844
護身せさす　蜻蛉　正748
護法　枕冊　正779
乞食　宇津　正712
乞食する　宇津　正712
弘徽殿　枕冊　正778
弘徽殿　源氏　正844
弘徽殿の女御　源氏　正844
小一條　枕冊　正778
小一條の左のおとゝ　蜻蛉　正748
小一條の左大臣殿　枕冊　正778
小一條の大將殿　枕冊　正778
小宰将　源氏　正844
小宰将の君　源氏　正844
小侍従　源氏　正844
小侍従かり　源氏　正844
小侍従君　源氏　正844

小少将　源氏　正844
小少将の君　源氏　正844
小障子　枕冊　正778
小障子　源氏　正844
小水龍　枕冊　正778
小半蔀　枕冊　正779
小兵衛　枕冊　正779
小法師はら　枕冊　正779
小法師はら　源氏　正845
小紋　宇津　正713
小六條　枕冊　正779
鉤　枕冊　正778
業　源氏　正845
業障　源氏　正845
後代　源氏　正844
後涼殿　伊勢　正649
後涼殿　源氏　正844
功　宇津　正712
功　源氏　正844
弘法大師　枕冊　正778
甲　宇津　正713
甲羅　宇津　正713
紅梅　宇津　正712
紅梅　蜻蛉　正748
紅梅　枕冊　正778
紅梅　源氏　正844
紅梅かさね　源氏　正844
紅梅とも　枕冊　正778
紅梅の御方　源氏　正844
講説　源氏　正842
高麗　宇津　正713
高麗　源氏　正845
高麗すゞ　宇津　正713
高麗にしき　宇津　正713
高麗人　宇津　正713
高麗人　源氏　正845
高麗笛　宇津　正713
鴻臚館　源氏　正844
劫　宇津　正713
劫　源氏　正845
国府　源氏　正845
困し　蜻蛉　正748
困し　枕冊　正778
困し　源氏　正844
困じ　宇津　正712
困じがくれせ　宇津　正712
困し暮らし　蜻蛉　正748
国府絹　宇津　正712
曲　宇津　正712
曲のて　宇津　正712
曲のもの　宇津　正712
曲のものとも　源氏　正844
曲の物　源氏　正844
極熱　宇津　正712
極熱　源氏　正844
極樂　枕冊　正778
極樂　源氏　正844
極樂寺　源氏　正844
玉のおび　宇津　正712
国王　竹取　正636
国王　宇津　正712
国王　源氏　正844
国土　宇津　正712
国母　宇津　正712
穀　宇津　正712
穀断ち　蜻蛉　正748
獄所　宇津　正712
九日の宴　宇津　正712
九日の宴　源氏　正844
御心化粧　源氏　正844
心化粧　源氏　正844
心化粧し　源氏　正844
心化粧しあふ　源氏　正844
心化粧しそし　源氏　正844
骨なけ　源氏　正845
骨なし　源氏　正845
骨々し　源氏　正845
骨々しさ　源氏　正845
異句　宇津　正712
異才　宇津　正712
異文字　源氏　正845
異法文　源氏　正845
異命婦たち　宇津　正712
異様　宇津　正712
異様　枕冊　正779
異様　源氏　正845
異對ども　宇津　正712
異樣　蜻蛉　正748
琴の師　宇津　正712
殊警策　宇津　正712
近衛　宇津　正712
近衛　源氏　正845
近衛つかさ　枕冊　正779
近衛つかさ　源氏　正845
近衛づかさ　宇津　正712
近衛づかさ大將　宇津　正712
近衛のみかど　宇津　正712
近衛の中少將　源氏　正845
近衛の中將　源氏　正845
近衛御門　枕冊　正779
業　宇津　正713
近衛府　伊勢　正649
今年　宇津　正713
金銀　宇津　正713
金鼓　宇津　正713
金鼓　枕冊　正779
金剛子　源氏　正845
金剛大師　宇津　正713
金剛般若　源氏　正845
金色　宇津　正713
金青　竹取　正636
権のかみ　宇津　正713
権のすけ　宇津　正713
権の守　枕冊　正779
権少將　宇津　正713
権大納言　宇津　正713
権大納言　枕冊　正779
権大納言殿　宇津　正713
権大納言殿　枕冊　正779

権大夫　枕冊　正779
権中納言　宇津　正713
権中納言　枕冊　正779
権中納言のあそん
宇津　正713
権中將　枕冊　正779
坤元錄　枕冊　正779
紺青　宇津　正713
紺青　蜻蛉　正748
紺地　源氏　正845
紺綿　宇津　正713
紺瑠璃　宇津　正713
紺瑠璃　源氏　正845
金銅　宇津　正713
權大納言　源氏　正845
權大納言殿　源氏　正845
權中納言　源氏　正845
權中納言の朝臣
源氏　正845
權中將　源氏　正845

【さ】

さが院の女御　宇津　正714
さかの院　源氏　正846
さきの右近の將監
源氏　正846
さきの朱雀院　源氏　正846
さきの帥　宇津　正714
さきの内侍のかんの君
源氏　正846
さくらの宴　源氏　正846
さしも様　源氏　正846
さねかたの兵衛左
枕冊　正779
さねたゞの卿　宇津　正714
さねたゞの宰相
宇津　正714
さぶらひの別當
宇津　正714
さふらひ困し　源氏　正846
さまたけ様　源氏　正846
さ様　宇津　正714
さ様　枕冊　正779
さ様　源氏　正846
さ様　蜻蛉　正748
嵯峨の院　宇津　正714
左(さ)京の尉　枕冊　正779
左右　枕冊　正779
左右　源氏　正846
左右なく　枕冊　正779
左右のおとゞ　宇津　正714
左右のおほとの
宇津　正714
左右のつかさ　宇津　正714
左右の近衛つかさ
宇津　正714
左右の大將　宇津　正714
左右の中將　宇津　正714
左右衛門尉　宇津　正714
左右衛門佐　枕冊　正779
左右近　宇津　正713
左右近衛　源氏　正846
左右近衛のつかさ
宇津　正713
左右近衛大將　宇津　正714
左右大臣　源氏　正846
左右大弁　宇津　正714
左右大將　枕冊　正779
左右大將　源氏　正846
左衛門　宇津　正714
左衛門　源氏　正847
左衛門のかうの殿
宇津　正714
左衛門のかみ　宇津　正714
左衛門のかみ　蜻蛉　正748
左衛門のかみ　枕冊　正779
左衛門のかみのきみ
宇津　正714
左衛門のすけのきみ
宇津　正714
左衛門のつかさ
源氏　正847
左衛門のめのと
源氏　正847
左衛門の佐との
宇津　正714
左衛門の陣　宇津　正714
左衛門の大夫　源氏　正847
左衛門の非遺尉
宇津　正714
左衛門尉　宇津　正714
左衛門尉のきみ[
宇津　正714
左衛門尉のりみつ
枕冊　正779
左衛門佐　宇津　正714
左衛門陣　枕冊　正779
左衛門大夫　宇津　正714
左衛門大夫　枕冊　正779
左衛門督　源氏　正847
左京　枕冊　正779
左京の君　枕冊　正779
左京の督　宇津　正714
左京大夫　源氏　正846
左近　宇津　正714
左近　源氏　正846
左近のつかさ　枕冊　正779
左近のめのと　宇津　正714
左近の尉　宇津　正714
左近の少將　源氏　正846
左近の少將との
源氏　正846
左近の頭の少將
宇津　正714
左近の命婦　源氏　正846
左近の將監　源氏　正846
左近ら　宇津　正714
左近衛大將　宇津　正714
左近衛中將たち
宇津　正714

左近少將 宇津 正714
左近大將 宇津 正714
左近中將 宇津 正714
左近中將 源氏 正846
左大臣 宇津 正714
左大臣のおとゞ
宇津 正714
左大臣殿 宇津 正714
左大弁 宇津 正714
左大弁 枕冊 正779
左大弁 源氏 正846
左大弁どの 宇津 正714
左大弁の君 宇津 正714
左大弁の殿 宇津 正714
左大將 宇津 正714
左大將 源氏 正846
左大將のあそん
宇津 正714
左大將のおとゞ
宇津 正714
左大將のぬし 宇津 正714
左大將の君 宇津 正714
左大將殿 宇津 正714
左大將殿 源氏 正846
左中弁 源氏 正846
左中將 枕冊 正779
左兵衛のかみ 源氏 正846
左兵衛尉 宇津 正714
左兵衛佐 宇津 正714
左右 宇津 正713
左京 蜻蛉 正748
左中辨 伊勢 正649
左兵衛 伊勢 正649
差す 宇津 正714
鎖し 蜻蛉 正748
鎖し 源氏 正846
鎖す 枕冊 正779
御座 宇津 正713
御座 源氏 正845
座 宇津 正713
座 源氏 正845
座し 宇津 正714
座主 宇津 正714
座主 源氏 正846
御作法 源氏 正846
御作法 源氏 正846
作法 蜻蛉 正748
作法 枕冊 正779
作法 源氏 正846
作法とも 源氏 正846
舎利 宇津 正714
邪気 宇津 正714
邪氣 源氏 正846
娑婆 宇津 正714
娑婆 源氏 正846
釋迦 源氏 正846
釋迦牟尼仏弟子
源氏 正846
釵子 伊勢 正649
麝香 宇津 正714
麝香ども 宇津 正714
催馬楽 宇津 正713
最愛 宇津 正713
最初 蜻蛉 正748
最初 枕冊 正779
最勝王経 宇津 正713
最勝王經經 源氏 正846
賽 源氏 正845
妻 宇津 正713
妻子 宇津 正713
妻子 源氏 正846
御宰相のめのと
源氏 正846
宰相 宇津 正713
宰相 蜻蛉 正748
宰相 枕冊 正779
宰相 源氏 正846
宰相ぬし 宇津 正713
宰相のあそん 宇津 正713
宰相のおもと 宇津 正713
宰相のめのと 源氏 正846
宰相の君 宇津 正713
宰相の君 枕冊 正779
宰相の君 源氏 正846
宰相の中將 宇津 正713
宰相の中將 源氏 正846
宰相の中將の君
宇津 正713
宰相の中將忠信
枕冊 正779
宰相中納言 宇津 正713
宰相中將 枕冊 正779
宰相中將たち 宇津 正713
宰相中將殿 枕冊 正779
宰相殿 宇津 正713
宰相殿 源氏 正846
御才 宇津 正714
才 宇津 正714
才ども 宇津 正714
才のおとこ 宇津 正714
才のめぐらしぶみ
宇津 正714
才学 源氏 正845
才人とも 源氏 正846
才名乗り 宇津 正713
採桑老 宇津 正713
祭文 枕冊 正779
斎院 枕冊 正779
細工 宇津 正713
細工とも 源氏 正845
在五かものかたり
源氏 正845
在五中將 伊勢 正649
在五中將 源氏 正846
材木 宇津 正713
罪業 宇津 正713
財資 宇津 正713
西院 伊勢 正649
西王 蜻蛉 正748
西国 宇津 正713

西方浄土　宇津　正713
齋院　源氏　正846
齋宮　宇津　正713
齋宮　源氏　正845
齋宮の女御　源氏　正845
賽　枕冊　正779
釵子　宇津　正713
釵子　枕冊　正779
御冊子　源氏　正846
冊子　枕冊　正779
冊子　源氏　正846
冊子とも　源氏　正846
御唱歌　宇津　正713
唱歌　宇津　正713
唱歌　源氏　正846
唱歌し　宇津　正713
唱歌し　源氏　正846
菖蒲　蜻蛉　正748
菖蒲　枕冊　正779
菖蒲　源氏　正846
菖蒲かさね　源氏　正846
菖蒲のかづら　枕冊　正779
象嵌　枕冊　正779
み障子　宇津　正713
み障子　源氏　正846
障子　宇津　正713
障子　蜻蛉　正748
障子　枕冊　正779
障子　源氏　正846
障子くち　源氏　正846
障子とも　源氏　正846
常不輕　源氏　正846
姓　宇津　正713
姓　枕冊　正779
み正身　宇津　正713
み正身　宇津　正714
正身　宇津　正714
正身　源氏　正846
御精進　源氏　正846
精進　宇津　正713
精進　蜻蛉　正748
精進　枕冊　正779
精進　源氏　正846
精進のもの　宇津　正714
精進物　土左　正659
精進物　源氏　正846
聖徳太子　源氏　正846
請し　源氏　正846
請しあへ　源氏　正846
請しいて　源氏　正846
請しおろし　源氏　正846
双なしのぬし　枕冊　正779
想夫戀　源氏　正846
御曹司　伊勢　正649
御曹司　蜻蛉　正748
御曹司　源氏　正846
曹司　伊勢　正649
曹司　蜻蛉　正748
曹司　源氏　正846
曹司まち　宇津　正714
曹司まち　源氏　正846
曹司曹司　源氏　正846
み曹司　宇津　正714
曹司　宇津　正713
曹司し　宇津　正714
曹司々々　宇津　正714
み相　宇津　正713
相　源氏　正846
相する　宇津　正714
相応寺　土左　正659
相人　源氏　正846
相人とも　源氏　正846
草　宇津　正713
草　枕冊　正779
草　源氏　正846
草かち　源氏　正846
草の本　源氏　正846
草仮名　宇津　正713
草仮名　枕冊　正779
草子とも　枕冊　正779
草藥　源氏　正846
草鞋　宇津　正713
御葬送　源氏　正846
おほん装束ども
　宇津　正714
おほん装束　宇津　正714
装束き　宇津　正714
装束し　宇津　正714
装束ども　宇津　正714
装束　伊勢　正650
装束　宇津　正714
装束し　宇津　正714
装束たち　宇津　正714
装束まうけ　宇津　正714
装束をか　宇津　正714
騒動き　源氏　正846
藏　宇津　正713
笙　枕冊　正779
笙のふゑ　源氏　正846
笙の笛　枕冊　正779
箏　源氏　正846
箏のこと　源氏　正846
箏の琴　蜻蛉　正748
箏の御こと　源氏　正846
御箏　宇津　正713
御箏の琴　宇津　正714
箏　宇津　正713
箏のこと　宇津　正714
箏のこと　枕冊　正779
み荘　宇津　正713
み荘ども　宇津　正713
み荘々　宇津　正713
御荘　源氏　正846
荘　宇津　正713
荘　源氏　正846
荘ども　宇津　正713
荘々　宇津　正713
荘々ども　宇津　正713
薔薇　枕冊　正779
薔薇　源氏　正846

御裝束　源氏　正846
御裝束とも　源氏　正846
裝束　蜻蛉　正748
裝束　枕冊　正779
裝束　源氏　正846
裝束き　蜻蛉　正748
裝束き　枕冊　正779
裝束き　源氏　正846
裝束きたて　枕冊　正779
裝束きわけ　源氏　正846
裝束し　蜻蛉　正748
裝束し　枕冊　正779
裝束し　源氏　正846
裝束したち　枕冊　正779
裝束とも　源氏　正846
讒言　源氏　正846
雜仕　枕冊　正779
雜色　蜻蛉　正748
雜色　枕冊　正779
雜役　蜻蛉　正748
御才　源氏　正846
才　蜻蛉　正748
才　枕冊　正779
才　源氏　正846
才とも　源氏　正846
才のおのこども
　枕冊　正779
才々しく　源氏　正846
性　伊勢　正650
性　枕冊　正779
性　源氏　正846
性なき　伊勢　正650
性なく　源氏　正846
性なけ　源氏　正846
性なさ　源氏　正846
性な物　源氏　正846
性な物の君　源氏　正846
作善　宇津　正714
作文　宇津　正714
作法　宇津　正714
冊子　宇津　正713
尺八のふえ　源氏　正846
笏　枕冊　正779
笏ら　蜻蛉　正748
五月の節　源氏　正846
實方の中將　枕冊　正779
三郎　源氏　正846
三郎君　源氏　正846
雜仕　宇津　正714
雜仕ども　宇津　正714
雜仕女　宇津　正714
雜事とも　源氏　正846
雜事ら　源氏　正846
雜色　宇津　正714
雜役　宇津　正714
雜役　源氏　正846
雜役の藏人　宇津　正714
雜々の人　源氏　正846
散樂かましく　源氏　正846
散樂しかくる　枕冊　正779
散樂言　蜻蛉　正748
散樂言　枕冊　正779
三　宇津　正714
三のくち　源氏　正847
三のみこ　宇津　正715
三の宮　宇津　正715
三の君　宇津　正715
三の君　源氏　正847
三の御前　枕冊　正779
三の内親王　宇津　正715
三位　宇津　正715
三位　蜻蛉　正748
三位　源氏　正847
三位の君　源氏　正847
三位の宰相　源氏　正847
三位の中將　源氏　正847
三位中將　宇津　正715
三位中將　枕冊　正779
三位二位　枕冊　正779
三貫　宇津　正715
三宮　源氏　正847
三具　宇津　正714
三月　宇津　正714
三月　枕冊　正779
三月　源氏　正847
三月ついたち　源氏　正847
三月つごもり　宇津　正714
三月つごもりがた
　宇津　正714
三月つごもりの日
　宇津　正715
三月つもこり　枕冊　正779
三月つもこり比
　枕冊　正779
三月の十の餘日
　宇津　正715
三月の節會　宇津　正715
三月はつかあまり
　源氏　正847
三月一日　宇津　正714
三月三日　宇津　正715
三月三日　枕冊　正779
三月十三日　源氏　正847
三月十二日　宇津　正714
三月十餘日ごろ
　宇津　正715
三月廿八日　宇津　正715
三合　宇津　正714
三史　源氏　正847
三四の君　枕冊　正779
三四月　枕冊　正779
三四十人　宇津　正715
三四人　宇津　正715
三四人　枕冊　正779
三四人　源氏　正847
三四町　宇津　正715
三四日　竹取　正636
三四日　枕冊　正779
三尺　宇津　正715
三尺の御厨子　源氏　正847

三尺の御几帳　枕冊　正779
三尺の几帳　枕冊　正779
三尺六寸　伊勢　正650
三尺屛風　宇津　正715
三十　宇津　正715
三十　枕冊　正779
三十　源氏　正847
三十あまり　枕冊　正779
三十荷　宇津　正715
三十五　宇津　正715
三十七　源氏　正847
三十人　宇津　正715
三十人　源氏　正847
三十年　宇津　正715
三十匹　宇津　正715
三十余　枕冊　正779
三十餘　宇津　正715
三十餘匹　宇津　正715
三条　源氏　正847
三条ら　源氏　正847
三条わたり　源氏　正847
三条殿　源氏　正847
三条殿のひめ君　源氏　正847
三条殿の宮　源氏　正847
三条殿の君　源氏　正847
三条殿の北の方　源氏　正847
三条殿はら　源氏　正847
三人　宇津　正715
三人　枕冊　正779
三人　源氏　正847
三笥　宇津　正715
三寸　竹取　正636
三寸　宇津　正715
三石　宇津　正715
三千　枕冊　正779
三千大千世界　宇津　正715
三千里　源氏　正847
三千兩　宇津　正715
三代　宇津　正715
三代　源氏　正847
三斗　宇津　正715
三斗いつます　宇津　正715
三日　土左　正659
三年　竹取　正636
三年　宇津　正715
三年　源氏　正847
三番　宇津　正715
三番　源氏　正847
三百　宇津　正715
三百石　宇津　正715
三百反　宇津　正715
三百匹　宇津　正715
三品　宇津　正715
三分　宇津　正715
三宝　源氏　正847
三昧　枕冊　正779
三昧　源氏　正847
三昧堂　源氏　正847
三枚　宇津　正715
三郎　伊勢　正650
三郎　宇津　正714
三郎ぎみ　宇津　正714
三巻　宇津　正715
三寶　宇津　正715
三條　伊勢　正650
三條　宇津　正715
三條おもて　宇津　正715
三條のおほぢ　宇津　正715
三條のみこ　宇津　正715
三條の院　宇津　正715
三條の新中納言殿　宇津　正715
三條の北方　宇津　正715
三條ほりかは　宇津　正715
三條右大臣殿　宇津　正715
三條京極　宇津　正715
三條大宮　宇津　正715
三條殿　宇津　正715
參座(し　源氏　正847
山中　宇津　正715
山陽道　宇津　正715
散樂　宇津　正714
散樂する　宇津　正714
讃嘆　源氏　正847
參せ　枕冊　正779
參議　宇津　正714
參経　宇津　正714
讒し　枕冊　正779
卅一　宇津　正715
卅一年　宇津　正715
卅貫　宇津　正715
卅九　宇津　正715
卅具　宇津　正715
卅日　土左　正659
卅兩　宇津　正715
卅餘年　宇津　正715
卅二三　源氏　正847
卅余年　源氏　正847

【し】

しげのゝ王　宇津　正715
しげのゝ宰相　宇津　正715
しげのゝ帥　宇津　正715
しはすの十余日　枕冊　正780
し具し　宇津　正715
史記　宇津　正715
史記　枕冊　正780
史記　源氏　正847
史生　枕冊　正780
史大夫　枕冊　正780
御四十九日　宇津　正715
御四十九日　源氏　正847
御四郎　宇津　正717
四のみこ　宇津　正716
四のみこ　源氏　正847
四の宮　宇津　正716
四の宮　源氏　正847

四の君	宇津	正716
四の君	枕冊	正780
四の君	源氏	正847
四の君はら	源氏	正847
四位	宇津	正717
四位	枕冊	正780
四位	源氏	正848
四位の君	枕冊	正780
四位の侍從	源氏	正848
四位の少將	宇津	正717
四位の少將	源氏	正848
四位五位	枕冊	正780
四位五位かち	源氏	正848
四位五位たち	源氏	正848
四位五位六位	枕冊	正780
四位少將	枕冊	正780
四韻	宇津	正717
四韻	源氏	正848
四巻	宇津	正715
四巻	源氏	正847
四季	宇津	正715
四季	源氏	正847
四月	宇津	正715
四月	蜻蛉	正748
四月	枕冊	正780
四月	源氏	正847
四月つこもり	枕冊	正780
四月十余日	源氏	正847
四月廿日	源氏	正847
四五間	宇津	正715
四五間	源氏	正847
四五月	宇津	正715
四五月	枕冊	正780
四五月	源氏	正847
四五人	宇津	正715
四五人	枕冊	正780
四五人	源氏	正847
四五日	宇津	正715
四五日まぜ	宇津	正715
四五年	枕冊	正780
四五年	源氏	正847
四五百人	宇津	正715
四五枚	源氏	正847
四五六のみこ	宇津	正715
四五條	蜻蛉	正748
四尺	宇津	正715
四尺	蜻蛉	正748
四尺	源氏	正847
四尺の几帳	枕冊	正780
四尺の屏風	枕冊	正780
四十	伊勢	正650
四十	宇津	正715
四十	枕冊	正780
四十	源氏	正847
四十つら	源氏	正847
四十にん	源氏	正847
四十九	枕冊	正780
四十九院	宇津	正715
四十九所	宇津	正715
四十九人	宇津	正715
四十九壇	宇津	正715
四十九日	宇津	正715
四十九日	源氏	正847
四十五日	蜻蛉	正748
四十寺	源氏	正847
四十人	宇津	正715
四十二	宇津	正715
四十日	蜻蛉	正748
四十疋	源氏	正847
四十枚	宇津	正715
四十枚	源氏	正847
四十余	源氏	正847
四十余日	蜻蛉	正748
四人	宇津	正716
四人	蜻蛉	正748
四人	枕冊	正780
四人	源氏	正847
四寸	蜻蛉	正748
四石	宇津	正715
四千段	源氏	正847
四代	源氏	正847
四帖	源氏	正847
四日	土左	正659
四疋	宇津	正716
四百疋	源氏	正847
四百餘日	竹取	正636
四品	宇津	正716
四府	宇津	正716
四面	宇津	正716
四郎	宇津	正717
四郎君	源氏	正848
四條	宇津	正716
四條の家	宇津	正716
四條わたり	宇津	正716
四條宮	枕冊	正780
士	枕冊	正780
子細なき	源氏	正847
おほむ師とも	源氏	正847
御師	源氏	正847
師	宇津	正715
師	枕冊	正780
師	源氏	正847
師ども	宇津	正715
師子	宇津	正715
醫師	土左	正659
支度	竹取	正636
死し	枕冊	正780
死し	源氏	正847
死燭穢	宇津	正716
死人	宇津	正716
獅子	枕冊	正780
紙燭	竹取	正636
紙燭	宇津	正715
紙燭	源氏	正847
紫苑	宇津	正717
紫苑	枕冊	正780
紫苑	源氏	正848
紫苑いろ	宇津	正717
紫苑色	源氏	正848
紫檀	宇津	正716

紫檀　源氏　正847
紫檀ら　宇津　正716
詩　宇津　正715
詩　枕冊　正780
詩　源氏　正847
詩ども　宇津　正715
試策　宇津　正715
試樂　蜻蛉　正748
試樂　枕冊　正780
試樂　源氏　正847
試樂めき　源氏　正847
侍從　宇津　正715
侍從　源氏　正847
侍從たち　宇津　正715
侍從どの　宇津　正715
侍從のあそん　宇津　正715
侍從のめのと　宇津　正715
侍從のめのと　源氏　正847
侍從の君　宇津　正715
侍從の君　枕冊　正780
侍從の君　源氏　正847
侍從の宰相　源氏　正847
侍從の内侍　源氏　正847
侍從宰将　枕冊　正780
侍從所　宇津　正715
侍從殿　枕冊　正780
侍從殿の女御　宇津　正715
字　宇津　正715
慈悲　宇津　正716
慈悲　源氏　正847
時　枕冊　正780
時　源氏　正847
御次第　宇津　正716
次第　宇津　正716
次第　枕冊　正780
次第　源氏　正847
次第し　宇津　正716
次第司　宇津　正716
自然　宇津　正716
自然　源氏　正847
辞し　源氏　正847
辞す　宇津　正715
淑景舎　枕冊　正780
淑景舎　源氏　正847
新發意　源氏　正847
親族　伊勢　正650
親族　源氏　正847
進退　源氏　正847
仁寿伝　枕冊　正780
仁壽殿　宇津　正715
二郎　宇津　正717
二郎　源氏　正848
二郎君　宇津　正717
二郎君　源氏　正848
熾盛光　枕冊　正780
祇承　伊勢　正650
主　枕冊　正780
主　源氏　正847
秀才　宇津　正715
秋風樂　源氏　正847
衆　源氏　正847
衆とも　源氏　正847
宿德　宇津　正715
宿德　源氏　正847
宿德ども　宇津　正715
式のかみ　枕冊　正780
式部　宇津　正715
式部　源氏　正847
式部のおとゝ　枕冊　正780
式部のおもと　枕冊　正780
式部のせうなにかし　枕冊　正780
式部のつかさ　源氏　正847
式部の少輔　源氏　正847
式部の丞　宇津　正715
式部の丞　枕冊　正780
式部の丞　源氏　正847
式部の大輔　宇津　正715
式部卿　宇津　正715
式部卿　源氏　正847
式部卿のみこ　宇津　正715
式部卿のみこ　源氏　正847
式部卿の宮　宇津　正715
式部卿の宮　枕冊　正780
式部卿の宮の御方　宇津　正715
式部卿の君　宇津　正715
式部卿の女御　宇津　正715
式部卿宮　源氏　正847
式部卿宮のおほきたの方　源氏　正847
式部卿宮の御むすめ　宇津　正715
式部卿宮の女御　宇津　正715
式部卿大輔　宇津　正715
式部丞たゝたか　枕冊　正780
式部丞のりつね　枕冊　正780
式部大輔　枕冊　正780
式部大輔　源氏　正847
職　枕冊　正780
職の御曹司　宇津　正715
職の御曹司　枕冊　正780
職事　宇津　正715
職曹司　宇津　正715
色紙　宇津　正715
色紙　蜻蛉　正748
色紙　枕冊　正780
色紙　源氏　正847
色紙ども　宇津　正715
食　宇津　正715
下絵　源氏　正847
御七郎　源氏　正847
七　宇津　正716
七ながら　宇津　正716
七のたから　宇津　正716
七のみこ　宇津　正716
七の君　宇津　正716

七間　宇津　正716
七間　源氏　正847
七宮　宇津　正716
七月　宇津　正716
七月　蜻蛉　正748
七月　枕冊　正780
七月　源氏　正847
七月ついたち　宇津　正716
七月なかの十日　宇津　正716
七月一日　蜻蛉　正748
七月五日　蜻蛉　正748
七月三日　蜻蛉　正748
七月七日　宇津　正716
七月七日　枕冊　正780
七月七日　源氏　正847
七月十五日　竹取　正636
七月十五日　枕冊　正780
七月十日　宇津　正716
七月十余日　蜻蛉　正748
七月廿余日　源氏　正847
七歳　宇津　正716
七尺　宇津　正716
七尺　枕冊　正780
七尺餘　宇津　正716
七十　竹取　正636
七十　宇津　正716
七十　枕冊　正780
七十二　宇津　正716
七人　宇津　正716
七僧　源氏　正847
七大寺　宇津　正716
七大寺　源氏　正847
七度　竹取　正636
七日　竹取　正636
七日　土左　正659
七年　宇津　正716
七八　枕冊　正780
七八月　枕冊　正780
七八十　枕冊　正780
七八人　宇津　正716
七八人　源氏　正847
七八寸　蜻蛉　正748
七八寸　源氏　正847
七八壇　宇津　正716
七八年　枕冊　正780
七八枚　宇津　正716
七八木　宇津　正716
七番　宇津　正716
七夜　源氏　正847
七郎　宇津　正716
七寶　宇津　正716
七條のおほぢ　宇津　正716
七條家　宇津　正716
七條殿　宇津　正716
七萬三千の佛　宇津　正716
失禮　宇津　正716
質　竹取　正636
質　宇津　正716
實　宇津　正716
實　源氏　正847
實用　伊勢　正650
御室禮　宇津　正716
室禮　宇津　正716
十荷　宇津　正716
十歳　宇津　正716
十石　宇津　正716
十疋　宇津　正716
十疋ども　宇津　正716
十巻　枕冊　正780
實法　源氏　正848
實法　宇津　正716
執　源氏　正847
執念　宇津　正716
執念き　枕冊　正780
執念く　源氏　正847
執念け　源氏　正847
拾番　宇津　正716
御集　源氏　正847
集　宇津　正716
集　枕冊　正780
集　源氏　正847
集ども　宇津　正716
集も　源氏　正847
十のみこ　源氏　正847
十一　源氏　正847
十一月　源氏　正847
十一日　伊勢　正650
十一日　土左　正659
十願　枕冊　正780
十九　源氏　正847
十九日　土左　正659
十月　源氏　正847
十月ついたち　枕冊　正780
十月一日ころ　源氏　正847
十月十余日　枕冊　正780
十月中の十日　源氏　正847
十五　枕冊　正780
十五　源氏　正847
十五日　竹取　正636
十五日　土左　正659
十五日　枕冊　正780
十五日　源氏　正847
十五夜　源氏　正847
十五六　源氏　正847
十五六人　枕冊　正780
十三四　源氏　正847
十三日　土左　正659
十三日　枕冊　正780
十三日　源氏　正847
十四　源氏　正847
十四五　源氏　正847
十四五日　源氏　正847
十四日　土左　正659
十四日　源氏　正847
十七日　土左　正659
十七日　源氏　正847
十七八　源氏　正847
十七八日　枕冊　正780
十人　枕冊　正780

十人　源氏　正847
十二　枕冊　正780
十二　源氏　正847
十二月　枕冊　正780
十二月　源氏　正847
十二月十余日　源氏　正847
十二月二十四日　枕冊　正780
十二三　源氏　正847
十二人　枕冊　正780
十二人　源氏　正847
十二日　土左　正659
十二年　枕冊　正780
十日　土左　正659
十年　枕冊　正780
十八九　枕冊　正780
十八九　源氏　正847
十八日　土左　正659
十八日　枕冊　正780
十八年(ねん)　源氏　正847
十文字　土左　正659
十万億　源氏　正847
十余人　源氏　正847
十余日　枕冊　正780
十余日　源氏　正847
十余年　源氏　正847
十六　源氏　正847
十六所　竹取　正636
十六日　土左　正659
十六日　源氏　正847
十ニ三　蜻蛉　正748
十ニ日　蜻蛉　正748
十一日　蜻蛉　正748
十九日　蜻蛉　正748
十五日　蜻蛉　正748
十五六日　蜻蛉　正748
十四日　蜻蛉　正748
十七日　蜻蛉　正748
十七八日　蜻蛉　正748
十八日　蜻蛉　正748
十余日　蜻蛉　正748
十余年　蜻蛉　正748
十六日　蜻蛉　正748
十　宇津　正716
十のきみ　宇津　正716
十のみこ　宇津　正716
十一　宇津　正716
十一の君　宇津　正716
十一間　宇津　正716
十一月　宇津　正716
十一月ついたち　宇津　正716
十一人　宇津　正716
十一日　宇津　正716
十一郎　宇津　正716
十宮　宇津　正716
十九　宇津　正716
十九才　宇津　正716
十九日　宇津　正716
十具　宇津　正716
十月　宇津　正716
十月ついたち　宇津　正716
十月ついたちの日　宇津　正716
十月五日　宇津　正716
十五　宇津　正716
十五貫　宇津　正716
十五間　宇津　正716
十五歳　宇津　正716
十五人　宇津　正716
十五日　宇津　正716
十五夜　宇津　正716
十五夜のよ　宇津　正716
十五夜の月　宇津　正716
十五六　宇津　正716
十三　宇津　正716
十三の君　宇津　正716
十三歳　宇津　正716
十三千　宇津　正716
十三日　宇津　正716
十四　宇津　正716
十四の君　宇津　正716
十四歳　宇津　正716
十四人　宇津　正716
十四日　宇津　正716
十七　宇津　正716
十七歳　宇津　正716
十七人　宇津　正716
十七日　宇津　正716
十七八人　宇津　正716
十人　宇津　正716
十二　宇津　正716
十二の君　宇津　正716
十二月　宇津　正716
十二歳　宇津　正716
十二三　宇津　正716
十二十人　宇津　正716
十二十兩　宇津　正716
十二人　宇津　正716
十二日　宇津　正716
十二番　宇津　正716
十八　宇津　正716
十八人　宇津　正716
十郎　宇津　正716
十六　宇津　正716
十六歳　宇津　正716
十六大国　宇津　正716
十六年　宇津　正716
十禪師　宇津　正716
十餘　宇津　正716
十餘歳　宇津　正716
十餘人　宇津　正716
下家司　宇津　正716
下家司　源氏　正848
邪険　宇津　正717
御邪氣　源氏　正848
娑婆　宇津　正717
娑婆世界　宇津　正717
麝香　宇津　正717
硨磲　宇津　正717

唱歌	竹取	正636
床子	枕冊	正780
承香殿	枕冊	正780
菖蒲	宇津	正717
上	源氏	正848
上下	宇津	正716
上手	宇津	正716
上手	蜻蛉	正748
上手	源氏	正848
上手たち	宇津	正716
上手とも	源氏	正848
上手ども	宇津	正716
上手めかし	源氏	正848
上手めき	宇津	正717
上手めき	源氏	正848
上馬	源氏	正848
上巳のはらへ	宇津	正716
上箙たつ	源氏	正848
上臈	枕冊	正780
上臈	源氏	正848
上藹	宇津	正717
上藹しう	宇津	正717
乗馬	宇津	正717
常燈	宇津	正717
常燈	枕冊	正780
浄土	宇津	正717
浄土の楽	宇津	正717
政官	枕冊	正780
政官	源氏	正848
御正日	源氏	正848
正下	源氏	正848
正月	宇津	正716
正月	蜻蛉	正748
正月	源氏	正848
正月つもりかた	源氏	正848
正月の節會	宇津	正716
正月一日	枕冊	正780
正月朔日	源氏	正848
正月三日	宇津	正716
正月十日	枕冊	正780
正月十八日	宇津	正716
正月廿三日	源氏	正848
正月廿七日	宇津	正716
正月廿日	源氏	正848
正三位	宇津	正716
正三位	源氏	正848
正三位し	源氏	正848
正三位の大納言	宇津	正716
正二位	宇津	正717
正日	源氏	正848
生	源氏	正848
生死	宇津	正716
生々世々	宇津	正716
聖天の法	宇津	正717
聖天供	宇津	正717
請じ	宇津	正717
請じいで	宇津	正716
請じいれ	宇津	正716
請じよせ	宇津	正716
請し入る	竹取	正636
装束	竹取	正636
浄衣	源氏	正848
淨土	源氏	正848
笙	宇津	正716
笙の御ふえ	宇津	正717
笙の笛	宇津	正717
装束きあつまり	蜻蛉	正748
釈迦	枕冊	正780
錫杖	源氏	正848
積善寺	枕冊	正780
積善寺供養	枕冊	正780
笏	宇津	正717
主	宇津	正717
主	宇津	正717
朱	宇津	正717
朱の臺	宇津	正717
朱雀院	源氏	正848
朱雀院の宮	源氏	正848
酒肴	宇津	正717
衆	宇津	正717
衆とも	宇津	正717
衆生	宇津	正717
衆生	源氏	正848
從三位	宇津	正717
從二位	宇津	正717
修理亮のり光	枕冊	正780
春鶯囀	源氏	正848
諸卿	宇津	正717
諸大夫	宇津	正717
諸大夫	源氏	正848
諸大夫ども	宇津	正717
女子	宇津	正717
序	枕冊	正780
尉	宇津	正717
尉ども	宇津	正717
勝負	宇津	正717
承香殿	源氏	正848
承香殿の女御	源氏	正848
松門	源氏	正848
稱す	枕冊	正780
職	宇津	正717
白菊	宇津	正717
信	宇津	正717
信しかたき	源氏	正848
信す	源氏	正848
寝殿	枕冊	正780
心念	宇津	正717
心勞し	宇津	正717
新宰相	宇津	正717
新宰相君	宇津	正717
新嘗會	宇津	正717
新中納言	宇津	正717
新中納言	枕冊	正780
新中納言殿	宇津	正717
新中將	枕冊	正780
真言	枕冊	正780
真言	源氏	正848

真言院の阿闍梨　宇津　正717
真言院律師　宇津　正717
真實　伊勢　正650
真實　宇津　正717
真實　源氏　正848
神泉　宇津　正717
神馬　宇津　正717
神佛　宇津　正717
臣下　宇津　正717
臣下ども　宇津　正717
御親族　宇津　正716
親王　宇津　正717
親族　宇津　正715
親族　枕冊　正780
親族たち　宇津　正716
進士　宇津　正717
進士　枕冊　正780
進士　源氏　正848
進上　枕冊　正780
進退し　枕冊　正780
震動し　枕冊　正780
震動す　宇津　正717
寢殿　宇津　正717
寢殿　源氏　正848

【す】

すか原の院　枕冊　正780
すけずみの宰相中將　宇津　正717
すけずみの中將　宇津　正717
すゞしの宰相　宇津　正717
すゞしの中納言　宇津　正717
すゞしの中納言どの　宇津　正717
すゞしの中納言の君　宇津　正717
すゞしの中將　宇津　正717
すゞりの具　宇津　正717
すみなと様　源氏　正848
するかの前司　枕冊　正780
するふさの弁　宇津　正717
朱砂　枕冊　正780
朱雀　源氏　正848
朱雀院　宇津　正717
朱雀院　源氏　正848
朱雀院の御門　源氏　正848
朱雀院の女御　宇津　正717
朱雀門　宇津　正717
朱買臣　枕冊　正780
受領　宇津　正717
受領　枕冊　正780
受領　源氏　正848
受領し　枕冊　正780
受領とも　源氏　正848
呪詛　宇津　正717
呪詛　枕冊　正780
呪詛し　宇津　正717
寿命經　枕冊　正780
み修法　宇津　正717
御修法　源氏　正848
御修法とも　源氏　正848
修行　宇津　正717
修行者　伊勢　正650
修行者　蜻蛉　正748
修行者　源氏　正848
修行者たち　枕冊　正780
修法　宇津　正717
修法　蜻蛉　正748
修法　枕冊　正780
修法　源氏　正848
修法し　枕冊　正780
修法せ　宇津　正717
修理　源氏　正848
修理し　源氏　正848
修理しなし　源氏　正848
修理しはて　宇津　正717
修理し果て　蜻蛉　正748
修理す　宇津　正717
修理す　枕冊　正780
修理づかさ　宇津　正717
修理のかみ　宇津　正717
修理のかみ　源氏　正848
修理の宰相　源氏　正848
修理職　宇津　正717
修理職　源氏　正848
従者　源氏　正848
出家　源氏　正848
出家し　源氏　正848
須彌の山　源氏　正848
数珠　宇津　正717
数珠　蜻蛉　正748
蘇芳　土左　正659
蘇芳　宇津　正717
蘇芳　源氏　正848
蘇芳かさね　源氏　正848
蘇芳がさね　宇津　正717
蘇芳紋籤　宇津　正717
蘇枋　枕冊　正780
蘇枋襲　枕冊　正780
相撲の會　蜻蛉　正748
壽命經　源氏　正848
從者　枕冊　正780
從者とも　枕冊　正780
從者　宇津　正717
御數珠　源氏　正848
數珠　枕冊　正780
數珠　源氏　正848
椶櫚　枕冊　正780
御誦經　宇津　正717
御誦經　源氏　正848
誦し　伊勢　正650
誦し　宇津　正717
誦し　枕冊　正780
誦しあへ　源氏　正848
誦しいて　枕冊　正780
誦しかち　源氏　正848
誦しなし　源氏　正848

誦する　蜻蛉　正748
誦文する　枕冊　正780
誦經　宇津　正717
誦經　蜻蛉　正748
誦經　枕冊　正780
誦經　源氏　正848
誦經す　宇津　正717
誦經のもの　枕冊　正780
誦經文　宇津　正717
誦じ　宇津　正718
誦じあげ　宇津　正717
水干袴　枕冊　正780
水晶　枕冊　正780
水飯　宇津　正717
水飯　蜻蛉　正748
水飯　枕冊　正780
水飯　源氏　正848
水飯なと様　源氏　正848
水籠　枕冊　正780
み随身　宇津　正717
み随身はら　蜻蛉　正748
御随身　伊勢　正650
御随身　蜻蛉　正748
御随身ども　宇津　正717
随身　宇津　正717
随身　蜻蛉　正748
随身ども　宇津　正717
御隨身　源氏　正848
御隨身とも　源氏　正848
隨求經　枕冊　正780
隨身　枕冊　正780
隨身　源氏　正848
隨身から　源氏　正848
隨身とも　枕冊　正780
隨身立　枕冊　正780
隨分　源氏　正848
髓腦　源氏　正848
数回　宇津　正717
御宿世　源氏　正848
御宿世とも　源氏　正848
御宿世宿世　源氏　正848
宿院　蜻蛉　正748
宿世　伊勢　正650
宿世　宇津　正717
宿世　蜻蛉　正748
宿世　枕冊　正780
宿世　源氏　正848
宿世なき　枕冊　正780
宿世宿世　源氏　正848
宿曜　源氏　正848
雙六　宇津　正717
雙六　蜻蛉　正748
雙六　枕冊　正780
雙六　源氏　正848
雙六の盤　宇津　正717
順なかる　源氏　正848
順のまひ　宇津　正718
順の和歌　宇津　正718
誦し　枕冊　正780
誦しのゝしる　源氏　正848
誦する　源氏　正848

【せ】

せめ調じ　宇津　正718
せりかはの大將
源氏　正849
施し　源氏　正849
施す　宇津　正718
施入し　源氏　正849
世界　竹取　正636
世界　宇津　正718
世界　蜻蛉　正748
世界　枕冊　正781
世界　源氏　正849
世間　竹取　正636
世間　宇津　正718
世間　枕冊　正781
世間　源氏　正849
是非しらす　源氏　正849
清和院　枕冊　正781
節供　枕冊　正781
説經　枕冊　正781
説經す　枕冊　正781
説經師　枕冊　正781
妻子　源氏　正848
制　枕冊　正781
制し　宇津　正718
制し　枕冊　正781
制しそさ　宇津　正718
制しわつらひ　枕冊　正781
制す　竹取　正636
制す　源氏　正848
勢德　宇津　正718
成王　源氏　正848
正妃　宇津　正718
清範　枕冊　正781
清涼殿　宇津　正718
清涼殿　枕冊　正781
青海波　源氏　正848
小柑子　伊勢　正650
小弁　宇津　正718
小賽　源氏　正848
少時　宇津　正718
少々　宇津　正718
少々　枕冊　正781
少々　源氏　正848
少進　宇津　正718
少納言　宇津　正718
少納言　蜻蛉　正748
少納言　枕冊　正781
少納言　源氏　正849
少納言のめのと
源氏　正849
少納言の君　宇津　正718
少納言の命婦　枕冊　正781
少納言殿　枕冊　正781
少弁　枕冊　正781
少輔　源氏　正848
少將　竹取　正636
少將　宇津　正718

少將	枕冊	正781
少將	源氏	正848
少將たち	宇津	正718
少將ぬし	宇津	正718
少將のあま	源氏	正848
少將のあま君	源氏	正848
少將の君	宇津	正718
少將の君	枕冊	正781
少將の君	源氏	正848
少將の御	宇津	正718
少將の命婦	源氏	正848
少將井	枕冊	正781
少將殿	源氏	正848
少貳	源氏	正849
抄物	宇津	正718
抄物ども	宇津	正718
抄物ら	宇津	正718
招し	宇津	正718
おほむ消息	宇津	正718
み消息	宇津	正718
御消息	蜻蛉	正748
御消息	源氏	正848
御消息とも	源氏	正848
御消息ども	宇津	正718
消息	伊勢	正650
消息	宇津	正718
消息	蜻蛉	正748
消息	枕冊	正781
消息	源氏	正848
消息かる	源氏	正848
消息し	宇津	正718
消息し	源氏	正848
消息す	枕冊	正781
消息だゝ	宇津	正718
消息ふみ	源氏	正849
御處分のふみ	宇津	正718
憔悴し	宇津	正718
蕭会稽	枕冊	正781
御逍遥	源氏	正848
逍遥	宇津	正718
逍遥	源氏	正848
逍遥し	宇津	正718
逍遥し	源氏	正848
逍遥す	伊勢	正650
戚夫人	源氏	正849
夕殿	源氏	正849
殺害す	宇津	正718
切	竹取	正636
切	伊勢	正650
切	宇津	正718
切	蜻蛉	正748
切	枕冊	正781
切	源氏	正849
御節句	宇津	正718
御節料	宇津	正718
節	宇津	正718
節	蜻蛉	正748
節	枕冊	正781
節会	枕冊	正781
節会	源氏	正849
節会とも	源氏	正849
節句	宇津	正718
節分	蜻蛉	正748
節分	枕冊	正781
節分	源氏	正849
節料	宇津	正718
節會	宇津	正718
節會がち	蜻蛉	正748
節會ごと	宇津	正718
節會ども	宇津	正718
節忌	土左	正659
節供	蜻蛉	正748
節句まゐり	蜻蛉	正748
絶句	源氏	正849
刹那	宇津	正718
銭	竹取	正636
銭	源氏	正849
攝政し	源氏	正849
仙人	宇津	正718
仙人	源氏	正849
仙洞	宇津	正718
仙遊霞	源氏	正849
先せ	源氏	正849
先所	宇津	正718
先祖	宇津	正718
先祖	源氏	正849
先帝	宇津	正718
先帝	蜻蛉	正749
先帝	源氏	正849
千五百	宇津	正718
千字文	宇津	正718
千手	枕冊	正781
千手陀羅尼	宇津	正718
千手陀羅尼	枕冊	正781
千手經	枕冊	正781
千丈	宇津	正718
千人	竹取	正636
千人	宇津	正718
千人	源氏	正849
千日	竹取	正636
千日の精進	枕冊	正781
千年	宇津	正718
千部	源氏	正849
千分がひとつ	宇津	正718
千余日	竹取	正636
千里	宇津	正718
千兩	宇津	正718
宣旨	宇津	正718
宣旨	枕冊	正781
宣旨	源氏	正849
宣旨かき	源氏	正849
宣旨かきめき	源氏	正849
宣旨書	宇津	正718
宣命	源氏	正849
宣耀殿	宇津	正718
宣耀殿	枕冊	正781
宣耀殿の女御	枕冊	正781
栴檀	宇津	正718
泉水	源氏	正849
浅香	源氏	正849

銭	土左	正659
前後	宇津	正718
前栽	伊勢	正650
前栽	宇津	正718
前栽	蜻蛉	正748
前栽	枕冊	正781
前栽	源氏	正849
前栽とも	枕冊	正781
前司	枕冊	正781
前生	宇津	正718
前大王	源氏	正849
前坊	源氏	正849
前齋院	源氏	正849
前齋宮	源氏	正849
前驅し	枕冊	正781
善巧太子	源氏	正849
禪師	伊勢	正650
軟障	蜻蛉	正748
軟障	源氏	正849
懺法	源氏	正849
淺香	宇津	正718
禪師	蜻蛉	正748
禪師たち	宇津	正718
禪師たち	蜻蛉	正748
禪師のきみ	蜻蛉	正749
禪師の君	源氏	正849
籤	宇津	正718
錢	宇津	正718

【そ】

そしり誹謗す	枕冊	正781
初夜	蜻蛉	正749
初夜	枕冊	正781
初夜	源氏	正849
楚王	源氏	正849
蘇合の急	枕冊	正781
卒塔婆	枕冊	正781
尉	宇津	正718
尉ども	宇津	正718
忽々	宇津	正718
宗慶	宇津	正718
承香殿	宇津	正718
承香殿のみこ	源氏	正849
承香殿の御息所	宇津	正718
承香殿の女御	宇津	正718
承和	源氏	正849
丞	枕冊	正781
丞	源氏	正849
僧	宇津	正718
僧	枕冊	正781
僧	源氏	正849
僧*	蜻蛉	正749
僧*とも	蜻蛉	正749
僧*房	蜻蛉	正749
僧たち	源氏	正849
僧とも	源氏	正849
僧供	宇津	正718
僧綱	宇津	正718
僧綱	枕冊	正781
僧綱たち	宇津	正718
僧正	宇津	正718
僧正	枕冊	正781
僧正	源氏	正849
僧俗	枕冊	正781
僧都	宇津	正718
僧都	枕冊	正781
僧都	源氏	正849
僧都たち	源氏	正849
僧都の君	枕冊	正781
僧都の君	源氏	正849
僧都の御坊	源氏	正849
僧坊	宇津	正718
僧坊ども	宇津	正718
僧房	源氏	正849
奏し	枕冊	正781
奏しかたく	源氏	正849
奏しきり	宇津	正718
奏しくだす	宇津	正718
奏しさし	源氏	正849
奏しなし	源氏	正849
奏しなをす	源氏	正849
奏しをき	源氏	正849
奏す	竹取	正636
奏す	宇津	正718
奏す	源氏	正849
惣持院	宇津	正718
想夫恋	枕冊	正779
聡明	枕冊	正781
贈位の中納言	宇津	正718
み族	宇津	正718
御族	蜻蛉	正749
御族	源氏	正849
族	宇津	正718
族	源氏	正849
族の源氏	宇津	正718
族類	源氏	正849
御處分	源氏	正849
御處分とも	源氏	正849
御處分所	源氏	正849
處分し	源氏	正849
粟散国	宇津	正718
職	源氏	正849
御即位	宇津	正718
息災	宇津	正718
息災	枕冊	正781
俗	伊勢	正650
俗	宇津	正718
俗	源氏	正849
俗たち	枕冊	正781
俗ひしり	源氏	正849
觸穢	宇津	正718
贖勞	宇津	正718
贖勞	源氏	正849
帥	宇津	正718
帥のぬし	宇津	正719
帥のみこ	宇津	正719
帥の宮	宇津	正719
帥の君	宇津	正719
帥殿	宇津	正719

帥殿の北方　蜻蛉　正749
帥　源氏　正849
帥のみこ　源氏　正849
帥の宮　源氏　正849
袖几帳　枕冊　正781
孫王　蜻蛉　正749
空消息　源氏　正849
孫王　宇津　正719
孫王　源氏　正849
孫王たち　宇津　正719
孫王の君　宇津　正719
孫王の君たち　源氏　正849
尊者　源氏　正849
尊勝陀羅尼　宇津　正719
尊勝陀羅尼　枕冊　正781
損　宇津　正719
樽　宇津　正719

【た】

たゞぎみ僧都　宇津　正719
たゞずみの中納言　宇津　正719
たゞまろ法師　宇津　正719
たつの二点　宇津　正719
たつの一点　宇津　正719
他　宇津　正719
多寶の塔　宇津　正719
御太郎　宇津　正720
御太郎　源氏　正850
太郎　伊勢　正650
太郎　宇津　正720
太郎　源氏　正850
太郎君　宇津　正720
太郎君　源氏　正850
打毬樂　源氏　正850
御陀羅尼　宇津　正720
陀羅尼　宇津　正720
陀羅尼　蜻蛉　正749
陀羅尼　枕冊　正781
陀羅尼　源氏　正850
彈碁　源氏　正850
攤　宇津　正719
太鼓　源氏　正849
太皇太后宮　宇津　正719
太子　宇津　正719
太子　源氏　正849
太政大臣　宇津　正719
太政大臣　源氏　正849
太政大臣のおとゞ　宇津　正719
太政天皇　源氏　正849
太平樂　宇津　正719
太平樂　枕冊　正781
太平樂　源氏　正850
対　伊勢　正650
対面す　竹取　正636
対面す　伊勢　正650
帯し　竹取　正636
怠々しき　宇津　正719
代　宇津　正719
代々　宇津　正719
代々　源氏　正849
御大饗　宇津　正719
御大事　宇津　正719
大　宇津　正719
大液　源氏　正849
大王　宇津　正719
大海　宇津　正719
大覚寺　源氏　正849
大学　源氏　正849
大学の君　源氏　正849
大願　宇津　正719
大願　源氏　正849
大願力　竹取　正636
大饗　宇津　正719
大饗　蜻蛉　正749
大饗　枕冊　正781
大饗　源氏　正849
大饗せ　宇津　正719
大饗とも　源氏　正849
大曲　宇津　正719
大曲とも　源氏　正849
大極殿　源氏　正849
大行道　枕冊　正781
大国　宇津　正719
大使　宇津　正719
大事　宇津　正719
大事　枕冊　正781
大事　源氏　正849
大事し　宇津　正719
大事とも　源氏　正849
大衆　宇津　正719
大嘗會　宇津　正719
大嘗會　蜻蛉　正749
大小　宇津　正719
大小　源氏　正849
大床子　宇津　正719
大床子　枕冊　正781
大床子　源氏　正849
大上　宇津　正719
大乗　源氏　正849
大臣　竹取　正636
大臣　宇津　正719
大臣　蜻蛉　正749
大臣　枕冊　正781
大臣　源氏　正849
大臣たち　源氏　正849
大臣どの　宇津　正719
大臣めし　宇津　正719
大臣家　宇津　正719
大進　宇津　正719
大進　枕冊　正781
大進なりまさ　枕冊　正781
大政官　枕冊　正781
大童子　宇津　正719
大徳　源氏　正849
大徳たち　源氏　正849
大内記　宇津　正719
大内記　源氏　正849
大日如來　源氏　正849

大納言　竹取　正636
大納言　伊勢　正650
大納言　宇津　正719
大納言　蜻蛉　正749
大納言　枕冊　正781
大納言　源氏　正849
大納言どの　宇津　正719
大納言のあそん　宇津　正719
大納言の君　源氏　正849
大納言の朝臣　源氏　正849
大納言殿　竹取　正636
大納言殿　枕冊　正781
大納言殿　源氏　正849
大般若　宇津　正719
大般若經　宇津　正719
大般若經　枕冊　正781
大悲者　宇津　正719
大悲者　源氏　正850
大夫　宇津　正719
大夫　蜻蛉　正749
大夫　枕冊　正781
大夫　源氏　正850
大夫かり　源氏　正850
大夫のおとゝ　源氏　正850
大夫の君　宇津　正719
大夫の君　枕冊　正781
大夫の君　源氏　正850
大夫監　源氏　正850
大夫権守　枕冊　正781
大夫殿　枕冊　正781
大福徳　宇津　正719
大弁　宇津　正719
大弁　枕冊　正781
大輔　宇津　正719
大輔　蜻蛉　正749
大輔　源氏　正850
大輔のめのと　宇津　正719
大輔のめのと　源氏　正850
大輔の君　源氏　正850
大輔の命婦　源氏　正850
大法　宇津　正719
大法會　宇津　正719
大紋　宇津　正719
大門　蜻蛉　正749
大門　枕冊　正781
大學　宇津　正719
大學のすけ　宇津　正719
大學の衆　宇津　正719
大學の丞　宇津　正719
大將　伊勢　正650
大將　宇津　正719
大將　蜻蛉　正749
大將　枕冊　正781
大將　源氏　正849
大將こそ　源氏　正849
大將たち　源氏　正849
大將どの　宇津　正719
大將ぬし　宇津　正719
大將のあそん　宇津　正719
大將のおとゞ　宇津　正719
大將のきみ　宇津　正719
大將の宮　宇津　正719
大將の君　源氏　正849
大將殿　源氏　正849
大將殿わたり　源氏　正849
大貳　宇津　正719
大貳　枕冊　正781
大貳　源氏　正849
大貳おもと　宇津　正719
大貳のめのと　源氏　正849
大貳の君　宇津　正719
大貳の内侍のすけ　源氏　正849
大德　宇津　正719
大德　蜻蛉　正749
大德たち　宇津　正719
大德たち　宇津　正719
第一　枕冊　正781
第一　源氏　正849
第一の人　枕冊　正781
醍醐の阿闍梨の君　源氏　正849
御題　宇津　正719
題　伊勢　正650
題　宇津　正719
題　枕冊　正781
題いたしから　枕冊　正781
御題　源氏　正849
題　源氏　正849
帝釋　源氏　正849
提婆品　宇津　正719
内裏　宇津　正719
内裏　枕冊　正781
御對面　宇津　正719
御對面　源氏　正850
對　宇津　正719
對　源氏　正849
對とも　源氏　正849
對ども　宇津　正719
對のうへ　源氏　正849
對のひめ君　源氏　正850
對の君　宇津　正719
對の御方　宇津　正719
對の御方　源氏　正850
對の方　源氏　正850
對策　宇津　正719
對策せ　宇津　正719
對面　宇津　正719
對面　蜻蛉　正749
對面　源氏　正850
對面し　蜻蛉　正749
對面し　枕冊　正781
對面す　宇津　正719
對面す　源氏　正850
おほん臺　宇津　正719
御臺ども　宇津　正719
臺　宇津　正719
臺　蜻蛉　正749
臺ども　宇津　正719

臺盤　宇津　正719
臺盤　枕冊　正781
臺盤　源氏　正850
臺盤所　宇津　正719
臺盤所　枕冊　正781
臺盤所　源氏　正850
臺覆　宇津　正719
御臺　源氏　正849
臺　源氏　正849
御堂　源氏　正850
堂　源氏　正850
唐　宇津　正719
唐人　宇津　正719
桃　宇津　正719
答　枕冊　正781
答の拜　源氏　正850
踏歌　宇津　正719
踏歌　源氏　正850
陶鋺　宇津　正719
み堂　宇津　正719
御堂　蜻蛉　正749
堂　伊勢　正650
堂　宇津　正719
堂　蜻蛉　正749
堂童子　宇津　正719
堂童子　枕冊　正781
御導師　源氏　正850
導師　宇津　正719
導師　源氏　正850
導師　蜻蛉　正749
御道心　源氏　正850
道心　枕冊　正781
道心　源氏　正850
道心すゝむる　枕冊　正781
道命阿闍梨　枕冊　正781
道理　宇津　正719
道理　源氏　正850
道隆寺　宇津　正719
當国　源氏　正850
當時　宇津　正719
當時　源氏　正850
當帝　源氏　正850
忉利天　宇津　正719
高遠の大貳　枕冊　正781
立添ひ領し　枕冊　正781
棚厨子　枕冊　正781
棚厨子　源氏　正850
塔の會　宇津　正719
答　宇津　正719
丹後　宇津　正720
丹後のめのと　宇津　正720
丹後の掾　宇津　正720
探韻　宇津　正720
探韻　源氏　正850
探韻す　宇津　正720
短籍　宇津　正720
壇　宇津　正720
壇　源氏　正850
壇所　宇津　正720
壇特山　宇津　正720
彈正　枕冊　正781
彈正のみこ　宇津　正720
彈正の宮　宇津　正720
緂　宇津　正720
緂　源氏　正850

【ち】

ちかよりの少將　枕冊　正781
ちゝ入道　源氏　正850
御持佛　源氏　正850
御持經　源氏　正850
持　宇津　正720
持　蜻蛉　正749
持　源氏　正850
持佛　源氏　正850
持經　源氏　正850
持經者　枕冊　正781
治せ　蜻蛉　正749
治部卿　宇津　正720
治部卿のあそん　宇津　正720
治部卿のぬし　宇津　正720
治部卿の殿　宇津　正720
治部卿集　宇津　正720
除目　宇津　正720
除目　蜻蛉　正749
除目　枕冊　正781
除目　源氏　正850
知足院　蜻蛉　正749
知足院　枕冊　正781
御地敷　源氏　正850
地　宇津　正720
地　枕冊　正781
地(ち)　源氏　正850
地(ぢ)　源氏　正850
地下　枕冊　正781
地下　源氏　正850
地火爐　枕冊　正781
地獄　宇津　正720
地獄繪　枕冊　正781
地子　宇津　正720
地摺　宇津　正720
地摺り　枕冊　正781
地爐　宇津　正720
地藏　枕冊　正781
智恵　宇津　正720
智者　宇津　正720
智者ども　宇津　正720
致仕　源氏　正850
致仕のおとゝ　源氏　正850
致仕のおとゞ　宇津　正720
致仕の大殿　源氏　正850
帙簀　宇津　正720
帙簀　源氏　正850
重物　宇津　正720
中の盤　枕冊　正781
中間　枕冊　正781
中宮　枕冊　正781
中旬　宇津　正720

中少將　枕冊　正781
中勢たかつき　枕冊　正781
中勢をしき　枕冊　正781
中堂　宇津　正720
中納言　枕冊　正781
中納言の君　枕冊　正781
中納言殿　枕冊　正781
中門　枕冊　正781
中將　枕冊　正781
中將殿　枕冊　正781
軸　源氏　正850
軸本　蜻蛉　正749
筑後　枕冊　正781
筑前のかみ　源氏　正850
筑前の守　枕冊　正781
錠　宇津　正720
錠　源氏　正850
丁子　宇津　正720
丁子　源氏　正850
丁子そめ　源氏　正850
み帳　宇津　正720
御帳　源氏　正850
帳　竹取　正636
帳　宇津　正720
帳　蜻蛉　正749
帳　枕冊　正781
帳　源氏　正850
帳臺　宇津　正720
帳臺　枕冊　正781
帳臺　源氏　正850
長恨歌　源氏　正850
長者　竹取　正636
長者　宇津　正720
長生殿　宇津　正720
長生殿　源氏　正850
長奉送使　源氏　正850
長夜　源氏　正850
貞觀殿　枕冊　正781
貞觀殿の御方　蜻蛉　正749
定者　枕冊　正781
定証僧都　枕冊　正781
定澄僧都　枕冊　正781
定本　枕冊　正781
廳　源氏　正850
聽聞する　枕冊　正782
着座　蜻蛉　正749
重点かち　蜻蛉　正749
中の盤　宇津　正720
中間　源氏　正850
中宮　宇津　正720
中宮　源氏　正850
中宮の御方　源氏　正850
中宮大夫　宇津　正720
中少將　宇津　正720
中少將　源氏　正850
中堂　源氏　正850
中納言　竹取　正636
中納言　伊勢　正650
中納言　宇津　正720
中納言　源氏　正850
中納言たち　宇津　正720
中納言との　源氏　正850
中納言どの　宇津　正720
中納言のあそん　宇津　正720
中納言のあそん　源氏　正850
中納言のめのと　源氏　正850
中納言の君　宇津　正720
中納言の君　源氏　正850
中納言みなもとのあそん　源氏　正850
中門　宇津　正720
中門　蜻蛉　正749
中門　源氏　正850
中將　竹取　正636
中將　伊勢　正650
中將　宇津　正720
中將　蜻蛉　正749
中將　源氏　正850
中將たち　宇津　正720
中將たつ　源氏　正850
中將との　源氏　正850
中將どの　宇津　正720
中將のあそん　宇津　正720
中將のあそん　源氏　正850
中將のおもと　源氏　正850
中將のきみ　源氏　正850
中將の君　宇津　正720
中將の命婦　源氏　正850
中將君　宇津　正720
中臈　宇津　正720
仲媒　宇津　正720
仲媒し　宇津　正720
柱　源氏　正850
調せ　竹取　正636
勅使　竹取　正636
勅使　宇津　正720
勅使　源氏　正850
陣　宇津　正720
陣　枕冊　正782
陣ごと　宇津　正720
陣屋　枕冊　正782
沈　宇津　正720
沈　源氏　正850
枕　枕冊　正782

【つ】

つくり様　源氏　正850
つねふさの中將　枕冊　正782
み厨子　宇津　正720
み厨子どころ　宇津　正720
み厨子とも　源氏　正850
み厨子所　源氏　正850
御厨子　源氏　正850
厨子　宇津　正720
厨子　源氏　正850
衝立障子　枕冊　正782

追従　源氏　正850
追従し　枕冊　正782
追従し　源氏　正850
追従しありき　源氏　正850
追従しより　源氏　正850
追従す　宇津　正720
御通事　宇津　正720
通事　宇津　正720
月の宴　源氏　正850
筑紫の五節　源氏　正850
作絵　源氏　正850
壺前栽　源氏　正850
壺前栽の宴　源氏　正850
壺装束　枕冊　正782
壺装束　源氏　正850
壺装束し　枕冊　正782

【て】

てくるまの宣旨　源氏　正850
御手本　宇津　正720
御手本　源氏　正850
手本　宇津　正720
手本　源氏　正850
み弟子　宇津　正720
御弟子　源氏　正850
御弟子とも　源氏　正850
弟子　宇津　正720
弟子　源氏　正850
弟子とも　源氏　正850
弟子はら　源氏　正850
亭子院　源氏　正850
帝王　宇津　正720
帝王　源氏　正850
泥　宇津　正720
朝服　宇津　正720
朝拝　宇津　正720
朝拝　源氏　正850
蝶　枕冊　正782
蝶　源氏　正850
御調度　宇津　正720
御調度　源氏　正850
御調度とも　源氏　正850
調　枕冊　正782
調し　蜻蛉　正749
調し　源氏　正850
調じいそぐ　宇津　正720
調しいだし　宇津　正720
調しいて　源氏　正850
調じすへ　宇津　正720
調したて　蜻蛉　正749
調じまうくる　宇津　正720
調しわひ　源氏　正850
調す　宇津　正720
調せ　枕冊　正782
調子　宇津　正720
調子　枕冊　正782
調子　源氏　正850
調子とも　源氏　正850
調食・調半　枕冊　正782
調度　宇津　正720
調度　枕冊　正782
調度　源氏　正850
調度ども　宇津　正720
調度めく　源氏　正850
調樂　枕冊　正782
調樂　源氏　正850
銚子　宇津　正720
銚子　蜻蛉　正749
嘲弄する　枕冊　正782
條　宇津　正720
蝶　宇津　正720
典薬のかみ　宇津　正720
天　竹取　正636
天　宇津　正720
天　枕冊　正782
天　源氏　正851
天井　宇津　正720
天下　竹取　正636
天下　宇津　正720
天下　蜻蛉　正749
天下　源氏　正851
天下人　蜻蛉　正749
天眼　源氏　正851
天狗　宇津　正720
天狗　源氏　正851
天皇　宇津　正720
天子　宇津　正720
天竺　竹取　正636
天竺　宇津　正720
天女　宇津　正720
天上　宇津　正720
天人　竹取　正636
天人　宇津　正720
天人　枕冊　正782
天人　源氏　正851
天地　宇津　正720
天道　宇津　正720
天変　源氏　正851
天禄三年　蜻蛉　正749
天氣　土左　正659
頭中將　竹取　正636
点かち　源氏　正851
点つか　源氏　正851
点なか　源氏　正851
殿上　伊勢　正650
殿上　宇津　正720
殿上　蜻蛉　正749
殿上　枕冊　正782
殿上　源氏　正851
殿上ぐち　宇津　正720
殿上くら人　宇津　正720
殿上し　源氏　正851
殿上のわらは　宇津　正720
殿上の將監　源氏　正851
殿上ましらひ　枕冊　正782
殿上わらは　宇津　正720
殿上わらは　枕冊　正782
殿上わらはべ　宇津　正720
殿上人　宇津　正720

殿上人　蜻蛉　正749
殿上人　枕冊　正782
殿上人　源氏　正851
殿上人とも　源氏　正851
殿上人等　宇津　正720

【と】

としかたの中將　枕冊　正782
とのゝ侍從の君　宇津　正721
とのゝ中將　源氏　正851
とのもりの御　宇津　正721
とのゐ裝束　宇津　正721
とはり帳　源氏　正851
とり具し　宇津　正721
と文字　枕冊　正782
殿の中將の君　源氏　正851
兜率天　宇津　正721
屠蘇　土左　正659
途方　宇津　正721
読經　蜻蛉　正749
読經　枕冊　正782
読經す　枕冊　正782
獨鈷　枕冊　正782
み讀經　宇津　正721
御讀經　源氏　正851
讀經　宇津　正721
讀經　源氏　正851
讀經する　宇津　正721
春宮　伊勢　正650
春宮　源氏　正851
春宮さだめ　宇津　正721
春宮のかみ　宇津　正721
春宮のすけの君ども　宇津　正721
春宮の女御　源氏　正851
春宮の宣旨　源氏　正851
春宮の學士　宇津　正721
春宮権大夫　枕冊　正782
春宮大夫　枕冊　正782
春宮大夫　源氏　正851
春宮方　宇津　正721
春宮亮　枕冊　正782
登花殿　源氏　正851
登華殿　宇津　正721
登華殿　枕冊　正782
登省し　宇津　正721
東宮　宇津　正721
東宮　蜻蛉　正749
東宮のすけ　宇津　正721
東宮のすけ　蜻蛉　正749
東宮の御方　源氏　正851
東宮の女御　宇津　正721
東宮の藏人　宇津　正721
東国　宇津　正721
東三條　枕冊　正782
東西　宇津　正721
東西　枕冊　正782
東大寺　宇津　正721
燈蓋　宇津　正721
燈籠　宇津　正721
燈籠　源氏　正851
燈臺　宇津　正721
燈臺　枕冊　正782
燈臺　源氏　正851
筒　蜻蛉　正749
筒　源氏　正851
藤英　宇津　正721
藤英の大内記　宇津　正721
藤宰相　宇津　正721
藤宰相　源氏　正851
藤宰相どの　宇津　正721
藤三位　枕冊　正782
藤氏　伊勢　正650
藤氏　宇津　正721
藤侍從　宇津　正721
藤侍從　枕冊　正782
藤侍從　源氏　正851
藤侍從の君　宇津　正721
藤式部の丞　源氏　正851
藤少將　源氏　正851
藤大納言　宇津　正721
藤大納言　枕冊　正782
藤大納言　源氏　正851
藤中納言　宇津　正721
藤中納言　源氏　正851
藤中納言どの　宇津　正721
藤中將　宇津　正721
頭　宇津　正721
頭　源氏　正851
頭の君　宇津　正721
頭の君　源氏　正851
頭の少將　源氏　正851
頭の中將君　宇津　正721
頭の殿　枕冊　正782
頭使　宇津　正721
頭中將　宇津　正721
頭中將　枕冊　正782
頭中將　源氏　正851
頭中將たゝのふの君　枕冊　正782
頭中將のあそん　宇津　正721
頭中將殿　枕冊　正782
頭弁　枕冊　正782
頭弁　源氏　正851
頭藏人　宇津　正721
動　源氏　正851
動し　宇津　正721
動せ　源氏　正851
同行　宇津　正721
洞院　枕冊　正782
洞院　源氏　正851
童子　宇津　正721
童女　宇津　正721
童女　枕冊　正782
童男　宇津　正721
み得　宇津　正721
得　宇津　正721

得意　枕冊　正782
得意　源氏　正851
得選　枕冊　正782
得分　宇津　正721
特　宇津　正721
督し　宇津　正721
毒蛇　宇津　正721
獨鈷　源氏　正851
御德　源氏　正851
德　宇津　正721
德　蜻蛉　正749
德　源氏　正851
德町　宇津　正721
所の衆とも　枕冊　正782
所衆　枕冊　正782
殿の大夫　枕冊　正782
取具し　源氏　正851
十日餘ひ　宇津　正721
屯食　宇津　正721
屯食　源氏　正851
頓　土左　正659
貪欲　宇津　正721

【な】

なかたゞの宰相　宇津　正721
なかたゞの侍從　宇津　正721
なかたゞの中將　宇津　正721
なかつかさの丞　宇津　正721
ながとの權のすけ　宇津　正721
なゝ所經　宇津　正721
なにかしの院　源氏　正851
なにかしの念佛　源氏　正851
なにかし阿闍梨　源氏　正851
なにかし供奉　枕冊　正782
なにかし僧都　源氏　正851
なにそ様　源氏　正851
なに様　源氏　正851
なま受領　源氏　正851
なま孫王めく　源氏　正851
ならの京　源氏　正851
なおし裝束　宇津　正721
南殿　源氏　正851
南無當來導師　源氏　正851
納言　宇津　正721
名對面　枕冊　正782
名對面　源氏　正851
儺　蜻蛉　正749
儺　源氏　正851
儺火　蜻蛉　正749
内院　宇津　正721
内宴　宇津　正721
内宴　源氏　正851
内外　宇津　正721
内外　枕冊　正782
内外　源氏　正851
内記　伊勢　正650
内記　宇津　正721
内記　源氏　正851
内供　枕冊　正782
内教　源氏　正851
内教坊　宇津　正721
内教坊　源氏　正851
内侍　竹取　正636
内侍　宇津　正721
内侍　枕冊　正782
内侍　源氏　正851
内侍たち　宇津　正721
内侍とも　源氏　正851
内侍のかみ　宇津　正721
内侍のかみ　蜻蛉　正749
内侍のかみ　源氏　正851
内侍のかむの君　源氏　正851
内侍のかんのおとゞ　宇津　正721
内侍のかんの殿　宇津　正721
内侍のきみ　宇津　正721
内侍のすけ　宇津　正721
内侍のすけ　枕冊　正782
内侍のすけ　源氏　正851
内侍のすけのおとゞ　宇津　正721
内侍のすけはら　源氏　正851
内侍はら　源氏　正851
内侍所　源氏　正851
内侍寮　宇津　正721
内親王　源氏　正851
内戚　宇津　正721
内膳　宇津　正721
内膳　枕冊　正782
内大臣　宇津　正721
内大臣　源氏　正851
内大臣殿　枕冊　正782
内大臣殿　源氏　正851
内々　宇津　正721
内方　宇津　正721
なかの對　源氏　正851
中の御障子　源氏　正851
中の障子のくち　源氏　正851
中の塀　源氏　正851
中の廊　源氏　正851
中障子　源氏　正851
長精進　蜻蛉　正749
なぎさの院　宇津　正721
梨絵し　枕冊　正782
七日の御節供　枕冊　正782
七文字　蜻蛉　正749
なにの丞のきみ　蜻蛉　正749
生親族たつ　蜻蛉　正749

成信中將　枕冊　正782
南海　竹取　正636
南海道　宇津　正721
南天竺　宇津　正721
南殿　宇津　正721
難　宇津　正721
難　源氏　正851
難す　源氏　正851
難つく　源氏　正851
難なき　宇津　正721
難なく　源氏　正851

【に】

にしの一の對　宇津　正722
にしの院　宇津　正722
にしの京　蜻蛉　正749
にしの京　源氏　正851
にしの陣　宇津　正722
にしの二の對　宇津　正722
にしの對　宇津　正722
にしの對の君　宇津　正722
にしの樓　宇津　正722
にしひんかしの對　枕冊　正782
にしひんがしの對　宇津　正722
にし曹司　宇津　正722
にし北の對　宇津　正722
にほふ兵部卿　源氏　正852
二　宇津　正721
二のくるま　源氏　正851
二のま　源氏　正851
二のまち　源氏　正851
二荷　宇津　正721
二のみこ　宇津　正722
二のわらは　宇津　正722
二の宮　宇津　正722
二の女御　宇津　正722
二の對　宇津　正722
二位　宇津　正722
二階　蜻蛉　正749
二階　源氏　正851
二宮　源氏　正851
二月　宇津　正721
二月　蜻蛉　正749
二月　枕冊　正782
二月　源氏　正851
二月ついたちころ　源氏　正851
二月つこもり　枕冊　正782
二月つこもりかた　枕冊　正782
二月むまの日　枕冊　正782
二月一日　土左　正660
二月朔日　枕冊　正782
二月三日三月朔日ころ　枕冊　正782
二月十五日　蜻蛉　正749
二月十二日　宇津　正721
二月十日　枕冊　正782
二月十余日　枕冊　正782
二月十余日　源氏　正851
二月廿五日　枕冊　正782
二月廿七日　宇津　正721
二月廿日　宇津　正721
二月廿日　蜻蛉　正749
二月廿日あまり　源氏　正851
二三　宇津　正721
二三　枕冊　正782
二三巻　宇津　正721
二三月　宇津　正721
二三尺　枕冊　正782
二三十万疋　宇津　正721
二三人　宇津　正721
二三人　枕冊　正782
二三人　源氏　正851
二三寸　宇津　正721
二三千　宇津　正721
二三代　宇津　正721
二三町　宇津　正721
二三日　竹取　正636
二三日　宇津　正721
二三年　宇津　正721
二三年　源氏　正851
二三百人　宇津　正722
二尺　枕冊　正782
二十　宇津　正722
二十丈　伊勢　正650
二十人　宇津　正722
二十年　宇津　正722
二十八　宇津　正722
二条　源氏　正851
二条のうへ　源氏　正851
二条のおとゝ　源氏　正851
二条の院のうへ　源氏　正851
二条の宮　源氏　正851
二条の君　源氏　正851
二条院のひめ君　源氏　正851
二条院の君　源氏　正851
二石　宇津　正721
二千人　竹取　正636
二千里　源氏　正851
二度　枕冊　正782
二日　土左　正660
二百人　宇津　正722
二百反　宇津　正722
二百兩　宇津　正722
二百餘人　宇津　正722
二品　源氏　正852
二品宮　源氏　正852
二條　枕冊　正782
二條の宮　枕冊　正782
二條の后　伊勢　正650
二條院　源氏　正851
二丁　宇津　正722
二番　宇津　正722
二疋　宇津　正722

二百五十貫　宇津　正722
二百石　宇津　正722
二條おほぢ　宇津　正722
二條の院　宇津　正722
二條殿　宇津　正722
御二条のきたのかた　源氏　正851
二尺　宇津　正722
二寸　宇津　正722
二千人　宇津　正722
日記　宇津　正721
日記　蜻蛉　正749
日記　源氏　正851
日記ども　宇津　正721
西の京　枕冊　正782
西の對　枕冊　正782
廿一日　土左　正660
廿九日　土左　正660
廿五日　土左　正660
廿三日　土左　正660
廿七日　土左　正660
廿二日　土左　正660
廿日　土左　正660
廿八日　土左　正660
廿六日　土左　正660
廿　枕冊　正782
廿　源氏　正851
廿くだり　宇津　正722
廿二　宇津　正722
廿二日　宇津　正722
廿一　宇津　正722
廿一二　源氏　正851
廿一日　蜻蛉　正749
廿荷　宇津　正722
廿巻　枕冊　正782
廿貫　宇津　正722
廿九　宇津　正722
廿九日　宇津　正722
廿具　宇津　正722
廿五　宇津　正722
廿五　源氏　正851
廿五日　宇津　正722
廿五日　蜻蛉　正749
廿五日　源氏　正851
廿五六日　蜻蛉　正749
廿歳　宇津　正722
廿三　宇津　正722
廿三　源氏　正851
廿三日　宇津　正722
廿三日　蜻蛉　正749
廿三日　源氏　正851
廿三年　宇津　正722
廿四日　宇津　正722
廿四日　蜻蛉　正749
廿七　宇津　正722
廿七日　宇津　正722
廿七日　蜻蛉　正749
廿七八　源氏　正851
廿七八日　蜻蛉　正749
廿人　竹取　正636
廿人　蜻蛉　正749
廿人　枕冊　正782
廿石　宇津　正722
廿町　宇津　正722
廿二三　源氏　正851
廿二日　蜻蛉　正749
廿日　枕冊　正782
廿八日　蜻蛉　正749
廿八日　源氏　正851
廿八夜　宇津　正722
廿疋　宇津　正722
廿余人　枕冊　正782
廿余日　蜻蛉　正749
廿余年　竹取　正636
廿余年　源氏　正851
廿六　宇津　正722
廿六七日人　枕冊　正782
廿六日　宇津　正722
廿餘　宇津　正722
廿餘人　宇津　正722
廿餘年　宇津　正722
日記　土左　正660
日中　源氏　正851
日中の時　枕冊　正782
日本　宇津　正722
日本記　源氏　正852
日本国　宇津　正722
日本国皇　宇津　正722
入学　源氏　正851
入道　宇津　正722
入道　源氏　正851
入道のひめきみ　源氏　正852
入道のひめ宮　源氏　正852
入道のみかと　源氏　正852
入道の宮　源氏　正852
入道の君　蜻蛉　正749
入道后の宮　源氏　正851
入道兵部卿宮　枕冊　正782
入學し　宇津　正722
女王　宇津　正722
女人　宇津　正722
如意輪　枕冊　正782
女院　枕冊　正782
女官　枕冊　正782
女官とも　枕冊　正782
女御　枕冊　正782
女房　枕冊　正782
女房たち　枕冊　正782
女房とも　枕冊　正782
女くら人　源氏　正852
女官　宇津　正722
女官　源氏　正852
女官とも　源氏　正852
女官ども　宇津　正722
女御　伊勢　正650
女御　宇津　正722
女御　源氏　正852
女御かた　源氏　正852
女御かた　源氏　正852

女御たち　宇津　正722
女御たち　源氏　正852
女御との　源氏　正852
女御どの　宇津　正722
女御の君　宇津　正722
女御の君　源氏　正852
女御の君ばらのみこたち　宇津　正722
女御ばら　宇津　正722
女御更衣　源氏　正852
女御更衣たち　源氏　正852
女御代　蜻蛉　正749
女人　源氏　正852
女別当　源氏　正852
女房　宇津　正722
女房　蜻蛉　正749
女房ぐるま　宇津　正722
女房ぐるまども　宇津　正722
女房たち　宇津　正722
人間　枕冊　正782
人長　宇津　正722
人長　枕冊　正782
仁王會　源氏　正852
仁和　伊勢　正650
仁和寺　枕冊　正782
任　源氏　正852
任じ　宇津　正722
忍辱　宇津　正722
忍辱のおもと　宇津　正722
忍辱のともがら　宇津　正722

【ぬ】

ぬの屏風　枕冊　正782
布障子　枕冊　正782

【ね】

寝装束　宇津　正722
女房　源氏　正852
女房たち　源氏　正852
女房とも　源氏　正852
女房のさふらひ　源氏　正852
女房車　源氏　正852
御熱　宇津　正722
熱　宇津　正722
年三　源氏　正852
御念仏　宇津　正722
御念佛　源氏　正852
御念誦　源氏　正852
御念誦の具とも　源氏　正852
御念誦堂　源氏　正852
念　宇津　正722
念し　竹取　正636
念し　蜻蛉　正749
念し　枕冊　正782
念じ　宇津　正722
念しあへ　源氏　正852
念しあまり　源氏　正852
念じあまり　宇津　正722
念しいり　源氏　正852
念しおもふ　蜻蛉　正749
念しかたく　蜻蛉　正749
念しかへし　蜻蛉　正749
念しかへし　源氏　正852
念しくらし　枕冊　正782
念しすくす　源氏　正852
念しすこし　源氏　正852
念しはつ　源氏　正852
念しわたり　源氏　正852
念しわたる　伊勢　正650
念しわひ　伊勢　正650
念しゐ　源氏　正852
念し過し　枕冊　正782
念し居　枕冊　正782
念す　源氏　正852
念願し　宇津　正722
念佛　蜻蛉　正749
念佛　枕冊　正782
念佛　源氏　正852
念佛の僧とも　源氏　正852
念佛衆生攝取不捨　源氏　正852
念佛僧　源氏　正852
念佛聲　蜻蛉　正749
念誦　源氏　正852
念誦し　宇津　正722
念誦し　源氏　正852
念誦する　蜻蛉　正749
念誦の具　源氏　正852
念誦堂　宇津　正722
念誦聲　蜻蛉　正749

【の】

のふかたの中將　枕冊　正783
のりの師　源氏　正852
野の行幸　源氏　正852
衲　枕冊　正783
登り困し　枕冊　正783

【は】

はつか余日　蜻蛉　正749
はかまの具　源氏　正852
はきの宴　源氏　正852
はすのみなと様　源氏　正852
はつせの觀音　源氏　正852
御はさみなと様　源氏　正852
半蔀　枕冊　正783
半蔀　源氏　正852
拔頭　枕冊　正783
藐姑射　源氏　正852
拜し　宇津　正722
梅花　源氏　正852
陪し　源氏　正852
陪膳　源氏　正852

徘徊す　源氏　正852
拜し　枕冊　正783
拜し　源氏　正852
拜する　蜻蛉　正749
拍子　宇津　正722
拍子　源氏　正852
拍子あはせ　源氏　正852
拍子とり　源氏　正852
包丁　宇津　正722
放唱　宇津　正722
放俗　源氏　正852
御方　源氏　正852
御方便　源氏　正852
方　宇津　正722
方　源氏　正852
方等經　源氏　正852
方便　源氏　正852
方略　宇津　正722
法なけれ　宇津　正722
坊　宇津　正722
坊　蜻蛉　正749
坊　源氏　正852
坊　源氏　正852
坊がね　宇津　正722
坊さだめ　宇津　正722
坊のたちはき　宇津　正722
坊の君　宇津　正722
博士　宇津　正722
博士　源氏　正852
博士たち　宇津　正722
博士とも　源氏　正852
博士ども　宇津　正722
博士ら　宇津　正722
博打　宇津　正722
博打ども　宇津　正722
白虹　源氏　正852
箔絵　宇津　正722
端蘇芳　枕冊　正783
八　宇津　正722
八の宮　宇津　正722
八の宮　源氏　正852
八の君　宇津　正722
八まち　宇津　正722
八韻　宇津　正723
八九　宇津　正722
八九十餘　宇津　正722
八九人　枕冊　正783
八月　宇津　正722
八月　蜻蛉　正749
八月　枕冊　正783
八月　源氏　正852
八月つこもり　枕冊　正783
八月つごもり　宇津　正722
八月九日　枕冊　正783
八月十五日　竹取　正636
八月十五日　宇津　正722
八月十五夜　蜻蛉　正749
八月十五夜　源氏　正852
八月十三日　宇津　正722
八月十七日　宇津　正722
八月十日　宇津　正722
八月十余日　源氏　正852
八月廿八日　宇津　正722
八月廿余日　蜻蛉　正749
八月廿余日　源氏　正852
八月六日　宇津　正722
八講　枕冊　正783
八講　源氏　正852
八講し　枕冊　正783
八合　宇津　正722
八尺　宇津　正723
八十歳　宇津　正722
八十人　宇津　正722
八十餘人　宇津　正722
八省　源氏　正852
八丈　枕冊　正783
八人　宇津　正722
八人　枕冊　正783
八人　源氏　正852
八生　宇津　正723
八丁　宇津　正723
八日　土左　正660
八年　宇津　正722
八番　宇津　正722
八郎　宇津　正723
八郎君　源氏　正852
八條の式部卿　源氏　正852
御鉢　源氏　正852
鉢　竹取　正636
撥　源氏　正852
撥音　源氏　正852
廿日あまり一日　宇津　正723
發のを　源氏　正852
發動し　宇津　正723
花の院　宇津　正723
花の宴　宇津　正723
花の宴　源氏　正852
花蝶　源氏　正852
伴僧　宇津　正723
御判　宇津　正723
判　宇津　正723
判　源氏　正852
判とも　源氏　正852
判者　源氏　正852
半挿　宇津　正723
半揷　枕冊　正783
半臂　宇津　正723
半臂　枕冊　正783
斑犀　源氏　正852
御番　宇津　正723
番　竹取　正636
番　宇津　正723
番　枕冊　正783
番　源氏　正852
番々　宇津　正723
盤　宇津　正723
盤　枕冊　正783
盤　源氏　正852
盤とも　源氏　正852

盤渉調　源氏　正852
万春樂　源氏　正852

【ひ】

ひかる源氏　源氏　正852
ひき具す　源氏　正852
ひたちの前司殿　源氏　正853
ひだりみぎの尉　宇津　正723
ひとつ院　源氏　正853
ひんがしの陣　宇津　正723
ひんかしの對　源氏　正853
ひんがしの對　宇津　正723
妃　宇津　正723
昼の御裝束　枕冊　正783
昼の裝束　枕冊　正783
昼の裝束し　枕冊　正783
日の裝束ども　宇津　正723
卑下し　源氏　正852
彼岸　宇津　正723
彼岸　蜻蛉　正749
彼岸　源氏　正852
秘し　宇津　正723
秘錦　宇津　正723
秘色　宇津　正723
肥後　源氏　正852
肥前　源氏　正853
誹謗せ　枕冊　正783
非違の尉佐　宇津　正723
非違の別當　宇津　正723
非参議　源氏　正852
非参議の四位　源氏　正852
非参議の四位とも　源氏　正852
非時　宇津　正723
非常　宇津　正723
非常　枕冊　正783
非常　源氏　正852
非道　源氏　正853
備前のすけ　宇津　正723
御琵琶　宇津　正723
御琵琶　源氏　正853
琵琶　宇津　正723
琵琶　蜻蛉　正749
琵琶　枕冊　正783
琵琶　源氏　正853
琵琶の御こと　宇津　正723
琵琶の御こと　枕冊　正783
琵琶の法師　源氏　正853
美相なき　源氏　正852
美々しう　蜻蛉　正749
美々しう　源氏　正853
美々しく　枕冊　正783
桧破籠様　源氏　正853
檳榔　蜻蛉　正749
檳榔毛　蜻蛉　正749
祕し　源氏　正853
祕錦綺とも　源氏　正852
祕色様　源氏　正853
御鬢茎　源氏　正852
引裝束き　蜻蛉　正749
左のつかさの中將　宇津　正723
左の大將　宇津　正723
左の大將殿　宇津　正723
篳篥　宇津　正723
篳篥　枕冊　正783
篳篥　源氏　正853
一京　蜻蛉　正749
一具　宇津　正723
一数珠　蜻蛉　正749
一族　宇津　正723
一族　源氏　正853
一番　宇津　正723
一文字題　蜻蛉　正749
一様　源氏　正853
一類　宇津　正723
一類　源氏　正853
人氣なき　枕冊　正783
人氣なし　源氏　正853
拍子　宇津　正723
拍子　枕冊　正783
拍子　源氏　正853
病者　土左　正660
病者　宇津　正723
病者　源氏　正853
兵衛　宇津　正723
兵衛　枕冊　正783
兵衛つかさ　宇津　正723
兵衛のかんのきみ　宇津　正723
兵衛のつかさ　宇津　正723
兵衛の尉　宇津　正723
兵衛の尉　源氏　正853
兵衛の尉の君　宇津　正723
兵衛の君　宇津　正723
兵衛の君のみや　宇津　正723
兵衛の大君　源氏　正853
兵衛の命婦　源氏　正853
兵衛の藏人　枕冊　正783
兵衛佐　宇津　正723
兵衛佐　蜻蛉　正749
兵衛佐　枕冊　正783
兵衛佐　源氏　正853
兵衛佐君　宇津　正723
兵衛主典　宇津　正723
兵衛殿　宇津　正723
兵衛督　宇津　正723
兵衛督　源氏　正853
兵衛督すけ尉　枕冊　正783
兵衛督殿　宇津　正723
兵藤太未央　源氏　正853
兵部　宇津　正723
兵部　枕冊　正783
兵部　源氏　正853
兵部の君　源氏　正853
兵部の大夫　源氏　正853
兵部の大輔　宇津　正723

兵部卿　宇津　正723
兵部卿　枕冊　正783
兵部卿　源氏　正853
兵部卿のみこ　宇津　正723
兵部卿のみこ　源氏　正853
兵部卿の宮　宇津　正723
兵部卿宮　源氏　正853
兵部卿少將　宇津　正723
兵部丞　宇津　正723
兵部大輔きみ　宇津　正723
平調　源氏　正853
御屛風　宇津　正723
御屛風　蜻蛉　正749
御屛風　源氏　正853
御屛風とも　源氏　正853
御屛風ども　宇津　正723
屛風　宇津　正723
屛風　蜻蛉　正749
屛風　枕冊　正783
屛風　源氏　正853
屛風たつ　源氏　正853
屛風とも　源氏　正853
屛風ども　宇津　正723
白散　土左　正660
白檀　宇津　正723
白檀　源氏　正853
白瑠璃　宇津　正723
百　宇津　正723
百官　竹取　正636
百官　宇津　正723
百貫　宇津　正723
百五十石　宇津　正723
百歳　宇津　正723
百人　竹取　正636
百人　宇津　正723
百姓ら　宇津　正723
百千萬里　竹取　正636
百屯　宇津　正723
百日はかり　枕冊　正783
百疋　宇津　正723
百歩　源氏　正853
百味　宇津　正723
百六十　宇津　正723
百兩　宇津　正723
百兩　源氏　正853
百萬の神　宇津　正723
百餘人　宇津　正723
賓頭廬　竹取　正636
便　宇津　正723
便なき　枕冊　正783
便なし　宇津　正723
便なし　源氏　正853
便無け　蜻蛉　正749
便無し　蜻蛉　正749
檳榔毛　宇津　正723
檳榔毛　枕冊　正783
檳榔毛　源氏　正853
御鬢　源氏　正853
鬢　宇津　正723
鬢　枕冊　正783
鬢　源氏　正853
鬢つき　宇津　正723
鬢莖　源氏　正853
鬢頰　宇津　正723
東の對　枕冊　正783
東の對たち　枕冊　正783
東の樓　宇津　正723
東曹司　宇津　正723

【ふ】

ふくろ様　源氏　正853
ふた大將　宇津　正724
ふぢつぼの女御　宇津　正724
ふぢつぼの女御の君　宇津　正724
ふちの宴　源氏　正853
ふちの花の宴　源氏　正853
ふみの書　宇津　正724
御ふすまなと様　源氏　正853
賦・諷・封・風?　蜻蛉　正749
釜　宇津　正723
御不興　宇津　正723
御不祥　蜻蛉　正750
不悪　宇津　正723
不意　宇津　正723
不意　源氏　正853
不興す　宇津　正724
不孝　宇津　正723
不孝　源氏　正853
不幸　源氏　正853
不行　宇津　正723
不合　宇津　正723
不才　宇津　正724
不死　竹取　正636
不死のくすり　宇津　正724
不死薬　宇津　正724
不祥雲　枕冊　正783
不肖　宇津　正724
不断　宇津　正724
不断　枕冊　正783
不断　源氏　正853
不断の修法　宇津　正724
不断經　枕冊　正783
不断經　源氏　正853
不調　源氏　正853
不調ものとも　源氏　正853
不定　宇津　正724
不定　蜻蛉　正750
不定　源氏　正853
不動　宇津　正724
不動の陀羅尼　源氏　正853
不動尊　枕冊　正783
不動尊　源氏　正853
不便　宇津　正724
不便　枕冊　正783
不便　源氏　正853
不用　土左　正660
不用　宇津　正724

不用　枕冊　正783
不用　源氏　正853
不例　宇津　正724
不淨　蜻蛉　正750
不當　宇津　正724
不輕　源氏　正853
夫　宇津　正723
夫人　宇津　正724
婦女　宇津　正724
御布施　宇津　正724
布施　宇津　正724
布施　源氏　正853
布施とも　源氏　正853
府生　宇津　正724
扶桑樂　宇津　正724
普賢　枕冊　正783
普賢講　源氏　正853
普賢菩薩　源氏　正853
普門寺　枕冊　正783
芙蓉　源氏　正853
譜　源氏　正853
武王　源氏　正853
舞踏し　宇津　正724
舞踏し　枕冊　正783
舞踏し　源氏　正853
舞臺　宇津　正724
舞臺　源氏　正853
み封　宇津　正723
封　宇津　正723
風香調　枕冊　正783
風情　宇津　正724
風俗　枕冊　正783
風病　源氏　正853
粉熟　宇津　正724
粉熟　源氏　正853
御文題　宇津　正724
文題　宇津　正724
豊後のすけ　源氏　正853
豊前　枕冊　正783
封　源氏　正853
封し　蜻蛉　正750
御笛の師　宇津　正723
副使　宇津　正723
御服　宇津　正723
御服　蜻蛉　正749
御服　源氏　正853
服　宇津　正723
服　蜻蛉　正749
服　源氏　正853
服し　源氏　正853
服なをし　宇津　正723
服やつれ　宇津　正723
福地のその　源氏　正853
御佛名　宇津　正724
御佛名　源氏　正853
佛眼　枕冊　正783
佛天　源氏　正853
佛法　源氏　正853
佛名　宇津　正724
佛名　枕冊　正783
古御たち　源氏　正853
古受領　源氏　正853
古屛風　宇津　正724
封し　宇津　正724
封し　枕冊　正783
封しこめ　源氏　正853
文のこと　宇津　正724
文のて　宇津　正724
文王　源氏　正853
文臺　宇津　正724
文臺　源氏　正853
文字　土左　正660

【へ】

別當　蜻蛉　正750
陪從　蜻蛉　正750
陪從　源氏　正853
瓶子　宇津　正724
瓶子　源氏　正853
部從　宇津　正724
塀　宇津　正724
塀とも　源氏　正853
平仲　源氏　正853
平内侍　源氏　正853
平内侍のすけ　源氏　正853
餠餤　枕冊　正783
屛幔　枕冊　正783
表　宇津　正724
表　源氏　正853
表紙　源氏　正853
別　枕冊　正783
別當　枕冊　正783
別　源氏　正853
別当　源氏　正853
別当とも　源氏　正853
別当大納言　源氏　正853
別納　源氏　正853
別納　宇津　正724
別當　宇津　正724
別當どの　宇津　正724
辺　蜻蛉　正750
あを反吐　竹取　正636
偏つき　源氏　正853
変化　竹取　正636
変化　宇津　正724
変化　枕冊　正783
変化　源氏　正853
変化し　源氏　正853
辺　竹取　正636
辺　宇津　正724
辺　枕冊　正783
扁　枕冊　正783
弁　宇津　正724
弁　源氏　正853
弁のあま　源氏　正853
弁のあま君　源氏　正853
弁のきみたち　源氏　正853
弁のぬし　宇津　正724
弁の君　宇津　正724
弁の君　源氏　正853

弁の御もと　源氏　正853
弁の少將　源氏　正853
弁官　源氏　正853
弁殿　宇津　正724
弁命婦　源氏　正853
辨　枕冊　正783
辨のおもと　枕冊　正783
邊　源氏　正853
ほそ冠者とも　枕冊　正783
ほの氣色み　源氏　正854
反故　源氏　正854
反故とも　源氏　正854
帆　宇津　正724
帆　枕冊　正783
布衣　宇津　正724
菩薩　枕冊　正783
菩提　蜻蛉　正750
菩提　枕冊　正783
菩提　源氏　正854
菩薩　宇津　正724
菩提　宇津　正724
法花の曼陀羅　源氏　正854
法花三昧　源氏　正854
法華經　枕冊　正783
法華經　源氏　正854
法興院　枕冊　正783
御本意　宇津　正724
御本意　源氏　正854
本に　宇津　正724
本意　宇津　正724
本意　枕冊　正783
本意　源氏　正854
本意なし　宇津　正724
本意なし　枕冊　正783
本意なし　源氏　正854
拂底す　宇津　正724
牡丹　蜻蛉　正750
牡丹　枕冊　正783
反故　宇津　正724
歩障　宇津　正724
報じ　宇津　正724
方　枕冊　正783
蓬萊　竹取　正636
蓬萊　宇津　正724
蓬萊　源氏　正854
蓬萊のやま　源氏　正854
蓬萊の山　宇津　正724
棒持　源氏　正854
棒物　宇津　正724
牧馬　枕冊　正783
木石　源氏　正854
佛菩薩　源氏　正854
佛經　源氏　正854
御法事　源氏　正854
御法服　宇津　正724
御法服　源氏　正854
法　宇津　正724
法　枕冊　正783
法とも　源氏　正854
法界三昧普賢大士　源氏　正854
法皇　枕冊　正783
法師　宇津　正724
法師　蜻蛉　正750
法師　蜻蛉　正750
法師　枕冊　正783
法師　源氏　正854
法師はら　枕冊　正783
法師はら　源氏　正854
法師ばら　宇津　正724
法師まさりし　源氏　正854
法師陰陽師　枕冊　正783
法師子　枕冊　正783
法事　源氏　正854
法性寺　源氏　正854
法正寺　蜻蛉　正750
法服　宇津　正724
法服　枕冊　正783
法服　源氏　正854
法服たち　源氏　正854
法服ども　宇津　正724
法文　宇津　正724
法文　源氏　正854
法輪　枕冊　正783
法氣つき　源氏　正854
賞め感し　枕冊　正783
煩惱　枕冊　正783
煩惱　源氏　正854
御本性　源氏　正854
品々　宇津　正724
本　宇津　正724
本　枕冊　正783
本　源氏　正854
本とも　源氏　正854
本ども　宇津　正724
本意なく　竹取　正636
本家　宇津　正724
本妻　宇津　正724
本妻　源氏　正854
本才　源氏　正854
本所　源氏　正854
本性　宇津　正724
本性　蜻蛉　正750
本性　枕冊　正783
本性　源氏　正854
本誓　宇津　正724
本尊　宇津　正724
本尊　源氏　正854
本意　伊勢　正650
御盆　宇津　正724
御盆ども　宇津　正724
盆　蜻蛉　正750
盆　枕冊　正783
盆する　枕冊　正783
梵字　源氏　正854

【ま】

まゝはゝなと様　源氏　正854
まいの師　宇津　正724

まさあきらの中納言　宇津　正724
まどころの別當　宇津　正724
まひの師　蜻蛉　正750
まひの師　源氏　正854
摩訶毘盧遮那　源氏　正854
孟嘗君　枕冊　正783
猛　竹取　正636
蒔絵　宇津　正724
蒔絵　枕冊　正783
蒔絵　源氏　正854
おほん幕　宇津　正724
幕　蜻蛉　正750
待ち困する　枕冊　正783
纏はれ追従し　枕冊　正783
学ひ啓し　枕冊　正783
舞の師ども　宇津　正724
舞の師ら　宇津　正724
万恒河沙　宇津　正724
万劫　宇津　正724
万石　宇津　正724
万葉集　枕冊　正783
万両　宇津　正724
万歳　源氏　正854
万歳樂　源氏　正854
曼陀羅　源氏　正854
幔幕　宇津　正724
萬歳　宇津　正724
萬歳樂　宇津　正724

【み】

みたけ精進　源氏　正854
みたり脚病　宇津　正724
みたり脚病　源氏　正854
みつなのすけの中少將　枕冊　正784
みなみの陣　宇津　正724
みなみの門　宇津　正724
みふ二條　宇津　正725
みまやの別當　宇津　正725
みやあこの大輔　宇津　正725
み領　宇津　正725
み臺　宇津　正724
見輿じ　宇津　正724
御くしあけの内侍　源氏　正854
御格子　枕冊　正783
御修法　枕冊　正784
御障子　枕冊　正784
御厨子　枕冊　正784
御厨子所　枕冊　正784
御生れの宣旨　枕冊　正783
御曹司　枕冊　正783
御帳　枕冊　正784
御堂　枕冊　正784
御読經　枕冊　正784
御符　源氏　正854
御名文字　宇津　正724
御几帳　枕冊　正783
御嶽精進し　枕冊　正784
御誦經　枕冊　正784
三十一字　源氏　正854
三十文字あまり　源氏　正854
三文字　源氏　正854
未熟　宇津　正724
未來　宇津　正725
彌勒　枕冊　正784
彌勒　源氏　正854
右の衛門のかみ　宇津　正724
右の大將　宇津　正724
右の大將どの　宇津　正724
右の頭　宇津　正724
三十文字余り　土左　正660
三十文字余り七文字　土左　正660
道方少納言　枕冊　正784
蜜　枕冊　正784
南の院　枕冊　正784
宮あこの侍從　宇津　正725
宮の権かみ　宇津　正725
宮の女御　源氏　正854
宮の女房　枕冊　正784
宮の進　宇津　正725
宮の大夫　源氏　正854
宮の大夫のあそん　宇津　正725
宮の大夫殿　枕冊　正784
宮の樂士　宇津　正725
宮の權の佐　源氏　正854
宮中將　枕冊　正784
名香　宇津　正725
名香　源氏　正854
命婦　宇津　正725
命婦　枕冊　正784
命婦　源氏　正854
命婦のおとゝ　枕冊　正784
命婦のめのと　枕冊　正784
命婦の君　源氏　正854
明神　枕冊　正784
明星　枕冊　正784
明年　宇津　正725
民部のおもと　源氏　正854
民部の大輔　宇津　正725
民部卿　宇津　正725
民部卿　源氏　正854
民部卿のみこ　宇津　正725
民部卿の君　宇津　正725
民部卿の殿　宇津　正725
民部卿宮　宇津　正725
民部丞　宇津　正725
民部大輔　源氏　正854

【む】

むかし様　源氏　正854
むまの内侍のすけ　枕冊　正784

むまの二点　宇津　正725
むまの命婦　枕冊　正784
むめつぼの更衣
宇津　正725
右馬の権すけ　宇津　正725
無下　宇津　正725
無下　蜻蛉　正750
無下　枕冊　正784
無下　源氏　正854
無期　宇津　正725
無期　枕冊　正784
無期　源氏　正854
無言太子　源氏　正854
無才　宇津　正725
無才　源氏　正854
無心　宇津　正725
無心　枕冊　正784
無心　源氏　正854
無等三昧　宇津　正725
無品　宇津　正725
無品親王　源氏　正854
無名　枕冊　正784
無紋　枕冊　正784
無紋　源氏　正854
無礼　源氏　正854
無慚　宇津　正725
無慚　源氏　正854
無禮　宇津　正725
無徳　宇津　正725
無徳　源氏　正854
無徳(むとく)　枕冊　正784
梅つほの少將　枕冊　正784
紫地　源氏　正854

【め】

めのと様　源氏　正854
御めのと様　源氏　正854
馬道　枕冊　正784
馬道　源氏　正854
瑪瑙　宇津　正725
命　宇津　正725
明王　宇津　正725
明王　枕冊　正784
明王　源氏　正854
明王がね　宇津　正725
明目　宇津　正725
御面目　源氏　正854
面目　源氏　正854
面目なく　源氏　正854
妙法寺別当大徳
源氏　正854
明神　土左　正660
面目　宇津　正725
面目　枕冊　正784
面目なく　宇津　正725

【も】

ものゝ怪　宇津　正725
ものゝ怪　蜻蛉　正750
ものゝ絵様　源氏　正855
ものゝ興　宇津　正725
ものゝ具　宇津　正725
ものゝ具　蜻蛉　正750
ものゝ上手　源氏　正854
ものゝ上手とも
源氏　正854
ものゝ上手ども
宇津　正725
ものゝ変化　宇津　正725
ものゝ用　宇津　正725
ものゝ用　源氏　正855
ものゝ要　宇津　正725
もみぢの賀　宇津　正725
御もみちの賀　源氏　正855
文字　枕冊　正784
文字　源氏　正854
文字すくな　源氏　正854
文字つよう　源氏　正854
文字とも　源氏　正854
文字様　源氏　正854
帽額　宇津　正725
帽額　枕冊　正784
勿体な　枕冊　正784
朦々　源氏　正854
木絵　枕冊　正784
木工　宇津　正725
木工　源氏　正854
木工のすけ　宇津　正725
木工の君　宇津　正725
木工の君　源氏　正854
木工の丞　枕冊　正784
木理　宇津　正725
木蓮　源氏　正854
目録　宇津　正725
御物怪　源氏　正854
御物怪めき　源氏　正854
物の怪　枕冊　正784
物の絵様　枕冊　正784
物の具　枕冊　正784
物の師　宇津　正725
物の上手　宇津　正725
物の上手　枕冊　正784
物の変化　源氏　正854
物の変化めき　源氏　正855
物の例　枕冊　正784
物の氣色　宇津　正725
物怨　源氏　正855
物怨しし　枕冊　正784
物怨しす　源氏　正855
物怪　源氏　正854
物怪たち　源氏　正854
物啓し　枕冊　正784
物語絵　源氏　正854
物念しし　源氏　正854
物不便　宇津　正725
紅葉の賀　源氏　正855
洩らし奏し　源氏　正855
諸誦　宇津　正725
唐の楽し　枕冊　正784
五文字　伊勢　正650

男文字 土左 正660
文 宇津 正725
文 蜻蛉 正750
文才 宇津 正725
文才 源氏 正855
文字 宇津 正725
文字 蜻蛉 正750
文殊 宇津 正725
文殊 枕冊 正784
文集 枕冊 正784
文書 宇津 正725
文章 源氏 正855
文章の生 源氏 正855
文章生 宇津 正725
文章博士 宇津 正725
文章博士 枕冊 正784
文章博士 源氏 正855
文人 宇津 正725
文人 源氏 正855
文人ども 宇津 正725
文籍 源氏 正855
文選 枕冊 正784
文徳天皇 伊勢 正650
紋 宇津 正725
紋 枕冊 正784
紋 源氏 正855
門 宇津 正725

【や】

やまと相 源氏 正855
やり戸厨子 枕冊 正784
夜行 枕冊 正784
夜行 源氏 正855
揚名のすけ 源氏 正855
楊貴妃 宇津 正725
楊貴妃 枕冊 正784
楊貴妃 源氏 正855
御様態 宇津 正725
様 竹取 正636
様 源氏 正855
様かはり 源氏 正855
様かへ 源氏 正855
様たかひ 源氏 正855
様の物 源氏 正855
様の物とも 源氏 正855
様はなれ 源氏 正855
様器 宇津 正725
様器 源氏 正855
様態 宇津 正725
様體 源氏 正855
陽成院 源氏 正855
あり様 土左 正660
いか様 竹取 正636
か様 竹取 正636
かう様 土左 正660
さ様 竹取 正636
さ様 伊勢 正650
御様 宇津 正725
様 枕冊 正784
様器 枕冊 正784
様 伊勢 正650
様 土左 正660
様 宇津 正725
様 蜻蛉 正750
様体 蜻蛉 正750
瑩し 枕冊 正784
瑩じかけ 宇津 正725
瑩せ 宇津 正725
焼き調ず 宇津 正725
益 源氏 正855
益なさ 源氏 正855
益なし 源氏 正855
役 宇津 正725
役 枕冊 正784
役 源氏 正855
藥師ほとけ 宇津 正725
藥師ほとけ 源氏 正855
藥師佛 枕冊 正784
山の井の大納言 枕冊 正784
山の王 宇津 正725

【ゆ】

ゆきひらの中納言 源氏 正855
ゆきまさの左兵衛中將たち 宇津 正725
ゆきまさの中將 宇津 正725
ゆけひの尉 源氏 正855
ゆけひの命婦 源氏 正855
ゆみの師 蜻蛉 正750
油單 枕冊 正784
柚 蜻蛉 正750
柚 枕冊 正784
遺言 宇津 正725
遺言 源氏 正855
遺言し 宇津 正725
御遺言 源氏 正855
御遺言とも 源氏 正855
悠々 宇津 正725

【よ】

よかはの僧都 源氏 正855
よしちかの中納言 枕冊 正784
よるの装束 宇津 正726
よ具 宇津 正726
餘 宇津 正725
御容面 源氏 正855
容面 宇津 正726
容面 宇津 正726
御用 宇津 正725
御用意 宇津 正725
用 竹取 正636
用 宇津 正725
用 枕冊 正784
用 源氏 正855
用し 宇津 正725
用せ 源氏 正855

用なき　竹取　正636
用なき　宇津　正726
用なき　源氏　正855
用なく　蜻蛉　正750
用なしこと　源氏　正855
用意　宇津　正725
用意　枕冊　正784
用意　源氏　正855
用意ありかほ　源氏　正855
用意し　宇津　正725
用意し　蜻蛉　正750
用意し　枕冊　正784
用意す　源氏　正855
用意なさ　源氏　正855
欲ふかし　宇津　正726
横座　宇津　正726
読み困し　枕冊　正784

【ら】

らう〱たく　宇津　正726
羅　宇津　正726
羅蓋　竹取　正637
羅文　枕冊　正784
螺鈿　宇津　正726
螺鈿　源氏　正855
礼拜　宇津　正726
來世　宇津　正726
來年　宇津　正726
來年　蜻蛉　正750
來年　枕冊　正784
來年　源氏　正855
禮堂　蜻蛉　正750
禮盤　枕冊　正784
罍子　源氏　正855
罍子とも　源氏　正855
娘子　宇津　正726
落蹲　宇津　正726
乱がはしき　宇津　正726
乱かはしく　源氏　正855
乱かはしさ　源氏　正855
良佐　宇津　正726
良少將　宇津　正726
良少將　枕冊　正784
良中將　宇津　正726
良中將のあそん
宇津　正726
領し　蜻蛉　正750
領し　源氏　正855
領じ　宇津　正726
廊　宇津　正726
廊　蜻蛉　正750
廊　枕冊　正784
廊　源氏　正855
廊とも　源氏　正855
廊ども　宇津　正726
廊めく　源氏　正855
牢籠　源氏　正855
老僧　源氏　正855
郎等　土左　正660
郎等　源氏　正855
郎等とも　源氏　正855
亂かはしく　蜻蛉　正750
御勞　源氏　正855
勞　宇津　正726
勞　蜻蛉　正750
勞　源氏　正855
勞あり　宇津　正726
勞し　宇津　正726
勞たがり　蜻蛉　正750
勞たかる　枕冊　正784
勞たくし　源氏　正855
勞たけ　枕冊　正784
勞たけ　源氏　正855
勞たげ　蜻蛉　正750
勞たけさ　源氏　正855
勞たさ　源氏　正855
勞たし　蜻蛉　正750
勞たし　枕冊　正784
勞たし　源氏　正855
勞者　宇津　正726
勞々　宇津　正726
勞々し　源氏　正855
勞々じ　宇津　正726
勞々しく　枕冊　正784
勞々しさ　源氏　正855
勞氣　源氏　正855
御臈とも　源氏　正855
鑞　宇津　正726
御靈　源氏　正855
落蹲　枕冊　正784
落蹲　源氏　正855
埒　源氏　正855
埒　蜻蛉　正750
埓　宇津　正726
乱声　源氏　正855
乱声とも　源氏　正855
乱聲　宇津　正726
乱聲し　宇津　正726
蘭　源氏　正855
蘭省　枕冊　正784

【り】

吏部　宇津　正726
梨花　枕冊　正784
理趣經　宇津　正726
柳花苑　源氏　正855
龍　宇津　正726
龍　源氏　正855
龍のこま　宇津　正726
龍のつの　宇津　正726
龍王　源氏　正855
龍頭鷁首　源氏　正855
龍脳　宇津　正726
龍門　宇津　正726
龍膽　枕冊　正784
麟角　宇津　正726
麟角風　宇津　正726
律　源氏　正855
律師　宇津　正726
律師　枕冊　正784

律師　源氏　正855
御領　宇津　正726
御領　源氏　正855
領し　枕冊　正784
領しはて　源氏　正855
領ず　宇津　正726
霊　源氏　正855
靈氣　宇津　正726
隆円　枕冊　正784
龍　竹取　正637
龍紋　枕冊　正784
呂　宇津　正726
呂　源氏　正855
綾　宇津　正726
陵王　宇津　正726
龍膽　宇津　正726
龍膽　源氏　正855
臨時　宇津　正726
臨時　枕冊　正784
臨時　源氏　正855
臨時のまつり　蜻蛉　正750
臨時のまつり　源氏　正855
臨時の祭　宇津　正726
臨時の祭　枕冊　正784
臨時客　宇津　正726
臨時客　源氏　正855
輪の手　源氏　正855
輪廻　宇津　正726
輪廻し　宇津　正726
輪台　宇津　正726
凜々　枕冊　正784

【る】

流罪　宇津　正726
瑠璃　竹取　正637
瑠璃　宇津　正726
瑠璃　源氏　正855
瑠璃色　竹取　正637
流轉三界中　源氏　正855
累代　宇津　正726
類　竹取　正637
類　宇津　正726
類　蜻蛉　正750
類　枕冊　正784
類　源氏　正855
類し　蜻蛉　正750

【れ】

冷泉院の女御殿　源氏　正856
例　竹取　正637
例　伊勢　正650
例　土左　正660
例　宇津　正726
例　蜻蛉　正750
例　枕冊　正785
例さま　源氏　正856
例ならず　宇津　正726
例の　宇津　正726
例の　枕冊　正785
例の人さま　源氏　正856
例の人めき　源氏　正856
例人　宇津　正726
例様　枕冊　正785
冷泉の院　枕冊　正785
冷泉院　蜻蛉　正750
冷泉院　源氏　正856
冷泉院のきさいの宮　源氏　正856
冷泉院の御門　源氏　正856
冷泉院の后　源氏　正856
冷淡　枕冊　正785
御例　源氏　正856
例　源氏　正856
麗景殿　宇津　正726
麗景殿　源氏　正856
御靈　宇津　正726
靈　宇津　正726
靈ども　宇津　正726
淩ぜ　宇津　正726
寮試　源氏　正856
寮門　源氏　正856
み料　宇津　正726
御料　源氏　正856
料　竹取　正637
料　宇津　正726
料　宇津　正726
料　枕冊　正785
料　源氏　正856
料ぜ　宇津　正726
陵王　蜻蛉　正750
陵王　源氏　正856
列　宇津　正726
練し　源氏　正856
蓮華　宇津　正726
連句　宇津　正726
連子す　宇津　正726
連理のちぎり　宇津　正726

【ろ】

櫓　枕冊　正785
露臺　枕冊　正785
論無う　蜻蛉　正750
緑衫　枕冊　正785
弄し　源氏　正856
弄じ　宇津　正726
弄す　伊勢　正650
弄ずる　蜻蛉　正750
牢　枕冊　正785
樓　宇津　正726
御六十の賀　宇津　正726
六　宇津　正726
六　源氏　正856
六のみこ　宇津　正726
六の宮　宇津　正726
六の君　宇津　正726
六の君　源氏　正856
六位　宇津　正726
六位　蜻蛉　正750
六位　枕冊　正785

六位　源氏　正856
六位とも　枕冊　正785
六位藏人　枕冊　正785
六衛　竹取　正637
六衛府　源氏　正856
六巻　枕冊　正785
六月　宇津　正726
六月　蜻蛉　正750
六月　枕冊　正785
六月　源氏　正856
六月十二月のつごもり　枕冊　正785
六月十余日　枕冊　正785
六月中の十日　宇津　正726
六月六日　宇津　正726
六時　宇津　正726
六時のつとめ　源氏　正856
六七月　蜻蛉　正750
六七月　枕冊　正785
六七人　宇津　正726
六七疋　宇津　正726
六七疋　宇津　正726
六尺　宇津　正726
六尺　源氏　正856
六十　宇津　正726
六十巻　源氏　正856
六十五六　源氏　正856
六十三　源氏　正856
六十人　宇津　正726
六十僧　源氏　正856
六十匹　宇津　正726
六十余人　源氏　正856
六十余日　宇津　正726
六十餘　宇津　正726
六十餘国　伊勢　正650
六十餘國　宇津　正726
六条　源氏　正856
六条との　源氏　正856
六条のおとゝ　源氏　正856
六条のみやす所　源氏　正856
六条の院　源氏　正856
六条の女御　源氏　正856
六条わたり　源氏　正856
六条京極わたり　源氏　正856
六人　竹取　正637
六人　宇津　正726
六人　枕冊　正785
六人　源氏　正856
六度　宇津　正726
六道　源氏　正856
六日　土左　正660
六年　宇津　正726
六番　宇津　正726
六百人　宇津　正726
六部　源氏　正856
六郎　宇津　正726
六郎君　源氏　正856
六條わたり　伊勢　正650
六觀音　枕冊　正785
禄　竹取　正637
禄　伊勢　正650
御祿　宇津　正726
御祿　源氏　正856
祿　宇津　正726
祿　枕冊　正785
祿　源氏　正856
祿とも　源氏　正856
祿ども　宇津　正726
轆轤　宇津　正726
轆轤ひき　宇津　正726
轆轤師ども　宇津　正726
綠青　宇津　正726
綠衫　伊勢　正650
論　枕冊　正785
論する　源氏　正856
論すれ　枕冊　正785
論なう　宇津　正726
論なう　枕冊　正785
論なく　源氏　正856
論議　宇津　正727
論議　枕冊　正785
論議　源氏　正856

【わ】

わらは孫王　源氏　正856
わらは殿上し　源氏　正856
和し　源氏　正856
和歌　宇津　正727
和歌　源氏　正856
和琴　宇津　正727
和琴　枕冊　正785
和琴　源氏　正856
往還　宇津　正727
往來　宇津　正727
横笛　宇津　正727
王　竹取　正637
王　宇津　正727
王女御　源氏　正856
王昭君　宇津　正727
王昭君　源氏　正856
王統　宇津　正727
王母　宇津　正727
王命婦　源氏　正856
王氣つき　源氏　正856
御王位　宇津　正727
黄鍾調　枕冊　正785
黄鐘調　源氏　正856
皇麞　宇津　正727
皇麞　源氏　正856
椀飯　源氏　正856
若法師　宇津　正727
童隨身　源氏　正856
童陪從　宇津　正727
笑ひ興し　枕冊　正785
童裝束し　蜻蛉　正750
悪御　源氏　正856

【ゐ】

位記　宇津　正727
囲繞し　枕冊　正785
威儀　宇津　正727
威儀具足し　枕冊　正785
威儀師　枕冊　正785
威儀納　宇津　正727
威儀物　宇津　正727
韻塞　枕冊　正785
渭橋　枕冊　正785
なきさの院　土左　正660
院　伊勢　正650
院　土左　正660
院　宇津　正727
院　蜻蛉　正750
院　枕冊　正785
院　源氏　正856
院かた　源氏　正856
院がた　宇津　正727
院のうへ　源氏　正856
院のきさいの宮　宇津　正727
院のみかと　源氏　正856
院のみかど　宇津　正727
院の御方　宇津　正727
院の女御　宇津　正727
院の女御どの　宇津　正727
院の上　宇津　正727
院の殿上　源氏　正856
院の殿上人　源氏　正856
院の内侍のかみ　源氏　正856
院の別当　源氏　正856
院の別當　枕冊　正785
院もり　源氏　正856
院司　宇津　正727
院司　源氏　正856
院内　宇津　正727
韻　宇津　正727
韻　源氏　正856
韻ふたき　源氏　正856

【ゑ】

御み烏帽子　宇津　正727
衛士　蜻蛉　正750
衛府　伊勢　正650
衛府　宇津　正727
衛府　枕冊　正785
衛府づかさ　宇津　正727
衛府つかさたち　源氏　正856
衛府のすけ　蜻蛉　正750
衛府のすけ　源氏　正856
衛府の尉ども　宇津　正727
衛府の陣　宇津　正727
衛門　宇津　正727
衛門のかみ　宇津　正727
衛門のかむの君　源氏　正856
衛門のすけ　宇津　正727
衛門尉　宇津　正727
衛門督　源氏　正856
怨じ　宇津　正727
怨し越後　枕冊　正785
怨し心憂かり　枕冊　正785
怨す　源氏　正856
回向　枕冊　正785
廻向　源氏　正856
御廻向　源氏　正856
まき絵　竹取　正637
絵　竹取　正637
絵　伊勢　正650
絵　土左　正708
絵　宇津　正727
絵　枕冊　正785
絵　源氏　正856
絵とも　源氏　正856
絵ものかたり　源氏　正856
絵師　宇津　正727
絵師　枕冊　正785
絵師　源氏　正856
絵師とも　源氏　正856
絵所　源氏　正856
絵様　源氏　正856
御絵　源氏　正856
蒔絵　伊勢　正650
垣下　源氏　正856
おほん會釋　宇津　正727
繪　蜻蛉　正750
越後のめのと　宇津　正727
怨すれ　蜻蛉　正750
怨し　枕冊　正785
怨じうらみ　宇津　正727
怨しはつ　源氏　正856
怨しをき　源氏　正856
怨し謗り　枕冊　正785
怨す　土左　正660
怨せられはて　源氏　正856
垣下　宇津　正727
垣下　枕冊　正785
圓融院　枕冊　正785

【を】

をはり法師　宇津　正727
教へ様　枕冊　正785
男主　枕冊　正785
男踏歌　源氏　正856
折り格子　枕冊　正785
女の裝束　宇津　正727
女一のみこ　宇津　正727
女一の宮　宇津　正727
女一宮　源氏　正856
女絵　枕冊　正785
女絵とも　源氏　正856
女五宮　宇津　正727
女三の宮　宇津　正727
女三宮　源氏　正856
女大饗　宇津　正727
女二の宮　源氏　正856

女樂　源氏　正856
女繪　蜻蛉　正750

【意味不明語】

うかんるり　竹取　正637
さうし　竹取　正637
わうけい　竹取　正637

後書き

恩師馬渕和夫先生から、『日本漢語の系譜』の綜合語彙表作成の話を伺ったのは2006年春のことだから、ほぼ10年前のことであった。『悉曇章の研究』(勉誠出版)が刊行された年で、その索引をコンピュータで作成することを依頼されて、それが出来上がった頃である。以来10年の月日が経った。なぜそんなに時間がかかったかというと、実際に取り掛かってみて、次のような問題があったからである。

1. 語数が約9万1千語と厖大なこと

これまでに個人で行なった調査は、せいぜい一万語程度であった。一般的にそれ以上の規模だと、個人では困難だと考えられていた。

2. 旧字体の漢字が主体であること(新字体のものも混在する)

「徳」という字の入力には0.2秒かかる。これを旧字体「德」と入力するには10倍(2秒)以上かかる。「舊」とか「臺」とか「縣」などを入力するのはそれぞれ「臼・至・糸」の部首にあることを調べなければならず、さらに時間がかかる。「女」偏に「燕」という漢字が出てくるが、女偏の漢字を捜してもUnicodeにはのっていない、などということもある。白氏文集に「櫜鞬」という語がある。先頭が「こう」の所に載っているから音は分かるので、漢和辞典で探すことができる。しかしずっとあとになって「鞬弭櫜鞬」となって出てくると、前に「こう」と読んだことなどとうに忘れているから何と読むのか浅学の身では解らない。音訓索引で「ああ」「あい」「あく」と順に画数の多い字を探してやっと「こう」(木の19画)のところで見つけたのは2〜3時間後のことだったなどということもあった。

3. 基本方針が定まっていないこと

字体、読み方(呉音、漢音,慣用音など)が混然としているものを、どう統一して語彙表にまとめるか、試行錯誤の連続であった。また旧かな遣いなので、仮名漢字変換が難しかったり(「ゐ」、「ゑ」など)、文字が無かったり(ワ行の「う」など)といった処置に戸惑うことも多かった。

4. ヒューマンエラーについて

約10万語の全数調査であるから、精度の高いことが要求される。99%の精度でも、

10万語の調査で1,000箇所のエラーが出る。99.9％の精度でも100個のエラーが出る。人間のやることに100％ミスがないことは有りえないから、執筆(点注)、転写、活字製版、など、作業を重ねるごとにエラーが増加する。本書の出版に当たり、エラーを見つけたら修正するよう、担当者に依頼されたが、どの段階で出たエラーか、どう修正するのかなど、調査を綿密にしないと迂闊に手を出せない。そこで本書は研究篇を忠実に反映するようにつとめた。であるから、エラーも忠実に拾ってある。

作業にあたっては諸先輩、同僚、後輩から様々な助言を賜わった。独力でやるのは無理だとの忠告も頂いたが、恩師の依頼を断るという選択肢はなかった。勉誠出版からは、池嶋会長ほかスタッフ諸氏の協力を頂いた。とくに原著の復刻版を発行するなど作業量の低減化を図ってくださったのは有難かった。作業を終えて残念なのは恩師馬渕先生が世を去られたことである。ご霊前にご報告するつもりである。

平成二十七年九月

靏岡昭夫

編者略歴

柏谷嘉弘（かしはだに・よしひろ）

神戸女子大学・名誉教授。
専門は日本漢語の研究。主な著書に『日本漢語の系譜』（東宛社、昭和62年）、『續　日本漢語の系譜』（東宛社、平成9年）などがある。

靏岡昭夫（つるおか・あきお）

山口大学・名誉教授。
専門は計量国語学・語彙論・文字表記論・日本語文法等の研究。主な著書に『あなたも漢字大博士』（実業の日本社、昭和56年）、『漢字熟語の辞典』（こう書房、昭和62年）、『たけくらべ総索引』（笠間書院、平成4年）などがある。

日本古典漢語語彙集成（にほんこてんかんごごいしゅうせい）
第一冊　索引篇（だいいっさつ　さくいんへん）

2015年11月10日　初版発行

編　者　柏谷嘉弘・靏岡昭夫

発行者　池嶋洋次
発行所　勉誠出版株式会社
〒101-0051　東京都千代田区神田神保町3-10-2
TEL：(03)5215-9021(代)　FAX：(03)5215-9025
〈出版詳細情報〉http://bensei.jp

印　刷　平河工業社
製　本　大口製本印刷

【三冊揃】ISBN978-4-585-28022-4　C3080